新时代法学教育丛书

NEW ERA LEGAL EDUCATION SERIES

新时代法学教育丛书

莫纪宏 总主编

商法学教程

上册

陈洁 主编

图书在版编目(CIP)数据

商法学教程：上、下册/陈洁主编．－－北京：当代中国出版社，2024.4
（新时代法学教育丛书/莫纪宏总主编）
ISBN 978-7-5154-1367-9

Ⅰ．①商… Ⅱ．①陈… Ⅲ．①商法—法的理论—中国—教材 Ⅳ．① D923.991

中国国家版本馆 CIP 数据核字（2024）第 074201 号

出 版 人	王　茵
责任编辑	邓颖君　彭世帆
责任校对	贾云华　康　莹
印刷监制	刘艳平
封面设计	乔智炜　李默涵
出版发行	当代中国出版社
地　　址	北京市地安门西大街旌勇里8号
网　　址	http://www.ddzg.net
邮政编码	100009
编 辑 部	（010）66572156
市 场 部	（010）66572281　66572157
印　　刷	中国电影出版社印刷厂
开　　本	787毫米×1092毫米　1/16
印　　张	57.5印张　1318千字
版　　次	2024年4月第1版
印　　次	2024年4月第1次印刷
定　　价	128.00元（上下册）

版权所有，翻版必究；如有印装质量问题，请拨打（010）66572159联系出版部调换。

新时代法学教育丛书
编委会

总 主 编 莫纪宏

副总主编 吴 用　张初霞

总 顾 问 崔唯航　张政文　王新清　李 林　陈 甦　孙宪忠
　　　　　　李明德　田 禾　周汉华　邹海林　沈 涓

编委会成员 莫纪宏　吴 用　张初霞　柳华文　谢增毅　李 霞
　　　　　　柳建龙　苗鸣宇　李洪雷　翟国强　廖 凡　贺海仁
　　　　　　张 生　刘小妹　吕艳滨　谢鸿飞　陈 洁　汤洁茵
　　　　　　席月民　管育鹰　薛宁兰　王天玉　刘仁文　徐 卉
　　　　　　董 坤　刘洪岩　周 辉　谢海定　姚 佳　刘敬东
　　　　　　戴瑞君　蒋小红　李庆明　曲相霏　毛晓飞　王帅一
　　　　　　申 洁

总　序

2023年2月底，中共中央办公厅、国务院办公厅联合印发了《关于加强新时代法学教育和法学理论研究的意见》（以下简称《意见》）。《意见》明确指出，要完善法学教材体系。坚持以习近平法治思想为统领，通过抓好核心教材、编好主干教材、开发新形态教材等，构建中国特色法学教材体系。为了有效贯彻落实《意见》对构建中国特色法学教材体系提出的明确要求，中国社会科学院大学法学院组织学院全部师资力量和科研力量，出版了本套能够充分体现中国社会科学院大学"科教融合"成果、面向高等法律院校本科、硕士和博士的通用法学教材。本套教材严格按照《意见》提出的完善法学学科专业体系，构建自主设置与引导设置相结合的学科专业建设要求，立足目前高等法律院校教学体系现状，依托中国社会科学院法学研究所和国际法研究所强大的科研能力，用两年左右的时间编写而成，是一套适应新时代高等法律院校教学特点的"新时代法学教育丛书"。丛书主要面向高等法律院校的法学硕士、法律硕士，同时可以作为提升本科生阅读和理解能力的教学辅导资料，并可以成为夯实法学博士生法学知识基础的参考文献。

此套丛书分两批完成。第一批主要根据中国社会科学院大学法学院2023年6月的教学管理体制改革方案，建立以17个教研室为基础的教学管理单位，负责各门法学核心课程的设计、教材的编写以及法学本科、硕士和博士的培养计划等教学管理工作，围绕《意见》强调的法学主干学科编写各门法学核心课程的教程，包括《法理学教程》《中国法律史学教程》《宪法学教程》《行政法学教程》《刑法学教程（上、下册）》《民法学教程（上、下册）》《商法学教程（上、下册）》《刑事诉讼法学教程》《民事诉讼法学教程》《行政诉讼法学教程》《经济法学教程》《社会法学教程》《环境与资源法学教程》《知识产权法学教程》《国际公法学教程》《国际私法学教程》《国际经济法学教程》《军事法学教程》，同时按照中国社会科学院大学法学院目前各学科教研室设置的布局，与上述核心课程教程一起推出《网络与信息法学教程》《监察法学教程》。每册教程50万字左右，按照教育部规定的高等法律院校专业课程教学的基本要求编写，既有正文讲解，又有引导性、提纲性的内容提示，还有思考题和参考文献。鉴于有些学科知识量较大，将《刑法学教程》《民法学教程》《商法学教程》分为上、下两册编写，给主体为法学硕士、法律硕士的学习群体全面和系统地掌握法学基础知识提供高质量的教学辅导读物。第一批出版20本教程（23册），2024年底出齐。第二批教程预计16本左右，主要为落实《意见》加强新兴学科建设的要求，拟编写的教程包括《立法学教程》《文化法学教程》《教育法学教程》《国家安全法学教程》《区际法学教程》《社会治理法学教程》《科技法学教程》《气候法学教程》

《海洋法学教程》《涉外法学教程》《党内法规学教程》《法学论文写作指导教程》《法学方法论教程》《法学文献阅读辅导教程》《法律职业伦理教程》《法学学术规范与学术道德教程》等。第二批教程拟于2025年底出齐。为了加深学习者对教程内容的理解，在第二批教程出版的同时，从每一本教程中抽象出50余个常用的学科名词术语，汇编成《新时代法学教育大辞典》，作为辅导学生学习和理解教材的必备参考。"新时代法学教育丛书"共计30余本，构成了《意见》要求设置的法学教学体系的整体框架和全部内容，可以为全面和系统地培育高等法律院校的本科生、硕士生和博士生提供最富有实效的教学参考资料，形成系统化的法学知识体系，以因应新时代对法学人才之需。本套丛书是全国600多所高等法律院校或法学院率先贯彻落实《意见》对法学教材体系建设要求形成的重要教学科研成果，丛书的出版可以为全国高等法律院校编写同类教材或者直接采用作为教材提供帮助。

为保证按时按质地组织"新时代法学教育丛书"的编写和出版工作，中国社会科学院大学、中国社会科学院法学研究所和国际法研究所举全力支持中国社会科学院大学法学院组织的"新时代法学教育丛书"的编写和出版，这将是2020年9月20日中国社会科学院大学法学院成立后由法学院独立组织出版的充分反映法学院教学能力和科研实力的系列法学教材，是法学院为争创"双一流"建设学科而进行的带有前瞻性、创新性、战略性的重大教学改革和创新举措。

"新时代法学教育丛书"由中国社会科学院大学法学院组织，法学院院长莫纪宏教授任总主编，执行院长吴用教授、党委书记张初霞副教授任副总主编，法学院院务会组成人员、17位教研室主任以及法学研究所、国际法研究所若干研究室主任作为丛书编委会成员，同时聘请中国社会科学院李林、陈甦、孙宪忠学部委员，中国社会科学院大学党委书记崔唯航教授、校长张政文教授、常务副校长王新清教授以及中国社会科学院大学法学院特聘教授李明德、田禾等教授作为丛书总顾问，集中中国社会科学院大学法学院全部在编教学人员编写。

总共两批30余本教程的编写采取两种模式的主编责任制。一是以法学院现有17个教研室为单位，主干和核心课程以教研室主任作为学科教程的主编，教研室全体在编教学人员参加编写；二是由法学院根据具体情况指定特定人员负责教程编写工作。

"新时代法学教育丛书"是面向高等法律院校在读学生的教学参考书，知识点全面覆盖，以问题为导向，带有思考性特点，主要群体是法学硕士和法律硕士，难度中等，适合本科生提升和博士生夯基使用。丛书使用2008年出版的社科法硕教材和中国社会科学院研究生教材编写体例，每本教材的名称统一为《××法学教程》。

中国社会科学院大学法学院是中国社会科学院实行"科教融合"的改革举措，吸收中国社会科学院法学研究所、国际法研究所、研究生院以及原中国青年政治学院法学院四个方面的科研和教学力量汇集起来的科研型教学单位，从2020年9月20日成立至今尚不足4年，是全国600多所高等院校法学院中较年轻的法学院。尽管起步较晚，但法学院可以追溯的历史却源远流长。

我们的法学研究生教育最早可以追溯到1961年。1978年成立了中国社会科学院研究生院法学系,正式开启了中国社会科学院系统的规范化法学教育历程,1981年我们成为新中国首批设立法学一级学科博士点的3家单位之一。我们的法学本科教育也于2009年入选教育部第四批高等学校特色专业建设点,2012年入选教育部、中央政法委首批卓越法律人才教育培养基地(应用型、复合型法律职业人才教育培养基地),当然也都是北京市的特色专业和法律人才教育培养基地。因为有了这样良好的法学教育基础,2019年,中国社会科学院大学法学院入选了国家级一流本科专业建设点。

数十年来,法学院人才培养成效卓著,大量优秀毕业生在法学科研、教育领域以及党政机构、司法和监察部门、律师事务所、大型企业等实务部门就职,为法治中国建设作出了杰出贡献。

"科教融合"以后的法学院现有本科专业学位点、法学一级学科硕士学位点、法律硕士专业学位点、法学一级学科博士学位点,还有博士后流动站,目前在读学生1100余人。

我们希望通过我们自己的努力,将"科教融合"的成果和中国社会科学院大学法学院的办学特色体现到"新时代法学教育丛书"中去,积极探索中共中央办公厅、国务院办公厅联合印发的《关于加强新时代法学教育和法学理论研究的意见》中明确提出的"抓好核心教材、编好主干教材、开发新形态教材等,构建中国特色法学教材体系"各项要求的新路子,力争在不久的将来跻身中国高等法律院校的"名院"行列,为国家培养更多合格的法治人才。

中国社会科学院大学法学院院长
中国社会科学院法学研究所所长
2024年4月于北京沙滩北街15号

目 录 CONTENTS

上 册

第一编
商法总论 001

第一章　商法的历史发展　003
第一节　商法的起源　004
第二节　现代商法的早期发展：从自治法变为国家法　005
第三节　商法的法典化　007
第四节　私法的商法化　009
第五节　商法的再商法化和再法典化　011
第六节　我国商法的沿革和发展　012

第二章　商法的性质和特征　015
第一节　商法的调整对象　015
第二节　商法的性质与特征　017

第三章　商法的体系构成　020
第一节　商法的体系化　020
第二节　商法的原则　026
第三节　商法的法源　030

第四章　商主体一般理论　037
第一节　商主体概论　037
第二节　商主体的类型构成　039
第三节　商主体的权利和义务　043

第五章　商事登记　046
   第一节　商事登记制度概述　047
   第二节　商事登记的原则　048
   第三节　商事登记的种类　049
   第四节　商事登记的效力　050

第六章　商事账簿　056
   第一节　商事账簿的概念和功能　056
   第二节　商事账簿的设置原则　057
   第三节　商事账簿的种类　058
   第四节　商事账簿的保管　059

第七章　商行为一般理论　065
   第一节　商行为的概念、特征和类型　066
   第二节　商行为的历史变迁　067
   第三节　特殊商行为　072
   第四节　商行为的解释和效力　077

第八章　商事代理　080
   第一节　商事代理的概念和特征　081
   第二节　商事代理权　082
   第三节　商事代理人的权利和义务　082
   第四节　商事代理的类型　083

第九章　营业转让　089
   第一节　营业资产　090
   第二节　营业转让　090

第二编　公司法　093

第十章　公司法的基础理论　095
   第一节　公司法概述　096
   第二节　公司的概念和特征　099
   第三节　公司的类型　106

第十一章　公司的设立与成立　112
  第一节　概述　112
  第二节　公司设立程序　114
  第三节　公司设立的后果　120
  第四节　公司成立后的营业　125

第十二章　公司资本制度　127
  第一节　注册资本　128
  第二节　股东出资　132
  第三节　股份发行　140
  第四节　公司减资与增资　142

第十三章　股东权利　145
  第一节　股东身份的认定　145
  第二节　人身性权利　149
  第三节　财产性权利　152
  第四节　股权转让　155

第十四章　公司治理　160
  第一节　公司治理模式　160
  第二节　股东会　162
  第三节　董事会　165
  第四节　监事会　175
  第五节　法定代表人　180
  第六节　高级管理人员　181

第十五章　董事、监事、高级管理人员的义务与责任　184
  第一节　董事的内涵与外延　184
  第二节　董事的信义义务　189
  第三节　赔偿责任　192
  第四节　追究董事责任的形式　196

第十六章　公司融资与财务制度　203
  第一节　公司债券　204
  第二节　公司的财务制度　210

第十七章　公司的变更与终止　215
第一节　公司类型的变更　215
第二节　公司形式的变更　216
第三节　公司解散和清算　218

第三编 合伙企业法　227

第十八章　合伙企业导论　229
第一节　合伙企业的概念与特征　229
第二节　合伙企业的法律地位　230

第十九章　普通合伙企业　234
第一节　普通合伙企业的设立　234
第二节　普通合伙企业的财产　236
第三节　普通合伙企业的事务执行　238
第四节　普通合伙企业与第三人关系　240
第五节　普通合伙企业的入伙、退伙　242
第六节　特殊的普通合伙企业　244

第二十章　有限合伙企业　249
第一节　有限合伙企业的设立　249
第二节　有限合伙企业的事务执行　251
第三节　有限合伙人享有的权利和责任承担　251
第四节　有限合伙企业的入伙、退伙　253

第二十一章　合伙企业的解散、清算　258
第一节　合伙企业的解散　258
第二节　合伙企业的清算　259
第三节　合伙企业的注销与破产　261

第二十二章　法律责任　264
第一节　行政责任　264
第二节　民事责任　266
第三节　其他相关问题　268

第四编 证券法

275

第二十三章　证券法概述　277
第一节　证券的界定　277
第二节　证券法的性质与地位　281
第三节　证券法的基本原则　284
第四节　我国证券立法概况　288

第二十四章　证券发行与交易　293
第一节　证券发行　294
第二节　证券保荐与承销　299
第三节　证券上市与退市　302
第四节　证券交易　307
第五节　限制和禁止的证券交易行为　310

第二十五章　信息披露制度　318
第一节　信息披露制度概述　318
第二节　证券发行信息披露制度　323
第三节　持续信息披露制度　326
第四节　证券虚假陈述的民事责任　328

第二十六章　上市公司收购　341
第一节　上市公司收购概述　341
第二节　大额持股披露制度　345
第三节　要约收购　349
第四节　协议收购　354

第二十七章　证券市场参与主体　358
第一节　证券交易所　358
第二节　证券登记结算机构　363
第三节　证券公司　366
第四节　证券服务机构　371

第二十八章　证券监管制度　　374
第一节　证券监管概述　　374
第二节　证券行政监管　　378
第三节　证券自律管理　　382
第四节　证券行政责任　　384

第二十九章　证券投资基金法律制度　　389
第一节　证券投资基金概述　　389
第二节　基金管理人与基金托管人　　393
第三节　公开募集基金的运作规范　　396
第四节　基金份额持有人的权利保护　　399

下　册

第五编
期货和衍生品法　　405

第三十章　金融衍生品概述　　407
第一节　衍生品概述　　408
第二节　远期合约　　408
第三节　期货合约　　410
第四节　期权合约　　413
第五节　互换合约　　418

第三十一章　期货和衍生品法概述　　423
第一节　《期货和衍生品法》的调整范围　　423
第二节　《证券法》与《期货和衍生品法》调整范围的界分　　425
第三节　期货市场和衍生品市场的法律定位　　428

第三十二章　期货交易　　432
第一节　期货交易的场所与方式　　433
第二节　合约品种上市　　436

第三节　交易资格与指令　441
 第四节　保证金　444
 第五节　交易控制　447

第三十三章　期货结算与交割　453
 第一节　中央对手方　454
 第二节　期货结算　459
 第三节　交割与行权　467
 第四节　结算与交割安全的保障　469

第三十四章　衍生品交易与结算　473
 第一节　衍生品交易的场所、方式与机构展业　473
 第二节　衍生品交易与结算的基本制度　475

第三十五章　市场违法行为　481
 第一节　市场操纵　482
 第二节　内幕交易　497
 第三节　欺诈　502

第六编　票据法　509

第三十六章　票据与票据法　511
 第一节　票据概述　511
 第二节　票据法概述　520

第三十七章　票据法律关系　526
 第一节　票据关系　526
 第二节　票据基础关系　528
 第三节　票据法上的非票据关系　532

第三十八章　票据行为　536
 第一节　票据行为概述　536
 第二节　出票　542
 第三节　背书　544

第四节　承兑 549
　　第五节　票据保证 551
　　第六节　票据瑕疵 553

第三十九章　票据权利与票据抗辩 558
　　第一节　票据权利 558
　　第二节　票据抗辩 564

第四十章　票据丧失及补救 568
　　第一节　票据丧失概述 568
　　第二节　票据丧失的补救措施 569

第七编　信托法 575

第四十一章　信托概述 577
　　第一节　信托的起源：法律传统与制度规避 577
　　第二节　信托的定义 584
　　第三节　信托的主要类型 591

第四十二章　信托法的概念、特征、功能与基本原则 596
　　第一节　信托法的概念和特征 596
　　第二节　信托法的功能 597
　　第三节　信托法的基本原则 599

第四十三章　信托关系与信托法律关系 602
　　第一节　信托法律关系概述 602
　　第二节　信托关系与信托法律关系 603

第四十四章　委托人 609
　　第一节　委托人概述 609
　　第二节　委托人权利 610
　　第三节　委托人义务 612

第四十五章　受托人 615
　　第一节　受托人概述 615

第二节 受托人权利 618
第三节 受托人义务 620

第四十六章 受益人 627
第一节 受益人概述 627
第二节 受益人权利 629
第三节 受益人义务 630

第四十七章 信托财产 633
第一节 信托财产的概念 634
第二节 信托财产的独立性 636

第四十八章 信托行为 641
第一节 信托行为的特征 642
第二节 信托的设立 642
第三节 信托的变更 646
第四节 信托的终止 648

第四十九章 公益信托 652
第一节 公益信托概述 653
第二节 公益信托的设立 654
第三节 公益信托的运行与监督 658

第八编 保险法 663

第五十章 保险与保险法概述 665
第一节 保险概述 665
第二节 保险法概述 667

第五十一章 保险合同通则 671
第一节 保险合同概述 672
第二节 保险合同的基本原则 674
第三节 保险合同的主体 679
第四节 保险合同的内容 682

第五节　保险合同的成立与生效　　688
第六节　保险合同的变更、终止与解除　　696
第七节　保险合同的解释　　705

第五十二章　人身保险合同　　710
第一节　人身保险合同概述　　711
第二节　人身保险合同中的受益人　　713
第三节　人身保险合同的中止与复效　　717
第四节　死亡保险的特殊规制　　721
第五节　人身保险合同的其他问题　　724

第五十三章　财产保险合同　　732
第一节　财产保险合同概述　　733
第二节　足额保险、不足额保险与超额保险　　735
第三节　重复保险　　738
第四节　保险代位　　741
第五节　财产保险的其他问题　　748

第九编　破产法　　757

第五十四章　破产法概述　　759
第一节　破产与破产法　　760
第二节　破产能力　　761
第三节　破产法的适用范围　　762
第四节　破产原因　　765
第五节　破产程序的结构　　769

第五十五章　破产申请与受理　　775
第一节　破产申请　　775
第二节　破产申请的受理　　781
第三节　管理人中心主义　　786

第五十六章　破产债权与债权人自治　　796
第一节　破产债权　　797

第二节　破产债权的申报　　801

　　第三节　破产债权的调查与确认　　804

　　第四节　债权人会议　　807

　　第五节　债权人委员会　　813

第五十七章　债务人财产　　817

　　第一节　债务人财产的范围　　818

　　第二节　破产撤销权　　820

　　第三节　别除权　　825

　　第四节　破产取回权　　828

　　第五节　破产抵销权　　835

第五十八章　破产费用和共益债务　　839

　　第一节　破产费用和共益债务　　840

　　第二节　破产费用和共益债务的范围　　842

　　第三节　破产费用和共益债务的清偿　　845

第五十九章　破产重整程序　　849

　　第一节　重整程序　　849

　　第二节　重整申请　　851

　　第三节　重整计划的制定　　853

　　第四节　重整计划草案的表决　　855

　　第五节　重整计划的批准　　858

　　第六节　重整计划的执行　　860

第六十章　破产和解程序　　866

　　第一节　破产和解　　866

　　第二节　破产和解的程序　　868

　　第三节　和解协议的效力　　871

第六十一章　破产清算　　873

　　第一节　破产清算程序　　873

　　第二节　破产宣告　　874

　　第三节　破产财产的变价与分配　　875

　　第四节　破产程序的终结　　879

后　记　　882

第一编
商法总论

第一章　商法的历史发展

【内容提示】

商法是调整商事交易的法律。商法起源于11世纪晚期和12世纪地中海沿岸城市共和国，相对于罗马法、教会法、封建法而言已经发展出了具有"独立性"的法律规则体系。中世纪商法是新兴商人阶级创设的"自治法"，主要用于确认商人的特殊权利和相关义务，适用于从事商品生产、商业贸易的商人主体之间。中世纪商法规则主要与商业贸易有关，旨在保护商人阶层的利益，进而实现促进交易效率、保护交易安全等目的，在合同法、物权法、合伙法等领域表现得尤为明显。

16世纪中期之后，随着现代国家的形成和发展，商法的发展也日益受到国家权力的影响。尽管商法的独立性依然得到维持，但是已经具有了同中世纪商法不一样的新特征，商法在一定程度上逐渐转变为"国家法"。1673年制定的《商事条例》将既有商事法律规则以成文立法形式加以体系化呈现，全面介入商业活动的管制。商法法源体系的"多元性"特征逐渐受到削弱，成文立法的地位和功能变得日益重要。

进入19世纪之后，商法典的制定使得商法的独立性获得进一步强化。1807年法国制定了世界上第一部商法典，确立了民商分立私法立法体系，进一步发展完善了商事法律规则。商法不再被视为商人阶层的"特权法律"，而是成为调整商行为的特别法。换言之，商法已经从"主观法"向"客观法"加以转化。

19世纪末和20世纪，各国均按照实践需求重构私法体系、调整私法制度。"私法商法化"的理念构想和体系逻辑在私法立法上体现为两种模式：一是在局部领域实现民法规则和商法规则的统一，如制定具有民商合一特征的债法（1881年瑞士《债法》）；二是制定统一民法典，将民法内容和商法内容统一规定在民法典当中（1942年意大利《民法典》）。

进入21世纪之后，现代商法的发展面临新挑战。部分国家推动商法的"再商法化"或"再法典化"改革，理论界和实务界不断强调"新商人法"的重要性。

改革开放以来，我国商事法治建设取得长足进步，商事法律体系已经较为完备，但既有商法规范在体系性和科学性方面尚有不足，必须根据加快完善社会主义市场经济体制的需要推动商法的中国式现代化。

第一节　商法的起源

商法是调整商事交易的法律。在古希腊、古罗马时代，虽然也存在小规模的商品交易活动和零散性的交易规则，但是并未形成体系化的商法规则。

学界通说普遍认为商法起源于 11 世纪晚期和 12 世纪地中海沿岸城市共和国。之所以有此结论，是因为在此阶段商法已经逐渐形成了自身的独特特征，相对于罗马法、教会法、封建法而言已经发展出了具有"独立性"的法律规则体系。

中世纪商法是新兴商人阶级创设的"自治法"。从 11 世纪晚期开始，地中海沿岸城市聚集了越来越多的手工业者和贸易商人，跨区域的商业贸易也逐渐繁荣起来。为了更好规范城市贸易的发展，各个领域的行业协会得以大量成立。在此基础上，商人们创造了大量商业贸易规则用于调整商人之间的交易活动、行会内部的各类争议。这些自治规则的丰富发展并未受到政治权力的干预，主要用于确认商人的特殊权利和相关义务，适用于从事商品生产、商业贸易的商人主体之间。在某种程度上可以说，中世纪商法的适用范围具有狭隘性，仅是商人阶层的特殊性法律而非城邦社会的普遍性法律。在有些学者看来，中世纪商法的形成本身是一种伟大的"法律拟制"，商人通过特殊的法律技术建构自身权利的做法是人类立法史上的一次伟大尝试。

从法源构成来说，中世纪商法的法律渊源具有"多样性"特征。为了有效规范商业贸易发展，各个地方行业协会的章程对于商人资格的获得、商业贸易的开展、商业合同的签订、商事争议的处理、行会内部的管理等事项确立了较为详尽的规则。例如佛罗伦萨、比萨、帕尔玛、罗马、维罗纳、米兰等地的行会均制定了较为完善的章程，对于商事交易的各个方面提供了完善的法律规则；在长期的商业贸易实践中，商人之间通过不断完善契约条款，也发展出了较为完善的习惯法规则。这些习惯法规则得到整理之后形成书面形式的规则汇编，成为调整规范商人行为和商业贸易的重要规范。例如，热内亚、比萨、米兰等地的商人们就组织编写了习惯法规则汇编，成为规范商业经营行为的规范基础；商人法庭在长期的裁判实践中也对于上述习惯法规则和行会章程确定的成文规则进行了充分解释适用，使得这些规则得以体系化发展，进一步完善了商事交易制度和商法规则体系。

从规范内容来说，中世纪商法主要与商业贸易有关，并建构了一系列具有特色的法律规则。这些法律规则与罗马法规则有所不同，旨在保护商人阶层的利益，进而实现促进交易效率、保护交易安全等目的。上述特点在合同、物权、合伙等领域表现得尤为明显。

在合同领域，合同不再被视为取得财产特别是不动产的方式，而是成为营利的"工具"，商人们通过不断缔结合同"购买""出售"商品进而获取利润。合同的成立不再受到罗马法严格形式要件的约束，商人可以选择灵活方式缔结合同，商人之间的合意成为合同效力的来源。为了促进商业交易，合同领域确立了有利于债权人的法律规则，这些新规则已经突破了罗马法有利于债务人的传统制度框架。例如，意大利著名商法学者 Galgano 教授就总结了几点商法创新规则：基于合同而生的支付必须立即进行，不允许债务人从法官处再获得履行宽限期；债务人必须以金钱进行支付，否定了罗马法中的必要替代制度；债务人对于自身延迟支付的行为必须承担相应的法定利息。

在物权领域,与罗马法强调静态归属关系保护不同,中世纪商法特别重视财产流转过程中交易关系的维护、交易安全的保障。如果受让人是从公共商人处以合理价格取得盗赃物,被盗物所有人不能通过所有权返还之诉获得保护,受让人可以获得盗赃物的所有权。值得注意的是,这一制度并非强调保护受让人的善意信赖利益,因为相对于所有人而言,受让人所享有的法益并无绝对优先性。中世纪商法确立这一制度在于强调商人利益的保护,旨在防止各种形式的返还之诉破坏商事交易的稳定性,使得商人从事的各项交易能够快速进行。此外,中世纪商法在不动产租赁等领域也确立了有利于商人的法律规则。例如,佛罗伦萨的商人阶层就在同传统贵族的斗争中取得了优势地位,确立了防止租金任意提高的规则。

在合伙领域,中世纪商法更是取得了突破性的进步。在罗马法时代,虽然也存在合伙契约制度,但是相关法律规则只是用于调整合伙人之间的关系,对于合伙财产、外部关系等欠缺完善的规范。中世纪商业贸易特别是海上贸易的兴起使合伙制度得到了快速发展,商人们运用合伙制度筹集了更多风险资本。对于合伙的债务,中世纪商法改变了传统罗马法的规则,要求所有的合伙人均需承担无限连带责任,这种制度模式对于与合伙进行交易的第三人而言构成更为有效的保障。同时,对于合伙事务的执行,不再需要遵循合伙人一致同意原则,任意一个合伙人都可以行使执行合伙事务的权限,同时也均会导致所有合伙人对于合伙债务的无限连带责任。中世纪商法确立的这些规则旨在促进商业活动的顺利开展,从整体上保障商人利益、维护交易安全。

值得注意的是,中世纪商法体系的建构也和商法学者对于商法规则的体系梳理密不可分。由于这一阶段商法法源形式以习惯法、裁判法为主,在体系性、科学性方面难免存在缺陷。为了便利商法规则的适用,在14世纪初就有学者开始尝试整理商事实践中的商法规则,例如弗朗切斯科·巴尔杜齐·佩格罗蒂就曾编纂了一本《商业实践》(*Pratica della mercatura*),但这种整理仅是简单的汇编,而非系统的整合。直至16世纪中期本维努多·斯特拉卡(Benvenuto. Stracca)完成《论商业》(*De Mecatura*)一书之后,商法规则才得到初步体系化整合。该书具体包括以下八个部分:商业一般原理、商人义务、经营商业的必要条件、商业形式、商人合同、海洋贸易、商业活动的中止、商人法院程序。斯特拉卡充分运用了其所掌握的罗马法理论知识和研究方法,对于繁杂的商事习惯法规则进行了重构,基本确立了现代商法的体系基础。

第二节 现代商法的早期发展:从自治法变为国家法

16世纪中期之后,随着现代国家的形成发展,不同国家之间的经济商业竞争也日趋激烈。特别是随着新大陆的发现和海洋贸易的发展,商业中心逐渐从地中海沿岸城市转移到大西洋沿岸的西班牙、葡萄牙、荷兰、法国、英国等国家。为了获得竞争优势和增加国家财富,部分重视商业贸易发展的国王逐渐介入商业活动中,对于商业贸易持鼓励支持的态度并积极推行"重商主义"政策。商法的发展也日益受到国家权力的影响。尽管商法的独立性依然得到维持,但是已经具有了同中世纪商法不一样的新特征。

国家权力首先介入了商法规则创制领域。与此前商法自生自发的法源建构机制有所不同,君主国时期的国王试图通过立法加强对商业活动的控制。商人创造的交易规则和商事习惯不能直接作为调整商业贸易的法律规则,而是经过立法确认之后才能正式成为商法规则。商人行会也不再是商人之间的有效自治组织和规则制定机构,而是被纳入了政府行政管理体系,在一定程度上变成了国家管制商业贸易的机构。经过此种调整,商法在一定程度上转变成为"国家法"。例如,法兰西国王查理九世在1563年就制定了规范商人法庭的规则,使得商事审判权力从"商人"手中收回到"国家"手中。更为典型的则是路易十四在1673年制定的《商事条例》,将既有商事法律规则通过成文立法形式加以体系化呈现,全面介入商业活动的管制。例如,强制要求商人进行登记,强制要求商人保存会计账簿,对于商人缔结的合同要求采取书面形式、履行登记手续,对于欺诈性破产给予死刑处罚。在当时法国著名法学家多玛看来,商法已经具有强烈的主权属性,其内容取决于国王的意志而不再遵循自然法规则。

国家权力对于商事立法的干预使得商法规则的建构不再遵循"自生自发"的原则,商法法源体系的"多元性"特征受到削弱,成文立法变得日益重要。随着商事成文立法渐趋成熟,商法规则体系也不断完善,特别是随着《商事条例》的制定,法兰西境内的商法规则已经初步实现统一。在当时多种法律并存的情况下,商法规则的统一不仅有利于商业贸易的发展、商事争议的解决,而且为后来商法法典化确立了基础。值得注意的是,《法国民法典》制定之后法国民法体系才得以初步统一,但是商法规则的统一性建构在17世纪已经基本完成。

在这一时期,商法在内容上存在很多创新之处,进一步适应了商业贸易发展需要。

一是股份公司的出现。为了开拓海洋贸易,荷兰、英国、法国在此时期纷纷成立了股份制的"东印度公司",典型的如1600年成立的英国东印度公司和1602年成立的荷兰东印度公司。这些公司虽然均为特权公司,其设立均需要获得国王的特别授权,但都具有独立的法人格,旨在筹集资本用于拓展海外贸易。这些殖民地股份公司的财产独立于股东的财产,对外承担责任的财产范围也仅限于公司财产。所有股东仅以认购股份额为限对于公司债务承担责任,无须再以个人财产承担连带清偿责任或补充清偿责任。股东持有的股份具有流动性,股东可以将其转让给其他主体。在当时的情况下,商人们可以通过认购股份的形式参与到更多的投资活动,而投资风险得到了有效控制。股份制公司的出现使得社会财富股票化,这也进一步促进了商业贸易的发展和商人阶层的壮大。

二是股票市场的建构。随着股份制公司逐渐增多,商人们转让手中所持股票的需求也日益兴盛。随着股票转让交易的繁荣,股票交易市场也得以发展起来。根据学者们的考证,股票市场最初形成于比利时的布吕赫和安特卫普,最终在阿姆斯特丹形成了较为规范的股票交易市场,此后在伦敦和巴黎也形成了较大规模的股票交易场所。经过长期的实践,股票交易规则也逐步得以完善。

三是汇票制度的发展。16世纪时在佛罗伦萨已经出现了票据转让的现象,17世纪时票据转让在法国、意大利等地区已经较为普遍,票据背书转让已经成为债权转让的重要工具。在此基础上,法国《商事条例》等成文立法的制定为票据转让确立了一系列实体法和程序法规范,重点解决了追索、承兑、背书等实践争议问题。

值得注意的是,虽然此阶段商法已从"自治法"转变为"国家法",但是商法的"主观法"属性并未得以消除。商法依然适用于商人阶层,属于商人阶层的特殊性法律。即使商人法庭已被纳入国家权力管制范畴,法官却通常是由经验丰富的商人担任。此外,即便这一时期各国国王强化了对于商事贸易的干预,但是这种干预并未从根本上影响到商人的营业自由。与之相反,在重商主义政策的影响下,商人的营业活动得到了更多的支持和鼓励,商人营业自由的深度和广度得到进一步扩展。

第三节 商法的法典化

进入19世纪之后,商法的独立性得到进一步强化,商法典的制定使得商法的独立性获得最为彻底的表达。1807年法国制定了世界上第一部商法典,确立了商法和民法分立的"双轨"法律体系,并且进一步发展完善了商事法律规则。在此体系下,民法主要被视为保护各类财产特别是不动产的法律,其中并不包含商业活动的规范。商法则被视为传统商人阶层和新兴工业资产阶级的法律。此后,欧洲其他国家也纷纷制定商法典。例如,1829年西班牙《商法典》、1833年葡萄牙《商法典》、1861年德国《一般商法典》、1865年意大利《商法典》等均堪称商法发展历史中的经典立法。

这些商法典的制定本身就是国家发展壮大的产物,较为典型地体现了启蒙主义立法理念。在当时流行的社会思潮下,立法权是主权的重要组成部分,立法者在立法过程中必须保障主权的统一性和完整性。因此,必须通过法典化的立法确保主权领土范围内法律规则的一致性,同时使得所有人的自由、平等、独立等原则能够得到实现,在商事交易领域这些要求也必须加以贯彻。通过商法典的制定,主权国家立法机构实质上已经垄断了商事法律规则的制定权,使得商人阶层和商业贸易均被纳入国家主权规制范围之内。

尽管如此,商人的经营活动并未受到严格限制。与之相反,商法的法典化进一步发展强化了营业自由原则。以法国为例,大革命使得传统行业协会的力量受到极大削弱,开展营业活动的诸多外在约束障碍均被清除。任何人均可以开展营业活动,政府原则上不干预商人的经营活动,营业自由的原则得以初步确立。这种根本性变革反映了当时经济自由主义思潮的要求,适应了商人阶层开展工业化生产的需要。从另一个角度来看,这种转变也体现了商人阶层成为主导政治力量之后的一种政治表达,商法典的制定本身就是商人阶层政治诉求的体现。

由于这一时期的立法思潮强调平等原则的贯彻,主权国家的立法对于任何社会阶层都必须平等加以适用。在此背景下,商法不再被视为商人阶层的"特权法",而是转变成为调整商行为的特别法。换言之，商法已经从"主观法"向"客观法"加以转化。以法国《商法典》为代表的各国商法典强调对于商行为的规范和调整，体系构造也转变为以"商行为"为核心，各种类型的商行为成为主要规范对象。首先，商法典明确了商行为的基本特征，以便判断特定行为是否属于商行为。例如法国《商法典》就通过第 632 条和第 633 条明确列举了 14 种商行为类型，界定了商行为的外延范畴；明确商事法院的案件受理标准为与商行为有关的争议，而不再以争议主体是否为商人作为案件受理依据，这就使得一方主体为商人的争议也可以纳入商事法院裁判范围。

在此背景下，法典化时代的商法现对于此前的商法已经呈现出一定"断裂状态"，虽然依然具有较强的独立性，但是理念基础和制度体系已经存在显著变化。商法规范，无论成文法规则，还是习惯法规则，原则上优先于民法规则加以适用。

就此阶段商法的"根本性发展"而言，主要包括以下几个方面：

一是完善股份公司法律制度。法国《商法典》第一次明确了股份公司的法律地位，并且围绕股份公司的经营管理建构了一系列规范制度（如股东会制度）。在法国《商法典》立法之时，股份公司的成立依然需要经过政府的批准。经过 1863 年和 1867 年的改革之后，股份公司的股东无须履行批准程序，而是可以在满足法定条件的情况下自由设立股份公司。股份公司制度可以为大工业生产的推进筹集资金，同时也能使得投资人借助有限责任机制分散投资风险。同时期其他国家的商法典也均确认了股份公司制度并且逐步取消了成立审核制度。这一新型商事组织的广泛运用推动了工业化的开展。

二是确立了票据无因性原则。为了便利债权的流转和促进票据的使用，这一时期的法学家在总结票据流转实践经验的基础上，进一步发展完善了票据转让制度。其中，特别值得一提的是，德国法学家 Einert 对于票据的无因性原则进行了深入的阐释，这一理论研究成果也影响到了 1848 年德国《票据法》的制定。

三是完善了股东权益保护制度。随着股份公司的大量设立，股票的转让交易也日益活跃。为了防止股票交易欺诈、操纵等不当行为的发生，同时更好地保护股票投资者，现代意义上的证券法也得以初步发展并略具雏形。一些保护投资者利益的制度措施得以确立，比如，中小股东可以针对股东会决议提起诉讼；限制大股东的投票权，在一定程度上突破"一股一票原则"的限制（例如 1882 年意大利《商法典》第 157 条规定：持股数量在 5 股以下的股东享有一个投票权，持股数量在 5 股以上 100 股以下的股东每 5 股享有一个投票权，持股数量在 100 股以上的股东每 25 股享有一个投票权）。[1]

---

[1] 第一节至第四节内容参见夏小雄：《商法独立性特征之再辨析》，载《北方法学》2016 年第 5 期。另可参考张谷：《商法，这只寄居蟹——兼论商法的独立性及其特点》，载《清华法治论衡》2005 年第 2 期；施鸿鹏：《民法与商法二元格局的演变与形成》，载《法学研究》2015 年第 3 期。

第四节　私法的商法化

随着工业化大生产的推进,传统经济社会生活形态发生了根本性变化:许多贸易商人逐渐转变为工厂主,商业资本转化为工业资本,工业生产而非商业贸易成为财富积累的主要途径;进入工厂的劳动者越来越多,他们和工厂的依存关系越来越深;工业化大生产使得商品日益丰富,商品交易的范围、频次也逐渐增多;传统的农业经济领域超越了自给自足的封闭经济形态,逐渐融入工业经济发展大潮之中。

在此背景下,整个社会经济生活就朝向商业社会、工业社会、资本社会进行转变,工业大革命的深入、资本主义的发展对于法律制度体系提出了"整体性"变革要求。私法体系必须根据经济社会发展需要作出根本性调整,原来专属于商法领域的法律规则(如促进合同成立、优待债权人、保护善意信赖等)被应用于整个私法领域,商法规则的适用空间得到极大扩展。法国 Ripert 教授将这种过程概括为"私人法律关系的商法化"或者"私法商法化"。在当时的学者看来,私法的商法化是社会发展变迁的必然结果,回应了大工业化生产时代的需要。商法规则的扩展适用可以弥补既有法律体系的漏洞,使得实践中各类争议得到更为妥当的解决,更好地促进各类交易的高效开展。"私法商法化"使得传统民法领域引入了很多商法规则,传统商法规则也扩展适用到了非商人之间的法律关系。

商法超越了传统适用范围而获得了"普遍性"适用,似乎也在一定程度上失去了其"独立性",因为商法规则和民法规则已在一定程度上趋于统一。特别是在债法领域,民法规则和商法规则的刻意区分已经不再适应时代的需要,传统民法典中的大部分合同法律规则都应当被商法典中的合同法律规则所代替。这一问题也引起了学者们的深入讨论。以意大利为例,Cesare Vivante 教授认为商法和民法的分立本身就是人为的,在私法关系已经商法化的背景下如果延续此种分立格局,必然会危及法律的确定性。商法法典化事实上已在一定程度上造成新的"法律特权主义",如果对于非商人也适用这些旨在保护商人利益的法律规则,可能造成新的不平等现象出现。在此基础上,他提出意大利应向瑞士学习进而制定统一的债法典,以便消除两个法典并存造成的冲突,并使得平等原则能在私法关系领域得到有效贯彻。

当然,也有很多学者认为商法形式上的独立地位依然需要维持,因为商法有其独立的法源体系和特殊的适用范围。对于商法的扩张适用,他们提供了多种理论进行解释:有人认为应对商法规范进行进一步类型化区分。部分法律规范属于从民法规范发展而来,与民法规范具有共同性,将其扩展适用到民法争议本无问题。部分法律规范则"背离"了民法一般原则,具有自己的特殊适用领域,这些规范恰恰是商法构成"自治法"的决定性依据;有人认为商法应当属于一般法和特别法之外的"第三种法"(tertium genus),因而不受特别法适用逻辑的约束,可以广泛地进行类推适用。

随着学术争论的逐渐深入,主张民商合一的立法思路最终占据了主流地位。这种立法思路充分反映了"私法商法化"的理念构想和体系逻辑,在私法立法上则体现为以下两种模式:一是在局部领域实现民法规则和商法规则的统一,如制定具有民商合一特征的债法。1881年瑞士债法即是这种模式的典范。二是制定统一民法典,将民法内容和商法内容统一规定在民法典当中。这一模式的代表便是1942年意大利统一民法典。

"私法商法化"改造从根本上改变了既有私法法律体系背后的法律原则结构。私法关系商事化意味着对法律关系的理解必须从动态的而非静态的角度入手,法律制度构造的重点应当从财产归属转向财产流转,法律体系规制的重心应当转变为交易效率的提升和交易安全的保障。具体到私法法律原则而言,必须更加注重债权法规则的优化,强调债权人利益的保护,突出善意信赖的保护和交易安全的维护。当然,也必须注意到商事化私法关系主体结构的根本性变化,因为主导性交易主体已从商人转换为企业。

在"商法化"之后的私法法律体系下,商事层面的各类交易得到了更多的关注,债权法规则在私法法律体系下的地位变得更为重要,在一定程度上已经"优越"于物权法规则。在工业经济时代,围绕大工业化生产发生的各类交易非常频繁,恰是通过各类合同的缔结使得社会经济运转得以有效组织,社会财富得以大量创造,债权法规则恰恰能够有效保障财富的流转和创造。

在债法体系之下,债权人的地位受到了更高程度的重视。为了促进商事交易的发展,各国私法法律体系下引入了更多有利于债权人的法律规则,如突出连带责任的重要性、要求金钱之债在债权人住所地清偿、不允许法官给予债务人履行宽限期、完善债务利息制度。同时,为了促进交易效率、保障交易安全,权利外观、信赖保护、善意取得、短期时效、有偿推定等原则和制度得到了进一步的强调。善意购买人取得动产所有权这一商法规则被扩展适用到其他类型的私法关系之中,如1900年德国《民法典》就借鉴了1861年德国《一般商法典》第306条的规定,引入了善意取得规则。

在19世纪的商法体系之下,商行为占据着核心地位,商法体系建构始终围绕商行为加以展开。在私法关系逐步商事化的背景之下,企业已经取代商行为成了私法法律体系下商事体系建构的基础概念,企业事实上也成了私法主体制度中最为重要的组成。在此背景下,维护企业的独立性、强化企业成员团体意思的重要性、保护企业投资人权益也成为私法法律体系的重要原则。如何通过合理的制度安排保障企业有组织的社会化生产是立法机构所面临的重要任务。商法学术研究也不再以个体商人间的商业交易为研究重点,而是转向以企业为核心、稳定有组织的商品交易和服务提供作为重点研究对象。商事活动的主导性主体从"贸易商人"变为"各类企业",商事活动的中心从"贸易"转为"生产"。

此外,商法的经济模式逻辑也必须根据实践需要进行调整。商法的生存土壤应当从传统的"自由市场经济"转向新型的"社会市场经济"。在原来的自由市场经济体系下,国家基本上是一个中立的裁判者,不会干预经济生活;而在新的经济体系下,国家在一定程度上介入并干预经济的发展,同时私人企业也要承担一定的社会职能。国家对私人交易的干预实际上也为私法的发展提出了新命题,政府干预如何证明自身的正当性和合理性、个人财产和私人企业社会性功能职责的承担有无影响私法自治的精义等均需要理论层面的深入讨论及制度层面的合理建构。

在强调"私法商法化"特征的同时,也需要注意此阶段逐渐出现的"商法碎片化"现象。随着商事实践的深入,越来越多的商事单行立法得以制定,公司法、票据法、海商法、保险法等特别法在一定程度上已经"掏空"商法典。此外,一些国际性条约的制定(如《票据国际公约》《工业产权国际公约》)也进一步加剧了商法的碎片化程度。

除此之外,随着政府管制在经济领域的逐步深入,商法也逐渐出现了"公法化"的倾向。国家对于商事主体、商事交易、商事争议的干预也越来越多,公共规制已经成为商法理论研究和实务适用不得不重视的新课题。国家兴办的各类公共企业也参与到经济运行过程之中,对于经济发展的影响也日益重要,它们的设立、治理、运营、责任等问题也都需要传统商法加以积极应对。

第五节　商法的再商法化和再法典化

20世纪商法典的体系调整回应了商事实践和经济发展的需要,但进入21世纪之后,商法发展面临一些新挑战。这些挑战主要来自三个方面:一是随着经济社会的不断发展,科学技术的创新变革给商事交易带来了很多新问题。尤其是随着互联网技术、通信技术和交通事业的发展,现代商事交易面临的很多新问题传统商法规则体系并没有提供完善的法律规则。二是商法体系化技术本身所存在的问题。20世纪商法典的变革虽然很大程度上适应了经济社会的发展需要,但是由于固守了相对僵化的法典化理念,使得商法典的制度体系趋向封闭,从而导致了"法典空洞化"和"商法碎片化"现象的出现。为了有效规制实践中的各种问题,立法者不得不另行制定大量商事单行法,在一定程度上"掏空"了传统的商法典体系。三是传统的商法立法都是主权国家的意志体现,但随着全球化进程的推进,商法规则的国家法属性一定程度上已约束限制了商事交易的开展。因此,发展或发现"新商人法",淡化商法规则的国别属性,强调全球范围内商法规则的统一,已经成为商法发展的重大命题。21世纪各国商法的再体系化必须直面上述三个挑战。

在采纳民商合一立法体例的国家,虽然已经不复有商法典的存在,但理论界和实务界都认识到民商合一的民法典不足以全面规范调整商事关系,在此基础上提出了将商法"再商法化"的理论主张,有的国家甚至准备另行制定商法典;在采纳民商分立立法体例的国家,虽然所谓的"去法典化"或者"解法典化"的运动已经发生,商事特别立法不断增多,但商法典在调整商事关系过程中的核心地位和重要功能并未丧失。值得注意的是,越来越多维持民商分立立法体例的国家也在尝试将商法"再法典化",也就是通过修订商法典或者重构商法典的方式更新商法规范构成,特别是将商法典改造为以"原则性规范"占据主导地位的法典,使其具有较好的开放性和适应性。[1]

同时,理论界和实务界不断强调"新商人法"的重要性,其中在研究"新商人法"方面最为有名的学者是Galgano教授。他通过对商法史的深入研究,强化了对于商法自发性

---

[1] 夏小雄:《商法的"再商法化"和"再法典化"——基于比较法的观察》,载《暨南学报(哲学社会科学版)》2023年第11期。

建构特征的认知,强调商法主要通过商人实践加以形成,商法的法律渊源包括商人习惯、商法裁判、自治规则等,而并不限于国家立法。尤其是涉及全球商事交往的时候,各国商人也越来越重视国际性条约、区域性条约、商人习惯法的重要作用,也有越来越多的国家试图通过区域性努力和国际性协调去建构趋同的国际商法规则。这在欧盟层面已经取得了一定程度的成功,非盟、东盟等地区也试图推动商法规则的统一化和体系化。

第六节　我国商法的沿革和发展

在清末以前,我国长期处于封建社会,农业经济是主要社会经济形态,商品经济发展缓慢。清朝末年,我国逐渐开始引入西方的商法理念和制度。清政府在1908年颁布了《大清商律》(包括商人通例9条、公司律131条),并在1909年拟定了《大清商律草案》,但是因为清政府覆灭而未能颁布。

中华民国政府成立后,在1914年颁布了《公司条例》《商人通例》等法律,此后参照比较法经验制定了民商合一体例的《民法典》,并在1929年颁布了《公司法》《票据法》《保险法》《海商法》等商事特别立法,商事法律体系初步完备,有效推动了交易的开展和经济的发展。

新中国成立后,我国推行计划经济体制,商品经济生存发展空间很小。

改革开放以来,随着社会主义市场经济体制的确立,我国的商事法制体系也逐步得到确立完善,为社会主义市场经济的发展提供了良好的规范基础和制度环境。[1]商事法治建设的基本成就主要体现以下几个方面:

一、建立了适应社会主义市场经济发展需要的商事法律体系

改革开放以来,在从计划经济向市场经济转型的过程中,我国在商事立法方面并未采取"一步到位"的立法策略,而是根据实践需要不断完善商事立法,经过四十多年的立法积累之后初步形成了较为完善的商事法律体系。

在商主体立法方面,改革开放早期根据吸引外资需要分别制定了三资企业法(《中外合资经营企业法》《中外合作经营企业法》《外资企业法》),并在2019年制定了统一的《外商投资法》,为外资进入中国开展经营活动创造了合适的商事组织形式;在不断探索国有企业改革的方向路径中,制定了《全民所有制工业企业法》《城镇集体所有制企业条例》等法律法规,为传统国企向现代企业转型奠定了立法基础;经过长期的实践准备,1993年制定了统一意义上的《公司法》,通过立法形式正式确认了公司制度的合法性并建构了较为全面的制度体系,为社会主义市场经济发展提供了组织法基础;1997年制定了《合伙企业法》,对于合伙企业进行了全面规范;2005、2013、2023年我国又对《公司法》

---

[1] 赵旭东:《改革开放与中国商法的发展》,载《法学》2018年第8期。

进行了重大修订,对于公司法中相应制度进行了调整完善;2006年则修订了《合伙企业法》,将有限合伙企业这一重要的商事组织类型引入商事法律体系。此外,在商个人立法方面,我国通过《个体工商户条例》《个人独资企业》等立法确保了个人作为商事主体能够有效开展商事经营活动。

在商行为立法方面,强化了商事交易的一般性规则建构。在改革开放早期我国根据市场经济发展需要分别制定了《经济合同法》《涉外经济合同法》《技术合同法》,1999年在此前实践经验的基础上制定了统一的《合同法》,为各类商事交易的开展和商事合同的履行提供了规范基础。在特别商行为方面,近二十年我国则先后制定了《票据法》《保险法》《破产法》《证券法》《信托法》《证券投资基金法》《期货法和衍生品法》等法律,对于票据、保险、证券发行、证券交易、信托行为、期货交易等特殊商行为类型提供了完善的法律规则。

二、确立了适应社会主义市场经济发展需要的商事制度结构

我国商事法治的发展始终以建立便捷高效的商事制度体系和自由宽松的商事经营环境为目的,并按照市场经济的内在要求不断调整市场和政府的关系、调校自治和管制的逻辑,确保市场机制能够充分发挥配置资源的基础性作用。在商事主体准入方面,不断降低准入条件、清除准入限制,使得商事主体能够便捷设立、商事营业可以自由开展;在商事交易活动层面,不断强化商人自治、减弱行政管制,确保各项交易能够高效推进;在商事竞争规制方面,切实规制各类不正当的竞争行为和垄断行为,确保商事主体能够自由平等开展营业活动。

三、建构了适应社会主义市场经济发展需要的商事监管制度

在从计划经济向市场经济转型的过程中,建立现代化的商事监管制度体系尤为重要。一方面,社会主义市场经济的发展要求减少政府权力对市场经济的干预;另一方面,政府对市场运行的合理监管权力,必须规范行使,不能让其任意侵犯市场主体的合法权益。为了促成上述两个目的的实现,我国按照社会主义市场经济的内在需求不断调整监管制度构成,最终建构了较为合理的商事监管制度体系,使政府与市场的关系实现了从"限定市场、余外政府"模式向"限定政府、余外市场"模式的原则理念调整和制度结构转型。

以证券市场监管为例,在我国建立了证券市场之后,起初是由人民银行负责证券市场的监管工作,1992年则在国务院证券委员会的基础上成立了中国证券监督管理委员会(以下简称证监会),全面负责证券市场的监管。经过三十多年的实践,证监会对于证券发行、证券交易、上市公司、证券公司等实施了全面深入的监管,确保了证券市场的有序健康发展。

四、形成了适应社会主义市场经济发展需要的商事审判机制

在理念层面,商事审判理念得到了法院以及法官的高度重视。商事审判理念主张促进交易效率、保护交易安全,注重外观主义原则的贯彻和善意信赖利益的保护。商事审判理念已经贯彻落实在商事审判实践中。

在制度层面,为了弥补商事立法的不足,各级法院特别是最高人民法院不断将商事审判理念加以具体化和实质化,并根据实践需要确立了指导商事审判实践的司法政策、裁判方法以及裁判规则。其中,最为重要的制度形式是司法解释的制定、指导案例的发布。

在机构方面,尽管我国并未建立专门的商事法院,但在一些地方的改革创新实践中,已经创设了一些具有特色的商事审判机构,比如设立专门的金融审判庭或法院以处理专业化的金融争议纠纷。

需要承认,改革开放以来我国商事法治建设已经取得长足进步,商事法律体系已经较为完备,但既有商法规范在体系性和科学性方面尚有不足,必须根据社会主义市场经济深化发展的需要对商法规则加以"体系化"再造。

重要名词术语

商人、商行为、商法典、民商分立、民商合一、新商人法

思考题

1. 如何从历史维度理解商法的独立性?
2. 如何理解商法法典化的功能?
3. 简述改革开放以来我国商法的发展成就。

第二章　商法的性质和特征

【内容提示】

不同历史时期商法的调整重心有所不同,相应的基础概念和制度体系也存在一定差异。在商法发展早期阶段,"商人"是商法体系建构的基础概念,也是商法规范调整的重心所在。在商法法典化阶段,营业不再是商人的特权,商人不再属于特权阶层。商法体系的建构以"商行为"概念为基础。在19世纪末20世纪初私法关系整体商事化背景下,商法也从"商行为法"转换为"企业法"或"营业法",以企业主体开展的有组织营业活动(企业活动)为主要规范对象。

商事关系是指平等市场主体之间基于营业性活动而形成的社会关系。商法的调整对象是商事关系,商法是调整商事关系的法律规范的总称。商事关系是商法体系建构的概念基础,对于商事关系内涵和外延的理解至关重要。具体而言,商事关系具有以下几个特点:首先,主体的平等性;其次,目的的营利性;最后,内容的营业性。

在现代法秩序体系下,对于商事关系的规范调整是全方位、多层次的。商事关系本质为私人社会关系,属于私法调整范畴。商法立法基于商事关系的特殊性,提供有针对性的法律规则,确认和保护商主体权利,进而提升商事交易效率、保障商事交易安全。

商法调整的法律关系属于平等主体之间的营利性法律关系,商法规范的存在目的在于保护私主体的合法权益,商法本质上属于私法。传统私法的基本原则、基本规则在商法领域都应该得到贯彻和落实。商法具有特殊性,属于特别私法,商法规则与传统意义上的民法规则存在一定的差异。

商法具有以下基本特征:商法系私法,但具有一定的管制性;兼有组织法和行为法属性;具有一定的技术性;具有一定的国际性;具有一定的程序性;具有开放性和发展性。

第一节　商法的调整对象

一、商法的规范重心

从商法发展历史可以看出,不同历史时期商法的调整重心有所不同,相应的基础概念和制度体系也存在一定差异。

在商法发展早期阶段,"商人"是商法体系建构的基础概念,也是商法规范调整的重心所在。商人主要从事手工生产、商品买卖等营业活动,且主要是自然人。商法围绕商人资格的取得、商人的权利义务、商人争议的解决等确立了较为详尽的法律规则。

在商法法典化阶段,营业不再是商人的特权,商人不再属于特权阶层。商法体系的建构以"商行为"概念为基础,各国商法典立法明确了商行为的外延范围和类型构造,商法典的调整边界和商事法院的受案范围以是否属于"商行为"为标准。以"商行为"概念来界定商法调整范围和建构商法制度体系属于客观主义立法模式,1807年《法国商法典》属于典型的代表。

在19世纪末20世纪初私法关系整体商事化背景下,商行为制度自身面临理论困境和体系危机。商法典难以全面列举商行为的类型,新型商事交易不断出现,能否将其纳入商行为范围则是存在疑问;在商行为规范不断扩展适用范围的背景下,已经很难区分民事行为和商事行为。商法从"商行为法"转换为"企业法"或"营业法",以企业主体开展的有组织营业活动/企业活动为主要规范对象。

从比较法角度来看,经历长期变迁发展后,现代商法已经被视为"企业法"或"营业法",全球范围内的商法改革也多以"企业"/"营业"概念为基础。但是,"商人""商行为"等概念在现代商法体系下依然占据着重要地位。

需要承认的是,无论从哪个角度界定商法概念及其调整范围,都可能存在一些值得讨论的问题。目前,商法界倾向于从"商事关系"角度界定商法概念,并将商法理解为调整商事关系的特别私法。

二、商事关系的法律界定

商事关系是指平等市场主体之间基于营业性活动而形成的社会关系。商法的调整对象是商事关系,商法是调整商事关系的法律规范的总称。商事关系是商法体系建构的概念基础,对于商事关系内涵和外延的理解至关重要。

具体而言,商事关系具有以下几个特点:

首先,主体的平等性。商事关系的主体通常为各种类型的市场主体。这些市场主体具有平等的市场地位,可以根据自身意愿自愿平等达成各种交易。参与商事交易的市场主体一般具有"理性计算"的能力,在平等协商基础上合理配置当事人权利义务并分配交易风险,不存在一方当事人"支配"或"命令"另一方当事人的问题。

其次,目的的营利性。营利性是商事关系的本质属性,非商事关系不具有营利性。参与商事交易的市场主体一般以营利为目的,无论商品的生产,还是服务的提供,主观目的均是希望获取利润。营利是商事关系形成的目的和动机,是商主体开展营业活动、从事商事交易的根本出发点。

最后,内容的营业性。商事关系以营业为核心内容,属于动态的财产关系。商主体开展商品生产、服务提供等营业活动,将营业组织、营业行为、营业资产有机整合在一起,进而实现营利目的。无营业活动,则不存在商事关系。商事关系必须以存在确定的营业活动为前提,商主体之间的权利义务必须根据营业活动的具体内容加以确定。

从商事关系的概念和特征来看,可以从三个角度界定商事关系:首先是主体角度。商事关系必须由商主体参与,且至少交易一方为商主体。如果交易双方均非商主体,则难以形成商事关系。其次是目的角度。商主体参与商事交易是以营利为目的,如果非以营利为目的,也不能将界定为商事关系。最后是内容角度。商事关系围绕特定营业活动而发生,如果根本不存在营业内容,则不能形成商事关系。商事关系属于以营利为目的,以生产商品、提供服务为主要内容的有组织的营业活动。从实践情况来看,需要结合上述三个标准来认定特定社会关系是否属于商事关系。[1]

三、商事关系的法律调整

商事交易在市场经济发展过程当中具有重要的作用,尤其是商品的生产、服务的提供对于社会财富的增加、大众需求的满足具有至关重要的意义。同时,商事交易往往体现为有组织的营业活动,营业活动的有序开展对于社会的稳定、文明的进步也会产生至关重要的影响。

在现代法秩序体系下,对于商事关系的规范调整是全方位、多层次的。在整体法秩序层面,往往会对商事交易自由、商事主体权利作出明确的确认保护。商主体都有开展商事交易、形成商事关系的基本自由,同时商事主体所开展的商品生产、服务提供等有组织的营业活动必须符合现代法治的根本要求。商主体的营业自由权利通常会在宪法层面加以确认。

商事关系属于私人社会关系,应当纳入私法调整范畴。通常来说,确立私法一般规则的民法典立法会对商事交易的一般原则作出明确的规定。在商事关系领域,私法自治原则、诚实信用原则、公平原则、平等原则是需要贯彻落实的基本原则。商主体可以基于自身意愿,在不违反法律强制性规范、不损害公共利益、不违背公序良俗的情况下,自由开展各种类型的商事交易,形成各种类型的商事关系。

商事关系本身具有特殊性,要想实现对商事关系的全面调整,就必须建构有针对性的法律规则。商法立法应基于商事关系的特殊性,提供更有针对性的法律规则和调整方法,确认和保护商主体的权利,进而提升商事交易效率、保障商事交易安全。

值得特别注意的是,商事关系与民事关系都属于私人关系,由私法进行调整。但民事关系通常涉及一般性财产关系,商事关系则主要涉及营业性财产关系,两者分别由民法和商法加以调整。[2]

第二节 商法的性质与特征

由于商法调整的法律关系属于平等主体之间的营利性法律关系,商法规范的存在目

---

[1] 蒋大兴:《商事关系法律调整之研究——类型化路径与法体系分工》,载《中国法学》2005年第3期;施天涛:《商事关系的重新发现与当今商法的使命》,载《清华法学》2017年第6期;刘斌:《商事关系的中国语境与解释选择》,载《法商研究》2022年第4期。

[2] 施天涛:《商法学》(第六版),法律出版社2020年版,第4页。

的在于保护私主体的合法权益,因此通常认为商法本质上为私法。传统私法的基本原则、基本规则在商法领域都应该得到贯彻和落实。

但是,商法具有一些独特特征,属于特别私法,商法规则与传统意义上的民法规则存在一定的差异。这主要是因为:参与商事交易的商主体与一般意义上的民事主体存在一定的不同,商主体本身是以营利为目的,具有一定的交易经验,能够理性地进行计算;商事交易系营业性活动,本身注重交易效率和交易安全;商事交易具有重要经济功能,对于交易秩序维护和市场经济发展会产生重要影响。因此,商法在强调贯彻私法基本原则、基本规则的基础上,应当特别注重交易效率的提升、交易安全的保障,更应强调规制调整的体系性和融贯性。

在实践中,商法通常是指各种商事法律所构成的整体,既包括商法典、商法通则等一般商事立法,又包括特别商事立法。在这个意义上,应当注意区分形式意义上的商法和实质意义上的商法。形式意义上的商法,往往是指以"商法典"命名的商法法律以及其他商事特别立法。而实质意义上的商法是指以商事关系为规范对象的各种法律法规。

具体而言,商法具有以下基本特征:[1]

第一,商法系私法,但具有一定的管制性。商法是私法,应当以私法自治为基本原则,商主体根据自身意愿去形成商事关系是私法自治原则的本意,只要相应的交易不违反法律强制性规定、不损害公共利益、不违背公序良俗。但是,商事交易本身涉及生产资源的交换,对于市场经济的运行具有重要影响,尤其是当一方交易当事人为商主体而另一方不是商主体时,商主体甚至可能会利用自己在信息、经验上的优势损害非商主体的利益。考虑到这些因素,就应当对商事关系加以特别的规范调整,对于商主体和商行为要引入必要的强制性规范,从而保障商事交易有序高效开展。这也是通常所说的"商法公法化"倾向。比如,公司的设立、变更、清算需要满足法定条件和法定程序;票据必须记载法定记载事项;信托受托人必须按照法定信义义务标准管理受托财产。

第二,商法兼有组织法和行为法属性。商法包含商主体法规范和商行为法规范。商主体法规范旨在界定商主体的类型、明确商主体的法律地位、厘清组织内部各机构和外部各主体的权利义务关系,应当贯彻组织法逻辑,包含一定的强制性规范。实践中,商主体包括商自然人、商法人以及其他商事组织,围绕商自然人、商法人以及其他商事组织形成了具体的商主体立法,比如公司法、合伙企业法、个人独资企业法。商行为法规范主要是商主体从事商事营业活动的行为规则,以任意性规范为主,在实践中主要体现为各种形式的商事交易法。具体而言,主要包括合同法、证券法、基金法、信托法、保险法、破产法、票据法、期货法等。

第三,商法具有一定的技术性。商事交易的结构本身较为复杂,尤其是在市场经济高度发达的当下,不管是商主体,还是商行为,往往都会呈现比较复杂的构造,商法的规范调

---

[1] 参见刘凯湘:《论商法的性质、依据与特征》,载《现代法学》1997年第5期;赵旭东主编:《商法总论》,高等教育出版社2020年版,第一章"商法概述";施天涛:《商法学》(第六版),法律出版社2020年版,第9—14页;王建文:《商法总论研究》,中国人民大学出版社2021年版,第16—22页;徐强胜:《商法导论》(第二版),法律出版社2023年版,第15—21页。

整因而也具有一定的技术性。比如,公司法中的公司设立、股份发行、公司财务,证券法中的证券发行、证券交易、信息披露、收购重组,保险法中的保险利益、保险理赔,票据法中的背书、承兑、追索,均具有一定的技术性,相应的法律规则较为复杂;而在金融交易层面,存贷款合同、理财合同、资产管理合同、证券交易、期货交易本身结构就较为复杂,相应的法律规范也具有一定的技术性。商法规范中存在大量的技术性法律规则,如果不具有相关领域的专业知识和专业经验,往往难以理解商法规范的技术性逻辑,也难以准确解释适用相应商法规范。

第四,商法具有一定的国际性。现代商事交易在一定程度上超越时间和空间的限制,逐渐形成了一些不同国家商主体共同遵循的法律规则,商法规则也具有越来越强的国际性。比如1930年《日内瓦统一票据公约》、1931年《日内瓦统一支票公约》、1978年《国际汇票和国际本票公约》和《国际海上货物运输公约》、1980年《联合国国际货物买卖合同公约》。同时,商法的发展也在一定程度上呈现出"趋同"态势。尤其在全球化的当下,各个国家和地区有关商主体和商行为的法律规则越来越具有相似性。尽管各个国家和地区在建构商法规范体系的时候,会充分考虑本土需求和国情特色,但商法规则的国际性仍然得到充分强调,这是商事交易的内在特征所决定的。

第五,商法具有一定的程序性。为了保障商事交易的高效进行,确保商事交易的安全,商法往往对商主体和商行为设定一些必要的程序性规范,包括诉讼程序规范和非诉讼程序规范。比如企业的破产需严格遵循破产法上有关破产宣告、债权人会议、破产清算、破产整顿的程序性法律规定;公司法当中对于股东会、董事会、监事会的召集、决议以及相应瑕疵的诉讼都规定了较为严格的程序。这些程序性规范的引入,有助于保障商事交易的效率和安全,也有益于相关主体的实体性权利得到充分的实现。

第六,商法具有开放性和发展性。相对于其他法律部门而言,商法具有较强的开放性和发展性,往往会根据实践的需求而不断调整自身的构成。商法具有开放的法律渊源机制,重视习惯法和裁判法的功能,对于实践中形成的"活法"规则能够及时加以确认,确保商法体系的开放性和适应性。相对于其他部门法而言,商法修订的频率往往更高,这主要是为了适应市场环境的变化,确认实践中已经形成的多元法律规则,进一步促进市场的繁荣和经济的发展。

重要名词术语

商事关系、商主体、商行为、特别私法

思考题

1. 如何理解商法作为特别私法的法律性质定位?
2. 商法具有哪些基本特征?
3. 如何界定商事关系?

第三章 商法的体系构成

【内容提示】

商法规范并不是随意地组合到一起,而始终是一种有机的、整体的存在。不同商法规范形成的商法规则群称为商法体系。评价商事法治发展水平的重要标志就是商法的体系化程度。如果商法具有良好的体系性和融贯性,不同规范之间的体系关联程度高,商法体系的漏洞就会比较少,商法规范之间的矛盾和冲突也会随之减少,这有助于实现对于商事关系的全面规范调整。

商法体系化需要把商法规范背后所体现的法律原则加以有效整合,将商法规范涉及的法律利益加以充分衡量,使具体法律规范背后的法律原则、法律价值、法律利益能够以体系化、动态化的结构形式加以呈现,使其能够切实地反映特定经济体商事交易和经济发展的实际需要。

必须通过合理的规范安排将多元商法法源形式的法律地位加以确认,并且通过成文立法明确不同法源形式的适用顺序。

传统的贸易商人之间的商法规则已经不适应于企业与企业、企业与个人之间的法律关系调整,因此以"企业"概念为核心来建构商法制度体系具有一定的必然性和合理性。

商法原则规范既包括商法领域的一般性、原则性规范,也包括商法领域内部的部门法原则性规范;既包括明确表达的明示性原则规范,也包括隐含在内的默示性原则规范。商法原则具有以下功能:第一,弥补商法规则漏洞,有助于疑难案件的解决;第二,防止商法规范膨胀化、碎片化;第三,确认商法的独有性特征和自主性存在;第四,保持商法体系的开放性和动态性,实现商法的回应性调整。商法原则具体包括营业自由原则、营业维持原则、交易安全原则、交易效率原则。

商事法法律渊源是多元的,成文立法仅为法律渊源形式之一,而且与自治法、判例法、习惯法等其他法源形式并不冲突。

第一节 商法的体系化

商法规范并不是随意地组合到一起,而始终是一种有机的、整体的存在。不同商法规范形成的商法规则群称为商法体系。研究商法问题,必须充分关注商法的体系构成,同时在商法规范的解释适用过程当中也必须具有体系思维。

评价商事法治发展水平的重要标志就是商法的体系化程度。如果商法具有良好的体系性和融贯性,不同规范之间的体系关联程度高,那么商法体系的漏洞就会比较少,商法规范之间的矛盾和冲突也会随之减少,这有助于实现对商事关系的全面规范调整。同时,商法的体系化也有助于法院解释适用商法规范,从而有助于推动司法个案正义的实现。

一、商法的体系化:历史考察

(一)商法起源时期

中世纪商法起源时期的商法规范主要由商业实践发展而来,以习惯法、裁判法、行会法等形式存在,商法规范之间的冲突和矛盾经常存在。特别是随着习惯法规范的增加、判例法规则的累积,商法就其外在形式而言就变得更为庞杂,就其内在逻辑而言也显得更为混乱,不同城市间商法规则之间的矛盾冲突使得商人和法官往往无所适从。

在此背景下,被称为现代商法之父的本维努多·斯特拉卡运用罗马法的观念和技术对既有的商法规则进行体系化梳理,在1553年出版了《论商业》一书,确立了商法的独特性规范体系,使得商法与罗马法、教会法、封建法彻底区分开来,初步建构了现代商法的制度体系。

依据斯特拉卡的著作,商法规范体系可以分为八个部分:(1)商业一般规则:包含了商人的概念,并区分商业商人和手工业商人;(2)商人的义务:包括行会登记、设置商业账簿等;(3)开展商业活动的必要能力:包含了商事行为能力的一般限制和特别限制,判断时点以商人登记时刻为准;(4)作为商业活动客体的物品:对于不能作为交易客体的物品做了否定式列举;(5)商事合同:包括委托、抵押、保险等合同规则;(6)海事贸易:包含了较为详尽的海商法规则,包括船长责任、租船、航行自由等内容;(7)商事活动的终止:包括死亡、自愿终止、刑罚禁令、破产等原因,其中对于破产规则做了系统的梳理;(8)商事诉讼程序。

(二)商法的成文化

1673年路易十四当政时制定的《陆上商事条例》首次以成文立法方式实现了商法的体系化,虽然该条例只有122条,但其体系较为完善、内容较为全面,简化并澄清了复杂的习惯法规则,对于当时商法规则的统一有重要的意义。

《陆上商事条例》的基本结构如下:(1)商人学徒、手工业商人、批发商和零售商;(2)银行代理人和经纪人;(3)商人、银行家的登记簿;(4)公司(合伙);(5)支票和汇票;(6)交易利率;(7)身体的强制;(8)财产分立;(9)抗辩和抗辩通知;(10)财产转让;(11)破产与清算;(12)商人法庭的管辖权。

《陆上商事条例》的积极意义在于:在国家领土范围内对商法规则进行了第一次系统梳理;虽然其内容较为简略,但就其本质而言就是一部简易商法典,开创了商法典立法的先例;对于周边国家的商法立法产生了重要影响,西班牙、葡萄牙等王国随后也制定了类似的商事条例,甚至对于后来的法国商法典立法也产生了深远影响。

（三）商法的法典化

法国商法典在《陆上商事条例》和《海上商事条例》的基础上将商法规则进一步加以体系化，形成了总共四编、650条法律规范的商法体系，尤其是将《陆上商事条例》没有涉及的匿名公司（股份公司）规则详尽加以规定，对于破产法规则和票据法规则进行了丰富发展。此后1829年西班牙《商法典》、1833年葡萄牙《商法典》基本上按照法国《商法典》的体系化逻辑对既有的商法规则进行了体系化（见表3-1）。

表3-1　法国、西班牙、葡萄牙《商法典》体系安排

1807年法国《商法典》的体系安排	1829年西班牙《商法典》的体系安排	1833年葡萄牙《商法典》的体系安排
第一编　商事一般规则 　第一章　商人 　第二章　商业账簿 　第三章　公司 　第四章　财产分立 　第五章　交易场所、交易中介和经纪人 　第六章　商业代理 　第七章　商业买卖 　第八章　商业支票、商业票据和时效 第二编　海商法规则 第三编　破产法规则 第四编　商事审判	第一编　商人和商业主体 　第一章　开展商业活动和作为商人的资格条件 　第二章　开展商业活动主体的共同义务：商业登记、商业会计、诚信要求 　第三章　商业活动的辅助人及其义务 第二编　商事合同一般规则、形式和效力（包含了商事债务一般规则、商事公司、商事买卖、互换、借贷、保管、委托、保险、票据、商事合同履行等内容） 第三编　海商法规则 第四编　破产法规则 第五编　商事裁判管理	第一编　陆上商业 　第一章　商事主体一般规则 　　第一节　商人及其职业 　　第二节　商业交易场所 　　第三节　商行为及其权限 　　第四节　商人义务 　第二章　商事债务 　第三章　商事诉讼以及商事法院的组织 ……

第二代商法典立法推动了现代性商法体系的最终确立，其典型代表是1861年德国《一般商法典》、1882年意大利《商法典》、1885年西班牙《商法典》。这几部商法典都是以"商行为"概念为基础建构相应的制度体系，并且针对商行为确立了完善的法律规则，不仅有商行为的一般性规则，而且针对具体商行为也制定了详尽的规范。以意大利1882年《商法典》为例，第3—6条全面列举了24种商行为类型，特别是将不动产买卖、出版印刷等纳入了商行为的范畴，使实践中出现的新型商业交易均能得到有效的规范调整。相对于此前商法典而言，这几部商法典以"商行为"概念为基础实现了商法的客观化（见表3-2）。

表 3-2 德国《一般商法典》与意大利《商法典》体系安排

1861年德国《一般商法典》的体系安排	1882年意大利《商法典》的体系安排
第一编　商事职业主体	第一编　商事一般规则
第一章　商人	第一章　一般性规定
第二章　商事登记	第二章　商行为
第三章　商事名称	第三章　商人
第四章　商事账簿	第四章　商业账簿
第五章　商事公司的监察人、代理人	第五章　商业中介
第六章　商业辅助人	第六章　商事债务一般规则
第二编　商事公司	第七章　商事买卖
第三编　以共同账户从事商行为的合伙或团体	第八章　买入返售
第四编　商行为	第九章　商事公司和商事组织
第五编　海商法规则	第十章　票据和银行支票
	第十一章　交互计算合同
	第十二章　商事委托和商事代理
	第十三章　运输合同
	第十四章　保险合同
	第十五章　质押
	第十六章　货物仓储
	第二编　海商法规则
	第三编　破产宣告及其效果
	第四编　商事诉讼及其时效期间

（四）现代商法的体系调整

随着大工业生产的深入，整个社会关系逐渐呈现出商法化的趋势。而从私法体系建构的角度而言，私法制度的建构和私法立法的完善必须回应这种社会关系的根本调整变化。传统商法主要调整自然人商人的贸易性商行为，而在工业革命不断深化的背景下，商事活动主体主要转变为各类企业，以企业为核心、有组织的商品生产和服务提供成为主导性商事关系。商事活动的支配性主体从"贸易商人"变为"各类企业"，商事活动的中心从"贸易"转为"生产"。商法规制应当不再以个体商人间的商业交易为重点，而需要转向以企业为核心、稳定有组织的商品交易和服务提供。商法的生存土壤应当从传统的"自由市场经济"转向新型的"社会市场经济"。在自由市场经济体系下，国家基本上是一个中立的裁判者，不会干预经济生活；而在社会市场经济体系下，国家在一定程度上可以介入经济的发展，同时私人企业也要承担一定的社会职能。

对于商法立法者而言，这是一项全新的挑战，商法的体系化必须选择新的途径和方向。在此逻辑下，有两种体系化路径可供选择：（1）将民法规则加以商法化使得传统民法典能够在一定程度上吸纳商法规则，特别是在合同法领域消除民法规范和商法规范的差异，实现合同/商行为法律规则的统一。在物权法领域，也根据商事实践的需要更新用益物权制度和担保物权制度，甚至在侵权责任法领域也需要作出相应调整。（2）在商法规范的体系建构层面，不再以"商行为"作为调整重心，而是以"企业"概念为核心去建构相应制度体系。

在立法层面,有的国家将上述两个层面的要求在同一部法典中加以实现。比如1942年意大利《民法典》、1992年荷兰《民法典》、2002年巴西《民法典》;有的国家则维持了民法典和商法典并存的局面,但对传统的法典进行体系改造。一方面民法典大量吸收了传统商法典中的法律规则,另一方面在商法典制定或修订时又"另起炉灶",扬弃了传统的商法典体系化逻辑,其中最为典型的代表当属奥地利的《企业法典》。

二、商法体系化:理论思考

(一)商法体系化的结构形式

谈论商法的体系化,必然要涉及商法的结构构成问题。依据传统的理解,商法的体系化就是将商法规则以法律规范的形式加以表达。但是,商法体系的构建并非仅涉及商法规范的组合和优化,还需要把商法规范背后所体现的法律原则加以有效整合,使具体法律规范背后的法律原则、法律价值、法律利益能够以体系化、动态化的结构形式加以呈现,使其能够切实地反映特定经济体商事交易和经济发展的实际需要。

对于商法体系化而言,商事法律规范的构造组合只是体系化的基础工作,更为重要的工作是将商法规范背后的原则、价值、利益加以体系化整合,使得商法体系能与特定国家、特定时期的经济发展状况相适应,从而有效地规范和指导商事交易,保障交易安全并提升交易效率。立法者必须把每个法律规范、每个具体制度背后所涉及的原则、利益、价值加以深度的分析,使该规范的立法目的、保护法益都能得到清楚地阐明。在遇到具体争议问题时,司法机构能够结合这些要素准确解释适用法律规范。就法律规范构造的角度来看,上述工作主要通过建构原则性规范加以完成。

在传统商法学说理论看来,商法原则通常包括商主体法定、促进交易便捷、保护交易公平、保护营业和企业维持等原则。相对于处理具体问题的商法行为规范而言,商法原则规范的存在本质上在于解决以下几个问题:归纳商事交易的基本特性,强化商事交易的快捷性、安全性、公平性等属性;提炼商事规制的基本立场,特别是在自治和管制之间确立平衡逻辑,论证商法强制的必要性和合理性;确立商主体的基本义务,特别是突出诚实信用义务的重要性,并以其作为"兜底性"义务和"概括性"义务。

商法原则规范的重要功能在于保持商法体系的开放性。商法原则规范的构造具有一定的抽象性,在对商事关系的规制调整方面具有一定的包容性和开放性。在具体商事法律规范存在"漏洞"或"空白"的情况下,可以适用商法原则规范对新型商事关系或疑难商事案例加以调整,从而实现商法规范体系对于复杂商事实践的"回应性规制"或"开放性纳入"。

(二)商法体系化的法源表达

商法的体系化还涉及商法的法源体系问题。实际上,商法的体系化并非只有商法立法一条路径,将商法的体系化等同于商法立法是一种错误的看法。

从商法发展历程可以看出,商法是商人的自治法,商人自己才是商法规则的主要创造主体。虽然国家立法机构逐渐介入商法规则的创制过程,但立法机构并没有垄断商法规范的"生产"。在全球化的当下,商人依然主要是商法规则的创造者和先行者。商法的法源体系不能将商法立法视为唯一法律渊源,而应当尽可能广泛接纳现实生活中存在的"活法规则"。这些"活法规则"既包括商人间的习惯法规则,也包括法院创造出的裁判法规则。此外,还应当重视商人间契约的重要性。在某种程度上而言,商人间的契约是商人之间的自治法,是调整商人之间法律关系的"第一性"法律渊源。在商人之间不存在契约自治法的条件下,才有国家法介入的必要性以及习惯法规则、裁判法规则介入的可能性。

商法的体系化必须重视国家立法之外其他法律渊源的重要性。商法的体系化首先必须确认商人间契约的重要性。除此之外,必须对习惯法规则、裁判法规则的重要性加以确认,并在商法的体系化过程当中对于这些规则加以有效的梳理。此外,商法的法律渊源体系必须明确不同法律渊源形式的法律位阶和适用顺序。只有在商法的契约法规范、成文法规范、习惯法规范都没有确定规则的情况下,才有适用民法一般法的可能性。

（三）商法体系化的概念基础

在19世纪商法法典化之前,商法体系化的概念基础是"商人",商法立法主要围绕商人的权利和义务加以展开；在19世纪法典化的过程当中,商法的体系建构主要以"商行为"概念为核心；到了20世纪,"企业"概念成为商法体系建构的核心概念。当然,商法体系建构以某一核心概念为基础,并不意味着在商法体系下其他概念就无存在必要。对于商法的体系化而言,必须探讨不同概念体系下或制度结构下商法的功能机制,并分析这种体系结构能否实现商法立法使命,能否适应相应的经济社会土壤。商法的体系化决不能构造"空中楼阁",而是必须受到经济社会发展情况制约,必须符合既有商法历史发展传统。

从商法发展变迁趋势来看,以"企业"概念为核心建构商法制度体系更具有合理性。这主要是因为以下几个原因：一是现代商事交易的主体主要是企业,虽然还存在以自然人身份经商的主体,但从现代商法发展趋势来看,自然人形式的商业主体也都向企业化改造。二是企业本身具有制度优势。通过提供合理的企业组织形式,特别是不同的财产机制和治理机制,使得从事商业活动的主体可以根据自身需要选择合适企业组织形式,也便于交易效率的提升和交易安全的维护,在一定程度上也有利于国家对于商事交易进行适当的管理。三是现代商事交易主要是以企业为核心,企业与企业之间的交易已经占据了主导地位。传统的贸易商人之间的商法规则已经不适应于企业与企业、企业与个人之间的法律关系调整,以"企业"概念为核心来建构商法制度体系具有一定的必然性和合理性。

（四）商法体系化的本体论考察

商法的体系化必须考虑商事规范的存在论基础。这种思考在一定程度上超越了法律体系建构的教义学范畴,而是主要立基于法律社会科学的思考框架。换言之,不能将商法的体系化局限于商法规范的结构性组合,而是必须充分地考虑商法体系建构与商事交易实践的内在契合度,要考虑商法与特定国家的政治结构、经济制度、文化伦理、法治发展等相关因素的结构性关系。立法机构既不能"好高骛远"追求理想化立法,也不能"畏手畏脚"受限于现实性约束,而是必须合理建构两者的结构性关系。商法的体系化必须使得商法规范体系符合特定国家特定时期的商事交易实践需要。

进入21世纪后,显然不能用19世纪的商法典规制当下的经济生活,也不能将19世纪商法典中的规则直接套用于当下商事法律关系的调整和商事法律争议的解决。更不能忽视当下金融商事关系发达、互联网经济发展、大数据技术运用、全球化进程加速等因素，对于商事交易的调整和规制必须根据这些新趋势、新要求去寻找相应的商法规范构成，重新理解现代商法的使命。

当然，在讨论这一个层面的问题时，不能忽视宪法性原则和宪法性规范的解释。尤其是在对社会因素的理解、社会价值的主张、社会利益的诉求存在分歧争论时，必须以宪法所确定的价值体系、原则框架作为商法体系化工作的逻辑出发点。

此外，如果需要建构符合经济社会发展客观需要的商法规则体系，也需要定期对商法规则的整体适应性、体系协调性进行"评估"，并在此基础上对于既有商法规则进行体系化完善。[1]

第二节　商法的原则

一、商法原则的基本理论

商法体系是由商法原则规范和商法规则规范共同构成。商法原则规范和商法规则规范的逻辑构造和功能使命有所不同，但协作发挥作用、共同致力于实现对商事法律关系的全面调整，也能为商事法律争议的解决提供完善方案。[2] 商法原则规范具有"承上启下"的功能，能够把宪法中关于商事交易的价值和原则进一步加以具体化，同时对于具体法律规则的解释适用又能提供引导。

商法原则规范既包括商法领域的一般性原则性规范，也包括商法内部的部门法原则性规范，既包括明确表达的明示性原则规范，也包括隐含在内的默示性原则规范。这些原则性规范构成一个紧密的整体，它们能够把既定法秩序下关于商事交易、市场经济的共识性社会观念加以一定程度的具体化。

商法原则具有以下几个方面的重要功能：

第一，弥补商法规则漏洞，有助于疑难案件的解决。由于商事实践创新的推进，商事交易总是会以各种创新形态加以呈现，而在传统的商法规范体系下，由于商法规范本身的缺陷和立法者缺乏足够的预见性，对于一些实践争议案例往往难以寻找到适当的裁判规则。在商法体系下引入商法原则规范之后，裁判者可以通过原则规范的解释、原则条款的演绎对于具体案件进行裁判，在一定程度上弥补商法规则漏洞，使得商法体系的结构缺陷在一定程度上得到填补。当然，商法规范漏洞也可分为"体系内漏洞"和"体系外漏洞"。立法者已经预见但因为疏忽而没有制定规范的可以视为"体系内漏洞"，由于立法时经济社会

---

〔1〕 本节内容参见夏小雄：《商法体系化与商法典立法的关系思辨》，载《河北法学》2022年第10期。

〔2〕 李建伟：《后民法典时代商法基本原则的再厘定》，载《学术论坛》2021年第3期。

条件的制约导致立法者完全没有预见的则属于"体系外漏洞"。通常来说,对于"体系内漏洞",完全可以基于法律原则推导而寻找到具体漏洞填补方案,对于"体系外漏洞"的填补则需要运用法律原则条款并结合目的解释、历史解释、体系解释等方法对于既有商法规范做出扩张解释、限缩解释、类推解释等。[1]

第二,防止商法规范膨胀化、碎片化。商法原则条款本身具有高度的抽象性,能够广泛而全面地调整各类商事法律关系。如果缺乏商法原则的引导和规范,立法机构就不得不制定大量的特别法律规范,由此可能导致商事特别法越来越多,特别商法规范呈爆炸式增长,商法体系越来越"臃肿化"的同时也日益"碎片化"。经由商法原则概括调整功能的发挥,商法规范体系可以保持适度的"弹性",对于一些特别复杂的商事法律关系,可以在商法原则的引导下制定适当的规范,但并不一定要求"事无巨细"均制定特别规范。更为重要的是,即便特别商事立法越来越多,但经过商法原则的引导和整合,特别商事立法之间的体系性和融贯性会得到加强,商法立法不会呈现"碎片化"的状态。

第三,确认商法的独有性特征和自主性存在。当下商法研究的弊端在于过于重视商法的具体制度和规则规范,对于商法制度体系的独特特征和特有原则缺乏足够的重视,由此导致了商法独立性存在基础的缺失。重视商法原则特别是通过立法确认商法原则的重要性,可以使得商法的内在体系结构得到完美的呈现,商法与其他部门法的区别能够得到清楚地阐明,这对于论证商法的独立性存在、自治性特征具有重要的意义。

第四,保持商法体系的开放性和动态性,实现商法的回应性调整。在某种程度上说,一旦商法立法得以确立,商法体系便呈现出相对封闭的特性。这意味着商法规范的表面文义、规范目的以及体系意涵往往是相对确定的。除非对商法体系进行重大的调整,否则很难改变具体商法规范的规制目的和调整范畴。经过商法原则规范的解释,可以将宪法层面对于商事交易、市场经济的原则性理解输入商法体系当中,并影响具体商法规范的解释适用。在这种情况下,可以使得商法体系本身保持开放性和动态性,不断地接纳新的商法理念、商法价值,积极回应商事实践和社会变迁的需要。

二、商法原则的具体构成

学界对于商法原则构成的理解存有差异,[2] 通常认为包括以下几个方面:

(一)营业自由原则

营业自由是指商主体有权根据自己的意愿自主性从事营业活动的权利,其他主体不得非法干涉商主体的自主性营业活动。营业自由原则确认了商主体开展营业活动的基本自由,厘清了商法领域国家管制和政府干预的法律边界,是现代商法体系的灵魂和核心。只有深入贯彻落实了营业自由原则,才能有效促进市场投资、维护交易秩序、促进经济发展。

---

[1] 钱玉林:《商法漏洞的特别法属性及其填补规则》,载《中国社会科学》2018年第12期。
[2] 具体参见赵旭东主编:《商法总论》,高等教育出版社2020年版,第二章"商法基本原则"相关内容;施天涛:《商法学》(第六版),法律出版社2020年版,第14—24页;《商法学》编写组:《商法学》(第二版),高等教育出版社2022年版,第16—21页;等等。

通常来说，营业自由权利在宪法体系下存在规范空间，并被视为重要的基本权利类型。商主体既可以在法律规定范围内自由开展营业活动，又可以抵御公权力对于营业自由权利的不当侵犯，还可以要求国家积极开展制度建设进而保障营业自由权利的充分实现。

同时，营业自由权利本身属于经济社会权利，商主体及其营业活动应当承担一定的社会职责，因此在法律明确规定的情况下，可以基于公共利益需要对于营业自由权利作出一定的限制。法律可以规定特定主体不能从事营业活动，比如公务员不能从事营利活动；也可以对某些领域、某些行业的营业活动设置一定的资格门槛条件，比如要求提供会计服务的主体必须取得相应的专业资质、会计师事务所的设立必须符合法定条件和设立程序。

（二）商主体法定原则

商主体法定原则，又称企业主体法定原则，指商主体特别是企业的创设、变更或终止必须严格按照法律规定的企业类型和标准以及法定程序进行，禁止当事人任意创设、变更或终止商主体。商主体法定原则旨在保护第三人和社会公共利益，也可以为投资者的权益保护提供保障。商主体法定原则具体包含企业类型法定、企业内容法定、企业公示法定三方面的要求。[1]

企业类型法定是指商法对于企业的类型作出明文规定，企业的创设和变更只能在法律规定的主体类型和标准下进行，禁止在法定类型之外任意创设企业类型。企业类型法定并非构成对营业自由的限制，而是在尊重营业自由的前提下强化企业内部关系的稳定性，并为交易相对人提供稳定的交易信赖。

企业内容法定是指企业的财产关系和组织关系必须由法律予以明确规定，当事人不得创设或变更形成具有非规范性的财产关系和组织关系。商主体特别是商法人、商合伙的财产机制和治理机制必须具有确定性，商法通常会提供框架性规则，当事人在框架性规则内享有自治空间，但不能违反法律强制性规范要求。确立稳定的企业财产关系和组织关系是保障交易安全、提升交易效率的制度基础。

企业公示法定是指企业主体的成立、变动必须按照法定程序予以公示，以便第三人及时知晓；未经公示，不得对抗善意相对人。通过公示程序，商主体特别是商法人、商合伙的财产、成员、类型、营业范围等要素都可以为交易相对人所知晓。

（三）营业维持原则

由于商主体及其营业活动对于市场经济的发展、交易秩序的维护能够发挥至关重要的作用，因此应当尽量促成商主体及其营业活动的持续。除非需要基于公共利益原因加以干预，否则原则上应当尊重商主体的存续和商事交易的效力。营业维持原则的贯彻，有助于维护商事交易的稳定性和预期性，有助于保护交易相对方的善意信赖。

第一，商主体的维持。商主体是推动市场经济发展的中坚力量。商法应当在法律范围之内最大限度尊重商主体的独立性，不能任意干预从而使其解散、消灭或重大调整。尤其是对于商事组织而言，不能因为商事组织成员的个人原因而影响商事组织人格和财产的独立存续；不能任意适用设立无效、合并无效、司法强制解散等制度"消灭"商事组织；在

---

[1] 王建文：《商法总论研究》，中国人民大学出版社2021年版，第145—148页。

商事组织陷入经营困境时,应当通过重整机制尽量使其恢复正常经营状态,而不能任意宣告破产解散。

第二,商事交易的促进。如果商事领域的交易或相关行为没有严重违反强制性规范、损害公共利益、违反公序良俗,而仅是具有轻微的瑕疵,从营业维持的角度来看,不应当轻易否认相关交易或行为的效力。比如,在公司决议具有轻微瑕疵时,就不宜否认公司决议的效力;即便股东会、董事会决议被宣告无效、被撤销或者确认不成立,公司根据该决议与善意相对人形成的民事法律关系不受影响。

(四)交易安全原则

商事交易虽然追求效率,但同时也应当注重交易安全的保障。商法会引入一些特别强制性规范,要求商事主体和商行为遵循这些强制性规范,以确保交易安全的实现和交易相对人利益的保护。

第一,公示主义。对于涉及商事交易的一些重要事实,商主体必须按照法律的规定进行公示,以便让交易相对人了解相关情况并决定是否开展交易。比如,公司法要求公司必须公示注册资本、经营范围、法定代表人、股东等事项;证券发行人应当按照法律规定披露相关重要信息。

第二,强制主义。为了维护交易安全和交易相对人的利益,商法会对商主体和商行为作出一些强制性的制度安排,要求特定的商主体和商行为必须具备法定条件或遵循法定程序。这些强制性要求往往划定了商主体和商行为的合法性边界,一旦逾越相应边界,商主体从事的商行为有可能会被认定为违法并需要承担相应的法律责任。

第三,加重责任。商法当中存在特别的法律责任机制,主要包括严格责任和连带责任。为了督促商主体切实履行自身义务,在商主体没有过错的情况下,商法会规定在一些特定情形下要求商主体承担民事责任。同时,在交易主体为多人的情况下,商法还会引入特别的连带责任机制,以立法明确规定相关主体应当在特定条件下承担连带责任。

(五)交易效率原则

商事交易追求效率,商法规则的建构应当贯彻落实交易便捷原则,最大限度地促进商事交易开展、减少商事交易成本、提升商事交易效率。

第一,形式自由。商事交易以效率为原则,在形式方面遵循自由原则。商法对于商事交易的形式原则上不做强制性要求,商主体可以根据自身的意愿采取差异化的商事交易形式。以合同为例,既可以采取书面形式,也可以采取口头形式,只要双方当事人认可自身选择的合同形式。

第二,权利外观。商事交易过程当中尊重权利外观,即便权利外观表象与权利最终归属之间存在一定的分离状态。商法严格贯彻落实权利外观原则,对于基于权利外观形成的善意信赖、发生的商事交易要加以保护。公司法保护交易相对人对于股东名册登记状态、工商登记的信赖;票据法中基于票据的文义记载确定票据主体的权利和义务。

第三,交易定型。为了提升商事交易效率,商主体通常会将交易方式、交易客体加以定型化。比如,商事交易中采用标准合同或格式条款;将交易客体商品化和证券化,以股票、票据、保单、仓单、提单等形式简化交易程序、提升交易效率。

第四，短期时效。商法中引入特别法规定，对于各类商事请求权规定相对更短的时效期间，督促商主体尽快行使权利，进而解决争议纠纷、促进交易开展。比如，《票据法》规定持票人对于前手的追索权时效期间，自被拒绝承兑或被拒绝付款之日起 6 个月；持票人对前手的再追索权的时效期间，自清偿日或被提起诉讼之日起 3 个月。

第三节　商法的法源

一、商法法源的"法律多元主义"

商法法律渊源形式是多元的，成文立法仅为法律渊源形式之一，而且与自治法、判例法、习惯法等其他法源形式并不冲突。成文立法既可能是从其他法源形式总结而来，也可能为其他法源形式继续发展。此外，商法法源体系本身是开放的、动态的，商事法体系自身也在变迁发展。商法法源的"法律多元主义"可以从理论视角及历史维度加以印证。[1]

（一）理论视角

商事法的体系建构需要坚持"法律多元主义"的逻辑，可从商事交易的基本属性、商事立法的技术逻辑、商事审判的结构特征等进行论证。

首先，商事法体系建构需要充分考虑商事交易的发生逻辑。在现代经济社会之中，商事主体之间的各类交易频繁发生。为了保障交易安全、促进交易效率，商事主体之间也需要确立并调整这些交易的规范规则。值得注意的是，商事交易与民事交易有所不同，商事交易通常具有营利性、技术性、风险性等特征，为了有效规避风险、顺利推进交易，商事主体往往会围绕商事交易的结构设计、风险防范、利益分配等进行反复磋商，并且通过契约等形式将上述内容加以"成文化"或"定型化"。这些经由契约形成的"自治规范"构成了调整商事交易的"首要法源"，也是解决交易纠纷、分配交易风险的首要依据。通常来说，在商事主体的"自我立法"不违背法律法规、公序良俗的情况下，商事主体的"自治规范"应当得到最大限度的尊重，在此情形下商事交易的效率和安全也能得到保护。当然，即使商事主体对于相关事项反复磋商，商事合同可能依然存在规范漏洞或模糊之处，此时才需要借助交易惯例、成文立法、司法判例等资源去发现"隐藏的规范"，进而使得相关争议纠纷得以妥当解决。可以看出，商事交易的本质属性决定了商事主体之间的自我立法在商事法法源体系中占据首要地位。商事立法虽然重要，但就其功能而言，一是确立商事交易需要遵循的强制性规范；二是提供商事交易可能需要的默认性规范，并同商事习惯、司法判例共同构成合同解释之依据、规范确立之基础。

其次，商事立法遵循的理念和采纳的技术和民事立法、刑事立法有所不同。刑事法领

---

〔1〕 参见夏小雄：《从"立法中心主义"到"法律多元主义"——论中国商事法的法源建构逻辑》，载《北方法学》2014 年第 6 期。

域由于需要坚守"罪刑法定"原则,为了有效打击刑事犯罪、维护社会秩序,主权国家往往会将制定刑事法典视为建构法律秩序的重要环节;民事法领域虽然不存在类似"罪刑法定"的原则约束,私人之间也可以通过私法自治的方式实现自我治理,但是市民社会也需要通过立法确立一些基本规则进而确认权利、规范行为、提供救济。商事法是以商事主体的商事行为作为调整对象,无论是规范主体,还是行为对象,商事法并不具有普适性。换言之,商事法是针对这些特殊主体和特殊行为发展而来的特殊规则,在法律体系中并不具有刑事法律规范、民事法律规范那样的基础地位和重要职能。鉴于商事交易上述基本特征,商事立法可以遵循"渐进逻辑",根据商事实践客观需要逐步制定法律规范,同时依据司法实践的经验总结、学术研究的理论反思不断修订既有立法。

最后,商法法源体系形成需结合商事审判的特征加以思考。与普通的民事审判相比,商事审判具有较为明显的"可商谈性"。商事主体之间对于争议纠纷的解决并非强调绝对的"为权利而斗争",而是在多数情形下寻求基于"商谈"基础之上的柔性处理。至于争议解决的法律依据,商事主体可能并不强调绝对的法律规范至上,而是可能更加愿意诉诸合同的解释、判例的援引、习惯的说明、学理的阐释。在此情形下,法官也应当顺应当事人的"规范需求",通过合理地运用成文立法之外的法律渊源加以论证分析进而妥当解决相应争议。实践证明,在商事审判中自治法、判例法、习惯法、学说理论等资源也得到了更大程度的重视。

（二）历史视角

商事法的体系建构需要坚持"法律多元主义"的逻辑,也可以从商事法的发展历史中加以说明。

虽然罗马法中已经存在调整商业贸易的法律规范,但是商事法从民事法中分离出来成为独立的部门法却发生在中世纪后期。在那段时期,地中海沿岸部分海洋共和国的商业贸易逐渐繁荣,有关商事主体和商事交易的登记、公司、保险、支付、破产等习惯法规则渐趋完善。这些规则有别于传统的罗马法和教会法的法律规范,成为调整商事交易的普遍规则和解决商事争议的重要依据,在事实上已经形成了一个新的部门法律体系。当然,这些习惯法规则本身旨在解决商事实践中出现的各种难题,缺乏严格的理论论证和体系建构。此时,一些受过良好罗马法训练的法学家开始运用体系研究方法对既有商事习惯规则进行整理,使得商事习惯法的内容更为完善、体系更为协调。

而在现代国家形成之后,为了克服封建时代法律割据的局面,各个国家的主权者希望通过制定法典实现法律的统一,在商法领域亦是如此。在法典化思潮的影响下,法国在1807年制定了第一部现代意义上的商法典,通过成文立法形式将商事主体、商事登记、商事账簿、商事保险、商事合同等制度加以统一。随后,西班牙、意大利、葡萄牙、德国等国家也先后制定了类似的商法典。毫无疑问,这些法典的制定具有较为显著的时代意义:作为主权者的意志表达,阐明了商业自由的基本原则,确认了商事主体尤其是商人的合法地位,对商事主体的权利和义务加以明确规定。但此时商事法的体系建构依然遵循了"法律多元主义"的基本逻辑:商法典中大多数法律规范均来自此前的习惯法和判例法;各个国家商法典均明确多元法源形式（判例、习惯、学说等）的合法性;商法典并非随意拼凑而成,立法者在立法准备阶段做了大量的实证调查、学术研究等工作。在此之后,随着商事实践的发展,商法典的缺陷逐步显现,有些国家制定新法典取代了旧法典,有些国家则制定特别法弥补商法典在内容上的漏洞、体系上的缺陷。

进入20世纪之后,虽然各国民法的法典化依然在有序推进,但就商事法的体系建构而言,各国并未延续19世纪法典化的思路。在充分考虑商事交易和商事立法的基本特征之后,各国立法者倾向于制定特别法对于新型商事法律关系加以调整。例如,针对各种新型商事公司、商事合同、商事保险、支付工具等,分别制定特别法规范加以调整。商事特别立法的出现体现了"功能主义"导向的立法思维,商事立法不再纯粹追求体系的完善,而是强调商事创新的有效规范、商事争议的及时调整。同时,传统大陆法系国家也加强了对商事法领域判例法、习惯法的研究,使得判例、习惯、学说等在商法法源体系中占据了越来越重要的地位。无论商事争议的解决,还是商事法律的完善,成文立法之外的法源形式均起到了至关重要的作用。此外,随着全球化的推进,国际商事交易日益发展并且需要相应法律规范对之加以调整,以国别法为核心的商法体系无法有效规范跨国商事交易活动。在此背景下,基于习惯法规则形成的"新商人法"成为调整商事交易、处理商事争议的重要依据,其中,以《国际商事合同通则》《欧洲合同法通则》为代表的"新商人法"已经成为规范国际商事交易的"重要法源"。在某种程度上来说,商法体系建构的"法律多元主义"在21世纪体现得更为明显。

二、商法法源的具体形式

(一)宪法

宪法是国家的根本大法。从宪法视角来看,营业自由权利是公民的基本权利,保障营业自由权利是宪法实施的应有之义。此外,商法中所涉及的股权、保险受益权、票据权利、信托受益权等均属于财产权的保障范围。立法机构必须通过积极立法促进营业自由、财产权得到充分实现,防止私人主体的不当侵害,限制公权力的任意侵犯,确保公民的营业自由、商事财产权得到有效的保障。当然,这些权利也非绝对的,在维护社会公共利益的基本前提下可以对这些权利加以适度限制,但是必须遵循严格条件(目的正当、符合比例原则和平等原则)。

在第二次世界大战结束之后,很多国家引入了违宪审查制度,宪法法院(宪法委员会)的合宪性控制实践使得宪法规范的解释深刻影响了商法的发展。宪法中平等原则、财产权、营业自由等条款的解释对于商法的规范适用和体系完善有着重要的影响。例如,德国宪法法院将股份财产权纳入《基本法》第14条财产权的保护框架之下,对限制股东知情权、排除股东资格等商事立法的合宪性进行了审查;[1]法国宪法委员会则对企业国有化法律是否构成对于营业自由的限制进行了深入讨论。

我国学者多认为宪法规范构成商法的根本性法源,对于商法的制定、解释和实施具有

---

[1] 陈霄:《德国宪法上的财产权保障与股东权利》,载《华东政法大学学报》2016年第1期。

约束力,但一般不直接适用于商事活动,裁判者不能直接援引宪法作出裁判。[1]

（二）民商事法律、法规

民商事法律是由国家立法机关依法制定的调整商事关系的一般性法律,是我国商法的主要渊源。民商事法律包括一般法和特别法,其中《民法典》属于调整私法关系的一般法,对于商事关系同样有适用的空间;而立法机关制定的《公司法》《证券法》《破产法》《保险法》《票据法》《期货和衍生品法》《信托法》《海商法》则属于商事特别法。根据特别法优先于一般法的法律适用规则,商事关系的调整原则上应当优先适用商事特别法,在商事特别法没有规定的情况下,可以适用私法一般法规则。

法规包括行政法规和地方性法规。行政法规是国务院依法制定的规范性文件。就商事关系的调整而言,国务院制定的行政法规也具有重要的意义,比如《市场主体登记管理条例》对于市场主体的登记作出了全面的规定;地方性法规是省、自治区、直辖市的人民代表大会以及常务委员会以及设区的市的人民代表大会及其常务委员会根据特定行政区域的具体情况和实际需要而制定的法律规范文件,比如各个地方制定的《优化营商环境条例》对于地方营商环境的改善和具体商法制度的完善具有重要的意义。

（三）部门规章和地方规章

根据《立法法》的规定,国务院各部、各委员会,中国人民银行,审计署和具有行政管理职能的直属机构,可以根据法律、法规的规定制定规章。商事监管部门制定的部门规章对于商事关系的调整具有重要的意义。以金融领域为例,国家金融监督管理总局、证监会所制定的相关部门规章对于银行、保险、证券、信托等领域法律关系的调整提供了具体的法律规则。同时,地方政府制定的规章也有涉及商事关系调整的重要内容。比如,地方政府制定的有关交易场所的管理办法规章具有重要的意义。值得注意的是,人民法院不能直接以违反规章为由判令相关合同或交易无效。

（四）最高人民法院的司法解释、指导案例等

在商法规范解释适用的过程当中,最高人民法院通常会总结司法经验出台司法解释。根据《立法法》的规定,最高人民法院作出的司法解释应当针对具体的法律条文,符合立法的目的、原则和原意,并且应在法定期限内报全国人大常委会备案。最高人民法院制定的司法解释本身不能代替法律规范,但是司法解释对于法律规范的解释适用具有至关重要的意义。在商法领域,最高人民法院针对《公司法》《保险法》《破产法》《票据法》等法律制定了较为详尽的司法解释,对于实践中商事关系的调整、商事争议的解决具有至关重要的意义。

同时,最高人民法院也通过发布指导性案例、公报案例的形式确立具体的商法裁判规则。尤其是最高人民法院从2010年开始建立案例指导制度,遴选典型案例并向社会发布,至今已经发布了两百多件指导性案例,其中商事领域的指导性案例推动了商法规则体系的完善。指导性案例可以作为法官论证的依据,为法官审理案件提供借鉴和指导,在事实

---

〔1〕 徐强胜:《商法导论》(第二版),法律出版社2023年版,第35页;《商法学》编写组:《商法学》(第二版),高等教育出版社2022年版,第25页。

上也发挥了法律渊源的功能和作用。

（五）习惯法

在商法发展过程当中，习惯法一直是商法的重要法源形式。商人之间通过长期交易形成的习惯法规则，对于调整商事关系、解决法律争议具有重要的意义，实践中一般都认可习惯法的法律渊源地位。

从比较法维度来看，大多数国家的商法典立法在总则部分确认商事习惯的法律渊源地位，并且对习惯法规则的适用作出明确规定。通常来说，在缺乏商事特别法规则的情况下可以适用习惯法规则。我国《民法典》承认了"习惯"的法律地位，第10条规定："处理民事纠纷，应当依照法律；法律没有规定的，可以适用习惯，但是不得违背公序良俗。"

（六）国际法渊源

商法具有一定的国际性，实践中国际商事条约、国际商事惯例也是重要的商法渊源形式。国际商事条约是国家间缔结、参加、承认的单边或者双边条约协定，比如《联合国国际货物买卖合同公约》《统一船舶碰撞某些法律规定的国际公约》等国际商事条约对于国际性商事关系的调整、商事争议的解决发挥了重要的作用。同时，在国际商事交易实践当中已经形成了大量的商事交易惯例，这些交易惯例虽然不是法律，但是当事人可以选择将其作为调整当事人商事交易的法律依据，一旦当事人选择了特定国际商事惯例，该惯例在当事人之间就能产生约束力。

重要名词术语

商法体系、营业自由、商法法源、习惯法

思考题

1. 如何理解营业自由原则？
2. 如何理解商法习惯法的功能？
3. 如何实现商法的体系化？

典型案例分析

商事交易习惯的认定：A公司与B公司买卖合同纠纷案

A公司与B公司2012年度共签订的四份《产品供货合同》，均是双方当事人真实意思表示，不违反法律规定，合法有效。现双方对前三份合同的履行并无异议，仅对SL-D1208-0388号《产品供货合同》的履行有异议。A公司作为原告起诉，要求B公司返还贷款并赔偿损失。二审法院综合当事人的举证、诉辩情况，认定本案的争议焦点为：B公司是否履行了SL-D1208-0388号《产品供货合同》约定的交货义务。

一审法院从双方签订合同的目的、交易模式、交易习惯、以及履行情况综合判断，B公司已向A公司履行了SL-D1208-0388号《产品供货合同》约定的交货义务，理由如下：

1. 从 A 公司、B 公司与 D 公司签订合同的目的与交易模式看,三方联系紧密,A 公司与 D 公司在履行时存在混同。

2. 从 B 公司实际履行行为看,B 公司已将 SL-D1208-0388 号《产品供货合同》项下钢材运送至合同约定的送货地点。

3. 从 A 公司与 B 公司先后履行四份《产品供货合同》看,双方就钢材送货已形成固定的交易惯例。A 公司与 B 公司 2012 年度共签订四份《产品供货合同》,此前三次交易的钢材交货方式均为:钢材从 B 公司出库后,由全诚物流运至上海铁山路码头,再由通豪物流运至上海市宝山区罗泾镇飞云路 21 号,通豪物流的送货单据上载明的收货单位均为 D 公司。A 公司与 B 公司之间,相同的交易方式多次使用,非常成熟,而 A 公司与 B 公司对此前三次交易均无异议,应视为有固定的交易惯例。B 公司在履行 SL-D1208-0388 号《产品供货合同》钢材的交付时,与此前的交易惯例一致,应为按双方合同约定履行交付钢材行为。

4. 从 B 公司发货后,三方的后续行为看:A 公司已于 2012 年 10 月在其财务报表的记载中,将 SL-D1208-0388 号《产品供货合同》记载为商品入库,并后续对 ZCGYLDC-29-2012《工矿产品销售合同》记载为 D 公司还应付货款 37,736,245.75 元,还于当年对 D 公司的该欠款计提了 30% 的坏账准备。

综上,B 公司已将涉案合同项下的钢材运至合同约定的地点上海市宝山区罗泾镇飞云路 21 号,B 公司履行合同交付的行为符合双方此前的交易惯例,且 A 公司于 B 公司交货后已在其 2012 年度财务报表中认可收到了 SL-D1208-0388 号《产品供货合同》下的货物。该院经综合分析判断,认定 B 公司已完成了 SL-D1208-0388 号《产品供货合同》约定的交付义务。

A 公司不服上述民事判决提起上诉称,就交易惯例的适用特别提道:根据《中华人民共和国合同法》第六十一条的规定,只有合同内容没有相关约定或者约定不明确,且不能达成补充协议的,才应当适用交易惯例。本案中,诉争合同约定的交货地点是中远物流飞云库,该约定具体明确,B 公司应按照该合同约定履行交货义务。在合同对交货地点有明确约定的情况下,一审法院适用交易惯例认定 B 公司已完成交货义务,明显违反了合同法的规定,属于适用法律错误。

二院法院认为,本案二审的争议焦点为,一审判决认定 B 公司已经履行了 SL-D1208-0388 号《产品供货合同》约定的交付义务是否正确。结合二审争议焦点,二审对交易惯例的适用进行了进一步分析。

关于一审判决以交易惯例认定 B 公司履行了交货义务是否属于适用法律错误问题,二审法院认为,双方在合同履行过程中已经形成相对固定的交易模式、交易习惯等交易惯例,此前三次交易的钢材交货方式均为:钢材从 B 公司出库后,通过 D 公司委托的全诚物流运至上海铁山路码头,再由通豪物流运至上海市宝山区飞云路 21 号,通豪物流的送货单据上载明的收货单位均为 D 公司,而相关运输费用亦由 D 公司承担。由此证明 A 公司与 B 公司之间,相同的交易方式多次使用,相对固定,而 A 公司与 B 公司对此前三次交易均无异议,应视为有固定的交易惯例。虽然 A 公司主张本案诉争合同约定的交货地点与已履行完毕的三份合同约定的交货地点不同,但本案已查明的事实证明,已经履行完毕且无争议的前三份合同的实际交货地点与本案诉争合同的交货地点均是上海市宝山区飞云路21号,对此,A公司无异议,证明其认可前三份合同约定的交货地点和交货方式,同时也证明其认可B公司将货物运抵到上海市宝山区飞云路21号后完成了交货义务。而对于诉争合同,虽与前三份约定交货地点不同,但运输的方式和运输单证上记载的送达地址均与前三次的相同,且已有证据充分证明诉争合同项下的货物已经送到上海市宝山区飞云路21号。在此情况下,一审法院结合前三次无异议的合同履行的交易惯例认定B公司履行了诉争合同项下的交付义务,并不违反《合同法》第61条的规定,适用法律亦无不当。故A公司关于一审判决以交易惯例认定B公司履行了交货义务属于适用法律错误的理由,缺乏事实和法律依据,二审法院不予支持,予以驳回。

第四章　商主体一般理论

【内容提示】

商主体是指按照法律规定享有权利能力和行为能力,以自己的名义实施商行为,并且独立享有权利、承担义务的主体。

商主体具有以下几个基本特征:第一,能够独立享有和承担民事权利义务;第二,实施商行为;第三,实施商行为以营利为目的;第四,商主体的资格需要经过商事登记而取得;第五,以自己的名义实施商行为。

商主体的类型包括:

(1) 商个人。商个人是指以营利为目的从事营业活动的自然人。成为商个人,需要具备两个基本条件:自然人必须具有权利能力和行为能力,可以从事营业活动;自然人成为商个人原则上必须经过登记。商个人需要对其营业活动所形成的债务承担无限责任。

(2) 商法人。商法人是指按照法律规定的条件和程序设立的具有法人资格的,能够独立进行营业活动的商事组织。商法人具有三个基本特征:第一,具有独立的法人格;第二,以营利为目的;第三,商法人的营业活动由商法加以特别调整。

(3) 商合伙。商合伙是指两个或两个以上的合伙人按照合伙协议的规定,共同出资、共同经营、共享收益、共担风险的商事组织。商合伙具有自身独立的财产,能够以独立的市场主体身份享有权利、履行义务、承担责任。商合伙具有以下特征:由两个以上的合伙人组成;合伙人应当共同投资、共同经营、共享利益、共担风险;受到合伙法的特别调整;以营利为目的。

商主体享有的权利:营业权、公平交易权、商业名称权、商业秘密权。商主体应当履行的义务:合法经营义务、正当竞争义务、置备账簿义务、依法纳税义务。

第一节　商主体概论

一、商主体的概念

商主体,又称商事关系主体,是指按照法律规定享有权利能力和行为能力,以自己的名义实施商行为,并且独立享有权利、承担义务的主体。

从商法发展历史角度来看,早期的商主体主要是自然人商人,主要包括手工业商人、贸易商人。随着商业交易规模的扩大,渐渐出现了服务于商业贸易的商人群体,比如专门从事借贷、汇兑的商人。

为了开展大规模贸易,自然人商人联合起来组成了商合伙,通过这种组织形式筹集资金、聚集资源。在商合伙的基础上,17世纪相继出现了皇室或国王特许成立的殖民地公司,传统意义上的商人逐渐成为公司背后的股东或投资人。

在19世纪商法法典化阶段,各国通过法典立法确认了商人的权利和义务,同时对于无限公司、两合公司、股份公司的内外部法律关系提供了全面的法律规则。可以说,商个人、商合伙、商法人并存的商主体格局正式确立。此后,股份公司的制度优势得以进一步发挥,德国更是在1892年制定了《有限责任公司法》,创造出了简化版的股份公司——有限公司。德国的这一做法被其他国家仿效。商事公司逐渐成为商主体的主导形式,同时商合伙和商个人的制度形式也在不断调整。随着资本市场的创新和市场经济的发展,有限合伙、信托在资本市场和资产管理领域得到了广泛的应用。商个人也逐步往企业化的方向转型发展,从事营业活动的自然人商人多注册为个人企业。[1]

二、商主体的特征

商主体具有以下几个基本特征:

第一,商主体能够独立享有民事权利、履行民事义务和承担民事责任。商主体具有独立的人格,具有民事权利能力和民事行为能力,这是其独立享有权利、履行义务、承担责任的基本前提。商主体首先应当是民事主体,只有具备民事权利能力和民事行为能力,才有成为商主体的可能性。

第二,商主体必须实施商行为。实施商行为是判断商主体的重要标志,如果不实施商行为,相应主体不能认定为商主体。通常来说,商人是以实施商行为、从事营业活动作为主业,如果只是偶尔从事商行为,通常也不能将其认定为商主体。只有以营业活动为业者才是商主体。为了开展持续营业活动,商主体通常有固定的生产经营场所。

第三,商主体实施商行为以营利为目的。商主体实施商行为的根本目的在于获取利润。如果不以营利为目的,虽然实施了一定的交易活动,但不能将相关主体认定为商主体。比如,党政机关、军队和其他社会团体可能也会参与特定的交易活动,但是不能将它们认定为商主体,因为他们的交易活动不以营利为目的。

第四,商主体的资格需要经过商事登记而取得。商主体资格的取得,必须满足法律规定的条件,并且按照法定程序进行登记注册,进而取得从事营业活动的执照或者资质。商主体从事营业活动必须经过登记取得营业执照,否则就构成无照经营或非法经营。需要注意的是,在一些特定行业、特定领域,比如金融行业,商主体资格的取得还必须先经过政府机构的审批。当然,实践中一些特殊的商主体不需要经过工商登记也能开展营业活动,比

---

[1] 叶林:《企业的商法意义及"企业进入商法"的新趋势》,载《中国法学》2012年第4期;王建文:《从商人到企业:商人制度变革的依据与取向》,载《法律科学》2009年第5期。

如小商人可以豁免登记,我国的农村承包经营户也不需要像个体工商户一样进行登记。

第五,商主体是以自己的名义实施商行为的主体。商主体必须以自己的名义实施商行为,并享有民事权利、履行民事义务、承担民事责任。在商事实践中,商主体还可能会委任或者雇用他人辅助实施商行为。代理商主体实施商行为或者为商主体提供特定服务的主体称为商业辅助人。商业辅助人不是以自己的名义而是以商主体的名义实施商行为,由此产生的法律后果归属于委托或者雇佣他们的商主体。

结合上述几个基本特征,可以将商事主体与一般民事主体区分开来,商主体和其他民事主体资格的取得、权利能力和行为能力的范围等方面存在一定的差异,而最为重要的差异在于商主体是以商行为为主业,以营利为目的。

尤其值得注意的是,我国《民法典》采取了民商合一的立法体例,《民法典》体系下的民事主体既包括普通的民事主体,也包括商主体。按照《民法典》的规定,民事主体分为自然人、法人、非法人组织三大类,而法人又分为营利法人、非营利法人和特别法人。其中,以营利为目的而设立并从事营业活动的民事主体就是商法上的商主体。

第二节　商主体的类型构成

一、商个人

商个人是指以营利为目的从事营业活动的自然人。

自然人在社会经济生活当中,既可以作为一般意义上的消费者,也可以作为生产经营者。从法律视角来看,自然人作为消费者就是以普通民事主体的身份享有权利、承担义务,自然人以生产经营者的身份从事营业活动就是商法意义上的商个人。

成为商个人,需要具备两个基本条件:第一,自然人必须具有权利能力和行为能力,可以从事营业活动。通常来说,从事营业活动的主体应当具备完全的民事行为能力。无行为能力人或者限制民事行为能力人一般不会以营业活动为业,即便存在个别例外情况,通常应当由其法定代理人代理。第二,自然人成为商个人原则上必须经过登记。自然人从事营业活动应当按照法律的规定进行登记注册,比如登记注册为个体工商户、个人独资企业。当然,农村承包经营户不需要进行登记注册。

商个人需要对其营业活动所形成的债务承担无限责任,这与其他商事组织有所差异。商个人对于营业活动所产生的负债必须承担无限责任,而不是以其投入营业活动的财产为限。

根据我国《民法典》和有关法律规定,我国的商个人主要有三种类型:个体工商户、农村承包经营户以及个人独资企业。

(一)个体工商户

自然人从事工商业经营,经依法登记成为个体工商户。个体工商户是我国商法体系下一个独特的概念,其他国家的商法立法当中并不存在相应的概念。

个体工商户可以在法律和政策允许的范围内经营工业、手工业、建筑业、交通运输业、商业饮食业、服务业、修理业以及其他行业。个体工商户可以起字号,对外而言均可以工商登记注册的个体工商户名义独立进行营业活动,享有权利、履行义务并承担责任。个体工商户可以采取个人经营或家庭经营的方式。

个体工商户的债务清偿有特别的法律规则。个体工商户的债务,个人经营的以个人财产承担,家庭经营的以家庭财产承担,无法区分的以家庭财产承担。

（二）农村承包经营户

农村集体经济组织的成员依法取得农村土地承包经营权,从事家庭承包经营的为农村承包经营户。农村承包经营户通常是按照农村土地承包合同的规定,使用集体所有的土地或者其他生产资料从事生产经营活动。通常来说,农村承包经营户将农、林、牧、副、渔等产品作为商品投入市场。

值得注意的是,农村承包经营户不需要进行注册登记,其权利义务通过农村承包经营合同加以确定。

农村承包经营户的债务由从事农村土地承包经营的农户财产承担,事实上由农户部分成员经营的,以该部分成员的财产承担。

（三）个人独资企业

个人独资企业,是指由自然人个人单独出资经营的企业。我国《民法通则》本来将个人独资企业与个体工商户、农村承包经营户并列为自然人从事工商业经营的特殊组织形式,但是2020年颁布的《民法典》把个人独资企业列为非法人组织的一种。因此,能否将个人独资企业视为商个人,理论界和实务界仍然存有争议

个人独资企业具有四个特点:第一,个人独资企业为非法人。个人独资企业是由单一自然人出资设立的企业,不具有独立的法人格,本质上仍然属于商个人而非商法人或商合伙。第二,个人独资企业由自然人一人出资,由自然人一人所有。个人独资企业由自然人一人出资设立,个人独资企业的财产为出资人所有和控制,出资人的单一性决定了其和其他商事组织存在重大区别。第三,个人独资企业由出资人控制。个人独资企业的业主可以自主决定企业重大事项,通常由业主亲自管理相关事务。第四,个人独资企业由出资人承担相应责任。出资人要承担个人独资企业债务。

设立个人独资企业应当具备特定条件:有合法的企业名称;投资人为一个自然人;有固定的生产经营场所和必要的生产经营条件;有必要的从业人员。

个人独资企业的投资人通常自行管理企业事务,也可以委托或聘用他人负责企业的事务管理。在委托或聘任他人管理个人独资企业事务时,应当与受托人或者被聘用的人签订书面合同明确委托或者授权的范围。投资人对受托人或者聘用人员的职权限制,不能对抗善意第三人。

个人独资企业的债务由投资人承担无限责任。个人独资企业的债务应当先由企业的财产进行清偿,企业财产不足以清偿债务的,应当以投资人个人财产予以清偿。个人独资企业解散之后,原投资人对个人独资企业存续期间的债务仍然应当承担偿还责任,但债权

人在 5 年内未向债务人提出偿债请求的,该责任消灭。

二、商法人

商法人是指按照法律规定的条件和程序设立的具有法人资格的,能够独立进行营业活动的商事组织。

商法人具有三个基本特征:第一,具有独立的法人格。商法人一般具有自己的组织机构和经营场所,拥有独立财产并能够独立地承担责任。这是商法人区别于商个人和商合伙的重要特征。第二,以营利为目的。商法人往往具有一定的营业范围,在营业范围内开展营业活动,并以获取利润为目的。同时,在税法层面,商法人是纳税主体,承担特别的纳税义务和责任。这一特点使得商法人能够与其他非营利性的法人组织相区别。第三,商法人的营业活动由商法加以特别调整。商法人的设立必须满足法律规定的特别条件,并且按照法定程序进行注册登记。商法人需要按照法律规定设置组织机构、经营场所、名称、法定代表人等相关要素。

需要注意的是,我国《民法通则》将法人分为企业法人、机关法人、事业单位法人和社会团体法人。其中企业法人为商法人,而机关法人、事业单位法人、社会团体法人则不属于商法人;《民法典》将法人区分为营利法人、非营利法人和特别法人,其中营利法人属于典型的商法人,而非营利法人包括事业单位、社会团体、基金会和社会服务机构,特别法人包括机关法人、农村集体经济组织法人、群众性自治性组织法人,都不属于商法人。

根据我国《民法典》《公司法》等相关法律法规的规定,目前在我国商法人主要包括以下几种类型。

(一)公司型法人

公司型法人是指依照公司法而设立的以营利为目的的有限责任公司和股份有限公司。本教材"公司法编"将会对公司型法人作更为详尽的介绍,本部分不作重点讨论。

(二)全民所有制企业

全民所有制企业又称国有企业,是指依据全民所有制工业企业法,由国家投资设立从事生产经营活动,财产归国家所有,企业享有经营管理权的企业法人。全民所有制企业在国民经济中发挥着主导作用。

全民所有制企业具有独立的法人格,是一种非公司型的企业法人。作为具有独立法人格的商主体,全民所有制企业能够独立享有民事权利、履行民事义务、承担民事责任,经营自主、自负盈亏、独立核算,对外能够独立承担责任。

全民所有制企业的投资主体是国家。国务院代表国家行使全民所有制企业的财产所有权。实践中,国务院通常授权国有资产监督管理委员会,代表国家履行出资人职责。

全民所有制企业通常采取厂长(经理)负责制,厂长(经理)由国家委派或者由职工代表大会选举产生。职工代表大会是企业实行民主管理的基本形式,是职工行使民主管理权利的机构。

(三)集体所有制企业

集体所有制企业是指根据集体企业法和其他相关法律法规的规定,由公民或集体单位组合而成,从事生产经营活动,财产归集体所有,为集体成员共同利益而设立存续的企业法人。集体企业可以分为城镇集体企业和乡村集体企业,集体企业作为企业法人,实行自主经营、自负盈亏、独立核算的政策。

集体所有制企业的财产属于劳动群众集体或者集体经济组织所有,集体企业实行按劳分配为主、入股分红为辅的分配制度。集体企业通常在管理上实行厂长(经理)负责制,一般厂长(经理)是企业的法定代表人。

需要注意的是,国有企业和集体企业曾经一度是计划经济时期的主导企业形态,但随着改革开放的深入,特别是随着国有企业和集体企业公司制改造的完成,国有企业和集体企业的数量逐步减少。在目前市场经济环境下,公司制企业已经成为主导的商法人形态。

(四)外商投资企业

外商投资企业是指外国投资者根据我国有关外商投资的法律法规,以合资、合作或者独资形式在我国境内设立的具有法人资格的商事组织。外商投资企业在我国改革开放历程当中对于推动市场经济发展发挥了重要的作用。我国曾经根据改革开放的实践需要,分别制定了《中外合资经营企业法》《中外合作经营企业法》《外资企业法》,对于外商投资企业的设立、投资者的权利和义务、内部组织机构等作出了详尽的规定。在2019年《外商投资法》通过之后,原有的外商投资企业法已经废止,外商投资企业的组织形式、组织机构及其活动准则统一适用《公司法》《合伙企业法》等法律规定。

三、商合伙

商合伙是介于商法人和商个人之间的一类商主体,是指两个或两个以上的合伙人按照合伙协议的规定,共同出资、共同经营、共享收益、共担风险的商事组织。商合伙具有自身独立的财产,能够以独立市场主体身份享有权利、履行义务、承担责任。当然,对于商合伙是否具有法人资格,不同国家商法立法的立场也存在差异,多数国家认为商合伙不具备法人资格,但也有国家承认商合伙具有独立的法人资格。

商合伙作为典型的商主体,具有以下特征:

第一,由两个以上的合伙人组成,合伙人应当共同投资、共同经营、共享利益、共担风险。合伙人可以是自然人、法人或者其他组织。如果仅有一个合伙人,商合伙应当注销。商合伙的这一特征使得它区别于商个人和商法人。

第二,受到合伙法的特别调整。一般意义上的合伙本身受到民法典的规范,但是商合伙通常都有特别的合伙法规范对其加以调整,比如在我国就制定了专门的《合伙企业法》,对于实践中存在的一般合伙企业和有限合伙企业进行专门调整。《合伙企业法》确立了一些特别的法律规则。

第三,以营利为目的。这也是商合伙区别于一般民事合伙的主要特征。一般的合伙主要服务于民事主体的生活和消费。商合伙以生产、经营的营业活动为主要内容,以营利为目的而设立。在这方面商合伙与商法人之间具有相似性。

依据合伙人对合伙企业债务所负责任的不同,可以把商合伙区分为普通合伙和有限合伙。普通合伙企业由普通合伙人组成,合伙人对合伙企业的债务承担无限连带责任;有限合伙企业由普通合伙人和有限合伙人组成,普通合伙人对合伙企业的债务承担无限连带责任,有限合伙人以其认缴的出资额为限对合伙企业债务承担责任。

商合伙的设立应当具备以下条件:有两个以上的合伙人;有书面的合伙协议;合伙协议应当记载法律所规定的重要事项;有合伙人认缴或者实际缴付的出资,合伙人可以用货币、实物、知识产权、土地使用权或者其他财产权利出资,也可以用劳务出资;有合伙的名称和生产经营场所,合伙的名称当中应当标明普通合伙、特殊普通合伙或有限合伙的字样。

合伙人的出资、商合伙取得的收益和依法取得的其他财产均为商合伙的财产,合伙人在合伙清算前不得请求分割合伙的财产。合伙人向合伙人以外的人转让其在商合伙中的全部或者部分财产份额,必须经过其他合伙人一致同意。在同等条件下,其他合伙人有优先购买权。

合伙人对于执行合伙事务享有同等的权利。按照合伙协议的约定或者经全体合伙人决定,可以委托一个或者数个合伙人对外代表合伙执行合伙事务。合伙人为了了解商合伙的经营状况和财务状况,有权查阅商合伙会计账簿等财务资料。

商合伙对其债务应当以其全部财产进行清偿。商合伙全部财产不能清偿到期债务的,商合伙合伙人承担无限连带责任。

第三节 商主体的权利和义务[1]

一、商主体的权利

(一)营业权

营业权是商主体的基本权利。在不违反法律法规强制性规范、不损害社会公共利益、不违背公序良俗的情况下,商主体可以自由开展营业活动。在内容上,营业权主要包括营业时间自由、营业地点自由、营业方式自由、营业内容自由、投资自由等。商主体的营业自由权利应得到社会和他人的尊重,任何主体原则上不得干预或限制商主体的营业自由权利。

营业权的确认和保障是现代商法体系的核心内容。从比较法维度来看,很多国家的宪法都会将营业权视为公民的基本权利,而在商法典立法中往往将保护营业自由权利作为根本原则。商法规范的制定、商法体系的建构应当围绕商主体的营业权而展开。

基于实现公共利益的需要,可以对商主体的营业权作出一定限制。但是,此种限制必

---

[1] 参见赵旭东主编:《商法总论》,高等教育出版社2020年版,第四章"商事权利与商事义务",第77—90页;王建文:《商法总论研究》,中国人民大学出版社2021年版,第398—445页。

须以实现公共利益为根本目的,并且限制措施不能违反比例原则的基本要求,不能对商主体的营业自由进行不合理的限制或者剥夺。

（二）公平交易权

商主体在商事交易过程当中具有公平参与市场竞争、平等自愿进行交易的权利。任何主体不能限制商主体的自由竞争和自愿交易,不能强制要求商主体缔结契约,也不能对商主体的交易权利加以任意限制。

公平交易权一方面赋予商主体拒绝强制交易的权利,比如商主体有权拒绝强买强卖或强制搭售等强制交易行为;另一方面要求商主体遵守市场规则,提供公平的交易条件,营造公正的交易环境。

公平交易权实际上是等价交换原则的体现。等价交换原则是市场交换行为的基本原则,要求商品或服务的价值与交换的代价相匹配。在等价交换原则的制约下,商主体在从事商事交易时享有公正进行市场交换行为的权利。

（三）商业名称权

商业名称权是指商主体依法对其商业名称享有的设定权、使用权、转让权、出借权等权利。任何商主体都有自己的字号名称,商主体的名称也受到法律的保护。商业名称具有公开性和可转让性。在没有经过商主体允许的情况下,其他主体不得使用商主体的名称开展营业活动。如果未经允许不当使用了商主体的名称开展营业活动,应当赔偿商主体的损失并且停止相关不法行为。

商主体的名称权可以商业许可使用。在商主体同意的情况下,其他主体可以按照约定使用商主体的名称。当然,在商业许可使用的情形下,使用主体应该向商主体支付相应的费用。同时,商主体也有权对自己的名称进行变更,因生产经营需要变更名称的应当申请变更。

（四）商业秘密权

商主体的商业秘密是指不为公众所知悉、具有商业价值并经权利人采取相应保密措施的技术信息、经营信息。商业秘密构成企业的核心竞争力,商主体享有自身有关商业秘密不受侵犯的权利。其他主体应当尊重商主体的商业秘密,在因正当理由得知或者获悉商业秘密的情况下,未经许可不得私自披露相关的商业秘密,否则对于造成的损失应当加以赔偿。

二、商主体的义务

（一）合法经营义务

在商业活动开展过程当中,商主体必须遵守法律法规的规定,不能违反法律法规从事损害社会公共利益和违背公序良俗的活动。具体而言,商主体原则上应当在自身的营业范围内开展营业活动,对于那些需要经过国家特许经营、必须获得相应特许资格的营业事项,不得在未经批准、未获得特许的情况下就非法开展相关的经营活动。此外,在经营过程当中应当遵守相关的法律法规,尤其是环保、生态、员工保护、食品安全等方面的法律法规,确保合法合规生产经营。

（二）正当竞争义务

市场经济的本质就在于竞争。商主体开展营业活动过程当中，可以去参与市场竞争，与其他市场主体在激烈的竞争当中形成优胜劣汰格局，最终促成整个市场资源的优化配置，也使得自己竞争优势得以形成。但是，商主体不能为了取得竞争优势，采用一些不正当竞争手段，从而破坏竞争秩序、侵害其他主体的合法权益。

（三）依法纳税义务

商主体应当按照税法规定及时缴纳税款。依法纳税是商主体应当履行的基本义务，也关系到国家的税收制度的落实，对于经济的发展和社会的稳定有着至关重要的意义。不同类型的商主体应当根据税法的特别规定，及时足额缴纳税赋，不能存在拖欠税款、逃避税款的行为。

（四）置备账簿义务

商事账簿是商事主体记载和表明其营业活动和财产状况，根据会计法相关规定制作的账册。从商法发展历史可以看出，置备商事账簿是商主体应当履行的基本义务，商主体应当按照会计法和商法特别规定置备相关的账簿，保留相关的会计凭证，制作相关的会计报表。账簿记载的信息应当真实、准确、完整。同时，对于相关的账簿凭证应当有效保管。如果未能置备账簿或者置备的账簿不真实、不准确、不完整，或者没有履行好相关的保管义务，相关的主体应当承担法律责任。

▎重要名词术语

商主体、商个人、商法人、商合伙

▎思考题

1. 如何理解商主体法定原则？
2. 商主体享有哪些权利？
3. 商主体应履行哪些义务？

第五章　商事登记

【内容提示】

在商主体开展营业活动的过程当中,必须进行必要的商事登记。通常来说,商事登记是指商主体按照法律的规定,为商主体资格的取得、变更或终止而向登记主管机关进行登记的一种行为。商事登记是由商主体将与营业相关的重要事项在登记机关进行记载的行为。通常来说,法律会对商事登记的内容和范围作出明确的规定。

商事登记具有以下基本特征:商事登记属于要式行为;商事登记属于创设行为;商事登记兼具私法性和公法性。商事登记具有重要的制度功能,能够确认商主体的资格。同时,商事登记能够使得商主体的相关信息向社会公示,并且产生公信效力,有助于维护交易安全、保护善意信赖。

我国在2021年制定了《市场主体登记管理条例》,对于商主体的登记作出了全面系统的规定,引入了撤销登记、简易注销、歇业等创新制度,契合了市场经济发展的内在需求和商事登记实践的客观需要,推动了我国商事登记制度现代化。

商事登记应当贯彻落实强制登记原则、登记公开原则、全面审查原则。

商事登记通常包括三种类型:设立登记、变更登记、注销登记。

设立登记是指商主体为设立商事主体、取得主体资格向登记机关提出申请,并由登记机关办理登记的行为。从商事登记的制度构成来讲,设立登记是最为重要的登记类型。

在商主体的存续过程当中,如果登记事项发生变化,应当及时办理变更登记。登记机关对于商主体提出的变更登记申请应当进行审查,符合法律规定的应当办理变更登记。

在商主体因主客观原因不能再继续营业时应当办理注销登记。商主体应当向原登记机关提交办理注销登记的申请,登记机关应当对注销登记申请进行审查,符合法律规定的应当予以注销。经过登记机关核准注销登记后,商主体资格终止。

商事登记的效力主要体现为两个方面:一是对商主体的效力;二是对第三人的效力。商事登记是商主体获得营业资格、开展营业活动的必要条件。没有经过工商登记,商主体原则不能取得营业资格。商事登记公示效力是指登记产生的"谁得依据登记事实对抗另一方"的效力。

第一节　商事登记制度概述

在商主体开展营业活动的过程当中,必须进行必要的商事登记。通常来说,商事登记是指商主体按照法律的规定,为商主体资格的取得、变更或终止而向登记主管机关进行登记的一种行为。

商事登记是由商主体将与营业相关的重要事项在登记机关进行记载的行为。通常来说,法律会对商事登记的内容和范围作出明确的规定。比如,根据我国《公司法》第32条的规定,公司登记事项包括:名称;住所;注册资本;经营范围;法定代表人的姓名;有限责任公司股东、股份有限公司发起人的姓名或名称。

商事登记包括商主体的申请和登记机关的审核登记两方面的行为,两者缺一不可。商事登记完成之后,对外产生公示力和公信力,第三人可以信赖登记事项。法律应当对第三人基于商事登记产生的善意信赖加以保护。商事登记也是国家开展经济管理活动的基础,在商事登记的基础之上,政府部门可以有效开展税收征管、安全监管、质量监管等活动。

商事登记具有以下基本特征:

第一,商事登记属于要式行为。商主体必须按照法定的程序,向登记主管机关提出登记申请。商事登记的内容、事项由法律作出明确规定,申请人必须按照法律规定准备相关的申请材料。在申请符合法定条件的情况下,登记主管机关应当按照法律规定完成商事登记程序。

第二,商事登记属于创设行为。商主体在完成商事登记之后,可以取得、变更或终止商主体资格。在设立登记完成后,商主体取得营业资格,可以开展营业活动,因此商主体资格的取得时间往往以商事登记行为生效为标志。

第三,商事登记兼具私法性和公法性。商事登记是商主体取得主体资格的重要方式。商事登记程序由商主体发起,目的是处理商主体资格事项,在符合法律规定条件下原则上都可以完成相应程序。在这个维度来看,商事登记本身具有私法性。同时,应当注意到办理商事登记的是登记机关,登记机关基于形式审查原则,对于商主体的登记申请进行审核,在确认符合法律规定条件的情况下,完成相应的商事登记程序。从这个维度而言,商事登记又具有一定的公法性,在一定程度上体现了国家意志。

商事登记具有重要的制度功能,能够确认商主体的资格。同时,商事登记能够使得商主体的相关信息向社会公示,并且产生公信效力,有助于维护交易安全、保护善意信赖。商事登记也有助于国家开展对商主体和商事交易的监督管理。因此,各个国家都通常会制定专门的商事登记法律,对于商事登记行为进行规范,明确商事登记的主管机关、登记程序、登记内容等事项。

我国一直重视商事登记立法。改革开放以来,在发展社会主义市场经济过程当中,我国基于实践需要分别制定了《企业法人登记管理条例》《企业法人登记管理条例实施细则》《公司登记管理条例》《合伙企业登记管理办法》《企业名称登记管理规定》等。这些"条例"和"办法"有效指导了我国的商主体登记制度实践。在总结实践经验的基础之上,我国在 2021 年制定了《市场主体登记管理条例》，对于商主体的登记作出了全面系统的规定，引入了撤销登记、简易注销、歇业等创新制度，契合了市场经济发展的内在需求和商事登记实践的客观需要，推动了我国商事登记制度现代化。[1]

第二节　商事登记的原则

一、强制登记原则

商事登记不仅涉及商主体资格的取得、变更和消灭，对于商事交易的高效安全开展、对于政府市场主体监督管理都具有至关重要的意义。因此，法律通常要求商主体必须进行商事登记。如果商主体没有进行商事登记，就不能获得开展营业活动的主体资格，相关的活动可能会构成非法经营。

在引入强制登记原则之后，商主体的设立、变更和终止都必须进行相应的登记。只有进行了相应的登记，商主体才能取得营业资格，相关的交易才能发生效力。

强制登记原则的引入，并未增加商主体的交易成本，相反为商事交易的确定性和安全性提供了有效的保障。商主体的相关信息得到公示，交易相对方可以通过登记系统了解到商主体的相关信息，有利于其作出是否与登记商主体开展交易的判断。

二、登记公开原则

商主体向登记机关申请登记的登记信息应当公开。商主体应当按照法律法规的规定公开相关登记信息。按照我国相关法律法规的规定，商主体相关的登记信息应当向社会公示，比如公司登记事项应当通过企业信用信息公示系统向社会公示。

在商主体的登记信息公示之后，社会公众可以查阅相关的登记信息，并可在这些信息的基础上作出相应的投资决定。

三、全面审查原则

对于商主体提出的商事登记申请，登记主管机关必须按照法律的规定进行全面的审查。当然这种审查应当是形式审查，只要申请人按照法律的规定提交了相关的信息，并且不存在违反法律法规的情况，登记机关就应当予以办理登记。登记主管机关原则上没有必要进行实质审查，否则就会给登记机关增加审查成本，造成登记程序的冗长和低效。

---

[1] 刘凯湘：《市场交易有序化、效率化、诚信化的保障》，载《中国市场监管研究》2021 年第 9 期。

第三节　商事登记的种类

实践中,商事登记通常包括三种类型:设立登记、变更登记、注销登记。

一、设立登记

设立登记是指商主体为设立商事主体、取得主体资格向登记机关提出申请,并由登记机关办理登记的行为。从商事登记的制度构成来讲,设立登记是最为重要的登记类型。

我国对商事主体的设立登记采取准则主义,原则上只要商主体满足了法律所规定的条件,登记机关对于满足条件的设立申请,都应当予以注册登记。

商主体的设立登记包括商组织和商个人的设立登记。

商事组织或商事企业设立登记的主要事项包括:企业名称、企业住所和营业场所、法定代表人、营业范围、经营方式、注册资本、开业日期、经济组织形式、其他相关的事项。

商个人设立登记的主要事项包括:商号、营业地址、姓名、住所、开业日期、经营范围、经营方式、资本总额、从业人数等。

我国《市场主体登记管理条例》规定,市场主体的一般登记事项包括:名称,主体类型,经营范围,住所或者主要经营场所,注册资本或者出资额,法定代表人、执行事务合伙人或者负责人姓名。此外还应当根据市场主体类型登记下列事项:(1)有限责任公司股东、股份有限公司发起人、非公司企业法人出资人的姓名或者名称;(2)个人独资企业的投资人姓名及居所;(3)合伙企业的合伙人名称或者姓名、住所、承担责任方式;(4)个体工商户的经营者姓名、住所、经营场所;(5)法律、行政法规规定的其他事项。

就设立登记的具体程序而言,通常来说包括五个阶段:第一,企业名称的预申报。申请人应当通过企业名称申报系统提交有关的信息和材料,对拟定的企业名称进行申报,选取符合法律要求的企业名称。第二,申请人应当提出设立商事主体的申请。登记机关在收到申请人提交的符合规定的全部文件之后,应当发给申请人登记受理通知书。第三,登记机关应当对申请者的申请在法定期限内进行审查。目前登记机关采取形式审查为主、实质审查为辅的原则。第四,登记机关应当在审核之后在法定期限内将审核结果及时通知申请人,对于符合法定条件的应当核发相关的营业执照;对于不符合条件的,应当告知申请人。第五,公告。登记机关应当将登记的有关事项通过特定的公开方式让公众知晓,在商事登记程序完成之后应当及时进行公告。

二、变更登记

在商主体的存续过程当中,如果登记事项发生变化,应当及时办理变更登记。登记机关对于商主体提出的变更登记申请应当进行审查,符合法律规定的应当办理变更登记。变更登记事项涉及营业执照载明事项的,登记机关应当换发营业执照。

实践中,商事变更登记通常涉及商事主体类型和商事主体事项的变更。商事主体类型发生变更的,应当办理变更登记,商事主体的类型自变更登记完成之日起发生变更。而商事主体登记注册的事项在登记注册之后发生变化的,应当在法定期限内向原登记机关申请办理变更登记。如果商主体未能及时办理有关变更登记,登记事项未经登记或者未经变更登记不得对抗善意相对人。

三、注销登记

在商主体因主客观原因不能再继续营业时应当办理注销登记。商主体应当向原登记机关提交办理注销登记的申请,登记机关应当对注销登记申请进行审查,符合法律规定的应当予以注销。经过登记机关核准注销登记后,商主体资格终止。

商主体资格在被吊销营业执照、依法宣告破产、司法解散、决议解散或出现其他约定的解散事由时,通常需要进行清算并办理注销登记。办理注销登记时,商主体应当依法向登记机关提交相关的文件。

商主体注销登记前依法应当清算的,清算组应当自成立之日起10日内将清算组成员、清算组负责人名单通过国家企业信用信息公示系统公告。清算组可以通过国家企业信用信息公示系统发布债权人公告。清算组应当自清算结束之日起30日内向登记机关申请注销登记。商主体申请注销登记前,应当依法办理分支机构注销登记。

商主体未发生债权债务或者已将债权债务清偿完结,未发生或者已结清清偿费用、职工工资、社会保险费用、法定补偿金、应缴纳税款(滞纳金、罚款),并由全体投资人书面承诺对上述情况的真实性承担法律责任的,可以按照简易程序办理注销登记。商主体应当将承诺书及注销登记申请通过国家企业信用信息公示系统公示,公示期为20日。在公示期内无相关部门、债权人及其他利害关系人提出异议的,商主体可以于公示期届满之日起20日内向登记机关申请注销登记。个体工商户按照简易程序办理注销登记的,无需公示,由登记机关将个体工商户的注销登记申请推送至税务等有关部门,有关部门在10日内没有提出异议的,可以直接办理注销登记。商主体注销依法须经批准的,或者被吊销营业执照、责令关闭、撤销,或者被列入经营异常名录的,不适用简易注销程序。

第四节　商事登记的效力

商事登记的效力主要体现为两个方面:一是对商主体的效力;二是对第三人的效力。

一、对商主体的效力

商事登记对于商主体而言具有至关重要的意义。商事登记是商主体获得营业资格、开展营业活动的必要条件。没有经过工商登记,商主体原则不能取得营业资格。我国《市场主体登记管理条例》明确规定:市场主体应当依照本条例办理登记。未经登记,不得以市场主体名义从事经营活动。法律、行政法规规定无需办理登记的除外。

二、对第三人的效力

商事登记事项公示之后产生公信力,第三人可以基于商事登记事项作出投资决定或参与商事交易。外观主义和行政公定力共同构成商事登记公示效力的理论基础。在商事登记中,相关事项一经登记就产生公示效力,这是外观主义原则在商事登记制度中的贯彻。同时,商事登记因行政机关的介入而使登记行为被赋予了行政行为的特征,而行政行为具有行政公定力。行政机关对登记事项进行审查,善意第三人有理由认为登记事实即客观真实。

具体而言,商事登记事项一经登记公示,就形成了一个登记事实,该登记事实构成一个商事外观。一方面,出于对第三人交易安全的维护,登记事实具有公信效力,即便登记事实与客观事实不一致,善意第三人可以向登记义务人主张相关登记事实存在。《民法典》第 65 条规定:法人的实际情况与登记的事项不一致的,不得对抗善意相对人。另一方面,出于对登记义务人利益的平衡,登记事实还具有对抗效力,相关事项一经登记,登记义务人即得向第三人主张其知悉相关登记事实。当然,如果应登记而未登记、应变更登记而未变更登记,不得以未登记事项或待变更登记事项对抗善意第三人。《公司法》第 34 条规定:公司登记事项未经登记或未经变更登记,不得对抗善意第三人。[1]

重要名词术语

商事登记、设立登记、变更登记、注销登记

思考题

1. 简述商事登记的原则。
2. 简述商事登记的种类。
3. 简述商事登记的效力。

典型案例分析

大某指公司与环保某公司股东出资纠纷案

裁判摘要

按照《涉外民事关系法律适用法》第 14 条第 1 款的规定,我国外商投资企业与其外国投资者之间的出资义务等事项,应当适用中华人民共和国法律;外国投资者的司法管理人和清盘人的民事权利能力及民事行为能力等事项,应当适用该外国投资者登记地的法律。

2005 年《公司法》第 13 条规定,公司法定代表人变更应当办理变更登记。对法定代

---

[1] 赵旭东、邹学庚:《商事登记效力体系的反思与重构》,载《法学论坛》2021 年第 4 期。

表人变更事项进行登记,其意义在于向社会公示公司意志代表权的基本状态。工商登记的法定代表人对外具有公示效力,如果涉及公司以外的第三人因公司代表权而产生的外部争议,应以工商登记为准。而对于公司与股东之间因法定代表人任免产生的内部争议,则应以有效的股东会任免决议为准,并在公司内部产生法定代表人变更的法律效果。

裁判文书

大某指公司于2004年经福建省人民政府商外资字〔2004〕0009号文件批准,取得了《中华人民共和国外商投资企业批准证书》,企业类型为外国法人独资的有限责任公司。该公司自成立始,公司的名称、住所、法定代表人、股东名称、投资总额与注册资本等进行了数次变更。2005年9月起至今,该公司股东为环保某公司。2012年12月18日,大某指公司的法定代表人变更登记为洪某。

2008年6月30日,福建省对外贸易经济合作厅作出闽外经贸资〔2008〕251号《关于大某指环保科技集团(福建)有限公司增加投资的批复》,同意大某指公司投资总额由2.3亿元增至5亿元,注册资本由1.3亿元增至3.8亿元,增资部分应按公司修订章程规定的期限到资,并核准了大某指公司就上述变更事项签订的《补充章程》。《补充章程》就增资款及缴纳时间载明:增资部分全部由环保某公司以等值外汇现金投入,首期缴付不低于20%的新增注册资本,余额在变更营业执照签发之日起两年内缴清。

2008年7月16日,环保某公司向大某指公司缴纳了首期增资款50,560,381元;2009年5月19日,环保某公司向大某指公司缴纳了第二期增资款4,660,940元,至此,大某指公司实收注册资本为185,221,300元。2010年8月18日,大某指公司向福州中级人民法院提起另案诉讼,请求判令环保某公司先行支付增资款4900万元,福州中级人民法院判决支持了大某指公司的诉讼请求,环保某公司不服提起上诉后,福建高级人民法院于2011年8月31日作出(2011)闽民终字第446号(以下简称446号案)民事判决,驳回上诉,维持原判。环保某公司于2011年10月31日按照生效判决支付了增资款49,395,110.4元。大某指公司于2012年3月12日办理了营业执照变更登记,变更后,大某指公司的注册资本为3.8亿元,实收资本234,616,431.4元。至2013年7月25日,环保某公司对大某指公司尚有145,383,568.6元的出资款未到位。

2012年5月31日,福州中级人民法院根据大某指公司的申请,作出(2012)榕民初字第252-1号民事裁定,对环保某公司的银行存款4500万元进行了保全。2013年11月22日,福建高级人民法院应大某指公司的请求,作出(2013)闽民初字第43-1号民事裁定,继续保全环保某公司名下总价值不超过4500万元的财产。

福建高级人民法院认为:

本案是股东出资纠纷,环保某公司是在新加坡注册成立的外国法人,故本案为涉外民商事案件。本案纠纷发生地在福州市,根据最高人民法院《关于涉外民商事案件诉讼管辖若干问题的规定》第1条第5项、第3条第1项的规定及福建高院《关于全省法院涉外民商事案件诉讼管辖若干问题的规定》,该院对本案有管辖权。关于本案的法律适用,主要涉及两个方面,一是环保某公司的民事权利能力及民事行为能力事项,环保某公司系在新加坡登记的法人,根据《涉外民事关系法律适用法》第14条第1款"法人及其分支机构的民事权利能力、民事行为能力、组织机构、股东权利和义务等事项，适用登记地法律"的规定，应适用新加坡法律；二是大某指公司系在中国注册的外商独资企业，属于中国法人，环保某公司作为大某指公司的唯一股东，对大某指公司行使包含出资在内的相关权利和义务应适用中国法律。

1. 关于大某指公司起诉的意思表示是否真实的问题

大某指公司提起诉讼的目的在于请求其唯一股东履行增资所确定的出资义务，环保某公司不予主动履行，反而向有关部门提出减资申请，以抵销大某指公司的请求，环保某公司与大某指公司显然存在利益冲突。在此情况下，大某指公司起诉主张权利，起诉状及授权委托书盖有公司公章，并不违反中国法律规定，亦不能就此否认大某指公司提起本案诉讼系真实意思。因此，环保某公司关于大某指公司起诉没有法律效力的抗辩主张不成立，不予采纳。

2. 关于本案是否违反"一事不再理"原则的问题

大某指公司虽于2010年8月18日起诉提出4900万元的出资请求，且经生效的民事判决支持该诉讼请求，但其在本案另行提起的4500万元的出资请求，据以起诉的事实基础即未到位的增资款数额已经改变，并且4900万元的诉讼请求与本案4500万元的诉讼请求，分属于上述批复项下的增资款的不同组成部分，前者不能替代或涵盖后者。因此，本案大拇指公司的起诉不违反"一事不再理"原则。

3. 关于本案是否应中止审理的问题

环保某公司提出的四个诉讼案件，其结果如何并不当然影响本案环保某公司的出资义务，亦不影响本案出资纠纷的审理。本案的审理也无须等待环保某公司通过大某指公司名义申请减资的结果。本案不具有《民事诉讼法》第150条规定的中止诉讼的情形，对环保某公司中止本案诉讼的抗辩主张不予支持。

4. 关于本案的出资责任问题

环保某公司系新加坡法人，在中国境内设立外商独资企业大某指公司，其作为股东对大某指公司的出资应适用中国法律。大某指公司于2008年经报外商投资企业审批机关福建省对外贸易经济合作厅批准增资，增资的程序合法有效，环保某公司应遵守中国法律按时、足额履行对大某指公司的出资义务。根据查明的事实，环保某公司对大某指公司尚有145,383,568.6元的出资款未到位。环保某公司未履行股东足额缴纳出资的法定义务，侵害了大某指公司的法人财产权，大某指公司有权要求环保某公司履行出资义务，补足出资。就环保某公司出资不足金额，大某指公司在本案中仅主张环保某公司缴纳4500万元，并不违反法律规定，应予支持。

综上，该院判决：环保某公司应于判决生效之日起10日内向大某指公司缴纳出资款4500万元。环保某公司不服一审判决，提起上诉。

最高人民法院认为：

本案为涉外股东出资纠纷。根据《涉外民事关系法律适用法》第14条第1款"法人及其分支机构的民事权利能力、民事行为能力、组织机构、股东权利义务等事项，适用登记地法律"的规定，环保某公司的司法管理人和清盘人的民事权利能力及民事行为能力等事项,应当适用环保某公司的登记地即新加坡法律;大某指公司提起本案诉讼的意思表示是否真实以及股东出资义务等事项,应当适用中国法律。

1. 关于本案双方当事人的诉讼代表权以及代理人的代理资格是否有效的问题

2012年《民事诉讼法》第48条第2款规定,"法人由其法定代表人进行诉讼"。环保某公司系新加坡法人,其已经按照新加坡法律先后进入司法管理以及清盘程序,环保某公司的司法管理人以及清盘人是否有权代表公司参加本案诉讼,应当按照新加坡法律的有关规定进行认定。根据新加坡公司法227G(2)以及272(2)(a)的规定,环保某公司的司法管理人以及清盘人均有权代表公司进行相关诉讼,亦有权委托代理人参加诉讼。因此,大某指公司就环保某公司诉讼代表权及其代理人资格提出的异议不能成立。

大某指公司系中国法人,其提供了中国工商行政管理机关登记的法定代表人的身份证明,并提供了加盖大某指公司公章的授权委托书,符合中国民事诉讼法的有关规定,大某指公司的代理人有权参加本案诉讼。环保某公司就大某指公司的代理人资格提出的异议亦不能成立。

2. 关于本案是否应当中止审理的问题

环保某公司在本案一审受理后另行提起了数个关联诉讼,虽然部分案件涉及大某指公司法定代表人是否适格的问题,但本案的争议焦点之一就是工商登记的法定代表人与股东任命的法定代表人谁能代表大某指公司意志的问题。鉴于环保某公司在本案中已经就该问题提出了实质性抗辩,本案审理范围当然包括大某指公司法定代表人是否适格的问题,本案应当对该问题作出认定,无需以其他案件的审理结果为依据。因此,本案不存在中国民事诉讼法规定的中止审理的情形,环保某公司关于本案应中止审理的上诉理由不能成立,对其该项主张不予支持。

3. 关于大某指公司提起本案诉讼的意思表示是否真实的问题

大某指公司是环保科技公司在中国境内设立的外商独资企业,按照2005年修订的《公司法》和《外资企业法》及其实施细则的有关规定,大某指公司属于一人公司,其内部组织机构包括董事和法定代表人的任免权均由其唯一股东环保某公司享有。

环保某公司进入司法管理程序后,司法管理人作出了变更大某指公司董事及法定代表人的任免决议。根据新加坡公司法227G的相关规定,在司法管理期间,公司董事基于公司法及公司章程而获得的权力及职责均由司法管理人行使及履行。因此,本案中应当对环保某公司的司法管理人作出的上述决议予以认可。

根据《公司法》第47条第2项的规定,公司董事会作为股东会的执行机关,有义务执行股东会或公司唯一股东的决议。大某指公司董事会应当根据其唯一股东环保科技公司的决议,办理董事及法定代表人的变更登记。由于大某指公司董事会未执行股东决议,造成了工商登记的法定代表人与股东任命的法定代表人不一致的情形,进而引发了争议。

《公司法》第13条的规定,公司法定代表人变更应当办理变更登记。本院认为,法律规定对法定代表人变更事项进行登记,其意义在于向社会公示公司意志代表权的基本状态。工商登记的法定代表人对外具有公示效力,如果涉及公司以外的第三人因公司代表权而产生的外部争议,应以工商登记为准。而对于公司与股东之间因法定代表人任免产生的内部争议,则应以有效的股东会任免决议为准,并在公司内部产生法定代表人变更的法律效果。因此,环保某公司作为大某指公司的唯一股东,其作出的任命大某指公司法定代表人的决议对大某指公司具有拘束力。

本案起诉时,环保某公司已经对大某指公司的法定代表人进行了更换,其新任命的大某指公司法定代表人明确表示反对大某指公司提起本案诉讼。因此,本案起诉不能代表大某指公司的真实意思,应予驳回。环保某公司关于本案诉讼的提起并非大某指公司真实意思的上诉理由成立。

鉴于大某指公司的起诉应予驳回,对于环保某公司代表大某指公司申请撤诉是否应予准许、本案是否违反"一事不再理"原则以及环保某公司是否应当履行出资义务等问题,均无需再行审理。

综上所述,环保某公司的上诉理由成立,对其上诉请求最高人民法院予以支持。一审判决适用法律错误,应予撤销。

第六章　商事账簿

【内容提示】

商事账簿是依据会计原则依法制作的,记载商主体营业情况和财产状况的书面簿册。商事账簿的出现是现代商法形成的重要标志。在商法起源初期,地中海海洋城市国在商业贸易中发展的复式记账法,推动了商主体制度的发展。随着商事交易创新的推进,商事账簿制度也日益完善。

从商事账簿的具体功能来看,主要表现为以下几个方面:从商主体自身的角度来讲,商事账簿准确反映了商主体的经营情况和财务状况;从商主体成员的角度来看,商法人的股东、商合伙的合伙人可以通过查阅商事账簿了解商主体的财产状况、经营情况;交易相对人可以通过查阅商主体的部分商事账簿材料了解商主体的经营情况和财务情况;商事账簿也是政府了解商主体经营状况和财务状况的重要信息来源。

不同国家和地区对于商事账簿的设置提出了不同的要求,但可以归纳为三个原则:强制原则,要式原则,真实、准确、完整原则。

商事账簿主要有三种:会计凭证、会计账簿和会计报表。会计凭证是指记录商主体收支情况和营业情况的凭证和证明。会计账簿是指商主体的会计人员以会计凭证为基础,按照特定的方法和程序所制作的可以连续、系统、全面记载商主体各项经营活动信息的簿册。会计报表是指按照会计原则编制的,能够综合反映商主体在特定时间内生产经营情况和财务状况的书面报告和表册。

商事账簿具有重要的意义和功能,因此法律通常会明确商主体的账簿保管的义务,对于商事账簿的保管方式、保管期限等都有明确的要求。

第一节　商事账簿的概念和功能

商事账簿是依据会计原则依法制作的,记载商主体营业情况和财产状况的书面簿册。

通常来说,商法上所讨论的商事账簿是指广义上的商事账册,不仅包括依据《会计法》规定所制作的正式账簿,还包括各种会计报表、年度决算报告及各种财产债务清册。

商事账簿的出现是现代商法形成的重要标志。在商法起源初期,地中海城市共和国在商业贸易中发展的复式记账法,推动了商主体的制度发展。随着商事交易创新的推进,商事账簿制度也日益完善。现代商法普遍要求商主体置备商事账簿,并把置备商事账簿当作商主体的一个基本义务。[1]

从商事账簿的具体功能来看,主要表现为以下几个方面:

第一,从商主体自身的角度来讲,商事账簿准确反映了商主体的经营情况和财务状况。商主体可以依据商事账簿记载的情况计算收入和盈利情况,并且以其作为利润分配的基础。商事账簿能够准确反映商主体的日常经营情况,尤其是商主体从事的各种商行为都会在商事账簿中有所体现。

第二,从投资者的角度来看,商法人的股东、商合伙的合伙人可以通过查阅商事账簿了解商主体的财产状况、经营情况。商事账簿也是商主体分配利润和分配剩余财产的基础。通过了解商事账簿所记载的相关重要信息,商法人的股东、商合伙的合伙人可以对商主体的经营情况以及未来发展作出预判,进而可以更为理性地作出相应的投资决策。[2] 比如我国《公司法》第209条规定:有限责任公司应当按照公司章程规定的期限将财务会计报告送交各股东。股份有限公司的财务会计报告应当在召开股东会年会的20日前置备于本公司,供股东查阅;公开发行股份的股份有限公司应当公告其财务会计报告。

第三,从交易相对人的角度来看,在从事相关交易之前,交易相对人可以通过查阅商主体的部分商事账簿材料了解商主体的经营情况和财务情况,进而对该商主体的未来发展前景和经营能力作出一定判断。从商事账簿了解到相关信息,尤其是财务状况、经营情况,对于交易相对人作出交易投资决策而言至关重要。

第四,从政府监管角度来看,商事账簿也是政府了解商主体经营状况和财务状况的重要信息来源,政府可以基于商主体的商事账簿信息在税收征管、竞争监管方面作出相应的监管措施。完善的商事账簿制度是政府有效实现市场监管的重要基础。[3]

可以说,随着资本市场的发展和市场创新的推进,商主体财务信息、经营信息的公开透明变得越来越重要,而完善的商事账簿制度是确保商主体相关信息真实、完整、准确的重要基础。因此,在现代商法体系下必须进一步完善商事账簿制度,确保商事账簿记载信息的真实、准确、完整。

第二节 商事账簿的设置原则

不同国家和地区对于商事账簿的设置提出了不同的要求,但可以归纳为以下几个原则:

一是强制原则。鉴于商事账簿的重要性,商事法律通常要求商主体必须按照法律的规

---

[1] 徐强胜:《商法导论》(第二版),法律出版社2023年版,第200—203页。
[2] 张保红:《商法总论》,北京大学出版社2019年版,第179页。
[3] 《商法学》编写组:《商法学》(第二版),高等教育出版社2022年版,第61—62页。

定设置账簿。同时,立法对于商事账簿的种类、内容、记载、保管等都有详尽的规定,政府有关部门可以对商事账簿的制作及内容进行监管。在比较法上通常对此有明确的规定,比如法国《商法典》规定"一切具有商人身份的自然人或法人均应当对影响其企业财产的活动进行会计登记",同时对于商业账簿的内容和记账方法作出了具体的规定。我国《公司法》第 208 条规定:公司应当在每一会计年度终了时编制财务会计报告,并依法经会计师事务所审计。财务会计报告应当依照法律、行政法规和国务院财政部门的规定制作。

二是要式原则。商事账簿的记载不是随意的,而是必须按照法律规定、按照会计原则要求进行记载,对于账簿的种类、账簿的内容、记载的形式、保管的方法立法通常都会设置明确的要求,商主体必须按照法律规定的格式和要求进行记载。

三是真实、准确、完整原则。商事账簿上相关信息的记载,必须以商主体真实的商行为为基础,不能在没有商行为的情况下编造相关的账簿信息。同时,账簿信息的记载必须准确完整,商主体在记载账簿信息的过程当中不能遗漏、存在错误或者虚假记载。账簿信息的编制必须体现真实、准确、完整的原则,否则相关的主体就应当承担法律责任。我国《公司法》第 216 条规定:公司应当向聘用的会计师事务所提供真实、完整的会计凭证、会计账簿、财务会计报告及其他会计资料,不得拒绝、隐匿、谎报。

第三节 商事账簿的种类

商事账簿主要有三种:会计凭证、会计账簿和会计报表。

一、会计凭证

会计凭证是指记录商主体收支情况和经营情况的凭证和证明。根据会计准则和法律规定,商主体在开展营业活动时的货币收付、款项结算、财产增减、货物进出,都必须由经办人取得或填制会计凭证,并以此作为结算的依据。会计凭证所记载的内容必须客观、真实、可靠,任何主体不能制作或提供虚假的会计凭证。

会计凭证是会计账簿制作的前提基础,没有会计凭证就无法制作会计账簿和会计报表。因此,在会计凭证的制作过程当中应当真实、准确、合法地录入相关的会计信息。会计人员应当在登记账簿前对会计凭证进行逐笔审核,会计凭证上必须经过经办人员签字或盖章,以明确责任,确保会计凭证的合法性。

从会计凭证的填制程序来看,会计凭证又可以分为原始凭证和记账凭证。原始凭证通常用于载明经济业务的实际执行和完成情况,在经济业务发生或完成时取得或填制。原始凭证是进行会计核算的原始材料,可以证明经济业务的实际发生和完成。原始凭证在实践中通常包括购货时取得的发票和结算凭证,付款时由收款人提供的收据以及商主体自己制作的发货单、收货单以及收料单。

对于已经填制的会计凭证,必须由专业人员进行审核,以确保会计凭证的真实性、合法性和准确性。会计审核人员应当审查会计凭证的填制和制备是否符合法律规定,并审查会计凭证所记载的业务内容是否合理合法。

二、会计账簿

会计账簿是指商主体的会计人员以会计凭证为基础,按照特定的方法和程序所制作的可以连续、系统、全面记载商主体各项经营活动信息的簿册。

会计凭证所提供的是单个交易的信息,会计账簿则能够全面系统地提供会计信息,可以为会计报表编制、资产评估提供完整的商主体信息。会计账簿是商主体进行会计分析的基本资料,能够提供具体的经营情况,并为利润的分配提供准确的依据。

从用途来看,会计账簿可以区分为序时账簿、分类账簿和辅助账簿。序时账簿又称日记账,通常是按照经济业务发生时间的先后顺序逐日逐笔登记的账簿,通常包括现金日记账、银行存款日记账和转账日记账等。登记日记账必须附有原始凭证。分类账簿是指按照会计科目分门别类登记各项经济业务的账簿,通常包括明细账和总账。分类账簿可以反映各个会计要素及其构成和变化情况。

三、会计报表

会计报表是指按照会计原则编制的,能够综合反映商主体在特定时间内生产经营情况和财务状况的书面报告和表册。会计报表主要包括资产负债表、损益表、现金流量表、利润分配表和财务状况说明书。

会计报表可以全面反映商主体的经营状况和财务状况,其所反映的信息对于商主体投资人、债权人、交易相对人、政府有关部门都具有至关重要的意义。因此,商主体必须以账簿为根据,真实、准确、完整地编制相关会计报表。可以说,编制和报送会计报表是商主体必须履行的法定义务。在政府监管部门要求商主体提供会计报表的情况下,商主体应当如实提供,不得拒绝、隐匿或谎报。

会计报表的类型较为多样,根据编制日期是否确定,可以分为定期报表和不定期报表;根据用途和作用,可以分为主要会计报表和附属会计报表;根据所反映的资金运用情况,可以分为静态报表和动态报表;根据编制的主体,可以分为个别会计报表和合并会计报表。

第四节 商事账簿的保管

商事账簿具有重要的意义和功能。对于商事交易而言,商事账簿是进行财务清点核算的重要依据,有助于明确交易主体之间的权利和义务;对于政府主管部门而言,商事账簿是进行稽核审计、税率计算、资产评估的重要参考;在诉讼过程中,商事账簿具有重要的证据效力。因此,法律通常会明确商主体账簿保管的义务,对于商事账簿的保管方式、保管期限等都有明确的要求。

从比较法角度来看,很多国家对于商事账簿保管的最短期限都作出了明确规定,比如西班牙规定商事账簿保管期限至少为5年,而法国、意大利、德国、比利时等国家则规定至少为10年。还有一些国家对于商事账户的保管期限作出了更为严格的要求。我国也参照比较法经验,按照会计原理要求各种账簿和凭证至少要保存10年,月报、季报保存3—5年。在保管期限内,商主体应当按照国家有关规定建立档案,妥善保管有关的商事账簿,不能销毁、损坏和遗失。如果商主体没有尽到妥善保管的义务,应当被追究相应法律责任。[1]

重要名词术语

商事账簿、会计凭证、会计账簿、会计报表

思考题

1. 简述商事账簿的功能。
2. 简述商事账簿的种类。

典型案例分析

A公司与B公司破产债权确认纠纷案

裁判要点

审计报告不能作为债权人对债务人享有债权的证明——《审计报告》的审计依据是被审计单位账簿及会计报表所记载的数据,《审计报告》并不对账簿及会计报表等有关资料的真实性负责,即账簿及会计报表所记载数据真实性,既不属于该审计报告的审计内容,亦不属于该报告的审计结果。故仅依该《审计报告》并不能证明债权人享有对被审计单位的债权。

裁判文书

天津市高级人民法院一审查明:因C公司于2003年8月1日向天津市高级人民法院申请B公司破产还债一案,该院于2004年9月13日作出(2003)津高民二破裁字第9-1号民事裁定,宣告B公司破产清算。在该案审理期间,负责清算事务的D清算事务所委托E会计师事务所对B公司截至2003年7月31日的资产、负债和损益情况进行审计,E会计师事务所于2003年9月15日出具了津广信专审字(2003)第329号《审计报告》,该《审计报告》所附《应付账款明细表》中记载截至2003年7月31日B公司对F公司的应付账款余额为4,919,023.11元。

G公司作为F公司债权的受让人于2003年9月21日在破产债权案件中向天津市高级人民法院提交了债权申报书,要求优先受偿B公司所欠4,919,023.11元工程款本金及违

---

[1] 赵中孚主编:《商法总论》(第四版),中国人民大学出版社2009年版,第205页。

约金,并提供了债权转让通知书。该通知书主要内容为:"F公司承建了B公司I商厦部分工程,但B公司一直拖欠4,919,023.11元工程款未还。现因业务合作需要,F公司决定将上述全部债权转让给G公司享有。自即日起,由G公司向B公司主张所有权利。"落款日期为2003年6月10日,并加盖有F公司、B公司公章。F公司公章下面有手书"核对无误,同意"字样。A公司主张此内容为B公司人员所写,系对债权转让的确认,B公司破产清算组对此不予认可。

2007年5月17日,天津市高级人民法院因故另行委托H清算有限公司担任B公司的破产管理人并负责清算工作。2012年6月12日,A公司在B公司破产清算案件中再次向该院提交工程款优先受偿债权申报书,要求对其受让的4,919,023.11元本金及利息优先受偿,并提供了债权转让协议及通知书。债权转让协议主要内容为:"G公司将其从F公司受让的工程款债权本金4,919,023.11元及相关利息一并转让给A公司",该协议由A公司及G公司加盖公章,但双方均未签署时间。A公司提供的G公司向B公司破产清算组通知债权转让事宜的通知书,未签署日期。B公司破产清算组收到一份G公司的债权转让通知书,签署日期为2010年12月9日,该通知书主要内容与A公司提交的通知书基本一致。2012年8月3日,B公司破产清算组在B公司破产还债案第四次债权人会议工作汇报中,对A公司主张的债权,以未提供有效的证据为由,未予认定。

2012年8月24日,A公司以B公司破产清算组未认定A公司的合法债权为由,向天津市高级人民法院提起诉讼,请求:(1)A公司对B公司享有4,919,023.11元工程款的债权,并享有优先受偿权;(2)B公司偿付上述工程款逾期付款的利息损失;(3)B公司承担本案的全部诉讼费用。

天津市高级人民法院经审理认为:(1)A公司主张F公司参与了工商大厦的工程施工,但并未提供建设工程施工合同予以证明,也无施工日志、监理资料、结算报告等证据可以证明施工过程,故A公司无证据证明债权的出让人F公司参与了I商厦的施工,并对B公司享有工程款债权。(2)A公司以《审计报告》主张工程款债权,但该所出具报告时明确"B公司作为债务人应对账簿及会计报表等有关资料的客观真实性负责"。B公司破产清算组提供的财务账簿及记账凭证显示:"2002年11月30日,B公司财务账簿记载户名为F公司,应付账款为15,808,200元",并附有编号分别为(2002)2,586,275、(2002)2,586,273发票两张为证,但经北京市地方税务局鉴定,上述两张发票均系伪造,据此可认定上述账簿记载内容虚假,无法证实截至2002年11月30日B公司欠付F公司工程款。(3)上述财务账簿及记账凭证显示:"2002年12月1日,B公司财务账簿记载户名为F公司,备注为:15,808,200—11,253,548.89元,应付账款为4,554,651.11元,直至2003年7月31日,该账簿记载因增加利息364,372元,户名为F公司的应付账款变更为4,919,023.11元",因其备注表明应付账款4,554,651.11元系由15,808,200—11,253,548.89元得来,而15,808,200元的会计凭证系伪造,故在此基础上核减后的4,554,651.11元亦不能作为认定F公司债权的依据。即使按照A公司主张的4,554,651.11元与15,808,200元无直接关联,但2002年12月1日及2003年7月31日两次账簿记载均没有应付账款产生的原始会计凭证,也明显违反了会计记账规范。(4)按照财务账簿记载,B公司欠付F公司应付账款直至2003年

7月31日因增加利息后才确认为4,919,023.11元,但F公司却在利息尚未发生之前,早在2003年6月10日即已经知晓该工程款将要调整为4,919,023.11元,并书面通知了B公司,该行为明显违背常情常理,亦违背诚实信用原则。(5)第一次债权申报时G公司所提供的《香港F公司材料及人工明细表》显示4,919,023.11元系由材料费及人工费组成,其中并不包含利息,故该表的记载内容与B公司财务账簿记载也存在明显矛盾。

综上,天津市高级人民法院认为,因A公司既无证据证明F公司参与了I商厦的工程施工,又无相应的证据证明B公司实际欠付其工程款,故对其诉讼请求不予支持。

A公司不服该判决,提起上诉。

经审理,二审法院认为本案争议焦点有两个:(1)本案是否必须追加F公司为第三人;(2)F公司及G公司、A公司是否对B公司享有工程款债权。

关于F公司及G公司、A公司是否享有对B公司的工程款债权的问题,二审法院分析如下:

A公司以《审计报告》所附《应付账款明细表》列明F公司函证确认金额4,919,023.11元为据,主张该报告根据专业知识审核认定F公司对B公司享有4,919,023.11元的债权。但根据《审计报告》所载,其责任"是通过对债务人账簿及会计报表所反映的财务收支及其有关经济活动的审查,发表专业审计意见","债务人应对账簿及会计报表等有关资料的客观真实性负责",即《审计报告》的审计依据是B公司的账簿及会计报表所记载的数据,《审计报告》并不对账簿及会计报表等有关资料本身的真实性负责。对B公司账簿及会计报表所记载的数据的真实性,既不属于该报告的审计内容,也不属于该报告的审计结果。故仅依该《审计报告》并不能证明F公司享有对B公司4,919,023.11元的工程款债权。

A公司主张否认了F公司的债权即等于否定了该《审计报告》的效力,由此推翻了B公司破产的法律依据。如本案未确认F公司对B公司享有的债权,可能对B公司截至2003年7月31日的资产负债情况产生影响,但由此产生的影响是否足以改变《审计报告》基于B公司账簿及会计报表所作出的B公司资不抵债的结论,进而影响人民法院受理B公司破产案件的事实依据,不属于本案审理范围。故对A公司的此项主张,本院不予审理。

A公司以《债权转让通知书》经B公司盖章确认且经B公司当初的负责人签字确认为由,主张B公司对该笔债务的数额进行认可。因《债权转让通知书》上手书的"核对无误同意"并无书写者的签名,且A公司并未提供证据证明此手书内容系由B公司工作人员所写,故不能据此认定"核对无误"及"同意"是B公司的意思表示。根据《合同法》第80条有关"债权人转让权利的,应当通知债务人"之规定,债权人转让债权无须经过债务人的同意,故B公司在该通知书上盖章的行为亦不能当然产生B公司认可其与F公司存在该项债权及同意该项债权转让的法律效果。且该笔债权转让时,B公司已濒临破产,即使B公司认可该笔债权,因涉及B公司全体债权人的权益保护问题,在无其他证据予以佐证的情况下,也不能仅以其盖章确认而径行认可该笔破产债权。

B公司破产清算组以B公司财务账簿所附编号为(2002)2,586,275、(2002)2,586,273的两张北京市建筑业专用发票系伪造、B公司的财务账簿的记载与《香港F公司材料及人工明细表》相矛盾为由,主张不能确认F公司对B公司享有4,919,023.11元的工程款债权。A 公司对此两张发票的真实性亦不予认可，但认为此两张发票是否由 F 公司所开、有无被隐匿、替换，应当由一审法院核实或者由 B 公司破产清算组提供证据证明。根据《最高人民法院关于民事诉讼证据的若干规定》第二条"当事人对自己提出的诉讼请求所依据的事实或者反驳对方诉讼请求所依据的事实有责任提供证据加以证明。没有证据或者证据不足以证明当事人的事实主张的，由负有举证责任的当事人承担不利后果"的规定，B 公司破产清算组通过北京市地方税务局提供的鉴定结论证明了有关 F 公司应付账款的记载凭证为伪造的事实，已完成了证明 B 公司账簿记载所依据的会计凭证不实的举证责任。而 A 公司未能提供证据证明此两张发票是否由 F 公司所开、B 公司及其破产清算组存在隐匿、替换 F 公司所开具的发票的事实，故对 A 公司的此项事实主张，本院不予采信。

A 公司以《香港 F 公司材料及人工明细表》为据，主张 F 公司与 B 公司之间具有建筑施工合同关系。但从形式上看，该表系由 F 公司单方制作，无落款时间，落款单位"香港 F 公司"与印鉴"F 公司"表述也不一致。该表既无 B 公司签章，也未反映出施工地点、工程项目内容。A 公司主张 4,919,023.11 元的工程款债权系由材料费及人工费构成，但 B 公司的账簿记载显示：2002 年 7 月 31 日应付账款所记载的 4,919,023.11 元包括了本金 4,554,651.11 元与截止到 2003 年 7 月 31 日的 364,372 元利息，账簿记载与该表反映的内容相矛盾。A 公司认为 B 公司系根据 2003 年 6 月 10 日的债权转让通知认可了工程价款为 4,919,023.11 元，故将前期未纳入账簿进行结算的 364,372 元以利息方式记入会计账簿，但 A 公司对 B 公司账簿记载矛盾的推测并无证据证明，本院亦不予采信。

A 公司主张发票系记载所需的会计凭证，会计凭证的真实性、存在与否与债权债务关系无直接关联，且即使发票确实系由 F 公司开具，也仅能证明 F 公司在财务处理或发票开具上存在过错，而不应据此认定 F 公司对 B 公司的债权不存在。但发票是账簿记载的原始凭证，因 B 公司破产清算组已证明发票系伪造，且 A 公司对发票的真实性亦不认可，故 B 公司破产清算组已完成其所主张的 B 公司账簿中有关 F 公司债权的记载无客观真实的依据的证明责任。据此，B 公司的账簿记载不能作为认定 F 公司对 B 公司是否享有 4,919,023.11 元工程款债权的事实依据。该项事实虽不足以证明 F 公司与 B 公司之间无工程款债权关系，但更不能据此认定二者间存在工程款债权关系。

A 公司主张《B 公司破产还债案第一次债权人会议决议》所附《债权人债权核定表》确认 G 公司对 B 公司享有 4,919,023.11 元的债权，且经债权人会议认可，该 4,919,023.11 元债权属"证据齐全"。因该决议第一项内容载明，"债权人会议一致同意对有财产担保债权和无财产担保债权的确认途径和具体方法，即由 B 公司破产清算组核查后，报请人民法院裁定确认"，故此决议所附《债权人债权核定表》可以证明，G 公司享有 4,919,023.11 元的债权业已经过 B 公司破产清算组的初步核查确认，但该核查结果并未经人民法院裁定确认。B 公司破产清算组于 2012 年 8 月 3 日向 B 公司全体债权人提交的《B 公司破产还债案第四次债权人会议工作汇报》因未提供有效证据，对 A 公司的 4,919,023.11 元的工程款债权未予确认，系以后者变更了第一次债权人会议时 B 公司破产清算组初步核查确认的结果，此项变更并不违反法律法规的规定。故《B 公司破产还债案第一次债权人会议决议》所附《债权人债权核定表》不应作为认定 A 公司对 B 公司享有 4,919,023.11 元工程款债权的事实依据。

A公司主张，如人民法院对F公司是否享有对B公司4,919,023.11元的工程款债权存疑，应当依职权调查取证。但根据《最高人民法院关于民事诉讼证据的若干规定》第15条、第16条有关人民法院认为审理案件需要的证据是指涉及可能有损国家利益、社会公共利益或者他人合法权益的事实以及涉及依职权追加当事人、中止诉讼、终结诉讼、回避等与实体争议无关的程序事项。除此以外，人民法院调查收集证据应当依当事人申请进行的规定，A公司所主张的事实并不属于人民法院调查收集证据的范围，A公司亦未向人民法院提出调查收集证据的申请，故对A公司有关本案相关事实应当由人民法院调查取证的主张，本院亦不予支持。

A公司向B公司主张工程款债权，应当以证明F公司享有对B公司的工程款债权为前提。根据《合同法》第270条的规定，建设工程施工合同应当采用书面形式。A公司主张F公司作为施工单位参与了B公司兴建的I商厦工程，B公司对F公司享有工程款债权4,919,023.11元，应当提供F公司与B公司之间的建设工程合同及F公司履行合同情况的证据予以证明。但A公司未能在本案诉讼期间提交F公司与B公司之间的建设工程施工合同，也未能提供证据证明F公司参与了I商厦的建设施工工作，即A公司无直接证据证明F公司参与了I商厦工程并享有对B公司的工程款债权，其提供的《审计报告》及《债权转让通知书》两份证据均系间接证据，不足以证明F公司对B公司享有4,919,023.11元的工程款债权。B公司账簿中虽有对F公司应付账款为4,919,023.11元的记载，但除两张被鉴定为伪造的发票外，有关F公司应付账款的账簿记载均无客观真实的会计凭证，亦不足以证明F公司享有对B公司的4,919,023.11元的工程款债权。

因A公司系主张其对B公司享有4,919,023.11元的工程款债权，B公司破产清算组仅系B公司的诉讼代表人，故B公司应为本案一审被告。一审法院将B公司破产清算组作为被告不当，二审法院对此予以纠正。

第七章　商行为一般理论

【内容提示】

商行为是商主体以营利为目的,旨在设立、变更、消灭商事法律关系的行为。商行为是商主体所实施的营业行为,如果不是商主体所为,或虽为商主体所为但缺乏营利目的,都不能认定为商行为。

商行为是一种特殊法律行为,具有自身较为独有的特征,具体表现在以下几个方面:商行为必须以营利为目的;商行为必须是经营性行为;商行为是商主体所从事的行为;商行为体现出市场交易特征。

商行为的类型构造包括:(1)单方商行为和双方商行为。单方商行为是指行为人一方为商主体,而另一方为非商主体的商行为;双方商行为是指行为人双方均是商主体的商行为。(2)绝对商行为和相对商行为。绝对商行为是根据行为的客观形式或性质当然属于商行为的行为,而不必考虑该行为的主体是否为商人。而相对商行为是指依据行为人的主观性和行为自身的性质而认定的商行为。(3)基本商行为和附属商行为。基本商行为是指以营利为目的的营业行为。附属商行为通常来说并不直接具有营利性的内容,但是能够协助基本商行为实现营利目的。(4)固有商行为和推定商行为。固有商行为是指依据法律规定和法律列举可以直接认定的商行为。推定商行为是指不能依据商法规定直接认定,必须在法律规定或法律事实基础上加以推定才能确定其性质的商行为。

商行为和民事法律行为均以意思表示为构成要件,但是二者有关意思表示解释及法律效力的规则仍有不同。在商事交易中,根据商主体之间长期形成的交易惯例,受要约人如果未在规定期限内作出意思表示,则要约期限届满时可以推定为受要约人接受要约。在商事合同语境下,当事人约定的违约金原则上禁止调整,即便当事人认为约定数额过高,也不能请求法院或仲裁机构调减;强调商事习惯在意思表示解释中的作用;商事留置权的成立无需动产与债权存在牵连关系;在商事主体之间订立的动产质押合同,如果当事人作出了流质约定,则原则上不能认为合同约定无效;商行为本质上是营利性行为,商事借贷应以有偿为原则,对于商事借贷所生之债务,债权人原则上可以要求债务人支付利息;在商事合同中允许当事人事先排除解除权的行使。

第一节　商行为的概念、特征和类型

商行为是商主体以营利为目的，旨在设立、变更、消灭商事法律关系的行为。商行为和一般民事法律行为在类型、效力、代理、责任、时效等方面存在显著差异，因此多数国家通过商法典立法对于商行为予以特别安排，根据商行为的特殊性确立特定法律规则。[1]

商行为具有自身较为独有的特征，具体表现在以下几个方面：

第一，商行为必须以营利为目的。商主体开展商行为，目的在于获取利润，而不是实现公益。营利性以是否具备营利主观目的作出判定，客观上是否取得利润在所不问。商行为目的的营利性是区分商行为和非商行为的重要特征。

第二，商行为必须是营业性行为。营业一般具有独立性、持续性、反复性等特征，营业性表明行为主体至少在一段时间内连续不间断地从事某种营业活动。如果商主体只是偶尔所为的非连续性交易，则不能认定为商行为。

第三，商行为是商主体所从事的行为。商行为是商主体所实施的营业行为，商行为主体至少应有一方为商主体。如果缺乏商主体，则相应交易行为原则上不能认定为商行为。

第四，商行为体现出市场交易特征。商行为通常为市场交易行为，以商品的交换、服务的提供为内容，通常为有偿的，体现出市场交易的基本特征。比如，具有一定的技术性、贯彻外观主义原则、注重交易效率、强调交易安全。[2]

通常来说，商行为按不同的标准可作以下分类：

1. 单方商行为和双方商行为

单方商行为是指行为人一方为商主体，而另一方为非商主体的商行为；双方商行为是指行为人双方均是商主体的商行为。双方商行为应当适用商法规范，理论上和实践中均无争议。单方商行为是否要适用商法规范，在商法发展历程当中也存有争议。多数国家规定，即便单方商行为中只有一方为商主体，也应当适用商法规范，同时要注意保护非商主体的利益。比如德国《商法典》、日本《商法典》、韩国《商法典》均有类似的规定。

2. 绝对商行为和相对商行为

绝对商行为是根据行为的客观形式或性质当然属于商行为的行为，而不必考虑该行为的主体是否为商人，比如票据行为、证券行为、保险行为、海商行为、融资租赁行为。而相对商行为是指依据行为人的主观性和行为自身的性质而认定的商行为。相对商行为要求行为主体是商主体，同时该行为还具有营利性特征。

3. 基本商行为和附属商行为

基本商行为是指以营利为目的的营业行为，比如，商品的买卖、服务的提供。基本商行为可以区分为绝对商行为和相对商行为。附属商行为通常来说并不直接具有营利性的内

---

〔1〕 蒋大兴：《论民法典（民法总则）对商行为之调整——透视法观念、法技术与商行为之特殊性》，载《比较法研究》2015年第4期。

〔2〕 施天涛：《商事法律行为初论》，载《法律科学》2021年第1期。

容,但是能够协助基本商行为实现营利目的,这类行为包括广告行为、代理行为等。

4. 固有商行为和推定商行为

固有商行为是指依据法律规定和法律列举可以直接认定的商行为,当然包括绝对商行为和固有商人的营业商行为。推定商行为是指不能依据商法规定直接认定,必须在法律规定或法律事实基础上加以推定才能确定其性质的商行为,比如,以营利为目的而提供的咨询服务、信息服务等行为。

5. 买卖商行为、辅助商行为、服务商行为、金融商行为

从商行为的具体内容以及历史发展的角度来看,可以将商行为分为四种主要的类型:一是买卖商行为。在商法起源初期,手工业商人将商品生产出来并出售给贸易商人,贸易商人再将相应的商品出售给消费者。商品买卖属于最典型的商事交易形态。此后随着商事交易的创新发展,买卖的标的也日益复杂,商事买卖的法律规则也日益完善。二是辅助商行为。辅助商行为是为了促进商品的生产和交换的媒介商行为,包括保管、运输、居间、行纪、代理等行为。三是服务商行为。随着商事交易的日益专业化,部分商主体专门开展以提供服务为内容的营业行为,包括旅馆、旅游、饮食、娱乐、广告、信息等服务。四是金融商行为。商主体以提供资金融通、资产管理、证券交易、保险服务、期货交易等作为服务内容。金融商行为在现代经济生活当中已经占据着非常重要的地位,同时也是交易结构最多样、权利义务关系最复杂的商行为类型。[1]

第二节　商行为的历史变迁

一、商行为的制度雏形

商法起源于11世纪和12世纪的地中海沿岸区域。在商法的早期发展阶段,商人们在商业实践中并没有使用商行为这一概念,商法体系中也不存在相应的制度建构。但是,这并不意味着中世纪商法中不存在调整商事交易的特殊行为规则。

中世纪商法本质上属于"商人法",由商人们创造并且仅适用于商人之间,其主要是围绕商人的资格管理、商业交易、权利保护、争议解决等内容而展开,也是商人法庭处理商人之间商事争议的主要依据。为了充分保护商人的利益,中世纪商法在合同法律规则方面也作出了一些倾斜性保护的制度安排,这些合同法律规则在一定程度上可以视为商行为制度的雏形。

中世纪商法中的合同法规则大部分沿袭罗马法,但其本身却在一定程度上重构了合同法规则的理论基础和制度体系。在罗马法时代,合同主要被视为取得财产的方式,其本身并不具有独立的功能。除了合同之外,财产的取得往往还需要具备其他功能要件。在中

---

[1] 施天涛:《商法学》(第6版),法律出版社2020年版,第70—71页。

世纪时期,商人们赋予合同独立的功能,使其成为营利的工具,合同在商事交易中占据着最为重要的地位。商人们主要是通过缔结买卖合同将货物买进再售出,进而获取相应商业利润。合同形式对于合同成立和合同效力不再有决定性影响,商人原则上可以自由选择合同缔结形式。买卖、互易、保管等传统合同类型的法律规则也因为商事交易实践需要得到丰富发展。此外,合同的具体类型也得到了扩展,特别是随着不同地域之间商业贸易的发展,海洋运输合同、陆上运输合同以及相应的保险合同、借贷合同等制度规范也得到了充分完善。

中世纪商法也改变了传统罗马法侧重债务人利益的立场,转而强调债权人利益的保护,并在很多方面调整了原有的法律规则安排。例如,债务人在债务发生之后必须立即给付,而不能从法官那里获得罗马法体系下的履行宽限期;债务人必须以金钱支付,而不能采取罗马法体系下允许的必要代物清偿;债务人对于货款迟延支付必须支付相应利息。这些制度安排有利于商人利益的保护,能够促进商事交易的高效进行。

这种局面一直延续到君主国时期。就商事交易的私法规则特别是商行为法律规则而言,君主国时期的商法体系并未有太多制度创新。以这一时期最为著名的1673年法国《商事条例》为例,其中并无专门规定商行为的章节,调整商人交易行为的规范本身数量较少且分布较为分散。另外值得注意的是,从中世纪商法诞生之初到法国商法典颁布之前,商人法庭和商事法院的案件受理标准原则上是以商人身份作为判断要件,但从路易十四时期开始,商事法院的受理范围不限于行会登记商人之间的商事争议,未登记商人之间的商事纠纷也可以由商事法院加以裁判。在此背景下,争议行为是否具有商行为的性质就成为商事法院决定是否受理的重要参考因素。

二、商行为的制度建构

在法国《商法典》的起草者看来,商法典的调整重心在于商事实践中存在的商行为。任何主体从事的商行为,不管其是否具有商人身份,原则上均应受到商法典的规范调整。商法典的制度建构也应当围绕这些商行为加以展开,也即建构商行为的法律规则体系。此外,商事法院也应当以争议行为是否属于商行为作为受理案件的决定性标准,而不是以争议主体是否为商人作为判断依据。

在法国《商法典》中,并不存在直接规定商行为的章节,商行为的特殊性实际上并没有通过法律规范的安排得以完美呈现。立法者并未将商行为的规范纳入第一编"商法一般性规则"之中,而是将其置于第四编的"商事法院规则"部分,将其视为商事法院案件受理范围的界定规范,就其性质而言属于"程序性规范"而非"实体性规范"。其中,第631条规定了商事法院处理与商行为有关的争议,第632条和第633条则对商行为的具体类型进行了列举。在商法典编纂者看来,买进材料和商品并在加工之后卖出、银行活动、互易活动、中介活动,制造、运输、建造等企业的活动,均属于商行为的范畴,需要按照商法典规范进行调整,相关的争议也应由商事法院加以受理。

在法国商法典体系之下,并非不存在商人的概念和规则,只是商人资格的认定同商行为紧密联系在一起。依据《商法典》第1条的规定,商人是从事商行为并以其为惯常职业的人。商行为是界定商人身份的前提要件。在依据商行为的标准界定属于商人之后,就必须按照商法典的要求履行置备账簿、诚实信用、避免欺诈等义务。商人从事的商行为是商法典调整的重要部分,除此之外的其他类型商行为(如非商人从事的绝对商行为)也受到商法典的全面规范。

受到法国商法典商行为立法的影响,19世纪上半期其他国家的商法典立法也均引入了商行为制度,并且作出了更为全面的立法改进,在体系构造和制度安排上有较为明显的进步。商行为除了作为界定商法典调整范围的重要标准之外,针对商行为的一般性规则和具体商行为的类型化规则也得到了丰富发展。1829年西班牙《商法典》第二编以"商事合同的一般规则、形式、效力"为题,包含了商事债务形成一般规则、商事公司、商事买卖、互易、借贷及其利息、商事保管、商事担保、陆上保险、汇票、委托、订购凭证及信用证、商事合同履行一般规则等十二部分内容(第234—582条)。1833年葡萄牙《商法典》除了在第一部分陆上商业第一编专门规定了商行为(第205—207条)之外,还在第二编"商事债务"引入了全面而详尽的规则,对于商事债务的性质和效果、商事借贷、商事利息、商事保管、商事质押、汇票、债权文书、商事买卖、商业租赁、不同种类商事公司、商事委托、商事担保、商事债务消灭等内容作出了较为详尽的规定。1838年荷兰《商法典》也在第一编"商业一般规则"中引入了商行为规则(第1—5条)。

三、商行为的体系完善

在法国商法典等商事立法引入商行为制度之后,学者们对商行为也进行了深入的研究,进一步促成了商行为理论的完善和制度的成熟。其中,帕尔德叙(Jean Marie Pardessus)、德拉马尔(Emmanuel Delamarre)和普瓦特万(Le Poitvin)等法国学者通过对法国商法典的注释为商行为理论的发展作出了重大贡献。依据这些学者的研究,商法就其本质而言属于商行为法,其不再以商人这一传统概念作为商法体系建构的基础。在此基础上,这些学者试图建构出商行为的统一性概念并对其类型进行进一步的体系化梳理。在他们看来,商行为可以根据其内容属性区分为四类:第一类为绝对商行为或客观商行为,即任何主体从事的营业行为,其行为本身决定了商行为的性质,而和行为主体身份无关;第二类为相对商行为或主观商行为,也即是商人们从事的营业行为;第三类为混合商行为,其中一方主体为商人;第四类为形式商行为,如汇票行为以及商事公司所从事的行为。传统的商法体系主要规范调整第二类商行为,而在法国商法典的客观法体系下,其他种类的商行为也均纳入商法典的调整范畴,相应的争议也可以由商事法院受理。

商行为理论的成熟对于19世纪后半期的商事立法也产生了深远影响。在这一阶段的商事立法中,商行为的功能地位受到了进一步重视,在体系结构上逐渐获得了独立,在制度内容上也得到了发展。商行为制度的发展成熟在1861年德国《一般商法典》、1882年意大利《商法典》、1885年西班牙《商法典》等商事立法中体现得尤为明显。

1861年德国《一般商法典》率先实现了对商行为制度的体系化革新,对于法国商法典在立法技术上的失误在一定程度上进行了"纠正"。该法典的第四编以"商行为"为标题,下面分为商行为一般规则、买卖、行纪、寄送、运输五章内容,总共包括了161条规范

（第 271—431 条）。值得注意的是，商行为一般规则对于商行为的概念、商行为的共性规定、商行为的成立、商行为的履行作出了详尽的规定，其中以下内容值得特别强调：商行为的解释须探究主体真意（第 278 条）、必须充分考虑商事习惯的影响（第 279 条）、连带债务推定原则（第 280 条）、履行商人的谨慎义务（第 280 条）、违约金不受限制（第 284 条）、利率法定（第 287 条）等。而买卖、行纪、寄送、运输等章则对这些具体商行为类型建构了完善的法律规则，在当时尚没有制定民法典的情况下，为实践中各类合同的履行提供了一般性规则。德国《一般商法典》实际上将商行为规则加以"实体化"，并将其建构为体系化的商事债法规范，而非用来判断是否属于商法典的适用范围和商事法院裁判范围的"程序性"规则。

1882 年意大利《商法典》则在 1861 年德国《一般商法典》和 1865 年意大利《商法典》的基础上对于商行为制度进行了进一步发展。除了在形式上将商行为置于第一编第二章以凸显其重要性之外，该商法典还对商行为的类型进行了扩充，其中第 3—6 条总共列举了 24 种具体商行为类型。在当时欧洲大陆的商法典中，意大利《商法典》对于商行为的列举是最全面的。例如，商行为的具体类型增加了出版、印刷、书店等企业从事的经营活动以及营利性不动产买卖行为。意大利《商法典》的此种立法模式实际上适应了工业化生产对于商事法律规则的需要，尽可能地扩展了商行为的外延范围，使得当时出现的多样态新型商事法律关系也得到了有效调整。《商法典》第 54 条还效仿德国《一般商法典》第 277 条的规定，将一方为商主体的交易行为也纳入商法典调整范围，对于非商人主体也适用商法典规则。

在 19 世纪后半期各国私法立法普遍采纳民商分立立法例的情况下，商行为制度不仅在立法形式层面获得了完美的表达，而且在实质规范层面也得到了全面的建构，以致于在合同法律规则方面形成了商法典和民法典的"对立"局面。举例来说，意大利 1865 年《民法典》在第 1097—1377 条规定了债务及合同的一般规则，但 1882 年《商法典》第 36—58 条针对商行为的特殊性建构了与前述规范完全不同的规则，比如在合同证明、连带债务、利息支付、诉讼时效、履行宽限期等方面依据商事实践需要确立了更为灵活的规则。

可以看出，经过长期的调整变革之后，在 19 世纪下半期商行为制度达到了巅峰发展阶段，商行为的理论阐释已经较为成熟、制度结构相对完善，以其为中心的商法规范体系对于商事交易行为的规制较为成功。从体系建构的维度来看，商行为也成为商法典体系的绝对核心，商法典制度建构也均是围绕商行为加以展开；从实质规则的角度来看，商行为的一般性规则和具体商行为类型的调整规范已经相当完备，实际上各国商法典已经确立了完善的商事合同法律规则体系；此外，商行为依然是司法实践中区分适用民法典还是商法典、判断具体争议由商事法院还是民事法院管辖的"根本工具"。

四、商行为的制度危机

从立法技术上来看，商行为采取列举式的立法技术必然使其存在类型漏洞的危机；从规范对象上来看，传统商法典中的商行为制度主要以贸易商人为主要规范主体。而随着企业的大量出现，经济社会生产转而以企业为中心，此时不能再将不同类型企业视为商人的具体种类;在私法社会关系已经整体商化的背景下,已经很难区分民事行为和商事行为。

以商行为为核心的商法规范体系本身不足以解决商法面临的理论挑战和实践争议。理论界和实务界均试图通过重构既有商法规范体系甚至是整个私法规范体系以使其能够适应社会发展之要求。在此背景下,存在三条超越路径:一是消除商行为的特殊性,在债法领域实现民法规则和商法规则的合一。1881年瑞士《债法典》即是此种立法的代表。二是从客观法到主观法的回归,重新回到以商人概念为核心。1900年德国《商法典》的制定则遵循了此种体系重构思路。三是另起炉灶,以企业概念为核心重塑商法体系。1942年意大利《民法典》在实现债法规则民商合一的基础之上,还以企业概念为核心重构了商法规范体系。

在1942年意大利《民法典》中,虽然已经不存在以商行为命名的法律规范,1882年《商法典》中的商行为规则绝大部分被移植进入民法典债法编。例如,1942年《民法典》中关于金钱债务、合同形成、债务利息、选择性债务、连带性债务、代理、合同解除、出卖他人之物、买卖标的瑕疵、委托、保管、合同履行等规则基本上来自1882年《商法典》中的相关商行为规范。第五编以"劳动"为名,主要规范公司、合作社、互助社等各类形式企业的活动,特别是此前商法典不予规范的小企业和农业性企业也被纳入这一编的调整范畴。企业不再是旧商法典体系下判断特定行为是否构成商行为的参考要素(1882年《商法典》第3条规定了特定企业从事的行为属于商行为),企业本身所从事的有组织经济活动成为新民法典调整规范的重心。就实质意义上的商法制度建构而言,这也意味着企业已经取代商行为成为商法体系的核心概念。

1900年德国《商法典》中的商行为制度依然存在。在民商分立的立法框架之下,商行为制度并不失去特殊性,依然在立法形式上维持其独立地位。该法典第四编包含了商行为的一般性规定和具体性规则,其中关于商业惯例的适用、商人注意义务、商行为形式自由、信赖利益保护等内容的一般性规定具有重要意义,对于交互计算、商事留置、指示证券等特殊性制度的规定也值得重视。此外,商法典对商事买卖、行纪、运输、仓储、货运等具体商行为类型也提供了较为详尽的规则。但是,与1861年德国《一般商法典》相比,1900年德国《商法典》中商行为制度的地位已经不再那么重要。1861年德国《一般商法典》中大部分商行为规范已经被吸纳到了德国《民法典》的债法编,剩下的"残余性规则"才被置于1900年《商法典》之中。这种改革在一定程度上适应了当时私法商法化的客观需要。其他继续采行民商分立立法例的国家在其商事立法特别是商法典中往往还保留着商行为制度,但商法体系不再维持"客观法"的特征,商法典的调整范围不是以争议行为是否为商行为作为界定标准。在有的学者看来,这些国家(例如西班牙、阿根廷、哥伦比亚、委内瑞拉、智利、秘鲁、制定统一民法典之前的巴西等国)的商法典虽然还保留了传统意义上以商人和商行为为核心的制度结构,但是事实上已经在实质层面调整为以"企业"为核心。[1]

---

〔1〕 本节内容参见夏小雄:《商行为的体系定位和结构转换——历史维度的再考察》,载《环球法律评论》2017年第1期。

第三节　特殊商行为

在商事交易实践当中,特殊商行为通常包括商事买卖、商事行纪、商事运输、商事仓储、商事居间、商事信托、商事票据、商事保险、商事期货、商事海商等。我国的《票据法》《保险法》《信托法》《期货和衍生品法》《海商法》等对票据、保险、信托、期货、海商等特殊商行为已经确立了专门的立法,在此不再讨论具体规则。本部分主要简要介绍其他几种典型特殊商行为。

一、商事买卖

商事买卖是商事实践当中最为常见的特殊商行为类型,商事买卖一般由出卖人交付货物,买受人支付价款。实践中,商事交易的主要形态就是商事买卖,但是商事买卖与民事买卖还是存在一定的差异,两者适用的法律规则也有所不同。在采取民商分立立法体例的国家,商法典立法通常会对商事买卖作出特别规定,以确保商事交易的效率和安全得到保障。而在采取民商合一立法体例的国家,往往是在民法典体系下对于买卖合同作出统一规定,并根据商事买卖和民事买卖的本质差异确立有针对性的法律规则。通常来说,商事买卖法律规则的特殊性主要体现在最大限度地尊重商人自治、形式自由、无过错责任、短期时效等规则。

二、商事居间

商事居间是商主体为了获得一定报酬而从事的为委托人报告订立合同的机会或者提供订立合同的媒介服务行为。商事居间以营利为目的,商事居间的行为构成、法律效力和民事居间存在一定的差异。

从事商事居间义务的主体成为居间人或中介人。中介人应当就有关订立合同的事项向委托人如实报告。中介人故意隐瞒与订立合同有关的重要事实或者提供虚假情况,损害委托人利益的,不得请求支付报酬并应当承担赔偿责任。中介人促成合同成立的,委托人应当按照约定支付报酬。对中介人的报酬没有约定或者约定不明确,可以根据中介人的劳务合理确定。因中介人提供订立合同的媒介服务而促成合同成立的,由该合同的当事人平均负担中介人的报酬。中介人促成合同成立的,中介活动的费用由委托人负担。

委托人在接受中介人的服务后,利用中介人提供的交易机会或者媒介服务,绕开中介人直接订立合同的,应当向中介人支付报酬。

三、商事行纪

商事行纪是指商主体以自己的名义为委托人从事贸易活动并获得报酬的商行为。行纪人是以自己的名义而非委托人的名义从事贸易活动。行纪人应当具有相应的行纪资质;行纪合同属于诺成合同、不要式合同、有偿合同。

行纪法律关系较为复杂,既包括委托人和行纪人之间的行纪合同关系,又包括行纪人和第三人之间的买卖合同关系。行纪人与第三人订立合同的,行纪人对该合同直接享有权利、承担义务。

行纪人处理委托事务支出的费用,由行纪人负担。行纪人占有委托物的,应当妥善保管委托物。委托物交付给行纪人时有瑕疵或者容易腐烂、变质的,经委托人同意,行纪人可以处分该物;不能与委托人及时取得联系的,行纪人可以合理处分。行纪人低于委托人指定的价格卖出或者高于委托人指定的价格买入的,应当经委托人同意;未经委托人同意,行纪人补偿其差额的,该买卖对委托人发生效力。行纪人高于委托人指定的价格卖出或者低于委托人指定的价格买入的,可以按照约定增加报酬;没有约定或者约定不明确,该利益属于委托人。委托人对价格有特别指示的,行纪人不得违背该指示卖出或者买入。

行纪人卖出或者买入具有市场定价的商品,除委托人有相反的意思表示外,行纪人自己可以作为买受人或者出卖人。行纪人介入交易的,仍然可以请求委托人支付报酬。行纪人按照约定买入委托物,委托人应当及时受领。经行纪人催告,委托人无正当理由拒绝受领的,行纪人依法可以提存委托物。委托物不能卖出或者委托人撤回出卖,经行纪人催告,委托人不取回或者不处分该物的,行纪人依法可以提存委托物。行纪人完成或者部分完成委托事务的,委托人应当向其支付相应的报酬。委托人逾期不支付报酬的,行纪人对委托物享有留置权。

四、商事仓储

商事仓储是由商主体所从事的商业性保管服务,商主体对存货人交付的仓储货物进行储存和保管,存货人支付相应的仓储费用。在传统的商法体系下仓储包括仓储和保管,立法上并不作严格的区分,我国《民法典》分别规定了保管合同和仓储合同。

保管人享有权利:(1)请求支付仓储费的权利;(2)特定仓储物的拒收权。保管人应履行的义务:(1)具备相应的保管条件;(2)验收义务。保管人应当按照约定对入库仓储物进行验收;(3)出具仓单的义务。存货人交付仓储物的,保管人应当出具仓单、入库单等凭证;(4)危险通知义务。发现入库仓储物有变质或者其他损坏的,应当及时通知存货人或者仓单持有人;(5)紧急处置义务。保管人发现入库仓储物有变质或者其他损坏,危及其他仓储物的安全和正常保管的,应当催告存货人或者仓单持有人作出必要的处置。因情况紧急,保管人可以作出必要的处置。

存货人享有的权利:(1)检查仓储物或提取样品的权利;(2)储存期限不确定时提取仓储物的权利。存货人应履行的义务:(1)说明义务。储存易燃、易爆、有毒、有腐蚀性、有放射性等危险物品或者易变质物品的,存货人应当说明该物品的性质,提供有关资料;(2)储存期限期满时提取仓储物的义务。

五、商事运输

商事运输包括货运运输和客运运输,是商主体基于营利目的开展以特定标的物为运输对象的特殊商行为。商事运输本身是由专业的从事运输业务的商主体开展,由于涉及的货物和旅客的特殊性,除了商法提供相应的规则之外,其他的旅客运输法、交通安全法等都会对商事运输作出一些特别的规范。

从事公共运输的承运人不得拒绝旅客、托运人正常、合理的运输要求。承运人应当在约定期限或者合理期限内和按照约定的或者通常的运输路线将旅客、货物安全运输到约定地点。旅客、托运人或者收货人应当支付票款或者运输费用。承运人未按照约定路线或者通常路线运输增加票款或者运输费用的,旅客、托运人或者收货人可以拒绝支付增加部分的票款或者运输费用。

客运合同的承运人应当按照有效客票记载的时间、班次和座位号乘坐。旅客无票乘坐、超程乘坐、越级乘坐或者持不符合减价条件的优惠客票乘坐的,应当补交票款,承运人可以按照规定加收票款;旅客不支付票款的,承运人可以拒绝运输。旅客因自己的原因不能按照客票记载的时间乘坐的,应当在约定的期限内办理退票或者变更手续;逾期办理的,承运人可以不退票款,并不再承担运输义务。承运人应当严格履行安全运输义务,及时告知旅客安全运输应当注意的事项。在运输过程中旅客随身携带物品毁损、灭失,承运人有过错的,应当承担赔偿责任。

货运合同的承运人对运输过程中货物的毁损、灭失承担赔偿责任。托运人或者收货人不支付运费、保管费或者其他费用的,承运人对相应的运输货物享有留置权。收货人不明或者收货人无正当理由拒绝受领货物的,承运人依法可以提存货物。

托运人应当向承运人准确表明收货人的姓名、名称或者凭指示的收货人,货物的名称、性质、重量、数量,收货地点等有关货物运输的必要情况。货物运输需要办理审批、检验等手续的,托运人应当将办理完有关手续的文件提交承运人。托运人应当按照约定的方式包装货物。在承运人将货物交付收货人之前,托运人可以要求承运人中止运输、返还货物、变更到达地或者将货物交给其他收货人,但是应当赔偿承运人因此受到的损失。

六、融资租赁

融资租赁合同是出租人根据承租人对出卖人、租赁物的选择,向出卖人购买租赁物,提供给承租人使用,承租人支付租金的商行为。

融资租赁合同的内容一般包括租赁物的名称、数量、规格、技术性能、检验方法,租赁期限,租金构成及其支付期限和方式、币种,租赁期限届满租赁物的归属等条款。当事人以虚构租赁物方式订立的融资租赁合同无效。

融资租赁出资人享有的权利:(1)出租人对租赁物享有的所有权;(2)收取租金的权利。融资租赁合同的租金,除当事人另有约定外,应当根据购买租赁物的大部分或者全部成本以及出租人的合理利润确定;(3)索赔权的转让权。出租人、出卖人、承租人可以约定,出卖人不履行买卖合同义务的,由承租人行使索赔的权利。承租人行使索赔权利的,出租人应当协助。出资人应履行的义务:(1)出租人根据承租人对出卖人、租赁物的选择订立的买卖合同,未经承租人同意,出租人不得变更与承租人有关的合同内容;(2)保证承租人对租赁物的占有和使用。出租人有下列情形之一的,承租人有权请求其赔偿损失:无正当理由收回租赁物;无正当理由妨碍、干扰承租人对租赁物的占有和使用;因出租人的原因致使第三人对租赁物主张权利;不当影响承租人对租赁物占有和使用的其他情形。

承租人享有的权利:(1)对于租赁物占有、使用和收益;(2)超值返还请求权和特定情形下的所有权。当事人约定租赁期限届满租赁物归承租人所有,承租人已经支付大部分租金,但是无力支付剩余租金,出租人因此解除合同收回租赁物,收回的租赁物的价值超过承租人欠付的租金以及其他费用的,承租人可以请求相应返还。当事人约定租赁期限届满,承租人仅需向出租人支付象征性价款的,视为约定的租金义务履行完毕后租赁物的所有权归承租人。承租人应当履行的义务:(1)承租人应当妥善保管、使用租赁物。承租人应当履行占有租赁物期间的维修义务;(2)承租人应当按照约定支付租金。

出卖人根据承租人对出卖人、租赁物的选择订立的买卖合同,出卖人应当按照约定向承租人交付标的物。出卖人违反向承租人交付标的物的义务,有下列情形之一的,承租人可以拒绝受领出卖人向其交付的标的物:(1)标的物严重不符合约定;(2)未按照约定交付标的物,经承租人或者出租人催告后在合理期限内仍未交付。

七、商业保理

保理是应收账款债权人将现有的或者将有的应收账款转让给保理人,保理人提供资金融通、应收账款管理或者催收、应收账款债务人付款担保等服务的商行为。保理合同的基础资产为应收账款,既可以是现时应收账款,也可以是将有的未来应收账款;保理合同的内容为保理人为债权人提供:(1)资金融通;(2)应收账款管理;(3)应收账款催收;(4)应收账款债务人付款担保等服务中的一项或多项。

商主体之间的保理权利义务关系通过保理合同加以具体确定。保理合同的内容一般包括业务类型、服务范围、服务期限、基础交易合同情况、应收账款信息、保理融资款或者服务报酬及其支付方式等条款。保理合同应当采用书面形式。

保理可以区分为有追索权的保理和无追索权的保理。当事人约定有追索权保理的,保理人可以向应收账款债权人主张返还保理融资款本息或者回购应收账款债权,也可以向应收账款债务人主张应收账款债权。保理人向应收账款债务人主张应收账款债权,在扣除保理融资款本息和相关费用后有剩余的,剩余部分应当返还给应收账款债权人。当事人约定无追索权保理的,保理人应当向应收账款债务人主张应收账款债权,保理人取得超过保理融资款本息和相关费用的部分,无需向应收账款债权人返还。

应收账款债权人与债务人虚构应收账款作为转让标的,与保理人订立保理合同的,应收账款债务人不得以应收账款不存在为由对抗保理人,但是保理人明知虚构的除外。保理人向应收账款债务人发出应收账款转让通知的,应当表明保理人身份并附有必要凭证。应收账款债务人接到应收账款转让通知后,应收账款债权人与债务人无正当理由协商变更或者终止基础交易合同,对保理人产生不利影响的,对保理人不发生效力。

应收账款债权人就同一应收账款订立多个保理合同,致使多个保理人主张权利的,已经登记的先于未登记的取得应收账款;均已经登记的,按照登记时间的先后顺序取得应收账款;均未登记的,由最先到达应收账款债务人的转让通知中载明的保理人取得应收账款;既未登记也未通知的,按照保理融资款或者服务报酬的比例取得应收账款。

八、特许经营

特许经营是指商主体将拥有的注册商标、专利、专有技术、企业标志等营业资源许可其他商主体使用，被许可人按照约定开展经营并支付特许经营费用的行为。通常来说，许可商主体应为企业，我国《商业特许经营管理条例》规定企业以外的其他单位和个人不得作为特许人从事特许经营活动。

特许人和被特许人应当订立书面的特许经营合同。被特许人在特许经营合同订立后一定期限内，可以单方解除合同。特许经营合同约定的特许经营期限应当不少于3年。但是，被特许人同意的除外。特许人应当向被特许人提供特许经营操作手册，并按照约定的内容和方式为被特许人持续提供经营指导、技术支持、业务培训等服务。特许经营的产品或者服务的质量、标准应当符合法律、行政法规和国家有关规定的要求。未经特许人同意，被特许人不得向他人转让特许经营权。被特许人不得向他人泄露或者允许他人使用其所掌握的特许人的商业秘密。

特许人应当在订立特许经营合同之日前至少30日，以书面形式向被特许人提供法定的信息，并提供特许经营合同文本。特许人向被特许人提供的信息应当真实、准确、完整，不得隐瞒有关信息，或者提供虚假信息。特许人向被特许人提供的信息发生重大变更的，应当及时通知被特许人。特许人隐瞒有关信息或者提供虚假信息的，被特许人可以解除特许经营合同。

九、电子商务

电子商务，是指通过互联网等信息网络销售商品或者提供服务的经营活动。电子商务经营者从事经营活动，应当遵循自愿、平等、公平、诚信的原则，遵守法律和商业道德，公平参与市场竞争，履行消费者权益保护、环境保护、知识产权保护、网络安全与个人信息保护等方面的义务，承担产品和服务质量责任，接受政府和社会的监督。

电子商务经营者，是指通过互联网等信息网络从事销售商品或者提供服务的经营活动的自然人、法人和非法人组织，包括电子商务平台经营者、平台内经营者以及通过自建网站、其他网络服务销售商品或者提供服务的电子商务经营者。电子商务平台经营者，是指在电子商务中为交易双方或者多方提供网络经营场所、交易撮合、信息发布等服务，供交易双方或者多方独立开展交易活动的法人或者非法人组织。平台内经营者，是指通过电子商务平台销售商品或者提供服务的电子商务经营者。电子商务经营者应当依法办理市场主体登记。但是，个人销售自产农副产品、家庭手工业产品，个人利用自己的技能从事依法无须取得许可的便民劳务活动和零星小额交易活动，以及依照法律、行政法规不需要进行登记的除外。

电子商务经营者的主要义务包括以下几个方面：(1) 开具票证。电子商务经营者销售商品或者提供服务应当依法出具纸质发票或者电子发票等购货凭证或者服务单据。电子发票与纸质发票具有同等法律效力。(2) 保障消费者知情权和选择权。电子商务经营者应当全面、真实、准确、及时地披露商品或者服务信息，保障消费者的知情权和选择权。电子商务经营者不得以虚构交易、编造用户评价等方式进行虚假或者引人误解的商业宣传,欺骗、误导消费者。(3)尊重和保护消费者。电子商务经营者根据消费者的兴趣爱好、消费习惯等特征向其提供商品或者服务的搜索结果的,应当同时向该消费者提供不针对其个人特征的选项,尊重和平等保护消费者合法权益。(4)个人信息保护。电子商务经营者收集、使用其用户的个人信息,应当遵守法律、行政法规有关个人信息保护的规定。(5)禁止滥用市场支配地位。电子商务经营者因其技术优势、用户数量、对相关行业的控制能力以及其他经营者对该电子商务经营者在交易上的依赖程度等因素而具有市场支配地位的,不得滥用市场支配地位,排除、限制竞争。

电子商务平台经营者的主要义务包括六个方面:(1)应当要求申请进入平台销售商品或者提供服务的经营者提交其身份、地址、联系方式、行政许可等真实信息,进行核验、登记,建立登记档案,并定期核验更新。(2)应当按照规定向市场监督管理部门报送平台内经营者的身份信息,提示未办理市场主体登记的经营者依法办理登记,并配合市场监督管理部门,针对电子商务的特点,为应当办理市场主体登记的经营者办理登记提供便利。(3)发现平台内的商品或者服务信息存在违法情形的,应当依法采取必要的处置措施,并向有关主管部门报告。(4)应当记录、保存平台上发布的商品和服务信息、交易信息,并确保信息的完整性、保密性、可用性。商品和服务信息、交易信息保存时间自交易完成之日起不少于3年。(5)应当在其首页显著位置持续公示平台服务协议和交易规则信息或者上述信息的链接标识,并保证经营者和消费者能够便利、完整地阅览和下载。(6)不得利用服务协议、交易规则以及技术等手段,对平台内经营者在平台内的交易、交易价格以及与其他经营者的交易等进行不合理限制或者附加不合理条件,或者向平台内经营者收取不合理费用。

第四节　商行为的解释和效力

商行为和民事法律行为均以意思表示为构成要件,但是二者有关意思表示解释及法律效力的规则仍有不同。首先,商行为的意思表示解释更强调从交易相对人的立场来理解表意人的意思表示,侧重保护交易相对人的信赖利益和维护交易安全;其次,为了维护交易秩序,商行为的意思表示瑕疵并不一定会导致商事行为的无效或者可撤销,在采取特定补救措施能达到救济目的的情况下可以认定商行为有效。

从比较法维度来看,各国商法中常见的关于商行为的解释和效力规则主要包括以下几个方面。[1]

---

[1] 刘凯湘:《商事行为理论在商法中的意义与规则建构》,载《法治研究》2020年第3期。

一、沉默的效力推定

在民法语境下,在例外情况下沉默才构成对要约的承诺。而在商事交易中,根据商主体之间长期形成的交易惯例,受要约人如果未在规定期限内作出意思表示,则要约期限届满时可以推定为受要约人接受要约,除非受要约人明确表示拒绝。之所以确立这一规则,是为了促进商事交易的开展及落实商事外观主义原则。

二、违约金的刚性约束

在商事合同语境下,当事人约定的违约金原则上不得调整,即便当事人认为约定数额过高,也不能请求法院或仲裁机构调减。商主体本身属于理性的市场主体,具有丰富的交易经验和理性的判断能力。商主体之间经过协商确定的违约金规则实际上系交易风险安排重要内容,对于保护商主体合法权益、促进商事合同全面履行具有重要的意义。如果允许任意调减违约金,实际上有违商主体自治安排,有损交易效率,客观上会鼓励不诚信交易行为。

三、商事习惯的重要地位

在商行为实施过程中,应当重视商事习惯在意思表示解释中的作用。在商主体之间签署的合同或协议对于相关内容没有约定或约定不明确的,可以根据交易习惯加以确定。对合同条款的理解有争议的,应当按照交易习惯以及诚实信用原则确定争议条款的真实意思。

四、商事留置权要件的宽松化

民事留置权的成立要求动产与债务存在牵连关系,商事留置权的成立无需动产与债权存在牵连关系。企业之间的留置权都是因为商行为形成的债权债务关系而产生,在商业实践中,企业之间相互交易频繁,强调交易效率和交易安全的保障,如果严格要求留置财产必须与债权的发生基于同一法律关系,则会有损交易效率、影响交易安全。

五、流质契约的有效性

传统民法理论认为民事债权的质权适用流质禁止规则,其立法目的在于防止对债务人的不公平。但在商事主体之间订立的动产质押合同,如果当事人作出了流质约定,则原则上不能认为合同约定无效。商事主体以营利为目的而进行商事行为,对交易风险有理性判断,约定在债务人不能履行债务时直接由债权人取得质押财产的所有权,既不会损害债务人的利益,也有利于促进交易效率。我国《民法典》第 428 条规定:"质权人在债务履行期限届满前,与出质人约定债务人不履行到期债务时质押财产归债权人所有的,只能依法就质押财产优先受偿。"这一规定在一定程度上缓和了传统民法的禁止流质规则。当然,完全承认商事流质的合法性还有待于商事特别法律规则的制定。

六、利息的自行约定规则

在民事借贷过程中,当事人如果没有约定是有偿还是无偿、是否支付利息,则一般应当认定为无偿,借款人无需支付利息。但是,商行为本质上是营利性行为,商事借贷应以有偿为原则,对于商事借贷所生之债务,债权人原则上可以要求债务人支付利息,商主体之间可以根据交易需要约定高于银行同类贷款一定比例的利息。尊重商主体之间的利息约定安排,可以有效促进资金的流转,推动商事交易的开展。

七、合同解除权的事先排除适用

基于民法的平等、公平原则,民事合同通常不能事先约定排除一方解除合同的权利。在商事交易中,如果不对一方的合同解除权加以某种限制,该交易方合同解除权的任意行使可能会使另一方陷入十分不利的境地。例如,在商事物业租赁过程中,承租人通常要投入较多资金对租赁物业进行大范围、个性化的装修,且通常需要持续经营一段时间才可以收回成本、获取利润,此时如果不限制出租方的解除权,承租人可能会因为租赁合同的解除而蒙受损失。因此,在商事合同中通常允许当事人事先排除解除权的行使。

▍重要名词术语▶

商行为、绝对商行为、商事留置权、买卖商行为

▍思考题▶

1. 如何理解商行为的特征。
2. 简述商行为的分类。
3. 简述商行为效力规则的特殊性。

第八章　商事代理

【内容提示】

商事代理是指商事代理人代理商主体实施营业活动的行为。商事代理制度的引入，对于活跃市场交易、提升交易效率有着至关重要的意义。

商事代理主要具有以下几个特征：代理人应当是商人；商事代理人既可以以被代理人名义，也可以自己名义来进行代理；商事代理具有营业性，代理人从事代理行为本身是以营利为目的。

商事代理的代理人，必须在委托人的授权范围内实施商事代理。在没有获得授权或者代理权终止之后，不能再实施代理行为。代理人也不能超越授权权限范围实施越权代理行为。代理人应当最大限度地维护被代理人利益，不能滥用代理权，不能与第三人恶意串通损害被代理人的利益。

商事代理本身具有有偿性，在完成约定代理事务之后，代理人有权要求被代理人支付相应的佣金或报酬；对于在完成代理事务过程当中支出的合理费用或遭受的损失，代理人也可以向被代理人请求支付或者给予补偿。

商事代理是基于委托人的委托而发生，委托人和代理人的关系受到信义义务规则的调整。在处理商事代理事务过程当中，代理人应当忠于委托人的利益，并充分发挥自己的专业职责，为被代理人利益最大化而尽职工作。

直接代理是指代理人以被代理人的名义实施的代理行为。代理人向交易第三人公开了被代理人的身份，并且是以被代理人的名义与交易第三人发生交易，因此代理行为所产生的法律后果归属于被代理人。

间接代理是指代理人以自己的名义实施的代理行为。间接代理会因其具体情况差异产生不同的法律效果：

第一种是由被代理人直接承受代理效果。如果第三人在订立合同时知道代理人和被代理人之间的代理关系，该合同直接约束委托人和第三人。

第二种是由代理人承受代理后果，但委托人可以行使介入权，第三人可以行使选择权。

第一节　商事代理的概念和特征

商事代理是指商事代理人接受商主体委托，代理其实施商事交易或处理特定事务的行为，通常表现为受特定商主体委托签订购买、销售、租赁或提供服务。在大陆法系实行民商分立的国家，商法典立法通常会对商事代理作出专门规定。例如，德国《商法典》、法国《商法典》、日本《商法典》均对"商事代理人""代理商"等制度作出了详尽规定。我国现有私法立法并未明确区分民事代理和商事代理，致使商事代理的特殊性未能得到充分重视。有必要借鉴比较法经验，通过专门立法或修订法律完善商事代理制度，全面确认商事代理人特殊的权利和义务。

在现代商事交易实践当中，商事代理已经成为一个重要的制度构成，得到了广泛的应用。除了商品销售采购过程中普遍应用商事代理以外，证券代理、保险代理、期货代理、专利代理等形态也广泛存在。商事代理制度的引入，对于活跃市场交易、提升交易效率有着至关重要的意义，发达的市场经济体制下往往都有成熟的商事代理机制。

对于被代理的商主体而言，由于现代市场经济体系下商事交易的复杂性，商主体往往难以顾及所有的交易和交易的所有方面，在这种情况下通过代理人可以拓展商事交易的广度和深度。对于代理人而言，可以通过专业的代理活动获得丰厚的报酬，发挥自己的专业优势。

商事代理主要具有以下几个特征：

第一，代理人应当是商人。通常来说，商事代理关系中的代理人应当是以从事商事代理业务为职业的商主体。代理人原则上应当取得从事代理业务的资格或者资质，具有一定的专业知识和技能，才能从事商事代理业务。商事代理人的营业活动应当具有连续性和持续性。当然，实践中也有例外情况，商业辅助人在获得特定的委托授权之后，也可以从事商事代理行为，但商业辅助人不一定要取得商主体资格。

至于被代理人是否应为商主体，各国商法并没有强制性的要求。商事实践当中被代理人一般多为商主体，委托事项也多与商品买卖、服务提供等营业活动有关，但即便是被代理人为非商主体，也不影响商事代理关系的成立。

第二，商事代理人从事代理业务，可以被代理人的名义进行代理，也可以自己的名义进行代理。值得注意的是，代理人以自己名义进行代理，恰恰是对传统民法代理规则的一种突破，系基于商事交易实践需要所形成的创新规则。传统民法理论通常只承认以被代理人名义从事的代理行为，但在商事实践当中为了提高商事交易效率，也允许代理人以自己的名义进行代理。

第三，商事代理具有营业性。代理人从事代理行为本身是以营利为目的，商事代理本身就是一种商行为。对于代理人而言，其是以从事代理业务为职业，并且以营利为目的。商事代理通常为有偿代理，代理人可以要求被代理人支付代理报酬或者代理佣金，被代理人有义务支付相应报酬或佣金。

第四，商事代理原则上不受"自己代理"和"双方代理"的限制。传统民法代理理论原则上禁止"自己代理"和"双方代理"，但商事代理人本身具有独立性，可以自己的名义与第三人从事委托人所委托的事项,具有独立的经济利益,只要其行为符合代理合同约定且与被代理人利益不冲突,就可以从事"自己代理"与"双方代理"。[1]

第二节　商事代理权[2]

商事代理人代理被代理人从事特定的营业活动,一般情况下,代理人的代理权源自被代理人的委托。通常来说,被代理人会通过授权书等形式对代理人进行委托授权。委托授权的形式是多样的,可以明示,也可以默示,可以事先授权,也可以事后追认。实践中,被代理人和代理人通常会以书面委托合同形式对代理事项、代理权限、代理期间等问题作出明确约定。但在一些特定情形之下,即便委托人没有明确授权,根据委托人的行为可以推定其已经授权代理人从事特定行为,也可以认定商事代理成立。

委托人向代理人的委托授权原则上都是事先授权,但是在发生无权代理或者越权代理的情况下,被代理人可以事后追认代理行为。这种特殊的授权就叫作"事后追认"。无权代理或越权代理,可因委托人的事后追认而成立商事代理。

商事代理的代理人,必须在委托人的授权范围内实施商事代理。在没有获得授权或者代理权终止之后,不能再实施代理行为。代理人也不能超越授权权限范围实施越权代理行为。在没有代理权、超越代理权或者代理权终止之后,代理人的行为只有经过被代理人的追认,被代理人才承担民事责任。没有经过被代理人追认的行为,由代理人承担民事责任。

委托人在办理代理事项过程当中应当最大限度地维护被代理人的利益,不能滥用代理权,不能与第三人恶意串通损害被代理人的利益。如果因为滥用代理权导致代理行为无效并且给被代理人造成损失,代理人应当承担相应的损害赔偿责任。代理人在实施商事代理行为时,必须独立完成代理行为。当然,代理人的独立性是相对的,受到其代理权限的限制。

代理人的代理权可能会因为多种原因消灭:代理人死亡;代理人丧失行为能力;委托人取消委托;代理人辞去委托;代理期间届满或者代理事务完成。

第三节　商事代理人的权利和义务

一、商事代理人的权利

商事代理人从事代理业务以营利为目标,商事代理本身具有有偿性,因此在完成约定

---

[1] 曾大鹏主编:《商法总论》,北京大学出版社2022年版,第156页。
[2] 施天涛:《商法学》(第6版),法律出版社2020年版,第90—92页。

的代理事务之后,商事代理人享有佣金请求权,有权要求委托人支付相应的佣金或报酬,委托人应当按照约定向代理人支付佣金或报酬;对于在完成代理事务过程当中所支出的合理费用或遭受的损失,代理人也可以向委托人请求支付或者给予补偿。同时,商事代理人有权要求委托人对其代理活动提供必要支持,特别是提供必要的信息和资料。

商事代理人享有商事留置权。在委托人拒绝支付佣金或报酬,或者拒绝支付合理费用、补偿损失时,商事代理人有权对占有的委托人财产实施留置。我国《民法典》对于代理人的留置权也作出了明确的规定。

二、商事代理人的义务

商事代理是基于委托人的委托而发生,委托人和代理人的关系受到信义义务规则的调整。在处理商事代理事务过程当中,代理人应当忠于委托人的利益、遵从委托人的指示,充分发挥自己的专业职责,为被代理人的利益最大化而勤勉尽职工作。同时,代理人应向委托人报告有关商事代理行为的必要信息。

代理人在从事商事代理的过程当中,不能利用自己代理人的身份损害被代理人的利益,不能通过代理行为获得佣金或报酬之外的其他利益,不得为自己代理或者为双方代理,不得与第三人恶意串通损害被代理人的利益,不能从事与委托人营业相竞争的业务或者进行自我交易。代理人应当亲自处理代理事务,原则上不得转委托。代理人应当保守相关的商业秘密。[1]

第四节 商事代理的类型

一、直接代理

直接代理是指代理人以被代理人的名义实施的代理行为。直接代理又称显名代理。代理人在实施代理行为的过程当中,向交易第三人公开了被代理人的身份,并且是以被代理人的名义与交易第三人发生交易。由于是以被代理人的名义发生相关交易,因此代理行为所产生的法律后果直接归属于被代理人。在实践中直接代理的应用场合非常广泛,具有重要的经济意义。

二、间接代理

间接代理是指代理人以自己的名义实施的代理行为。间接代理与直接代理的区别在于:第一,间接代理是代理人以自己的名义进行的代理;第二,间接代理的法律后果与直接代理有所不同。

---

[1] 徐强胜:《商法导论》(第二版),法律出版社2023年版,第241—245页。

在间接代理情形下,实际上涉及三个主体之间的两层法律关系:首先是委托人和代理人之间的关系。委托人、代理人之间必定存在委托关系,如果没有委托人的委托,代理人就属于无权代理。其次是代理人与交易第三人的关系,在间接代理情形下代理人通常是以自己的名义签订合同,从而使得代理人在形式上成为合同的当事人,代理人可以基于所签订的合同相应享有权利并履行义务。

在大陆法系中,行纪属于最典型的间接代理,行纪商可以从事广泛的交易行为。在英美法系中,通常也把间接代理称为隐名代理。间接代理或隐名代理的发生,有其实践动因,一般情况下都是委托人不愿意披露自身的交易信息,因此希望代理人以代理人名义进行相关交易。还有一些情形可能是因为法律有特别规定,比如在证券交易场合,法律明确规定,只有取得证券交易所会员资格的券商才能进场进行交易,其他任何人不能进入交易所直接交易,因此一般的投资主体只能委托证券经纪商代理交易。

间接代理会因其具体情况的差异产生不同的法律效果:

第一种是由被代理人直接承受代理效果。代理人在委托人的授权范围内,以自己的名义与第三人订立合同,如果第三人在订立合同时知道代理人和被代理人之间的代理关系,该合同直接约束委托人和第三人。这种情况应当以第三人知道代理关系的存在为前提,当然如果有确切的证据证明该合同只约束代理人和第三人的除外。

第二种是由代理人承受代理后果,但委托人可以行使介入权,第三人可以行使选择权。在第三人不知道代理关系时,受托人如果因第三人的原因对委托人不履行义务,此时受托人应当向委托人披露第三人,委托人可以行使受托人对第三人的权利;受托人如果是因委托人的原因对第三人不履行义务,受托人也应该向第三人披露委托人,第三人可以选择委托人或者受托人作为相对人主张其权利,但一般在选定之后就不能变更选定的相对人。

委托人介入权的设置有利于保障委托人或被代理人的利益,而第三人选择权的创设也有利于善意第三人利益的保护。[1]

> **重要名词术语**

商事代理、直接代理、间接代理、代理权

> **思考题**

1. 简述商事代理的特征。
2. 简述商事代理权。
3. 简述间接代理制度。

---

[1] 赵旭东主编:《商法总论》,高等教育出版社2020年版,第268—269页。

> 典型案例分析

A 公司诉陶某居间合同纠纷案

裁判要点

房屋买卖居间合同中关于禁止买方利用中介公司提供的房源信息却绕开该中介公司与卖方签订房屋买卖合同的约定合法有效。但是,当卖方将同一房屋通过多个中介公司挂牌出售时,买方通过其他公众可以获知的正当途径获得相同房源信息的,买方有权选择报价低、服务好的中介公司促成房屋买卖合同成立,其行为并没有利用先前与之签约中介公司的房源信息,故不构成违约。

基本案情

原告 A 公司诉称:被告陶某利用 A 公司提供的上海市虹口区株洲路某号房屋销售信息,故意跳过中介,私自与卖方直接签订购房合同,违反了《房地产求购确认书》的约定,属于恶意"跳单"行为,请求法院判令陶某按约支付 A 公司违约金 1.65 万元。

被告陶某辩称:涉案房屋原产权人李某某委托多家中介公司出售房屋,A 公司并非独家掌握该房源信息,也非独家代理销售。陶某并没有利用 A 公司提供的信息,不存在"跳单"违约行为。

法院经审理查明:2008 年下半年,原产权人李某某到多家房屋中介公司挂牌销售涉案房屋。2008 年 10 月 22 日,上海某房地产经纪有限公司带陶某看了该房屋;11 月 23 日,上海某房地产顾问有限公司(以下简称某房地产顾问公司)带陶某之妻曹某某看了该房屋;11 月 27 日,A 公司带陶某看了该房屋,并于同日与陶某签订了《房地产求购确认书》。该《确认书》第 2.4 条约定,陶某在验看过该房地产后 6 个月内,陶某或其委托人、代理人、代表人、承办人等与陶某有关联的人,利用 A 公司提供的信息、机会等条件但未通过 A 公司而与第三方达成买卖交易的,陶某应按照与出卖方就该房地产买卖达成的实际成交价的 1%,向 A 公司支付违约金。当时 A 公司对该房屋报价 165 万元,而某房地产顾问公司报价 145 万元,并积极与卖方协商价格。11 月 30 日,在某房地产顾问公司居间下,陶某与卖方签订了房屋买卖合同,成交价 138 万元。后买卖双方办理了过户手续,陶某向某房地产顾问公司支付佣金 1.38 万元。

裁判结果

上海市虹口区人民法院于 2009 年 6 月 23 日作出(2009)虹民三(民)初字第 912 号民事判决:被告陶某应于判决生效之日起 10 日内向原告 A 公司支付违约金 1.38 万元。宣判后,陶某提出上诉。上海市第二中级人民法院于 2009 年 9 月 4 日作出(2009)沪二中民二(民)终字第 1508 号民事判决:(1)撤销上海市虹口区人民法院(2009)虹民三(民)初字第 912 号民事判决;(2)A 公司要求陶某支付违约金 1.65 万元的诉讼请求,不予支持。

裁判理由

法院生效裁判认为:A 公司与陶某签订的《房地产求购确认书》属于居间合同性质,其中第 2.4 条的约定属于房屋买卖居间合同中常有的禁止"跳单"格式条款,其本意是为防止买方利用中介公司提供的房源信息却"跳"过中介公司购买房屋,从而使中介公司无法得到应得的佣金,该约定并不存在免除一方责任、加重对方责任、排除对方主要权利的情形,应认定有效。根据该条约定,衡量买方是否"跳单"违约的关键,是看买方是否利用了该中介公司提供的房源信息、机会等条件。如果买方并未利用该中介公司提供的信息、机会等条件,而是通过其他公众可以获知的正当途径获得同一房源信息,则买方有权选择报价低、服务好的中介公司促成房屋买卖合同成立,而不构成"跳单"违约。本案中,原产权人通过多家中介公司挂牌出售同一房屋,陶某及其家人分别通过不同的中介公司了解到同一房源信息,并通过其他中介公司促成了房屋买卖合同成立。因此,陶某并没有利用 A 公司的信息、机会,故不构成违约,对 A 公司的诉讼请求不予支持。

案件分析[1]

该指导性案例的裁判要点确认:房屋买卖居间合同中关于禁止买方利用中介公司提供的房源信息却绕开该中介公司与卖方签订房屋买卖合同的约定合法有效。但是,当卖方将同一房屋通过多个中介公司挂牌出售时,买方通过其他公众可以获知的正当途径获得相同房源信息的,买方有权选择报价低、服务好的中介公司促成房屋买卖合同成立,其行为并没有利用先前与之签约中介公司的房源信息,故不构成违约。现围绕与该裁判要点相关的问题逐一说明如下。

关于禁止"跳单"条款的法律效力问题。

1. 关于房地产求购确认书的法律性质。本案中,中介公司带领买方看房时,让买方签署了房地产求购确认书,其中明确了由买方委托中介公司求购房屋,并约定了报酬和违约条款。该确认书系中介公司向买方报告订立房屋买卖合同的机会、提供相关媒介服务,并由买方支付报酬的合同,符合《合同法》第 424 条对于居间合同的定义,其法律性质属于居间合同。实践中,中介公司与买方签订的合同名称多样,有的称为二手房买卖服务合同,有的称为委托看房书,有的称为看房协议书。不论其名称如何,其核心内容都是由中介公司向委托人提供二手房买卖的信息和媒介服务,都属于居间合同,应按照《合同法》中关于居间合同的相关法律规定认定和处理。

2. 关于禁止"跳单"条款的法律效力。中介公司为了保障自己的利益,通常在居间合同中载明禁止委托人"跳单"的条款,约定"跳单"行为是违约行为。对于禁止"跳单"条款的法律效力问题,司法实践中存在不同的认识,有的认为这是中介公司利用自己的优势地位而设立的霸王条款,限制了买方的选择权,应属无效;有的则认为买方在签订合同时,对该条款的内容和法律后果应当明知,且不违反法律规定,应属有效。我们认为,应根据约定的具体内容来认定其效力,不可一概而论,只要当事人主体身份适格,意思表示真实,约定内容没有违反法律或行政法规强制性规定,就是合法有效的。具体来说,应考察以下两个方面。

一是看禁止"跳单"条款是否有《合同法》第 52、53 条规定的合同无效的情形。由

---

[1] 案件分析内容参见最高人民法院案例指导工作办公室:《"上海 A 物业顾问有限公司诉陶某居间合同纠纷案"的理解与参照》,载《人民司法》2014 年第 6 期。

于禁止"跳单"的约定通常并不涉及损害国家、集体、第三人利益或者社会公共利益的内容,其主旨在于防止买方的不诚信行为,而非具有"非法目的",法律、行政法规亦未强行规定当事人不得签订禁止"跳单"的条款,且并非免责条款,故不属于《合同法》第52、53条规定的情形。

二是看禁止"跳单"条款提供方是否具有免除其责任、加重对方责任、排除对方主要权利的情形。实践中,禁止"跳单"条款通常都是中介公司事先在合同中拟好,而后在居间活动中直接交给委托人签字确认的,这种为了重复使用而预先拟定且在订立合同时未与对方协商的条款,其性质属于格式条款。《合同法》第40条对格式条款的效力作了特别限制,规定"提供格式条款一方免除其责任、加重对方责任、排除对方主要权利的,该条款无效"。

免除责任,是指免除格式条款提供者按照通常情形应当承担的主要义务。加重责任,是指格式条款中含有通常情形下对方当事人不应当承担的义务。排除主要权利,是指排除对方当事人按照通常情形应当享有的主要权利。是否属于"通常情形下"的责任或权利,不能仅仅看当事人约定的合同内容,而应当根据具体合同的性质作出判断。根据二手房买卖居间合同的性质,中介公司的主要责任是根据委托人的要求,向委托人如实报告订立合同的机会、提供订立合同的媒介服务,其权利是在促成合同成立后获得报酬;委托人的主要权利是获得信息和服务,其主要义务是在中介公司促成合同成立时支付报酬。从本案例来看,当事人约定在一定期间内委托人利用了A公司的信息、机会等条件却不通过A公司而达成买卖交易的行为构成违约,该约定目的在于防止买方一方面利用自己的信息和服务,另一方面又绕开自己(中介公司),从而使自己得不到应得的报酬,不属于免除其责任、加重对方责任、排除对方主要权利的情形。再者,利用了中介公司的信息和服务却绕开中介公司的跳单行为,违反了诚实信用原则,当事人将该行为约定为违约行为并应当支付违约金,是对中介公司合法利益的正当保护,有利于促进中介公司的正常经营发展,有利于鼓励诚信交易。故案例中关于禁止买方利用中介公司提供的房源信息、机会等条件,却绕开该中介公司与卖方签订房屋买卖合同的约定,应认定为合法有效。

买方未利用中介公司提供的信息、机会等条件时,不构成违约。

本案例中,当事人约定买方在一定期间内利用了A公司的信息、机会等条件却不通过A公司而达成买卖交易的行为构成违约。因此,如果没有利用A公司的信息和机会,则不构成违约。

从本案例来看,显然不能认定陶某利用了A公司的信息、机会。首先,房源信息并非A公司独家掌握。法律或行政法规并无禁止房主委托多家中介公司出售房屋的规定,实践中房主为了增加交易机会,往往通过多家中介公司挂牌出售同一房屋,而不是委托某中介公司独家代理出售,因此有多家中介公司掌握同一房源信息。中介公司接受委托后通过多种渠道公布房源信息,比如在店面、网络、报刊发布或自己印制小广告发布等,这些都是公众可以获知房源信息的正当途径。由于买方可以通过多种正当途径了解到同一房源信息,也可以联系多家中介公司以选择最低的房屋报价、居间报酬报价和最优质的服务,如果最终通过某家中介公司促成了交易,很难认定买方是利用了其他中介公司的信息和服务。其次，从时间先后上看，A公司并非第一个提供房源信息的中介公司。本案中先后有三家中介公司带买方看过房，A公司是最后一家，且A公司仅带买方看过一次房。从时间上看，买方最终选择了第二家中介公司与房主达成交易，不可能是利用了A公司提供的信息和机会才达成房屋买卖交易。需要注意的是，裁判要点中并未将时间先后作为是否构成利用的要素之一。理由是：尽管时间先后可以成为考察是否构成利用的一个逻辑上的原因，但即使A公司是第一家带买方看房的中介公司，也不能充分证明买方一定是利用了A公司的信息，不能简单地理解为只要中介公司提供了信息，买方就构成了"利用"。最后，A公司未能举证证明陶某利用了A公司的房源信息。根据"谁主张，谁举证"的原则，A公司作为原告，对于陶某利用了A公司的房源信息这一主张负有举证责任，但A公司没有提供充分证据证明陶某利用了A公司的房源信息。

但是，司法实践中也要注意防止买方恶意"跳单"的情况，比如通过某一中介公司的中介服务，房屋买卖合同已经基本达成，买方仅仅因其他中介公司的居间报酬更低，就转而寻求其他中介公司与房主签约，则有违诚实信用原则。在这种情况下，可以认定买方利用了前一中介公司的信息和服务，构成违约。

第九章　营业转让

【内容提示】

营业转让是指商主体将以营利为目的的营业财产全部或者部分进行有偿转让的商事活动。在大陆法系国家的商法典当中，通常都会对营业转让作出专门的规定，采取"直接规制"的路径。比如德国《商法典》、法国《商法典》、日本《商法典》等规定了营业转让制度。目前我国还没有专门针对营业转让的立法，与营业转让相关的法律规定散见于《公司法》《证券法》《民法典》《破产法》《反垄断法》《劳动法》等法律中，实践中股权转让、重大资产转让、企业名称转让、公司分立等制度实现了与营业转让类似的经济效果，可谓采取了"间接规制"的方法。

从功能主义角度而言，营业转让有两大功能：其一，在主体方面，实现拟转让营业控制人的转换。通过营业转让，营业的控制人由转让人变更为受让人，从而实现主体更换。其二，在客体方面，维护拟转让营业在转让前后经济机能的完整性。通过营业转让，维持营业行为的延续性，旧有营业关系及营业财产仍得以维持。[1]

营业资产又称营业财产，是指商主体所拥有的，以营利为目的并用于营业活动的全部财产。营业资产虽然由具体的财产形式构成，但是它本身具有整体性、独立性。营业资产并不是积极财产和消极财产简单地相加，而是本身具有一定的整体性、统一性，尤其是信用、商誉、客户资源、商业秘密等资产在商法语境下有重要的功能。

在营业资产的转让人与受让人签署转让合同之后，营业资产的转让人应当按照合同履行转让营业资产的义务。在营业转让完成之后，营业转让主体负有竞业禁止义务，在一定的时间和区域内不能从事与所转让的营业相同或类似业务。转让方还应当承担转让营业资产的瑕疵担保义务，主要包括物的瑕疵担保义务和权利的瑕疵担保义务。

营业转让过程当中，应当同时考虑到债权人、劳动者以及相关利益主体合法权益的保护。

营业转让作为重要的市场交易方式，对于优化资源配置、降低交易成本、实现营业价值有重要的价值。应当允许商主体自由开展营业转让，促使营业资产的价值得到最大限度发挥，保障营业维持原则的有效实现。同时，在营业转让的过程中要注重交易安全原则的贯彻，在保护转让人和受让人利益的同时，加强相关利益主体的权益保护。

---

[1] 蒋大兴：《营业转让的规制模型：直接规制与功能等值》，载《清华法学》2015年第5期。

第一节 营业资产

营业资产又称营业财产,是指商主体所拥有的,以营利为目的并用于营业活动的全部财产。营业资产是营业转让的标的,在营业转让的过程当中通常是将营业资产整体性加以转让。

营业资产由各类有形财产、无形财产、具有财产价值的各类事实关系等要素构成。构成营业资产的单项财产原则上均可单独转让,但营业资产并非由这些要素简单相加,而是由相关要素基于营业目的结合在一起的整体性财产。[1] 营业资产的价值不仅取决于组成营业资产的具体财产形式,也依赖于营业资产本身的营业能力。这也是营业资产转让与单独的组成财产转让之间的重要差异所在。

营业资产虽然由具体的财产形式构成,但是它本身具有整体性、独立性。这些资产共同构成了商主体营业事业的组成部分,服务于商主体的营利目的。因此,营业资产的价值往往大于各项组成财产价值的总和,存在自身独立的经济价值,具有可转让性。[2]

就具体分类而言,营业资产通常包括以下财产类别:

(1)积极财产和消极财产。积极财产包括不动产、动产等物,物权、债权、专利权、商标权、著作权等权利,商业秘密、商誉、信用、客户资源等无形资产;而消极财产往往包括商主体营业过程当中形成的各种负债。

(2)有形财产和无形财产。有形财产指具有物理外观的财产,如商品、现金、有价证券、原材料;无形财产通常包括商誉、专利、商业秘密、客户资源等。

营业资产并不是积极财产和消极财产简单地相加,而是本身具有一定的整体性、统一性,尤其是信用、商誉、客户资源、商业秘密等资产在商法语境下有重要的功能,对于营业资产的价值计算和转让定价都具有显著的意义。

第二节 营业转让

营业转让通常包含营业转让合同和处分营业资产两种行为。

营业转让合同是出让人和受让人签署的转让营业资产的合同。营业转让合同与买卖合同较为相似,但在标的构成上存在一定差异,因此属于无名合同。在法律适用上,除了适用商事特别法之外,可以类推适用买卖合同的相关法律规则。营业转让合同的客体为营业资产,在确定转让价款时应充分考虑营业资产的营利能力和市场前景。[3]

---

[1] 叶林:《营业资产法律制度研究》,载《甘肃政法学院学报》2007年第1期。
[2] 赵旭东主编:《商法总论》,高等教育出版社2020年版,第239—240页。
[3] 王文胜:《论营业转让的界定与规制》,载《法学家》2012年第4期。

在营业资产的转让人与受让人签署转让合同之后,营业资产的转让人应当按照合同履行转让营业资产的义务。实践中,每个企业营业资产的构成都不一样,营业资产的形态较为复杂,营业资产的转让人必须根据营业资产的构成情况移交财产并且办理相应的手续。比如交付各类动产、不动产,完成权利的移转,交付有关证券、仓单、提单等。营业资产交付之后,受让人成为营业资产的所有权人,可以行使对于营业资产的相应权利。

在营业转让完成之后,营业转让主体负有竞业禁止义务。转让人在一定的时间和区域内不能从事与所转让的营业相同或类似业务,尤其是不能再利用原有营业资产所附随的客户资源、商业秘密、专利技术等经营类似业务。如果转让人违反竞业禁止义务,则需要对受让人承担相应法律责任,受让人可以请求损害赔偿。

在营业资产转让过程当中,除了要移转相关营业资产之外,转让方还应当承担转让营业资产的瑕疵担保义务,主要包括物的瑕疵担保义务和权利的瑕疵担保义务,要确保营业资产的完整权利状态。

营业转让并不附带债务的转移,一般来说营业转让前已经存续的债务原则上并不随同营业资产的转让而转移,受让人并不当然成为债务人,营业资产的转让人应当对原来的债务负责。当然,转让人和受让人可以对债务的转移作出灵活安排,如果协商一致并取得了债权人的同意,受让人可以对相关债务承担清偿责任。当然,比较法上也有一些国家的立法规定继续使用原商号的营业资产受让人对营业转让前已经存续的债务承担清偿责任,以贯彻外观原则、保护信赖利益,比如德国《商法典》第25条。[1]

在营业转让过程当中,应当同时考虑到债权人、劳动者以及相关利益主体合法权益的保护,因为营业转让不仅是转让方与受让方之间的行为,也会涉及与营业资产相关主体的利益。比如由于营业资产的转让可能会导致劳动者被解雇,对劳动者的权益产生影响。基于劳动者权益保护原则,营业转让必须充分考虑劳动者劳动关系的存续问题。营业受让人原则上必须承继既存的劳动关系,且维持劳动者原有的待遇,但转让人和受让人约定有关员工继续在另一个企业为转让人提供服务的除外。如果转让后要解除劳动者的劳动关系,受让方应该给予劳动者合理的补偿。

重要名词术语

营业转让、营业资产、竞业禁止、瑕疵担保

思考题

1. 简述营业资产的构成。
2. 简述营业转让的效力。

---

[1] 王保树:《商法总论》,清华大学出版社2007年版,第187页。

第二编

公 司 法

第十章　公司法的基础理论

【内容提示】

　　公司是拥有独立财产并以其全部财产对公司债务承担责任的营利法人。我国法律中规定的公司既具有独立的组织、独立的财产和独立的责任等法人属性，又具有营利性。公司人格独立与股东有限责任是公司最突出的两项特征。首先，公司是具有民事权利能力和民事行为能力，依法独立享有民事权利和承担民事义务的法人组织，具有独立的民事主体资格。公司作为独立的民事主体，与公司股东及其管理人员的民事主体资格相互独立；公司具有独立的法人财产权，公司以其财产作为开展营业活动和承担责任的物质基础；公司以其全部财产对公司的债务承担责任，股东通常不对公司债务承担责任。其次，有限责任公司的股东以其认缴的出资额为限对公司承担责任；股份有限公司的股东以其认购的股份为限对公司承担责任。公司经登记取得民事主体资格后，股东向公司缴纳的出资即成为公司财产。股东有限责任系从公司资本来源的角度所作描述，表明公司用以承担责任的财产来源于股东所缴出资。在法律形式上，公司用以承担债务的股东出资属于公司财产，并非股东所有，股东对公司债务不承担任何个人责任。《公司法》第4条第1款规定股东以其认缴的出资额或认购的股份为限对公司承担责任，而非直接对公司债权人承担责任。

　　公司法作为规范公司组织和行为的法律规范，兼具组织法与行为法的双重属性。首先，公司作为法人组织，需要依法设立并建立内部组织结构。公司法规定了公司的设立、类型、组织架构和内部关系等内容，公司需要依法建立股东会、董事会、监事会等内部机构。发起人或股东设立有限责任公司或者股份有限公司时，必须依照公司法规定的设立程序形成公司的注册资本、组织架构并办理必要的行政审批手续，经过公司登记机关的设立登记取得法人资格。公司作为商事组织具有显著区别于自然人的意思形成机制，必须通过内部机构形成决议或决定，公司成员和内部机构组成人员需要按照内部议事规则行使权利、履行义务，公司决议或公司章程对于公司内部全体人员具有法律约束力。其次，公司必须依法开展营利性商事活动。公司法需要对公司的商业活动和内部运行事项进行规范。原则上，公司股东需要按照法律规定和公司章程在公司内部以股东会会议的集体形式行使权利并履行出资等义务；董事、监事也需要通过会议形式形成相关决议，履行公司法赋予董事会或者监事会的法定职权。公司对外进行投资或者提供担保时必须满足公司法规定的程序要求，董事、监事、高级管理人员需要忠实、勤勉地履行职责，不得实施利益冲突行为或者疏忽怠责。股东未按期足额缴纳出资、董事、监事、高级管理人员（以下简称董监高）违反忠实义务或者勤勉义务或者存在其他违法情事时，除需要承担民事责任外，还可能受到行政处罚甚至是刑事制裁。

第一节　公司法概述

一、公司法的立法目的

《公司法》第 1 条规定，公司法的立法目的是"规范公司的组织和行为，保护公司、股东、职工和债权人的合法权益，完善中国特色现代企业制度，弘扬企业家精神，维护社会经济秩序，促进社会主义市场经济的发展"。根据该规定，《公司法》的立法目的包括以下五个方面。

（一）规范公司的组织和行为

公司法兼具组织法与行为法的双重属性，既规范公司的组织也规范公司的行为。

首先，公司作为法人组织，需要依法设立并建立内部组织结构。公司法规定了公司的设立、类型、组织架构和内部关系等内容，公司需要依法建立股东会、董事会、监事会等内部机构。发起人或股东设立有限责任公司或者股份有限公司时，必须依照公司法规定的设立程序形成公司的注册资本、组织架构并办理必要的行政审批手续，经过公司登记机关的设立登记取得法人资格。公司作为商事组织具有显著区别于自然人的意思形成机制，必须通过内部机构形成决议或决定，公司成员和内部机构组成人员需要按照内部议事规则行使权利、履行义务，公司决议或公司章程对于公司内部全体人员具有法律约束力。

其次，公司必须依法开展营利性商事活动。公司法需要对公司的商业活动和内部运行事项进行规范。原则上，公司股东需要按照法律规定和公司章程在公司内部以股东会会议的集体形式行使权利并履行出资等义务；董事、监事也需要通过会议形式形成相关决议，履行公司法赋予董事会或者监事会的法定职权。公司对外进行投资或者提供担保时必须满足公司法规定的程序要求，董事、监事、高级管理人员需要忠实、勤勉地履行职责，不得实施利益冲突行为或者疏忽怠责。股东未按期足额缴纳出资、董监高违反忠实义务或者勤勉义务或者存在其他违法情事时，除需要承担民事责任外，还可能受到行政处罚甚至是刑事制裁。

（二）保护公司、股东、职工和债权人的合法权益

现代公司法允许决策者优先考虑利益相关者的利益，而不是股东财富最大化。虽然股东创建公司的目的是实现股东利润最大化，但是公司一旦成功创设就会在商业世界中占有一定地位，需要承担相应的社会责任。公司是社会的经济组织，只有在某种特定的情形下才是私有财产。社会可以适当地要求公司在经营中维护雇员或消费者的利益，即使公司所有者的所有权因此受到限制。[1] 公司治理的主要目标是满足股东的利益需求，但是公司管理者不仅应当维护股东的利益，还需要满足其他投资者、工人、客户和所在社区的利益。[2]

---

[1] See E. Merrick Dodd Jr., *For Whom are Corporate Managers Trustees*, 45 Harv. L. Rev. 1145, 1161–1162（1932）.

[2] See A. A. Berle Jr., *For Whom Corporate Managers are Trustees: A Note*, 45 Harv. L. Rev. 1365, 1365–1372（1932）.

我国《公司法》明确规定,公司从事经营活动,应当遵守法律法规,遵守社会公德、商业道德,诚实守信,接受政府和社会公众的监督。[1]公司从事经营活动,应当充分考虑公司职工、消费者等利益相关者的利益以及生态环境保护等社会公共利益,承担社会责任。国家鼓励公司参与社会公益活动,公布社会责任报告。[2]

（三）完善中国特色现代企业制度

中国特色现代企业制度具有下列显著特征。一是加强公司党建。在公司中,根据《中国共产党章程》的规定,设立中国共产党的组织,开展党的活动。公司应当为党组织的活动提供必要条件。[3]二是强调职工利益保护。公司应当保护职工的合法权益,依法与职工签订劳动合同,参加社会保险,加强劳动保护,实现安全生产。公司应当采用多种形式,加强公司职工的职业教育和岗位培训,提高职工素质。[4]公司职工依照《工会法》组织工会,开展工会活动,维护职工合法权益。公司应当为本公司工会提供必要的活动条件。公司工会代表职工就职工的劳动报酬、工作时间、休息休假、劳动安全卫生和保险福利等事项依法与公司签订集体合同。[5]三是强化公司民主管理。公司应当依照《宪法》和有关法律的规定,建立健全以职工代表大会为基本形式的民主管理制度,通过职工代表大会或者其他形式,实行民主管理。公司研究决定改制、解散、申请破产以及经营方面的重大问题、制定重要的规章制度时,应当听取公司工会的意见,并通过职工代表大会或者其他形式听取职工的意见和建议。[6]

（四）弘扬企业家精神

党的二十大报告中指出,"完善中国特色现代企业制度,弘扬企业家精神,加快建设世界一流企业"。完善中国特色现代企业制度,弘扬企业家精神,加快建设世界一流企业,三者互为依托、互为补充、辩证统一。完善中国特色现代企业制度是制度保障,弘扬企业家精神是内在要求,加快建设世界一流企业是目标结果。建设世界一流企业,必须有与之相适应的企业制度作为基础保障,必须有与之相适应的企业家精神作为动力支撑。弘扬企业家精神是完善中国特色现代企业制度、加快建设世界一流企业的内在要求。第一,企业家是稀缺的社会资源,是决定企业改革发展的关键变量。第二,弘扬企业家精神,发挥企业家作用,推动企业持续健康发展,努力成为新时代推动高质量发展的生力军。[7]

（五）维护社会经济秩序,促进社会主义市场经济的发展

市场经济的有效运行离不开稳定的秩序。良好市场经济秩序能够为各类市场主体营造公平发展环境,使市场和社会既充满活力又规范有序。[8]市场主体是经济发展的基本载

---

[1]《公司法》第19条。
[2]《公司法》第20条。
[3]《公司法》第18条。
[4]《公司法》第16条。
[5]《公司法》第17条第1款。
[6]《公司法》第17条第2、3款。
[7] 参见徐善长:《加快建设世界一流企业》,载中国共产党新闻网。
[8] 参见赵旭东:《为经济高质量发展提供有效法治保障》,载中国人大网。

体,是经济活动的主要参与者、就业机会的主要提供者、技术进步的主要推动者,在国家经济发展中发挥着十分重要的作用。[1]公司作为最重要的市场主体类型,其治理结构和行为的规范性直接影响市场经济秩序的稳定。公司法设定了公司的组织和行为规范,重视对公司、股东、职工和债权人合法权益的保护,对平等保护各类经营主体公平参与市场竞争、实现优胜劣汰,提供了重要的制度保障,有利于维护市场经济秩序,助推我国经营主体量质齐升。[2]

二、公司法规范的类型

(一)基于规范形式和适用对象的分类

从公司法规范的形式来看,可以区分为三种基本类型:赋权性规则(Enabling rules)、补充性或者缺省性规则(Suppletory or default rules)和强制性规则(Mandatory rules)。赋权性规则对公司行为者以特定方式采纳的规则赋予相应的效力。补充性或者缺省性规则规制特定问题,除非公司行为者以特定方式采用其他规则。强制性规则以公司行为者不得改变的方式规制特定问题。[3]

根据公司法规范适用对象的差异,公司法规范可以分为结构规则(Structuralrules)、分配规则(Distributional rules)和信义规则(Fiduciary rules)。结构规则规定各类公司机关和代理人之间的决策权分配和行使决策权的条件;对于公司机关和代理人控制权的分配;以及有关公司机关和代理人行为的信息流动。分配规则规定向股东分配资产(包括收益)的相关事项。信义规则规定了管理者和控股股东的义务。这三种类型的规则统称为构成性规则(Constitutive rules),该术语将包括由法律确定的规则和由私人行为确定的规则。[4]

(二)基于规范效力强度的分类

1. 任意性规范

任意性规范,是指当事人可以依其意思表示而变更适用或拒绝适用的规范,以是确认适用还是排除适用为标准,可以将任意性规范分为可选择适用的任意性规范和可排除适用的任意性规范。前者是只有依当事人选择适用该规范的意思,该规范才约束当事人的行为,在现行公司法中通常表述为"可以";可排除适用的任意性规范,是可依当事人的意思表示排除其适用的规范,在现行公司法中通常表述为约定或章程规定排除适用某规范。公司法中的任意性规范并不是自动适用的,因而对于任意性规范不能笼统地说"违反",只要当事人未选择适用某任意性规范,或当事人已排除适用某任意性规范,就不发生违反公司法的问题。相反,只有当当事人选择适用某任意性规范,或者未排除适用某一任意性规范,并且又违反了该规范时,才发生当事人违反公司法的问题。[5]

---

[1] 参见林丽鹏:《人民时评:激发各类市场主体活力》,载中国政府网。
[2] 参见鞠振:《市场监管视角下新〈公司法〉的积极影响》,载国家市场监督管理总局。
[3] See Melvin Aron Eisenberg, *The Structure of Corporation Law*, 89 Colum. L. Rev. 1461, 1461(1989).
[4] See Melvin Aron Eisenberg, *The Structure of Corporation Law*, 89 Colum. L. Rev. 1461, 1461–1462(1989).
[5] 参见王保树:《从法条的公司法到实践的公司法》,载《法学研究》2006年第6期。

2. 强制性规范

强制性规范，是指当事人不得依其意思表示变更适用或拒绝适用的规范，即受强制规范管辖的各方没有可以不适用这种规范的选择。强制性规范表现了对私人秩序的干预，这种干预突出地表现在规定当事人的义务上。根据受强制性规范管辖的当事人承担的义务不同，可以将强制性规范区分为两类：（1）规定当事人积极义务的强制性规范，即规定当事人积极作为的规范，通常公司法中表述为"应当"或者"必须"；（2）规定当事人消极义务的强制性规范，即课以当事人不作为的义务，通常公司法中表述为"不得"。另外，在没有采用"应当""必须""不得"等表述方式的规范中，有下列几种规范是值得重视的：（1）规定股东权利的规范，对于公司应视为强制性规范；（2）规定股东会、董事会、监事会、清算组职权的规范，这些是将公司的权力赋予公司特定机构，其他机构不得行使，因而这些规范属于强制性法律规范；（3）涉及董事长、副董事长、监事会主席履行职务的规范。公司法中的强制性规范自动适用于相关当事人，不因规范的表述方式不同而存在区别。任何对该种规范的变更或拒绝适用，都应视为违反公司法规定。在一定意义上，所谓当事人违反公司法主要是指当事人违反强制性规范。[1]

第二节 公司的概念和特征

一、公司的概念

根据《公司法》第3条的规定，公司是拥有独立财产并以其全部财产对公司债务承担责任的企业法人。根据《民法典》第76条的规定，公司是以取得利润并分配给股东为目的而成立的营利法人。根据前述规定，我国法律中的公司既具有独立的组织、独立的财产和独立的责任等法人属性，又具有营利性。

（一）公司属于法人

法人是具有民事权利能力和民事行为能力，依法独立享有民事权利和承担民事义务的组织。[2] 关于法人的本质，理论上存在拟制说、否认说、实在说三种观点。基于《民法典》规定的法人制度规则，我国系采法人实在说，认为法人是适合作为权利义务主体的法律上的组织体。[3] 根据《民法典》第59条的规定，法人的民事权利能力和民事行为能力，从法人成立时产生，到法人终止时消灭。据此，公司的民事权利能力与民事行为能力，从公司取得营业执照之日起产生，到公司办理注销登记时消灭。

---

[1] 参见王保树：《从法条的公司法到实践的公司法》，载《法学研究》2006年第6期。
[2] 参见《民法典》第57条。
[3] 参见梁慧星：《民法总论》（第六版），法律出版社2021年版，第123—125页。

1. 公司的民事权利能力

公司的民事权利能力受到其目的也就是经营范围的限制。《公司法》第 9 条规定:"公司的经营范围由公司章程规定。公司可以修改公司章程,变更经营范围。公司的经营范围中属于法律、行政法规规定须经批准的项目,应当依法经过批准。"《公司法》第 32 条规定公司的经营范围属于登记事项,第 33 条第 2 款规定公司营业执照应当载明公司的经营范围。而且,公司章程应当载明公司经营范围。[1]公司应当在其经营范围内开展营业活动,对于超出经营范围所实施的行为,并非一概认为无效。[2]

公司除应当在营业执照和公司章程载明的经营范围内开展营业外,公司法对于公司的对外投资和担保作出限制。首先,公司可以向其他企业投资。法律规定公司不得成为对所投资企业的债务承担连带责任的出资人的,从其规定。[3]其次,公司向其他企业投资或者为他人提供担保,按照公司章程的规定,由董事会或者股东会决议;公司章程对投资或者担保的总额及单项投资或者担保的数额有限额规定的,不得超过规定的限额。公司为公司股东或者实际控制人提供担保的,应当经股东会决议。股东或者受实际控制人支配的股东,不得参加前述事项的表决。该项表决由出席会议的其他股东所持表决权的过半数通过。[4]

2. 公司的民事行为能力

法人并非自然人,不能亲自实施法律行为,必须经由法定代表人或代理人对外实施行为。法定代表人或代理人的行为,就是公司的行为。

法定代表人,是指依照法律或者法人章程的规定,代表公司从事民事活动的负责人。法定代表人以公司名义从事的民事活动,其法律后果由公司承受。法定代表人的行为就是公司自身的行为,无须经由法律规定将法律效果归属于公司。而代理与此不同,代理人实施代理行为的法律效果系经由法律规定而归属于公司。公司章程或者股东会对法定代表人职权的限制,不得对抗善意相对人。[5]因为公司章程的效力仅局限于公司内部,并不具有约束公司外部第三人的功效;股东会决议属于公司意思,同样仅能在公司内部产生效力,不能据此对抗不知情的公司外部第三人。

除法定代表人之外,公司还可通过代理人对外实施法律行为。在职务代理中,执行公司工作任务的人员,就其职权范围内的事项,以公司的名义实施的民事法律行为,对公司发生效力。公司对执行其工作任务的人员职权范围的限制,不得对抗善意相对人。[6]

3. 公司的民事责任能力

公司作为营利法人具有民事权利能力和民事行为能力,相应地具有独立承担民事责

---

[1] 参见《公司法》第 46 条、第 95 条。
[2] 《民法典》第 505 条规定:"当事人超越经营范围订立的合同的效力,应当依照本法第一编第六章第三节和本编的有关规定确定,不得仅以超越经营范围确认合同无效。"
[3] 参见《公司法》第 14 条。
[4] 参见《公司法》第 15 条。
[5] 参见《民法典》第 61 条、《公司法》第 11 条第 1、2 款。
[6] 参见《民法典》第 170 条。

任的能力。公司具有法人地位的重要体现就是公司财产与股东个人财产相互区隔,公司以其全部财产对公司的债务承担责任,股东仅以其认缴的出资额或认购的股份为限对公司承担责任。

对于法定代表人对外代表公司实施法律行为造成他人损害的,应当先由公司承担民事责任。须注意的是,法定代表人在执行公司职务时实施的行为才能被视为公司行为,与执行公司职务无关的行为仅为法定代表人的个人行为,与公司无关,应当由法定代表人承担个人责任。公司承担民事责任后,依照法律或者公司章程的规定,可以向有过错的法定代表人追偿。[1]

(二)公司具有营利性

《民法典》以营利性为标准,将法人区分为营利法人和非营利法人。依照《民法典》的规定,"营利"是指"以取得利润并分配给股东等出资人为目的";与之相对应,公司等企业法人全部划入营利法人的范畴。

公司在理论上被视为一种纯粹意义上的法律组织形式可以用来从事各种合法事业。公司发起人或者股东可以利用这种法律组织形式从事营利事业,也可以从事非营利事业。境外立法也有将公司用于非营利事业的先例。德国《有限责任公司法》第1条就明文规定,任何人可以为任何合法目的而设立公司,这表明有限责任公司既可以是营利性或商业公司,也可以是非营利性或非商业性公司。在法国,公司有民事公司与商事公司之别,民事公司无须适用公司法。美国多数州的立法机关制定了《商业公司法》,但未排除非营利事业采用公司制的组织形式,因而存在非营利公司的情况。[2]

在我国实定法上,《公司法》虽未明确规定公司必须是营利法人,但该法第4条第2款规定"公司股东对公司依法享有资产收益、参与重大决策和选择管理者等权利",第210条第4款规定"公司弥补亏损和提取公积金后所余税后利润,有限责任公司按照股东实缴的出资比例分配利润,全体股东约定不按照出资比例分配利润的除外;股份有限公司按照股东所持有的股份比例分配利润,公司章程另有规定的除外"。从这些规定来看,凡是依《公司法》成立的公司,自应向股东分配税后利润,因而均属于营利法人的范畴。[3]

尽管如此,我国目前仍然存在部分采用公司形式却不以营利为目的的公司。比如,中国证券登记结算有限责任公司是依据《公司法》和《证券法》设立的不以营利为目的的企业法人;[4]中央国债登记结算有限责任公司是专门从事金融基础设施服务的中央金融企业;[5]中证中小投资者服务中心有限责任公司是经证监会批准设立并直接管理的证券

---

[1] 参见《民法典》第62条和《公司法》第11条第3款。
[2] 参见叶林、王琦:《证券投资者保护基金的法律性质——兼论"赔偿基金制度"》,载《投资者》第2018年第1期。
[3] 参见叶林、王琦:《证券投资者保护基金的法律性质——兼论"赔偿基金制度"》,载《投资者》第2018年第1期。
[4] 参见《公司概况》,载中国结算网。
[5] 参见《公司概况》,载中央结算公司网。

金融类公益机构;[1]中国证券投资者保护基金有限责任公司是负责证券投资者保护基金的筹集、管理和使用的国有独资公司。[2]这些公司主要是从事证券登记结算、证券投资者保护等特殊职能的机构,数量较少,对于公司的营利法人属性影响有限。

二、法人人格与有限责任

(一)人格独立

人格独立,是指公司具有独立的民事主体资格,可以依法享有民事权利、履行民事义务并承担民事责任。

首先,公司作为独立的民事主体,与公司股东及其管理人员的民事主体资格相互独立。公司需要依法建立股东会、董事会和监事会等内部机关,内部机关依照法定程序和规则形成的决议构成独立的公司意思。公司通过法定代表人实施的法律行为,直接视为公司自身实施的法律行为;公司通过代理人实施的法律行为,其法律效力依法归属于公司。公司对于获得授权的董事、高级管理人员或者工作人员执行职务所造成的损害,应当承担赔偿责任。

其次,公司具有独立的法人财产权,公司以其财产作为开展营业活动和承担责任的物质基础。《公司法》第3条规定,"公司是企业法人,有独立的法人财产,享有法人财产权"。"公司的合法权益受法律保护,不受侵犯。"股东用于出资的财产一经缴纳,即成为公司财产,股东不再对出资财产享有所有权或其他权利,而只能基于其出资对公司主张相应的股东权利。

最后,公司以其全部财产对公司的债务承担责任,股东通常不对公司债务承担责任。公司在营业活动中产生的债务,由公司以其责任财产自行承担。只有在公司股东滥用公司法人独立地位和股东有限责任,逃避债务,严重损害公司债权人利益时,法院才可能在个案中适用刺破公司面纱规则,要求股东对公司债务承担连带责任。

(二)有限责任

有限责任公司的股东以其认缴的出资额为限对公司承担责任;股份有限公司的股东以其认购的股份为限对公司承担责任。[3]公司经登记取得民事主体资格后,股东向公司缴纳的出资即成为公司财产。股东有限责任系从公司资本来源的角度所作描述,表明公司用以承担责任的财产来源于股东所缴出资。在法律形式上,公司用以承担债务的股东出资属于公司财产,并非股东所有,股东对公司债务不承担任何个人责任。《公司法》第4条第1款规定股东以其认缴的出资额或认购的股份为限对公司承担责任,而非直接对公司债权人承担责任。

公司法人人格与其成员的人格彼此独立,法人以其所有或者经营管理的全部财产承担自己行为所产生的民事责任,成员个人并不对法人所负债务承担清偿义务。有限责任将

---

〔1〕 参见《中心介绍》,载中证资本市场法律服务中心网。
〔2〕 参见《证券投资者保护基金管理办法》(证监会令〔第124号〕)第2条。
〔3〕《公司法》第4条第1款。

股东潜在的个人损失锁定在固定的数额范围之内。如果公司经营成功获得盈利,股东可以获得与其股权比例相当的利益;如果公司经营失败,股东仅以其出资额为限承担责任,超出股东固定投资范围的损失将由自愿的或者非自愿的债权人甚至社会整体承担。[1]有限责任制度正是通过限制投资者的责任范围以达到激励投资的目的。如果股东仅因少量投资而使全部个人财产置于风险之中,则将严重抑制股东的投资热情。[2]

（三）刺破公司面纱规则

1. 规则确立的原因

公司人格独立和股东有限责任是公司法的基本原则。实践中,控制股东将公司独立人格和股东有限责任作为逃避债务的手段,严重损害公司债权人利益。为矫正有限责任制度在实践适用中出现的股东与债权人之间的利益失衡,《公司法》于2005年修订时引入英美判例法中的刺破公司面纱（piercing the corporate veil）规则作为股东有限责任的例外适用情形,允许法院在特定情况下判令股东对公司债务承担连带责任。《民法典》第83条第2款基本延续了原《公司法》第20条第3款的规定,仅是将其适用范围扩及于营利法人及其出资人。2023年修订后的《公司法》第23条在坚持原有规定的基础上,将司法实践中已经承认的横向刺破公司面纱规则确立为基本法律规范,并将一人公司的特殊适用规则纳入其中。

理论和实践中通常将《公司法》第23条第1款称为法人人格否认制度,认为公司股东滥用公司法人独立地位和股东有限责任逃避债务时,构成否认公司独立人格的法定事由,公司债权人可以直接要求股东对公司债务承担责任。公司人格否认制度就是以司法救济方式对立法预设进行矫正,修复和维护公司法人制度。[3]在该理论中,公司独立法人地位和股东有限责任是我国公司的基本特征,二者密不可分、互为前提。法人人格否认制度剥夺股东有限责任特权的同时,也意味着否认了公司的法律人格。[4]《全国法院民商事审判工作会议纪要》（法〔2019〕254号,以下简称《九民纪要》）亦是采取这种观点:"否认公司独立人格,由滥用公司法人独立地位和股东有限责任的股东对公司债务承担连带责任,是股东有限责任的例外情形,旨在矫正有限责任制度在特定法律事实发生时对债权人保护的失衡现象。"有论者进一步指出,公司人格否认规则是在承认公司具有独立人格的前提下,在特定法律关系中个别、相对、暂时地否认公司法人资格,在消除股东的滥用行为后公司法人功能当然得以恢复。[5]

2. 适用要件

（1）主体要件

通常只有控制股东才能利用对公司的控制力实施不当行为,无力影响公司事务的中

---

[1] See John H. Matheson, *Why Courts Pierce: An Empirical Study of Piercing the Corporate Veil*, Berkeley Business Law Journal, Vol. 7: 1, p.3（2010）.

[2] See David Milton, *Piercing the Corporate Veil, Financial Responsibility, and the Limits of Limited Liability*, Emory Law Journal, Vol. 56: 5, p.1312（2007）.

[3] 参见侯永兰:《论公司人格否认制度适用情形标准化及路径选择》,载《法学评论》2022年第1期。

[4] 参见高旭军:《论"公司人格否认制度"中之"法人人格否认"》,载《比较法研究》2012年第6期。

[5] 参见金剑锋:《公司人格否认理论及其在我国的实践》,载《中国法学》2005年第2期。

小股东应当免责。[1]因此,对于《公司法》第23条第1款应进行限缩解释,将该款所称"股东"限定为"控制股东"。[2]由于《公司法》该项规定的适用范围局限于公司及其控制股东,能否适用于其他法人企业不无疑问。例如,在"水安公司与金安花园业主委员会清算责任纠纷案"中,二审法院指出:"水安公司工商登记的性质为全民所有制企业,不是我国公司法所指公司。因此,原审法院适用《公司法》及其司法解释审理本案,系适用法律错误。"[3]在该案中,法院明确排除了刺破公司面纱规则在其他法人企业适用的可能性。为此,《民法典》第83条第2款在延续原《公司法》第20条第3款的基础上,将其适用范围由公司及其股东扩及于营利法人及其出资人:"考虑到出资人滥用权利的现象并非公司所独有,将该项规定加以归纳、提炼,作为对所有营利法人出资人的一般原则要求。"[4]实证研究表明,刺破公司面纱规则主要适用于有限责任公司。[5]

对于实际控制人能否适用刺破公司面纱规则,理论和实践中通常持肯定态度。在实际控制人滥用控制权损害公司债权人利益时,区分控股股东与实际控制人并分别适用不同的责任机制并无意义。[6]注册资本认缴制的确立以及《九民纪要》第12条对于资本显著不足作为独立适用事由的审慎立场,导致公司资本因素在认定股东是否存在权利滥用行为中的作用弱化,实际控制人与控股股东之间的实质性界限已经无法准确区分,证监会早已将股东纳入上市公司实际控制人的范畴,《公司法》第265条对于实际控制人的概念界定也删除了"不是公司的股东"这一限定。司法实践中,判令过度支配或控制公司的实际控制人对公司债权人承担连带责任的做法,早已获得普遍认可。

(2)行为要件

学理上认为,滥用公司法人人格的行为,包括利用公司法人人格规避义务和人格形骸化两类,[7]并可进一步区分为资本显著不足、人格混同、过度控制、公司人格形骸化四种不同的情形,各类情形适用不同的标准。[8]实践中通常以"人格混同"作为股东滥用公司法人人格的主要表现。所谓人格混同,即公司股东与公司之间在人员、业务、财产等方面存在高度重合。[9]人格混同是我国在适用刺破公司面纱规则的实践中最重要的理由。[10]业务混同和组织机构混同虽有其独立价值,但财产混同才是最重要的、根本性的判定标准。[11]

---

[1] 参见石少侠:《公司人格否认制度的司法适用》,载《当代法学》2006年第5期。
[2] 参见叶林、宋尚华:《解读〈公司法〉第二十条第三款》,载《国家检察官学院学报》2009年第5期。
[3] 安徽省合肥市中级人民法院(2017)皖01民终1500号民事判决书。
[4] 参见《〈中华人民共和国民法总则〉条文理解与适用(上)》,人民法院出版社2017年版,第599页。
[5] 参见黄辉:《中国公司法人格否认制度实证研究》,载《法学研究》2012年第1期。
[6] 参见陈洁:《实际控制人公司法规制的体系性思考》,载《北京理工大学学报(社会科学版)》2022年第5期。
[7] 参见朱慈蕴:《论公司法人格否认法理的适用要件》,载《中国法学》1998年第5期。
[8] 参见朱慈蕴:《公司法人格否认制度理论与实践》,人民法院出版社2009年版,第73—148页。
[9] 参见广东省深圳市中级人民法院(2016)粤03民终10402号民事判决书、广东省江门市中级人民法院(2017)粤07民终1364号民事判决书、浙江省温州市中级人民法院(2013)浙温商终字第318号民事判决书。
[10] 参见黄辉:《中国公司法人格否认制度实证研究》,载《法学研究》2012年第1期。
[11] 参见赵旭东:《法人人格否认的构成要件分析》,载《人民司法》2011年第17期。

（3）结果要件

《公司法》第 23 条将"严重损害公司债权人利益"这一结果要件作为连带责任适用的"阀门",不仅能够避免过度冲击有限责任制度,而且有助于维护公司的意思自治。但实践中,法院对于未清偿债务的行为是否给债权人造成损害通常不加讨论,而是默认损害都是严重的,且损害的严重程度与涉案债权的绝对数额没有明显相关性。[1]

究竟何种债务不履行的情形能够认定为"逃避债务",从法条的表述中并不能得出结论,而"严重损害"这一债权人受损程度的限定也欠缺客观的认定标准。现实中,只要公司债权人的债权未能获得足额清偿,就可以适用刺破公司面纱规则要求滥用控制权的行为主体对公司债务承担连带责任,公司未能清偿的债务数额对于责任成立没有实际影响,这就导致"严重损害公司债权人利益"这一限制连带责任成立的要件被弱化为"未能足额偿付公司债务"。责任构成门槛的降低导致刺破公司面纱规则在实践中出现滥用的现象。对此,通过"逃避债务,严重损害公司债权人利益"这一结果要件限制刺破公司面纱规则的适用,具有现实必要性。当然,"严重损害"作为债权人利益受损程度的判断难以进行简单的数值量化,较为合理的做法是由法院综合考虑公司未能清偿债务对于债权人的生活或生产经营影响程度、债权人对于损失的发生是否存在过错等因素进行自由裁量。

3. 横向刺破公司面纱规则

在理论上,《公司法》第 23 条第 1 款和第 3 款的规范对象是股东和公司间的关系,规范效果是股东对公司债务承担连带责任,这被称为纵向刺破公司面纱规则。而《公司法》第 23 条第 2 款的规范对象为彼此独立、无投资与被投资关系的关联公司,规范效果为各关联公司对其中某一公司的债务承担连带责任,被称为横向刺破公司面纱规则。[2]《九民纪要》对于"公司人格否认"制度的具体适用标准进行了阐释,明确认可了最高人民法院指导案例 15 号采用的由关联公司承担连带责任的做法:控制股东或实际控制人控制多个子公司或者关联公司,滥用控制权使多个子公司或者关联公司财产混同的,法院可以要求子公司或者关联公司承担连带责任。

新修订的《公司法》在立法层面明确认可横向刺破公司面纱规则,于第 23 条第 2 款增设规定:"股东利用其控制的两个以上公司实施前款规定行为的,各公司应当对任一公司的债务承担连带责任。"与《九民纪要》不同的是,该款规定的共同控制人仅为股东而不包括实际控制人,实际控制人虽然未必具有股东身份,但基于实际控制人与控制股东在公司中相同的利益状态和地位,有必要将实际控制人纳入其中。

---

[1] 参见黄辉:《中国公司法人格否认制度实证研究》,载《法学研究》2012 年第 1 期。
[2] 参见王军:《人格混同与法人独立地位之否认——评最高人民法院指导案例 15 号》,载《北方法学》2015 年第 4 期。

第三节 公司的类型

一、域外法上的公司分类

（一）无限公司、有限公司、股份公司与两合公司

大陆法系国家的公司法通常根据股东责任的不同，将公司分为无限公司、有限公司、股份公司、两合公司四种基本类型：（1）无限公司，即无限责任公司，是指全体股东对公司债务承担无限连带责任的公司。（2）有限公司，即有限责任公司，是指全体股东仅以其出资额为限对公司债权人承担责任的公司。（3）股份公司，即股份有限公司，是指将全部资本分为等额股份，股东仅就其所认购股份对公司债务承担责任。（4）两合公司，是指由无限责任股东和有限责任股东组成的公司。其中，无限责任股东对公司承担无限责任，有限责任股东仅以其出资额为限对公司债务承担有限责任。[1]

（二）私人公司与公众公司

私人公司，是指为中小型企业设计的、具有法人资格和有限责任特征、但不在普通资本市场上公开融资的商事组织。其资金来源于成员或者银行。每个国家都有这种类型的公司，但有些国家（如比利时和法国）对私人公司成员权益的转让设有非常严格的限制，因而又被称为封闭公司，或者具有人合公司或合伙的诸多特征的资合公司；另一些国家如英国和德国，没有对公司成员权益转让施加强制性限制，但很多公司在章程中对股权转让作出某种形式的限制。有些国家对私人公司资本的要求比公众公司宽松，实际上英国和法国根本没有规定公司的最低资本数额。尽管银行要求股东个人提供担保的实践操作削弱了有限责任制度的优势，但总体来看，私人公司仍是投资者广泛采用的公司类型，并且占据公司数量的绝大多数。[2]

虽然公众公司比私人公司的数量少得多，但从经济学角度来说非常重要。这类公司为更大型的企业设计，可以通过所有资本市场融资，从股东处筹集股本或从债券持有人处筹集借贷资本。公众公司是真正的资合公司，因为它们通常拥有人数众多且类型各异的股东，股东虽然从经济上讲拥有公司，却不能实际管理或控制公司。这种所有权与控制权的分离要求这类公司具有复杂的治理结构。公众公司的特征包括股份和股票的自由流通性（公开融资的要求）、复杂的管理制度和少数股东保护制度、对股本筹集与维持的控制、对股东与公众的强制信息披露，以及财务报表的提交和审计的详尽规则。在其他方面，各国公众公司仍然存在很大区别，通常各国针对公众公司制定了不同于私人公司的制度规范。[3]

---

[1] 参见施天涛：《公司法论》，法律出版社2018年版，第59—60页。
[2] ［荷］阿德里安·德瑞斯丹等：《欧洲公司法》，费煊译，法律出版社2013年版，第27—28页。
[3] ［荷］阿德里安·德瑞斯丹等：《欧洲公司法》，费煊译，法律出版社2013年版，第28—29页。

二、我国公司法上的公司分类

（一）有限责任公司与股份有限公司

我国《公司法》第 2 条规定："本法所称公司,是指依照本法在中华人民共和国境内设立的有限责任公司和股份有限公司。"据此,我国公司法规定的公司类型只有有限责任公司与股份有限公司两类。无论是有限责任公司还是股份有限公司,股东均是以其认缴的出资或者认购的股份有限公司债务承担责任,二者的区别主要体现在以下方面。

一是设立方式,有限责任公司只能采取发起设立方式;股份有限公司可以采取发起设立方式或者募集设立方式。

二是股东人数,有限责任公司由 1 个以上 50 个以下股东出资设立;[1]设立股份有限公司,应当有 1 人以上 200 人以下为发起人,其中应当有半数以上的发起人在中华人民共和国境内有住所。[2]

三是注册资本制度,具体分为以下方面。(1) 有限责任公司的注册资本为在公司登记机关登记的全体股东认缴的出资额;[3]股份有限公司的注册资本为在公司登记机关登记的已发行股份的股本总额。[4] (2) 有限责任公司的资本单位为各个股东的出资额,股份有限公司的资本单位为被划分为等额的股份。(3) 有限责任公司采用认缴登记制,全体股东认缴的出资额由股东按照公司章程的规定自公司成立之日起 5 年内缴足;股份有限公司采用实缴制,发起人应当在公司成立前按照其认购的股份全额缴纳股款。[5] (4) 有限责任公司无须进行验资;发起设立和定向募集设立的股份有限公司无须进行验资,但公开募集设立的股份有限公司应当经依法设立的验资机构验资并出具证明。[6]

四是公司治理,包括但不限于以下差异。(1) 召开股东会会议时的通知规则:有限责任公司召开股东会会议,应当于会议召开 15 日前通知全体股东;但是,公司章程另有规定或者全体股东另有约定的除外。[7]有限责任公司召开股东会会议,应当将会议召开的时间、地点和审议的事项于会议召开 20 日前通知各股东;临时股东会会议应当于会议召开 15 日前通知各股东。[8] (2) 表决权行使规则:有限责任公司中,股东会会议由股东按照出资比例行使表决权;但是,公司章程另有规定的除外。[9]股份有限公司中,股东出席股东会会议,所持每一股份有一表决权,类别股股东除外。公司持有的本公司股份没有表决权。[10] (3) 表决权计算规则:有限责任公司股东会作出决议,应当经代表过半数表决权的股东通

---

[1]《公司法》第 42 条。
[2]《公司法》第 92 条。
[3]《公司法》第 47 条第 1 款。
[4]《公司法》第 96 条第 1 款。
[5]《公司法》第 98 条第 1 款。
[6]《公司法》第 101 条。
[7]《公司法》第 64 条第 1 款。
[8]《公司法》第 115 条第 1 款。
[9]《公司法》第 65 条。
[10]《公司法》第 116 条第 1 款。

过。[1]股份有限公司股东会作出决议,应当经出席会议的股东所持表决权过半数通过。[2]而且,股份有限公司股东会选举董事、监事,可以按照公司章程的规定或者股东会的决议,实行累积投票制。[3]除此以外,有限责任公司与股份有限公司的治理规则还存在其他诸多差异。

（二）母公司与子公司

公司对外投资从而取得其他公司的控制权时,形成母子公司关系。基于投资关系而取得其他公司控制权的公司,称为母公司；基于投资关系受母公司控制或支配的公司,称为子公司。《公司法》第13条第1款规定："公司可以设立子公司。子公司具有法人资格,依法独立承担民事责任。"

（三）本公司与分公司

《公司法》第13条第2款规定："公司可以设立分公司。分公司不具有法人资格,其民事责任由公司承担。"分公司属于本公司的分支机构,不具有民事主体资格,因而分公司不能独立承担民事责任。尽管如此,公司设立分公司,仍应当向公司登记机关申请登记,领取营业执照。[4]公司设立分支机构的,应当自决定作出之日起30日内向分支机构所在地登记机关申请办理登记。[5]

（四）上市公司的特别规定

上市公司,是指其股票在证券交易所上市交易的股份有限公司。[6]《公司法》对于上市公司的特别规定主要包括以下方面。

一是交易限制。上市公司在1年内购买、出售重大资产或者向他人提供担保的金额超过公司资产总额30%的,应当由股东会作出决议,并经出席会议的股东所持表决权的2/3以上通过。[7]

二是公司章程。上市公司的公司章程除载明《公司法》第95条规定的事项外,还应当依照法律、行政法规的规定载明董事会专门委员会的组成、职权以及董事、监事、高级管理人员薪酬考核机制等事项。[8]

三是内部治理。上市公司设独立董事、董事会秘书,依照法律规定履行职权；上市公司在董事会中设置审计委员会的,董事会对特定事项作出决议前应当经审计委员会全体成员过半数通过；对关联交易设置特殊的决议规则；禁止违反法律、行政法规的规定代持上市公司股票。上市公司控股子公司不得取得该上市公司的股份。上市公司控股子公司因公司合并、质权行使等持有上市公司股份的,不得行使所持股份对应的表决权,并应当及时

---

[1]《公司法》第66条第2款。

[2]《公司法》第116条第1款。

[3]《公司法》第117条。

[4]《公司法》第38条。

[5]《市场主体登记管理条例》（国务院令第746号）第23条、《市场主体登记管理条例实施细则》（国家市场监督管理总局令第52号）第21条第3款。

[6]《公司法》第134条。

[7]《公司法》第135条。

[8]《公司法》第136条第2款。

处分相关上市公司股份。[1]

四是信息披露。上市公司应当依法披露股东、实际控制人的信息，相关信息应当真实、准确、完整。[2]

（五）国有独资公司的特别规定

《公司法》规定的国家出资公司，是指国家出资的国有独资公司、国有资本控股公司，包括国家出资的有限责任公司、股份有限公司。[3] 国家出资公司应当依法建立健全内部监督管理和风险控制制度，加强内部合规管理。[4]

1. 国有独资公司的出资人

国有独资公司，由国务院或者地方人民政府分别代表国家依法履行出资人职责，享有出资人权益。国务院或者地方人民政府可以授权国有资产监督管理机构或者其他部门、机构代表本级人民政府对国家出资公司履行出资人职责。代表本级人民政府履行出资人职责的机构、部门，以下统称为履行出资人职责的机构。[5] 国有独资公司章程由履行出资人职责的机构制定。[6]

2. 国有独资公司内部治理

国有独资公司中中国共产党的组织，按照《中国共产党章程》的规定发挥领导作用，研究讨论公司重大经营管理事项，支持公司的组织机构依法行使职权。[7]

国有独资公司不设股东会，由履行出资人职责的机构行使股东会职权。履行出资人职责的机构可以授权公司董事会行使股东会的部分职权，但公司章程的制定和修改，公司的合并、分立、解散、申请破产，增加或者减少注册资本，分配利润，应当由履行出资人职责的机构决定。[8]

国有独资公司的董事会依照《公司法》的规定行使职权。国有独资公司的董事会成员中，应当过半数为外部董事，并应当有公司职工代表。董事会成员由履行出资人职责的机构委派；但是，董事会成员中的职工代表由公司职工代表大会选举产生。董事会设董事长一人，可以设副董事长。董事长、副董事长由履行出资人职责的机构从董事会成员中指定。[9]

国有独资公司在董事会中设置由董事组成的审计委员会行使《公司法》规定的监事会职权的，不设监事会或者监事。[10]

国有独资公司的经理由董事会聘任或者解聘。经履行出资人职责的机构同意，董事会

---

[1]《公司法》第 135—141 条。
[2]《公司法》第 140 条第 1 款。
[3]《公司法》第 168 条第 2 款。
[4]《公司法》第 177 条。
[5]《公司法》第 169 条。
[6]《公司法》第 171 条。
[7]《公司法》第 170 条。
[8]《公司法》第 172 条。
[9]《公司法》第 173 条。
[10]《公司法》第 176 条。

成员可以兼任经理。[1]国有独资公司的董事、高级管理人员,未经履行出资人职责的机构同意,不得在其他有限责任公司、股份有限公司或者其他经济组织兼职。[2]

（六）外国公司的分支机构

1. 外国公司的定义

外国公司是相对于本国公司的称谓。根据《公司法》第243条规定,外国公司,是指依照外国法律在中华人民共和国境外设立的公司。外国公司具有以下特征:(1)设立的准据法为外国法律而非中国法律;(2)在中国境外设立,即设立登记地为中国境外。由于不同国家规定的公司类型并不一致,我国《公司法》规定的本国公司只能设立为有限责任公司或股份有限公司,若外国公司所采用的公司类型在我国《公司法》上并不存在,也属于《公司法》规定的"外国公司"。

2. 外国公司分支机构的设立

（1）设立程序

外国公司在我国境内设立分支机构必须依法提出申请并经过审批核准,具体的审批办法由国务院另行规定。外国公司应当向审批机关提交公司章程、所属国的公司登记证书等有关文件,经过批准后,向我国的公司登记机关办理登记,领取营业执照。外国公司的分支机构并不具有法人资格。外国公司违反法律规定的条件和程序擅自设立分支机构的行为,扰乱正常的市场秩序,必须依法予以规范。外国公司违反公司法规定,擅自在中国境内设立分支机构的,由公司登记机关责令改正或者关闭,可以并处5万元以上20万元以下的罚款。[3]

（2）设立条件

外国公司在中国境内设立分支机构,必须满足以下条件:①在中国境内指定负责该分支机构的代表人或者代理人;②向该分支机构拨付与其所从事的经营活动相适应的资金,国务院可以对外国公司分支机构的经营资金另行规定最低限额。

外国公司的分支机构名称必须符合以下条件:①标明该外国公司的国籍,分支机构名称既要标明外国公司的国籍,也要标明外国公司的具体名称;②标明该外国公司的责任形式,以保护与分支机构进行交易的相对人权益;③标明分支机构的相关字样,例如"分公司""代表处"等,以明示其不具有法人地位而只是外国公司的分支机构。此外,外国公司的分支机构应当在本机构中置备该外国公司章程,以便交易相对人了解外国公司的资金实力、治理架构、责任形式等信息。

（3）外国公司撤销分支机构的程序

外国公司分支机构系依据中国法律设立,其经营业务活动适用中国法律规范。外国公司撤销其分支机构时,必须依法清理其债权债务关系,按照法定程序进行清算、办理注销登记。在未清偿债务之前,外国公司不得将其分支机构的财产转移至中国境外,以保护债

---

[1]《公司法》第174条。

[2]《公司法》第175条。

[3]《公司法》第261条。

权人的合法权益。

3.外国公司分支机构的法律地位

外国公司分支机构不具有法人资格,不能独立享有民事权利、履行民事义务并承担民事责任。外国公司应当对其分支机构在中国境内实施的法律行为承担相应的民事责任。但是,外国公司分支机构具有民事诉讼主体资格,可以作为当事人参加诉讼。因分支机构不能独立承担民事责任,其作为被告时,人民法院可以根据原告的申请追加设立该分支机构的外国公司为共同被告。

外国公司分支机构在我国境内开展经营活动,必须遵守中国的法律、法规,不得在中国境内开展非法业务,不得扰乱中国正常的社会经济秩序,对于违反中国法律、损害社会公共利益的行为必须承担相应的法律责任。同时,外国公司分支机构的合法权益受中国法律保护,侵害外国公司分支机构合法权益的行为,同样会受到我国法律的制裁。

重要名词术语

公司人格、有限责任、营利法人、有限责任公司、股份有限公司

思考题

1. 简述公司的类型。
2. 简述刺破公司面纱规则的适用要件。

第十一章　公司的设立与成立

【内容提示】

公司设立是公司成立的前置程序和必经阶段。公司按照法定要求建立内部组织机构、形成公司资本后，即可依法向登记机关申请设立登记。经过依法登记，公司即告成立，取得公司资格。我国公司法对于公司设立原则上采用准则主义，例外采用行政许可主义。根据《公司法》的规定，设立公司，一般只须依法向公司登记机关申请设立登记，无须经过行政机关许可。申请设立公司，应当提交设立登记申请书、公司章程等文件，提交的相关材料应当真实、合法和有效。符合公司法规定的设立条件的，由公司登记机关分别登记为有限责任公司或者股份有限公司；不符合公司法规定的设立条件的，不得登记为有限责任公司或者股份有限公司。但是，如果法律、行政法规规定设立公司必须报经批准的，应当在公司登记前依法办理批准手续。设立公司，必须满足下列条件和程序：一是订立设立协议或发起人协议；二是制定公司章程；三是办理审批手续；四是认缴或实缴出资；五是建立公司内部的组织机构。发起人通过公司设立活动形成公司注册资本和公司组织架构后，应当及时向公司登记机关申请设立登记、领取营业执照并进行信息公示。公司设立成功意味着公司成立，营业执照签发日期为公司成立日期。公司经过设立活动取得公司登记机关发放的营业执照后，应当尽快开业并坚持持续营业。公司成立后无正当理由长期不开业或者开业后长期不营业，不仅无法达到公司成员获取经营利润的目的，而且无助于推动社会经济的发展。

第一节　概述

一、公司设立的概念

公司设立，是指为组织公司并取得公司法人资格而完成的一系列筹建行为的总称。[1] 公司设立是公司成立的前置程序和必经阶段。公司按照法定要求建立内部组织机构、形成公司资本后，即可依法向登记机关申请设立登记。经过依法登记，公司即告成立，取得公司资格。

---

［1］参见施天涛：《公司法论》，法律出版社 2018 年版，第 81 页。

二、公司设立的原则

（一）一般原则

各国法律在不同历史时期根据公司类型的不同，设置了差异化的公司设立原则，主要包括以下几种：

一是自由设立主义，即国家对于公司的设立完全听凭当事人自由，不要求具备任何形式，不加以任何干涉和限制。

二是特许设立主义，即设立公司需要经过特别立法或者国家元首许可。

三是行政许可主义，即设立公司需要经过行政机关许可。

四是准则设立主义，也称登记主义，即法律预先规定公司设立的条件，设立人按照法定条件设立公司后，仅须向登记机关办理登记，公司即可成立，无须经过行政机关许可。

五是强制设立主义，即国家强制设立特定类型的公司。[1]

（二）公司法采用的原则

我国公司法对于公司设立原则上采用准则主义，例外采用行政许可主义。根据《公司法》的规定，设立公司，一般只须依法向公司登记机关申请设立登记，无须经过行政机关许可。[2] 申请设立公司，应当提交设立登记申请书、公司章程等文件，提交的相关材料应当真实、合法和有效。[3] 符合公司法规定的设立条件的，由公司登记机关分别登记为有限责任公司或者股份有限公司；不符合公司法规定的设立条件的，不得登记为有限责任公司或者股份有限公司。[4] 但是，如果法律、行政法规规定设立公司必须报经批准的，应当在公司登记前依法办理批准手续。[5]

三、公司设立的方式

（一）有限责任公司的设立方式

公司法对于有限责任公司的设立方式没有作出明确规定。由于有限责任公司设立时公司的注册资本必须由全体股东认缴完毕，因此有限责任公司只能采取发起设立方式。[6]

（二）股份有限公司的设立方式

设立股份有限公司，可以采取发起设立或者募集设立的方式。发起设立，是指由发起人认购设立公司时应发行的全部股份而设立公司。募集设立，是指由发起人认购设立公司时应发行股份的一部分，其余股份向特定对象募集或者向社会公开募集而设立公司。[7] 其中，募集设立又可以分为公开募集设立和非公开募集设立。公开募集设立，是指设立公司

---

[1] 参见梁慧星：《民法总论》（第六版），法律出版社2021年版，第140—141页。
[2] 《公司法》第29条第1款。
[3] 《公司法》第30条第1款。
[4] 《公司法》第31条。
[5] 《公司法》第29条第2款。
[6] 参见施天涛：《公司法论》，法律出版社2018年版，第83页。
[7] 《公司法》第91条。

时由发起人认购应发行股份的一部分,其余股份向社会公开募集;非公开募集设立,是指设立公司时由发起人认购应发行股份的一部分,其余股份向特定对象募集。公开募集与非公开募集的区分标准,适用《证券法》第9条第2、3款规定:"有下列情形之一的,为公开发行:(一)向不特定对象发行证券;(二)向特定对象发行证券累计超过二百人,但依法实施员工持股计划的员工人数不计算在内;(三)法律、行政法规规定的其他发行行为。非公开发行证券,不得采用广告、公开劝诱和变相公开方式。"

尽管《公司法》规定股份有限公司设立可以采取公开募集设立方式,但由于证监会对于公开发行股票的公司的存续时间作出限制,所以目前无法通过公开募集设立的方式设立股份有限公司。《首次公开发行股票注册管理办法》(证监会令〔第205号〕)第10条第1款规定:"发行人是依法设立且持续经营三年以上的股份有限公司,具备健全且运行良好的组织机构,相关机构和人员能够依法履行职责。"据此,股份公司在设立阶段显然无法满足"持续经营三年以上"的要求,不能公开发行股票。此外,有限责任公司按原账面净资产值折股整体变更为股份有限公司的,持续经营时间可以从有限责任公司成立之日起计算,而非公司类型变更之日。[1]因此,现实中设立股份公司时不能采取公开募集方式设立,现行规范仅允许通过非公开募集方式设立股份公司。

第二节 公司设立程序

设立公司,必须满足下列条件和程序:一是订立设立协议或发起人协议;二是制定公司章程;三是办理审批手续;四是认缴或实缴出资;五是建立公司内部的组织机构。

一、订立设立协议或发起人协议

《公司法》将有限责任公司设立过程中履行设立职责的主体称为"股东",股份有限公司设立过程中履行设立职责的主体称为"发起人"。《最高人民法院关于适用〈中华人民共和国公司法〉若干问题的规定(三)》(以下简称《公司法解释三》)将公司设立阶段的有限责任公司股东与股份有限公司发起人概念进行统合,明确规定"为设立公司而签署公司章程、向公司认购出资或者股份并履行公司设立职责的人,应当认定为公司的发起人,包括有限责任公司设立时的股东"。有限责任公司由1个以上50个以下股东出资设立。[2] 设立股份有限公司,应当有1人以上200人以下为发起人,其中应当有半数以上的发起人在中华人民共和国境内有住所。[3]

《公司法》对于发起人在公司设立阶段签订的协议,也根据公司类型不同冠以不同名

---

[1]《首次公开发行股票注册管理办法》(证监会令〔第205号〕)第10条第2款。
[2]《公司法》第42条。
[3]《公司法》第92条。

称:有限责任公司股东签订的协议名称为"设立协议",股份有限公司发起人签订的协议名称为"发起人协议"。同时,《公司法》根据公司类型不同对于是否签订协议作出了差异化要求:(1)有限责任公司设立时的股东可以自行选择是否签订设立协议,法律不作强制要求;(2)股份有限公司发起人必须签订发起人协议。设立协议或发起人协议的内容为确定各自在公司设立过程中的权利和义务。[1]

二、制定公司章程

设立公司应当依法制定公司章程。公司章程对公司、股东、董事、监事、高级管理人员具有约束力。[2]

（一）公司章程的制定

设立有限责任公司,应当由股东共同制定公司章程。[3]股东应当在公司章程上签名或者盖章。[4]

设立股份有限公司,应当由发起人共同制定公司章程。[5]股份有限公司章程须经公司成立大会通过。成立大会对通过公司章程作出决议时,应当经出席会议的认股人所持表决权过半数通过。[6]

国有独资公司章程由履行出资人职责的机构制定。[7]

（二）公司章程的效力

1. 公司章程仅具有对内效力

公司章程在性质上属于公司内部的自治规范,公司内部人员必须遵守公司章程的规定。《公司法》第5条规定,"公司章程对公司、股东、董事、监事、高级管理人员具有约束力"。但是,公司章程对于公司外部第三人不具有法律效力。例如,《公司法》第11条第2款规定:"公司章程或者股东会对法定代表人职权的限制,不得对抗善意相对人。"第67条第3款规定:"公司章程对董事会职权的限制不得对抗善意相对人。"

2. 公司章程能够排除公司法规范的适用

公司章程针对下列事项作出的不同规定,可以优先于公司法规范予以适用:

（1）公司股东会、董事会、监事会召开会议和表决可以采用电子通信方式,公司章程另有规定的除外（第24条）。

（2）召开股东会会议,应当于会议召开15日前通知全体股东;但是,公司章程另有规定或者全体股东另有约定的除外（第64条第1款）。

（3）股东会会议由股东按照出资比例行使表决权;但是,公司章程另有规定的除外

---

[1]《公司法》第43条、第93条。
[2]《公司法》第5条。
[3]《公司法》第45条。
[4]《公司法》第46条第2款。
[5]《公司法》第94条。
[6]《公司法》第104条。
[7]《公司法》第171条。

(第65条)。

(4)公司章程对股权转让另有规定的,从其规定(第84条第3款)。

(5)自然人股东死亡后,其合法继承人可以继承股东资格;但是,有限责任公司章程或者股份转让受限的股份有限公司的章程另有规定的除外(第90条、第167条)。

(6)公司章程对要求查阅公司的会计账簿、会计凭证的股东持股比例有较低规定的,从其规定(第110条第2款)。

(7)公司章程对股份转让有限制的,其转让按照公司章程的规定进行(第157条)。

(8)公司弥补亏损和提取公积金后所余税后利润,股份有限公司按照股东所持有的股份比例分配利润,公司章程另有规定的除外(第210条第4款)。

(9)公司合并支付的价款不超过本公司净资产10%的,可以不经股东会决议;但是,公司章程另有规定的除外(第219条第2款)。

(10)公司减少注册资本,应当按照股东出资或者持有股份的比例相应减少出资额或者股份,法律另有规定、有限责任公司全体股东另有约定或者股份有限公司章程另有规定的除外(第224条第3款)。

(11)股份有限公司为增加注册资本发行新股时,股东不享有优先认购权,公司章程另有规定或者股东会决议决定股东享有优先认购权的除外(第227条第2款)。

(12)清算组由董事组成,但是公司章程另有规定或者股东会决议另选他人的除外(第232条第2款)。

(三)公司章程的记载事项

1. 强制记载事项

有限责任公司章程应当载明下列事项:(1)公司名称和住所;(2)公司经营范围;(3)公司注册资本;(4)股东的姓名或者名称;(5)股东的出资额、出资方式和出资日期;(6)公司的机构及其产生办法、职权、议事规则;(7)公司法定代表人的产生、变更办法;(8)股东会认为需要规定的其他事项。股东应当在公司章程上签名或者盖章。[1]

股份有限公司章程应当载明下列事项:(1)公司名称和住所;(2)公司经营范围;(3)公司设立方式;(4)公司注册资本、已发行的股份数和设立时发行的股份数,面额股的每股金额;(5)发行类别股的,每一类别股的股份数及其权利和义务;(6)发起人的姓名或者名称、认购的股份数、出资方式;(7)董事会的组成、职权和议事规则;(8)公司法定代表人的产生、变更办法;(9)监事会的组成、职权和议事规则;(10)公司利润分配办法;(11)公司的解散事由与清算办法;(12)公司的通知和公告办法;(13)股东会认为需要规定的其他事项。[2]

发行类别股的公司,应当在公司章程中载明以下事项:(1)类别股分配利润或者剩余财产的顺序;(2)类别股的表决权数;(3)类别股的转让限制;(4)保护中小股东权益的

---

[1]《公司法》第46条。

[2]《公司法》第95条。

措施;(5)股东会认为需要规定的其他事项。[1]上市公司的公司章程除载明《公司法》第95条规定的事项外,还应当依照法律、行政法规的规定载明董事会专门委员会的组成、职权以及董事、监事、高级管理人员薪酬考核机制等事项。[2]

此外,《公司法》还在其他条文分散规定了公司章程应当予以记载的事项,列举如下:(1)公司章程应当规定定期会议的召开时间;[3](2)董事长、副董事长的产生办法由公司章程规定;[4](3)董事任期由公司章程规定,但每届任期不得超过3年;[5](4)公司章程应当规定职工代表的具体比例;[6](5)以发起设立方式设立股份有限公司成立大会的召开和表决程序由公司章程或者发起人协议规定;[7](6)公司章程应当规定公司采用面额股或者无面额股。[8]

2.任意记载事项

公司章程可以规定下列事项:(1)对公司向其他企业投资或者为他人提供担保的总额及单项投资或者担保的数额作出限额规定;[9](2)股东的出资期限;[10](3)股东会享有的其他职权;[11](4)股东会的议事方式和表决程序,除公司法有规定的外,由公司章程规定;[12](5)可以授予董事会其他职权;[13](6)在董事会中设置由董事组成的审计委员会,行使监事会的职权,不设监事会或者监事;[14](7)董事会的议事方式和表决程序,除公司法有规定的外,由公司章程规定;[15](8)经理的具体职权;[16](9)监事会在法定职权外享有的其他职权;[17](10)监事会的议事方式和表决程序,除公司法有规定的外,由公司章程规定;[18](11)召开临时股东会会议的其他情形;[19](12)股东会选举董事、监事时,可以实行累积投票制;[20](13)审计委员会的议事方式和表决程序,除公司法有规定的外,由公司章

---

[1]《公司法》第145条。
[2]《公司法》第136条第2款。
[3]《公司法》第62条第2款。
[4]《公司法》第68条第2款。
[5]《公司法》第70条第1款。
[6]《公司法》第76条第2款、第130条第2款。
[7]《公司法》第103条第2款。
[8]《公司法》第142条第1款。
[9]《公司法》第15条第1款。
[10]《公司法》第47条第1款。
[11]《公司法》第59条第1款第9项。
[12]《公司法》第66条第1款。
[13]《公司法》第67条第2款第10项。
[14]《公司法》第69条、第121条第1款。
[15]《公司法》第73条第1款。
[16]《公司法》第74条第2款、第126条第2款。
[17]《公司法》第78条第7项。
[18]《公司法》第81条第2款、第132条第2款。
[19]《公司法》第113条第6项。
[20]《公司法》第117条第1款。

程规定;[1]（14）在股份有限公司董事会中可以设置其他委员会;[2]（15）公司可以将已发行的面额股全部转换为无面额股或者将无面额股全部转换为面额股;[3]（16）公司可以发行与普通股权利不同的类别股;[4]（17）可以对需经类别股股东会议决议的其他事项作出规定;[5]（18）授权董事会在3年内决定发行不超过已发行股份50%的股份;[6]（19）可以授权董事会决定发行新股;[7]（20）可以对公司董事、监事、高级管理人员转让其所持有的本公司股份作出其他限制性规定;[8]（21）公司章程可以规定公司因将股份用于员工持股计划或者股权激励、将股份用于转换公司发行的可转换为股票的公司债券、上市公司为维护公司价值及股东权益所必需而收购本公司股份的,需经2/3以上董事出席的董事会会议决议;[9]（22）可以授权董事会作出决议,公司可以为他人取得本公司或者其母公司的股份提供财务资助;[10]（23）董事、监事、高级管理人员直接或者间接与本公司订立合同或者进行交易时,负责批准的具体机关;[11]（24）董事、监事、高级管理人员为自己或者他人谋取属于公司的商业机会时,负责批准的具体机关;[12]（25）股份有限公司经由董事会决议,可以发行可转换为股票的公司债券,并规定具体的转换办法;[13]（26）有限责任公司应当将财务会计报告送交各股东的期限;[14]（27）由股东会、董事会或者监事会决定公司聘用、解聘承办公司审计业务的会计师事务所;[15]（28）公司的解散事由;[16]（29）高级管理人员的具体范围。[17]

三、办理审批手续

《公司法》第29条第2款规定:"法律、行政法规规定设立公司必须报经批准的,应当在公司登记前依法办理批准手续。"例如,设立证券公司,应当具备法律、行政法规规定的条件,并经国务院证券监督管理机构批准;未经国务院证券监督管理机构批准,任何单位和个人不得以证券公司名义开展证券业务活动。[18]又如,设立期货公司,应当具备法律、行

---

[1]《公司法》第121条第5款。
[2]《公司法》第121条第6款。
[3]《公司法》第142条第2款。
[4]《公司法》第144条第1款。
[5]《公司法》第146条第2款。
[6]《公司法》第152条第1款。
[7]《公司法》第153条。
[8]《公司法》第160条第2款。
[9]《公司法》第162条第2款。
[10]《公司法》第163条第2款。
[11]《公司法》第182条第1款。
[12]《公司法》第183条第1项。
[13]《公司法》第202条第1款。
[14]《公司法》第209条第1款。
[15]《公司法》第215条第1款。
[16]《公司法》第229条第1款。
[17]《公司法》第265条第1项。
[18]《证券法》第118条。

政法规规定的条件,并经国务院期货监督管理机构核准。[1]

《公司法》第 9 条第 2 款规定:"公司的经营范围中属于法律、行政法规规定须经批准的项目,应当依法经过批准。"例如,经营烟草制品销售业务的企业,必须经烟草专卖行政主管部门批准,取得烟草专卖许可证。[2]从事烟花爆竹批发的企业或零售经营者,应当向安全生产监督管理部门提出申请,取得行政许可并办理登记手续后,方可从事烟花爆竹经营活动。[3]

法律、行政法规或者国务院决定规定公司申请登记、备案事项前需要审批的,在办理登记、备案时,应当在有效期内提交有关批准文件或者许可证书。有关批准文件或者许可证书未规定有效期限,自批准之日起超过 90 日的,申请人应当报审批机关确认其效力或者另行报批。[4]

四、认缴或实缴出资

(一)有限责任公司采取认缴制

2013 年公司法取消了最低注册资本限额,没有规定股东出资的法定期限,这一立法迎合了投资者设立公司、投资兴业的热情,但出现部分公司注册资本认缴高、未实缴或实缴低的现象,也存在公司章程规定的实缴期限过长的现象。为了应对这种现实情况,最高人民法院创设了加速到期、股东除名等规则,实行了将欠缴出资但无力偿债的投资者纳入失信人员名单等举措。可以说,2013 年实行的登记认缴制,目的在于鼓励投资,有的投资者却受到拖累。投资者在设立公司时,可以预测一定期限内的风险,却难以预测较长期限内的内部和外部变化,也很少设置投资风险的预防措施或者隔离措施,因而不得不承受内外部因素变化带来的风险。可见,登记认缴制既有积极作用,也存在自身缺陷。[5]

2023 年底公布的新《公司法》在保留认缴登记制的前提下,强化了对股东出资期限的制度性约束,以期保障交易安全、保护债权人利益。《公司法》第 47 条第 1 款规定:"有限责任公司的注册资本为在公司登记机关登记的全体股东认缴的出资额。全体股东认缴的出资额由股东按照公司章程的规定自公司成立之日起五年内缴足。"[6]

(二)股份有限公司采取实缴制

以发起设立方式设立股份有限公司的,发起人应当认足公司章程规定的公司设立时应发行的股份。以募集设立方式设立股份有限公司的,发起人认购的股份不得少于公司章程规定的公司设立时应发行股份总数的 35%;但是,法律、行政法规另有规定的,从其规定。[7]发起人应当在公司成立前按照其认购的股份全额缴纳股款。[8]向社会公开募集股

---

[1] 《期货和衍生品法》第 60 条。
[2] 《烟草专卖法》第 15 条、第 16 条。
[3] 《烟花爆竹安全管理条例》(国务院令第 455 号)第 19 条。
[4] 《市场主体登记管理条例实施细则》(国家市场监督管理总局令第 52 号)第 22 条第 1 款。
[5] 参见叶林:《存量公司在新〈公司法〉下可以实现平稳过渡》,载中国经济网。
[6] 《公司法》第 47 条第 1 款。
[7] 《公司法》第 97 条。
[8] 《公司法》第 98 条第 1 款。

份的股款缴足后,应当经依法设立的验资机构验资并出具证明。[1]

五、建立公司内部的组织机构

有限责任公司和以发起方式设立的股份有限公司的组织机构由股东和发起人确立;以募集方式设立的股份有限公司的组织机构由成立大会确立。

募集设立股份有限公司的发起人应当自公司设立时应发行股份的股款缴足之日起30日内召开公司成立大会。发起人应当在成立大会召开15日前将会议日期通知各认股人或者予以公告。成立大会应当经持有表决权过半数的认股人出席,方可举行。以发起设立方式设立股份有限公司成立大会的召开和表决程序由公司章程或者发起人协议规定。[2]

公司成立大会行使下列职权:(1)审议发起人关于公司筹办情况的报告;(2)通过公司章程;(3)选举董事、监事;(4)对公司的设立费用进行审核;(5)对发起人非货币财产出资的作价进行审核;(6)发生不可抗力或者经营条件发生重大变化直接影响公司设立的,可以作出不设立公司的决议。成立大会对前述所列事项作出决议,应当经出席会议的认股人所持表决权过半数通过。[3]

第三节 公司设立的后果

一、设立成功

发起人通过公司设立活动形成公司注册资本和公司组织架构后,应当及时向公司登记机关申请设立登记、领取营业执照并进行信息公示。公司设立成功意味着公司成立,营业执照签发日期为公司成立日期。

(一)申请设立登记

1. 申请设立登记的时间

《公司法》仅明确规定了通过公开募集方式设立的股份有限公司申请设立登记的时间,即董事会授权的代表应当于公司成立大会结束后30日内向公司登记机关申请设立登记。[4]对于有限责任公司、发起设立的股份有限公司以及通过定向募集设立的股份有限公司,应当在设立活动结束后及时向公司登记机关申请设立登记,《公司法》并未对申请设立登记的时间作出具体限定。法律、行政法规或者国务院决定规定设立公司须经批准的,应当在批准文件有效期内向登记机关申请登记。[5]

---

[1]《公司法》第101条。
[2]《公司法》第103条。
[3]《公司法》第104条。
[4]《公司法》第106条。
[5]《市场主体登记管理条例》(国务院令第746号)第21条第2款。

2. 申请材料

申请设立公司,应当提交设立登记申请书、公司章程等文件,提交的相关材料应当真实、合法和有效。申请材料不齐全或者不符合法定形式的,公司登记机关应当一次性告知需要补正的材料。[1]

登记机关应当对申请材料进行形式审查。对申请材料齐全、符合法定形式的予以确认并当场登记。不能当场登记的,应当在3个工作日内予以登记;情形复杂的,经登记机关负责人批准,可以再延长3个工作日。申请材料不齐全或者不符合法定形式的,登记机关应当一次性告知申请人需要补正的材料。[2]公司登记事项未经登记或者未经变更登记,不得对抗善意相对人。[3]

3. 登记事项

公司登记事项包括:(1)名称;(2)住所;(3)注册资本;(4)经营范围;(5)法定代表人的姓名;(6)有限责任公司股东、股份有限公司发起人的姓名或者名称。[4]

首先,依照《公司法》设立的有限责任公司,应当在公司名称中标明有限责任公司或者有限公司字样。依照《公司法》设立的股份有限公司,应当在公司名称中标明股份有限公司或者股份公司字样。[5]公司名称由申请人依法自主申报。公司只能登记一个名称,经登记的公司名称受法律保护。[6]

其次,公司以其主要办事机构所在地为住所。[7]公司只能登记一个住所或者主要经营场所。电子商务平台内的自然人经营者可以根据国家有关规定,将电子商务平台提供的网络经营场所作为经营场所。省、自治区、直辖市人民政府可以根据有关法律、行政法规的规定和本地区实际情况,自行或者授权下级人民政府对住所或者主要经营场所作出更加便利市场主体从事经营活动的具体规定。[8]

再次,除法律、行政法规或者国务院决定另有规定外,市场主体的注册资本或者出资额实行认缴登记制,以人民币表示。出资方式应当符合法律、行政法规的规定。公司股东不得以劳务、信用、自然人姓名、商誉、特许经营权或者设定担保的财产等作价出资。[9]

复次,公司的经营范围包括一般经营项目和许可经营项目。公司应当按照登记机关公布的经营项目分类标准办理经营范围登记。经营范围中属于在登记前依法须经批准的许可经营项目,公司应当在申请登记时提交有关批准文件。[10]

最后,公司需要登记法定代表人的姓名,有限责任公司股东、股份有限公司发起人的

---

[1]《公司法》第30条。
[2]《市场主体登记管理条例》(国务院令第746号)第19条。
[3]《公司法》第34条第2款。
[4]《公司法》第32条第1款。
[5]《公司法》第7条。
[6]《市场主体登记管理条例》(国务院令第746号)第10条。
[7]《公司法》第8条。
[8]《市场主体登记管理条例》(国务院令第746号)第11条。
[9]《市场主体登记管理条例》(国务院令第746号)第13条。
[10]《市场主体登记管理条例》(国务院令第746号)第14条。

姓名或者名称。

（二）颁发营业执照

依法设立的公司，由公司登记机关发给公司营业执照。公司营业执照签发日期为公司成立日期。公司营业执照应当载明公司的名称、住所、注册资本、经营范围、法定代表人姓名等事项。公司登记机关可以发给电子营业执照。电子营业执照与纸质营业执照具有同等法律效力。[1]公司营业执照记载的事项发生变更的，公司办理变更登记后，由公司登记机关换发营业执照。[2]

（三）信息公示

公司登记机关应当将《公司法》规定的公司登记事项通过国家企业信用信息公示系统向社会公示。[3]具体来说，公司应当按照规定通过国家企业信用信息公示系统公示下列事项：（1）有限责任公司股东认缴和实缴的出资额、出资方式和出资日期，股份有限公司发起人认购的股份数；（2）有限责任公司股东、股份有限公司发起人的股权、股份变更信息；（3）行政许可取得、变更、注销等信息；（4）法律、行政法规规定的其他信息。公司应当确保前款公示信息真实、准确、完整。[4]

二、设立失败

设立失败，是指发起人在设立过程中停止设立行为，或者公司登记机关没有批准公司设立申请。[5]

（一）设立失败的原因

1. 发起人停止设立行为

发起人在设立过程中可能因各种情形停止设立公司，例如发起人未能筹集到资金、发起人就设立公司相关事项未能达成一致意见等。《公司法》第104条第1款第6项规定："发生不可抗力或者经营条件发生重大变化直接影响公司设立的，可以作出不设立公司的决议。"

2. 登记机关不予登记

设立公司必须满足公司法和其他法律、行政法规规定的条件。《公司法》第31条规定，"不符合本法规定的设立条件的，不得登记为有限责任公司或者股份有限公司"。登记申请不符合法律、行政法规规定，或者可能危害国家安全、社会公共利益的，登记机关不予登记并说明理由。[6]

（二）设立失败的后果

公司设立失败意味着公司不能成立，产生两方面的法律后果：

---

[1]《公司法》第33条。
[2]《公司法》第36条。
[3]《公司法》第32条第2款。
[4]《公司法》第40条。
[5] 参见施天涛：《公司法论》，法律出版社2018年版，第92页。
[6]《市场主体登记管理条例》（国务院令第746号）第20条。

其一，设立过程中产生的债权债务和相关费用，由设立时的股东或发起人承受，设立时的股东或发起人为2人以上的，享有连带债权，承担连带债务。[1]

其二，募集设立股份有限公司时应发行的股份未募足，或者发行股份的股款缴足后，发起人在30日内未召开成立大会的，认股人可以按照所缴股款并加算银行同期存款利息，要求发起人返还。[2]

三、设立瑕疵

设立瑕疵，是指公司已经获准登记并领取公司营业执照，但实际上并未满足公司设立的法定条件和程序，或者存在其他违反法律规定的情形。[3]

（一）设立瑕疵的法律后果

公司设立瑕疵，主要是指虚报注册资本、提交虚假材料或者采取其他欺诈手段隐瞒重要事实取得公司设立登记。《公司法》第39条规定："虚报注册资本、提交虚假材料或者采取其他欺诈手段隐瞒重要事实取得公司设立登记的，公司登记机关应当依照法律、行政法规的规定予以撤销。"

需注意的是，《公司法》第250条规定了虚报注册资本、提交虚假材料或者采取其他欺诈手段隐瞒重要事实取得公司登记的法律后果。从体系解释的角度来说，第250条所称"公司登记"应当包括"公司设立登记"。结合《公司法》第39条和第250条之规定，虚报注册资本、提交虚假材料或者采取其他欺诈手段隐瞒重要事实取得公司设立登记，应当允许当事人予以补正。

因此，虚报注册资本、提交虚假材料或者采取其他欺诈手段隐瞒重要事实取得公司设立登记，应当依法予以撤销登记；通过前述欺诈手段取得设立登记以外的其他公司登记，应当由公司登记机关责令改正，情节严重的，吊销营业执照。

（二）撤销登记的具体适用

1. 提出申请

对涉嫌提交虚假材料或者采取其他欺诈手段隐瞒重要事实取得市场主体登记的行为，登记机关可以根据当事人申请或者依职权主动进行调查。[4]

受虚假登记影响的自然人、法人和其他组织，可以向登记机关提出撤销市场主体登记申请。涉嫌冒用自然人身份的虚假登记，被冒用人应当配合登记机关通过线上或者线下途径核验身份信息。涉嫌虚假登记市场主体的登记机关发生变更的，由现登记机关负责处理撤销登记，原登记机关应当协助进行调查。[5]

2. 受理与调查

登记机关收到申请后，应当在3个工作日内作出是否受理的决定，并书面通知申请人。

---

[1]《公司法》第44条第2款、第107条。
[2]《公司法》第105条第1款。
[3] 参见施天涛：《公司法论》，法律出版社2018年版，第93页。
[4]《市场主体登记管理条例实施细则》（国家市场监督管理总局令第52号）第50条。
[5]《市场主体登记管理条例实施细则》（国家市场监督管理总局令第52号）第51条。

有下列情形之一的,登记机关可以不予受理:(1)涉嫌冒用自然人身份的虚假登记,被冒用人未能通过身份信息核验的;(2)涉嫌虚假登记的市场主体已注销的,申请撤销注销登记的除外;(3)其他依法不予受理的情形。[1]

登记机关受理申请后,应当于3个月内完成调查,并及时作出撤销或者不予撤销市场主体登记的决定。情形复杂的,经登记机关负责人批准,可以延长3个月。[2]有下列情形之一的,经当事人或者其他利害关系人申请,登记机关可以中止调查:(1)有证据证明与涉嫌虚假登记相关的民事权利存在争议的;(2)涉嫌虚假登记的市场主体正在诉讼或者仲裁程序中的;(3)登记机关收到有关部门出具的书面意见,证明涉嫌虚假登记的市场主体或者其法定代表人、负责人存在违法案件尚未结案,或者尚未履行相关法定义务的。[3]

3. 处理结果

登记机关经调查认定存在虚假登记情形的,登记机关应当撤销市场主体登记。在调查期间,相关市场主体和人员无法联系或者拒不配合的,登记机关可以将涉嫌虚假登记市场主体的登记时间、登记事项以及登记机关联系方式等信息通过国家企业信用信息公示系统向社会公示,公示期为45日。相关市场主体及其利害关系人在公示期内没有提出异议的,登记机关可以撤销市场主体登记。[4]同一登记包含多个登记事项,其中部分登记事项被认定为虚假,撤销虚假的登记事项不影响市场主体存续的,登记机关可以仅撤销虚假的登记事项。[5]登记机关作出撤销登记决定后,应当通过国家企业信用信息公示系统向社会公示。[6]

有下列情形之一的,登记机关可以不予撤销市场主体登记:(1)撤销市场主体登记可能对社会公共利益造成重大损害;(2)撤销市场主体登记后无法恢复到登记前的状态;(3)法律、行政法规规定的其他情形。[7]

登记机关或者其上级机关认定撤销市场主体登记决定错误的,可以撤销该决定,恢复原登记状态,并通过国家企业信用信息公示系统公示。[8]

四、设立中公司的行为后果

股东或发起人在设立阶段需要对外实施相应的法律行为,由于设立中的公司尚未成立,不具有民事主体资格,设立阶段产生的债权债务应当如何承担?对此,《公司法》第44条根据公司设立成功与否,规定了设立中公司实施行为的后果承担规则。股份有限公司

---

[1]《市场主体登记管理条例实施细则》(国家市场监督管理总局令第52号)第52条。
[2]《市场主体登记管理条例实施细则》(国家市场监督管理总局令第52号)第53条第1款。
[3]《市场主体登记管理条例实施细则》(国家市场监督管理总局令第52号)第54条。
[4]《市场主体登记管理条例》(国务院令第746号)第40条第2款、《市场主体登记管理条例实施细则》(国家市场监督管理总局令第52号)第53条第2款。
[5]《市场主体登记管理条例实施细则》(国家市场监督管理总局令第52号)第57条。
[6]《市场主体登记管理条例实施细则》(国家市场监督管理总局令第52号)第56条。
[7]《市场主体登记管理条例》(国务院令第746号)第41条、《市场主体登记管理条例实施细则》(国家市场监督管理总局令第52号)第55条。
[8]《市场主体登记管理条例》(国务院令第746号)第42条。

在设立阶段同样会与公司外部人开展交易或者因发起人的行为造成第三人损害,根据《公司法》第107条的规定,第44条同样适用于股份有限公司。

（一）公司成立

1. 合同责任

公司设立时的股东或发起人为设立公司以公司名义实施的行为,其法律后果由公司承受。

设立时的股东或发起人为设立公司以自己的名义从事民事活动产生的民事责任,第三人有权选择请求公司承担。[1]

2. 侵权责任

设立时的股东或发起人因履行公司设立职责造成他人损害的,公司承担赔偿责任后,可以向有过错的股东或发起人追偿。[2]

（二）公司未成立

1. 合同责任

公司未成立的,其法律后果由公司设立时的股东或发起人承受;设立时的股东或发起人为2人以上的,享有连带债权,承担连带债务。[3]

2. 侵权责任

设立时的股东或发起人因履行公司设立职责造成他人损害的,无过错的股东或发起人承担赔偿责任后,可以向有过错的股东追偿。

第四节 公司成立后的营业

一、公司成立后的营业要求

公司作为营利法人,系以取得利润并分配给其成员为目的,而公司要获取利润必须开展营业活动。因此,公司经过设立活动取得公司登记机关发放的营业执照后,应当尽快开业并坚持持续营业。公司成立后无正当理由长期不开业或者开业后长期不营业,不仅无法达到公司成员获取经营利润的目的,而且无助于推动社会经济的发展。因此,《公司法》第260条第1款规定:"公司成立后无正当理由超过六个月未开业的,或者开业后自行停业连续六个月以上的,公司登记机关可以吊销营业执照,但公司依法办理歇业的除外。"

---

[1]《公司法》第44条第3款。
[2]《公司法》第44条第4款。
[3]《公司法》第44条第2款。

二、公司歇业

原《公司法》仅规定公司成立后无正当理由超过6个月未开业的，或者开业后自行停业连续6个月以上的，可以由公司登记机关吊销营业执照。本次《公司法》修订对此增设除外条款，即公司依法办理歇业的，公司登记机关不得吊销其营业执照。歇业制度允许市场主体适度"休眠"，目的是给经营困难企业提供一个缓冲性的制度选择，降低公司维持成本。

（一）歇业原因

因自然灾害、事故灾难、公共卫生事件、社会安全事件等造成经营困难的，市场主体可以自主决定在一定时期内歇业。法律、行政法规另有规定的除外。[1]

（二）歇业程序

市场主体决定歇业，应当在歇业前向登记机关办理备案。登记机关通过国家企业信用信息公示系统向社会公示歇业期限、法律文书送达地址等信息。以法律文书送达地址代替住所（主要经营场所、经营场所）的，应当提交法律文书送达地址确认书。市场主体延长歇业期限，应当于期限届满前30日内按规定办理。[2] 歇业期间，市场主体以法律文书送达地址代替原登记的住所（主要经营场所、经营场所）的，不改变歇业市场主体的登记管辖。[3]

（三）终止歇业

市场主体办理歇业备案后，自主决定开展或者已实际开展经营活动的，应当于30日内在国家企业信用信息公示系统上公示终止歇业。市场主体恢复营业时，登记、备案事项发生变化的，应当及时办理变更登记或者备案。以法律文书送达地址代替住所（主要经营场所、经营场所）的，应当及时办理住所（主要经营场所、经营场所）变更登记。市场主体备案的歇业期限届满，或者累计歇业满3年，视为自动恢复经营，决定不再经营的，应当及时办理注销登记。[4]

重要名词术语

公司设立、公司成立、发起人协议、设立登记、撤销登记、歇业

思考题

1. 简述公司设立失败时的债务承担规则。
2. 简述提交虚假材料申请公司设立登记的法律后果。

---

[1]《市场主体登记管理条例实施细则》（国家市场监督管理总局令第52号）第40条。
[2]《市场主体登记管理条例实施细则》（国家市场监督管理总局令第52号）第41条。
[3]《市场主体登记管理条例实施细则》（国家市场监督管理总局令第52号）第43条。
[4]《市场主体登记管理条例实施细则》（国家市场监督管理总局令第52号）第42条。

第十二章　公司资本制度

【内容提示】

我国公司法对于有限责任公司仍然坚持法定资本制，股东在公司设立时必须将公司章程载明的注册资本数额全部认缴完毕，并在公司章程规定的5年以内的出资期限截止前，缴足认缴的出资额。公司法对于股份有限公司则允许其采用授权资本制。《公司法》第152条第1款规定："公司章程或者股东会可以授权董事会在三年内决定发行不超过已发行股份百分之五十的股份。但以非货币财产作价出资的应当经股东会决议。"授权资本制的引入主要针对募集设立的股份有限公司。就中小型的有限责任公司、发起设立的股份有限公司等封闭公司而言，采用完全认缴制一次性全部认缴完毕，契合中小规模公司运营与治理的实际需要，并不构成设立公司的障碍。而且，我国长期实行法定资本制，相关配套制度已经渗透到公司运营的各方面，改采授权资本制难免过度冲击现有制度。因此，公司法对于有限责任公司仍然坚持"认缴制＋法定资本制"，对于股份有限公司则可以选择采用"实缴制＋授权资本制"。

有限责任公司股东应当按期足额缴纳公司章程规定的各自所认缴的出资额。股份有限公司发起人应当在公司成立前按照其认购的股份全额缴纳股款。股东违反出资义务即未按期足额缴纳出资，可以分为两种行为类型：不履行出资义务与不全面履行出资义务。所谓不履行出资义务，是指股东认缴的全部出资均未按期缴纳；不全面履行出资义务，是指股东仅缴纳了部分出资，剩余部分出资未按期缴纳。"作为出资的非货币财产的实际价额显著低于所认缴的出资额"是不全面履行出资义务的表现形态之一，也可归入"未按期足额缴纳出资"的范畴。公司法兼具组织法与行为法的双重属性，股东违反出资义务的责任也应从组织法与行为法的双重维度加以确定。股东违反出资义务的行为严重危及公司资本充实及其正常运作，在行为层面须依法对公司承担补足出资责任、赔偿公司损失，并对其他股东承担相应的违约责任；股东失权即是股东在组织法层面承担违约责任的主要形式。

第一节 注册资本

一、公司法规定的注册资本制度

通常所说的公司资本是指公司的注册资本。有限责任公司的注册资本为在公司登记机关登记的全体股东认缴的出资额。[1] 股份有限公司的注册资本为在公司登记机关登记的已发行股份的股本总额。[2] 法律、行政法规以及国务院决定可以对公司注册资本另行规定。[3]

公司资本制度可以分为三种类型:(1)法定资本制,又称确定资本制,是指公司设立时,必须在公司章程中载明公司的资本总额,并在公司成立时由发起人或股东一次全部认足或募足的公司资本制度;(2)授权资本制,是指公司设立时,资本总额虽应记载于公司章程,但并不要求公司全部发行完毕,亦不要求发起人或股东在公司设立时全部认足,未予发行或者认购的部分,授权董事会根据公司实际需要随时决定增发新股的公司资本制度;(3)折衷资本制,是指公司资本总额在公司设立时仍由章程明确规定,但股东只需要认足一定比例的资本数额,公司即可成立,其余部分则授权董事会在一定时期内发行,并且发行总额不得超出法律限制的资本制度。[4]

目前,我国公司法对于有限责任公司仍然坚持法定资本制,股东在公司设立时必须将公司章程载明的注册资本数额全部认缴完毕,并在公司章程规定的5年以内的出资期限届至前,缴足认缴的出资额。公司法对于股份有限公司则允许其采用授权资本制。《公司法》第152条第1款规定:"公司章程或者股东会可以授权董事会在三年内决定发行不超过已发行股份百分之五十的股份。但以非货币财产作价出资的,应当经股东会决议。"

授权资本制的引入主要针对募集设立的股份有限公司。就中小型的有限责任公司、发起设立的股份有限公司等封闭公司而言,采用完全认缴制一次性全部认缴完毕,契合中小规模公司运营与治理的实际需要,并不构成设立公司的障碍。而且,我国长期实行法定资本制,相关配套制度已经渗透到公司运营的各方面,改采授权资本制难免过度冲击现有制度。因此,公司法对于有限责任公司仍然坚持"认缴制+法定资本制",对于股份有限公司则可以选择采用"实缴制+授权资本制"。[5]

二、有限责任公司的注册资本

(一)认缴登记制

2013年《公司法》修订时采用注册资本认缴登记制,取消了出资缴纳期限、首次出

---

[1]《公司法》第47条第1款。
[2]《公司法》第96条。
[3]《公司法》第47条第2款、第96条第2款。
[4] 参见王保树主编:《商法》(第二版),北京大学出版社2014年版,第112—113页。
[5] 参见李建伟:《授权资本发行制与认缴制的融合——公司资本制度的变革及公司法修订选择》,载《现代法学》2021年第6期。

资比例等限制,有效解决了实缴登记制下市场准入资金门槛过高、注册资金闲置、虚假出资验资等突出问题。注册资本认缴登记制度放宽了市场准入限制,提高了股东资金使用效率,降低了资本登记交易成本。同时,实践中也产生了盲目认缴、天价认缴、期限过长等突出问题,违反真实性原则、有悖于客观常识。这一方面虚化了注册资本表示公司资金信用的作用,增加了市场交易信用的判断评估成本,致使出现公司多年实际出资为"零"的现象;另一方面在法律制度层面弱化了对公司股东出资的法律约束,客观上影响了投资的真实性和有效性,加大了发生债权股权纠纷的概率。[1]

为此,2023年修订通过的新《公司法》对有限责任公司的注册资本制度仍然采用认缴登记制,只是设置了按照公司章程的规定自公司成立之日起5年内缴足的规定。认缴登记制的逻辑是公司设立人之间就资本认购在意思合致的基础上达成协议,公司即可成立。因此,认缴登记制的本质为"合同缴纳制"或曰"承诺认购制"。[2] 目前,有限责任公司注册资本制度仍局限于法定资本制,公司章程所载注册资本在公司设立时需由股东全部认缴完毕。

(二)缴纳期限

全体股东认缴的出资额由股东按照公司章程的规定自公司成立之日起5年内缴足。为避免新设公司和存量公司适用注册资本法律制度的不一致,强化法律适用的统一性,《公司法》第266条规定:"本法施行前已登记设立的公司,出资期限超过本法规定的期限的,除法律、行政法规或者国务院另有规定外,应当逐步调整至本法规定的期限以内;对于出资期限、出资额明显异常的,公司登记机关可以依法要求其及时调整。具体实施办法由国务院规定。"

据此,2014年7月1日后将出现三种情形:(1)新设有限公司全面采用5年期的认缴制,股份有限公司发起人在公司成立前按照其认购的股份全额缴纳股款,法律、行政法规以及国务院决定对有限责任公司注册资本实缴、注册资本最低限额、股东出资期限另有规定的,从其规定;(2)出资期限、出资额明显异常且无法合理说明理由的存量公司,公司登记机关可以依法要求其调整至合理范围;(3)除法律、行政法规或者国务院另有规定的外,存量公司应当逐步调整至《公司法》规定的期限以内。面对新的规定实施,公司应全面评估经营情况及股东认缴出资能力和出资期限,对超过经营需要的注册资本,可通过减少注册资本、调整出资方式、股权转让或注销不再经营的公司等方式进行妥善处置,确保公司稳定运营和发展。对超过合理认知的出资期限,及时调整。[3]

《国务院关于实施〈中华人民共和国公司法〉注册资本登记管理制度的规定(征求意见稿)》第3条规定,"依照公司法第二百六十六条规定,设置三年过渡期,自2024年7月1日至2027年6月30日。公司法施行前设立的公司出资期限超过公司法规定期限的,应当在过渡期内进行调整。公司法施行前设立的有限责任公司自2027年7月1日起剩余

---

〔1〕 参见《完善认缴登记制度营造诚信有序的营商环境》,载国家市场监督管理总局网。
〔2〕 参见蒋大兴:《质疑法定资本制之改革》,载《中国法学》2015年第6期。
〔3〕 参见张雪林:《注册资本缴付制度调整对公司的影响》,载国家市场监督管理总局网。

出资期限不足五年的,无需调整出资期限;剩余出资期限超过五年的,应当在过渡期内将剩余出资期限调整至五年内。调整后股东的出资期限应当记载于公司章程,并依法在国家企业信用信息公示系统上向社会公示。公司法施行前设立的股份有限公司应当在三年过渡期内,缴足认购股份的股款。"

（三）出资方式

1. 一般规则

股东可以用货币出资,也可以用实物、知识产权、土地使用权、股权、债权等可以用货币估价并可以依法转让的非货币财产作价出资;但是,法律、行政法规规定不得作为出资的财产除外。对作为出资的非货币财产应当评估作价,核实财产,不得高估或者低估作价。法律、行政法规对评估作价有规定的,从其规定。[1]

股东以货币出资的,应当将货币出资足额存入公司在银行开设的账户;以非货币财产出资的,应当依法办理其财产权的转移手续。[2]

2. 出资人以不享有处分权的财产出资

出资人以不享有处分权的财产出资,可以参照《民法典》第311条的善意取得规则认定出资行为的效力。以贪污、受贿、侵占、挪用等违法犯罪所得的货币出资后取得股权的,对违法犯罪行为予以追究、处罚时,应当采取拍卖或者变卖的方式处置其股权。[3]

3. 以划拨土地使用权或者设定权利负担的土地使用权出资

出资人以划拨土地使用权出资,或者以设定权利负担的土地使用权出资,公司、其他股东或者公司债权人主张认定出资人未履行出资义务的,当事人应当在指定的合理期间内办理土地变更手续或者解除权利负担;逾期未办理或者未解除的,应当认定出资人未依法全面履行出资义务。[4]

4. 以需要办理变更登记的财产出资

出资人以房屋、土地使用权或者需要办理权属登记的知识产权等财产出资,已经交付公司使用但未办理权属变更手续,公司、其他股东或者公司债权人主张认定出资人未履行出资义务的,人民法院应当责令当事人在指定的合理期间内办理权属变更手续;在前述期间内办理了权属变更手续的,人民法院应当认定其已经履行了出资义务;出资人主张自其实际交付财产给公司使用时享有相应股东权利的,人民法院应予支持。出资人以前述规定的财产出资,已经办理权属变更手续但未交付给公司使用,公司或者其他股东主张其向公司交付并在实际交付之前不享有相应股东权利的,人民法院应予支持。[5]

5. 以其他公司股权出资

出资人以其他公司股权出资,应当符合下列条件:(1)出资的股权由出资人合法持有并依法可以转让;(2)出资的股权无权利瑕疵或者权利负担;(3)出资人已履行关于股权

---

[1]《公司法》第48条。
[2]《公司法》第49条第2款、第98条第2款。
[3]《最高人民法院关于适用〈中华人民共和国公司法〉若干问题的规定（三）》第7条。
[4]《最高人民法院关于适用〈中华人民共和国公司法〉若干问题的规定（三）》第8条。
[5]《最高人民法院关于适用〈中华人民共和国公司法〉若干问题的规定（三）》第10条。

转让的法定手续;(4)出资的股权已依法进行了价值评估。股权出资不符合第(1)(2)(3)项规定,公司、其他股东或者公司债权人请求认定出资人未履行出资义务的,人民法院应当责令该出资人在指定的合理期间内采取补正措施,以符合上述条件;逾期未补正的,人民法院应当认定其未依法全面履行出资义务。股权出资不符合第(4)项规定,公司、其他股东或者公司债权人请求认定出资人未履行出资义务的,人民法院应当委托具有合法资格的评估机构对该财产评估作价。评估确定的价额显著低于公司章程所定价额的,人民法院应当认定出资人未依法全面履行出资义务。[1]

6. 以境内公司债权出资

依法以境内公司股权或者债权出资的,应当权属清楚、权能完整,依法可以评估、转让,符合公司章程规定。[2]

7. 禁止出资的财产

公司股东不得以劳务、信用、自然人姓名、商誉、特许经营权或者设定担保的财产等作价出资。[3]

8. 非货币财产出资未依法评估作价

出资人以非货币财产出资,未依法评估作价,公司、其他股东或者公司债权人请求认定出资人未履行出资义务的,人民法院应当委托具有合法资格的评估机构对该财产评估作价。评估确定的价额显著低于公司章程所定价额的,人民法院应当认定出资人未依法全面履行出资义务。[4]

三、股份有限公司的注册资本

(一)实缴制与授权资本制

1. 实缴制

以发起设立方式设立股份有限公司的,发起人应当认足公司章程规定的公司设立时应发行的股份。[5]发起人应当在公司成立前按照其认购的股份全额缴纳股款。[6]在发起人认购的股份缴足前,不得向他人募集股份。[7]以募集设立方式设立股份有限公司的,发起人认购的股份不得少于公司章程规定的公司设立时应发行股份总数的35%;但是,法律、行政法规另有规定的,从其规定。[8]

2. 授权资本制

《公司法》将股份有限公司的资本制度改为授权资本制,是希望通过赋予董事会决定

---

[1]《最高人民法院关于适用〈中华人民共和国公司法〉若干问题的规定(三)》第11条。
[2]《市场主体登记管理条例实施细则》(国家市场监督管理总局令第52号)第13条第3款。
[3]《市场主体登记管理条例》(国务院令第746号)第13条第2款。
[4]《最高人民法院关于适用〈中华人民共和国公司法〉若干问题的规定(三)》第9条。
[5]《公司法》第97条第1款。
[6]《公司法》第98条第1款。
[7]《公司法》第96条第1款。
[8]《公司法》第97条第2款。

增发新股的权力以解决法定资本制带来的公司融资效率低下的问题,在降低公司设立门槛的同时提高公司发行新股筹集资本的灵活性。[1]《公司法》第 152 条规定:"公司章程或者股东会可以授权董事会在三年内决定发行不超过已发行股份百分之五十的股份。但以非货币财产作价出资的应当经股东会决议。董事会依照前款规定决定发行股份导致公司注册资本、已发行股份数发生变化的,对公司章程该项记载事项的修改不需再由股东会表决。"第 153 条规定:"公司章程或者股东会授权董事会决定发行新股的,董事会决议应当经全体董事三分之二以上通过。"

(二)出资方式

股份有限公司设立时,发起人的出资适用《公司法》第 48 条、第 49 条第 2 款关于有限责任公司股东出资的规定。[2] 据此,《公司法》对于有限责任公司股东出资方式的规定,同样适用于股份有限责任公司。

(三)公开募集设立的验资要求

发起人向社会公开募集股份,应当公告招股说明书,并制作认股书。认股书应当载明《公司法》第 154 条第 2 款、第 3 款所列事项,由认股人填写认购的股份数、金额、住所,并签名或者盖章。认股人应当按照所认购股份足额缴纳股款。[3] 向社会公开募集股份的股款缴足后,应当经依法设立的验资机构验资并出具证明。[4]

《公司法》第 257 条规定:"承担资产评估、验资或者验证的机构提供虚假材料或者提供有重大遗漏的报告的,由有关部门依照《中华人民共和国资产评估法》《中华人民共和国注册会计师法》等法律、行政法规的规定处罚。承担资产评估、验资或者验证的机构因其出具的评估结果、验资或者验证证明不实,给公司债权人造成损失的,除能够证明自己没有过错的外,在其评估或者证明不实的金额范围内承担赔偿责任。"据此,承担资产评估、验资或者验证的机构出具虚假报告给公司债权人造成损失的,需要在其过错范围内承担赔偿责任。《公司法》对于资产评估、验资或者验证机构的民事责任认定采用过错推定规则,相关机构可以通过证明自己没有过错予以免责。

第二节 股东出资

一、股东的出资义务

(一)股东出资关系的合同解释路径

股东相互之间存在约定共同向公司出资的合同关系。发起人在制定公司章程时往往

---

[1] 参见冯果:《论授权资本制下认缴制的去与留》,载《政法论坛》2022 年第 6 期。
[2] 《公司法》第 98 条第 2 款。
[3] 《公司法》第 100 条。
[4] 《公司法》第 101 条。

会吸收发起人协议中对于出资所作约定。[1]公司设立时所制定的初始章程系由全体股东意思表示一致而订立,建立在全体股东完全合意的基础之上。因此,初始章程的制定属于合同行为。[2]具有合同性质的公司章程,既建立了参与设立公司的股东之间的权利义务关系,又构建了规范股东创建组织的法律框架。[3]因公司章程或发起人协议中有关股东出资方式和出资额的规定可视为股东间的合同,股东未履行基于公司章程而产生的出资缴纳义务,构成对出资义务的违反,已缴纳出资的股东可以直接要求不履行出资义务的股东承担违约责任。[4]

股东与公司之间存在出资授受合同关系,出资义务是股东承担的以其与公司之间的出资授受关系为基础的特殊合同义务。[5]股东与公司之间依法成立以缴纳出资与接受出资为内容的合同关系,股东不依法履行出资义务也须对公司承担补足出资并赔偿损失的违约责任。《公司法》第 49 条第 3 款规定:"股东未按期足额缴纳出资的,除应当向公司足额缴纳外,还应当对给公司造成的损失承担赔偿责任。"该款规定与《公司法》原有规定相比,删除了对于违反出资义务的股东对其他已按期足额缴纳出资义务的股东承担违约责任的规定。这并不意味着其他按期足额缴纳出资的股东不能向违反出资义务的股东主张违约损害赔偿,此时按照合同违约责任条款追究相关股东责任即可,并无必要作出特别规定。

(二)股东出资义务的性质

除法律规定外,股东承担出资义务的依据主要是发起人协议与公司章程。在公司设立阶段,发起人之间是一种合伙关系,发起人为设立公司而订立的发起人协议在性质上属于合伙协议。[6]股东在发起人协议中所约定的出资条款是协议的重要内容,据此,股东依据协议承担的出资义务当然属于约定义务。[7]股东出资义务作为合同义务的特殊性在于其并非单纯、静态的约定义务,而是兼具约定义务和法定义务的双重属性,从公司开始设立到最终成立,股东出资义务呈现从以约定性为主到以法定性为主的动态演变过程。[8]

(三)股东出资义务的内容

有限责任公司股东应当按期足额缴纳公司章程规定的各自所认缴的出资额。[9]股份有限公司发起人应当在公司成立前按照其认购的股份全额缴纳股款。[10]

---

[1] 参见郭富青:《资本认缴登记制下出资缴纳约束机制研究》,载《法律科学》2017 年第 6 期。
[2] 参见钱玉林:《公司章程对股权转让限制的效力》,载《法学》2012 年第 10 期。
[3] 参见[德]托马斯·莱塞尔、吕迪格·法伊尔:《德国资合公司法》(第三版),高旭军译,法律出版社 2005 年版,第 405 页。
[4] 参见郑曙光:《股东违反出资义务违法形态与民事责任探究》,载《法学》2003 年第 6 期。
[5] 参见叶林:《公司股东出资义务研究》,载《河南社会科学》2008 年第 4 期。
[6] 参见施天涛:《公司法论》(第三版),法律出版社 2014 年版,第 109 页。
[7] 参见赵旭东主编:《公司法学》(第四版),高等教育出版社 2015 年版,第 190 页。
[8] 参见朱慈蕴:《股东违反出资义务应向谁承担违约责任》,载《北方法学》2014 年第 1 期。
[9]《公司法》第 49 条第 1 款。
[10]《公司法》第 98 条第 1 款。

1. 有限责任公司股东的出资义务

有限责任公司实行认缴登记制,股东需要在公司设立时将公司章程所载注册资本额一次性全部认缴完毕。股东实缴出资的期限自公司成立之日起不得超过 5 年,具体时间由公司章程规定。股东以货币出资的,应当将货币出资足额存入有限责任公司在银行开设的账户;以非货币财产出资的,应当依法办理其财产权的转移手续。

2. 股份有限公司股东的出资义务

以发起设立方式设立股份有限公司的,发起人应当认足公司章程规定的公司设立时应发行的股份。以募集设立方式设立股份有限公司的,发起人认购的股份不得少于公司章程规定的公司设立时应发行股份总数的 35%;但是,法律、行政法规另有规定的,从其规定。[1]发起人应当在公司成立前按照其认购的股份全额缴纳股款。发起人以货币出资的,应当将货币出资足额存入股份有限公司在银行开设的账户;以非货币财产出资的,应当依法办理其财产权的转移手续。[2]

3. 股东违反出资义务的行为

股东违反出资义务即未按期足额缴纳出资,可以分为两种行为类型:不履行出资义务与不全面履行出资义务。所谓不履行出资义务,是指股东认缴的全部出资均未按期缴纳;不全面履行出资义务,是指股东仅缴纳了部分出资,剩余部分出资未按期缴纳。"作为出资的非货币财产的实际价额显著低于所认缴的出资额"是不全面履行出资义务的表现形态之一,也可归入"未按期足额缴纳出资"的范畴。

从公司契约理论的角度来看,公司是法律所拟制的个人之间的合同关系束。公司作为一种法律拟制形式,其主要功能系在合同关系框架下实现不同个体冲突目标之间的平衡。在这一意义上,公司的行为是经过复杂的平衡过程产生的结果。[3]该理论将公司结构视为一组合同,这组合同是通过公司参与人在自愿的基础上通过协商达成合意而成立的。[4]发起人协议、增资协议与公司章程等均为公司中实际存在的合同。股东不履行或不全面履行出资义务,将导致协议或公司章程中所作出资约定的根本目的不能实现。此时,违反出资义务的股东需要分别向公司及其他按期足额缴纳出资的股东承担相应的违约责任。

二、股东违反出资义务的法律后果

公司法兼具组织法与行为法的双重属性,股东违反出资义务的责任也应从组织法与行为法的双重维度加以确定。

(一)行为法层面的法律后果

股东出资是公司设立和运作的财产基础,也是确定股东资格与权利份额的基本依据。

---

[1]《公司法》第 97 条。

[2]《公司法》第 98 条。

[3] See Michael C. Jensen & William H. Meckling, *Theory of The Firm: Managerial Behavior, Agency Costs and Ownership Structure*, 3 Journal of FinancialEconomics 305(1976).

[4] See Frank H. Easterbrook & Daniel R. Fischel, *The Corporate Contract*, 89 Columbia Law Review 1416(1989).

股东违反出资义务的行为严重危及公司资本充实及其正常运作,须依法对公司承担补足出资责任、赔偿公司损失,并对其他股东承担相应的违约责任。

1. 继续履行出资义务

股东未按期足额缴纳出资的,应当向公司足额缴纳欠缴的出资。有限责任公司设立时,股东未按照公司章程规定实际缴纳出资,或者实际出资的非货币财产的实际价额显著低于所认缴的出资额的,设立时的其他股东与该股东在出资不足的范围内承担连带责任。[1]股份有限公司发起人不按照其认购的股份缴纳股款,或者作为出资的非货币财产的实际价额显著低于所认购的股份的,其他发起人与该发起人在出资不足的范围内承担连带责任。[2]

2. 赔偿公司损失

股东未按期足额缴纳出资,还应当对给公司造成的损失承担赔偿责任。[3]赔偿公司损失的责任属于无过错责任,只要股东未能按期足额缴纳出资,导致公司因此遭受损失,违反出资义务的股东就应当依法承担赔偿责任。

3. 对其他已按期足额缴纳出资的股东的责任

《公司法》虽然删除了原《公司法》对于违反出资义务的股东对其他已按期足额缴纳出资义务的股东承担违约责任的规定,但是并不意味着其他按期足额缴纳出资的股东不能向违反出资义务的股东主张违约损害赔偿,此时按照合同违约责任条款追究相关股东责任即可,公司法并无必要作出重复规定。

(二)组织法层面的法律后果

出资义务具有约定义务的属性,股东不履行出资义务构成对约定义务的违反,须依法承担违约责任。公司法兼具组织法与行为法的双重属性,股东的违约行为会在组织法和行为法的双重维度产生相应的法律后果,股东失权即是股东在组织法层面承担违约责任的主要形式。本质上,股东失权既是公司解除其与股东之间以出资缴纳与接受为内容的合同关系,也是守约股东解除其与违约股东之间以共同向公司缴纳出资为内容的合同关系。在股东未按期足额缴纳全部出资时,可能发生股东被公司除名的极端后果。[4]

股东失权导致股东丧失未缴纳出资部分的股权,影响股东相互之间关系的稳定性与公司股权结构。股权丧失通常违背股东意志,具有一定的惩罚性,一般应在穷尽其他良性替代解决方案之后,方能适用股东失权规则。[5]股东失权的程序要求正是贯彻这一理念的基本路径。[6]

首先,催告程序的设置。根据《公司法》第52条的规定,公司在作出股东失权的决定

---

[1]《公司法》第50条。

[2]《公司法》第99条。

[3]《公司法》第49条第3款。

[4]《最高人民法院关于适用〈中华人民共和国公司法〉若干问题的规定(三)》第17条。

[5] 参见段威:《有限责任公司股东除名正名及其制度实现——基于立法目的的分析》,载《中国政法大学学报》2019年第1期。

[6] 参见李建伟:《有限责任公司的股东除名制度研究》,载《法学评论》2015年第2期。

前,首先应当向该股东发出书面催缴书,催缴出资。宽限期届满,股东仍未缴纳出资的,公司才可以向该股东发出书面形式的失权通知。出资救济的本质是充实公司资本而非驱逐股东,且其适用仅针对恶意违反出资义务的股东,因而必须设置前置程序对股东失权规则的适用加以限制。[1]催告程序为公司和股东提供了补救机会,在催告期间股东依法足额缴纳或补足出资后,并无必要剥夺股东相应的股权。

其次,公司作出股东失权决定时应遵守公司内部的决议程序。《公司法》第52条没有强制将股东失权作为股东不依法履行出资义务的法律后果,股东是否因其违约行为丧失相应股权,取决于公司的意思自治。《公司法》第52条规定股东失权决定须由董事会决议作出,这可能是考虑到实践中通过股东会形成失权决议的难度较大,尤其是对于违约股东应否参会并行使表决权存在诸多争议,因而由董事会作出股东失权决议。

再次,通知生效。宽限期届满,股东仍未履行出资义务的,公司经董事会决议可以向该股东发出书面形式的失权通知。自通知发出之日起,该股东丧失其未缴纳出资的股权。《公司法》第52条规定了催告的合理期限,但是经过催告期限仍未履行出资义务并不导致合同自动解除,公司仍需履行通知义务,自通知发出之日起方能产生股东失权的效果。公司若未履行通知义务,将不能发生股东失权的法律后果。股东失权的书面通知发出之时,即发生股东丧失未出资股权的法律效果。对此,又可细分为两种情形:一是股东未按期足额缴纳部分出资,此时只会产生股东丧失部分股权的后果,其股东资格并不解除;二是股东未按期足额缴纳全部出资,此时股东将丧失全部股权,股东资格随之解除,股东彻底退出公司。

最后,股东丧失股权后的处理。《公司法》第52条第2款规定:"依照前款规定丧失的股权应当依法转让,或者相应减少注册资本并注销该股权;六个月内未转让或者注销的,由公司其他股东按照其出资比例足额缴纳相应出资。"

不论是该股东对公司剥夺其股权的决定有异议,还是公司在剥夺股东相应股权时未进行补偿或对补偿数额存在异议,均应允许股东通过诉讼方式寻求救济。失权股东在接到通知后,应当在合理期限内提出异议,以保证法律秩序的安定。为此,《公司法》第52条第3款规定:"股东对失权有异议的,应当自接到失权通知之日起三十日内,向人民法院提起诉讼。"

三、催缴出资与加速到期

(一) 催缴出资

董事会是公司的执行机构,负责管理公司经营事务。股东是否按期足额缴纳出资,由董事会进行审查判断更加具有操作性。公司成立后,董事会应当对股东的出资情况进行核查,发现股东未按期足额缴纳公司章程规定的出资或者按照其认购的股份全额缴纳股款的,应当由公司向该股东发出书面催缴书,催缴出资。[2]

催缴出资规则的适用要件包括:(1)适用情形:公司成立后,有限责任公司章程规定

---

[1] 参见李建红、赵栋:《股东失权的制度价值及其对中国的借鉴意义》,载《政治与法律》2011年第12期。
[2] 《公司法》第51条第1款、第107条。

的出资期限已经届至,而股东未履行或者未全面履行出资义务;股份有限公司股东未按照认购的股份全额缴纳股款。(2)审查机关:董事会应当对股东的出资情况进行核查,董事会成员通常具有相应的管理知识和经验,能够进行理性的商业判断,由其进行审查股东出资义务的履行情况更加可行。(3)催缴方式:由公司向股东发出书面形式的催缴书。董事会作为公司内部的执行机构,并不具有独立的民事主体资格,董事会作出的决议或决定实质上是公司的意思,因此,应由公司向欠缴出资的股东发出催缴书,催缴出资。

催缴出资的具体负责机构是公司董事会,公司是否实施催缴行为也是由董事会所决定。董事会未及时对股东的出资情况进行核实并对欠缴出资的股东进行催缴的,表明董事未能依法履行勤勉尽责义务,应当对因此给公司造成的损失承担赔偿责任。

(二)出资加速到期

公司法虽然对于有限责任公司股东认缴出资的期限作出限定,但股东在公司设立时仍只需要认缴出资,在章程规定的出资期限届至前不必实缴到位。现行规范分别针对企业破产和解散清算的情形规定了出资加速到期制度。《破产法》第35条规定:"人民法院受理破产申请后,债务人的出资人尚未完全履行出资义务的,管理人应当要求该出资人缴纳所认缴的出资,而不受出资期限的限制。"《最高人民法院关于适用〈中华人民共和国公司法〉若干问题的规定(二)》(以下简称《公司法解释二》)第22条规定,公司解散时,股东尚未缴纳的出资均应作为清算财产。股东尚未缴纳的出资,包括到期应缴未缴的出资,以及分期缴纳尚未届满缴纳期限的出资。公司财产不足以清偿债务时,债权人有权主张未缴出资股东以及公司设立时的其他股东或者发起人在未缴出资范围内对公司债务承担连带清偿责任。但是,公司尚未解散或者破产时能否使用出资加速到期制度,则欠缺明确依据。

对此,《九民纪要》第6条规定,在注册资本认缴制下,股东依法享有期限利益。债权人不得以公司不能清偿到期债务为由,请求未届出资期限的股东在未出资范围内对公司不能清偿的债务承担补充赔偿责任。但是,下列情形除外:(1)公司作为被执行人的案件,人民法院穷尽执行措施无财产可供执行,已具备破产原因,但不申请破产的;(2)在公司债务产生后,公司股东会决议或以其他方式延长股东出资期限的。[1]

新修订的《公司法》第54条规定:"公司不能清偿到期债务的,公司或者已到期债权的债权人有权要求已认缴出资但未届出资期限的股东提前缴纳出资。"在非破产情形下,所谓股东出资加速到期的本质不是股东丧失出资期限利益而履行约定的出资义务,而是股东应以其认缴的出资额为限承担对公司出资的法定义务,是股东有限责任的实质内容。[2]债权人请求股东向公司履行出资义务采"入库"规则,股东缴纳的出资属于公司而非债权人。而按照《九民纪要》第6条的规定,在法定情形下,债权人可以公司不能清偿到期债务为由,请求未届出资期限的股东在未出资范围内对公司不能清偿的债务承担补充赔偿责任,即股东直接向公司债权人支付相应资金,而非归入公司。《公司法》第54条

---

[1]《全国法院民商事审判工作会议纪要》(法〔2019〕254号)第6条。
[2] 参见钱玉林:《股东出资加速到期的理论证成》,载《法学研究》2020年第6期。

虽然不采取"入库"规则有助于公平受偿,但是可能导致债权人行使权利的积极性不高,尤其是对于股东向公司履行出资义务后,是否需要遵守《破产法》的清偿规则,有待于司法实践进一步探索。[1]

四、禁止抽逃出资

（一）抽逃出资的概念

抽逃出资,是指在公司成立且股东缴付出资后,公司违反法律规定向股东返还出资或者股东违反法律规定从公司无偿取得或超出合理对价取得利益,导致公司资本（股本）减少的行为或交易。[2]

股东将货币财产或非货币财产交付给公司后,就变成公司法人财产的一部分,股东对出资财产不再享有所有权,而只能基于出资对公司主张享有相应的股东权利。股东按照法律规定和公司章程的约定履行出资义务后,不得将出资抽回。抽逃出资本质上是侵害公司财产权利的行为,严重危及公司资本充实,因而受到法律的禁止。《公司法》第53条第1款规定,有限责任公司成立后,股东不得抽逃出资。第105条第2款规定,股份有限公司发起人、认股人缴纳股款或者交付非货币财产出资后,除法定情形外,不得抽回其股本。有限责任公司股东抽逃出资与股份有限公司发起人、认股人抽回股本本质上属于同一性质的行为,故本书统称为抽逃出资。

（二）抽逃出资的行为类型

公司法虽然明令禁止抽逃出资行为,但并未规定抽逃出资行为的具体认定标准。《公司法解释三》第12条列举规定了股东抽逃出资的四类情形:（1）制作虚假财务会计报表虚增利润进行分配;（2）通过虚构债权债务关系将其出资转出;（3）利用关联交易将出资转出;（4）其他未经法定程序将出资抽回的行为。其实,2011年《公司法解释三》出台时,第12条列举规定的抽逃出资行为还包括"将出资款项转入公司账户验资后又转出",但随着2013年《公司法》修改时改采注册资本认缴登记制,除法律法规另有规定外,不再对普通公司设置验资规定,所以《公司法解释三》第12条相应删除了"将出资款项转入公司账户验资后又转出"这一抽逃出资行为。但需注意,验资后又非法转出出资款的行为是典型的抽逃出资行为,只是随着公司资本制度的改变,其适用场合愈加有限。

（三）抽逃出资的认定标准

公司法禁止抽逃出资的主要目的是保护债权人,而非刻意限制公司合法处置所有者权益;只要公司资本（股本）未被侵蚀,就不宜用抽逃出资这种严厉的规则来惩罚公司或股东。在讨论股东抽回或转出的资金是否为出资时,不能简单地根据该部分资金与出资额相当进行认定,还需考虑公司所有者权益项下存在股本、公积金（含资本公积金、盈余公积金）、未分配利润等不同资金来源。准确认定抽逃出资的首要任务是对股东与公司之间的交易性质进行界定:（1）当股东从公司获取的资金来源于资本公积金、盈余公积金或者

---

[1] 参见林一英:《公司注册资本认缴登记制的完善》,载《国家检察官学院学报》2023年第6期。
[2] 参见刘燕:《重构"禁止抽逃出资"规则的公司法理基础》,载《中国法学》2015年第4期。

净利润时,外观上虽表现为公司财产无偿地流向股东,但该类资金并非公司资本(股本),不能认定为抽逃出资;(2)当公司在利润分配程序之外向股东无偿给予财产或利益时,如果公司确有公积金、净利润且二者的金额之和大于公司向股东支付的金额,则公司的行为即便违反利润分配的程序性规则,也不构成抽逃出资。[1]

缺乏直接证据而需要推定抽逃出资的存在时,应当详细甄别股东所获资金的具体来源,按照未分配利润、公积金、资本/股本的顺序认定股东从公司获取资金的行为是否侵蚀公司资本(股本)。若不能排除公司分配利润或公积金的可能性,则不能推定公司资本减少或股东抽逃出资。在认定股东抽逃出资时,仅证明公司向股东输送的利益与股东的出资额相当,甚至股东取回用于出资的财产都不能作为充分依据,还需证明这种利益流出侵蚀的是公司资本(股本)而非所有者权益项下的其他项目。总之,只有在公司向股东无偿地或超过合理对价地转移财产或输送利益,并且这种转移导致公司资本(股本)的减少从而违反资本维持原则时,才能认定股东从公司获取资金的行为构成抽逃出资。[2]

(四)抽逃出资的法律责任

《公司法》第53条第2款规定,抽逃出资的股东应当返还抽逃的出资;给公司造成损失的,负有责任的董事、监事、高级管理人员应当与该股东承担连带赔偿责任。抽逃出资行为的责任主体包括公司股东以及负有责任的董事、监事、高级管理人员。董事会是公司的业务执行机关,公司的具体经营事务由作为董事会成员的董事或者董事会聘任的经理人、财务负责人等高级管理人员实际负责。监事会履行监督职能,对于股东抽逃出资行为应当进行监督。股东实施抽逃出资行为,通常是由董事、监事、高级管理人员进行协助或者前述主体未能忠实、勤勉地履行职责。因此,《公司法》明确规定股东抽逃出资给公司造成损失的,负有责任的董事、监事、高级管理人员应当与该股东承担连带赔偿责任。

同时,股东抽逃出资的行为构成对公司债权人和公司登记机关的欺骗,公司登记机关有权对其予以惩处。根据《公司法》第253条规定:"公司的发起人、股东在公司成立后,抽逃其出资的,由公司登记机关责令改正,处以所抽逃出资金额百分之五以上百分之十五以下的罚款;对直接负责的主管人员和其他直接责任人员处以三万元以上三十万元以下的罚款。"

---

[1] 参见刘燕:《重构"禁止抽逃出资"规则的公司法理基础》,载《中国法学》2015年第4期。
[2] 参见刘燕:《重构"禁止抽逃出资"规则的公司法理基础》,载《中国法学》2015年第4期。

第三节　股份发行

一、股份发行的条件

（一）概述

公司的资本划分为股份。公司的全部股份,根据公司章程的规定择一采用面额股或者无面额股。采用面额股的,每一股的金额相等。[1]面额股股票的发行价格可以按票面金额,也可以超过票面金额,但不得低于票面金额。[2]

股份的发行,实行公平、公正的原则,同类别的每一股份应当具有同等权利。同次发行的同类别股份,每股的发行条件和价格应当相同;认购人所认购的股份,每股应当支付相同价额。[3]

公司的股份采取股票的形式。股票是公司签发的证明股东所持股份的凭证。公司发行的股票,应当为记名股票。[4]股票采用纸面形式或者国务院证券监督管理机构规定的其他形式。股票采用纸面形式的,应当载明下列主要事项:(1)公司名称;(2)公司成立日期或者股票发行的时间;(3)股票种类、票面金额及代表的股份数,发行无面额股的,股票代表的股份数。股票采用纸面形式的,还应当载明股票的编号,由法定代表人签名、公司盖章。发起人股票采用纸面形式的,应当标明发起人股票字样。[5]股份有限公司成立后,即向股东正式交付股票。公司成立前不得向股东交付股票。[6]

（二）无面额股

股票是股份有限公司股份的表彰形式,在理论上可分为面额股和无面额股。面额股系在股票票面上记载某个货币金额的股份,公司章程往往也载明公司股份总数和每股股份的票面金额。无面额股的票面仅载明所代表的股份数量,而不记载每股的票面金额。由于公司章程通常载明了公司股份总数和/或每个股东持有的股份数量,每个股份时常可换算成公司股份总额的一个比例,遂可将无面额股称为比例股。[7]《公司法》第142条第2、3款规定:"公司可以根据公司章程的规定将已发行的面额股全部转换为无面额股或者将无面额股全部转换为面额股。采用无面额股的,应当将发行股份所得股款的二分之一以上计入注册资本。"公司发行无面额股时,董事会负责制订发行无面额股的作价方案,股东会行使无面额股发行决定权,决定无面额股的价格。

---

[1]《公司法》第142条第1款。
[2]《公司法》第148条。
[3]《公司法》第143条。
[4]《公司法》第147条。
[5]《公司法》第149条。
[6]《公司法》第150条。
[7] 参见叶林:《公司法研究》,中国人民大学出版社2008年版,第249页。

二、类别股

（一）类别股的属性

普通股是指传统的、完整具有股权各项权能的股份,而类别股是指股东权利在某些方面有所扩张或限制的股份类型。类别股的理论基础是股权的各项子权利可相互分离、重新组合。类别股股东所享有的权利具有债权和股权的双重属性,其实质是在股权内容切割基础上的债权和股权的混合。一方面,类别股股东同样也要承担公司的经营风险和破产风险,不享有债权人的权利,如不能申请公司破产。另一方面,相比于普通股,类别股的股东权利在某些方面会有所减损或扩张,甚至会附加一些不属于股权内容的权利,如回赎权。类别股的种类可以根据股份所包含的权利束进行划分。最具代表性的类别股有两类:（1）在公司盈余分配或公司剩余财产分配方面有特殊安排的股份,如优先股、劣后股与普通股;（2）在投票权方面有特殊安排的股份,较常见的是公司可创设双重股权架构。[1]

（二）类别股的发行条件

公司可以按照公司章程的规定发行下列与普通股权利不同的类别股:（1）优先或者劣后分配利润或者剩余财产的股份;（2）每一股的表决权数多于或者少于普通股的股份;（3）转让须经公司同意等转让受限的股份;（4）国务院规定的其他类别股。公开发行股份的公司不得发行第（2）项、第（3）项规定的类别股;公开发行前已发行的除外。公司发行第（2）项规定的类别股的,对于监事或者审计委员会成员的选举和更换,类别股与普通股每一股的表决权数相同。[2] 发行类别股的公司,应当在公司章程中载明以下事项:（1）类别股分配利润或者剩余财产的顺序;（2）类别股的表决权数;（3）类别股的转让限制;（4）保护中小股东权益的措施;（5）股东会认为需要规定的其他事项。[3]

三、新股发行条件

（一）决策机关与决议事项

公司发行新股,股东会应当对下列事项作出决议:（1）新股种类及数额;（2）新股发行价格;（3）新股发行的起止日期;（4）向原有股东发行新股的种类及数额;（5）发行无面额股的,新股发行所得股款计入注册资本的金额。公司发行新股,可以根据公司经营情况和财务状况,确定其作价方案。[4]

公司章程或者股东会授权董事会决定发行新股的,董事会决议应当经全体董事 2/3 以上通过。[5] 公司章程或者股东会可以授权董事会在 3 年内决定发行不超过已发行股份50% 的股份。但以非货币财产作出资的应当经股东会决议。董事会依照前款规定决定发行股份导致公司注册资本、已发行股份数发生变化的,对公司章程该项记载事项的修改不

---

〔1〕 参见朱慈蕴、沈朝晖:《类别股与中国公司法的演进》,载《中国社会科学》2013 年第 9 期。
〔2〕《公司法》第 144 条。
〔3〕《公司法》第 145 条。
〔4〕《公司法》第 151 条。
〔5〕《公司法》第 153 条。

需再由股东会表决。[1]

（二）公开募集要求

公司向社会公开募集股份，应当经国务院证券监督管理机构注册，公告招股说明书。招股说明书应当附有公司章程，并载明下列事项：（1）发行的股份总数；（2）面额股的票面金额和发行价格或者无面额股的发行价格；（3）募集资金的用途；（4）认股人的权利和义务；（5）股份种类及其权利和义务；（6）本次募股的起止日期及逾期未募足时认股人可以撤回所认股份的说明。公司设立时发行股份的，还应当载明发起人认购的股份数。[2]

公司向社会公开募集股份，应当由依法设立的证券公司承销，签订承销协议。[3] 公司向社会公开募集股份，应当同银行签订代收股款协议。代收股款的银行应当按照协议代收和保存股款，向缴纳股款的认股人出具收款单据，并负有向有关部门出具收款证明的义务。公司发行股份募足股款后，应予公告。[4]

第四节　公司减资与增资

一、公司减资

（一）公司减资程序

公司注册资本额一经确定，就不能随意增减。若要增加或者减少注册资本，必须按照相应的法定程序进行。按照《公司法》的规定，公司减资必须按照以下程序进行：

（1）公司股东会作出减少注册资本的决议，有限责任公司应当经代表2/3以上表决权的股东通过，股份有限公司应当经出席会议的股东所持表决权的2/3以上通过。

（2）编制资产负债表和财产清单。公司减少注册资本的前提是详细了解公司目前的经营状况和财务状况，因此公司进行减资程序时必须编制资产负债表和财产清单。

（3）自股东会作出减少注册资本决议之日起10日内通知债权人，并于30日内在报纸上或者国家企业信用信息公示系统公告。通知和公告的目的是确保公司债权人的知情权，若公司债权人担心公司分立将影响债权的受偿，可以要求公司提前清偿债务或者提供相应的担保。

（4）公司应当按照股东出资或者持有股份的比例相应减少出资额或者股份。

（5）修改公司章程中关于公司注册资本额和股东出资额的记载。

（二）公司可以通过减少注册资本弥补亏损

公司使用公积金弥补公司亏损时，应当先使用任意公积金和法定公积金；仍不能弥补的，

---

[1]《公司法》第152条。
[2]《公司法》第154条。
[3]《公司法》第155条。
[4]《公司法》第156条。

可以按照规定使用资本公积金。使用资本公积金仍不足以弥补公司亏损的,可以减少注册资本弥补亏损,但不得向股东分配,也不得免除股东缴纳出资或者股款的义务。公司通过减少注册资本弥补亏损的,无须在股东会作出减资决议后通知债权人,债权人也无权要求公司清偿债务或者提供相应的担保,但应当在报纸上或者统一的企业信息公示系统公告。公司通过减少注册资本弥补亏损后,在法定公积金累计额达到公司注册资本50%前,不得分配利润。

（三）公司违法减资的法律责任

公司减少注册资本时需要按照股东出资或者持有股份的比例减少出资额或者股份,相应地要把减少的出资额或者股份所对应的价款返还于股东。公司违法减资导致减资行为无效,自始不发生法律效力,公司负有恢复原状的义务,应当将公司注册资本恢复至减资前的状态。由于公司减资行为违法,股东因公司减资取得的资金丧失合法依据,应当返还不当得利,退还其收到的资金。若违法减资行为给公司造成损失,股东以及负有责任的董事、监事、高级管理人员应当承担赔偿责任。公司实施违法减资行为通常是出于抽逃出资等非法目的,违法行为人和获益人主要是公司股东,董事、监事、高级管理人员在主动协助或者疏忽怠责的情况下会被认定为存在过错,需要对违法减资行为给公司造成的损失承担赔偿责任。

二、公司增资

公司增加注册资本时,股东认缴新增资本的出资或者股东认购新股的规则,与公司设立时缴纳出资或缴纳股款的规定相同。有限责任公司增加注册资本时,股东认缴新增资本的出资应依照设立有限责任公司缴纳出资的有关规定执行。例如,股东认缴新增资本的出资由股东按照公司章程的规定自公司成立之日起5年内缴足;股东可以用货币出资,也可以用实物、知识产权、土地使用权、股权、债权等可以用货币估价并可以依法转让的非货币财产作价出资;股东应当按期足额缴纳公司章程规定的各自所认缴的出资额;等等。

股份有限公司为增加注册资本发行新股时,股东认购新股时,应当依照设立股份有限公司缴纳股款的有关规定执行。例如,在发起人认购的股份缴足前,不得向他人募集股份;发起人应当按照其认购的股份足额缴纳股款;发起人向社会公开募集股份,应当公告招股说明书,并制作认股书;向社会公开募集股份的股款缴足后,应当经依法设立的验资机构验资并出具证明。

此外,公司法为了维护现存股东的股权利益不被稀释,赋予其优先认股权,即优先于外部投资者先行认缴或认购公司新增资本的权利,以维持股东在公司中原有的持股比例。

> **重要名词术语**

注册资本、认缴制、实缴制、法定资本制、授权资本制、增资、减资

> **思考题**

1. 简述我国的公司注册资本制度。
2. 简述股东未按期足额缴纳出资的法律后果。

典型案例分析

基本案情

被告某惠公司是有限责任公司,成立于2013年8月5日,注册资本1000万元,其中原告吴某认缴出资额为600万元,为某惠公司法定代表人,持股比例60%;第三人余某认缴出资额为400万元,持股比例40%。某惠公司注册成立后,吴某及余某均抽逃了全部出资额。2018年9月12日,某惠公司对余某提起返还全部出资款及利息的民事诉讼,经另案生效判决认定,余某负有履行返还出资款的义务。某惠公司依法向法院申请强制执行,但因余某查无可供执行财产,法院于2019年10月11日裁定终结该次执行。吴某主张,因余某抽逃全部出资,且经催告后不履行返还出资款义务,应视为余某未实际履行出资义务。2020年5月25日,某惠公司依据《公司法解释(三)》第17条之规定,就余某未履行公司出资义务股东除名一事召开了临时股东会会议,吴某与余某出席了会议。余某不同意将自己除名,且主张吴某自己已抽逃了全部出资,故吴某无权将自己除名。吴某认为余某不具有表决权,故吴某作为持有公司60%股权的大股东,通过会议表决同意对余某进行除名。吴某主张,某惠公司应当履行决议内容,对余某进行除名,但某惠公司至今未向相关行政职能机关申请办理股东变更登记手续,故诉请法院:(1)确认某惠公司于2020年5月25日召开的股东会会议作出的股东决议合法有效;(2)判令余某协助某惠公司立即向行政职能机关申请办理企业股东变更登记手续。

裁判结果

广东省东莞市第三人民法院一审认为,余某抽逃出资的事实,已经经过生效判决的认定。至于吴某是否实缴出资,不在本案的审理范围之内。余某未依照生效法律文书所确定的义务履行出资义务,故某惠公司有权以股东会决议的形式解除余某的股东资格。余某作为被除名股东,与股东会决议事项有特别利害关系,某惠公司未赋予余某表决权,并不违反法律规定。因此,案涉股东会决议有效。一审法院判决:(1)确认某惠公司于2020年5月25日召开的股东会会议作出的股东决议合法有效;(2)余某应于判决发生法律效力之日起15日内协助某惠公司到东莞市市场监督管理局进行相应的股东除名登记。一审宣判后,余某提起上诉。广东省东莞市中级人民法院二审认为,《公司法解释三》第17条赋予的是守约股东对未履行出资义务或者抽逃全部出资的股东的除名权,基于违约方的行为已严重损害公司利益和股东权益,故不应赋予违约方对未履行出资义务或者抽逃全部出资股东的除名权。本案中,吴某同样存在抽逃全部出资的情形,就股东内部而言,并不存在其股东合法利益受损一说,因此吴某不能对此进行救济,否则将违背权利与义务一致、公平诚信的法律原则,即吴某无权通过召开股东会的形式,决议解除余某的股东资格。某惠公司于2020年5月25日召开的股东会所作出的股东会决议无效,原审法院对此处理有误,二审法院予以纠正。东莞中院判决撤销一审判决,驳回吴某的全部诉讼请求。[1]

---

[1] 具体分析可参见陈美苑:《抽逃全部出资的股东无权决议除名其他股东》,载《人民司法·案例》2022年第26期。

第十三章　股东权利

【内容提示】

股东,是指向公司履行出资义务或者依法继受取得股权并被公司认可其成员资格的人。一方面,股东必须向公司履行出资义务或者依法继受取得股权;另一方面,股东身份必须取得公司的确认或认可。股东资格在性质上是一种社员权,必须在公司团体内部按照团体规则行使,脱离团体则失其权能。股东可以基于其股东地位向公司主张法律和公司章程规定的股东权利。《公司法》第4条第2款规定:"公司股东对公司依法享有资产收益、参与重大决策和选择管理者等权利。"据此,股东对公司享有的权利可以分为两类:一是人身性权利,包括查阅权、表决权、质询权等;二是财产性权利,包括利润分配请求权、剩余财产分配请求权、优先认股权、股权回购请求权等。股东可以将其股权或者股份转让给他人从而退出公司。有限责任公司的股东之间可以自由转让股权,向股东以外的人转让时需要遵从法律规定的程序;股份有限公司的股东可以依法自由转让其股份,法律原则上不加以限制。股权或股份转让后,原股东退出公司,受让人成为新的公司股东。

第一节　股东身份的认定

一、股东

股东,是指向公司履行出资义务或者依法继受取得股权并被公司认可其成员资格的人。成为公司股东必须满足以下两项要件:一是向公司履行出资义务或者依法继受取得股权;[1]二是经过公司的确认或认可。

（一）实质要件

1.向公司履行出资义务

股东必须按期足额缴纳出资或者认购股份,股东承担出资义务的情形主要存在于以

---

〔1〕《最高人民法院关于适用〈中华人民共和国公司法〉若干问题的规定（三）》第22条规定:"当事人之间对股权归属发生争议,一方请求人民法院确认其享有股权的,应当证明以下事实之一:(1)已经依法向公司出资或者认缴出资,且不违反法律法规强制性规定;(2)已经受让或者以其他形式继受公司股权,且不违反法律法规强制性规定。"

下两种场合:一是公司设立,有限责任公司股东必须按照公司章程的规定认缴出资,股份有限公司股东必须在公司成立前将认购的股份实缴到位,二是公司成立后增资或者发行新股,出资人和新股认购人必须按照法律和公司章程的规定履行出资义务。[1]

2. 依法继受取得股权

一是通过股权合意转让。有限责任公司股东可以向股东以外的人转让股权。[2]股东转让股权的,应当书面通知公司,请求变更股东名册;需要办理变更登记的,并请求公司向公司登记机关办理变更登记。公司拒绝或者在合理期限内不予答复的,转让人、受让人可以依法向人民法院提起诉讼。股权转让的,受让人自记载于股东名册时起可以向公司主张行使股东权利。[3]

二是通过强制执行程序受让股权。《公司法》第 85 条规定:"人民法院依照法律规定的强制执行程序转让股东的股权时,应当通知公司及全体股东,其他股东在同等条件下有优先购买权。其他股东自人民法院通知之日起满二十日不行使优先购买权的,视为放弃优先购买权。"

三是通过受赠。股东可以将其股权或股份赠与他人,受赠人因接受原股东的赠与而成为公司股东。[4]

四是通过继承。《公司法》第 90 条规定:"自然人股东死亡后,其合法继承人可以继承股东资格;但是,公司章程另有规定的除外。"《公司法》第 167 条规定:"自然人股东死亡后,其合法继承人可以继承股东资格;但是,股份转让受限的股份有限公司的章程另有规定的除外。"

五是公司合并。例如,在新设合并中,合并各方的原股东成为合并后新设公司的股东。

3. 善意取得

名义股东将登记于其名下的股权转让、质押或者以其他方式处分,实际出资人以其对于股权享有实际权利为由,请求认定处分股权行为无效的,可以参照《民法典》第 311 条规定的善意取得规则处理。名义股东处分股权造成实际出资人损失,实际出资人可以请求名义股东承担赔偿责任。[5]

股权转让后尚未向公司登记机关办理变更登记,原股东将仍登记于其名下的股权转让、质押或者以其他方式处分,受让股东以其对于股权享有实际权利为由,请求认定处分股权行为无效的,可以参照《民法典》第 311 条规定的善意取得规则处理。[6]

原股东处分股权造成受让股东损失,受让股东有权请求原股东承担赔偿责任、对于未及时办理变更登记有过错的董事、高级管理人员或者实际控制人承担相应责任;受让股东对于未及时办理变更登记也有过错的,可以适当减轻上述董事、高级管理人员或者实际控

---

[1] 参见施天涛:《公司法论》(第四版),法律出版社 2018 年版,第 238—239 页。
[2] 《公司法》第 84 条。
[3] 《公司法》第 86 条。
[4] 参见施天涛:《公司法论》(第四版),法律出版社 2018 年版,第 239 页。
[5] 《最高人民法院关于适用〈中华人民共和国公司法〉若干问题的规定(三)》第 25 条。
[6] 《最高人民法院关于适用〈中华人民共和国公司法〉若干问题的规定(三)》第 27 条第 1 款。

制人的责任。[1]

（二）形式要件

1. 有限责任公司

行为人向公司出资或者受让股权后，必须取得公司的确认或认可，方能取得公司股东地位。例如，《公司法》第87条规定："依照本法转让股权后，公司应当及时注销原股东的出资证明书，向新股东签发出资证明书，并相应修改公司章程和股东名册中有关股东及其出资额的记载。对公司章程的该项修改不需再由股东会表决。"有限责任公司确认或认可出资人或受让人股东地位的方式，包括以下四种：

一是出资证明书。《公司法》第55条规定："有限责任公司成立后，应当向股东签发出资证明书，记载下列事项：（一）公司名称；（二）公司成立日期；（三）公司注册资本；（四）股东的姓名或者名称、认缴和实缴的出资额、出资方式和出资日期；（五）出资证明书的编号和核发日期。出资证明书由法定代表人签名，并由公司盖章。"

二是股东名册。《公司法》第56条规定："有限责任公司应当置备股东名册，记载下列事项：（一）股东的姓名或者名称及住所；（二）股东认缴和实缴的出资额、出资方式和出资日期；（三）出资证明书编号；（四）取得和丧失股东资格的日期。记载于股东名册的股东，可以依股东名册主张行使股东权利。"

三是公司章程。《公司法》第46条规定："有限责任公司章程应当载明下列事项：（一）公司名称和住所；（二）公司经营范围；（三）公司注册资本；（四）股东的姓名或者名称；（五）股东的出资额、出资方式和出资日期；（六）公司的机构及其产生办法、职权、议事规则；（七）公司法定代表人的产生、变更办法；（八）股东会认为需要规定的其他事项。股东应当在公司章程上签名或者盖章。"

四是公司登记。《公司法》第32条第1款规定："公司登记事项包括：（一）名称；（二）住所；（三）注册资本；（四）经营范围；（五）法定代表人的姓名；（六）有限责任公司股东、股份有限公司发起人的姓名或者名称。"公司登记事项未经登记或者未经变更登记的，不得对抗善意相对人。[2]

2. 股份有限公司

能够证明股份有限公司股东身份的文件主要是股东名册。《公司法》第102条规定："股份有限公司应当制作股东名册并置备于公司。股东名册应当记载下列事项：（一）股东的姓名或者名称及住所；（二）各股东所认购的股份种类及股份数；（三）发行纸面形式的股票的，股票的编号；（四）各股东取得股份的日期。"公司章程、公司登记以及公开募集股份时的认股书均无法作为确认股东身份的一般依据。

股份有限公司章程和公司登记只能证明充任发起人的股东身份。股份有限公司章程只需要记载"发起人的姓名或者名称、认购的股份数、出资方式"，并不强制要求记载全体股

---

[1]《最高人民法院关于适用〈中华人民共和国公司法〉若干问题的规定（三）》第27条第2款。
[2]《公司法》第34条第2款。

东的姓名或者名称。[1]股份有限公司的公司登记事项也仅包括"股份有限公司发起人的姓名或者名称",并不要求登记全体股东的姓名或者名称。[2]由于股份有限公司可能人数较多,股权分散,尤其是上市公司股东人数较多且股份转让频繁,要求公司章程记载全体股东姓名并不现实。

公开募集股份时的认股书只能证明认股人的身份。《公司法》第100条规定:"发起人向社会公开募集股份,应当公告招股说明书,并制作认股书。认股书应当载明本法第一百五十四条第二款、第三款所列事项,由认股人填写认购的股份数、金额、住所,并签名或者盖章。认股人应当按照所认购股份足额缴纳股款。"由于发起人无须通过公开募集方式认购股份,也就无须填写认股书,无法通过认股书证明其股东身份。

二、隐名出资

隐名出资,又称股权代持,是指实际出资人以他人名义向公司出资,从而导致名义上的股东与实际出资人不一致的情况。对于隐名出资的法律效力,司法实践中通常予以认可,但是在违反金融管理规章的情况下,实际出资人与名义股东之间的股权代持协议可能因违反公序良俗原则被认定为无效。

(一)股权代持协议的效力

有限责任公司的实际出资人与名义出资人订立合同,约定由实际出资人出资并享有投资权益,以名义出资人为名义股东,实际出资人与名义股东对该合同效力发生争议的,如无法律规定的无效情形,应当认定该合同有效。

实际出资人与名义股东因投资权益的归属发生争议,实际出资人可以以其实际履行了出资义务为由向名义股东主张权利。名义股东不得以公司股东名册记载、公司登记机关登记为由否认实际出资人权利。

实际出资人请求公司变更股东、签发出资证明书、记载于股东名册、记载于公司章程并办理公司登记机关登记的,须经公司其他股东半数以上同意。[3]

(二)违反金融监管规章的效力判断

按照《民法典》的规定,能够作为合同效力判断依据的只能是法律、行政法规,行政规章不能作为合同效力判断依据。股权代持协议违反金融监管规章关于禁止股权代持的规定时,对于股权代持协议的效力如何判断?根据法律和相关司法解释的规定,股权代持协议违反行政规章的规定,不应据此认定协议无效。但是实践中,违反金融监管规章的禁止性规定签订的股权代持协议,在特定情况下可能会被认定为无效。司法解释曾经尝试在相关规范文件中规定,合同违反行政规章中涉及金融安全、市场秩序、国家宏观政策等公序良俗的强制性规定,应当认定为无效,规章的规定是否涉及公序良俗,应当在考察规范对象基础上,兼顾监管或者调控强度、交易安全保护以及社会影响等方面进行慎重考量。

---

[1]《公司法》第95条。

[2]《公司法》第34条第2款。

[3]《最高人民法院关于适用〈中华人民共和国公司法〉若干问题的规定(三)》第24条。

目前,股权代持协议违反金融监管规章的强制性规定应当如何判断其效力,尚无明确的规范依据。

第二节 人身性权利

一、查阅权

查阅权,是指股东依据法律或者公司章程查阅或者复制公司特定文件资料的权利。查阅权是股东的固有权利,公司不得加以限制或者剥夺。公司章程、股东之间的协议等实质性剥夺股东查阅权的,公司不得以此为由拒绝股东行使查阅权。[1] 查阅权只能由股东享有,原股东在请求查阅或者复制公司特定文件资料时不具有公司股东资格的,公司可以拒绝其行使查阅权的请求。但是,原股东有初步证据证明在持股期间其合法权益受到损害的,可以请求依法查阅或者复制其持股期间的公司特定文件材料。[2] 股东查阅公司特定文件材料,可以委托会计师事务所、律师事务所等中介机构进行。[3]

（一）查阅权的行使范围

股东有权查阅、复制公司章程、股东名册、股东会会议记录、董事会会议决议、监事会会议决议、财务会计报告。[4] 有限责任公司股东或者股份有限公司连续180日以上单独或者合计持有公司3%以上股份的股东,可以要求查阅公司会计账簿、会计凭证。[5] 股东可以要求查阅、复制公司全资子公司的相关材料。[6] 此外,上市公司股东查阅、复制相关材料的,还应当遵守《证券法》等法律、行政法规的规定。[7]

（二）会计账簿、会计凭证的查阅方式

1. 查阅方式

股东要求查阅公司会计账簿、会计凭证的,应当向公司提出书面请求,说明目的。需要注意的是,公司法仅允许股东查阅而并未规定能否复制,由此导致理论和实践中对于股东能否复制公司会计账簿、会计凭证存在不同解释。

2. 正当目的的认定

公司有合理根据认为股东查阅会计账簿、会计凭证有不正当目的,可能损害公司合法利益的,可以拒绝提供查阅,并应当自股东提出书面请求之日起15日内书面答复股东并

---

[1]《最高人民法院关于适用〈中华人民共和国公司法〉若干问题的规定（四）》第9条。
[2]《最高人民法院关于适用〈中华人民共和国公司法〉若干问题的规定（四）》第7条。
[3]《公司法》第57条第3款。
[4]《公司法》第57条第1款、第110条第1款。
[5]《公司法》第57条第2款、第110条第2款。
[6]《公司法》第57条第5款、第110条第3款。
[7]《公司法》第110条第4款。

说明理由。公司拒绝提供查阅的,股东可以向人民法院提起诉讼。

股东存在下列情形之一的,可以认定公司有合理根据认为股东查阅会计账簿、会计凭证有不正当目的:(1)股东自营或为他人经营与公司主营业务有实质性竞争关系业务的,但公司章程另有规定或者全体股东另有约定的除外;(2)股东为了向他人通报有关信息查阅公司会计账簿,可能损害公司合法利益的;(3)股东在向公司提出查阅请求之日前的3年内,曾通过查阅公司会计账簿,向他人通报有关信息损害公司合法利益的;(4)股东有不正当目的的其他情形。[1]

（三）法律责任

1. 股东及中介机构的责任

股东及其委托的会计师事务所、律师事务所等中介机构查阅、复制有关材料,应当遵守有关保护国家秘密、商业秘密、个人隐私、个人信息等法律、行政法规的规定。[2]股东行使知情权后泄露公司商业秘密导致公司合法利益受到损害,公司可以请求该股东赔偿相关损失。辅助股东查阅公司文件材料的会计师、律师等泄露公司商业秘密导致公司合法利益受到损害,公司可以请求其赔偿相关损失。[3]

2. 公司董事、高级管理人员的责任

股份有限公司应当将公司章程、股东名册、股东会会议记录、董事会会议记录、监事会会议记录、财务会计报告、债券持有人名册置备于本公司。[4]公司董事、高级管理人员等未依法履行职责,导致公司未依法制作或者保存公司特定文件材料,给股东造成损失的,股东可以请求负有相应责任的公司董事、高级管理人员承担民事赔偿责任。[5]

二、表决权

（一）表决权行使规则

1. 一般规定

有限责任公司股东会会议由股东按照出资比例行使表决权;但是,公司章程另有规定的除外。[6]股东会的议事方式和表决程序,除公司法有规定的外,由公司章程规定。[7]

股份有限公司股东出席股东会会议,所持每一股份有一表决权,类别股股东除外。公司持有的本公司股份没有表决权。[8]股份有限公司股东会选举董事、监事,可以按照公司章程的规定或者股东会的决议,实行累积投票制。所谓累积投票制,是指股东会选举董事或者监事时,每一股份拥有与应选董事或者监事人数相同的表决权,股东拥有的表决权可

---

[1]《最高人民法院关于适用〈中华人民共和国公司法〉若干问题的规定（四）》第8条。
[2]《公司法》第57条第4款。
[3]《最高人民法院关于适用〈中华人民共和国公司法〉若干问题的规定（四）》第11条。
[4]《公司法》第109条。
[5]《最高人民法院关于适用〈中华人民共和国公司法〉若干问题的规定（四）》第12条。
[6]《公司法》第65条。
[7]《公司法》第66条第1款。
[8]《公司法》第116条第2款。

以集中使用。[1]

2. 多数决规则

对于一般的审议事项,股东会只需要简单多数通过即可。有限责任公司股东会作出决议,应当经代表过半数表决权的股东通过。股份有限公司股东会作出决议,应当经出席会议的股东所持表决权过半数通过。

对于特别事项,股东会需要经过绝对多数同意方可通过。公司股东会作出修改公司章程、增加或者减少注册资本的决议,以及公司合并、分立、解散或者变更公司形式的决议,有限责任公司应当经代表 2/3 以上表决权的股东通过;股份有限公司应当经出席会议的股东所持表决权的 2/3 以上通过。[2]

3. 类别股股东的表决权

发行类别股的公司修改公司章程、增加或者减少注册资本以及公司合并、分立、解散或者变更公司形式,可能影响类别股股东权利的,除应当经出席股东会会议的股东所持表决权的 2/3 以上通过外,还应当经出席类别股股东会议的股东所持表决权的 2/3 以上通过。公司章程可以对需经类别股股东会议决议的其他事项作出规定。[3]

(二)表决权的代理行使

所谓表决权代理,是指享有表决权的公司股东授权他人在股东会议上进行投票的行为。表决权作为股东基于出资而对公司享有的固有权利,与股东资格紧密相关,具有一定的人身权利属性。参加股东会并行使表决权作为股东参与公司治理的主要途径和方式,本质上仍系为满足股东的财产利益需求。《公司法》第 118 条规定:"股东委托代理人出席股东会会议的,应当明确代理人代理的事项、权限和期限;代理人应当向公司提交股东授权委托书,并在授权范围内行使表决权。"

表决权代理适用于股份公司股东会会议,对于有限公司股东会会议能否适用表决权代理规则,《公司法》未予明示。《公司法》在股份公司治理规则中专设表决权代理规则,是考虑到股份公司股东人数众多、中小股东参会行权不便且积极性不高的现实,希望为中小股东提供参与公司治理的有效途径,从而提高股东参会行权的积极性,实现改善公司治理的目的。有限公司虽然股东人数相对较少,但也可能存在股东授权他人代为出席股东会并行使表决权的需要。《公司法》既然认可股份公司的股东表决权可由他人代为行使,自无限制有限公司股东表决权代理行使的必要。因此,有限公司股东仍可依据《民法典》意定代理规则并参酌《公司法》第 118 条之规定,授权他人代为行使表决权。

三、质询权

股东作为公司所有者,有权对公司管理者进行监督。股东行使监督权的主要方式为在股东会会议上对公司的经营提出建议或者对管理者进行质询。《公司法》规定,股东会要

---

[1]《公司法》第 117 条。
[2]《公司法》第 66、116 条。
[3]《公司法》第 146 条。

求董事、监事、高级管理人员列席会议的,董事、监事、高级管理人员应当列席并接受股东的质询。[1]董事、监事、高级管理人员应当对股东的质询作出回复,并采纳股东的合理建议改进公司的经营管理。

第三节 财产性权利

一、利润分配请求权

(一)利润分配请求权的内涵

公司股东有权请求公司向其分配盈余利润。股东所享有的利润分配请求权需从两个层面看待:一是抽象意义上的利润分配请求权,二是具象意义上的利润分配请求权。[2]二者区分的关键在于公司股东会是否作出分配利润的决议。公司的利润分配方案由董事会制订,经股东会审议批准后方能实施。在公司股东会作出利润分配决议之前,股东所享有的利润分配请求权只具有抽象意义,表明股东具有获得利润分配的资格;在股东会作出利润分配决议之后,公司利润才能具体量化为每个股东所能获得的收益。[3]

对此,《最高人民法院关于适用〈中华人民共和国公司法〉若干问题的规定(四)》(以下简称《公司法解释四》)明确规定,股东诉请法院请求强制分配盈余利润的基本前提是股东提交载明具体分配方案的股东会有效决议,除非存在控股股东滥用权利导致公司不分配利润给其他股东造成损失的情形。公司拒绝分配利润且其关于无法执行决议的抗辩理由不成立的,法院应强制公司按照决议载明的具体分配方案向股东分配利润。[4]

(二)利润分配规则

股东会作出分配利润的决议的,董事会应当在股东会决议作出之日起6个月内进行分配。[5]股东享有的股利分配请求权只有在股东会作出利润分配决议、确定各个股东可以实际获取的股利数额之后,才能转化为具体可行使的权利。在公司股东会作出股利分配决议之前,公司在弥补亏损、提取法定公积金后是否还有剩余利润可供分配具有不确定性;公司税后利润具体如何量化为每名股东可以实际获取的金额,同样具有不确定性。因此,股东会需要确定公司能够用于股利分配的税后利润数额、确定具体的股利分配方案后,股东享有的股利分配请求权才能成为可行使的具体化权利。

对于股东会作出股利分配决议后,公司应当在多长时间内分配完毕,原《公司法》未作规定,《最高人民法院关于适用〈中华人民共和国公司法〉若干问题的规定(五)》(以

---

[1]《公司法》第187条、第110条第1款。
[2]参见张辉:《公司盈余分配纠纷的司法裁判规则》,载《社会科学》2014年第11期。
[3]参见王军:《中国公司法》(第2版),高等教育出版社2017年版,第342页。
[4]参见《最高人民法院关于适用〈中华人民共和国公司法〉若干问题的规定(四)》第14、15条。
[5]《公司法》第212条。

下简称《公司法解释五》)第4条第1款规定:"分配利润的股东会或者股东大会决议作出后,公司应当在决议载明的时间内完成利润分配。决议没有载明时间的,以公司章程规定的为准。决议、章程中均未规定时间或者时间超过一年的,公司应当自决议作出之日起一年内完成利润分配。"《公司法》第212条对于前述规定作出修改,要求股东会作出分配利润的决议的,董事会应当在股东会决议作出之日起6个月内进行分配。

(三)违法分配的法律后果

《公司法》第211条规定:"公司违反本法规定向股东分配利润的,股东应当将违反规定分配的利润退还公司;给公司造成损失的,股东及负有责任的董事、监事、高级管理人员应当承担赔偿责任。"

《公司法》规定公司的税后利润必须用于弥补公司亏损、提取法定公积金之后,才能向股东分配股利。公司税后利润的分配顺序属于公司法的强制性规定,公司不能自行变更分配顺序。法律通过强制性规范限制公司税后利润的分配顺序,能够维护公司注册资本的充实,防止股东借分配股利之名行抽逃出资之实。公司在弥补亏损和提取法定公积金之后若没有剩余利润,则不能向股东分配股利。公司违反法律规定分配利润时,股东获得分配的公司利润欠缺合法依据,构成不当得利,应当将违反规定分配的利润退还公司。公司违法分配利润给公司造成损失的,作出利润分配决议的股东以及协助利润分配的董事、监事、高级管理人员应当承担赔偿责任。

二、剩余财产分配请求权

《公司法》第236条第2款规定:"公司财产在分别支付清算费用、职工的工资、社会保险费用和法定补偿金,缴纳所欠税款,清偿公司债务后的剩余财产,有限责任公司按照股东的出资比例分配,股份有限公司按照股东持有的股份比例分配。"基于该规定,股东对于公司清算后的剩余财产,可以按其出资比例或者持股比例,请求清算组进行分配。

三、优先认股权

股东权益会因为他人认缴公司新增资本或者认购公司新股而被稀释,公司法为了维护现存股东的股权利益不被稀释,赋予其优先认股权,即优先于外部投资者先行认缴或认购公司新增资本的权利,以维持股东在公司中原有的持股比例。优先认股权作为股东所享有的一项权利,并非必须行使,股东可以放弃行使优先认股权,或者将优先认股权进行转让,由他人取得优先购买公司新增资本的权利。

《公司法》针对公司类型的不同,设置了差异化的优先认股权行使规则。有限责任公司股东原则上享有法定的优先认股权,但全体股东可以约定排除;股份有限公司股东原则上不享有优先认股权,但公司章程或者股东会决议可以赋予股东优先认股权。公司法针对有限责任公司和股份有限公司作出不同规定的原因是,优先认股权的设置可能降低股份发行效率,所以股份有限公司股东并未被直接赋予优先认股权。股份有限公司的股东若有需要,可以通过公司章程或者股东会决议赋予股东优先认股权。

四、股权回购请求权

股权回购请求权,是指对股东会决议存在异议的股东,可以请求公司按照合理的价格收购其股权或股份。[1]股权回购在性质上属于股权转让的一种类型,只是受让股权的对象是公司本身。

(一)适用情形

股权回购请求权适用于以下三种法定情形:(1)公司连续5年不向股东分配利润,而公司该5年连续盈利,并且符合《公司法》规定的分配利润条件;(2)公司转让主要财产,以及有限责任公司合并、分立;(3)公司章程规定的营业期限届满或者章程规定的其他解散事由出现,股东会通过决议修改章程使公司存续。还有一种特殊的情形是,有限责任公司的控股股东滥用股东权利,严重损害公司或者其他股东利益的,其他股东有权请求公司按照合理的价格收购其股权。[2]

(二)对股东会决议投反对票

有权向公司提出回购股权请求的只能是对股东会决议投反对票的股东。但是,现实中公司可能根本不召开股东会,或者召开股东会却并未审议前述事项,或者股东并未参加股东会并进行投票。若严格固守股东必须对股东会决议投反对票的规定,将会导致股权回购请求权的适用范畴大大缩减,甚至难以获得实际适用。实践中,部分案件对于股东是否对股东会决议投反对票、股东会是否审议相关事项甚至是否召开股东会均不做强制要求,只要股东对法定事项持有不同意见并要求公司回购自己的股权或股份,即可以获得法院的支持。[3]

(三)合理价格的确定

在进行股权价值评估时,通常以公司净资产、注册资本或出资额作为确定股权价值的依据。股权价值评估的方式多样,采用不同的评估依据计算所得的股权价值存在显著差别。公司净资产作为股权价值最重要的影响因素,具有相对明确、客观的量化依据,且能在一定程度上反映股权价值随公司业绩变动的情况。对于公司净资产的确定,实践中通常以审计报告为依据。审计报告是对公司财务收支、经营成果和经济活动全面审查后作出的客观评价,基本内容包括资产、负债、投资者权益、费用成本和收入成果等,不涉及公司盈利能力等因素。[4]而股权的价值系由固定资产、流动资金、知识产权、专有技术及产品盈利能力等多种因素构成。因此,公司净资产并不能完全反映股权的真实价值。

以公司注册资本或出资额作为股权价值的评估依据,也存在无法反映股权真实价值的问题。股东将其财产向公司出资后,其所作出资即成为公司资产,必然会受公司经营状况动态变化的影响,而注册资本或出资额不会随公司经营情况发生变动。换言之,注册资

---

[1]《公司法》第89条、第161条。
[2]《公司法》第89条第3款。
[3] 参见王军:《中国公司法》(第2版),高等教育出版社2017年版,第354—355页。
[4] 参见叶林:《反对股东股权收购请求权的行使与保障——〈公司法〉第75条评述》,载《社会科学》2012年第9期。

本或出资额只能反映股权的初始价值,与股权真实价值的偏离程度较大。可见,公司净资产、注册资本、出资额等任何单一因素均难以作为准确评估股权价值的依据。在异议股东行使股权回购请求权时,法院必须综合考虑公司现金流、净资产值、盈利前景、公司利润等直接关系股权价值的因素,以合理反映公司整体价值,并在此基础上确定回购股权的合理价格。[1]

（四）行使方式

自股东会决议作出之日起60日内,股东与公司不能达成股权或股份收购协议的,股东可以自股东会决议作出之日起90日内向人民法院提起诉讼。

（五）回购股权后的处理

公司因收购的本公司股权,应当在6个月内依法转让或者注销。

第四节　股权转让

一、有限责任公司的股权转让

有限责任公司的股权转让可以分为两种类型:一是股东相互之间转让股权,法律允许自由转让;二是股东向股东以外的人转让股权,法律施加一定的限制条件。

（一）转让规则

1. 内部转让

有限责任公司的股东之间可以相互转让其全部或者部分股权。[2]

2. 外部转让

股东向股东以外的人转让股权的,应当将股权转让的数量、价格、支付方式和期限等事项书面通知其他股东,其他股东在同等条件下有优先购买权。股东自接到书面通知之日起30日内未答复的,视为放弃优先购买权。两个以上股东行使优先购买权的,协商确定各自的购买比例;协商不成的,按照转让时各自的出资比例行使优先购买权。[3]

3. 公司章程另有规定

公司章程可以对股权转让作出不同于《公司法》的规定。[4]对于公司章程另作规定的效力,需要区分初始章程与修订章程不同的形成机理。

初始章程与章程修订之间存在实质性的差别。"初始章程存在合同机制,而章程修正案无须全体股东一致同意,不能视为一种合同,因此,不能直接依赖合同机制的存在作为

---

[1] 参见叶林:《反对股东股权收购请求权的行使与保障——〈公司法〉第75条评述》,载《社会科学》2012年第9期。

[2] 《公司法》第84条第1款。

[3] 《公司法》第84条第2款。

[4] 《公司法》第84条第3款。

基础,支持章程修正案排除适用公司法。"[1]由于初始章程由全体股东或发起人制定,并采取全体一致同意的计算规则,因此,初始章程构成股东之间平行一致的合意,初始章程的制定属于合同行为,同时,初始章程也是规范公司组织和行为的内部自治性规范。而章程修订则是通过股东大会决议的方式作出的,采取资本多数决原则,以决议方式作出的章程修正与个别股东的意思无关,对包括反对决议或不参与决议的股东均有约束力,因此,除全体股东一致同意修改章程的情形外,以合同原理来解释章程修正对股东的约束力缺乏正当性的基础。故经资本多数决修订的章程内容,仅具有公司内部自治规范的性质。正因为初始章程既有公司自治规范的性质,又具有合同的性质,而章程修正则仅具有公司自治规范的性质,因此,《公司法》不加区别地规定"公司章程对股权转让另有规定的,从其规定",难免产生争议。其中,对个别股东的股权转让予以限制或剥夺的"另有规定",可能构成股东压制而影响其效力。[2]

（二）公司在股权转让中的地位

股东转让股权的,应当书面通知公司,请求变更股东名册;需要办理变更登记的,并请求公司向公司登记机关办理变更登记。公司拒绝或者在合理期限内不予答复的,转让人、受让人可以依法向人民法院提起诉讼。股权转让的,受让人自记载于股东名册时起可以向公司主张行使股东权利。[3]

转让股权后,公司应当及时注销原股东的出资证明书,向新股东签发出资证明书,并相应修改公司章程和股东名册中有关股东及其出资额的记载。对公司章程的该项修改不需再由股东会表决。[4]

（三）未届期或瑕疵出资股权转让后的出资义务履行

股东转让已认缴出资但未届出资期限的股权的,由受让人承担缴纳该出资的义务;受让人未按期足额缴纳出资的,转让人对受让人未按期缴纳的出资承担补充责任。未按照公司章程规定的出资日期缴纳出资或者作为出资的非货币财产的实际价额显著低于所认缴的出资额的股东转让股权的,转让人与受让人在出资不足的范围内承担连带责任;受让人不知道且不应当知道存在上述情形的,由转让人承担责任。[5]

二、股份有限公司的股份转让

（一）股份转让自由

股份有限公司的股东持有的股份可以向其他股东转让,也可以向股东以外的人转让;公司章程对股份转让有限制的,其转让按照公司章程的规定进行。[6]

---

[1] Bebchuk, *Limiting Contractual Freedom in Corporate Law: The Desirable Constrains on Charter Amendments*, 102 Harvard Law Review, 1989, p.1824.
[2] 参见钱玉林:《公司章程"另有规定"检讨》,载《法学研究》2009年第2期。
[3]《公司法》第86条。
[4]《公司法》第87条。
[5]《公司法》第88条。
[6]《公司法》第157条。

1. 转让地点

股东转让其股份,应当在依法设立的证券交易场所进行或者按照国务院规定的其他方式进行。[1]

2. 转让方式

股票的转让,由股东以背书方式或者法律、行政法规规定的其他方式进行;转让后由公司将受让人的姓名或者名称及住所记载于股东名册。股东会会议召开前20日内或者公司决定分配股利的基准日前5日内,不得变更股东名册。法律、行政法规或者国务院证券监督管理机构对上市公司股东名册变更另有规定的,从其规定。[2]

上市公司的股票,依照有关法律、行政法规及证券交易所交易规则上市交易。[3] 上市公司应当依照法律、行政法规的规定披露相关信息。[4]

3. 转让限制

公司公开发行股份前已发行的股份,自公司股票在证券交易所上市交易之日起1年内不得转让。法律、行政法规或者国务院证券监督管理机构对上市公司的股东、实际控制人转让其所持有的本公司股份另有规定的,从其规定。[5]

公司董事、监事、高级管理人员应当向公司申报所持有的本公司的股份及其变动情况,在就任时确定的任职期间每年转让的股份不得超过其所持有本公司股份总数的25%;所持本公司股份自公司股票上市交易之日起1年内不得转让。上述人员离职后半年内,不得转让其所持有的本公司股份。公司章程可以对公司董事、监事、高级管理人员转让其所持有的本公司股份作出其他限制性规定。[6]

股份在法律、行政法规规定的限制转让期限内出质的,质权人不得在限制转让期限内行使质权。[7]

(二)财务资助

公司不得为他人取得本公司或者其母公司的股份提供赠与、借款、担保以及其他财务资助,公司实施员工持股计划的除外。为公司利益,经股东会决议,或者董事会按照公司章程或者股东会的授权作出决议,公司可以为他人取得本公司或者其母公司的股份提供财务资助,但财务资助的累计总额不得超过已发行股本总额的10%。董事会作出决议应当经全体董事的2/3以上通过。违反前述规定,给公司造成损失的,负有责任的董事、监事、高级管理人员应当承担赔偿责任。[8]

---

[1]《公司法》第158条。
[2]《公司法》第159条。
[3]《公司法》第165条。
[4]《公司法》第166条。
[5]《公司法》第160条第1款。
[6]《公司法》第160条第2款。
[7]《公司法》第160条第3款。
[8]《公司法》第163条。

重要名词术语

股东、股东权利、出资、股份、查阅权、表决权、利润分配请求权、优先认股权、股权回购请求权、财务资助

思考题

1. 简述有限责任公司股东对外转让股权时的程序规则。
2. 简述股权回购请求权的行使要件。

典型案例分析

基本案情

2019年11月27日，北京市海淀区人民法院就A公司与B公司股东知情权纠纷一案作出（2017）京0108民初30567号民事判决书，判决：（1）被告B公司于本判决生效之日起15日内，将该公司自2006年2月24日至本案判决生效之日止的财务会计报告备于公司住所地内，供原告A公司查阅、复制，查阅、复制时间不少于10个工作日；（2）被告B公司于本案判决生效之日起15日内，将该公司自2006年2月24日至本案判决生效之日止的会计账簿（含总账、明细账、日记账及其他辅助性账簿）、会计凭证（含记账凭证、原始凭证及作为原始凭证附件入账备查的有关资料）备于公司住所地内，供原告A公司查阅，查阅时间不少于15个工作日。判决生效后，A公司向海淀法院申请执行，海淀法院于2020年8月12日立案，执行案号为（2020）京0108执13301号。2020年11月20日，执行实施法官与双方当事人进行谈话。当日的执行笔录载明："法官：B公司，本案确定的义务如何履行？ B公司：我公司配合法院执行工作，履行（2017）京0108民初30567号民事判决一案确定的义务。我公司想从2020年11月30日起配合申请人时间重叠执行本案判决确定的查阅、复制财务报告和查阅会计账簿至2020年12月18日止，其中复制、查阅10个工作日与查阅15个工作日重叠。法官：申请人认可吗？ A公司：我公司申请按照本案判决第一项先对财务会计报告复制、查阅，以10个工作日为准。如我公司提前查阅、复制完毕，会向法院报告，2020年11月27日至2020年12月10日止？法官：B公司，你们同意吗？ B公司：同意，我公司配合，并提供相应的查阅、复制方便。2020年11月27日至2020年12月10日止。法官：第二个判项确定的内容何时履行？ A公司：2020年12月11日起至2020年12月31日止执行判决第二项内容，查阅账簿。法官：被执行人的意见呢？ B公司：同意，并配合。"2020年11月27日的执行现场笔录显示，按照双方当事人于2020年11月20日确定的方案，开始了第一阶段的查阅、复制。2020年12月11日的执行现场笔录显示，依据2020年11月20日确定的方案，开始执行判决确定的第二项内容，即查阅2006年2月24日至今的会计账簿。双方当事人均在笔录中签字确认。2021年1月27日，（2020）京0108执13301号执行案件以自动履行方式结案。A公司不服，向海淀法院提出执行异议，主张其在行使股东知情权查阅会计账簿和会计凭证时可以摘抄，不认可海淀

法院以自动履行方式结案的行为。

裁判结果

海淀法院认为,本案的争议焦点在于股东知情权中的查阅是否包括摘抄。本案中,本案执行依据确定的第二项内容是 A 公司可以查阅 B 公司自 2006 年 2 月 24 日起至判决生效之日止的会计账簿和会计凭证。目前,公司法及相关司法解释并未明确规定股东知情权中的查阅包括摘抄。A 公司在执行程序中要求摘抄 B 公司的会计账簿和会计凭证,缺乏明确的法律依据。海淀法院遂作出执行裁定,驳回 A 公司提出的异议。A 公司不服该裁定,向北京市第一中级人民法院申请执行复议。北京一中院认为,本案的争议焦点为 A 公司在行使股东知情权查阅 B 公司会计账簿和会计凭证时能否摘抄。从词意上理解,复制系以印刷、复印、临摹、拓印、录像、翻拍等方式将原件仿制一份或多份的行为,而摘抄可理解为从书籍或文件材料中摘取部分内容或信息以抄录。由此可见,复制可以产生与原件外观相同或近似之效果,但通常而言,摘抄仅能呈现原件的部分内容,不能反映原件的全貌和整体概况,不产生与原件外观相同或近似之效果。因此,摘抄在通常情况下不同等于复制。此外,股东知情权是公司股东了解公司信息、知晓公司事务的权利。本案执行依据确定的 B 公司应提供给 A 公司查阅的会计账簿、会计凭证的时间跨度为自 2006 年 2 月 24 日起至执行依据生效之日止,前后跨度达十余年,会计账簿、会计凭证中包含了大量的专业数据信息,仅凭阅读和记忆难以保障 A 公司能够充分了解、知晓 B 公司的财务状况和经营状况,使股东知情权的行使流于形式。且查阅本身即有检查、察看之意,而非仅仅是查看、阅览的意思,摘抄是检查的方式之一,B 公司在履行上述判项义务时,应当提供符合要求的场所和条件,保障 A 公司股东知情权的正当行使。综上,A 公司的复议理由部分成立,原审裁定适用法律错误,应予纠正。依照最高人民法院《关于人民法院办理执行异议和复议案件若干问题的规定》第 23 条第 1 款第 2 项、第 2 款之规定,裁定:(1)撤销海淀法院(2021)京 0108 执异 312 号执行裁定;(2)撤销海淀法院在(2020)京 0108 执 13301 号执行案件中不允许 A 公司依据(2017)京 0108 民初 30567 号民事判决第二项行使查阅权时可以摘抄的行为;(3)撤销海淀法院(2020)京 0108 执 13301 号执行案件以自动履行方式结案的行为;(4)指令海淀法院在执行(2017)京 0108 民初 30567 号民事判决第二项时按照查阅权包括摘抄来执行。[1]

---

[1] 具体分析可参见徐梓程、栗俊海:《股东查阅权案件执行中应允许摘抄》,载《人民司法·案例》2022 年第 20 期。

第十四章　公司治理

【内容提示】

公司具有独立人格的重要标志之一是具有独立的组织形态,能够与其成员人格相互区隔。公司内部治理机构完备,是公司独立形成自身意思的前提和基础。典型的公司内部治理机构包含股东会、董事会和监事会,股东会是公司的权力机构,有权决定公司的重大性、根本性问题;董事会是公司的执行机构,负责经营、管理公司业务;监事会是公司的监督机构,负责监督公司业务的执行情况。大陆法系国家的公司治理模式通常要求股东会、董事会、监事会三者兼备、各司其职;英美法系国家的公司治理模式则仅设置股东会和董事会,监督职能由董事会内部设置的审计委员会等各类委员会承担。基于公司内部机关权力配置的不同,公司治理模式可区分为英美法系采用的单层制模式与大陆法系采用的双层制模式两类。在我国公司法上,股东会是公司的权力机构,由全体股东组成,只有一个股东的公司不设股东会。董事会作为公司内部的执行机构,由股东会选举产生的全体董事共同组成,通过集体形式行使法定职权和公司章程赋予的职权。董事会虽由股东会选举产生,但其职权和地位具有法定性。董事会的权力来源于法律的直接规定而非股东授予,董事一经选任,必须按照忠实、勤勉的履职标准维护公司和股东利益,并兼顾公司职工、公司债权人等利益相关者的利益。监事会,是对公司的经营和管理事务进行监督和检查的公司内部机关。在现代公司制度中,由于所有权和控制权的分离导致股东难以直接控制和管理公司,董事会承担管理公司的职责,高级管理人员在董事会的领导下负责公司日常经营事务,股东难以直接对董事和高级管理人员的履职情况进行监督。为了避免董事、高级管理人员追求自身利益而损害公司和股东利益,需要对董事会和高级管理人员的履职行为进行监督。因此,公司法设置监事会作为专门的监督机构,以有效制衡和约束公司管理层的行为。

第一节　公司治理模式

一、英美法系的单层制公司治理模式

英美法系国家采用单层制公司治理模式,公司治理结构是以股东为基础的三角形模

式（triangular pattern）。股东通常被视为企业的最终所有者或剩余所有者，董事会任命公司高级管理人员，负责管理公司或监督公司事务的执行，并不设置独立的监督机关。董事对公司的控制受到法定要求的限制，即公司的基本行为，如章程修改、合并、分立、自愿解散、出售全部或大部分公司资产，必须获得股东的批准。[1] 传统原则将最终的管理权赋予股东，董事只享有实际被授予的权力。董事的权力被视为与公司本身的权力一样广泛，股东作为公司所有者受到董事会的控制。[2]

在单层制模式中，股东会选举产生的董事日渐成为公司的权力中心。董事会的职权涉及范围广泛，属于法律规定的职权，甚至能够对抗股东会的职权；股东会不能剥夺董事会的职权，否则，股东可能因介入公司管理事务而承担无限责任。除了公司法或者章程明确规定属于股东会的权力，其余权力以及公司业务和事务的管理权均由董事会行使，而且董事会有权将公司经营权授予高级管理人员。董事会的权力是法定权力而非由股东会所授予，在性质上是公司的权力而非股东会的权力。[3]

二、大陆法系的双层制公司治理模式

大陆法系国家通常采用双层制公司治理模式，即在公司内部设置股东会作为权力机构，选举产生董事会和监事会分别作为执行机构和监督机构，公司股东会、监事会和董事会之间形成特殊的垂直关系。以德国公司法为例，监事会是董事会职能的重要牵制力量，形成对董事会职权的制约，进而使得德国的董事会区别于英美国家的董事会。[4]

三、我国的公司治理模式

我国的公司治理模式由1993年《公司法》确立后延续至今，2023年通过的新《公司法》允许公司在董事会内部设置审计委员会，以取代监事会或者监事的设置。从立法规定来看，我国公司法允许公司自行选择采用单层制模式还是双层制模式。无论是采用单层制还是双层制，股东会和董事会之间的权力分配基本一致：股东选举董事并对有限的重要事项进行投票；董事监督管理人员并批准公司的重大决策；管理人员日常管理公司。[5] 无论在法律上还是在实践上，董事会都是公司内部独立的权力中心。董事会拥有在公司框架内作出所有业务决策的一般性权力以及各种特殊权力，如宣布股息和任命高级管理人员的权力。然而，股东拥有公司，因此公司立法统一要求，有权行使这些关键权力的公司机关由股东选举产生。[6] 总体来看，我国目前的公司治理模式其实处于一个相对尴尬的境地，

---

〔1〕 See James D. Cox, Thomas Lee Hazen, *Business Organizations Law*（*Fifth Edition*）, WEST, 2020, pp.171-172.

〔2〕 See David Millon, *Theories of the Corporation*, 1990 Duke L.J. 201, 215-216（1990）.

〔3〕 参见叶林：《公司法研究》，中国人民大学出版社2008年版，第178—179页。

〔4〕 参见叶林：《公司法研究》，中国人民大学出版社2008年版，第181页。

〔5〕 See Bernard S. Black, *Shareholder Passivity Reexamined*, 89 Mich. L. Rev. 520, 533（1990）.

〔6〕 See Melvin Aron Eisenberg, *Megasubsidiaries*: *The Effect of Corporate Structure on Corporate Control*, 84 Harv. L. Rev. 1577, 1602-1603（1971）.

从公司法对于股东会和董事会职权的分配和安排上看,董事会当为主要掌管公司经营事项的机构,而股东会则居于公司所有者而非经营者的地位。现实中,董事会在公司经营管理中的主导或核心地位实际上已经被经理机构或控股股东取而代之。[1]

第二节　股东会

一、股东会的职权

股东会是公司的权力机构,由全体股东组成,只有一个股东的公司不设股东会。[2]股东会依照《公司法》规定行使下列职权:(1)选举和更换董事、监事,决定有关董事、监事的报酬事项;(2)审议批准董事会的报告;(3)审议批准监事会的报告;(4)审议批准公司的利润分配方案和弥补亏损方案;(5)对公司增加或者减少注册资本作出决议;(6)对发行公司债券作出决议;(7)对公司合并、分立、解散、清算或者变更公司形式作出决议;(8)修改公司章程;(9)公司章程规定的其他职权。[3]此外,股东会可以授权董事会对发行公司债券作出决议。

二、股东会会议规则

（一）股东会的议事方式

在多人组成的公司中,股东需要通过集体形式形成决议,个体股东并不享有直接参与公司经营管理的权利。因此,股东需要通过召开股东会会议并就审议事项作出决议的方式,行使法律赋予股东会的职权。全体股东以书面形式一致表示同意的,可以不召开股东会会议,直接作出决定,并由全体股东在决定文件上签名或者盖章。[4]由于一人公司不设股东会,无法通过召开股东会会议的方式形成有效决议,因而一人公司的股东就法定事项作出决定时,应当采用书面形式,并由股东签名或者盖章后置备于公司。[5]

（二）股东会会议的形式

股东会会议分为定期会议和临时会议。

1. 定期会议

在有限责任公司中,定期会议应当按照公司章程的规定按时召开。[6]在股份有限公司

---

[1] 参见赵旭东:《公司法修订中的公司治理制度革新》,载《中国法律评论》2020年第3期。
[2] 《公司法》第58条、第111条、第112条第2款。
[3] 《公司法》第59条、第112条第1款。
[4] 《公司法》第59条第3款。
[5] 《公司法》第60条。
[6] 《公司法》第62条第2款。

中,股东会应当每年召开一次年会。[1]

2.临时会议

在有限责任公司中,代表 1/10 以上表决权的股东、1/3 以上的董事或者监事会提议召开临时会议的,应当召开临时会议。[2]

在股份有限公司中,有下列情形之一的,应当在 2 个月内召开临时股东会会议:(1)董事人数不足公司法规定人数或者公司章程所定人数的 2/3 时;(2)公司未弥补的亏损达股本总额 1/3 时;(3)单独或者合计持有公司 10% 以上股份的股东请求时;(4)董事会认为必要时;(5)监事会提议召开时;(6)公司章程规定的其他情形。[3]

(三)股东会会议的召集和主持

1.有限责任公司

首次股东会会议由出资最多的股东召集和主持,依照《公司法》规定行使职权。[4]

公司成立后的股东会会议由董事会召集,董事长主持;董事长不能履行职务或者不履行职务的,由副董事长主持;副董事长不能履行职务或者不履行职务的,由过半数的董事共同推举 1 名董事主持。董事会不能履行或者不履行召集股东会会议职责的,由监事会召集和主持;监事会不召集和主持的,代表 1/10 以上表决权的股东可以自行召集和主持。[5]

2.股份有限公司

股东会会议由董事会召集,董事长主持;董事长不能履行职务或者不履行职务的,由副董事长主持;副董事长不能履行职务或者不履行职务的,由过半数的董事共同推举 1 名董事主持。

董事会不能履行或者不履行召集股东会会议职责的,监事会应当及时召集和主持;监事会不召集和主持的,连续 90 日以上单独或者合计持有公司 10% 以上股份的股东可以自行召集和主持。

单独或者合计持有公司 10% 以上股份的股东请求召开临时股东会会议的,董事会、监事会应当在收到请求之日起 10 日内作出是否召开临时股东会会议的决定,并书面答复股东。[6]

(四)会议通知

1.有限责任公司

召开股东会会议,应当于会议召开 15 日前通知全体股东;但是,公司章程另有规定或者全体股东另有约定的除外。[7]

---

[1]《公司法》第 113 条。
[2]《公司法》第 62 条第 2 款。
[3]《公司法》第 113 条。
[4]《公司法》第 61 条。
[5]《公司法》第 63 条。
[6]《公司法》第 114 条。
[7]《公司法》第 64 条第 1 款。

2. 股份有限公司

召开股东会会议,应当将会议召开的时间、地点和审议的事项于会议召开 20 日前通知各股东;临时股东会会议应当于会议召开 15 日前通知各股东。

单独或者合计持有公司 1% 以上股份的股东,可以在股东会会议召开 10 日前提出临时提案并书面提交董事会。临时提案应当有明确议题和具体决议事项。董事会应当在收到提案后 2 日内通知其他股东,并将该临时提案提交股东会审议;但临时提案违反法律、行政法规或者公司章程的规定,或者不属于股东会职权范围的除外。公司不得提高提出临时提案股东的持股比例。

公开发行股份的公司,应当以公告方式作出前述规定的通知。股东会不得对通知中未列明的事项作出决议。[1]

(五)表决规则

1. 有限责任公司

股东会会议由股东按照出资比例行使表决权;但是,公司章程另有规定的除外。[2] 股东会的议事方式和表决程序,除公司法有规定的外,由公司章程规定。股东会作出决议,应当经代表过半数表决权的股东通过。股东会作出修改公司章程、增加或者减少注册资本的决议,以及公司合并、分立、解散或者变更公司形式的决议,应当经代表 2/3 以上表决权的股东通过。[3]

2. 股份有限公司

股东出席股东会会议,所持每一股份有一份表决权,类别股股东除外。公司持有的本公司股份没有表决权。股东会作出决议,应当经出席会议的股东所持表决权过半数通过。股东会作出修改公司章程、增加或者减少注册资本的决议,以及公司合并、分立、解散或者变更公司形式的决议,应当经出席会议的股东所持表决权的 2/3 以上通过。[4]

股东会选举董事、监事,可以按照公司章程的规定或者股东会的决议,实行累积投票制。所谓累积投票制,是指股东会选举董事或者监事时,每一股份拥有与应选董事或者监事人数相同的表决权,股东拥有的表决权可以集中使用。[5]

(六)会议记录

股东会应当对所议事项的决定作成会议记录,出席会议的股东应当在会议记录上签名或者盖章。[6] 股份有限公司的会议记录还需要主持人、出席会议的董事签名,会议记录应当与出席股东的签名册及代理出席的委托书一并保存。[7]

---

[1]《公司法》第 115 条。
[2]《公司法》第 65 条。
[3]《公司法》第 66 条。
[4]《公司法》第 116 条。
[5]《公司法》第 117 条。
[6]《公司法》第 64 条第 2 款。
[7]《公司法》第 119 条。

三、股东会决议

(一)决议的成立与不成立

公司依照法律或者章程规定的议事方式和表决程序作出决议的,该决议行为成立。[1] 有下列情形之一的,公司股东会、董事会的决议不成立:(1)未召开股东会、董事会会议作出决议;(2)股东会、董事会会议未对决议事项进行表决;(3)出席会议的人数或者所持表决权数未达到《公司法》或者公司章程规定的人数或者所持表决权数;(4)同意决议事项的人数或者所持表决权数未达到《公司法》或者公司章程规定的人数或者所持表决权数。[2]

(二)决议无效

公司股东会、董事会的决议内容违反法律、行政法规的无效。[3]

(三)决议可撤销

公司股东会、董事会的会议召集程序、表决方式违反法律、行政法规或者公司章程,或者决议内容违反公司章程的,股东自决议作出之日起60日内,可以请求人民法院撤销。但是,股东会、董事会的会议召集程序或者表决方式仅有轻微瑕疵,对决议未产生实质影响的除外。未被通知参加股东会会议的股东自知道或者应当知道股东会决议作出之日起60日内,可以请求人民法院撤销;自决议作出之日起1年内没有行使撤销权的,撤销权消灭。[4]

(四)决议被宣告无效、撤销或者确认不成立的后果

公司股东会、董事会决议被人民法院宣告无效、撤销或者确认不成立的,公司应当向公司登记机关申请撤销根据该决议已办理的登记。股东会、董事会决议被人民法院宣告无效、撤销或者确认不成立的,公司根据该决议与善意相对人形成的民事法律关系不受影响。[5]

第三节　董事会

一、董事会的设置

(一)董事会是公司的执行机构

1.公司原则上应当设置董事会

除非法律另有规定,公司原则上应当依法设置董事会行使公司的管理职权。董事会作

---

[1]《民法典》第134条第2款。
[2]《公司法》第27条。
[3]《公司法》第25条。
[4]《公司法》第26条。
[5]《公司法》第28条。

为公司内部的执行机构,由股东会选举产生的全体董事共同组成,通过集体形式行使法定职权和公司章程赋予的职权。由于公司所有权与经营权的分离,股东对公司的管理和控制能力有限,股东会并非直接管理公司,而是通过选任董事作为公司管理者对公司进行间接控制。[1]董事会虽由股东会选举产生,但其职权和地位具有法定性。董事会的权力来源于法律的直接规定而非股东授予,董事一经选任,必须按照忠实、勤勉的履职标准维护公司和股东利益,并兼顾公司职工、公司债权人等利益相关者的利益。

2. 规模较小或者股东人数较少的公司可不设董事会

根据《公司法》第75条和第128条的规定,规模较小或者股东人数较少的公司,可以不设董事会,设1名董事,行使《公司法》规定的董事会的职权。该董事可以兼任公司经理。为了便利公司董事会议事程序和表决程序的运行,公司法允许股东人数较少或者规模较小的公司设置1名董事,取代董事会的设置,以精简公司业务执行机构,降低公司运营成本,提高经营效率。这表明,董事会并非公司的必设机关。对于"股东人数较少"或者"规模较小"应当如何认定,《公司法》和其他法律文件并未作出明确规定,实践操作中具有很大的灵活性,至少可以明确的是,一人公司可以不设董事会,只设置1名董事。

不设董事会的公司虽然只有1名董事,但其法律地位与董事会相同,均属于公司业务的执行机构,由股东会选举产生。由于公司只有1名董事,自然不能采取董事会会议形式进行集体决策,所以该名董事可以自行作出决议、制作决议文件并签名,以备股东和监事查阅。同时,为了确保规模较小或者股东人数较少的公司高效运营,尽快落实公司经营政策,不设董事会的公司所设置的1名董事可以兼任经理,实现公司业务决策和执行的统一。

(二)董事会的组成人员

1. 董事会的成员人数

修订后的《公司法》取消了公司董事会成员人数的上限规定,仅要求董事会成员为3人以上。虽然《公司法》没有限制董事会成员的具体组成,但董事会成员人数通常应为3人以上的奇数而不能是偶数。因为董事会作出决议,应当经全体董事的过半数通过,董事会成员为偶数时可能出现赞成票与反对票对等的尴尬局面,影响董事会决议的顺利作出。此外,董事会成员的选任应当符合《公司法》第178条关于董事任职资格的规定。

2. 职工董事的设置要求

公司是由股东、董事、监事、高级管理人员和职工共同构成的商事组织。公司内部不同人员的利益诉求、行为模式等既可能相同也可能不同。[2]《公司法》第68条第1款规定:"有限责任公司董事会成员为三人以上,其成员中可以有公司职工代表。职工人数三百人以上的有限责任公司,除依法设监事会并有公司职工代表的外,其董事会成员中应当有公司职工代表。董事会中的职工代表由公司职工通过职工代表大会、职工大会或者其他形式民主选举产生。"该款规定同样适用于股份有限公司董事会。[3]

---

[1] 参见施天涛:《公司法论》(第四版),法律出版社2018年版,第309页。

[2] 参见叶林:《公司民主管理的法律解释——关于中国〈公司法〉第18条第2款的解读》,载《河北学刊》2010年第4期。

[3] 《公司法》第120条第2款。

职工与股东的利益追求存在差异,公司法允许在董事会中设置职工董事,有利于保障职工参与公司民主管理的权利,维护职工合法权益,构建和谐劳动关系,促进企业持续健康发展。《公司法》根据公司内部机构的设置和组成情况,对于职工董事的设置作出不同规定:首先,公司董事会成员为3人以上,其成员中可以有职工董事;其次,职工人数300人以上的公司,除依法设监事会并有公司职工代表的外,其董事会成员中应当有职工董事。

职工董事与一般董事均为公司董事会的组成人员,在董事会决议的形成中均享有一人一票;职工董事与一般董事的任期相同,可以连选连任。但是,职工董事与一般董事仍存在以下区别。(1)选任方式不同。职工董事由公司职工通过职工代表大会、职工大会或者其他形式民主选举产生或者罢免,公司高级管理人员和监事不得兼任职工董事;而一般董事需由股东会选举产生或罢免,公司高级管理人员可以兼任公司董事。(2)法律地位不同。职工是公司聘用的劳动者,与公司之间存在劳动关系;一般董事属于公司管理者的范畴,并非一般的公司雇员。(3)设置的强制性不同。除法定情形外,有限责任公司通常可以自行选择是否在董事会成员中设置职工董事;而一般董事是公司董事会的成员,即便不设董事会的有限责任公司也必须设1名董事。

职工董事依法行使下列权利:(1)参加董事会会议并行使表决权;(2)就涉及职工切身利益的规章制度或者重大事项,提请召开董事会会议,反映职工的合理要求,维护职工合法权益;(3)列席与其职责相关的公司行政办公会议和有关生产经营工作的重要会议;(4)要求公司工会、公司有关部门和机构通报有关情况并提供相关资料;(5)法律法规和公司章程规定的其他权利。

职工董事应当履行下列义务:(1)遵守法律法规,遵守公司章程及各项规章制度,保守公司秘密,认真履行职责;(2)定期听取职工的意见和建议,在董事会上真实、准确、全面地反映职工的意见和建议;(3)定期向职工代表大会述职和报告工作,执行职工代表大会的有关决议,在董事会会议上,对职工代表大会作出决议的事项,应当按照职工代表大会的相关决议发表意见,行使表决权;(4)法律法规和公司章程规定的其他义务。

3. 董事长、副董事长的产生办法

董事会作为公司业务的执行机构,负有经营决策、人事管理、方案制订、股东会会议召集和章程授予的其他职权。董事会履行职权的方式是召开董事会会议并作出有效决议,董事会会议的顺利召开和决议作出直接关系到董事会能否规范履职。因此,公司法设置董事长作为董事会的首脑,负责统筹安排董事会的运作事项,规范有序地作出决议并加以执行。

设置董事会的公司应设董事长1人,至于是否设副董事长则交由公司自行决定。有限责任公司董事会中董事长、副董事长的产生办法由公司章程规定,股份有限公司董事会的董事长、副董事长由董事会以全体董事的过半数选举产生。需注意的是,董事长、副董事长必须是董事会的成员,具有董事身份,非董事会成员不得担任董事长、副董事长。

二、董事会的法定职权

（一）董事会的一般职权

根据《公司法》第 67 条第 2 款和第 120 条第 2 款的规定，董事会行使下列职权。

1. 召集股东会会议，并向股东会报告工作

董事会需依法召集股东会会议，并由董事长、副董事长或过半数董事共同推举的董事主持股东会会议。董事会的成员由股东会选举产生，董事必须忠实、勤勉地履行职责，维护公司和股东利益。董事会应当就其履职情况向股东会报告，以确保股东对于公司事务的知情权，并采取相应的措施制裁或解任不称职的董事。

2. 执行股东会的决议

股东会作为公司的权力机构，并不直接参与公司经营事务的管理活动，而是通过股东会决议的形式形成公司意思，具体事务需由董事会执行实施。

3. 决定公司的经营计划和投资方案

董事会作为公司的执行机构，负责公司业务的经营管理，董事通常具备相应的经营管理能力和专业知识，由董事会就公司经营计划和投资方案作出商业判断更为合适。

4. 制订公司的利润分配方案和弥补亏损方案

董事会负责公司业务的经营管理，对于公司的经营情况尤其是财务状况更为了解，董事会应当根据公司的盈利或亏损情况制订具体的实施方案，并交由股东会进行审议决定。

5. 制订公司增加或者减少注册资本以及发行公司债券的方案

董事会可以根据公司的经营需要，制订公司增资或减资方案，提请股东会进行审议决定。虽然公司是否需要增加或减少注册资本以及发行公司债券需由股东会决议，但股东会并不负责公司业务的经营管理，只能依赖于实际负责公司经营业务的董事会作出提议并制订方案，最终是否实施需由股东会决议。

6. 制订公司合并、分立、解散或者变更公司形式的方案

公司合并、分立、解散或者变更公司形式属于公司的重大根本事项，必须由股东会作出决议。但是，合并、分立、解散或者变更公司形式的具体方案，需由承担经营管理职责的董事会提出，经过股东会批准后予以实施。

7. 决定公司内部管理机构的设置

董事会作为公司的执行机构，负责公司业务的经营管理，出于执行公司业务的需要，董事会有权根据公司具体情况，自主决定内部的管理机构如何设置，以确保公司能够有效运营。

8. 决定聘任或者解聘公司经理及其报酬事项，并根据经理的提名决定聘任或者解聘公司副经理、财务负责人及其报酬事项

董事会需要通过召开董事会会议形成决议的方式行使公司管理职权，董事个体不能以个人名义直接参与公司日常业务的管理、实施。董事会通过决议后，必须通过经理、财务负责人等高级管理人员负责具体实施。因此，董事会有权决定聘任或者解聘公司经理及其报酬事项，并根据经理的提名决定聘任或者解聘公司副经理、财务负责人及其报酬事项。

9. 制定公司的基本管理制度

公司生产经营的稳定运行,依赖于公司内部管理制度的科学性和有效性。而公司所处行业千差万别,不同公司各具特点,法律允许公司根据自身经营情况,设置契合自身需求的基本管理制度。

10. 公司章程规定或者股东会授予的其他职权

除《公司法》列举规定的九项董事会职权外,公司章程可以对其他应当由董事会负责的事项作出规定,股东会也可以将自身的部分职权授权董事会行使。虽然从公司自治的角度考虑,公司章程或者股东会通过决议可以授予董事会其他职权,但是考虑到信赖基础权利结构而作出交易安排的小股东利益保护,对公司自治应作出适当限制。[1]

（二）不设董事会的公司中董事的职权

公司不设董事会而设1名董事时,该名董事的职权与董事会的职权相同。不设董事会的公司所设置的1名董事,是公司董事会的替代机关,与董事会的法律地位相同,理应享有同样的职权。同时,该名董事可以兼任公司经理。

（三）公司章程对董事会权力的限制

公司章程作为公司内部的自治规范,其效力局限于公司内部,对于公司外部第三人并不具有法律约束力。在公司章程对董事会权力作出限制性规定的情况下,董事会超出权限对特定事项作出的决议存在效力瑕疵,此时公司基于董事会决议对外实施的法律行为的效力,应当如何判断?《公司法》规定根据公司外部第三人的主观知情状态作出区别认定:公司章程对董事会权力的限制不得对抗善意相对人。所谓善意,是指公司外部第三人的主观知情状态,知情而为之属于恶意,不知情而为之属于善意,并不包含任何道德评价因素。具体来说,若相对人不知道董事会权力受到公司章程的限制,那么董事会决议的效力存在瑕疵不会影响公司与相对人之间法律行为的效力;若相对人知道或者应当知道董事会权力受到公司章程的限制,那么公司与相对人之间法律行为的效力可能因无权代表或无权代理而被否定。

三、董事会中审计委员会的设置

传统的公司治理模式中,董事会是负责管理公司经营事务的内部机构,并不享有监督职权。随着商业实践的发展,董事会的职权不再限定于管理公司事务,而被公司法赋予更为广泛的权力。现代公司法允许公司将经营管理权授予负责执行的高级管理人员,并要求董事会对高级管理人员进行监督。在这一意义上,董事会更多的是履行监督职能而不是管理职能。本次《公司法》修订因应公司治理的发展趋势,允许公司在董事会中设置由董事组成的审计委员会,行使原属于监事会的职权,取代监事会或者监事的设置。

（一）审计委员会的组成人员

公司法对于审计委员会的组成人员并未施加过多限制,仅规定董事会内部设置的审

---

[1] 参见曹兴权、黄超颖:《股东会授权董事会的底线:权利配置基础结构维持原则》,载《财经法学》2017年第3期。

计委员会由董事组成,职工董事可以作为审计委员会成员。股份有限公司董事会中的审计委员会成员为3名以上,过半数成员不得在公司担任除董事以外的其他职务,且不得与公司存在任何可能影响其独立客观判断的关系。公司董事会成员中的职工代表可以成为审计委员会成员。

而在采用单层制公司治理模式的典型立法中,审计委员会主要由外部董事组成,外部董事并非由公司雇佣,他们通常在公司外部有自己的工作,而内部董事不仅就职于董事会,而且被公司雇佣为高级职员。由外部董事作为审计委员会成员的主体能够防范内部董事实施利益冲突行为,更加有效地履行监督职能。在我国的公司治理实践中,除上市公司中存在独立董事(相当于域外法上的外部董事)外,非上市股份有限公司和有限责任公司董事会均由内部董事组成,为了避免出现管理者自己监督自己的窘境,公司法规定职工董事可以担任审计委员会成员,在一定程度上可以强化审计委员会的监督职能。

（二）审计委员会的职权范围

单一的审计委员会在职权范围上难以涵盖监事会的全部职能。按照公司法规定,监事会的职权不限于财务会计事项的监督,还包括监督董事、高级管理人员执行职务的行为并提出罢免决议、提议召开临时股东会会议、对损害公司利益的董事、高级管理人员提起诉讼等。以审计委员会取代监事会后,原本属于监事会的其他职权应由谁行使、如何行使？在采用单层制公司治理模式的域外立法中,公司董事会内部设置的委员会类型多样,不仅限于审计委员会,还包括常务委员会、薪酬委员会、提名委员会等,这些委员会主要或者全部由外部董事组成,共同履行职责。由于公司法并未允许公司在董事会内部设置其他类型的委员会履行职责,按照公司法规定,由董事会内部设置的审计委员会可以替代行使监事会的全部职权。

（三）股份有限公司中审计委员会的决议规则

根据《公司法》第121条的规定,股份有限公司董事会中的审计委员会作出决议,应当经审计委员会成员的过半数通过。审计委员会决议的表决,应当一人一票。审计委员会的议事方式和表决程序,除《公司法》有规定的外,由公司章程规定。此外,公司可以按照公司章程的规定在董事会中设置其他委员会。[1]

上市公司在董事会中设置审计委员会的,董事会对下列事项作出决议前应当经审计委员会全体成员过半数通过:(1)聘用、解聘承办公司审计业务的会计师事务所;(2)聘任、解聘财务负责人;(3)披露财务会计报告;(4)国务院证券监督管理机构规定的其他事项。[2]

四、董事的任期与辞任、解任

（一）董事任期的法定要求

董事任期是自然人担任公司董事职务的时间限制。设置董事任期的目的在于,对担任

---

[1]《公司法》第121条。
[2]《公司法》第137条。

公司管理者的董事进行约束,避免个人长期担任公司董事职务谋取私利、损害公司利益。公司董事的选任原则上属于公司内部的自治事项,需要经由股东会集体决议,法律原则上不对公司董事的选任及任期进行过多限制,董事任期原则上由公司章程自行规定。但是,公司法规定董事任期的上限为3年,所以公司章程规定的董事任期不得超过3年,否则会因违反法律的强制性规定而无效。

董事任期届满,连选可以连任。原则上,董事任期届满后即丧失董事身份,若要继续担任董事必须经过股东会的再次选任(职工董事须经职工代表大会或职工大会选任)。如果董事任期届满后未获股东会选任(职工董事未获职工代表大会或职工大会选任),那么董事自然丧失董事会的成员资格。法律并不限制董事连选连任的次数,只要董事能够一直获得股东会的选任,董事任职的总时长就不受限制。

(二)原董事在改选出的董事就任前仍应依法履职

公司在依法成立前的设立阶段,需由承担发起设立职责的股东选举产生公司内部机关的组成人员,形成公司内部治理的基本架构。在公司运营过程中,董事任期结束需要进行换届选举,如果在董事任期届满前董事会就已选举产生新一届董事会,那么随着原有董事任期届满,新董事可以立即继任;但若董事任期结束后再进行换届选举,由于股东会的召集程序需要依据法定程序进行,不可能立即完成董事会成员的选举工作,尤其是在公司股东相互之间未就董事人选达成一致意见的情况下,新董事的选任就会陷入僵局。为了避免股东会无法及时作出有效决议选任董事,影响董事会正常运行和公司经营业务的有序开展,公司法要求任期届满的董事在改选的新董事到任前,继续依照法律、行政法规和公司章程的规定,履行董事职务。

董事在任期内辞任导致董事会成员低于法定人数,董事会应当及时召集股东会会议,就新董事的人选进行选举,形成有效的董事选任决议。在改选的董事就任前,董事会因其组成人员低于法定人数而无法正常履行职务,此时原董事仍应依照法律、行政法规和公司章程的规定,履行董事职务。需要明确的是,公司法所说的"董事会成员低于法定人数",究竟是指公司章程规定的董事会成员数量,还是董事会决议有效通过所需的法定人数?较为合理的观点是,此处的法定人数应指"三人以上",如果董事辞任后董事会成员仍为3人以上,就不会对董事会的正常履职造成影响,那么召集股东会选举新任董事就非必需。

(三)董事辞任

董事在公司章程规定的任期届满之前,可以辞去董事职务。董事应当以书面形式通知公司,无须等待公司同意,公司收到通知之日辞任生效,发生董事退出董事会的法律效力。但是,董事在任期内辞任导致董事会成员低于法定人数的,在改选出的董事就任前,原董事仍应当依照法律、行政法规和公司章程的规定,履行董事职务。

担任法定代表人的董事辞任的,视为同时辞去法定代表人。根据《公司法》第10条第1款规定:"公司的法定代表人按照公司章程的规定,由代表公司执行公司事务的董事或者经理担任。"据此,公司章程虽然可以规定法定代表人的具体人选,但只能在董事和经理两者中进行选择。董事辞任后丧失董事身份,自然不再符合《公司法》规定的法定代表人任职条件。担任法定代表人的董事辞任将会导致其法定代表人身份丧失,由于法定代表人是公司内部必设机关,法定代表人辞任后,公司应当确定其他董事或经理担任法定代表人,并相应修改公司章程中关于法定代表人的记载事项,变更公司章程中的法定代表人事项需要召开股东会并获得过代表 2/3 以上表决权的股东通过。

（四）董事解任

1. 董事解任的无因性

董事由股东会选举产生,因此股东会可以通过决议解除董事职务。公司法规范对于公司董事职务的无因解除与离职补偿进行了规范,强调董事职务解除的随时性与无因性。对于股东会能否在董事任期届满前解除董事的职务,存在有因解除与无因解除两种不同的立法模式。有因解除模式认为,股东会需要基于正当理由解除董事的职务,一般只有董事违反信义义务才能构成董事解任的正当事由;无因解除模式认为,解任董事属于股东会的固有权利,股东无须说明具体理由即可解除董事职务。据此,有因解除与无因解除的主要区别在于股东会解除董事职务是否需要基于正当理由。我国公司法对于董事的解任问题采用无因解除的立法模式,股东会作出决议就能解除董事职务,无须说明解除董事职务的具体理由。采用无因解除模式的原因在于,赋予股东会随时解除董事职务的权利,能够有效监督董事,督促其勤勉尽责地履行职责。[1]

2. 董事解任的形式

在公司设立时,董事由发起人选任或者由创立大会选举产生;在公司设立后,股东会负责选任公司董事。选任董事是股东会的固有权利,股东会不得将该项权利授予其他机构行使,公司章程亦不得对股东会选举董事的权利作出限制或者转授其他机关行使。换言之,公司内部有权解除董事职务的机关仅限于股东会,股东会不得将董事解任权授予其他机构行使,公司章程亦不得对此另行作出规定。需要注意的是,职工董事不由股东会决议任免,因此股东会决议不能解除职工董事的职务。

3. 董事解任后的赔偿

股东会在董事任期届满前可以无条件解除董事职务,董事只能被动接受解任后果而无权主张抗辩,为此,公司法赋予无正当理由被解除董事职务的董事相应的补偿请求权,以平衡公司与董事之间的利益。[2] 股东会无正当理由解任董事的行为,在性质上属于公司单方行使任意解除权解除委任合同的行为,公司作为委托人,应当赔偿作为受托人的董事因此直接受到的损失和丧失剩余任期而损失的可得利益。[3] 根据《公司法解释五》第 3 条第 2 款规定:"董事职务被解除后,因补偿与公司发生纠纷提起诉讼的,人民法院应当依据法律、行政法规、公司章程的规定或者合同的约定,综合考虑解除的原因、剩余任期、董事薪酬等因素,确定是否补偿以及补偿的合理数额。"

---

[1] 参见施天涛:《公司法论》(第四版),法律出版社 2018 年版,第 371 页。
[2] 参见赵峰:《论董事职务期前解任与补偿请求权》,载《南大法学》2022 年第 5 期。
[3] 参见曹兴权、王婷婷:《董事离职补偿的公司法逻辑》,载《西南政法大学学报》2021 年第 6 期。

五、董事会会议的召开

（一）董事会会议的召开次数

《公司法》第123条对于股份有限公司董事会会议的召开次数和临时董事会会议的召开作出规定："董事会每年度至少召开两次会议，每次会议应当于会议召开十日前通知全体董事和监事。代表十分之一以上表决权的股东、三分之一以上董事或者监事会，可以提议召开临时董事会会议。董事长应当自接到提议后十日内，召集和主持董事会会议。董事会召开临时会议，可以另定召集董事会的通知方式和通知时限。"由于《公司法》对于有限责任公司并未作出相同规定，因而有限责任公司董事会会议的召开次数以及能否召开临时董事会，由公司自行决定。

（二）董事会会议的召集和主持

董事会必须通过董事会会议集体决议的方式行使职权。会议的召开必须有人召集和主持，方能确保董事会会议按照法定程序就审议事项作出有效决议。董事长作为董事会的首脑，理应由其负责召集和主持董事会会议。但是，董事长可能因客观情形或者主观意愿而拒绝召集董事会会议，为了确保董事会集体决策机制能够真正发挥作用，公司法最大限度地确保董事会会议的召集和主持能够有具体人员进行负责。董事长不能履行职务或者不履行职务的，由副董事长召集和主持；副董事长不能履行职务或者不履行职务的，由过半数的董事共同推举1名董事召集和主持。这表明，即便董事长和副董事长不积极召集和主持董事会会议，过半数董事同意后也可以共同推举1名董事召集和主持，以避免董事长或副董事长滥用会议召集权和主持权，造成公司无法形成有效的董事会决议，影响公司经营业务的正常开展。

公司法并未限定董事召集董事会会议的期限，实践中可能出现董事长故意拖延召集会议，在事实上达到拒绝董事会会议召开的目的。此种情况是否属于"不能履行职务或者不履行职务"的情况？由于公司法并未限制董事长或副董事长召集会议的期限，因而拖延召集会议的做法不会违反公司法规定，避免出现这一情况的最好办法是在公司章程中明确董事长或副董事长召集董事会会议的期限。在公司法和公司章程未作规定的情况下，董事长或副董事长超过合理期限没有召集董事会会议，可以被认定为"不履行职务"，从而由下一顺位的会议召集人召集和主持会议。此外，"过半数的董事"是指超过董事会全体成员的半数，并不包含本数。

（三）董事应当出席董事会会议

董事会会议，应当由董事本人出席；董事因故不能出席，可以书面委托其他董事代为出席，委托书应当载明授权范围。[1]与股东的表决权代理行使不同，董事只能委托其他董事代为投票，不能委托董事会成员之外的其他人参加董事会并代为投票。公司法作出这一限制的原因在于，董事对公司负有法定的信义义务，而董事的信义义务只能由董事亲自履行，不具有董事身份的其他人并不负有信义义务，无法忠实、勤勉地履行董事职责。因此，

---

[1]《公司法》第125条第1款。

公司法要求董事会会议应由董事本人出席,确有原因不能出席的,只能书面委托其他董事代为出席。

六、董事会会议的议事规则

(一)董事会的议事方式和表决程序

有限责任公司董事会的议事方式和表决程序可以由公司章程规定,这就意味着,董事会既可以采用会议形式集体行使董事会权力,也可以采用其他形式集体行使董事会权力,公司法对于董事会的具体议事方式和表决程序并未作出明确限定。在公司章程规定董事会需以会议方式形成决议的情况下,董事会必须采取会议形式,对于董事会会议的召集、主持和表决等事项,必须遵守法律和公司章程的规定。股份有限公司必须通过召开董事会会议的方式履行职权。

(二)董事会会议的出席比例和表决比例

董事会会议的召开和决议的有效通过,必须由过半数的董事出席,并经全体董事的过半数通过,以保证董事会能真正发挥决策和监督的职能。换言之,董事会决议的合法有效通过必须满足法定出席人数要求和全体董事的过半数通过这两项要件。

其一,董事会会议的合法有效召开,应由满足法定人数的董事出席。董事会作为公司业务的执行机关,享有公司的经营管理权,如果没有足够数量的董事参与董事会会议对经营管理事项进行表决,董事会决议将无法反映大多数董事的意见,动摇董事会会议民主决策机制的运行基础,甚至可能出现少数董事利用董事会决议的形式谋取个人私利、损害公司利益的情况。因此,公司法规定董事会会议必须有半数以上董事出席,才能有效召开。

其二,董事会决议的有效作出,应当由全体董事的过半数通过。董事会决议的表决,实行一人一票。"过半数"是指超过董事会全体成员的半数,并不包含本数。需要注意的是,无论董事会会议的出席人数是多少,出席董事的表决结果必须以全体董事为基数进行计算,审议事项只有获得过半数董事同意才能有效通过。

(三)董事会决议实行一人一票

董事会成员平等享有权利、平等履行义务,不会因其在公司中的职位高低、持股比例等因素而存在差异。对于董事会会议的审议事项,每名董事享有平等的表决权,即董事会会议的表决权采取"一人一票"的原则。该项规定属于法律的强制性规定,公司不得通过任何方式对董事的表决权进行差异化设置。董事本人不能亲自参加董事会会议时,可以委托其他董事代为行使表决权,法律效果等同于董事本人亲自行使。

(四)董事会会议记录

董事会会议应当对审议事项的过程和决定进行记录,制作成会议记录,以供股东和监事查阅。董事会会议记录应当包括会议召开的时间、地点、出席人员、审议事项、董事讨论意见、投票表决情况等内容。出席会议的董事应当在会议记录上签名,这一方面是确保会议记录的真实性和有效性,以免会议记录被私自篡改,影响董事会决议的法律效力。会议记录的真实有效能够保证董事会会议所作决议的合法性,避免董事会决议因他人质疑其程序违法而影响效力。另一方面,董事在会议记录上的签名是对其个人意见的确认,如果因董事未能勤勉尽责履职或者实施利益冲突行为导致公司利益受损,董事会会议记录可以作为确定董事责任的证据。当然,对于董事会决议持异议的董事可以据此免于承担责任。

七、董事会决议

董事会决议适用和股东会决议相同的效力判断规则,故不再赘述。董事应当对董事会的决议承担责任。董事会的决议违反法律、行政法规或者公司章程、股东会决议,给公司造成严重损失的,参与决议的董事对公司负赔偿责任;经证明在表决时曾表明异议并记载于会议记录的,该董事可以免除责任。

第四节 监事会

一、监事会的设置要求

(一)监事会的设置

监事会,是对公司的经营和管理事务进行监督和检查的公司内部机关。在现代公司制度中,由于所有权和控制权的分离导致股东难以直接控制和管理公司,董事会承担管理公司的职责,高级管理人员在董事会的领导下负责公司日常经营事务,股东难以直接对董事和高级管理人员的履职情况进行监督。为了避免董事、高级管理人员追求自身利益而损害公司和股东利益,需要对董事和高级管理人员的履职行为进行监督。因此,公司法设置监事会作为专门的监督机构,以有效制衡和约束公司管理层的行为。

(二)监事会的组成

监事会的组成人员分为两类:一类是股东代表,股东作为公司所有者,董事和高级管理人员未能忠实、勤勉履职将会损害公司和股东利益,选派股东代表参加监事会,可以监督董事和高级管理人员是否忠实、勤勉地履行法定职责,维护公司和股东利益;另一类是公司职工代表,公司职工代表代表的是全体职工的利益。公司职工能否按照其劳动付出获得报酬或奖金,取决于公司是否依法正常运营并盈利。董事和高级管理人员实施利益冲突行为或者疏忽怠责导致公司利益受损,也会降低公司职工按时足额获得报酬的可能性。因此,监事会中的职工代表能够监督董事和高级管理人员是否维护公司职工利益,发挥职工在公司民主管理中的作用。职工代表大会负责选举或者罢免职工监事,职工监事依法行使监督职权。

公司法对于公司监事的任职资格作出限定。一是《公司法》规定的董事、高级管理人员不得兼任监事。由于监事会的主要职能就是监督董事、高级管理人员是否依法忠实、勤勉地履行经营管理职责,因而董事、高级管理人员不得兼任监事,以免出现董事、高级管理人员"自己监督自己"的局面,弱化甚至消解监事会的监督职能。二是不存在《公司法》

第178条规定的不得担任公司监事的情形。

（三）可以不设监事会或者监事

公司规模大小不同,监事会作为公司的监督机构,也应根据公司规模大小作相应调整。若公司规模较大、成员较多、管理机构复杂,监事会需要相应数量的监事履行监督职责;若公司规模较小、成员较少、管理机构相对简单,没有必要设置3人以上的监事会履行监督职责,那么可以不设监事会,只设1名监事履行监督职责即可。这样既可以避免通过监事会会议进行决议所导致的复杂低效,又可以确保监督职责的统一行使。不设监事会的有限责任公司所设置的1名监事,其法律地位等同于监事会,职权范围与监事会的职权范围相同。

规模较小或者股东人数较少的有限责任公司经全体股东一致同意,也可以不设监事。全体股东一致同意的形式,既可以是公司章程也可以是股东会决议。原《公司法》仅规定规模较小或者股东人数较少的有限责任公司可以设置1—2名监事取代监事会的设置,并不允许公司取消监事的设置。《公司法》规定对于监事的设置要求进一步放宽,允许全体股东一致同意取消监事的设置。

需要讨论的是,《公司法》第69条中规定,"有限责任公司可以按照公司章程的规定在董事会中设置由董事组成的审计委员会,行使本法规定的监事会的职权,不设监事会或者监事"。《公司法》关于不设监事会或者监事的规定,是否需要以董事会设置审计委员会为前提？从体系解释的角度来看,《公司法》第83条与第69条应视为分别规定了公司可以不设监事会或者监事的两种不同情况:一是有限责任公司可以选择在董事会中设置审计委员会,从而取代监事会或者监事的监督职能;二是有限责任公司中规模较小或者股东人数较少的,也可以经全体股东一致同意,不设监事会或者监事。两项规定互不隶属、互不影响,二者区别如下:首先,第83条适用于规模较小或者股东人数较少的有限责任公司,而第69条适用于全部的有限责任公司;其次,第83条规定的不设监事会或者监事的前提是经全体股东一致同意,而第69条规定的不设监事会或者监事的前提是按照公司章程的规定在董事会中设置由董事组成的审计委员会。

二、监事的任期与辞任

（一）监事的任期

监事的任期,是指自然人担任监事职务的时间限制。监事的任期每届为3年,属于法律的强制性规定,公司章程不得延长或者缩短监事的任期,这与董事任期规定存在显著区别。《公司法》规定的董事任期由公司章程规定,但每届不得超过3年。监事的3年任期届满,可以经由股东会或者职工代表大会再次选举为监事,监事连续任职的届数不受限制,但每次换届都必须依法履行选举程序,经由选举程序选举成为新任监事。

（二）原监事在改选出的监事就任前应当继续履职

1.监事任期届满

监事任期届满应当及时进行改选,监事任期届满未及时进行改选,将会出现原监事已经退任但新监事尚未到任的情况,影响监事会正常履行监督职能。因此,在改选的新监事就任前,原监事仍应当继续履行监事职务,而不能以任期届满为由拒绝履行监事职责。改选的监事就任前由原监事继续履行监事职责,有利于确保监事会职能的正常发挥,避免因监事会成员人数不足无法形成有效的监事会决议,致使监事会无法针对董事、高级管理人员的违法行为及时进行有效监督。

2. 监事任期届满前辞任

监事在3年任期届满之前,可以主动申请辞职。监事辞职后,可能导致监事会成员人数低于法定人数,此时应当及时召开股东会或者职工代表大会补充选举新任监事,以满足监事会人数的法定要求。由于股东会或者职工代表大会的召开需要履行法定的会议召集程序,并非一蹴而就,在股东会选举产生新任监事前,原监事仍应当继续履行监事职务。此处的"监事会成员低于法定人数"主要是指以下两种情况:一是监事会成员人数低于法律规定的3人以上;二是职工代表的比例低于1/3或者公司章程规定的比例。出现上述两种情况,公司必须及时召开董事会或者职工代表大会补选监事。

三、监事会与监事的职权

(一)监事会的职权

根据《公司法》第78条规定,监事会行使下列职权:

(1)检查公司财务。监事会有权对公司的财务会计报告和其他财务会计资料进行审核、查阅。公司应当编制财务会计报告,财务会计报告的目标是向财务会计报告使用者提供与企业财务状况、经营成果和现金流量等有关的会计信息,反映企业管理层受托责任履行情况,有助于财务会计报告使用者作出经济决策。财务会计报告应当根据经过审核的会计账簿记录和有关资料编制,并符合会计法和国家统一的会计制度关于财务会计报告的编制要求、提供对象和提供期限的规定。

(2)监督董事、高级管理人员的履职行为及提出解任建议。监事会应当对董事、高级管理人员执行职务的行为进行监督,对违反法律、行政法规、公司章程或者股东会决议的董事、高级管理人员提出解任的建议。

(3)要求董事、高级管理人员纠正其损害公司利益的行为。监事会应当依法履行监督职权,在发现董事、高级管理人员的行为损害公司利益时,应当要求董事、高级管理人员纠正其不当行为。

(4)提议召开临时股东会会议,在董事会不履行公司法规定的召集和主持股东会会议职责时召集和主持股东会会议。

(5)向股东会会议提出提案。监事会有权直接向股东会会议提出议案。

(6)依照《公司法》第189条的规定,对董事、高级管理人员提起诉讼。董事、高级管理人员执行职务违反法律、行政法规或者公司章程的规定,给公司造成损失的,监事会有权依法向人民法院提起诉讼,要求董事、高级管理人员赔偿公司损失。

(7)公司章程规定的其他职权。除了上述职权,监事会可以行使公司章程规定的其他职权。

此外,监事会可以要求董事、高级管理人员提交执行职务的报告。董事、高级管理人员应当如实向监事会提供有关情况和资料,不得妨碍监事会或者监事行使职权。[1]监事对于董事、高级管理人员履职行为进行监督的前提,是其充分知悉董事、高级管理人员在日常经营管理中履行职务的具体情况,根据所获知的信息对于公司的经营计划和管理风险进行研判,及时发现公司可能存在的经营风险和董事、高级管理人员的违法违规行为,积极行使监督职权以避免董事、高级管理人员实施不当行为,从而最大限度地保护公司和股东利益。为此,监事会可以要求董事、高级管理人员提交执行职务的报告,董事、高级管理人员应当根据监事会的要求按时提供执行职务的报告,并如实向监事会提供有关情况和资料,配合、协助监事会依法开展监督工作。

（二）监事的权利

1. 监事列席董事会会议的权利

监事负责对董事执行职务的行为进行监督,而董事必须通过参加董事会会议就审议事项进行表决的集体形式行使管理权,董事身份并未赋予个体董事直接参与公司经营事务的权利。监事对董事执行职务的行为进行监督,主要就是对董事会会议审议事项的过程和结果进行监督。因此,监事可以列席董事会会议,对于董事会会议中董事的履职行为进行监督。董事会应当保障监事列席董事会会议的权利,将董事会会议的时间、地点和决议事项提前通知监事。

2. 监事的质询权和建议权

对于董事会会议的决议事项,监事认为可能对公司、股东利益造成损害或者侵犯职工合法权益的,可以提出质询,要求与会董事进行解释说明,并向董事会提出相应的改进建议。对于未被纳入董事会决议范围的事项,监事会能否向董事会提出质询或者建议,《公司法》第79条未予明确规定。按照严格的文义解释,第79条是针对监事列席董事会会议时对决议事项行使质询权和建议权的规定,若监事提出质询或建议的事项不属于董事会会议审议事项范围,则不应在董事会会议中提出质询或建议,而应通过其他方式行使监督权。

3. 监事的调查权

监事除了通过列席董事会会议的方式行使监督权,还可以针对日常履职过程中发现的公司经营情况异常进行调查。监事会往往是在董事、高级管理人员的违规行为给公司造成损害以后,才能发现并采取相应的监督措施。赋予监事对于公司异常经营情况的调查权,实际是赋予监事对于公司日常经营事务的监督权。监事会发现公司经营异常时,有权对公司相关情况进行调查。监事可以向公司书面申请查阅财务报表、会计资料等财务资料,了解公司真实经营情况,履行监督公司合法经营的监事职责。由于监事可能不具有财务专业知识,无法理解和发现财务会计文件所反映的公司财务情况,此时监事可以聘请会计师事务所等协助其工作,支出的咨询费、审计费、服务费等相关费用应由公司承担,从而为监事会执行职务提供物质保障。

---

[1]《公司法》第80条。

四、监事会会议的召开与表决

(一)监事会会议的分类

监事会会议分为定期会议和临时会议。定期会议,是指每年度至少召开一次的会议,临时会议是指监事根据对于公司经营管理的监督情况提议临时召开的会议。监事会由全体监事组成,需要集体行使公司法赋予的监事会职权,通过召开会议形成监事会决议,是监事会集体履行监督职权的主要形式。监事会会议所形成的决议对于董事、高级管理人员具有约束力,董事、高级管理人员必须根据决议内容采取纠正措施。

(二)监事会会议的召集和主持

有限责任公司设监事会主席一人,由全体监事过半数选举产生。监事会主席召集和主持监事会会议;监事会主席不能履行职务或者不履行职务的,由过半数监事共同推举一名监事召开和主持监事会会议。股份有限公司监事会设主席一人,可以设副主席。监事会主席和副主席由全体监事过半数选举产生。监事会主席召集和主持监事会会议;监事会主席不能履行职务或者不履行职务的,由监事会副主席召集和主持监事会会议;监事会副主席不能履行职务或者不履行职务的,由过半数的监事共同推举一名监事召集和主持监事会会议。[1]公司法规定担任监事会会议召集人和主持人的人员顺位,主要目的仍是尽可能确保监事会会议的顺利召开,确保监事会能真正发挥监督职能。监事会需由全体监事以集体形式进行履职,而监事会成员的构成包含不同的利益主体。不同利益主体会出于不同的利益考量作出不同决定,为了确保监事会成员在履职过程中的协调统一、顺利形成监事会决议,监事会主席的协调议事职能对于确保监事会集体履职的效果非常重要。

(三)监事会的议事方式和表决程序

监事会的议事方式既可以采用会议形式,也可以采用书面形式或其他形式,公司章程可以对监事会的议事方式作出规定。特别是对只设置1名监事的有限责任公司来说,其无法通过召开会议的形式形成决议,此时公司章程应当明确该名监事作出决定的具体方式。对于监事会会议的表决程序,法律原则上不加干涉,公司可以根据自身情况,通过公司章程作出规定。

《公司法》第81条和第132条规定,监事会决议应当经全体监事的过半数通过,而不是出席会议的监事过半数通过。按照原公司法规定,监事会决议应当经半数以上监事通过,"半数以上"究竟是指全体监事的半数以上,还是指出席会议的监事半数以上,并不明确;而且,"半数以上"包含本数。新《公司法》这一规定作出以下更改:一是明确了表决权计算基数是"全体监事"而不是出席会议的监事;二是将决议通过所需表决权比例由"半数以上"改为"过半数",这里的"过半数"不包含本数。

监事会会议的表决实行一人一票,这属于法律的强制性规定,不允许公司自行作出变更。无论是股东会选举的普通监事、股东监事还是职工代表大会选举的职工监事,在表决权设置上都不得存在任何差异,必须是一人一票,不会因持股比例、担任职位等因素受到

---

[1] 参见《公司法》第76条第3款。

影响,这体现了全体监事地位同等。

(四)监事会的会议记录

监事会会议应当将会议召开的时间、地点、审议事项、各个监事的意见、表决过程、表决结果、最终结论等内容记载于会议记录,出席会议的监事应当在会议记录上签名。会议记录是记载监事履职过程、确定监事责任的基本依据,凡在监事会会议记录上签字的监事,需要对其意见承担相应的责任。

五、监事会行使职权的费用承担

监事在行使监督职责时,需要支出咨询费、审计费、服务费等相关费用,监督成本的存在可能影响监事履行监督职能的积极性和主动性,制约监事对于公司日常经营管理活动的监督作用,甚至可能导致监事会形同虚设。因此,公司能否为监事会履行监督职责提供必要的物质保障,直接决定了监事会能否发挥法定的监督职能。但是,公司的经营管理事务由董事会和高级管理人员负责,公司的财务负责人作为高级管理人员,亦是由董事会依法进行选任。监事会履职所需的经费保障依赖于公司管理层,排除监事会监督的董事、高级管理人员可以通过拒绝提供所需经费或者拖延支付来干扰监事会履行监督职能。因此,《公司法》第82条和第131条第2款明确规定,监事会行使职权所必需的费用,由公司承担。公司的董事、高级管理人员不得以任何理由拒绝或者拖延支付监事履职所需经费。

公司应予承担的监事会行使职权所必需的费用,受到以下限制。其一,须是监事会正当行使职权产生的费用,与监督权行使不相关的费用不属于公司承担范围。其二,须是必需的合理费用,例如,公司监事代表公司提起损害公司利益诉讼,由此产生的诉讼费用属于监事履行监督职责所必需的费用,应由公司承担。其中,因提起诉讼所支出的律师代理费属于必需的合理费用,但风险代理服务费超出合理、必需的限度,不应由公司承担。其三,费用应当由公司直接承担,而不应由监事垫付后再向公司主张。因为监事行使监督职权产生的费用属于公司事务,由监事个人先行垫付可能挫伤监事主动履职的积极性。监事先行垫付行使职权所需的费用后,可以要求公司偿还垫付的款项,但不得超过监事会行使职权所必需的限度。

第五节 法定代表人

一、法定代表人的任职资格

法定代表人,是指依照法律或者法人章程的规定,代表公司从事民事活动的负责人。《公司法》第10条第1款规定:"公司的法定代表人按照公司章程的规定,由代表公司执行公司事务的董事或者经理担任。"由于法定代表人只能根据公司章程的规定,由董事或者经理担任,所以法定代表人同时具有董事或者高级管理人员身份,因而,《公司法》第

178条第1款对于董事、监事、高级管理人员任职资格的限制,也间接成为对法定代表人任职资格的限制。对此,《市场主体登记管理条例》第12条明确将《公司法》第178条第1款规定适用于公司的法定代表人。

担任法定代表人的董事或者经理辞任的,视为同时辞去法定代表人。法定代表人辞任的,公司应当在法定代表人辞任之日起30日内确定新的法定代表人。[1]

二、法定代表人的行为后果

（一）合同责任

法定代表人以公司名义从事的民事活动,其法律后果由公司承受。[2]法定代表人以公司名义从事的民事活动,其法律后果由公司承受。法定代表人的行为就是公司自身的行为,无须经由法律规定将法律效果归属于公司。

（二）侵权责任

法定代表人因执行职务造成他人损害的,由公司承担民事责任。公司承担民事责任后,依照法律或者公司章程的规定,可以向有过错的法定代表人追偿。[3]

（三）职权限制的内部性

公司章程在性质上属于公司内部的自治规范,公司内部人员必须遵守公司章程的规定。《公司法》第5条规定,"公司章程对公司、股东、董事、监事、高级管理人员具有约束力"。公司章程对于公司外部第三人不具有法律效力。因此,公司章程或者股东会对法定代表人职权的限制,不得对抗善意相对人。[4]

第六节　高级管理人员

一、高级管理人员的范畴

《公司法》第265条第1项规定:"高级管理人员,是指公司的经理、副经理、财务负责人,上市公司董事会秘书和公司章程规定的其他人员。"董事会决定聘任或者解聘公司经理及其报酬事项,并根据经理的提名决定聘任或者解聘公司副经理、财务负责人及其报酬事项。[5]此外,《公司法》特别对上市公司董事会秘书的职责作出规定,由其负责公司股东会和董事会会议的筹备、文件保管以及公司股东资料的管理,办理信息披露事务等事宜。[6]

---

[1]《公司法》第10条第2、3款。
[2]《公司法》第11条第1款。
[3]《公司法》第11条第3款。
[4]《公司法》第11条第2款。
[5]《公司法》第67条第2款第8项。
[6]《公司法》第138条。

由于高级管理人员的类型较多,且公司章程可以自行作出规定,故本书仅讨论高级管理人员中最具代表性的经理。

二、经理

(一)经理的聘任或解聘

经理属于有限责任公司的选设机关,而属于股份有限公司的必设机关。由董事会决定聘任或者解聘。董事会作为公司业务的执行机关,必须通过董事会决议的方式行使职权,因而董事会无法直接管理公司的日常经营事务,董事身份也没有赋予个体董事任何管理公司经营业务的权力。因而,董事会决议若要真正获得贯彻落实,必须通过具体的负责人员实施,经理正是负责落实董事会决议、管理公司日常经营事务的公司机关。由董事会根据公司经营需要聘任或解聘公司经理,更能满足公司实际需求,确保公司经营业务能够获得妥善处理。

(二)经理的任职资格

公司法虽未对经理的任职资格作出特殊规定,但现实中经理必须具有相应的专业知识和管理经验,否则无法处理公司的日常经营业务,聘任经理的目的也就无从实现。若董事会聘任经理后认为其无法忠实、勤勉履职,就可以解聘经理。董事会应当依法作出解聘经理的有效决议,以书面形式向经理发出通知,书面通知到达经理人时生效。董事会若无正当理由解聘经理,导致经理遭受损失的,应当依法承担相应的赔偿责任。经理可能由于公司章程的规定而担任法定代表人,随着经理职务的解聘,经理的法定代理人身份同样丧失,公司需要依法修改公司章程中关于法定代表人的记载。

此外,公司董事会可以决定由董事会成员兼任经理。[1]规模较小或者股东人数较少的公司不设董事会而设1名董事的,该董事可以兼任公司经理。[2]

(三)经理的职权

经理对董事会负责,根据公司章程的规定或者董事会的授权行使职权。[3]原《公司法》对有限责任公司的经理职权采用列举性规定的方式;新《公司法》则要求经理根据公司章程的规定或者董事会的授权行使职权,不再列举规定经理的具体职权。经理是具体管理公司日常事务的机关,负责具体执行董事会决议,为了准确理解董事会对审议事项的决议过程,确保经理能够充分知悉公司日常业务情况,经理应当列席董事会会议,并且可以为董事会决议的作出提供参考意见。

> **重要名词术语**

公司治理、股东会、董事会、监事会、法定代表人、高级管理人员、经理

---

[1]《公司法》第127条。
[2]《公司法》第75条、第128条。
[3]《公司法》第74条第2款、第126条第2款。

> 思考题

1. 简述审计委员会的法律地位和职权范围。
2. 简述公司召开股东会会议需要遵循的法定程序。

> 典型案例分析

基本案情

A公司成立于2004年3月9日，股东为杨某、张某，分别持股20%、80%。A公司章程规定，公司不设董事会，执行董事为法定代表人；执行董事任期每届3年，任期届满，连选可以连任，在日期届满前，股东会不得无故解除其职务，因特殊原因要解除的，须以代表2/3以上表决权的股东通过。2004年3月11日，A公司召开股东会，形成决议免去张某执行董事职务，选举张某玲为执行董事、法定代表人。2004年3月16日，湖北省武汉市工商行政管理局核准A公司法定代表人由张某变更为张某玲，张某玲同时担任执行董事。2018年12月28日，A公司出具离职证明，载明张某玲原系公司员工，担任执行董事职务，2018年12月28日经双方协商一致，即日解除双方的劳动合同关系。鉴于张某玲同时为公司法定代表人，在张某玲离职后，公司将随后召开股东会及完成股东会决议，届时张某玲须配合公司完成法定代表人的变更，否则相关责任由张某玲自己承担。2017年6月19日，A公司被吊销营业执照，但A公司法定代表人、执行董事仍登记为张某玲。2019年7月，张某玲向法院提起诉讼，请求变更登记A公司法定代表人为公司股东杨某，其不再被登记为A公司的法定代表人。

裁判结果

一审法院认为，A公司章程规定法定代表人由执行董事担任，执行董事的选举和解除等由公司股东会决定。张某玲为A公司登记的法定代表人，A公司于2018年12月28日向张某玲出具离职证明，载明双方即日起解除劳动合同关系，A公司将在张某玲离职后召开股东会变更法定代表人，但张某玲并无证据证实A公司已召开股东会并形成了有效的决议，并且由于召开股东会并作出变更法定代表人的决议属于公司内部事务，人民法院无权直接判令该公司变更法定代表人或判决张某玲不担任法定代表人，因此，张某玲的诉讼请求不能成立。依照原《公司法》第13条的规定，法院驳回了张某玲的诉讼请求。一审宣判后，张某玲不服，向武汉市中级人民法院提起上诉。二审法院经审理，驳回张某玲的上诉，维持原判。[1]

---

[1] 具体分析可参见蔡小碧、曹文兵：《法定代表人任免属公司自治范畴》，载《人民司法·案例》2022年第2期。

第十五章　董事、监事、高级管理人员的义务与责任

【内容提示】

在传统的公司治理模式中，股东通常被视为公司的最终所有者或剩余所有者，董事则是由股东委托代为处理公司事务的受托人。董事虽由股东选举产生，但其权力来自法律规定而非股东授权。董事作为公司执行机构的组成人员，依法负有管理公司事务、监督业务执行、选任公司管理人员等法定职权。由于董事履行法定职权时无须接受股东的指示和约束，为了避免董事在行使受托事务时损害公司和股东利益，公司法通过信义义务机制设定了董事的行为规范，并规定了董事违反信义义务时的赔偿责任。董事赔偿责任条款作为事前威慑潜在不法行为、事后救济利益受损主体的私法机制，能够有效防范董事的利益冲突行为，督促其勤勉尽责地履行管理和监督职能。规范董事履职行为、削减公司代理成本，必须以董事责任机制得妥当设计作为重要抓手。

《公司法》第179、180条规定董事、监事、高级管理人员人当遵守法律、行政法规和公司章程，履行忠实义务和注意义务，由于董事、监事、高级管理人员的义务性质和行为标准基本一致，只是根据具体职责的差异而在义务的具体内容上存在不同。因而，本章选取董事这一最具代表性的公司管理者，详细探讨其义务与责任，而对于监事和高级管理人员的义务与责任，参考董事义务与责任的相关内容即可，不再赘述。

第一节　董事的内涵与外延

一、董事的概念范畴

（一）董事概念的界定模式

从比较法来看，对于董事资格的认定标准存在两种模式：其一，实质标准，采用事实董事（de facto director）或影子董事（shadow director）概念，任何类型的董事均被归入"高级职员"（officer）的范畴；其二，法定或形式标准，只承认担任董事职位的董事会成员具有董事资格（de jure director），并不承认所谓的事实董事。

原《公司法》采用形式主义对董事范畴进行界定，面临与控股股东、实际控制人等概念的衔接、调适问题。一种观点认为，实际控制人是兜底性概念，以实际控制人替代事实董

事概念,用以指称事实上行使董事权利却未经法定程序选任为董事的行为人。[1]另有观点认为,实质董事与公司控制人在规制基点、主体范畴、价值选择、私法责任等方面显著不同,且现行法上的董事概念无法涵盖选任瑕疵董事、失格董事、逾期董事等,公司法应改采事实董事路径对公司控制人行为予以规制。[2]

新修订的《公司法》于第180条第3款规定,公司的控股股东、实际控制人不担任公司董事但实际执行公司事务的,适用《公司法》关于董事、监事、高级管理人员忠实义务和勤勉义务的规定。这被认为确立了我国公司法上的事实董事制度。

(二)董事的任职资格

《公司法》第178条规定,有下列情形之一的,不得担任公司的董事、监事、高级管理人员:(1)无民事行为能力或者限制民事行为能力;(2)因贪污、贿赂、侵占财产、挪用财产或者破坏社会主义市场经济秩序,被判处刑罚,或者因犯罪被剥夺政治权利,执行期满未逾5年,被宣告缓刑的,自缓刑考验期满之日起未逾2年;(3)担任破产清算的公司、企业的董事或者厂长、经理,对该公司、企业的破产负有个人责任的,自该公司、企业破产清算完结之日起未逾3年;(4)担任因违法被吊销营业执照、责令关闭的公司、企业的法定代表人,并负有个人责任的,自该公司、企业被吊销营业执照、责令关闭之日起未逾3年;(5)个人因所负数额较大债务到期未清偿被人民法院列为失信被执行人。违反前述规定选举、委派董事、监事或者聘任高级管理人员的,该选举、委派或者聘任无效。董事、监事、高级管理人员在任职期间出现前述所列情形的,公司应当解除其职务。

(三)董事的类型

根据董事是否在公司内任职,董事可以分为内部董事与外部董事/独立董事两类。内部董事在公司治理中具有双重角色,既是公司董事会的成员,也是公司的雇员。作为公司雇员,内部董事本质上系公司的代理人;作为董事会成员,董事的角色定位就不再是公司的代理人。外部董事是董事会成员却并非公司雇员。通常情况下,外部董事拥有公司的股票并因担任董事职务而获取报酬,但其并不隶属于公司。[3]内部董事作为雇员,可能经常在董事会如何经营公司方面拥有个人利益,而外部董事不会面临追求自我利益(self-interest)的压力,因此,区分内部董事(公司雇员)和外部董事/独立董事(不是公司雇员)是明智的。[4]

外部董事是防止管理层追求短期利益进行管理的一种保护因素,有权对自我交易、欺诈等行为进行检查,并坚持采用适当的审计程序,审查足以引发此类风险的公司决策。因此,外部董事在股东最易受侵害的领域发挥着重要作用。[5]董事会没有外部代表而完

---

[1] 参见叶敏、周俊鹏:《公司实际控制人概念辨析》,载《国家检察官学院学报》2007年第6期。

[2] 参见刘斌:《重塑董事范畴:从形式主义迈向实质主义》,载《比较法研究》2021年第5期。

[3] See Joseph Shade, *Business Associations in A Nutshell* (*Third Edition*), WEST, 2010, pp.164-165.

[4] See Lynn A. Stout, *On the Proper Motives of Corporate Directors* (or, Why you Don't Want to Invite Homo Economicus to Join Your Board), 28 Del. J. Corp. L. 1, 19 (2003).

[5] See Ralph K. Winter Jr., State Law, *Shareholder Protection, and the Theory of the Corporation*, 6 J. Legal Stud. 251, 285 (1977).

或主要由来自管理层的董事组成,容易在决策时出现短视。外部董事在政策制定和纠正管理层错误方面具有重要价值,他们应该在董事会中占据主导地位,并被赋予凌驾于管理层之上的实际权力。[1] 应予指出的是,如果想依靠外部董事来抑制内部董事可预见的自利行为,外部董事必须真正独立。公司法应该对公司与其董事之间的任何利害关系交易（interested transaction）保持高度怀疑,只有在有利害关系的交易得到公正的董事会成员明确批准的情况下,这种怀疑才应该缓和。[2]

我国公司法并未采用内部董事和外部董事的划分,但是要求上市公司必须依法设置独立董事,履行法定的监督职能。我国上市公司中的独立董事就相当于比较法上的外部董事,负责履行法律法规赋予的监督职能。

二、上市公司中的独立董事

（一）独立董事制度的建立与完善

2001 年,证监会发布《关于在上市公司建立独立董事制度的指导意见》,要求上市公司建立独立董事制度。2005 年修订的《公司法》在法律层面规定上市公司应当设独立董事。为进一步优化上市公司独立董事制度,提升独立董事履职能力,充分发挥独立董事作用,经党中央、国务院同意,国务院办公厅于 2023 年 4 月印发《国务院办公厅关于上市公司独立董事制度改革的意见》（国办发〔2023〕9 号）,意见提出上市公司独立董事制度是中国特色现代企业制度的重要组成部分,是资本市场基础制度的重要内容。独立董事制度作为上市公司治理结构的重要一环,在促进公司规范运作、保护中小投资者合法权益、推动资本市场健康稳定发展等方面发挥了积极作用。意见确定了以下八个方面的改革任务：

（1）明确独立董事职责定位,充分发挥独立董事决策、监督、咨询作用,将监督职责的重点聚焦在公司与其控股股东、实际控制人、董事、高级管理人员之间的潜在重大利益冲突事项上。

（2）优化独立董事履职方式,完善董事会专门委员会机制,建立独立董事专门会议机制,要求财务会计报告及其披露等事项由审计委员会承担审核职责。

（3）强化独立董事任职管理,要求独立董事应当符合独立性要求,建立独立董事资格认定制度,制定独立董事职业道德规范,探索建立独立董事信息库。

（4）改善独立董事选任制度,从提名、资格审查、选举、持续管理、解聘等方面全链条优化独立董事选任机制,建立提名回避机制,明确独立董事候选人任职资格审查要求。

（5）加强独立董事履职保障,明确上市公司应当为独立董事履职提供必要条件,强化对上市公司及相关主体不配合、阻挠独立董事履职的监督管理,鼓励上市公司为独立董事投保董事责任保险。

（6）严格独立董事履职情况监督管理,压紧压实独立董事履职责任,加大监管力度,

---

[1] See William O. Douglas, *Directors Who Do Not Direct*, 47 Harv. L. Rev. 1305, 1312–1314 (1934).

[2] See Lynn A. Stout, *On the Proper Motives of Corporate Directors* (or, Why you Don't Want to Invite Homo Economicus to Join Your Board), 28 Del. J. Corp. L. 1, 19 (2003).

完善独立董事履职评价制度,建立声誉激励约束机制。

(7)健全独立董事责任约束机制,加大对独立董事不履职不尽责的责任追究力度,按照责权利匹配的原则,明确独立董事与非独立董事承担共同而有区别的法律责任,推动针对性设置独立董事的行政责任、民事责任认定标准。

(8)完善协同高效的内外部监督体系,形成强大监督合力。为贯彻落实《国务院办公厅关于上市公司独立董事制度改革的意见》,推动形成更加科学的独立董事制度体系,促进独立董事发挥应有作用,证监会立足我国国情和资本市场实际,借鉴吸收有益经验和做法,研究起草了《上市公司独立董事管理办法》,对于独立董事的任职资格、职责与履职方式等内容作出具体规定。

(二)独立董事的设置要求

《公司法》第136条第1款规定:"上市公司设独立董事,具体管理办法由国务院证券监督管理机构规定。"《上市公司独立董事管理办法》第4条规定,上市公司应当建立独立董事制度,并为独立董事依法履职提供必要保障。第5条规定:"上市公司独立董事占董事会成员的比例不得低于三分之一,且至少包括一名会计专业人士。上市公司应当在董事会中设置审计委员会。审计委员会成员应当为不在上市公司担任高级管理人员的董事,其中独立董事应当过半数,并由独立董事中会计专业人士担任召集人。上市公司可以根据需要在董事会中设置提名、薪酬与考核、战略等专门委员会。提名委员会、薪酬与考核委员会中独立董事应当过半数并担任召集人。"

(三)独立董事的任职资格

独立董事,是指不在上市公司担任除董事外的其他职务,并与其所受聘的上市公司及其主要股东、实际控制人不存在直接或者间接利害关系,或者其他可能影响其进行独立客观判断关系的董事。独立董事应当独立履行职责,不受上市公司及其主要股东、实际控制人等单位或者个人的影响。证监会对独立董事的任职资格从积极和消极两个方面作出规定。

1. 消极资格

下列人员不得担任独立董事:(1)在上市公司或者其附属企业任职的人员及其配偶、父母、子女、主要社会关系;(2)直接或者间接持有上市公司已发行股份1%以上或者是上市公司前十名股东中的自然人股东及其配偶、父母、子女;(3)在直接或者间接持有上市公司已发行股份5%以上的股东或者在上市公司前五名股东任职的人员及其配偶、父母、子女;(4)在上市公司控股股东、实际控制人的附属企业任职的人员及其配偶、父母、子女;(5)与上市公司及其控股股东、实际控制人或者其各自的附属企业有重大业务往来的人员,或者在有重大业务往来的单位及其控股股东、实际控制人任职的人员;(6)为上市公司及其控股股东、实际控制人或者其各自附属企业提供财务、法律、咨询、保荐等服务的人员,包括但不限于提供服务的中介机构的项目组全体人员、各级复核人员、在报告上签字的人员、合伙人、董事、高级管理人员及主要负责人;(7)最近12个月内曾经具有第1项至第6项所列举情形的人员;(8)法律行政法规、证监会规定、证券交易所业务规则和公司章程规定的不具备独立性的其他人员。前述第4—6项中的上市公司控股股东、实际控制人的附属企业,不包括与上市公司受同一国有资产管理机构控制且按照相关规定未与上市公司构成关联关系的企业。[1]

2. 积极资格

担任独立董事应当符合下列条件:(1)根据法律、行政法规和其他有关规定,具备担任上市公司董事的资格;(2)符合《上市公司独立董事管理办法》第6条规定的独立性要求;(3)具备上市公司运作的基本知识,熟悉相关法律法规和规则;(4)具有5年以上履行独立董事职责所必需的法律、会计或者经济等工作经验;(5)具有良好的个人品德,不存在重大失信等不良记录;(6)法律、行政法规、证监会规定、证券交易所业务规则和公司章程规定的其他条件。

独立董事必须保持独立性。独立董事应当每年对独立性情况进行自查,并将自查情况提交董事会。董事会应当每年对在任独立董事独立性情况进行评估并出具专项意见,与年度报告同时披露。[2]独立董事原则上最多在3家境内上市公司担任独立董事,并应当确保有足够的时间和精力有效地履行独立董事的职责。[3]

(四)独立董事的职权

独立董事履行下列职责:(1)参与董事会决策并对所议事项发表明确意见;(2)对规定的上市公司与其控股股东、实际控制人、董事、高级管理人员之间的潜在重大利益冲突事项进行监督,促使董事会决策符合上市公司整体利益,保护中小股东合法权益;(3)对上市公司经营发展提供专业、客观的建议,促进提升董事会决策水平;(4)法律、行政法规、证监会规定和公司章程规定的其他职责。[4]

独立董事行使下列特别职权:(1)独立聘请中介机构,对上市公司具体事项进行审计、咨询或者核查;(2)向董事会提议召开临时股东大会;(3)提议召开董事会会议;(4)依法公开向股东征集股东权利;(5)对可能损害上市公司或者中小股东权益的事项发表独立意见;(6)法律、行政法规、证监会规定和公司章程规定的其他职权。独立董事行使前述第(1)—(3)项所列职权的,应当经全体独立董事过半数同意。独立董事行使前述所列职权的,上市公司应当及时披露。上述职权不能正常行使的,上市公司应当披露具体情况和理由。[5]

三、董事的权利

作为公司执行机构的成员,董事虽由股东选举产生,但其权利来自法律规定而非股东授权。结果,董事可能忽视股东的意愿而以他们认为最优的方式实施行为。但是,这一自由总是受制于股东利用下一次机会选举不同董事或无因解除董事资格的最终权利。董事在若干领域拥有特定的法定权利,例如股票发行、宣布分派股利、发起基本的公司变革。当然,责任伴随着权力。董事对公司负有注意义务和忠实义务等信义义务。义务的违反不仅

---

[1]《上市公司独立董事管理办法》(证监会令〔第220号〕)第6条第1、2款。
[2]《上市公司独立董事管理办法》(证监会令〔第220号〕)第6条第3款。
[3]《上市公司独立董事管理办法》(证监会令〔第220号〕)第8条。
[4]《上市公司独立董事管理办法》(证监会令〔第220号〕)第17条。
[5]《上市公司独立董事管理办法》(证监会令〔第220号〕)第18条。

构成解除董事资格的理由,还可能使董事承担相应的民事责任。[1]

公司所有者(股东)的集体利益由董事组成的集体——董事会的集中管理来实现。[2]赋予董事的权力是共同拥有的,这意味着董事只能作为一个团体行动。在欠缺章程授权的情况下,其参与公司治理的形式应仅限于董事会。董事会通过两种方式实施行为:一是批准董事会决议,二是在不召开会议时通过一致的书面协议同意某项行为。个人董事没有权力凭借其职位来约束公司或采取公司行为。董事会的决议通常在会议上通过,会议必须满足法定通知、法定人数和表决权行使的相关要求。[3]换言之,法律赋予董事的职权是共同拥有的,董事只能作为一个集体行使职权,个别董事无权制定政策或管理公司的运营事务,除非该董事同时担任公司的高级管理人员。[4]

第二节 董事的信义义务

一、忠实义务

(一)忠实义务的内涵

董事、监事、高级管理人员对公司负有忠实义务,应当采取措施避免自身利益与公司利益冲突,不得利用职权牟取不正当利益。[5]在董事义务中,忠实义务居于核心地位,而忠实义务的核心则是防范利益冲突,具体表现为以下两项规则:其一,利益冲突规则(conflict of interest rule),该规则禁止受托人的个人利益与委托人或受益人的利益相冲突,受托人不得追求自身利益而实施不忠实的行为;其二,义务冲突规则(conflict of duty rule),该规则禁止受托人在相互冲突的授权下行为。详言之,若受托人基于不同委托人的授权而负担相互冲突的义务,即使其并未从中获取个人利益,亦不得实施此等不忠实的行为。若受托人违反上述两项规则,其因此而获得的任何利益都将被剥夺。忠实义务作为董事义务的核心,在性质上为反对自我交易和其他欺诈行为的消极义务或被动义务。忠实义务要求受托人应以实现委托人利益为基本目标开展受托行为,不得利用委托人授予的财产或权力实施利益冲突行为,追求自身利益。[6]

(二)利益冲突行为

《公司法》第181条规定:"董事、监事、高级管理人员不得有下列行为:(一)侵占公

---

[1] See Richard D. Freer, *The Law of Corporations In A Nutshell*(*Seventh Edition*), WEST, 2016, p.102.
[2] See James D. Cox, *Thomas Lee Hazen*, *Business Organizations Law*(*Fifth Edition*), WEST, 2020, p.194.
[3] See Richard D. Freer, *The Law of Corporations In A Nutshell*(*Seventh Edition*), WEST, 2016, p.154.
[4] See J. Dennis Hynes, Mark J. Loewenstein, Agency, Partnership, *And the LLC in a nutshell*(*Seventh Edition*), WEST, 2020, p.33.
[5] 《公司法》第180条第1款。
[6] See Paul B. Miller, *Justifying Fiduciary Duties*, 58 McGill L. J. 969, 972-977(2013).

司财产、挪用公司资金;(二)将公司资金以其个人名义或者以其他个人名义开立账户存储;(三)利用职权贿赂或者收受其他非法收入;(四)接受他人与公司交易的佣金归为己有;(五)擅自披露公司秘密;(六)违反对公司忠实义务的其他行为。"除了该条明确列举的违反忠实义务的情况,公司法还列举规定了几类可能存在利益冲突的情况,这些行为经过公司审查后可以实施。董事会对自我交易、利用公司机会、从事竞业行为等事项决议时,关联董事不得参与表决,其表决权不计入表决权总数。出席董事会会议的无关联关系董事人数不足3人的,应当将该事项提交股东会审议。[1]

1. 不当的关联交易

关联交易本身并不一定导致利益冲突、损害公司利益,因而公司法并未禁止董事实施关联交易,只是要求关联交易需要经过公司审查。《公司法》第139条规定:"上市公司董事与董事会会议决议事项所涉及的企业或者个人有关联关系的,该董事应当及时向董事会书面报告。有关联关系的董事不得对该项决议行使表决权,也不得代理其他董事行使表决权。该董事会会议由过半数的无关联关系董事出席即可举行,董事会会议所作决议须经无关联关系董事过半数通过。出席董事会会议的无关联关系董事人数不足三人的,应当将该事项提交上市公司股东会审议。"

2. 不当的自我交易

自我交易也不必然导致利益冲突、损害公司利益,经过公司审查后同样可以实施。按照《公司法》第182条第1款规定,董事、监事、高级管理人员,直接或者间接与本公司订立合同或者进行交易,应当就与订立合同或者进行交易有关的事项向董事会或者股东会报告,并按照公司章程的规定经董事会或者股东会决议通过。[2]

董事、监事、高级管理人员的近亲属,董事、监事、高级管理人员或者其近亲属直接或者间接控制的企业,以及与董事、监事、高级管理人员有其他关联关系的关联人,与公司订立合同或者进行交易,应当就与订立合同或者进行交易有关的事项向董事会或者股东会报告,并按照公司章程的规定经董事会或者股东会决议通过。[3]

3. 篡夺公司机会

董事、监事、高级管理人员,不得利用职务便利为自己或者他人谋取属于公司的商业机会。但是,有下列情形之一的除外:(1)向董事会或者股东会报告,并按照公司章程的规定经董事会或者股东会决议通过;(2)根据法律、行政法规或者公司章程的规定,公司不能利用该商业机会。[4]

4. 违法从事竞业行为

董事、监事、高级管理人员未向董事会或者股东会报告,并按照公司章程的规定经董事会或者股东会决议通过,不得自营或者为他人经营与其任职公司同类的业务。[5]

---

[1]《公司法》第185条。
[2]《公司法》第182条第1款。
[3]《公司法》第182条第2款。
[4]《公司法》第183条。
[5]《公司法》第184条。

(三)违反忠实义务的法律后果

《公司法》第 186 条规定:"董事、监事、高级管理人员违反本法第一百八十一条至第一百八十四条规定所得的收入应当归公司所有。"《证券法》第 44 条规定,上市公司的董事将其持有的该公司的股票或者其他具有股权性质的证券在买入后 6 个月内卖出,或者在卖出后 6 个月内又买入,由此所得收益归该公司所有,公司董事会应当收回其所得收益。据此,董事违反忠实义务的后果是将从利益冲突交易中获得的利益返还于公司,即公司对董事违反忠实义务的行为享有归入权。

归入权这种救济不同于传统民法中以"受害人的损害"为标准的救济方法,是将侵害人所得的利益作为向受害人提供救济的范围。之所以以侵害人的利得作为救济标准,是因为在现代社会中,侵犯他人权利的同时侵害人也会从中取得利益,这个利益很可能会超出被侵害人自己形式上遭受的损害。[1]归入权的损失填补作为一种推定的法律技术,旨在回避司法判断公司损失的计算困境,将董事和高管的积极获益额推定为公司损失额,相当于不当得利的赔偿思路。对于董事实施利益冲突交易的非法获益,需要综合考虑公司的投入、贡献、实际损失以及合理期待利益来确定。[2]

二、注意义务

(一)注意义务的内涵

董事、监事、高级管理人员对公司负有勤勉义务,执行职务应当为公司的最大利益尽到管理者通常应有的合理注意。[3]注意义务要求受托人以负责、谨慎、勤勉的方式履行义务。为确保受托人按照注意义务的标准实施行为,受托人必须根据其专业知识及所获取之信息选择适当的行为方式,遵从合理的、深思熟虑的行动步骤。[4]美国法律协会(American Law Institute,ALI)《公司治理原则:分析与建议》§ 4.01(a)所表述的一般法律原则是,"董事或高级管理人员对公司有责任以他合理地认为符合公司最佳利益的方式善意地履行董事或高级管理人员的职能,并以通常谨慎的人在类似的职位和类似的情况下应合理地期望的谨慎态度履行其职能"。[5]

(二)注意义务的内容

理论上认为,注意义务是由三种相对不同的义务构成的总和:一是董事有义务合理地监督公司的业务行为,采取合理步骤及时了解呈送董事会的信息;二是调查义务,即对已获得的信息进行合理跟踪的义务;三是采用合理决策过程、作出合理决策的义务。[6]

---

[1] 参见赵廉慧:《作为民法特别法的信托法》,载《环球法律评论》2021 年第 1 期。
[2] 参见傅穹:《公司利益范式下的董事义务改革》,载《中国法学》2022 年第 6 期。
[3] 《公司法》第 180 条第 2 款。
[4] See David L. Ponet, Ethan J. Leib, *Fiduciary's Law's Lessons for Deliberative Democracy*, 91 B.U. L. Rev.1249, 1258–1259(2011).
[5] See ALI, Principles of Corporate Governance: Analysis and Recommendations § 4.01(a).
[6] See Melvin A. Eisenberg, *The Duty of Care of Corporate Directors and Officers*, 51 U. Pitt. L. Rev. 945, 948(1990).

一是监督义务（duty to monitor）。董事有义务合理地监督公司的业务行为，并相应地采取合理的步骤，及时了解由于监督程序和技术而流向董事会的信息。通常，监督义务主要不是通过直接观察来履行的，而是通过设置或者审查重要信息的程序或技术的适当性来履行的，这些重要信息是与公司业务行为相关，且将要流向董事会、可靠的高级管理人员或者代表公司行事并由董事会承担最终责任的第三方专业人士。董事会的主要职能之一是审查系统的充分性，以符合所有适用的法律规范。[1]

二是调查义务（duty of inquiry），即对已获得的信息进行合理的关注和跟踪。任何董事都不得选择忽视公司出现严重问题的信号，如果董事通过可靠的信息来源获知高级管理人员存在不当行为，董事必须采取主动。董事通常可以合理地采取各种可能的行动来追查该事项，从而履行其作为董事的义务，但不能不采取任何行动。[2]

三是审慎决策义务（care in making decisions）。审慎决策的要求包括程序要素和实质要素。程序要素涉及决策的过程，实质性要素涉及决定本身的质量。董事决策的法律程序要素是基于董事必须合理谨慎履职的一般原则，董事在作出决定之前，必须谨慎地获取有关行动的信息，在知情的基础上作出理性决策。涉及决策质量的实质性要素则是基于商业判断规则。[3]

第三节　赔偿责任

一、董事赔偿责任的规范体系

（一）立法设置

根据董事不当行为侵害的对象不同，董事承担赔偿责任的情形主要包括以下三类：

（1）侵害股东利益：董事、高级管理人员违反法律、行政法规或者公司章程的规定，损害股东利益的，股东可以向人民法院提起诉讼。[4]

（2）侵害公司利益：董事、监事、高级管理人员执行职务违反法律、行政法规或者公司章程的规定，给公司造成损失的，应当承担赔偿责任。[5]

（3）侵害公司外部第三人利益：董事、高级管理人员执行职务，给他人造成损害的，公

---

[1] See Melvin A. Eisenberg, *The Duty of Care of Corporate Directors and Officers*, 51 U. Pitt. L. Rev. 945, 951–952 (1990).

[2] See Manning, *The Business Judgment Rule and the Director's Duty of Attention: Time for Reality*, 39 Bus. Law. 1477, 1484–1485 (1984).

[3] See Melvin A. Eisenberg, *The Duty of Care of Corporate Directors and Officers*, 51 U. Pitt. L. Rev. 945, 958–959 (1990).

[4]《公司法》第190条。

[5]《公司法》第188条。

司应当承担赔偿责任;董事、高级管理人员存在故意或者重大过失的,也应当承担赔偿责任。[1]

此外,《公司法》第192条规定:"公司的控股股东、实际控制人指示董事、高级管理人员从事损害公司或者股东利益的行为的,与该董事、高级管理人员承担连带责任。"

(二)适用范畴

在董事赔偿责任的制度规范中,董事违反忠实义务的责任通常适用归入权条款予以规制,即公司董事会应当要求违反忠实义务实施利益冲突行为的董事将所获利益上缴公司;除了不当关联交易,公司法并未规定董事违反忠实义务的损害赔偿责任。董事违反忠实义务时能否同时适用归入权与损害赔偿请求权,理论上存在不同见解。董事违反注意义务即董事过失导致公司和股东利益遭受损失时,适用损害赔偿责任条款则理所当然。根据董事过失行为侵害的对象不同,可以进一步将董事赔偿责任的类型区分为内部赔偿责任和外部赔偿责任。董事的内部赔偿责任主要是指董事侵害公司和股东利益时承担的赔偿责任,董事的外部赔偿责任是指当公司资不抵债时,董事对公司债权人承担的损害赔偿责任。

董事的内部赔偿责任在适用中需要区分公司利益与股东利益,以便确定具体的损害赔偿请求权人。通常情况下,董事违反义务的行为直接损害公司利益,由于股东在公司中享有的股权价值直接取决于公司价值,公司利益受损的后果必然传导于股东,使其享有的股权价值遭受减损。这种情况在公众公司中更为显著,董事侵害公司利益的行为后果将会直接反映于公司股价,股价下跌表明股东的财产利益受损。但是,这种情况下股东个人对董事不享有任何损害赔偿请求权,请求董事赔偿损失的权利只能归属于公司,只有在公司怠于向董事进行追偿时,股东才能代表公司提起派生诉讼。实际上,股东有权提起直接诉讼的情形主要是证券法所规定的证券虚假陈述案件,由于董事未能勤勉尽责导致上市公司的信息披露存在虚假陈述,信赖虚假陈述买卖证券而遭受损失的投资者可以依法向虚假陈述行为人主张侵权损害赔偿。

二、董事赔偿责任的功能

董事赔偿责任既能在事后填补公司和股东所受损害,也能在事前对可能实施不当行为的董事形成有效威慑,督促其忠实、勤勉地履行法定职权。

首先,追究不法行为人民事责任的主要目的是填补损害。[2] 损害赔偿责任以损害发生作为适用前提,主要调整民事权益受损后的损害填补问题,以使受损权益恢复到损害未曾发生时的状态。[3] 然而,传统的侵权法原理在公司背景下并不适用。董事违反注意义务产生的损害赔偿责任虽然具有填补损害的功能,但这并非违信责任的核心功能,原因有三:一是识别受害者和估算损失存在困难;二是对部分董事施加潜在的巨大经济负担可能导

---

[1]《公司法》第191条。
[2] 参见张新宝:《侵权责任法立法:功能定位、利益平衡与制度构建》,载《中国人民大学学报》2009年第3期。
[3] 参见曹险峰:《填补损害功能的适用与侵权责任法立法——兼评〈侵权责任法草案(三次审议稿)〉的相关规定》,载《当代法学》2010年第1期。

致不公平的结果;三是对董事激励的寒蝉效应。[1]因此,补偿目的应当被视为追究董事赔偿责任的次要理由。

其次,要求董事承担赔偿责任并非总是出于补偿目的,威慑不法才是追究董事责任的主要功能。[2]民事责任的施加能够制裁董事的违信行为,从而使其有所忌惮,在履职时积极主动地切实担当起公司管理者和监督者的职责。民事责任机制将法律责任风险与监督违法行为的积极义务相结合,通过对疏忽怠责的董事施加民事责任,以降低执法成本和违法行为的发生频率。[3]民事责任制度作为有效的监督和威慑措施的前提有二:一是董事注意义务的范围应限于"小心谨慎的义务",即鼓励董事发现容易发现的不当行为,而不会为代价高昂或不可能发现的不当行为承担责任;二是对董事施加的制裁程度,应当坚持过错与责任相一致,既要让行为人为其违法行为受到相应制裁,也要避免责任过重造成"过犹不及"的消极后果。

此外,董事赔偿责任在适用中需要注意与行政责任和刑事责任的衔接与协调。首先是民事责任与刑事责任、行政责任的功能协调。董事违法行为的法律责任体系包括民事责任、行政责任和刑事责任。理论上,追究不法行为人的刑事责任能够对其形成最大限度地威慑,但现实中董事违法行为进入刑事处罚程序的案件极少。同时,受限于监管资源的有限性和行政处罚的数额限制,行政处罚对于不法行为人的威慑效果有限。刑事责任的缺位和行政处罚的威慑不足,导致民事责任的威慑功能越发得以凸显。而且,日益膨胀的执法需求与有限的监管资源之间的紧张关系,也制约了行政处罚威慑功能的发挥。刑事责任和行政责任本身所具有的威慑功能受限于实践操作,无法发挥制度预设的效用,这导致民事责任机制成为规制董事行为的主要手段和方式。

三、董事违反忠实义务的赔偿责任

根据《公司法》第186条的规定,董事违反忠实义务实施利益突行为的,违法所得收入应当归公司所有。该条规定的归入权与损害赔偿请求权能否同时适用,在理论和实践中素来存在争议。

在我国的立法和司法实践中,存在债权人利益优先于股东利益、股东利益优先于管理者利益的逻辑,而独立的公司利益则无从判断。循此逻辑,归入权也就构成了中国法上对利益冲突交易的主要救济方式,但实际上这是对公司内部管理关系的一种替代。即使法律没有明确规定,公司也完全可以凭借合同、章程或者侵权规则对内部人造成的公司利益损失请求损害赔偿。公司也可以行使事实上的处罚,比如减薪、解职、开除等制度作为对违反忠实义务行为的自力救济。法律需要调整的利益冲突常常和外部关系纠结在一起,而归入

---

[1] See Thomas C. Lee, *Limiting Corporate Directors' Liability: Delaware's Section 102(b)(7) and The Erosion of the Directors' Duty of Care*, 136 U. Pa. L. Rev. 239, 261(1987–1988).

[2] See James D. Cox, *Compensation Deterrence and the Market as Boundaries for Derivative Suit Procedures*, 52 Geo. Wash. L. Rev. 745, 763(1984).

[3] See Reinier H. Kraakman, *Corporate Liability Strategies and the Costs of Legal Controls*, 93 Yale L.J. 857, 889 (1984).

权不过是对董事、高级管理人员等获得的积极利益进行没收而已,和外部关系无关。这显然是对交易中代理过失进行回避的做法。[1]

公司法并未界定公司利益的概念,归入权剥夺的是"不当的个人利益"而非补偿"对公司利益的损害"。归入权的适用采取的是不当得利标准而不是侵权损害赔偿标准,针对的是利益冲突交易本身所产生的积极利益而不是公司损失的消极利益。[2]归入权的适用不具有对抗第三人的效力。法律设置归入权的目的不在于否定董事实施利益冲突交易的行为效力,而是出于维护公司利益、制裁董事不当管理行为之目的。公司归入权的适用仅是公司与董事之间的内部关系,并不涉及董事利益冲突交易行为的外部关系。[3]

归入权与损害赔偿虽然同属于公司利益保护的请求权基础,但是二者属于不同路径,具有不同的规范意旨与规范构成,可以从如下方面厘清二者之间的关系:其一,归入权的行使对象包括董事和高级管理人员,而侵权行为的主体更为广泛,可以包括公司外部人员;其二,归入权的客体是董事和高级管理人员的非法获益,这种非法获益并不等同于公司的损失,而损害赔偿请求权的客体为公司遭受的损失。[4]由于法律并未明确规定董事违反忠实义务时是否负有损害赔偿责任,因而对于归入权与损害赔偿请求权的适用关系,理论和实践中存在不同观点:其一,董事违反忠实义务时,公司可以享有归入权和损害赔偿请求权,但只能择一行使;其二,公司行使归入权后尚有损害未能获得填补的,仍可在未获填补的范围内行使损害赔偿请求权;其三,公司只能享有和行使归入权,并不享有其他的损害赔偿请求权。[5]由于我国《公司法》并未明确规定董事违反忠实义务实施利益冲突交易是否需要承担损害赔偿责任,较为合理的做法是允许归入权与损害赔偿请求权并用,公司行使归入权后,对于尚未获得填补的损害差额部分仍可继续行使损害赔偿请求权,以期全面维护公司利益。[6]

四、董事的外部赔偿责任

通常情况下,虽然公司董事和高级管理人员不是公司债权人的受托人,不对公司债权人负有义务,但这受制于公司拥有足够的资产来清偿债务这一条件。[7]当一家公司资不抵债时,公司董事和高级管理人员不仅对公司及股东,而且对公司债权人都处于信托地位（position of trust）。[8]在公司资不抵债的情况下,董事需要为公司全体债权人的利益管理公司资产,董事不得转移公司资产或者向部分债权人提前清偿。为此,《公司法》第191

---

[1] 参见邓峰:《公司利益缺失下的利益冲突规则——基于法律文本和实践的反思》,载《法学家》2009年第4期。
[2] 参见邓峰:《公司利益缺失下的利益冲突规则——基于法律文本和实践的反思》,载《法学家》2009年第4期。
[3] 参见任秀芳:《论我国公司归入权的适用规则及其完善》,载《政治与法律》2009年第4期。
[4] 参见冉克平、舒广:《论公司利益的体系定位与私法救济》,载《南大法学》2023年第1期。
[5] 参见曾新明:《论公司归入权》,载《学术论坛》2008年第4期。
[6] 参见习龙生:《论控制股东的竞业禁止义务及我国的制度构建》,载《法学家》2005年第3期。
[7] See Swanson v. Tomlinson Lumber Mills, Inc., 307 Minn. 180, 187(1976).
[8] See In re Xonics, Inc., 99 B.R. 870, 872(1989).

条确立了董事对公司外部第三人的赔偿责任:"董事、高级管理人员执行职务,给他人造成损害的,公司应当承担赔偿责任;董事、高级管理人员存在故意或者重大过失的,也应当承担赔偿责任。"根据该规定,董事、高级管理人员执行职务存在故意或者重大过失,给他人造成损害的,应当先由公司承担责任;公司财产不足以承担清偿责任的,受害人可以请求存在故意或者重大过失的董事、高级管理人员承担赔偿责任。

同时,为了减轻董事因执行公司职务承担责任的风险,避免出现寒蝉效应,《公司法》第193条规定了董事责任保险制度:"公司可以在董事任职期间为董事因执行公司职务承担的赔偿责任投保责任保险。公司为董事投保责任保险或者续保后,董事会应当向股东会报告责任保险的投保金额、承保范围及保险费率等内容。"

第四节 追究董事责任的形式

一、股东派生诉讼与直接诉讼

董事和高级管理人员作为承担公司管理职责的主体,在其损害公司利益时可能导致公司难以寻求救济,因而法律赋予股东在法定条件下为公司的利益提起派生诉讼的权利。[1]《公司法》于2005年修订时首次引入股东派生诉讼(derivative suit)制度,明确规定董事执行公司职务时违反法律、行政法规或者公司章程的规定,给公司造成损失的,满足法定条件的股东"有权为了公司的利益以自己的名义直接向人民法院提起诉讼"(第152条第2款)。因为股东是代表公司主张公司的权利,其提起诉讼的权利来源于公司的诉权,因此这种诉讼被称为股东代表诉讼(representative suit)或股东派生诉讼。

通常,有权决定公司是否追究董事违信责任的机构是董事会,由于董事不太可能针对自己的违信行为提起诉讼,所以法律赋予个人股东代表公司针对违信董事提起诉讼的权利。此时,股东以个人名义提起诉讼的依据在于公司利益受损,因此获得的赔偿也应归公司所有。为了避免派生诉讼被股东滥用从而背离该制度维护公司利益的目的,公司法对于有权提起派生诉讼的主体资格作出限制并规定了先诉请求这一前置程序。与股东派生诉讼相比,股东直接诉讼可以避免提起派生诉讼所面临的各种程序障碍。但是,法律通常不会允许个体股东直接起诉公司董事。

在董事的违信行为直接损害公司利益从而间接损害股东利益时,股东只能提起派生诉讼而不能提起直接诉讼。但是,在董事的违信行为只是损害股东的权利时,股东有权为了维护自身利益直接要求董事对自己作出赔偿,此时并不涉及派生诉讼的问题。《公司法》第190条规定:"董事、高级管理人员违反法律、行政法规或者公司章程的规定,损害股东利益的,股东可以向人民法院提起诉讼。"因此,股东起诉董事这一事实并不意味着涉

---

[1] 参见钱玉林:《〈公司法〉第151条的漏洞及其填补》,载《现代法学》2015年第3期。

派生诉讼。承认公司诉因的排他性有助于保护因公司损害而受到损害的各方利益。例如，股东为维护直接受到董事会决定影响的投票权或分红权而采取的行动，并不会引发一系列间接损害索赔。在诉讼中的被告仍然控制公司的情况下，公司获得的任何赔偿都会由被告支配。因此，部分法院命令被告直接向无辜的股东支付损害赔偿金，而不是向公司支付，但这种情况并不普遍。[1]

二、派生诉讼的程序要件

（一）先诉请求的程序设置

股东派生诉讼允许股东个体行使公司的诉权以对抗损害公司利益的董事和其他第三人。其根本目的在于赋予股东个体一种有效的救济方式，以保护公司利益不受不忠实的董事和经营管理人员的侵害。但是，为了避免此种救济方式的滥用，法院为这种诉讼设立了前置条件：股东应当先请求公司董事提起诉讼，除非股东能够作出合理的额外解释说明没有提出请求的原因。该种请求被称为先诉请求（pre-suit demand），其目的是在股东提起派生诉讼之前穷尽公司内部的一切救济。根据我国《公司法》第189条的规定，符合条件的股东应当首先书面请求监事会或者董事会向法院提起诉讼。监事会或者董事会收到前款规定的股东书面请求后拒绝提起诉讼，或者自收到请求之日起30日内未提起诉讼，或者情况紧急、不立即提起诉讼将会使公司利益受到难以弥补的损害的，前述股东有权为公司利益以自己的名义直接向人民法院提起诉讼。

（二）先诉请求的豁免

如果提起派生诉讼的股东能够证明其对公司董事会的请求是无用的，则先诉请求可以豁免。一般来说，先诉请求的豁免主要有两种情形：（1）如果董事中的大多数是派生诉讼中的被告，或者被诉的董事或官员实际控制公司，那么对董事会提出请求的要求就不是必需的；（2）当股东有合理理由怀疑大多数董事的公正性和独立性，尤其是当股东质疑该交易并非董事有效运用商业判断规则的结果。但是因董事行为所产生的个人责任或者仅仅主张董事同意、参与或者默许受到质疑的交易并不足以表明董事缺乏独立性和公正性。通常，董事独立性是指董事的决定是以公司的利益为目标而不是与公司利益无关的考虑或影响。而对于董事公正性的判断则应依据商业判断规则。商业判断规则是作出商业决定的前提，公司董事应以公认的诚实善意作为行为的基础，以实现公司利益最大化。公正的董事既不会作为交易的双方也不会从自我交易中获得任何经济利益，而应当将其交由公司或全体股东。

对于先诉请求的豁免，我国《公司法》第189条第2款中规定，"情况紧急、不立即提起诉讼将会使公司利益受到难以弥补的损害的，前款规定的股东有权为公司利益以自己的名义直接向人民法院提起诉讼"。对于"情况紧急、不立即提起诉讼将会使公司利益受到难以弥补的损害"这一情形的认定，可以结合以下因素，判断其理由是否成立：（1）针对公司的侵权行为正在进行，经过前置的内部救济程序将产生对公司难以弥补的

---

[1] See Franklin A. Gevurtz, *Corporation Law* (*Second Edition*), WEST, 2010, pp.410-416.

损害结果;(2)等待答复将使公司的权利期间届满;(3)侵害人正在转移公司财产或者公司财产可能发生灭失;(4)其他等待答复可能造成公司损失扩大或无法挽回的情形。

三、派生诉讼的实体要件

(一)损害的存在

提起股东派生诉讼的前提条件是公司而非股东个人遭受损害,提起诉讼防止或者救济损害的权利属于公司而非股东个人。根据《公司法》第189条的规定,股东提起派生诉讼的前提是存在董事、监事、高级管理人员"执行职务违反法律、行政法规或者公司章程的规定,给公司造成损失"[1]和"他人侵犯公司合法权益,给公司造成损失"[2]这两种情形。

(二)原告资格

1. 原告起诉时须为公司股东

在股东派生诉讼中,股东的诉权并非来自公司的委托,而是来源于法律的直接授权,而股东在诉讼中行使的权利又具有公司权利的意味。公司机关包括股东大会、董事会、监事等有权作出公司是否提起诉讼的决定,但当公司机关拒绝或怠于行使公司诉权时,就产生了代表公司者的缺位,而股东派生诉讼的功能就是解决代表公司者缺位的问题,所以,从这个意义上,派生诉讼中的股东地位类似于公司机关,公司则仍然是真正意义上的原告。在我国,虽然公司法赋予了股东大会、董事会或者监事会决定公司诉讼的职权,但我国还存在独特的法定代表人制度,在现行诉讼法的架构下,代表公司提起诉讼的人是法定代表人,而且在诉讼中法定代表人和公司为同一主体,因此,股东派生诉讼中股东本质上是取代法定代表人的地位而行使公司的诉权。[3]

2. 同时持有股权原则

同时持有股权原则(Contemporaneous Ownership Requirements)要求提起诉讼的股东在特定时间拥有股权,以防止在公司的错误行为被公众知晓后,当事人购买公司的股权从而获得提起派生诉讼的权利。[4]比如,美国《联邦民事诉讼程序规则》§23.1(b)(1)规定:"(股东代表)诉讼必须证明原告在所诉称的交易发生时是公司的股东或者成员,或者原告的股份或者成员资格是在此之后依据法律转移给他。"[5]美国《示范商业公司法》§7.41规定,有权提起派生诉讼的股东必须"在被诉的行为或者不作为发生时具有股东身份,或者从当时的股东处获得股份而成为股东"。[6]特拉华州《普通公司法》§327规定:"在公司股东提起的任何派生诉讼中,原告需要证明在所诉称的交易发生时其为公司

---

[1]《公司法》第188条。
[2]《公司法》第189条第3款。
[3] 参见钱玉林:《论股东代表派生诉讼中公司的地位——法制史的观察与当代的实践》,载《清华法学》2011年第2期。
[4] Gaillard v. Natomas Co. 173 Cal.App.3d 410, 219 Cal.Rptr. 74(1985).
[5] Federal Rules of Civil Procedure Rule 23.1.
[6] Model Business Corporation Act, 3rd Edition, §7.41.

股东,或者证明其股票是交易发生后依据法律转移给原告股东的。"[1]根据我国《公司法》第189条规定,只有"有限责任公司的股东、股份有限公司连续一百八十日以上单独或者合计持有公司百分之一以上股份的股东"有权提起股东派生诉讼,但并不要求股东在侵害行为发生时具有股东身份。

3. 持续持有股权原则

股东不仅应当在起诉时拥有公司股权,而且在诉讼进行中仍然需要满足《公司法》规定的持股条件,即须满足持续持有股权原则（Continuing Ownership Requirements）的要求。我国《公司法》第189条仅仅要求股份有限公司的股东"连续180日以上"单独或者合计持有公司1%以上股份,有限责任公司股东只需要持有公司股份,即可提起股东派生诉讼。此项规定只是对于股东起诉时的持股要求作出限定,对于诉讼进行中出现的股权变动情况并未加以考虑。

（三）被告资格

派生诉讼的被告可以分为两类:一是违反法律、行政法规或者公司章程的规定执行职务,给公司造成损失的董事、监事、高级管理人员;二是侵犯公司合法权益,给公司造成损失的公司外部第三人。

四、双重派生诉讼

《公司法》是以单一公司形态构建股东派生诉讼的规范基础,而现代公司正在从单一公司结构向母子公司运营模式快速转变,公司集团化现象成为公司发展的常态。以单一公司为基础的传统公司法规范直接适用于母子公司架构时,不可避免地会出现法律适用上的障碍。[2]在此背景下,传统的股东派生诉讼制度,或者说单一派生诉讼制度已经无法满足实践的需要,尤其是在母子公司架构中,如果子公司的错误行为损害公司利益而母公司拒绝提起诉讼,该错误行为将无法得到纠正,母公司股东的投资利益将不可避免地遭受损害。对于子公司的经营不善、浪费资产以及其他错误行为,对母公司的股东来说,最为显著有效的方式就是通过所谓的"双重派生诉讼"获得救济。[3]

对此,《公司法》第189条第4款规定:"公司全资子公司的董事、监事、高级管理人员有前条规定情形,或者他人侵犯公司全资子公司合法权益造成损失的,有限责任公司的股东、股份有限公司连续一百八十日以上单独或者合计持有公司百分之一以上股份的股东,可以依照前三款规定书面请求全资子公司的监事会、董事会向人民法院提起诉讼或者以自己的名义直接向人民法院提起诉讼。"

双重派生诉讼本质上是单一派生诉讼的变形,故而对于单一派生诉讼构成要件的判断基准同样适用于双重派生诉讼。[4]根据规定,股东双重派生诉讼的适用应当满足以下

---

[1] 8 Del.C. § 327, DE ST TI 8 § 327.

[2] 参见叶林:《公司法研究》,中国人民大学出版社2008年版,第302页。

[3] See William H. Painter, *Double Derivative Suits and Other Remedies with Regard to Damaged Subsidiaries*, 36 Ind. L.J. 143, 145 (1961).

[4] 参见王淼、许明月:《美国特拉华州二重代表诉讼的实践及其对我国的启示》,载《法学评论》2014年第1期。

标准。

一是实体要件。其一,适用前提是全资子公司遭受来自董事、监事、高级管理人员及其他第三人的损害。其二,原告资格必须满足以下要求:(1)必须具有母公司股东资格;(2)不能拥有子公司股份;(3)满足同时持股规则和持续持股规则。其三,被告资格必须满足以下要求:被告须为全资子公司董事、监事、高级管理人员或者全资子公司外部第三人。

二是程序要件。股东双重派生诉讼应当满足的程序要件为先诉请求,即母公司股东在提起双重派生诉讼之前应当先请求全资子公司监事会或者董事会提起诉讼,在其拒绝后或者30日内未提起诉讼,或者情况紧急、不立即提起诉讼将会使公司利益受到难以弥补的损害的,母公司股东方可代表全资子公司提起双重派生诉讼。

重要名词术语

事实董事、忠实义务、注意义务、归入权、派生诉讼

思考题

1. 简述董事利益冲突行为的基本类型。
2. 简述双重派生诉讼的适用要件。

典型案例分析

基本案情

A公司于2015年1月4日注册成立,注册资本为2000万元,股东为谢某(持股50%)、冷某(持股50%)。冷某为A公司的法定代表人,任执行董事兼总经理,谢某任A公司的监事。A公司经营过程中,冷某负责公司日常管理经营,谢某不参与。2016年1月至3月,冷某将自有资金假借夏某、陶某、李某的名义借给A公司使用。其中,夏某名下540万元,陶某、李某名下700万元,合计1240万元。后A公司按照约定日利率5‰—6‰的利息,共向冷某支付利息合计883.2万元。2017年4月26日,冷某接受公安机关讯问时陈述:"2016年初,A公司急需资金,我想把钱借给A公司用。但那段时间,谢某曾经向我借钱,我谎称自己没有钱,没有借给他,我怕他知道我有钱不借伤感情,就虚构了夏某、陶某、李某三个名字,以这三个人的名义把钱借给A公司。夏某有两笔,一笔110万元,一笔430万元,陶某和李某一笔700万元。利率是日息5‰、6‰不等。A公司陆续偿还本金和利息,但到现在还没有还完。"一审中,谢某主张A公司共计支付夏某、陶某、李某利息13,583,386元。根据A公司出纳李某的农业银行借记卡交易明细记载,除公安机关侦查认定截至2016年11月,A公司支付了利息8,832,060.66元外,A公司在2017年仍继续支付利息,以上共计13,583,386元。A公司举示A公司领(借)款申请单和费用报销单等证据,证明A公司按照借条约定,向夏某、陶某、李某偿还全部借款本金和利息,其中,支付

利息共计14,840,435元。谢某向一审法院起诉请求：(1)冷某向A公司支付非法利息收入13,583,386元的资金占用损失（以13,583,386元为基数，自判决生效之日起至付清时止，按照中国人民银行公布的同期同类贷款利率计算）；(2)冷某承担本案诉讼费。

裁判结果

重庆市第五中级人民法院经审理认为，本案的争议焦点是冷某是否侵占了A公司利益或对A公司造成损失，以及冷某应当返还给A公司的款项金额。根据原《公司法》第148条、第149条、第151条之规定，冷某任A公司执行董事兼总经理，属于公司高级管理人员。谢某任A公司监事，有权就公司高级管理人员违反忠实和勤勉义务给公司造成损失提起诉讼。其中，关于冷某未经股东会同意，与本公司订立合同或者进行交易，非法获取高额利息的问题，法院认为冷某虚构夏某、陶某、李某三个名字，并以这三个人的名义把钱借给A公司。谢某虽然在借条上签字，但对出借人实际是冷某并不知情。冷某未经股东谢某同意，以虚构夏某、陶某、李某名字的方式，实际与A公司订立合同进行交易。故根据原《公司法》第148条第1款第4项之规定，冷某因此获得的收入即利息收入应当归公司所有。A公司举示的证据足以证明支付利息共计14,840,435元，但谢某起诉仅主张13,583,386元，应当予以支持。关于谢某主张冷某应支付利息的资金占用损失，缺乏事实和法律依据，不予支持。重庆市第五中级人民法院遂判决：(1)冷某于判决生效之日起10日内支付A公司13,583,386元；(2)驳回谢某的其他诉讼请求。

冷某不服一审判决，上诉请求：撤销一审判决，改判冷某向A公司返还利息10,287,093元。事实和理由：冷某作为A公司的法定代表人、股东、实际经营者，为推进公司项目正常运行，以夏某、陶某、李某的名义分3笔向A公司出借本金共计1240万元。根据最高人民法院《关于审理民间借贷案件适用法律若干问题的规定》（以下简称《民间借贷规定》）第26条的规定，冷某与A公司之间建立的民间借贷关系应当受到法律保护，冷某有权收取A公司已经支付的利息3,296,303元（以本金1240万元为基数，按照年利率36%从2016年1月4日起分段计算至2017年6月5日止）。冷某出借本金1240万元后，A公司实际偿还利息14,840,435元，谢某只主张返还利息13,583,396元，该金额扣减冷某有权收取的利息3,296,303元后，冷某实际应返还10,287,093元。谢某辩称，根据公司法的规定，冷某作为A公司的执行董事兼总经理，属于公司高级管理人员。冷某未经股东谢某同意，以虚构夏某、陶某、李某名字的方式，实际由自己与A公司订立月利率高达18%或15%的民间借贷合同，并从A公司获取非法利息收入金额达1,4840,435元。冷某与A公司订立合同、发生交易的行为，违反了原《公司法》第148条的禁止性规定，其收入应当全部归A公司所有。故冷某关于月利率3%以内的利息收入不应当返还公司的上诉请求于法无据，应予驳回。重庆市高级人民法院审理认为，本案的争议焦点为冷某应当向A公司返还的利息金额。根据原《公司法》第148条之规定，董事、高级管理人员除公司章程规定或者股东会同意外，不得与本公司订立合同或者进行交易。该规定是为了保障董事、高级管理人员对公司忠实义务的有效履行，必须严格遵守。本案中，冷某作为A公司的执行董事兼总经理，属于该条规定的高级管理人员，理应履行对公司的忠实义务。由于A公司章程中没有允许董事、高级管理人员同本公司订立合同或者进行交易的明确规定，且冷某假借他人名义与 A 公司订立借款合同,出借资金给 A 公司,并未经股东会同意或得到另一股东谢某的同意。冷某的前述行为已经违反了该条第 1 款第 4 项的规定。冷某出借资金给 A 公司并收取了高额利息,根据该条第 2 款的规定,冷某从 A 公司所获得的利息收入应当归 A 公司所有。故冷某关于其应当收取《民间借贷规定》允许范围内的利息的上诉意见,于法无据,不予支持。重庆市高级人民法院判决驳回上诉,维持原判。[1]

---

〔1〕 具体分析可参见张桦:《自我交易的效力及归入权行使》,载《人民司法·案例》2021 年第 14 期。

第十六章　公司融资与财务制度

【内容提示】

公司融资方式可以分为股权融资和债权融资。股权融资，是指公司向投资者募集股权资本的活动。通过股权融资所形成的资本称为股权资本，投资者基于其投资成为公司股东。债权融资，是指公司通过向第三人借款而筹集资金的活动。通过债权融资所形成的资本称为债权资本。债权资本是公司的对外负债，它表明公司与借款人之间的关系是债权债务关系。公司债券，是指公司发行的约定按期还本付息的有价证券。所谓有价证券，是指设定和证明特定财产权利并且能够流通的书面凭证。公司债券根据发行方式不同，可以分为公开发行的公司债券和非公开发行的公司债券。《公司法》第194条规定公司债券的发行和交易行为需要遵守《证券法》等法律、行政法规的规定，以便与《证券法》第2条相衔接。

公司应当依照法律、行政法规和国务院财政部门的规定建立本公司的财务、会计制度。财务会计报告，是指公司对外提供的反映企业某一特定日期财务状况和某一会计期间经营成果、现金流量的文件。公司应当在每一会计年度终了时编制财务会计报告，并依法经会计师事务所审计。财务会计报告应当依照法律、行政法规和国务院财政部门的规定制作。公司应当依照法律、行政法规和国家统一的会计制度有关财务会计报告提供期限的规定，及时对外提供财务会计报告。会计凭证、会计账簿、财务会计报告和其他会计资料，必须符合国家统一的会计制度。公司必须依法设置会计账簿，并保证其真实、完整。

公积金是公司为了巩固自身的财产基础，提高公司的信用和预防意外亏损，依照法律和公司章程的规定，在公司资本以外积存的资金。法定公积金，也称强制公积金，是指按照法律规定的比例必须提取的公积金。任意公积金，又称任意盈余公积金，是指根据公司章程或股东会决议于法定公积金外自由提取的公积金。资本公积金是在公司的生产经营之外，由资本、资产本身及其他原因形成的股东权益收入。公司年度净利润按照以下顺序分配：(1) 弥补以前年度亏损；(2) 提取10%法定公积金。法定公积金累计额达到注册资本50%以后，可以不再提取；(3) 提取任意公积金，任意公积金提取比例由股东会决议；(4) 向股东分配利润。

第一节 公司债券

一、公司债券的定义

公司债券,是指公司发行的约定按期还本付息的有价证券。"公司"包括《公司法》规定的股份有限公司和有限责任公司,其他企业对外发行的债权性权利凭证,不属于公司法上的公司债券,不适用《公司法》的规定。所谓有价证券,是指设定和证明特定财产权利并且能够流通的书面凭证。有价证券的范围广泛,种类繁多,并不表示特定资格或身份,也不限于特定目的使用。

(一)公募债券与私募债券的区分

公司债券根据发行方式不同,可以分为公开发行的公司债券和非公开发行的公司债券。所谓公开发行,是指向不特定对象发行或者向特定对象发行证券累计超过200人,以及法律、行政法规规定的其他发行行为。公开发行以外的属于非公开发行,非公开发行证券不得采用广告、公开劝诱和变相公开方式。《公司法》第194条规定公司债券的发行和交易行为需要遵守《证券法》等法律、行政法规的规定,以便与《证券法》第2条相衔接。

(二)公司债券是记名债券

2018年《公司法》第156条规定:"公司债券,可以为记名债券,也可以为无记名债券。"新《公司法》对原有规定作出更改,公司债券只能是记名债券,而不再包含无记名债券。记名债券,是指在券面上记载权利人姓名或者名称的公司债券,债券权利只能由记载的权利人行使。当公司债券持有人是自然人时,记名债券记载的是该自然人的姓名。当公司债券持有人是公司或者其他法人时,记名债券记载的就是法人的名称。

(三)以实物券方式发行公司债券时的记载事项

公司债券是公司向公司债券认购人出具的债务凭证,是公司债券持有人向公司行使债权的依据。公司债券以实物券方式发行的,应当对表明公司与债券持有人之间债权债务关系的内容作出清楚明确的记载,以便债券持有人行使权利。公司以实物券方式发行公司债券的,应当在债券上载明公司名称、债券票面金额、利率、偿还期限等事项,并由法定代表人签名,公司盖章。债券所载事项构成发行人与债券持有人之间合同关系的基本内容,对于发行人具有法律约束力。债券上载明的事项应当依据公司股东会或者董事会所作决议,和公司债券募集办法、公司债券存根簿上记载的内容保持一致。

二、公司债券的公开发行

(一)公开发行公司债券的条件

公开发行公司债券,应当符合下列条件:(1)具备健全且运行良好的组织机构;(2)最近3年平均可分配利润足以支付公司债券1年的利息;(3)国务院规定的其他条件。[1]

---

[1]《证券法》第15条。

按照《公司法》规定,公开发行公司债券,应当经国务院证券监督管理机构注册,公告公司债券募集办法。[1]而按照《证券法》第9条第1款的规定,公司公开发行证券,必须依法报经国务院证券监督管理机构或者国务院授权的部门注册。《公司法》第195条规定系根据第十四届全国人民代表大会第一次会议批准的《关于国务院机构改革方案的决定》,将国家发改委的企业债券审核职责划入证监会,删去国务院授权的部门对公开发行债券注册的规定。

（二）公开发行公司债券的程序

随着证券发行注册制成为我国证券发行的基本制度,长期采用的证券发行核准制彻底退出。在注册制下,证券交易所负责具体的证券发行审核事务,经过证券交易所审核通过的证券发行申请需要报经证监会履行注册手续。证监会经过复核作出准予注册的决定后,证券发行申请正式获得审核通过,此时应当依法公开公司债券募集办法,以便向市场充分、公平地披露投资者作出价值判断和投资决策所必需的信息,有序开展公司债券发行活动。

公司债券募集办法的公告,必须采用法定的公开披露方式,并将该文件置备于指定场所供公众查阅。发行证券的信息依法公开前,任何知情人不得公开或者泄露该信息。只有依法公告公司债券募集办法之后,发行人才能开展公司债券发行活动。公司债券募集办法应当载明下列主要事项:(1)公司名称;(2)债券募集资金的用途;(3)债券总额和债券的票面金额;(4)债券利率的确定方式;(5)还本付息的期限和方式;(6)债券担保情况;(7)债券的发行价格、发行的起止日期;(8)公司净资产额;(9)已发行的尚未到期的公司债券总额;(10)公司债券的承销机构。[2]

（三）募集资金的用途

公开发行公司债券筹集的资金,必须按照公司债券募集办法所列资金用途使用;改变资金用途,必须经债券持有人会议作出决议。公开发行公司债券筹集的资金,不得用于弥补亏损和非生产性支出。[3]

（四）公司债券持有人名册

为了适应公司债券无纸化的实践发展,《公司法》将公司应当备置的债券存根簿改为债券持有人名册。公司债券持有人名册是记载全体债券持有人姓名或者名称以及住所的簿册,是确定债券持有人身份和权利的基本依据。公司法要求公司发行公司债券必须置备公司债券持有人名册,并载明以下事项:(1)债券持有人的姓名或者名称及住所;(2)债券持有人取得债券的日期及债券的编号;(3)债券总额,债券的票面金额、利率、还本付息的期限和方式;(4)债券的发行日期。公开发行公司债券并在全国性的证券交易场所上市交易的公司,可以依法向中国证券登记结算有限责任公司查询公司债券持有人名册。发行人应当按照有关规定建立持有人名册置备、管理制度,对持有人名册日常保管、使用、查阅等事宜进行明确规定。公司债券持有人出于正当理由向证券发行人申请查阅持

---

[1]《公司法》第195条第1款。
[2]《公司法》第195条第2款。
[3]《证券法》第15条第2款。

有人名册的,发行人应按照有关规定向其提供。发行人、公司债券持有人等相关主体获取持有人名册后应当妥善保管,并在法律、法规允许的范围内使用。任何单位和个人不得伪造、篡改持有人名册,不得向任何第三方提供持有人名册包含的任何信息。

三、公司债券的交易与登记结算

(一) 公司债券的转让

公司债券依法可以进行自由转让。根据债券发行方式的不同,公司债券的转让方式存在区别。公开发行的公司债券,应当在依法设立的证券交易所上市交易或者在国务院批准的其他全国性证券交易场所交易。公司债券在证券交易所上市交易,应当采用公开的集中交易方式或者国务院证券监督管理机构批准的其他方式,公司债券的价格就是按照集中竞价机制形成的市场价格。非公开发行的公司债券,可以在证券交易所、国务院批准的其他全国性证券交易场所、按照国务院规定设立的区域性股权市场转让,转让人可以和受让人协商确定公司债券的交易价格。[1]

公司法规定的公司债券均为记名债券,需要以背书方式或者法律、行政法规规定的其他方式转让,受让公司债券的人为继受权利人。背书方式通常适用于转让人和受让人协议转让公司债券的场合,而在公司债券公开发行并上市交易的情况下,公司债券必须在法定的证券交易场所通过集中竞价交易等法定方式进行转让。公司债券转让后,受让人可以请求公司变更债券持有人名册,将受让人的姓名或者名称及住所记载于公司债券持有人名册。公司债券转让后,受让人成为新的公司债券持有人,可以依法享有和承担公司债券持有人的权利和义务。

(二) 公司债券登记结算制度

证券登记结算机构为证券交易提供集中登记、存管与结算服务,不以营利为目的,依法登记,取得法人资格。证券登记结算机构履行下列职能:(1)证券账户、结算账户的设立;(2)证券的存管和过户;(3)证券持有人名册登记;(4)证券交易的清算和交收;(5)受发行人的委托派发证券权益;(6)办理与上述业务有关的查询、信息服务;(7)国务院证券监督管理机构批准的其他业务。[2]在证券交易所和国务院批准的其他全国性证券交易场所交易的证券的登记结算,应当采取全国集中统一的运营方式。前述规定以外的证券,其登记、结算可以委托证券登记结算机构或者其他依法从事证券登记、结算业务的机构办理。在证券交易所或者国务院批准的其他全国性证券交易场所交易的证券,应当全部存管在证券登记结算机构。

四、可转换公司债券

(一) 可转债的概念

可转换为股票的公司债券(以下简称可转债),是指公司依法发行、在一定期间内依

---

[1] 《证券法》第37、38条。
[2] 《证券法》第145、147条。

据约定的条件可以转换为本公司股票的公司债券,属于《证券法》规定的具有股权性质的证券。可转债作为一种兼具"股性"和"债性"的混合证券品种,为企业募集资金提供了多样化的选择,在提高直接融资比重、优化融资结构、增强金融服务实体经济能力等方面发挥了积极作用。股份有限公司发行可转债可以由股东会作出决议,也可以经公司章程、股东会授权由董事会决议,决议应当明确可转债转化为公司股票的具体办法。

(二)可转债的发行条件

按照《上市公司证券发行注册管理办法》第13条的规定,上市公司发行可转债需满足以下条件:(1)具备健全且运行良好的组织机构;(2)最近3年平均可分配利润足以支付公司债券1年的利息;(3)具有合理的资产负债结构和正常的现金流量;(4)交易所主板上市公司向不特定对象发行可转债的,应当最近3个会计年度盈利,且最近3个会计年度加权平均净资产收益率平均不低于6%;净利润以扣除非经常性损益前后孰低者为计算依据。其中,前两项为公司债券发行的共同条件。

除前述规定条件外,上市公司向不特定对象发行可转债,还应当符合下列条件:(1)现任董事、监事和高级管理人员符合法律、行政法规规定的任职要求;(2)具有完整的业务体系和直接面向市场独立经营的能力,不存在对持续经营有重大不利影响的情形;(3)会计基础工作规范,内部控制制度健全且有效执行,财务报表的编制和披露符合企业会计准则和相关信息披露规则的规定,在所有重大方面公允反映了上市公司的财务状况、经营成果和现金流量,最近3年财务会计报告被出具无保留意见审计报告;(4)除金融类企业外,最近一期末不存在金额较大的财务性投资。而且,上市公司不能存在法律禁止向不特定对象发行可转债的情形。[1] 另外,向特定对象发行可转债,上市公司不能存在法律禁止向特定对象发行可转债的情形。[2]

上市公司发行可转债,应当依法向证监会履行注册程序。但是,按照公司债券募集办法,上市公司通过收购本公司股份的方式进行公司债券转换的除外。

公司以实物券方式发行可转债的,应当在债券上标明可转换公司债券字样,并在公司债券持有人名册上载明可转换公司债券的数额。

(三)可转债的转换规则

发行可转换为股票的公司债券的,公司应当按照其转换办法向债券持有人换发股票,但债券持有人对转换股票或者不转换股票有选择权。法律、行政法规另有规定的除外。公司发行可转换为股票的公司债券时,应当根据债券持有人的选择,按照转换办法向债券持有人换发股票。《公司法》第203条允许其他法律、行政法规对于可转换公司债券的转换规则作出不同于《公司法》的规定。

1.转换期限

可转债自发行结束之日起不少于6个月后方可转换为公司股票,转股期限由公司根据可转债的存续期限及公司财务状况确定。可转债持有人对转股或者不转股有选择权,并

---

[1]《上市公司证券发行注册管理办法》(证监会令〔第206号〕)第10条。
[2]《上市公司证券发行注册管理办法》(证监会令〔第206号〕)第11条。

于转股的次日成为发行人股东。

2. 转股价格

上市公司向不特定对象发行可转债的转股价格应当不低于募集说明书公告日前 20 个交易日发行人股票交易均价和前一个交易日均价,且不得向上修正。上市公司向特定对象发行可转债的转股价格应当不低于认购邀请书发出前 20 个交易日发行人股票交易均价和前一个交易日均价,且不得向下修正。

募集说明书应当约定转股价格调整的原则及方式。发行可转债后,因配股、增发、送股、派息、分立、减资及其他情形引起发行人股份变动的,应当同时调整转股价格。上市公司可转债募集说明书约定转股价格向下修正条款的,应当同时约定:(1)转股价格修正方案须提交发行人股东会表决,且须经出席会议的股东所持表决权的 2/3 以上同意,持有发行人可转债的股东应当回避;(2)修正后的转股价格不低于前项通过修正方案的股东会召开日前 20 个交易日该发行人股票交易均价和前一个交易日均价。

3. 可转债的赎回

募集说明书可以约定赎回条款,规定发行人可按事先约定的条件和价格赎回尚未转股的可转债。在可转债存续期内,发行人应当持续关注赎回条件是否满足,预计可能满足赎回条件的,应当在赎回条件满足后的 5 个交易日前及时披露,向市场充分提示风险。

发行人应当在赎回条件满足后及时披露,明确说明是否行使赎回权。发行人决定行使赎回权的,应当披露赎回公告,明确赎回的期间、程序、价格等内容,并在赎回期结束后披露赎回结果公告。发行人决定不行使赎回权的,在证券交易场所规定的期限内不得再次行使赎回权。发行人决定行使或者不行使赎回权的,还应当充分披露其实际控制人、控股股东、持股 5% 以上的股东、董事、监事、高级管理人员在赎回条件满足前的 6 个月内交易该可转债的情况,上述主体应当予以配合。[1]

4. 可转债的回售

募集说明书可以约定回售条款,规定可转债持有人可按事先约定的条件和价格将所持可转债回售给发行人。募集说明书应当约定,发行人改变募集资金用途的,赋予可转债持有人一次回售的权利。[2] 发行人应当在回售条件满足后披露回售公告,明确回售的期间、程序、价格等内容,并在回售期结束后披露回售结果公告。[3]

五、公司债券持有人会议

公司选择公开发行公司债券的,必须为同期债券持有人设立债券持有人会议,在募集说明书中说明债券持有人会议的召集程序、会议规则和其他重要事项。债券持有人会议规则应当公平、合理,明确规定债券持有人通过债券持有人会议行使权利的范围,债券持有人会议的召集、通知、决议生效条件与决议程序、决议效力范围和其他重要事项。债券持有

---

[1]《可转换公司债券管理办法》(证监会令〔第 178 号〕)第 14 条。
[2]《可转换公司债券管理办法》(证监会令〔第 178 号〕)第 11 条第 2 款。
[3]《可转换公司债券管理办法》(证监会令〔第 178 号〕)第 15 条。

人会议依据法律和会议规则的程序要求所形成的决议对同期全体债券持有人有约束力，债券募集办法另有约定的除外。

六、债券受托管理人

（一）受托管理人的选任与职责

公开发行公司债券的，发行人应当为债券持有人聘请债券受托管理人，并订立债券受托管理协议；非公开发行公司债券的，发行人应当在募集说明书中约定债券受托管理事项。债券受托管理人的任职资格包括以下几项：（1）必须由债券发行的承销机构或其他经证监会认可的机构担任；（2）应当为中国证券业协会会员；（3）为债券发行提供担保的机构不得担任本次债券发行的受托管理人。

在债券存续期限内，由债券受托管理人按照规定或协议约定维护债券持有人的利益。发行人应当在债券募集说明书中约定，投资者认购或持有本期公司债券视作同意债券受托管理协议、债券持有人会议规则及债券募集说明书中其他有关发行人、债券持有人权利义务的相关约定。受托管理人为履行受托管理职责，有权代表债券持有人查询债券持有人名册及相关登记信息、专项账户中募集资金的存储与划转情况，证券登记结算机构应当予以配合。债券发行人未能按期兑付债券本息的，债券受托管理人可以接受全部或者部分债券持有人的委托，以自己名义代表债券持有人提起、参加民事诉讼或者清算程序。

按照证监会的规定，公开发行公司债券的受托管理人应当按规定或约定履行下列职责：（1）持续关注发行人和保证人的资信状况、担保物状况、增信措施及偿债保障措施的实施情况，出现可能影响债券持有人重大权益的事项时，召集债券持有人会议；（2）在债券存续期内监督发行人募集资金的使用情况；（3）对发行人的偿债能力和增信措施的有效性进行全面调查和持续关注，并至少每年向市场公告一次受托管理事务报告；（4）在债券存续期内持续督导发行人履行信息披露义务；（5）预计发行人不能偿还债务时，要求发行人追加担保，并可以依法申请法定机关采取财产保全措施；（6）在债券存续期内勤勉处理债券持有人与发行人之间的谈判或者诉讼事务；（7）发行人为债券设定担保的，债券受托管理人应在债券发行前或债券募集说明书约定的时间内取得担保的权利证明或其他有关文件，并在增信措施有效期内妥善保管；（8）发行人不能按期兑付债券本息或出现募集说明书约定的其他违约事件的，可以接受全部或部分债券持有人的委托，以自己名义代表债券持有人提起、参加民事诉讼或者破产等法律程序，或者代表债券持有人申请处置抵质押物。[1]

（二）受托管理人的履职标准

债券受托管理人应当勤勉尽责，公正履行受托管理职责，不得损害债券持有人利益。债券受托管理人应当为实现债券持有人利益，按照法律规定和合同约定勤勉尽责地履行受托管理职责，不得滥用债券持有人的授权实施利益冲突行为。对于债券受托管理人在履行受托管理职责时可能存在的利益冲突，应当建立相应的风险防范和解决机制，在债券募

---

[1]《公司债券发行与交易管理办法》（证监会令〔第222号〕）第59条。

集说明书及债券存续期间的信息披露文件中予以充分披露,并同时在债券受托管理协议中载明。

受托管理人与债券持有人存在利益冲突可能损害债券持有人利益的,债券持有人会议可以决议变更债券受托管理人。债券受托管理人违反法律、行政法规或者债券持有人会议决议,损害债券持有人利益的,应当承担赔偿责任。[1]

第二节　公司的财务制度

一、公司财务制度的建立

公司应当依照法律、行政法规和国务院财政部门的规定建立本公司的财务、会计制度。[2]

（一）财务会计报告的编制要求

财务会计报告,是指公司对外提供的反映企业某一特定日期财务状况和某一会计期间经营成果、现金流量的文件。公司应当在每一会计年度终了时编制财务会计报告,并依法经会计师事务所审计。财务会计报告应当依照法律、行政法规和国务院财政部门的规定制作。[3]

财务会计报告应当根据经过审核的会计账簿记录和有关资料编制,并符合《会计法》和国家统一的会计制度关于财务会计报告的编制要求、提供对象和提供期限的规定。财务会计报告由会计报表、会计报表附注和财务情况说明书组成。向不同的会计资料使用者提供的财务会计报告,其编制依据应当一致。有关法律、行政法规规定会计报表、会计报表附注和财务情况说明书须经注册会计师审计的,注册会计师及其所在的会计师事务所出具的审计报告应当随同财务会计报告一并提供。[4]

公司需要确保向会计师事务所提供的会计凭证、会计账簿、财务会计报告及其他会计资料的真实性、完整性,不得拒绝、隐匿、谎报。会计凭证包括原始凭证和记账凭证。会计机构、会计人员必须按照国家统一的会计制度的规定对原始凭证进行审核,对不真实、不合法的原始凭证有权不予接受,并向单位负责人报告;对记载不准确、不完整的原始凭证予以退回,并要求按照国家统一的会计制度的规定更正、补充。会计账簿登记,必须以经过审核的会计凭证为依据,并符合有关法律、行政法规和国家统一的会计制度的规定。

（二）财务会计报告应当及时提供

公司应当依照法律、行政法规和国家统一的会计制度有关财务会计报告提供期限的

---

[1]《公司法》第 206 条。
[2]《公司法》第 207 条。
[3]《公司法》第 208 条。
[4]《会计法》第 20 条。

规定,及时对外提供财务会计报告。《公司法》根据公司类型不同,对于公司财务会计报告公开的范围和方式设置了不同的要求:(1)对有限责任公司来说,应当按照公司章程规定的期限向股东送交财务会计报告;(2)对非公开发行股票的股份有限公司来说,应当在召开股东会年会的20日前置备于本公司,供股东查阅;(3)对公开发行股票的股份有限公司来说,应当将其财务会计报告予以公告。而且,财务会计报告须经注册会计师审计的,公司应当将注册会计师及其会计师事务所出具的审计报告随同财务会计报告一并对外提供。

（三）禁止另立会计账簿或者提供虚假财务会计报告

会计凭证、会计账簿、财务会计报告和其他会计资料,必须符合国家统一的会计制度。公司必须依法设置会计账簿,并保证其真实、完整。公司应当根据实际发生的经济业务事项进行会计核算,填制会计凭证,登记会计账簿,编制财务会计报告,不得以虚假的经济业务事项或者资料进行会计核算。

公司除法定的会计账簿外,不得另立会计账簿。对公司资金,不得以任何个人名义开立账户存储。[1]会计账簿登记,必须以经过审核的会计凭证为依据,并符合有关法律、行政法规和国家统一的会计制度的规定。会计账簿包括总账、明细账、日记账和其他辅助性账簿。使用电子计算机进行会计核算的,其会计账簿的登记、更正,应当符合国家统一的会计制度的规定。公司法人财产与其成员或者管理人员的个人财产相互独立,不得混同。公司资产必须存储于以公司名义开立的账户,否则将会导致公司与股东之间的财产混同,公司股东可能丧失有限责任制度的保护,同时不利于对公司资金往来的监管。

财政部门对各单位的下列情况实施监督:(1)是否依法设置会计账簿;(2)会计凭证、会计账簿、财务会计报告和其他会计资料是否真实、完整;(3)会计核算是否符合法律和国家统一的会计制度的规定;(4)从事会计工作的人员是否具备专业能力、遵守职业道德。公司在法定的会计账簿以外另立会计账簿,或者提供存在虚假记载或者隐瞒重要事实的财务会计报告,由县级以上人民政府财政部门按照《会计法》等法律、行政法规的规定进行处罚。

（四）会计师事务所的聘用和解聘

公司聘用、解聘承办公司审计业务的会计师事务所,必须由公司的股东会、董事会或监事会作出决定,其他公司机关或高级管理人员无权决定会计师事务所的选聘和解聘。公司章程应当对具体负责会计师事务所聘用和解聘事项的公司内部机关作出规定。另外,公司解聘会计师事务所应当具有正当事由,并允许会计师事务所在相关会议上陈述意见、进行申辩或说明,以确保股东会、董事会或监事会所作决定的正当性。

二、公司公积金

（一）公积金的类型

公积金是公司为了巩固自身的财产基础,提高公司的信用和预防意外亏损,依照法律

---

[1]《公司法》第217条。

和公司章程的规定,在公司资本以外积存的资金。

法定公积金,也称强制公积金,是指按照法律规定的比例必须提取的公积金。

任意公积金,又称任意盈余公积金,是指根据公司章程或股东会决议于法定公积金外自由提取的公积金。

资本公积金是在公司的生产经营之外,由资本、资产本身及其他原因形成的股东权益收入。

资本公积金的主要来源为股票发行的溢价收入、资产增值、因合并而接受其他公司的资产净额等。公司以超过股票票面金额的发行价格发行股份所得的溢价款、发行无面额股所得股款未计入注册资本的金额以及国务院财政部门规定列入资本公积金的其他项目,应当列为公司资本公积金。[1] 修订后的《公司法》允许股份有限公司发行无面额股,公司的全部股份,根据公司章程的规定择一采用面额股或者无面额股。采用无面额股的,应当将发行股份所得股款的1/2以上计入注册资本。发行无面额股所得股款未计入注册资本的金额,应当列为公司资本公积金。

(二)公积金的提取条件

公司年度净利润按照以下顺序分配:(1)弥补以前年度亏损;(2)提取10%法定公积金,法定公积金累计额达到注册资本50%以后,可以不再提取;(3)提取任意公积金,任意公积金提取比例由股东会决议;(4)向股东分配利润。公司以前年度未分配的利润,并入本年度利润,在充分考虑现金流量状况后,向股东分配。公司弥补以前年度亏损和提取盈余公积后,当年没有可供分配的利润时,不得向股东分配利润,但法律、行政法规另有规定的除外。

公司分配当年税后利润时,应当提取利润的10%列入公司法定公积金。公司法定公积金累计额为公司注册资本的50%以上的,可以不再提取。公司从税后利润中提取法定公积金后,经股东会决议,还可以从税后利润中提取任意公积金。

公司弥补亏损和提取公积金后所余税后利润,有限责任公司按照股东实缴的出资比例分配利润,全体股东约定不按照出资比例分配利润的除外;股份有限公司按照股东所持有的股份比例分配利润,公司章程另有规定的除外。公司持有的本公司股份不得分配利润。

(三)公积金的用途

公司的公积金只有三种用途:(1)用于弥补公司的亏损;(2)扩大公司生产经营;(3)转为增加公司资本。公司的公积金是按照特定目的提留的,只能用于特定目的,以维护公司股东和债权人利益。对公积金的使用限制主要体现于资本公积金的用途受限。原《公司法》禁止将资本公积金用于弥补公司亏损,《公司法》第214条对此作出修改,允许在任意公积金和法定公积金无法弥补公司亏损的情况下,按照规定使用资本公积金弥补亏损。另外,法定公积金转为资本时,所留存的该项公积金不得少于转增前公司注册资本的25%。

---

[1]《公司法》第213条。

重要名词术语

股权融资、债权融资、公司债券、可转换公司债券、公开发行、法定公积金、任意公积金、资本公积金

思考题

1. 简述公司融资的基本途径。
2. 简述公司税后利润的分配顺序。

典型案例分析

2006年4月21日,某百公司第四届董事会第十六次会议审议并通过了公司《股权分置改革方案》,主要内容如下。(1)某百公司第一大非流通股股东某楼集团有限公司(以下简称某楼集团)向公司无偿注入兰州某楼房地产开发有限公司36.6045%股权,根据浙江东方中汇会计师事务所有限公司出具的《审计报告》,截至2005年12月31日,该部分权益经审计的账面价值为3000万元。(2)为使某楼集团注入的兰州某楼房地产开发有限公司36.6045%权益完全由流通股股东享有,某百公司向流通股股东实施资本公积金定向转增28,379,137股,相当于每10股流通股定向转增2.1621股。(3)除某楼集团外的其他非流通股股东向流通股股东支付9,589,497股股份。(4)上述组合方案的总体对价水平相当于每10股流通股股东获得2.89271股。2006年5月29日,某百公司召开股东大会审议通过了该《股权分置改革方案》,并于2006年6月2日刊登了股权分置改革方案实施公告。因某骏公司(当时名称为兰州某骏医药科技有限公司,2008年10月20日更名为现名称兰州某骏物流有限公司,以下均简称某骏公司)等非流通股股东未明确表示同意参加本次股权分置改革,由某百公司第一大股东某楼集团代为垫付3,119,196股,第二大股东兰州某百佛慈集团有限公司(以下简称某佛公司)代为垫付542,421股,合计代某骏公司等非流通股股东垫付对价3,661,617股。某百公司2006年第一次临时股东大会暨股权分置改革相关股东会议通过了股权分置改革方案后,某骏公司在法定期限内向兰州市中级人民法院提起了诉讼,请求确认5月29日的临时股东大会关于某楼集团假借无偿赠送权益性资产实为非公开发行新股28,379,138股的决议违法,判决该次股东大会关于以3000万元权益性资产作价增发新股的决议无效等。兰州市中级人民法院以(2006)兰法民二初字第82号民事判决驳回了某骏公司的诉讼请求,某骏公司不服该判决向甘肃省高级人民法院提出上诉。审理中经甘肃省高级人民法院主持调解,某骏公司与某百公司达成了调解,该调解书(以下简称159号调解书)内容为:某骏公司与某百公司共同确认某楼集团向某百公司无偿赠送的3000万元权益性资产真实合法,在此前提下2006年5月29日召开的某百公司股东大会通过的决议合法有效,不存在侵犯某骏公司合法权益的问题;某骏公司放弃全部诉讼请求;某百公司今后依然尊重某骏公司作为股东的各项权利和利益等。

2007年6月6日，某骏公司向甘肃省高级人民法院提起诉讼，请求某百公司、某佛公司、某楼集团依照某百公司股权分置改革方案，立即安排其向某佛公司、某楼集团偿还代为垫付的对价款项及利息，办理某骏公司持有的某百公司股票流通的手续，排除流通的妨碍。该案在审理中，经甘肃省高级人民法院主持，双方当事人于2007年6月29日达成调解，该调解书（以下简称24号调解书）载明某骏公司向某佛公司和某楼集团偿还了代垫的股份1,621,479股，某百公司安排某骏公司持有的某百公司限售流通股予以上市流通。

某骏公司认为其已偿还了某百公司第一、第二股东即某楼集团、某佛公司垫付的对价，某楼集团真实合法无偿赠送给某百公司的3000万元权益性资产折合的28,379,137股某百公司股份中，因某骏公司当时在某百公司持股比例为6.18%，所以某骏公司应当按比例享有1,753,800股。故某骏公司向原审法院提起诉讼，要求某百公司赔偿1,753,800股股份，折合赔偿人民币20,081,010元（按某骏公司持有某百公司非流通股解禁上市后20个交易日的平均股价每股10元计算）及相应利息，并由某佛公司负担案件诉讼费。

本案的争议焦点为：根据某百公司股权分置改革方案，公司第一大股东某楼集团向某百公司无偿注入兰州某楼房地产开发有限公司36.6045%股权，该受赠资产形成的资本公积金转增的股份是否应由包括某骏公司在内的某百公司全体非流通股股东享有。

本案中，某百公司《股权分置改革方案》中规定，为使某楼集团注入某百公司的3000万元权益性资产完全由流通股股东享有，由某百公司向流通股股东实施资本公积金定向转增2,837,9137股，这表明某楼集团将3000万元权益性资产注入某百公司是为了让流通股股东享受该部分资产的利益。在《股权分置改革方案》通过时，某骏公司是某百公司的非流通股股东，不应享受该部分资产转增而形成的股份。某百公司《股权分置改革方案》明确规定了采用资本公积金转增股份，至于某百公司采用何种资本公积金将某楼集团注入的3000万元权益性资产转化为股份由全体流通股股东享有，这属于某百公司内部财务处理事项。某百公司虽然用资本公积金项目下的股本溢价部分为全体流通股股东转增股份，但在此过程中某百公司资产数目并没有发生减损。某骏公司主张某百公司用属于公司所有的公积金转增股份从而某骏公司应当分得相应的股份数额，没有事实和法律依据，法院未予支持。

一审法院判决驳回某骏公司的诉讼请求。二审法院判决驳回上诉，维持原判。

第十七章　公司的变更与终止

【内容提示】

　　有限责任公司可以变更为股份有限公司,股份有限公司也可以变更为有限责任公司,公司变更前的债权、债务由变更后的公司承继。公司基于生产经营需要,可以与其他公司合并或者进行分立。公司合并可以通过两种方式进行。(1)吸收合并,即一个公司吸收其他公司,被吸收的公司解散。存续的公司应当向公司登记机关办理变更登记手续;被吸收的公司丧失民事主体资格,应向公司登记机关申请办理注销登记。(2)新设合并,即两个以上公司合并设立一个新的公司,合并各方解散。公司分立是指公司分设为两个或两个以上公司,具体分为两种形式:一是原公司通过解散的方式分拆为数个新的公司,二是在原公司中分拆出一部分设立新的公司。《公司法》没有规定公司分立的形式,只是要求公司分立时需要对公司财产进行分割。

　　通常情况下,公司终止经营活动退出市场,主要需要经历决议解散、清算分配和注销登记三个过程。公司解散后并不会导致法人资格消灭,而是需要经过清算程序,清理公司的债权债务关系,办理注销登记后才会导致公司法人资格消灭。在公司清算期间,公司的法人资格仍然存续,只是公司的行为能力被限定于清算目的范围内,不得开展与清算无关的活动。公司解散,是指依法成立的公司因为出现公司章程或法律规定的事由而停止经营活动,并开始进入清算程序直至终止法人资格的法律行为。公司作出解散决议后,应当进行清算。公司清算的重要内容是清理公司资产,清结各项债务,终结现存的各种法律关系。清算的目的在于保护公司债权人的利益、公司股东的利益、公司的利益、职工的利益以及社会公共利益。公司解散时,除合并或者分立的情形外,清算义务人应当及时组成清算组进行清算。公司在退出市场正式终止前,须依法宣告解散、成立清算组进行清算,清理公司财产、清缴税款、清理债权债务,支付职工工资、社会保险费用等,待公司清算结束后,应制作清算报告并办理注销公司登记,公告公司终止。

第一节　公司类型的变更

　　有限责任公司变更为股份有限公司,应当符合公司法规定的股份有限公司的条件。股份有限公司变更为有限责任公司,应当符合公司法规定的有限责任公司的条件。有限责任公司变更为股份有限公司的,或者股份有限公司变更为有限责任公司的,公司变更前的债权、债务由变更后的公司承继。[1]

有限责任公司变更为股份有限公司时,折合的实收股本总额不得高于公司净资产额。有限责任公司变更为股份有限公司,为增加注册资本公开发行股份时,应当依法办理。[2]

第二节 公司形式的变更

一、公司合并

（一）公司合并的方式

公司合并可以通过两种方式进行:(1)吸收合并,即一个公司吸收其他公司,被吸收的公司解散。存续的公司应当向公司登记机关办理变更登记手续;被吸收的公司丧失民事主体资格,应向公司登记机关申请办理注销登记。(2)新设合并,即两个以上公司合并设立一个新的公司,合并各方解散。新设合并导致参与合并各方的公司法人资格消灭,合并各方需依法向公司登记机关申请办理登记手续。新设公司应当向公司登记机关办理设立登记手续,取得营业执照,营业执照签发日期为公司成立日期。新设合并本质上属于设立新公司,除了需要符合公司合并的法定条件,还需要符合公司法规定的公司设立条件。

（二）公司合并的程序

1. 公司合并的一般程序

公司合并会导致公司形式和内部治理结构发生重大变更,直接影响股东利益和债权人利益,因而必须按照公司法规定的程序进行。

（1）合并各方原则上需要经过股东会决议通过,有限责任公司应当经代表2/3以上表决权的股东通过,股份有限公司应当经出席会议的股东所持表决权的2/3以上通过,满足法定条件的可以不经股东会决议而通过董事会决议通过即可。

（2）合并各方签订合并协议,合并协议需要对合并各方的权利义务作出约定,明确合并的形式、条件和相应款项的支付方式。

（3）编制资产负债表及财产清单。

（4）公司应当自作出合并决议之日起10日内通知债权人,并于30日内在报纸上或者国家企业信用信息公示系统公告,公告期45日,应当于公告期届满后申请办理登记。[3]

（5）办理相应的登记手续。采取吸收合并方式的,合并后存续的公司应当在公司合并之后办理变更登记手续,被合并的公司应当申请办理注销登记手续;采取新设合并方式

---

[1]《公司法》第12条。
[2]《公司法》第108条。
[3]《市场主体登记管理条例实施细则》(国家市场监督管理总局令第52号)第21条第1款。

的,合并后新设立的公司应当依法办理设立登记手续,被合并的各方应当依法办理注销登记手续。

此外,债权人自接到通知之日起 30 日内,未接到通知的自公告之日起 45 日内,可以要求公司清偿债务或者提供相应的担保。

2. 公司合并的特别程序

公司合并属于公司的重大变更事项,原则上需要由股东会作出决议。原《公司法》要求公司合并必须经过股东会决议才能进行,新《公司法》对此作出修改,允许在满足法定条件的情况下,公司合并可以不经股东会决议而由董事会决议即可进行,以降低公司合并的难度,提高公司合并的效率。《公司法》第 219 条规定了公司合并可以不经股东会决议的两种情形:(1) 公司与其持股 90% 以上的公司合并,被合并的公司不需经股东会决议,但应当通知其他股东,其他股东有权请求公司按照合理的价格收购其股权或者股份;(2) 公司合并支付的价款不超过本公司净资产 10% 的,可以不经股东会决议,但是,公司章程另有规定的除外。公司合并依法不经股东会决议时,仍应当经过董事会决议。

(三) 公司合并时债权债务的承担

公司合并会导致合并一方或双方的民事主体资格消灭,对于公司合并后被合并公司的债权、债务如何承担,应当区分不同的合并形式分别处理:一是采取吸收合并方式的,由合并后存续的公司承担被吸收公司的债权、债务;二是采取新设合并方式的,由合并各方组成的新设公司承担合并各方的债权、债务。合并后存续的公司或者新设公司对于合并各方债权、债务的承继属于权利义务的概括继受,公司必须同时继受合并各方的债权、债务,不能进行任意取舍或者只继受权利而拒绝承担义务。

二、公司分立

(一) 公司分立的形式与程序

公司分立是指公司分设为两个或两个以上公司,具体分为两种形式:一是原公司通过解散的方式分拆为数个新的公司,二是在原公司中分拆出一部分设立新的公司。《公司法》没有规定公司分立的形式,只是要求公司分立时需要对公司财产进行分割。《公司法》第 81 条虽未规定分立各方必须签订相应的分立协议,但分立各方对于财产分割事项仍应通过书面协议的形式予以约定。公司在分立过程中,必须先由股东会决议通过,有限责任公司应当经代表 2/3 以上表决权的股东通过,股份有限公司应当经出席会议的股东所持表决权的 2/3 以上通过,然后由分立各方签订分立协议,并编制资产负债表和财产清单,明确分立各方所应分得的财产数额。由于公司分立将导致原公司的形式发生重大变更,影响公司对外承担责任的能力,所以公司应当自作出分立决议之日起 10 日内通知债权人,并于 30 日内在报纸上或者国家企业信用信息公示系统公告,公告期为 45 日,应当于公告期届满后申请办理登记。[1] 最后,原公司解散的应当办理注销登记手续,分立后的公司应当办理设立登记手续。

---

[1]《市场主体登记管理条例实施细则》(国家市场监督管理总局令第 52 号) 第 21 条第 1 款。

（二）公司分立前的债务承担

公司分立前的债务首先应按照公司与债权人就债务清偿达成的书面协议处理。没有另行作出约定的，分立后设立的公司应当对原公司的债务承担连带责任，该项规定不得通过公司章程或股东会决议进行修改。公司法对于公司分立前的债务承担设置强制性规定，要求分立后的公司承担连带责任，能够避免借助公司分立将债务全部分割给个别不具有足额清偿能力的公司。公司自身无权决定公司分立前的债务如何承担，但公司可以在分立前与债权人就债务清偿达成书面协议，约定分立后的公司不必承担连带责任，而是由分立后的公司承担按份责任或者免除分立后的部分公司的清偿责任。

第三节　公司解散和清算

一、公司解散

（一）公司解散的原因与类型

公司解散，是指合法成立的公司因为出现公司章程或法律规定的事由而停止经营活动，并开始进入清算程序直至终止法人资格的法律行为。通常情况下，公司终止经营活动退出市场，主要需要经历决议解散、清算分配和注销登记三个过程。公司解散后并不会导致法人资格消灭，而是需要经过清算程序，清理公司的债权债务关系，办理注销登记后才会导致公司法人资格消灭。在公司清算期间，公司的法人资格仍然存续，只是公司的行为能力被限定于清算目的范围内，不得开展与清算无关的活动。

公司解散的原因可以分为自愿解散和强制解散，强制解散又可进一步分为行政解散和司法解散。自愿解散，是指基于公司或股东的意愿而导致的公司解散。自愿解散包括三种情形：（1）公司章程规定的营业期限届满或者公司章程规定的其他解散事由出现；（2）股东会决议解散；（3）因公司合并或者分立需要解散。

强制解散，是指非依公司或股东自己的意愿，而是基于政府有关机关的决定命令或法院的裁决而发生的解散，通常分为行政决定解散与司法判决解散。行政决定解散，是指公司因其行为违反了法律法规而损害了社会公共利益或公共秩序，从而被行政主管机关依职权责令解散的情形，包括依法被吊销营业执照、责令关闭或者被撤销。司法判决解散，是指因公司经营管理发生严重困难，继续存续会使股东利益受到重大损失，通过其他途径不能解决的，持有公司全部股东表决权10%以上的股东向人民法院提起解散公司诉讼，请求人民法院解散。

公司出现法律或者公司章程规定的解散事由，应当在10日内将解散事由通过国家企业信用信息公示系统予以公示。

（二）通过修改公司章程或者经股东会决议而使公司存续

公司存在公司章程规定的营业期限届满或者公司章程规定的其他解散事由出现、股东会决议解散等情形,且尚未向股东分配财产的,可以通过修改公司章程或者经股东会决议而存续。修改公司章程或者经股东会决议,有限责任公司须经持有2/3以上表决权的股东通过,股份有限公司须经出席股东会会议的股东所持表决权的2/3以上通过。

公司因章程规定的营业期限届满或者公司章程规定的其他解散事由出现而解散,或者股东会决议解散的,如果尚未向股东分配财产,公司可以通过修改公司章程或者经股东会决议而存续。公司章程是公司内部的自治规范,对于公司、股东、董事、监事、高级管理人员具有约束力。通过修改章程使得公司继续存续,事实上修改了公司章程原来规定的解散事由。对于股东会决议解散公司的,通过嗣后作出的股东会决议使得公司继续存续,实际上是以后续决议推翻了之前决议的效力。因此,公司在章程规定的解散事由出现或者股东会决议解散后,可以通过修改章程或者作出新的股东会决议修改公司解散事由,使得公司继续存续。

公司修改公司章程应当由股东会通过特别决议通过,一直是公司法的基本规定。但是,公司经股东会决议决定继续存续的,也需经股东会的特别决议通过,则属于本次公司法修订新增加的规则。据此,除了《公司法》第66条和第116条规定的采用绝对多数决原则的事项,股东会通过决议而使公司继续存续的,也属于法律规定的需要采用绝对多数决原则的事项。

(三)强制司法解散

公司经营管理发生严重困难,是指公司在存续过程中,由于股东之间、董事之间或者股东与董事之间矛盾激化而处于僵持状况,股东会、董事会等公司内部机关不能按照法定程序作出有效决议,导致公司内部治理机制陷于瘫痪状态,这种情况也被称为公司僵局。公司经营管理发生严重困难,主要体现为以下方面:(1)公司持续2年以上无法召开股东会;(2)股东表决时无法达到法定或者公司章程规定的比例,持续2年以上不能作出有效的股东会决议;(3)公司董事长期冲突,且无法通过股东会解决;(4)经营管理发生严重困难的其他情形。公司陷入僵局后通过其他途径不能解决,继续存续会使股东利益受到重大损失的,只能通过强制司法解散的方式化解冲突。

由于司法强制解散将会导致公司法人资格消灭,若公司僵局能够通过调解、仲裁等其他手段解决,不应采用司法强制解散这一极端措施。因此,司法强制解散属于化解公司僵局的最后方案,只有通过其他途径不能化解公司僵局,且公司继续存续会使股东利益受到重大损失,才能由持有公司10%以上表决权的股东请求人民法院解散公司。

二、公司清算

(一)公司解散必须进行清算

公司作出解散决议后,应当进行清算。公司清算的重要内容是清理公司资产,清结各项债务,终结现存的各种法律关系。清算的目的在于保护公司债权人的利益、公司股东的利益、公司的利益、职工的利益以及社会公共利益。公司解散时,除合并或者分立的情形外,清算义务人应当及时组成清算组进行清算。[1] 具体来说,公司因下列情形解散时需要依法进行清算:(1)公司章程规定的营业期限届满或者公司章程规定的其他解散事由出现;(2)股东会决议解散;(3)依法被吊销营业执照、责令关闭或者被撤销;(4)司法强制解散。因公司合并或者分立而进行的解散之所以无须清算,是由于在合并或者分立中发生债权债务概括转移的效果,所以公司合并或者分立时无须进行清算。而公司被宣告破产时需要适用专门的破产清算程序,也不需要适用公司法规定的一般清算程序。

(二)清算组的组成和职权

公司进入清算程序后,需要由公司清算义务人选任清算组,由清算组接替公司内部机关执行清算事务。原《公司法》并未明确规定具体的公司清算义务人,而是区分公司类型分别规定了清算组的组成人员,即有限责任公司的清算组由股东组成,股份有限公司的清算组由董事或者股东会确定的人员组成。公司法不再区分公司类型规定清算组成员,而是统一规定董事为公司清算义务人,清算组由董事组成,除非公司章程另有规定或者股东会决议另选他人。

清算期间公司存续,但只能从事与清算有关的活动。公司解散后随即进入清算程序,由清算义务人组成的清算组将接替股东会、董事会等内部机关负责执行清算事务。清算组是法律规定的在公司清算期间具体负责执行清算事务的组织。由于清算组全面取代了公司正常经营状态下内部机关的职能,法律有必要赋予清算组必要的职权,以确保公司清算期间能够顺利开展清算相关事务。清算组在清算期间享有下列职权:(1)清理公司财产,分别编制资产负债表和财产清单;(2)通知、公告债权人;(3)处理与清算有关的公司未了结的业务;(4)清缴所欠税款以及清算过程中产生的税款;(5)清理债权、债务;(6)分配公司清偿债务后的剩余财产;(7)代表公司参与民事诉讼活动。清算组在清理公司财产、编制资产负债表和财产清单时,发现公司财产不足清偿债务的,可以与债权人协商制作有关债务清偿方案。债权人对债务清偿方案不予确认或者人民法院不予认可的,清算组应当依法向人民法院申请宣告破产。

(三)清算义务人的义务

清算义务人应当及时履行清算义务,因怠于履行清算义务给公司或者债权人造成损失的,应当承担赔偿责任。怠于履行清算义务,是指公司董事在法定清算事由出现后,在能够履行清算义务的情况下,故意拖延、拒绝履行清算义务,或者因过失导致无法进行清算的消极行为。董事能够举证证明其已经采取积极措施履行清算义务的,可以不对公司债务承担清偿责任。司法实践中,清算义务人未及时履行清算义务,给公司或者债权人造成损失的情况主要包括以下四种:(1)未在法定期限内成立清算组开始清算,导致公司财产贬值、流失、毁损或者灭失;(2)怠于履行清算义务,导致公司主要财产、账册、重要文件等灭失,无法进行清算;(3)在公司解散后,恶意处置公司财产给债权人造成损失;(4)未经依法清算,以虚假的清算报告骗取公司登记机关办理法人注销登记,或者公司未经清算即办理注销登记,导致公司无法进行清算。清算义务人未及时履行清算义务,给公司或者债权

---

[1] 参见《企业注销指引(2023年修订)》。

人造成损失的,应当承担赔偿责任。

清算义务人必须为了公司、股东、债权人以及其他利害关系人的利益履行清算职责。忠实义务要求清算义务人为利害关系人利益履行清算职责,不得实施利益冲突行为;注意义务则要求清算义务人谨慎勤勉地履行清算职责,不得疏忽怠责。法律对清算义务人施加忠实义务以防止其滥用被授予的权利;施加谨慎、勤勉的注意义务以保证利害关系人能够获得合格的服务。公司法通过设置清算义务人的忠实义务与注意义务规定了清算义务人履行清算职责的具体标准。清算义务人怠于履行清算义务给公司造成损失的,无论是故意还是过失,都应当承担赔偿责任。怠于履行清算义务,是指清算义务人在法定清算事由出现后,在能够履行清算义务的情况下,故意拖延、拒绝履行清算义务,或者因过失导致无法进行清算的消极行为。但是,清算义务人只有在因故意或者重大过失给债权人造成损失时,才需要对债权人承担赔偿责任。

(四)强制清算

公司解散时应当依法组织清算,若公司清算义务人怠于履行清算义务,不及时成立清算组进行清算或者成立清算组后不清算的,法院基于利害关系人的申请,应当及时指定有关人员组成清算组进行清算。公司法并未将有权申请强制清算的主体限定为公司债权人,而是采用"利害关系人"的表述扩大了有权申请强制清算的主体范围。利害关系人包括债权人、公司股东、董事或其他利害关系人,利害关系人有权申请法院指定清算组进行强制清算的情形包括:(1)公司解散逾期不成立清算组进行清算的;(2)虽然成立清算组但故意拖延清算的;(3)违法清算可能严重损害债权人或者股东利益的。

作出吊销营业执照、责令关闭或者撤销决定的部门或者公司登记机关,也可以申请法院指定有关人员组成清算组进行清算。前述部门和公司登记机关虽然无权参与公司财产的分配,不属于利害关系人的范畴,但公司法为了确保公司清算程序的顺利启动和进行,进一步扩大了强制解散申请主体的范畴。

(五)清算期间的债权申报

清算组在清算期间负有通知、公告债权人和清理债权、债务的法定职责,应当自成立之日起10日内通知债权人,并于60日内在报纸上或者统一的企业信息公示系统公告。通知和公告的目的是确保债权人知悉公司解散、清算的事实后及时主张债权,债权人在接到通知或者知悉公告后应当在法定期限内向清算组申报债权,以便清算事务的正常开展。债权人申报债权,应当说明债权的有关事项,并提供证明材料。清算组应当对债权进行登记,在债权申报期间结束后,根据债权申报情况进行统一清偿。在申报债权期间,清算组不得对债权人进行清偿,以免申报期间结束后出现公司财产不足以清偿剩余债务的情况,损害其他债权人的合法权益。

清算组未依法履行通知和公告义务,导致债权人未及时申报债权而未获清偿,债权人可以主张清算组成员对因此造成的损失承担赔偿责任。另外,债权人在规定的期限内即便没有申报债权,也可以在公司清算程序终结前补充申报,清算组应予登记。债权人补充申报的债权,可以在公司尚未分配财产中依法清偿。公司尚未分配财产不能全额清偿,债权人可以主张股东以其在剩余财产分配中已经取得的财产予以清偿;但债权人因重大过错未在规定期限内申报债权的除外。

（六）公司财产的分配

清算组在清理公司财产、编制资产负债表和财产清单后,应当制订清算方案。在公司自行组织清算的情况下,清算组应当将清算方案报请公司股东会确认;在法院指定清算组强制清算的情况下,清算组应当将清算方案报请法院确认。清算组应当按照清算方案分别支付各项公司债务,股东作为剩余索取权人仅能主张行使剩余财产分配请求权,就清偿公司债务后的剩余财产进行分配,有限责任公司按照股东的出资比例分配剩余财产,股份有限公司按照股东持有的股份比例分配剩余财产。公司财产在未清偿各项债务之前,不得向股东进行分配。

公司在清算期间仍然享有法人资格,但由于公司已经停止经营事务,所以清算期间的公司在内部治理和经营业务开展等事项上明显不同于正常存续的公司。公司解散、进入清算程序后,即成为特殊的清算法人,其行为能力范围仅限于开展清算事务,不得从事任何与清算无关的经营活动。

公司隐匿财产,对资产负债表或者财产清单作虚假记载,或者在未清偿债务前分配公司财产,公司登记机关应当责令公司改正,对公司处以隐匿财产或者未清偿债务前分配公司财产金额5%以上10%以下的罚款;对直接负责的主管人员和其他直接责任人员处以1万元以上10万元以下的罚款。[1]

（七）公司解散清算程序与破产清算程序的衔接

公司不能清偿到期债务,并且资产不足以清偿全部债务或者明显缺乏清偿能力的,可以向人民法院提出重整、和解或者破产清算申请。公司不能清偿到期债务,债权人可以向人民法院提出对公司进行重整或者破产清算的申请。公司已解散但未清算或者未清算完毕,资产不足以清偿债务的,依法负有清算责任的人应当向人民法院申请破产清算。破产案件由公司住所地人民法院管辖,管辖法院负责指定破产管理人,由破产管理人履行破产清算职责。

清算组在清理公司财产、编制资产负债表和财产清单后,发现公司财产不足清偿债务的,应当依法向人民法院申请破产清算。人民法院受理破产申请后,清算组应当将清算事务移交给人民法院指定的破产管理人。公司解散清算与破产清算具有不同的功能和适用条件,二者的主要区别如下:（1）解散清算以公司财产足以清偿债务为前提,破产清算的适用前提则是公司财产不足以清偿债务;（2）公司解散清算适用《公司法》规定的解散和清算程序,而公司破产则需要按照《破产法》规定的破产清算程序进行;（3）解散清算由公司自行或法院指定组成清算组处理清算事务,但是破产清算只能由法院指定的破产管理人处理。在适用解散清算程序的过程中,若清算组发现公司财产不足清偿债务的,应当依法向人民法院申请破产清算。人民法院受理破产申请后,清算组应当将清算事务移交给人民法院指定的破产管理人。

---

[1]《公司法》第256条。

三、注销登记

（一）一般程序

公司在退出市场正式终止前，须依法宣告解散、成立清算组进行清算，清理公司财产、清缴税款、清理债权债务、支付职工工资、社会保险费用等，待公司清算结束后，应制作清算报告并办理注销公司登记，公告公司终止。[1]《公司法》第37条规定："公司因解散、被宣告破产或者其他法定事由需要终止的，应当依法向公司登记机关申请注销登记，由公司登记机关公告公司终止。"公司清算结束，意味着公司财产和债权债务关系清理完毕，清算组应当制作清算报告。公司自行组织清算的，报请股东会进行确认；法院指定清算组进行清算的，报请法院进行确认。清算报告经过股东会或法院确认后，清算程序彻底完毕，此时需要依法报送公司登记机关，申请注销公司登记。清算组应当自清算结束之日起30日内向公司登记机关申请注销登记。

申请办理注销登记，应当提交下列材料：（1）申请书；（2）依法作出解散、注销的决议或者决定，或者被行政机关吊销营业执照、责令关闭、撤销的文件；（3）清算报告、负责清理债权债务的文件或者清理债务完结的证明；（4）税务部门出具的清税证明。登记机关和税务机关已共享企业清税信息的，公司无须提交纸质清税证明文书；领取了纸质营业执照正副本的，缴回营业执照正副本。国有独资公司申请注销登记，还应当提交国有资产监督管理机构的决定，其中，国务院确定的重要的国有独资公司，还应当提交本级人民政府的批准文件。人民法院指定清算人、破产管理人进行清算的，应当提交人民法院指定证明。因合并、分立而申请市场主体注销登记的，无须提交第三项材料。公司申请注销登记前，应当依法办理分支机构注销登记。

公司登记注销后，公司终止，法人资格消灭，注销登记之日为法人资格消灭之日。公司未经依法清算即办理注销登记，清算义务人需要对公司债务承担清偿责任。

（二）简易程序

公司在存续期间未产生债务，或者已清偿全部债务的，经全体股东承诺，可以按照规定通过简易程序注销公司登记。公司通过简易程序办理注销登记必须满足以下几项条件：（1）公司在存续期间未产生债务或者已清偿全部债务，包括未发生或者已结清清偿费用、职工工资、社会保险费用、法定补偿金、应缴纳税款（滞纳金、罚款）；（2）经全体股东书面承诺对前述情况的真实性承担法律责任；（3）通过国家企业信用信息公示系统予以公告，公告期限不少于20日。申请办理简易注销登记，应当提交申请书和全体投资人承诺书。股东承诺不实的，应当对注销登记前的债务承担连带责任。

有下列情形之一的，公司不得申请办理简易注销登记：（1）在经营异常名录或者市场监督管理严重违法失信名单中的；（2）存在股权（财产份额）被冻结、出质或者动产抵押，或者对其他市场主体存在投资的；（3）正在被立案调查或者采取行政强制措施，正在诉讼或者仲裁程序中的；（4）被吊销营业执照、责令关闭、撤销的；（5）受到罚款等行政处罚尚

---

[1] 参见《企业注销指引（2023年修订）》。

未执行完毕的;(6)不符合规定的其他情形。申请办理简易注销登记,公司应当将承诺书及注销登记申请通过国家企业信用信息公示系统公示,公示期为20日。

(三)强制注销

为解决实践中公司注销难、"僵尸公司"大量存在的问题,《公司法》修订时根据地方实践经验,增设强制注销的内容。市场监督管理机关对公司作出吊销营业执照、责令关闭或者撤销的行政处罚之后,公司应当依法组织清算,清算完毕后办理注销登记手续。公司被吊销营业执照、责令关闭或者被撤销后符合法定条件的,公司登记机关可以依法予以强制注销。公司登记机关强制注销公司应当满足以下条件:(1)行政处罚作出后满3年未清算完毕;(2)公司登记机关通过统一的企业信息公示系统予以公告,公告期限不少于60日;(3)公告期限届满后,未有异议。公司被强制注销后,法人资格归于消灭,但是原公司股东、清算义务人的责任不受影响。

重要名词术语

公司合并、公司分立、公司解散、公司清算、注销登记、清算法人

思考题

1. 公司合并后的债权债务如何承担?
2. 公司法人资格消灭的时间节点如何确定?

典型案例分析

基本案情

被告A公司股东为原告陈某(40%)、李某(40%)、胡某(20%)。2014年7月经营期限届满后,各方对延长经营期限未达成一致。2015年5月,陈某申请强制清算,因未提供清算材料,法院未予受理。2016年12月,各股东就公司展期签署承诺书,约定:"日后收益按股权份额当月分割……公司主营业务厂房租赁由李某负责……股东对公司财务状况有知情权……三方股东对上述承诺内容均已知悉且认可,并表示愿意照此执行。若今后任何一方违反本承诺书,三方可协商解决。协商不成的,则三方均同意解散该公司。"同日,A公司通过公司延期的股东会决定及新的公司章程,营业期限延长至2040年7月。2019年6月,A公司召开股东会,议案涉及公司财务、经营、分红、执行董事酬金等,李某、胡某均表支持,陈某则以不符合承诺书等为由对各议题均表示反对。2020年12月,A公司再次召开股东会,就房屋装修、审计、分红等议案表决,李某、胡某出席,陈某缺席,后形成决议。2020年1月,陈某提起股东知情权诉讼,并经强制执行实现权利。2020年4月,A公司诉请陈某返还部分公司账册。2020年10月,陈某诉请公司分配盈余,后撤诉,提起本案诉讼称:承诺书约定,A公司延长存续时间后必须正常及时地在股东间分配租金,且公司除了收取租金不允许做其他投资。该承诺书系A公司全体股东的真实意思表示,系附条件延长

公司营业期限,等同于股东就公司附条件解散达成的股东会决议。在承诺书签订后,A公司其他两名股东李某、胡某拒绝分配租金,违反规定强行通过股东会决议做其他投资,彻底违背承诺书的基本原则,已符合《公司法》规定的公司解散的实质条件。被告A公司辩称:承诺书不能作为公司解散的股东会决议。公司不符合《公司法》规定的法定解散条件,也不符合公司章程约定的解散条件。第三人李某、胡某述称:A公司目前在正常经营,与第三方也有长期合同需要履行,公司解散势必造成巨大的损失,不同意公司解散。

裁判结果

上海市嘉定区人民法院一审认为,承诺书虽合法有效,但陈某所受权利侵害或已经通过知情权诉讼得以救济,或可通过盈余分配等其他诉讼进行救济,承诺书约定的公司解散条件尚未成就。退一步讲,股东请求法院解散公司必须符合"公司经营管理发生严重困难,继续存续会使股东利益受到重大损失"以及"通过其他途径不能解决"两个实质要件,本案中,A公司对外正常经营,且于2019年及2020年两次召开股东会,不符合前述解散条件。即使A公司的股东间存在矛盾,也应当在公司内部治理无法解决的前提下才能诉诸司法强制解散。遂判决驳回陈某的诉请。

一审判决后,陈某不服,提起上诉。上海市第二中级人民法院认为:首先,关于承诺书的性质。股东会决议作为公司意志的体现,严格限定于股东会行使法定职权,股东就股东会法定职权事项形成合意,即便未召开股东会,仍得以全体股东书面一致形式,直接作出股东决定。本案中,承诺书经A公司全体股东签署,所涉内容包括:公司财产及分配时间方案;公司经营收益、厂房拆迁收入分配方式;股东知情权等。同时明确,若任一股东违反承诺,并协商不成的,全体股东一致同意解散公司。可见,承诺书记载的合意事项符合原《公司法》第37条规定之情形,对全体股东产生效力。另,承诺书系在A公司营业期限届满、陈某不同意延期,诉诸法院申请强制清算未果的背景下,全体股东就公司延期后的经营模式、解散事由达成的合意,且各方于承诺书签订同日即形成延长营业期限的股东会决议。故此,综合承诺书的签订背景、内容属性及效力,承诺书属于原《公司法》第37条所指的股东决定,与股东会决议具有同等效力。其次,关于承诺书附条件解散A公司的效力。A公司能否因承诺书而解散,需明确如下问题:其一,解散公司可否附条件。原《公司法》第181条就股东会或者股东大会决议解散事由未作特别限定,依照法律规定,民事法律行为可以附条件,故全体股东对公司解散设定条件,系属于意思自治的范畴,应为法律所允许。另外,因附条件解散公司涉及条件成就与否的判断,如股东之间就公司解散与否产生分歧,股东对此有诉的利益,可诉请法院予以确认。其二,解散条件是否成就。在案证据表明,李某、胡某未按承诺书约定经营使用公司资产、分配收益,阻碍陈某行使股东知情权属实,陈某亦多次就此提起诉讼,故李某、胡某的行为已严重违反承诺书项下全体股东就公司经营事项所达成的合意,承诺书规定的A公司解散的生效条件成就,理应发生永榨公司解散的法律效果。再次,关于公司生存权保障与股东决议解散公司意思自治之间的冲突调和。司法理应对公司解散秉持审慎、谦抑态度,同时亦应依法畅通公司自行解散和强制解散渠道,保障公司法人主体有序退出市场。就本案而言:其一,区分审查公司自行解散与强制解散。自行解散是公司基于内部意思自治而对公司不再存续作出决定,原则上符合《公法》规定或公司章程约定的解散条件,便产生公司解散的法律效果。相较于强制解散,对产生争议的自行解散的司法确认并不会对公司自治产生不当冲击。有鉴于此差异,《公司法》及司法解释所规定的强制解散案件的审查理念。包括注重调解,以股权回购、减资、分立等其他可以解决股东分歧的方式避免公司强制解散等,不宜一概适用于公司自行解散的纠纷解决。其二,保障股东压迫情形下的自行解散救济。本案中A公司股东间的矛盾由来已久,已产生多个诉讼。如陈某所称,陈某同意公司延长营业期限,系以各方尤其是实际经营者李某即大股东一方遵照承诺书经营A公司、确保己方小股东权益不受压迫侵害为前提,否则延期后的A公司亦随时可能解散。客观上,李某、胡某对承诺书的违反。加剧了股东间的信任缺失,陈某作为小股东的权益只能通过逐一诉讼得以救济和保障。2019年6月的股东会会议记录亦从侧面印证,陈某作为少数股东,对公司事项无法产生决策影响力。至此,A公司的股东压迫情形严重。其作为有限责任公司的人合性基础已经丧失,司法应允许A公司遵照全体股东的意志有序退出。综上,承诺书系合法有效的股东决定,等同于股东会决议,对全体股东具有约束力。A公司自承诺书约定的解散条件成就之时即发生公司解散效力,李某、胡某违反承诺书约定的依据充分,各方亦未能就此协商一致解决,承诺书项下A公司解散的条件已经成就,A公司因此解散遂判决:(1)撤销一审判决;(2)确认A公司解散。[1]

---

[1] 具体分析可参见张新、王曦、沈洁:《全体股东协议附条件解散公司的证成与认定》,载《人民司法·案例》2023年第32期。

第三编
合伙企业法

第十八章 合伙企业导论

【内容提示】

合伙企业是重要的商事主体之一。本章介绍了合伙企业的概念、法律特征和法律地位。合伙企业是指自然人、法人和其他组织依照《合伙企业法》在中国境内设立的普通合伙企业和有限合伙企业。在我国，合伙企业合伙人共同出资、共同经营、共享收益、共担风险，其设立必须由全体合伙人订立合伙协议。作为不同于自然人和法人的第三民事主体，合伙企业的财产、经营和责任承担均具有特殊性。

第一节 合伙企业的概念与特征

一、合伙企业的概念

《合伙企业法》是为了规范合伙企业的行为，保护合伙企业及其合伙人、债权人的合法权益，维护社会经济秩序，促进社会主义市场经济发展的法律。

"合伙企业"是指"自然人、法人和其他组织依照本法在中国境内设立的普通合伙企业和有限合伙企业"。[1] 普通合伙企业由普通合伙人组成，合伙人对合伙企业债务承担的是无限连带责任，本法对普通合伙人承担责任的形式有特别规定的，则须从其规定；有限合伙企业由普通合伙人和有限合伙人组成，其中，普通合伙人对合伙企业债务承担的是无限连带责任，有限合伙人则以其认缴的出资额为限对合伙企业债务承担责任。

二、合伙企业的法律特征

我国《合伙企业法》分章节规定了普通合伙企业和有限合伙企业。两类合伙企业的共同法律特征如下：

（1）成立合伙企业必须由全体合伙人订立合伙协议。依据《合伙企业法》第4条，合

---

[1] 其中，所谓自然人，依据《民法典》第13条规定，是指从出生时起到死亡时止，具有民事权利能力，依法享有民事权利、承担民事义务的主体；所谓法人，依据《民法典》第57条规定，是指具有民事权利能力和民事行为能力，依法独立享有民事权利和承担民事义务的组织；所谓其他组织，是指经过合法程序成立、拥有一定的组织机构和财产，但是并不具备法人资格的组织。

伙协议依法由全体合伙人协商一致、以书面形式订立。

（2）合伙人共同出资、共同经营、共享收益、共担风险。合伙企业是一种将出资、经营、收益与风险融为一体的营利性组织,有鉴于此,依据《合伙企业法》第31条,处分合伙企业的不动产、改变合伙企业名称、转让或者处分合伙企业的知识产权和其他财产权利、向企业登记机关申请办理变更登记手续、以合伙企业名义为他人提供担保以及聘任合伙人以外的人担任合伙企业的经营管理人员等事项应当经全体合伙人一致同意。

（3）合伙事务可委托执行。在普通合伙企业中,合伙人对执行合伙事务享有同等权利,合伙事务可以由全体合伙人共同执行,也可以由合伙协议约定或者经全体合伙人决定,委托一个或者数个合伙人执行;在有限合伙企业中,合伙事务由普通合伙人执行,有限合伙人不得执行合伙事务。

（4）合伙企业业务具有延续性。这是由合伙企业的人合性所决定的,即便合伙人退出或死亡,以及出现合伙人纠纷等状况,合伙企业都不必然解散,而应首先进行合理的调整与清退,由原合伙人的继承人或剩余合伙人继续经营。

第二节　合伙企业的法律地位

通说认为,合伙企业既不同于自然人,又不同于法人,应当成为第三民事主体,与自然人和法人并列。[1]合伙企业成为民事主体主要有以下理由:

（1）合伙企业财产具有相对独立性。[2]合伙企业对其依法取得的各项财产享有财产权,依据《合伙企业法》第21条,除法律另有规定外,在合伙企业清算前,合伙人不得请求分割合伙企业财产。

（2）合伙企业经营具有相对独立性。合伙企业有自己的名称,既可以以注册登记的合伙企业的名义进行经营活动,也可以作为诉讼上的当事人参与诉讼。涉及合伙协议的修改或补充、合伙财产的处分、合伙企业名称变更等事项,除合伙协议另有约定外,须经全体普通合伙人一致同意。这种一致同意的意思表示独立于合伙人个人意思表示之外,反映的是合伙企业行为能力的"团体意思",这也为合伙企业成为民事主体提供了可行性。

（3）合伙企业责任承担具有相对独立性。在合伙企业中,除法律另有规定外,普通合伙人须对合伙企业的债务负无限连带责任,当合伙企业财产不足以清偿合伙企业债务时,普通合伙人应当以个人全部财产清偿。

---

[1] 关于合伙企业法律地位,学界大致有肯定说、否定说和区别对待说3种类型。"目前,肯定说为通说。"参见赵旭东主编:《商法学》(第二版),高等教育出版社2011年版,第43页。

[2]《合伙企业法》第2章第2节"合伙企业财产"对有关问题进行了详细规定。

重要名词术语

合伙企业法、普通合伙企业、有限合伙企业、合伙协议

思考题

1. 普通合伙和有限合伙存在哪些区别？
2. 合伙企业是否具有独立的民事主体地位？

典型案例分析

双某公司与联某厂于 2006 年 10 月 3 日签订工矿产品购销合同一份，约定由双某公司向联某厂提供焦炭 2000 吨，单价为 1200 元/吨，货到需方场地后一周内结清货款。合同签订后，双某公司先后向联某厂供货 1636.625 吨，总货款为 1,963,950 元。联某厂支付了部分货款，尚欠 1,213,785.95 元。2007 年 1 月 7 日，联某厂向双某公司出具欠条一份，载明："发票已全部收到，共计欠款 1,213,785.95 元。"

魏某于 2005 年 9 月 8 日登记注册成立个人独资企业联某厂，并领有营业执照。魏某、蒋某、卞某、祝某于 2005 年 12 月 18 日签订合伙合同一份，约定：合伙人魏某原独资经营的联某厂因扩建、改建需追加投资，现由魏某、蒋某、卞某、祝某 4 人共同出资，合伙经营，变更为合伙经营企业；合伙人魏某以位于镇江市丹徒区高资镇 ×× 村的部分厂房和土地作价 15 万元出资，土地上现有部分房屋将在合伙后拆除，原有企业的机器设备也将报废；蒋某、卞某、祝某 3 人根据实际建房及购买设备需要出资；合伙后的企业名称仍为联某厂，仍使用原魏某领取的联某厂营业执照，原个人独资企业营业执照自合伙合同签订之日起归合伙企业所有，原投资人魏某不得再单独使用该营业执照；蒋某、卞某、祝某的出资，用于新建厂房和购买机械设备，全部投资结束后，根据实际使用资金大家共同认可；魏某、蒋某、卞某、祝某各占 25% 的比例分配；合伙债务先由合伙财产偿还，合伙财产不足清偿时，由各合伙人共同承担；合伙企业由魏某负责生产及工人的管理，蒋某负责对外开展业务，对合伙企业进行日常管理和产品销售，卞某负责财务，祝某负责采购。合伙合同签订后，联某厂购买了冶炼炉等设备进行技术改造，并向双某公司购买焦炭用于生产。

2006 年 12 月 23 日，魏某、蒋某、卞某、祝某、尹某、洪某签订协议书一份，载明魏某等六人按照约定出资成立联某厂，因正常生产进入困境，现就怎样解决该厂困境一事，协商达成一致意见：在 10 日内理清该厂自成立至该协议生效期间的所有账目；魏某等 6 人一致同意全权委托魏某将该厂对外承包，承包费用于偿还对外的债务和 6 人各自的投资；承包金额暂定最低每年 50 万元；该厂承包前对外的债权债务由魏某负责处理，与其余 5 人无关。此后，联某厂将厂房、设备等租赁给他人使用。

法院认为，本案的争议焦点为：

1. 联某厂是魏某、蒋某、卞某、祝某、尹某、洪某 6 人合伙经营的企业

（1）卞某等人有合伙经营联某厂的明确意思表示。魏某、蒋某、卞某、祝某 4 人于 2005

年 12 月 18 日签订的合伙合同,明确约定由该 4 人共同出资、合伙经营,将原由魏某独资经营的联某厂变更为合伙企业。该合同还对合伙经营范围、合伙期限、出资方式、利润分配、合伙事务的执行、入伙与退伙等合伙企业设立中的主要内容作了明确约定。该合伙合同表明魏某、蒋某、卞某、祝某合伙经营联某厂的意思表示是非常明确的。

(2)卞某等人已实际出资并共同参与了联某厂的经营决策活动。2006 年 12 月 23 日,魏某、蒋某、卞某、祝某、尹某、洪某 6 人签订协议书一份,载明魏某等 6 人按照约定出资成立联某厂,为解决联某厂的生产经营困境,6 人一致同意将联某厂对外发包,承包金额暂定为最低每年 50 万元,并用收取的承包费偿还联某厂的债务与 6 人的投资。根据该协议的内容可以认定,魏某、蒋某、卞某、祝某在签订合伙合同后已"按照约定"实际出资,且合伙人已由合伙合同签订时的 4 人变更为签订协议书的 6 人。而且,企业是否继续生产经营、是否选择"对外承包"这一模式进行经营、收取多少承包费用等,均关乎企业的前途命运,属于企业的重大经营决策事项。魏某等 6 人以签订协议书的形式共同就上述重大经营事项作出决策,行使了合伙人才应享有的权利,从而进一步证明该 6 人已实际共同参与了联某厂的经营活动。卞某等人已实际出资并共同经营的事实说明合伙合同已实际履行。

(3)魏某与其他 5 人之间系共同投资而非借款关系。卞某认为其与蒋某、祝某在 2006 年 12 月 23 日的协议书上签字仅是对魏某与尹某、洪某之间的借款关系进行证明,并在一审中提交了其委托代理人向魏某、蒋某、尹某所作的调查笔录,用以证明上述观点。法院认为,由于魏某、蒋某、尹某是本案的当事人,该调查笔录的内容经当事人本人确认后,性质上属于案件当事人的陈述,人民法院应当结合案件的其他证据对其进行审查才能确认应否作为认定事实的依据。但魏某等 3 人经原审法院合法传唤,未到庭参加诉讼,未能对调查笔录进行确认,且调查笔录的内容与本案中其他证据存在矛盾。因此,法院未采信该 3 份调查笔录并无不当。此外,2006 年 12 月 23 日的协议书并未提及卞某所称的借款事实,亦不能从中得出卞某等 3 人是作为借款关系证明人参与协议签订的结论。相反,该协议书关于魏某等 6 人一致决定在 10 日内理清联某厂自成立至该协议生效期间的所有账目、将联某厂对外发包并将承包费用于偿还联某厂的债务和 6 人各自的投资的约定,可以证明卞某等 6 人与联某厂之间系投资关系、魏某与其他 5 人之间系共同投资而非借款关系。

2. 卞某等人的出资数额、出资比例不明确以及联某厂名义上的个人独资企业性质均不影响本案中各合伙人的民事责任

(1)卞某等人的出资数额、出资比例不明确不影响各合伙人对联某厂的债务所应承担的责任。出资数额、出资比例是合伙协议的重要内容,但仅涉及合伙企业的内部关系,并不影响合伙企业及合伙人对外的责任承担。而且,卞某等人在合伙合同中明确约定"合伙债务先由合伙财产偿还,合伙财产不足清偿时,由各合伙人共同承担",该约定表明卞某等人对出资数额、出资比例不影响合伙企业及合伙人对外的责任承担这一问题是清楚的。因此,尽管根据现有证据合伙人的出资数额及比例尚不清楚,但这不影响卞某等合伙人在本案中的责任承担。

(2)联某厂名义上的个人独资企业性质不影响各合伙人本应承担的民事责任。由于合伙合同明确约定合伙后的企业仍沿用原企业名称与营业执照、原个人独资企业营业执

照自合伙合同签订之日起归合伙企业所有,原投资人魏某不得再单独使用该营业执照,故尽管联某厂实质上已变更为合伙性质、生产经营活动由各合伙人共同决策,但联某厂在工商行政管理部门仍登记为个人独资企业。换言之,联某厂未据实变更企业性质系各合伙人作出的安排。各合伙人既然共同决定联某厂的生产经营活动,就应对联某厂生产经营过程中对外所负的债务负责。卞某等合伙人故意不将联某厂的个人独资企业性质据实变更为合伙企业的行为,不应成为各合伙人不承担法律责任的理由,否则交易安全得不到保护,相关法律规制合伙企业及合伙人的目的将会落空。

综上所述,联某厂虽在工商行政管理部门登记为个人独资企业,但实质系魏某、蒋某、卞某、祝某、尹某、洪某合伙经营的企业。联某厂欠双某公司的 1,213,785.95 元货款发生于合伙期间,属于合伙企业的债务。对合伙债务如何承担,《民法通则》《最高人民法院关于贯彻执行〈中华人民共和国民法通则〉若干问题的意见(试行)》以及《合伙企业法》(1997 年 8 月 1 日起施行)均有相关规定。根据特别法优于一般法的法律适用原则,本案应当适用《合伙企业法》。《合伙企业法》第 39 条规定:"合伙企业对其债务,应先以其全部财产进行清偿。合伙企业财产不足清偿到期债务的,各合伙人应当承担无限连带清偿责任。" 第 40 条第 1 款规定:"以合伙企业财产清偿合伙企业债务时,其不足的部分,由各合伙人按照本法第 32 条第 1 款规定的比例,用其在合伙企业出资以外的财产承担清偿责任。" 据此可知,合伙企业债务的承担分为两个层次:第一顺序的债务承担人是合伙企业,第二顺序的债务承担人是全体合伙人。由于债权人的交易对象是合伙企业而非合伙人,合伙企业作为与债权人有直接法律关系的主体,应先以其全部财产进行清偿。因合伙企业不具备法人资格,普通合伙人不享受有限责任的保护,合伙企业的财产不足清偿债务的,全体普通合伙人应对合伙企业未能清偿的债务部分承担无限连带清偿责任。进而言之,《合伙企业法》第 39 条所谓的"连带"责任,是指合伙人在第二顺序的责任承担中相互之间所负的连带责任,而非合伙人与合伙企业之间的连带责任。本案中,对于联某厂欠双某公司的货款,联某厂应先以其全部财产进行清偿。联某厂的财产不足清偿该债务的,卞某等合伙人对不能清偿的部分承担无限连带清偿责任。

第十九章　普通合伙企业

【内容提示】

作为一种重要的企业组织形式,普通合伙企业在现代经济中发挥着举足轻重的作用。本章第一节是关于普通合伙企业的设立,具体对合伙企业的设立条件、出资方式及出资义务、合伙协议问题进行了阐述。第二节聚焦于合伙企业财产,说明了合伙企业的财产范围、合伙人财产份额的确定以及禁止分割财产的规定,强调了合伙企业财产的独立性。第三节逐一探讨了合伙事务的执行,涵盖合伙人享有的同等执行权利、委托执行与监督执行的机制、合伙企业的决议表决等方面,强调了合伙事务执行过程中的公正、透明和效率,以确保合伙企业的稳定运营和合法权益的保障。第四节澄清了合伙企业内部限制不得对抗善意第三人的原则,以及合伙企业债务责任和合伙人自身债务责任的划分。第五节阐述了入伙与退伙的相关事宜,包括新合伙人的加入、原合伙人的退出以及相应的财产结算和债务清偿等问题。最后一节专门介绍了特殊的普通合伙企业,这类企业由于其业务性质的特殊性,因此在合伙协议、财产管理、合伙事务执行等方面存在一些特殊规定。

第一节　普通合伙企业的设立

一、设立条件

依据《合伙企业法》第14条的规定,合伙企业设立应满足以下条件。

1. 合伙人符合法律规定

在我国设立的普通合伙企业必须有两个及以上的合伙人,合伙人为自然人的,应当具有完全民事行为能力。依据《合伙企业法》第85条第1款第4项,合伙企业在合伙人不具备法定人数满30天后,应当解散。

2. 书面合伙协议

合伙协议,即合伙合同,是指全体合伙人为了设立合伙企业,实现共同出资、共同经营、共负盈亏、共担风险等经济目的所达成的协议。设立合伙企业必须有书面合伙协议,这是合伙人之间意思表示的要求。

3. 认缴或实缴出资

合伙企业属于营利性组织,从事营利活动必须有经营基础,因此,合伙人出资是合伙企业成立的一大前提。依据《合伙企业法》第16条规定,合伙人可以用货币、实物、知识产权、土地使用权或者其他财产权利出资,也可以用劳务出资。

4. 合伙企业的名称和生产经营场所

合伙企业的名称是其独特身份的象征,可以与其他企业或民事主体区分开来,《合伙企业法》第15条规定普通合伙企业在其名称中必须明确标注"普通合伙"字样。

生产经营场所是合伙企业从事正常的生产经营活动的所在地,通常而言,合伙企业只有一个经营场所,即在企业登记机关登记的营业地点,但为了经营需要或发展需求,也可以在主要经营场所之外依法拥有多个经营场所。

5. 法律、行政法规规定的其他条件

此项内容为合伙企业设立的兜底性规定。

二、出资方式及出资义务

依据《合伙企业法》第16条,合伙人可以用货币、实物、知识产权、土地使用权或者其他财产权利出资,也可以用劳务出资。货币出资方式,顾名思义,是指合伙人以一定数额的货币进行合伙企业的出资,《人民币管理条例》规定我国法定货币是人民币,[1]故我国的货币出资应当指使用人民币出资的情形;对于非货币出资方式,前文已提到,需要评估作价,其中,实物、知识产权、土地使用权或者其他财产权利出资方式由全体合伙人协商确定或者全体合伙人委托法定评估机构评估确定,劳务出资方式由全体合伙人协商确定,并且需要在合伙协议中载明。

《合伙企业法》第17条对普通合伙人的出资义务进行了相关规定:合伙人应当按照合伙协议约定的出资方式、数额和缴付期限,履行出资义务。此外,在合伙人以非货币财产出资时,如果依照法律、行政法规规定需要办理财产权转移手续,应当依法办理。

三、合伙协议

1. 合伙协议的书面内容

根据《合伙企业法》第4条规定,合伙协议必须依法由全体合伙人协商一致,以书面形式订立。合伙协议应当载明以下内容:合伙企业的名称和主要经营场所的地点;合伙目的和合伙经营范围;合伙人的姓名或者名称、住所;合伙人的出资方式、数额和缴付期限;利润分配、亏损分担方式;合伙事务的执行;入伙与退伙;争议解决办法;合伙企业的解散与清算;违约责任。

2. 合伙协议的签署和生效

合伙协议应当由全体合伙人共同签署,经全体合伙人签名、盖章后生效。合伙协议生效后,各合伙人应当严格遵守协议约定,履行自己的义务和责任。如果需要对合伙协议进

---

[1]《人民币管理条例》第3条。

行修改或补充,必须经过全体合伙人的一致同意,并在协议中作出书面记录。

3. 合伙协议的解释和执行

合伙协议的解释和执行应当遵循诚实信用原则。各合伙人应当按照协议约定履行自己的义务和责任,不得擅自违反协议约定或进行虚假承诺。如果发生争议或纠纷,或者出现合伙协议未约定或者约定不明确的情形,各合伙人应当首先通过协商的方式解决,如果协商不成,依照本法和其他有关法律、行政法规的规定处理。

4. 合伙协议的法律特征

作为合伙企业最重要的内部法律文件,合伙协议是确定合伙人之间权利义务关系的基本依据,具有以下法律特征:(1)订立主体至少有两个及以上的合伙人,且以书面形式订立;(2)以经营共同事业为目的,各合伙人追求共同的经济利益,具有共同的利害关系;(3)合伙协议是双务合同,合伙协议以经营共同事业为目的,各合伙人的权利义务平行,每个合伙人都负有依照合伙协议的约定缴付出资、承担合伙企业经营亏损的义务,每个普通合伙企业都应对合伙企业债务负无限、连带的法律责任;(4)合伙协议是诺成合同,在合伙协议的订立中,只要合伙人依法就合伙协议的主要条款达成了完全一致的意思表示,合伙协议即可发生效力,无须等到每个合伙人都按照协议履行了出资义务之后才形成合伙关系。[1]

第二节 普通合伙企业的财产

一、合伙财产范围

依据《合伙企业法》第20条,合伙人的出资、以合伙企业名义取得的收益和依法取得的其他财产,均为合伙企业的财产。

1. 合伙人的出资

合伙人的出资是合伙企业设立的基础条件,也是合伙企业财产的最原始构成。在合伙企业存续期间,为了扩大经营规模或者弥补经营亏损,合伙人可以依照合伙协议约定内容或经全体合伙人协商一致同意,增加对合伙企业的出资,这一部分出资同样构成合伙企业财产。

2. 合伙企业的收益

合伙企业在经营过程中通过开展业务、提供服务等经营活动所获得的收益,也是合伙企业财产的一部分。这些收益可能包括营业收入、利息收入、租金收入等。

3. 合伙企业的其他财产权益

合伙企业在经营过程中,除了收益外,还可能取得其他财产,如合伙企业购买的固定

---

[1] 在合伙人约定以出资作为合伙协议生效的要件的情况下,此时的合伙协议并非诺成合同,而是成了实践合同。

资产、商号商誉带来的无形资产、合伙企业获得的受赠财产、合伙企业获得的赔偿等。这些权益在符合法律规定的前提下,也可以成为合伙企业的财产。

二、禁止分割财产的规定

合伙企业财产属于合伙人共同所有,由全体合伙人共同管理、共同使用。各合伙人虽对合伙财产享有份额,但在企业清算之前,这些财产应被视为全体合伙人的共同财产,用于支持合伙事业的运营。《合伙企业法》第 21 条第 1 款明确规定,除特殊规定外,合伙人在企业清算前不得请求分割财产。需要说明的是,依据该条第 2 款规定,合伙人在合伙企业清算前私自转移或者处分合伙企业财产的,合伙企业不得以此对抗善意第三人。

三、合伙财产份额的转让及优先购买权

《合伙企业法》第 22 条规定了合伙财产份额转让的外部转让和内部转让两种情形。其中,外部转让需满足两个条件:其一,合伙协议中未明确禁止合伙企业的财产份额向外部转让;其二,除非合伙协议另有约定,否则必须获得其他合伙人的一致同意。内部转让应当通知其他合伙人。

需要说明的是,《合伙企业法》第 23 条规定,合伙人向合伙人以外的人转让其在合伙企业中的财产份额的,在同等条件下,其他合伙人有优先购买权;但是,合伙协议另有约定的除外。

四、合伙财产份额的受让人权利义务

合伙财产份额的受让是与合伙财产份额的出让相对应的概念。在合伙协议经过修改并报送企业登记主管部门完成变更登记后,合伙财产受让人正式成为合伙人,并依法享有相应的权利与义务。

首先,合伙财产份额受让合伙人享有权利、履行义务的基本依据是《合伙企业法》和修改后的合伙协议。实践过程中,有些合伙协议的内容规定可能并不全面;当合伙协议缺乏相关规定时,应按照《合伙企业法》规定的情形来处理。

其次,合伙财产份额受让合伙人加入合伙,这本质上是一种入伙的形式,应当遵守《合伙企业法》第 2 章第 5 节有关新合伙人入伙方面的规定。比如,依据第 43 条规定,原合伙人有义务向新合伙人如实告知原合伙企业的经营状况和财务状况;依据第 44 条规定,新合伙人同样需要对入伙前合伙企业的债务承担无限连带责任。

五、合伙财产份额的出质

合伙人在合伙企业中的财产份额出质须经其他合伙人一致同意,否则将视为无效,并且,如果由此给善意第三人造成损失,行为人将依法承担赔偿责任。

第三节　普通合伙企业的事务执行

一、同等执行权利

在合伙企业中，合伙人对执行合伙事务享有同等的权利。包括但不限于平等参与权、平等决策权、平等管理权、平等监督权。

二、委托执行与监督执行

委托执行包含两层含义，其一是按照合伙协议的约定或者经全体合伙人决定，可以委托一个或数个合伙人对外代表合伙企业，执行合伙事务的行为；其二是作为合伙人的法人、其他组织将合伙事务委托给其他合伙人或第三人执行的行为。

依据《合伙企业法》第26条第2款的规定，其他合伙人在委托一个或数个合伙人执行合伙事务后不再执行合伙事务，但同时有权监督执行事务合伙人执行合伙事务的情况，即监督执行。监督执行可以通过多种方式进行，如定期检查合伙企业的财务报表、审查重大决策的合法性和合规性、对重要项目进行专项审计等。

1. 执行人的报告义务及权责分担

执行人在执行合伙事务的过程中，负有定期向其他合伙人报告事务执行情况以及合伙企业的经营和财务状况的义务。执行人在执行合伙事务所产生的收益，属合伙企业所有，相应地，执行合伙事务所产生的费用和亏损，也由合伙企业承担。此外，依据《合伙企业法》第28条第2款，合伙人为了解合伙企业的经营状况和财务状况，有权查阅合伙企业会计账簿等财务资料。

2. 执行异议情形

当合伙人分别执行合伙事务时，其他合伙人有权对这些合伙人执行的事务提出异议。当有合伙人提出异议时，应当暂停该项事务的执行。如果发生争议，则需依照《合伙企业法》第30条有关决议表决的规定，召开合伙人会议，按照合伙人一人一票并经全体合伙人过半数通过的原则作出决议。

3. 委托执行的撤销

受委托执行合伙事务的合伙人，如果不按照合伙协议或者全体合伙人的决定执行事务，其他合伙人可以依据法规或合伙协议约定决定撤销该委托。在撤销委托时，应当明确指定新的执行人或重新分配执行任务，确保合伙事务得到妥善处理。

三、合伙企业的决议表决

合伙企业作为典型的人合性企业，其事务决策原则上应基于全体合伙人的共同意志。实际经营管理中，为确保效率和响应速度，法律针对不同重要性的事项规定了不同的决议表决方式。最重要的事项需全体合伙人一致同意，而相对重要的事项则可采用多数决方式，日常经营管理事务则授权给执行事务合伙人或企业管理者决策。

1. 合伙企业的表决方式

合伙人对合伙企业有关事项作出决议,优先按照合伙协议约定的表决办法办理,合伙协议未约定或者约定不明确的,实行合伙人一人一票并经全体合伙人过半数通过的表决办法。本法对合伙企业的表决办法另有规定的,从其规定。

2. 全体同意事项

除合伙协议另有约定外,合伙企业的下列事项应当经全体合伙人一致同意:改变合伙企业的名称;改变合伙企业的经营范围、主要经营场所的地点;处分合伙企业的不动产;转让或处分合伙企业的知识产权和其他财产权利;以合伙企业名义为他人提供担保;聘任合伙人以外的人担任合伙企业的经营管理人员。

四、合伙企业的经营原则

1. 竞业禁止

竞业禁止是为了保护普通合伙企业商业机密和核心竞争力,维护市场秩序和公平竞争的方式之一。依据《合伙企业法》第32条规定,合伙人需要承担竞业禁止义务,主要包括两方面的内容:其一,同业竞争禁止,即合伙人不得自营或者同他人合作经营与本合伙企业相竞争的业务。其二,自我交易限制,除合伙协议另有约定或者经全体合伙人一致同意外,合伙人不得同本合伙企业进行交易。

同业竞争禁止和自我交易限制,其本质在于维护全体合伙人的共同利益,二者是诚实信用原则在《合伙企业法》中的具体体现。此外,《合伙企业法》第32条第3款补充规定了"合伙人不得从事损害本合伙企业利益的活动",作为诚实信用原则在具体制度中体现的兜底性条款。

2. 利润分配

合伙企业的利润分配首先应遵循合伙协议的约定;当合伙协议未对利润分配进行约定或约定不明确时,合伙人应通过协商来决定分配方式;在协商不成时,按照合伙人的实缴出资比例进行利润分配;当无法确定出资比例时,则采用合伙人平均分配利润原则。

在普通合伙企业中,合伙协议不得约定将全部利润分配给部分合伙人,否则该约定无效,并且视为对利润分配没有约定或约定不明确,将采用《合伙企业法》第33条第1款的方式进行利润分配。

3. 亏损分担

同利润分配一样,合伙企业的亏损分担,首先应按照合伙协议的约定进行;如果合伙协议未对亏损分担进行约定或约定不明确,合伙人应通过协商来决定分担方式;如果协商不成,则按照合伙人的实缴出资比例进行亏损分担;当无法确定出资比例时,则采用合伙人平均分担亏损原则。

相应地,如果协议约定将所有亏损分担给部分合伙人,则该约定无效,并且视为对亏损分担没有约定或约定不明确,将采用《合伙企业法》第33条第1款的方式进行亏损分担。

4. 出资增减

《合伙企业法》允许合伙人根据实际情况决定增加或减少出资,但须按照合伙协议的约定或经全体合伙人决定。

五、有关人员的职责

《合伙企业法》第35条规定，被聘任的合伙企业的经营管理人员应当在合伙企业授权范围内履行自身职务，不得超越合伙企业授权范围履行职务，如果被聘任的经营管理人员在履行职务过程中因故意或重大过失给合伙企业造成了损失，需要依法承担赔偿责任。

《合伙企业法》第36条规定，合伙企业应当依照法律、行政法规的规定建立企业财务、会计制度。

第四节 普通合伙企业与第三人关系

一、内部限制不得对抗善意第三人

内部限制主要是指合伙企业对合伙人执行合伙事务以及对外代表合伙企业行使权利的限制，《合伙企业法》第37条规定内部限制不得对抗善意第三人。

在实践中，由于在第三人的视角里，任何一个合伙人都是合伙企业及其他合伙人的代理人，其行为自然也代表着全体合伙人的意思，第三人有理由认为合伙企业和全体合伙人均承担代理人行为的后果。当合伙人以合伙企业的名义与第三方进行交易时，由此产生的法律后果最终应由合伙企业来承担。但是，如果合伙企业在对外承担了对第三方的责任后，发现某些合伙人超越其授权范围进行了交易，合伙企业有权向这些越权的合伙人行使追偿权。

二、合伙企业债务责任

合伙企业债务特指合伙企业存续期间，合伙企业因合同行为、侵权行为或根据法律直接规定而产生的债务。只有合伙人以合伙企业的名义且为了合伙企业的利益所采取的行动，才能被认定为合伙企业的行为，由此产生的债务被视为合伙企业的债务，应由合伙企业来承担。

1. 债务清偿原则

合伙企业对其债务，应先以其全部财产进行清偿。在合伙企业债务清偿过程中，债权人必须先向合伙企业提出债务清偿要求，并以合伙企业的财产作为首要清偿来源，只有当合伙企业的财产不足以完全偿还债务时，债权人才有权要求合伙人以其个人财产来承担剩余的债务。

例如，某合伙企业由甲、乙、丙三人组成。公司因为经营不善，欠下了100万元的债务。按照合伙企业的债务清偿规则：债权人首先会要求该合伙企业以企业财产来偿还这100万元的债务。如果该合伙企业的财产只值50万元，那么这50万元会首先被用来偿还债务。

在偿还了50万元后,债权人可以向甲、乙、丙这三位合伙人要求以他们的个人财产来承担剩余的50万元债务。

2. 无限连带责任

承担无限连带责任是普通合伙企业区别于有限合伙企业的最主要体现。根据《合伙企业法》第39条的规定,合伙企业不能清偿到期债务的,合伙人承担无限连带责任。所谓无限责任,与有限责任形成对照,指的是合伙人在清偿合伙企业债务时,不仅限于其出资额或合伙企业中的个人财产,而是须以其全部个人财产来承担相应责任;所谓连带责任,涉及两个或两个以上主体,这些主体因共同承担连带债务或共同实施侵权行为等相互关联,连带责任下,各责任人须共同承担责任,且彼此之间存在连带关系。

3. 合伙人追偿权

在普通合伙企业中,合伙人不仅要承担自己所应负的合伙企业债务份额,而且在债权人请求时,他们还有义务代替其他合伙人清偿一部分或全部合伙企业的债务。这种责任不受其他合伙人清偿能力的影响,也不能因此提出抗辩。

需要说明的是,即使某个合伙人承担了合伙企业债务的大部分清偿,也不能因此免除其连带责任。但是,如果某一合伙人或数个合伙人对外清偿了合伙企业的全部债务,则在合伙人内部就形成了新的债权债务关系。此时,清偿了超过自己应当承担数额的合伙人成为新的债权人,有权就超过自己份额的债务向其他合伙人追偿。

三、合伙人自身债务责任

1. 合伙人个人债务与合伙企业债务相互独立

合伙企业的债务与合伙人个人的债务相互独立。《合伙企业法》第41条规定:合伙人发生与合伙企业无关的债务,相关债权人不得以其债权抵销其对合伙企业的债务;也不得代位行使合伙人在合伙企业中的权利。

2. 合伙人自身债务清偿

合伙人与合伙企业无关的债务(个人债务),应首先用合伙人的非合伙财产进行清偿。如果合伙人个人财产不足以清偿其个人债务,为了保障债权人的权益,债权人也可以依法请求人民法院强制执行该合伙人在合伙企业中的财产份额用于清偿。这也正是《合伙企业法》第42条第1款规定的应用场景。

人民法院强制执行合伙人的财产份额时,通常会通过协议转让、拍卖或变卖等方式,将这些财产份额转让给其他主体,并用所得的转让价金来清偿债权人的债权。这样的执行程序在确保债权人权益的同时,也可能引发另一个问题:即合伙人的财产份额转让可能会由合伙人以外的第三人获得,这可能会破坏原本全体合伙人之间的信任关系,给合伙企业的稳定发展带来不确定性。为此,法律特别规定了在合伙人财产份额转让时,其他合伙人享有优先购买权。如果其他合伙人未购买该合伙人的财产份额,又不同意将该财产份额转让给他人的时候,应当依照《合伙企业法》第51条的规定,为该合伙人办理退伙结算,也可以办理削减该合伙人相应财产份额的结算。

第五节　普通合伙企业的入伙、退伙

一、入伙

除合伙协议另有约定的情形，新合伙人入伙应当经全体合伙人一致同意，并签订书面入伙协议。订立入伙协议时，原合伙人应当向新合伙人如实告知原合伙企业的经营状况和财务状况。新合伙人与原合伙人享有同等权利，承担同等责任，入伙协议另有约定的，从其约定。新合伙人对入伙前合伙企业的债务承担无限连带责任。

二、退伙

为了减少因退伙产生的纠纷和损失，合伙人之间可在签订合伙协议时明确约定退伙条件、清算程序和法律责任等内容。

1. 约定合伙期限内退伙

在合伙企业中，合伙期限是合伙企业存续的时间长度，通常在合伙协议中予以明确。合伙企业存续期间，在合伙期限内退伙的，必须满足以下条件之一：合伙协议约定的退伙事由出现；经全体合伙人一致同意；发生合伙人难以继续参加合伙的事由；其他合伙人严重违反合伙协议约定的义务。

2. 未约定合伙期限内退伙

当合伙协议中未约定或不明确约定合伙期限时，合伙人可以在任何时候选择退出合伙企业，这种情况就被称为"未约定合伙期限内退伙"。根据《合伙企业法》第46条，合伙协议如果未约定合伙期限，合伙人可以在不给合伙企业事务执行造成不利影响的情况下，提前30日通知其他合伙人后退出合伙企业。

3. 当然退伙

"当然退伙"是指发生了某种客观情况而导致的退伙，合伙人可能并没有打算要退伙，但是由于法律规定的事由出现，不得不退伙。当然退伙的客观情况有：作为合伙人的自然人死亡或者被依法宣告死亡；个人丧失偿债能力；作为合伙人的法人或者其他组织依法被吊销营业执照、责令关闭、撤销，或者被宣告破产；法律规定或者合伙协议约定合伙人必须具有相关资格而丧失该资格；合伙人在合伙企业中的全部财产份额被人民法院强制执行。

此外，对于合伙人被依法认定为无民事行为能力人或者限制民事行为能力人的情况，若经其他合伙人一致同意，该合伙人可以依法转为有限合伙人，同时，普通合伙企业依法转为有限合伙企业。但是，如果未能取得其他合伙人的一致同意，则该合伙人退伙。

需要注意的是，退伙生效日为退伙事由实际发生之日。

4. 除名退伙

除名属于被动退伙，和其他退伙情形不同，通常带有处罚含义，本质上是一种开除。发生以下情形可以对合伙人进行决议除名：未履行出资义务；因故意或者重大过失给合伙企业造成损失；执行合伙事务时有不正当行为；发生合伙协议约定的事由。

将合伙人除名需要经其他合伙人一致同意,并且将除名决议书面通知被除名人,被除名人接到除名通知之日,除名生效,被除名人退伙。如果被除名人对除名决议有异议,可以在接到除名通知之日起 30 日内,向人民法院起诉。

5. 合伙财产份额的继承

合伙人的死亡或被依法宣告死亡,依据《合伙企业法》第 50 条第 1 款,对该合伙人在合伙企业中的财产份额享有合法继承权的继承人,按照合伙协议的约定或者经全体合伙人一致同意,从继承开始之日起,取得该合伙企业的合伙人资格。

此外,《合伙企业法》第 50 条第 2 款规定了 3 种合伙企业应当向合伙人的继承人退还被继承合伙人的财产份额的情况:继承人不愿意成为合伙人;法律规定或者合伙协议约定合伙人必须具有相关资格,而该继承人未取得该资格;合伙协议约定不能成为合伙人的其他情形。

三、退伙结算

1. 一般规则

无论退伙的原因是什么,只要退伙人在合伙企业中曾享有财产份额,其他合伙人都有责任返还该部分财产利益。此外,合伙人还需要对其退伙前因企业运营所产生的债务承担责任。

通常情况下,退伙结算涉及以下几个方面的财产权利关系:首先,合伙企业需要对退伙时的财产和权利进行清理统计,以确保合伙人财产份额所代表的具体价值得以明确;其次,合伙企业需要理清其对外的债务,并计算退伙人应当对这些债务承担的责任;最后,如果退伙人的行为给合伙企业造成了损失,需要赔偿时,在返还财产份额的价值时,应当相应扣减这部分赔偿金额。

需要说明的是,依据《合伙企业法》第 51 条第 2 款,如果合伙人退伙时还有未了结的合伙企业事务,则需要在该事务了结后再进行退伙结算。

2. 合伙财产份额退还

退伙人在合伙企业中财产份额的退还办法,应遵循合伙协议的约定或全体合伙人的决定。经过退伙结算,合伙企业若须向退伙人返还财产份额,其形式既可以是货币,也可以是实物。

3. 亏损分担

在合伙企业中,合伙人之间应当共同承担企业的经营风险。因此,当合伙人退伙时,如果合伙企业财产少于合伙企业债务,合伙人应当按照约定的比例分担亏损,具体原则参见本章第三节第四部分。

4. 退伙后的责任

《合伙企业法》第 53 条规定,退伙人对基于其退伙前的原因发生的合伙企业债务,承担无限连带责任。需要说明的是,退伙人需要承担无限连带责任的债务范围,是基于其退伙前的原因发生的合伙企业债务。换言之,退伙人不需要对其他合伙人因个人原因产生的、与合伙企业无关的债务承担责任,也不需要对其在退伙后合伙企业产生的任何债务承担连带清偿责任。

第六节　特殊的普通合伙企业

特殊普通合伙企业,是一种结合了普通合伙与有限责任公司特点的企业形式。在这种企业中,合伙人分为两种类型:普通合伙人和有限责任合伙人。普通合伙人对企业债务承担无限连带责任,而有限责任合伙人对合伙企业的债务以其出资额为限承担有限责任。《合伙企业法》第2章第6节对其设立、变更、解散、清算以及其内外部关系等作出相关规定,专门适用特殊的普通合伙企业,同时,依据第55条规定,本节未作规定的,适用《合伙企业法》第2章第1—5节的规定。

在设立特殊普通合伙企业时,其名称中应包含"特殊普通合伙"字样,以区别于普通合伙企业和有限责任公司。一般而言,特殊普通合伙企业名称中还包含反映企业经营特点的字样,如"律师事务所""会计师事务所"等。此外,特殊普通合伙企业名称中不应包含可能引起公众误解或误导的字样,如"公司""股份"等。

1. 合伙人的责任承担

结合国际经验和我国实践,本节在执业活动中因故意或者重大过失造成合伙企业债务的一个合伙人或者数个合伙人的责任承担方式与其他合伙人加以区分。[1]《合伙企业法》第57条规定,因故意或者重大过失造成合伙企业债务的合伙人应当承担无限责任或者无限连带责任,其他合伙人以其在合伙企业中的财产份额为限承担责任。[2]

2. 过错合伙人的内部赔偿责任

依据《合伙企业法》第58条,对于在执业活动中因故意或者重大过失造成合伙企业债务的合伙人,以合伙企业财产对外承担责任后,该合伙人应当按照合伙协议的约定,承担合伙企业损失的赔偿责任。需要说明的是,故意或者重大过失是合伙人承担损害赔偿责任的前提,赔偿的对象应为合伙企业而非其他合伙人,赔偿的依据通常是合伙协议中的约定。

3. 执业风险基金

为了降低合伙企业的经营风险,特殊的普通合伙企业应当建立执业风险基金、办理职业保险。此基金通常由合伙人按照一定比例出资组成,用于赔偿因合伙人过失给合伙企业造成的损失。依据《合伙企业法》第59条第2款,执业风险基金应当单独立户管理,具体

---

〔1〕 根据《合伙企业法》规定,普通合伙人对合伙企业的债务承担无限连带责任。这意味着,当合伙企业无力清偿债务时,合伙人应当以其个人财产承担连带责任,直至债务清偿完毕。在特殊普通合伙企业中,以专业知识和专门技能为客户提供有偿服务的专业服务机构如果采用这种责任承担方式,将难以生存下去。

〔2〕 在合伙企业的经营过程中,由于商业环境的复杂性和不确定性,企业可能会面临负担债务的情况。这些债务可能源自市场环境的变化、竞争压力的增加,或者对商业机会的判断失误等因素,只要合伙人没有故意或重大过失的行为,这些债务都应由全体合伙人共同承担无限连带责任。

管理办法由国务院规定。

重要名词术语

普通合伙、竞业禁止、债务追偿、退伙、除名、特殊普通合伙

思考题

1. 合伙协议需要包含哪些内容？
2. 哪些合伙事项需要全体合伙人一致同意？
3. 合伙人选择退伙需要满足哪些条件？

典型案例分析

2012年11月27日，新能源基金注册成立。2014年，合伙人Y创业投资有限公司、吉林省C实业有限公司、邢某、吉林省T引导基金有限责任公司、营口H投资有限公司、D公司签订《合伙协议》，主要内容为：企业性质为有限合伙，D公司为新能源合伙企业的普通合伙人、执行合伙人、基金管理人，其他各方为有限合伙人。本基金总出资额为2.6263亿元，全部为货币出资，除Y创业投资有限公司以外的其他合伙人应在本合伙协议生效后30日内一次性交付其全部认缴出资额的100%。邢某认缴出资额5000万元，认缴比例为19.04%。新能源合伙企业的经营期限为基金存续期限，为7年，自企业成立之日起计算，即企业营业执照颁发之日。普通合伙人（基金管理人）有权依法召集、主持、参加合伙人大会和其他合伙人会议，并行使相应的表决权；如果执行事务合伙人怠于履行其职责，代表出资额比例1/3以上的有限合伙人有权自行召集和主持会议，并行使相应的表决权。协议第27.6条约定："除另有约定外，以下事项应须经全体合伙人一致同意……（4）有限合伙人转让或出质财产份额……"第33条约定："除非法律另有规定或全体合伙人达成一致同意的书面决定，有限合伙人不能转变为普通合伙人，普通合伙人亦不能转变为有限合伙人"。

2012年11月28日，邢某将5000万元出资转入新能源基金中国民生银行账户。2018年1月，邢某（甲方）与D公司（乙方）签订《转让协议书》。第1条约定："1.本协议之转让标的是指：甲方持有的新能源基金19.04%的财产份额（合计人民币伍仟万元）。2.在符合本协议之条款和条件的前提下，乙方同意协助甲方寻求第三方受让其持有的新能源基金19.04%的财产份额；具体转让价格可由甲方与第三方具体进行协商。3.甲方承诺，上述其持有的新能源基金19.04%的财产份额依法可以转让。"第2条约定："甲乙双方同意，在本协议签署生效后，至2018年6月30日前，乙方可随时联系第三方与甲方就具体转让条款进行磋商，直至达成交易；乙方可协助甲方对受让方进行筛选，保证其年化收益率不低于6%，力争年化收益率达到8%；即转让款计算为：5000万元×106%×实际资金使用天数/365天（5000万元×106%×实际资金使用天数/365天）；如本协议签署生

效后至2018年12月31日前未有合适第三方受让该财产份额,乙方承诺自行或指定第三方直接受让该份额;双方受让价格为计算至2018年6月30日前确保年化收益率不低于6%,力争年化收益率达到8%,即转让款计算为:5000万元×106%×实际资金使用天数/365天（或5000万元×108%×实际资金使用天数/365天）……4. 在此期间,乙方可视新能源基金投资项目情况及综合情况,随时决定终止本协议;如乙方决定选择享受新能源基金项目退出收益,则本协议终止;如乙方继续履行本协议,则无权享受新能源基金项目退出收益……"第3条约定:"1. 甲乙双方各自向对方保证,本协议签字人均已获得必要的全部批准或授权。2. 甲乙双方各自向对方保证,本协议的签订和履行不违反其作为当事人的其他合同、协议和法律文本。本协议生效后,任何一方不得以本协议的签署未获得必要的权利和违反其作为当事人的其他合同、协议和法律文本为由,而主张本协议或对抗本协议项下义务的履行。"第4条约定:"1. 本协议正式生效后,各方应积极履行有关义务,任何违反本协议规定及保证条款的行为均构成违约。2. 上述损失的赔偿不影响违约方按照本协议的约定继续履行本协议……"一审法院审理期间,双方达成合意,《转让协议书》中所列公式存在笔误,应为5000万元×（1+6%×实际资金使用天数/365天）或5000万元×（1+8%×实际资金使用天数/365天）。

至2018年12月31日前,未有合适第三方受让邢某在新能源基金中的财产份额,D公司亦未自行或指定第三方直接受让该财产份额。2019年1月4日,邢某委托北京X律师事务所向D公司发出《律师函》,催告D公司履行《转让协议书》约定,自行或指定第三方受让邢某在新能源基金中的财产份额。2019年1月11日,D公司向邢某发出D函字[2019]第001号《关于邢某律师函的回函》载明:"作为基金管理公司,按照相关法律法规规定以及基金合伙协议的约定,我司并无义务收购有限合伙人持有的基金份额……按照转让协议约定,在2018年12月31日前,未有合适第三方受让您的财产份额,我司承诺自行或指定第三方直接受让该财产份额,我司在2018年12月31日前已经和您进行过沟通……我司仍然愿意按照转让协议约定履行此项义务……"。

一审法院认为,邢某与D公司签订的《转让协议书》是双方当事人的真实意思表示,不违反法律、行政法规的强制性规定,合法有效,对双方具有约束力,双方应当依协议约定恰当履行各自义务。一审判决D公司于判决发生法律效力后10日内向邢某给付转让款人民币66,767,123.29元及逾期付款损失。

二审法院认为,本案的争议焦点是:未经全体合伙人一致同意的案涉《转让协议书》效力及履行问题。该争议焦点问题又涉及以下几个方面:

1. 关于合伙人之间合伙财产份额转让特约的效力问题

在《合伙企业法》关于有限合伙企业的法律规定中,并无合伙人之间转让合伙企业财产份额的规定。《合伙企业法》第60条规定:"有限合伙企业及其合伙人适用本章规定;本章未作规定的,适用本法第二章第一节至第五节关于普通合伙企业及其合伙人的规定。"《合伙企业法》第22条第2款对普通合伙中合伙人之间财产份额转让作出规定:"合伙人之间转让在合伙企业中的全部或者部分财产份额时,应当通知其他合伙人。"但是,该条款并未规定合伙协议对合伙人之间转让财产份额进行特别约定的效力。即使是即将生效的《民法典》合伙合同章中，也未涉及合伙人之间财产份额转让特约的效力问题，而在本案当事人之间转让合伙财产份额有特别约定的情况下，首先需要对该合伙财产份额转让特约的效力进行认定。对此，需要结合合伙经营方式或合伙组织体的性质及立法精神加以判断。

合伙是两个以上合伙人为了共同的事业目的，以订立共享利益、共担风险协议为基础而设立的经营方式或组织体。合伙人之间的合作建立在对彼此人身高度信赖的基础之上，故合伙事业具有高度的人合性。比如，合伙人的债权人不得代位行使合伙人的权利；合伙人死亡、丧失民事行为能力或者终止的，合伙合同终止，而非合伙人的资格或财产份额可以继承。由于合伙事业高度强调人合性，故应尊重合伙人之间的意思自治。因此，就合伙人之间的财产份额转让而言，如果合伙协议有特别约定，在该约定不违反法律、行政法规的强制性规定，也不违背公序良俗的情况下，应认定其合法有效，合伙人应严格遵守。

2. 关于案涉《合伙协议》中有关合伙人之间财产份额转让特别约定的效力问题

案涉新能源基金为有限合伙，《转让协议书》约定的转让标的为有限合伙人邢某所持有的新能源基金19.04%的财产份额。对合伙人之间转让合伙财产份额，案涉《合伙协议》明确约定"需经全体合伙人一致同意"，具体体现为：《合伙协议》第27.6条约定，有限合伙人转让或出质财产份额，除另有约定外，应须经全体合伙人一致同意。第33条约定，除非法律另有规定或全体合伙人达成一致同意的书面决定，有限合伙人不能转变为普通合伙人，普通合伙人亦不能转变为有限合伙人；该条针对本案所涉邢某转让有限合伙财产份额给普通合伙人的情形，进一步明确需要经全体合伙人一致同意。而该协议第29.1条则约定，经全体合伙人同意，有限合伙人既可以向新能源基金其他有限合伙人，也可以向满足条件的其他自然人或法人转让在合伙企业中的全部或者部分财产份额，但转让后需满足本协议的有关规定。该约定进一步印证了合伙人之间对于合伙财产份额转让的慎重。故自上述《合伙协议》关于合伙财产份额的约定可以明确，新能源基金之合伙人在订立《合伙协议》时，已经基于合伙经营的人合性属性，明确要求合伙人之间转让合伙财产份额需经全体合伙人一致同意。

在《合伙协议》系订约各合伙人真实意思表示的情况下，该协议中关于合伙人之间转让合伙财产份额的特约，并不违反法律、行政法规的强制性规定，也不违背公序良俗，合法有效。邢某关于《合伙协议》中对合伙人之间转让财产份额需要"经全体合伙人同意"的约定与《合伙企业法》的规定相悖，该约定客观上限制了《合伙企业法》赋予合伙人依法转让财产份额的法定权利，故对各方不具有约束力的抗辩主张，于法无据，且前已述及，该理由恰恰与合伙经营方式或组织体之人合性所强调的合伙人高度自治之精神相悖，故本院不予采纳。

3. 关于案涉《转让协议书》的效力及履行问题

案涉《转让协议书》在邢某与D公司之间签订，且系邢某与D公司之真实意思表示，依照《合同法》第25条关于"承诺生效时合同成立"之规定，该《转让协议书》自当事人意思表示一致时即成立。但是，在案涉《合伙协议》已经明确约定合伙人之间转让合伙财产份额需经全体合伙人一致同意的情况下，该《转让协议书》欲生效，尚需满足全体合伙人一致同意的条件。而在其他合伙人未对该合伙财产份额转让表示明确同意之前,案涉《转让协议书》属于合同成立未生效的状态。在本案审理过程中,新能源基金有限合伙人吉林省 C 实业有限公司和 H 投资有限公司向本院提交了书面《情况说明》,均明确表示不同意邢某向 D 公司转让合伙财产份额。此节事实说明,案涉《转让协议书》关于合伙财产份额转让事宜,已经确定不能取得全体合伙人同意,故该《转让协议书》确定不生效,不能在当事人之间产生履行力。

在本案诉讼中,邢某诉请履行《转让协议书》,系以《转让协议书》合法有效及具有履行力为前提。在案涉《转让协议书》已经确定不生效的情况下,邢某诉请履行该《转让协议书》,缺乏事实基础和法律依据,应予驳回。一审法院认定案涉《转让协议书》合法有效,判决 D 公司继续履行该协议书,违反《合伙协议》约定的合伙财产份额转让需要征得全体合伙人一致同意的共同意思表示,也违反《合伙协议》关于未经全体合伙人一致同意有限合伙不能转变为普通合伙、普通合伙不能转变为有限合伙的共同意思表示,认定事实及适用法律均错误,应予纠正。

D 公司主张案涉《转让协议书》无效,而法院认定案涉《转让协议书》不生效及不存在无效事由。从结果上看,合同确定不生效所产生的合同不具有履行力的法律效果,与合同无效所产生的合同不具有履行力的法律效果是相同的,即均产生邢某请求继续履行该《转让协议书》的诉讼请求不能成立的法律后果,故 D 公司关于应驳回邢某继续履行《转让协议书》、支付转让价款诉讼请求的上诉主张,理据充分,法院予以支持。

第二十章　有限合伙企业[1]

【内容提示】

本章介绍了有限合伙企业的基本概念、设立条件、事务执行、有限合伙人的权利与责任,以及有限合伙企业的入伙与退伙等相关内容。第一节关于有限合伙企业的设立,包含有限合伙企业的定义、有限合伙企业合伙人的构成、有限合伙企业的名称标注、合伙协议特别载明事项、出资方式及出资责任和登记事项。第二节主要关注有限合伙企业的事务执行方面,探讨了合伙事务执行报酬的问题,明确了哪些行为不视为执行合伙事务。第三节详细阐述了有限合伙人所享有的各项权利以及在不同情况下的责任承担问题,其权利包含利润分配、自我交易等方面,其责任承担包含表见代理和无权代理问题处理、承担入伙前企业债务、责任形式转化问题等方面。第四节讨论了有限合伙企业的入伙与退伙事宜,主要包含入伙、退伙、资格继承等方面。

第一节　有限合伙企业的设立

一、有限合伙企业概述

有限合伙企业是一种特殊的合伙企业,由普通合伙人和有限合伙人共同组成。其中,普通合伙人对合伙企业的债务承担无限连带责任,有限合伙人则以其认缴的出资额为限对合伙企业债务承担责任。在经营管理上,有限合伙企业的有限合伙人并不参与企业的具体经营管理,而是由普通合伙人从事具体的经营管理,这也是有限合伙人与特殊普通合伙人、有限合伙企业与特殊普通合伙企业的最大区别。

二、合伙人构成

有限合伙企业由2个以上50个以下合伙人设立,由有限合伙人和普通合伙人共同组成,根据《合伙企业法》第61条第2款的规定,有限合伙企业至少应当有一个普通合伙人。

---

[1]《合伙企业法》第60条规定:"有限合伙企业及其合伙人适用本章规定;本章未作规定的,适用本法第二章第一节至第五节关于普通合伙企业及其合伙人的规定。"

三、名称标注

由于有限合伙人不得执行合伙事务,在实践中,为避免发生表见代理等情形,《合伙企业法》第62条规定,有限合伙企业名称中应当标明"有限合伙"字样。此外,有限合伙企业的名称还应当符合地方政策的规范,不同地区的工商管理部门可能有不同的规定和登记要求。

四、合伙协议特别载明事项

有限合伙企业与普通合伙企业存在诸多不同之处,此类内容直接影响企业的成立、维系和变更,应当在有限合伙企业合伙协议中明确记载。因此,《合伙企业法》第63条规定,合伙协议除符合第18条的规定外,还应当载明下列事项:普通合伙人和有限合伙人的姓名或者名称、住所;执行事务合伙人应具备的条件和选择程序;执行事务合伙人权限与违约处理办法;执行事务合伙人的除名条件和更换程序;有限合伙人入伙、退伙的条件、程序以及相关责任;有限合伙人和普通合伙人相互转变程序。

需要说明的是,对于合伙协议中此类特别记载事项,企业登记机关可根据实际需要制定有关规范文本或条款,以供有限合伙企业合伙人参考。同时,应当允许合伙人依照自身意愿或实际需求调整相应规范文本或条款。

五、出资方式及出资责任

1. 出资方式

有限合伙人可以同普通合伙人一样,用货币、实物、知识产权、土地使用权或者其他财产权利作价出资。但是,不同于普通合伙人的是,有限合伙人不得以劳务出资。[1]

2. 出资责任

在有限合伙企业中,普通合伙人和有限合伙人均须履行出资义务。有限合伙人须按照合伙协议的约定按期足额缴纳出资来履行出资义务。如果有限合伙人未能按期足额缴纳出资,应当承担补缴义务,并且需要对其他合伙人承担违约责任。

六、登记事项

有限合伙企业登记事项中应当载明有限合伙人的姓名或者名称及认缴的出资数额。

---

[1] 有限合伙企业的设立初衷是为适应风险投资的发展,在有限合伙制度的风险创业投资组织中,区别于普通合伙人负责企业的经营管理,有限合伙人主要提供资金、财物支持。如果允许有限合伙人也以劳务出资,将带来两方面问题:一是可能导致企业设立之初所需的资金、财物等无法落实,企业可能沦为空壳;二是劳务出资具有不确定性和特定人身性,不利于市场转让和法律强制执行,对合伙企业债权人构成风险。

第二节　有限合伙企业的事务执行

有限合伙企业合伙事务由普通合伙人执行，有限合伙人不参与合伙事务的执行。需要说明的是，《合伙企业法》中有限合伙人不得执行合伙事务具有绝对效力，并不存在例外性规定，即使在合伙协议中赋予有限合伙人事务执行的权利，也视为无效。

一、合伙事务执行报酬

由于有限合伙企业中仅由普通合伙人负责合伙事务执行，执行事务合伙人为此可能花费大量时间和精力。因此，执行事务合伙人可以要求在合伙协议中确定执行事务的报酬及报酬提取方式。如果合伙协议中未涉及相关内容，则应默认为执行合伙事务时不支付报酬。

二、不视为执行合伙事务的行为

有限合伙人主要通过提供资金等财产资源来支持合伙企业，他们不参与事务执行，从而享有有限责任。有限合伙人的下列行为不视为执行合伙事务：参与决定普通合伙人入伙、退伙；对企业的经营管理提出建议；参与选择承办有限合伙企业审计业务的会计师事务所；获取经审计的有限合伙企业财务会计报告；对涉及自身利益的情况，查阅有限合伙企业财务会计账簿等财务资料；在有限合伙企业中的利益受到侵害时，向有责任的合伙人主张权利或者提起诉讼；执行事务合伙人怠于行使权利时，督促其行使权利或者为了本企业的利益以自己的名义提起诉讼；依法为本企业提供担保。

例如，甲是一家软件开发公司的有限合伙人。在一次会议上，他向执行事务合伙人乙提出了关于产品优化的建议。尽管甲的建议很有价值，但最终决策由乙根据其他合伙人的意见和公司的整体战略作出。甲的行为仅属于提供非决策性建议，不直接参与决策过程，因此不视为执行合伙事务。

又例如，丙是一家餐饮有限合伙企业的有限合伙人。他注意到企业在食材采购方面存在一些问题，于是向执行事务合伙人丁提出了改进的建议。虽然丙的关注点在于提高企业运营效率和食品质量，但他并没有直接参与食材采购的具体管理工作。丙的行为属于监督而非管理，因此不视为执行合伙事务。

第三节　有限合伙人享有的权利和责任承担

一、有限合伙人享有的权利

依据《合伙企业法》规定，有限合伙企业中有限合伙人的权利规定与普通合伙人有所不同，具体表现在：

（1）原则上有限合伙企业不得将全部利润分配给部分合伙人，但《合伙企业法》允许合伙人之间协议约定，在合伙企业初创的数年内，有限合伙人可独享合伙企业的全部利润，以便提前收回投资。

（2）除合伙协议另有约定外，有限合伙人可以同本有限合伙企业进行交易，还可以自营或者同他人合作经营与本有限合伙企业相竞争的业务。

（3）除合伙协议另有约定外，有限合伙人可以将其在有限合伙企业中的财产份额转让或出质，且不必经全体合伙人一致同意，但应当提前30日通知其他合伙人。

（4）有限合伙人的自有财产不足清偿其与合伙企业无关的债务时，可以以其从有限合伙企业中分取的收益用于清偿。[1]

二、有限合伙人的责任承担

1. 有限合伙人的表见代理问题

表见代理制度的存在，其核心目的是维护善意第三人的合法权益，确保市场交易的安全与稳定。有限合伙人本身并无权代表有限合伙企业对外进行交易，但由于其形象或行为可能使得交易相对人误以为其具有代表合伙企业的权限时，若相对人是善意且无过失的，那么有限合伙人须对此承担相应责任。依据《合伙企业法》第76条第1款的规定，第三人有理由相信有限合伙人为普通合伙人并与其交易的，该有限合伙人对该笔交易承担与普通合伙人同样的责任。[2]

2. 有限合伙人的无权代理问题

有限合伙人的无权代理行为，具体表现为未经合伙事务执行人的授权、超越授权范围或在授权终止后，仍以有限合伙企业的名义进行交易活动。依据《合伙企业法》第76条第2款的规定，如果有限合伙人的无权代理行为损害了有限合伙企业或其他合伙人的利益，应负责赔偿相应的损失。[3]

3. 承担入伙前企业债务

对于入伙前有限合伙企业的债务，新入伙的有限合伙人以其认缴的出资额为限承担责任。

4. 责任形式的转变问题

在有限合伙企业的运营过程中，可能发生有限合伙人与普通合伙人之间的身份转换问题，这种转换可能涉及普通合伙人转变为有限合伙人，或者有限合伙人转变为普通合伙人。由于这两种角色在合伙事务的执行和对企业债务的承担责任上存在明显的不同，这种转换需要妥善协调处理合伙企业内部的关系（包括与其他合伙人的关系）和外部的关系（特别是与合伙企业债权人的关系），需要确保所有相关方的权益得到保护，同时应遵循

---

[1] 在这种情况下，债权人也可以依法请求人民法院强制执行该合伙人在有限合伙企业中的财产份额用于清偿。人民法院强制执行有限合伙人的财产份额时，应当通知全体合伙人。在同等条件下，其他合伙人有优先购买权。

[2]《民法典》第172条规定："行为人没有代理权、超越代理权或者代理权终止后，仍然实施代理行为，相对人有理由相信行为人有代理权的，代理行为有效。"这一规定为解决有限合伙人的表见代理问题提供了法律依据。

[3] 根据《民法典》第171条的规定，无权代理行为在未经被代理人追认的情况下，由行为人承担民事责任，同时，被代理人享有追认权，可以通过行使追认权来认可无权代理行为，并承担相应的民事责任。

《合伙企业法》规定和合伙协议的约定。需要说明的是,依据《合伙企业法》第75条的规定,如果有限合伙企业仅剩有限合伙人,应当解散;如果有限合伙企业仅剩普通合伙人,则该有限合伙企业转为普通合伙企业。

合伙人身份转变的过程中,应注意以下步骤:首先,任何身份的转变都必须获得全体合伙人的一致同意,除非合伙协议中有其他特定的约定;其次,身份转变后,必须及时向企业登记管理机关进行变更登记,并提交全体合伙人一致同意的文件或合伙协议,以及企业登记机关要求的其他相关证明文件和资料。

合伙人身份转变的效力自全体合伙人一致同意时生效,但是,在企业完成变更登记之前,合伙企业及其合伙人不得以身份变更为理由对抗债权人,否则可能会产生逃避债务的情形。需要注意的是,依据《合伙企业法》第83条和第84条的规定,有限合伙人转变为普通合伙人,对其作为有限合伙人期间有限合伙企业发生的债务承担无限连带责任;普通合伙人转变为有限合伙人,对其作为普通合伙人期间合伙企业发生的债务承担无限连带责任。[1]

例如,甲、乙、丙三人合伙经营的企业在某一时段内产生了一笔100万元债务。当时,甲是普通合伙人,乙和丙是有限合伙人。随后,乙希望从有限合伙人转变为普通合伙人,而丙则希望从普通合伙人转变为有限合伙人。在乙、丙身份转换后,该企业又产生了一笔200万元的债务。

在乙作为有限合伙人时,他对合伙企业的100万元的这笔债务承担的责任仅限于其认缴的出资额。这意味着,如果合伙企业产生了债务,乙只需要以其认缴的出资额为限来承担责任。然而,当乙从有限合伙人转变为普通合伙人时,他的债务责任发生了根本性的变化。作为普通合伙人,乙需要对合伙企业的所有债务(100万元和200万元)均承担无限连带责任。

丙在转变身份之前,对100万元的这笔债务承担无限连带责任。在丙转变为有限合伙人后,除了仍然对100万元的这笔债务承担无限连带责任外,对200万元的这笔债务只以其认缴的出资额为限来承担责任。

第四节 有限合伙企业的入伙、退伙

一、入伙

依据《合伙企业法》第60条和第43条的规定,新入伙的有限合伙人应当经全体合

---

[1] 对于有限合伙人转变为普通合伙人,其作为有限合伙人期间的企业债务承担责任存在两种观点:一是认为该有限合伙人仅需承担有限责任,二是认为该有限合伙人应当承担无限责任。《合伙企业法》第82条采用的是后一种观点,原因在于:首先,这是出于保护债权人的需要,让转变后的普通合伙人承担其作为有限合伙人期间的企业债务无限连带责任,可以使债权人获得更多保障;其次,从公平性的角度来看,这样的规定对合伙人而言也是合理的,因为,有限合伙人拥有选择是否转变为普通合伙人的权利,当其选择获得合伙企业事务执行权和对外代表权的同时,也必须承担相应的风险。

伙人一致同意,依法订立书面入伙协议。在订立入伙协议时,原合伙人应当向新合伙人如实告知原合伙企业的经营状况和财务状况。新入伙的有限合伙人对入伙前有限合伙企业的债务,以其认缴的出资额为限承担责任。

需要注意的是,有限合伙人不得以劳务出资,并且应当按照合伙协议的约定按期足额缴纳出资。如果有限合伙人未按期足额缴纳出资,应当承担补缴义务,并对其他合伙人承担违约责任。

二、退伙

1. 当然退伙

根据《合伙企业法》第78条的规定,有限合伙人有《合伙企业法》第48条第1款第1项、第3项至第5项所列情形之一的,当然退伙。即(1)作为合伙人的自然人死亡或者被依法宣告死亡;(2)作为合伙人的法人或者其他组织被依法吊销营业执照、责令关闭、撤销,或者被依法宣告破产;(3)法律规定或者合伙协议约定合伙人必须具有相关资格而丧失该资格;(4)合伙人在合伙企业中的全部财产份额被人民法院强制执行。[1]

2. 不得要求退伙情形

在有限合伙企业的存续期间,即便有限合伙人出现丧失民事行为能力的情形,其他合伙人无权因其丧失民事行为能力而要求其退伙。该合伙人依然保持其有限合伙人的地位,继续按照合伙协议的约定分享企业的利润,并以其认缴的出资额为限对企业债务承担有限责任。需要说明的是,当作为有限合伙人的自然人丧失民事行为能力时,其监护人可以选择继续作为有限合伙人,也可以选择退出有限合伙企业。

三、资格继承

在有限合伙企业存续期间,若作为有限合伙人的自然人死亡或被依法宣告死亡,或作为有限合伙人的法人及其他组织宣告终止时,其继承人或者权利承受人可以依法取得该有限合伙人在有限合伙企业中的资格。

需要说明的是,有限合伙人与普通合伙人在合伙企业对权利继承及其法律效果上存在显著差异。对于普通合伙人而言,其继承人仅在得到全体合伙人一致同意的情况下,才能取得合伙人资格;若未获得同意,该继承人只能继承原合伙人的财产价值。而对于有限合伙人,其继承人或权利承受人则根据本条规定直接取得有限合伙人资格,无需其他合伙人的一致同意。[2]

---

〔1〕 与第48条相比,第78条并未将"个人丧失偿债能力"作为有限合伙的当然退伙事由,这是因为,普通合伙人对企业债务是以其个人全部财产承担无限连带责任,普通合伙人偿债能力的丧失,将影响其对合伙企业债务的承担能力,而在有限合伙企业中,有限合伙人是以其认缴出资额为限来承担企业债务责任,如果其履行对企业的出资义务,即使个人丧失偿债能力,也不影响其对合伙企业的债务承担。

〔2〕 这种差异的主要原因在于:若原普通合伙人的继承人成为合伙人,其继承权利将同时赋予其合伙事务执行权,这可能影响到他与其他合伙人之间的关系,因此,法律规定普通合伙人的继承人需获得全体合伙人的同意才能取得合伙人资格;对于原有限合伙人的继承人,即使其继承了合伙财产份额,他们仍不能参与合伙企业的事务执行,这对合伙企业的稳定性和与其他合伙人之间的关系影响较小。因此,法律规定该继承人或权利承受人可以直接取得有限合伙人的资格。

重要名词术语

有限合伙、有限合伙人、入伙、退伙

思考题

1. 有限合伙企业的合伙协议和普通合伙企业的合伙协议有何不同？
2. 有限合伙人的哪些行为不视为执行合伙事务？

典型案例分析

本案《借款合同》及相关担保合同签订、履行等相关事实。（1）2017年6月20日，M企业与B公司签订了编号为××××-01的《借款合同》一份。（2）为担保上述借款合同项下债务的履行，M企业与B公司签订了编号为G×××-01的《股份质押合同》一份；《股份质押合同》有M企业和B公司（当时名称为Z公司）加盖的公章和M企业合伙执行人代表人薛某、B公司授权人员朱某的私章，显示的签署日期是2017年6月20日。前述质押担保事项于2017年6月27日办理了质押登记。（3）2017年6月20日，唐某还与B公司签订了编号为B×××-01的《保证合同》。其中第6.2条约定，"保证人承诺，不论债务人或第三方是否为主债务提供其他担保，不论上述其他担保何时成立、是否有效，不论债权人是否向其他担保人提出权利主张，不论是否有第三方同意承担主合同项下的全部或部分债务，保证人均对担保范围内的全部债权承担担保责任，并且同意由债权人在各项担保中自主选择实现担保的顺序和额度"。（4）《借款合同》签订后，B公司将款项5亿元划入M企业指定的C公司的收款账户，开户行广州农村商业银行股份有限公司华夏支行于2017年6月21日出具的客户专用回单记载，收款人为C中金2号专项资产管理计划，账号：05××85，付款人为B公司。B公司与M企业于2017年6月21日共同向C公司出具的《说明函》（加盖B公司与M企业印章）记载："2017年6月21日，B公司向C公司管理的资产管理计划账户（户名C中金2号专项资产管理计划，账号：05××85，开户行广州农村商业银行股份有限公司华夏支行）汇付款项人民币5亿元，并备注为'借款'。就该等事项，特此说明如下：该5亿元款项实际为M企业向B公司的借款，并由M企业委托B公司直接支付至C公司管理的上述银行账户，作为M企业应向C公司支付的退伙资金的一部分。M企业及B公司再次确认，该等款项不是对C公司的借款，且无需C公司偿还。"

与M企业的有限合伙人C公司资管计划、C公司从M企业入伙退伙和G公司从M企业入伙等相关事实。（1）C中金2号专项资产管理计划资产管理合同的存续期限是33个月，资产管理人是C公司，资产托管人是广州农村商业银行股份有限公司，资管合同项下委托人认购的资产主要用于认购由H公司作为普通合伙人的M企业99.99%的有限合伙份额，且有限合伙项下主要资产为M企业持有的S公司的5,241.09万股定增限售股票。经监管部门备案的《资产管理计划备案登记表》记载，C中金2号专项资产管理计划资产管理合同的备案日期是 2014 年 9 月 18 日。为执行前述资管合同，C 公司根据相关协议安排成为 M 企业有限合伙人，认缴的出资为 50,804.81 万元。M 企业持有的 S 公司股票 73,375,260 股亦质押给 C 公司。(2) 2017 年 6 月中旬前后，C 公司与 H 公司等商议退伙事宜。加盖 H 公司、Y 公司、G 公司和 C 公司印章的《M 企业退伙协议》明确全体合伙人一致同意 C 公司退伙，出资额由 50,804.81 万元变更为 0 元；C 公司退伙后，对于基于其退伙前发生的 M 企业债务以其从 M 企业取回的财产承担有限责任；全体合伙人一致同意，M 企业因原有限合伙人 C 公司退伙而应向其返还的货币财产为人民币 6.7 亿元；截至 C 公司退伙时，M 企业不存在任何应付未付的债务或纠纷，C 公司收到退伙款后无需向 M 企业返还任何款项。(3) 2017 年 6 月，加盖 H 公司、Y 公司、G 公司和 C 公司印章的《M 企业入伙协议》明确 G 公司及 Y 公司分别以人民币 17,000 万元和 33,804.81 万元出资成为 M 企业新的有限合伙人；原 M 企业普通合伙人及有限合伙人保证，除 M 企业持有的上市公司 S 公司股票已质押给 C 公司（代表资管计划），M 企业所持有其他主要资产不存在任何抵押、查封、冻结及其他形式或性质的担保或权利负担。根据 M 企业开户银行单位账户对账单记载，G 公司向 M 企业认缴的出资款 1.7 亿元已经在 2017 年 6 月 19 日汇付至 M 企业的银行账户。(4) 2017 年 6 月 23 日，经 C 公司同意，办理了解除 C 公司对 M 企业持有 S 公司股票 73,375,260 股的质押登记。(5) 截至目前，出资确认书记载的 M 企业的有限合伙人仍然是 C 公司，Y 公司未依约履行出资义务。

　　二审法院认为，关于案涉退伙协议效力问题。B 公司主张《M 企业退伙协议》上加盖的 H 公司印章，系 H 公司公章和薛某法人章脱离控制而被盗用、私自加盖，非 H 公司的真实意思表示。但除《M 企业退伙协议》外，案涉《借款合同》《股份质押合同》、G 公司和 Y 公司入伙协议上均存在薛某个人名章。上述材料均在同一时期签署，B 公司在认可《借款合同》《股份质押合同》上薛某人名章真实性的情况下，仅主张案涉退伙协议上薛某个人名章系被盗用，依据不足。且 G 公司在签订入伙协议后，于 2017 年 6 月 19 日向 M 企业的银行账户汇付出资款 1.7 亿元，实际履行了出资义务。H 公司对 G 公司支付入伙资金未提出异议，在上述款项实际支付 C 公司退伙款时亦未提出异议。H 公司作为普通合伙人和执行事务合伙人，对 M 企业、H 公司公章、薛某法人章、账户负有保管和合理使用的义务，在没有对 B 公司借款事实及 G 公司出资事实提出异议的情况下，现有证据不足以认定 B 公司所称印章失控的主张成立。案涉专项资产管理计划的存续时间为 33 个月，合同的备案日期是 2014 年 9 月 18 日，因此 C 公司于 2017 年 6 月与 M 企业、H 公司等商议退伙事宜，符合常理。一审法院结合案件事实，认定 M 企业、H 公司通过签订《M 企业退伙协议》的方式同意 C 公司退伙，C 公司已实际退伙，并无不当。

　　关于 C 公司是否应在退伙协议签订后对本案借款本息承担连带责任问题。合伙人退伙，其他合伙人应当与该退伙人按照退伙时的合伙企业财产状况进行结算，退还退伙人的财产份额。《M 企业退伙协议》中约定，经全体合伙人一致同意，M 企业因原有限合伙人 C 公司退伙而应向其返还的货币财产为人民币 6.7 亿元。根据上述约定，退伙协议中合伙人内部已经就合伙体财产进行了结算，B 公司主张合伙体成员在 C 公司退伙时未经结算，不能成立。B 公司在出借款项当日即与 M 企业共同向 C 公司出具了《说明函》，在《说明函》中明确出借款项系用于支付C公司退伙资金,并明确款项不是对C公司的借款,且无需C公司偿还。基于退伙事由已经发生,B公司明确知晓C公司退伙事实及案涉借款用于支付退伙费,现其主张案涉借款发生在C公司退伙前,依据不足。案涉借款标的数额巨大,B公司在两审中均未主张《说明函》系在受欺诈、胁迫、重大误解情形下签订,也未举证证明该《说明函》存在法律规定的无效情形,一审法院认定B公司作为债权人已经明确主动表示放弃要求C公司偿还案涉款项的权利,并无不当。C公司办理解除对S股票的股权质押后,B公司及时办理了上述股票的质押。经查,2017年6月19日,C公司的退伙事由实际发生时,S股票收盘价为8.19元/股;2017年9月20日案涉借款到期时,S股票收盘价为10.20元/股,以M企业持有的73,375,260股计算,价值748,427,652元。在B公司借款到期日,S股票价值能够完全覆盖其债权金额。B公司主张C公司作为合伙人,在M企业并未产生额外利润甚至亏损时,仍可全额收回投资本金并享有固定收益,损害债权人利益,依据不足。综上,B公司在清楚知晓C公司退伙、其支付的为C公司退伙费,且明确表示放弃要求C公司承担还款责任的情况下,现请求C公司在6.7亿元范围内对本案借款本息承担连带责任,法律依据不足,其上诉请求本院不予支持。

二审法院判决:驳回上诉,维持原判。

第二十一章　合伙企业的解散、清算

【内容提示】

本章主要对合伙企业的解散和清算过程进行了分析。第一节关于合伙企业解散事宜，包含自行解散 3 类情形与强制解散 4 类情形。第二节关于合伙企业清算事宜，包含清算人的确定、清算人的职权、债权人如何进行债权申报、清偿顺序、清算报告等事宜。第三节关于合伙企业的注销和破产事宜，包含企业注销和企业破产两方面内容。

第一节　合伙企业的解散

合伙企业有下列情形之一的，应当解散：合伙期限届满，合伙人决定不再经营；合伙协议约定的解散事由出现；全体合伙人决定解散；合伙人已不具备法定人数满 30 天；合伙协议约定的合伙目的已经实现或者无法实现；依法被吊销营业执照、责令关闭或者被撤销；法律、行政法规规定的其他原因。其中，前 3 项属于合伙企业自行解散事由，后 4 项则属于合伙企业强制解散事由。

一、自行解散

1. 合伙期限届满，合伙人决定不再经营

根据《企业合伙法》第 5 条，合伙企业的建立和解散均应遵循自愿、平等、公平、诚实信用的原则。当合伙期限届满，合伙人决定终止经营时，合伙企业应当解散。若合伙协议中未明确约定经营期限，但能通过其他方式得知合伙企业的期限届满的时候（例如，合伙企业的登记事项中注明了经营期限），期限届满合伙人决定不再继续经营时，合伙企业亦应解散。

2. 合伙协议约定的解散事由出现

合伙协议是全体合伙人共同达成的合意，在不违反法律、行政法规的前提下，合伙人可以在合伙协议中自由约定合伙企业的解散事由。一旦合伙协议中约定的具体解散事由出现，合伙企业应当按照约定进行解散。

3. 全体合伙人决定解散

合伙人有权自主选择签订合伙协议并设立合伙企业，因此，全体合伙人可以共同决定合伙企业的解散事宜。

二、强制解散

1. 合伙人已不具备法定人数满 30 天

在合伙企业存续期间,若因退伙等原因导致合伙人数量减少至 1 人,合伙企业应在 30 天的宽限期内补足法定人数。[1]自合伙企业不符合法定人数要求之日起算,若 30 天宽限期届满而合伙企业仍未补足法定人数,则应当依法进行解散。

2. 合伙协议约定的合伙目的已经实现或者无法实现

合伙企业是由自然人、法人和其他组织为了共同实现特定生产经营目的而联合组建的企业形式。一旦合伙人设定的合伙目的已经达到,合伙企业便失去了继续存在的必要性。同理,如果合伙人发现其设立的合伙企业无法实现既定的目标,那么合伙企业也就没有继续维持下去的必要。这两种情况下,合伙企业均应考虑解散。

3. 依法被吊销营业执照、责令关闭或者被撤销

合伙企业的营业执照是其依法成立并开展生产经营活动的凭证。一旦合伙企业被依法吊销营业执照,它便不得再继续从事生产经营活动,因此,该合伙企业应当依法解散。同样,若合伙企业被执法机关责令关闭,它也必须停止所有生产经营活动,并随即解散。此外,合伙企业的撤销是指根据有关部门的决定,合伙企业需办理注销登记。在这些情况下,合伙企业均需要解散。

4. 法律、行政法规规定的其他原因

这一兜底性规定的主要目的是确保法条涵盖的全面性,以防列举的事项未能穷尽所有可能性。其含义在于,只要相关法律、行政法规对合伙企业解散的其他情形有所规定,一旦这些情形出现,合伙企业就应当依法解散。

第二节　合伙企业的清算

合伙企业清算,是指合伙企业解散宣告后,为了终结合伙企业现存的各种法律关系,依法清理合伙企业债权债务的行为。

一、清算人的确定

清算人是指合伙企业解散过程中,依法产生的专门负责处理合伙企业债权、债务的有关人员。依据《企业合伙法》第 86 条规定,合伙企业解散之时,应当由清算人进行清算。清算人由全体合伙人担任,但是,经全体合伙人超过半数同意,可以自合伙企业解散事由出现后 15 日内指定一个或者数个合伙人担任清算人,也可以委托第三人担任清算人。如

---

[1] 此宽限期连续计算,包括工作日和非工作日。

果自合伙企业解散事由出现之日起 15 日内未确定清算人,合伙人或者其他利害关系人可以申请人民法院指定清算人。

二、清算人的职权

合伙企业解散时,依法应当由清算人负责清算工作,这是法律所规定的强制性要求。清算人在执行清算职责时,必须尽到善良管理人的责任,对合伙企业进行合理清算。具体而言,清算人在清算期间执行下列事务:清理合伙企业财产,分别编制资产负债表和财产清单;处理与清算有关的合伙企业未了结事务;清缴所欠税款;清理债权、债务;处理合伙企业清偿债务后的剩余财产;代表合伙企业参加诉讼或者仲裁活动。需要说明的是,清算人的各项职权仅在清算期间依法行使,清算结束后即行终止。

三、债权申报

为确保债权申报和债务清偿的及时性与顺利性,并最大限度地避免和减少偿债纠纷,有效保护债权人的利益,《企业合伙法》第 88 条第 1 款明确规定,清算人应在确定之日起 10 日内将合伙企业解散的事宜通知给债权人,并在接下来的 60 日内在报纸上进行公告。这样的双重策略旨在最大限度地确保债权人能够获知合伙企业的解散事宜,及时申报债权。本条对债权人申报债权期限也作出相应规定,债权人应自接到通知书之日起 30 日内,若未接到通知书,则自公告之日起 45 日内,向清算人申报债权。

需要说明的是,在清算期间,合伙企业与解散前的合伙企业实体上保持一致,但清算中的合伙企业在行为能力上限制在清算范围内。对此,《企业合伙法》第 88 条第 3 款特别规定,清算期间,合伙企业存续,但不得开展与清算无关的经营活动。

四、清偿顺序

合伙企业财产在支付清算费用和职工工资、社会保险费用、法定补偿金以及缴纳所欠税款、清偿债务后的剩余财产,依照《企业合伙法》第 33 条第 1 款的规定进行分配。具体而言,合伙企业的财产清偿可以按照以下顺序。

1. 合伙企业财产优先支付合伙企业的清算费用

清算费用是指企业在清算过程中,为进行清算工作而发生的各项支出。清算费用是合伙企业清算过程中必须支付的,本法规定这些费用为首先受偿的费用。

2. 支付清算费用后的法定清偿内容

清算费用支付完成后,需要支付职工工资、社会保险费用、法定补偿金以及缴纳所欠税款、清偿债务,此清偿顺序为法定,违反将无效,且仅清偿合伙企业债务,不包括合伙人个人债务。

3. 完成上述清偿后剩余财产的分配

合伙企业财产在清偿所有法定债务后,若仍有剩余,其分配应遵循合伙企业的利润分配原则。若合伙协议中有明确的分配约定,则应依照该约定进行分配;若协议中无约定或约定不明确,合伙人应首先尝试通过协商达成一致;协商不成的,则按照合伙人各自的实缴出资比例进行分配;在无法确定出资比例的情况下,剩余财产应由合伙人平均分配。

例如,甲、乙、丙三人共同创立了一家合伙企业,甲是主要出资人,乙是技术专家,丙则负责市场营销。在合伙协议中,他们约定了利润分配的比例:甲占60%,乙占30%,丙占10%。经过一段时间的运营,合伙企业决定进行清算。在支付了清算费用和职工工资、社会保险费用、法定补偿金以及缴纳所欠税款、清偿债务之后,剩余了一定数量的财产。根据合伙企业的利润分配原则,首先应当查看合伙协议中的约定。在本例中,合伙协议明确规定了甲、乙、丙三人的利润分配比例。因此,应当按照这一比例进行分配:甲获得剩余财产的60%,乙获得剩余财产的30%,丙获得剩余财产的10%。

如果合伙协议中没有明确的约定,或者约定不明确,那么合伙人应当尝试通过协商达成一致。在本例中,假设合伙协议中没有规定利润分配比例,甲、乙、丙三人应当通过协商来确定分配比例。如果协商不成,那么应当按照各自的实缴出资比例进行分配。如果仍然无法确定出资比例,那么剩余财产应当由甲、乙、丙三人平均分配。

五、清算报告

清算报告是清算组织在完成清算并综合计算申请注销登记单位的资产和负债后提交的书面报告。清算报告经有关机构确认后生效,是事业单位注销登记的重要文件之一。清算报告应当在机构申请注销登记前完成,申请注销登记时必须提交清算报告。《企业合伙法》第90条规定,清算结束,清算人应当编制清算报告,经全体合伙人签名、盖章后,在15日内向企业登记机关报送清算报告,申请办理合伙企业注销登记。

第三节 合伙企业的注销与破产

一、合伙企业注销

1. 注销登记

注销登记,指的是企业登记机关对终止营业的合伙企业撤销企业注册号、缴销营业执照,并取消合伙企业主体资格的登记行为。《企业合伙法》第90条规定,清算结束,清算人应当编制清算报告,经全体合伙人签名、盖章后,在15日内向企业登记机关报送清算报告,申请办理合伙企业注销登记。

需要注意的是,清算人在办理注销登记时,遇到营业执照无法正常缴回的时候,还应该依照《市场主体登记管理条例》第37条规定,由登记机关通过国家企业信用信息公示系统公告营业执照作废。

2. 企业注销后原普通合伙人责任

合伙企业注销后,原普通合伙人对合伙企业的债务承担无限连带责任。需要说明的是,承担无限连带责任针对的是普通合伙人,而非有限合伙人,是对合伙人责任的强化条款,是为了确保合伙企业债务得到全面清偿,保护债权人的合法权益。此外,对于特殊的普通合伙企业而言,依照《企业合伙法》第 57 条的规定,如果该合伙企业的债务是由一个合伙人或者数个合伙人在执业活动中因故意或者重大过失造成的,那么,其他合伙人以其在合伙企业中的财产份额为限承担责任。

二、合伙企业破产

依据《企业合伙法》第 92 条的规定,在合伙企业不能清偿到期债务的时候,债权人可以依法向人民法院提出破产清算申请,也可以要求普通合伙人清偿。如果合伙企业依法被宣告破产,普通合伙人对合伙企业债务仍应承担无限连带责任。本条赋予的是债权人保障自身利益的救济途径,因为合伙人不能清偿到期债务,往往说明其经营活动存在问题,已经陷入困境之中,将对债权人利益带来一定影响。

1. 债权人依法向人民法院提出破产清算申请

合伙企业并不包括在《破产法》定义的"企业法人"范畴内,因此,当合伙企业面临破产时,应依据参照该法破产清算程序的相关规定进行操作,而不适用关于重整和和解的条款。这种参照允许对合伙企业的破产清算流程进行适当的简化,因为若完全遵循企业法人的破产程序,对合伙企业而言将显得过于复杂,并可能带来高昂的成本。所以,在债权人依法向法院递交破产申请后,合伙企业的破产清算流程应参照《破产法》的相关规定进行。

2. 债权人依法要求普通合伙人清偿

根据《企业合伙法》第 38 条的规定,合伙企业应当以其全部财产清偿其债务。第 39 条则明确了,当合伙企业无法清偿到期债务时,合伙人须承担无限连带责任。根据《企业合伙法》第 2 条和第 57 条的规定,普通合伙企业的所有合伙人都须对合伙企业的债务承担无限连带责任。对于特殊的普通合伙企业,尽管其基本责任形式也是无限连带责任,但如果某合伙人在执业活动中因故意或重大过失导致合伙企业债务,那么只有该合伙人须承担无限连带责任,其他合伙人则只须以其在合伙企业中的财产份额为限承担责任。而在有限合伙企业中,普通合伙人须对合伙企业的债务承担无限连带责任,而有限合伙人则只须以其出资额为限对合伙企业债务承担责任。因此,当合伙企业无法清偿到期债务时,债权人可以依法向普通合伙人追偿,但无法向有限合伙人追偿。

> **重要名词术语**

解散、清算、清算人、债权申报、清算报告、注销、破产

> **思考题**

1. 合伙企业自行解散和强制解散有何区别?
2. 清算人的职权范围有哪些?
3. 合伙企业注销后,原普通合伙人责任和原有限合伙人责任有何不同?

> **典型案例分析**

何某申请再审称,原判决认定的基本事实缺乏证据证明,适用法律错误。事实和理由:(1)何某提起本案诉讼,主张的是许某、何某提前申请大型营运车强制报废,给何某造成的直接损失,与合伙关系账务结算无关。二审既然认定许某、何某于2018年5月8日单方申请营运车报废,存在过错,就应当判决其就其过错承担赔偿责任。(2)原判决认为根据现有证据及查明的事实无法认定何某的具体损失,但根据查明的事实,何某的损失是完全可以认定的。一是支付了105,000元参与许某、何某案涉营运车合伙经营,未取得分文回报,该营运车现被报废,无法继续经营。二是许某、何某在开庭中均认可案涉营运车辆年收入10万元。许某、何某亦向法院提供了加盖有公司印章确认的营运情况说明,证实案涉营运车辆月均收入1万元以上。(3)本案一审判决系在案涉车辆发生的交通事故相关判决作出之后作出,原判决认为案涉车辆发生的交通事故导致的损失在本案一审中尚未明确与事实不符。综上,依据《中华人民共和国民事诉讼法》第200条第2项、第6项规定,本案应予再审。

许某、何某提交答辩意见称,何某与许某、何某在平等、自愿基础上签订《购车协议》,受法律保护。按照约定,双方出资并共同经营案涉客车营运,成立个人合伙关系。何某没有证据证明许某、何某恶意报废营运车辆,也没有证据证明其直接经济损失。本案一审、二审认定事实清楚,适用法律正确,何某的再审申请不应得到支持。

本院经审查认为,何某与许某、何某于2017年11月1日签订《购车协议》,约定合伙经营案涉客车营运,何某按照合同约定分别于同月1日、9日向许某支付的共计105,000元为其合伙出资款。2018年3月24日,案涉客车发生交通事故,双方对车辆维修事宜未达成一致意见。其后,经许某、何某申请,案涉客车于2018年5月31日报废并注销登记。双方合伙事务无法继续进行,应当按照双方约定以及我国关于个人合伙的法律规定,对合伙期间的财产、债权、债务进行清算,如有剩余财产,双方再进行财产分割。何某主张因许某、何某未经其同意,单方申请报废合伙经营的营运客车给其造成损失,应对合伙财产、债权、债务进行清算、分割后,以其因为合伙导致的实际损失为据,原判决因其以其投入的105,000元出资款作为其直接经济损失不当,而双方提供的现有证据不能认定其实际损失,驳回其诉讼请求并无不当。

综上,何某再审申请不符合《民事诉讼法》第200条第2项、第6项规定,裁定驳回何某的再审申请。

第二十二章　法律责任

【内容提示】

本章全面分析了合伙企业在登记、经营、清算等关键环节中可能产生的法律责任。第一节是行政责任。涉及因违法取得企业登记、违反合伙企业名称规定、未领取营业执照或未办理变更登记、未依法报送清算报告所产生的行政责任。第二节是民事责任。涉及合伙人或清算人滥用职权、擅自处理合伙企业事务、不具有事务执行权的合伙人擅自执行事务、合伙人同业竞争、合伙人违反合伙协议、清算人未依法报送清算报告、滥用职权以及违法分配、处理合伙企业财产等行为所产生的赔偿责任。第三节是其他相关问题。涉及合伙人履行合伙协议发生争议的解决方式、行政管理人员的行政责任、构成犯罪的刑事责任追究、民事赔偿优先原则的应用以及合伙制专业服务机构和外资合伙企业在法律适用方面的特殊规定。

第一节　行政责任

一、违法取得企业登记的行政责任

合伙企业必须依法取得企业登记，不得提交虚假文件或者采取其他欺骗手段。对于提交虚假文件或者采取其他欺骗手段取得企业登记的情况，《合伙企业法》第93条进行了处罚性规定，由企业登记机关责令改正，处以5000元以上5万元以下的罚款，如果情节严重，则撤销企业登记，并处以5万元以上20万元以下的罚款。

第93条所规定的违法行为，其核心属性为欺诈行为。欺诈，指的是当事人在申请合伙企业登记的过程中，蓄意隐瞒关键事实、提交不实文件或运用其他欺诈性手段，以达到取得企业登记的目的。要构成此条所定义的欺诈性违法行为，必须满足以下三个要素：其一，欺诈行为必须是当事人有意识的、故意的行为；其二，当事人实施欺诈行为的直接目的是骗取合伙企业登记；其三，企业登记机关之所以会批准登记，完全是因为当事人提交了虚假的材料，使得申请"看似"满足了登记条件。如果企业登记机关掌握了真实情况，不会对这种基于虚假信息的申请给予登记。

二、违反合伙企业名称规定的行政责任

合伙企业未明确标注其企业形式,在合伙经营期间可能会引发众多的争议和纠纷,因此,从法律责任的角度出发,对企业的名称进行规范显得尤为重要。《合伙企业法》第15条规定,合伙企业名称中应当标明"普通合伙"字样;第56条规定,特殊的普通合伙企业名称中应当标明"特殊普通合伙"字样;第62条规定,有限责任合伙企业名称中应当标明"有限合伙"字样。对于违反上述关于标明字样的规定,依照第94条规定由企业登记机关责令限期改正,处以2000元以上1万元以下的罚款。

三、未领取营业执照或未办理变更登记的行政责任

营业执照是由企业登记机关依法核准并颁发的法律文书,它证明了合伙企业具备合法经营的资格,是合伙企业享有民事主体资格的法定证明。根据《合伙企业法》第11条的规定,合伙企业的成立日期以营业执照的签发日期为准。在合伙企业取得营业执照之前,其合伙人不得擅自以合伙企业名义进行任何合伙业务。此外,《合伙企业法》第12条明确规定,合伙企业若设立分支机构,必须向分支机构所在地的企业登记机关申请登记,并领取相应的营业执照。同样地,分支机构在未取得营业执照之前,也不得以其名义进行经营活动。

通常情况下,合伙企业的日常管理由一名或多名执行合伙人负责。因此,这些执行合伙人应当承担更高的注意义务。若合伙企业登记事项发生变更,但执行合伙事务的合伙人未能在规定时间内申请变更登记,他们应负责赔偿由此给合伙企业、其他合伙人或善意第三人造成的损失。

《合伙企业法》第95条第1款针对未依法领取营业执照而擅自以合伙企业或其分支机构名义从事合伙业务的行为,明确规定了相应的法律责任。具体而言,如果违反了《合伙企业法》第2章中关于合伙企业设立条件或申请登记的规定,未经合法登记而擅自以合伙企业或其分支机构的名义进行业务活动,依据该款,将由企业登记机关责令停止,处以5000元以上5万元以下的罚款。

此外,《合伙企业法》第13条明确规定,一旦合伙企业的登记事项发生变更,执行合伙事务的合伙人必须在变更决定作出或变更事由发生之日起的15日内,向企业登记机关申请办理变更登记手续。若合伙企业未按照这一规定及时办理变更登记,即构成违法行为,依据第95条第2款,合伙企业登记事项发生变更时,未依照《合伙企业法》规定办理变更登记的,由企业登记机关责令限期登记;逾期不登记的,处以2000元以上2万元以下的罚款。

四、未依法报送清算报告的行政责任

根据《合伙企业法》第100条规定,清算人未依照本法规定向企业登记机关报送清算报告,或者报送清算报告隐瞒重要事实,或者有重大遗漏的,由企业登记机关责令改正。

第二节 民事责任

一、合伙人或从业人员滥用职权的赔偿责任

根据《合伙企业法》第26条、第27条及第28条的规定,所有合伙人在执行合伙企业事务方面均享有平等的权利。他们可以根据合伙协议的约定或全体合伙人的共同决定,授权一名或多名合伙人负责对外执行合伙企业事务。一旦决定委托特定的合伙人执行事务,其他合伙人将不再参与合伙企业的日常经营管理。被委托执行合伙企业事务的一个或多个合伙人,有义务按照约定向不参与执行事务的合伙人汇报事务的执行情况、合伙企业的经营状况以及财务状况。这些执行事务的合伙人所产生的任何收益,均归全体合伙人共同所有;而由此产生的费用与亏损,也应由全体合伙人共同承担。

违反合伙企业事务执行规定的行为人,应承担相应的民事赔偿责任。根据《合伙企业法》第96条规定,合伙人执行合伙事务,或者合伙企业从业人员利用职务上的便利,将应当归合伙企业的利益据为己有的,或者采取其他手段侵占合伙企业财产的,应当将该利益和财产退还合伙企业;给合伙企业或者其他合伙人造成损失的,依法承担赔偿责任。

二、合伙人擅自处理合伙企业事务的赔偿责任

鉴于合伙企业高度依赖合伙人之间的信任和合作,本法强调对某些关键事务的执行必须获得全体合伙人的共识。这些事务,既可以是法定的,也可以是合伙人在协议中特别约定的,它们的执行效力具有同等的法律地位。

如果某一合伙人未经全体合伙人同意擅自执行了这些事务,即使造成了不良后果,责任仍由全体合伙人共同承担。然而,这种擅自行动若违反了《合伙企业法》或合伙协议的明文规定,并给合伙企业或其他合伙人带来了实际损失,那么该合伙人须承担民事赔偿责任。

三、不具有事务执行权的合伙人擅自执行合伙事务的赔偿责任

《合伙企业法》第26条明确了合伙企业中各合伙人在执行事务上的同等权利。他们可以根据合伙协议或全体合伙人的决策,委托一名或多名合伙人具体执行合伙企业的事务。对于未被委托执行事务的合伙人,他们无权擅自干预合伙企业的日常运营。

不具有事务执行权的合伙人擅自执行合伙事务,给合伙企业或者其他合伙人造成损失的,依法承担赔偿责任。这一规定与第97条在本质上都指向了擅自执行合伙企业事务的行为,但前一条更侧重于规范那些被委托执行事务的合伙人,而本条则着重于那些未被赋予执行权的合伙人。

四、合伙人同业竞争的后果及赔偿责任

根据我国现行法律,竞业禁止可以分为法定竞业禁止和约定竞业禁止两种。这两种形

式在产生方式和约束效力上有所不同。法定竞业禁止是基于法律的直接规定而产生的,约定竞业禁止则是基于合同的约定而产生的。无论是法定竞业禁止还是约定竞业禁止,其核心目的都是为了保护企业的商业机密和核心竞争力,在合伙企业中,还为了防止因合伙人入伙、退伙而泄露机密或带走客户资源对企业造成损失。

依据《合伙企业法》第99条的规定,合伙人违反本法规定或者合伙协议的约定,从事与本合伙企业相竞争的业务或者与本合伙企业进行交易的,该收益归合伙企业所有;给合伙企业或者其他合伙人造成损失的,依法承担赔偿责任。在计算损害赔偿的数额时,首要目标是确保受损方得到充分的补偿,同时防止违法者从中获利。因此,需要根据合伙企业所遭受的实际损失和违法合伙人通过不当行为所获得的利益来确定赔偿金额。具体而言,如果合伙企业的损失小于违法合伙人所获得的利益,那么违法合伙人应将其全部不当收益上缴给合伙企业,以此作为赔偿。然而,如果合伙企业的损失大于违法合伙人所获得的利益,那么仅上缴不当收益可能不足以完全弥补损失。在这种情况下,除了上缴全部收益外,违法合伙人还应承担剩余的损失赔偿责任。

五、合伙人违反合伙协议的违约责任

依据《合伙企业法》第103条第1款的规定,当合伙人违反合伙协议时,必须依法承担违约责任。违约责任,即合同当事人在未能履行合同义务或履行不符合约定条件时所应承担的民事责任。这种责任具有几个显著特点:(1)违约责任是由于合同当事人违反合同义务而产生的民事法律后果;(2)违约责任的方式和范围可以由合同当事人自由约定;(3)违约责任主要是一种财产责任;(4)违约责任的过错形式是无过错责任。

六、清算人未依法报送清算报告的法律责任

清算报告对于处理企业解散后的各项事宜具有至关重要的意义,确保其真实性和可靠性至关重要。清算人在编制清算报告时,若故意隐瞒关键信息或存在重大遗漏,都可能给合伙企业内部成员及外部债权人带来利益损失。因此,清算人必须对其行为承担相应的法律责任。

《合伙企业法》第100条规定,清算人未依照本法规定向企业登记机关报送清算报告,或者报送清算报告隐瞒重要事实,或者有重大遗漏的,由企业登记机关责令改正,由此产生的费用和损失,由清算人承担和赔偿。这无疑是立法层面的一次重要完善。

七、清算人滥用职权的法律责任

清算人的核心职责在于妥善管理合伙企业的现有资产和设备,迅速清算企业的债权债务,并妥善处理所有未决事务。在分配剩余财产或确定合伙人分担亏损和债务的比例时,清算人必须确保公平合理。在执行这些职责时,清算人必须坚守诚信原则,严禁利用职权谋取私利、获取非法收入或侵占企业财产,否则将构成违法行为,并承担相应责任。

关于清算人牟取非法收入或侵占合伙企业财产的民事法律责任,《合伙企业法》第101条明确了两个层面的追责机制:首先,清算人必须将其非法所得和侵占的财产如数退

还给合伙企业。这遵循了"违法者不得获利"的基本原则。合伙企业有权基于侵权行为或不当得利要求清算人返还财产。若清算人是由全体合伙人指定的,合伙企业还可以依据违约责任追究清算人的法律责任,并请求返还财产。其次,清算人应当依法承担给合伙企业或者其他合伙人造成的损失。此处赔偿责任的确认前提是,清算人返还非法收入或者侵占财产后,合伙企业或其他合伙人仍有损失,赔偿范围包括合伙企业和其他合伙人的财产损失。

八、清算人违法分配、处理合伙企业财产的赔偿责任

《合伙企业法》第 102 条规定:清算人违反本法规定,隐匿、转移合伙企业财产,对资产负债表或者财产清单作虚假记载,或者在未清偿债务前分配财产,损害债权人利益的,依法承担赔偿责任。"隐匿、转移合伙企业财产"指的是故意隐藏合伙企业的财产以及改变这些财产的具体位置或形态。而"对资产负债表或财产清单作虚假记载"则涵盖了更改相关报表的格式和数据,甚至包括擅自抽调或增添合伙企业的账簿记录等行为。在债务未完全清偿之前擅自分配财产,这违背了《合伙企业法》第 89 条所规定的财产清偿与分配次序,极有可能给债权人带来损失。一旦清算人涉及上述任何行为,都将依法承担赔偿责任。这一赔偿责任的前提是"损害了债权人的利益",而赔偿的责任人则是清算人。

在实际操作中,若清算人出现隐匿、转移合伙企业财产,或是在债务未清偿前进行财产分配的行为,合伙企业的债权人可以要求清算人或接收分配财产的合伙人归还财产,以确保这些财产能用于合伙企业的债务清偿。若清算人或合伙人无法归还财产,或归还的财产不足以覆盖全部债务,那么清算人需要为其不当行为承担损害赔偿责任。赔偿的范围应限于被隐匿或转移的财产价值,或是在债务清偿前被分配的财产价值。

例如,甲、乙、丙三人合伙经营一家小型餐饮店。因经营不善,餐饮店面临倒闭,需要进行清算。在清算过程中,甲作为清算人,私自将店内的一些值钱物品转移至自己家中,并且在编制资产负债表时故意隐瞒了一部分债务。乙和丙对此毫不知情,直到债权人上门追债时才发现问题。

此案中,甲作为清算人,隐匿和转移了合伙企业财产,并且对资产负债表进行了虚假记载。甲的行为直接导致了合伙企业财产的减少和债权的增加,给乙和丙以及债权人带来了损失。根据法律规定,甲应当对其行为承担法律责任,包括将隐匿和转移的财产退还合伙企业,并对因此给乙、丙及债权人造成的损失进行赔偿。乙和丙作为合伙人,也有权要求甲承担违约责任,并要求其返还财产或赔偿损失。

第三节 其他相关问题

一、合伙人履行合伙协议发生争议的解决途径

依据《合伙企业法》第 103 条第 2 款,当合伙人之间在履行合伙协议过程中发生争

议时,可以采取以下几种解决途径:(1)合伙人可以尝试通过协商或调解来解决纠纷;(2)如果协商和调解都无法解决问题,或者双方不愿意采取这些方式,那么可以按照合伙协议中约定的仲裁条款或者事后达成的书面仲裁协议,向仲裁机构申请仲裁;(3)如果合伙协议中没有订立仲裁条款,事后也没有达成书面仲裁协议,那么当事人可以向人民法院提起诉讼。

需要说明的是,在选择纠纷解决方式时,应当优先考虑协商和调解,其次是仲裁,最后是诉讼。这是因为协商和调解更加灵活、快速,有助于维护双方当事人的合作关系;而仲裁则比诉讼更加高效、专业。只有在其他方式都无法解决问题时,才应考虑采取诉讼的方式。这种递进关系体现了对双方当事人自主解决纠纷的尊重,同时也保证了在必要时能够利用公共权力和司法资源来维护合法权益。

二、行政管理人员的行政责任

行政管理机关的工作人员作为依法执行合伙企业监管职责的国家公务员,是维护社会秩序、保障法律实施的重要力量。《合伙企业法》第104条规定,有关行政管理机关的工作人员违反本法规定,滥用职权、徇私舞弊、收受贿赂、侵害合伙企业合法权益的,依法给予行政处分。

三、构成犯罪依法追究刑事责任

《合伙企业法》第105条是关于违反该法的刑事责任的集中规定。本条起到了衔接《合伙企业法》与刑事法律规范的作用,对违反《合伙企业法》的犯罪行为的定罪量刑,可以依照刑事法律规范的规定,以体现罪刑法定原则。

在合伙企业的经营过程中,对于合伙人和债权人而言,通常是有关财产侵犯的犯罪,对于行政管理人员而言,则可能构成徇私舞弊、滥用职权和收受贿赂相关的犯罪。

四、民事赔偿优先原则

存在应当承担民事赔偿责任和缴纳罚款、罚金,其财产不足以同时支付的情况时,依据《合伙企业法》第106条规定,应当先承担民事赔偿责任。这源自该法所规定的违法行为主要侵害的是合伙人及善意第三人的权益,导致他们遭受人身和财产的损失。需要补充的是,民事赔偿和罚款、罚金三者属于不同的法律责任,最重要的区别在于,民事赔偿是对受害人损失的弥补,罚款和罚金是对侵害人的惩罚。

五、合伙制专业服务机构的法律适用

专业服务机构如果依据有关法律采取合伙制,其合伙人承担责任的形式,可以适用《合伙企业法》第2章第6节关于特殊的普通合伙企业合伙人承担责任的规定。具体而言,需要注意以下事项:其一,若相关法律规定不允许其采用合伙制,则不能适用《合伙企业法》。其二,在责任分配方面,若一个或多个合伙人在执业过程中因故意或重大过失导致合伙企业债务,他们应承担无限责任或无限连带责任,而其他合伙人则以其在合伙企业中的

财产份额为限承担责任。对于非因故意或重大过失导致的合伙企业债务及其他债务,所有合伙人须承担无限连带责任。其三,这些服务机构应设立执业风险基金并办理职业保险,确保资金单独立户管理,用于偿付因执业行为产生的债务。其四,在机构名称上,也应明确标注"特殊普通合伙"字样,以体现其组织形式特点。

六、外资合伙企业的法律适用

外国企业或个人在中国境内设立合伙企业时,可能会遇到市场准入、资本管制、税收优惠等特定方面的法规要求,这些规定与内资合伙企业相比可能存在差异。鉴于此,《合伙企业法》第108条规定,特别授权国务院制定独立的规定,以更精确地规范和管理外资合伙企业在中国的运营活动。这样做旨在确保外资企业在遵守中国法律的同时,也能享受到相应的权益和便利。

▶ 重要名词术语

撤销登记、违法分配、滥用职权、民事赔偿优先、外资合伙企业

▶ 思考题

1. 违法取得企业登记进行营业活动的法律后果与未领取营业执照进行营业活动的法律后果有何异同?
2. 清算人违法分配、处理合伙企业财产将承担何种法律责任?

▶ 典型案例分析

2013年7月,B基金前身深圳B股权投资基金管理有限公司同A公司的前身上海C资金管理有限公司签订《合伙协议》,约定B基金为普通合伙人,A公司为有限合伙人,二公司同意按照本协议约定的条款及条件成立有限合伙企业。《合伙协议》2.3.1:企业目的是对外进行股权、债权或组合投资,为合伙人赚取投资收益,不得以任何方式进行募集或发行基金。《合伙协议》2.5:经营期限为5年。《合伙协议》4.1.1:企业的投资目标为D公司。4.1.2企业所募集的资金,需预留合伙企业费用及投资所产生的相关费用,剩余部分资金通过中国银行以委托贷款的方式全部投资于D公司,资金用于D公司的某某寺项目。

《合伙协议》签订后,A公司于2013年8月13日—12月13日向B十八期实缴出资49,230万元,款项汇入后,B十八期与中国银行股份有限公司深圳上步支行、D公司签订《人民币委托贷款合同》,通过委托贷款的方式,将49,230万元转贷给D公司。

A公司后以委托贷款纠纷将D公司、B十八期等诉至法院,请求判令B十八期支付49,230万元本金及利息等,广东省高级人民法院作出民事判决,判令D公司向B十八期偿还借款本金49,230万元及利息。

2017年2月14日,上海市高级人民法院对B十八期、李某刚、李某锋合同诈骗一案

作出刑事判决，认定：李某刚实际控制、管理 B 基金……李某锋实际控制、经营管理 E 公司……2013 年 7 月，李某刚与李某锋再次协商后，由 B 基金作为普通合伙人与有限合伙人 C 成立 B 十八期，约定投资李某锋实际控制、经营管理的 D 公司名下的某某寺项目。2013 年 8 月至 12 月，B 十八期共计收到 C 的募集资金共计 4.9 亿余元，通过中国银行深圳上步支行委贷给李某锋的 D 公司。李某锋在收到上述委贷款后，将大部分资金用于支付前期经营公司的债务、李某刚的顾问费等，少部分用于 E 公司开发的中央公园项目及 D 公司开发的某某寺项目。

二审法院认为，本案的争议焦点有二：一是关于 A 公司与 B 基金订立的《合伙协议》应否撤销的问题；二是关于 B 基金、B 十八期和 D 公司是否需要共同向 A 公司返还出资并赔偿其因此遭受损失的问题。

1. 关于 A 公司与 B 基金订立的《合伙协议》应否撤销的问题

首先，B 基金与 A 公司签订《合伙协议》约定成立有限合伙企业，对外进行股权、债权或组合投资，明确约定了投资目标为 D 公司，企业所募集的资金用于 D 公司的某某寺项目。A 公司向 B 十八期缴纳出资 49,230 万元款项后，B 十八期与中国银行股份有限公司深圳上步支行、D 公司签订了《人民币委托贷款合同》，通过委托贷款方式将 49,230 万元转贷给 D 公司。可见，B 基金已经按照《合伙协议》约定，将 B 十八期募集的资金投入了协议约定的投资目标 D 公司，并无欺诈 A 公司的行为。

其次，根据上海市高级人民法院刑事判决所认定的事实，即 B 基金的实际控制人李某刚与 D 公司的实际控制人李某锋策划由 B 基金通过设立 B 十八期向李某刚实际控制的 D 公司名下的某某寺项目投资，可以认定该二人在《合伙协议》订立前协商达成的合意与《合伙协议》约定投资 D 公司某某寺项目的合同目的一致。另外，根据 A 公司在二审期间举示的上海市高级人民法院刑事案件复印材料中李某刚和李某锋等人的笔录，亦无该二人在事前合谋的供述。因此，尽管 D 公司实际控制人李某锋在收到 B 十八期的贷款后将大部分资金挪用，但根据目前查明的事实尚不能证明 B 基金在与 A 公司签订《合伙协议》之前即与李某锋形成了挪用基金款项的合意。

最后，关于 B 基金在与 A 公司签订《合伙协议》之前提供的《尽职调查报告》是否存在虚构事实和隐瞒真相的问题。《尽职调查报告》系 B 基金对其拟开展项目的一个整体介绍而非邀约。该报告宣称"B 基金团队管理资产规模 30 亿元以及中国银行深圳分行累计为其发行近 10 亿元私募基金"，无论是否存在对自身实力的不合理夸大，A 公司作为专业的基金投资公司，在作出上亿元资金投入前均负有必要的注意义务，应对 B 基金的真实实力进行必要的核实。《尽职调查报告》作出了"资金通过委托贷款进入 D 公司账户后，将转入由政府设立的'某区某某寺城中村改造项目指挥部'专用账户并由政府监管使用，专项用于某某寺项目的征地拆迁，从而保证委托贷款的资金安全"的介绍，但资金在进入 D 公司账户后，D 公司并未转入政府设立的账户并专项用于某某寺项目，此为实际履行过程中发生的客观事实，但不能仅凭此认定 B 基金在作出《尽职调查报告》时即明知资金进入 D 公司账户后不会进入指挥部专用账户，且不会专款专用。《尽职调查报告》对于还款来源和债务人资产规模的陈述仅仅是根据当时的情况对未来还款保证所作的预估，不能以此后的实际情况来推定B基金在作出《尽职调查报告》时即存在故意虚构和隐瞒真实情况的行为。关于《尽职调查报告》中对D公司及其还款保证人的资产规模的陈述，A公司并未提供证据证明B基金关于债务人资产状况的陈述系故意虚构。就债务人的负债规模而言，结合《尽职调查报告》作出的时间和债务人及还款保证人对外债务的发生时间来看，《尽职调查报告》是在2013年6月作出的，而债务人及还款保证人的部分债务是发生在《尽职调查报告》作出及《合伙协议》订立之后，其中包括2013年7月23日D公司的实际控制人李某锋和法定代表人张某向杨某所借的2.1亿元。因此，A公司主张B基金在《尽职报告》中故意隐瞒债务人债务规模的事实不成立。

综上，A公司主张《合伙协议》系因为受到B基金的欺诈陷入错误进而在错误的基础上违背其真实意愿所订立的，缺乏足够的证据予以证明。一审判决认定《合伙协议》并非基于欺诈而订立并无不当，A公司以《合伙协议》存在欺诈为由要求撤销的上诉请求应予驳回。

2. 关于B基金、B十八期和D公司是否需要共同向A公司返还出资并承担相应的损失的问题

首先，B基金不负有向A公司返还出资款及利息的义务。合伙人的出资对象是合伙而非其他合伙人，因此A公司的出资对象是合伙企业B十八期而非另一合伙人B基金。根据《中华人民共和国合伙企业法》第20条"合伙人的出资、以合伙企业名义取得的收益和依法取得的其他财产，均为合伙企业的财产"的规定，A公司的出资构成合伙企业B十八期的财产，B基金并未取得A公司的出资款。尽管B基金作为普通合伙人曾实际占有并控制合伙企业的财产，但从性质上看其是以合伙事务执行人的身份代表合伙企业占有和控制合伙资产的，而且B基金作为合伙事务的执行人已将A公司的出资款根据《合伙协议》的安排通过委托贷款借给了D公司，B基金并未取得合伙财产的所有权。因此，A公司要求B基金向其返还出资款及利息的请求没有事实和法律依据，本院不予支持。

其次，D公司也没有向A公司返还出资款及利息的义务。从法律关系上看，D公司是合伙企业B十八期的债务人，而非合伙人A公司的债务人。尽管D公司从B十八期取得的贷款在事实上来源于A公司的出资，但从法律关系上看，其取得贷款资金的依据是其与B十八期之间的借款合同而非A公司签订的《合伙协议》，因此A公司与D公司之间不存在直接的法律关系。而且，D公司与B十八期之间的债权债务关系已经由A公司代表B十八期在另案中提起诉讼，生效民事判决已经判令D公司向B十八期偿还借款本金及利息。故A公司要求D公司向其承担出资款及利息的返还义务缺少事实及法律依据，本院不予支持。

最后，B十八期作为A公司的出资对象，在符合法定条件的情况下，A公司可以要求B十八期向其返还出资款。但本案中，A公司关于《合伙协议》系另外一名合伙人B基金以欺诈的手段使其在违背真实意思的情况下订立的主张并不成立。此外，A公司并未提供证据证明合伙企业B十八期存在《合伙企业法》第85条规定的解散事由。在合伙企业尚未解散且未完成清算的情况下，A公司无权直接要求B十八期返还出资。因此，A公司要求B十八期返还出资款的请求没有事实和法律依据，本院不予支持。

另外，A公司在二审期间向本院递交了撤回第4项上诉请求即本案A公司因行使撤销权所产生的诉讼费、律师费、保全费及保全担保费等费用由B基金、B十八期、D公司承担的申请。本院认为，A公司撤回其上诉请求，是其行使诉权处分权的体现，且不违反社会公共利益，依法予以确认。

二审法院判决：驳回上诉，维持原判。

第四编
证券法

第二十三章　证券法概述

【内容提示】

对证券概念的理解和把握是研习证券法的起点和基础。证券法上所称的证券,是民商法所界定的证券范围的一部分,一般仅指有价证券中的资本证券。资本证券是指根据证券权利可以取得资本性收益而将其作为投资工具的有价证券。证券法所规范的资本证券具有公开性特征。我国证券法上的"证券",包括股票、公司债券、存托凭证、政府债券、证券投资基金份额、资产支持证券、资产管理产品和国务院依法认定的其他证券。

证券法是调整因证券发行、证券交易以及证券监管而产生的各种社会关系的法律规范的总和。作为调整证券关系的法律规范,证券法具有以下特点:第一,证券法是具有公法因素的私法;第二,证券法既是行为法,也是管理法;第三,证券法是实体法与程序法的结合;第四,证券法的规范主要是强行性规范;此外,证券法具有一定的国际性。

证券法的基本原则是指证券法所特有的、反映证券市场客观发展规律、广泛适用于调整各种证券活动的基本行为准则。作为证券法的基本原则应当体现三个标准:首先,证券法的基本原则是反映证券法立法宗旨的最一般的规则,它是证券法基本精神的体现;其次,证券法的基本原则是证券活动,包括发行、交易及其管理活动必须遵循的基本行为准则,它贯穿于证券立法、执法和司法活动过程的始终,对证券市场各项活动具有概括性调整作用;最后,证券法的基本原则应当是证券法所特有的,根据证券法律制度的本质特征并结合证券市场客观发展规律加以高度概括而成的法律准则,不应混同于民商法一般原则。从上述三个标准出发,我国证券法的基本原则主要是公开、公平、公正的"三公"原则、诚实信用原则以及效率和安全原则。

第一节　证券的界定

对证券概念的理解和把握是研习证券法的起点和基础。关于证券的概念,诸多论著的表述并不一致,学者们的看法也有差异。实践中,由于"证券"一词内涵丰富,外延宽泛,其在不同的场合有着不同的意义。因此,抛开特定的范畴和语境来探讨"证券"的概念难免陷入窘境。

一、民商法上的证券概念

一般法律上所称的证券,是指记载并代表一定权利的书面凭证的统称,如邮票、车船票、购物票证、各种入场券、提货单、仓单、股票、债券、汇票、本票、支票等,属于广义的证券;民商法上所称的证券是指记载并代表一定民事权利的书面凭证,它主要指有价证券,包括资本证券、商品证券和货币证券,属于相对狭义的证券;至于证券法上所称的证券,是民商法所界定的证券范围的一部分,一般仅指有价证券中的资本证券,属于更狭义的证券。要准确理解和把握法学意义上尤其是民商法意义上的证券的概念,应当着重领会两个要点。

（一）证券是权利和权利载体的结合物

现实生活中我们在谈及"证券"一词时,其含义可以有三层:第一,指证券上的权利;第二,指证券权利的载体;第三,指证券权利和权利载体的结合。法学上所称的证券通常指权利和权利载体的结合物,"权利与证券结合在一起,权利不能离开证券而存在"。[1] 不过,依证券与其所记载的权利之间结合的紧密程度,证券可以划分为金券、资格证券和有价证券。

金券,是指券面标明一定的金额,只能为一定目的而使用,且证券载体与证券权利密不可分的证券。典型的金券如邮票、印花。由于金券是为特殊目的而使用的证券类型,因此,行使金券上的权利必须持有金券,丧失金券就绝对丧失金券上的权利。

资格证券,又称免责证券,是表明证券持有人具有行使一定权利的资格的证券。"持有证券的人可以凭证券向义务人（依照证券负有义务的人）行使一定的权利,义务人向持有证券的人履行义务后即可免责。"[2] 资格证券的种类很多,常见的有车船票、飞机票、入场券、存物证、银行存折、信用卡、取款卡,等等。资格证券的持有人在行使权利时应当持有证券,但在特殊情况下,若能以任何方法证明其权利人资格,则权利人也可以不持有证券而行使权利。当权利人实现权利时,其权利人的资格即告丧失。

有价证券,是记载并代表一定财产权利的证券。由于有价证券所代表的财产权利直接体现在证券上,因此,证券持有人在行使有价证券上的权利时必须持有证券。若权利人丧失证券,则只有通过法定程序（如公示催告程序）证明其权利才能行使其证券上的权利。常见的有价证券有汇票、本票、支票、提单、仓单、股票、债券,等等。

就有价证券而言,根据权利与权利载体结合的程度,有价证券又可区分为完全有价证券和不完全有价证券。完全有价证券是指权利的发生、移转与行使三者均必须与载体相结合的证券;不完全有价证券则是指权利的发生、移转与行使三者仅部分与载体相结合的证券。有学者认为,部分与载体结合,是指"至少须移转部分与证券相结合始可,否则若移转之部分不与证券相结合者,纵其他两部分（发生或行使）与证券相结合,亦非纯正的有价证券……因而若其移转得不与证券相结合时,则失其有价证券之特色矣"。可以说,有价证

---

[1] 谢怀栻:《票据法概论》,法律出版社1990年版,第3页。
[2] 谢怀栻:《票据法概论》,法律出版社1990年版,第3页。

券这种"权利与证券相结合"的特质,支配着公司与证券的有关立法,并成为公司法与证券交易法的立法基础。不过,这种传统的有价证券的特性,也给证券市场带来了许多问题,诸如股票的交割、股票的保存等。正是为了解决实务上的问题,健全证券市场的交易制度,证券的集中保管、划拨交割等制度才应运而生。

（二）证券是记载并代表一定民事权利的书面凭证

1. 证券与证书的区别

社会经济生活中广泛存在着各类证明文书,如出生证书、死亡证书、结婚证书等,其中专门用以证明财产法上行为的书据,如借据、收据（收条）、合同书等,有些学者称其为证据证券。但证据证券名为证券实为证书。

所谓证书,是记载一定法律事实或法律行为的文书。证券和证书从表面上看,都是记载一定权利事项的书面凭证,但证书却不具有证券的效力。简单地说,证券是代表民事权利的书面凭证,或者说证券就代表了其上记载的民事权利;而证书只是证明某一法律事实或法律行为曾经发生,证书并不能直接决定当事人之间权利义务关系的有无。[1] 基于上述本质之差异,在通常情况下,持有证券就拥有证券上的权利,转移证券就具有转移权利的效力,行使证券权利,也以持有证券为必要;而持有证书并不代表拥有证书上记载的权利,转移证书也不具有转移证书上记载的权利的效力,行使证书上记载的权利也不以持有证书为必要。例如,持有股票即拥有股东权,转让股票就转让了股东权;但持有房屋所有权证书并不代表房屋所有权归属于证书持有人,单纯转移房屋所有权证书也不具有转移房屋所有权的效力。

这里尤其值得强调的是证权证券与证书的区别。证权证券是指旨在证明证券权利的证券。由于证权证券具有证明证券权利的作用,实践中极易与证书相混淆。但仔细甄别,证权证券的证明作用与证书的证明作用形同而质不同。证权证券的"证明性"是相对于设权证券的"创设性"而言的,它强调了证权证券上的权利在证券签发或做成以前就已存在或发生,证权证券的做成只是具有证明证券权利的效力,而不似设权证券的做成具有创设证券权利的功能。尽管证权证券上民事权利的取得或产生无须与证券形式相结合,但特定的民事权利一经证权证券表示,即与该证券不可分离,即证券做成后证券权利的行使和转让应以持有证券为必要条件。这种证券的特性无疑就是证权证券与证书的本质区别。

2. 对"书面"的理解

证券作为记载并代表一定民事权利的书面凭证,这里的"书面",是指以文字、图形、数字等作为民事权利及其内容的表示手段。不过,"书面"并不意味着证券只能表现在纸面上,"纸"只是文字表示手段的物质载体之一,表现在其他载体如磁卡上等也可以视为书面。事实上,随着电子化、信息化时代的到来,证券形式的无纸化使证券权利与特定纸质媒介之间的联系日益薄弱。如今,尽管传统意义上的具有实物形态、表现为特定纸张载体的实物券式证券在日常生活中还比比皆是,但在现代证券市场,不具有实物形态、仅通过记账方式将证券持有人的证券品种及数额记载于账册内（或在电脑账户中作记录）,以表

---

[1] 谢怀栻:《票据法概论》,法律出版社1990年版,第2页。

明证券权利人享有的证券权利的簿记券式证券无疑已成主流。因此,我们对"书面"的理解应具有发展的眼光而不必拘泥于传统。

二、证券法上的证券界定

(一)证券法上证券的特性

证券法上所称的证券主要指有价证券中的资本证券。资本证券是指根据证券权利可以取得资本性收益而将其作为投资工具的有价证券,如股票、债券等。一般来说,资本证券具有如下特征:

(1)资本证券是投资证券。资本证券是投资者权利的载体,其所记载的是投资者因投资行为而获得的法律地位以及凭借证券获取相应收益的权利。投资者持有资本证券,其目的就是为了取得资本性收益(如股息或利息)。作为一种广泛应用的投资工具,资本证券是应社会经济生活中投资和筹资的两种需要而产生的。

(2)资本证券是证权证券。资本证券所记载的权利在证券发行前就已存在,资本证券只是以特殊的方式对证券权利的存在予以证明。

(3)资本证券是流通证券。流通性是资本证券的本质属性。除法律特别规定之外,资本证券的转让无须经过证券义务人的同意,其持有者可以随时将证券转让出售,以实现自身权利。

(4)资本证券是要式凭证。作为代表特定民事权利的书面凭证,资本证券形式上具有要式性,如必须采取书面形式,必须记载法律规定的必要事项,等等。即便现代资本证券大多实行电子化,但证券的要式性依然存在,如电子签名、密码等是电子证券中不可或缺的要素。

除上述资本证券的共性外,证券法所规范的资本证券还具有一个突出的特性,即公开性。所谓公开性,是指证券法所规范的证券,必须是向社会公众公开发行的证券。只有公开发行、公开交易的投资证券,才可以形成专门的市场。由于公开发行证券的认购者多为公众投资者,公众投资者对特定证券发行人的了解程度有限,而证券发行人的资信状况、经营状况等又是公众投资者进行证券投资判断的重要依据,为了保护广泛的不特定的投资者的利益,证券法规定了发行注册制度、信息披露制度等对公开发行的证券予以规范。因此,只有在法律规定的市场上公开发行、交易的投资证券,才由证券法统一规制。

(二)我国证券法上证券的范围

在当今的经济生活中,证券的种类及其使用范围极为广泛。各类证券各有不同的性质和效能,将一切证券囊括于一法,既无必要,亦无可能。从立法角度看,如何准确界定证券法上的证券的概念进而合理确定证券法规制的证券的范围与其说是一个立法技术问题,不如说是一个立法哲学问题。具体来说,由于证券法认定的证券(除非是法定豁免的证券品种或者法定豁免的发行方式)具有公开性特征,其发行要接受法定的注册审核,同时遵守严格的信息披露制度,因此当立法上采纳宽泛的"证券"概念时,其制度效果是通过规制尽可能多的证券品种,使通过证券公开发行渠道进行投资的社会公众,都能得到充分的信息披露保护和公平交易保护。深究这种立法取向的哲学背景,立法者实际上更倾向于把

《证券法》定位于类似《消费者保护法》的"投资者保护法",而不仅仅是股票持有人保护法或者债券持有人保护法。

我国《证券法》历经4次修订,证券的范围不断扩展。2019年最新修订的《证券法》第2条规定:"在中华人民共和国境内,股票、公司债券、存托凭证和国务院依法认定的其他证券的发行和交易,适用本法;本法未规定的,适用《公司法》和其他法律、行政法规的规定。政府债券、证券投资基金份额的上市交易,适用本法;其他法律、行政法规另有规定的,适用其规定。资产支持证券、资产管理产品发行、交易的管理办法,由国务院依照本法的原则规定。"由该规定可见,我国证券法上的"证券",包括股票、公司债券、存托凭证、政府债券、证券投资基金份额、资产支持证券、资产管理产品和国务院依法认定的其他证券。至于股票期权等证券衍生品种,由于证券衍生品种可纳入期货法的调整范围,故《证券法》未将股指期货、股票期权等证券衍生品种纳入调整范围。

从立法技术角度分析,《证券法》缺乏对"证券"的一般性定义,仅是通过列举证券名称的方式界定证券的种类与范围,而《证券法》列举的又受限于立法当时识别的证券种类,不能涵盖其后出现的具有与法定证券相同内涵的新型证券,从而直接限制了《证券法》在我国资本市场上的适用效能。因此,未来修法有必要对"证券"概念采取"实质证券"的界定方式,从制度内涵上界定应由证券法规制的证券外延,从而把实践中那些没有证券之名而有证券之实的金融商品纳入证券法规制范围,才可缩小投资者保护法律体系的制度空白,也进一步推进金融市场从行业监管向功能监管转变。

第二节 证券法的性质与地位

一、证券法的概念与特征

(一)证券法的概念

证券法是调整因证券发行、证券交易以及证券监管而产生的各种社会关系的法律规范的总和。证券法有广义和狭义之分。广义的证券法也可以称为实质意义上的证券法,是指一切调整证券关系的法律规范的总称。它包括所有法律部门中表现为任何法律形式(如法律、行政法规、部门规章等)的证券法律规范。狭义的证券法是指形式上的证券法,即冠以"证券法"之名的以法典作为表现形式的专门调整证券关系的法律。我国现行证券法就是2019年12月28日第十三届全国人民代表大会常务委员会第十五次会议修订通过的《证券法》。证券法理论研究的对象通常是广义的证券法,本书所称的证券法也是广义的证券法。

(二)证券法的特征

作为调整证券关系的法律规范,证券法具有以下特点:

1. 证券法是具有公法因素的私法

随着现代经济和法制的发展,"私法公法化"的趋势日益明显。各国的商事法"虽以私法规定为其中心,但为保障其私法规定之实现,颇多属于公法性质的条款,几与行政法、刑法等有不可分离之关系,却已形成'商事法之公法化'"。[1]这种特征在证券法中也得到充分体现。一方面,证券法调整证券发行人、证券投资人和证券商等平等主体之间的证券发行关系、交易关系、服务关系等,属于私法范畴;另一方面,证券法又调整国家证券管理机构对证券市场参与者的监督管理关系,这种监管规范作用大多依靠行政权的实施才能实现,因此,证券法的部分内容具有行政法的性质,属于公法范畴。实际上,从证券法的本质来看,证券法以保护公众投资者权利为核心,而这种保护必须借助国家干预的力量,例如证券法中的强制信息披露就体现了国家的干预性。因此,就法域性质而言,证券法本质上无疑属于私法,但各国证券法中又都有一定数量的公法规范介入,从而使证券法表现出一定的公法特征。证券法可以说是一个渗透着公法因素的私法领域。

2. 证券法既是行为法,也是管理法

所谓行为法,是指具体规范或者约束某种行为的法律。证券法是一部调整证券发行和交易行为的法律,它规定了平等商事主体之间的行为准则,因此属于行为法范畴。但与此同时,证券法中相当多的内容又涉及行政主管部门的职权、行政强制措施的使用、市场主体准入限制等,具有鲜明的管理法的特征。

3. 证券法是实体法与程序法的结合

证券法规范的内容非常广泛,既有大量关于证券法律关系主体实体权利义务方面的规定,同时,也有众多关于法律关系主体实现权利与履行义务的程序性规范,以便于实际操作。例如,证券法在证券发行、证券上市、信息披露、各种机构场所的设立等方面均有详细的程序规定。因此,从整体上看,证券法是实体法和程序法的结合。

4. 证券法的规范主要是强行性规范

法律规范按其效力的不同可分为强行性规范和任意性规范。证券法的规范主要是强行性规范,即不允许当事人自由约定与法律规定不同的条款。如禁止内幕交易、操纵市场等规定,当事人必须遵守。如果违反证券法的强行性规定,除会影响行为的效力外,还可能要承担法律责任。

5. 证券法中有许多技术性规范

法律规范按其性质可分为伦理性规范和技术性规范两种。技术性规范是指不具有伦理性质的法律规范。证券法中有许多技术性规范包括技术性操作规则,如证券法中信息披露规则、要约收购规则、集中竞价交易规则等都具有较强的技术性。

6. 证券法具有一定的国际性

证券法是一国立法机关制定的规范本国境内证券发行、交易等行为的法律,无疑属于国内法范畴。但是,随着金融全球化进程的加快,各国证券市场间的联系日益加强,同时各国的证券法也开始兼顾国际上的通行做法,注意借鉴吸收国际上先进的制度经验,从而使

---

[1] 张国键:《商事法论》,三民书局1980年版,第20页。

各国证券法规定的各项规则日益趋同,因此证券法呈现出一定的国际性。

二、证券法的地位

(一)证券法的地位

证券法的地位是指证券法在一国法律体系中的地位以及与其他相关法律部门的关系。由于各国法律体系的不同,尤其是民商合一和民商分立体系的不同,证券法的地位有所不同。在民商合一的国家,证券法从属于民法;在民商分立的国家,它从属于商法。主流观点认为,证券法是商法的特别法。

首先,从法律性质上说,证券法是商法。所谓商法是调整商事主体在商事活动中形成的商事关系的法律规范的总称。传统的商法包括公司法、票据法、保险法、海商法和破产法等,证券法是在传统商法体系基础上形成的新的法律领域,它既有对传统商法内容的借鉴,又有对传统商法规则的创新和发展。不过,从本质上看,由于证券法主要调整证券市场平等商事主体之间的证券关系,因此证券法属于商法范畴。

其次,从法律的效力范围来看,证券法以证券发行及交易关系为主要规范对象,同时仅适用于证券市场参与者,即证券法在对人、对事效力上具有特殊性,在法律适用上,处于优先适用地位。因此,证券法是商事特别法。在我国,证券法是我国商法体系的重要组成部分,在社会主义市场经济法律体系中具有重要地位。

(二)证券法与其他相关法律部门的关系

1.证券法与民法的关系

民法作为调整平等主体民事法律关系的一般法,与证券法具有密切关系:(1)尽管证券法具有独立的法律地位,但从广义上说,证券法调整的证券法律关系是民事法律关系的一部分;(2)证券法的许多原则和制度均根源于民法,民法中的许多制度在证券领域同样适用,如诉讼时效制度、代理制度、权利能力、行为能力制度、所有权制度等;(3)在证券领域,优先适用证券法,但在证券法未作规定时,民法作为市场经济的一般规则也可以用来调整证券法律关系。

但是,证券关系作为一种特殊的社会关系,必须运用特殊的法律规范来予以调整。而这些特殊规范,无论从形式意义上还是从实质意义上都不可能完全在作为一般法的民法框架内完成。证券法和民法具有明显的区别:(1)从调整对象看,证券法是调整因证券发行、证券交易和证券监管等而产生的证券法律关系,证券法所调整的证券法律关系主要是经济关系以及部分行政关系,而民法除调整平等主体之间的财产关系外,还调整平等主体之间的人身关系;(2)从法律性质来看,尽管二者均为私法,但民法是纯粹的私法,证券法则具有公法化倾向;(3)从具体法律规范的性质来看,民法以任意性规范为主,而证券法则主要是强制性规范;(4)从规范的着眼点来看,民法偏重于伦理性,而证券法偏重于技术性。

2.证券法与行政法的关系

行政法是国家制定的规范行政管理活动的各种法律规范的总称,它主要调整国家行政机关之间及其在行政管理活动中同其他国家机关、经济组织、社会团体和公民间发生的社会关系。这类关系的主体之间往往存在着管理与被管理、监督和被监督的关系,彼此间表现为隶属层次。调整该种社会关系所采用的调节机制是行政调节机制,所要保护的第一利益是国家利益。而证券法则不同。证券法的调整对象是证券关系,证券关系主要是平等主体之间的关系。调整该种社会关系所采用的调节机制是商事调节机制,所要保护的第一利益是商事主体的合法利益。

但是,证券法与行政法也不无关系。证券监管机构对证券市场的监督管理需要辅之以行政法的调节机制,以实现对商事主体权利的保护。证券法中有关行政监管方面的规范是行政法的组成部分,体现了政府对证券市场的适度干预。

3.证券法和公司法的关系

公司制度和证券制度是现代市场经济的两大基础性支柱。公司法是规定各种公司的设立、组织活动和解散以及其他与公司组织有关的对内对外关系的法律规范的总称。由于公司法和证券法在调整对象上具有密切联系,公司的经营活动与投资者的投资活动之间存在着天然的经济联系,客观上不能把公司的经营活动和证券市场活动截然分开,以致有观点认为,证券法是公司法的特别法,公司法管证券的发行,证券法管证券的交易,证券制度是公司制度的延伸。对此观点,笔者以为,尽管公司法与证券法是两个密切相关的法律,二者在调整范围上存在相当程度的交叉,但是,证券法和公司法在调整对象、立法宗旨、实现机制等方面存在本质的区别,两者的界限是清晰的。

(1)两者调整的对象与范围不同。公司法调整的是公司设立、组织与运营过程中所发生的各种社会关系,证券法调整的是因证券发行、交易以及监管而产生的各种社会关系。从调整的侧重点来看,证券法侧重于对证券发行、交易行为的调整,而公司法侧重于对公司企业内部组织结构的调整。就调整的证券范围来看,证券法规范的内容越来越复杂化、多样化,证券法的调整对象已扩大到金融衍生产品等,而公司法的调整对象仅涉及股票、债券。

(2)两者的立法宗旨不同。证券法以保护投资者利益为核心宗旨,而公司法则在通过规范公司的组织和行为,平等地保护公司、股东及债权人的利益。

(3)两者的实现机制不同。公司法要确保公司的自治性,其实施机制中并不存在一个公司法的执法部门;而证券法要实现证券市场的秩序性,其实施机制中存在一个证券法的执法部门。

由于证券法和公司法规范的对象、担负的使命并不相同,因此,证券法和公司法是商法体系中的两个独立的分支,证券法和公司法在商法体系中的地位相同,认为证券法是公司法的特别法的看法是不恰当、不全面的。

第三节 证券法的基本原则

证券法的基本原则是指证券法所特有的、反映证券市场客观发展规律、广泛适用于调整各种证券活动的基本行为准则。作为证券法的基本原则应当体现三个标准：首先，证券法的基本原则是反映证券法立法宗旨的最一般的规则，它是证券法基本精神的体现；其次，证券法的基本原则是证券活动，包括发行、交易及其管理活动必须遵循的基本行为准则，它贯穿于证券立法、执法和司法活动过程的始终，对证券市场各项活动具有概括性调整作用；最后，证券法的基本原则应当是证券法所特有的，根据证券法律制度的本质特征并结合证券市场客观发展规律加以高度概括而成的法律准则，不应混同于民商法一般原则。从上述三个标准出发，我国证券法的基本原则是公开、公平、公正的"三公"原则、诚实信用原则、效率和安全原则。

一、公开、公平、公正原则

从证券市场的基本性质和运行特点出发，所有的市场参与者都必须遵循通常所称的"三公"原则，即公开、公平、公正原则。将"三公"原则作为证券法的一项基本原则，是适应现代化大生产和资本社会化的客观需要，也是保障证券市场健康发展的客观需要。

（一）公开原则

公开原则本质上就是指信息公开，即在证券发行和交易等活动中，信息披露义务人应向投资者依法公开相关财务、经营信息等，以消除证券市场的信息不对称给投资者带来的不利影响，让投资者在了解真实情况的基础上作出决策。由于证券市场的一个显著特征就是存在严重的信息不对称，该问题主要表现为投资者对发行人的信息以及所发行证券的信息掌握得较少，致使投资者权益遭受损害。因此，各国证券法都规定了信息公开制度，强制发行人、上市公司等公开相关信息，以实际提高投资者的交易地位，保障其合法权益。

信息公开一般包括两个方面的内容，即证券发行信息披露和信息持续披露。证券发行信息披露是指证券发行人及其他信息公开义务人根据法律的规定，将与证券发行有关的信息以法定程序和方式予以公开的一种证券法律制度。披露与发行证券有关的信息的目的在于让准备购买证券的投资者能全面了解发行公司的情况，以便投资者作出其投资判断。持续信息披露是指在证券发行以后或者在证券上市交易期间，证券发行人或者其他法律规定的主体将影响证券市场价格的重大信息，按照法定方式予以持续公开。信息公开制度是维护投资者权益的重要法律制度，公开原则是证券发行和交易制度的核心，是实现市场管理的有效手段，是证券法的精髓所在。

除发行人上市公司的信息公开制度外，为了配合信息公开制度，更好地体现公开性原则，许多国家还规定了管理公开制度，以有效防止管理部门的失职与舞弊行为。管理公开制度，又称管理披露制度，是指证券监管部门必须依照法律的规定，报告或公告与证券监管有关的某些管理信息，以实现对证券市场的有效监管，预防与惩处违法行为，更好地履行监管义务。

贯彻公开原则的基本要求是公开的信息要充分、真实、完整、及时。具体来说，公开的信息必须充分，依法应当公开的内容要尽量满足投资者的需要；公开的信息必须真实、准确，不得有虚假内容；公开的信息必须完整，不应当有重大遗漏或者误导行为；公开信息要及时，有实际的使用价值。

公开原则是"三公"原则的基础,是公平和公正原则的基础和前提,也是公平、公正原则实现的保障。只有公开,才能使投资者取得公平交易的机会,得到实质性的公正待遇,取得结果的公正。

(二) 公平原则

公平原则主要是指在证券发行和交易活动中,所有参与者的法律地位完全平等,其合法权益受到同等保护。公平的证券市场应给参与者提供公平竞争的环境,不能因为参与者在市场中的职能差异、身份不同、经济实力强弱等而受到不公平待遇。公平原则实际上包括三个方面内容,即在证券活动中,当事人法律地位平等,交易机会平等,交易规则公平。

首先,平等的法律地位。在证券发行和交易活动中,不仅发行人与投资者、中小投资者与机构投资者、大投资者的法律地位是平等的,而且投资者与证券商以及证券专业服务机构之间的法律地位也是平等的。各种市场主体只有在法律上享有平等的主体法律地位,才能平等地享受权利、承担义务,其合法权益才可能受到同等保护。

其次,交易机会平等。在证券活动中,平等的交易机会主要体现为公平的市场准入和市场规则,每个当事人具有同等的竞争权利、竞争机会,不能因为投资者身份的差别、投资数额多少、交易量大小、居住地点不同等而存在差别待遇。交易所会员(证券公司)也拥有平等交易机会,不能优待本地会员而歧视外地会员。如果某些具有资金、信息方面优势的人操纵市场,本身就是交易机会不均等,法律无疑要禁止这些交易行为,判定这些交易行为无效。

最后,交易规则公平。在证券发行和交易活动中,各主体都应在平等和自愿的基础上,根据等价有偿的原则来进行交易,遵守以价值规律和供求关系为基础的公平的证券交易规则。比如,投资者持有的股票应当是同股同权,而不能对相同的股票在法律规定之外区别对待,实行不公平的待遇;在证券交易中无论交易额的大小,都依照法律有同等的获利机会或者承担风险的责任,不能在交易中显失公平。

值得说明的是,公平原则强调的是主体地位平等、机会均等与规则公平,而不是结果平等。公平原则保障市场主体在地位平等与机会均等的基础上展开竞争,但不保障每个主体竞争之后的结果也是平等的,公平原则只是权利分配的公平,而非结果分配的公平。[1]

(三) 公正原则

公正原则就是指在证券发行和交易中,应当制定和遵守公正的规则,而且证券监管机关和司法机关应当适用统一的行为规则,公正地对待各方当事人,使证券市场参与者的合法权益受到同等的保护。公正原则主要是针对证券执法和司法机关而言的,它要求证券执法和司法机关在公开、公平的基础上,依据法律所授予的职权,公正地履行职责,对证券市场的一切主体给予公正的待遇,平等地对待争议各方当事人,不徇私枉法,不玩忽职守,平等和公正地适用法律,公正处理纠纷。公正原则与公平原则的根本区别在于,公正原则主要是强调对证券市场的立法者、司法者和管理者的行为进行约束。此外,公平原则强调实体正义和实质正义,而公正原则则强调程序正义和形式正义。公平的核心是平等,公正的

---

[1] 符启林主编:《中国证券交易法律制度研究》,法律出版社2000年版,第23页。

核心则是无私、中立。[1]

证券市场是一个风险集中的市场，只有实行统一、公正的行为规则，公正地处理市场中产生的争执，公正地确定风险责任，公正地调整利益关系，才能保证证券市场正常有效地运行。公正原则是实现公开、公平原则的保障，但公正原则的实现也有赖于公开原则和公平原则的有效实施。

二、诚实信用原则

诚实信用原则作为民商法的一项基本原则，是指民商事主体在进行民商事活动时应当讲究诚实，恪守信用，意思表示真实，行为合法等。诚实信用原则反映了市场经济秩序的要求，同时也是社会主义道德规范在民商法上的表现。它将法律上的要求与道德上的要求融合在一起，成为保障市场规则有序运行的重要法则，从而被称为民商法中的"帝王条款"。

证券市场本质上是信息的市场，证券市场的突出特性就是高风险性和不确定性。由于决定证券价格的因素十分错综复杂，它不仅取决于发行公司的经营状况，还要受制于宏观经济景气程度、政府政策变动等外部因素，而且这些因素又都时时刻刻处于变化、运动之中，因此，证券市场所蕴含的不确定性和风险较一般产品市场大得多，证券市场也就成为比一般产品市场更需要讲求诚实信用的市场。此外，证券市场信息的庞杂性、信息所处地位的决定性和对信息反应的敏感性使得证券欺诈成为证券市场特有的突出问题。这些行为以破坏正常的交易秩序，损害正常的投资活动为代价，其结果势必严重侵害投资者的合法权益，破坏证券市场的正常运行，危害极大，因此法律上对这种行为明令禁止。我国《证券法》为了减少证券投资中的不确定性和风险，保障投资人利益，并促进大众投资及证券交易中的公平竞争，维持交易秩序，第4条规定，"证券发行、交易活动的当事人具有平等的法律地位，应当遵守自愿、有偿、诚实信用的原则"。

诚实信用原则在《证券法》的各项制度中均有体现：首先，在证券发行活动中，从发行人到包括承销商在内的各中介机构，必须以诚信为原则进行信息披露，确保公开文件或报告的真实性、准确性和完整性；其次，在证券交易活动中，必须遵守公认的商业道德，遵守交易规则，禁止任何内幕交易、操纵市场、欺诈客户、制造和传播虚假信息等有悖诚信义务的行为；再次，在证券监管活动中，证券监管机构也必须依照诚信原则履行对市场的监管职责，包括对发行人、上市公司的监管，也包括对证券交易所、证券公司、证券登记结算机构、证券交易服务机构的监管等；最后，在证券市场其他相关服务中，证券市场各参与主体应严格按照善意原则履行执业规则、处理各项业务活动。

诚信原则与"三公"原则相互补充，共同构成证券法的基本原则。"三公"原则强调证券市场行为评价标准的客观性，诚信原则则更多强调证券市场参与者的主观态度，只有两者的结合，才能保障证券市场的健康发展。[2]

---

[1] 徐杰主编：《证券法理论与实务》，首都经济贸易大学出版社2000年版，第25页。
[2] 赵旭东主编：《商法学教程》，中国政法大学出版社2004年版，第339页。

三、效率和安全原则

效率与安全是商法领域的两大基本原则。在高风险的证券领域，为了确保证券市场资源配置功能的有效发挥，同时防范证券市场可能引发的系统风险，效率与安全成为贯穿证券发行、交易、管理以及证券立法、执法和司法始终的基本原则，效率与安全原则的贯彻实施对于保持证券市场的长期稳定发展至关重要。

在经济学上，效率是指通过市场竞争而实现的资源的有效配置。证券法上的效率同样体现为社会资本资源的有效配置，以及证券发行和交易的顺畅便捷。效率是证券市场的生命，没有效率，证券市场也就失去其存在的价值。从各国证券实践看，如何充分调动市场的力量，减少不必要的政府干预就是保证证券市场效率的一个关键，同时，利用现代科技，日益改进交易手段和交易规则，尽可能地降低制度成本，无疑也是为了提高证券市场的效率。不过，效率始终是相对而不是绝对的概念，在强调效率的同时，还必须注意效率与秩序、效率与公平、效率与安全等的协调。

对现代证券市场来说，交易安全始终是重要目标。证券市场充满风险和投机因素，因此，强调交易安全就显得尤为重要。各国证券法律制度越来越重视加强监管，证券市场各项准入制度、禁入制度、评级机制等的建立都是为了防范证券市场风险，保证交易安全。就我国而言，我国《证券法》诞生之时，亚洲金融危机余波未消，因此，维护市场安全、防范风险乃重中之重。《证券法》不仅确立了由国务院证券监督管理机构依法对全国证券市场实行集中统一监督管理，同时，对各个机构和部门在证券市场中的职责、行为规范等作了严格规定。例如，发行人和上市公司发行证券必须符合法定条件和法定程序，并依法使用所募集的资金，如实提供其生产经营情况和财务状况，向投资者负责；证券交易机构必须履行一线监管的职能，对证券交易实行实时监控，及时纠正违规交易行为，监督证券业务人员守法经营等；对证券公司实行综合类公司和经纪类公司的分类管理，证券交易所、证券登记结算机构设立风险基金，证券公司设立交易风险准备金，客户的交易结算资金必须全额存入指定的商业银行，单独立户管理等。可以说，上述种种制度安排都是为了确保证券市场安全、稳健运行，防范市场各类风险，在安全的前提下，实现证券市场的效率。

第四节　我国证券立法概况

一、我国证券市场发展概况

证券市场是市场经济发展到一定阶段的产物。从1602年在荷兰的阿姆斯特丹成立世界上第一个股票交易所开始，证券市场已经历经400余年。20世纪70年代开始，全球证券市场出现了高度繁荣的局面，逐渐形成了融资方式证券化、投资主体法人化、证券交易多样化、证券市场自由化、证券市场国际化和证券市场电子化等特征。

我国证券市场的存在可以上溯到北洋政府时期,而证券的发行则可以追溯到19世纪。20世纪30年代,我国证券市场一度相当繁荣。新中国成立后,因为推行计划经济体制,取消了证券市场。20世纪80年代,我国开始实行经济体制改革和对外开放,股份及其载体——证券的经济功能得到重新认识。1981年,我国开始恢复发行国库券。1984年上海、北京、深圳等地的少数企业开始发行股票和企业债券,证券发行市场重新启动。[1] 1988年国债流通市场的建立和20世纪80年代中后期股票柜台交易的起步,标志着证券流通市场开始形成。[2] 1990年12月,经国务院同意,上海和深圳两地相继成立了证券交易所,标志着我国的证券市场得以形成。两个交易所的建立极大地推进了证券市场的发展。除发行A股外,1991年开始发行B股,[3] 1993年出现了H股和N股等境外上市外资股。1992年10月,国务院决定成立国务院证券委员会(简称国务院证券委,但该机构于1998年撤销)和中国证券监督管理委员会。此后,我国证券市场规模日益壮大,在国民经济中的地位和作用日益突出。数据显示,截至2022年末,上海证券交易所、深圳证券交易所、北京证券交易所IPO累计募资总额超4.8万亿元,2022年IPO募资金额超5800亿元,居全球第一;股市市值达79.01万亿元,债券市场托管余额达141.33万亿元,私募证券投资基金、私募股权和创投基金规模分别达5.56万亿元和13.77万亿元,均居全球第二;沪深北交易所上市公司超5000家,囊括7成以上国内500强企业,2022年上市公司股票日均成交9254.61亿元,市场流动性水平居世界前列;商品期货市场成交量连续多年位居全球第一。

实践证明,我国证券市场从无到有,在改善融资结构、优化资源配置、促进经济发展等方面,已经发挥了十分重要的作用。但是,在我国证券市场发展过程中,也存在上市公司质量不高,重筹资、轻转制,市场缺少机构投资者,存在投机,信息披露不规范,存在违规行为等问题。目前我国证券市场发展所面临的主要问题与制约因素包括证券市场结构不健全、管理体系不顺畅、证券市场不规范、市场机制不完备等问题,未来努力的方向应当是建立起一个市场化、法治化、国际化的现代化证券市场。

二、我国证券立法概况

(一)旧中国的证券立法

旧中国的证券制度产生于19世纪末期。由于近代中国产业经济的发展和政府公债的大量发行,证券数量和品种迅速增加,证券交易市场突破松散的市场形式,步入有组织的证券交易所时代。1914年,北洋政府颁布了中国第一部《证券交易所法》。但是,当时中国的证券市场由于规则不健全,造成了交易所的滥设与过度投机现象,最终酿成1921年"信

---

[1] 1984年9月,北京天桥股份有限公司成立,发行定期3年的股票。随后,上海飞乐音响公司部分公开发行不偿还本金的股票。1985年1月,上海延中实业公司成立,全部股票公开向社会发售。与此同时,全国其他一些大中城市也相继出现了一些比较规范的股票。

[2] 中国的股票交易开始于1986年,由工商银行上海分行信托投资公司率先提供股票交易服务。

[3] 1991年11月30日,上海真空电子器件公司、一家上海的证券公司和几个外国证券公司共同承购中国的首例B股——上海真空电子器件公司B股。

交风潮"的爆发,交易所纷纷倒闭,证券市场跌入低谷。

为发展经济,加强监管,1929年国民党政府对原有的《证券交易所法》进行了修订,于1929年10月重新颁布了较完整的《证券交易所法》,并于同年颁布了《公司法》,重点规范股份有限公司。1935年《证券交易所法》再次修订颁布,内容较前有所充实,主要包括:证券交易所设立审批机关和组织形式、经纪人或会员和证券交易所职员的条件、证券交易所的交易规则、政府对证券交易所的监督和处罚等。1946年《公司法》得以修订颁布,其中也涉及公司股票、债券的发行条件与审批程序等的规定。国民党政府对证券管理和证券立法的加强,客观上推动了当时证券市场的发展。

(二)中华人民共和国的证券立法

1.《证券法》出台前的主要证券规范

1978年党的十一届三中全会召开,实行改革开放政策,中国当代证券市场逐步恢复。1981年我国首次发行国库券,并出台了《国库券条例》。1984年开始发行企业债券,1987年3月国务院发布了《企业债券管理条例》,对企业债券的发行条件与程序作出了统一规定。1987年国务院发布了《关于加强股票、债券管理的通知》,对股票发行人的范围和股票的审批权限等问题作了明确的规定。1990年10月,中国人民银行颁布《证券公司管理暂行办法》,对证券公司的设立、组织机构及运作作了初步规范。同期,各地方政府也制定了一系列有关证券市场管理的地方性立法,如《上海市关于发行股票的暂行规定》《上海市证券交易管理办法》《广东省股票、债券管理暂行办法》等。

随着我国证券市场的进一步发展,上海、深圳证券交易所成立,国家进一步加强了证券立法。仅1992—1998年,就有250多件证券方面的法规、规章等规范性文件陆续出台,证券市场中无法可依、规则混乱的局面逐渐得以改观。这些规定构成了我国《证券法》出台之前的证券立法的主体,并为我国《证券法》的出台奠定了坚实的基础。[1]这些法规主要包括:

(1)《股票发行与交易管理暂行条例》,国务院于1993年4月22日发布,它是我国股票市场上第一个全国性正式成文法规,是我国证券立法史上的一个里程碑。

(2)《期货经纪公司登记管理暂行办法》,1993年5月5日由国家工商行政管理局正式公布。它是我国首部期货市场法规。

(3)《公司法》,第八届全国人民代表大会常务委员会第五次会议于1993年12月29日通过,自1994年7月1日起施行。它规定了股份有限公司设立、发行股票、上市、组织结构、财务会计等重要事项,是规范股份有限公司活动的主要法律。

(4)规范发行外资股的法规,包括:《国务院关于股份有限公司境外募集股份及上市的特别规定》(国务院1994年8月4日发布),对境内企业到我国香港地区及纽约、伦敦等国外证券交易所发行股票及上市作了规定;《国务院关于股份有限公司境内上市外资股的规定》(国务院1995年12月25日发布)和《股份有限公司境内上市外资股规定的实施细则》(国务院证券委员会1996年5月3日发布),对境内企业发行以外币认购的股票,

---

[1] 参见任自力:《中国证券法操作原理·经典案例评析》,中国检察出版社2000年版,第28页。

并在国内证券交易所上市的有关问题作了规定。

(5)《证券交易所管理办法》,1997年12月10日由国务院证券委员会发布实施。该办法除对证券交易所的设立、职能、组织机构等事项作出规定外,还明确了证监会对证券交易所的直接管理,进一步理顺了证券市场的管理体制。

(6)《证券投资基金管理暂行办法》,国务院证券委员会于1997年11月14日发布。对证券投资基金的设立、募集与交易,基金管理人和基金托管人等进行了详细规定。该办法的出台,对培育证券市场理性投资者、减少过度投机有重要意义。

(7)专门规范信息披露的文件,包括《公开发行股票公司信息披露实施细则(试行)》,证监会于1993年6月发布,对公开发行股票的公司必须公开披露的信息作出了明确规定;《公开发行股票公司信息披露的内容与格式准则》(第1—7号),对招股说明书、年度报告、中期报告、配股说明书、公司股份变动报告、法律意见书和律师工作报告、配股之法律意见书、上市公告书的内容与格式作出了详细规定。

(8)打击证券市场违现行为的法规。包括《禁止证券欺诈行为暂行规定》(国务院证券委1993年8月15日发布)、《证券市场禁入暂行规定》(证监会1997年3月3日发布)、《证券期货投资咨询管理暂行办法》(国务院证券委1997年12月25日发布)、《中华人民共和国刑法》中有关金融犯罪的规定等。

2.《证券法》对我国证券市场发展的影响

我国第一部《证券法》由第九届全国人民代表大会常务委员会第六次会议通过,并于1999年7月1日正式施行。《证券法》的出台,确立了证券市场在我国经济发展中的法律地位,奠定了我国证券市场规范发展的基本法律框架,成为我国证券市场法律体系建立过程中一个重大的里程碑。多年的实践证明,《证券法》的实施对我国证券市场的稳定发展,起到了规范和巨大推动作用,发挥了优化资源配置、促进经济结构调整、筹集社会资金、推进股份制改造、建立现代企业制度、促进经济发展等各方面的功能。

伴随着我国证券市场的快速发展、改革创新的不断深入,《证券法》历经2004年8月、2013年6月、2014年8月3次个别条款修改以及2005年10月的较大修订。鉴于2014年《证券法》的许多内容已难以完全适应证券市场发展的新形势,因此,新《证券法》从2015年一读审议起,经过4年多的时间,于2019年12月28日经第十三届全国人民代表大会常务委员会审议通过后生效,并于2020年3月1日起施行。新《证券法》共14章226条,分别为总则、证券发行、证券交易、上市公司的收购、信息披露、投资者保护、证券交易场所、证券公司、证券登记结算机构、证券服务机构、证券业协会、证券监督管理机构、法律责任、附则。新《证券法》立足我国资本市场的发展实践,总结我国资本市场的经验教训,按照顶层设计要求,着重从全面推行证券发行注册制度、完善投资者保护制度、建立健全多层次资本市场体系、推动证券行业创新发展、扩大证券法的适用范围、提高证券违法违规成本等几方面做了修订,目的是更好地发挥市场在配置资源中的决定性作用,进一步完善资本市场的融资功能。同时,进一步加强投资者合法权益保护,推动证券行业创新,简政放权,强化事中事后监管,促进多层次资本市场健康发展。新《证券法》的修订通过,是我国资本市场法治建设的标志性事件,体现了市场化、法治化、国际化方向,为证券市场全面深化改革有效落地,促进证券市场服务实体经济功能发挥,建立一个规范、透明、开放、有活力、有韧性的资本市场提供了坚强的法治保障,具有非常重大的意义。

重要名词术语

证券、有价证券、资本证券、证券法、"三公"原则

思考题

1. 什么是证券法上的"证券"?
2. 证券法有哪些特征?
3. 简述证券法的调整范围。
4. 试述证券法和公司法的关系。
5. 证券法的基本原则是什么?

典型案例分析

1998年10月6日,广东省高州市某公司向高州市政府递交了《关于广东省高州市某公司名优水果示范基地合作开发果业的申请》,申请"合作开发5万亩名优水果示范基地"。《申请》说明名优水果示范基地以一亩为一个开发种植单元,每亩已种植优质储良大广眼20株;投资者投资一个单元果园,可获50年果园收益,以后无须再投入任何费用;投资者可享有合作开发种植果园确定面积内同等树龄当年总收成减去生产成本后的果实收益。《申请》专门列出的"投资保障"措施有:投资者与公司签订投资合同书;由公证处对合同书依法公证,市林业局在协议书签订一年内向投资者颁发广东省林地使用权变更证书;保险公司受理果树投保等。同年10月20日,高州市政府办公室发出《关于高州市某公司合作开发种果有关问题的批复》,同意其申请。得到该批复后,高州市某公司以合作开发果园的名义,通过签订合同的方式向社会招商引资。在1999年初至2001年短短两年多的时间里,高州市某公司在广州、深圳、佛山、三水、顺德、南海、上海、西安、新疆等地集资1.6亿元,初步确认投资者人数达1000多人。

高州市某公司向社会招商引资活动受到多方质疑。2001年,有关部门根据国务院《非法金融机构和非法金融业务活动取缔办法》(国务院令1998年第247号)和中国人民银行《关于严禁利用庄园开发进行非法集资的紧急通知》(银发〔1998〕509号)等有关规定,明确高州市某公司的集资活动为非法集资,并依法追究有关责任人的责任。

问:
1. 本案被作为非法集资的案例处理,是否合理?
2. 投资合同属于证券法上的"证券"吗?

第二十四章 证券发行与交易

【内容提示】

证券发行是指发行人以筹集资金为目的,依照法定条件和程序,向投资者募集资金并交付证券的行为。证券发行是一个具体证券进入市场的开始。证券法规制的主要是证券的公开发行。向不特定对象发行证券、向特定对象发行证券累计超过200人以及采用广告、公开劝诱和变相公开方式发行证券的,属于公开发行。

证券发行审核制度是指为保护投资者权益,证券监管机构依照《证券法》的规定,对证券发行进行审查,决定是否同意发行人发行证券的市场准入选择机制。因不同国家经济体制、证券监管体制的不同以及法律理念的差异、证券法实施机制的不同,各国对证券发行审核制度采取的原则与方法也不相同。我国实行证券发行注册制,同时引入保荐和承销制度。保荐机构的基本职责就是尽职推荐发行人证券发行上市。发行人证券上市后,保荐机构应当持续督导发行人履行规范运作、信守承诺、信息披露等义务。证券承销是指证券承销机构受证券发行人的委托,为证券发行人包销或代销其所发行的有价证券的一种法律行为。

证券上市是指已经依法公开发行的证券经核准在证券交易所公开挂牌交易的法律行为。证券退市是指上市公司失去上市地位,其上市证券不再在证券交易所交易的情形。证券退市包括强制终止上市(强制退市)和主动终止上市(主动退市)两种情形。主动退市又称自愿退市,是指上市公司在履行必要的决策程序后,主动向证券交易所提出申请,撤回其股票在该交易所的交易,并决定不再在交易所交易。强制退市则是指因上市公司不符合证券交易所挂牌交易的规定条件而被强制终止上市。在我国,强制退市分为交易类强制退市、财务类强制退市、规范类强制退市和重大违法类强制退市四类情形。

我国《证券法》禁止的交易行为,主要是指内幕交易,利用未公开信息进行交易,操纵价格,编造、传播虚假信息,欺诈客户等恶意炒作、扰乱市场秩序、损害中小投资者利益的违法证券交易行为。实施证券禁止交易行为者应视其行为及后果承担相应的证券法律责任。

第一节　证券发行

一、证券发行的概念与特征

（一）证券公开发行的概念

证券发行，是指发行人以筹集资金为目的，依照法定条件和程序，向投资者募集资金并交付证券的行为。证券发行所形成的证券市场，称为发行市场或一级市场。

在界定证券发行时常常要提及证券募集。证券募集与证券发行是两个既有区别又有联系的概念。从区别来说，二者是两种性质不同的法律行为。证券募集是当事人之间的合意行为，即由证券发行人向非特定人发出要约或要约邀请，并由发行人决定是否接受相对人的申请的行为；证券发行是制作并交付证券之行为，即证券发行人在作出承诺以后，为履行义务而做成证券并交付给相对人的单独法律行为。在时间顺序上，发行行为发生在募集行为之后。从联系来看，募集行为是证券发行的前提，是整个发行过程的一个阶段或一个环节。从这个意义上说，募集包含在发行之内。

我国《证券法》并未对证券发行的概念予以界定，我国《公司法》中同时使用了"募集"和"发行"两个概念，[1]可见，从《公司法》的规定来看，我国法律对"募集"和"发行"还是加以区分的。这里值得特别说明的是，《证券法》上的发行与《公司法》上的发行并不一致。《证券法》上的发行仅仅指"公开发行"。与"公开发行"相对的是"非公开发行"，即私募发行。区分私募与公募是非常重要的问题，如果不能区分，行为的后果就会具有不确定性，本来是属于私募的，却被当成公募来监管，就可能构成非法集资，这是企业家可能面临的巨大法律风险。

如何界定"公开发行"，《证券法》第9条规定：有下列情形之一的，为公开发行：（1）向不特定对象发行证券；（2）向特定对象发行证券累计超过200人，但依法实施员工持股计划的员工人数不计算在内；（3）法律、行政法规规定的其他发行行为。非公开发行证券，不得采用广告、公开劝诱和变相公开方式。由此可见，向不特定对象发行证券、向特定对象发行证券累计超过200人以及采用广告、公开劝诱和变相公开方式发行证券的，就属于公开发行。至于员工持股计划人数不计算在200人之内，是对员工持股计划的豁免。

这里值得探讨的是，如何界定"特定对象"？我国《证券法》没有对特定对象进行定义，监管机构的规范性文件对特定对象的规定也不完善。从证券公开发行的基本原理出发，"特定对象"是指具有风险识别能力和风险承受能力，从而不需要获得和普通公众投资者同等保护的成熟投资者。从各国经验来看，界定特定对象的范围，不外乎三个标准：（1）投资经验标准。是指有丰富的投资经验，显然不需要法律保护的成熟投资者，主要是金融机构和机构投资者。（2）特殊关系标准。是指基于与集资者的关系，熟悉集资者的情

---

[1]　如《公司法》第97条第2款规定："以募集设立方式设立股份有限公司的，发起人认购的股份不得少于公司章程规定的公司设立时应发行股份总数的百分之三十五。"

况,有能力保护自己的投资者,主要指集资者的高级管理人员或者亲友。(3)财富标准。是指具有一定数额金钱的投资者。这些投资者即使没有足够的投资经验作出明智的投资判断,但他们也有财力聘请专业机构帮助他们进行投资分析,而且足够的财富也使得他们有能力承担投资风险。

(二)证券公开发行的特征

1.证券公开发行是一种直接融资方式

在金融交易中,筹资者通过发行证券的方式,直接从证券市场调度所需资金,就是直接融资,筹资者通过银行取得所需的融资贷款,以满足资金需求的,是间接融资。在传统的金融市场上,筹措资金的主要方式是通过银行取得融资贷款,但现代金融市场上,由于直接融资具有不用偿还等优点,因此直接融资日益受到重视。证券发行作为一种直接融资方式,它可以使资金从供给者手中转入发行者手中,也就是把储蓄转化为投资,从而增加社会总资本和生产能力,以促进社会经济的发展。

2.证券公开发行的客体是资本证券

证券发行之客体主要限于股票、公司债等资本证券。实践中的具体发行情形如,募集设立公司时发行股票,公司成立后发行新股,公司成立后发行公司债等。

3.证券公开发行是向投资者募集资金并交付证券的行为

尽管证券发行习惯上被表述为"证券认购"或"出售",但证券发行人与证券认购人之间因证券发行所形成的具有特定财产权内容的证券法律关系,并不是一种法律上的买卖关系。证券发行不是对证券本身的买卖,其本质上反映的是一种投资关系。认购人交付认购款的行为实质上是向公司履行出资义务,公司向认购人发放股票则是证明认购人已经履行出资义务成为公司股东。[1]

4.证券公开发行必须严格依照法律规定的条件和程序

各国立法对证券的发行都有一定的要求,对证券发行强调规范性。首先,证券的发行人必须具备一定的资格条件。例如,在我国,股票的发行人,限于股份有限公司。其次,证券发行必须具备法律所规定的实质条件。根据我国《证券法》的规定,公开发行股票,必须满足《公司法》《证券法》规定的条件,并报经证监会审核注册。最后,证券发行过程必须遵守法定的程序。例如,发行证券时,应当根据证券的种类,按照法律所规定的程序进行申请审核,公开信息,实施发行。

二、证券发行审核制度

(一)证券发行审核制度概述

证券发行审核制度,是指为保护投资者权益,证券监管机构依据证券法的规定,对证券发行进行审查,决定是否同意发行人发行证券的一种法律制度。由于证券的公开发行牵涉面广,而证券发行人与投资者之间又存在严重的信息不对称现象,为了维护社会经济秩序的稳定,切实保护投资者的利益,各国一般都对证券的公开发行予以规制。而证券发行

---

[1] 王保树主编:《中国商事法(新编本)》,人民法院出版社2001年版,第297页。

审核制度就是各国对证券发行实行监督管理的一项重要制度,是证券发行制度的重要组成内容之一。

因不同国家经济体制、证券监管体制的不同以及法律理念的差异、证券法实施机制的不同,各国对证券发行审核制度采取的原则与方法也不相同。综观各国,证券发行审核制度主要有两种:一是实行公开主义的注册制;二是实行实质审查主义的核准制。[1]采用哪一种制度与一国的证券管理体制相关。

1. 注册制

注册制又叫申报制,或形式审查制,是指法律并不限定证券发行的实质条件,证券发行人须按照法律规定将依法应当公开的、与所发行证券有关的一切信息和资料,向证券监管机构申报注册。证券监管机构不对发行申请作实质性审查,仅对申请文件进行形式审查。发行者在申报申请文件后经过一段时间,若监管机构没有对申请提出异议,即可以发行证券。

注册制的特征主要是:(1)注册制下的证券发行,是发行人的一项固有权利,是法律赋予的,而非政府授予的;(2)注册制实施的是形式管理,证券监管机构对发行申报材料不作实质审查;(3)注册制强调事后的惩罚与补救。即如果发行人注册文件虚假并招致投资者损失,责任人将对此承担责任。

注册制的关键在于信息公开,注册制是公开主义原则在证券发行制度中的体现。公开主义认为,在市场机制与法律制度健全的条件下,证券市场只要信息完全真实,及时公开,证券市场本身就会对上市证券自动作出择优选择。因此,管理者的职责是保证信息公开与禁止信息滥用。如果过多用行政手段干预市场,结果反而事与愿违。可以说,注册制反映了市场经济自由性、主体活动自主性以及政府监管规范性和效率性的监管理念。

2. 核准制

核准制又称实质审查制,是指法律规定证券发行的实质条件,证券发行人准备发行证券时,须将证明其具备实质条件的文件向证券监管机构申报,经证券监管机构审核确认证券发行人具备了法律规定的实质条件后,发行人才可以公开发行证券。

核准制的特征是:(1)核准制下,证券发行的权利来自政府的授予;(2)核准制规定证券发行的实质条件,证券监管机构对发行申报材料作实质审查;(3)核准制强调事前审查和事后责任追究并举。尽管核准制强调事前审查,但对事后发现核准事项存在虚假欺诈的,也要追究责任人的法律责任。

核准制是在实质管理原则基础上建立起来的。该原则认为,发行证券是发行公司的团体行为,虽然基于投资人安全考虑,法律要求发行人必须公开全部资料,但是,不是任何人都可以读懂专业文件并对其细节作出合理的理解与判断。为了保护个人投资人的利益不受团体行为的侵害,政府应该履行职责,对证券发行进行必要的干预,以尽量减少证券发行中的违法行为。核准制是国家干预在证券上市监管中的集中体现,表明了监管者意图通

---

[1] 有学者认为,还有审批制。笔者以为,审批制本质上还是核准制,因为审批制下,证券发行的权利也是来自政府的授予。不过,审批制比一般核准制要求更为严格,更强调政府的控制,因此也称"严格核准制"。审批制是核准制的一种特殊形式。

过政府干预的加强,增强证券市场的进入限制,以弥补相对薄弱的法律环境和投资者素质有待提高所产生的监管不足。

注册制与核准制相较:注册制可以简化审查手续,节约时间与金钱,提高效率,同时降低门槛,促进竞争。但注册制对于发行人与投资人、监督管理人的要求都是很高的,在市场化程度较高和具有较完善的法律制度的国家,才可以实行。核准制有利于新兴市场的健康发展,适于证券市场不完善,投资服务机构的道德水准、业务水平不高,投资人缺乏经验与业务水平风险较大的地区。但核准制增加了证券监管的成本,常常以牺牲证券市场的效率为代价,也增加了政府的责任和风险。

(二)我国实行证券发行注册制

我国证券市场建立初期,由于证券市场市场化程度较低,市场主体行为很不规范,投资者识别能力和风险意识较差,监管机构利用自身固有的体制机制功能在证券市场中处于核心地位,因此,核准制作为以行政手段调控证券市场的重要方式得以在我国资本市场中长期存在。应当承认,审批制和核准制对于实现我国证券市场在行政控制下有秩序地发展发挥了一定的功效,但这种明显沿袭计划经济的制度安排,不仅使我国监管机构在事实上承担了对证券品质或投资价值的鉴别责任,而且监管机构还对证券发行价格进行监管,甚至直接或者间接调控证券发行的节奏和速度。上述种种对证券市场进行实际管控的行政方式,严重与证券市场通过自由竞争、根据供需关系来决定证券价格的交易机理不符,一方面使我国资本市场作为价格发现机制的功能失调,另一方面也不利于市场主体的培育成长,同时发行审核效率较低、权力寻租、发行欺诈等的存在现象为市场所诟病。

随着我国市场经济体制改革的发展以及资本市场各项基础性工作的全方位推进,我国资本市场的内生机制和运行基础都发生了显著变化,发行人、中介机构合规诚信意识逐步增强,市场优胜劣汰机制更趋完善,注册制的基本理念、制度架构逐步获得市场的普遍认同和接受。

2019年修订的《证券法》第9条第1款规定:"公开发行证券,必须符合法律、行政法规规定的条件,并依法报经国务院证券监督管理机构或者国务院授权的部门注册。未经依法注册,任何单位和个人不得公开发行证券。证券发行注册制的具体范围、实施步骤,由国务院规定。"此后,2020年10月党的十九届五中全会提出"全面实行股票发行注册制",2023年初,党中央、国务院批准了《全面实行股票发行注册制总体实施方案》。2023年2月17日,证监会发布全面实行股票发行注册制的相关制度规则,证券交易所、全国股转公司、中国结算、中证金融、证券业协会配套制度规则也同步发布实施,我国资本市场发行注册制的构想历经多年的摸索积淀才终于得以在全国性证券交易场所的各市场板块全面施行。

三、证券发行的条件与程序

(一)证券公开发行的条件

《证券法》第12条规定:公司首次公开发行新股,应当符合下列条件:(1)具备健全且运行良好的组织机构;(2)具有持续经营能力;(3)最近3年财务会计报告被出具无保留意见审计报告;(4)发行人及其控股股东、实际控制人最近3年不存在贪污、贿赂、侵占财产、挪用财产或者破坏社会主义市场经济秩序的刑事犯罪;(5)经国务院批准的国务院证券监督管理机构规定的其他条件。《证券法》第15条规定:公开发行公司债券,应当符合下列条件:(1)具备健全且运行良好的组织机构;(2)最近3年平均可分配利润足以支付公司债券一年的利息;(3)国务院规定的其他条件。上述条件主要是从公开发行公司的公司治理以及经营和财务状况等方面作出要求。

(二)证券公开发行的程序

证券公开发行在具体程序上可以分成申请、受理、审核、注册四大环节。

1. 申请与受理

(1)申请。发行人申请股票首次公开发行上市,申请人应当按照规定聘请保荐人进行保荐,并委托保荐人通过证券交易所发行上市审核业务系统报送下列发行上市申请文件:①证监会规定的招股说明书、发行保荐书、审计报告、法律意见书、公司章程、股东大会决议等注册申请文件;②上市保荐书;③证券交易所要求的其他文件。发行上市申请文件的内容与格式应当符合证监会和证券交易所的相关规定。

(2)受理。证券交易所收到发行上市申请文件后5个工作日内,对文件进行核对,作出是否受理的决定,告知发行人及其保荐人,并在证券交易所的网站公示。存在下列情形之一的,证券交易所不予受理发行人的发行上市申请文件:①招股说明书、发行保荐书、上市保荐书等发行上市申请文件不齐备且未按要求补正。②发行人及其控股股东、实际控制人、董事、监事、高级管理人、保荐人、承销商、证券服务机构及其相关人员因证券违法违规被证监会采取认定为不适当人选、限制业务活动、证券市场禁入,被证券交易所、国务院批准的其他全国性证券交易场所采取一定期限内不接受其出具的相关文件,公开认定不适合担任发行人董事、监事、高级管理人员,或者被证券业协会采取认定不适合从事相关业务等相关措施,尚未解除。③法律、行政法规及证监会规定的其他情形。

2. 审核与注册

(1)审核。证券交易所按照受理的先后顺序对于申请项目进行审核。证券交易所自受理之日起20个工作日内,通过保荐人向发行人提出首轮审核问询。首轮审核问询后,发现新问题、回复不到位、信息披露不到位等情况,证券交易所在收到发行人回复后10个工作日内可以继续提出审核问询。证券交易所认为不需要进一步审核问询的,将出具审核报告并提交上市委员会审议。上市委员会召开审议会议,对证券交易所审核部门出具的审核报告及发行上市申请文件进行审议。证券交易所结合上市委员会的审议意见,出具发行人符合发行条件、上市条件和信息披露要求的审核意见或者作出终止发行上市审核的决定。证券交易所认为发行人符合发行条件和信息披露要求的,将审核意见、发行人注册申请文件及相关审核资料报证监会注册;认为发行人不符合发行条件或者信息披露要求的,作出终止发行上市审核决定。

(2)注册。证监会收到证券交易所审核意见及相关资料后,基于证券交易所审核意见,依法履行发行注册程序。在20个工作日内对发行人的注册申请作出予以注册或者不予注册的决定。

自受理发行上市申请文件之日起,证券交易所审核和证监会注册的时间总计不超过

3个月。发行人及其保荐人、证券服务机构回复证券交易所审核问询的时间总计不超过3个月。

第二节 证券保荐与承销

一、证券保荐

(一)保荐制度概述

保荐人就是依照法律规定,为公司申请上市承担辅导、推荐、督导等职责,并为保荐期间的信息披露行为向投资者承担担保责任的证券公司。《证券法》第10条规定:"发行人申请公开发行股票、可转换为股票的公司债券,依法采取承销方式的,或者公开发行法律、行政法规规定实行保荐制度的其他证券的,应当聘请证券公司担任保荐人。保荐人应当遵守业务规则和行业规范,诚实守信,勤勉尽责,对发行人的申请文件和信息披露资料进行审慎核查,督导发行人规范运作。"

为了提高上市公司质量,满足保护投资者权益和维持证券市场有序运行的需要,2005年10月修订的《证券法》正式引入了保荐人制度。保荐制度的设置,旨在通过落实保荐人的责任,增强上市公司信息的真实性,缓解证券市场由于信息不对称导致的逆向选择和道德风险,从而保护投资者的利益,提高融资与监管效率,并最终实现核准制向注册制的过渡。

关于保荐人的资格要求,证监会发布的《证券发行上市保荐业务管理办法》第10条规定:证券公司申请保荐业务资格,应当具备下列条件:(1)注册资本、净资本符合规定;(2)具有完善的公司治理和内部控制制度,风险控制指标符合相关规定;(3)保荐业务部门具有健全的业务规程、内部风险评估和控制系统,内部机构设置合理,具备相应的研究能力、销售能力等后台支持;(4)具有良好的保荐业务团队且专业结构合理,从业人员不少于35人,其中最近3年从事保荐相关业务的人员不少于20人;(5)保荐代表人不少于4人;(6)最近2年未因重大违法违规行为而受到处罚,最近1年未被采取重大监管措施,无因涉嫌重大违法违规正受到有关机关或者行业自律组织调查的情形;(7)证监会规定的其他条件。

(二)保荐人的基本职责

保荐制度的主要功能是保证和推荐,实际上是市场中介机构帮助相关机构筛选和甄别发行人。根据《证券发行上市保荐业务管理办法》的规定,保荐机构的基本职责就是尽职推荐发行人证券发行上市。发行人证券上市后,保荐机构应当持续督导发行人履行规范运作、信守承诺、信息披露等义务。

1.尽职推荐职责

在尽职推荐方面,保荐机构应当事前对发行人进行辅导,同时应当对发行人进行全面调查,充分了解发行人的经营状况及其面临的风险和问题。这项工作的核心是对发行人的申请文件和信息披露资料进行审慎核查,保证发行人申请文件和信息披露资料的真实性。

(1)充分了解发行人的情况。保荐机构推荐发行人证券发行上市,应当遵循诚实守信、勤勉尽责的原则,按照证监会对保荐机构尽职调查工作的要求,对发行人进行全面调查,充分了解发行人的经营状况及其面临的风险和问题。

(2)对发行人进行辅导。保荐机构在推荐发行人首次公开发行股票并上市前,应当对发行人进行辅导。辅导内容包括,对发行人的董事、监事和高级管理人员、持有5%以上股份的股东和实际控制人(或者其法定代表人)进行系统的法规知识、证券市场知识培训,使其全面掌握发行上市、规范运作等方面的有关法律法规和规则,知悉信息披露和履行承诺等方面的责任和义务,树立进入证券市场的诚信意识、自律意识和法治意识,以及证监会规定的其他事项。

(3)编制申请文件并出具推荐文件。保荐机构应当确信发行人符合法律、行政法规和证监会、证券交易所的有关规定,方可推荐其证券发行上市。保荐机构推荐发行人发行证券,应当向证券交易所提交发行保荐书、保荐代表人专项授权书以及证监会要求的其他与保荐业务有关的文件。

(4)提交上市保荐书。保荐机构推荐发行人证券上市,应当按照证券交易所的规定提交上市保荐书及其他与保荐业务有关的文件。

(5)答复与核查工作。保荐机构提交发行保荐书、上市保荐书后,应当配合证券交易所、证监会的发行上市审核和注册工作,并承担下列工作:①组织发行人及证券服务机构对证券交易所、证监会的意见进行答复;②按照证券交易所、证监会的要求对涉及本次证券发行上市的特定事项进行尽职调查或者核查;③指定保荐代表人与证券交易所、证监会职能部门进行专业沟通,接受上市委员会问询;④证券交易所、证监会规定的其他工作。

2. 持续督导职责

保荐机构应当针对发行人的具体情况,确定证券发行上市后持续督导的内容,督导发行人履行有关上市公司规范运作、信守承诺和信息披露等义务,审阅信息披露文件及向证监会、证券交易所提交的其他文件,并承担下列工作:(1)督导发行人有效执行并完善防止控股股东、实际控制人、其他关联方违规占用发行人资源的制度;(2)督导发行人有效执行并完善防止其董事、监事、高级管理人员利用职务之便损害发行人利益的内控制度;(3)督导发行人有效执行并完善保障关联交易公允性和合规性的制度,并对关联交易发表意见;(4)持续关注发行人募集资金的专户存储、投资项目的实施等承诺事项;(5)持续关注发行人为他人提供担保等事项,并发表意见;(6)证监会、证券交易所规定及保荐协议约定的其他工作。

持续督导的期间由证券交易所规定。持续督导期届满,如有尚未完结的保荐工作,保荐机构应当继续完成。保荐机构在履行保荐职责期间未勤勉尽责的,其责任不因持续督导期届满而免除或者终止。

持续督导工作结束后,保荐机构应当在发行人公告年度报告之日起的10个工作日内向证监会、证券交易所报送保荐总结报告书。保荐机构法定代表人和保荐代表人应当在保荐总结报告书上签字。保荐总结报告书应当包括下列内容:(1)发行人的基本情况;(2)保荐工作概述;(3)履行保荐职责期间发生的重大事项及处理情况;(4)对发行人配合保荐工作情况的说明及评价;(5)对证券服务机构参与证券发行上市相关工作情况的说明及评价;(6)证监会、证券交易所要求的其他事项。

二、证券承销

（一）证券承销的概念

证券承销是指证券承销机构受证券发行人的委托,为证券发行人包销或代销其所发行的有价证券的一种法律行为。证券公司等证券承销机构为承销人,证券发行人为被承销人。以承销为经常业务的证券承销机构为证券承销商。[1]实践中,证券承销商多为证券公司,但也有投资银行等金融机构。

在证券承销中,发行人将证券委托给证券承销机构代理销售,因此,证券承销是证券间接发行时所采用的发行方式。关于证券承销的方式,我国《证券法》第26条规定有包销和代销两种。

1.证券代销

证券代销,是指证券公司代发行人发售证券,在承销期结束时,将未售出的证券全部退还给证券发行人的证券承销方式。

在证券代销中,发行人与承销商之间的法律关系在性质上属于委托代理关系,在证券代销关系中,证券公司的责任是在承销期内尽力销售证券,期限届满时能销出去多少算多少,尚未售出的证券全部退还发行人,发行人就要承受资金募集计划不能完成的后果。所以发行风险完全由发行人（委托人）承担,承销商（受托人）不承担任何证券发行风险,但只赚取佣金。在我国,证券代销主要适用于公司债券发行。

2.证券包销

证券包销,是指证券公司将发行人的证券按照协议全部购入或者在承销期结束时将售后剩余证券全部自行购入的承销方式。

在证券包销方式中,证券公司与发行人是买卖关系,证券公司的责任是按协议购入发行人的全部证券或者在承销期结束时购入未售出的全部证券,发行风险全部由证券公司承担。与此相对应的是证券公司包销的收益较高,其收益主要来自低价从发行人处买进又以高价向投资者售出所赚取的差额利润。对发行人来说既不必承担证券销售不出去的风险,又能迅速筹集到资金,所以,包销证券是证券市场中最常见的承销方式。

（二）证券承销商的法定义务

1.禁止虚假宣传以及以不正当竞争手段招揽业务

《证券法》第29条规定:"证券公司承销证券,不得有下列行为:（一）进行虚假的或者误导投资者的广告宣传或者其他宣传推介活动;（二）以不正当竞争手段招揽承销业务;

---

[1] 赖英照:《证券交易法逐条释义》（第1册）,台北,三民书局1992年版,第124页。

（三）其他违反证券承销业务规定的行为。证券公司有前款所列行为,给其他证券承销机构或者投资者造成损失的,应当依法承担赔偿责任。"公开发行证券是一种商事活动,应当遵循自愿、有偿、诚实信用等商事基本原则。对发行人和证券公司来说,应当有一种公平的市场机制来确定什么样的证券公司能够取得承销证券业务。但是,在目前的证券市场上,一些证券公司为了招揽承销项目,采取虚假宣传以及各种不正当的手段恶性竞争,比如,有的证券公司不按规定标准收取佣金,有的向发行人允诺在其股票上市后维持其股票价格,有的则是贬损同行,有的利用行政干预取得承销业务等。证券公司这些招揽业务的方式违反了证券市场的公平原则,势必影响正常的证券发行秩序,因此《证券法》明确对此加以禁止。

2.对发行募集文件的核查义务

《证券法》第29条第1款规定:"证券公司承销证券,应当对公开发行募集文件的真实性、准确性、完整性进行核查;发现含有虚假记载、误导性陈述或者重大遗漏的,不得进行销售活动;已经销售的,必须立即停止销售活动,并采取纠正措施。"按照此规定,证券公司对所承销的证券的公开发行募集文件应当认真进行核查,经过核查后,进行销售证券活动的证券公司对所销售的证券的募集文件的真实性、准确性、完整性承担相应的保证责任。证券公司在核查时,发现公开发行募集文件有虚假记载、误导性陈述或者重大遗漏的,有责任采取相应措施。

3.禁止事先预留义务

《证券法》第31条规定:"证券的代销、包销期最长不得超过九十日。证券公司在代销、包销期内,对所代销、包销的证券应当保证先行出售给认购人,证券公司不得为本公司事先预留所代销的证券和预先购入并留存所包销的证券。"为了避免证券公司利用承销证券的便利或优势,将市场看好的证券留存下来,然后再在适当的时候将所预留的这些证券卖出,牟取不正当利益,损害投资者利益,《证券法》对预留证券这种严重违背市场公平原则的行为予以明确禁止。

4.承销情况备案义务

《证券法》第34条规定:"公开发行股票,代销、包销期限届满,发行人应当在规定的期限内将股票发行情况报国务院证券监督管理机构备案。"这是证券监督管理机构对证券承销活动及证券发行活动进行监督管理的一项措施。备案的内容实际上就是承销协议的履行情况。

第三节　证券上市与退市

一、证券上市

（一）证券上市概述

证券上市,是指已经依法公开发行的证券经核准在证券交易所公开挂牌交易的法律行为。证券上市有广义和狭义之分。狭义的证券上市仅指证券在证券交易所内挂牌交易；广义的证券上市还指证券在场外交易市场取得交易资格的过程。在证券交易所挂牌交易的证券称为上市证券，发行该上市证券的公司称为上市公司。

证券上市是连接证券发行与证券交易的桥梁。对于上市公司来说，公司申请股票上市，有利于转换公司经营机制、扩大经营规模、提高竞争力以及塑造公司形象；对投资者来说，证券上市使证券投资变现能力增强，也有利于形成公正的证券价格，从而减少投资风险。

至于证券发行与上市的关系，从法律上说，证券发行与上市是两个不同的环节，两者适用的条件不同，审核的程序也不同。一般而言，发行公司的证券可以上市交易，也可以不上市交易。从世界范围看，证券发行之后，并不必然上市。因此，根据发行后证券是否必须上市可以分为强制上市制度和自愿上市制度。强制上市制度是指公开发行证券和上市往往联系在一起，证券公开发行后即获得上市资格，公司的上市具有一定的强制性。自愿上市制度是指公司发行证券以后，如果公司需要上市交易，则向有关机构申请上市。

至于上市与挂牌，二者在本质上似乎没有太大的区别，都是股份公司进入资本市场的行为，也都是要经过申请由有权机构审查获得准许后，公司的股票可以在证券交易场所进行买卖的行为。但上市与挂牌也有区别。在我国资本市场，股份公司申请进入不同的交易场所时所使用的称呼并不相同。在证券交易所，股份公司通过公开发行后进入证券交易所市场的称为上市，该公司被称为上市公司，而股份公司通过申请进入国务院批准的其他全国性证券交易场所的叫挂牌，该公司被称为挂牌公司。证券交易所和其他全国性证券交易场所的准入行为被严格地区分开来，彼此之间不能相互替代，法律上将两者严格区分，赋予了不同的权利和义务。[1]

（二）证券上市的条件

《证券法》第47条规定："申请证券上市交易，应当符合证券交易所上市规则规定的上市条件。证券交易所上市规则规定的上市条件，应当对发行人的经营年限、财务状况、最低公开发行比例和公司治理、诚信记录等提出要求。"

由于我国有三个证券交易所，不同的交易所又设置不同的板块，因而不同交易所不同板块的上市条件并不相同。一般而言，主板设置了较为严格的发行财务条件，上市条件设置较为宽松，只对上市的公司股本提出了要求，即拟上市的公司股本总额不少于人民币5000万元，其余的条件等同于发行条件。科创板、创业板及北交所则对上市条件规定得较细致明确，要求相对较多。科创板、创业板及北交所的上市条件除了具备各自的发行条件外，还有具体的财务及市值、股本和行业等指标。

例如，上海证券交易所《科创板股票上市规则》第2.1.1条规定："发行人申请在本所科创板上市，应当符合下列条件：（一）符合证监会规定的发行条件；（二）发行后股本总额不低于人民币3000万元；（三）公开发行的股份达到公司股份总数的25%以上；公司股本总额超过人民币4亿元的，公开发行股份的比例为10%以上；（四）市值及财务指标符

---

[1] 徐明：《中国资本市场概论》，中国金融出版社2023年版，第298页。

合本规则规定的标准;(五)本所规定的其他上市条件。"

第2.1.2条规定:"发行人申请在本所科创板上市,市值及财务指标应当至少符合下列标准中的一项:(一)预计市值不低于人民币10亿元,最近两年净利润均为正且累计净利润不低于人民币5000万元,或者预计市值不低于人民币10亿元,最近一年净利润为正且营业收入不低于人民币1亿元;(二)预计市值不低于人民币15亿元,最近一年营业收入不低于人民币2亿元,且最近三年累计研发投入占最近三年累计营业收入的比例不低于15%;(三)预计市值不低于人民币20亿元,最近一年营业收入不低于人民币3亿元,且最近三年经营活动产生的现金流量净额累计不低于人民币1亿元;(四)预计市值不低于人民币30亿元,且最近一年营业收入不低于人民币3亿元;(五)预计市值不低于人民币40亿元,主要业务或产品需经国家有关部门批准,市场空间大,目前已取得阶段性成果。医药行业企业需至少有一项核心产品获准开展二期临床试验,其他符合科创板定位的企业需具备明显的技术优势并满足相应条件。"

(三)证券上市的程序

《证券法》第46条规定:"申请证券上市交易,应当向证券交易所提出申请,由证券交易所依法审核同意,并由双方签订上市协议。"由于我国以前在证券发行审核机制上实行核准制,如今实行注册制。注册制下的上市审核和核准制下的上市审核是不同的。在核准制下,发行审核吸收上市审核,证监会对发行进行实质性审核,证券交易所的上市审核只是形式性审核;而注册制下恰恰相反,证券交易所对上市进行实质性审核,这一过程中也对公开发行进行实质性审核,即上市审核吸收了发行审核,而证监会在证券交易所实质审核基础上,对发行的注册是非实质性审核。

上述审核机制体现在证券上市程序上,具体而言:(1)证券交易所受理发行人公开发行股票并上市的申请后,证券交易所既根据上市条件审核上市申请文件(上市保荐书等),也根据发行条件对发行注册申请文件进行预审核(招股说明书、发行保荐书等)。证券交易所审核通过后,将审核意见及注册申请材料报送证监会履行注册程序。(2)在审核决策机制上,证券交易所设立上市委员会,按合议方式形成审核意见,证券交易所结合上市委员会意见出具同意或终止审核的决定。证监会在证券交易所审核意见的基础上作出注册决定。(3)在审核执行方式上,证券交易所通过制定审核问答明确具体审核关注要点,申报前与审核过程中通过审核系统与发行人、保荐机构进行沟通、问询。(4)上市申请在经国务院证券监督管理机构注册及证券交易所审核同意后,上市申请人应当与证券交易所订立上市协议。上市协议是上市申请人与证券交易所签订的用以明确相互之间权利义务关系的协议。

二、证券退市

(一)证券退市概述

证券退市是指上市公司失去上市地位,其上市证券不再在证券交易所交易的情形。《证券法》第48条规定:"上市交易的证券,不再符合上市条件的,或者有上市规则规定的其他情形的,由证券交易所按照业务规则终止其上市交易。证券交易所决定终止证券上市交易的,应当及时公告,并报国务院证券监督管理机构备案。"

证券退市包括强制终止上市（强制退市）和主动终止上市（主动退市）两种情形。主动退市又称自愿退市,是指上市公司在履行必要的决策程序后,主动向证券交易所提出申请,撤回其股票在该交易所的交易,并决定不再在交易所交易。例如,当上市公司向所有股东发出回购全部股份或者部分股份的要约,导致公司股本总额、股权分布等发生变化不再具备上市条件,其股票按照证券交易所规则退出市场交易的情形。强制退市则是指因上市公司不符合证券交易所挂牌交易的规定条件而被强制终止上市。

（二）证券强制退市的情形

根据各证券交易所的《股票上市规则》,强制退市分为交易类强制退市、财务类强制退市、规范类强制退市和重大违法类强制退市等四类情形。

1. 交易类强制退市

交易类强制退市主要是指上市公司在股票市场因无法达到和维持上市公司应具有的交易指标而被强制退市的一类退市。根据证券交易所上市规则等业务规定,我国上市公司交易类退市主要有面值退市、交易量退市、市值退市等。例如,上海证券交易所《股票上市规则》第9.2.1条规定:上市公司出现下列情形之一的,本所决定终止其股票上市:（1）在本所仅发行A股股票的上市公司,连续120个交易日通过本所交易系统实现的累计股票成交量低于500万股,或者连续20个交易日的每日股票收盘价均低于1元;（2）在本所仅发行B股股票的上市公司,连续120个交易日通过本所交易系统实现的累计股票成交量低于100万股,或者连续20个交易日的每日股票收盘价均低于1元;（3）在本所既发行A股股票又发行B股股票的上市公司,其A、B股股票的成交量或者收盘价同时触及第（1）项和第（2）项规定的标准;（4）上市公司股东数量连续20个交易日（不含公司首次公开发行股票上市之日起20个交易日）每日均低于2000人;（5）上市公司连续20个交易日在本所的每日股票收盘总市值均低于3亿元;（6）本所认定的其他情形。

2. 财务类强制退市

财务类强制退市分为两个环节,第一个环节为上市公司财务指标出现问题时上市公司被实施退市风险警示;第二个环节在此之后1年出现相关情形时该上市公司将终止上市。例如,上海证券交易所《股票上市规则》第9.3.1条规定:上市公司最近一个会计年度经审计的财务会计报告相关财务指标触及本节规定的财务类强制退市情形的,本所对其股票实施退市风险警示。上市公司最近连续两个会计年度经审计的财务会计报告相关财务指标触及本节规定的财务类强制退市情形的,本所决定终止其股票上市。第9.3.2条规定:上市公司出现下列情形之一的,本所对其股票实施退市风险警示:（1）最近一个会计年度经审计的净利润为负值且营业收入低于1亿元,或追溯重述后最近一个会计年度净利润为负值且营业收入低于1亿元;（2）最近1个会计年度经审计的期末净资产为负值,或追溯重述后最近1个会计年度期末净资产为负值;（3）最近1个会计年度的财务会计报告被出具无法表示意见或否定意见的审计报告;（4）证监会行政处罚决定书表明公司已披露的最近1个会计年度经审计的年度报告存在虚假记载、误导性陈述或者重大遗漏,导致该年度相关财务指标实际已触及第（1）项、第（2）项情形的;（5）本所认定的其他情形。第 9.3.11 条规定：上市公司股票因第 9.3.2 条规定情形被实施退市风险警示后，公司出现下列情形之一的，本所决定终止其股票上市：（1）公司披露的最近一个会计年度经审计的财务会计报告存在第 9.3.2 条第 1 款第（1）项至第（3）项规定的任一情形或财务会计报告被出具保留意见审计报告；（2）公司未在法定期限内披露最近一年年度报告；（3）公司未在第 9.3.6 条第 1 款规定的期限内向本所申请撤销退市风险警示；（4）半数以上董事无法保证公司所披露最近 1 年年度报告的真实性、准确性和完整性，且未在法定期限内改正；（5）公司撤销退市风险警示申请未被本所同意。

3. 规范类强制退市

对规范类强制退市，上市公司股票退市也分为两个环节，第一个环节是上市公司被实施退市风险警示，第二个环节为在被风险警示的一定期限后或者触及其情形出现被终止上市。

例如，上海证券交易所《股票上市规则》第 9.4.1 规定："上市公司出现下列情形之一的，本所对其股票实施退市风险警示：（一）因财务会计报告存在重大会计差错或者虚假记载，被证监会责令改正但公司未在规定期限内改正，公司股票及其衍生品种自前述期限届满的次一交易日起停牌，此后公司在股票及其衍生品种停牌 2 个月内仍未改正；（二）未在法定期限内披露半年度报告或者经审计的年度报告，公司股票及其衍生品种自前述期限届满的次一交易日起停牌，此后公司在股票及其衍生品种停牌 2 个月内仍未披露；（三）因半数以上董事无法保证公司所披露半年度报告或年度报告的真实性、准确性和完整性，且未在法定期限内改正，公司股票及其衍生品种自前述期限届满的次一交易日起停牌，此后公司在股票及其衍生品种停牌 2 个月内仍未改正；（四）因信息披露或者规范运作等方面存在重大缺陷，被本所要求限期改正但公司未在规定期限内改正，公司股票及其衍生品种自前述期限届满的次一交易日起停牌，此后公司在股票及其衍生品种停牌 2 个月内仍未改正；（五）因公司股本总额、股权分布发生变化，导致连续 20 个交易日不再具备上市条件，公司股票及其衍生品种自前述期限届满的次一交易日起停牌，此后公司在股票及其衍生品种停牌 1 个月内仍未解决；（六）公司可能被依法强制解散；（七）法院依法受理公司重整、和解和破产清算申请；（八）本所认定的其他情形。"第 9.4.13 条规定："上市公司出现下列情形之一的，本所决定终止其股票上市：（一）公司股票因第 9.4.1 条第（一）项规定情形被实施退市风险警示之日后 2 个月内，仍未披露经改正的财务会计报告；（二）公司股票因第 9.4.1 条第（二）项规定情形被实施退市风险警示之日后 2 个月内，仍未披露符合要求的年度报告或者半年度报告；（三）公司股票因第 9.4.1 条第（三）项规定情形被实施退市风险警示之日后 2 个月内，半数以上董事仍然无法保证公司所披露半年度报告或年度报告的真实性、准确性和完整性；（四）公司股票因第 9.4.1 条第（四）项规定情形被实施退市风险警示之日后 2 个月内，仍未按要求完成整改；（五）公司股票因第 9.4.1 条第（五）项规定情形被实施退市风险警示之日后 6 个月内，仍未解决股本总额、股权分布问题；（六）公司股票因第 9.4.1 条第（六）项、第（七）项规定情形被实施退市风险警示后，公司依法被吊销营业执照、被责令关闭或者被撤销等强制解散条件成就，或者法院裁定公司破产;(七)公司未在规定期限内向本所申请撤销退市风险警示;(八)公司撤销退市风险警示申请未被本所同意。"

4.重大违法类强制退市

关于重大违法类强制退市,上海证券交易所《股票上市规则》第9.5.1条规定:"本规则所称重大违法类强制退市,包括下列情形:(一)上市公司存在欺诈发行、重大信息披露违法或者其他严重损害证券市场秩序的重大违法行为,且严重影响上市地位,其股票应当被终止上市的情形;(二)上市公司存在涉及国家安全、公共安全、生态安全、生产安全和公众健康安全等领域的违法行为,情节恶劣,严重损害国家利益、社会公共利益,或者严重影响上市地位,其股票应当被终止上市的情形。"

(三)主动退市情形

关于主动退市,上海证券交易所《股票上市规则》第9.7.1条规定:"上市公司出现下列情形之一的,可以向本所申请主动终止上市:(一)公司股东大会决议主动撤回其股票在本所的交易,并决定不再在本所交易;(二)公司股东大会决议主动撤回其股票在本所的交易,并转而申请在其他交易场所交易或转让;(三)公司向所有股东发出回购全部股份或部分股份的要约,导致公司股本总额、股权分布等发生变化不再具备上市条件;(四)公司股东向所有其他股东发出收购全部股份或部分股份的要约,导致公司股本总额、股权分布等发生变化不再具备上市条件;(五)除公司股东外的其他收购人向所有股东发出收购全部股份或部分股份的要约,导致公司股本总额、股权分布等发生变化不再具备上市条件;(六)公司因新设合并或者吸收合并,不再具有独立主体资格并被注销;(七)公司股东大会决议公司解散;(八)证监会和本所认可的其他主动终止上市情形。"

第四节 证券交易

一、证券交易的概念与特征

证券交易是指证券持有人将其持有的证券转让给受让人的行为。除证券买卖外,证券的转让还包括因赠与、继承和持有人合并等发生的证券权利转移及在证券上设定质押的行为。证券买卖是证券转让的主要形式。我国《证券法》上的证券交易仅指证券投资者在法定的交易场所,依照特定的交易方式对依法发行的证券进行买卖的活动。

证券交易是一种特殊的买卖行为。与一般的商品买卖行为相较,证券交易具有自身的特殊性。

1.证券交易标的物的特殊性

证券交易的标的物是高度信用化的有价证券。这种有价证券与一般商品相比,具有无纸化、高风险性等特点,因此,证券交易必须采用特殊的交易规则以及特殊的规制手段。

2. 证券交易规则的特殊性

上市证券在证券交易所挂牌交易，采用的是公开的集中竞价交易方式。在这种交易方式下，买卖双方互不见面，证券公司根据投资者的委托，按照时间优先的规则提出交易申报，参与证券交易场所内的集中竞价交易。由于证券交易方式的特殊性，证券交易形成了特殊的成交规则、清算交割规则等，以满足证券交易的特殊性。

3. 证券交易法律规制的特殊性

由于证券交易对象、交易方式的特殊性等，因此，对证券交易中所产生的法律关系要进行特殊的调整，而不能一概适用民法的一般性原则。同时，由于证券市场上最频繁、最活跃和风险最集中的就是证券交易行为。因此，各国证券法律都对证券交易规定了较为严格的形式审查制度、信息披露制度等，以规范和监督证券交易活动，确保证券市场的安全和效率。

二、证券交易的一般规则

（一）证券交易的场所

证券交易场所是供已发行的证券进行流通转让的市场，故又称证券流通市场或二级市场。在成熟的证券市场上，一般来说，证券二级市场包括证券交易所、证券交易柜台和自动报价的电子交易系统等。在证券交易所内进行的证券交易，称为场内交易。在证券交易所之外进行的证券交易，称为场外交易。场内交易与场外交易的本质区别在于交易方式的不同。场内交易是采取公开集中竞价的方式，而场外交易则主要是采取一对一的交易磋商机制。

对证券交易的场所，《证券法》第37条规定："公开发行的证券，应当在依法设立的证券交易所上市交易或者在国务院批准的其他全国性证券交易场所交易。非公开发行的证券，可以在证券交易所、国务院批准的其他全国性证券交易场所、按照国务院规定设立的区域性股权市场转让。"

（二）证券交易的方式

1. 现货交易

证券交易的种类和市场形态多种多样。从订约和清算期限的关系角度看，证券交易的方式主要有现货交易、期货交易、期权交易等。早期的证券交易主要采取现货交易方式。随着商品经济和证券业的发展，期货交易、期权交易等方式也应运而生。

现货交易是指证券交易双方在成交后即办理交割手续的证券交易方式。证券现货交易是证券市场上最为传统的交易方式。与现货交易相对应的是证券的期货交易。证券期货交易是指证券交易双方在成交时同意，在此后的某一特定时间，按照合同规定的数量与价格进行清算和交割的证券交易方式。证券期权交易又称证券选择权交易，是指期权的购买者在支付期权费后，拥有在约定期限以事先约定的价格，向期权的出售者买进或卖出一定数量的某种证券的权利，并可以转让或放弃这种权利的证券交易方式。

2. 信用交易

信用交易又称"融资融券交易"或"垫头交易"，是指投资者在进行交易时，仅向证券公司交付一定数量的保证金,其与交易总值相差的资金或者与交易证券总额相差的证券,由证券公司垫付的一种证券交易方式。证券信用交易可分为融资交易和融券交易。融资交易是指投资者提供一定数量的现款作为保证金,而由证券商为投资者垫付部分交易资金以购买证券的保证金交易方式。证券融资交易又称保证金买空行为。融券交易是指证券商向投资者借贷一定数量的证券,而由投资人在约定期限内偿还同等数量证券,并支付一定费用的证券交易方式。融券交易又称保证金卖空交易。

(三)证券交易的主要类型

1. 证券集中交易方式

《证券法》第38条规定,"证券在证券交易所上市交易,应当采用公开的集中交易方式或者国务院证券监督管理机构批准的其他方式"。实践中集中交易方式主要是连续竞价交易和集合竞价交易。

连续竞价是指对买卖申报逐笔连续撮合的竞价方式。我国交易所的二级市场主要以此方式进行证券交易。集合竞价是指对一段时间内接受的买卖申报一次性集中撮合的竞价方式。集合竞价和连续竞价是证券交易两种不同竞价方式,各有自己的特点和用处。使用什么样的竞价方式是和市场及股票价格的产生相关联的。目前证券交易所的开收盘价采取集合竞价的方式进行,在正常交易时间内新三板市场基础层、创新层股票采取集合竞价的方式进行交易。集合竞价方式产生开收盘价,其目的是能够防止开收盘价被人为操纵,产生的股票价格相对较为公允。

连续竞价交易和集合竞价交易都是按价格优先、时间优先的原则撮合成交。所谓价格优先,是指较高价格买进申报优先于较低价格买进申报,较低价格卖出申报优先于较高价格卖出申报;时间优先则是指买卖方向、价格相同的,先申报者优先于后申报者。先后顺序按交易主机接受申报的时间确定。具体而言,所有参与证券买卖的当事人进行公开报价,其中所有买入的有效委托按照报价由高到低顺序排列,报价相同的,按照委托的时间顺序排列;而所有卖出的有效委托,其报价按照由低到高的顺序排列,报价相同的,也按照委托的先后顺序排列。依顺序将排在前面的买入委托与卖出委托配对成交,即按"价格优先"原则对买方最高报价与卖方最低报价优先配对;在同等出价条件下,按"时间优先"原则对顺序在先的委托进行配对成交。如果所有买入委托的报价均低于卖出委托的报价,则上述委托继续排队,等待新的委托报价,以此形成连续性的竞价撮合成交的交易活动。由于集中竞价具有公开、公平、公正、高效等优点,从而为各国证券交易所普遍采用。

2. 做市交易方式

做市交易制度是做市商即经纪人在证券市场为其做市的上市挂牌公司股票持续发布买卖双向报价,并在其报价数量范围内按其报价履行与投资者的成交义务。在做市交易方式下,投资者之间不能直接成交。目前,上交所科创板、北交所和新三板市场均可采取做市交易方式。证券交易场所《交易规则》分别对做市交易的委托、申报、成交、做市商的管理和做市库存股的转让等进行了规定。

3. 大宗交易方式

大宗交易是指证券市场投资者单笔申报的股票数量或者交易金额达到大额标准并在

特定的时间段内进行的交易。它是证券市场一种特别的交易方式。一般情况下，大宗交易是在正常的交易时间段之外即闭市后给予一段特定的时间，利用交易系统进行的交易。根据上海证券交易所发布的《上海证券交易所大宗交易实施细则》之规定，在价格确定方面，大宗交易的成交价格，由买卖双方在当日已成交的最高和最低成交价格之间确定。该证券当日无成交的，以前收盘价为成交价。在成交确认方面，大宗交易由买卖双方达成一致，并由交易所确认后方可成交。大宗交易是为了满足投资者大额股票买卖的实际需求，同时也是为了稳定股票价格，防止股票价格异常波动，提高成交率和交易效率的一种交易方式。

第五节　限制和禁止的证券交易行为

一、禁止的交易行为

我国《证券法》禁止的交易行为，主要是指内幕交易，利用未公开信息进行交易，操纵价格，编造、传播虚假信息，欺诈客户等恶意炒作、扰乱市场秩序、损害中小投资者利益的违法证券交易行为。实施证券禁止交易行为者应视其行为及后果承担相应的证券法律责任。

（一）内幕交易

内幕交易，又称知情人交易或者内部人交易，是指掌握内幕信息的知情人员或者非法获取内幕信息的其他人员，利用内幕信息进行的证券交易行为。内幕交易从形式上看与正常的交易基本相同，但由于内幕人员利用内幕信息资源优势从事交易行为牟取暴利，有悖于证券市场公平、公正、公开原则，不仅会严重损害一般投资者的合法权益，而且可能扰乱整个证券市场秩序。因此，各国立法一般都将其作为一种严重的违法犯罪行为严加惩处。

内幕交易行为手法复杂、具有隐蔽性，对其进行界定有相当大的难度。实践中，我们可以从内幕信息、内幕人员以及内幕交易行为这三个核心要素来准确界定内幕交易，进而对其加以规制。

1. 内幕人员

知悉证券交易内幕信息的知情人员，通常也称为内幕人员或内幕人士。我国《证券法》第51条规定，证券交易内幕信息的知情人包括：（1）发行人及其董事、监事、高级管理人员；（2）持有公司5%以上股份的股东及其董事、监事、高级管理人员，公司的实际控制人及其董事、监事、高级管理人员；（3）发行人控股或者实际控制的公司及其董事、监事、高级管理人员；（4）由于所任公司职务或者因与公司业务往来可以获取公司有关内幕信息的人员；（5）上市公司收购人或者重大资产交易方及其控股股东、实际控制人、董事、监事和高级管理的人员；（6）因职务、工作可以获取内幕信息的证券交易场所、证券登记结算机构、证券公司、证券服务机构的有关人员；（7）因职责、工作可以获取内幕信息的证券监督管理机构工作人员;(8)因法定职责对证券的发行、交易或者对上市公司及其收购、重大资产交易进行管理可以获取内幕信息的有关主管部门、监管机构的工作人员;(9)可以获取内幕信息的其他人员。

2. 内幕信息

《证券法》第52条规定:"证券交易活动中,涉及发行人的经营、财务或者对该发行人证券的市场价格有重大影响的尚未公开的信息,为内幕信息。"

内幕信息的构成要件有二:(1)内幕信息应当具有价格敏感性。所谓价格敏感性,是指某种信息,一旦在证券市场上公布后,便很可能对公司证券的市场价格产生重大影响。一般来说,只有重大信息才具有价格敏感性。所谓重大信息,是指从投资者的角度来看,这个信息对他们的投资决定有重要影响;从市场的角度来看,该信息如被普遍知晓,有可能使公司证券的价格产生重大波动。(2)内幕信息应当是未公开的信息。所谓未公开信息,就是投资公众尚未获取或者经合法渠道无法获取的信息。

结合《证券法》第52、80、81条规定,下列各项信息皆属内幕信息:(1)公司的经营方针和经营范围的重大变化;(2)公司的重大投资行为,公司在一年内购买、出售重大资产超过公司资产总额的30%,或者公司营业用主要资产的抵押、质押、出售或者报废一次超过该资产的30%;(3)公司订立重要合同、提供重大担保或者从事关联交易,可能对公司的资产、负债、权益和经营成果产生重要影响;(4)公司发生重大债务和未能清偿到期重大债务的违约情况;(5)公司发生重大亏损或者重大损失;(6)公司生产经营的外部条件发生的重大变化;(7)公司的董事、1/3以上监事或者经理发生变动,董事长或者经理无法履行职责;(8)持有公司5%以上股份的股东或者实际控制人,其持有股份或者控制公司的情况发生较大变化,公司的实际控制人及其控制的其他企业从事与公司相同或者相似业务的情况发生较大变化;(9)公司分配股利、增资的计划,公司股权结构的重要变化,公司减资、合并、分立、解散及申请破产的决定,或者依法进入破产程序、被责令关闭;(10)涉及公司的重大诉讼、仲裁,股东大会、董事会决议被依法撤销或者宣告无效;(11)公司涉嫌犯罪被依法立案调查,公司的控股股东、实际控制人、董事、监事、高级管理人员涉嫌犯罪被依法采取强制措施;(12)国务院证券监督管理机构规定的其他事项。

3. 内幕交易行为

我国《证券法》第53条规定:"证券交易内幕信息的知情人和非法获取内幕信息的人,在内幕信息公开前,不得买卖该公司的证券,或者泄露该信息,或者建议他人买卖该证券。"具体而言,内幕交易主要有以下4种形式:(1)内幕人员利用内幕信息买卖证券或者根据内幕信息建议他人买卖证券;(2)内幕人员向他人泄露内幕信息,使他人利用该信息进行内幕交易;(3)非内幕人员通过不正当手段或者其他途径获得内幕信息,并根据该信息买卖证券或建议他人买卖证券;(4)其他内幕行为。

至于内幕交易行为的法律责任,我国《证券法》和《刑法》分别就内幕交易的民事、行政及刑事责任作了规定。

（二）操纵市场

操纵市场价格又称操纵行情，是指以获取不正当利益或者转嫁风险为目的，利用资金、信息等优势或滥用职权操纵市场，影响证券市场价格，制造证券市场假象，诱使在不了解事实真相的情况下作出证券投资决定，扰乱证券市场秩序的行为。

操纵行为表现形式多种多样，比较典型的操纵行为方式主要有洗售、相对委托、连续交易操纵、散布谣言、安定操作等。我国《证券法》第55条以列举的方式对操纵证券市场行为的具体表现形式作了规定：（1）单独或者通过合谋，集中资金优势、持股优势或者利用信息优势联合或者连续买卖；（2）与他人串通，以事先约定的时间、价格和方式相互进行证券交易；（3）在自己实际控制的账户之间进行证券交易；（4）不以成交为目的，频繁或者大量申报并撤销申报；（5）利用虚假或者不确定的重大信息，诱导投资者进行证券交易；（6）对证券、发行人公开作出评价、预测或者投资建议，并进行反向证券交易；（7）利用在其他相关市场的活动操纵证券市场；（8）操纵证券市场的其他手段。

至于操纵市场行为的法律责任，我国《证券法》和《刑法》分别就操纵市场的民事、行政及刑事责任作了规定。

（三）利用未公开信息从事交易

《证券法》第54条第1款规定："禁止证券交易场所、证券公司、证券登记结算机构、证券服务机构和其他金融机构的从业人员、有关监管部门或者行业协会的工作人员，利用因职务便利获取的内幕信息以外的其他未公开的信息，违反规定，从事与该信息相关的证券交易活动，或者明示、暗示他人从事相关交易活动。"

《最高人民法院 最高人民检察院关于办理利用未公开信息交易刑事案件适用法律若干问题的解释》第1条规定："内幕信息以外的其他未公开的信息"，包括下列信息：（1）证券、期货的投资决策、交易执行信息；（2）证券持仓数量及变化、资金数量及变化、交易动向信息；（3）其他可能影响证券、期货交易活动的信息。第3条规定，"违反规定"，是指违反法律、行政法规、部门规章、全国性行业规范有关证券、期货未公开信息保护的规定，以及行为人所在的金融机构有关信息保密、禁止交易、禁止利益输送等规定。

至于利用未公开信息交易行为的法律责任，我国《证券法》和《刑法》分别就其民事、行政及刑事责任作了规定。

（四）编造、传播虚假信息

为了确保投资者不被虚假的证券市场信息所误导，《证券法》禁止编造和传播影响证券交易的虚假信息。《证券法》第56条第1—3款规定，禁止任何单位和个人编造、传播虚假信息或者误导性信息，扰乱证券市场。禁止证券交易场所、证券公司、证券登记结算机构、证券服务机构及其从业人员，证券业协会、证券监督管理机构及其工作人员，在证券交易活动中作出虚假陈述或者信息误导。各种传播媒介传播证券市场信息必须真实、客观，禁止误导。传播媒介及其从事证券市场信息报道的工作人员不得从事与其工作职责发生利益冲突的证券买卖。

值得注意的是，《证券法》第5章"信息披露"是对信息披露义务人（即须依法履行持续信息披露义务的主体）的信息披露行为进行规范，而第3章第3节"禁止的交易行为"中对虚假信息的禁止,是对信息披露义务人以外主体的信息传播活动进行规范。

至于编造、传播虚假信息行为的法律责任,我国《证券法》和《刑法》分别就其民事、行政及刑事责任作了规定。

(五)欺诈客户行为

欺诈客户主要是指证券公司及其从业人员在证券交易活动中,违反客户真实意思、损害客户利益的行为。维护客户的权益,不仅是证券公司的合同义务,也是投资者的投资安全和证券市场秩序的必要保障。欺诈客户行为,严重有悖于自愿、有偿、诚实信用的法律原则,应当严格禁止。

《证券法》第57条规定,禁止证券公司及其从业人员从事下列损害客户利益的行为:(1)违背客户的委托为其买卖证券;(2)不在规定时间内向客户提供交易的确认文件;(3)未经客户的委托,擅自为客户买卖证券,或者假借客户的名义买卖证券;(4)为牟取佣金收入,诱使客户进行不必要的证券买卖;(5)其他违背客户真实意思表示,损害客户利益的行为。

关于欺诈客户行为的法律责任,我国《证券法》与《刑法》分别规定了民事责任、行政责任和刑事责任。

关于禁止的交易行为,除上述规定中的行为外,《证券法》还对出借自己的证券账户或者借用他人的证券账户从事证券交易、禁止资金违规流入股市、禁止投资者违规利用财政资金、银行信贷资金买卖证券等行为,作了禁止性的规定。

二、关于证券交易的限制性规定

(一)证券转让期限的限制

《证券法》第36条规定,依法发行的证券,《中华人民共和国公司法》和其他法律对其转让期限有限制性规定的,在限定的期限内不得转让。上市公司持有5%以上股份的股东、实际控制人、董事、监事、高级管理人员,以及其他持有发行人首次公开发行前发行的股份或者上市公司向特定对象发行的股份的股东,转让其持有的本公司股份的,不得违反法律、行政法规和国务院证券监督管理机构关于持有期限、卖出时间、卖出数量、卖出方式、信息披露等规定,并应当遵守证券交易所的业务规则。

(二)持股与买卖股票的限制

(1)《证券法》第40条第1、2款规定,证券交易场所、证券公司和证券登记结算机构的从业人员、证券监督管理机构的工作人员以及法律、行政法规规定禁止参与股票交易的其他人员,在任期或者法定限期内,不得直接或者以化名、借他人名义持有、买卖股票或者其他具有股权性质的证券,也不得收受他人赠送的股票或者其他具有股权性质的证券。

任何人在成为前款所列人员时,其原已持有的股票或者其他具有股权性质的证券,必须依法转让。

(2)《证券法》第42条规定,为证券发行出具审计报告或者法律意见书等文件的证券服务机构和人员,在该证券承销期内和期满后6个月内,不得买卖该证券。

除前款规定外，为发行人及其控股股东、实际控制人，或者收购人、重大资产交易方出具审计报告或者法律意见书等文件的证券服务机构和人员，自接受委托之日起至上述文件公开后5日内，不得买卖该证券。实际开展上述有关工作之日早于接受委托之日的，自实际开展上述有关工作之日起至上述文件公开后5日内，不得买卖该证券。

▎重要名词术语

证券公开发行、保荐制、证券承销、证券上市、主动退市、强制退市、融资融券交易、内幕交易、操纵市场、利用未公开信息交易

▎思考题

1. 简述证券公开发行的概念与特征。
2. 简述证券发行审核制度。
3. 股票公开发行的条件有哪些？
4. 保荐机构的主要职责是什么？
5. 证券承销的方式有哪些？
6. 证券承销机构的法定义务有哪些？
7. 简述证券强制退市的情形。
8. 简述欺诈客户行为的表现形式。
9. 简述内幕交易行为的构成要件。
10. 简述操纵市场行为的构成要件。
11. 简述利用未公开信息交易行为的构成要件。

▎典型案例分析

2013年8月16日11时05分，××证券在进行交易型开放式指数基金（ETF）申赎套利交易时，因程序错误，其所使用的策略交易系统以234亿元巨量申购180ETF成份股，实际成交达72.7亿元，引起沪深300、上证综指等大盘指数和多只权重股短时间大幅波动。事件发生后，证监会和有关交易所迅速反应、紧急处置，并对××证券立案调查。鉴于该案属新型案件，证监会在深入调查的基础上，组织有关外部专家对相关问题进行了论证咨询，并依照法定程序作出处罚决定。

1. 违法违规事实

（1）××证券在异常交易事件发生后、信息依法披露前转换并卖出ETF基金、卖空股指期货合约

××证券在异常交易事件发生后，根据公司《策略交易部管理制度》中关于"系统故障导致交易异常时应当进行对冲交易"的规则，开始卖空IF1309股指期货合约（截至中午休市卖空235张），并向部门总经理杨某某汇报。同时，××证券接到上交所问询，开

始内部核查。11时20分左右，计划财务部总经理沈某某向杨某某询问情况后，向总裁徐某某汇报大盘暴涨可能和策略投资部的操作有关。11时59分左右，××证券董事会秘书梅某在对事件情况和原因并不了解的情况下，轻率地向记者否认市场上"××证券自营盘70亿元乌龙指"的传闻，误导信息在12时47分发布并被各大门户网站转载。13时开始，××证券因重要事项停牌。经过法定的披露程序，14时22分，××证券公告"当天上午公司策略投资部门自营业务在使用其独立的套利系统时出现问题"。信息披露前，11时40分至12时40分左右，徐某某、杨某某（助理总裁、分管策略投资部）、沈某某、杨某某等人紧急商定卖空股指期货合约、转换并卖出ETF对冲风险，责成杨某某负责实施。13时至14时22分，××证券卖空IF1309、IF1312股指期货合约共6240张，获利7414万元。同时，转换并卖出180ETF基金2.63亿份、50ETF基金6.89亿份，规避损失1307万元。以上两项交易获利和避损合计8721万元。14时22分以后，××证券继续卖空IF1309股指期货合约（截至收市新增卖开750张，买平200张）。

（2）××证券内控缺失、管理混乱，自营业务套利系统存在的技术设计缺陷导致异常交易发生

经查，××证券策略投资部自营业务使用的策略交易系统，包括订单生成系统和订单执行系统两个部分，均存在严重的程序设计错误。其中，订单生成系统中ETF套利模块的"重下"功能（用于未成交股票的重新申报），在设计时错误地将"买入个股函数"写成"买入ETF一篮子股票函数"。订单执行系统错误地将市价委托订单的股票买入价格默认为"0"，系统对市价委托订单是否超出账户授信额度不能进行正确校验。

由于××证券的策略投资部长期没有纳入公司的风控体系，技术系统和交易控制缺乏有效管理。订单生成系统中ETF套利模块的设计由策略投资部交易员提出需求，程序员一人开发和测试。策略交易系统于2013年6月至7月开发完成，7月29日实盘运行，至8月16日发生异常时实际运行不足15个交易日。由于"重下"功能从未实盘启用，严重的程序错误未被发现。

2013年8月16日上午，交易员进行了三组180ETF申赎套利，前两组顺利完成。11时02分，交易员发起第三组交易。11时05分08秒，交易员想尝试使用"重下"功能对第三组交易涉及的171只权重股票买入订单中未能成交的24只股票进行自动补单，便向程序员请教，程序员在交易员的电脑上演示并按下"重下"按钮，存在严重错误的程序被启动，补单买入24只股票被执行为"买入24组ETF一篮子股票"，并报送至订单执行系统。错误生成的订单中先后有234亿元订单陆续通过校验进入上交所系统等待成交。直到先成交订单的成交结果返回到订单执行系统、账户资金余额实时校验显示为负时，订单执行系统的账户可用资金额度校验才发挥作用。进入上交所系统的234亿元市价委托订单中，有72.7亿元实际成交。其余161.3亿元订单被上交所交易系统根据预先设定的"最优五档即时成交剩余撤销"的规则自动取消。

2. 对违法行为的认定

××证券异常交易事件虽然是因证券经营机构交易系统设计缺陷导致的，但是，这一事件暴露了××证券在内部控制、风险管理、合规经营等方面存在很大问题。事件发生后，

××证券及其事件相关人员在考虑对冲风险、调剂头寸,降低可能产生的结算风险时,采取了错误的处理方案,构成内幕交易、信息误导、违反证券公司内控管理规定等多项违法违规行为。

××证券异常交易事件不仅对××证券自身的经营和财务有重要影响,而且直接影响了证券市场的正常秩序和造成了股票价格的大幅波动,影响了投资者对权重股票、ETF和股指期货的投资决策,属于《证券法》第75条、《期货交易管理条例》第82条规定的证券、期货市场内幕信息。14时22分公告前,××证券知悉市场异动的真正原因,公众投资者并不知情。在此情况下,××证券本应戒绝交易,待内幕信息公开以后再合理避险。××证券在内幕信息依法披露前即着手反向交易,明显违反了公平交易的原则。据此,证监会依法认定,××证券在8月16日13时(公司高管层决策后)至14时22分转换并卖出50ETF、180ETF基金以及卖空IF1309、IF1312股指期货合约,构成《证券法》第202条和《期货交易管理条例》第70条所述的内幕交易行为。徐某某是直接负责的主管人员,杨某某、沈某某、杨某某是其他直接责任人员。

事发当时,××证券董事会秘书梅某对市场大幅波动的原因并不知情。但是,梅某身为上市公司履行信息披露义务的直接负责人员,又是证券公司的从业人员,在相关信息尚未披露、市场猜测众多的情况下,在尚未立即协调公司内外依法履行信息披露义务的情况下,未做任何核实即以个人猜测对外发表言论,并被媒体纷纷转载。梅某的轻率言论加剧了市场波动,对投资者造成了严重误导,违反了《证券法》第78条第2款关于禁止证券公司从业人员在证券交易活动中作出信息误导的规定。

3. 行政处罚和行政监管、市场禁入措施

鉴于××证券异常交易事件对证券期货市场造成了很大的负面影响,给公众投资者特别是广大中小投资者造成了较大损失,本着严格执法、严肃追责的原则,根据《证券法》第150、202、207、233条,《证券公司监督管理条例》第70条,《期货交易管理条例》第70、78条以及《证券市场禁入规定》,证监会依照法定程序,对××证券和相关责任人员作出以下行政处罚和行政监管、市场禁入措施:

(1)没收××证券违法所得87,214,278.08元,并处以5倍罚款,罚没款金额总计523,285,668.48元。

(2)对徐某某、杨某某、沈某某、杨某某分别给予警告,罚款60万元并采取终身的证券市场禁入措施,宣布徐某某、杨某某、沈某某、杨某某为期货市场禁止进入者。

(3)对梅某责令改正并处以罚款20万元。

(4)停止××证券从事证券自营业务(固定收益证券除外),暂停审批××证券新业务,责令××证券整改并处分有关责任人员,并将整改情况和处理结果报告证监会。

事件发生后,市场质疑××证券涉嫌操纵市场。经过深入调查取证、充分咨询论证后,证监会认为,××证券的巨额交易虽然在客观上引起了市场大幅波动,但是,事件的起因是系统技术缺陷,调查没有发现公司及相关人员组织、策划、促使这一事件发生的证据。根据《证券法》《期货交易管理条例》和证监会执法实践,因突发事故导致相关证券、期货价格和交易量异常波动的,不构成操纵市场。

问：

1. 本案中××证券的行为是否构成内幕交易？
2. 本案中××证券的行为是否构成操纵市场？
3. 本案中受损投资者能否提起民事赔偿？

第二十五章 信息披露制度

【内容提示】

信息披露制度是指证券发行人以及证券法规定的其他负有信息披露义务的主体,依照法定的方式和要求,将与证券发行和证券交易有关的可能影响证券投资者投资判断的信息予以公开的一种证券法律制度。信息披露制度是"三公"原则中"公开原则"的具体要求和反映,也是证券监管的一项重要内容。信息披露制度的目的在于维护证券交易的安全与公平,维护投资者的利益,维持证券市场的稳定与秩序。

信息披露的基本要求实质上就是信息披露的有效标准。信息披露义务人披露的信息,应当真实、准确、完整,简明清晰,通俗易懂,不得有虚假记载、误导性陈述或者重大遗漏。

根据信息披露的目的、内容、时间等的不同,可将信息披露作不同的分类。其中,根据信息披露阶段的不同,可将信息披露分为证券发行信息披露和上市后的持续信息披露。证券发行信息披露是指证券发行人及其他信息公开义务人根据法律的规定,将与证券发行有关的信息以法定程序和方式予以公开的一种证券法律制度。披露与发行证券有关的信息的目的在于让准备购买证券的投资者能全面了解发行公司的情况,以便投资者作出其投资判断。持续信息披露是指在证券上市交易后,上市公司以及其他法律规定的信息披露义务人将影响证券价格的重大信息,按照法定方式予以持续公开的一种证券法律制度。持续信息披露主要体现为定期报告制度和临时报告制度,同时主要是以年度报告、中期报告、季度报告和重大事件临时报告等作为信息披露的文件。

虚假陈述的民事责任是指行为人违反证券法的规定,在信息披露时有虚假陈述、重大遗漏或误导性陈述,致使投资者造成损害所应承担的民事赔偿责任。虚假陈述的民事责任主要是侵权责任。在证券侵权责任中,虚假陈述的民事责任最为典型,有关制度也是证券法实施过程中适用最多的责任制度。

第一节 信息披露制度概述

一、信息披露制度的概念与意义

信息披露制度,又称信息公开制度,是指证券发行人以及证券法规定的其他负有信息披露义务的主体,依照法定的方式和要求,将与证券发行和证券交易有关的可能影响证券投资者投资判断的信息予以公开的一种证券法律制度。信息披露制度是"三公"原则中"公开原则"的具体要求和反映,也是证券监管的一项重要内容。信息披露制度的目的在于维护证券交易的安全与公平,维护投资者的利益,维持证券市场的稳定与秩序。

关于信息披露制度应当由立法作为一种强制义务还是由上市公司自愿选择的问题,学术界一直存在不同的见解。反对强制信息披露的非管制论者认为,强制性信息披露式的管制并不能有效制止市场欺诈或操纵行为,反而会使证券市场价格机制僵化,妨碍市场自我调节功能的发挥,同时可能增加证券发行人的披露成本。支持强制信息披露的管制论者认为,由于存在信息不对称、价格不稳定、交易品种的差异性等情形,必须给予证券市场强有力的管制。强制信息披露是确保证券市场公平、公正的重要手段,也是减少市场风险,保护投资者利益的重要举措。

尽管存在上述分歧,一般认为,强制信息披露制度作为证券法律制度的核心以及证券市场赖以存在和发展的基石,在证券市场运行中发挥着重要的作用:(1)有利于投资者获得真实充分的证券市场信息,为证券投资者的投资决策提供依据;(2)有利于证券价格的合理形成,提高公众对证券市场的信心;(3)有利于防止证券欺诈,从而保护投资者的合法权益;(4)有利于加强对证券发行人及上市公司的监督管理,促进其改善经营,不断提高经济效益;(5)有利于证券监管部门加强对整个证券市场的监管;(6)有利于提高证券市场效率,最终实现资源的合理配制。

二、信息披露的基本要求

信息披露的基本要求实质上就是信息披露的有效标准。《证券法》第78条第2款规定:"信息披露义务人披露的信息,应当真实、准确、完整,简明清晰,通俗易懂,不得有虚假记载、误导性陈述或者重大遗漏。"

信息披露的基本要求可以分为实质性要求和形式性要求。前者包括真实性、准确性、完整性、及时性,后者包括规范性、易得性和易解性。

(一)信息披露的实质性要求

1.真实性

真实性要求信息披露义务人所披露的信息必须符合客观实际,不得含有任何虚假的成分。真实性是信息披露的最根本也是最重要的要求,在信息披露要求中居于首要地位。

由于证券市场客观情况始终在变动之中,而且信息披露者主观认知存在局限性,因此对"真实性"的要求实际上是相对的,其所要求的客观真实只是一种法律上的判断。实践中检验信息是否真实,主要从客观性、一致性两方面入手。客观性指披露信息所反映的事实必须是客观存在的,或者是实际发生的,而不是无中生有、随意捏造的;一致性指披露信息所反映的事实与实际发生的事实必须是相符的,不能为了达到某种目的而对其中的细节夸大或缩小。[1]与真实性相对的就是虚假记载。所谓虚假记载,是指在信息披露的文件

---

[1] 符启林主编:《中国证券市场十年著名案例评析》,中国政法大学出版社2003年版,第89页。

上作出与事实真相不符的记载,即客观上没有发生或无合理基础的事项被信息披露文件加以杜撰或未予剔除。倘若信息披露不真实,则信息披露义务人就要对其行为承担相应的法律责任。

2. 准确性

准确性要求信息披露义务人所公告的信息资料必须准确无误,不得存在模糊不清的语言使公众对所公开的信息产生误解,也不得作误导性陈述。准确性要求实际上包含两方面内容:一是所披露信息的内容要准确;二是披露信息时在语言表达方式上要言尽其义,不得使人误解。在判断披露信息的语言是否容易致人误解时,实践中应当以一般投资者的正常理解能力作为评判标准。

值得注意的是,对于不同性质的信息,准确性要求的标准不尽相同。如果把所有影响投资者决策的信息划分为"硬信息"和"软信息",前者包括公司法及证券法规中所要求披露的招股说明书、上市公告书、配股说明书、年度报告和中期报告、重大事项披露报告、分红配股政策、收购兼并决定等;后者主要集中在前瞻性说明,如盈利预测、设想、预计等,也包括对主观分析或推断的说明,如意见、动机、意向等。[1] 对于"硬信息",准确性的要求应当是相对严格的,即信息披露者意图表达的信息必须与客观事实相符,用某种表达方式呈现的客观信息必须与一般信息接收者所理解或感知的结果相一致。而对于"软信息",由于其具有一定的特殊性,即对未来判断的或然性或不确定性,因此,对其准确性的要求应当不同于对"硬信息"的要求。具体表现在:(1)预测性信息必须具有现实的合理假设基础,并且必须本着审慎的原则作出;(2)由于客观条件变化,原先作出预测的合理假设基础变化或不存在而导致预测信息变得不真实或具有误导性成分时,披露人有义务及时披露并更正预测性信息。[2] 可见,准确性不仅要求信息在披露当时的准确性,还要求所有经披露进入市场且仍然有效存在于市场上、直接或间接影响投资者决策的信息应当持续保持其准确性。相应地,这就要求信息披露义务人负有必要的澄清义务。

3. 完整性

完整性又称全面性或充分性,它要求信息披露义务人必须将能够影响证券市场价格的信息以及投资者作出投资决策所必需的信息全部予以公开,不得有任何隐瞒或重大遗漏。在披露某一具体信息时,必须对其所有方面进行全面、充分的揭示,不仅要披露对公司股价有利的信息,更要披露对股价不利的种种潜在的或现实的风险因素。如果信息披露义务人在披露时有所侧重、隐瞒、遗漏,导致投资者无法得到有关投资决策的全面信息,即便已经公开的各个信息具有个别的真实性,也会在已公开信息总体上造成整体的虚假性。[3]

不过,完整性要求并不意味着信息披露义务人要事无巨细地披露所有与发行公司经营状况有关的信息,那些对股票价格和投资者决策判断并无影响的信息公开,不但会加重信息披露义务人的披露成本,也会加大投资者甄别信息的难度。因此,需要完整、充分披露

---

[1] 黄振中编著:《美国证券法上的民事责任与民事诉讼》,法律出版社 2003 年版,第 82 页。

[2] 齐斌:《证券市场信息披露法律监管》,法律出版社 2000 年版,第 117 页。

[3] 陈甦等:《论上市公司信息公开的基本原则》,载《中国法学》1998 年第 1 期。

的信息一般是具有重大性或是法律强制要求披露的信息。前者如重大股权变动、资产变动或公开要约收购等，后者如年度报告、中期报告等。在完整信息披露前提下，为了切实保护信息披露义务人的正当权益，以免其因信息披露遭受不必要的商业损失，法律上还设计了暂缓披露和信息披露豁免等制度。例如，上海证券交易所《股票上市规则》第2条、第27条规定："上市公司及相关信息披露义务人拟披露的信息被依法认定为国家秘密，按照本规则披露或者履行相关义务可能导致其违反法律法规或者危害国家安全的，可以按照本所相关规定豁免披露。上市公司及相关信息披露义务人拟披露的信息属于商业秘密、商业敏感信息，按照本规则披露或者履行相关义务可能引致不当竞争、损害公司及投资者利益或者误导投资者的，可以按照本所相关规定暂缓或者豁免披露该信息。"

4. 及时性

及时性又称时效性，它要求信息披露义务人必须依照法律规定的时限及时公开各种需要披露的信息，以确保公众投资者可以根据最新信息及时调整自己的投资策略，同时防止内幕交易等证券违法行为的发生。如果影响证券市场价格的重要信息，在其发生相当长时间后才得以公开，则该信息作为投资判断依据的价值就不复存在。

为保证信息披露的真实性，各国法律大都对信息产生与信息披露之间的时间差作了具体规范。就我国信息披露制度而言：首先，对于定期公开的报告，必须在法律规定的期限内制作并公布；其次，对于临时发生且不可预见的重大事件，法律规定应当立即披露，并在规定时间内编制书面报告向证券监管机构及证券交易所报告；最后，当公司已经披露在外的信息由于客观因素不再具有真实性、准确性、完整性的时候，法律规定公司有义务及时发布相关信息修改、更正或者澄清这些信息。

（二）信息披露的形式性要求

1. 规范性

规范性要求信息披露义务人必须按照法律规定和证券监管部门制定的统一的内容和格式标准制作并公布信息披露文件。无论是公开文件的类型、文件的内容还是信息披露的格式等，都应当严格按照规定进行，否则可能导致文件不被接受或者依要求重新披露。

2. 易解性

易解性要求公开披露信息从陈述方式到语言使用上都应当尽量做到浅显易懂，运用术语不能过于专业化而阻碍一般投资者的理解、掌握和运用。易解性要求表明信息披露的目的不仅仅是公开信息，更在于传达信息，使投资者能真正理解信息，最终有效运用信息。

3. 易得性

易得性要求公开披露的信息必须容易为一般公众投资者所获取。从相关规定来看，应披露的信息一般通过新闻媒介，如报纸、电视等进行公开；将信息披露公开文件备置于上市公司所在地、证券交易所、证券公司所在地等指定场所以供公众查阅；由证券发行者或出售者将有关信息资料直接交给投资者。实践中一般将信息披露的几种方式结合使用，以保证信息的易得性。

三、信息披露的类型

根据信息披露的目的、内容、时间等的不同,可将信息披露作不同的分类。

(1)根据信息披露阶段的不同,可将信息披露分为上市前的初期信息披露和上市后的持续信息披露。

上市前的初期信息披露是指证券发行人在发行证券和所发行证券获准上市时依法承担的信息披露义务;持续信息披露又称继续披露,是指证券发行人在其证券上市交易期间依法承担的信息披露义务。这种分类的意义在于两种信息披露在信息披露的程序、披露的文件以及披露的目的等方面存在差异,相应地两者适用的法律规范也有差异。

(2)根据信息披露的时间要求的不同,可将信息披露划分为定期披露和临时披露。

定期披露是指按照法定的期限,按时公开有关信息。适用定期公开的,主要是各种财务报告。临时披露是指在发生法定的重大事件时,立即公开有关信息。适用临时披露的,主要是各种重大事件报告、大股东持股情况报告、上市公司收购报告、征集投票权委托报告和关联交易报告等。

(3)根据信息披露的内容的不同,可将信息披露划分为描述性信息披露、评价性信息披露和预测性信息披露。

描述性信息披露是指对已经发生或正在发生的客观事实进行陈述,以及在必要时对事实原因进行解释。它所披露的是上市公司经营活动中的既成事实;评价性信息披露是指对上市公司既存事实的性质、结果或影响的分析和价值判断,它反映的是已公开信息中的事实与其他事实之间的联系性;预测性信息披露是上市公司对将来的经营情况(主要是盈利情况)所作的预测,它反映的是上市公司经营状况中的既有事实与将来事实之间的联系性。[1]这种分类的意义在于对不同类型信息的有效标准,在判断上有所区别,在法律规制上也有差异。例如,对描述性信息披露中的"计划事实",如果计划未得到全面实施,上市公司必须对此作出合理说明,无正当理由而不全面实施计划,可以认定其所公开的计划为虚假计划。对于盈利性预测,只要盈利预测假设条件的事实具有真实性,并且与盈利结果有逻辑上的关联性,一般即认为属于真实的信息。至于评价性信息有效性的判断,实质上是对评价依据的真实性和评价方法的合理性进行判断。

(4)根据信息披露的对象的不同,可将信息披露分为向证券管理部门报告的信息披露和向社会公告的信息披露。

向证券管理部门报告的信息披露是指信息披露义务人按法定期限和方式,向证券管理部门报送有关信息公开文件。向社会公告的信息披露则是指按法定方式,通过媒体向社会公众公告有关信息。

---

[1] 李玉基、楼晓主编:《证券法学》,人民法院出版社、中国社会科学出版社2004年版,第114页。

第二节　证券发行信息披露制度

证券发行信息披露是指证券发行人及其他信息公开义务人根据法律的规定,将与证券发行有关的信息以法定程序和方式予以公开的一种证券法律制度。披露与发行证券有关的信息的目的在于让准备购买证券的投资者能全面了解发行公司的情况,以便投资者作出其投资判断。由于发行证券品种的不同,证券发行信息披露包括公开发行股票的信息披露和发行公司债券的信息披露。其中,由于股票的发行不仅包括首次发行,也包括再次发行,如配股和增发新股,故相应地其信息披露也应加以区分。

根据《公司法》《证券法》以及证监会发布的《关于公布公开发行证券的公司信息披露内容与格式准则第58号——首次公开发行股票并上市申请文件的公告》等的规定,首次公开发行股票并申请上市时,发行公司需要披露的文件包括:(1)招股说明书;(2)发行人关于本次发行上市的申请与授权文件;(3)保荐人和证券服务机构关于本次发行上市的文件;(4)发行人的设立文件;(5)与财务会计资料相关的其他文件等。这些文件中,最核心的就是招股说明书、债券募集说明书及上市公告书,故本书重点予以探讨。

一、招股说明书

招股说明书,又称招股章程,是发行公司在对社会公众募集股份时,由发起人起草、向社会公众披露的关于公司总体状况、股份总数、股本结构、财务状况、盈利能力、发行股票类型、数额、价格,以及发行人基本情况等内容的书面报告。[1]它是发行股票的股份有限公司依据证券监管机构规定的格式制作的、反映与股票发行有关的重大信息的专门文件,也是发行人向证券监管机构申请公开发行申报材料的必备部分,是发行股票时最基本的法律文件。

关于招股说明书的内容与格式、制作与公开等,《中国证券监督管理委员会公告〔2023〕4号——关于公布公开发行证券的公司信息披露内容与格式准则第57号——招股说明书的公告》作了详细规定。不过,该准则的规定是对招股说明书信息披露的最低要求。不论准则是否有明确规定,凡对投资者作出投资决策有重大影响的信息,均应披露。

招股说明书正文应详细记载以下事项:(1)本次发行概况,主要包括本次发行的股票种类、每股面值、发行股数、占发行后总股本的比例、每股发行价、标明计算基础和口径的市盈率、预测盈利总额及发行后每股盈利(如有)、发行前和发行后每股净资产、发行方式与发行对象、承销方式、本次发行预计实收募股资金、发行费用概算。(2)风险因素,是指可能对发行人业绩和持续经营产生不利影响的所有因素,特别是发行人在业务、市场营

---

〔1〕 招股说明书的性质为要约邀请。因为在招股说明书披露时,尚无法确定众多投资者的持股数量。招股说明书只是发行人向社会公众作出准备发行股票的意思表示,其目的在于吸引公众投资者向其发出认购股票的要约的意思表示。不过,与一般民商事活动中的要约邀请相比,招股说明书具有要式性,必须按证监会规定的内容和格式要求制作,同时,招股说明书必须全面披露与股票发行有关的信息,且所披露的信息应准确、真实、完整,不得存在虚假、误导性陈述或者重大遗漏。

销、技术、财务、募股资金投向及发展前景等方面存在的困难、障碍或损失。(3)发行人基本情况。(4)业务和技术,即发行人应披露所处行业国内外基本情况,主要包括行业管理体制、行业竞争状况、市场容量、技术水平等。(5)同业竞争和关联交易。(6)董事、监事、高级管理人员与核心技术人员。(7)公司治理结构。(8)财务会计信息。(9)业务发展目标。(10)募股资金运用。(11)发行定价及股利分配政策。(12)其他重要事项。

二、债券募集说明书

(一)《公司法》关于公司债券发行的信息披露规定

《公司法》第195条规定:"公开发行公司债券,应当经国务院证券监督管理机构注册,公告公司债券募集办法。公司债券募集办法应当载明下列主要事项:(1)公司名称;(2)债券募集资金的用途;(3)债券总额和债券的票面金额;(4)债券利率的确定方式;(5)还本付息的期限和方式;(6)债券担保情况;(7)债券的发行价格、发行的起止日期;(8)公司净资产额;(9)已发行的尚未到期的公司债券总额;(10)公司债券的承销机构。"这里的公司债券募集办法又称公司债券发行章程,是发行公司债券的公司依据证券监管机构规定的事项和格式制作的、反映与公司债券发行有关的重大信息的一种法律文件。

(二)证券交易所关于《债券募集说明书》的信息披露要求

债券募集说明书是发行公司发行债券时向投资者提供的关于发行人基本信用情况的要约邀请文件。关于《债券募集说明书》的信息披露要求,主要由证券交易所具体规定。主要内容如下:

(1)风险提示。发行人应遵循重要性原则,按顺序披露可能直接或间接对其生产经营状况、财务状况和债务偿付能力产生重大不利影响的因素,特别是发行人在业务、市场营销、技术、财务、行业环境、发展前景、融资渠道等方面存在的困难、障碍或损失。

(2)发行概况。具体包括债券名称、发行总额、票面金额、债券期限、还本付息方式等,发行条款,参与债券公开发行的主要中介机构信息。

(3)发行人及本期债券的资信情况。主要是债券发行人的信用评级情况,包括主要贷款的授信情况、使用情况、守约情况,近3年债券及相关债务融资工具的借款及偿还情况,流动比率、速动比率等财务指标等。

(4)增信机制、偿债计划及其他保障措施。主要是担保情况(担保人简介),担保合同的主要内容,担保物的名称、金额,担保顺序安排,专项偿债账户的内容,争议解决机制等。

(5)发行人基本情况。主要是发行人简况,发行人的实际控制人、重大资产重组历史,对外投资情况、联营企业信息,董事、监事、高级管理人员的基本情况,主要业务、主要产品(或服务)的用途、所在行业状况及发行人所面临的主要竞争状况、经营方针及战略,报告期内的主要业务收入、收入构成、上下游产业链情况,法人治理结构及相关机构最近3年内的运行情况,发行人及其董事、监事、高级管理人员的违法违规及受处罚的情况,发行人的独立性,发行人是否存在违法对外担保情况,内部管理制度的建立及运行情况,信息披露事务及投资者关系管理的相关制度安排等。

(6)财务会计信息。按《企业会计准则》的规定编制,并应摘自经具有证券期货相关业务资格的会计师事务所审计的财务报告;简要披露主要财务会计信息;主要会计数据和财务指标的比较;有息债务的总余额、债务期限结构、信用融资与担保融资的结构,本次发行公司债券后公司资产负债结构的变化等。

(7)募集资金运用。募集资金的用途、使用计划、专项账户管理安排等。

(8)债券持有人会议。债券持有人行使权利的形式,债券持有人会议决议的生效条件和效力等。

(9)债券受托管理人。债券受托管理人及其联系人和所订立的债券受托管理协议的情况,债券受托管理人保护债券持有人合法权益的主要措施、主要程序和方式等。

此外,还有发行人、中介机构及相关人员的真实性声明。此外还有备查文件,包括财务报告及审计报告、主承销商出具的核查意见、法律意见书、资信评级报告、债券持有人会议规则、债券受托管理协议、证监会核准本次发行的文件、担保合同、担保物所有权证明、增信机制或偿债保障措施的证明文件等。

三、股票上市公告书

上市公告书是证券在证券交易所开始上市交易时公告的文书,属于证券上市时应披露的文件。

为了落实全面实行股票发行注册制相关要求,进一步规范公开发行股票公司在证券交易所上市的信息披露行为,各证券交易所发布的《股票上市公告书内容与格式》明确地规定了上市公告书的内容与格式。上市公告书应当按照准则规定的格式进行编制。以《深圳证券交易所发行与承销业务指引第1号——股票上市公告书内容与格式》为例,上市公告书的主要内容包括:(1)重要声明与提示;(2)发行人股票上市情况;(3)转板公司股票在创业板上市情况;(4)发行人、转板公司及其股东和实际控制人情况;(5)发行人股票发行情况;(6)财务会计资料;(7)其他重要事项;(8)上市保荐人及其意见;(9)重要承诺事项。其中,发行人、转板公司应当在上市公告书显要位置作下列重要声明与提示:(1)"本公司及全体董事、监事、高级管理人员保证上市公告书的真实性、准确性、完整性,承诺上市公告书不存在虚假记载、误导性陈述或者重大遗漏,并依法承担法律责任。"(2)"深圳证券交易所、有关政府机关对本公司股票上市及有关事项的意见,均不表明对本公司的任何保证。"(3)"本公司提醒广大投资者认真阅读刊载于××网站的本公司招股说明书(转板报告书)'风险因素'章节的内容,注意风险,审慎决策,理性投资。"(4)"本公司提醒广大投资者注意,凡本上市公告书未涉及的有关内容,请投资者查阅本公司招股说明书(转板报告书)全文。"此外,发行人、转板公司应当在上市公告书显要位置,就首次公开发行股票、转板公司流通股上市初期的投资风险作特别提示,提醒投资者充分了解风险、理性参与新股(转板公司流通股)交易。风险提示应当结合涨跌幅限制放宽、流通股数量较少、市盈率高于同行业平均水平(如适用)、股票上市首日即可作为融资融券标的等因素,有针对性地作出描述。至于发行人应当披露股票注册及上市审核情况,包括但不限于下列内容:(1)编制上市公告书的法律依据;(2)证监会予以注册的决定及其主要内容;(3)本所同意股票上市的决定及其主要内容。

第三节　持续信息披露制度

持续信息披露又称继续公开,是指在证券上市交易后,上市公司以及其他法律规定的信息披露义务人将影响证券价格的重大信息,按照法定方式予以持续公开的一种证券法律制度。持续信息披露制度是维护投资者权益的重要法律制度,它使证券市场参与者通过公司披露的信息监督公司的经营活动,促进上市公司改善管理、提高质量。

持续信息披露是上市公司的责任,上市公司应当真实、准确、完整、及时地披露信息。持续信息披露主要体现为定期报告制度和临时报告制度,同时主要是以年度报告、中期报告、季度报告和重大事件临时报告等作为信息披露的文件。

一、定期报告

定期报告是指信息披露义务人在法定期限内依法制作完毕并公告的法律文件。定期报告主要包括年度报告、中期报告和季度报告。上市公司、挂牌公司应当在规定的期限内编制并披露定期报告。

（一）年度报告

年度报告是指在每个会计年度结束后一定期间内,由信息披露义务人依法制作并提交的、反映信息披露义务人本会计年度基本经营情况、财务状况等重大信息的法律文件。年度报告是定期报告中最重要的法律文件,与中期报告、季度报告相较,年度报告的内容、格式和披露规则最为严格、细致。上市公司应在每个会计年度结束之日起4个月内编制并披露年度报告。

年度报告的主要内容。主要包括以下内容:(1)公司基本情况;(2)主要会计数据和财务指标;(3)管理层讨论与分析;(4)公司股票、债券发行及变动情况,报告期末股票、债券总额、股东总数,公司前10大股东持股情况;(5)控股股东及实际控制人情况;(6)董事、监事、高级管理人员、核心员工任职及持股情况;(7)报告期内发生的重大事件及对公司的影响;(8)公司募集资金使用情况（如有）;(9)利润分配情况;(10)公司治理及内部控制情况;(11)财务会计报告和审计报告全文;(12)证监会规定的其他事项。

（二）中期报告

半年度报告,即中期报告,是指关于股票或者公司债券上市交易的公司在每个会计年度的上半年结束之时,依法制作并提交的反映信息披露义务人一年中前6个月的基本经营情况、财务状况等重大信息的法律文件。上市公司应在每个会计年度的上半年结束之日起2个月内编制并披露中期报告。

中期报告主要有以下内容:(1)公司基本情况;(2)主要会计数据和财务指标;(3)公司股票、债券发行及变动情况,报告期末股东总数,公司前10大股东持股情况;(4)控股股东及实际控制人发生变化的情况;(5)报告期内重大诉讼、仲裁等重大事件及对公司的影响;(6)公司募集资金使用情况（如有）;(7)财务会计报告;(8)证监会规定的其他事项。

与年度报告不同的是,半年度报告中的财务报告可以不经过审计,证监会和证券交易所另有规定的除外。

（三）季度报告

季度报告是指由信息披露义务人依法制作并提交的反映信息披露义务人在会计年度前 3 个月、9 个月的基本经营情况、财务状况等重大信息的法律文件。季度报告主要内容为公司基本情况、主要为会计数据和财务指标以及证监会和证券交易场所规定的其他事项。

披露季度报告的，上市公司应当在每个会计年度前 3 个月、9 个月结束后的 1 个月内编制并披露。第一季度报告的披露时间不得早于上一年的年度报告。披露时间不得早于上一年的年度报告。

上市公司、挂牌公司预计不能在规定期限内披露定期报告的，应当及时公告不能按期披露的具体原因、编制进展、预计披露时间、公司股票是否存在被停牌及终止上市、挂牌的风险，并说明如被终止上市、挂牌，公司拟采取的投资者保护的具体措施等。

二、临时报告

上市公司披露的除定期报告之外的其他公告为临时报告。临时报告制度主要是为了弥补定期报告信息公开滞后的缺陷，以满足投资者对公司信息披露及时性的需求。

临时报告主要包括"重大事件临时报告"和收购报告，关于收购报告的披露本书将其纳入"上市公司收购"一章中，故本节主要讨论重大事件临时报告。

重大事件临时报告是指上市公司将公司发生的可能对证券投资判断有较大影响而投资者尚未得知的重大事件依法予以公开的法定形式。

（一）重大事件的界定

《证券法》第 80 条第 1 款规定，"发生可能对上市公司、股票在国务院批准的其他全国性证券交易场所交易的公司的股票交易价格产生较大影响的重大事件，投资者尚未得知时，公司应当立即将有关该重大事件的情况向国务院证券监督管理机构和证券交易场所报送临时报告，并予公告，说明事件的起因、目前的状态和可能产生的法律后果。"但是，究竟什么是重大事件，《证券法》并未给出确切的概念。

对重大事件的界定实际上涉及信息披露制度中的重大性标准。重大性标准由于事关上市公司信息披露的范围进而影响到上市公司承担的披露义务从而成为信息披露制度中的一个极为关键的问题。关于重大性标准，各国和地区尚无统一的规定。在理论界，美国学者对重大性标准倾向于采用比较宽泛的双重标准制，即将"影响投资者决策"和"影响上市公司证券市场价格"并列作为判定信息重要性的标准，只要符合二者之一便构成重大事项。日本对重大性标准采取的是"上市公司任何关于管理、营运、财产的严重影响投资者决策的事实"。我国台湾地区"证券交易法"中将重要事项定义为发生对股东或证券价格有重大影响的事项。归结起来，重大事件是与上市公司商业和事务有关的、足以导致或可能导致上市公司证券价值或市场价格重大变化的，或者可以合理地预期将会对理性投资者的投资决策产生重大影响的事实。

为了更好地理解和把握重大事件，《证券法》第 80 条第 2 款对重大事件还作了列举式规定,它们是:(1)公司经营方针和经营范围的重大变化;(2)公司的重大投资行为和重大的购置财产的决定;(3)公司订立重要合同,而该合同可能对公司的资产、负债、权益和经营成果产生重大影响;(4)公司发生重大债务和未能清偿到期重大债务的违约情况;(5)公司发生重大亏损或者遭受重大损失;(6)公司生产经营的外部条件发生重大变化;(7)公司的董事,1/3以上的监事或者经理发生变动,董事长或者经理无法履行职责;(8)持有公司5%以上股份的股东或者实际控制人,其持有股份或者控制公司的情况发生较大变化,公司的实际控制人及其控制的其他企业从事与公司相同或者相似业务的情况发生较大变化;(9)公司分配股利、增资的计划,公司股权结构的重要变化,公司减资、合并、分立、解散及申请破产的决定,或者依法进入破产程序、被责令关闭;(10)涉及公司的重大诉讼、仲裁,股东大会、董事会决议被依法撤销或者宣告无效;(11)公司涉嫌犯罪被依法立案调查,公司的控股股东、实际控制人、董事、监事、高级管理人员涉嫌犯罪被依法采取强制措施;(12)国务院证券监督管理机构规定的其他事项。

(二)重大事件披露规则

由于临时性报告强调及时性,因此,从原则上说,重大事件应立即公开。《公开发行股票公司信息披露实施细则》第18条规定:"公司在发生无法事先预测的重大事件后一个工作日内,应当向证监会作出报告;同时应当按其挂牌的证券交易场所的规定及时报告该交易场所。公司在重大事件通告书编制完成后,应当立即报送证监会十份供备案,并备置于公司所在地、挂牌交易的证券交易场所、有关证券经营机构及其网点,供公众查阅。"

《股票上市规则》明确了重大事项首次披露的时点并细化了持续披露的要求。规则规定,上市公司应当在以下任一时点最先发生时,及时披露可能对本公司股票及其衍生品种交易价格产生较大影响的重大事项:(1)董事会或者监事会就该重大事项形成决议时;(2)有关各方就该重大事项签署意向书或者协议(无论是否附加条件或期限)时;(3)任何董事、监事或者高级管理人员知道或应当知道该重大事项时。

《股票上市规则》还规定重大事件筹划时就要披露的制度。规则规定,重大事项尚处于筹划阶段,但在前条所述有关时点发生之前出现下列情形之一的,上市公司应当及时披露相关筹划情况和既有事实:(1)该重大事项难以保密;(2)该重大事项已经泄露或者市场出现传闻;(3)公司股票及其衍生品种的交易发生异常波动。

第四节 证券虚假陈述的民事责任

虚假陈述的民事责任,是指行为人违反《证券法》的规定,在信息披露时有虚假陈述、重大遗漏或误导性陈述,致使投资者造成损害所应承担的民事赔偿责任。[1]证券虚假陈述

---

[1] 虚假陈述的民事责任是因违反信息公开制度所要承担的民事责任,而违反信息公开制度的表现形式有虚假陈述、重大遗漏和误导性陈述三种,将其界定为虚假陈述的民事责任,只是为了表述的方便。

的民事责任主要是侵权责任。在证券侵权责任中,虚假陈述的民事责任最为典型,有关制度也是《证券法》实施过程中适用最多的责任制度。

一、虚假陈述行为的界定

2022年1月21日,最高人民法院发布《关于审理证券市场虚假陈述侵权民事赔偿案件的若干规定》(法释〔2022〕2号,以下简称"新司法解释"),对最高人民法院2003年2月1日实施的《关于审理证券市场因虚假陈述引发的民事赔偿案件的若干规定》(法释〔2003〕2号,以下简称"旧司法解释")作了实质性的重大修订。新司法解释第4条规定:"信息披露义务人违反法律、行政法规、监管部门制定的规章和规范性文件关于信息披露的规定,在披露的信息中存在虚假记载、误导性陈述或者重大遗漏的,人民法院应当认定为虚假陈述。虚假记载,是指信息披露义务人披露的信息中对相关财务数据进行重大不实记载,或者对其他重要信息作出与真实情况不符的描述。误导性陈述,是指信息披露义务人披露的信息隐瞒了与之相关的部分重要事实,或者未及时披露相关更正、确认信息,致使已经披露的信息因不完整、不准确而具有误导性。重大遗漏,是指信息披露义务人违反关于信息披露的规定,对重大事件或者重要事项等应当披露的信息未予披露。"

"重大性"是证券虚假陈述行为违法性的核心标准,也是要求虚假陈述行为人承担民事责任的基本要素。如前所述,从域外经验看,成熟市场对虚假陈述信息"重大性"的认定通常有两种标准,即"影响投资者决策"标准与"影响市场价格"标准。前者侧重于虚假信息的披露是否会对投资者的投资决策产生实质性影响;后者则落脚在虚假信息的披露是否会对相关股票价格产生实质性影响。我国现行立法对虚假陈述"重大性"的认定标准并不统一。例如,证监会发布的《上市公司信息披露管理办法》同时采取了两个标准;现行《证券法》第80、81条则采用"影响市场价格"标准;新司法解释第10条第1款规定,如果虚假陈述的内容属于《证券法》第80、81条以及相关规章及规范性文件要求披露的重大事件或重大事项,或者虚假陈述行为引发证券交易价格或交易量的明显变化的,就可以认定虚假陈述的内容具有重大性。同时,该条第2款从反面规定了即便属于相关法律、法规或规范性文件要求应该披露的重大事项,但如果被告能够证明证券交易价格或交易量没有明显变化的,法院应当认定虚假陈述的内容不具有重大性。由此可见,新司法解释采用了"影响市场价格"标准作为判断虚假陈述内容是否构成"重大性"的核心尺度。但是,新司法解释第10条在影响"证券交易价格"基础上,增加了影响证券"交易量"的表述。对此,从市场实践考察,股票成交量放大而股价不变的情况并不鲜见。而更为关键的是,证券虚假陈述损害赔偿问题最终是要落实到价格上。即便有交易量变化,只要证券价格无波动就不会导致投资者损失,投资者的赔偿请求也就无从谈起。因此,交易量的变化能否成为虚假陈述重大性的衡量尺度值得斟酌。

二、虚假陈述民事责任的归责原则

《证券法》第85条规定:"信息披露义务人未按照规定披露信息,或者公告的证券发行文件、定期报告、临时报告及其他信息披露资料存在虚假记载、误导性陈述或者重大遗漏,致使投资者在证券交易中遭受损失的,信息披露义务人应当承担赔偿责任;发行人的控股股东、实际控制人、董事、监事、高级管理人员和其他直接责任人员以及保荐人、承销的证券公司及其直接责任人员,应当与发行人承担连带赔偿责任,但是能够证明自己没有过错的除外。"

《证券法》第 163 条规定:"证券服务机构为证券的发行、上市、交易等证券业务活动制作、出具审计报告及其他鉴证报告、资产评估报告、财务顾问报告、资信评级报告或者法律意见书等文件,应当勤勉尽责,对所依据的文件资料内容的真实性、准确性、完整性进行核查和验证。其制作、出具的文件有虚假记载、误导性陈述或者重大遗漏,给他人造成损失的,应当与委托人承担连带赔偿责任,但是能够证明自己没有过错的除外。"

鉴于《证券法》第 85 条并未规定发行人虚假陈述民事责任的免责事由,[1] 故可知发行人(上市公司)承担虚假陈述民事责任的归责原则是无过错责任;至于发行人以外的责任主体,其承担民事责任的归责原则是过错推定责任。这样区别设置的缘由在于,在信息披露活动中,发行人、上市公司是信息披露义务主体,在信息披露中起决定作用。至于其他责任主体,只是因为其职务或业务关系,与发行人、上市公司的信息披露活动相联系。具体而言,发行人是已公开信息的最初掌握者,对已公开信息的内容事先当然有充分的了解,能够决定信息披露文件的内容与发布时机,并且其披露的信息对其证券市场价格有重大影响。而投资者只是被动地了解已公开信息,已公开信息的使用结果对投资者有重大利害关系,投资者对于发行人违法行为的原因又难以举证。因此,如果信息披露中有虚假记载等内容,发行人无论是否有过错,都应承担相应的法律责任,以此充分保护投资者权益。至于发行人以外的责任主体,保荐人、承销的证券公司、证券服务机构等,往往是根据发行人提供的材料了解应公开信息的内容或者制作信息披露文件。要求他们承担无过错责任,似嫌过苛。就发行人、上市公司的董事、监事、高级管理人员和其他直接责任人员而言,信息披露文件的内容往往共同判断和决定的结果,如董事是通过议决而不是单独决定有关信息披露事宜,因此在归责时也必须考虑这类主体在信息披露活动中的具体情况,主观上是否有过错便是判定这类主体应负责任或免责的公平而可行的标准。《证券法》追究这类主体的民事责任,除了确保受损失的投资者能获得充分赔偿之外,也是督促这类主体在信息公开活动中审慎行事、合法行事,以过错与否作为他们承担民事责任的主观要件,可以约束并促使其合法审慎地进行信息披露活动。如果这类主体在其工作中已经尽到其审慎守法义务,自不必令其对发行人、上市公司违反信息披露制度的行为承担责任。但是与公众投资者相比,这类主体在信息披露活动中仍处于主导或优势地位,可以预先了解和决定信息披露文件的内容,而投资者对这些主体否有过错又难以举证。因此,根据信息披露制度的宗旨以及公众投资者在证券市场中的地位,对于发行人、上市公司的董事、监事、高级管理人员和其他直接责任人员,保荐人、承销的证券公司以及证券服务机构,应当采取推

---

[1] 无过错责任之免责条件,一般是责任人举证损害结果是受害人的过错造成。在信息披露制度中,如果发行人能够证明特定投资者在信息公开时已经知道信息的真实情况,则可以免除对这些投资者的民事责任。

定过错原则。[1]

三、虚假陈述民事责任因果关系的推定

从证券虚假陈述致投资者损害侵权责任因果关系的内在结构来看，实际上可以分为两个层次：一是交易因果关系，即如果没有行为人的虚假陈述就不会有投资者的证券交易发生，或者说投资人是基于对行为人虚假陈述的信赖实施了证券交易；二是损失因果关系，即投资者因为交易而遭受损失，投资者的交易损失系直接由行为人的虚假陈述所导致的。

由于证券市场及证券交易的特殊性，作为受害方的投资者要举证信息披露责任主体虚假陈述致其损害困难重重。为此，现代各国纷纷效仿美国，采用"市场欺诈理论"（Fraud-On-The-Market Theory）来解决虚假陈述民事赔偿中的因果关系认定问题。该理论的核心观点在于，在一个开放而且发展良好的证券市场上，证券价格反映了关于证券发行人的所有公开信息，包括错误虚假的信息。既然所有不真实的和具有欺诈性的信息都反映在证券的市场价格上，那么，所有接受了该证券的市场价格从事交易的投资者都可以被看作是信赖了所有的信息，包括虚假陈述信息而进行的交易。该理论解决了证券交易中的"信赖推定"从而成为虚假陈述民事赔偿中实行因果关系推定的理论基础。我国新司法解释正是借鉴域外市场欺诈理论，在对投资者按照市场价格进行交易实施"信赖推定"的基础上，对虚假陈述侵权民事赔偿实行了"因果关系推定"。[2]

关于交易因果关系，新司法解释第11条规定：原告能够证明下列情形的，人民法院应当认定原告的投资决定与虚假陈述之间的交易因果关系成立：（1）信息披露义务人实施了虚假陈述；（2）原告交易的是与虚假陈述直接关联的证券；（3）原告在虚假陈述实施日之后、揭露日或更正日之前实施了相应的交易行为，即在诱多型虚假陈述中买入了相关证券，或者在诱空型虚假陈述中卖出了相关证券。第12条规定：被告能够证明下列情形之一的，人民法院应当认定交易因果关系不成立：（1）原告的交易行为发生在虚假陈述实施前，或者是在揭露或更正之后；（2）原告在交易时知道或者应当知道存在虚假陈述，或者虚假陈述已经被证券市场广泛知悉；（3）原告的交易行为是受到虚假陈述实施后发生的上市公司的收购、重大资产重组等其他重大事件的影响；（4）原告的交易行为构成内幕交易、操纵证券市场等证券违法行为的；（5）原告的交易行为与虚假陈述不具有交易因果关系的其他情形。新司法解释第11条明确了推定交易因果关系成立的事实条件。一是虚假陈述行为的存在；二是交易标的证券的关联性；三是投资者在特定期间（虚假陈述实施日之后、揭露日之前）实施了相应的交易行为，即在诱多型虚假陈述中买入了相关证券，或者在诱空型虚假陈述中卖出了相关证券。新司法解释第12条则是明确了可以抗辩交易因果关系不成立的具体情形。

---

[1] 陈甦主编：《证券法专题研究》，高等教育出版社2006年版，第286页。
[2] 陈洁：《证券虚假陈述侵权损害赔偿中因果关系的认定机制》，载《中国社会科学院大学学报》2023年第10期。

关于损失因果关系,新司法解释第 31 条规定:"人民法院应当查明虚假陈述与原告损失之间的因果关系,以及导致原告损失的其他原因等案件基本事实,确定赔偿责任范围。被告能够举证证明原告的损失部分或者全部是由他人操纵市场、证券市场的风险、证券市场对特定事件的过度反应、上市公司内外部经营环境等其他因素所导致的,对其关于相应减轻或者免除责任的抗辩,人民法院应当予以支持。"

四、虚假陈述行为造成的损害认定

损害的存在是构成侵权民事责任的前提或首要条件。证券市场虚假陈述行为给投资者造成的损害具有以下几个特性:(1)损害须是行为人违反《证券法》的信息披露制度所造成的。如果是因行为人违反其他法律规定而给受害人造成的损害,则应通过其他民商事法律规范予以救济。(2)侵害对象的特定性。在证券法领域发生的侵权责任都是针对财产权的,而不包括人身权与知识产权,即因违反有关证券的法律法规所造成的损害仅限于财产损失,而不包括人格利益的损害以及精神损害。因此,证券市场虚假陈述行为给受害人造成的是财产损失,包括金钱损失和可以用金钱计算的证券财产损失。(3)损害的复杂性。由于证券市场瞬息万变,投资者的损失是市场多种因素综合造成的。如何区分因虚假陈述侵权行为造成的损害和因正常市场风险或其他因素带来的损害是证券虚假陈述损害赔偿的主要难点之一。正是由于虚假陈述行为造成损害的表现与计算具有复杂性,确定虚假陈述行为造成的损失往往需要依靠专业机构运用更多的证券市场专业知识。

重要名词术语

信息披露、虚假陈述、定期报告、临时报告、重大事件、虚假记载、误导性陈述、重大遗漏

思考题

1. 简述信息披露的基本要求。
2. 简述信息披露的基本分类。
3. 持续性披露制度的主要内容是什么?
4. 需要临时报告的重大事件如何界定?
5. 虚假陈述的行为怎样认定?
6. 虚假陈述侵权责任中的因果关系如何认定?
7. 简述虚假陈述民事责任的归责原则。

典型案例分析

2001 年 3 月 19 日,K 药业股份有限公司(以下简称 K 药业)在上海证券交易所主板上市。2017 年 4 月 20 日、2018 年 4 月 26 日、2018 年 8 月 29 日,K 药业在上海证券交易所网站和巨潮资讯网及证监会指定报纸上先后披露了《2016 年年度报告》《2017 年

年度报告》《2018年半年度报告》。2018年10月15日晚开始,网上陆续出现文章,质疑K药业货币资金真实性,指出可能存在财务造假等问题。主要包括:2018年10月15日晚,微信公众号"初善投资"发布标题为《K药业究竟有没有谎言》的文章,该文认为K药业货币资金真实性可疑、造假特征明显,建议各位投资者小心。2018年10月16日,微信公众号"市值相对论"发布标题为《千亿K药业闪崩!大存大贷大现金大质押哪个是坑?》的文章,该文指出K药业存在存贷双高、大股东股票质押比例高和中药材贸易毛利率高等问题,质疑K药业存在财务造假。前述文章被多家影响范围较大的媒体广泛转载,引起强烈反响。K药业股票10月16日盘中一度触及跌停,收盘跌幅5.97%,此后连续三日以跌停价收盘,而同期(2018年10月16—19日)上证指数跌幅为0.69%,医药生物(申万)指数(××××××)跌幅为4.01%。同时,以"K药业"为关键词的百度搜索指数、百度资讯指数、各类媒体转载指数在2018年10月16日之后均呈现爆炸性增长。例如百度资讯指数,2018年10月16日之前几日K药业百度资讯指数为1000多,但至2018年10月16日猛增至4620,在10月17日、18日分别达到了8014和10,792。

证监会作出的《行政处罚决定书》(〔2020〕24号)查明,K药业披露的《2016年年度报告》《2017年年度报告》《2018年半年度报告》中,存在虚增营业收入、利息收入及营业利润,虚增货币资金和未按规定披露控股股东及其关联方非经营性占用资金的关联交易情况,属于对重大事件作出违背事实真相的虚假记载和披露信息时发生重大遗漏的行为;《行政处罚决定书》(〔2021〕11号)查明,Z会计师事务所出具的K药业2016年、2017年财务报表审计报告存在虚假记载。

2020年12月31日,原告顾某某、刘某某等11名投资者,向广州市中级人民法院提起本案诉讼,请求本院判令被告马某某、许某某(二人为K药业实控人)赔偿其投资差额损失共计410,522元及投资差额损失的佣金123.17元、印花税410.52元、利息损失1172.51元(合计412,228.20元);并请求判令被告K药业、邱某某、庄某某、温某某、马某某、马某某、林某某、李某、江某某、李某某、罗某某、林某某、李某某、韩某某、王某、张某、郭某某、张某某、唐某、陈某(上述为K药业董监高人员)对原告的上述损失承担连带责任。2021年3月30日,原告顾某某、刘某某等11名投资者向法院申请追加广东Z会计师事务所(特殊普通合伙)(以下简称Z)、杨某某、张某某、刘某、苏某某(上述人员为Z工作人员)为本案被告。

法院一审认为,K药业、Z等被告对上述《行政处罚决定书》查明的事实未予否认,且未提交相反证据,故法院对K药业披露的《2016年年度报告》《2017年年度报告》《2018年半年度报告》以及Z出具的K药业2016年、2017年财务报表审计报告存在虚假记载和重大遗漏的事实予以确认,并认定本案存在证券虚假陈述行为。

综合原、被告的诉辩意见,本案的争议焦点在于:

1.案涉虚假陈述行为的认定

《最高人民法院关于审理证券市场因虚假陈述引发的民事赔偿案件的若干规定》第17条第1款规定:"证券市场虚假陈述,是指信息披露义务人违反证券法律规定,在证券发行或者交易过程中,对重大事件作出违背事实真相的虚假记载、误导性陈述,或者在披露信息时发生重大遗漏、不正当披露信息的行为。"

证监会作出的《行政处罚决定书》(〔2020〕24号)查明,K药业披露的《2016年年度报告》《2017年年度报告》《2018年半年度报告》中,存在虚增营业收入、利息收入及营业利润,虚增货币资金和未按规定披露控股股东及其关联方非经营性占用资金的关联交易情况,属于对重大事件作出违背事实真相的虚假记载和披露信息时发生重大遗漏的行为;《行政处罚决定书》(〔2021〕11号)查明,Z出具的K药业2016年、2017年财务报表审计报告存在虚假记载。K药业、Z等被告对上述《行政处罚决定书》查明的事实未予否认,且未提交相反证据,故本院对K药业披露的《2016年年度报告》《2017年年度报告》《2018年半年度报告》以及Z出具的K药业2016年、2017年财务报表审计报告存在虚假记载和重大遗漏的事实予以确认,并认定本案存在证券虚假陈述行为。

关于案涉虚假陈述行为的实施日问题。2017年4月20日,K药业披露存在虚假记载和重大遗漏的《2016年年度报告》,此日期应当被认定为虚假陈述行为的实施日。

关于案涉虚假陈述行为的揭露日问题。虚假陈述的揭露和更正,是指虚假陈述被市场知悉、了解,不要求达到全面、完整、准确的程度,只要交易市场对揭露文章存在明显的反应,即可认定市场知悉虚假陈述行为。本院认为,应以自媒体质疑K药业财务造假的2018年10月16日为案涉虚假陈述行为的揭露日。理由为:一是自媒体质疑报道的主要内容,与证监会行政处罚认定的财务造假性质、类型基本相同。特别是质疑报道中关于K药业在货币资金等科目存在较大造假的猜测,在之后证监会作出的行政处罚决定中得到了证实,满足揭露行为的一致性要件。二是自媒体揭露内容引发了巨大的市场反应。K药业股价在被自媒体质疑后短期内急速下挫,走势与上证指数、行业指数的走势存在较大背离,可以认定市场对于自媒体的揭露行为作出了强烈反应,说明自媒体揭露行为对市场显现出很强的警示作用,满足揭露行为的警示性要件。三是虽然揭露文章仅是首发在自媒体而非官方媒体,但在移动互联网蓬勃兴起的当今,发表在自媒体的文章亦有可能会迅速引起较多媒体关注和转载。从本案来看,相关文章确实被多家媒体转载,并直接导致K药业的百度搜索指数和资讯指数暴增,成为舆论关注重心,满足揭露行为的广泛性要求,达到了揭露效果。

关于基准日和基准价问题。根据《最高人民法院关于审理证券市场因虚假陈述引发的民事赔偿案件的若干规定》第33条关于"投资差额损失计算的基准日,是指虚假陈述揭露或者更正后,为将投资人应获赔偿限定在虚假陈述所造成的损失范围内,确定损失计算的合理期间而规定的截止日期。基准日分别按下列情况确定:(一)揭露日或者更正日起,至被虚假陈述影响的证券累计成交量达到其可流通部分100%之日。但通过大宗交易协议转让的证券成交量不予计算"的规定,本案投资差额损失计算的基准日为K药业上市可流通股票换手率达到100%的2018年12月4日,基准价为12.7元。

2. 原告投资损失与案涉虚假陈述行为之间有无因果关系

本争议焦点涉及的因果关系包括原告的交易行为与案涉虚假陈述行为之间是否存在因果关系及原告的投资损失与案涉虚假陈述行为之间是否存在因果关系,即交易因果关系与损失因果关系。

（1）交易因果关系

《最高人民法院关于审理证券市场因虚假陈述引发的民事赔偿案件的若干规定》第18条规定："投资人具有以下情形的，人民法院应当认定虚假陈述与损害结果之间存在因果关系：（一）投资人所投资的是与虚假陈述直接关联的证券；（二）投资人在虚假陈述实施日及以后，至揭露日或者更正日之前买入该证券；（三）投资人在虚假陈述揭露日或者更正日及以后，因卖出该证券发生亏损，或者因持续持有该证券而产生亏损。"按照该司法解释之规定，符合条件的投资者的交易行为与被告虚假陈述行为之间应被推定认为存在交易因果关系。

基于此，根据前述关于实施日、揭露日的分析以及本院2021年2月10日作出的（2020）粤01民初××××号民事裁定，本案权利人范围为自2017年4月20日（含）起至2018年10月15日（含）期间以公开竞价方式买入，并于2018年10月15日闭市后仍持有K药业股票（证券代码：××××××），且与本案具有相同种类诉讼请求的投资者，但具有《最高人民法院关于审理证券市场因虚假陈述引发的民事赔偿案件的若干规定》第19条规定的虚假陈述与损害结果之间不存在因果关系情形的除外。法院按照前述范围确定投资者名单，调取了相关投资者交易数据，并委托投保基金对投资者的损失情况进行了核算。

法院调取相关投资者数据时已限定为以公开竞价方式买入的投资者的数据，实质上已将通过大宗交易等非竞价交易方式买入的投资者排除。虽然部分被告对此提出异议，但均未能举证证明仍有此类投资者作为原告，故法院对该异议不予支持。因此，法院认为，本案原告的交易行为均与被告虚假陈述行为之间存在交易因果关系。

（2）损失因果关系

关于原告的损失与被告虚假陈述行为是否具有损失因果关系。首先，原告投资损失金额的认定问题。投保基金计算投资者损失时使用的是移动加权平均法的计算方法，K药业等部分被告提出异议，认为应当使用先进先出加权平均法。但本院认为，使用移动加权平均法计算时，针对投资者每次买入股票测算一次买入成本，卖出股票的成本以前一次的买入均价为计价依据，即买入均价等于本次购入的股票金额加上本次购入前的持股成本的和，除以本次购入股票的数量加上本次购入前股票的数量的和。这个方法实际上考虑了从实施日到揭露日整个期间，投资者每次买入股票的价格和数量，同时也剔除了因为卖出证券导致的盈亏。因此，该方法更为符合实际情况，对从实施日到揭露日期间多次进行交易的投资者的成本认定更合理，故法院对投保基金采用的移动加权平均法表示认可。

其次，关于本案系统风险扣除的问题。《最高人民法院关于审理证券市场因虚假陈述引发的民事赔偿案件的若干规定》第19条规定："被告举证证明原告具有以下情形的，人民法院应当认定虚假陈述与损害结果之间不存在因果关系：（一）在虚假陈述揭露日或者更正日之前已经卖出证券；（二）在虚假陈述揭露日或者更正日及以后进行的投资；（三）明知虚假陈述存在而进行的投资；（四）损失或者部分损失是由证券市场系统风险等其他因素所导致；（五）属于恶意投资、操纵证券价格的。"本案中，案涉虚假陈述行为从实施日到揭露日时间较长，在此期间，证券市场走势波动亦较大。投资者的损失中，部分损失系证券市场系统因素造成,该部分损失应予剔除。至于扣除方式,投保基金选取医药生物(申万)指数作为比对指数,并采用"个体相对比例法"测算投资者证券市场系统风险扣除比例。法院认为申万行业指数编制较早,且在证券市场具有较大影响力,可以被选取作为比对指数。而在测算时,投保基金采用"个体相对比例法"测算投资者证券市场系统风险扣除比例,即从投资者第一笔有效买入开始,假设投资者买卖案涉股票时,同时买入卖出相同数量的医药生物(申万)指数,每一笔交易均同步对应指数的买入卖出,并将每个投资者持股期间的指数加权平均跌幅与个股加权平均跌幅进行对比,扣除证券市场系统风险的影响。投保基金具体所采用的计算公式为:市场系统风险扣除比例 = 证券买入与卖出期间指数加权平均跌幅 / 证券买入与卖出期间个股加权平均跌幅;指数加权平均跌幅 = (指数卖出损失 + 指数持有损失) / (有效索赔股数 × 指数买入均价);个股加权平均跌幅 = (个股卖出损失 + 个股持有损失) / (有效索赔股数 × 个股买入均价)。本院认为该测算方法可以更合理计算不同时期买入 K 药业股票的各投资者因市场系统风险受到的损失,投保基金以此方法测算系统风险扣除比例,并无不妥。根据测算情况,除去损失金额在扣除系统风险后为 0 或者负数的 3289 名投资者后,共计 52,037 名投资者有损失。

最后,关于本案是否还应当扣除非系统风险所导致的投资者损失问题。本院认为,一方面,按照《最高人民法院关于审理证券市场因虚假陈述引发的民事赔偿案件的若干规定》第 19 条之规定,缺乏扣除非系统风险导致的损失的法律依据;另一方面,部分被告提出了诸如经营不善、实际控制人曾行贿等应当扣除非系统风险的理由,但未举证证明何种事件应当作为非系统风险,也未证明该等事件独立于虚假陈述行为对 K 药业股价产生消极影响。故本案缺乏扣除非系统风险的依据,法院对于部分被告扣除非系统风险的主张不予支持。

此外,经法院核实,投保基金测算的投资者佣金、印花税及利息损失结果均无误,故应予采信。

综上,经投保基金测算,案涉虚假陈述行为所导致的 52,037 名投资者损失为 2,458,928,544 元,法院对投资者的该部分赔偿主张予以支持。52,037 名投资者所主张的超出上述金额之外的损失,以及损失金额在扣除系统风险后为 0 或者负数的 3289 名投资者所主张的损失,与案涉虚假陈述行为之间不具有因果关系,法院对该赔偿请求不予支持。

3. 各被告赔偿责任的认定

(1) K 药业及其实际控制人、董事、监事、高级管理人员的赔偿责任

《中华人民共和国证券法》(2014 年修正)第 69 条规定:"发行人、上市公司公告的招股说明书、公司债券募集办法、财务会计报告、上市报告文件、年度报告、中期报告、临时报告以及其他信息披露资料,有虚假记载、误导性陈述或者重大遗漏,致使投资者在证券交易中遭受损失的,发行人、上市公司应当承担赔偿责任;发行人、上市公司的董事、监事、高级管理人员和其他直接责任人员以及保荐人、承销的证券公司,应当与发行人、上市公司承担连带赔偿责任,但是能够证明自己没有过错的除外;发行人、上市公司的控股股东、实际控制人有过错的,应当与发行人、上市公司承担连带赔偿责任。"

K 药业作为上市公司,披露的《2016 年年度报告》《2017 年年度报告》《2018 年半

年度报告》中存在虚假记载,虚增营业收入、利息收入及营业利润,虚增货币资金;披露的《2016年年度报告》《2017年年度报告》中存在重大遗漏,未按规定披露控股股东及其关联方非经营性占用资金的关联交易情况,依据《中华人民共和国证券法》(2014年修正)第69条之规定,K药业对案涉投资者损失承担赔偿责任。

马某某作为K药业董事长、总经理和实际控制人,组织安排相关人员将上市公司资金转移到其控制的关联方,且未在定期报告里披露相关情况;为掩盖上市公司资金被关联方长期占用、虚构公司经营业绩等违法事实,组织策划K药业相关人员通过虚增营业收入、虚增货币资金等方式实施财务造假。许某某作为K药业副董事长、副总经理和实际控制人,是主管会计工作的负责人,与马某某共同组织安排相关人员将上市公司资金转移到其控制的关联方,且知悉马某某组织相关人员实施财务造假。此外,马某某、许某某明知K药业《2016年年度报告》《2017年年度报告》《2018年半年度报告》披露数据存在虚假,仍然作为董事签字并承诺保证相关文件真实、准确、完整。马某某、许某某的行为直接导致K药业披露的定期报告存在虚假陈述,是应当对K药业信息披露违法行为直接负责的人员。依据《中华人民共和国证券法》(2014年修正)第69条之规定,马某某、许某某应当承担连带赔偿责任。

邱某某作为K药业董事、副总经理、董事会秘书,主管公司信息披露事务,对公司定期报告的真实性、完整性、准确性承担主要责任,但却根据马某某的授意安排,组织相关人员将上市公司资金转移至控股股东及其关联方,组织策划公司相关人员实施并亲自参与实施财务造假行为。庄某某为K药业财务负责人,参与实施财务造假行为。温某某协助董事会秘书和财务负责人分管财务工作,根据马某某、邱某某的授意安排,组织相关人员将上市公司资金转移至控股股东及其关联方,组织协调公司相关人员实施财务造假及信息披露违法行为。马某某担任财务部总监助理,分管出纳工作,根据马某某等人安排,参与财务造假工作。此外,邱某某、庄某某、温某某、马某某明知K药业《2016年年度报告》《2017年年度报告》《2018年半年度报告》披露数据存在虚假,仍然作为董事、监事或高级管理人员签字并承诺保证相关文件真实、准确、完整。邱某某、庄某某、温某某、马某某的行为直接导致K药业披露的定期报告存在虚假陈述,也是应当对K药业信息披露违法行为直接负责的人员。依据《中华人民共和国证券法》(2014年修正)第69条之规定,邱某某、庄某某、温某某、马某某应当承担连带赔偿责任。

马某某、林某某、李某、江某某、李某某、罗某某、林某某、李某某、韩某某、王某、张某、郭某某、张某等被告,虽然并非具体分管K药业财务工作,但K药业公司财务造假持续时间长,涉及会计科目众多,金额十分巨大,前述被告作为董事、监事或高级管理人员如尽勤勉义务,即使仅分管部分业务,也不可能完全不发现端倪。因此,虽然前述被告作为董事、监事或高级管理人员并未直接参与财务造假,却未勤勉尽责,存在较大过失,且均在案涉定期财务报告中签字,保证财务报告真实、准确、完整,所以前述被告是K药业信息披露违法行为的其他直接责任人员。故依据《中华人民共和国证券法》(2014年修正)第69条之规定,马某某、林某某等被告应当承担与其过错程度相适应的赔偿责任。其中,马某某、林某某、李某、罗某某、林某某、李某某、韩某某、王某均非财务工作负责人,过失相对较小,本院酌情判令其在投资者损失的 20% 范围内承担连带赔偿责任；江某某、李某某、张某为兼职的独立董事，不参与 K 药业日常经营管理，过失相对较小，法院酌情判令其在投资者损失的 10% 范围内承担连带赔偿责任；郭某某、张某为兼职的独立董事，过失相对较小，且仅在《2018 年半年度报告》中签字，法院酌情判令其在投资者损失的 5% 范围内承担连带赔偿责任。

唐某、陈某未以董事、监事、高级管理人员的身份签名确认《2016 年年度报告》《2017 年年度报告》《2018 年半年度报告》内容的真实、准确、完整，不存在虚假记载、误导性陈述或重大遗漏，不属于案涉虚假陈述行为人，不应当对投资者损失承担赔偿责任。

（2）Z 及其工作人员的赔偿责任

《中华人民共和国证券法》（2014 年修正）第 173 条规定："证券服务机构为证券的发行、上市、交易等证券业务活动制作、出具审计报告、资产评估报告、财务顾问报告、资信评级报告或者法律意见书等文件，应当勤勉尽责，对所依据的文件资料内容的真实性、准确性、完整性进行核查和验证。其制作、出具的文件有虚假记载、误导性陈述或者重大遗漏，给他人造成损失的，应当与发行人、上市公司承担连带赔偿责任，但是能够证明自己没有过错的除外。"

根据证监会《行政处罚决定书》（〔2021〕11 号）认定的事实，K 药业 2016 年、2017 年、2018 年年度报告存在虚增收入、虚增货币资金等虚假记载行为。Z 为上述年度报告提供审计服务，其中 2016 年、2017 年财务报表出具了标准无保留意见的审计意见，2018 年财务报表出具了保留意见。在 2016 年和 2017 年年报审计期间，Z 相关审计人员了解捷科系统为 K 药业的业务管理信息系统，金蝶 EAS 系统为 K 药业的财务处理信息系统，但未关注两套系统是否存在差异，未实施必要的审计程序。Z 对于货币资金科目和营业收入科目的风险应对措施方面存在重大缺陷，包括未对现金对账执行内部控制测试程序、未关注明显异常或相互矛盾的审计证据、函证回函率较低时未实施替代性程序、审计底稿"加塞"函证交易数据以及项目经理苏某某严重违反独立性要求等。Z 上述未实施基本的审计程序行为，严重违反《中国注册会计师审计准则》《中国注册会计师职业道德守则》等规定，导致 K 药业严重财务造假未被审计发现，影响极其恶劣，故法院认为 Z 应当承担连带赔偿责任。

杨某某作为 Z 合伙人和 2016 年、2017 年 K 药业审计项目的签字注册会计师，在执业活动中因重大过失造成 Z 需承担赔偿责任。根据《中华人民共和国合伙企业法》第 57 条第 1 款关于"一个合伙人或者数个合伙人在执业活动中因故意或者重大过失造成合伙企业债务的，应当承担无限责任或者无限连带责任，其他合伙人以其在合伙企业中的财产份额为限承担责任"之规定，杨某某应当在 Z 承责范围内承担连带赔偿责任。

刘某并非 K 药业 2016 年、2017 年审计项目的签字注册会计师，不是案涉虚假陈述行为人，故不应对投资者损失承担赔偿责任。

虽然张某某作为案涉审计报告签字注册会计师，苏某某作为审计项目经理，均存在过错，但规定中介机构直接责任人承担赔偿责任的《最高人民法院关于审理证券市场因虚假陈述引发的民事赔偿案件的若干规定》第 24 条所依据的《中华人民共和国证券法》

（1999年施行）第161条已经被修正，而行为发生时施行的《中华人民共和国证券法》（2014年修正）第173条已无中介机构直接责任人承担赔偿责任的规定。根据新法优于旧法的法律适用原则，张某某、苏某某作为Z的员工，不应因其职务行为直接对投资者承担赔偿责任。

综上，法院认为，K药业应对投资者损失共计2,458,928,544元承担赔偿责任；马某某、许某某、邱某某、庄某某、温某某、马某某与K药业承担连带赔偿责任；马某某、林某某、李某、罗某某、林某某、李某某、韩某某、王某在K药业赔偿责任20%范围内承担连带赔偿责任；江某某、李某某、张某在10%范围内承担连带赔偿责任；郭某某、张某在5%范围内承担连带赔偿责任；Z与K药业承担连带赔偿责任；杨某某在Z承责范围内承担连带赔偿责任；唐某、陈某、张某某、刘某、苏某某在本案中不承担民事赔偿责任。

本案诉讼裁判的范围为各被告应当向原告承担的责任问题，至于各承担连带责任的被告之间的责任分担与追偿，不在本案裁判范围之内，各方如承担实际赔付责任后可另行解决。

综上所述，依据《中华人民共和国证券法》（2014年修正）第63、69、173条，《中华人民共和国合伙企业法》第57条第1款，《最高人民法院关于审理证券市场因虚假陈述引发的民事赔偿案件的若干规定》第7、17、18、19、20、21、33条，《中华人民共和国民事诉讼法》第53、54、64条，《最高人民法院关于证券纠纷代表人诉讼若干问题的规定》第24、26、32、34、39、41条之规定，判决如下：

1. 被告K药业股份有限公司于本判决生效之日起15日内，向原告顾某某、黄某某等52,037名投资者赔偿投资损失2,458,928,544元。原告所获赔偿金额的计算方法为投资差额损失与相应的佣金、印花税、利息损失之和。其中投资差额损失=（买入均价－卖出均价或基准价）×持股数量×（1-证券市场风险因素的影响比例），买入均价采用第一笔有效买入后的移动加权平均法计算，多个账户应合并计算，证券市场风险因素采用个股涨跌幅与生物医药（申万）指数涨跌幅进行同步对比的方法扣除。佣金损失=投资差额损失×0.03%。印花税损失=投资差额损失×0.1%。利息损失=（投资差额损失+佣金损失+印花税损失）×0.35%×第一笔有效买入日至最后一笔卖出日或者基准日的实际天数/365天；

2. 被告马某某、许某某、邱某某、庄某某、温某某、马某某对本判决第1项确定的被告K药业股份有限公司债务承担连带赔偿责任；

3. 被告马某某、林某某、李某、罗某某、林某某、李某某、韩某某、王某在本判决第1项确定的被告K药业股份有限公司债务的20%范围内承担连带赔偿责任；

4. 被告江某某、李某某、张某在本判决第1项确定的被告K药业股份有限公司债务的10%范围内承担连带赔偿责任；

5. 被告郭某某、张某在本判决第1项确定的被告K药业股份有限公司债务的5%范围内承担连带赔偿责任；

6. 被告广东Z会计师事务所（特殊普通合伙）、杨某某对本判决第1项确定的被告K药业股份有限公司债务承担连带赔偿责任；

7. 驳回原告顾某某、黄某等 55,326 名投资者的其他诉讼请求。

问：
1. 本案中虚假陈述行为怎样认定？
2. 本案中虚假陈述侵权责任因果关系怎样认定？
3. 证券服务机构虚假陈述承担什么责任？

第二十六章 上市公司收购

【内容提示】

上市公司收购是指为取得或巩固对某一上市公司的控制权,依照法定程序在证券市场上购买该公司发行在外的股份的法律行为。《证券法》从大额持股披露制度、要约收购、协议收购3个方面为上市公司收购规定了制度规范。

大额持股披露制度通常是指投资者及其一致行动人在持有某一上市公司发行在外的股份达到法定比例,或者在达到该法定比例后又发生一定比例的增减变化时,必须依法定程序进行披露的制度。作为一种权益披露规则,大额持股披露制度无疑是证券法信息披露制度的重要组成部分,但大额持股披露本质上是作为收购制度的前奏,各国证券法多是将其纳入上市公司收购监管制度的框架下进行规制。

要约收购是指收购者以公开方式向被收购公司的所有股东发出购买其所持股票的要约,以实现收购目的的上市公司收购方式,其实质就是公开收购。协议收购又称"不公开收购",是指收购人与目标公司的个别股东(通常是大股东)私下达成协议并按协议规定的条件收购目标公司这些股东持有的股份,以实现其收购目的的上市公司收购方式。我国《证券法》基于要约收购和协议收购的不同内在机理分别作了不同的规范。

第一节 上市公司收购概述

一、上市公司收购的概念与特征

(一)上市公司收购的概念

收购,作为证券法上的一个概念,简单地说,是指投资者通过购买一家上市公司已发行在外的股份,以达到对该上市公司控股或者兼并目的的法律行为。作为企业并购的一种方式,收购是收购方实现对外扩张的一种重要手段。

上市公司收购是指为取得或巩固对某一上市公司的控制权,依照法定程序在证券市场上购买该公司发行在外的股份的法律行为。在上市公司收购活动中,购买特定上市公司股份的投资者为收购人,发行的股票被收购人收购的上市公司为被收购公司,亦称目标公司、标的公司或对象公司。收购人的证券交易相对人,为被收购公司的股东。

我国《证券法》没有给"上市公司收购"以准确定义,但参考证监会《上市公司收购管理办法》(以下简称《收购办法》)第 5 条规定:"收购人可以通过取得股份的方式成为一个上市公司的控股股东,可以通过投资关系、协议、其他安排的途径成为一个上市公司的实际控制人,也可以同时采取上述方式和途径取得上市公司控制权。"可以认为,上市公司收购是指收购人通过在证券交易所的股份转让活动持有一个上市公司的股份达到一定比例或通过证券交易所股份转让活动以外的其他合法途径控制一个上市公司的股份达到一定程度,导致其获得或者可能获得对该公司的实际控制权的行为。

(二)上市公司收购的特征

上市公司收购具有如下法律特征:

(1)上市公司收购的目的在于取得或巩固对特定上市公司的控制权。上市公司收购实质上也是一种证券买卖行为,但这种证券交易与一般证券交易谋求买卖差价不同,其目的在于通过对目标公司股份的买卖而使目标公司控制权发生移转。换言之,收购人购买特定上市公司股份是为了控制该上市公司或对其兼并,而不是为炒作该上市公司股票或其他目的(当然,公司控制权本身就会给控制者带来巨大的利益)。

(2)上市公司收购的客体是目标公司已发行的有表决权证券。上市公司收购并不是直接购买公司自身所拥有的具体形态的财产,也不是以目标公司本身为交易对象实施吸收合并,而是在资产完全证券化的条件下,通过收购抽象的表示公司资本份额的股份来实现收购目的。被收购的股份包括有表决权股票和可转换为有表决权股票的可转换公司债券,至于目标公司发行的无表决权股票和一般的不可转换公司债券则不能成为上市公司收购的对象。

(3)上市公司收购不需要经过目标公司经营者的同意。尽管上市公司收购这种复杂的交易,可能牵涉到收购人、目标公司、目标公司股东、目标公司董事会等多方当事人,但上市公司收购的主体只能是收购者和目标公司股东,目标公司的经营者不是收购中的任何一方的当事人。因此,收购者进行收购,只须与目标公司股东达成协议即可,无须征得目标公司经营者的同意。这种"越过目标公司管理层的头顶"由收购人直接与股东进行交易是上市公司收购区别于其他并购形式的重要特征之一。

(4)上市公司收购的行为主体可以是任何投资者。上市公司收购主体可以是目标公司以外的任何在法律上具有权利能力和行为能力的投资者。以各国的实践看,目标公司以外的任何人包括自然人和法人均可成为上市公司收购主体。我国《证券法》也是规定投资者,包括法人、自然人和其他形式投资者均可成为收购主体。

(5)上市公司收购须受证券法的特别规制。虽然上市公司收购本质上就是一种股票交易活动,其行为表现上与一般的股票买卖并无二致,但是,由于上市公司收购的目的是实现上市公司控制权的转移,而目标公司控制权的转移,往往伴随着目标公司股价的剧烈波动以及内幕交易、操纵市场等现象,同时对收购人、目标公司、目标公司股东、目标公司的高级管理人员、雇员、债权人乃至证券市场都会产生重要影响,因此,对上市公司收购予以调整和规范是各国证券法律制度之共识。我国证券法也专门对上市公司收购活动,尤其是收购人的行为、目标公司的信息披露义务等给予特别规制。

二、上市公司收购的分类

上市公司收购按不同的标准可以划分为不同的种类,各种不同的分类有助于我们从不同的角度来认识和把握上市收购的法律特征。

(1) 按收购人收购目标公司股份的比例和数量的不同,上市公司收购可分为部分收购和全面收购,或称控股收购和合并收购。

部分收购是指收购者只收购目标公司发行在外的一定数量或比例的股份,其目的在于取得目标公司的相对控股权;全面收购是指收购者收购目标公司发行在外的全部股份,其目的在于取得目标公司的绝对控制权。因此,前者是控股式收购,后者则是兼并式收购。

(2) 按收购是否构成法定义务为标准,上市公司收购可分为自愿收购与强制收购。

自愿收购是收购人自主自愿进行的收购;强制收购是指在收购人持有某一公司的股份达到一定比例时,法律强制其在规定的时间内向该公司所有股东发出全面要约而进行的收购。自愿收购对收购人有利,强制收购往往对目标公司股东比较有利。不过,自愿收购与强制收购的划分是相对的。因为上市公司收购从本质上来说是以行为人的自愿为基础条件的,任何一次收购应该说是收购人依法实施的有计划的购买目标公司股份的行为。即使是持股比例达到法定强制要约收购的程度,多数情况下也是收购者计划中的事。

(3) 按目标公司与收购人是否合作为标准,上市公司收购可分为友好收购和敌意收购。

友好收购是指收购人与目标公司在收购开始前已相互沟通,收购人在得到目标公司同意的情况下实施的收购。敌意收购是指目标公司拒绝与收购者合作的收购。它通常指收购方在目标公司对其收购意图尚不知道或持反对态度的情况下对目标公司强行进行收购的行为。敌意收购中目标公司经营者经常采取反收购措施来阻碍收购的顺利完成。

(4) 按收购方式,上市公司收购可分为协议收购、要约收购和间接收购。

要约收购是指收购者通过向目标公司的全体股东发出要约,收购一定数量目标公司的股份,从而达到控制该公司目的的收购方式。这种收购方式主要发生在目标公司的股权较为分散,公司的控制权与股东分离的情况下。协议收购是指收购者通过私下协商的形式与目标公司股东达成股权收购协议,以达到控制该公司目的的收购方式。这种收购多发生在目标公司股权较为集中,尤其是目标公司存在控股股东的情况下。间接收购是指公司股东以外的收购方通过投资者关系、协议、其他安排导致收购方拥有权益的股份达到上市公司发行股份的一定比例,并间接取得了该上市公司控制权的行为。间接收购中的收购人并未直接成为被收购公司的控股股东,往往是实际控制人。从目前间接收购的实践看,在具体方式上主要有收购方直接收购上市公司大股东股权。[1]

三、上市公司收购的基本原则

(一) 目标公司股东平等待遇原则

目标公司股东平等待遇原则是指在上市公司收购中,目标公司的所有股东均须获得

---

[1] 徐明:《中国资本市场概论》,中国金融出版社 2023 年版,第 422 页。

平等待遇,而属于同一类别的股东必须获得同等待遇。该原则是公司法中股东平等原则以及证券法中公平原则在公司收购中的延伸和体现。股东平等待遇原则最根本的目的在于防止公司收购中大股东操纵行情和私下交易。

股东平等待遇原则的内涵包括两个方面:一是目标公司股东有平等参与收购的权利;二是目标公司股东有权获得平等的收购条件。具体体现在:

(1)全体持有人规则。在公开要约收购的情况下,收购者必须向目标公司的所有股东发出收购要约。要改变要约,必须对所有股东改变。

(2)按比例接纳规则。要约收购人进行部分收购时,若目标公司股东承诺出售的股票数量超过收购者计划购买的数量,则收购者必须按比例从所有同意出卖股份的股东那里购买,而不论股东作出同意出卖其股份的意思表示的先后。

(3)最好价格规则。目标公司股东在收购中平等地享有收购者向任何股东提出的最高价要约,这是股东平等待遇原则最具实质意义的内容。如果受要约人在要约期间内提高收购价格,那么该价格也必须适用于所有的受要约人,而不论受要约人在此之前是否已经作出了承诺。

(二)信息公开原则

信息公开原则是指与收购有关的重要信息应当及时、准确、真实、完整地予以披露,使面临收购的目标公司股东以及其他投资者能够根据所披露的信息自行作出相关决定。上市公司收购信息公开原则之价值目标在于切实消除上市公司收购中的信息垄断,保证收购活动各当事人处于一个公平竞争的环境,防止内幕交易和证券欺诈行为的发生,从而真正保护所有投资者,尤其是目标公司中小股东的合法权益。该原则是证券法上信息公开原则在收购中的具体体现。

从各国规定来看,收购中需要披露的信息涉及收购意图、收购要约、目标公司管理部门对收购的意见等,已披露的信息发生变更的,该变更也应立即披露。具体来看:

(1)大额持股信息披露。大额持股信息披露是指股东在持股达到一定比例时,有报告并披露其股份增减状况和持股意图的义务,并且在持股达到法定比例时,有强制要约收购的义务。大额持股往往是收购的前兆,要求大额持股信息披露主要是提醒广大投资者及目标公司股东对目标公司可能发生的控股权的变动及目标公司股票的真正价值重新认识,以保护投资公众在充分掌握信息的基础上自主地作出投资判断,防止大股东以逐步收购的方式形成事实上的信息垄断和对股权的操纵。

(2)收购要约、收购意图等与收购相关信息的披露。收购者收购要约的具体内容和收购意图是目标公司股东作出投资判断的主要依据。为保护广大股东的合法权益,防止有关人士利用内幕信息从事内幕交易,各国上市公司收购立法对此都作出了相当严格的规定。

(3)目标公司董事会对收购所持意见及理由等信息的披露。目标公司股东在决定是否接受收购要约之际,目标公司经营者的态度,往往是一项重要的参考。实践中目标公司的董事为了维护自己或公司的利益,往往利用自己经营公司的权力促成或阻止收购的进行,因此,董事们的决策及行为与目标公司股东的利益密切相关。信息公开制度要求目标公司董事会公开其对收购所持的意见和理由,包括披露存在的利益冲突等是防止董事会成员牟取私利、监督董事会成员决策的一种有效措施。

（三）保护中小股东利益原则

中小股东在公司中常常处于弱势地位,其利益很容易受到侵犯,在上市公司收购中更是如此,因而特别保护中小股东利益就成为上市公司收购立法的一个重要内容。保护中小股东利益原则主要体现在强制收购要约和强制购买剩余股票两个方面。

（1）强制收购要约。强制收购要约是指当收购者收购目标公司股份达到法定比例时（往往是法定控股比例）,法律强制其向目标公司的剩余股份持有者发出全面收购要约。强制要约收购是为了纠正公司控制权转让中的目标公司股东不平等待遇问题。法律通过强制要约收购,赋予中小股东决定是否与新控股者合作的选择权,其目的在于防止收购者凭借其控股地位损害中小股东的合法权益。

（2）强制购买剩余股票。当要约期满,要约收购人持有股份达到目标公司股份总数的绝对优势比例（一般为90%）时,目标公司的其余股东有权要求收购要约人以与收购要约相同的条件购买其股票。该制度为中小股东提供了退出选择机制,目的也是充分保护中小股东的利益,使其免受可能遭受的控股股东的侵害。

第二节　大额持股披露制度

一、大额持股披露制度的概念及意义

"大额持股披露"是指投资者及其一致行动人在持有某一上市公司发行在外的股份达到法定比例,或者在达到该法定比例后又发生一定比例的增减变化时,必须依法定程序进行披露的制度。作为一种权益披露规则,大额持股披露制度无疑是证券法信息披露制度的重要组成部分,但鉴于大额持股披露本质上是作为收购制度的前奏,各国证券法多是将其纳入上市公司收购监管制度的框架下进行规制。

从立法本意看,大额持股披露制度主要是针对敌意收购的监管。因此,有观点认为大额持股披露制度加重了收购方不必要的成本。但主流观点认为,大额持股披露制度是公开、公平、公正原则的内在要求,也是提升市场透明度、确保公平交易的重要保障,为此各国证券法制定了宽严不一的大额持股披露规则。[1]

（1）大额持股披露有利于提升市场透明度。该制度要求持股达到一定比例的大股东或主要股东披露大额交易,其目的就是要把任何一项可能导致公司控制权转移的信息及时地向市场发出警示,无疑有利于提升市场透明度,促使上市公司及其股东以及潜在的投资者能够评估股权变动带来的可能影响,进而提升市场效率。

（2）大额持股披露有利于改善公司治理。大额持股披露意味着外部监督力量的介入,

---

[1] 解正山:《大额持股披露义务规制》,载《现代法学》2018年第3期。

这种介入可对控股股东或原来的主要股东从事内幕交易或利益输送等滥用控制权的行为施加潜在影响,有助于防范这些股东从事不正当交易;公司管理层也将因此受到来自收购行动的约束或潜在威慑,进而促使他们不断提高公司治理水平。

（3）大额持股信息披露有利于保护投资者。大额持股披露可让监管者与目标公司以及投资者及时知晓谁在购买股票以及基于何种目的而购买,从而有利于监管者掌握证券持有与交易信息进而实施更有效的监管,防止投资者利用信息或资金优势进行内幕交易或操纵证券市场。此外,那些意图控制目标公司的投资者所掌握的信息（包括收购意图、持股计划、未来的经营计划等）也能为其他公众投资者所知晓,从而使公众投资者也能获得公平的投资机会,其本质上也是通过准确、全面、及时的信息披露促进投资者保护。

二、大额持股披露制度的基本规范

我国大额持股披露制度由权益披露规则和慢走规则两部分组成。2019年修订的《证券法》强化了大额持股人披露义务的同时加重了相应的违规后果。

（一）权益披露规则

1. 权益披露的主体

《证券法》第63条规定"投资者持有或者通过协议、其他安排与他人共同持有"一个上市公司已发行的有表决权股份达到5%时,应进行披露。该规定指明权益披露的主体是投资者及与其采取一致行动的主体。关于"一致行动",《收购办法》第83条规定:"本办法所称一致行动,是指投资者通过协议、其他安排,与其他投资者共同扩大其所能够支配的一个上市公司股份表决权数量的行为或者事实。"关于"一致行动人",《收购办法》第83条规定:在上市公司的收购及相关股份权益变动活动中有一致行动情形的投资者,互为一致行动人。如无相反证据,投资者有下列情形之一的,为一致行动人:（1）投资者之间有股权控制关系;（2）投资者受同一主体控制;（3）投资者的董事、监事或者高级管理人员中的主要成员,同时在另一个投资者担任董事、监事或者高级管理人员;（4）投资者参股另一个投资者,可以对参股公司的重大决策产生重大影响;（5）银行以外的其他法人、其他组织和自然人为投资者取得相关股份提供融资安排;（6）投资者之间存在合伙、合作、联营等其他经济利益关系;（7）持有投资者30%以上股份的自然人,与投资者持有同一上市公司股份;（8）在投资者任职的董事、监事及高级管理人员,与投资者持有同一上市公司股份;（9）持有投资者30%以上股份的自然人和在投资者任职的董事、监事及高级管理人员,其父母、配偶、子女及其配偶、配偶的父母、兄弟姐妹及其配偶、配偶的兄弟姐妹及其配偶等亲属,与投资者持有同一上市公司股份;（10）在上市公司任职的董事、监事、高级管理人员及其前项所述亲属同时持有本公司股份的,或者与其自己或者其前项所述亲属直接或者间接控制的企业同时持有本公司股份;（11）上市公司董事、监事、高级管理人员和员工与其所控制或者委托的法人或者其他组织持有本公司股份;（12）投资者之间具有其他关联关系。一致行动人应当合并计算其所持有的股份。投资者计算其所持有的股份,应当包括登记在其名下的股份,也包括登记在其一致行动人名下的股份。投资者认为其与他人不应被视为一致行动人的,可以向证监会提供相反证据。由该规定可见,在上述情形下,监管部门采取推定方式来认定一致行动人,投资者若主张不存在一致行动人,需自行负担举证责任。

2. 股份取得的方式

《证券法》第63条规定"通过证券交易所的证券交易",投资者持有或与他人共同持有一个上市公司已发行的有表决权股份达到5%时,应进行披露。这里的"通过证券交易所的证券交易"对投资者所持股票的取得方式作了限定,它是指必须通过证券交易所交易系统进行证券交易取得的股份,具体指投资者必须是通过集中竞价交易或者大宗交易取得的股份。而根据《收购办法》第14条之规定:"通过协议转让方式,投资者及其一致行动人在一个上市公司中拥有权益的股份拟达到或者超过一个上市公司已发行股份的5%时,应当在该事实发生之日起3日内编制权益变动报告书,向证监会、证券交易所提交书面报告,通知该上市公司,并予公告。前述投资者及其一致行动人拥有权益的股份达到一个上市公司已发行股份的5%后,其拥有权益的股份占该上市公司已发行股份的比例每增加或者减少达到或者超过5%的,应当依照前款规定履行报告、公告义务。前两款规定的投资者及其一致行动人在作出报告、公告前,不得再行买卖该上市公司的股票。"由此可见,通过协议转让方式或其他方式取得的股份达到或超过5%时,需要进行披露,但不需要在特殊时点(例如5%)停止交易。

3. 权益的计算问题

鉴于上市公司的股份可以分为有表决权股份、无表决权的股份以及可能享有表决权的股份,而大额持股披露制度的根本目的在于披露公司控制权可能的变化,因此在计算相关权益时,《证券法》第63条规定"持有一个上市公司已发行的有表决权股份",即无表决权的股份不计算在范围内。《收购办法》第85条又作了细化规定:"信息披露义务人涉及计算其拥有权益比例的,应当将其所持有的上市公司已发行的可转换为公司股票的证券中有权转换部分与其所持有的同一上市公司的股份合并计算,并将其持股比例与合并计算非股权类证券转为股份后的比例相比,以二者中的较高者为准;行权期限届满未行权的,或者行权条件不再具备的,无需合并计算。"

4. 权益披露的具体内容

《证券法》第64条规定:依照前条规定所作的公告,应当包括下列内容:(1)持股人的名称、住所;(2)持有的股票的名称、数额;(3)持股达到法定比例或者持股增减变化达到法定比例的日期、增持股份的资金来源;(4)在上市公司中拥有表决权的股份变动的时间及方式。

鉴于大额持股人持股超过5%的目的是控制权还是仅仅做财务投资者,对公众的投资决策显然会产生影响,因此在《证券法》第64条规定的基础上,《收购办法》第16条和第17条补充要求持股达到5%时披露持股目的,并分别对持股5%—20%的简式权益变动报告书以及20%—30%的详式权益变动报告书的披露内容作了细致规定。

(二)慢走规则

慢走规则是我国大额持股披露制度中比较具有自身特色的制度设计。《证券法》第63条规定,在持股比例达5%后,应当在该事实发生之日起3日内履行披露义务,在上述期限内不得再行买卖该上市公司的股票;达到5%后,每增加或者减少5%,在该事实发生之日起至公告后3日内,不得再行买卖该上市公司的股票,即6天时间禁止交易。《收购办法》对不同方式取得股份的权益披露与慢走规则进行了差异化的细化规定。具体而言,对于通过证券交易所交易系统进行交易取得的股份,当持股比例达到5%或之后每增减5%,收购者需要遵守慢走规则并公告,在公告期内及此后规定时间不得进一步收购,但对于非通过证券交易所交易系统进行交易取得的股份(如协议转让、非交易过户情形),只须履行公告义务,无须在特殊时点停下来,并且仅要求报告前不得买卖。

三、违反大额持股披露制度的法律后果

对于违反大额持股披露制度行为的法律后果,《证券法》规定了行政责任和表决权限制。其中,行政处罚是作为信息披露违法最主要的惩处手段,并以补正披露、限制表决权及行政罚款为主。

(一)违反大额持股披露行为的行政责任

违反大额持股披露制度的行政责任包括行政处罚和非处罚类监管措施。就行政处罚而言,《证券法》对违反大额持股披露行为规定了责令改正、警告、罚款等行政制裁措施。就非处罚类监管措施而言,《收购办法》对违反大额持股披露行为规定了责令改正、采取监管谈话、出具警示函、责令暂停或者停止收购等监管措施。

此外,现行《证券法》将信息披露违法行为区分为"未按照本法规定报送有关报告或者履行信息披露义务"和"报送的报告或者披露的信息有虚假记载、误导性陈述或者重大遗漏"两种情形并规定了差异化的行政责任,而违反大额持股披露行为适用违反信息披露的相关责任规则。

至于违反慢走规则的行为,监管机构按照限制期交易违法予以处理。《证券法》则规定了责令改正,给予警告,没收违法所得以及并处以买卖证券等值以下的罚款等处罚类型。从客观效果来看,没收违法所得在消除违法的经济诱因方面一定程度上比定额罚款具有更大的功效。

(二)限制表决权的规范

现行《证券法》第63条第1、2款规定了权益披露规则和慢走规则后,在第3款直接规定"违反第一款、第二款规定买入上市公司有表决权的股份的,在买入后的三十六个月内,对该超过规定比例部分的股份不得行使表决权",即将"不得行使表决权"作为违反大额持股披露制度的惩罚性后果,从而在同一法条内,实现了"行为—后果"的较为完整的法条逻辑结构。

值得注意的是,关于"不得行使表决权"的构成要件,结合《证券法》第63条与第197条来看,表决权行使受限的违法构成为"违反信息披露+继续买入股票",单纯违反披露规则并不必然导致表决权的行使受到限制,上市公司收购中的其他违法行为也不应进行行使表决权的限制。若单纯在信息披露层面违法而未进行后续买入,且不具有收购目的时,应适用《证券法》第197条,责令信息披露义务人改正并视情况缴纳罚款。若单纯在信息披露层面违法而未进行后续买入,具有收购目的的,应适用《证券法》第196条,责令

收购人改正并视情况缴纳罚款。

至于限制表决权的行使主体问题,鉴于"不得行使表决权"是在《证券法》框架下作为违反权益披露规则与慢走规则的行政后果,因此,由行政机关作出处罚决定,这是"不得行使表决权"行政责任属性的必然要求。根据《证券法》第179条关于证监会"依法监督检查证券发行、上市和交易的信息公开情况"并"依法对违反证券市场监督管理法律、行政法规的行为进行查处"的职责规定,作出"不得行使表决权"的决定属于证监会的法定职责,因此,证监会在作出"不得行使表决权"的决定上应成为主导力量。[1]

第三节 要约收购

一、要约收购的概念与特征

要约收购是指收购者以公开方式向被收购公司的所有股东发出购买其所持股票的要约,以实现收购目的的上市公司收购方式。要约收购其实就是公开收购。在英国、加拿大等国的法律文献及著述中,公开收购通常表述为"take-over bid",而在美国的法律文献及著述中则通常表述为"tender offer"。由于所有收购都必须有要约,而这种收购方式突出强调了收购要约的公开性,因此,我国《证券法》中"要约收购"的提法不如"公开收购"更为符合该收购方式的本意。

与其他收购方式,诸如协议收购、竞价收购等比较,要约收购具有以下特征:

(1)公开性。公开性是要约收购的根本特点。它包含两层含义:一是收购要约必须公开,即收购人应当以公开方式,向被收购公司的所有股东发出收购要约;二是要约收购行为的始终,均为整个证券市场的投资者、被收购公司及证券监管机构所知悉。要约收购的这种公开性特征与协议收购等显然是不同的。

(2)公平性。公平性特征具有两层含义:一是要约收购的相对人为被收购公司的全体股东,收购人向社会公布的收购要约应当对目标公司的全体股东具有同等的效力;二是对所有股东,无论是大股东还是中小股东,在收购条件上应当是平等的。要约收购这种公平性特征与协议收购方式差别很大。

(3)期限性。公开收购之要约,仅在一定期限内有效。这种固定的收购期间,一方面是为了迫使证券持有人尽快作出是否出售股票之决定,另一方面也是为了给收购人一个确定的时期去揭晓其收购计划实现与否。我国《证券法》第67条规定,收购要约约定的收购期限不得少于30日,并不得超过60日。

(4)要约收购的价格一般较高。为了确保收购成功,要约收购的价格一般较高,以便

---

[1] 参见叶林、陈容宾:《权益披露违法下"不得行使表决权"的理解与适用》,载《多层次资本市场研究》2020年第4辑。

为目标公司的股东所接受。此外，这是由于控制权本身具有价值，因此，收购人应当支付控制权溢价。

二、要约收购的基本规范

我国《证券法》第65条规定："通过证券交易所的证券交易，投资者持有或者通过协议、其他安排与他人共同持有一个上市公司已发行的有表决权股份达到百分之三十时，继续进行收购的，应当依法向该上市公司所有股东发出收购上市公司全部或者部分股份的要约。"该规定的要约收购属于强制要约收购，即投资者在具备法定条件时，必须向标的公司的所有股东发出全部收购要约或部分收购要约。

（一）要约收购的发起

关于强制要约收购义务的触发点，或者说强制要约收购义务的发生条件，依据我国《证券法》第65条之规定，发起要约收购的前提条件有两个：一是持股比例要求，即收购人通过证券交易所的交易购入上市公司的股份，所持有表决权股份比例达到该上市公司已发行的股份总数的30%；二是继续收购。即投资者持有一个上市公司已发行股份的30%时，还要继续进行收购的，应当依法向该上市公司所有股东发出收购要约。

理论上关于强制要约收购义务触发点的界定，是基于推定收购方持股达一定比例后，即处于相对控股地位时，可能使小股东的利益受到损害。《证券法》第65条界定的30%这个比例节点是借鉴了英国的相关规定的。由于英国上市公司的股权结构与我国上市公司股权结构的差异，以及我国不同上市公司股权结构的差异化，统一以"持股30%"推定取得相对控股地位是否合理有待斟酌。

此外，关于"继续收购"。由于继续收购上市公司的股份是指一种意愿，而不是客观事实，因此，当投资者持有一个上市公司已发行股份的30%时，要想证明该投资者还想"继续收购"，不能说绝对不可能，至少也是相当困难的。

（二）要约收购的信息披露

1. 收购要约披露

《证券法》第66条规定：依照前条规定发出收购要约，收购人必须公告上市公司收购报告书，并载明下列事项：（1）收购人的名称、住所；（2）收购人关于收购的决定；（3）被收购的上市公司名称；（4）收购目的；（5）收购股份的详细名称和预定收购的股份数额；（6）收购期限、收购价格；（7）收购所需资金额及资金保证；（8）公告上市公司收购报告书时持有被收购公司股份数占该公司已发行的股份总数的比例。

要约收购报告书所披露的基本事实发生重大变化的，收购人应当在该重大变化发生之日起2个工作日内作出公告，并通知被收购公司。

2. 竞争要约的披露

发出竞争要约的收购人最迟不得晚于初始要约收购期限届满前15日发出要约收购的提示性公告，并按规定公告上市公司收购报告书。

3. 预受披露

预受要约的股东有权在要约期满前撤回预受，证券登记结算机构应当根据预受要约股东的申请解除对预受要约股票的临时保管。在要约收购期限内,收购人应当每日在证券交易所网站上公告已预受收购要约的股份数量。

（三）收购要约的定价

1. 价格的确定

关于要约收购价格的确定,《收购办法》第 35 条规定:收购人按照本办法规定进行要约收购的,对同一种类股票的要约价格,不得低于要约收购提示性公告日前 6 个月内收购人取得该种股票所支付的最高价格。要约价格低于提示性公告日前 30 个交易日该种股票的每日加权平均价格的算术平均值的,收购人聘请的财务顾问应当就该种股票前 6 个月的交易情况进行分析,说明是否存在股价被操纵、收购人是否有未披露的一致行动人、收购人前 6 个月取得公司股份是否存在其他支付安排、要约价格的合理性等。

2. 价格的支付

《收购办法》第 36 条规定,收购人可以采用现金、证券、现金与证券相结合等合法方式支付收购上市公司的价款。收购人应当在作出要约收购提示性公告的同时,提供以下至少一项安排保证其具备履约能力:(1) 以现金支付收购价款的,将不少于收购价款总额的 20% 作为履约保证金存入证券登记结算机构指定的银行;收购人以在证券交易所上市交易的证券支付收购价款的,将用于支付的全部证券交由证券登记结算机构保管,但上市公司发行新股的除外;(2) 银行对要约收购所需价款出具保函;(3) 财务顾问出具承担连带保证责任的书面承诺,明确如要约期满收购人不支付收购价款,财务顾问进行支付。

（四）收购要约的撤回、撤销和变更

1. 收购要约的撤回

要约的撤回是指要约人在发出要约后,在要约到达受要约人之前,要约人宣告取消要约的行为。由于要约的撤回是在要约到达受要约人之前作出的,因此,在撤回要约时要约尚未生效。正是因为要约尚未生效,所以可以撤回。

2. 收购要约的撤销

要约的撤销是指要约人在要约生效后,取消要约,从而消灭要约的效力。《证券法》第 68 条第 1 款规定:"在收购要约确定的承诺期限内,收购人不得撤销其收购要约。"由于收购人依照法定程序公告其收购要约以后,公告之日起该收购要约就产生效力,因此,到收购要约期限届满为止,收购人不得撤销其收购要约。这样立法规定的根本缘由在于有关收购要约的信息必然对目标公司股票的交易发生重要的影响。如果收购人撤销该收购要约,就会对该上市公司股票的交易造成新的影响,可能对广大中小股东造成损害。因此,需要对收购人发出收购要约的行为给予必要的限制,也就是在收购要约发出后一直到要约期满为止,收购人不得撤销其收购要约。

3. 收购要约的变更

《证券法》第 68 条规定,收购人需要变更收购要约的,应当及时公告,载明具体变更事项,且不得存在下列情形:(1) 降低收购价格;(2) 减少预定收购股份数额;(3) 缩短收购期限;(4) 国务院证券监督管理机构规定的其他情形。由于要约内容发生变更涉及被收购公司股东的切身利益,因此应当对收购要约的变更进行必要的管理,必须严格按照法律程序办理。一般来说，只有在不损害投资者利益的情况下，或者不低于原来发出的要约条件的才允许进行变更。此外，《收购办法》规定，收购要约期限届满前 15 日内，收购人不得变更收购要约；但是出现竞争要约的除外。

（五）收购要约的预受

同意接受收购要约的股东（以下简称"预受股东"），应当委托证券公司办理预受要约的相关手续。收购人应当委托证券公司向证券登记结算机构申请办理预受要约股票的临时保管。证券登记结算机构临时保管的预受要约的股票，在要约收购期间不得转让。

预受是指被收购公司股东同意接受要约的初步意思表示，在要约收购期限内不可撤回之前不构成承诺。在要约收购期限届满 3 个交易日前，预受股东可以委托证券公司办理撤回预受要约的手续，证券登记结算机构根据预受要约股东的撤回申请解除对预受要约股票的临时保管。在要约收购期限届满前 3 个交易日内，预受股东不得撤回其对要约的接受。

出现竞争要约时，接受初始要约的预受股东撤回全部或者部分预受的股份，并将撤回的股份售予竞争要约人的，应当委托证券公司办理撤回预受初始要约的手续和预受竞争要约的相关手续。

（六）收购要约的履行

收购期限届满，发出部分要约的收购人应当按照收购要约约定的条件购买被收购公司股东预受的股份，预受要约股份的数量超过预定收购数量时，收购人应当按照同等比例收购预受要约的股份；以终止被收购公司上市地位为目的的，收购人应当按照收购要约约定的条件购买被收购公司股东预受的全部股份；发出全面要约的收购人应当购买被收购公司股东预受的全部股份。

收购期限届满后 3 个交易日内，接受委托的证券公司应当向证券登记结算机构申请办理股份转让结算、过户登记手续，解除对超过预定收购比例的股票的临时保管；收购人应当公告本次要约收购的结果。

三、要约收购的法律后果

（一）被收购公司维持其上市资格

收购要约的期限届满，收购人持有的被收购公司的股权分布符合证券交易所规定的上市交易要求的，该上市公司的股票可以在证券交易所继续上市交易。不过，收购人所持有的被收购的上市公司的股票，在收购行为完成后的 18 个月内不得转让。

（二）被收购公司股票终止上市交易

收购期限届满，被收购公司股权分布不符合证券交易所规定的上市交易要求的，该上市公司的股票应当由证券交易所依法终止上市交易。

（三）收购人的强制受让义务

收购要约的期限届满，被收购公司股权分布不符合证券交易所规定的上市交易要求的，该上市公司的股票在证券交易所终止上市交易的，其余仍持有被收购公司股票的股东，有权向收购人以收购要约的同等条件出售其股票，收购人应当收购。

（四）变更企业形式

收购行为完成后，被收购公司不再具备股份有限公司条件的，应当依法变更企业形式。

（五）更换股票、注销公司

通过要约收购方式取得被收购公司股票并将该公司撤销的，属于公司合并，被撤销公司的原有股票，由收购人依法更换。公司合并后，应当注销被合并的公司。

四、要约收购的豁免

《证券法》第65条规定了强制要约收购的情形，考虑在收购活动中的某些特定情况，《收购办法》设"免除发出要约"专章规定了除外情形。

（一）免于以要约方式增持股份的情形

《收购办法》第62条规定，有下列情形之一的，收购人可以免于以要约方式增持股份：（1）收购人与出让人能够证明本次股份转让是在同一实际控制人控制的不同主体之间进行，未导致上市公司的实际控制人发生变化；（2）上市公司面临严重财务困难，收购人提出的挽救公司的重组方案取得该公司股东大会批准，且收购人承诺3年内不转让其在该公司中所拥有的权益；（3）证监会为适应证券市场发展变化和保护投资者合法权益的需要而认定的其他情形。

（二）免于发出要约的情形

《收购办法》第63条规定，有下列情形之一的，投资者可以免于发出要约：（1）经政府或者国有资产管理部门批准进行国有资产无偿划转、变更、合并，导致投资者在一个上市公司中拥有权益的股份占该公司已发行股份的比例超过30%；（2）因上市公司按照股东大会批准的确定价格向特定股东回购股份而减少股本，导致投资者在该公司中拥有权益的股份超过该公司已发行股份的30%；（3）经上市公司股东大会非关联股东批准，投资者取得上市公司向其发行的新股，导致其在该公司拥有权益的股份超过该公司已发行股份的30%，投资者承诺3年内不转让本次向其发行的新股，且公司股东大会同意投资者免于发出要约；（4）在一个上市公司中拥有权益的股份达到或者超过该公司已发行股份的30%的，自上述事实发生之日起1年后，每12个月内增持不超过该公司已发行的2%的股份；（5）在一个上市公司中拥有权益的股份达到或者超过该公司已发行股份的50%的，继续增加其在该公司拥有的权益不影响该公司的上市地位；（6）证券公司、银行等金融机构在其经营范围内依法从事承销、贷款等业务导致其持有一个上市公司已发行股份超过30%，没有实际控制该公司的行为或者意图，并且提出在合理期限内向非关联方转让相关股份的解决方案；（7）因继承导致在一个上市公司中拥有权益的股份超过该公司已发行股份的30%；（8）因履行约定购回式证券交易协议购回上市公司股份导致投资者在一个上市公司中拥有权益的股份超过该公司已发行股份的30%，并且能够证明标的股份的表决权在协议期间未发生转移；（9）因所持优先股表决权依法恢复导致投资者在一个上市公司中拥有权益的股份超过该公司已发行股份的30%；（10）证监会为适应证券市场发展变化和保护投资者合法权益的需要而认定的其他情形。

第四节 协议收购

一、协议收购的概念与特征

协议收购又称"不公开收购",是指收购人与目标公司的个别股东(通常是大股东)私下达成协议并按协议规定的条件收购目标公司这些股东持有的股份,以实现其收购目的的上市公司收购方式。

与要约收购相较,协议收购具有以下特点:

(1)协议收购的主体具有特定性。协议收购的相对人通常是目标公司的大股东,而不是全体股东,因此,协议收购是收购人与目标公司的特定股东之间进行的收购行为。协议收购与要约收购最重要的区别是前者仅面向少数特定股东,而要约收购则是面向目标公司全体股东。

(2)收购条件的差异性。协议收购通常采取个别协议的方式,即由收购人与目标公司的特定股东个别协商确定收购数量、价格及其他交易条件。由于各个股东讨价还价的能力不同,收购方在对各个股东的支付价格上一般也不相同,因此,协议收购的条件具有差异性。协议收购的这个特征与要约收购条件适用于全体股东的特征相区别。

(3)收购协议达成的秘密性。在协议收购的协议达成之前,收购协议的协商过程、收购协议的内容等,通常不需要公开。而且,为避免造成目标公司的股价波动,收购人在与目标公司股东进行协商时,该协商通常是秘密的。因此,协议收购不具有要约收购的公开性。

(4)协议收购程序的简易性。由于协议收购采取的是个别私下协商的方式,而且收购行为一般得到了目标公司的管理机构和特定的大股东的积极配合,因此,一般说来,协议收购程序简易,成本较低,具有较强的灵活性,能够在较短的时间内完成收购活动。正因如此,在我国市场上发生的上市公司收购大多是通过协议收购的方式完成的。

二、协议收购的基本规范

《证券法》第71条规定,采取协议收购方式的,收购人可以依照法律、行政法规的规定同被收购公司的股东以协议方式进行股份转让。以协议方式收购上市公司时,达成协议后,收购人必须在3日内将该收购协议向国务院证券监督管理机构及证券交易所作出书面报告,并予公告。在公告前不得履行收购协议。《收购办法》对上述规定作了更为细致的规范。

(一)公告上市公司收购报告书

以协议方式收购上市公司股份超过30%,收购人可以免于以要约方式增持股份或免于发出要约情形的,应当在与上市公司股东达成收购协议之日起3日内编制上市公司收购报告书,通知被收购公司,并公告上市公司收购报告书摘要。

收购人应当在收购报告书摘要公告后5日内,公告其收购报告书、财务顾问专业意见和律师出具的法律意见书;不符合"免除发出要约"规定情形的,应当予以公告。

收购人所作的上市公司收购报告书,除收购协议的生效条件和付款安排外,应当载明下列事项:(1)收购人的姓名、住所;收购人为法人的,其名称、注册地及法定代表人,与其控股股东、实际控制人之间的股权控制关系结构图;(2)收购人关于收购的决定及收购目的,是否拟在未来12个月内继续增持;(3)上市公司的名称、收购股份的种类;(4)预定收购股份的数量和比例;(5)收购价格;(6)收购所需资金额、资金来源及资金保证,或者其他支付安排;(7)公告收购报告书时持有被收购公司的股份数量、比例;(8)本次收购对上市公司的影响分析,包括收购人及其关联方所从事的业务与上市公司的业务是否存在同业竞争或者潜在的同业竞争,是否存在持续关联交易;存在同业竞争或者持续关联交易的,收购人是否已作出相应的安排,确保收购人及其关联方与上市公司之间避免同业竞争以及保持上市公司的独立性;(9)未来12个月内对上市公司资产、业务、人员、组织结构、公司章程等进行调整的后续计划;(10)前24个月内收购人及其关联方与上市公司之间的重大交易;(11)前6个月内通过证券交易所的证券交易买卖被收购公司股票的情况;(12)证监会要求披露的其他内容。

已披露收购报告书的收购人在披露之日起6个月内,因权益变动需要再次报告、公告的,可以仅就与前次报告书不同的部分作出报告、公告;超过6个月的,应当按照规定履行报告、公告义务。

(二)管理层收购的特殊规范

上市公司董事、监事、高级管理人员、员工或者其所控制或者委托的法人或者其他组织,拟对本公司进行收购或者通过间接收购的方式取得本公司控制权(即管理层收购)的,该上市公司应当具备健全且运行良好的组织机构以及有效的内部控制制度,公司董事会成员中独立董事的比例应当达到或者超过1/2。公司应当聘请符合《证券法》规定的资产评估机构提供公司资产评估报告,本次收购应当经董事会非关联董事作出决议,且取得2/3以上的独立董事同意后,提交公司股东大会审议,经出席股东大会的非关联股东所持表决权过半数通过。独立董事发表意见前,应当聘请独立财务顾问就本次收购出具专业意见,独立董事及独立财务顾问的意见应当一并予以公告。

(三)对目标公司的特殊要求

以协议方式进行上市公司收购的,自签订收购协议起至相关股份完成过户的期间为上市公司收购过渡期(以下简称过渡期)。在过渡期内,收购人不得通过控股股东提议改选上市公司董事会,确有充分理由改选董事会的,来自收购人的董事不得超过董事会成员的1/3;被收购公司不得为收购人及其关联方提供担保;被收购公司不得公开发行股份募集资金,不得进行重大购买、出售资产及重大投资行为或者与收购人及其关联方进行其他关联交易,但收购人为挽救陷入危机或者面临严重财务困难的上市公司的情形除外。

(四)对目标公司控股股东协议转让的特殊要求

上市公司控股股东向收购人协议转让其所持有的上市公司股份的,应当对收购人的主体资格、诚信情况及收购意图进行调查,并在其权益变动报告书中披露有关调查情况。

控股股东及其关联方未清偿其对公司的负债,未解除公司为其负债提供的担保,或者存在损害公司利益的其他情形的,被收购公司董事会应当对前述情形及时予以披露,并采取有效措施维护公司利益。

（五）收购协议的履行

协议收购的相关当事人应当向证券登记结算机构申请办理拟转让股份的临时保管手续，并可以将用于支付的现金存放于证券登记结算机构指定的银行。

收购报告书公告后，相关当事人应当按照证券交易所和证券登记结算机构的业务规则，在证券交易所就本次股份转让予以确认后，凭全部转让款项存放于双方认可的银行账户的证明，向证券登记结算机构申请解除拟协议转让股票的临时保管，并办理过户登记手续。

收购人未按规定履行报告、公告义务，或者未按规定提出申请的，证券交易所和证券登记结算机构不予办理股份转让和过户登记手续。

收购人在收购报告书公告后30日内仍未完成相关股份过户手续的，应当立即作出公告，说明理由；在未完成相关股份过户期间，应当每隔30日公告相关股份过户办理进展情况。

（六）收购结束报告与公告

收购上市公司的行为结束后，收购人应当在15日内将收购情况报告国务院证券监督管理机构和证券交易所，并予公告。

三、协议收购的法律后果

协议收购的结果除了会导致与要约收购相同的实体性法律后果外，还可能导致适用要约收购。根据《收购办法》第47条之规定，收购人拥有权益的股份达到该公司已发行股份的30%时，继续进行收购的，应当依法向该上市公司的股东发出全面要约或者部分要约。符合豁免规定情形的，收购人可以免于发出要约。收购人拟通过协议方式收购一个上市公司的股份超过30%的，超过30%的部分，应当改以要约方式进行；但符合豁免规定情形的，收购人可以免于发出要约。符合前述规定情形的，收购人可以履行其收购协议；不符合前述规定情形的，在履行其收购协议前，应当发出全面要约。

> **重要名词术语**

上市公司收购、要约收购、协议收购、间接收购、权益披露、慢走规则

> **思考题**

1. 简述上市公司收购的特征。
2. 简述上市公司收购的方式。
3. 简述上市公司收购的基本原则。
4. 简述大额持股披露制度的基本规范。
5. 简述违反大额持股披露的法律后果。
6. 简述要约收购的特征。

7. 简述违反要约收购义务的法律后果。

8. 简述协议收购的特征。

典型案例分析

2003年3月12日，X钢集团公司与F集团公司、F产业投资、某某科技共同成立X钢联合公司（以下简称X钢联合）。F集团与F产业投资持有新公司60%的股份。4月1日，X钢集团公司以其持有的占总股本70.95%的X钢股份国有股35,760万股作为增资注入新成立的X钢联合。在未获得豁免的情况下，占总股本70.95%的国有股权的实际控制人变更，使X钢股份不得不面对沪深股市有史以来首例要约收购。

2003年4月9日，X钢联合向所有股东发布要约收购公告，挂牌交易股份的要约收购价格为5.86元/股（该要约收购价格为公告前30个交易日的每日加权平均价格的算术平均值的90%）；非挂牌交易股份的收购价格为3.81元/股（该要约价格为X钢股份公告前6个月每股市值的评估）。要约收购总金额约为8.5亿元，全部以现金方式支付。要约有效期为30个自然日，从6月13日起到7月12日止。7月15日，X钢联合发布公告，披露要约期满，要约期内无股东预受要约和撤回预受。这样，本次要约收购最终以无人应约结束。

问：

1. 为什么X钢集团的出资会触发X钢联合的强制全面要约收购义务？

2. 此次要约提出的收购价完全是按照相关法规制定的，但最终无人应约。你认为《收购办法》要约价格的规则设计存在什么漏洞？

补充说明：查阅X钢股份2002年年报发现，公司的相关数据是：每股净资产3.46元，每股收益0.48元，资产质量和现金流情况都相当不错。要约收购流通股价为5.84元，而当时二级市场价近7元，比要约价格高19%。

第二十七章　证券市场参与主体

【内容提示】

证券市场参与主体是证券市场的组成要素。通常是指除发行人和投资者外的证券市场交易活动和监管活动的参加者,具体包括证券交易所、证券登记结算机构、证券公司、证券服务机构以及证券市场监管机构。本章主要讨论证券交易所、证券登记结算机构、证券公司、证券服务机构。

证券交易所是指依法成立的为证券的集中和有组织的交易提供场所和设施的法人组织。证券交易所是证券交易场所的最基本形式,在整个证券交易市场中居于核心地位。证券交易所作为证券集中、有组织交易的场所,它的职能在于组织证券交易、为证券集中竞价交易提供场所、设施以及为维护证券市场交易秩序而必须承担的会员管理、上市公司监管等职责。

证券登记结算机构是指专门为证券的发行和在证券交易所的证券交易提供集中的登记、存管、结算与交收服务的法人组织。证券登记结算机构是特许法人。鉴于证券登记结算机构在一个完整的证券市场中所处的特殊地位及所担负的特殊职能,证券登记结算机构的设立与运营必须由国家实施严格的监督管理。

证券公司是指依法设立的、经营证券业务以及相关业务的金融机构。证券公司是证券业和证券市场发展到一定阶段的产物,是证券市场主要的参与者和重要的中介组织。《证券法》除了对证券公司按照业务类型进行管理并确定最低注册资本要求外,还对证券公司设立和营运管理、风险控制指标、交易风险准备金的提取等予以规范。

证券服务机构是指依法设立的为证券投资、发行、交易及其他相关活动提供各种专业服务的组织。这些机构主要包括证券投资咨询机构、资信评级机构、资产评估机构、财务顾问机构、会计师事务所和律师事务所等。

第一节　证券交易所

一、证券交易所的概念与特征

按照传统的区分方式,证券交易场所可以分为集中交易的场所(即证券交易所)和场外交易场所。从世界各国的情况看,证券交易所是证券交易场所的最基本形式,在整个证券交易市场中居于核心地位。

通说认为,证券交易所是指依法成立的为证券的集中和有组织的交易提供场所和设施的法人组织。我国《证券法》第 96 条规定:"证券交易所、国务院批准的其他全国性证券交易场所为证券集中交易提供场所和设施,组织和监督证券交易,实行自律管理,依法登记,取得法人资格。"根据上述规定,我国证券交易所具有以下特征:

1. 证券交易所是法人组织

所谓法人,是指具有民事权利能力和民事行为能力,依法独立享有民事权利和承担民事义务的组织。作为证券市场上一种特殊的法律主体,证券交易所具有独立的法人地位可以使其更好地发挥调整证券交易关系的作用,同时,在处理各种证券交易事务,尤其是在处理与其会员的关系、有关交易结果的确认等方面,证券交易所的法人地位有着相当重要的现实意义。

2. 证券交易所为证券集中交易提供场所

证券交易所的基本职能就是为证券投资者和证券经营机构提供集中交易的场所、设施及相关服务,以进行有组织的交易。集中交易往往被看作区分场内市场和场外市场的重要标准,不过,随着证券市场技术条件的进步,场内市场和场外市场在交易方式上的区别正日益缩小。

3. 证券交易所实行自律性管理

证券交易所自身不是政府的职能部门,而是实行自律性管理的法人组织。自律性组织管理的权力一般来自组织成员的自愿授权。通过成立该组织的契约(一般表现为章程),组织成员把自己的一部分权利让渡给该组织,同意该组织为了大家的利益,可以对自己进行管理。证券交易所就是依照交易所章程来对交易所成员进行管理的。

4. 证券交易所必须依法设立

由于证券交易所的设立关系到国家的经济体制、经济秩序等重大问题,因此,证券交易所必须符合法定的设立条件和履行必要的法律程序后才能成为国家认可的法人组织。我国《证券法》规定,证券交易所的设立和解散,由国务院决定;证券交易所章程的制定和修改,必须经国务院证券监督管理机构批准。

二、证券交易所的职能

证券交易所作为证券集中、有组织交易的场所,其职能在于组织证券交易、为证券集中竞价交易提供场所、设施以及为维护证券市场交易秩序而必须承担的会员管理、上市公司监管等职责。[1]

---

[1]《证券交易所管理办法》第 7 条规定:"证券交易所的职能包括:(一)提供证券交易的场所、设施和服务;(二)制定和修改证券交易所的业务规则;(三)依法审核公开发行证券申请;(四)审核、安排证券上市交易,决定证券终止上市和重新上市;(五)提供非公开发行证券转让服务;(六)组织和监督证券交易;(七)对会员进行监管;(八)对证券上市交易公司及相关信息披露义务人进行监管;(九)对证券服务机构为证券上市、交易等提供服务的行为进行监管;(十)管理和公布市场信息;(十一)开展投资者教育和保护;(十二)法律、行政法规规定的以及证监会许可、授权或者委托的其他职能。"

1. 提供证券交易的场所和设施

证券交易的场所和设施是开展证券交易活动的物质基础。提供证券交易所必需的场所和设施是证券交易所最基本的职能。

2. 制定业务规则

业务规则是证券交易所管理证券市场以及证券市场参与者参与市场活动的主要依据。证券交易所的业务规则包括上市规则、交易规则、会员管理规则以及其他与证券交易活动有关的规则。制定业务规则是证券交易所的主要职能之一。

3. 组织、监督证券交易

（1）选择上市证券。证券交易所应当按照上市规则安排证券上市。经证监会授权，证券交易所可以依照法定条件和法定程序核准股票上市申请。

（2）设立证券登记结算机构。证券交易所应当设立一个证券登记结算机构，为证券的发行和在证券交易所的证券交易活动提供集中的登记、存管、结算与交收服务。

（3）保障交易安全。证券交易所应当从其收取的交易费用和会员费、席位费中提取一定比例的金额设立风险基金。风险基金由证券交易所理事会管理。证券交易所应当将收存的交易保证金、风险基金存入开户银行专门账户，不得擅自使用。

（4）监控交易情况。证券交易所对在交易所进行的证券交易实时监控，对异常的交易情况提出报告。因突发性事件而影响证券交易的正常进行时，证券交易所可以采取技术性停牌的措施；因不可抗力的突发性事件或者为维护证券交易的正常秩序，证券交易所可以决定临时停市。证券交易所采取技术性停牌或者决定临时停市，必须及时报告证监会。证券交易所在监管交易时，对于按照交易规则进行的交易，不得改变其交易结果；对交易中违规交易者应负的民事责任，不得免除；在违规交易中所获利益，依照有关规定处理。

（5）维持交易秩序。在证券交易所内从事证券交易的人员，违反证券交易所有关交易规则的，由证券交易所给予纪律处分；对情节严重的，撤销其资格，禁止其入场进行证券交易。

4. 监管上市公司

（1）证券交易所应当制定证券上市规则。（2）证券交易所应当与申请证券上市交易的公司订立上市协议，确定相互间的权利义务关系。（3）证券交易所应当依法建立上市保荐制度。证券交易所应当监督保荐人及相关人员的业务行为，督促其切实履行法律、行政法规、部门规章以及业务规则中规定的相关职责。（4）证券交易所按照章程、协议以及上市规则决定证券终止上市和重新上市。（5）证券交易所应当按照章程、协议以及业务规则，督促证券上市交易公司及相关信息披露义务人依法披露上市公告书、定期报告、临时报告等信息披露文件。（6）证券交易所应当依据业务规则和证券上市交易公司的申请，决定上市交易证券的停牌或者复牌。证券上市交易的公司不得滥用停牌或复牌损害投资者合法权益。（7）证券交易所应当按照章程、协议以及业务规则，对上市公司控股股东、持股5%以上股东、其他相关股东以及董事、监事、高级管理人员等持有本公司股票的变动及信息披露情况进行监管。（8）发行人、证券上市交易公司及相关信息披露义务人等出现违法违规行为的，证券交易所可以按照章程、协议以及业务规则的规定，采取通报批评、公开谴责、收取惩罚性违约金、向相关主管部门出具监管建议函等自律监管措施或者纪律处分。

5. 监管会员

证券交易所应当制定具体的会员管理规则,监督会员遵守证券交易所的章程、业务规则,依照章程、业务规则的有关规定向证券交易所缴纳席位费、手续费等费用,并缴存交易保证金。证券交易所的会员应当向证券交易所和中国证券监督管理委员会提供季度、中期及年度报告,并主动报告有关情况;证券交易所有权要求会员提供有关报表、账册、交易记录及其他文件。

证券交易所应当对会员取得的交易席位实施严格管理,对会员的证券自营业务、经纪业务实施严格监管。证券交易所每年应当对会员的财务状况、内部风险控制制度等情况,进行抽样或者全面检查,并将检查结果上报证监会。证券交易所有权要求会员提供有关业务的报表、账册、交易记录及其他文件、资料,对违反交易所会员管理规则的会员予以处理。

6. 整理和公布市场信息

信息公开是证券市场的一个重要规则,也是保证证券交易正常运行的基础。证券交易所应当为组织公平的集中竞价交易提供保障,实时公布即时行情,并按日制作证券市场行情表,记载并公布下列事项:上市证券的名称;开盘价、最高价、最低价、收盘价;与前一交易日收盘价比较后的涨跌情况;成交量、成交金额的分计及合计;证券交易所市场基准指数及其涨跌情况;证监会要求公布或者证券交易所认为需要公布的其他事项。证券交易所即时行情的权益由证券交易所依法享有。证券交易所对市场交易形成的基础信息和加工产生的信息产品享有专属权利。

三、证券交易所的组织形式

根据组织形式的不同,证券交易所可以分为会员制证券交易所和公司制证券交易所。所谓组织形式的不同,实际上是从证券交易所的管理方式、承担风险方式以及交易所与其成员之间的关系等方面来界定的。目前我国上海、深圳证券交易所实行的是会员制形式,北京证券交易所采用的是公司制形式。

(一)公司制证券交易所

公司制证券交易所是指由股东出资,依法成立的为证券的集中交易提供场所及设施的、采用公司组织形式的法人组织。公司制证券交易所具有以下特征:

(1)在管理方式上,采用公司管理制。由于公司制证券交易所是由股东出资组建的、采取股份有限公司组织形式的公司法人,因此公司制证券交易所的组织机构与一般公司相同,包括股东大会、董事会和监事会;其设立组织机构、经营管理、解散等事项原则上均由《公司法》来调整;股东的地位及其权利义务也受《公司法》规范。

(2)在交易所与成员的关系方面,公司制证券交易所的股东并不能当然进入证券交易所参与交易,股东欲进入证券交易所参与交易,必须另行缴纳交易席位费。公司制证券交易所原则上由非证券商的股东组成,即使证券商向证券交易所进行投资成为股东,有资格入场的证券商的股东、高级职员或雇员也不得担任交易所的高级职员对证券交易所进行经营管理,[1]从而保证交易所经营者与交易参与者的分离,确保证券交易的公平与公正。

（3）在风险的承担上,公司制证券交易所对在本所内的证券交易负有担保责任。公司制证券交易所必须设有赔偿基金,以便对交易中任何一方的违约行为所造成的损失承担赔偿责任。

（4）公司制证券交易所多属营利性法人,但也有非营利性的。公司制证券交易所的营利方式是为证券的集中交易提供场所和设施,以此向使用者收取的费用构成其利润来源。

公司制证券交易所的优点在于：①公司制证券交易所经营者与证券交易参加者相分离的原则,可以保证其在证券市场的运作中采取中立和公正的态度,确保证券交易的公平与公正；②公司制证券交易所既然以营利为目的,就必须为交易参加者提供良好的市场设施和优质的交易服务,从而有利于提高证券市场的交易效率,保证证券交易的顺利进行。

公司制证券交易所的缺点在于：①公司制证券交易所存在着追求其本身利益最大化的倾向,从而可能不合理地提高交易成本,纵容甚至助长市场投机行为,不利于证券市场的稳定；②公司制证券交易所若经营不善而破产,会给整个证券市场带来巨大冲击。

（二）会员制证券交易所

会员制证券交易所是指由会员自愿设立的,旨在提供证券集中交易服务的非营利性的社团法人。会员制证券交易所的组织形式是会员团体,其会员一般是从事证券经营的证券商或其他从事证券业务的经营主体。目前大多数国家的证券交易所均实行会员制。

会员制证券交易所具有如下法律特征：

（1）在管理方式上,会员制证券交易所实行会员自治、自律,自我管理。会员共同制定并遵守证券交易所的章程及有关规则,以此相互约束,保证证券交易所的正常运行和业务的正常开展。会员在团体中的地位及权利义务等,不取决于会员缴纳会费的多少,每一会员的表决权相等,并且会员可以自由退出证券交易所。会员制证券交易所的组织机构包括会员大会、理事会和监察委员会。其中会员大会是最高权力机构,理事会是执行机构,理事会聘请经理人员负责日常事务。

（2）在交易所与成员的关系方面,会员制证券交易所向每一会员分配交易席位,其会员可以当然进入证券交易所参与交易,但如果会员需要增加交易席位,须为此另行缴纳席位费用。

（3）在风险承担上,会员制证券交易所一般不承担因自己过错产生的责任以外的责任。交易中的一切损失包括风险和违约损害,都由投资者双方自己承担。

（4）非营利性。会员制证券交易所不以营利为目的,一般不得直接或者间接从事营利性的业务。会员制证券交易所可以向会员收取会费,向上市公司收取上市费,但不得向证券交易各方收取佣金。会员制证券交易所可以自行支配其各项收入,但应当首先用于保证其证券交易场所和设施的正常运行和改善。会员制证券交易所的积累归会员所有,其权益由会员共同享有,在其存续期间,不得将其积累分配给会员。

---

[1] 赖英照：《证券交易法逐条释义》（第三册）,三民书局1996年版,第12页。

同公司制相比,会员制证券交易所不以营利为目的,收取的上市费用和交易费用较低,有利于促进证券交易的活跃和证券市场的繁荣。但是,在会员制下,由于证券交易者的管理者和参与者均为作为其会员的证券商,故有可能引起二者角色的利益冲突,从而危及交易市场的公平和效率。此外,会员制也不利于政府对证券市场的统一监管。

通过上述比较可见,会员制和公司制各有利弊。具体到我们的选择,应从保证证券市场的正常运转、维护证券投资者的合法权益的角度出发,选择适合本国国情的证券交易所的组织形式。

第二节 证券登记结算机构

一、证券登记结算机构的概念与特征

证券登记结算机构是指专门为证券的发行和在证券交易所的证券交易提供集中的登记、存管、结算与交收服务的法人组织。我国《证券法》第145条规定:"证券登记结算机构为证券交易提供集中登记、存管与结算服务,不以营利为目的,依法登记,取得法人资格。"依此规定,我国的证券登记结算机构具有以下特征:

(1)证券登记结算机构是独立的法人组织。证券登记结算机构具有独立的资金、组织机构、办公场所等,依法独立享有权利和承担义务,在法律上具有独立的法人地位。

(2)证券登记结算机构是专业服务机构。证券登记结算机构是在证券交易中为买卖双方履行交易提供服务的机构,其职责在于为证券交易提供集中的登记、托管与结算服务。证券登记结算机构本身不参加交易,不是交易的任何一方当事人。

(3)证券登记结算机构不以营利为目的。尽管我国现有的证券登记结算机构以"公司"命名,但其不以营利目的,不向其结算会员分配利润,性质上属于非营利法人。当然,证券登记结算机构在承担登记、过户、清算等义务时,也收取相应费用,但其不是借此追求利润。

(4)证券登记结算机构是特许法人。鉴于证券登记结算机构在一个完整的证券市场中所处的特殊地位及所担负的特殊职能,证券登记结算机构的设立与运营必须由国家实施严格的监督管理。《证券法》第145条规定,设立证券登记结算机构必须经国务院证券监督管理机构批准。

二、证券登记结算机构的职能

《证券法》第147条规定:"证券登记结算机构履行下列职能:(1)证券账户、结算账户的设立;(2)证券的存管和过户;(3)证券持有人名册登记;(4)证券交易的清算和交收;(5)受发行人的委托派发证券权益;(6)办理与上述业务有关的查询、信息服务;(7)国务院证券监督管理机构批准的其他业务。"

1. 证券账户和结算账户的设立

证券账户是指由证券登记结算机构为申请人开出的记载其证券持有及变更的权利凭证。其作用主要在于记载和反映投资者持有证券的情况。根据《中国证券登记结算有限责任公司证券账户管理规则》(以下简称《账户管理规则》)规定，中国结算公司对证券账户实施统一管理，上海、深圳分公司及中国结算公司委托的开户代理机构为投资者开立证券账户。[1]自然人及一般机构开立证券账户，由开户代理机构受理；证券公司和基金管理公司等机构开立证券账户，由中国结算公司受理。结算账户是指证券公司在证券登记结算机构开立的用于结算证券交易业务的账户。开立证券账户和结算账户是投资者进入证券市场进行证券活动的前提条件。

2. 证券的存管和过户

证券存管是指证券登记结算机构根据法律的规定或者当事人的委托，代为保管投资者证券账户上的证券并提供相应服务的行为。《证券法》第 150 条规定："在证券交易所或者国务院批准的其他全国性证券交易场所交易的证券，应当全部存管在证券登记结算机构。"存管的作用是为证券的交易提供一个安全集中的保管场所，方便交易后的证券交割。证券的过户是指证券登记结算机构在证券交易完成后更换证券持有人姓名或者名称的行为。从广义上讲，过户又可分为交易过户和非交易过户。交易过户是指由于记名证券的交易使股权债权从出让人转移到受让人，从而完成股权债权过户。非交易过户是指符合法律规定和程序的因继承、赠与、财产分割或法院判决等原因而发生的记名证券的股权债权变更。

3. 证券持有人名册的登记

登记是对证券的所有权及其权益的产生、变更、消灭进行记录以确定投资者权利的法律行为。按照实际股票持有人是否直接将自己的名称登记在股东名册上，可将股票持有制度区分为直接持有制度和间接持有制度。直接持有就是指实际股票持有人的名称直接登记在股东名册上；间接持有则是指股东名册上登记的是实际股票持有人所委托的代理机构的名称，这些代理机构通常被称为名义持有人，名义持有人代表实际持有人享有股票上的权利。我国目前基本上采取的是证券直接持有制度。[2]证券登记结算机构在代理上市公司办理股票登记事宜时，将实际证券持有人的姓名或者名称登记造册，并形成证券持有人名册。该名册具有法律效力，当此名册与证券发行人编制的股东名册或者债券持有人名册发生冲突时，一般以该名册为准。

4. 证券交易的清算与交收

清算是指证券买卖双方在证券交易所进行的证券买卖成交后，通过证券登记结算机构将各证券商之间证券买卖的数量和金额分别予以抵销，最终计算应收应付证券和价款金额的行为。交收是指通过证券登记结算机构由证券卖方将卖出的证券交付给买方，买方

---

[1] 开户代理机构，是指中国结算公司委托代理证券账户开户业务的证券公司、商业银行及中国结算公司境外 B 股结算会员。

[2] 我国对部分境外投资者持有的股票，采取的是间接持有制度。

将买进证券的价款交付给卖方的行为。[1]清算和交收是证券交易的最后环节,在清算和交收的过程中证券登记结算机构起着至关重要的作用。

5. 受证券发行人委托派发证券权益

由于证券上市交易后在投资者之间流动频繁,发行人(上市公司)很难掌握哪些人持有证券,而由证券登记结算机构依据证券持有人名册向股东派发权益,或者向债权人支付利息无疑最为便捷。实践中,上市公司证券权益的派发一般是由证券登记结算机构依据证券持有人名册,通过一定的技术手段将上市公司分配的股息和红利、资本公积金转增股本等直接划入证券持有人的证券或资金账户。

6. 办理与上述业务有关的查询

证券登记结算机构在办理上述证券业务时,投资者、证券公司、司法和行政部门等都可以依法向证券登记结算机构询问或查询有关证券和资金情况,证券登记结算机构有义务提供准确、完整的信息。

7. 国务院证券监督管理机构批准的其他业务

三、证券登记结算机构的法定义务

为了确保证券登记结算机构能够安全高效地履行职责,《证券法》规定了证券登记结算机构在实际运行中必须承担的法定义务。

(一)保证业务正常进行的义务

为保证证券登记结算机构的正常运转,《证券法》第 152 条规定,证券登记结算机构应当采取下列措施保证业务的正常进行:(1)具有必备的服务设备和完善的数据安全保护措施;(2)建立完善的业务、财务和安全防范等管理制度;(3)建立完善的风险管理系统。

(二)法定存管证券义务

《证券法》第 150 条规定,证券持有人持有的证券,在上市交易时,应当全部存管在证券登记结算机构。证券登记结算机构不得挪用客户的证券。由于证券登记结算机构的存管只是代予保管的性质,存管的证券的所有权属于客户,所以法律规定证券登记结算机构不得挪用客户的证券,以保护客户的合法权益。

(三)提供及保存资料义务

《证券法》第 151 条规定,证券登记结算机构应当向证券发行人提供证券持有人名册及其有关资料。证券登记结算机构应根据证券登记结算的结果,确认证券持有人持有证券的事实,提供证券持有人登记资料。证券登记结算机构应当保证证券持有人名册和登记过户记录真实、准确、完整,不得隐匿、伪造、篡改或者毁损。《证券法》第 153 条规定,证券登记结算机构应当妥善保存登记、存管和结算的原始凭证及有关文件和资料。其保存期限不得少于 20 年。

---

[1] 从时间的发生及运作的次序来看,先清算后交收,清算是交收的基础和保证,交收是清算的后续与完成。

（四）设立结算风险基金义务

证券结算中的风险类型很多，主要有信用风险、技术风险、法律风险等。依据《证券法》之规定，结算风险基金是证券登记结算机构依法设立的用于防范意外事件（主要是技术故障等）造成的证券登记结算机构损失的一种基金形式。例如，《证券法》第154条第1款规定：“证券登记结算机构应当设立证券结算风险基金，用于垫付或者弥补因违约交收、技术故障、操作失误、不可抗力造成的证券登记结算机构的损失。”

关于结算风险基金的来源与管理，《证券法》第154条还规定，证券结算风险基金从证券登记结算机构的业务收入和收益中提取，并可以由结算参与人按照证券交易业务量的一定比例缴纳。证券结算风险基金的筹集、管理办法，由国务院证券监督管理机构会同国务院财政部门规定。《证券法》第155条规定，证券结算风险基金应当存入指定银行的专门账户，实行专项管理。证券登记结算机构以风险基金赔偿后，应当向有关责任人追偿。

第三节　证券公司

一、证券公司的概念与特征

（一）证券公司的概念

证券公司是指依法设立的、经营证券业务以及相关业务的金融机构。证券公司是证券业和证券市场发展到一定阶段的产物，是证券市场主要的参与者和重要的中介组织。一方面，它是沟通发行人需求和投资人需求的桥梁，是联结证券市场各个主体的纽带，是实现资金融通的重要渠道；另一方面，它自身有时也是机构投资者，直接参与证券市场资金的流转以及资源的合理配置。因此，证券公司的存在和发展有利于推动证券市场的高效运转，其经营行为在影响着发行人和众多投资者的同时，也在影响整个证券市场的健康运行。

（二）证券公司的特征

证券公司作为一类特殊的公司，具有与一般商事公司不同的特性。

1. 从事业务的特殊性

证券公司以从事证券经营为其业务。证券经营业务通常包括证券的承销、经纪和自营三大业务。在我国，证券经营业务是由国务院证券监督管理机构根据法律、行政法规规定的资格和条件核准确定的，是一种特许经营的权利。普通商事公司则主要根据市场需求从事商品生产经营活动或者向社会提供各种服务。

2. 设立条件的特殊性

一般商事公司的设立只要满足《公司法》中有关有限责任公司或者股份有限公司的设立条件，而证券公司的设立除要符合《公司法》的规定外，还要满足《证券法》的特别规定，如注册资本最低限额、主要管理人员和业务人员的任职资格、固定的经营场所和合格的交易设施等。此外,证券公司的设立必须经国务院证券监督管理机构审查批准才能依法设立。可见,证券公司的设立条件及设立程序较一般商事公司严格。

3.管理制度的特殊性

鉴于证券公司作为经营证券业务的金融机构,其组织和行为是否规范对证券市场的稳定和发展影响重大,因此,《证券法》明确规定,证券公司必须具有健全的管理制度。证券公司的设立或者解散、撤销分支机构、变更业务范围、变更公司章程、变更公司形式等,都必须经国务院证券监督管理机构批准。

证券公司具有上述特性的根源在于其经营业务的高风险性,而且此风险具有扩散性、放大性。证券公司破产或者解散往往会对证券市场甚至整个金融体系产生巨大的冲击。因此,《证券法》对证券公司的设立和营运管理等予以特别严格的规范。

二、证券公司的业务种类

《证券法》第120条规定:"经国务院证券监督管理机构核准,取得经营证券业务许可证,证券公司可以经营下列部分或者全部证券业务:(一)证券经纪;(二)证券投资咨询;(三)与证券交易、证券投资活动有关的财务顾问;(四)证券承销与保荐;(五)证券融资融券;(六)证券做市交易;(七)证券自营;(八)其他证券业务。"

(1)证券经纪业务。证券经纪业务是指在证券交易中,证券公司代理客户买卖证券,并从中收取佣金或者手续费的证券业务活动。它是证券公司最基本的一项业务。

(2)证券投资咨询业务。证券投资咨询业务是指取得监管部门颁发的相关资格的机构及其咨询人员为证券投资者或者客户提供证券投资的相关信息、分析、预测或者建议,并直接或间接收取服务费用的活动。

(3)与证券交易、证券投资活动有关的财务顾问业务。该业务是指证券公司根据客户需求,为客户的证券投融资、资本运作、证券资产管理等活动提供咨询、分析、方案设计等服务的业务活动。

(4)证券承销与保荐业务。证券承销业务是指证券公司通过与证券发行人签订证券承销协议,在规定的证券发行有效期内协助证券发行人发行证券的业务活动;保荐业务是指证券公司对发行人的发行、上市文件进行实质性核查,保证其真实、准确、完整,推荐发行人证券发行、上市的业务活动。

(5)证券融资融券业务。融资融券业务是指证券公司向客户出借资金供其买入证券或出借证券供其卖出证券的业务。由融资融券业务产生的证券交易称为融资融券交易。融资融券交易分为融资交易和融券交易两类,客户向证券公司借资金买入证券叫融资交易,客户向证券公司借证券卖出证券叫融券交易。

(6)证券做市交易。证券做市交易是由专门的机构或公司作为做市商,使用自有资金向投资者提供报价和流动性,以促进证券市场的交易活动和价格形成。

(7)证券自营业务。证券自营业务是指证券公司在证券交易活动中,以自己的名义和资金为了自己的利益,进行证券买卖,并从中获取收益的业务活动。

(8)其他证券业务。除上述业务外,证券公司还可以经营经国务院证券监督管理机构核定的其他证券业务。

三、证券公司的一般业务规则

为确保证券公司业务活动的规范化，切实保护投资者权益、维护证券市场秩序，《证券法》对证券公司如何开展业务活动作了详细的规范。

1. 分业经营规则

《证券法》第128条第2款规定："证券公司必须将其证券经纪业务、证券承销业务、证券自营业务、证券做市业务和证券资产管理业务分开办理，不得混合操作。"

由于自营与经纪业务等的并存可能在利益冲突时给客户带来巨大的风险，因此大多数国家的《证券法》均对证券公司业务的分业经营作出规定。我国《证券法》要求证券公司必须将其证券经纪业务、证券承销业务、证券自营业务、证券做市业务和证券资产管理业务分开办理，不得混合操作，也是为了避免实践中一些证券公司利用兼业条件，将原来应当属于客户的利益或者获利机会转到自己名下的现象，抑制证券公司兼业可能带来的弊端，充分保护投资者的利益。

2. 自营业务必须使用自有资金和依法筹集的资金

《证券法》第129条第2款规定："证券公司的自营业务必须使用自有资金和依法筹集的资金。"

证券公司的自有资金主要是指证券公司的资本金。证券公司依法筹集的资金，目前主要是指证券公司依法拆借的资金。根据国家有关规定，证券公司向其他金融机构拆借资金必须在全国统一的同业拆借市场进行，而且拆借期限以及拆入资金总额都要遵守相关规定。

3. 自营业务不得假借他人名义或者以个人名义进行交易

《证券法》第129条第1、3款规定："证券公司的自营业务必须以自己的名义进行，不得假借他人名义或者以个人名义进行。证券公司不得将其自营账户借给他人使用。"

由于证券自营业务是由国务院证券监督管理机构根据法律、行政法规规定的资格和条件核准确定的，是一种特许经营的权利，也是专属经营权，因此证券公司从事自营业务必须使用自己的真实名称。同时，证券公司不得将其自营账户借给他人使用，以防止不符合法律规定的条件的企业甚至个人以证券公司的名义从事证券自营买卖，逃避证券监督管理机构的监管，扰乱证券市场秩序，增加证券市场风险和侵害投资者的合法权益。

4. 自主经营的权利

《证券法》第130条第3款规定："证券公司依法享有自主经营的权利，其合法经营不受干涉。"证券公司是依法设立的，以营利为目的的企业法人。证券公司作为独立法人，依法享有自主经营的权利，这些权利包括名称权、人事权、财产权、决策权、收益权等。就决策权而言，证券公司有权根据参与市场竞争和自身发展的需要，就公司经营管理中的重大问题，如公司的发展方向、经营管理目标、业务范围、增减注册资本、变更公司形式以及公司合并、分立、解散等，自行作出决定，自主经营，自负盈亏。不过，证券公司自主行使各项权利，不得违反法律、行政法规的规定。

5. 业务活动应与其公司治理等相适应

《证券法》第130条第2款规定："证券公司的业务活动,应当与其治理结构、内部控制、合规管理、风险管理以及风险控制指标、从业人员构成等情况相适应,符合审慎监管和保护投资者合法权益的要求。"该规定的本质还是对证券公司审慎经营的要求。

6. 客户交易结算资金的存放

《证券法》第131条第1款规定："证券公司客户的交易结算资金应当存放在商业银行,以每个客户的名义单独立户管理。"《证券法》要求客户的交易结算资金必须存入指定的商业银行,单独立户管理,其目的是保护投资者的资金安全,防止证券公司将客户的交易结算资金用于非客户证券买卖的其他用途,防止出现挪用客户资金的现象。

此外,《证券法》还规定,证券公司不得将客户的交易结算资金和证券归入其自有财产;禁止任何单位或者个人以任何形式挪用客户的交易结算资金和证券;证券公司破产或者清算时,客户的交易结算资金和证券不属于其破产财产或者清算财产;非因客户本身的债务或者法律规定的其他情形,不得查封、冻结、扣划或者强制执行客户的交易结算资金和证券。

四、证券公司的风险管理制度

（一）对证券公司的风险管理规范

《证券法》除了对证券公司按照业务类型进行管理并确定最低注册资本要求外,还对证券公司风险控制指标、交易风险准备金的提取和使用管理等予以规范。

1. 对证券公司风险控制指标的规定

如果证券公司利用负债从事证券业务,其资金流动性风险不仅会导致证券公司资金紧张、信誉下降,甚至会因为不能支付到期债务而遭受灭顶之灾。为了防止这种风险的发生和降低这种风险的影响,许多国家和地区的法律都对证券公司的负债比率等作了限制性规定,我国也不例外。《证券法》第123条规定："国务院证券监督管理机构应当对证券公司净资本和其他风险控制指标作出规定。"该规定明确了以净资本为核心的风险监管指标体系,为准确反映并有效防范证券公司存在的流动性风险提供了法律依据,有利于提高证券公司日常监管的针对性和有效性,有助于促进证券公司规范经营,提高风险控制意识。

此外,《证券法》第123条还规定,证券公司不得为其股东或者股东的关联人提供融资或者担保。这里"股东的关联人"是指受证券公司股东直接或者间接控制,或者与证券公司股东之间存在可能导致公司利益转移的其他关系的企业和个人。

2. 对证券公司交易风险准备金的规定

《证券法》第127条规定："证券公司从每年的业务收入中提取交易风险准备金,用于弥补证券经营的损失,其提取的具体比例由国务院证券监督管理机构会同国务院财政部门规定。"

该规定的目的是确保证券公司遇到意外交易损失时能够及时得到资金补充。交易风险准备金只能用于弥补证券交易的损失,不得挪作他用。至于交易风险准备金的提取比例,由国务院证券监督管理机构会同国务院财政部门根据我国证券市场发育程度和证券公司抗风险能力具体规定。

(二)对证券公司从业人员的管理规范

1.对证券公司高级管理人员任职资格条件的规定

《证券法》第124条规定:"证券公司的董事、监事、高级管理人员,应当正直诚实,品行良好,熟悉证券法律、行政法规,具有履行职责所需的经营管理能力。证券公司任免董事、监事、高级管理人员,应当报国务院证券监督管理机构备案。有《中华人民共和国公司法》第一百四十六条规定的情形或者下列情形之一的,不得担任证券公司的董事、监事、高级管理人员:(一)因违法行为或者违纪行为被解除职务的证券交易场所、证券登记结算机构的负责人或者证券公司的董事、监事、高级管理人员,自被解除职务之日起未逾五年;(二)因违法行为或者违纪行为被吊销执业证书或者被取消资格的律师、注册会计师或者其他证券服务机构的专业人员,自被吊销执业证书或者被取消资格之日起未逾五年。"

2.对证券公司从业人员任职资格的规定

《证券法》第125条第1、2款规定:"证券公司从事证券业务的人员应当品行良好,具备从事证券业务所需的专业能力。因违法行为或者违纪行为被开除的证券交易场所、证券公司、证券登记结算机构、证券服务机构的从业人员和被开除的国家机关工作人员,不得招聘为证券公司的从业人员。"

从事证券业务的专业人员主要是指:(1)证券公司中从事自营、经纪、承销、投资咨询、受托投资管理等各类业务的专业人员,包括相关业务部门的管理人员;(2)基金管理公司、基金托管机构中从事基金销售、研究分析、投资管理、交易、监察稽核等业务的专业人员,包括相关业务部门的管理人员;基金销售机构中从事基金宣传、推销、咨询等业务的专业人员,包括相关业务部门的管理人员;(3)证券投资咨询机构中从事证券投资咨询业务的专业人员及其管理人员;(4)证券资信评估机构中从事证券资信评估业务的专业人员及其管理人员;(5)证监会规定需要取得从业资格和执业证书的其他人员。

3.对在证券公司兼职的限制性规定

《证券法》第125条第3款规定,"国家机关工作人员和法律、行政法规规定禁止在公司中兼职的其他人员,不得在证券公司中兼任职务"。

具体而言:(1)国家机关工作人员,即在各级国家权力机关、行政机关、司法机关及其他履行国家管理职能的机关中从事公务的人员禁止在证券公司中兼职;(2)《公司法》《证券交易所管理办法》等法律、行政法规中规定的禁止在公司中兼职的人员,如证券交易所、证券登记结算机构的总经理、副总经理、证券交易所的非会员理事及其他工作人员等;(3)证券公司的董事、监事、经理和业务人员不得在其他证券公司中兼任职务。

第四节 证券服务机构

一、证券服务机构的概念与特征

证券服务机构是指依法设立的为证券投资、发行、交易及其他相关活动提供各种专业服务的组织。这些机构主要包括证券投资咨询机构、资信评级机构、资产评估机构、财务顾问机构、会计师事务所和律师事务所等。证券交易服务机构是一国金融体系的重要组成部分，是证券市场的重要参与者。证券交易服务机构具有以下特点：

1. 证券服务机构是依法设立的具有开展证券业务资格的组织

证券服务机构作为证券市场的专业组织，必须依法设立，同时应当具有开展证券业务的资格。尽管国务院取消了一批行政审批项目，包括会计师、律师、资产评估、资信评级、财务顾问和信息技术服务，在从事证券业务时，都不再需要获得特别许可，只需要备案。但从事证券投资咨询服务业务，应当经国务院证券监督管理机构核准；未经核准，不得为证券的交易及相关活动提供服务。从事其他证券服务业务，应当报国务院证券监督管理机构备案。

2. 证券服务机构是从事证券市场服务业务的高度专业化的机构

由于证券市场具有高风险性和专业性较强的特点，因此证券市场对证券服务机构的专业资质要求很高。除了证券服务机构必须具备一定的资质外，机构从业人员也必须具备证券专业知识和相应的技能，以确保专业机构的专业资质和服务质量。高度专业化是证券服务机构的一个突出特点。

3. 证券服务机构的业务仅限于专业性服务，不得直接从事证券交易业务

证券服务机构是具有专业性质的专业服务机构。通过为其服务对象提供各种服务，证券服务机构可能掌握比一般投资者更多的信息。这样，如果证券服务机构直接从事证券交易，则有悖于证券服务机构的中立地位，必然造成证券市场的不公平，侵害其他投资者的合法权益。为了保证证券市场的公平性，维护证券市场秩序，法律规定证券服务机构的业务仅限于证券市场服务，而不得直接从事证券交易业务。例如，《证券法》第161条规定，证券投资咨询机构及其从业人员从事证券服务业务不得有下列行为：代理委托人从事证券投资、与委托人约定分享证券投资收益或者分担证券投资损失、买卖本咨询机构提供服务的证券等。

4. 证券服务机构提供的证券服务业务是有偿性的

证券服务机构是以营利为目的的商业性机构，因此，其提供的服务是有偿性的。

5. 证券服务机构及其从业人员必须对其提供的服务承担法律责任

证券服务机构及其从业人员必须严格依照法律法规的规定以及本行业的执业规则从事证券服务业务，否则可能承担民事、行政甚至刑事责任。例如，《证券法》第163条规定："证券服务机构为证券的发行、上市、交易等证券业务活动制作、出具审计报告及其他鉴证报告、资产评估报告、财务顾问报告、资信评级报告或者法律意见书等文件，应当勤勉尽

责,对所依据的文件资料内容的真实性、准确性、完整性进行核查和验证。其制作、出具的文件有虚假记载、误导性陈述或者重大遗漏,给他人造成损失的,应当与委托人承担连带赔偿责任,但是能够证明自己没有过错的除外。"

二、证券投资咨询机构

证券投资咨询机构是指依法设立的、为证券投资者和客户的投资、融资、证券交易活动、资本运营等提供咨询服务的专业机构。证券投资咨询机构是适应证券市场专业化的需求而产生的。在现代证券市场上,证券投资咨询机构的作用日益重要:(1)咨询机构向投资者公布的各类报告,有利于证券市场的信息公开,提供证券市场的透明度;(2)证券投资咨询机构向投资者或者客户提供证券投资分析、预测或者建议等,有利于减少投资者的盲目性,引导投资者理性投资,提高资金运作效率;(3)咨询机构在有关媒体发表分析报告文章,对规范上市公司经营运作也起到一定的监督和促进作用,有利于证券市场稳定发展。

根据《证券、期货投资咨询管理暂行办法》第2条的规定,证券投资咨询是指从事证券投资咨询业务的机构和人员以下列形式为证券投资人或客户提供证券投资分析、预测或者建议等直接或间接有偿咨询服务的活动。目前,证券投资咨询公司的业务范围及形式主要包括:(1)接受投资人或客户的委托,提供证券投资咨询服务;(2)举办有关证券投资咨询的讲座、报告会、分析会等;(3)在报刊上发表证券投资咨询的文章、评论、报告以及通过电台、电视台等公众传播媒体提供证券投资咨询服务;(4)通过电话、传真、电脑网络等电信设备系统,提供证券投资咨询服务等;(5)中国证券监督管理委员会(以下简称证监会)认定的其他形式。

至于证券投资咨询机构从业人员的行为规范,《证券法》第161条规定:"证券投资咨询机构及其从业人员从事证券服务业务不得有下列行为:(一)代理委托人从事证券投资;(二)与委托人约定分享证券投资收益或者分担证券投资损失;(三)买卖本证券投资咨询机构提供服务的证券;(四)法律、行政法规禁止的其他行为。有前款所列行为之一,给投资者造成损失的,应当依法承担赔偿责任。"

> **重要名词术语**

证券交易所、公司制证券交易所、会员制证券交易所、证券服务机构、证券公司、证券投资咨询机构、证券登记结算机构

> **思考题**

1. 简述证券交易所的特征。
2. 简述证券交易所的功能。
3. 简述证券交易所的主要职能。
4. 试比较会员制证券交易所与公司制证券交易所。

5. 简述证券登记结算机构的特征。
6. 简述证券登记结算机构的职能。
7. 简述证券公司的基本特征及业务种类。
8. 简述证券公司的一般业务规则。
9. 证券服务机构的种类有哪些?
10. 简述证券投资咨询机构的业务范围。
11. 我国《证券法》对证券投资咨询机构从业人员的行为有哪些限制性规定?

典型案例分析

原告某投资者在被告某证券公司营业部开户并购买股票。一交易日,原告向被告下达了交易指令,但由于供电原因未能成交。次日原告再卖股票时,股票价格下跌造成经济损失。原告认为被告有过错,应当承担赔偿责任。被告则认为,根据证券交易所的市场业务规则,委托人办理委托时,须承诺对设备、供电、通信故障或偶发事故等不可抗力因素造成的损失责任不予追究,因此不予赔偿。原告认为证券交易所的业务规则不公平,也是造成其经济损失的原因,故向当地人民法院起诉要求上述两被告承担连带赔偿责任。

问:
1. 证券交易所的业务规则将设备、供电、通信故障或偶发事故等归结为不可抗力,从而使该等事件的发生成为证券交易所及证券公司的免责事由。这样做法是否符合法理?
2. 证券交易所的业务规则的性质是什么?
3. 投资者可否对证券交易所不合理的业务规则提起诉讼?
提示:从证券交易所的业务规则作为行业自律性规范角度以及合同角度加以分析。

第二十八章 证券监管制度

【内容提示】

证券监管是指一国证券监督管理机构及其授权机构依照法律规定对证券发行、交易及证券市场主体其他相关行为实施的监督管理活动。证券监管是金融监管的重要组成部分，是证券法律制度的重要内容。保护投资者利益、维护证券市场的公正、透明、有效以及防范系统性风险是证券监管的目标。

证券监管体制是指一个国家通过立法设立或认可的对该国证券市场进行监督、管理、控制与协调的运行机制的总称。从世界范围考察，各国的证券监管体制大体可分为集中型管理体制、自律型管理体制和中间型管理体制三种类型。我国由国务院证券监督管理机构依法对全国证券市场实行集中统一的监督管理。

证券行政执法当事人承诺制度是现行《证券法》确立的新型证券行政执法方式。它是指国务院证券监督管理机构对涉嫌证券期货违法的单位或者个人进行调查期间，被调查的当事人承诺纠正涉嫌违法行为、赔偿有关投资者损失、消除损害或者不良影响并经国务院证券监督管理机构认可，当事人履行承诺后国务院证券监督管理机构终止案件调查的行政执法方式。证券行政执法当事人承诺制度在节约监管资源、高效保护投资者利益、及时恢复证券市场秩序等方面具有特殊功效。

证券业协会是依法设立的对证券行业进行自律性管理的具有法人资格的社会团体组织。证券公司应当加入证券业协会。证券业协会的权力机构为全体会员组成的会员大会。

证券行政责任是指证券法律关系的主体因违反证券法律、法规及规章而依法由国家证券监督管理机构或其授权的组织予以行政处分或者行政处罚时承担的法律后果。

第一节 证券监管概述

证券监管即证券市场的监督管理，是指一国证券监督管理机构及其授权机构依照法律规定对证券发行、交易及证券市场主体其他相关行为实施的监督管理活动。证券监管是金融监管的重要组成部分，是证券法律制度的重要内容。

一、证券监管的目标

监管的目标,即为什么监管。明确的目标是监管得以开展的前提。证券监管的总体目标是建立一个高效率的证券市场,即一个既能充分发挥市场机制配置作用,同时又运行有序、合理竞争、信息透明度高、交易成本低、真正贯彻"公正、公开、公平"原则的市场。1998年9月,国际证监会组织(IOSCO)提出了证券监管的三个目标:一是保护投资者;二是保证证券市场的公平、效率和透明;三是降低系统性风险。《证券法》第168条也规定:"国务院证券监督管理机构依法对证券市场实行监督管理,维护证券市场公开、公平、公正,防范系统性风险,维护投资者合法权益,促进证券市场健康发展。"一般来说,各国也都把保护投资者利益、维护证券市场的公正、透明、有效以及保证证券市场的安全与稳定作为证券监管的目标。这三项目标紧密相连,相辅相成,共同实现证券监管之真谛。

(一)保护投资者利益

保护投资者利益是证券市场监管的基本出发点。投资者作为资本市场的重要参与者,其利益能否得到有效保护,是关系到整个证券市场能否持续稳定发展的重要因素。一方面,只有保护投资者的合法权益,树立投资者对市场的信心,证券市场才有源源不断的资金进入,有了资金来源,证券市场才能发挥筹资和资源配置的功效,才能繁荣与发展。另一方面,证券市场的投资者、特别是中小投资者往往是分散的个体,在市场中处于弱势地位,是市场的弱者。在市场失灵或失控的时候,守法的投资者特别是中小投资者常常是市场中最大的受害者。因此投资者的合法利益应当得到切实保护。

对投资者利益的保护主要就是通过建立和完善证券市场的监管制度来进行的。首先是建立和完善信息披露制度,通过全面、完整、准确、及时的信息披露,使投资者能够平等地获得信息。这是对投资者进行保护的最基本也最有效的方式。其次是应加强对证券市场中介机构的监督管理,严格对市场违法违规行为的查处,维护市场正常秩序。最后是要建立对投资者进行法律救济的机制及相关保护措施,包括建立赔偿基金、成立专门的证券仲裁机构等,使投资者在利益受到侵害时能得到及时的救济。总之,为了维护证券市场的健康运行,特别强调保护投资者的合法权益是完全必要的,保护投资者的合法权益应当成为证券市场监管的首要目标。

(二)维护证券市场的公正、透明、有效

公正、透明、有效是证券市场赖以存在和发展的基础。第一,监管应确保证券市场的公正。证券监管部门在实施监管的过程中,必须站在公正的立场上,秉公执法,严惩市场不当行为,以保证证券市场的正常秩序,保护各方的合法权益,实现市场的公正。第二,监管应提高证券市场的效率。从效率角度看,证券市场的功能就是合理地配置资本资源,以达到社会效用的最大化。证券监管部门应当积极建立和完善有关交易所、交易系统运营等规则,提高执法水平,降低交易成本。第三,监管应维护市场的透明度。透明度可以被定义为各种相关信息公之于众的程度。证券监管部门应确保市场参与者能够充分地了解交易信息及监管规则等,力求证券市场最高的透明度。公正、透明、有效这三个目标相互联系,相互作用。公正、透明的市场,才能产生有效的市场;有效的市场,必然是公正、透明的市场;

只有透明才能保证市场的公正、有效。

（三）保证证券市场的安全与稳定

证券市场作为市场经济和信用经济高度发展的产物，其根本特征就是高风险、高收益。证券市场风险包括系统性风险和非系统性风险，其中系统性风险是处于同一市场中的所有证券共同面临的、由整个经济或政治形势的变化所造成的风险。证券市场一旦出现系统风险，就可能危及整个国民经济的发展。因此，减少系统风险，维护证券市场的安全与稳定，是证券监管的重要目标。

值得强调的是，随着金融科技的日新月异和市场的多元化趋势，证券业务创新与风险相伴而生。20世纪90年代以来，国际证券市场提倡鼓励证券业务创新和强化信息披露相结合的监管理念。也就是说，证券监管是为了揭示风险，而不是控制市场风险。因此，我国证券监管思路也应转向遵循市场运行规律的揭示风险的思路，把预防和惩处市场不当行为作为主要目标，把确保市场的流动性和透明性、市场信息的有效性作为监管重点。

二、证券监管体制

证券监管体制是指一个国家通过立法设立或认可的对该国证券市场进行监督、管理、控制与协调的运行机制的总称。它一般由法律制度体系、监管主体设置、监管方式等要素构成。由于各国证券市场发展状况的不同以及各国法律、政治体制以及历史文化传统的差异等，各国的证券市场管理体制也大不相同。从世界范围考察，各国的证券监管体制大体可分为集中型管理体制、自律型管理体制和中间型管理体制三种类型。

（一）集中型管理体制

集中型管理体制也称集中立法型管理体制，是指政府通过制定和实施专门的证券市场管理法规，并设立全国性的证券监管机构来对证券市场进行集中统一管理的体制。在这种体制下，政府积极参与证券市场管理，并在证券市场管理中居于主导地位，证券交易所和证券商协会等自律组织的自律性监管只起辅助作用。美国是这种管理体制的典型代表。巴西、墨西哥、日本等国家和地区也采取了这种监管模式。

集中型监管模式的优点在于：（1）由于具有一整套互相配合的专门的证券市场管理法规，依法管理，统一了管理口径，使证券市场管理手段具有严肃性、公正性和透明性；（2）设立全国性的证券监管机构来对证券市场进行集中统一管理，证券监管机构权威性高，因此监管力度强，并能协调全国各证券市场，突破地域的监管界限，保证整个证券市场监管的统一和高效；（3）由于市场管理者与市场活动主体相分离，监管者地位超脱，有利于证券监管执法的公平和公正，在实践中更能有效保护投资者的利益。

集中型监管模式的缺点主要有：（1）由于证券监管机构与证券市场活动主体分离，实践中极易导致市场监管脱离实际，致使监管成本相对高昂，同时由于监管离市场相对较远，监管者对市场上发生的突发事件反应相对较慢，缺乏相应的预见和防范能力，最终导致处理不及时、监管低效或脱离实际；（2）在监管过程中，自律组织与政府主管机构的配合有时难以协调，而且政府监管人员对证券市场专业知识的相对欠缺和普遍存在的官僚主义可能导致政府集中监管的优势不能充分发挥;(3)容易产生政府对证券市场过多的行政干预。

（二）自律型管理体制

自律型管理体制是指证券市场的管理主要由证券交易所、证券商协会等自律组织进行管理,政府很少对证券市场进行干预的管理体制。在这种管理模式下,既没有专门的证券市场管理法律,也不设立全国性的证券管理机构,政府除了一些必要的国家立法之外,较少干预证券市场,自律组织通常拥有对违法违规行为的处置权力。英国是这种模式的典型。新加坡、马来西亚、新西兰和肯尼亚等国家也采用自律监管模式。

同其他管理体制相比,自律管理模式的优点在于:(1)市场管理规则由市场参与者制定和修改,比较注重市场的有效运转和保护交易所会员的经济利益,同时管理者与被管理者的利益与共,不存在对立,能带来管理上的便利,有利于促进市场参与者自觉遵守和维护市场管理规则;(2)市场参与者制定的自律管理规则比政府制定的证券法规更切合实际,管理较为内行,具有更大的灵活性、针对性和创造性,能避免管理不当而给市场造成的不良影响,降低管理成本;(3)自律组织对市场发生的违规行为能做出迅速有效的反应,监管效率比较高。

自律型管理模式的缺陷在于:(1)由于缺少强有力的立法作为后盾,同时缺乏全国统一的证券管理机构,监管权威性和执法力度不够,监管手段软弱,易造成市场规则的不统一,市场违规行为时有发生,也难以实现全国证券市场的协调发展;(2)自律管理者的非超脱性难以保证管理的公正性,同时也缺乏对投资者利益的有效保障;(3)在证券市场日益全球化的趋势下,缺乏统一的管理,不利于开展证券业的国际监管合作。

（三）中间型管理体制

中间型管理体制是介于集中型管理体制和自律型管理体制之间,既强调集中统一的立法监管,又相当注意证券业者的自律管理的一种监管体制,可以说是集中型和自律型两种体制相互协调、渗透的产物。这种模式采用了政府严格立法干预和市场参与者自我管理相结合的管理方式,其中既有政府监管的成分,又有自律管制的因素。不过,由于各国国情不同,在实行该模式时侧重点亦有所不同,有的侧重立法管理,有的侧重自律管理。目前,世界上大多数实行集中型或自律型管理的国家已逐渐向中间型过渡,力求使集中型和自律型管理模式取长补短,发挥各自的优势。德国是中间型管理模式的典型代表,此外,意大利、泰国、约旦等国也采取这种监管模式。

立足上述证券监管体制的比较分析,客观地说,一国证券监管模式的选择必须与一个国家（或地区）的政治经济体制、文化和传统的变化相适应,没有绝对优或绝对劣的监管模式。总的来说,政府监管和证券自律监管都很重要,二者的协调发展是完善一国证券监管体制的必要条件,也是决定一国证券监管体制成败的关键。

第二节　证券行政监管

中国证券监督管理委员会是国务院证券监督管理机构，依法对全国证券市场实行集中统一的监督管理，维护证券市场秩序，保障其合法运行。中国证券监督管理委员会成立于1992年底，简称"证监会"。证监会根据需要可以设立派出机构，并对派出机构实行垂直管理。

一、证券监管机构的性质

关于证券监管机构的性质，从各国设立的机构来看，大多属于政府主管部门。但自律型管理体制中的监管机构，一般属于社团法人或企业法人性质，如英国的证券交易所和证券商协会。

关于证监会的法律性质和地位问题，早期的《国务院办公厅关于印发证监会职能配置、内设机构和人员编制规定的通知》[1998年9月28日国办发（1998）131号，简称《三定方案》]规定："中国证券监督管理委员会为国务院直属事业单位，是全国证券期货市场的主管部门。"而根据国务院1998年颁布的《事业单位登记管理暂行条例》第2条之规定，事业单位并非行政主体，其行使行政管理职能一般只能来自法律、法规的授权。因此，尽管《三定方案》授予证监会许多职权，但由于《三定方案》不是行政法规，因此其授权的效力问题饱受争议。

2023年3月，中共中央、国务院印发了《党和国家机构改革方案》，将证监会调整为国务院直属机构。《中国证券监督管理委员会职能配置、内设机构和人员编制规定》（中共中央办公厅、国务院办公厅，2023年）规定："中国证券监督管理委员会是国务院直属机构，为正部级。"该规定确定的主要职责、机构设置、人员编制等，是中国证券监督管理委员会机构职责权限、人员配备和工作运行的基本依据。该规定明确了证监会性质上属于国务院直属行政管理部门，集中统一地对我国证券市场实行监督管理，其行使的是典型的行政权力。

二、证券监管机构的职责

国务院证券监督管理机构依法对证券市场实行监督管理，维护证券市场秩序，保障其合法运行。根据《证券法》第7、169条的规定，证券监管机构在对证券市场实施监督管理中履行下列职责：

1. 制定规章规则

鉴于宪法、法律、行政法规都具有相对稳定性，很难经常、大量地修改以适应市场的发展，法律赋予国务院证券监督管理机构依法制定有关证券市场监督管理的规章、规则的职责，以保证国家有适时的规章制度来规范证券市场。

2. 负责审批或核准、注册、备案

法律赋予国务院证券监督管理机构依法进行审批、核准、注册，办理备案的职责，如公开发行证券的注册,设立证券公司、设立证券登记结算机构的审批核准权等。

3. 对证券发行、交易及相关行为进行监管

国务院证券监督管理机构通过各种法定的途径,依法对证券的发行、交易、登记、托管、结算进行监督管理。

4. 对证券市场参与者进行监管

国务院证券监督管理机构在依法对证券的发行、交易、登记、托管、结算进行监督管理的过程中,同时对进行这些行为的主体,即证券发行人、上市公司、证券交易场所、证券公司、证券登记结算机构、证券服务机构等所进行的证券业务活动,进行监督管理。

5. 对证券从业人员进行监管

国务院证券监督管理机构应当依照有关法律规定制定从事证券业务人员的行为准则并监督实施。

6. 信息披露的监督管理

为建立和维护证券市场的"三公"原则,国务院证券监督管理机构负有依法监督检查证券发行、上市和交易的信息披露情况的职责。

7. 对自律性组织进行指导监督

为了更好地发挥证券业协会的自律作用,促使其合法、有效地履行职责,法律规定国务院证券监督管理机构依法对证券业协会的活动进行指导和监督。

8. 依法监测并防范、处置证券市场风险

减少系统风险,维护证券市场的安全与稳定,是证券监管的重要目标和内容。证券监管机构依法对市场进行监测并防范、处置证券市场风险,以维护市场的稳定和投资者的利益。

9. 开展投资者教育

尽管《中国证券监督管理委员会职能配置、内设机构和人员编制规定》将中国证券监督管理委员会的投资者保护职责,划入国家金融监督管理总局,但开展投资者教育仍然是证券监管机构职责的重要内容。

10. 查处违法违规行为

国务院证券监督管理机构作为依法对全国证券市场进行集中统一监督管理的机构,法律赋予其依法对违反证券市场监督管理法律、行政法规的行为进行查处的职责。证券监管机构应当依照法定的权限和程序,对市场违法违规行为及时地进行调查,在查明事实真相的基础上,及时地依法作出处理,以维护证券交易的正常秩序。

11. 法律、行政法规规定的其他职责

国务院证券监督管理机构除了履行上述职责以外,还应当履行法律、行政法规规定的其他职责。

三、证券监管机构的执法措施

(一)一般执法措施

为保证证券监管机构顺利履行其职权,《证券法》第170条规定了证券监管机构有

权采取的相关措施：

（1）对发行人及市场参与者进行现场检查。为了加强对证券市场的有效监管，证券监管机构可以对证券发行人、上市公司、证券公司、证券服务机构、证券交易场所、证券登记结算机构进行现场检查，同时强化对证券市场有关主体的日常监管。

（2）进入涉嫌违法行为发生场所调查取证。证券监管机构要处罚违法行为，就要到违法行为发生场所，对违法行为发生的情况、所造成的后果等进行调查，并获取有关的证据，以便为依法处理有关的违法行为提供事实依据。

（3）询问当事人和与被调查事件有关的单位和个人，要求其对与被调查事件有关的事项作出说明。询问当事人是证券监管机构了解事实真相的一个重要手段，被询问者应当予以协助。

（4）查阅、复制有关的财产权登记、通讯记录等资料。为了了解有关人员和单位的财产状况以及有关当事人与他人的联系情况，以便查明事实，证券监管机构可以查阅、复制与被调查事件有关的财产权登记、通讯记录等资料。

（5）查阅、复制、封存有关的文件和资料。证券监管机构可以查阅、复制当事人和与被调查事件有关的单位和个人的证券交易记录、登记过户记录、财务会计资料及其他相关文件和资料；对可能被转移、隐匿或者毁损的文件和资料，可以予以封存、扣押。

（6）查询、冻结或者查封有关账户。证券监管机构可以查询当事人和与被调查事件有关的单位和个人的资金账户、证券账户、银行账户以及其他具有支付、托管、结算等功能的账户信息，可以对有关文件和资料进行复制；对有证据证明已经或者可能转移或者隐匿违法资金、证券等涉案财产或者隐匿、伪造、毁损重要证据的，经国务院证券监督管理机构主要负责人或者其授权的其他负责人批准，可以冻结或者查封，期限为6个月；因特殊原因需要延长的，每次延长期限不得超过3个月，冻结、查封期限最长不得超过2年。

（7）依法限制被调查事件当事人的证券买卖。证券监管机构在调查操纵证券市场、内幕交易等重大证券违法行为时，经国务院证券监督管理机构主要负责人或者其授权的其他负责人批准，可以限制被调查事件当事人的证券买卖，但限制的期限不得超过3个月；案情复杂的，可以延长3个月。

（8）依法限制涉嫌违法人员出境。证券监管机构可以通知出境入境管理机关依法阻止涉嫌违法人员、涉嫌违法单位的主管人员和其他直接责任人员出境。

此外，为防范证券市场风险，维护市场秩序，国务院证券监督管理机构可以采取责令改正、监管谈话、出具警示函等措施。

（二）证券行政执法当事人承诺制度

证券行政执法当事人承诺制度是指国务院证券监督管理机构对涉嫌证券期货违法的单位或者个人进行调查期间，被调查的当事人承诺纠正涉嫌违法行为、赔偿有关投资者损失、消除损害或者不良影响并经国务院证券监督管理机构认可，当事人履行承诺后国务院证券监督管理机构终止案件调查的行政执法方式。证券行政执法当事人承诺是从证券执法行政和解制度试点基础上发展而来的。《证券法》第171条规定："国务院证券监督管理机构对涉嫌证券违法的单位或者个人进行调查期间，被调查的当事人书面申请，承诺在国务院证券监督管理机构认可的期限内纠正涉嫌违法行为,赔偿有关投资者损失,消除损害或者不良影响的,国务院证券监督管理机构可以决定中止调查。被调查的当事人履行承诺的,国务院证券监督管理机构可以决定终止调查;被调查的当事人未履行承诺或者有国务院规定的其他情形的,应当恢复调查。具体办法由国务院规定。"可以说,证券行政执法当事人承诺制度是基于证券违法案件的复杂性与监管资源有限性之间的突出矛盾而由现行《证券法》确立的新型证券行政执法方式。它通过当事人承诺协议方式处理涉嫌违法行为,既打击了不当行为,也提高了执法效率,在节约监管资源、高效保护投资者利益、及时恢复证券市场秩序等方面具有特殊功效。

四、证券监管机构及其工作人员的法定义务

为了保证国务院证券监督管理机构及其工作人员对证券市场实行有效、公正的监督管理,防止滥用职权,《证券法》严格规定了证券监管机构及其工作人员应遵守的特别义务。

(一)证券监管机构的法定义务

1. 公开义务

为了使国务院证券监督管理机构的运行具有透明度,避免暗箱操作,防止各种违法行为的发生,保证证券市场能够健康、有效地运行,《证券法》第174条规定:"国务院证券监督管理机构制定的规章、规则和监督管理工作制度应当依法公开。国务院证券监督管理机构依据调查结果,对证券违法行为作出的处罚决定,应当公开。"依此规定,证券监管机构在行使监管职权时,一是制度规则应当公开,二是处罚决定应当公开。

2. 移送义务

国务院证券监督管理机构在查处某项证券违法行为时,发现其中有涉嫌犯罪的情节,就应当将该案件移送到有关的司法机关,由有关的司法机关进行处理。对此,《证券法》第178条规定:"国务院证券监督管理机构依法履行职责,发现证券违法行为涉嫌犯罪的,应当依法将案件移送司法机关处理;发现公职人员涉嫌职务违法或者职务犯罪的,应当依法移送监察机关处理。"

3. 信息共享义务

为了促进各金融监管机构间的沟通协作,避免出现监管真空和重复监管,降低监管成本,提高监管效率,《证券法》第175条规定:"国务院证券监督管理机构应当与国务院其他金融监督管理机构建立监督管理信息共享机制。国务院证券监督管理机构依法履行职责,进行监督检查或者调查时,有关部门应当予以配合。"

(二)证券监管机构工作人员的法定义务

1. 忠实义务和保密义务

《证券法》第179条规定:"国务院证券监督管理机构工作人员必须忠于职守,依法办事,公正廉洁,不得利用职务便利牟取不正当利益,不得泄露所知悉的有关单位和个人的商业秘密。"国务院证券监督管理机构的工作人员必须严格根据法律授予的权限公正地履行职责,对一切证券市场参与者给予公正的待遇,不得有任何不正当的行为。此外,应当对知悉的有关单位和个人的商业秘密等负有保密的义务。

2. 出示证件义务

《证券法》第172条规定:"国务院证券监督管理机构依法履行职责,进行监督检查或者调查,其监督检查、调查的人员不得少于二人,并应当出示合法证件和监督检查、调查通知书或者其他执法文书。监督检查、调查的人员少于二人或者未出示合法证件和监督检查、调查通知书或者其他执法文书的,被检查、调查的单位和个人有权拒绝。"为了使有关的单位和人员明悉监督检查或者调查者的身份,对国务院证券监督管理机构工作人员的监督检查或者调查予以配合,防止假冒行为,法律规定国务院证券监督管理机构工作人员依法履行职责,进行监督检查或者调查时,首先应当出示有关证件,否则,有关的单位和人员有权拒绝其监督检查或者调查。

3. 禁止在营利性组织任职义务

为了确保监管机构工作人员依法履行职责,保证监管工作的公正、公平,《证券法》第179条规定:"国务院证券监督管理机构工作人员在任职期间,或者离职后在《中华人民共和国公务员法》规定的期限内,不得到与原工作业务直接相关的企业或者其他营利性组织任职,不得从事与原工作业务直接相关的营利性活动。"

第三节　证券自律管理

证券业的自律管理组织一般包括两个层面的机构:一是证券交易所;二是证券业协会。本节主要介绍证券业协会的自律机制。

一、证券业协会的性质与特征

证券业协会是依法设立的对证券行业进行自律性管理的具有法人资格的社会团体组织。我国《证券法》第164条规定:"证券业协会是证券业的自律性组织,是社会团体法人。"可见,从性质上说,证券业协会属于行业自律性社团法人。

作为现代证券市场管理的重要组成部分,各国大都设立了作为证券商自律管理组织的证券业协会。我国1991年也成立了证券业协会。不过,在不同的国家和地区,证券业自律组织的称谓并不相同。日本称"证券业协会",美国称"证券商协会",我国台湾地区则称"证券商同业公会"。尽管称谓略有差异,从本质上说,证券业协会是由证券商自愿组成的同业公会。具体来看,证券业协会具有如下特征:

1. 证券业协会是行业自律性组织

证券业协会的实质就是证券业的一种自律性组织。所谓自律,其基本含义就是由同行业的会员通过订立章程或共同制定规则对会员行为进行自我管理、自我约束,从而实现行业内部的自我监管,保护自身利益并维护本行业的繁荣发展。不过,这种自我管理并不否定有关部门依法对其进行的行政上的监督管理。例如,我国《证券法》第169条规定,国务院证券监督管理机构依法对证券业协会的自律管理活动进行指导和监督。

2. 证券业协会是社团法人

社会团体法人是指以成员的集合为成立基础的法人。在我国是指由自然人或法人自愿组织成立的从事社会公益、学术研究、文学艺术等活动的各类法人。这种法人一般具有下述特点：一是由成员自愿成立；二是成员自愿出资成立自己的团体财产或者基金，该财产或者基金属于团体所有；三是成员共同制定团体的章程；四是不以营利为目的。证券业协会作为社团法人，也具有上述特征。

3. 证券业协会的会员具有特定性

从各国情况看，证券业协会主要由各类证券商，包括兼营证券业务的其他金融机构和证券交易所等团体会员自愿组成。我国证券业协会的会员除了证券公司、证券交易所、证券登记结算机构等外，还有少量证券市场管理部门的领导和从事证券研究的专家、学者作为个人会员。总的来说，各国证券业协会的会员具有特定性。

二、证券业协会的职责

《证券法》第166条规定了证券业协会的8项职责，具体分析如下：

（1）教育督促职责。证券业协会要教育和组织会员及其从业人员遵守证券法律、行政法规，组织开展证券行业诚信建设，督促证券行业履行社会责任。此外，还要督促会员开展投资者教育和保护活动，维护投资者合法权益。

（2）维护会员权益职责。证券业协会要依法维护会员的合法权益，向证券监督管理机构反映会员的建议和要求。该职责包含两层含义，一是协会应将会员提出的有关证券业发展的合理化建议或要求及时向证券监督管理机构反映；二是当会员的合法权益受到侵害时，证券业协会应当根据法律、行政法规的规定向证券监督管理机构反映，以维护会员的合法权益。

（3）督促会员开展投资者教育和保护活动职责。证券业协会要督促会员开展投资者教育和保护活动，维护投资者合法权益。

（4）制定自律规则并实施自律管理措施。证券业协会要负责制定和实施证券行业自律规则，监督、检查会员及其从业人员行为，对违反法律、行政法规、自律规则或者协会章程的，按照规定给予纪律处分或者实施其他自律管理措施。

（5）制定业务规范。证券业协会负责制定证券行业业务规范，组织从业人员的业务培训。制定会员应遵守的规则，组织会员单位的从业人员进行业务培训，开展会员间的业务交流。

（6）提供会员信息服务。证券业协会负责组织会员就证券行业的发展、运作及有关内容进行研究，收集整理、发布证券相关信息，提供会员服务，组织行业交流，引导行业创新发展。

（7）调解职责。证券业协会负责对会员之间、会员与客户之间发生的纠纷进行调解。不过，该调解只是民间性的，如果对于调解不满意，可以依法提起诉讼或者仲裁。

（8）证券业协会章程规定的其他职责。

第四节 证券行政责任

一、证券法律责任

（一）概述

证券法律责任是指证券市场行为主体由于违反了证券法规定的义务所应当承担的不利后果。法律责任制度是制裁违法行为的制度保障，也是证券市场法律制度不可分割的组成部分，它在法律制度框架内处于相当重要的地位。

证券市场的法律责任由三个方面构成，即民事责任、行政责任和刑事责任。证券违法行为既可以单独适用某一种责任，也可以同时适用三种责任。

（1）证券行政责任，是指证券法律关系的主体因违反证券法律、法规及规章而依法由国家证券监督管理机构或其授权的组织予以行政处分或者行政处罚时承担的法律后果。行政责任制度的主旨在于修复被破坏的监管者与违法者之间的行政法律关系，恢复应有的证券市场秩序，维护广大证券投资者的整体利益。

（2）证券民事责任，是指证券法律关系的主体因违反证券法律、法规或者合同上的义务而产生的民事上必须承担的法律后果。民事责任制度的主旨在于修复被破坏的投资者与责任主体之间的民事法律关系，为遭受损失的投资者挽回损失，维护受害投资者的民事权利和微观个体利益。

（3）证券刑事责任，是指证券法律关系的主体因其证券犯罪行为所必须承受的不利的法律后果。证券刑事责任是证券法律责任中最为严厉的一种责任形式，其主旨在于惩治严重破坏证券市场秩序、严重侵害投资者利益的犯罪行为。

（二）三种责任的关系

1. 三种法律责任的区别

在证券市场上，三种不同的法律责任在功能和目的、实现机制等方面具有本质的区别。

首先，行政责任和刑事责任作为公法责任，其功能主要在于惩罚和教育违法者，维护正常的证券市场秩序。行政责任与刑事责任都体现了公权力对违法行为的制裁，两者的差异主要体现在程度上。行政责任适用于程度较轻的违法行为，刑事责任是由于实施犯罪行为而产生的法律责任。民事责任作为私法责任，其功能主要在于调整民事主体间非常态下的财产流转和权利分配，目的是对民事主体受损害的民事权益予以恢复和救济。

其次，三者的实现机制不同。刑事责任需要由公安机关侦查取证，检察机关提起公诉，最后由法院定罪量刑。民事责任的追究，由当事人自行提起诉讼并负举证责任，法院予以裁决。行政责任的追究则是由负有监管职责的行政机关对违法行为进行调查后直接给予行政处罚。当事人不服行政处罚的，可以提起行政诉讼。

2. 三种责任的联系

民事责任、行政责任与刑事责任并非互相孤立，而是相互联系的。三者虽各自在特定的社会关系领域发生作用,但三者统一于维护投资者利益这根主线,相互影响、相互补充、相互渗透,并紧密结合构成一个完整的证券法律责任体系,从不同角度共同打击证券市场不法行为,维护证券市场秩序。只有综合运用这三种责任,才能真正形成一个"公正、公开、公平"的有序市场,才能达到保护合法权益,惩治违法行为的目的。

二、现阶段我国证券行政责任制度的特殊价值

如前所述,在证券市场上,民事责任、刑事责任、行政责任功能互补,不可偏废。不过,在我国现阶段,加强和完善行政责任制度对保障我国证券市场健康发展具有特殊的价值。

第一,我国现阶段证券市场的管理体制决定了行政责任制度的重要性。由于我国实行的是政府主导型集中统一的证券监督管理体制,在这种体制下,我国的证券市场监管势必以行政监管为主,我国的证券法律责任体系也相应地以行政责任体系为主。

第二,我国证券市场的发展阶段决定了行政责任制度的不可替代性。我国证券市场作为经济转轨过程中的新兴市场,与新兴市场发展阶段相适应,加强行政监管的力度,以行政力量作为证券市场建设的先导,充分发挥行政责任机制的作用是我国现阶段维护证券市场健康发展的合理、必然的制度选择。

第三,行政责任对制止证券市场违法行为的特殊功效。证券市场违法行为对整个证券经济秩序的破坏十分严重,因此必须及时采取制止和补救措施,避免造成更大的危害。然而,由于证券市场违法行为的表现形式多样,危害程度深浅不一,因此,仅仅依靠刑事、民事责任体系显然不能满足现实的需要。尤其是依赖民事责任制度往往不利于及时、迅速地制止非法行为。相较而言,由于行政责任的出发点首先是基于行政管理的便利和效率。行政责任制度的增强,便于发挥行政程序简便、迅速的特点,更好地保护证券经济秩序和社会公共利益。可以说,行政责任制度是我国现阶段证券市场上反应最快的保障机制。

三、证券行政责任制度的主要内容

从狭义上看,行政责任即行政违法责任,是对行政违法否定性评价内容的组成部分,它与行政违法保持一种对应关系。一般来说,没有行政违法就没有行政责任,行政违法是行政责任的前提。以《证券法》中涉及的行政责任条款为基础,从行政违法的角度来考察我国证券市场行政责任制度的内容:

(一)证券行政责任主体

从被监管主体角度看,我国证券市场的行政责任主体主要有以下几种:(1)证券发行人(上市公司)及其高管人员;(2)证券公司及其从业人员;(3)证券交易场所、证券登记结算机构、证券业协会及其从业人员;(4)证券服务机构及其从业人员,例如会计师事务所、律师事务所、会计师、律师等;(5)其他市场参与者,包括市场监管者也可能是承担行政责任的主体。但在能够承担行政责任的市场参与者中,由于证券市场是信息的市场、信心的市场,所以,证券发行人和市场中介机构因其地位特殊往往成为行政责任规制的重点。

(二)证券行政违法行为

归纳我国《证券法》以及相关法律的规定,可以看到,行政责任几乎涵盖证券市场的

各个环节。从市场准入、交易监管到欺诈规制,市场参与者在证券发行、交易及相关活动过程中发生的各种违反公平合理和诚信原则的行为都被纳入了行政责任调整范畴。换个角度说,证券市场的行政违法行为也是遍及证券市场的各个角落。

(1)被监管主体的行政违法行为。从我国证券市场现状看,被监管主体的行政违法行为五花八门,且具有明显的身份特征。例如,从证券发行人、上市公司角度来看,其证券违法行为类型主要是虚假陈述、内幕交易、操纵市场等。其中,违反信息披露制度的行为占了绝大多数,虚假陈述、利润预测不实、擅自发布信息和未履行信息披露义务等行为超过上市公司违法行为总数的70%。

(2)监管主体的行政违法行为。《证券法》对证券监督管理机构及其工作人员的行政违法行为作了较为全面的规定。归纳而言,市场监管者的行政违法分为实质性行政违法和形式性行政违法。具体有以下几类:[1]一是行政越权。即证券监管主体及监管人员的行为超出了法定权限。二是行政失职。即监管主体或有关人员负有法律上的相关义务,但没有履行或消极履行该义务。三是滥用职权。即证券监管主体及其监管人员在其职权范围内违反证券法律规定的目的、原则或规则而作出的具体管理行为。四是程序违法。即证券监管主体的行为在形式上违反了行政法律规范的形式性要件。主要指不按法律规定的程序进行相应的行为,如不经过法定步骤、不按照法定的顺序、不遵守时间限制等进行的行为。上述行为在不同程度上要影响监管行为的公平与正确实施,破坏证券市场的公平和效率。

(三)证券行政责任方式

我国《证券法》及相关法律规范,对实施了行政违法行为的机构,主要采取如下处罚:责令停止违法行为、责令改正、没收违法所得、罚款、暂停或撤销相关业务许可等处罚;对实施行政违法行为的个人,主要采取如下处罚:警告、罚款、没收违法所得、责令改正等。

此外,根据证监会发布的有关规范性文件,证券行政违法行为还可能承担以下两种行政责任:一是声誉罚。主要包括公开道歉、通报批评、公开批评等。通过声誉上的惩罚,对违法行为人起一种警示、告诫的作用。声誉罚主要以书面形式作出,通过报刊、文件予以公布。例如,《客户交易结算资金管理办法》规定,证券公司、结算公司、存管银行、结算银行违反相关规定的,给予通报批评、公开批评。二是市场禁入。按照证监会2021年发布实施的《证券市场禁入规定》,对有严重证券欺诈行为和其他严重违反证券法律、法规、规章行为的个人,证监会可以根据有关责任人员的身份职责、违法行为类型、违法行为的社会危害性和违法情节严重的程度,单独或者合并适用不同种类市场禁入措施。市场禁入种类包括:(1)不得从事证券业务、证券服务业务,不得担任证券发行人的董事、监事、高级管理人员;(2)不得在证券交易场所交易证券。由此可见,市场禁入制度是一项非常严厉的惩罚措施。

重要名词术语

证券监管、国务院证券监督管理机构、证券行政执法当事人承诺制度、证券业协会、证

---

[1] 参见李东方:《证券监管法律制度研究》,北京大学出版社2002年版,第204—205页。

券行政责任

> **思考题**

1. 证券监管体制有哪些类型？
2. 简述我国的证券监管体制。
3. 我国证券监管机构的职责范围是什么？
4. 我国证券监管机构享有哪些执法权？
5. 我国《证券法》规定的证券监管机构及其工作人员的法定义务有哪些？
6. 简述证券业协会的性质特征。
7. 证券业协会的职责是什么？
8. 证券行政责任的主要方式有哪些？

> **典型案例分析**

杨某某系某某生物科技集团股份有限公司（以下简称某某生物，该公司股票简称为"某某生物"）董事会秘书，案外人孟某某系某某生物实际控制人、时任董事长。为避免信托亏损以及承担担保责任，孟某某、杨某某利用信息发布的优势地位，通过操控信息发布节奏，以及控制某某生物二股东胡某某为增持"某某生物"而设立的"广发增稳2号定向资产管理计划"（以下简称增稳2号）的股票交易，操纵"某某生物"股价。

证监会经调查认为，孟某某与杨某某合谋，一边利用信息发布的优势地位，操控上市公司信息发布节奏，选择性地披露利好信息，拖延对某某生物不利信息的发布；一边借拥有增稳2号交易决策权之便，控制增稳2号的股票交易。孟某某、杨某某的行为影响投资者预期，推高股价，成功将"某某生物"股价维持在孟某某信托退出成本之上。与此同时，孟某某、杨某某利用拖延发布拟终止重组利空信息、自愿性发布相关股东增持利好信息以及增稳2号不断增持"某某生物"的"时间窗口"，精准、集中、高位减持"某某生物"，从而实现对相关信托计划的顺利退出。孟某某、杨某某具有共同主观故意，共同操纵"某某生物"价格。孟某某、杨某某的上述行为违反2005年修订的《中华人民共和国证券法》（以下简称2005年证券法）第77条第1款第4项的规定，构成该法第203条所述操纵证券市场的行为。因某某生物于2015年7月8日盘后自愿性发布半年度业绩预增和二股东拟增持公司股票的利好消息，故证监会以2015年7月8日的"某某生物"收盘价格作为基准日计算违法所得。2020年11月2日，证监会对孟某某和杨某某作出行政处罚决定，决定没收孟某某、杨某某违法所得56,588,774.84元，其中没收孟某某违法所得30,598,774.84元，没收杨某某违法所得25,990,000元，并对孟某某、杨某某处以169,766,324.52元的罚款，其中孟某某承担91,796,324.52元，杨某某承担77,970,000元。同日，证监会对孟某某和杨某某作出市场禁入决定，决定对孟某某采取10年证券市场禁入措施，对杨某某采取3年证券市场禁入措施。

杨某某不服证监会对其作出的行政处罚决定和市场禁入决定，向证监会申请行政复议,并在证监会复议维持原决定后诉至北京金融法院。北京金融法院经审理,对证监会在被诉处罚决定及被诉禁入决定中认定的事实予以确认,并于2022年1月24日作出一审判决,判决驳回杨某某的诉讼请求。杨某某不服一审判决,向北京市高级人民法院提起上诉。北京市高级人民法院驳回上诉,维持一审判决。

问:
证监会对杨某某采取的行政监管措施是什么?

第二十九章　证券投资基金法律制度

【内容提示】

证券投资基金是指通过发售基金份额募集资金,由基金托管人托管,由基金管理人管理和运作资金,为基金份额持有人的利益,以资产组合方式进行证券投资的一种利益共享、风险共担的集合投资方式。

证券投资基金是以信托契约(基金合同)为核心,依据基金合同把受益人(基金份额持有人)、管理人(基金管理公司)及托管人(托管银行)三方统为一体。其中,基金管理人作为信托契约受托人,负有管理投资财产的义务,同时作为委托人委托托管银行对基金进行监管。管理人作为委托人保留基金财产的投资和运用的指示权。托管人(托管银行)负有保管基金财产和监督管理人的义务。受益人依据自己持有的基金份额享有投资受益权。

基金管理人、基金托管人在证券投资基金活动中扮演着重要角色,处于核心地位。基金管理人运用基金财产进行证券投资,应当遵守审慎经营规则,制定科学合理的投资策略和风险管理制度,有效防范和控制风险。基金从业人员应当具备基金从业资格,遵守法律、行政法规,恪守职业道德和行为规范。

保护基金份额持有人的合法权益是《证券投资基金法》的核心问题。为实现这一立法宗旨,《证券投资基金法》对基金份额持有人的权利及其行使作出明确规定。

第一节　证券投资基金概述

一、证券投资基金的概念与特征

(一)证券投资基金的基本特征

作为一种广为流行的投资工具,证券投资基金是指通过发售基金份额募集资金,由基金托管人托管,由基金管理人管理和运作资金,为基金份额持有人的利益,以资产组合方式进行证券投资的一种利益共享、风险共担的集合投资方式。

尽管证券投资基金在各国、各地区的称谓不同,采用的组织形式也有差别,例如,在美国、澳大利亚多称为"共同基金"(Mutual Fund),我国香港地区称为"单位信托"(Unit

Trust），我国台湾地区则称为"证券投资信托"，但其实质却是大体一致。国际证券委员会组织（IOSCO）将这一类投资方式统称为"集合投资计划"。不过，除上述较为典型的投资基金形式外，集合投资计划还包括养老基金、人寿保险、投资公司等类型。

作为集合投资计划，证券投资基金具有如下特点：

第一，集合投资。基金通过吸收众多投资者的资金，汇成规模巨大的投资资金，由专业管理人将该投资资金进行证券投资，从而有利于形成规模优势，降低投资成本。而投资者的金钱出资是其获取基金收益的对价。原则上投资者非以金钱而是以现物或一般的借贷或者对特定财产、服务支付对价的方式进行的出资不属于"集合投资计划份额"。

第二，专业管理。基金由基金管理人进行投资运作，实行专业管理制度。基金管理人一般拥有专业知识和专业团队，能够为投资者提供专业化的投资管理服务。正是由于投资者将资金交由基金管理人进行管理，投资者本身不参与管理，所以《证券投资基金法》非常强调对投资者的保护。不过，按照基金合同约定，非公开募集基金可以由部分基金份额持有人作为基金管理人负责基金的投资管理活动，并在基金财产不足以清偿其债务时对基金财产的债务承担无限连带责任。

第三，分散风险。以科学的投资组合降低风险、提高收益是证券投资基金的一大特点。为降低投资风险，基金管理人运用基金财产进行证券投资，一般须以组合投资的方式进行投资运作，可以说，"组合投资、分散风险"是基金的运作特色。

第四，利益共享。证券投资基金实行利益共享、风险共担的原则。基金投资者是基金的所有者。基金投资收益在扣除由基金承担的费用后的盈余全部归基金投资者所有，基金投资者一般会按照所持有的基金份额比例进行分配。为基金提供服务的基金托管人、基金管理人一般按基金合同的规定从基金资产中收取一定比例的托管费、管理费，并不参与基金收益的分配。

第五，明确投向。根据投资对象的不同，基金有不同的分类。例如，可用于房地产投资的不动产投资基金，专门投资各种产业的产业投资基金等。依据《证券投资基金法》的规定，我国的证券投资基金只能投资上市交易的股票、债券以及国务院证券监督管理机构规定的其他证券及其衍生品种。简言之，证券投资基金是专为投资证券设立的，不能投资证券以外的项目。

（二）证券投资基金的法律性质

关于证券投资基金的法律性质，归纳起来，主要有三种观点：

一是组织说（或机构说）。该说认为集合投资计划本质上是一种组织或机构。投资基金实质上是根据信托契约集合他人资金而进行投资的组织。它通过向投资者出售基金单位（Unit）来集合资金，待资金汇集后交由投资管理公司在受托人监督下进行投资。投资者因认购基金单位而持有基金单位的证明书，并凭借基金单位证明书取得相应的权利。

二是财产说。该说认为投资基金是由多数投资者缴纳的出资所组成的、由投资者委托他人投资于约定的项目、投资收益按投资者的出资份额共享、投资风险由投资者共担的资本集合体。

三是投资方式说。该说认为投资基金通过发行基金单位，集中投资者的资金，由基金托管人托管,由基金管理人管理和运用资金,从事股票、债券等金融工具投资,显然它是一种利益共享、风险共担的集合证券投资方式。

总体而言,上述三种观点是从不同侧面对投资基金性质的解读。客观而言,投资基金作为集合投资计划,它是一个法律关系的综合集成系统。它通过不同的组合形式,对信托、契约、公司和合伙等法律关系进行了综合集成。这种集成,不仅仅是对原有法律资源的简单利用,而是体现了传统法律关系在金融领域的创新发展。

二、证券投资基金的主要分类

（一）根据募集方式分类

根据募集方式的不同,可以将证券投资基金分为公开募集基金和非公开（私募）募集基金。

公开募集基金是指向不特定对象募集资金、向特定对象募集资金累计超过200人的投资基金。公开募集基金的基金份额持有人按其所持基金份额享受收益和承担风险。

非公开（私募）募集基金是指向合格投资者募集,合格投资者累计不得超过200人的投资基金。通过非公开募集方式设立的基金的收益分配和风险承担由基金合同约定。至于合格投资者,是指达到规定资产规模或者收入水平,并且具备相应的风险识别能力和风险承担能力,其基金份额认购金额不低于规定限额的单位和个人。

（二）根据运作方式分类

根据运作方式的不同,证券投资基金可以分为封闭式基金、开放式基金和其他方式基金。

采用封闭式运作方式的基金（简称封闭式基金）,是指基金份额总额在基金合同期限内固定不变,基金份额持有人不得申请赎回的基金;采用开放式运作方式的基金（简称开放式基金）,是指基金份额总额不固定,基金份额可以在基金合同约定的时间和场所申购或者赎回的基金。

（三）根据组织形态分类

根据组织形态的不同,证券投资基金可以分为公司型基金、契约型基金和有限合伙型基金。

公司型基金是以发行公司股份的方式募集资金而组成的公司形态的基金。公司型基金设立的依据是《公司法》和基金章程,具有独立的法人资格以及股份制公司组织架构,由投资者共同出资认购公司的基金份额,投资者同时成为公司的股东,享有公司管理、投资决策、分享投资所获得的收益等股东权利。

契约型基金是由基金投资者、基金管理人、基金托管人之间所签署的基金合同而设立,基金投资者的权利主要体现在基金合同的条款上,而基金合同条款的主要内容通常由基金法律所规范。契约型基金本身并不具备公司、企业或法人的身份,因此,在组织结构上,基金的持有人不具备股东的地位,但可以通过持有人大会来行使相应的权利。

有限合伙型基金是由普通合伙人以及有限合伙人两部分组成的合伙型非法人经营实体。该类基金由普通合伙人充当合伙基金管理人,进行合伙企业的日常经营管理,并且对合伙基金债务要承担无限连带责任。投资者作为有限合伙人通常不参与合伙企业经营,同时以其所出的资金为上限对合伙基金债务承担有限责任。有限合伙基金模式有助于促进普通合伙人谨慎地进行基金的投资运作,同时对有限合伙人来说,其风险可控。

三、证券投资基金的主要法律关系

《证券投资基金法》的调整对象仅限于契约型基金,契约型基金也称信托型基金。《信托法》是我国《证券投资基金法》的重要法律依据。证券投资基金活动反映的法律关系主要是信托关系。我国契约型投资基金就是在信托制度的基础上运作的。

(一)证券投资基金所涉的主要法律关系

总体而言,证券投资基金是以信托契约(基金合同)为核心,依据基金合同把受益人(基金份额持有人)、管理人(基金管理公司)及托管人(托管银行)三方统为一体。其中,基金管理人作为信托契约受托人,负有管理投资财产的义务,同时作为委托人委托托管银行对基金进行监管。管理人作为委托人保留基金财产的投资和运用的指示权。托管人(托管银行)负有保管基金财产和监督管理人的义务。受益人依据自己持有的基金份额享有投资受益权。

1. 基金份额持有人与基金管理人之间的法律关系

基金份额持有人通过购买基金份额与基金管理人订立基金合同。根据基金合同,基金份额持有人将基金财产委托给基金管理人经营运作。基金份额持有人是委托人,基金管理人是受托人,管理人的责任主要是根据基金合同的规定对基金财产的投资进行管理。

2. 基金份额持有人与受托人(托管银行)之间的法律关系

基金份额持有人也是通过购买基金份额与基金托管人订立基金合同,并取得受益人的地位,依照基金合同的约定享有基金收益。相应地,基金托管人则成为基金信托契约中的受托人。根据基金合同,基金托管人享有保管基金财产的权利,承担保证基金财产安全性和独立性的责任。

3. 基金管理人与基金托管人之间的法律关系

基金管理人和基金托管人通过基金合同和托管协议来明确各自在管理、运用、监督方面的职责。其中,管理人作为委托人委托托管银行对基金进行监管。受托人(托管银行)负有保管基金财产和监督管理人的义务。因此,基金管理人与基金托管人之间是委托关系。这里,值得注意的是,虽然基金管理人和基金托管人都是基金份额持有人的受托人,但基金管理人和基金托管人共同行动义务的基础不存在,双方不是按共同受托人的模式运行的。

(二)基金财产的法律地位

基于投资基金所涉的信托关系,基金财产作为信托财产具有独立性。为了保证基金财产的安全,维护基金份额持有人的合法权益,《证券投资基金法》明确规定:(1)基金财产独立于基金管理人、基金托管人的固有财产。基金管理人、基金托管人不得将基金财产归入其固有财产。基金管理人、基金托管人因基金财产的管理、运用或者其他情形而取得的财产和收益,归入基金财产。基金管理人、基金托管人因依法解散、被依法撤销或者被依法宣告破产等原因进行清算的,基金财产不属于其清算财产。(2)基金财产的债务由基金财产本身承担,基金份额持有人以其出资为限对基金财产的债务承担责任。但基金合同另有约定的,从其约定。(3)基金财产的债权,不得与基金管理人、基金托管人固有财产的债务相抵销;不同基金财产的债权债务,不得相互抵销。(4)非因基金财产本身承担的债务,不得对基金财产强制执行。(5)基金财产投资的相关税收,由基金份额持有人承担,基金管理人或者其他扣缴义务人按照国家有关税收征收的规定代扣代缴。

第二节 基金管理人与基金托管人

基金管理人、基金托管人在证券投资基金活动中扮演着重要角色,处于核心地位。为了规范基金管理人、基金托管人管理、运用基金财产的活动,保护投资人及相关当事人的合法权益,促进证券投资基金和资本市场的健康发展,《证券投资基金法》明确规定,基金管理人、基金托管人管理、运用基金财产,应当恪尽职守,履行诚实信用、谨慎勤勉的义务。基金管理人、基金托管人和基金份额持有人的权利、义务,在基金合同中约定。基金管理人、基金托管人依照《证券投资基金法》和基金合同的约定,履行受托职责。

一、基金管理人

(一)基金管理人的资格条件

《证券投资基金法》规定,基金管理人由依法设立的公司或者合伙企业担任。公开募集基金的基金管理人,由基金管理公司或者经国务院证券监督管理机构按照规定核准的其他机构担任。

设立管理公开募集基金的基金管理公司,应当具备下列条件,并经国务院证券监督管理机构批准:(1)有符合本法和《公司法》规定的章程;(2)注册资本不低于1亿元人民币,且必须为实缴货币资本;(3)主要股东应当具有经营金融业务或者管理金融机构的良好业绩、良好的财务状况和社会信誉,资产规模达到国务院规定的标准,最近3年没有违法记录;(4)取得基金从业资格的人员达到法定人数;(5)董事、监事、高级管理人员具备相应的任职条件;(6)有符合要求的营业场所、安全防范设施和与基金管理业务有关的其他设施;(7)有良好的内部治理结构、完善的内部稽核监控制度、风险控制制度;(8)法律、行政法规规定的和经国务院批准的国务院证券监督管理机构规定的其他条件。

公开募集基金的基金管理人的董事、监事和高级管理人员,应当熟悉证券投资方面的法律、行政法规,具有3年以上与其所任职务相关的工作经历;高级管理人员还应当具备基金从业资格。有下列情形之一的,不得担任公开募集基金的基金管理人的董事、监事、高级管理人员和其他从业人员:(1)因犯有贪污贿赂、渎职、侵犯财产罪或者破坏社会主义市场经济秩序罪,被判处刑罚的;(2)对所任职的公司、企业因经营不善破产清算或者因违法被吊销营业执照负有个人责任的董事、监事、厂长、高级管理人员,自该公司、企业破产清算终结或者被吊销营业执照之日起未逾5年的;(3)个人所负债务数额较大,到期未清偿的;(4)因违法行为被开除的基金管理人、基金托管人、证券交易所、证券公司、证券登记结算机构、期货交易所、期货公司及其他机构的从业人员和国家机关工作人员;(5)因违法行为被吊销执业证书或者被取消资格的律师、注册会计师和资产评估机构、验证机构的从业人员、投资咨询从业人员;(6)法律、行政法规规定不得从事基金业务的其他人员。

此外,基金从业人员应当具备基金从业资格,遵守法律、行政法规,恪守职业道德和行为规范。

(二)基金管理人的基本职责

《证券投资基金法》规定,基金管理人运用基金财产进行证券投资,应当遵守审慎经营规则,制定科学合理的投资策略和风险管理制度,有效防范和控制风险。公开募集基金的基金管理人应当履行下列职责:(1)依法募集资金,办理基金份额的发售和登记事宜;(2)办理基金备案手续;(3)对所管理的不同基金财产分别管理、分别记账,进行证券投资;(4)按照基金合同的约定确定基金收益分配方案,及时向基金份额持有人分配收益;(5)进行基金会计核算并编制基金财务会计报告;(6)编制中期和年度基金报告;(7)计算并公告基金资产净值,确定基金份额申购、赎回价格;(8)办理与基金财产管理业务活动有关的信息披露事项;(9)按照规定召集基金份额持有人大会;(10)保存基金财产管理业务活动的记录、账册、报表和其他相关资料;(11)以基金管理人名义,代表基金份额持有人利益行使诉讼权利或者实施其他法律行为;(12)国务院证券监督管理机构规定的其他职责。

(三)基金管理人的禁止性行为

《证券投资基金法》对基金管理人及其董事、监事、高级管理人员和其他从业人员、基金管理人的股东、实际控制人的禁止性行为也予以了明确规范。

公开募集基金的基金管理人及其董事、监事、高级管理人员和其他从业人员不得有下列行为:(1)将其固有财产或者他人财产混同于基金财产从事证券投资;(2)不公平地对待其管理的不同基金财产;(3)利用基金财产或者职务之便为基金份额持有人以外的人牟取利益;(4)向基金份额持有人违规承诺收益或者承担损失;(5)侵占、挪用基金财产;(6)泄露因职务便利获取的未公开信息、利用该信息从事或者明示、暗示他人从事相关的交易活动;(7)玩忽职守,不按照规定履行职责;(8)法律、行政法规和国务院证券监督管理机构规定禁止的其他行为。

公开募集基金的基金管理人的股东、实际控制人应当按照国务院证券监督管理机构的规定及时履行重大事项报告义务,并不得有下列行为:(1)虚假出资或者抽逃出资;(2)未依法经股东会或者董事会决议擅自干预基金管理人的基金经营活动;(3)要求基金管理人利用基金财产为自己或者他人牟取利益,损害基金份额持有人利益;(4)国务院证券监督管理机构规定禁止的其他行为。公开募集基金的基金管理人的股东、实际控制人有上述行为或者股东不再符合法定条件的,国务院证券监督管理机构应当责令其限期改正,并可视情节责令其转让所持有或者控制的基金管理人的股权。在上述规定的股东、实际控制人按照要求改正违法行为、转让所持有或者控制的基金管理人的股权前,国务院证券监督管理机构可以限制有关股东行使股东权利。

公开募集基金的基金管理人的董事、监事、高级管理人员和其他从业人员,其本人、配偶、利害关系人进行证券投资,应当事先向基金管理人申报,并不得与基金份额持有人发生利益冲突。公开募集基金的基金管理人应当建立前款规定人员进行证券投资的申报、登记、审查、处置等管理制度,并报国务院证券监督管理机构备案。

此外,公开募集基金的基金管理人的董事、监事、高级管理人员和其他从业人员,不得担任基金托管人或者其他基金管理人的任何职务,不得从事损害基金财产和基金份额持有人利益的证券交易及其他活动。

二、基金托管人

(一)基金托管人的资格条件

《证券投资基金法》规定,基金托管人由依法设立的商业银行或者其他金融机构担任。商业银行担任基金托管人的,由国务院证券监督管理机构会同国务院银行业监督管理机构核准;其他金融机构担任基金托管人的,由国务院证券监督管理机构核准。

担任基金托管人,应当具备下列条件:(1)净资产和风险控制指标符合有关规定;(2)设有专门的基金托管部门;(3)取得基金从业资格的专职人员达到法定人数;(4)有安全保管基金财产的条件;(5)有安全高效的清算、交割系统;(6)有符合要求的营业场所、安全防范设施和与基金托管业务有关的其他设施;(7)有完善的内部稽核监控制度和风险控制制度;(8)法律、行政法规规定的和经国务院批准的国务院证券监督管理机构、国务院银行业监督管理机构规定的其他条件。

上述关于基金管理人的董事、监事、高级管理人员和其他从业人员的消极条件的规定以及禁止性行为的规定,适用于基金托管人的专门基金托管部门的高级管理人员和其他从业人员。

此外,基金托管人与基金管理人不得为同一机构,不得相互出资或者持有股份。

(二)基金托管人的职责

《证券投资基金法》规定,基金托管人应当履行下列职责:(1)安全保管基金财产;(2)按照规定开设基金财产的资金账户和证券账户;(3)对所托管的不同基金财产分别设置账户,确保基金财产的完整与独立;(4)保存基金托管业务活动的记录、账册、报表和其他相关资料;(5)按照基金合同的约定,根据基金管理人的投资指令,及时办理清算、交割事宜;(6)办理与基金托管业务活动有关的信息披露事项;(7)对基金财务会计报告、中期和年度基金报告出具意见;(8)复核、审查基金管理人计算的基金资产净值和基金份额申购、赎回价格;(9)按照规定召集基金份额持有人大会;(10)按照规定监督基金管理人的投资运作;(11)国务院证券监督管理机构规定的其他职责。

基金托管人发现基金管理人的投资指令违反法律、行政法规和其他有关规定,或者违反基金合同约定的,应当拒绝执行,立即通知基金管理人,并及时向国务院证券监督管理机构报告。基金托管人发现基金管理人依据交易程序已经生效的投资指令违反法律、行政法规和其他有关规定,或者违反基金合同约定的,应当立即通知基金管理人,并及时向国务院证券监督管理机构报告。

(三)基金托管人资格的取消与职责的终止

《证券投资基金法》关于公开募集基金的基金管理人及其董事、监事、高级管理人员和其他从业人员的禁止性行为规定同样适用于基金托管人。

基金托管人不再具备法律规定的条件,或者未能勤勉尽责,在履行规定的职责时存在重大失误的,国务院证券监督管理机构、国务院银行业监督管理机构应当责令其改正;逾期未改正,或者其行为严重影响所托管基金的稳健运行、损害基金份额持有人利益的,国务院证券监督管理机构、国务院银行业监督管理机构可以区别情形,对其采取下列措施:(1)限制业务活动,责令暂停办理新的基金托管业务;(2)责令更换负有责任的专门基金托管部门的高级管理人员。基金托管人整改后,应当向国务院证券监督管理机构、国务院银行业监督管理机构提交报告;经验收,符合有关要求的,应当自验收完毕之日起3日内解除对其采取的有关措施。

国务院证券监督管理机构、国务院银行业监督管理机构对有下列情形之一的基金托管人,可以取消其基金托管资格:(1)连续3年没有开展基金托管业务的;(2)违反《证券投资基金法》规定,情节严重的;(3)法律、行政法规规定的其他情形。

有下列情形之一的,基金托管人职责终止:(1)被依法取消基金托管资格;(2)被基金份额持有人大会解任;(3)依法解散、被依法撤销或者被依法宣告破产;(4)基金合同约定的其他情形。

基金托管人职责终止的,基金份额持有人大会应当在6个月内选任新基金托管人;新基金托管人产生前,由国务院证券监督管理机构指定临时基金托管人;基金托管人应当妥善保管基金财产和基金托管业务资料,及时办理基金财产和基金托管业务的移交手续,新基金托管人或者临时基金托管人应当及时接收;基金托管人应当按照规定聘请会计师事务所对基金财产进行审计,并将审计结果予以公告,同时报国务院证券监督管理机构备案。

第三节 公开募集基金的运作规范

一、基金的公开募集

基金的募集是证券投资基金活动的开始环节,其结果直接影响到基金合同的成立与生效。由于公开募集基金是向不特定对象募集资金,或向特定对象募集资金累计超过20人,涉及基金的公开发行问题,因此,《证券投资基金法》对公开募集基金的运作作了严格细致的规定。

(一)注册程序

公开募集基金,应当经国务院证券监督管理机构注册。未经注册,不得公开或者变相公开募集基金。注册公开募集基金,由拟任基金管理人向国务院证券监督管理机构提交下列文件:(1)申请报告;(2)基金合同草案;(3)基金托管协议草案;(4)招募说明书草案;(5)律师事务所出具的法律意见书;(6)国务院证券监督管理机构规定提交的其他文件。

(二)基金合同与招募说明书

《证券投资基金法》规定,投资人交纳认购的基金份额的款项时,基金合同成立;基金管理人依照规定向国务院证券监督管理机构办理基金备案手续,基金合同生效。

公开募集基金的基金合同应当包括下列内容:(1)募集基金的目的和基金名称;(2)基金管理人、基金托管人的名称和住所;(3)基金的运作方式;(4)封闭式基金的基金份额总额和基金合同期限,或者开放式基金的最低募集份额总额;(5)确定基金份额发售日期、价格和费用的原则;(6)基金份额持有人、基金管理人和基金托管人的权利、义务;(7)基金份额持有人大会召集、议事及表决的程序和规则;(8)基金份额发售、交易、申购、赎回的程序、时间、地点、费用计算方式,以及给付赎回款项的时间和方式;(9)基金收益分配原则、执行方式;(10)基金管理人、基金托管人报酬的提取、支付方式与比例;(11)与基金财产管理、运用有关的其他费用的提取、支付方式;(12)基金财产的投资方向和投资限制;(13)基金资产净值的计算方法和公告方式;(14)基金募集未达到法定要求的处理方式;(15)基金合同解除和终止的事由、程序以及基金财产清算方式;(16)争议解决方式;(17)当事人约定的其他事项。

至于公开募集基金的基金招募说明书,应当包括下列内容:(1)基金募集申请的准予注册文件名称和注册日期;(2)基金管理人、基金托管人的基本情况;(3)基金合同和基金托管协议的内容摘要;(4)基金份额的发售日期、价格、费用和期限;(5)基金份额的发售方式、发售机构及登记机构名称;(6)出具法律意见书的律师事务所和审计基金财产的会计师事务所的名称和住所;(7)基金管理人、基金托管人报酬及其他有关费用的提取、支付方式与比例;(8)风险警示内容;(9)国务院证券监督管理机构规定的其他内容。

基金募集申请经注册后,方可发售基金份额。基金份额的发售,由基金管理人或者其委托的基金销售机构办理。基金管理人应当在基金份额发售的3日前公布招募说明书、基金合同及其他有关文件。

(三)募集期限

基金管理人应当自收到准予注册文件之日起6个月内进行基金募集。基金募集不得超过国务院证券监督管理机构准予注册的基金募集期限。基金募集期限自基金份额发售之日起计算。超过6个月开始募集,原注册的事项未发生实质性变化的,应当报国务院证券监督管理机构备案;发生实质性变化的,应当向国务院证券监督管理机构重新提交注册申请。

基金募集期限届满,封闭式基金募集的基金份额总额达到准予注册规模的80%以上,开放式基金募集的基金份额总额超过准予注册的最低募集份额总额,并且基金份额持有人人数符合国务院证券监督管理机构规定的,基金管理人应当自募集期限届满之日起10日内聘请法定验资机构验资,自收到验资报告之日起10日内,向国务院证券监督管理机构提交验资报告,办理基金备案手续,并予以公告。

基金募集期间募集的资金应当存入专门账户,在基金募集行为结束前,任何人不得动用。基金募集期限届满,不能满足规定条件的,基金管理人应当承担下列责任:(1)以其固有财产承担因募集行为而产生的债务和费用;(2)在基金募集期限届满后30日内返还投资人已交纳的款项,并加计银行同期存款利息。

二、基金份额的交易、申购与赎回

（一）基金份额的上市交易

申请基金份额上市交易,基金管理人应当向证券交易所提出申请,证券交易所依法审核同意的,双方应当签订上市协议。基金份额上市交易,应当符合下列条件:(1)基金的募集符合《证券投资基本法》规定;(2)基金合同期限为5年以上;(3)基金募集金额不低于2亿元人民币;(4)基金份额持有人不少于1000人;(5)基金份额上市交易规则规定的其他条件。

基金份额上市交易后,有下列情形之一的,由证券交易所终止其上市交易,并报国务院证券监督管理机构备案:(1)不再具备法律规定的上市交易条件;(2)基金合同期限届满;(3)基金份额持有人大会决定提前终止上市交易;(4)基金合同约定的或者基金份额上市交易规则规定的终止上市交易的其他情形。

（二）基金份额的申购与赎回

对于开放式基金的基金份额的申购、赎回、登记,由基金管理人或者其委托的基金服务机构办理。基金管理人应当在每个工作日办理基金份额的申购、赎回业务;基金合同另有约定的,从其约定。

投资人交付申购款项,申购成立;基金份额登记机构确认基金份额时,申购生效。基金份额持有人递交赎回申请,赎回成立;基金份额登记机构确认赎回时,赎回生效。

开放式基金应当保持足够的现金或者政府债券,以备支付基金份额持有人的赎回款项。基金管理人应当按时支付赎回款项,但是下列情形除外:(1)因不可抗力导致基金管理人不能支付赎回款项;(2)证券交易场所依法决定临时停市,导致基金管理人无法计算当日基金资产净值;(3)基金合同约定的其他特殊情形。发生上述情形之一的,基金管理人应当在当日报国务院证券监督管理机构备案。在上述规定的情形消失后,基金管理人应当及时支付赎回款项。

基金份额的申购、赎回价格,依据申购、赎回日基金份额净值加、减有关费用计算。基金份额净值计价出现错误时,基金管理人应当立即纠正,并采取合理的措施防止损失进一步扩大。计价错误达到基金份额净值0.5%时,基金管理人应当公告,并报国务院证券监督管理机构备案。

因基金份额净值计价错误造成基金份额持有人损失的,基金份额持有人有权要求基金管理人、基金托管人予以赔偿。

（三）基金合同的变更、终止与基金财产清算

对于基金合同的变更,《证券投资基金法》规定:按照基金合同的约定或者基金份额持有人大会的决议,并经国务院证券监督管理机构核准,可以转换基金运作方式。例如,封

闭式基金扩募或者延长基金合同期限,应当符合下列条件,并报国务院证券监督管理机构备案:(1)基金运营业绩良好;(2)基金管理人最近2年内没有因违法违规行为受到行政处罚或者刑事处罚;(3)基金份额持有人大会决议通过;(4)《证券投资基金法》规定的其他条件。

有下列情形之一的,基金合同终止:(1)基金合同期限届满而未延期;(2)基金份额持有人大会决定终止;(3)基金管理人、基金托管人职责终止,在6个月内没有新基金管理人、新基金托管人承接;(4)基金合同约定的其他情形。

基金合同终止时,基金管理人应当组织清算组对基金财产进行清算。清算组由基金管理人、基金托管人以及相关的中介服务机构组成。清算组作出的清算报告经会计师事务所审计,律师事务所出具法律意见书后,报国务院证券监督管理机构备案并公告。清算后的剩余基金财产,应当按照基金份额持有人所持份额比例进行分配。

第四节 基金份额持有人的权利保护

一、基金份额持有人的权利及其行使

(一)基金份额持有人的权利

保护基金份额持有人的合法权益是证券投资基金法的核心问题。为实现这一立法宗旨,证券投资基金法对基金份额持有人的权利及其行使作出明确规定。

基金份额持有人享有下列权利:(1)分享基金财产收益;(2)参与分配清算后的剩余基金财产;(3)依法转让或者申请赎回其持有的基金份额;(4)按照规定要求召开基金份额持有人大会或者召集基金份额持有人大会;(5)对基金份额持有人大会审议事项行使表决权;(6)对基金管理人、基金托管人、基金服务机构损害其合法权益的行为依法提起诉讼;(7)基金合同约定的其他权利。

(二)基金份额持有人大会的运作

基金份额持有人大会是公募基金治理体系中的最高权力组织形式,它由全体基金份额持有人组成。依据《证券投资基金法》的规定,基金份额持有人大会由行使下列职权:(1)决定基金扩募或者延长基金合同期限;(2)决定修改基金合同的重要内容或者提前终止基金合同;(3)决定更换基金管理人、基金托管人;(4)决定调整基金管理人、基金托管人的报酬标准;(5)基金合同约定的其他职权。

按照基金合同约定,基金份额持有人大会可以设立日常机构,行使下列职权:(1)召集基金份额持有人大会;(2)提请更换基金管理人、基金托管人;(3)监督基金管理人的投资运作、基金托管人的托管活动;(4)提请调整基金管理人、基金托管人的报酬标准;(5)基金合同约定的其他职权。上述规定的日常机构,由基金份额持有人大会选举产生的人员组成;其议事规则,由基金合同约定。

1. 基金份额持有人大会的召集

基金份额持有人大会由基金管理人召集。基金份额持有人大会设立日常机构的,由该日常机构召集;该日常机构未召集的,由基金管理人召集。基金管理人未按规定召集或者不能召集的,由基金托管人召集。

代表基金份额 10% 以上的基金份额持有人就同一事项要求召开基金份额持有人大会,而基金份额持有人大会的日常机构、基金管理人、基金托管人都不召集的,代表基金份额 10% 以上的基金份额持有人有权自行召集,并报国务院证券监督管理机构备案。

2. 基金份额持有人大会的召开

召开基金份额持有人大会,召集人应当至少提前 30 日公告基金份额持有人大会的召开时间、会议形式、审议事项、议事程序和表决方式等事项。基金份额持有人大会不得就未经公告的事项进行表决。每一基金份额具有一票表决权,基金份额持有人可以委托代理人出席基金份额持有人大会并行使表决权。

基金份额持有人大会应当有代表 1/2 以上基金份额的持有人参加,方可召开。参加基金份额持有人大会的持有人的基金份额低于规定比例的,召集人可以在原公告的基金份额持有人大会召开时间的 3 个月以后、6 个月以内,就原定审议事项重新召集基金份额持有人大会。重新召集的基金份额持有人大会应当有代表 1/3 以上基金份额的持有人参加,方可召开。

基金份额持有人大会就审议事项作出决定,应当经参加大会的基金份额持有人所持表决权的 1/2 以上通过;但是,转换基金的运作方式、更换基金管理人或者基金托管人、提前终止基金合同、与其他基金合并,应当经参加大会的基金份额持有人所持表决权的 2/3 以上通过。

基金份额持有人大会可以采取现场方式召开,也可以采取通信等方式召开。基金份额持有人大会决定的事项,应当依法报国务院证券监督管理机构备案,并予以公告。基金份额持有人大会及其日常机构不得直接参与或者干涉基金的投资管理活动。

二、基金服务机构的业务规范

从事公开募集基金的销售、销售支付、份额登记、估值、投资顾问、评价、信息技术系统服务等基金服务业务的机构,应当按照国务院证券监督管理机构的规定进行注册或者备案。基金服务机构应当勤勉尽责、恪尽职守,建立应急等风险管理制度和灾难备份系统,不得泄露与基金份额持有人、基金投资运作相关的非公开信息。

(1)基金销售机构应当向投资人充分揭示投资风险,并根据投资人的风险承担能力销售不同风险等级的基金产品。国际清算银行、国际证监会组织、国际保险监管协会 2008 年联合发布的《金融产品和服务零售领域的客户适当性》指出,"金融中介机构所提供的金融产品或服务与客户的财务状况、投资目标、风险承受水平、财务需求、知识和经验之间的契合程度"。简言之,就是"合适的产品推荐给合适的投资者",即投资者适当性原则。投资者适当性原则要求基金服务机构有义务在对基金产品和投资者进行合理调查的基础上,向投资者推荐符合其投资目的和投资需求的基金产品。

(2)基金销售支付机构应当按照规定办理基金销售结算资金的划付,确保基金销售结算资金安全、及时划付。基金销售结算资金、基金份额独立于基金销售机构、基金销售支付机构或者基金份额登记机构的自有财产。基金销售机构、基金销售支付机构或者基金份额登记机构破产或者清算时,基金销售结算资金、基金份额不属于其破产财产或者清算财产。非因投资人本身的债务或者法律规定的其他情形,不得查封、冻结、扣划或者强制执行基金销售结算资金、基金份额。基金销售机构、基金销售支付机构、基金份额登记机构应当确保基金销售结算资金、基金份额的安全、独立,禁止任何单位或者个人以任何形式挪用基金销售结算资金、基金份额。

(3)基金份额登记机构以电子介质登记的数据,是基金份额持有人权利归属的根据。基金份额持有人以基金份额出质的,质权自基金份额登记机构办理出质登记时设立。基金份额登记机构应当妥善保存登记数据,并将基金份额持有人名称、身份信息及基金份额明细等数据备份至国务院证券监督管理机构认定的机构。其保存期限自基金账户销户之日起不得少于20年。基金份额登记机构应当保证登记数据的真实、准确、完整,不得隐匿、伪造、篡改或者毁损。

(4)基金投资顾问机构及其从业人员提供基金投资顾问服务,应当具有合理的依据,对其服务能力和经营业绩进行如实陈述,不得以任何方式承诺或者保证投资收益,不得损害服务对象的合法权益。

(5)基金评价机构及其从业人员应当客观公正,按照依法制定的业务规则开展基金评价业务,禁止误导投资人,防范可能发生的利益冲突。

基金管理人可以委托基金服务机构代为办理基金的份额登记、核算、估值、投资顾问等事项,基金托管人可以委托基金服务机构代为办理基金的核算、估值、复核等事项,但基金管理人、基金托管人依法应当承担的责任不因委托而免除。

三、基金的信息披露

基金的运作与信息披露是否规范,直接关系到基金财产的安全和基金份额持有人的利益,为此,《证券投资基金法》规定:基金管理人、基金托管人和其他基金信息披露义务人应当依法披露基金信息,并保证所披露信息的真实性、准确性和完整性。基金信息披露义务人应当确保应予披露的基金信息在国务院证券监督管理机构规定时间内披露,并保证投资人能够按照基金合同约定的时间和方式查阅或者复制公开披露的信息资料。

公开披露的基金信息包括:(1)基金招募说明书、基金合同、基金托管协议;(2)基金募集情况;(3)基金份额上市交易公告书;(4)基金资产净值、基金份额净值;(5)基金份额申购、赎回价格;(6)基金财产的资产组合季度报告、财务会计报告及中期和年度基金报告;(7)临时报告;(8)基金份额持有人大会决议;(9)基金管理人、基金托管人的专门基金托管部门的重大人事变动;(10)涉及基金财产、基金管理业务、基金托管业务的诉讼或者仲裁;(11)国务院证券监督管理机构规定应予披露的其他信息。

公开披露基金信息,不得有下列行为:(1)虚假记载、误导性陈述或者重大遗漏;(2)对证券投资业绩进行预测;(3)违规承诺收益或者承担损失;(4)诋毁其他基金管理人、基金托管人或者基金销售机构;(5)法律、行政法规和国务院证券监督管理机构规定禁止的其他行为。

四、监督管理

国务院证券监督管理机构依法履行下列职责:(1)制定有关证券投资基金活动监督管理的规章、规则,并行使审批、核准或者注册权;(2)办理基金备案;(3)对基金管理人、基金托管人及其他机构从事证券投资基金活动进行监督管理,对违法行为进行查处,并予以公告;(4)制定基金从业人员的资格标准和行为准则,并监督实施;(5)监督检查基金信息的披露情况;(6)指导和监督基金行业协会的活动;(7)法律、行政法规规定的其他职责。

国务院证券监督管理机构依法履行职责,有权采取下列措施:(1)对基金管理人、基金托管人、基金服务机构进行现场检查,并要求其报送有关的业务资料。(2)进入涉嫌违法行为发生场所调查取证。(3)询问当事人和与被调查事件有关的单位和个人,要求其对与被调查事件有关的事项作出说明。(4)查阅、复制与被调查事件有关的财产权登记、通讯记录等资料。(5)查阅、复制当事人和与被调查事件有关的单位和个人的证券交易记录、登记过户记录、财务会计资料及其他相关文件和资料;对可能被转移、隐匿或者毁损的文件和资料,可以予以封存。(6)查询当事人和与被调查事件有关的单位和个人的资金账户、证券账户和银行账户;对有证据证明已经或者可能转移或者隐匿违法资金、证券等涉案财产或者隐匿、伪造、毁损重要证据的,经国务院证券监督管理机构主要负责人批准,可以冻结或者查封。(7)在调查操纵证券市场、内幕交易等重大证券违法行为时,经国务院证券监督管理机构主要负责人批准,可以限制被调查事件当事人的证券买卖,但限制的期限不得超过15个交易日;案情复杂的,可以延长15个交易日。

▶ **重要名词术语** ◀

证券投资基金、基金财产、基金管理人、基金托管人、基金份额持有人大会、投资者适当性原则

▶ **思考题** ◀

1. 简述证券投资基金的特征。
2. 简述证券投资基金的主要分类。
3. 简述证券投资基金的组织形式。
4. 简述基金财产的法律地位。
5. 简述基金份额持有人享有的权利。
6. 简述基金份额持有大会的运作机制。
7. 简述基金服务机构的业务规范。

> 典型案例分析

2015年4月1日,董某某(投资者)与北京Z投资管理有限公司(管理人)及基金托管人签署基金合同,并在风险揭示书、合格投资者承诺书、投资者告知书、基金账户申请与交易表、个人基金投资者风险承受能力调查问卷中签字。同日,董某某向该投资管理有限公司转款101万元。庭审中,双方当事人均明确认可基金合同及附件存在倒签情况,虽然上述文件落款日期均为2015年4月1日,但是实际上均为2015年4月15日与《补充协议》一并签署。

在证券协会备案的私募基金公示信息显示:案涉基金,成立时间2015年3月31日,备案时间2015年4月1日,基金备案阶段为暂行办法实施后成立的基金,基金类型为私募证券投资基金,管理类型为受托管理。4月3日,北京Z投资管理有限公司发布基金成立公告及通知,告知基金已于2015年4月3日全部募集完成,符合基金成立总规模并于当日宣告正式成立。同日,资产管理公司从基金募集清算账户向托管账户划款2.04亿元,之后通过该托管账户向投资标的公司定增预交款项缴款账户划款2.007亿元。

后因投资标的公司于2017年12月被全国股权系统强制终止挂牌,案涉基金无法通过新三板市场卖出所持标的公司股票,基金剩余存续份额尚未兑付。董某某遂提起本案诉讼,要求该投资管理公司赔偿其投资本金及收益损失。一审法院审理后,认为董某某在基金成立后签署合同前未提出异议,亦未明确作出放弃申购的意思表示,其要求公司赔偿损失缺乏依据,故驳回其全部诉讼请求。

北京金融法院经审理后认为,投资管理公司在销售基金产品的过程中履行适当性义务不及时不全面,未能及时评估投资者风险承受能力即接受投资者认购基金产品并在投资者认购基金产品前未能充分揭示投资风险,存在一定过错。适当性义务是诚信义务在金融产品销售领域的具体化,属于基金合同订立前赋予卖方机构的义务范畴。违反适当性义务,应当根据合同法关于缔约过失的相关规定承担与其过错及投资者实际损失相适应的赔偿责任。

考虑到本案中补充进行风险评估的时间与基金成立时间相距较短,投资者风险承受能力在短期内发生明显变化的可能性并不大,后续评估显示董某某符合案涉基金产品的合格投资者要求,且投资者在其后补充签署了《基金合同》并对认购事宜予以确认,法院认为投资管理公司上述适当性义务的违反并未在实质上过度影响投资者在认购案涉基金方面的自主决定,但仍应对其上述不规范行为对投资者承担一定赔偿责任。综合考量本案情形,法院酌情确定投资管理公司按照投资者认购金额20%的标准对投资者予以适当赔偿。董某某提出,其实际损失即认购本金、认购费用及相应利息,但是法院认为其认购基金产品的份额并未全部损失,且该等损失并非全部可归责于投资管理公司对上述适当性义务的违反,故对于董某某超出上述标准的其他诉讼请求,法院依法予以驳回。

问:
1. 基金管理人在基金募集阶段履行投资者适当性义务的标准如何把握?
2. 基金管理人违反投资者适当性义务如何承担责任?

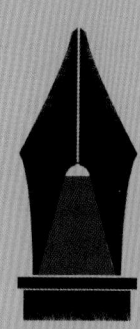

新时代法学教育丛书

NEW ERA LEGAL EDUCATION SERIES

新时代法学教育丛书

莫纪宏 总主编

商法学教程

下册

陈　洁　主编

目录 CONTENTS

上 册

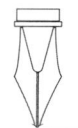

第一编 商法总论   001

第一章 商法的历史发展   003
第一节 商法的起源   004
第二节 现代商法的早期发展：从自治法变为国家法   005
第三节 商法的法典化   007
第四节 私法的商法化   009
第五节 商法的再商法化和再法典化   011
第六节 我国商法的沿革和发展   012

第二章 商法的性质和特征   015
第一节 商法的调整对象   015
第二节 商法的性质与特征   017

第三章 商法的体系构成   020
第一节 商法的体系化   020
第二节 商法的原则   026
第三节 商法的法源   030

第四章 商主体一般理论   037
第一节 商主体概论   037
第二节 商主体的类型构成   039
第三节 商主体的权利和义务   043

第五章　商事登记 ... 046
第一节　商事登记制度概述 ... 047
第二节　商事登记的原则 ... 048
第三节　商事登记的种类 ... 049
第四节　商事登记的效力 ... 050

第六章　商事账簿 ... 056
第一节　商事账簿的概念和功能 ... 056
第二节　商事账簿的设置原则 ... 057
第三节　商事账簿的种类 ... 058
第四节　商事账簿的保管 ... 059

第七章　商行为一般理论 ... 065
第一节　商行为的概念、特征和类型 ... 066
第二节　商行为的历史变迁 ... 067
第三节　特殊商行为 ... 072
第四节　商行为的解释和效力 ... 077

第八章　商事代理 ... 080
第一节　商事代理的概念和特征 ... 081
第二节　商事代理权 ... 082
第三节　商事代理人的权利和义务 ... 082
第四节　商事代理的类型 ... 083

第九章　营业转让 ... 089
第一节　营业资产 ... 090
第二节　营业转让 ... 090

第二编　公司法 ... 093

第十章　公司法的基础理论 ... 095
第一节　公司法概述 ... 096
第二节　公司的概念和特征 ... 099
第三节　公司的类型 ... 106

第十一章　公司的设立与成立　112
  第一节　概述　112
  第二节　公司设立程序　114
  第三节　公司设立的后果　120
  第四节　公司成立后的营业　125

第十二章　公司资本制度　127
  第一节　注册资本　128
  第二节　股东出资　132
  第三节　股份发行　140
  第四节　公司减资与增资　142

第十三章　股东权利　145
  第一节　股东身份的认定　145
  第二节　人身性权利　149
  第三节　财产性权利　152
  第四节　股权转让　155

第十四章　公司治理　160
  第一节　公司治理模式　160
  第二节　股东会　162
  第三节　董事会　165
  第四节　监事会　175
  第五节　法定代表人　180
  第六节　高级管理人员　181

第十五章　董事、监事、高级管理人员的义务与责任　184
  第一节　董事的内涵与外延　184
  第二节　董事的信义义务　189
  第三节　赔偿责任　192
  第四节　追究董事责任的形式　196

第十六章　公司融资与财务制度　203
  第一节　公司债券　204
  第二节　公司的财务制度　210

第十七章　公司的变更与终止　215
第一节　公司类型的变更　215
第二节　公司形式的变更　216
第三节　公司解散和清算　218

第三编　合伙企业法　227

第十八章　合伙企业导论　229
第一节　合伙企业的概念与特征　229
第二节　合伙企业的法律地位　230

第十九章　普通合伙企业　234
第一节　普通合伙企业的设立　234
第二节　普通合伙企业的财产　236
第三节　普通合伙企业的事务执行　238
第四节　普通合伙企业与第三人关系　240
第五节　普通合伙企业的入伙、退伙　242
第六节　特殊的普通合伙企业　244

第二十章　有限合伙企业　249
第一节　有限合伙企业的设立　249
第二节　有限合伙企业的事务执行　251
第三节　有限合伙人享有的权利和责任承担　251
第四节　有限合伙企业的入伙、退伙　253

第二十一章　合伙企业的解散、清算　258
第一节　合伙企业的解散　258
第二节　合伙企业的清算　259
第三节　合伙企业的注销与破产　261

第二十二章　法律责任　264
第一节　行政责任　264
第二节　民事责任　266
第三节　其他相关问题　268

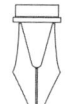

第四编 证券法　275

第二十三章　证券法概述　277
第一节　证券的界定　277
第二节　证券法的性质与地位　281
第三节　证券法的基本原则　284
第四节　我国证券立法概况　288

第二十四章　证券发行与交易　293
第一节　证券发行　294
第二节　证券保荐与承销　299
第三节　证券上市与退市　302
第四节　证券交易　307
第五节　限制和禁止的证券交易行为　310

第二十五章　信息披露制度　318
第一节　信息披露制度概述　318
第二节　证券发行信息披露制度　323
第三节　持续信息披露制度　326
第四节　证券虚假陈述的民事责任　328

第二十六章　上市公司收购　341
第一节　上市公司收购概述　341
第二节　大额持股披露制度　345
第三节　要约收购　349
第四节　协议收购　354

第二十七章　证券市场参与主体　358
第一节　证券交易所　358
第二节　证券登记结算机构　363
第三节　证券公司　366
第四节　证券服务机构　371

第二十八章　证券监管制度　374
　第一节　证券监管概述　374
　第二节　证券行政监管　378
　第三节　证券自律管理　382
　第四节　证券行政责任　384

第二十九章　证券投资基金法律制度　389
　第一节　证券投资基金概述　389
　第二节　基金管理人与基金托管人　393
　第三节　公开募集基金的运作规范　396
　第四节　基金份额持有人的权利保护　399

下　册

第五编
期货和衍生品法　405

第三十章　金融衍生品概述　407
　第一节　衍生品概述　408
　第二节　远期合约　408
　第三节　期货合约　410
　第四节　期权合约　413
　第五节　互换合约　418

第三十一章　期货和衍生品法概述　423
　第一节　《期货和衍生品法》的调整范围　423
　第二节　《证券法》与《期货和衍生品法》调整范围的界分　425
　第三节　期货市场和衍生品市场的法律定位　428

第三十二章　期货交易　432
　第一节　期货交易的场所与方式　433
　第二节　合约品种上市　436

第三节	交易资格与指令	441
第四节	保证金	444
第五节	交易控制	447

第三十三章　期货结算与交割　　453

第一节	中央对手方	454
第二节	期货结算	459
第三节	交割与行权	467
第四节	结算与交割安全的保障	469

第三十四章　衍生品交易与结算　　473

第一节	衍生品交易的场所、方式与机构展业	473
第二节	衍生品交易与结算的基本制度	475

第三十五章　市场违法行为　　481

第一节	市场操纵	482
第二节	内幕交易	497
第三节	欺诈	502

第六编
票据法　　509

第三十六章　票据与票据法　　511

第一节	票据概述	511
第二节	票据法概述	520

第三十七章　票据法律关系　　526

第一节	票据关系	526
第二节	票据基础关系	528
第三节	票据法上的非票据关系	532

第三十八章　票据行为　　536

第一节	票据行为概述	536
第二节	出票	542
第三节	背书	544

第四节　承兑 549
　　第五节　票据保证 551
　　第六节　票据瑕疵 553

第三十九章　票据权利与票据抗辩 558
　　第一节　票据权利 558
　　第二节　票据抗辩 564

第四十章　票据丧失及补救 568
　　第一节　票据丧失概述 568
　　第二节　票据丧失的补救措施 569

第七编　信托法 575

第四十一章　信托概述 577
　　第一节　信托的起源：法律传统与制度规避 577
　　第二节　信托的定义 584
　　第三节　信托的主要类型 591

第四十二章　信托法的概念、特征、功能与基本原则 596
　　第一节　信托法的概念和特征 596
　　第二节　信托法的功能 597
　　第三节　信托法的基本原则 599

第四十三章　信托关系与信托法律关系 602
　　第一节　信托法律关系概述 602
　　第二节　信托关系与信托法律关系 603

第四十四章　委托人 609
　　第一节　委托人概述 609
　　第二节　委托人权利 610
　　第三节　委托人义务 612

第四十五章　受托人 615
　　第一节　受托人概述 615

第二节　受托人权利　　618
　　第三节　受托人义务　　620

第四十六章　受益人　　627
　　第一节　受益人概述　　627
　　第二节　受益人权利　　629
　　第三节　受益人义务　　630

第四十七章　信托财产　　633
　　第一节　信托财产的概念　　634
　　第二节　信托财产的独立性　　636

第四十八章　信托行为　　641
　　第一节　信托行为的特征　　642
　　第二节　信托的设立　　642
　　第三节　信托的变更　　646
　　第四节　信托的终止　　648

第四十九章　公益信托　　652
　　第一节　公益信托概述　　653
　　第二节　公益信托的设立　　654
　　第三节　公益信托的运行与监督　　658

第八编　保险法　　663

第五十章　保险与保险法概述　　665
　　第一节　保险概述　　665
　　第二节　保险法概述　　667

第五十一章　保险合同通则　　671
　　第一节　保险合同概述　　672
　　第二节　保险合同的基本原则　　674
　　第三节　保险合同的主体　　679
　　第四节　保险合同的内容　　682

第五节　保险合同的成立与生效　688
　　第六节　保险合同的变更、终止与解除　696
　　第七节　保险合同的解释　705

第五十二章　人身保险合同　710
　　第一节　人身保险合同概述　711
　　第二节　人身保险合同中的受益人　713
　　第三节　人身保险合同的中止与复效　717
　　第四节　死亡保险的特殊规制　721
　　第五节　人身保险合同的其他问题　724

第五十三章　财产保险合同　732
　　第一节　财产保险合同概述　733
　　第二节　足额保险、不足额保险与超额保险　735
　　第三节　重复保险　738
　　第四节　保险代位　741
　　第五节　财产保险的其他问题　748

第九编　破产法　757

第五十四章　破产法概述　759
　　第一节　破产与破产法　760
　　第二节　破产能力　761
　　第三节　破产法的适用范围　762
　　第四节　破产原因　765
　　第五节　破产程序的结构　769

第五十五章　破产申请与受理　775
　　第一节　破产申请　775
　　第二节　破产申请的受理　781
　　第三节　管理人中心主义　786

第五十六章　破产债权与债权人自治　796
　　第一节　破产债权　797

第二节　破产债权的申报 801
　　第三节　破产债权的调查与确认 804
　　第四节　债权人会议 807
　　第五节　债权人委员会 813

第五十七章　债务人财产 817
　　第一节　债务人财产的范围 818
　　第二节　破产撤销权 820
　　第三节　别除权 825
　　第四节　破产取回权 828
　　第五节　破产抵销权 835

第五十八章　破产费用和共益债务 839
　　第一节　破产费用和共益债务 840
　　第二节　破产费用和共益债务的范围 842
　　第三节　破产费用和共益债务的清偿 845

第五十九章　破产重整程序 849
　　第一节　重整程序 849
　　第二节　重整申请 851
　　第三节　重整计划的制定 853
　　第四节　重整计划草案的表决 855
　　第五节　重整计划的批准 858
　　第六节　重整计划的执行 860

第六十章　破产和解程序 866
　　第一节　破产和解 866
　　第二节　破产和解的程序 868
　　第三节　和解协议的效力 871

第六十一章　破产清算 873
　　第一节　破产清算程序 873
　　第二节　破产宣告 874
　　第三节　破产财产的变价与分配 875
　　第四节　破产程序的终结 879

后　记 882

第五编
期货和衍生品法

第三十章　金融衍生品概述

【内容提示】

衍生品，通常被定义为价值取决于其基础资产的当前市场价格的金融合约。衍生品的基本类型包括远期、期货、互换和期权。所有的衍生品，不管它们有多奇特，都是对四种基本衍生品进行变异，或者是对它们进行组合而来的。

远期合约，是指约定在将来某一特定的时间和地点交割一定数量标的物的金融合约。远期合约采用全款交易的方式，且本身并不提供规避信用风险的机制。远期合约没有集中撮合成交的机制，交易者需要自己找到交易的对手方。作为一种场外衍生品，远期合约是由特定对象构成的个别关系，因而可以通过定制条款来满足个性化的管理风险需求。当然，远期合约的标准化也是可能的，尤其是在一些大型的交易平台。

期货合约，是指期货交易场所统一制定的、约定在将来某一特定的时间和地点交割一定数量标的物的标准化合约。期货合约实质上就是在期货交易场所交易的高度标准化的远期合约，这能够赋予其更高的流动性，代价就是不一定能满足当事人个性化的管理风险需求。期货合约买卖双方由期货交易场所撮合成交，并由结算机构保障合约的履行。期货交易实行保证金交易机制，属于杠杆交易，且要求逐日盯市。期货合约买卖双方在合约到期日前都可以在市场上通过相反方向的交易实现对冲平仓，从而摆脱原合约的交割义务。

互换合约，也称为掉期合约，是指约定在将来某一特定时间内相互交换特定标的物的金融合约。交易者使用互换合约，并不是为了用自己持有的标的物换取他人持有的标的物，而是为了交换双方标的物上产生的现金流。因此，互换合约就是交换未来现金流的协议。在交易结构上，互换合约相当于一系列远期合约的组合。互换合约的卖方（提供方）通常是金融机构，买方通过互换合约管理的通常是个性化的风险，因此互换合约属于场外合约。

期权合约，是指约定买方有权在将来某一时间以特定价格买入或者卖出约定标的物（包括期货合约）的金融合约。期权合约的买方有义务支付权利金，有权利选择是否买入或卖出约定标的物。期权合约的卖方有权利收取权利金，有义务在买方行权时相对应的卖出或买入约定标的物。期权合约既有场内的，也有场外的。买入的权利称为看涨期权（认购期权），卖出的权利称为看跌期权（认沽期权），均由期权合约买方享有，而卖方则承担相对应的义务。美式期权合约买方可以在到期日及之前任何时间行权，欧式期权合约买方只能在到期日行权。

第一节 衍生品概述

衍生品（derivatives），通常被定义为价值取决于其基础资产的当前市场价格的金融合约。衍生品的基本类型包括远期、期货、互换和期权。所有的衍生品，不管它们有多奇特，都是对四种基本衍生品进行变异，或者是对它们进行组合而来的。[1]

在《期货和衍生品法》之前，我国官方文件中对衍生品定义的典型表述主要体现在《银行业金融机构衍生产品交易业务管理办法》第3条："本办法所称衍生产品是一种金融合约，其价值取决于一种或多种基础资产或指数，合约的基本种类包括远期、期货、掉期（互换）和期权。衍生产品还包括具有远期、期货、掉期（互换）和期权中一种或多种特征的混合金融工具。"这个定义方式与金融学上对衍生品概念的通常理解相同，即衍生品是包含了远期、期货、互换和期权的上位概念。下面我们逐一介绍这四种基本衍生品在交易结构上的特点。

第二节 远期合约

一、远期合约的交易结构

远期合约（forward），是指约定在将来某一特定的时间和地点交割一定数量标的物的金融合约。

让我们来看一个远期合约的例子。一家生产玉米饼的厂商在6个月前与一位农民签订了一份协议，约定在今天以每吨2200元的价格买入10吨玉米。假定今天玉米的市场价格（即现货价格）是每吨2300元，那么对玉米饼厂商而言这份远期合约的价值是多少？对农民而言这份远期合约的价值又是多少？

远期合约的作用就在于提前锁定交易价格，管理因市场价格波动而产生的风险。玉米饼厂家在6个月后需要买入一定数量的玉米，但又担心因原材料价格上涨导致生产成本上涨。农民也有同样的需求，怕玉米收获的时候市场价格跌太多。双方一拍即合，于是就商定一个各自都能接受的价格。在上面的例子中，对于商家而言，这份合约的价值是（2300-2200）×10=1000元，对于农民而言则是-1000元。虽然农民有损失，但这种价格波动导致的损失是与当时市场的现货价格相比而言的，而非与其种植成本相比而言，且此种损失被控制在可接受的范围内，其目的是避免因为现货价格波动而导致随行就市的交易者受到更大的损失。远期合约作为一种金融合约，其本身具有交易价值，可以在交割期到来之前将其转让出去。远期合约可以转让很多手，但是交割义务永远存在，类似于击鼓传花。交割

---

[1] [美]迈克尔·德宾：《金融衍生品入门》，崔明香译，中国青年出版社2008年版，第14页。

期到来时合约在谁手里,谁就有义务进行交割。

除了传统的有形商品外,远期合约也可以以无形的利率、汇率、指数等作为标的。例如,一家美国公司同意1年后从韩国生产商那里买入一批电路板,价格为2,400,000韩元。按签约时的汇率1美元兑1200韩元算,交割价格为2000美元。如果1年后,美元对韩元汇率下跌,那么以美元计价的合约金额会上升。为了将合同金额锁定在2000美元,该公司与银行订立了远期合约,约定该公司在1年后以2000美元的价格买入2,400,000韩元。通过这个远期合约,美国公司实际上是将以美元买入韩元的汇率锁定在1美元兑1200韩元。

二、远期合约的特点

第一,远期合约主要用于规避价格风险,即通过将价格锁定在合约双方都能接受的水平,从而降低未来市场上的不确定性因素带来的价格风险。

第二,当远期合约交割价格与现货市场价格不同的时候,一方获利就会随着另一方损失,因而是一种零和游戏。这一点与证券交易不同。例如在股票市场中,某个交易者赚钱并不一定意味着他人亏钱,因为上市公司的股价可以随着经营情况的向好而得到提升,这部分价值可以由整个市场分享。但包括远期合约在内的所有金融衍生品,都是双方就某个标的物的价格进行的对赌,一方的收益一定是另一方的损失。

第三,远期合约采用全款交易的方式,且本身并不提供规避信用风险的机制。如果履约损失大于违约责任,交易者有可能会选择违约,此即远期合约履行中的信用风险。为控制信用风险,需要对方交易者提供担保。担保的设定以意定为前提,这与普通交易合同控制信用风险的机制是相同的。

第四,远期合约没有集中撮合成交的机制,交易者需要自己找到交易的对手方。债权债务关系必须一直持续到交割完成,在交割期前卖方的回购、买方的转卖都必须得到对方的许可。

第五,作为一种场外衍生品,远期合约是由特定对象构成的个别关系,因而可以通过定制条款来满足个性化的管理风险需求。场外衍生品市场和场外证券市场存在差异。虽然证券市场也分场内和场外,但两者之间只有交易场所和交易机制的区别,在交易标的方面并无区别。在交易所交易的上市公司股票、在新三板挂牌的非上市公众公司股票,与通过区域性股权交易市场、证券公司柜台及场外协议方式交易的标的证券在本质上没有差别,都是标准化的投资份额。但对于衍生品市场而言,场内交易的是由交易场所统一制定的标准化合约,而场外交易的合约主要用于满足个性化的管理风险需求,通常而言是非标准化的。

第六,远期合约的标准化也是可能的,尤其是在一些大型的交易平台。例如在上海环境能源交易所[1]交易的上海碳配额远期,是以上海碳排放配额为标的、以人民币计价和交易的,在约定的未来某一日期清算、结算的远期协议。交易所为上海碳配额远期提供交易

---

[1] 上海环境能源交易所成立于2008年8月5日,是经上海市人民政府批准设立的全国首家环境能源类交易平台,是上海市碳交易试点的指定交易平台,经国家碳交易主管部门备案的国家核证自愿减排量全国交易平台,同时也是生态环境部指定的全国碳排放权交易系统建设和运营机构。参见上海环境能源交易所网站,最后访问日期:2024年3月12日。

平台,组织报价和交易;上海清算所为上海碳配额远期交易提供中央对手清算服务,进行合约替代并承担担保履约的责任。但是,标准化的远期合约仍然采用的是全款交易方式,而不可以采用保证金交易方式（见表30-1）。

表30-1 上海环境能源交易所上海碳配额远期协议

产品种类	上海碳配额远期
协议名称	上海碳配额远期协议
协议简称	SHEAF
协议规模	100吨/个
报价单位	元人民币/吨
最低价格波幅	0.01元/吨
协议数量	为交易单位的整数倍,交易单位为"个"
协议期限	当月起,未来1年的2月、5月、8月、11月月度协议
成交数据接收时间	交易日10:30至15:00（北京时间）
最后交易日	到期月倒数第5个工作日
最终结算日	最后交易日后第1个工作日
每日结算价格	上海清算所发布的远期价格
最终结算价格	最后5个交易日日终结算价格的算术平均值
交割方式	实物交割/现金交割
交割品种	可用于到期月协议所在碳配额清缴周期清缴的碳配额

第三节 期货合约

一、期货合约的交易结构

期货合约（futures）,是指期货交易场所统一制定的、约定在将来某一特定的时间和地点交割一定数量标的物的标准化合约。

例如,一家面粉公司购买大量小麦加工面粉,预计6个月后需要购买1000吨小麦,他们想把价格锁定在当前水平。该公司在郑州商品交易所买入20手普通小麦期货合约,交割价格是每吨3000元,每手合约对应50吨小麦,总价格为3,000,000元。6个月后,小麦的市场价格每吨上涨到3100元,该公司最初买入的小麦期货合约,总价值上升了100,000元。该公司在此价格上将期货合约进行对冲平仓,从而了结期货持仓并实现盈利。该公司从固定的小麦供应商那里以每吨3100元的市场价买入了1000吨小麦,共支付3,100,000元。在现货市场支付的3,100,000元扣除在期货市场获利的100,000元,相当于还是支付了3,000,000元（见表30-2）。

表 30-2　郑州商品交易所普通小麦期货合约

交易品种	普通小麦
交易单位	50 吨 / 手
报价单位	元（人民币）/ 吨
最小变动价位	1 元 / 吨
每日价格波动限制	上一交易日结算价 ±4% 及《郑州商品交易所期货交易风险控制管理办法》相关规定
最低交易保证金	合约价值的 5%
合约交割月份	1 月、3—5 月、7 月、9 月、11 月
交易时间	每周一至周五（北京时间，法定节假日除外） 上午 9:00—11:30 下午 1:30—3:00
最后交易日	合约交割月份的第 10 个交易日
最后交割日	仓单交割：合约交割月份的第 13 个交易日 车（船）板交割：合约交割月份的次月 20 日
交割品级	符合《中华人民共和国国家标准小麦》（GB1351—2008）的三等及以上小麦，且物理指标等符合《郑州商品交易所普通小麦期货业务细则》规定要求
交割地点	交易所指定交割仓库及指定交割计价点
交割方式	实物交割
交易代码	PM
上市交易所	郑州商品交易所

期货合约是从远期合约发展而来的。但不同于远期合约，期货合约是由交易场所统一制定的标准化合约。期货合约在交易场所进行集中撮合交易，不需要自己寻找交易对方，合约的标准化也是由交易场所主导的。标准化合约意味着，除了价格条款以外，合约的其他条款都是相同的，所有交易者都只能按照相同的条款，以不同价格达成交易。在实践中，期货合约就标的商品约定的标准化交割品级未必符合实体企业的需求。比如上述例子中，郑州商品交易所普通小麦期货合约交割的小麦品级不一定是面粉公司所需的，而且为了保证产品品质如一，面粉公司通常有长期合作的供应商。因此，面粉公司可以选择不进行交割，而是在交割期到来之前通过在期货市场上进行反向交易，从而对冲平仓获利。在期货市场赚到的钱，可以填补现货市场上按照市场价买入亏损的钱，这就是典型的套期保值交易。这与远期合约必须进行实物交割是完全不同的。可见，对冲交易机制提供给了交易者选择的权利和能力，合约是否要交割，交易者是否要获得商品的交付，完全取决于交易者的需求和市场行情。

除了大宗商品期货合约外，还有金融期货合约，例如利率、汇率期货合约。中国金融期货交易所的 5 年期国债期货合约作为典型的利率期货合约，采用的是实物交割方式，即在交割期由卖方将符合交割条件的债券交付给买方（见表 30-3）。

表 30-3　中国金融期货交易所 5 年期国债期货合约

合约标的	面值为 100 万元人民币、票面利率为 3% 的名义中期国债	每日价格最大波动限制	上一交易日结算价的 ±1.2%
可交割国债	发行期限不高于 7 年、合约到期月份首日剩余期限为 4—5.25 年的记账式附息国债	最低交易保证金	合约价值的 1%
报价方式	百元净价报价	最后交易日	合约至期月份的第 2 个星期五
最小变动价位	0.005 元	最后交割日	最后交易日后的第 3 个交易日
合约月份	最近的 3 个季月（3 月、6 月、9 月、12 月中的最近 3 个月循环）	交割方式	实物交割
交易时间	上午 09:30—11:30，下午 13:00—15:15	交易代码	TF
最后交易日交易时间	09:30—11:30	上市交易所	中国金融期货交易所

如果说国债属于金融资产，因而尚能进行实物交割的话，在期货市场中还存在一些以各种指数为标的的无法进行实物交割的期货合约。例如，中国金融期货交易所的沪深 300 股指期货合约采用的即为现金交割方式（见表 30-4）。假设交易者在 2024 年 3 月 10 日以 3000 点的价格买入一手交割期在 6 月的沪深 300 股指期货合约 IF2406，乘以合约乘数 300 元/点，价格为 900,000 元。在 3 月 15 日沪深 300 股票指数报 3060 点，则当日该股指期货合约的价格为 918,000 元，此时这一手期货合约的价值为 918,000-900,000=18,000 元。

表 30-4　中国金融期货交易所沪深 300 股指期货合约

合约标的	沪深 300 指数	最低交易保证金	合约价值的 8%
合约乘数	每点 300 元	最后交易日	合约到期月份的第三个周五，遇国家法定假日顺延
报价单位	指数点	交割日期	同最后交易日
最小变动价位	0.2 点	交割方式	现金交割
合约月份	当月、下月及随后两个季月	交易代码	IF
交易时间	上午：9:30—11:30，下午：13:00—15:00	上市交易所	中国金同期货交易所
每日价格最大波动限制	上一个交易日结算价的 ±10%		

二、期货合约的特点

第一，期货合约实质上就是在期货交易场所交易的高度标准化的远期合约，这能够赋予其更高的流动性，代价就是不一定能满足当事人个性化的管理风险需求。例如，期货合约规定的可交割小麦和在供应商处买入的小麦可能不一样，因为品级、产地、交割地等都不同。因此，期货交易通常而言并不会是完美的管理风险。此外，期货价格是对未来商品价格的预期，在期货合约的存续周期中，期货价格通常都不等于现货价格，二者的差额叫基差。基差在合约交易期间不断波动，但到合约末期会逐渐收敛，这是由交易者的跨市场套利活动导致的。如果期货价格高于现货价格，那么交易者就会在卖出期货合约的同时买入现货，并用低价买入的现货在期货市场交割，从而使期货价格下跌、现货价格上涨，二者逐渐趋同。反之亦然。而交割条款则是确保期货价格和现货价格收敛的关键因素。

第二，期货合约买卖双方由期货交易场所撮合成交，并由结算机构保障合约的履行。由期货交易场所撮合成交的好处在于不需要自己找交易相对方，由结算机构保障履行的好处在于可以规避信用风险。远期合约存在违约的可能，双方都承担着相应的信用风险。不仅有效率违约的可能，即如果违约责任低于履约损失当事人就会倾向于选择违约，也有非效率违约的可能，例如卖方农作物歉收而导致无法履约。但期货合约在交易场所中经过撮合成交后，会提交结算机构进行结算，并由结算机构保障所有合约的履行。结算机构会通过合约更替的方式，介入原始的买卖合约，成为买方的卖方和卖方的买方，即中央对手方，这是相对于原始合约对手方的一个概念。此时，所有合约的履约对手方都是结算机构，而结算机构一定会履约。即使在原始双边合约中，其中一方是不守信的人，但结算机构依然会首先履约，之后再向违约方追究违约责任。选择参与期货交易，除期货交易具有更好的流动性外，主要的考虑就是有结算机构作为中央对手方，无须担心交易对方不履约。

第三，期货交易实行保证金交易机制，属于杠杆交易，且要求逐日盯市，即每个交易日都要按时进行结算，以了解交易双方的盈亏情况，亏损一方需要及时补充保证金，因而能够极大降低任何一方的违约风险。与期货市场不同，证券市场是典型的全款交易，且不实行逐日盯市的市场。例如，投资者全款买入股票后，就获得股票上完整的投资权利，而不再负担履行义务，因此对股票账户可以一直不予理会。股票价格无论如何波动都无所谓，因为这些都是浮盈或浮亏，只有在卖出的时候才进行下一次结算。但如果交易者买入的是期货合约，每个交易日都要对期货合约的价值进行结算。期货交易是保证金交易，以前述的小麦期货合约为例，只要缴纳5%的保证金就可以撬动100%的交易，而5年期国债期货合约甚至只需要1%的保证金。因而，期货交易自带杠杆，5%保证金对应20倍杠杆，1%保证金对应100倍杠杆，杠杆将在合约交割的时候完全体现出来，因此风险非常高。对小麦期货合约的买方而言，如果合约价格上涨超过5%，就需要及时补充保证金或自行平仓，否则就会被强行平仓。通过逐日盯市，可以确保所有期货合约的风险都在当天被及时化解。

第四，期货合约买卖双方在合约到期日前都可以在市场上通过相反方向的交易实现对冲平仓，从而摆脱原合约的交割义务。事实上，95%以上的期货合约都是通过这种方式了结的。期货合约的持有者关心的是单纯的价值变化，而基本不关心标的物的交割。

第四节　期权合约

一、期权合约的交易结构

期权合约（option），是指约定买方有权在将来某一时间以特定价格买入或者卖出约定标的物（包括期货合约）的金融合约。

例如，某个交易者认为某公司股票当前每股60元的市场价格被低估了，预计接下来的几个月股票价格会上涨。他没有直接买该公司的股票，而是买了期限为6个月的该公司股票看涨期权合约，权利金为每股3元，行权价为每股60元，合约标的1000股。在这6个月的期限内，他有权在任何时刻以60元每股的价格买入公司股票，但并不承担除了支付权利金以外的任何义务。当公司股票价格上涨到68元的时候，他行使了自己的期权，实现了每股5元，共5000元的收益。

既然看好该公司股票，为什么不直接买入股票呢？原因可能是该交易者不愿意在这么长的时间内承担股票全仓下跌的风险。期权合约交易也包括买入和卖出两个方向。期权合约的买方有义务支付权利金，有权利选择是否买入或卖出约定标的物。期权合约的卖方有权利收取权利金，有义务在买方行权时相对应地卖出或买入约定标的物。期权合约买方实际上是用一个固定的成本换取未来获得高收益的可能，而期权合约卖方则是通过精确测算确定权利金，给买方一个以小搏大的管理风险机制。如果行权条件不具备，则期权合约买方可以任由行权期满而不行权，其损失范围仅限于权利金。

除了大宗商品、金融资产、指数等现货以外，期权合约的标的也可以是其他期货合约，例如大连商品交易所的铁矿石期货期权合约（见表30-5）。目前我国交易所上市的大多数期权合约都是期货期权合约，这样的合约开发起来更容易。把期货合约作为标的物，意味着在期权合约到期日之前的任何时间，持有人都有权利在交易所以特定的行权价格买入或卖出期货合约。

期权合约权利金由内在价值和时间价值两部分组成。内在价值是指行权价格与标的物现货价格的差额。时间价值是指期权在剩余期间内所具有的价值，表现为期权合约市场价格与内在价值之间的差额。在前述例子中，期权合约交易达成时股票市场价格为60元，行权价格也是每股60元，权利金为3元，此时权利金的内在价值即为60-60=0元，时间价值为3元。也就是说，此种情形下的权利金的价值全部由时间价值组成。如果行权价格为59元，则内在价值为每股60-59=1元，时间价值为3-1=2元。如果行权价格为62元，则内在价值计算结果（60-62=-2）是负值。但权利金的内在价值不可为负值，只能大于或等于零。因此其内在价值仍为0元，时间价值则为3元。此外，期权合约权利金还取决于剩余行权期的长短，在其他条件不变的情况下，距离到期日越近，则权利金的时间价值越低，期权的价值也就越低。

表 30-5　大连商品交易所铁矿石期货期权合约

合约标的物	铁矿石期货合约
合约类型	看涨期权、看跌期权
交易单位	1手（100吨）铁矿石期货合约
报价单位	元（人民币）/吨
最小变动价位	0.1元/吨
涨跌停板幅度	与铁矿石期货合约涨跌停板幅度相同
合约月份	1月、2月、3月、4月、5月、6月、7月、8月、9月、10月、11月、12月

续表

交易时间	每周一至周五上午 9:00—11:30,下午 13:30—15:00,以及交易所规定的其他时间
最后交易日	标的期货合约交割月份前 1 个月的第 5 个交易日
到期日	同最后交易日
行权价格	行权价格覆盖铁矿石期货合约上一个交易日结算价上下浮动 1.5 倍当日涨跌停板幅度对应的价格范围。行权价格 ≤ 300 元 / 吨,行权价格间距为 5 元 / 吨;300 元 / 吨 < 行权价格 ≤ 1000 元 / 吨,行权价格间距为 10 元 / 吨;行权价格 >1000 元 / 吨,行权价格间距为 20 元 / 吨
行权方式	美式。买方可以在到期日之前任一交易日的交易时间,以及到期日 15:30 之前提出行权申请
交易代码	看涨期权:I- 合约月份 -C- 行权价格 看跌期权:I- 合约月份 -P- 行权价格
上市交易所	大连商品交易所

场外期权合约的行权价格由双方当事人协商确定,场内期权合约的行权价格则由交易所按照一定标准统一制定。如果标的物价格波动率较大,期权有效期间较长,交易所就有可能多制定几个行权价格,以覆盖标的物价格可能的波动范围。交易所在制定标准化期权合约时还需要考虑给多个行权价格设定合理的间距,行权价格间距过大将使权利金过高,不利于期权交易策略的选择。例如,公司股票现价为每股 100 元,如果将行权价格间距设置为 50 元,则相近的 3 个行权价格分别为 50 元、100 元和 150 元。买入行权价格为 50 元的买权合约显然权利金太高,而买入行权价格为 150 元的买权合约则很难有获利的机会。

行权价格能够决定期权属于实值期权、虚值期权还是平值期权。实值期权是指具备行权条件进而能够实现价值的期权。虚值期权是指不具备行权条件而无法实现价值的期权。平值期权是指行权价格与标的现货价格相等的期权。此外,虽然从价格对比上看具备行权条件,但行权期限未届至的,也属于虚值期权。例如,欧式看涨股票期权的行权价为 60 元,在到期日前公司股价在 60 元以上,但买方只能在到期日行权,因此其没有权利行权,此时该期权就是一个虚值期权。到期日公司股价为 63 元,持有人具备通过行权实现期权价值的条件,此时该期权就转化为一个实值期权。

除了合约形式外,期权也可以以证券的形式呈现。可转换公司债券的持有人在特定期间和特定条件下可以将债券转换为公司股票,这相当于在债券上附加了转股的期权条款。如果可转换公司债券是可分离交易的,即可以分离为普通公司债券和认股权,那么二者就可以分别转让。可转换公司债券的票面利率一般低于普通公司债券,因为上面多了一个期权。此外,权证(warrants)也是一种期权,其持有人有权在事先约定的时间以事先约定的价格购买指定的标的物。[1] 权证是看涨期权的证券化,而不包含看跌期权。其中,最常见的是认股权证,其签发人通常与股票的发行人是同一方。

二、期权合约的类型

第一,场内期权合约与场外期权合约。远期合约是典型的场外合约,而期货合约则是

---

[1] 薛林:《权证风险控制与监管法律问题研究》,法律出版社 2008 年版,第 1、45—47 页。

典型的场内合约。与这两者不同的是，期权合约既有场内的，也有场外的，例如前面例子中的股票期权合约。而中国金融期货交易所的沪深300股指期权合约则是典型的场内期权合约（表30-6）。

表30-6 中国金融期货交易所沪深300股指期权合约

合约标的物	沪深300指数
合约乘数	每点人民币100元
合约类型	看涨期权、看跌期权
报价单位	指数点
最小变动价位	0.2点
每日价格最大波动限制	上一交易日沪深300指数收盘价的±10%
合约月份	当月、下2个月及随后3个季月
行权价格	行权价格覆盖沪深300指数上一交易日收盘价上下浮动10%对应的价格范围 对当月与下2个月合约:行权价格≤2500点时,行权价格间距为25点;2500点<行权价格≤5000点时,行权价格间距为50点;5000点<行权价格≤10,000点时,行权价格间距为100点;行权价格>10,000点时,行权价格间距为200点 对随后3个季月合约:行权价格≤2500点时,行权价格间距为50点;2500点<行权价格≤5000点时,行权价格间距为100点;5000点<行权价格<10,000点时,行权价格间距为200点;行权价格>10,000点时,行权价格间距为400点
行权方式	欧式
交易时间	9:30—11:30，13:00—15:00
最后交易日	合约到期月份的第3个星期五,遇国家法定假日顺延
到期日	同最后交易日
交割方式	现金交割
交易代码	看涨期权:IO合约月份-C-行权价格 看跌期权:IO合约月份-P-行权价格
上市交易所	中国金融期货交易所

第二,看涨期权合约与看跌期权合约。买入的权利称为看涨期权（认购期权），卖出的权利称为看跌期权（认沽期权），均由期权合约买方享有，而卖方则承担相对应的义务。与前述例子相对的，如果交易者认为目前股票价格水平是高估的，就可以买入行权价为60元的看跌期权，那么他在未来6个月的行权期内就有权以每股60元的价格将股票卖给期权合约的卖方。当股票价格下跌到每股50元时，该交易者通过行权就能实现每股10元的收益。此外，还有较为少见的双重期权合约。这种期权合约没有明确是看涨还是看跌，而是赋予买方对看涨或看跌的选择权，由合约买方决定该双重期权合约最后是变为看涨还是看跌合约。[1]例如，允许交易者选择在未来6个月内以每股60元的价格买入或卖出标的股票。只要公司股票价格偏离60元，其就具备行权条件，且只能行权一次。双重期权合约

---

〔1〕 袁国际:《期权合同原理与实务》，法律出版社2021年版，第19—20页。

相当于就某个标的物同时买入了看涨期权合约和看跌期权合约。

第三,美式期权合约与欧式期权合约。美式与欧式看起来是地区的区别,但其实是以期权行权方式为标准所作的区分。美式期权合约买方可以在到期日及之前任何时间行权,欧式期权合约买方只能在到期日行权。例如,上海期货交易所的上证50ETF期权合约采用欧式行权方式,而上海国际能源交易中心的原油期货期权合约采用美式行权方式。美式期权合约买方的行权期间更宽,更有可能通过行权实现盈利,即所谓的时间价值更高,因此美式期权合约通常更贵(见表30-7、表30-8)。

表30-7　上海期货交易所上证50ETF期权合约

合约标的	上证50交易型开放式指数证券投资基金(50ETF)
合约类型	认购期权和认沽期权
合约单位	10,000份
合约到期月份	当月、下月及随后2个季月
行权价格	9个(1个平值合约、4个虚值合约、4个实值合约)
行权价格间距	3元或以下为0.05元,3元至5元(含)为0.1元,5元至10元(含)为0.25元,10元至20元(含)为0.5元,20元至50元(含)为1元,50元至100元(含)为2.5元,100元以上为5元
行权方式	到期日行权(欧式)
交割方式	实物交割(业务规则另有规定的除外)
到期日	到期月份的第4个星期三(遇法定节假日顺延)
行权日	同合约到期日,行权指令提交时间为9:15—9:25,9:30—11:30,13:00—15:30
交收日	行权日次一交易日
交易时间	上午9:15—9:25,9:30—11:30(9:15—9:25为开盘集合竞价时间) 下午13:00—15:00(14:57—15:00为收盘集合竞价时间)
委托类型	普通限价委托、市价剩余转限价委托、市价剩余撤销委托、全额即时限价委托、全额即时市价委托以及业务规则规定的其他委托类型
买卖类型	买入开仓、买入平仓、卖出开仓、卖出平仓、备兑开仓、备兑平仓以及业务规则规定的其他买卖类型
最小报价单位	0.0001元
申报单位	1张或其整数倍

表30-8　上海国际能源交易中心原油期货期权合约

合约标的物	原油期货合约(1000桶)
合约类型	看涨期权,看跌期权
交易单位	1手原油期货合约
报价单位	元(人民币)/桶
最小变动价位	0.05元/桶
涨跌停板幅度	与标的期货合约涨跌停板幅度相同
合约月份	最近2个连续月份合约,其后月份在标的期货合约结算后持仓量达到一定数值之后的第2个交易日挂盘,具体数值上海国际能源交易中心另行发布

续表

交易时间	上午 9:00—11:30、下午 13:30—15:00 及上海国际能源交易中心规定的其他时间
最后交易日	标的期货合约交割月前第 1 个月的倒数第 13 个交易日,上海国际能源交易中心可以根据国家法定节假日等调整最后交易日
到期日	同最后交易日
行权价格	行权价格覆盖标的期货合约上一个交易日结算价上下浮动 1.5 倍当日涨跌停板幅度对应的价格范围。行权价格≤250 元/桶,行权价格间距为 2 元/桶;250 元/桶<行权价格≤500 元/桶,行权价格间距为 5 元/桶;行权价格>500 元/桶,行权价格间距为 10 元/桶
行权方式	美式。买方可在到期日前任一交易日的交易时间提交行权申请;买方可在到期日 15:30 之前提交行权申请、放弃申请
交易代码	看涨期权:SC-合约月份-C-行权价格 看跌期权:SC-合约月份-P-行权价格
上市机构	上海国际能源交易中心

第五节 互换合约

一、互换合约的定义

互换合约(swap),也称为掉期合约,是指约定在将来某一特定时间内相互交换特定标的物的金融合约。交易者使用互换合约,并不是为了用自己持有的标的物换取他人持有的标的物,而是为了交换双方标的物上产生的现金流。因此,互换合约就是交换未来现金流的协议。在交易结构上,互换合约相当于一系列远期合约的组合。互换合约的卖方(提供方)通常是金融机构,买方通过互换合约管理的通常是个性化的风险,因此互换合约属于场外合约。

二、利率互换

利率互换是最常见的互换合约,其中固定—浮动利率互换由于占据了互换的半壁江山,又被称为普通互换。例如,某公司从一家商业银行借入 1000 万元人民币,根据贷款合同,在接下来的 2 年内,该公司每隔 3 个月向银行支付利息。按浮动利率计息,利率根据上海银行间同业拆放利率(SHIBOR)确定。这样一来,该公司现在并不能确定未来需要为这笔贷款支付多少利息。为了降低浮动利率带来的风险,该公司与某证券公司签订了一份固定—浮动利率互换协议。协议规定,该公司每隔 3 个月向证券公司支付其 1000 万元贷款的利息,按 3.75% 的固定利率计息。作为对价,证券公司向该公司支付的利息按照 SHIBOR 浮动利率计算,从而该公司可以用于偿还银行贷款的浮动利息。通过使用利率互换,该公司有效地将其浮动利率义务转换成固定利率的义务,从而降低了风险。此时可能产生的疑问是,既然贷款方想要承担的是固定利率,为什么不直接去借一个固定利率的贷款呢？这是因为浮动利率的价格（买入贷款的价格，即利率）低，而固定利率的获得条件比较苛刻，而且固定利率的价格通常较高。

此外，还有基点互换，即浮动—浮动利率互换。例如，国内企业从中国银行借了一笔钱，按照 SHIBOR 计息，美国企业从花旗银行借了一笔钱，按照担保隔夜融资利率（SOFR）计息。双方都想按照对方的利率计息，就可以进行互换。

三、货币互换

货币互换，即对不同货币进行交换。最简单的货币互换，例如约定 A 向 B 支付 700 万元人民币，B 向 A 支付 100 万美元；5 年后，B 向 A 返还 700 万元人民币，外加相应的利息，A 向 B 返还 100 万美元，外加相应的利息。对于 A 而言，其借给 B 的是人民币，届时 B 偿还 A 的也是人民币，因此可以避免汇率波动带来的风险。对于 B 而言亦然。

此外，货币互换也包括将两笔金额相同、期限相同、计算利率方法相同，但货币不同的债务资金进行交换。世界上第一个货币互换是由所罗门兄弟公司于 1981 年设计并安排 IBM 公司与世界银行成交的。当时 IBM 在本国无法以低利率借到大量美元，而在欧洲，其凭借着优秀的评级，能以较低利率借入德国马克和瑞士法郎。但美元存在贬值的压力，如果借入欧洲国家的货币，再兑换成美元，在未来可能会因为美元贬值导致 IBM 所需美元增加，最终造成过大的还款压力，形成损失，这是其不愿意见到的。而世界银行则想要借入瑞士法郎和德国马克来对更多的发展中国家进行贷款，但因为种种因素难以借到如此规模的欧洲货币。然而，世界银行却能低息借入大量的美元。所罗门兄弟公司评估了这种情况后，设计了这样的方案：IBM 在欧洲借入德国马克和瑞士法郎，世界银行按即期汇率借入币值相等的美元，两者交换本金。同时，IBM 支付世界银行所需支付的美元利息，而世界银行则支付德国马克和瑞士法郎的利息。两者因为互换，满足了对特定货币的需求，并且支付的利率小于原先需要支付的利率，同时 IBM 规避了借贷的汇率风险。

四、交叉货币利率互换

前述利率互换是在同种货币下交换不同的利率计算方式，货币互换是在同种利率计算方式下交换不同的货币（债务）。而交叉货币利率互换，是指在不同货币和不同利率计算方式之间同时进行交换。例如借入浮动利率澳元，但以固定利率美元偿还。

五、信用违约互换

与其他衍生品主要用于管理价格风险、提供价格保证不同，信用违约互换（credit default swap，CDS）主要用于管理信用风险，即提供履约保障。

例如，一位投资者购买了某大型制造商发行的 5 年期的价值 1000 万元的公司债券。债券的价格主要取决于两个因素，一个是发行人本身的信用水平，另一个是市场利率水平。前者与债券价格成正比，后者与债券价格成反比。为了防范债券发行人的信用级别下降导致债券价值下跌的可能性，投资者与某保险公司签订了信用违约互换合约。该互换合约规定,投资者向保险公司支付 150 个基点[1]的保费,保额为 1000 万元,即在未来 5 年内每年向保险公司支付 15 万元。一旦在这 5 年内,发行债券的制造商宣布破产,保险公司有义务以 1000 万元的价格买入这笔债券,不管它们的实际价值如何。如此一来,投资者持有的这笔债券不再有信用风险。

在这里,保费可以看作一系列固定金额的支付,而潜在的损失赔偿可以看作浮动金额的支付,因而类似于固定—浮动现金流的互换。保费事实上也类似于一笔看跌期权权利金,可以认为信用违约互换的名义本金额(1000 万元)是公司债券的行权价(即有权卖出公司债券的价格),市场价值是公司债券的现货价格,万一发生信用违约事件,信用违约互换便发挥了看跌期权的作用,进而使持有人获得收益。当然,在前述两种影响债券价格的因素中,只有发生信用违约事件时,该看跌期权才是一个实值期权。当市场利率变化导致公司债券的现货价格低于信用违约互换的名义本金额时,持有人便不会获得收益,而体现为一个虚值期权,因为市场利率变化导致的债券价格变化属于价格风险而非信用风险(见图 30-1)。

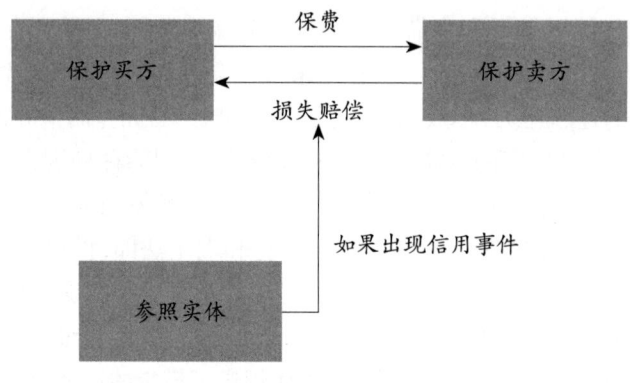

图 30-1　信用违约互换

六、总收益互换

在总收益互换(total return swap,TRS)中,卖方向买方定期支付一笔资金,而买方则将其持有的某项资产的总收益转移给卖方。由此,卖方可以享有或者承担由某项资产导致的经济后果,但并不真正拥有这些资产。与信用违约互换不同的是,不管由于什么原因导致资产价值损失,合约卖方都会向买方进行补偿,而不限于信用事件,资产也不限于债权资产(见图 30-2)。

总收益互换中的典型是商品互换,这是以商品所产生的现金流为标的物的互换。例如,某原油生产商每个月都要在市场上销售 10,000 桶原油,但是其担心销售价格不稳定,希望能将价格锁定在每桶 600 元的水平。因此,其与某金融机构订立互换合约,双方将 10,000 桶原油作为标的进行互换。互换合约约定,生产商将其在现货市场实际销售原油获

---

[1] 每个基点是 0.01%,150 个基点就是 1.5%。

得的价款支付给金融机构,而金融机构则按照每桶 600 元的固定价格向生产商进行支付,届时双方按照两笔金额的价差进行结算。据此,金融机构承担了在市场上销售原油现货的风险,同时也能够获取销售价格超过每桶 600 元部分的利润。

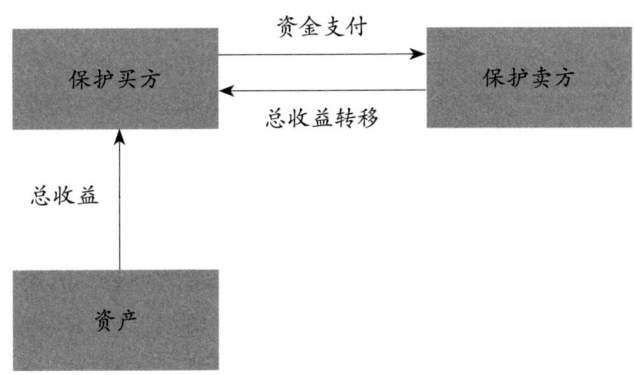

图 30-2　总收益互换

七、信用联结票据

信用违约互换的卖方还可以通过向投资者发行信用联结票据（credit linked note, CLN）,直接以信用保护为目的筹集资金。一旦发生信用事件,所筹集的资金将会用来赔偿保护买方的损失,保护卖方则不需要承担风险。如果不发生信用事件,当票据到期时会将筹集的资金返还给投资者。投资者可能会受到损失,其收益则来自买方支付的保费,以及将资金存放于卖方处产生的利息。信用联结票据在本质上其实就是信用违约互换和总收益互换卖方的融资和风险转移工具（见图 30-3）。

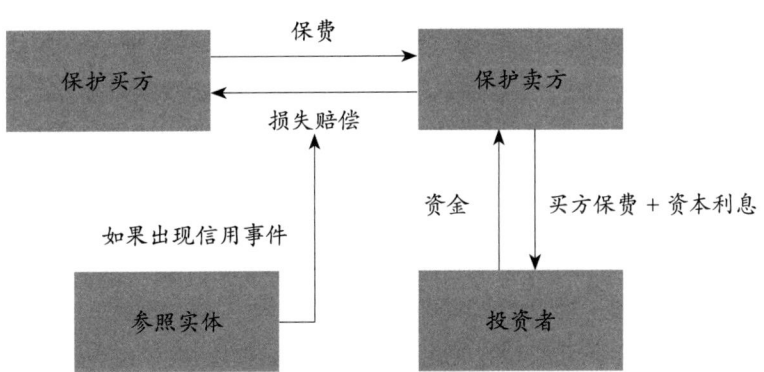

图 30-3　信用联结票据

重要名词术语

衍生品、远期合约、期货合约、期权合约、互换合约

思考题

1. 远期合约与期货合约的联系与区别。
2. 期权合约买卖双方的权利和义务。
3. 期权合约的类型。
4. 信用违约互换与其他类型互换合约的主要区别。

第三十一章　期货和衍生品法概述

【内容提示】

《期货和衍生品法》在对相关概念的界定上采用了非常特别的立法技术,而显得颇具特色。从通常理解的角度来说,衍生品是包含了远期、期货、互换和期权的上位概念。但从《期货和衍生品法》的名称即可看出,该法在立法技术上将"期货"和"衍生品"界定为并列的概念,实际上是意图以"期货交易"和"衍生品交易"来区分传统上所说的场内交易和场外交易。

在《证券法》与《期货和衍生品法》调整范围的界分上,需要从三个角度进行考察:第一,就交易标的而言,证券是一种证权型的交易标的,而期货和衍生品是一种合约型的交易标的;第二,就交易程序而言,证券存在发行环节,而期货和衍生品不存在发行环节;第三,就交易功能而言,证券交易的功能主要在于投融资,而期货交易和衍生品交易的功能主要在于管理风险和发现价格。

针对证券衍生品种的法律调整问题,需要区分契约型证券衍生品和证券型证券衍生品。契约型证券衍生品,是以股票、债券等基础证券或者相关指数为基础,通过一定的合约设计形成的合约品种,如股指期货、股指期权、国债期货、股票期权等,由《期货和衍生品法》调整。而证券型证券衍生品,是股票、债券等基础证券与衍生性权利的结合,并以证券的形式表现出来,形成了一种新的证券品种,如认股权证和可转换公司债券等,由《证券法》调整。

我国对于期货市场和衍生品市场,一直坚持其必须与实体经济相关联,防止国民经济过度金融化和脱实向虚。期货市场的功能包括发现价格、管理风险和配置资源。发现价格功能,是指期货市场的价格可以被作为现货交易的定价依据。管理风险功能,是指期货市场或者衍生品市场可以被用来规避价格风险。配置资源功能,是指期货市场通过其定价机制可以引导资源向有需求的地方流动。

第一节　《期货和衍生品法》的调整范围

一、《期货和衍生品法》中的调整范围条款

2013年12月10日,全国人大财经委员会召开证券法(修改)和期货法起草组成立

暨第一次全体会议,正式启动证券法修改和期货法立法工作。2021 年 4 月 29 日,第十三届全国人大常委会第二十八次会议对《期货法(草案)》进行审议,并公开征求意见。2021 年 10 月 23 日,第十三届全国人大常委会第三十一次会议对《期货和衍生品法(草案二次审议稿)》进行审议,并公开征求意见。2022 年 4 月 20 日,第十三届全国人大常委会第三十四次会议通过《期货和衍生品法》,自 2022 年 8 月 1 日起施行。

调整范围可以说是《期货和衍生品法》立法过程中争论最激烈的问题。第 2 条是这部法律中的调整范围条款,规定:"在中华人民共和国境内,期货交易和衍生品交易及相关活动,适用本法。在中华人民共和国境外的期货交易和衍生品交易及相关活动,扰乱中华人民共和国境内市场秩序,损害境内交易者合法权益的,依照本法有关规定处理并追究法律责任。"该条在立法技术上区分了法律的域内效力与域外效力。首先,在法律的域内效力上采用了属地主义调整方式。在中华人民共和国境内的期货交易和衍生品交易及相关活动,均适用本法,而不论当事人是否为我国国籍。其次,在法律的域外效力上采用了保护主义调整方式。在中华人民共和国境外的期货交易和衍生品交易及相关活动,本身适用的是当地法律,但当这些活动扰乱中华人民共和国境内市场秩序,损害境内交易者合法权益的情况下,我国监管机构、司法机关就应当依照本法有关规定处理并追究当事人的法律责任。

这条规定虽然看起来不是特别复杂,但其本身并不能完全回答这部法律调整范围的界定问题。事实上,就《期货和衍生品法》的调整范围而言,对"期货交易"和"衍生品交易"的界定才是真正的关键。而更前提性的,是"期货"和"衍生品"两个概念在这部法律中的关系问题。

二、对相关概念颇具特色的界定方式

结合《期货和衍生品法》第 3 条,这部法律在对相关概念的界定上采用了非常特别的立法技术,而显得颇具特色。

第一,从对相关概念通常理解的角度来说,衍生品是包含了远期、期货、互换和期权的上位概念。但从《期货和衍生品法》的名称即可看出,该法在立法技术上将"期货"和"衍生品"界定为并列的概念。第 3 条第 1 款规定:"本法所称期货交易,是指以期货合约或者标准化期权合约为交易标的的交易活动。"第 2 款规定:"本法所称衍生品交易,是指期货交易以外的,以互换合约、远期合约和非标准化期权合约及其组合为交易标的的交易活动。"实际上是意图以"期货交易"和"衍生品交易"来区分传统上所说的场内交易和场外交易。[1] 这部法律中的"期货交易"并不是以"期货合约"为标的的交易活动,也就是说,这两个概念中的"期货"一词在该法中的内涵不同。《期货和衍生品法》名称中的"期货"一词,与"期货交易"中的"期货"一词同义,而与"期货合约"中"期货"一

---

〔1〕 中国证券业协会 2013 年发布的《证券公司金融衍生品柜台交易业务规范》第 2 条第 2 款也曾采用类似方式定义"衍生品交易":"本规范所称的衍生品交易指证券公司在集中交易场所以外,根据与交易对手方达成的协议,与交易对手方直接开展的交易。"根据 2022 年中国证券业协会《关于集中废止一批自律规则的公告》,该业务规范已经失效。

词的内涵不同,后者并不能与"衍生品"一词共同构成该法名称中并列的概念。

第二,第3条第3款将作为"期货交易"标的的"期货合约"界定为"期货交易场所统一制定的、约定在将来某一特定的时间和地点交割一定数量标的物的标准化合约"。而第6款规定:"本法所称远期合约,是指期货合约以外的,约定在将来某一特定的时间和地点交割一定数量标的物的金融合约。"对比二者的表述,"期货合约"在"远期合约"的定义基础上加入了"期货交易场所统一制定"和"标准化"的表述,实际上是将"期货合约"定义为特殊的远期合约,并通过这两个特征与作为"衍生品交易"标的的"远期合约"区分开来。此外,通过"期货合约以外的"的表述,从"远期合约"的定义中排除了"期货合约"。因此,实际上是将交易场所与合约标准化相结合,作为区分"期货交易"和"衍生品交易"的判断标准。

第三,第3条第4款规定:"本法所称期权合约,是指约定买方有权在将来某一时间以特定价格买入或者卖出约定标的物(包括期货合约)的标准化或非标准化合约。"其中,作为"期货交易"标的的是"标准化期权合约",作为"衍生品交易"标的的是"非标准化期权合约"。也就是说,在期权合约的场合,区分的要素似乎只剩下了"标准化"。但这样的解释是存在问题的,事实上,如果标准化期权合约并非由期货交易场所统一制定,其也不可能作为场内交易的标的。这个问题需要结合第11条第1款来进行理解,该款规定:"期货交易应当在依法设立的期货交易所或者国务院期货监督管理机构依法批准组织开展期货交易的其他期货交易场所(以下简称期货交易场所),采用公开的集中交易方式或者国务院期货监督管理机构批准的其他方式进行。"该款对期货交易的场所和方式作出了限定,因此补齐了对作为"期货交易"标的的标准化期权合约在交易场所方面的要求。即使是标准化期权合约,只有在特定的交易场所中进行交易,才属于本法所称的"期货交易"的范畴。

第四,第3条第5款规定:"本法所称互换合约,是指约定在将来某一特定时间内相互交换特定标的物的金融合约。"互换合约通常用于个性化的管理风险,通常是非标准化的,当然这并不绝对。但更重要的是,互换合约不可能由期货交易场所统一制定,因而归属于"衍生品交易"的标的。

第二节 《证券法》与《期货和衍生品法》调整范围的界分

一、证券与期货、衍生品的区别

证券作为一种金融资产,相对于期货而言,属于现货的范畴;相对于衍生品而言,属于基础资产的范畴。就证券与期货、衍生品的区分问题,需要从三个角度进行考察。

第一,就交易标的而言,证券是一种证权型的交易标的,而期货和衍生品是一种合约型的交易标的。证券交易的标的实质是一项权利凭证,由证券权利人持有,记载着权利人单方面所享有的财产权、成员权及其他权利。在证券交易中，通过双方当事人对交易合同的履行，证券和价款本身即被移转，证券交易的所有权利义务就可以得到了结。而期货交易和衍生品交易的标的实质是一种合约，由交易双方同时持有，记载着双方的权利义务，合约项下还有基础资产，因此是一种双层标的的交易结构。对第一层次交易合同的履行仅能解决合约本身和保证金的交付问题，但是第二层次合约的履行则要等待交割期的到来，或者在交割期前某个时间被持有者通过对冲平仓的方式了结，在后一种情况下甚至不涉及基础资产的移转问题。

第二，就交易程序而言，证券存在发行环节，而期货和衍生品不存在发行环节。是否存在发行环节是对两者进行判断最明显的标志。证券交易本质上是现货交易，交易的前提是存在交易的对象。因此必须由发行人经过发行程序将证券"创造"出来后，投资者才能认购或互相进行买卖。也因为如此，证券市场上所交易的证券数量是以其最初的发行总量为限的。而期货和衍生品不存在发行环节，因为其采用的是买空卖空的交易机制，也就是说即使没有既存的交易标的也能买或卖。交易者的每一次下单交易，无论是建仓还是平仓，增仓还是减仓，都是一次新的买空或卖空行为，都是权利的原始取得而非继受取得。因此，如不考虑限仓等风控制度及财力限制，期货市场和衍生品市场的成交量理论上是可以达到无限的。在证券市场中，即使像融资融券这样的信用交易与股指期货等的买空卖空交易也是有差别的。融资融券对投资者而言是借贷行为，但标的物仍然是现货全款交付，投资者所借入的证券数量受制于市场上现存的该种证券数量，因此仍属于现货交易的范畴，而股指期货的成交量理论上则是可以达到无限的。

第三，就交易功能而言，证券交易的功能主要在于投融资，而期货交易和衍生品交易的功能主要在于管理风险和发现价格。[1]证券市场对于证券发行人来说具有融资功能，对于证券交易者来说则具有投资功能。虽然期货市场和衍生品市场对于投机者和套利者而言具有一定的投资功能，但其绝对没有融资功能。期货市场和衍生品市场最初和最主要的功能在于管理风险和发现价格。管理风险功能产生于市场参与者规避市场价格波动风险的需求，主要是通过交易者在期货市场上建立与现货市场数量相等、方向相反、时间相同（或相近）的头寸来实现的，即所谓的套期保值交易。发现价格功能则产生于市场参与者对市场价格走势的判断需求。现货市场范围很大，交易者数量众多，交易呈极分散的状态；而且现货买卖的决定因素非常芜杂，且其中有些因素是不真实的，对判断价格走势没有帮助，甚至起误导作用。这些因素导致现货市场的信息难以搜集和处理，也就难以从中提炼出一致的、有用的信息。而期货市场通常是以集中交易方式进行的，各种对价格有影响的信息更为容易收集，且那些非本质的、偶发的因素，因为交易数量的巨大，[2]被交易者排除

---

[1] 也有学者认为，以证券为代表的基础金融工具的本质属性是投资性金融工具，而以期货为代表的衍生金融工具的本质属性是管理风险性金融工具。参见王旸：《衍生金融工具基础法律问题研究》，载《法学家》2008年第5期。

[2] 在期货合约设计上，通常只有适用于大量交易的资产才能作为合约标的。所谓的"大量"是指即使拥有巨额资本的投机家也"无法轻易买断的量"。这是因为期货市场以发现公正价格为首要任务，因此必须防止价格操纵。参见〔日〕木原大辅：《期货入门与技巧》，胡岳岷等译，科学出版社2008年版，第66页。

掉了。因此,期货市场的价格更重要、更可信,且能影响和决定现货市场价格。[1]虽然在交易所内交易的大量商品期货最终并没有实物交割,但如果多方选择实物交割的话,则必须进行实物交割,这是保证期货合约价格合理的一个方面,也是期货和现货市场价格走向的联结点。因此,虽然期货市场和衍生品市场管理风险和发现价格的功能实际上是服务于现货市场的,但是其市场功能的主要落脚点并不在于现货投资本身。

二、证券衍生品种的法律调整

在讨论《证券法》与《期货和衍生品法》调整范围的界分问题时,证券衍生品种的法律调整是绕不开的问题。

2005年《证券法》第2条第3款规定:"证券衍生品种发行、交易的管理办法,由国务院依照本法的原则规定。"据此,有观点认为所有基于证券的衍生品都应该由《证券法》调整。[2]那么,该条款当初的立法理由究竟是什么呢？根据2005年8月23日《全国人大法律委员会关于〈中华人民共和国证券法(修订草案)〉修改情况的汇报》,当时"有的常委委员、部门和单位提出,证券衍生品种分为证券型(如认股权证等)和契约型(如股指期货、期权等)两大类,具体品种随着证券市场发展将会不断增加,在发行、交易及信息披露等方面有其特殊性。现行证券法规范的是传统的股票、公司债券等,修订草案将证券衍生品种与股票、公司债券等的现货交易并列,其内容实际上难以适用于各种证券衍生品种。法律委员会经同财经委员会、证监会研究认为,鉴于证券衍生品种具有特殊性,为了对证券衍生品种的发行与交易作出专门规范,在目前对此缺乏实践经验的情况下,宜授权国务院依照本法的原则另行制定管理办法。据此,法律委员会建议在这一条中增加一款,规定：'证券衍生品种发行和交易的管理办法,由国务院依照本法的原则规定。'"[3]可见,当初立法规定该条款就是因为考虑到了证券衍生品与证券的差异性,认为《证券法》难以适用于各种证券衍生品,而不是要让《证券法》适用于各种证券衍生品。[4]

2019年《证券法》第2条删去了有关证券衍生品种的规定,其立法理由是：证券衍生品种可分为证券型和契约型。其中,证券型品种,如权证,可作为国务院依法认定的其他证券,直接适用本法。[5]契约型品种,如股指期货,可适用《期货交易管理条例》,并在未来纳入《期货和衍生品法》。据此,《证券法》可不再就证券衍生品种授权国务院规定具体管理办法,因此该法删去了关于证券衍生品种监管的相关规定。[6]可见,2019年《证券法》修订所基于的认识与之前是一脉相承的。因此,《证券法》的调整范围所能涵盖的仅仅是

---

[1] 王福重：《金融的解释》,中信出版集团股份有限公司2014年版,第226页。
[2] 华东政法大学课题组：《证券法的调整范围与立法体例研究》,载黄红元、徐明主编：《证券法苑》(第10卷),法律出版社2014年版,第138—141页。
[3] 李飞主编：《中华人民共和国证券法(修订)释义》,法律出版社2005年版,第425—426页。
[4] 李飞主编：《中华人民共和国证券法(修订)释义》,法律出版社2005年版,第6—7页。
[5] 2019年《证券法》第2条第1款："在中华人民共和国境内,股票、公司债券、存托凭证和国务院依法认定的其他证券的发行和交易,适用本法;本法未规定的,适用《中华人民共和国公司法》和其他法律、行政法规的规定。"
[6] 王瑞贺主编：《中华人民共和国证券法释义》,法律出版社2020年版,第10页;程合红主编：《〈证券法〉修订要义》,人民出版社2020年版,第8—9页。

证券型证券衍生品,而无法涵盖大量的契约型证券衍生品。

在判断方法上,可以从交易标的、交易程序和交易功能角度对证券型证券衍生品和契约型证券衍生品进行分析。以认股权证和可转换公司债为例,前者实际上是选择权的证券化,而后者则是债权加选择权的证券化,两者都是证权型的交易标的;并且两者都存在发行程序;对发行人而言具有融资功能,对交易者而言只具有投资功能,因此这样的证券型证券衍生品就应归属于《证券法》调整。而契约型证券衍生品则由《期货和衍生品法》调整。其中,是否有发行环节是外观上最易识别的特征,可作为区分证券型证券衍生品与契约型证券衍生品种的判断标准。

综上所述,针对证券衍生品种的法律调整问题,需要区分契约型证券衍生品和证券型证券衍生品。契约型证券衍生品,是以股票、债券等基础证券或者相关指数为基础,通过一定的合约设计形成的合约品种,如股指期货、股指期权、国债期货、股票期权等,由《期货和衍生品法》调整。而证券型证券衍生品,是股票、债券等基础证券与衍生性权利的结合,并以证券的形式表现出来,形成了一种新的证券品种,如认股权证和可转换公司债券等,由《证券法》调整。

第三节　期货市场和衍生品市场的法律定位

一、三种基本交易模式

期货市场和衍生品市场上的基本交易模式有三种,分别是套期保值交易、投机交易和套利交易。下面以期货交易为例来分别进行说明。

（一）套期保值交易

套期保值交易,是指交易者通过在期货市场买进或卖出与其所持有的现货资产数量相等、方向相反、月份相同（或相近）的合约,利用期货市场上交易的盈亏来抵销现货市场上的盈亏。这是一种利用期货交易进行管理风险的交易模式。

套期保值者通常都是在现货市场上有相应存货或经营业务的企业,例如中石油、中石化、中海油和中航油都是原油期货市场上最常见的交易者。套期保值者进行的是与其持有的现货资产数量相等、方向相反的期货交易。例如,在现货市场上持有原油,是多头,在期货市场上就卖出期货合约,做空头。如果原油现货市场价格下跌,则其在期货市场上持有空头头寸的盈利就能够填补原油现货市场上的损失,这就是一个完美的套期保值。但是,完美的套期保值一般不存在。一是数量不一定相等,因为期货市场可能没有足够的对手方与该交易者达成交易,以建立足够匹配其现货头寸风险的期货头寸。二是标准不一定相同,可能原油期货市场上没有交割标准或月份完全相同的期货合约,交易者就只能卖出交割标准或月份相近的期货合约,价格就会存在差额。三是期货交易肯定有资金的损耗,例如会存在交易手续费、印花税等损失。

《期货和衍生品法》第4条第4款规定:"本法所称套期保值,是指交易者为管理因其资产、负债等价值变化产生的风险而达成与上述资产、负债等基本吻合的期货交易和衍生品交易的活动。"此种对套期保值的定义存在一定问题。"达成与上述资产、负债等基本吻合的期货交易和衍生品交易的活动"是什么意思?就资产而言,若交易者持有原油现货,即属于原油现货的多头,达成与该资产基本吻合的期货交易,是在期货市场上做多吗?就负债而言,若交易者有义务以特定价格交付原油现货,即属于原油现货的空头,达成与该负债基本吻合的期货交易,是在期货市场上做空吗?事实上,就前者而言,交易者会担心自己持有的原油现货会有价格下跌的风险,因此在期货市场上需要达成与该风险基本吻合的期货交易,即做空原油期货。就后者而言,交易者会担心原油现货的市场价格上涨,导致自己廉价卖出原油现货导致亏损,因此在期货市场上需要达成与该风险基本吻合的期货交易,即做多原油期货。显然,更合理的表述方式应当是:"本法所称套期保值,是指交易者为管理因其资产、负债等价值变化产生的风险而达成与上述资产、负债等的风险基本吻合的期货交易和衍生品交易的活动。"

(二)投机交易

投机交易,是指交易者基于对期货价格走势的判断,以获取价差收益为目的的交易模式。套期保值者要在市场上达成交易,必须有人愿意成为其交易对手方。刚好要卖出原油期货的套期保值者和刚好要买入原油期货套期保值者能达成交易,概率是比较低的。如果市场上全是套期保值者,那么就会出现流动性问题,导致几乎无法达成交易。大多数情况下,套期保值者的交易对手方都是投机者。投机者承担了市场上的价格风险,同时也获得了赚取高额盈利的机会,并为市场提供了流动性。因此,投机交易也是期货市场中不可缺少的组成部分。

(三)套利交易

套利交易,是指交易者利用可比价格之间的差异,例如期货与现货之间、不同时期合约之间、不同市场之间的价差,同时在两者之上进行方向相反的交易,以获取无风险/低风险的价差利润。例如,原油期货价格是500元,现货价格是490元,套利者就卖出原油期货,买入原油现货,可以套取每桶10元的价差。随着套利的进行,二者的价差就会逐渐收敛。因此,广泛的套利活动是期货和现货价格收敛的关键。再如,当近月合约价格高于远月合约价格时,就有可能卖出近月合约,买入远月合约,从而赚取价差。还有,当不同地区上市的同种期货合约之间存在价差时,也可以启动跨市场的套利交易。套利者与做市商之间的主要差异在于,套利者不承担做市义务。做市商向市场发出双边的报价,例如以500元的价格买入,以505元的价格卖出。所有愿意卖出和买入的交易者都可以与其达成交易,做市商赚取5元的差价。做市商报价后有义务在此价格上买入或卖出,其可以调整买卖报价,但是对交易者依报价与其达成的交易不可反悔。而套利交易者没有这个义务,例如以500元价格买入后,虽然有以505元价格卖出的机会,但发现未来还有扩大价差的空间,就可以继续持有等待,因为其没有以特定报价买入或卖出的义务。此时,原来的套利者就变成了投机者。因此,套利和投机的角色是可以互相转换的。

二、法律对期货市场功能的定位

《期货和衍生品法》第 4 条第 1 款规定:"国家支持期货市场健康发展,发挥发现价格、管理风险、配置资源的功能。"

发现价格功能,是指期货市场的价格可以被作为现货交易的定价依据。在大宗商品市场,通常不存在能够形成公允现货价格的定价机制。在现货市场上的交易是分散的,现货商家之间的交易可能涉及非价格因素的考虑,如双方之间已经存在的商业关系,或与对方建立新的业务关系的期望。现货价格也可能会反映独特的条件,例如特定买家对某种商品突然产生的需求,而这一般并不适用于整个市场。而如果交易者希望保持交易的私密性,则许多现货交易的真实细节并不会向公众公开。[1] 甚至由于某种商品公开的现货交易稀少,也会导致现货价格不可得或不可靠。因此,其他交易者达成的现货交易价格对于正在谈判中的现货交易而言往往并不具有参考意义。在大宗商品市场中,交易者通常将通过公开集中交易形成的期货价格作为相应现货交易的价格基准。但是,由于以股票为代表的一些金融现货市场往往本身就有合理的定价机制,因此如股指期货等金融期货对于现货而言并不具有定价功能。股指期货价格领先于股票市场,只是因为期货市场对信息的反应快于股票市场。[2]

管理风险功能,是指期货市场或者衍生品市场可以被用来规避价格风险。前面介绍了期货市场和衍生品市场的三种基本交易模式,即套期保值交易、投机交易和套利交易。虽然三者都是市场必不可少的组成部分,但是在法律政策上,对三者的态度并不相同。《期货和衍生品法》第 4 条第 2 款规定:"国家鼓励利用期货市场和衍生品市场从事套期保值等风险管理活动。"这是管理风险功能的具体体现。第 5 条规定:"期货市场和衍生品市场应当建立和完善风险的监测监控与化解处置制度机制,依法限制过度投机行为,防范市场系统性风险。"因此,法律对过度投机行为是采取限制的态度。而对普通的投机交易和套利交易,则是采取既不鼓励也不反对的态度。

配置资源功能由发现价格功能衍生而来,是指期货市场通过其定价机制可以引导资源向有需求的地方流动。价格调节供需关系,供需引导资源配置。与现货市场相比,期货市场发现的远期价格具有连续性、前瞻性和权威性,能够比较真实地反映商品和金融资产未来的价格变动趋势,对优化社会资源配置可以发挥重要作用。[3]《期货和衍生品法》第 4 条第 3 款规定:"国家采取措施推动农产品期货市场和衍生品市场发展,引导国内农产品生产经营。"这便是发现价格和配置资源功能的具体体现。例如,通过小麦期货价格上涨预期未来小麦现货会供不应求,作为农业生产者可以多种小麦,从而调节农业生产。再如,不同地点的小麦期货存在价差,则可以引导小麦现货向价格更高的地区流动。

---

[1] Philip McBride Johnson, *Commodity Market Manipulation*, 38 Washington and Lee Law Review 725, 747 (1981).

[2] 邢精平:《跨市场操纵模式与监管》,科学出版社 2014 年版,第 77—82 页。

[3] 姜洋:《发现价格:期货和金融衍生品》,中信出版集团股份有限公司 2018 年版,第 52 页。

三、期货、衍生品市场与实体经济的关系

我国发展期货市场和衍生品市场，非常注重对国外金融市场发展历程的观察和学习。一方面是吸收国外的成功经验，另一方面则是避免走国外已经走过的弯路。

在这方面，美国经济过度金融化和脱实向虚，最终导致2008年金融危机的教训对我们尤其具有警示意义。金融危机前，美国房地产市场欣欣向荣，因此银行、抵押贷款公司和其他房地产贷款机构向很多本不具备贷款资格的人发放了大量住房抵押贷款，并被做成资产支持证券对外发售。与此同时，金融机构向住房抵押贷款支持证券的持有人提供信用违约互换来进行管理风险。资产支持证券和信用违约互换又进行了多层嵌套，例如资产支持证券又和其他债权打包进行再证券化，或者又把多个信用违约互换打包，为其再买一个信用违约互换以管理风险，或者将其作为标的进行总收益互换，而卖方又通过发行信用联结票据募集资金并转移风险，等等。住房价格下跌之后，抵押贷款债务人违约，作为担保品的住房此时因为缺乏流动性又无法变现，导致资产支持证券爆雷，信用违约互换因为大面积违约也相继爆雷。

我国对于期货市场和衍生品市场，一直坚持其必须与实体经济相关联，防止国民经济过度金融化和脱实向虚。例如，《期货和衍生品法》第1条规定了该法的立法目的："为了规范期货交易和衍生品交易行为，保障各方合法权益，维护市场秩序和社会公共利益，促进期货市场和衍生品市场服务国民经济，防范化解金融风险，维护国家经济安全，制定本法。"其中就特别提出要"促进期货市场和衍生品市场服务国民经济"，因为离开了实体经济，期货市场和衍生品市场就会变成无本之木、无源之水，甚至成为参与者之间纯粹的投机和对赌。《期货交易所管理办法》第78条亦规定："期货交易所应当建立健全制度机制，积极培育推动产业交易者参与期货市场。期货交易所在做好风险隔离与风险控制的前提下，可以组织开展与期货交易相关的仓单交易等延伸服务，提升产业交易者运用期货市场管理风险、配置资源的便利性。"

▎重要名词术语▶

期货和衍生品法、期货交易、衍生品交易、契约型证券衍生品、证券型证券衍生品、套期保值交易、投机交易套利交易

▎思考题▶

1. 《期货和衍生品法》的调整范围。
2. 《证券法》与《期货和衍生品法》调整范围的界分。
3. 期货交易的三种基本模式。
4. 期货市场的功能。
5. 期货、衍生品市场与实体经济的关系。

第三十二章　期货交易

【内容提示】

期货交易应当在依法设立的期货交易所或者国务院期货监督管理机构依法批准组织开展期货交易的其他期货交易场所进行。禁止在期货交易场所之外进行期货交易。期货交易可以采用公开的集中交易方式或者国务院期货监督管理机构批准的其他方式进行。

期货合约品种和标准化期权合约品种的上市应当符合国务院期货监督管理机构的规定，由期货交易场所依法报经国务院期货监督管理机构注册。期货合约品种和标准化期权合约品种的中止上市、恢复上市、终止上市应当符合国务院期货监督管理机构的规定，由期货交易场所决定并向国务院期货监督管理机构备案。期货合约品种和标准化期权合约品种应当具有经济价值，合约不易被操纵，符合社会公共利益。

在期货交易场所进行期货交易的，应当是期货交易场所会员或者符合国务院期货监督管理机构规定的其他参与者。交易者委托期货经营机构进行交易的，可以通过书面、电话、自助终端、网络等方式下达交易指令。交易指令应当明确、具体、全面。通过计算机程序自动生成或者下达交易指令进行程序化交易的，应当符合国务院期货监督管理机构的规定，并向期货交易场所报告，不得影响期货交易场所系统安全或者正常交易秩序。

期货交易实行保证金制度，期货结算机构向结算参与人收取保证金，结算参与人向交易者收取保证金。保证金用于结算和履约保障。交易者进行标准化期权合约交易的，卖方应当缴纳保证金，买方应当支付权利金。保证金的形式包括现金、国债、股票、基金份额、标准仓单等流动性强的有价证券，以及国务院期货监督管理机构规定的其他财产。以有价证券等作为保证金的，可以依法通过质押等具有履约保障功能的方式进行。期货结算机构、结算参与人收取的保证金的形式、比例等应当符合国务院期货监督管理机构的规定。

期货交易实行账户实名制。交易者进行期货交易的，应当持有证明身份的合法证件，以本人名义申请开立账户。任何单位和个人不得违反规定，出借自己的期货账户或者借用他人的期货账户从事期货交易。期货交易实行持仓限额制度，防范合约持仓过度集中的风险。从事套期保值等风险管理活动的，可以申请持仓限额豁免。持仓限额、套期保值的管理办法由国务院期货监督管理机构制定。期货交易实行交易者实际控制关系报备管理制度。交易者应当按照国务院期货监督管理机构的规定向期货经营机构或者期货交易场所报备实际控制关系。期货交易场所会员和交易者应当按照国务院期货监督管理机构的规定，报告有关交易、持仓、保证金等重大事项。

依照期货交易场所依法制定的业务规则进行的交易，不得改变其交易结果。但当突发性事件导致期货交易结果出现重大异常,按交易结果进行结算、交割将对期货交易正常秩序和市场公平造成重大影响的,期货交易场所可以按照业务规则采取取消交易等措施,并应当及时向国务院期货监督管理机构报告并公告。

第一节 期货交易的场所与方式

一、期货交易的场所

《期货和衍生品法》第 11 条第 1 款规定:"期货交易应当在依法设立的期货交易所或者国务院期货监督管理机构依法批准组织开展期货交易的其他期货交易场所……进行。"据此,期货交易的场所主要包括两类:一是期货交易所。《期货和衍生品法》第 81 条规定:"期货交易所应当在其名称中标明'商品交易所'或者'期货交易所'等字样,其他任何单位或者个人不得使用期货交易所或者其他可能产生混淆或者误导的名称。"目前我国已经设立了四家商品期货交易所,即郑州商品交易所、大连商品交易所、上海期货交易所和广州期货交易所;一家金融期货交易所,即中国金融期货交易所。二是未冠名"商品交易所"或者"期货交易所",但是经国务院期货监督管理机构依法批准,可以组织开展期货交易的其他期货交易场所。"其他期货交易场所"的典型,例如上海国际能源交易中心[1],以及上市了多种 ETF 期权合约的上海证券交易所和深圳证券交易所。但是,当证券交易所上市交易可转换公司债券、权证等证券型证券衍生品时,属于组织开展证券交易,而非期货交易。

由于期货交易具有特殊的金融属性和风险属性,直接关系到金融安全和社会稳定,必须在经批准的特定交易场所,遵循严格的管理制度规范进行。《期货和衍生品法》第 11 条第 2 款规定:"禁止在期货交易场所之外进行期货交易。"将期货交易限定在指定的交易场所进行,是因为场内一整套制度安排能够有效地保障期货交易服务于管理风险的目标,能够有效控制过度投机:一是期货交易所作为集中的流动市场能够促进发现价格;二是交易所上市的产品必须证明其合约不会与公共利益抵触,该合约服务于特定的经济目的而不仅仅是投机;三是交易所会制定、管理和实施确保市场诚信和成员诚信的规则。[2]

我国除了商品期货市场外,还存在商品现货市场。商品现货市场,是指依法设立的,由买卖双方进行公开的、经常性的或定期性的商品现货交易活动,具有信息、物流等配套服

---

〔1〕 上海国际能源交易中心股份有限公司是经证监会批准,由上海期货交易所发起设立的、面向期货市场参与者的国际交易场所,根据有关法律法规履行期货市场自律管理职能。参见上海国际能源交易中心网站,最后访问日期:2024 年 3 月 12 日。

〔2〕 William L. Stein, *The Exchange-Trading Requirement of the Commodity Exchange Act*, 41 Vanderbilt Law Review 473, 482–483(1988);贺绍奇:《期货立法基础理论研究》,中国财富出版社 2015 年版,第 72—73 页。

务功能的场所或互联网交易平台。[1] 官方认可的交易对象包括:(1)实物商品;(2)以实物商品为标的的仓单、可转让提单等提货凭证;(3)省级人民政府依法规定的其他交易对象。[2] 官方认可的交易方式包括:(1)协议交易;(2)单向竞价交易;(3)省级人民政府依法规定的其他交易方式。其中,协议交易,是指买卖双方以实物商品交收为目的,采用协商等方式达成一致,约定立即交收或者在一定期限内交收的交易方式。单向竞价交易,是指一个买方(卖方)向市场提出申请,市场预先公告交易对象,多个卖方(买方)按照规定加价或者减价,在约定交易时间内达成一致并成交的交易方式。[3]

然而,在实践中,一些地区为推进商品市场发展,陆续批准设立了一些从事大宗商品中远期交易的交易场所。由于缺乏规范管理,在交易场所设立和交易活动中违法违规问题日益突出,风险不断暴露,引起了社会广泛关注。为防范金融风险,规范市场秩序,维护社会稳定,国务院要求对各类交易场所进行清理整顿,除依法经国务院或国务院期货监管机构批准设立从事期货交易的交易场所外,任何单位一律不得以集中竞价、电子撮合、匿名交易、做市商等集中交易方式进行标准化合约交易。[4]"集中交易方式"包括集合竞价、连续竞价、电子撮合、匿名交易、做市商等交易方式,但协议转让、依法进行的拍卖不在此列。"标准化合约"包括两种情形:一种是由交易场所统一制定,除价格外其他条款固定,规定在将来某一时间和地点交割一定数量标的物的合约;另一种是由交易场所统一制定,规定买方有权在将来某一时间以特定价格买入或者卖出约定标的物的合约。[5]

证监会指出,认定商品现货市场非法组织期货交易活动应采取目的要件和形式要件相结合的方式。就目的要件而言,主要是以标准化合约为交易对象,允许交易者以对冲平仓方式了结交易,而不以实物交收为目的或者不必交割实物。就形式要件而言,一般有如下特征:(1)交易对象为标准化合约。所谓标准化合约是指除价格、交货地点、交货时间等条款外,其他条款相对固定的合约。交易者将此类合约作为交易对象,订立合约时,并非全额付款,而只缴纳商品价值的一定比率作为保证金,即可买入或者卖出;合约订立后,允许交易者不实际履行,而可通过反向操作、对冲平仓方式,了结自己的权利义务。(2)交易方式为集中交易。所谓集中交易是指由现货市场安排众多买方、卖方集中在一起进行交易(包括但不限于人员集中、信息集中、商品集中),并为促成交易提供各种设施及便利安排。集中交易又可细分为集合竞价、连续竞价、电子撮合、匿名交易、做市商机制等交易方式。①集合竞价是指买卖双方按照自己所能接受的心理价格自行进行买卖申报,由现货市场电子交易系统对全部有效申报进行一次集中撮合的处理过程。②连续竞价是指现货市场按照"价格优先、市场优先"等原则形成成交价,如当最高买价与最低卖价相同时,该价格为成交价;当买价高于卖价时,报价在先一方的卖方价格为成交价。③电子撮合是指众多的买方和卖方同时通过电子交易系统进行撮合配对、点选成交或其他方式促成合约

---

[1]《商品现货市场交易特别规定(试行)》第3条。
[2]《商品现货市场交易特别规定(试行)》第7条。
[3]《商品现货市场交易特别规定(试行)》第9条。
[4]《国务院关于清理整顿各类交易场所切实防范金融风险的决定》第3条。
[5]《国务院办公厅关于清理整顿各类交易场所的实施意见》第2条。

成立的交易方式。④匿名交易是指对于一项交易标的物,交易者完全不需要知道对手方的身份、年龄、信用状况等除价格以外的交易信息而进行的交易。由于该交易标的物可以剥离其所有者的影响而独立存在,因此极大地提高了其标准化、流动性水平,从而成为资本市场特有的交易方式,因具有不同于现货交易的一般规律,不宜为商品现货市场采用。⑤做市商机制是指具备一定实力和信誉的法人、其他经济组织等,不断地向买卖双方提供报价,并按照自身提供的报价付出资金或商品与之成交,从而为市场提供即时性和流动性,并通过买卖价差获取利润而形成的交易制度。由于做市商买卖商品的目的并不是获取商品的所有权,而主要是低买高卖,提供流动性,与现货交易的初衷完全不符,做市商机制不宜作为现货市场的交易制度。[1]

二、期货交易的方式

《期货和衍生品法》第 11 条第 1 款规定期货交易可以采用公开的集中交易方式或者国务院期货监督管理机构批准的其他方式进行。

(一)公开的集中交易方式

就公开的集中交易方式而言,"公开"是指交易前后的透明度,市场上任何交易者均有机会参与交易,任何成交订单均纳入市场行情统计并公开发布;"集中"是指市场上的所有订单均通过统一的系统予以撮合成交。公开的集中交易方式主要包括集中竞价方式和做市商方式。

集中竞价方式又分为集合竞价和连续竞价。集合竞价,是指对在规定时间内接受的买卖申报一次性集中撮合的竞价方式。连续竞价,是指对买卖申报逐笔连续撮合的竞价方式。集中竞价方式属于竞价驱动型的交易方式,其交易成本较低,但是对市场的流动性要求较高,当买方与卖方的订单未同时出现在交易系统时,便无法成交。

做市商方式,是指具备一定信誉和实力的期货经营机构,就特定品种的期货或标准化期权合约持续提供双边报价等服务,不同的买方和卖方交易者通过做市商的双边报价而获得成交。做市商方式属于报价驱动型的交易方式,其对市场的流动性要求较低,不要求买方与卖方的订单同时出现,但交易成本较高。在纯粹的做市商方式下,做市商是交易达成的中枢,实际上是市场交易的组织者。

此外,也有将集中竞价方式与做市商方式相结合的混合交易方式,即流动性较好的品种的价格通过集中竞价方式形成,在流动性较差的品种上引入做市商,其价格通过做市商方式形成。[2]在混合型交易方式制度下,交易者与做市商之间、交易者之间、做市商与做市商之间均可以成交,做市商作为一类特殊的交易者参与撮合,在成交方面并不具备特殊权利。从世界范围来看,做市商方式与集中竞价方式相结合,作为混合交易方式下的流动性提供者,而非单纯通过报价组织达成市场交易,已经成为一种发展趋势。[3]我国期货市场

---

〔1〕 证监会办公厅《关于做好商品现货市场非法期货交易活动认定有关工作的通知》第 2 条。
〔2〕 叶林主编:《期货期权市场法律制度研究》,法律出版社 2017 年版,第 77 页。
〔3〕 侯幼萍、程红星:《期货法立法基础制度研究——金融期货的视角》,立信会计出版社 2014 年版,第 75 页。

引入的做市商方式也主要是这一种：经交易所认可的做市商，根据交易所相关业务规则和做市商协议为指定品种的期货或期权合约提供双边报价等服务，不同的买方和卖方交易者通过做市商的双边报价而获得成交。交易所会给做市商分配一个特殊的交易编码，该交易编码有频繁报撤单的豁免，持仓限额也更宽松。做市商通过这个交易编码将报价发送至交易所的集中竞价系统，并在该系统中得到成交。

所谓"交易方式"，必须有明确的价格形成机制。虽然国务院、证监会在清理整顿各类交易场所、认定商品现货市场非法期货交易活动时，将电子撮合与匿名交易也认定为集中交易方式，但电子撮合和匿名交易实际上各为集中交易的特征之一，作为认定非法期货交易和非法交易场所的"靶点"没有问题，但其本身并不构成独立的集中交易方式，因为通过这两个概念并不能明确其采用的价格形成机制。在我国实践中，也没有集中交易市场采用称之为"电子撮合"或"匿名交易"的交易方式。

（二）其他方式

期货交易可以采用的其他方式，例如证监会批准的期货转现货交易（exchange for physicals）方式。在此种交易方式下，期货持仓可以通过期货转现货的方式了结。持有同一交割月份期货合约的双方，可以在达成现货买卖协议后，共同向交易所提出申请，将各自持仓按双方达成、符合有关实施细则规定的平仓价格由交易所代为平仓，同时双方按达成的现货买卖协议进行现货交换。由于金融期货领域可以转为的形式不限于现货，也包括期货及结构化产品等，因此还出现了期货转相关持仓（exchange for related positions）的概念。[1]

第二节 合约品种上市

一、合约品种上市制度

合约品种的上市，是指将期货合约和标准化期权合约品种在期货交易场所挂牌，以供市场参与者交易。合约上市与证券上市有一定的区别。证券属于金融资产，本身具有价值，即使被摘牌而终止上市，其仍可以在新三板、区域性股权交易市场或其他场外市场进行交易。而期货合约和标准化期权合约是期货交易场所统一制定的供市场参与者交易的标准化合约，其本身没有发行过程，不是金融资产。只有通过期货交易场所的撮合成交后，交易者的持仓才具有市场价值。期货交易场所摘牌某个合约后，该合约即不能再被交易，亦不存在转移到其他市场进行交易的可能。

（一）审批制

在《期货交易管理条例》时代，期货交易所上市新的交易品种，应当经国务院期货监督管理机构批准。国务院期货监督管理机构批准期货交易所上市新的交易品种，还应当征

---

[1] 程红星主编：《中华人民共和国期货和衍生品法释义》，中国金融出版社2022年版，第29页。

求国务院有关部门的意见。[1]实践中我国期货新品种上市基本流程是:期货交易所首先向证监会提出申请,证监会认为具备上市条件后,征求国家相关部委、现货管理部门、相关行业协会等单位的意见,并在汇总各方意见后上报国务院,由国务院作出同样或者不同意的批示,然后再由证监会向期货交易所作出批复。综合来看,可以认为基于《期货交易管理条例》建立起来的期货新品种上市制度属于审批制。但在整个审批过程中,具有法定审批职责的证监会更像是一个"牵头人"。不仅相关部委的意见有时在审批过程中非常重要,而且最终对期货新品种上市具有决定权的是国务院。因此,实践中的期货新品种上市制度可以认为是一种联合审批制或国务院审批制。[2]

此种较为严格的审批制虽然在特定历史背景下,对于整顿、规范我国期货市场,以及避免各交易所重复上市相同的合约品种方面起到了积极作用,但随着我国期货市场的发展,其存在的问题也逐渐显露出来。

一是降低了期货交易所上市新合约品种的效率和市场化程度。对于市场参与者来说,合约品种上市难度大,合约精细度就不够,已上市合约品种可能难以匹配不同市场参与者的管理风险和发现价格的需求。对于我国期货交易所来说,由于在国内互相之间基本不存在竞争关系,导致各交易所都缺乏必要的市场激励,但在国际上则由于自缚手脚而在与其他国家交易所的竞争中处于劣势。对于整个期货市场来说,严格审批制是以行政权力替代市场判断,这可能是不必要的,而且审批流程漫长,导致难以及时满足市场需求。

二是合约品种上市审批缺乏可预期性,且参与审批的政府部门之间的权责配置逻辑不清晰。合约品种上市缺乏明确的法定标准,因此完全交由政府部门来决定。从《期货交易管理条例》的条文来看,具有法定审批权力的是证监会,但是又"应当"征求国务院有关部门的意见。那么,国务院有关部门意见的效力究竟如何? 从实际运作的情况来说,基本上是能起到否决的效果的,而且最终决定权是在国务院。[3]能够影响审批结果的政府部门越多,出现寻租的可能性就越大。且还导致在形式上拥有审批权的证监会在审批流程中对新合约品种能否通过审批也没有把握,更何况花费了大量资源开发新合约品种的期货交易所,以及等待通过新合约品种进行管理风险的市场参与者。审批制意味着政府为市场把关,如果通过审批的合约品种出了问题,除了设计合约的交易所,以及具有法定审批职责的证监会外,事实上影响了审批结论的其他政府部门和国务院是否需要承担责任? 如果不承担责任,为何其有权力介入并影响审批流程?

(二)注册制

为顺应合约品种上市制度市场化改革的呼声,《期货和衍生品法》将合约品种上市调整为注册制,第17条第1款规定:"期货合约品种和标准化期权合约品种的上市应当符合国务院期货监督管理机构的规定,由期货交易场所依法报经国务院期货监督管理机构注册。"期货市场本身是提供了市场化机制来对新合约品种进行检验的,而注册制的本质

---

[1]《期货交易管理条例》第13条。
[2] 叶林主编:《期货期权市场法律制度研究》,法律出版社2017年版,第48—49页。
[3] 巫文勇:《期货与期货市场法律制度研究》,法律出版社2011年版,第231页;张美玲:《我国商品期货市场监管法律制度研究》,中国政法大学出版社2018年版,第173页。

就是要尽量减少公权力对期货市场的不必要的干预。一个合约品种如果不符合市场需求,交易量低迷,自然会被市场淘汰。合约品种上市实行注册制,允许合约品种在"试错"中优胜劣汰,从而为市场创新提供了更大的空间,也为交易所的竞争提供了更多的正向激励。当然,注册制不代表政府对合约品种的开发和上市完全不管。上市的合约品种需要符合《期货和衍生品法》所规定的基本要求,同时还要符合国务院期货监督管理机构制定的期货合约品种和标准化期权合约品种上市的监管规则。

二、对上市合约品种的要求

《期货和衍生品法》第17条第3款规定:"期货合约品种和标准化期权合约品种应当具有经济价值,合约不易被操纵,符合社会公共利益。"

(一)具有经济价值

要求期货合约品种和标准化期权合约品种应当具有经济价值,实际上就是要求合约品种的设计应当结合实体经济,存在将该合约品种用于实际经济风险管理的市场需求。能够作为合约标的物的,除了常见的大宗商品、金融资产、指数外,还有一些本身不具有市场价值,但人们可能存在管理与其相关风险需求的事物。例如温度、降水、风力、日照等天气指数,可能与农业生产或一些特殊产业相关,因此可以作为标的物开发相应的合约品种。大连商品交易所与中央气象台目前即共同编制并发布温度指数等天气系列指数,[1] 未来就可以基于这些指数开发新的天气合约品种。

在一些国家和地区允许上市的二元期权合约,因为具有一定的赌博性质,而与实体经济的真实风险管理需求脱钩,因而不被我国所认可。[2] 所谓二元期权合约,是指交易双方约定,在合约到期日时只要标的资产的价格高于(看涨期权)或低于(看跌期权)行权价,则卖方向买方支付一笔预先确定的金额的合约。由于二元期权合约买方行权时所获得的收益不与标的资产的价格挂钩,导致通过合约实现的经济价值与现实中面临的价格风险并不相关,因此不具备真正的风险管理功能,本质上非常接近于一个针对特定事件猜大小的赌博合同。此外,在美国还有公共事件合约,这些合约本质上是一种金融协议,其收益依赖于这些合约所涉及的不确定性事件的结果,其中的典型便是政治预测合约。一个政治预测合约可以将某一不确定事件明确如下,"巴拉克·奥巴马在2008年当选美国总统"。此合约只有两种可能的结果,即巴拉克·奥巴马当选2008年美国总统或落选,因此实际上也是一种二元期权合约。[3] 虽然这种合约也具备一定的规避特定公共事件风险的功能,但其

---

[1] 中央气象台—大商所温度指数由中国气象中心与大连商品交易所共同编制,反映我国主要城市温度变化情况,为相关温度敏感行业提供直观、全面的信息。大商所温度指数包括三类:日平均温度指数(DAT指数)、月度累积平均温度指数(CAT)和月度制热(HDD)/制冷指数(CDD),其中日平均温度指数衡量特定自然日的日内平均温度,月度累积平均温度指数反映特定自然月的累积温度,月度制热/制冷指数反映特定自然月温度累计向上或向下偏离基准温度的波动程度。参见大连商品交易所网站,最后访问日期:2024年3月12日。

[2] 最高人民法院指导案例146号:陈某豪、陈某娟、赵某海开设赌场案。

[3] [美]亚历山德拉·李·纽曼:《政治预测市场的操纵》,李铭译,载杨慧主编:《中财法律评论》(第9卷),中国法制出版社2017年版,第185页。

本质上更接近于赌博。

（二）不易被操纵

合约不易被操纵的要求直接指向了期货交易场所的合约设计能力。合约交易单位的大小、交易时间、价格波动限制幅度、交割制度设计等，都可能影响合约的科学性和抗操纵性，因此需要从合约设计的源头防范潜在操纵的发生。[1]在合约设计时需要对相关现货市场的特征和操作特征有详细的了解，这对于评估基于该现货资产的期货合约和标准化期权合约至关重要。应特别注意现货定价和交割制度以及现货资产的生产、消费和供应的历史模式。[2]

交割制度是连接期货和现货的桥梁，因而在合约设计中处于非常重要的地位。根据合约的不同交割类型，实物交割的交易品种应当具备充足的可供交割量，现金交割的交易品种应当具备公开、权威、公允的基准价格。[3]

1. 实物交割品种

就实物交割的交易品种而言，具备充足的可供交割量是合约不易被操纵的前提条件。从理论上讲，任何一种可以交易的商品都可以成为衍生品的基础资产，但是优良的基础资产需要具备可替代性及流动性的特征。[4]而只有优良的基础资产才适合开发期货合约和标准化期权合约。可替代性与流动性的要求主要是出于基础资产市场定价能力及操纵难度的考虑，因为如果某种基础资产不具备可替代性及流动性，那么它就难以形成决定合约价格的市场价格，且操纵者仅需要较低的成本就能操纵甚至垄断整个市场。此种对基础资产的要求从金融的角度而言就是所谓的"商品货币化"。[5]此外，如果基础资产的可供交割量波动极大，那么可能也不适合开发期货合约和标准化期权合约。例如，由于洋葱是易腐品，导致其价格往往会剧烈波动，且容易被操纵，因而美国曾颁布法律禁止洋葱期货交易。[6]

由于实物交割机制的存在是实现囤积和逼仓等市场力量型操纵的前提，因此针对此种操纵的实现原理，一些学者主张应当从合约设计入手，直接取消或改造交割制度。例如，有学者提出，规制逼仓等市场力量型操纵的关键在于取消期货合约中为其创造条件的交割条款。只要在期货市场之外存在活跃的现货市场，期货合约中允许选择交割的权利就可以直接取消。在合约届期时，任何开放头寸都以现货价格对冲即可。[7]还有学者提出，只要存在实物交割程序，市场力量型操纵就无法被禁止，因此应当以现金交割取代实物交割。

---

[1] 叶林主编：《中华人民共和国期货和衍生品法理解与适用》，中国法制出版社 2022 年版，第 64 页。

[2] Technical Committee of the International Organization of Securities Commissions, Investigating and Prosecuting Market Manipulation 10 (2000), https://www.iosco.org/library/pubdocs/pdf/IOSCOPD103.pdf.

[3] 《期货交易所管理办法》第 100 条。

[4] [美] 迈克尔·德宾：《金融衍生品入门》，崔明香译，中国青年出版社 2008 年版，第 21 页。

[5] [日] 木原大辅：《期货操作学》，五崧骅编译，教育科学出版社 1993 年版，第 17 页。

[6] [美] 杰瑞·W.马卡姆：《商品期货交易及其监管历史》，大连商品交易所本书翻译组译，中国财政经济出版社 2009 年版，第 57-58 页。

[7] George A. Davidson, *Squeezes and Corners: A Structural Approach*, 40 Business Lawyer 1283, 1284, 1297 (1985).

期货与现货价格趋同的真正原因是合约当事人相信,期货合约中的无形权利是由现货价格来衡量的。因此,以现金交割取代实物交割并不会影响期货和现货价格的趋同。[1]然而,这些观点都是存在问题的。

首先,交割程序在期货交易机制中具有建构性的意义。虽然在交易所内交易的大量期货合约最终并没有实物交割,但如果一方选择进行实物交割的话,则必须进行实物交割,这是保证期货合约交易价格与现货商品价格相关联所必需的。[2]由于存在广泛的市场套利活动,且空头能够通过购入并交割实物来履行其合约义务,因此多头也就不可能要求比现货价格更高的对冲价格,这是导致合约届期时期货价格与现货价格趋同的原因。[3]不可能仅仅取消交割制度,而不以其他合理机制替代,却期望期货价格仍然与现货价格相关联。

其次,对于不存在公开集中交易机制的现货资产而言,公允的现货价格在现实当中难以确定,因此实物交割程序不能取消,也难以完全用现金交割方式替代。现货市场上的交易极为分散,商家之间的交易常常包含非价格因素的考虑,如预先存在的商业关系或建立新的商业关系的愿望。就相同的商品而言,期货市场通常是比相应的现货市场更加具有竞争性的市场。[4]现货交易价格体现的是特定时空的供求状况,且往往含有双方当事人的个性化因素,而非市场上的一般供求状况,因此事实上比期货价格更容易受到操纵。而且,究竟以什么时间、什么地点、哪个人、哪一次交易的价格作为对冲开放头寸的现货价格,对整个市场而言是公允的,事实上也很难确定。因此,对于那些需要通过交割程序使期货价格和现货价格趋同的合约品种而言,要求在合约届期前将所有开放头寸以现货价格对冲的做法,在现实当中并不可行。

2. 现金交割品种

期货合约若要进行现金交割,那么期货价格与现货价格的差额必须能够计算出来,而问题就在于找到各方都认可的现货价格。现金交割适用于合约基础资产具有能形成公开、权威、公允现货价格的机制的情形。公开意味着可得性,权威意味着认可性,公允意味着合理性。诸如苹果等商品就没有公开、权威、公允的基准价格,这是因为苹果现货交易是分散的,因此必须实物交割而不是现金交割。具备公开、权威、公允的基准价格的典型是证券市场,通过集中交易产生的证券价格就代表了市场整体对该证券现货价值的共识,而基于一篮子证券所编制的指数同样也是如此。此外,还有利率、汇率等,虽然没有集中交易机制,但有权威的报价,例如银行间同业拆放利率、官方存款基准利率,以及官方发布的汇率中

---

[1] M. Van Smith, *Preventing the Manipulation of Commodity Futures Markets: To Deliver or Not to Deliver?*, 32 Hastings Law Journal 1569, 1602-1603(1981).

[2] Robert C. Lower, *Disruptions of the Futures Market: A Comment on Dealing with Market Manipulation*, 8 Yale Journal on Regulation 391, 395(1991).

[3] William D. Harrington, *The Manipulation of Commodity Futures Prices*, 55 St. John's Law Review 240, 246-247(1981).

[4] Philip McBride Johnson, *Commodity Market Manipulation*, 38 Washington and Lee Law Review 725, 746-747(1981).

间价、参考汇率等。通过现金交割机制,实际上是强制使期货和现货价格趋同。而在那些无法产生公允现货价格的市场,直接赋予当事人实物交割请求权,这实际上确保了期货合约届期时的价格等于现货价格。也就是说,直接把市场中的实物现货作为衡量现货价格的标准,因此也就不需要确定公允的现货价格究竟为何。若完全以现金交割取代实物交割,在这些情况下由于无法确定公允的现货价格,也就无法确保期货价格与现货价格趋同,而这并非合约当事人对期货和现货价格趋同的"信念"可以解决的。

（三）符合社会公共利益

上市的合约还应当符合社会公共利益,这首先意味着违反国家法律法规、社会公序良俗的合约不能上市,其次还意味着合约的上市交易应当有助于维持和促进社会公共利益。当然,每个国家、地区的历史和社会背景不同,因此社会公共利益的范围和内容也不尽相同,对上市合约品种的宽容度也会不同。例如,美国允许上市的政治预测合约、比特币期货合约等,在我国就会被排除在可上市的合约范围之外。

三、合约品种的中止上市、恢复上市和终止上市

在《期货交易管理条例》时代,期货交易所中止、取消或者恢复交易品种,也应当经国务院期货监督管理机构批准。[1] 也就是说,采取了与合约品种上市相同的审批制,只是不需要征求其他政府部门的意见。但是,对于出现问题的合约品种的中止上市、恢复上市,以及不适合继续挂牌交易的合约品种的终止上市而言,本来就应该属于期货交易场所可以自主决定的事项范畴。而且,国务院期货监督管理机构的审批时间较长,往往导致无法及时应对市场的形式和需求。

《期货和衍生品法》第17条第2款规定:"期货合约品种和标准化期权合约品种的中止上市、恢复上市、终止上市应当符合国务院期货监督管理机构的规定,由期货交易场所决定并向国务院期货监督管理机构备案。"也就是说,将审批制调整为备案制。合约品种的中止上市、恢复上市、终止上市的决定权归属于期货交易场所。国务院期货监督管理机构可以就这些事项的条件、程序等制定具体的规则,但是在符合相关条件和程序的前提下,其没有否决的权力。

第三节　交易资格与指令

一、入场交易资格

《期货和衍生品法》第19条规定:"在期货交易场所进行期货交易的,应当是期货交易场所会员或者符合国务院期货监督管理机构规定的其他参与者。"

---

[1]《期货交易管理条例》第13条。

（一）期货交易场所会员

"会员"最初只是针对会员制期货交易场所而言的。在会员制期货交易场所，会员享有通过会员大会参与交易场所重大事项表决等管理性权利，以及进入该交易场所进行交易的特权。后来，许多会员制期货交易场所进行了公司制改革，但在交易环节仍然保留了会员制，即只有交易会员才能入场进行交易。所以，"期货交易场所"既包括会员制期货交易场所，也包括公司制期货交易场所。只有具备特定条件，经过交易场所认证的金融机构才能成为交易会员。原则上说，非会员交易者应当通过交易会员的经纪业务入场交易，并由会员对其交易订单进行审核和风险管理。虽然在互联网和电子化交易条件下，物理上的交易场所不再构成普通交易者"入场"交易的限制，但未经认证的交易者由于缺乏订单审核机制，以及对风险敞口的管理机制和清算能力，且可能获得不公平的速度优势，因此仍然不允许其通过互联网直接连接交易场所的交易系统。

（二）其他参与者

允许"符合国务院期货监督管理机构规定的其他参与者"进入期货交易场所交易的直接动因是我国期货市场对外开放的需求。《境外交易者和境外经纪机构从事境内特定品种期货交易管理暂行办法》第5条规定，境外交易者可以委托境内期货公司或者境外经纪机构参与境内特定品种期货交易。经期货交易所批准，符合条件的境外交易者可以直接在期货交易所从事境内特定品种期货交易。直接入场交易的境外交易者应当具备下列条件：（1）所在国（地区）具有完善的法律和监管制度；（2）财务稳健，资信良好，具备充足的流动资本；（3）具有健全的治理结构和完善的内部控制制度，经营行为规范；（4）期货交易所规定的其他条件。目前，为推动境外交易者参与原油期货等品种的交易，提高我国原油期货交易的国际化程度和国际定价能力，上海国际能源交易中心的"境外特殊参与者"就是非会员且具备直接入场交易资格的主体。

二、交易指令

《期货和衍生品法》第20条规定："交易者委托期货经营机构进行交易的，可以通过书面、电话、自助终端、网络等方式下达交易指令。交易指令应当明确、具体、全面。"从我国实际情况来看，现在交易者已经很少使用书面和电话下达交易指令，通过自助终端、网络等方式下达交易指令成为主流。对交易指令明确、具体、全面的要求，最典型的反面例子就是全权委托，交易者给了期货经营机构全部的交易授权但没有任何具体的交易条款，因而明显不符合这种要求。

最常见的交易指令包括限价指令和市价指令。限价指令，是指只能按照限定价格或更优价格成交的指令，又分为即时全部成交或撤销指令，以及即时成交剩余撤销指令。市价指令，是指不限定价格，可以按照当时市场上可执行的报价成交的指令，又分为最优一档即时成交剩余撤销指令、最优一档即时成交剩余转限价指令、最优五档即时成交剩余撤销指令、最优五档即时成交剩余转限价指令等。[1] 此外，有的交易场所还引入了套利指令、止

---

[1] 程红星主编：《中华人民共和国期货和衍生品法释义》，中国金融出版社2022年版，第55页。

损指令等新型指令类型。对于市价指令、套利指令和止损指令等指令类型,是否符合明确、具体、全面的要求作全面理解。这些新型指令类型看似在某些交易要素上存在缺失,但这些指令是在集中交易系统中为了实现特定交易策略而设计的。根据特定交易策略的要求,在给定的市场条件下,如交易方向、数量、价格等要素是能够确定的。

期货公司与客户签订的期货经纪合同对下达交易指令的方式未作约定或者约定不明确的,期货公司不能证明其所进行的交易是依据客户交易指令进行的,对该交易造成客户的损失,期货公司应当承担赔偿责任,客户予以追认的除外。[1]客户下达的交易指令没有品种、数量、买卖方向的,期货公司未予拒绝而进行交易造成客户的损失,由期货公司承担赔偿责任,客户予以追认的除外。[2]客户下达的交易指令数量和买卖方向明确,没有有效期限的,应当视为当日有效;没有成交价格的,应当视为按市价交易;没有开平仓方向的,应当视为开仓交易。[3]

三、程序化交易

程序化交易,又称为自动化交易（automated trading）,是指通过既定程序或特定软件,自动生成或者下达交易指令的交易行为。近年来,随着人工智能和算法程序技术的发展,程序化交易在证券期货市场被广泛应用,同时在世界范围内对相应的市场风险控制和违法行为规制等都提出了新的挑战。在一些金融市场发达的国家,通过程序化交易实施的订单甚至占了市场的主流。随着我国证券期货市场的发展,程序化交易也开始深刻地影响整个市场交易的格局。程序化交易在交易执行的速度和规模上都远远超越了传统交易方式,可以提高交易效率、增加市场流动性。但程序化交易同样也带来更多的风险,尤其是高频交易（high-frequency trading）下的"闪电订单""幌骗交易""塞单""高速试探"等做法,更是存在增加市场波动、影响市场公平、增加交易系统压力,以及可能导致系统性风险等问题。2010年美股"闪电崩盘"是最受瞩目的程序化交易市场危机事件,也开启了美国针对性的立法和监管实践。在我国,则是2013年光大证券"8·16"乌龙指事件,2015年股票和股指期货市场的异常波动,以及"伊士顿"期货市场特大操纵案,使程序化交易及相关违法问题进入了监管者和大众的视野。

2015年10月9日,证监会曾就《证券期货市场程序化交易管理办法（征求意见稿）》公开征求意见,各证券、期货交易所亦就各自的《程序化交易管理实施细则（征求意见稿）》公开征求意见。但由于市场发展不充分,监管经验不足,且争议较大,这些监管规则至今均未正式颁布,事实上已被搁置。《期货和衍生品法》第21条规定:"通过计算机程序自动生成或者下达交易指令进行程序化交易的,应当符合国务院期货监督管理机构的规定,并向期货交易场所报告,不得影响期货交易场所系统安全或者正常交易秩序。"这是非常原则化的规定,并将具体规则授权证监会规定。期货交易所处于程序化交易监管的一

---

[1]《最高人民法院关于审理期货纠纷案件若干问题的规定》第18条。
[2]《最高人民法院关于审理期货纠纷案件若干问题的规定》第20条。
[3]《最高人民法院关于审理期货纠纷案件若干问题的规定》第21条。

线,目前,我国程序化交易报告的具体要求主要体现在交易所规则层面。

期货交易所应当履行自律管理职责,监督程序化交易相关活动,保障交易所系统安全,维护市场正常交易秩序。期货交易所应当建立健全程序化交易报告制度,明确报告内容、方式、时限等,并根据程序化交易发展情况及时予以完善。通过计算机程序自动生成或者下达交易指令进行程序化交易的,应当按照期货交易所规定履行报告义务。[1]期货交易所可以根据业务规则对达到一定标准的程序化交易在报告要求、技术系统、交易费用等方面采取差异化管理措施。[2]

第四节 保证金

一、保证金的分级收取

《期货和衍生品法》第22条第1款规定:"期货交易实行保证金制度,期货结算机构向结算参与人收取保证金,结算参与人向交易者收取保证金。保证金用于结算和履约保障。"保证金制度是期货交易区别于现货交易的标志之一。保证金分级收取的实质,就是由结算参与人对交易者进行结算和风险管理,由期货结算机构对结算参与人进行结算和风险管理。通过双层的风险管理机制,能够更有效地化解期货交易和结算中可能存在的违约风险。

保证金分为结算准备金和交易保证金。结算准备金是指未被合约占用的保证金;交易保证金是指已被合约占用的保证金。实行会员分级结算制度的期货交易所只向结算会员收取保证金。[3]期货交易所应当建立保证金制度,保证金制度应当包括下列内容:(1)向会员收取保证金的标准和形式;(2)专用结算账户中会员结算准备金最低余额;(3)当会员结算准备金余额低于期货交易所规定最低余额时的处置方法。会员结算准备金最低余额由会员以自有资金向期货交易所缴纳。[4]

结算参与人是指有资格在期货结算机构参与结算活动的期货经营机构。以期货交易所为例,目前郑州商品交易所、大连商品交易所、上海期货交易所、广州期货交易所均实行全员结算制度,即期货交易所的所有会员都具备结算资格,能够作为结算参与人参与结算;中国金融期货交易所实行分级结算制度,即期货交易所会员中只有部分具有结算资格,非结算会员交易后只能通过结算会员进行结算。因此,不具备结算资格的交易会员在中国金融期货交易所进行交易时,需要向受委托为其办理结算业务的结算会员交纳保证金。

---

[1]《期货交易所管理办法》第87条。
[2]《期货交易所管理办法》第88条。
[3]《期货交易所管理办法》第65条第2、3款。
[4]《期货交易所管理办法》第66条。

《期货和衍生品法》第22条第4、5款规定："交易者进行标准化期权合约交易的,卖方应当缴纳保证金,买方应当支付权利金。前款所称权利金是指买方支付的用于购买标准化期权合约的资金。"因为在标准化期权合约交易中,买方在支付权利金后不再承担其他义务,其最大损失也以权利金为限;而卖方承担着在买方行权时的履约义务,因此必须缴纳保证金作为履约担保。

二、保证金的形式和比例

《期货和衍生品法》第22条第2、3款规定："保证金的形式包括现金,国债、股票、基金份额、标准仓单等流动性强的有价证券,以及国务院期货监督管理机构规定的其他财产。以有价证券等作为保证金的,可以依法通过质押等具有履约保障功能的方式进行。期货结算机构、结算参与人收取的保证金的形式、比例等应当符合国务院期货监督管理机构的规定。"

(一)保证金的形式

就保证金的形式而言,在我国实践中最主要的是现金。非现金财产作为保证金需要满足流动性强、价值稳定和信用风险低等条件。在现金之外用得最多的是国债和标准仓单,因为国债是典型的能够满足这三个条件的有价证券,而标准仓单对应大宗商品,本身就可以用于交割。股票和基金份额在实践中用得还比较少。有价证券充当保证金基本需要确定一定的折扣率,尤其是股票、基金份额这类价值波动较大的有价证券,在根据其市值确定能够作为保证金的金额时,所打的折扣就会更多一些。

我国期货交易所可以接受以下有价证券作为保证金:(1)经期货交易所登记的标准仓单;(2)可流通的国债;(3)股票、基金份额;(4)证监会认定的其他有价证券。以有价证券作为保证金的,其期限不得超过该有价证券的有效期限。[1] 期货交易所应当制定有价证券作为保证金的规则,明确可以作为保证金的有价证券的种类、基准计算价值、折扣率等内容。期货交易所可以根据市场情况对作为保证金的有价证券的基准计算价值进行调整。[2] 但是,有价证券作为保证金的金额不得高于会员在期货交易所专用结算账户中的实有货币资金的4倍,[3] 且期货交易的相关亏损、费用、货款和税金等款项,应当以货币资金支付。[4] 客户以有价证券作为保证金的,结算会员应当将收到的有价证券提交期货交易所。非结算会员的客户以有价证券作为保证金的,非结算会员应将收到的有价证券提交结算会员,由结算会员提交期货交易所。客户以有价证券作为保证金的,期货交易所应当将有价证券的种类和数量如实反映在该客户的交易编码下。证监会另有规定的,从其规定。[5]

目前,我国有价证券作为保证金的主要方式是质押。例如,交易者将国债质押给结算

---

[1]《期货交易所管理办法》第67条。
[2]《期货交易所管理办法》第68条。
[3]《期货交易所管理办法》第69条。
[4]《期货交易所管理办法》第70条。
[5]《期货交易所管理办法》第71条。

参与人,在中央国债登记结算有限责任公司做质押登记,然后结算参与人将国债转质押给结算机构,再进行一次登记。此外,国际上还存在有价证券作为保证金的其他方式,例如基于所有权移转或让与担保的方式。因此,《期货和衍生品法》中"可以依法通过质押等具有履约保障功能的方式进行"的表述,为未来符合法律规定的其他方式预留了空间。

（二）保证金的比例

保证金的比例直接决定了交易的杠杆水平。要求缴纳的保证金比例越高,交易的杠杆越低,风险也就越低,但这样会降低交易者的资金使用效率,同时也会降低市场在发现价格、管理风险和配置资源方面的效率,以及相对于其他市场的竞争力。因此,需要在综合考虑各方面因素的基础上,合理确定保证金的比例。期货结算机构会根据合约价值的一定比例确定结算参与人的保证金标准,而结算参与人通常会在此标准基础上要求交易者缴纳更高比例的保证金。

三、透支交易问题

（一）透支交易的认定

期货交易所在期货公司没有保证金或者保证金不足的情况下,允许期货公司开仓交易或者继续持仓,应当认定为透支交易。期货公司在客户没有保证金或者保证金不足的情况下,允许客户开仓交易或者继续持仓,应当认定为透支交易。审查期货公司或者客户是否透支交易,应当以期货交易所规定的保证金比例为标准。[1] 透支交易在法律性质上属于一种特殊的融资行为,其实质是出借方将由其管理的其他会员或者客户的资金融资给借入方使用,而非提供出借方自己的资金。且一般情况下,出借方并不事先将实际的融资资金交给借入方占有,而要待借入方进行期货交易发生实际亏损后,出借方才融资给借入方,以填补借入方的亏损。[2]

（二）透支交易的责任承担

第一,期货公司的交易保证金不足,期货交易所未按规定通知期货公司追加保证金的,由于行情向持仓不利的方向变化导致期货公司透支发生的扩大损失,期货交易所应当承担主要赔偿责任,赔偿额不超过损失的60%。客户的交易保证金不足,期货公司未按约定通知客户追加保证金的,由于行情向持仓不利的方向变化导致客户透支发生的扩大损失,期货公司应当承担主要赔偿责任,赔偿额不超过损失的80%。[3]

第二,期货公司的交易保证金不足,期货交易所履行了通知义务,而期货公司未及时追加保证金,期货公司要求保留持仓并经书面协商一致的,对保留持仓期间造成的损失,由期货公司承担;穿仓造成的损失,由期货交易所承担。客户的交易保证金不足,期货公司履行了通知义务而客户未及时追加保证金,客户要求保留持仓并经书面协商一致的,对保

---

[1]《最高人民法院关于审理期货纠纷案件若干问题的规定》第31条。

[2] 江必新主编:《最高人民法院〈关于审理期货纠纷案件若干问题的规定〉的理解与适用》,人民法院出版社2015年版,第159页。

[3]《最高人民法院关于审理期货纠纷案件若干问题的规定》第32条。

留持仓期间造成的损失,由客户承担;穿仓造成的损失,由期货公司承担。[1]

第三,期货交易所允许期货公司开仓透支交易的,对透支交易造成的损失,由期货交易所承担主要赔偿责任,赔偿额不超过损失的60%。期货公司允许客户开仓透支交易的,对透支交易造成的损失,由期货公司承担主要赔偿责任,赔偿额不超过损失的80%。[2]

第四,期货交易所允许期货公司透支交易,并与其约定分享利益,共担风险的,对透支交易造成的损失,期货交易所承担相应的赔偿责任。期货公司允许客户透支交易,并与其约定分享利益,共担风险的,对透支交易造成的损失,期货公司承担相应的赔偿责任。[3]

第五节　交易控制

一、账户实名

《期货和衍生品法》第18条规定:"期货交易实行账户实名制。交易者进行期货交易的,应当持有证明身份的合法证件,以本人名义申请开立账户。任何单位和个人不得违反规定,出借自己的期货账户或者借用他人的期货账户从事期货交易。"以账户实名制为基础,期货交易场所、期货结算机构和国务院期货监督管理机构透过直接账户体系,可以直接监测交易者的具体交易行为,评估其风险水平,并在发生风险事件或违法行为时直接锁定责任人。不以真实身份从事期货交易的单位或者个人,交易行为符合期货交易所交易规则的,交易结果由其自行承担。[4]

账户实名制的关键,在于账户的持有者与账户中资金和交易结果的承受者应当是同一个人。在账户的开立环节,期货经营机构作为客户开立期货账户的代理机构,应当承担管理责任,对客户的身份进行核实,确保客户以其本人名义开立账户。中国期货市场监控中心作为承担我国期货市场统一开户职能的机构,应当对交易者的开户资料进行复核。在账户的使用环节,期货经营机构不得将客户的账户借给他人使用,交易者亦不得将自己的账户借给他人使用。实践中账户持有人将自己的账户交由他人打理,但是账户资金来源于持有人,且交易结果也由持有人承担的,不属于违反账户实名制的情形。但如果将自己的账户借给他人使用,账户中的资金由他人打入,且交易结果也由该人承受,则账户的出借人和借用人都构成违反账户实名制的行为。

在账户实名制基础上,我国期货交易所还建立了交易编码制度,且不允许混码交易。[5] 我国期货市场实行穿透式监管,交易编码是我国期货市场极具特色的制度,与账户

---

[1]《最高人民法院关于审理期货纠纷案件若干问题的规定》第33条。
[2]《最高人民法院关于审理期货纠纷案件若干问题的规定》第34条。
[3]《最高人民法院关于审理期货纠纷案件若干问题的规定》第35条。
[4]《最高人民法院关于审理期货纠纷案件若干问题的规定》第11条。
[5]《期货交易所管理办法》第76条。

实名制共同构成了我国实现穿透式监管的制度工具。期货经营机构为客户申请、注销各期货交易所交易编码，以及修改与交易编码相关的客户资料，都必须统一通过中国期货市场监控中心办理。交易者的每笔订单均需附加客户交易编码，期货交易所借此实现对每笔订单以及其所形成的头寸最终归属客户的识别，并利用交易编码实时对客户交易指令做前端检查，发现客户持仓违规等信息，压实实名制要求。[1] 通常而言，交易编码由会员号和客户编号两部分12位数字组成，其中前4位数是会员号，后8位数是客户编号。一个客户同一时期内在交易所只能有一个客户编号，但可以在不同的期货公司会员、境外经纪机构开户，其交易编码前4位会员号不同，后8位客户编号必须相同。由于一个交易者在一家交易所只有一个客户编号，该交易者无论在几家期货公司会员处开立账户，其交易都发生并登记在该客户编号下，因此持仓限额管理是无法通过在不同期货公司处开户而规避的。实践中，尤其是在我国期货市场早期，有些期货公司出于各种原因，允许一个客户同时使用几个交易编码，或者允许几个客户共用一个交易编码，或者其自作主张通过混码方式为客户执行交易，就构成了混码交易。期货公司进行混码交易的，客户不承担责任，但期货公司能够举证证明其已按照客户交易指令入市交易的，客户应当承担相应的交易结果。[2]

二、持仓限额

持仓限额的目的在于抑制与对市场多头或空头方向头寸控制相关的超大风险敞口的形成，以及交易所会员因客户或自营头寸而产生的财务风险敞口。[3] 该制度是防范期货市场过度投机和操纵行为的有力工具，在世界主要国家的期货市场法律中基本都有规定。例如，美国商品期货交易委员会在150.2规则中对主要交易所的商品期货品种规定了持仓限额，但在150.3规则中对善意套期保值同时规定了豁免规定。对于那些商品期货交易委员会规则没有建立起持仓限额规定的合约品种，美国《商品交易法》第5条（d）（5）和商品期货交易委员会150.5规则要求指定合约市场建立持仓限额规则，同样也有善意套期保值的豁免规定。具体而言，美国期货市场持仓限额制度具有以下特点：第一，对期货公司经纪业务下的客户持仓原则上不合并限仓，商品基金投资者也不必合并限仓；第二，以净持仓为标准进行限仓，单个月份持仓限制与所有月份持仓限制并重；第三，采用绝对值限仓；第四，期权与期货合并限仓，并按照一定系数折算期权头寸。[4]

《期货和衍生品法》第23条规定："期货交易实行持仓限额制度，防范合约持仓过度集中的风险。从事套期保值等风险管理活动的，可以申请持仓限额豁免。持仓限额、套期保值的管理办法由国务院期货监督管理机构制定。"目前我国建立了较为严格的持仓限额

---

〔1〕 叶林主编：《中华人民共和国期货和衍生品法理解与适用》，中国法制出版社2022年版，第67页。

〔2〕 《最高人民法院关于审理期货纠纷案件若干问题的规定》第11条。

〔3〕 Technical Committee of the International Organization of Securities Commissions, Investigating and Prosecuting Market Manipulation 10 (2000), https://www.iosco.org/library/pubdocs/pdf/IOSCOPD103.pdf.

〔4〕 上海期货交易所《中美期货市场风险控制制度比较研究》课题组：《中美期货市场风险控制制度比较研究》，中国金融出版社2018年版，第50—52页。

制度,针对不同期货品种、不同主体和不同交易时间设置了差异化的持仓限额。[1]通过实行持仓限额制度,可以抑制市场上过度投机导致的集中度风险,还可以防止交易者形成操纵市场所需的持仓优势。但是,期货市场上的套期保值者需要能够匹配其现货市场敞口头寸规模的期货持仓,否则会妨碍期货市场管理风险功能的实现。因此,从事套期保值等管理风险活动的交易者,可以通过申请方式获得更高的持仓额度。实践中,期货做市商负有双边报价的义务,也可以申请持仓限额的豁免。[2]我国期货市场持仓限额制度具有以下特点:第一,采用会员限仓和客户限仓相结合的方法控制市场风险;第二,所有上市交易的期货品种都有限仓要求;第三,绝对值限仓与比例限仓方法并存;第四,对某一品种的单个合约多空双向限仓,不存在所有月份合约加总限仓,临近交割月份限仓额度收紧。与美国不同,我国在证监会层面并没有统一的期货品种限仓要求,这是因为我国各期货交易所上市的合约品种不存在重叠。而美国各家交易所可能会上市相同的合约品种,如果交易者在多家交易所对同种合约持有大量头寸,单看一家交易所的头寸超仓风险可能不大,但是将其在各交易所的总持仓相加后可能会出现超过持仓限额的情形。[3]

三、实际控制关系报备管理

《期货和衍生品法》第24条规定:"期货交易实行交易者实际控制关系报备管理制度。交易者应当按照国务院期货监督管理机构的规定向期货经营机构或者期货交易场所报备实际控制关系。"所谓实际控制关系,是指单位或者个人对其他期货账户具有管理、使用、收益或者处分等权限,从而对其他期货账户的交易决策拥有决定权或者重大影响的行为或者事实。[4]该制度与证券市场一致行动人制度异曲同工,目的在于全景式地了解某个交易者的交易行为,以辅助监控、监测、调查、认定异常交易情况,以及操纵市场等违法违规行为,是账户实名制的重要补充。[5]

实践中,交易者有可能违反账户实名制的要求,以实际控制账户组的方式规避持仓限额。以市场操纵违法行为为例,相关刑事司法解释将下列账户认定为行为人"自己实际控制的账户":(1)行为人以自己名义开户并使用的实名账户;(2)行为人向账户转入或者从账户转出资金,并承担实际损益的他人账户;(3)行为人通过第(1)项、第(2)项以外的方式管理、支配或者使用的他人账户;(4)行为人通过投资关系、协议等方式对账户内资产行使交易决策权的他人账户;(5)其他有证据证明行为人具有交易决策权的账户。[6]以证监会实际查处的操纵案件为例,用于操纵活动的期货账户来源包括:自己直接

---

[1] 程红星主编:《中华人民共和国期货和衍生品法释义》,中国金融出版社2022年版,第63—64页。
[2] 王瑞贺、方星海主编:《中华人民共和国期货和衍生品法释义》,法律出版社2022年版,第48页。
[3] 上海期货交易所《中美期货市场风险控制制度比较研究》课题组:《中美期货市场风险控制制度比较研究》,中国金融出版社2018年版,第60—61页。
[4] 《期货交易所管理办法》第85条。
[5] 王瑞贺、方星海主编:《中华人民共和国期货和衍生品法释义》,法律出版社2022年版,第49页。
[6] 有证据证明行为人对第1项至第3项账户内资产没有交易决策权的除外。参见《最高人民法院、最高人民检察院关于办理操纵证券、期货市场刑事案件适用法律若干问题的解释》第5条第2款。

控制、借用、通过委托关系控制、通过资产委托协议控制、通过资产管理合同控制、通过投资顾问协议控制、与他人共用、通过合作投资协议控制,等等。[1]

如果交易所在日常监管中发现具有疑似实际控制关系但未报备的账户,会通过询问等方式提示交易者进行报备。若交易者不承认存在实际控制关系且拒不报备的,交易所根据相关证据认为其符合实际控制关系认定规定、交易行为具有一定程度关联性的,可以对实际控制关系进行强制认定,将其并入一个实际控制关系账户组,并可以对交易者隐瞒实际控制关系的行为采取自律监管措施。[2]期货交易所在执行持仓限额、交易限额、异常交易行为管理、大户持仓报告等制度时,对实际控制关系账户的委托、交易和持仓等都要合并计算。[3]

四、重大事项报告

《期货和衍生品法》第 27 条规定:"期货交易场所会员和交易者应当按照国务院期货监督管理机构的规定,报告有关交易、持仓、保证金等重大事项。"在建立重大事项报告制度之前,我国期货市场已建立的大户持仓报告制度和风险警示制度也对会员和客户的报告义务作出了规定。在大户持仓报告制度之下,会员或者交易者、境外经纪机构持仓达到期货交易所规定的持仓报告标准的,会员或者交易者、境外经纪机构应当向期货交易所报告。交易者、境外经纪机构未报告的,会员应当向期货交易所报告。期货交易所可以根据市场风险状况制定并调整持仓报告标准。[4]报告事项可以包括持仓量、保证金、可动用资金、资金来源、实际控制关系账户、交割意愿及交割数量、持有现货相关信息等。在风险警示制度之下,期货交易所认为必要的,可以分别或同时采取要求会员和交易者、境外经纪机构报告情况、谈话提醒、发布风险提示函等措施,以警示和化解风险。[5]《期货和衍生品法》规定的重大事项报告制度与这两项报告制度目的类似,但这两项制度的报告对象均为期货交易所,不包括监管机构和其他自律组织,且大户报告的门槛通常比较高,一般是期货合约持仓限额的 80%,在一些情况下可能无法满足监管需求。[6]重大事项报告制度与之相比存在一定差异,具体要求还有待国务院期货监督管理机构制定的规则予以细化。

五、异常交易处置

《期货和衍生品法》第 26 条规定了交易结果恒定原则:"依照期货交易场所依法制定的业务规则进行的交易,不得改变其交易结果。"由于期货市场是一个极度追求交易效率和交易安全的市场,且期货交易具有高速性和匿名性,因此不能轻易使交易无效或被撤销。否则不仅客观上难以实现交易结果的回滚,而且还会导致期货市场交易秩序的混乱。

---

[1] 钟维:《期货市场操纵监管:权力配置与介入方式》,载《经贸法律评论》2023 年第 4 期。
[2] 叶林主编:《中华人民共和国期货和衍生品法理解与适用》,中国法制出版社 2022 年版,第 88—89 页。
[3] 《期货交易所管理办法》第 86 条。
[4] 《期货交易所管理办法》第 81 条。
[5] 《期货交易所管理办法》第 93 条。
[6] 叶林主编:《中华人民共和国期货和衍生品法理解与适用》,中国法制出版社 2022 年版,第 93 页。

而由于期货交易规则的完备性,事实上也极大限缩了一般意义上法律行为无效或可撤销事由的适用空间。

《期货和衍生品法》第89条第2款规定:"因前款规定的突发性事件导致期货交易结果出现重大异常,按交易结果进行结算、交割将对期货交易正常秩序和市场公平造成重大影响的,期货交易场所可以按照业务规则采取取消交易等措施,并应当及时向国务院期货监督管理机构报告并公告。"第90条规定,期货交易场所对其依照上述规定采取措施造成的损失,不承担民事赔偿责任,但存在重大过错的除外。《期货和衍生品法》没有规定突发性事件的具体类型。《证券法》第111条规定了四类,包括不可抗力、意外事件、重大技术故障、重大人为差错。《期货和衍生品法》的权威释义则将期货市场的突发性事件解释为包括地震、水灾、火灾、恶劣天气、疫情、恐怖袭击、战争、封锁、禁运、交通运输阻断、通信中断、电力故障、网络攻击等不可抗力事件,以及技术故障、境内外法规政策出现重大变化、相关现货市场出现异常情况等。[1] 两者对比,在《期货和衍生品法》中,对于重大人为差错能否构成取消交易的事由,可能争议较大。

重要名词术语

公开的集中交易方式、程序化交易、保证金、透支交易、账户实名、持仓限额、实际控制关系报备、重大事项报告、异常交易

思考题

1. 期货交易的场所。
2. 期货交易的方式。
3. 期货合约品种和标准化期权合约品种的上市制度。
4. 哪些人具备在期货交易场所进行期货交易的资格?
5. 交易指令的要求及类型。
6. 程序化交易的规制方法。
7. 保证金制度的具体内容。
8. 透支交易的认定及责任承担。
9. 对期货交易进行控制的制度有哪些?

典型案例分析

案例一

乙公司的经营范围为金属材料。丙交易市场的商品交易种类为贵金属现货交易。乙公司与丙交易市场约定,丙交易市场为乙公司提供会员席位及交易、结算、交割设施和服

---

[1] 王瑞贺、方星海主编:《中华人民共和国期货和衍生品法释义》,法律出版社2022年版,第151页。

务,乙公司向丙交易市场缴纳综合类会员费。乙公司按丙交易市场规定留存履约保证金。甲某系乙公司客户,《客户协议书》载明:乙公司作为丙交易市场的会员,与甲某就丙交易市场上市的所有品种进行交易;交易品种采用保证金的形式进行;甲某需支付手续费、延期费等。乙公司以"投资者账户风险率"来计算投资者的持仓风险,风险率的计算方法是:投资者账户风险率 = 投资者权益 ÷ 持仓占用交易保证金。当投资者账户风险率小于100%时,投资者交易保证金不足,需要追加交易保证金,否则投资者只能减少持仓数量,直至账户风险率等于或大于100%;当投资者账户风险率小于50%时,交易中心将投资者剩余持仓进行全部强行平仓。《客户协议书》所附《风险提示书》还载明:(1)投资者需要了解交易中心的贵金属交易业务具有低保证金和高杠杆比例的特点,投资者必须有条件满足随时追加保证金的要求,否则将被强行平仓。(2)交易中心以贵金属现货市场价格为基础,该价格可能会与其他途径的报价存在微弱的差距。丙交易市场交易规则为:会员可以选择交易市场中间指导价或者根据实际情况自行定价作为挂牌交易价,中间指导价指交易市场采用伦敦(LME)即时行情价格,综合中国人民银行人民币兑换美元基准汇率作为中间指导价;现货挂牌交易采用预付交易保证金的形式进行。甲某在丙交易市场提供的金属交易系统中就商品"白银批发 100kg"及"白银批发 50kg"进行了高频交易,合计亏损 130 余万元,故甲某来院诉讼,要求乙公司返还亏损,丙交易市场对上述损失承担连带责任。

该案应当如何处理?

案例二

2016 年 6 月,北京某汇联创教育科技有限公司设立,负责为某汇网站的经营提供客户培训、客户维护、客户发展服务,幕后实际控制人为周某。周某利用上海某曦商务咨询有限公司聘请讲师、经理、客服等工作人员,并假冒上海某荔网络科技有限公司等在某付电子支付有限公司的支付账户,接收全国各地会员注册交易资金。某汇网站以经营"二元期权"交易为业,通过招揽会员以"买涨"或"买跌"的方式参与赌博。会员在某汇网站注册充值后,下载安装市场行情接收软件和某汇网站自制插件,选择某一外汇交易品种,并选择 1M(分钟)到 60M 不等的到期时间,下单交易金额,并点击"买涨"或"买跌"按钮完成交易。买定离手之后,不可更改交易内容,不能止损止盈,若买对涨跌方向即可盈利交易金额的 76%—78%,若买错涨跌方向则本金全亏,盈亏情况不与外汇实际涨跌幅度挂钩。某汇网站建立了等级经纪人制度及对应的佣金制度,等级经纪人包括 SB 银级至 PB 铂金三星级六个等级。截至案发,某汇网站在全国约有 10 万会员。

该案应当如何处理?

第三十三章　期货结算与交割

【内容提示】

期货结算机构作为中央对手方,是结算参与人共同对手方,进行净额结算,为期货交易提供集中履约保障。期货结算分为全员结算和分级结算两种类型。期货交易实行当日无负债结算制度。在期货交易场所规定的时间,期货结算机构应当在当日按照结算价对结算参与人进行结算;结算参与人应当根据期货结算机构的结算结果对交易者进行结算。结算结果应当在当日及时通知结算参与人和交易者。

结算参与人的保证金不符合期货结算机构业务规则规定标准的,期货结算机构应当按照业务规则的规定通知结算参与人在规定时间内追加保证金或者自行平仓;结算参与人未在规定时间内追加保证金或者自行平仓的,通知期货交易场所强行平仓。交易者的保证金不符合结算参与人与交易者约定标准的,结算参与人应当按照约定通知交易者在约定时间内追加保证金或者自行平仓;交易者未在约定时间内追加保证金或者自行平仓的,按照约定强行平仓。以有价证券等作为保证金,期货结算机构、结算参与人按照规定强行平仓的,可以对有价证券等进行处置。

结算参与人在结算过程中违约的,期货结算机构按照业务规则动用结算参与人的保证金、结算担保金以及结算机构的风险准备金、自有资金等完成结算;期货结算机构以其风险准备金、自有资金等完成结算的,可以依法对该结算参与人进行追偿。交易者在结算过程中违约的,其委托的结算参与人按照合同约定动用该交易者的保证金以及结算参与人的风险准备金和自有资金完成结算;结算参与人以其风险准备金和自有资金完成结算的,可以依法对该交易者进行追偿。

期货合约到期时,交易者应当通过实物交割或者现金交割,了结到期未平仓合约。期货合约采取实物交割的,由期货结算机构负责组织货款与标准仓单等合约标的物权利凭证的交付。期货合约采取现金交割的,由期货结算机构以交割结算价为基础,划付持仓双方的盈亏款项。在交割违约的情形下,可以采取要求继续履行和赔偿损失两种处置方式。在标准化期权合约规定的时间,合约的买方有权以约定的价格买入或者卖出标的物,或者按照约定进行现金差价结算,合约的卖方应当按照约定履行相应的义务。标准化期权合约的行权,由期货结算机构组织进行。

期货结算机构、结算参与人收取的保证金、权利金等,应当与其自有资金分开,按照国务院期货监督管理机构的规定,在期货保证金存管机构专户存放,分别管理,禁止违规挪用。期货结算机构依照其业务规则收取和提取的保证金、权利金、结算担保金、风险准备金等资产,应当优先用于结算和交割,不得被查封、冻结、扣押或者强制执行。在结算和交割完成之前,任何人不得动用用于担保履约和交割的保证金、进入交割环节的交割财产。依法进行的结算和交割,不因参与结算的任何一方依法进入破产程序而中止、无效或者撤销。

第一节 中央对手方

一、中央对手方的概念

《期货和衍生品法》第 93 条第一次在法律层面明确了我国期货结算机构中央对手方的法律地位及其实践功能:"期货结算机构作为中央对手方,是结算参与人共同对手方,进行净额结算,为期货交易提供集中履约保障。"目前,我国五大期货交易所均采用内设结算部门的模式,期货交易所同时也是期货结算机构。股票期权、ETF 期权合约的交易在证券交易所,结算机构是中国证券登记结算有限公司。国债期货的交易在中国金融期货交易所,结算机构是中央债券登记结算有限公司。

但是,用"共同对手方"来定义"中央对手方",其实只是换了一种说法。实际上是用一个法律上没有明确定义的术语,来定义另一个没有明确定义的术语。而且,该条对结算机构介入合约的时点,以及相关法律关系未予明确,恐引起理解和适用上的争议。[1] 对于承担结算职能的期货交易所作为中央对手方的情形,《期货交易所管理办法》采用了与该条类似的表述方式。[2] 相对而言,2015 年发布的《境外交易者和境外经纪机构从事境内特定品种期货交易管理暂行办法》第 15 条的表述方式要更好一些:"承担结算职能的期货交易所作为中央对手方,统一组织境内特定品种期货交易的结算……前款所称中央对手方,是指期货交易达成后介入期货交易双方,成为所有买方的卖方和所有卖方的买方,以净额方式结算,为期货交易提供集中履约保障的法人。"但是该条只规范承担结算职能的期货交易所作为中央对手方的情形,而不包括独立的期货结算机构的情形。此外,该办法只针对境外交易者和境外经纪机构从事境内特定品种期货交易的活动。

中央对手方(central counterparty,CCP)本身指的是一种结算制度,在该制度中,结算机构或通过介入原始交易并替代合同双方当事人地位的方式(原始交易对手之间的合同关系解除),或通过发出公开要约与双方交易者订立相对应的交易合同的方式,成为交易买方的卖方、卖方的买方,从而以本人名义直接对该双方交易者主张权利和承担义务。而当结算机构采用此种结算机制的时候,中央对手方一词就被用来指代结算机构本身。从

---

[1] 钟维:《关于〈中华人民共和国期货法(草案)〉的修改建议》,载彭冰主编:《金融法苑》(第 105 辑),中国金融出版社 2021 年版,第 11—12 页。
[2]《期货交易所管理办法》第 82 条第 2 款:"期货交易所作为中央对手方,是结算会员共同对手方,进行净额结算,为期货交易提供集中履约保障。"

其发展历史来看,中央对手方最初只是作为回避信用风险的管理手段,后来逐渐发展成为符合市场交易效率和交易安全双重要求的法律技术手段,随后的各种结算规则也是在承认结算机构的中央对手方地位基础之上发展而来的。[1]

二、中央对手方的法理基础

一般而言,期货结算机构确立中央对手方地位的法理基础主要包括合约更替和公开要约。[2] 合约更替（novation）,大陆法系一般称为债的更新或更改,[3] 我国学者则称之为合同更新,[4] 是指当事人为成立新债而消灭旧债,以新债替代旧债的法律行为,在这一过程中,债的要素发生了变更,新债与旧债之间已经失去同一性。在合约更替制度下,首先由买方和卖方达成交易合同,之后中央对手方介入该合同关系,买方和卖方之间的原始合同被两份新合同取代而消灭,其中一份产生于中央对手方与买方之间,另一份产生于中央对手方与卖方之间,这两份合同的内容均与原始合同相同。公开要约（open offer）,是指向不特定相对人发出的要约,此种要约向公众表达出了要约人愿意受其拘束的意思表示,以其形式表明了自身的不可撤销性。在公开要约制度下,中央对手方向市场上所有交易者公开发出要约,当市场上有买方和卖方提出的交易条款一致时（但合同未成立）立即自动以自己的要约与该双方交易者相匹配,以该交易条款为要约内容与买卖双方达成交易,而原始买卖双方之间则自始不存在合同关系。

在现实中,合约更替比公开要约被更多的结算机构规则所采用,[5] 而包括美国、新加坡在内的一些国家甚至在法律层面对合约更替进行了规定。[6] 在合约更替的规则下,每份合约登记后,获登记的合约将进行合约更替并产生两份不同合约:其中一份是作为合约买方的结算机构参与者和作为合约卖方的结算机构之间的合约;另一份是作为合约卖方的结算机构参与者和作为买方的结算机构之间的合约。这两份单独的合约中的任何一份均与被登记的合约完全相同,这两份新合约订约方的权利和责任将完全替代被进行合约更替的合约订约方的权利和责任,因此结算机构应以当事人身份受该新合约条款

---

[1] 李萍萍:《期货结算法律关系探讨》,载《人民论坛》2010年第26期,第110页。

[2] Committee on Payment and Settlement System & Technical Committee of the International Organization of Securities Commissions, Recommendations for Central Counterparties 13 (2004), https://www.bis.org/cpmi/publ/d61.pdf.

[3] 典型立法例,见《法国民法典》第1271—1281条,《日本民法典》第513—518条。

[4] 王利明:《合同法研究》（第2卷）,中国人民大学出版社2011年版,第180—183页;崔建远:《合同法》,北京大学出版社2013年版,第231—233页。

[5] 公开要约方面,See Clearing Conditions for Eurex Clearing AG, Chapter I Rules 1.2.1, Chapter VI Rules 1.1.4(1); SWX Directive 24 Clearing & Settlement, Rules 1.2.1; LCH. Clearnet General Regulations of Clearing House, Regulation 62 (c)(e)(f). 合约更替方面, See Rules of The Clearing Corporation, Rules 301; CBOT Rulebook, Rules 804; CME Rulebook, Rules 804; OCC By-Laws, Article VI Section 6.6.01; Clearing Rules and Procedures of HKCC, Rules 309 and Rules 313 (d); SGX-DC Clearing Rules, Rules 7.02.1 and Rules 7.04.1; TFX Clearing Regulations, Article 21 and Article 22; LCH. Clearnet General Regulations of Clearing House, Regulation 3; LCH. Clearnet SA Clearing Rulebook, Article 1.3.5.4; LIFFE Rulebook II, Rules 4.12.4 and Rules 12.3.2.

[6] 美国《商品交易法》第1a条（9）（A）（i）,新加坡《证券期货法》第48条。

的约束[1]（见图 33-1、图 33-2）。

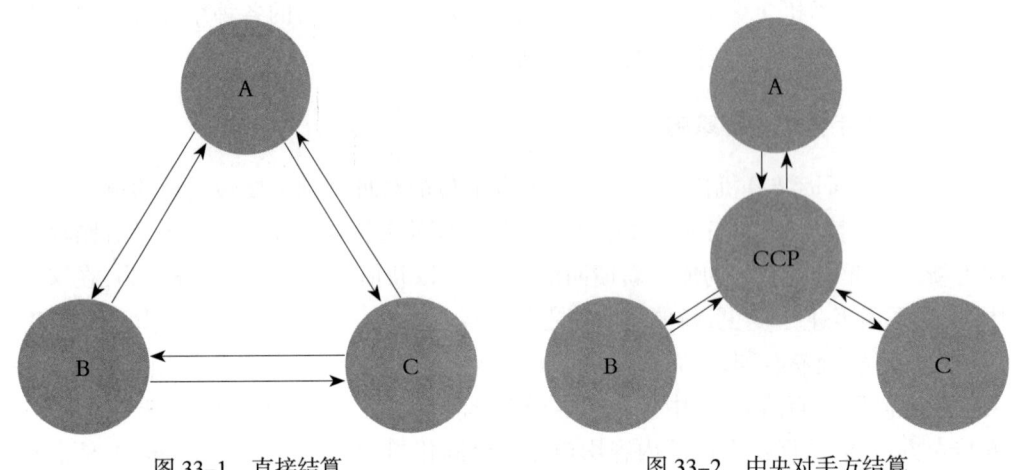

图 33-1　直接结算　　　　图 33-2　中央对手方结算

两种确立中央对手方制度的理论相比较，合约更替比公开要约更为合理，也更加符合一般交易中交易者原始意思表示的实际情况。

首先，当采用公开要约方式时，真正的买方和卖方之间只存在拟制的意思表示和法律关系，而真正发出要约的主体是结算机构。当原始买卖双方拟制的意思表示达成一致时，公开要约的内容即被确定，结算机构向买方发出的要约内容即为原始卖方的意思表示，而向卖方发出的要约内容即为原始买方的意思表示，最终由结算机构与双方分别订立交易合同。因此，买卖双方之间实际上自始并没有产生过合同关系，如果根据相关法律或规则，结算机构与结算会员之间的合同被判定无效，或者结算机构拒绝为结算会员的该笔业务进行结算，那么结算会员也无法依据与对方的原始交易合同获得救济。而当采用合约更替方式时，此种情况的结果只是合约更替不发生，原始交易合同仍然有效，交易双方还可以依据原始交易合同进行双边清算。

其次，合约更替作为中央对手方制度的理论基础，与合同权利义务概括转让相比也有优势。在合同权利义务的概括转让中，合同转让人在合同中所享有的抗辩权也一并移转。而在合约更替中实际上是以新合同取代旧合同，新旧合同之间不具有同一性，因此并不会发生抗辩权的移转，即合约更替具有消灭抗辩权的效果。因此，经过合约更替后，作为中央对手方的结算机构不享有对任何合约中对方当事人的抗辩权，并严格以程式化的方式，用自身的信用和资金实力确保所有合约的履行，交易安全由此获得了充分的保障。

三、中央对手方的责任性质

《期货和衍生品法》第 93 条并未直接规定期货结算机构作为中央对手方承担责任的性质。但从逻辑上说，既然结算机构经过合约更替成为所有当事人的合约对手方，那么其就应当直接承担相应的合同责任。但是，这并不是没有争议的。

---

[1] Clearing Rules and Procedures of HKCC, Rules 309.

据证监会前副主席姜洋先生介绍,2012年在修改《期货交易管理条例》时,有一种意见要求把"中央对手方"写进去。另一种意见则认为交易所是期货交易的担保人,不是期货交易关系的当事人,只为期货交易提供担保。因此,不宜将期货交易所具有"买方的卖方,卖方的买方"的中央对手方地位写明确。同时,这个制度国外是什么样还不清楚,国内研究也不充分,不赞成直接在条款中表述。最后的妥协是在《期货交易管理条例》里写了一条,即"期货交易所为期货交易提供集中履约担保",另外在起草说明中写上"期货交易所具有中央对手方的职责"。因此,《期货交易管理条例》对"中央对手方清算"实际上是采取了分开处理的办法。[1]

过去司法实践中对期货结算法律关系的解释也在一定程度上偏离了中央对手方结算的轨道。《最高人民法院关于审理期货纠纷案件若干问题的规定》第48条规定:"期货公司未按照每日无负债结算制度的要求,履行相应的金钱给付义务,期货交易所亦未代期货公司履行,造成交易对方损失的,期货交易所应当承担赔偿责任。期货交易所代期货公司履行义务或者承担赔偿责任后,有权向不履行义务的一方追偿。"在最高人民法院公报案例"中青基业发展中心诉平原总公司期货交易纠纷案"中,原审法院认为:"在期货交易过程中,期货交易所应承担保证期货合约履行的责任。任何一方不能如期全面履行期货合约规定的义务,交易所均应代为履行,其代为履行后,取得对违约金的追偿权。"并依据这一规则认可了期货交易所对为会员垫付的违约金的追偿权,这一认定得到了最高人民法院的维持。[2]并且,根据司法机关相关人士的记载,在制定前述《最高人民法院关于审理期货纠纷案件若干问题的规定》时,最高人民法院的基本意见就是设定期货交易所承担一般保证责任,即代为赔偿责任。[3]

从金融学的角度来看,中央对手方确实发挥着履约担保的作用。但履约担保是中央对手方的一种功能,并非其法律地位,也并非其责任性质。在期货市场中,期货结算机构作为所有交易的中央对手方,所承担的责任应为直接的合同责任(基于与各交易对手的合同),而非作为保证人的一般保证责任。这两者之间在交易结构上的差别在于,当结算机构作为一般保证人时,对交易者的违约行为承担的是代为履行和赔偿的责任,并由此取得对违约方的追偿权,即只有在交易者不履行时才代为承担责任。而作为中央对手方的结算机构经由合约更替后实际上成为市场上所有交易者持有合约的对方当事人,并享有对所有交易者的请求权。在某个交易者发出期货合约行权通知时,合约履行的义务人应为结算机构。虽然结算机构可以凭其合同当事人地位所享有的请求权,指令任一相同期货合约的另一方交易者向行权人履行义务,但真正的责任人仍是结算机构。因为结算机构积累了数额巨大的保证金,资金实力雄厚,履约能力强,这样的制度安排对于守约方的利益保障才最有力。

结算机构不是期货交易法律关系当事人而是担保人的观点,最初主要来源于《期货

---

[1] 姜洋:《序言一》,载叶林主编:《期货期权市场法律制度研究》,法律出版社2017年版。
[2] 中青基业发展中心诉平原总公司期货交易纠纷案,载《最高人民法院公报》2005年第4期。
[3] 吴庆宝主编:《期货诉讼原理与判例》,人民法院出版社2005年版,第217—218页。

交易管理条例》第 10 条中"期货交易所履行下列职责：……（四）为期货交易提供集中履约担保"和"期货交易所不得直接或者间接参与期货交易"的表述。但此种解释与国际趋势并不相符，对《期货交易管理条例》第 10 条的解释不应局限于字面文义，而应做实质性的体系解释：首先，所谓"提供集中履约担保"实为一种功能性的表述，指的是结算机构通过成为所有交易的对手方，将市场中的双边信用风险集中于自身，并运用自己较高的信用等级确保所有交易的履行，结算机构这一功能的发挥并不意味着它所充当的是保证人的角色。其次，从第 10 条最后"期货交易所不得从事信托投资、股票投资、非自用不动产投资等与其职责无关的业务"的规定来看，我们对前面的"直接或者间接参与期货交易"应当作限缩解释，即仅指投资性交易行为。而在中央对手方制度中，结算机构并非进行投资交易，它没有主动参与交易，其合约对手方地位是依交易规则获得的，所谓交易行为是程式化的职责行为，最终的交易意思表示主体实际上只有期货交易者。由此，中央对手方承担的仅仅是合约不履行导致的信用风险，而不承担价格波动导致的市场风险。

四、中央对手方的实践功能

现今国际各主要期货结算机构都已经采用了中央对手方制度，[1] 赋予结算机构中央对手方的法律地位也是国际上的普遍趋势。[2] 但是，对中央对手方制度的采用并不仅仅是一个经验性的结果，这一制度的优越性体现在其功能上。

第一，实现多边净额结算，提升市场流动性。在一对一交易的双边清算中，也可以实行双边净额结算，此即所谓的直接结算（direct settlement），但是多边净额结算，即理论上所称的完全结算（complete settlement），只能通过中央对手方来实现。多边净额结算通过对不同对手方之间合约的冲抵，大大减少了资金与合约的交收量及其背后所代表的名义交易额。实证研究表明，多边净额结算甚至可以将市场的名义交易总额缩小 10 倍之多。[3] 可见，通过中央对手方实现多边净额结算，对结算效率的提高至为明显。多边净额结算可以减少一组交易结算时交割的次数，缩减付款的金额。此外，在中央对手方体制下，因为存在合约更替，从市场参与者的角度来看，其交易和履约的对手方实际上都是结算机构，其看不到也不关心原始交易的对方交易者究竟是谁，从而实现了交易的匿名化，市场参与者也就不再需要对交易对方的履约能力进行评估。交易安全得到保障的前提下，再加上中央对手方体制下进行对冲交易的便捷性，整个市场的交易量大大增加，从而提升了市场的流动性。

第二，提供集中履约保障，管理对手方信用风险。期货交易参与者通过中央对手方机制，可以管理对手方信用风险，进而实现保障合约履行的目的。首先，多边净额结算本身就

---

〔1〕 袁国际：《期货结算法律问题研究》，法律出版社 2011 年版，第 54—59、68—72 页；徐毅：《期货市场结算管理风险研究》，经济科学出版社 2008 年版，第 65 页。

〔2〕 比如欧洲中央对手方清算机构协会（EACH）、卓凡集团（Giovannini Group）、欧洲证券监管机构委员会（CESR）、国际证监会组织（IOSCO）等都提出了有关中央对手方准则的提案。参见［奥地利］里嘉娜·迈泽尔：《独立清算机构在统一市场中的作用》，中国外汇交易中心译，载《中国货币市场》2007 年第 1 期。

〔3〕 ［美］史蒂芬·G. 切凯蒂：《场外衍生品市场监管改革对宏观经济的影响评估》，李勇、陈小伟编译，载《金融市场研究》2013 年第 11 期。

降低了对手方风险,因为它减少了敞口头寸。其次,由于实现了合约更替,原始交易对手之间的合约关系被解除,并被与中央对手方之间的合约关系所取代。中央对手方的信用等级往往更高,甚至根据国际公认的银行资本规则,拥有高信用评级的中央对手方更替为原合约的对手方之后,意味着原交易双方不必再为自己的开放头寸保留保证金。[1] 合约的履行得到了确保,因此交易者在交易时也就不再需要过多考虑交易对手的履约能力,交易的安全性得到了大幅提升。从广义上讲,结算涉及交易后结算前信用风险敞口的管理,以确保即使买方或卖方在结算前无清偿能力,交易也能按照市场规则进行结算。通过合约更替使中央对手方成为原始交易买方的卖方、卖方的买方,对于未结算的交易,市场参与者将承担的是中央对手方的标准信用风险,而不再是分散化的市场中相互之间的风险。[2]

中央对手方通过合约更替成为合约关系当事人来管理信用风险,在证券与期货市场具有不同的特点。证券交易属于现货交易,通过双方当事人对交易合同的履行,证券交易的所有权利义务就可以得到了结,而这一履行行为的结果就体现在证券结算上。从世界范围来看,各国证券市场从交易达成到进入结算环节的时间均是严格规定的,一般控制在 3 日以内,我国目前是 1 日(T+1 交易)。也就是说,证券交易的风险敞口期很短且是确定的。因此,证券市场中央对手方仅需就较短时期内的信用风险进行管理。但期货交易是一种双层标的的交易结构,其中,第一层次交易的标的是期货合约,第二层次交易的标的则是合约项下的基础资产。虽然期货合约本身实行的是 T+0 交易,但是通过对第一层次交易的达成和履行,仅能解决合约本身和保证金的交付问题,而第二层次合约的履行则要等待交割期的到来,或者在交割期前某个时间被持有者通过对冲平仓的方式了结。也就是说,期货交易的风险敞口期很长且是不确定的。在交割前的漫长时间内,合约持有者的履约能力可能会变动,信用情况可能会恶化,这对合约另一方而言就有较大的风险。而中央对手方通过将市场上的双边信用风险集中于自身的方式,从而以其资金实力保证漫长合约期内对手方信用风险恒定在较低水平。

第二节 期货结算

一、全员结算与分级结算

期货结算分为全员结算和分级结算两种类型。我国期货结算机构的主体是内部设有结算部门的期货交易所。期货交易所实行全员结算制度或者会员分级结算制度,应当事前

---

〔1〕[英]彼得·诺曼:《全球风控家——中央对手方清算》,梁伟林译,中国金融出版社 2013 年版,第 7—8、15—16 页。
〔2〕[德]梅克·迪特:《清算所的管理风险及中央对手方在清算中的作用》,中国外汇交易中心译,载《中国货币市场》2007 年第 1 期。

向证监会报告。[1] 此外,我国期货结算机构还包括经国务院期货监督管理机构批准从事与证券业务相关的期货交易结算、交割业务的证券结算机构。证券和资金结算实行分级结算原则。证券登记结算机构负责办理证券登记结算机构与结算参与人之间的集中清算交收;结算参与人负责办理结算参与人与客户之间的清算交收。[2]

全员结算,是指期货交易场所的所有会员都具备结算资格。以期货交易所为例,实行全员结算制度的期货交易所会员均具有与期货交易所进行结算的资格。[3] 实行全员结算制度的期货交易所对会员结算,会员对其受托的客户结算。[4] 目前,郑州商品交易所、大连商品交易所、上海期货交易所、广州期货交易所均实行全员结算制度。

分级结算,是指期货交易场所的会员中只有部分具有结算资格,非结算会员交易后只能通过结算会员进行结算。以期货交易所为例,实行会员分级结算制度的期货交易所会员由结算会员和非结算会员组成。结算会员具有与期货交易所进行结算的资格,非结算会员不具有与期货交易所进行结算的资格。期货交易所对结算会员结算,结算会员对非结算会员结算,非结算会员对其受托的客户结算。[5]《期货和衍生品法》第 48 条规定:"不符合结算参与人条件的期货经营机构可以委托结算参与人代为其客户进行结算。不符合结算参与人条件的期货经营机构与结算参与人、交易者之间的权利义务关系,参照本章关于结算参与人与交易者之间权利义务的规定执行。"其中的"不符合结算参与人条件的期货经营机构",即指分级结算制度下作为非结算会员的期货经营机构。目前,中国金融期货交易所实行分级结算制度,其交易会员可以在交易所进行期货交易,不具有与交易所进行结算的资格。[6] 在分级结算之下,期货结算机构只对经过结算资格认证的结算会员承担履约保障义务,而未能通过资格认证的非结算会员的履约保障义务则由结算会员承担。在非结算会员违约的情形下,首先由结算会员承担责任,只有在结算会员无法化解违约风险的情况下,才体现为期货结算机构需要承担的履约保障义务。因此,分级结算实质上是一种两级的风险化解机制,有助于减少期货结算机构需要直接面对的违约风险。

结算会员由交易结算会员、全面结算会员和特别结算会员组成。全面结算会员、特别结算会员可以为与其签订结算协议的非结算会员办理结算业务。交易结算会员不得为非结算会员办理结算业务。[7] 以中国金融期货交易所为例,结算会员可以从事结算业务,具有与交易所进行结算的资格。结算会员按照业务范围分为交易结算会员、全面结算会员和特别结算会员。交易结算会员具有在交易所进行交易的资格,只能为其自身或其受托客户办理结算、交割业务。全面结算会员具有在交易所进行交易的资格,既可以为其自身或其受托客户办理结算、交割业务,也可以为与其签订结算协议的交易会员办理结算、交割业

---

[1]《期货交易所管理办法》第 58 条。
[2]《证券登记结算管理办法》第 45 条。
[3]《期货交易所管理办法》第 59 条。
[4]《期货交易所管理办法》第 61 条。
[5]《期货交易所管理办法》第 62 条。
[6]《中国金融期货交易所会员管理办法》第 6 条。
[7]《期货交易所管理办法》第 63 条。

务。特别结算会员只能为与其签订结算协议的交易会员办理结算、交割业务。非期货公司交易结算会员和非期货公司全面结算会员,不得接受客户委托为其在交易所进行期货交易,也不得接受客户委托为其在交易所办理结算、交割业务。[1]

二、当日无负债结算

《期货和衍生品法》第39条规定:"期货交易实行当日无负债结算制度。在期货交易场所规定的时间,期货结算机构应当在当日按照结算价对结算参与人进行结算;结算参与人应当根据期货结算机构的结算结果对交易者进行结算。结算结果应当在当日及时通知结算参与人和交易者。"

当日无负债结算,又称为逐日盯市,是期货市场区别于证券市场最重要的方面之一。证券市场只在买入和卖出各结算一次,持有期间虽然也会每日计算盈亏,但不会对盈亏资金进行划转,即持有期间不再进行结算。而期货市场要求对交易者的持仓在每个交易日都进行结算。在期货市场发展史上,最初也是在交易者建仓后,直到合约到期时才会进行结算。但因为是保证金交易,到履约时可能已经积累了较大的风险敞口,交易者却无力履行。后来演化成定期的每周结算,在交易者亏损到保证金无法覆盖敞口头寸时立刻要求其补充保证金。但因为期货市场价格变动太快,每周结算不足以抵御风险,又改为每日结算。现在普遍采用的当日结算与每日结算又存在区别。每日结算是每天的交易结束后进行一次结算,当日结算则是根据交易时段的安排,在交易时段结束后,于规定的时间进行结算。对于引入了连续交易机制(例如夜盘交易)的期货市场而言,交易时段(交易日)可以突破自然日的限制。因此,按照当日无负债结算的要求,每个自然日的结算也不限于一次。在结算方式上,我国期货交易所要求在规定的交易时间结束后对应收应付的款项实行净额结算。[2]

期货交易所未按交易规则规定的期限、方式,将交易或者持仓头寸的结算结果通知期货公司,造成期货公司损失的,由期货交易所承担赔偿责任。期货公司未按期货经纪合同约定的期限、方式,将交易或者持仓头寸的结算结果通知客户,造成客户损失的,由期货公司承担赔偿责任。[3]期货公司与客户对交易结算结果的通知方式未作约定或者约定不明确,期货公司未能提供证据证明已经发出上述通知的,对客户因继续持仓而造成扩大的损失,应当承担主要赔偿责任,赔偿额不超过损失的80%。[4]客户对当日交易结算结果的确认,应当视为对该日之前所有持仓和交易结算结果的确认,所产生的交易后果由客户自行承担。[5]期货公司对交易结算结果提出异议,期货交易所未及时采取措施导致损失扩大的,对造成期货公司扩大的损失应当承担赔偿责任。客户对交易结算结果提出异议,期货公司未及时采取措施导致损失扩大的,期货公司对造成客户扩大的损失应当承担赔偿责

---

[1]《中国金融期货交易所会员管理办法》第14条。
[2]《期货交易所管理办法》第82条第1款。
[3]《最高人民法院关于审理期货纠纷案件若干问题的规定》第25条。
[4]《最高人民法院关于审理期货纠纷案件若干问题的规定》第26条。
[5]《最高人民法院关于审理期货纠纷案件若干问题的规定》第27条。

任。[1]期货公司对期货交易所或者客户对期货公司的交易结算结果有异议,而未在期货交易所交易规则规定或者期货经纪合同约定的时间内提出的,视为期货公司或者客户对交易结算结果已予以确认。[2]

三、保证金不符合标准的处置

期货采取保证金交易的方式,交易者通过较低的保证金比例就能撬动很高的成交量(由此人们将保证金交易又称为杠杆交易),因此它在某种意义上放大了期货交易的风险。如果持仓情况与市场行情持续相反,就有可能会发生穿仓事件,交易者将要承担期货交易杠杆带来的远大于保证金数额的损失。期货交易制度设计的核心就在于风险管理,而保证金制度则是风险管理中的重要一环。为使保证金制度正常发挥其功能,有效管理期货交易中的风险,期货市场围绕保证金建立起了包括当日无负债结算制度和强行平仓制度在内的配套制度。如果说当日无负债结算制度是对保证金的动态调整,以充分及时保证结算会员和交易者的履约能力,那么,强行平仓制度就是针对保证金制度整体设计的最后一道防线。按照当日结算结果,结算会员或交易者未能及时足额追加保证金或自行平仓时,强行平仓制度便可及时将期货结算会员或客户持有的仓位进行强制性平仓,使期货结算参与人或交易者的仓位风险得以释放,充分发挥防止损失扩大、控制风险的功效。[3]

(一)保证金不符合标准的处置方法

《期货和衍生品法》第41条规定:"结算参与人的保证金不符合期货结算机构业务规则规定标准的,期货结算机构应当按照业务规则的规定通知结算参与人在规定时间内追加保证金或者自行平仓;结算参与人未在规定时间内追加保证金或者自行平仓的,通知期货交易场所强行平仓。交易者的保证金不符合结算参与人与交易者约定标准的,结算参与人应当按照约定通知交易者在约定时间内追加保证金或者自行平仓;交易者未在约定时间内追加保证金或者自行平仓的,按照约定强行平仓。以有价证券等作为保证金,期货结算机构、结算参与人按照前两款规定强行平仓的,可以对有价证券等进行处置。"

保证金分为结算准备金和交易保证金。结算准备金是结算参与人为了交易结算在专用结算账户中预先准备的资金,是未被合约占用的资金;交易保证金是结算参与人在专用结算账户中确保合约履行的资金,是已被合约占用的资金。结算时,结算参与人账户中的交易保证金超过上一交易日结算时的部分从结算准备金中扣划,交易保证金低于上一交易日结算时的部分划入结算准备金。结算完毕后,结算参与人的结算准备金余额低于最低余额标准时,该结算结果即视为期货结算机构向结算参与人发出的追加保证金通知,两者的差额即为需要追加的保证金金额。期货结算机构发出追加保证金通知后,可以通过期货保证金存管银行从结算参与人专用资金账户中扣划。若未能全额扣款成功,结算参与人应当在下一交易日开市前补足至结算准备金最低余额。此外,结算参与人还应当以相

---

[1]《最高人民法院关于审理期货纠纷案件若干问题的规定》第28条。
[2]《最高人民法院关于审理期货纠纷案件若干问题的规定》第29条。
[3] 袁国际:《期货结算法律问题研究》,法律出版社2011年版,第138页。

同原则,按照期货结算机构的结算结果对交易者进行结算。[1]根据各期货交易场所的现行做法,在会员未能补足保证金的情况下,按照以下规则处理:(1)会员在交易场所的任一内部明细账户的结算准备金余额大于或者等于0的,该账户对应的会员不得开立新仓;(2)会员在交易场所的任一内部明细账户的结算准备金余额小于0的,则交易场所对该会员强行平仓。[2]可见,作为强行平仓前提之一的"结算参与人的保证金不符合期货结算机构业务规则规定标准",是指结算参与人的结算准备金余额小于0。

需要注意的是,第一,结算参与人或交易者追加保证金的前提是期货交易所或期货公司履行通知义务,如未履行通知义务而强行平仓造成损失的,应承担赔偿责任。[3]此外,法律规定和合同约定客户保证金不足时应当及时追加,但及时是建立在有追加的可能前提下,即应当给予追加保证金的合理时间。第二,如果期货公司或客户已经及时自行平仓,则没有再进行强行平仓的必要。及时自行平仓的前提是有自行平仓的可能,法律没有规定强行平仓前多长期间内自行平仓属于及时平仓,而留给期货结算机构业务规则规定或结算参与人与交易者约定。现实要求自行平仓必须发生在期货交易时间之内,如果当日没有开市,即要求平仓或者挂出平仓单,则是一种过于苛刻的要求。[4]

虽然期货交易可以以有价证券等作为保证金,但由于有价证券等非现金财产的价值处于不断波动之中,因此在进行当日无负债结算时,其价值也需要逐日确定。根据担保相关法律制度,可以采用双方合意或司法的方式来处分担保物,但这显然无法满足当日无负债结算的时效性要求。因此,以有价证券等作为保证金,期货结算机构、结算参与人按照法律规定强行平仓的,可以直接对有价证券等进行处置。[5]

(二)强行平仓的法律性质

关于强行平仓的法律性质问题,我国理论与实务界主要形成了权利说、义务说、权利义务并存说、权利转义务说等四种观点。[6]《最高人民法院关于审理期货纠纷案件若干问题的规定》第36条规定:"期货公司的交易保证金不足,又未能按期货交易所规定的时间追加保证金的,按交易规则的规定处理;规定不明确的,期货交易所有权就其未平仓的期货合约强行平仓,强行平仓所造成的损失,由期货公司承担。客户的交易保证金不足,又未能按期货经纪合同约定的时间追加保证金的,按期货经纪合同的约定处理;约定不明确的,期货公司有权就其未平仓的期货合约强行平仓,强行平仓造成的损失,由客户承担。"该条实际上采纳了权利说,即将强行平仓视为期货交易所和期货公司的一种权利。[7]

笔者认为,对强行平仓法律性质的讨论应当区分法定主义与意定主义的法律调整方

---

[1] 程红星主编:《中华人民共和国期货和衍生品法释义》,中国金融出版社2022年版,第96页。
[2] 王瑞贺、方星海主编:《中华人民共和国期货和衍生品法释义》,法律出版社2022年版,第73页。
[3] 《最高人民法院关于审理期货纠纷案件座谈会纪要》第5条第6项。
[4] 范某孚与某建期货经纪有限责任公司天津营业部期货交易合同纠纷再审案,载《最高人民法院公报》2011年第6期。
[5] 王瑞贺、方星海主编:《中华人民共和国期货和衍生品法释义》,法律出版社2022年版,第74—75页。
[6] 钟维:《期货强行平仓的法律属性及规则解释》,载《河南财经政法大学学报》2017年第6期,第128—130页。
[7] 江必新主编:《〈最高人民法院关于审理期货纠纷案件若干问题的规定〉的理解与适用》,人民法院出版社2003年版,第164—168页。

式,以获取妥当的法解释结论为目的,并以法规范的解释与检验作为有关讨论的支撑。从其制度功能可知,强行平仓与期货保证金交易中的风险管理紧密相连。但是,作为整个期货市场结算风险管理主体的结算机构,与作为个别结算关系中风险管理主体的结算参与人,对风险的认识与控制要求并不一定相同,而与此对应的强行平仓的性质也会不同。

第一,当保证金余额等于或低于法定最低限额时,强行平仓是一种义务。作为强行平仓前提之一的"结算参与人的保证金不符合期货结算机构业务规则规定标准",是指结算参与人的结算准备金余额小于0。在没有保证金或保证金不足的情况下,仍开仓交易或继续持仓的,构成透支交易。透支交易行为从制度层面而言,不仅冲击了期货市场重要的风险管理制度——当日无负债结算制度,而且实际上是一种融资行为,违反了国家的金融业务专营制度,因此为我国法律和行政法规、规章所禁止。[1] 从价值层面而言,期货交易本身就是一种买空卖空行为,具有信用交易的性质,法定的保证金比例已是经过严格测算的确保期货市场安全运行的最低标准,透支交易相当于在信用交易的基础上再次进行信用透支,最终这些被交易杠杆放大的信用风险将集中于结算参与人和结算机构,严重威胁期货市场的安全,甚至可能导致整个金融市场的崩溃。因此,作为一种危及市场秩序和安全的行为,透支交易就应当被纳入国家强制的范围之内。期货结算机构规定的保证金比例就是法定的保证金最低限额,当结算参与人或交易者的保证金余额低于该标准时,法律对此采取的是法定主义的调整方式,为避免透支交易的出现,期货结算机构或结算参与人负有强行平仓的义务。期货结算机构和结算参与人的强行平仓义务来自法律上赋予其的风险控制义务。期货交易具有高风险的特征,除了市场风险最终的承受主体(即结算参与人或交易者)在有穿仓危险的时候应当自行平仓外,法律同时赋予了期货结算机构和结算参与人作为市场的另一道风险控制阀门的功能,因此当结算参与人或交易者的保证金余额低于法定最低限额时,他们所实施的强行平仓的义务属性也就不难理解了。

第二,当保证金余额等于或高于法定最低限额时,强行平仓的法律属性应依结算参与人和交易者之间的约定来确定。在国家强制之外是广阔的私法自治领域,与国家强制领域采取的是法定主义调整方式相对应的,法律在私法自治领域采取的是意定主义的调整方式。期货结算机构会根据合约价值的一定比例确定结算参与人的保证金标准,而结算参与人通常会在此标准基础上要求交易者缴纳更高比例的保证金,并体现于双方的约定中。当交易者的保证金余额等于或高于法定最低限额时,应当尊重当事人的有关约定,强行平仓的法律属性应依结算参与人和交易者之间的约定来确定。双方既可以将在此范围内的强行平仓约定为权利,也可以约定为义务。当然,由于期货经纪合同通常是由期货经营机构提供的格式合同,因此在合同中强行平仓通常被约定为期货经营机构的权利。此外,当事人还可以约定比法定的保证金标准更高的保证金比例,甚至可以约定保证金余额低于约定标准但等于或高于法定标准时强行平仓的实施条件。当然,此种约定必须遵守《民法典》尤其是其中的格式合同制度。

这样一个对强行平仓法律性质的认识得到《期货和衍生品法》的支持。针对结算参

---

[1] 张海棠主编:《证券、期货纠纷》,法律出版社2015年版,第295页。

与人的保证金不符合期货结算机构业务规则规定标准的情形,第41条第1款"结算参与人未在规定时间内追加保证金或者自行平仓的,通知期货交易场所强行平仓"的表述,表明此时强行平仓属于期货结算机构的义务。针对交易者的保证金不符合结算参与人与交易者约定标准的情形,第2款"交易者未在约定时间内追加保证金或者自行平仓的,按照约定强行平仓"的表述,表明此时强行平仓的性质应依结算参与人与交易者之间的约定来确定。

（三）处置过程中的责任承担

第一,期货交易所因期货公司违规超仓或者其他违规行为而必须强行平仓的,强行平仓所造成的损失,由期货公司承担。期货公司因客户违规超仓或者其他违规行为而必须强行平仓的,强行平仓所造成的损失,由客户承担。[1]

第二,期货公司或者客户交易保证金不足,符合强行平仓条件后,应当自行平仓而未平仓造成的扩大损失,由期货公司或者客户自行承担。法律、行政法规另有规定或者当事人另有约定的除外。[2]

第三,期货交易所或者期货公司强行平仓数额应当与期货公司或者客户须追加的保证金数额基本相当。因超量平仓引起的损失,由强行平仓者承担。[3]

第四,期货交易所对期货公司、期货公司对客户未按期货交易所交易规则规定或者期货经纪合同约定的强行平仓条件、时间、方式进行强行平仓,造成期货公司或者客户损失的,期货交易所或者期货公司应当承担赔偿责任。[4]

第五,期货交易所依法或依交易规则强行平仓发生的费用,由被平仓的期货公司承担;期货公司承担责任后有权向有过错的客户追偿。期货公司依法或依约定强行平仓所发生的费用,由客户承担。[5]

四、结算违约处置

《期货和衍生品法》第42条第1、2款规定:"结算参与人在结算过程中违约的,期货结算机构按照业务规则动用结算参与人的保证金、结算担保金以及结算机构的风险准备金、自有资金等完成结算;期货结算机构以其风险准备金、自有资金等完成结算的,可以依法对该结算参与人进行追偿。交易者在结算过程中违约的,其委托的结算参与人按照合同约定动用该交易者的保证金以及结算参与人的风险准备金和自有资金完成结算;结算参与人以其风险准备金和自有资金完成结算的,可以依法对该交易者进行追偿。"

结算担保金,是指结算参与人以自有资金向期货结算机构缴纳的,用于担保履约的资金。[6] 实行会员分级结算制度的期货交易所应当建立结算担保金制度。结算担保金包括基

---

[1]《最高人民法院关于审理期货纠纷案件若干问题的规定》第37条。
[2]《最高人民法院关于审理期货纠纷案件若干问题的规定》第38条。
[3]《最高人民法院关于审理期货纠纷案件若干问题的规定》第39条。
[4]《最高人民法院关于审理期货纠纷案件若干问题的规定》第40条。
[5]《最高人民法院关于审理期货纠纷案件若干问题的规定》第41条。
[6]《期货和衍生品法》第42条第3款。

础结算担保金和变动结算担保金。结算担保金由结算会员以自有资金向期货交易所缴纳。结算担保金属于结算会员所有,用于应对结算会员违约风险。期货交易所应当按照有关规定管理和使用,不得挪作他用。期货交易所调整基础结算担保金标准的,应当在调整前报告证监会。[1]

风险准备金,是指为防范交易及结算的风险,期货经营机构、期货交易场所、期货结算机构和非期货经营机构结算参与人应当从业务收入中按照国务院期货监督管理机构、国务院财政部门的规定提取、管理和使用的资金。[2] 期货交易所应当按照手续费收入的20%的比例提取风险准备金,风险准备金应当单独核算,专户存储。证监会可以根据期货交易所业务规模、发展计划以及潜在的风险决定风险准备金的规模。[3] 期货交易所应当以风险准备金、一般风险准备等形式储备充足的风险准备资源,用于垫付或者弥补交易所因不可抗力、意外事件、重大技术故障、重大人为差错及其他风险事件造成的或可能造成的损失。[4]

《期货和衍生品法》只规定了结算违约处置可以动用的财务资源,但并未明确违约瀑布序列（default waterfall）,而是交由期货结算机构业务规则规定,以及结算参与人和交易者的合同约定。所谓违约瀑布序列,是指在结算违约处置时动用相关财务资源的顺序。在期货结算违约处置中需要确定明确违约瀑布序列,是因为期货结算对效率和安全的追求决定其不能像普通交易那样通过漫长的诉讼或仲裁程序来对违约情形进行处置。通过事先明确规定违约瀑布序列,就可以在违约事件发生时按照该顺序迅速对相关财务资源予以执行。此外,从法律对追偿权的规定可以看出,除自有资金外,风险准备金也归期货结算机构或结算参与人自己所有。

期货公司未按照每日无负债结算制度的要求,履行相应的金钱给付义务,期货交易所亦未代期货公司履行,造成交易对方损失的,期货交易所应当承担赔偿责任。期货交易所代期货公司履行义务或者承担赔偿责任后,有权向不履行义务的一方追偿。[5] 期货交易所未代期货公司履行期货合约,期货公司应当根据客户请求向期货交易所主张权利。期货公司拒绝代客户向期货交易所主张权利的,客户可直接起诉期货交易所,期货公司可作为第三人参加诉讼。[6]

---

[1]《期货交易所管理办法》第72条。
[2]《期货和衍生品法》第116条。
[3]《期货交易所管理办法》第73条。
[4]《期货交易所管理办法》第74条。
[5]《最高人民法院关于审理期货纠纷案件若干问题的规定》第48条。
[6]《最高人民法院关于审理期货纠纷案件若干问题的规定》第49条。

第三节 交割与行权

一、期货合约的交割

《期货和衍生品法》第44条第1款规定:"期货合约到期时,交易者应当通过实物交割或者现金交割,了结到期未平仓合约。"目前,我国商品期货基本都采用实物交割方式,金融期货中的国债期货采用实物交割方式,股指期货采用现金交割方式。期货公司没有代客户履行申请交割义务的,应当承担违约责任;造成客户损失的,应当承担赔偿责任。[1]

（一）实物交割

期货合约采取实物交割的,由期货结算机构负责组织货款与标准仓单等合约标的物权利凭证的交付。[2]标准仓单,是指交割库开具并经期货交易场所登记的标准化提货凭证。[3]合约标的物权利凭证除了标准仓单,还包括提单等。《期货和衍生品法》第46条规定:"期货交易的实物交割在期货交易场所指定的交割库、交割港口或者其他符合期货交易场所要求的地点进行。实物交割不得限制交割总量。采用标准仓单以外的单据凭证或者其他方式进行实物交割的,期货交易场所应当明确规定交割各方的权利和义务。"

实物交割不得限制交割总量,一是为了稳定交易者进行实物交割的预期,二是为了维持多空双方之间力量的均衡,三是为了防止逼仓情形的出现。

需要注意的是,由于在商品期货交割过程中需要流转增值税发票,因此我国的商品期货交易所均不允许自然人进入实物交割环节。自然人需要在交割月前自行平仓,否则会被交易所强行平仓。此外,不同交易所的增值税发票流转结构存在不同。一种做法是,在交易所完成交割配对后,由配对的卖方交易者向买方交易者交付标准仓单,并开具发票。另一种做法是,在交易所完成交割配对后,卖方交易者先将标准仓单交给交易所并开具发票,再由交易所将标准仓单交给买方交易者并开具发票。两者区别在于,在交割配对之后的标准仓单交付和货款支付环节,交易所是否还充当中央对手方。如果交割配对的双方交易者之间直接进行货款支付、标准仓单交付并开具发票,则说明交易所在交割配对后已经退出了中央对手方的角色。理论上说,如果交易所在该环节依然充当中央对手方,在一方不履行的情况下,中央对手方也要向另一方履行。

标准仓单交付后,还有提货环节。如果提货时发生问题,也会产生责任承担问题。此时作为期货结算机构的交易所是否承担责任?《最高人民法院关于审理期货纠纷案件若干问题的规定》第47条规定:"交割仓库不能在期货交易所交易规则规定的期限内,向标准仓单持有人交付符合期货合约要求的货物,造成标准仓单持有人损失的,交割仓库应当承担责任,期货交易所承担连带责任。期货交易所承担责任后,有权向交割仓库追偿。"此种

---

[1]《最高人民法院关于审理期货纠纷案件若干问题的规定》第43条。
[2]《期货和衍生品法》第45条第1款。
[3]《期货和衍生品法》第45条第3款。

规定实际上来自早期的一种认识，即标准仓单在交易所进行登记，交割仓库也是由交易所认证的，因此交割仓库是交易所的下属机构。而且为了保证期货交易的履约安全，市场上普遍期待交易所能为标准仓单背书。但交易所与交割仓库之间其实并不是上下级关系，也不是委托代理关系（即并不是交易所委托交割仓库做这项工作），而是平等主体之间的合同关系。仓库经申请成为交易所的指定交割仓库，其实质是交易所允许满足一定资质的仓库从事这项业务，而交割仓库根据合同约定还要遵从交易所的后续管理要求。交易所在标准仓单和货款交付之后，就退出中央对手方的角色，在提货环节不再承担相应的责任。《期货和衍生品法》第45条第1款规定："期货合约采取实物交割的，由期货结算机构负责组织货款与标准仓单等合约标的物权利凭证的交付。"其中隐含的意思就是，期货结算机构在交割结算阶段是交割的组织方，不再是交易结算阶段的中央对手方角色，而且其组织交割的责任止于双方交易者之间货款与标准仓单等合约标的物权利凭证的交付。在双方交易者完成交付后，如果在提货环节出问题，属于交割仓库与仓单持有人之间的纠纷，期货结算机构不再承担责任。交割仓库未履行货物验收职责或者因保管不善给仓单持有人造成损失的，应当承担赔偿责任。[1]买方客户未在期货交易所交易规则规定的期限内对货物的质量、数量提出异议的，应视为其对货物的数量、质量无异议。[2]

（二）现金交割

期货合约采取现金交割的，由期货结算机构以交割结算价为基础，划付持仓双方的盈亏款项。[3]

（三）交割违约处置

在交割违约的情形下，可以采取要求继续履行和赔偿损失两种处置方式。《期货和衍生品法》第47条规定："结算参与人在交割过程中违约的，期货结算机构有权对结算参与人的标准仓单等合约标的物权利凭证进行处置。交易者在交割过程中违约的，结算参与人有权对交易者的标准仓单等合约标的物权利凭证进行处置。"此种处置，既包括继续履行中的处置，也包括赔偿损失中的处置。

在交割日，卖方期货公司未向期货交易所交付标准仓单，或者买方期货公司未向期货交易所账户交付足额货款，构成交割违约。构成交割违约的，违约方应当承担违约责任；具有《民法典》第563条第1款第4项规定情形的，[4]对方有权要求终止交割或者要求违约方继续交割。征购或者竞卖失败的，应当由违约方按照交易所有关赔偿办法的规定承担赔偿责任。[5]在期货合约交割期内，买方或者卖方客户违约的，期货交易所应当代期货公司、

〔1〕《最高人民法院关于审理期货纠纷案件若干问题的规定》第42条。
〔2〕《最高人民法院关于审理期货纠纷案件若干问题的规定》第46条。
〔3〕《期货和衍生品法》第45条第2款。
〔4〕《民法典》第563条："有下列情形之一的，当事人可以解除合同：（一）因不可抗力致使不能实现合同目的；（二）在履行期限届满前，当事人一方明确表示或者以自己的行为表明不履行主要债务；（三）当事人一方迟延履行主要债务，经催告后在合理期限内仍未履行；（四）当事人一方迟延履行债务或者有其他违约行为致使不能实现合同目的；（五）法律规定的其他情形。以持续履行的债务为内容的不定期合同，当事人可以随时解除合同，但是应当在合理期限之前通知对方。"
〔5〕《最高人民法院关于审理期货纠纷案件若干问题的规定》第44条。

期货公司应当代客户向对方承担违约责任。[1]

具体而言,交割违约情形下的继续履行主要是通过征购和竞卖的方式来实现。例如,在合约卖方违约的情形下,结算机构会通过征购获得标准仓单,并交付给非违约方,相关费用和损失由违约方承担。如果通过征购获得的标准仓单不足的,违约方还要向非违约方承担赔偿责任。在合约买方违约的情形下,期货结算机构先代违约方支付货款,同时获得非违约方交付的标准仓单,再通过竞卖方式处理这些标准仓单,回笼的资金用于填补预先垫付的货款,如果不够可以再向违约方追偿。如果征购、竞卖失败,则违约方应当向非违约方承担赔偿责任。在违约方承担赔偿责任时,也可以对其标准仓单等合约标的物权利凭证进行处置。

实践中,由于标准仓单等合约标的物权利凭证的处置较为复杂、流程烦琐,为了保护守约方的合法权益,期货交易场所一般采取违约金或者罚款的方式处理交割违约。[2]

二、标准化期权合约的行权

在标准化期权合约规定的时间,合约的买方有权以约定的价格买入或者卖出标的物,或者按照约定进行现金差价结算,合约的卖方应当按照约定履行相应的义务。标准化期权合约的行权,由期货结算机构组织进行。[3]

第四节　结算与交割安全的保障

一、保证金专户存放与封闭运行

《期货和衍生品法》第40条规定:"期货结算机构、结算参与人收取的保证金、权利金等,应当与其自有资金分开,按照国务院期货监督管理机构的规定,在期货保证金存管机构专户存放,分别管理,禁止违规挪用。"目前,我国的期货保证金存管机构是中国期货市场监控中心,其前身是中国期货保证金监控中心。

期货交易所应当在期货保证金存管机构开立专用结算账户,专户存储保证金,禁止违规挪用。[4]期货公司必须将保证金存放于保证金账户。保证金可以在期货公司保证金账户、期货公司在期货交易所指定的存管银行网点开立的专用资金账户、期货公司在期货交易所及其他期货结算机构的资金账户之间划转。上述账户共同构成保证金封闭圈。保证金只能在封闭圈内划转,封闭运行。期货公司从事股票期权经纪业务、与股票期权备兑开仓以及行权相关的证券现货经纪业务的,存放期货保证金及期权保证金、权利金和行权资金等客户资金的保证金账户应当与存放客户相关现货资金的保证金账户隔离管理,不得相

---

[1]《最高人民法院关于审理期货纠纷案件若干问题的规定》第45条。
[2] 王瑞贺、方星海主编:《中华人民共和国期货和衍生品法释义》,法律出版社2022年版,第84页。
[3]《期货和衍生品法》第44条第2款。
[4]《期货交易所管理办法》第65条第1款第2句。

互划转资金。[1]期货公司自有资金账户与保证金封闭圈相互隔离。期货公司在保证金封闭圈和自有资金之间划转资金,只能通过在主办存管银行开立并指定的保证金账户和专用自有资金账户之间进行。除指定用于保证金封闭圈与自有资金之间进行划转的保证金账户外,期货公司开立的其他保证金账户与其自有资金账户之间,应当完全隔离,不得相互划转资金。[2]

二、结算与交割的优先性与最终性

《期货和衍生品法》第43条第1、2款规定:"期货结算机构依照其业务规则收取和提取的保证金、权利金、结算担保金、风险准备金等资产,应当优先用于结算和交割,不得被查封、冻结、扣押或者强制执行。在结算和交割完成之前,任何人不得动用用于担保履约和交割的保证金、进入交割环节的交割财产。"这是对结算与交割的优先性与相关财产豁免强制执行的规定。法律上作出此种规定的理由,在于任何对期货结算机构依照其业务规则收取和提取的保证金、权利金、结算担保金、风险准备金等资产的查封、冻结、扣押或者强制执行,以及非法动用用于担保履约和交割的保证金、进入交割环节的交割财产,都会减损其履约保障能力,进而可能导致整个期货市场信用风险的连锁反应,甚至外溢导致整个金融市场的系统性风险。因此,法律在利益衡量上贯彻了系统性风险优先于个别信用风险的原则,要求期货的结算与交割优先于个别债权的执行。

《期货和衍生品法》第43条第3款规定:"依法进行的结算和交割,不因参与结算的任何一方依法进入破产程序而中止、无效或者撤销。"这是对结算和交割破产隔离的规定。法律上作出此种规定,是因为《破产法》规定的管理人的选择权和撤销权,导致期货结算与交割最终性的落实,存在不确定性。其关键问题在于,已经达成的期货交易的履约,是否是无条件的,结算与交割是否具有最终性,不受结算参与人的破产管理人的选择权或撤销权的影响。

期货交易所向结算会员收取的保证金,用于结算和履约保障,不得被查封、冻结、扣押或者强制执行。[3]期货交易所、期货公司为债务人的,人民法院不得冻结、划拨期货公司在期货交易所或者客户在期货公司保证金账户中的资金。有证据证明该保证金账户中有超出期货公司、客户权益资金的部分,期货交易所、期货公司在人民法院指定的合理期限内不能提出相反证据的,人民法院可以依法冻结、划拨该账户中属于期货交易所、期货公司的自有资金。[4]期货公司为债务人的,人民法院不得冻结、划拨专用结算账户中未被期货合约占用的用于担保期货合约履行的最低限额的结算准备金;期货公司已经结清所有持仓并清偿客户资金的,人民法院可以对结算准备金依法予以冻结、划拨。期货公司有其他财产的,人民法院应当依法先行冻结、查封、执行期货公司的其他财产。[5]客户、自营会员

---

[1] 《期货公司保证金封闭管理办法》第10条。
[2] 《期货公司保证金封闭管理办法》第12条。
[3] 《期货交易所管理办法》第65条第1款第1句。
[4] 《最高人民法院关于审理期货纠纷案件若干问题的规定》第59条。
[5] 《最高人民法院关于审理期货纠纷案件若干问题的规定》第60条。

为债务人的,人民法院可以对其保证金、持仓依法采取保全和执行措施。[1]

期货交易所为债务人,债权人请求冻结、划拨以下账户中资金或者有价证券的,人民法院不予支持:(1)期货交易所会员在期货交易所保证金账户中的资金;(2)期货交易所会员向期货交易所提交的用于充抵保证金的有价证券。[2]期货公司为债务人,债权人请求冻结、划拨以下账户中资金或者有价证券的,人民法院不予支持:(1)客户在期货公司保证金账户中的资金;(2)客户向期货公司提交的用于充抵保证金的有价证券。[3]实行会员分级结算制度的期货交易所的结算会员为债务人,债权人请求冻结、划拨结算会员以下资金或者有价证券的,人民法院不予支持:(1)非结算会员在结算会员保证金账户中的资金;(2)非结算会员向结算会员提交的用于充抵保证金的有价证券。[4]有证据证明保证金账户中有超过上述的资金或者有价证券部分权益的,期货交易所、期货公司或者期货交易所结算会员在人民法院指定的合理期限内不能提出相反证据的,人民法院可以依法冻结、划拨超出部分的资金或者有价证券。有证据证明期货交易所、期货公司、期货交易所结算会员自有资金与保证金发生混同,期货交易所、期货公司或者期货交易所结算会员在人民法院指定的合理期限内不能提出相反证据的,人民法院可以依法冻结、划拨相关账户内的资金或者有价证券。[5]

重要名词术语

中央对手方、全员结算、分级结算、当日无负债结算、强行平仓、结算担保金、风险准备金、实物交割、现金交割

思考题

1. 中央对手方的法理基础与实践功能。
2. 保证金不符合标准的处置方法。
3. 强行平仓的法律性质。
4. 结算违约的处置方法。
5. 期货合约的交割方法。
6. 交割违约的处置方法。
7. 保证金专户存放与封闭运行制度。
8. 结算与交割的优先性与最终性的保障制度。

---

[1]《最高人民法院关于审理期货纠纷案件若干问题的规定》第61条。
[2]《最高人民法院关于审理期货纠纷案件若干问题的规定(二)》第3条。
[3]《最高人民法院关于审理期货纠纷案件若干问题的规定(二)》第4条。
[4]《最高人民法院关于审理期货纠纷案件若干问题的规定(二)》第5条。
[5]《最高人民法院关于审理期货纠纷案件若干问题的规定(二)》第6条。

> **典型案例分析**

2018年6月21日,某大期货有限公司(以下简称某大期货)与鲍某明签订《自然人期货经纪合同》,约定鲍某明委托某大期货按照鲍某明的交易指令为其进行期货交易;同时约定,在交易收市后,经结算风险率大于100%时,某大期货将向鲍某明发出追加保证金通知和强行平仓通知,鲍某明应在通知所要求的时间内追加足额保证金,否则某大期货有权在不通知鲍某明的情况下,对鲍某明期货账户的部分或全部未平仓合约强行平仓。(其中风险率的计算方式为:风险率 = 客户持仓保证金 ÷ 客户权益 ×100%)双方确认,该风险率系指"公司风险率"。鲍某明持有ni1910合约171手,2019年8月29日日终结算时鲍某明期货账户公司风险率104.69%,交易所风险率83.75%。当晚鲍某明入金30万元,入金后及次日8月30日日盘开盘时,鲍某明期货账户公司风险率均仍大于100%,交易所风险率未达100%。8月30日14:41,鲍某明期货账户交易所风险率100.21%,某大期货通知鲍某明追加保证金,14:56左右某大期货与鲍某明就追加保证金进行电话沟通,鲍某明要求观察夜盘行情再作操作,该日日终结算时鲍某明期货账户公司风险率134.08%,交易所风险率111.73%。8月30日日盘结束后某大期货又多次通知鲍某明追加保证金否则将强行平仓。8月30日21:00:20,某大期货对鲍某明期货账户所持ni1910合约121手采取强行平仓措施,由于该合约于该日夜盘及9月2日日盘一直处于涨停状态,未能成交。9月2日日终结算时鲍某明期货账户公司风险率753.78%,交易所风险率394.84%,客户权益650,906.45元。当日晚,某大期货经鲍某明同意,将其期货账户全部持仓ni1910合约171手挂单强行平仓,最终以148,850元成交。9月3日的交易结算单显示,鲍某明期货账户内可用资金 –1,439,790.85元,平仓盈亏 –2,089,620元,客户权益 –1,439,790.85元。该穿仓损失1,439,790.85元由某大期货以自有资金垫付,现某大期货起诉鲍某明,请求归还垫付款项。

该案应当如何处理?

第三十四章　衍生品交易与结算

【内容提示】

依法设立的场所,经国务院授权的部门或者国务院期货监督管理机构审批,可以组织开展衍生品交易。组织开展衍生品交易的场所制定的交易规则,应当公平保护交易参与各方合法权益和防范市场风险,并报国务院授权的部门或者国务院期货监督管理机构批准。

金融机构开展衍生品交易业务,应当依法经过批准或者核准,履行交易者适当性管理义务,并应当遵守国家有关监督管理规定。

衍生品交易采用主协议方式的,主协议、主协议项下的全部补充协议以及交易双方就各项具体交易作出的约定等,共同构成交易双方之间一个完整的单一协议,具有法律约束力。主协议等合同范本,应当按照国务院授权的部门或者国务院期货监督管理机构的规定报送备案。

进行衍生品交易,可以依法通过质押等方式提供履约保障。除质押式履约保障外,普遍认可的还有转让式履约保障

依法采用主协议方式从事衍生品交易的,发生约定的情形时,可以依照协议约定终止交易,并按净额对协议项下的全部交易盈亏进行结算。依照规定进行的净额结算,不因交易任何一方依法进入破产程序而中止、无效或者撤销。

国务院授权的部门、国务院期货监督管理机构应当建立衍生品交易报告库,对衍生品交易标的、规模、对手方等信息进行集中收集、保存、分析和管理,并按照规定及时向市场披露有关信息。具体办法由国务院授权的部门、国务院期货监督管理机构规定。

衍生品交易,由国务院授权的部门或者国务院期货监督管理机构批准的结算机构作为中央对手方进行集中结算的,可以依法进行终止净额结算;结算财产应当优先用于结算和交割,不得被查封、冻结、扣押或者强制执行;在结算和交割完成前,任何人不得动用。依法进行的集中结算,不因参与结算的任何一方依法进入破产程序而中止、无效或者撤销。

第一节　衍生品交易的场所、方式与机构展业

一、衍生品交易的场所及其规则

传统上,衍生品交易由双方交易者通过一对一协议方式在场外达成,不需要入场交

易。然而,场外衍生品市场被认为是 2008 年金融危机的重要风险来源之一,且暴露出场外衍生品交易缺乏监管的问题。在 2009 年召开的 20 国集团匹兹堡峰会上,各国达成共识:"所有标准化场外衍生品合约应在交易所或电子化交易平台上交易,且在适当时,交由中央对手方进行清算;场外衍生品合约应当报告给交易报告库。非中央清算合约应遵守更严格的资本要求。"

我国衍生品交易具有自己的特点,在其发展之初便是由政府推动的有组织的交易市场,且受到严格监管,反而是交易者之间自发开展的场外衍生品交易起步较晚,且相较而言体量较小。因此,《期货和衍生品法》第 30 条第 1 款并未对衍生品入场交易提出强制性要求,而是对可以组织开展衍生品交易的场所作出规定:"依法设立的场所,经国务院授权的部门或者国务院期货监督管理机构审批,可以组织开展衍生品交易。"目前,我国多层次衍生品市场体系包括交易所市场、银行间市场、金融机构柜台交易市场等。衍生品不一定要入场交易,但是有组织的衍生品交易场所可以提升交易效率和透明度,以及加强监管。

衍生品交易的场所可以是经审批设立的专门组织开展衍生品交易业务的场所,也可以是已经设立的交易场所经审批组织开展衍生品交易业务。国务院授权的部门审批的场所,例如中国人民银行批准的中国外汇交易中心(全国银行间同业拆借中心)开展了汇率、利率和信用衍生品的交易,上海黄金交易所开展了黄金衍生品的交易等。证监会审批的场所,例如中证机构间报价系统股份有限公司开展了场外股票期权、证券收益互换等衍生品的交易,郑州商品交易所、大连商品交易所等开展了商品互换衍生品的交易等。期货交易所组织开展衍生品交易,应当经证监会批准,并遵守法律、行政法规和证监会的相关规定。[1]

组织开展衍生品交易的场所制定的交易规则,应当公平保护交易参与各方合法权益和防范市场风险,并报国务院授权的部门或者国务院期货监督管理机构批准。[2]

二、衍生品交易的方式

《期货和衍生品法》第 11 条第 3 款规定:"衍生品交易,可以采用协议交易或者国务院规定的其他交易方式进行。"首先,协议交易方式是衍生品交易采用的主要方式。在协议交易中,交易双方既可以选择采用单笔交易签署单个协议的方式,也可以选择采用行业协会制定的各种主协议文本。其次,衍生品交易还可以采用国务院规定的其他交易方式进行。与期货交易采用的其他交易方式可以由国务院期货监督管理机构批准不同,衍生品交易采用的其他交易方式只能由国务院规定。国际上,对场外衍生品采用交易所的交易机制是近年来的一种变化和趋势。就我国而言,属于证券非交易所市场的全国中小企业股份转让系统(新三板)已经包含了集合竞价的交易方式,而银行间市场的一些衍生品交易场

---

[1]《期货交易所管理办法》第 101 条。
[2]《期货和衍生品法》第 30 条第 2 款。

所在电子化交易系统中引入了类似集中交易的机制。[1]

三、金融机构开展衍生品交易业务的要求

《期货和衍生品法》第 31 条规定:"金融机构开展衍生品交易业务,应当依法经过批准或者核准,履行交易者适当性管理义务,并应当遵守国家有关监督管理规定。"

以银行业金融机构衍生产品交易业务为例,按照交易目的可以分为两类:(1)套期保值类衍生产品交易。即银行业金融机构主动发起,为规避自有资产、负债的信用风险、市场风险或流动性风险而进行的衍生产品交易。此类交易须符合套期会计规定,并划入银行账户管理。(2)非套期保值类衍生产品交易。即除套期保值类以外的衍生产品交易。包括由客户发起,银行业金融机构为满足客户需求提供的代客交易和银行业金融机构为对冲前述交易相关风险而进行的交易;银行业金融机构为承担做市义务持续提供市场买、卖双边价格,并按其报价与其他市场参与者进行的做市交易;以及银行业金融机构主动发起,运用自有资金,根据对市场走势的判断,以获利为目的进行的自营交易。此类交易划入交易账户管理。[2]

之前各行业金融机构开展衍生品交易业务的准入标准和方法存在差异,《期货和衍生品》中"应当依法经过批准或者核准"的要求意味着相关监管规则不能规定更为宽松的准入方法,例如注册或者备案。现行仍有效的规则,例如《银行业金融机构衍生产品交易业务管理暂行办法》《保险资金参与金融衍生产品交易办法》等。而中国证券业协会《证券公司金融衍生品柜台交易业务规范》规定的是备案制,已经于 2022 年被废止。

第二节　衍生品交易与结算的基本制度

一、主协议与单一协议

《期货和衍生品法》第 32 条规定:"衍生品交易采用主协议方式的,主协议、主协议项下的全部补充协议以及交易双方就各项具体交易作出的约定等,共同构成交易双方之间一个完整的单一协议,具有法律约束力。"第 33 条规定:"本法第三十二条规定的主协议等合同范本,应当按照国务院授权的部门或者国务院期货监督管理机构的规定报送备案。"

目前,最常见的主协议文本包括中国银行间市场交易商协会发布的《中国银行间市场金融衍生产品交易主协议》(NAFMII 主协议),中国证券业协会、中国期货业协会和中国证券投资基金业协会联合发布的《中国证券期货市场衍生品交易主协议》(SAC 主协议),以及国际互换和衍生工具协会发布的主协议(ISDA 主协议)。此外,还有一些衍生品

---

〔1〕 程红星主编:《中华人民共和国期货和衍生品法释义》,中国金融出版社 2022 年版,第 30 页。
〔2〕《银行业金融机构衍生产品交易业务管理暂行办法》第 4 条。

市场参与者自己拟定的主协议（自研主协议）。

衍生品交易的协议由一系列文件组成，通常包括：（1）主协议。（2）补充协议。此外，交易双方在进行交易时可以提供履约保障，所签署的履约保障协议为补充协议的附件。（3）交易有效约定/交易确认书。例如，交易双方在进行交易时签署交易确认书，约定交易的相关条款，并明确该交易适用主协议。交易双方就具体类别交易签署的交易确认书可以约定适用相关行业自律组织颁布的标准交易条款（含其定期的修改或更新）。上述三部分文件构成交易双方之间单一和完整的协议。补充协议与主协议不一致的，补充协议有优先效力；就一笔具体交易而言，在主协议、补充协议和交易有效约定/交易确认书出现不一致时，效力优先顺序如下：交易有效约定/交易确认书、补充协议、主协议。[1]

在主协议及其补充协议的框架之下，交易双方在每一次交易中还会就该次交易达成具体的约定，体现为交易确认书等形式。因此，主协议及其补充协议，以及各次交易的交易确认书等，共同构成了一个伞形结构的协议群。所谓主协议下的单一协议机制，是指每一次具体的交易都是以主协议为前提的，整个协议群共同构成交易双方之间一个完整的单一协议，交易者对其中任何一个文件的违反均构成对该单一协议整体的违反，守约方有权启动主协议项下的违约事件处理程序。此外，单一协议机制还可以限制一方交易者破产时管理人选择权或撤销权的行使。如果管理人选择只履行对债务人有利的几笔交易，或者撤销对其不利的几笔交易，则构成对整个伞形协议群的违约。

二、履约保障

《期货和衍生品法》第34条规定："进行衍生品交易，可以依法通过质押等方式提供履约保障。"质押式履约保障，是指通过在合格履约保障品上设立质押权来提供担保的一种履约保障方式。此外，普遍认可的还有转让式履约保障，是指出让方将合规履约保障品的所有权转让给另一方，该转让行为构成主协议下的一项交易；在一方发生违约事件或终止事件而导致交易被提前终止时，已转让履约保障品将作为出让方应收到的未付款项，纳入主协议下进行终止净额结算。[2] 例如，中国银行间市场交易商协会配套主协议发布的《中国银行间市场金融衍生产品交易质押式履约保障文件》和《中国银行间市场金融衍生产品交易转让式履约保障文件》即分别对应这两种履约保障方式。

三、终止净额结算

《期货和衍生品法》第35条规定："依法采用主协议方式从事衍生品交易的，发生约定的情形时，可以依照协议约定终止交易，并按净额对协议项下的全部交易盈亏进行结算。依照前款规定进行的净额结算，不因交易任何一方依法进入破产程序而中止、无效或者撤销。"终止净额结算的前提是依法采用主协议方式从事衍生品交易。"终止"，是指发生约定的情形（例如协议约定的违约事件或终止事件）时，根据守约方或未受终止事件

---

[1] 《中国银行间市场金融衍生产品交易主协议》第1条，《中国证券期货市场衍生品交易主协议》第1条。

[2] 王瑞贺、方星海主编：《中华人民共和国期货和衍生品法释义》，法律出版社2022年版，第62页。

影响的一方的要求,提前终止主协议项下所有未完成的交易。"净额结算",是指根据约定方式对所有被终止的交易,按照双方的盈亏进行轧差计算,形成一个单向的支付净额。终止净额结算可以防止违约方和受终止事件(特别是破产)影响的一方挑拣履行对其有利交易,因此该条还特别规定了终止净额结算时的破产隔离。此外,单一协议项下的所有交易可以在轧差后按照净额计算保证金,可以节约担保资源,支持更大规模的衍生品交易。

四、交易报告库

《期货和衍生品法》第 36 条规定:"国务院授权的部门、国务院期货监督管理机构应当建立衍生品交易报告库,对衍生品交易标的、规模、对手方等信息进行集中收集、保存、分析和管理,并按照规定及时向市场披露有关信息。具体办法由国务院授权的部门、国务院期货监督管理机构规定。"建立衍生品交易报告库,有助于提高市场透明度,强化市场监测,保障金融稳定。所有衍生品交易,无论是否进场交易,是否集中结算,都应当向交易报告库报告。中国期货市场监控中心、中证机构间报价系统是我国已获得金融稳定理事会认可的交易报告库,前者的报告主体是期货公司风险管理子公司,后者的报告主体是证券公司。中国外汇交易中心、中国银行间市场交易商协会是金融稳定理事会认可的准交易报告库。

五、集中结算

除了传统的场内市场以外,中央对手方的适用范围也在向场外扩展。中央对手方运用于场外市场实际上就是在交易双方依据个别协议达成交易之后,将这些交易统一提交给中央对手方进行结算,即所谓的"场外交易,场内结算"。在中央对手方结算机制下,结算机构成为买方的卖方,卖方的买方,通过向交易者收取保证金来管理风险,保证金每日(或在必要时以更高频率)调整。如果中央对手方的对手方不能履行其义务,则它们的头寸将被清盘,产生的任何亏空由缴纳的保证金抵补。[1] 这既是提升结算效率与保障交易履行的手段,也是集中监管向场外延伸的一种努力,以便于对场外市场的风险进行评估和管理。《期货和衍生品法》第 37 条规定:"衍生品交易,由国务院授权的部门或者国务院期货监督管理机构批准的结算机构作为中央对手方进行集中结算的,可以依法进行终止净额结算;结算财产应当优先用于结算和交割,不得被查封、冻结、扣押或者强制执行;在结算和交割完成前,任何人不得动用。依法进行的集中结算,不因参与结算的任何一方依法进入破产程序而中止、无效或者撤销。"我国作为衍生品场外市场中央对手方的结算机构主要是银行间市场清算所(上海清算所)。

(一)将衍生品交易纳入中央对手方结算的意义

全球衍生品市场的一大部分是超出交易所范围在场外市场中进行的,场外市场平台也越来越多地采用标准的交易所方法,运用交易所惯用的中央对手方等服务工具。[2] 场

---

[1] [瑞士]伊丽莎白·勒德鲁特、克里斯蒂安·阿佩:《变化中的 OTC 衍生产品的交易后安排》,王晓光、卢向前译,载《中国货币市场》2008 年第 1 期。

[2] [德]马可·谢赫:《世界衍生产品交易所的发展和趋势》,中国外汇交易中心译,载《中国货币市场》2007 年第 2 期。

外市场蕴含着巨大的风险，比如 2008 年"金融海啸"最初就是起源于场外市场，因此美国 2010 年颁布的《多德—弗兰克华尔街改革与消费者保护法》第 723 条（a）（3），就通过修订《商品交易法》的方式对将互换交易纳入中央对手方的集中结算作出了明确规定："对于必须进行集中结算的互换，若非将该等互换提交根据本法注册的或者根据本法豁免注册的衍生品结算组织进行集中结算，任何人不得从事该等互换，否则当属违法。"在美国，部分以证券为基础的互换是由证券交易委员会监管的，因此在《证券交易法》中针对这部分互换也作出了相同的规定。

将中央对手方运用于场外市场的意义体现在以下方面。第一，通过不同对手方之间合约的冲抵来实现多边净额结算，也赋予了交易者通过进行一笔反向交易以抵销其头寸的能力。[1]第二，市场参与者只需要管理自己对中央对手方的风险敞口，而无须管理对其他所有交易对手的风险敞口。[2]第三，可以使交易者之间原本依据个别协议达成的交易实现合约更替，中央对手方以自身的信用和资金实力确保所有合约的履行，从而大大降低场外衍生品交易的违约率。第四，可以使监管机构充分了解经过中央对手方结算的交易头寸及风险敞口情况，对市场风险进行正确估量和监管，从而及时采取有效的监管措施。第五，可以减少在双边结算体制下产生的大量重叠性合约，而且交易方只需要就净额头寸部分提供担保，从而大大节约了担保资源。

（二）衍生品交易集中结算时中央对手方的法理基础

中央对手方的法理基础包括合约更替与公开要约。虽然，国际清算银行（CPSS）和国际证监会组织（IOSCO）联合发布的《对中央对手方的建议》指出："在大多数法域内，使得中央对手方成为对手方的法律概念是合约更替或公开要约。通过合约更替，买方和卖方之间的原合约被两份新合约取代而消灭，其中一份产生于中央对手方与买方之间，另一份产生于中央对手方与卖方之间。在公开要约制度下，中央对手方在买卖双方就交易条款达成一致时立即自动地介入该项交易。如果所有预先约定的条件得到实现，公开要约制度下的买卖双方之间自始不存在合约关系。如果法律体系支持所采用的方式，无论合约更替还是公开要约，都可以在使中央对手方负有效结算义务方面，为市场参与者提供法律确定性。"[3]但是，对于中央对手方在场外市场发挥作用的情形，公开要约理论在解释上存在困难。在中央对手方运用于场外市场的情况下，实际是由交易双方首先达成交易，再把该项交易提交给结算机构进行结算，也就是说在提交中央对手方结算之前，交易双方之间已经存在了合同关系。但在公开要约的解释模型中，原始交易双方之间自始是不存在合同关系的，相关交易必须有结算机构的参与才能达成，这就在理论上产生了难以调和的矛盾。

（三）可以纳入中央对手方结算的衍生品交易的范围

并不是所有的场外衍生品都适合中央对手方结算，纳入中央对手方体制的应当只是

---

〔1〕［瑞士］伊丽莎白·勒德鲁特、克里斯蒂安·阿佩：《变化中的 OTC 衍生产品的交易后安排》，王晓光、卢向前译，载《中国货币市场》2008 年第 1 期。

〔2〕［美］珍妮特·耶伦：《互联度与系统风险》，牛筱颖译，载《中国金融》2013 年第 7 期。

〔3〕Committee on Payment and Settlement System & Technical Committee of the International Organization of Securities Commissions, Recommendations for Central Counterparties13（2004）, https://www.bis.org/cpmi/publ/d64.pdf.

场外部分具有期货交易特征的衍生品。根据美国《商品交易法》第2条的经验,在审查时应考虑的因素包括:(1)是否存在重大未平仓名义风险敞口、交易流动性及充分的定价数据;(2)是否具有充分的规则框架、能力、运营专长和资源以及信用支持基础设施,能够按照与合约届时交易所依据的重要条款及交易惯例一致的条款对合约进行结算;(3)对缓释系统性风险的作用(此时应考虑该合约的市场规模及衍生品结算机构可用的结算该合约的资源);(4)对竞争(包括针对结算收取的适当的费用和收费)的影响;(5)若相关衍生品结算机构或其一个或一个以上结算成员出现资不抵债的情况,对客户及互换对手方的持仓、资金及财产的处理是否存在合理的法律确定性。在例外的情况下,某些衍生品合约不适用中央对手方结算的要求,这要求该合约:(1)对手方之一并非金融实体;(2)正在利用互换对商业风险进行套期保值或缓释;(3)已告知监管机构通常情况下其履行与达成非集中结算的衍生品相关的财务义务的方式。

(四)终止净额结算的适用

经过合约更替,作为中央对手方的结算机构成为市场上所有交易的对手方。因此,当发生违约事件或终止事件时,终止净额结算发生于交易者与结算机构之间,根据守约方或未受终止事件影响的一方的要求,提前终止主协议项下所有未完成的交易,并对所有被终止的交易按照双方的盈亏进行轧差计算,形成一个单向的支付净额。中央对手方运用于场外市场结算的情况下,结算与交割也具有优先性与最终性。结算财产应当优先用于结算和交割,不得被查封、冻结、扣押或者强制执行;在结算和交割完成前,任何人不得动用。依法进行的集中结算,不因参与结算的任何一方依法进入破产程序而中止、无效或者撤销。

重要名词术语

主协议、单一协议、终止净额结算、交易报告库

思考题

1. 衍生品交易的场所。
2. 衍生品交易的方式。
3. 金融机构开展衍生品交易业务的要求。
4. 衍生品交易的履约保障方式。
5. 场外衍生品集中结算制度的特点。

典型案例分析

案例一

2011年9月15日,某打银行与张家口某化公司签订《国际掉期及衍生品协会主协议》(International Swaps and Derivatives Association Master Agreement 2002,简称ISDA主协议)。2014年2月和3月,双方签订交易条款,约定就布伦特原油开展互换交易,张家

口某化公司向某打银行确认及承认：张家口某化公司已经基于自身的判断对是否订立交易以及交易是否合适或适当作了最终决定，且对于其认为需要取得其他咨询以协助其作出本决定的，其已经取得自身顾问的所有额外意见。此后，双方依约履行了4期互换交易。2014年5月和9月，某打银行与张家口某化公司的授权交易员齐某通话，就系争交易向张家口某化公司提示油价下跌风险。张家口某化公司均表示了解且希望按原约定3月份交易条款执行。2014年11月11日，张家口某化公司发函要求提前终止2月18日签署的"布伦特原油—买入绩效互换"协议，否认2014年11月10日后互换交易的效力，并表示不再承担11月10日后的损失。2014年11月27日，某打银行向张家口某化公司发出《提前终止通知》，指定2014年12月2日为主协议项下所有未完成交易的提前终止日。

2014年12月2日，某打银行向5家市场交易商发送电子邮件，就系争交易提前终止所需的平仓成本发送询价函。次日，某打银行向张家口某化公司发出《提前终止金额计算报告》，要求张家口某化公司支付提前终止款项，提前终止金额在本报告生效日起的第二个本地工作日到期，要求张家口某化公司在支付到期日支付以上提前终止款项加上到期应付的利息。

某打银行因索赔未果提起本案诉讼，要求张家口某化公司向某打银行支付互换交易项下欠付的提前终止款项1,328,560.97美元及利息等。

该案应当如何处理？

案例二

2020年3月16日，江某通过中某银行股份有限公司（以下简称中某行）手机银行APP与中某行南通钟秀支行签署《中某银行股份有限公司金融市场个人产品协议》电子合同一份。签约当日，江某购买500手（桶）"人民币美国原油2004合约"，实际成交单价为213.53元人民币。2020年3月18日，江某追加购买100手（桶）"人民币美国原油2004合约"，实际成交单价为187.05元人民币。2020年3月20日，江某购买的"人民币美国原油2004合约"到期，到期处理方式为"到期移仓"，结算单价为178.65元人民币，当日结算后移仓至"人民币美国原油2005合约"，开仓数量为600手（桶），实际成交单价为184.73元人民币。2020年4月16日至18日，中某行南通钟秀支行每日均向江某发送提示短信，告知"人民币美国2005期合约"将于2020年4月21日到期，并将于2020年4月20日22时停止交易和启动移仓。2020年4月20日22时，"人民币美国原油2005合约"停止交易。

2020年4月21日，中某行发布"原油宝"产品美国原油合约4月21日暂停交易的公告。2020年4月22日，中某行发布"原油宝"2020年4月22日合约结算价格的公告，告知人民币美国原油2005合约多头平仓结算价格为–266.12元。同日，江某"原油宝"交易账户产生平仓损失139,723.95元，其中保证金损失28,885.95元、本金损失110,838元。江某诉请判令：确认江某与中某行南通钟秀支行之间签订的《中某银行股份有限公司金融市场个人产品协议》无效；判令中某行南通钟秀支行赔偿江某本金损失110,838元并退还保证金28,885.95元。

该案应当如何处理？

第三十五章　市场违法行为

【内容提示】

任何单位和个人不得操纵期货市场或者衍生品市场。《期货和衍生品法》中明确列举的九种具体操纵行为类型，可以分别纳入真实交易型操纵、虚假交易型操纵、信息型操纵、市场力量型操纵和跨市场操纵这五种基本类型。期货市场操纵的法定形态包括两种，即"操纵"和"意图操纵"。操纵，通常被定义为一种故意制造人为价格的行为，构成要件有四项：操纵能力、操纵意图、人为价格和因果关系。意图操纵，指的是那种故意实施的但没有造成人为价格的操纵行为，只需要两项构成要件：影响价格的意图和促成该意图的显著行为。对价格关联型跨市场操纵进行认定时，构成要件有三项：一是行为人在手段市场中的操纵行为；二是手段市场与目标市场之间的价格关联关系；三是行为人在目标市场中持有头寸。

禁止期货市场和衍生品市场内幕交易的理由主要来自三个方面：一是内幕交易显失公平，二是保持交易者信心，三是维护期货市场和衍生品市场的形成机制。内幕信息，是指可能对期货交易或者衍生品交易的交易价格产生重大影响的尚未公开的信息。内幕信息的知情人，是指由于经营地位、管理地位、监督地位或者职务便利等，能够接触或者获得内幕信息的单位和个人。期货交易和衍生品交易的内幕信息的知情人和非法获取内幕信息的人，在内幕信息公开前不得从事相关期货交易或者衍生品交易，明示、暗示他人从事与内幕信息有关的期货交易或者衍生品交易，或者泄露内幕信息。

在《期货和衍生品法》中，除了第6条中"禁止欺诈"的抽象规定之外，再无落实反欺诈要求的具体条款。但是，该法中存在一些虽无反欺诈之名，但有反欺诈之实的条款。首先，第16条关于禁止编造、传播虚假信息或者误导性信息的规定可以归为此类。其次，第78条关于禁止期货经营机构从事损害交易者利益的行为的规定中，所列举的第4、5、6项行为类型也可以归为欺诈行为。此外，在解释论上，第6条中"禁止欺诈"的规定本身也应当是可执行的，并有望确立并发展成为这部法律中涵盖范围广泛的一般性反欺诈规则。

第一节 市场操纵

一、反操纵条款的逻辑结构

《期货和衍生品法》第 12 条第 1 款规定："任何单位和个人不得操纵期货市场或者衍生品市场。"该款作为概括性反操纵条款,其调整范围既包括期货市场操纵,也包括衍生品市场操纵。而第 2 款"禁止以下列手段操纵期货市场"的表述,表明该款仅针对期货市场操纵,在规定其形态和构成要件的同时,还对操纵手段(行为类型)作出了列举。该条未对衍生品市场的操纵手段进行列举,是因为过去对市场操纵手段的总结和归纳,主要都是基于期货市场的经验。而在场外市场中交易的衍生品形态各异、标准化程度不同,尤其是场外市场不能采用集中交易机制,因此那些适用于期货市场的操纵手段,特别是交易型操纵手段,基本无法适用于衍生品市场。至于信息型操纵和市场力量型操纵,在衍生品市场往往也有特殊的表现形态,这有待于未来在实践中进行总结和归纳。

二、市场操纵的行为类型

对期货市场操纵行为的第一级分类,是从操纵实现的机制出发,可以将其划分为欺诈型操纵和市场力量型操纵两种基本类型。传统上,根据行为人在操纵中所采用的手段,又可以对欺诈型操纵作进一步的划分,从而将期货市场操纵区分为交易型操纵、信息型操纵和市场力量型操纵三种基本类型。其中,根据操纵是基于真实的还是虚假的交易活动,又可以将交易型操纵区分为真实交易型操纵和虚假交易型操纵。而随着操纵活动涉及的市场范围不断扩大,跨市场操纵也被纳入操纵行为的具体类型当中。因此,我国《期货和衍生品法》第 12 条第 2 款中明确列举的 9 种具体操纵行为类型,可以分别纳入真实交易型操纵、虚假交易型操纵、信息型操纵、市场力量型操纵和跨市场操纵这 5 种基本类型。需要特别说明的是,在期货市场反操纵立法中对操纵行为的类型进行归纳,是为了方便理解和认定,而不是为了格式化现实中存在的操纵行为。事实上,包括域外法制在内,所有对市场操纵行为的类型化都是对现实中出现的操纵行为模式进行归纳而形成的,并非严谨的逻辑推演的结果。因此,对操纵行为类型的归纳并不是一种严格的非此即彼的分类,互相之间可能会存在交集。在实践中,行为人在进行市场操纵活动时往往也会综合运用多种手段来实现操纵市场的目的。而那些无法纳入明确列举的操纵行为类型的操纵手段,则属于兜底性条款所规制的"操纵期货市场的其他手段",是为法律规定的第 10 种类型。

(一)真实交易型操纵

真实交易型操纵,是指行为人通过真实的交易活动本身来操纵市场。其典型是连续交易操纵,规定在《期货和衍生品法》第 12 条第 2 款第 1 项,即行为人通过单独或者合谋,集中资金优势、持仓优势或者利用信息优势联合或者连续买卖合约的手段进行操纵。

"合谋"是指行为人之间存在意思联络,对操纵行为存在共谋的事实。"优势"是相对而言的,对于所操纵的合约品种的交易者具有优势即可,不要求行为人具有绝对优势。[1]联合买卖,是指两个以上行为人,约定在某一时段内一起买入或卖出某种合约。行为人之间形成决议或决定或协议的,应认定行为人具有联合买卖的意图。行为人之间虽没有决议或决定或协议,但行为人之间在资金、股权、身份等方面具有关联关系的,一般可以认定行为人具有联合买卖的意图。符合下列情形之一的,一般可认定为联合买卖:(1)两个以上行为人按照事先的约定,在某一时段内一起买入或者相继买入某种合约的;(2)两个以上行为人按照事先的约定,在某一时段内一起卖出或者相继卖出某种合约的;(3)两个以上行为人按照事先的约定,在某一时段内其中一个或数个行为人一起买入或相继买入而其他行为人一起卖出或相继卖出某种合约的。连续买卖,是指行为人在某一时段内连续买卖某种合约。在一个交易日内交易某一合约两次以上,或在两个交易日内交易某一合约三次以上的,即构成连续买卖。联合买卖和连续买卖,包括未成交的买卖申报,不限于实际成交的买入或卖出交易。[2]

期货市场的交易型操纵以短线操纵为主。[3]连续交易操纵的目的是制造行为人所希望的虚假市场行情,误导其他期货投资者的投资决策,从中渔利。例如,当具备资金优势或者其他优势的行为人在很短的时间内(如一个交易日内)连续多次买进某种期货合约,那么其他期货投资者可能会误认为该期货合约的交易处于"牛市",因而也跟随买入,结果价格上涨,行为人再趁机卖出,获取厚利,待其他期货投资者觉醒时,价格已经下跌,损失惨重;反之,当具备资金优势或者其他优势的行为人在很短的时间内连续多次卖出某种期货合约,那么其他期货投资者就可能会误认为该期货合约的交易处于"熊市",因而也跟随卖出,结果价格下跌,行为人再趁机买入,获取厚利,待其他期货投资者觉醒时,价格已经上涨,同样损失惨重。[4]连续交易除了具有给其他市场参与者制造误导性印象,从而引诱其参与交易的作用以外,对于操纵者而言还具有累积头寸从而具备影响价格能力的功能。甚至操纵者还有可能通过连续交易的方式直接影响价格,迫使保证金不足的其他交易者平仓,从而进一步强化价格走势。[5]因此,对于连续交易中的"连续"一词,不应刻板地理解为必须是时间间隔非常短的一系列交易。只要操纵者所从事的一系列交易活动在交易目的上具有连贯性,且交易时间上相近即可。

(二)虚假交易型操纵

虚假交易型操纵,是指行为人通过虚假的交易行为来操纵市场。其典型包括约定交易操纵、洗售操纵和虚假申报操纵,分别规定在《期货和衍生品法》第12条第2款第2、3、5项。

---

[1] 王瑞贺、方星海主编:《中华人民共和国期货和衍生品法释义》,法律出版社2022年版,第24页。
[2] 参考《中国证券监督管理委员会证券市场操纵行为认定指引(试行)》第20、21条。
[3] 侯幼萍、程红星:《期货法立法基础制度研究——金融期货的视角》,立信会计出版社2014年版,第210—211页。
[4] 姜洋主编:《期货市场新法规解释与适用》,法律出版社2007年版,第276—277页。
[5] 刘凤元:《现货市场与衍生品市场跨市监管研究》,载《证券市场导报》2007年第9期。

1. 约定交易操纵

约定交易操纵，又称为对敲或对倒，是指行为人通过与他人串通，以事先约定的时间、价格和方式相互进行期货交易的手段进行操纵。

与他人串通，是指两个以上行为人为了操纵期货市场，达成共同的意思联络。以事先约定的时间、价格和方式相互进行期货交易，是指两个以上行为人共同实施的、由一方作出交易委托，而另一方依据事先的约定作出时间相近、价格相近、数量相近、买卖方向相反的委托，双方相互之间进行的期货交易。约定的时间，是指两个以上行为人约定的进行交易的时间。买入申报和卖出申报在时间上相近，就可以构成约定交易的时间要件的充分条件。约定的价格，是指两个以上行为人约定的进行交易的申报价格。买入申报和卖出申报在价格上相近，就可以构成约定交易的价格要件的充分条件。约定的方式，是指两个以上行为人约定的进行交易的申报数量和买卖申报方向。买入申报和卖出申报在数量上相近，就可以构成约定交易的申报数量要件和买卖申报方向要件的充分条件。[1]

约定交易操纵的目的是让交易价格和交易量被记录在市场的公开揭示系统中，制造交易活跃的假象，误导并引诱其他交易者参与交易，操纵者就可以趁机牟利。[2]例如，几个行为人为了制造虚假的市场行情，控制和影响期货交易价格或者市场持仓量，事先串通好交易的时间、成交的价格和交易的方式，于是在既定的时间内，当其中的一个行为人以既定的高于市场交易价的价格卖出或者以既定的低于市场交易价的价格买入时，另一个行为人按照约定立即买入或者卖出，通过期货交易所计算机撮合成交后，使当日的成交价格出现上涨或者下跌的显示（其中的损失暂时先由后一个行为人承担），其他期货交易者不明真相，误认为期货交易价格可能真的要上涨或者下跌了，于是都跟着买卖，行为人趁机反向操作，不但可以弥补开始的亏损，而且能够获取非法暴利。[3]需要注意的是，行为人根据交易所的业务规则约定达成的期货转现货交易，虽然外观上与对倒相似，但符合交易所的业务规则，实际上不构成违法行为，不适用该规定。[4]

2. 洗售操纵

洗售操纵，又称为自买自卖、冲洗交易、自我交易，是指行为人通过在自己实际控制的账户之间进行期货交易的手段进行操纵。我国证监会查处的期货市场操纵案件中，大部分都包含有洗售的情节。

自己实际控制的账户，是指行为人具有管理、使用或处分权益的账户，主要包括下列账户：（1）行为人以自己名义开设的实名账户；（2）行为人以他人名义开设的账户；（3）行为人虽然不是账户的名义持有人，但通过投资关系、协议或者其他安排，能够实际管理、使用或处分的他人账户。[5]洗售的主要特征是行为人单独行动，不需要他人配合；采取的主要手段是以自己为交易对象，从事不真正转手的自买自卖活动，以影响期货交易价

---

[1] 参考《中国证券监督管理委员会证券市场操纵行为认定指引（试行）》第24、25条。
[2] 刘凤元：《现货市场与衍生品市场跨市监管研究》，载《证券市场导报》2007年第9期。
[3] 姜洋主编：《期货市场新法规解释与适用》，法律出版社2007年版，第277页。
[4] 王瑞贺、方星海主编：《中华人民共和国期货和衍生品法释义》，法律出版社2022年版，第25页。
[5] 参考《中国证券监督管理委员会证券市场操纵行为认定指引（试行）》第28条。

格或交易量。例如,期货公司的客户将相同品种、相同数量、相同交割日期、相同价格的合同,分别委托两个或者两个以上期货公司,自己买入,自己卖出,通过电脑自动撮合成交,但实际上买主与卖主是同一个人,期货合约并没有真正地转手,目的是人为地抬高或者压低期货交易价格,制造虚假的市场行情,骗取其他期货投资者上当。又例如,同一个行为人以相同的价格、相同的数量买卖相同的期货合约,以达到诱骗其他期货交易者买入或者卖出相同的期货合约的目的。[1]

3. 虚假申报操纵

虚假申报操纵,是指行为人通过不以成交为目的,频繁或者大量申报并撤销申报的手段进行操纵。

行为人在申报时不以成交为目的,可结合申报、撤单情况及其他行为特征综合判断。在满足行为特征的情况下,行为人存在少量成交或者部分成交的,不影响对"不以成交为目的"的认定。在行为模式上,行为人不以成交为目的地频繁申报、撤单或者大量申报、撤单,制造虚假的市场深度表象,或者意图制造人为的价格涨跌方向,并通常会进行与原申报方向相反的交易或者谋取相关利益。[2]在程序化交易时代,特别是高频交易兴起后,此种操纵手段对市场的威胁更为突出。[3]

(三)信息型操纵

信息型操纵,是指行为人通过向市场注入信息,从而引诱他人据此作出交易决定的方式来操纵市场。其典型包括蛊惑操纵和抢帽子操纵,分别规定在《期货和衍生品法》第12条第2款第4、6项。

1. 蛊惑操纵

蛊惑操纵,是指行为人通过利用虚假或者不确定的重大信息,诱导交易者进行期货交易的手段进行操纵。

虚假信息,是指与真实情况不一致,或者与真实情况不完全一致,或者拼接、隐瞒、歪曲了重要事实,误导他人的信息。不确定的信息,是指有关特定事件发生与否及其程度尚处于不确定状态的信息。重大,是指虚假信息或者不确定的信息能够对期货交易价格或者交易量产生影响。诱导,是指行为人的利用虚假或者不确定的重大信息的行为影响了交易者的决策,使交易者进行了期货交易,即两者之间存在因果关系。进行期货交易,不仅包括建仓达成期货交易的行为,还包括平仓行为。[4]一般认为,"利用"主要指传播行为,包括编造并传播行为,也包括未编造但传播行为。[5]

蛊惑操纵的典型做法,是行为人进行期货交易时,利用虚假或者不确定的重大信息,

---

[1] 姜洋主编:《期货市场新法规解释与适用》,法律出版社2007年版,第277—278页。
[2] 《〈关于期货交易管理条例第七十条第五项"其他操纵期货交易价格行为"的规定〉起草说明》,载中国证券监督管理委员会网站,最后访问日期:2024年3月12日。
[3] 王瑞贺、方星海主编:《中华人民共和国期货和衍生品法释义》,法律出版社2022年版,第27页;程红星主编:《中华人民共和国期货和衍生品法释义》,中国金融出版社2022年版,第36页。
[4] 王瑞贺、方星海主编:《中华人民共和国期货和衍生品法释义》,法律出版社2022年版,第26页。
[5] 程红星主编:《中华人民共和国期货和衍生品法释义》,中国金融出版社2022年版,第36页。

诱导交易者在不了解事实真相的情况下作出交易决定,影响期货交易价格或交易量,以便通过期待的市场波动,取得经济上的利益。行为人通常在编造、传播或者散布虚假或者不确定的重大信息之前买入或卖出相关期货;而在编造、传播、散布虚假或者不确定的重大信息及价格发生波动之后卖出或买入相关期货。行为人可以是虚假或者不确定的重大信息的编造者,也可以是其传播者或者散布者。[1]

2. 抢帽子操纵

抢帽子操纵,是指行为人通过对相关期货交易或者合约标的物的交易作出公开评价、预测或者投资建议,并进行反向操作或者相关操作的手段进行操纵。

在行为主体上,此种行为不限于具有特定身份的人才能实施。这是因为,随着互联网等信息传播技术的不断发展,能够通过公开评价、预测或者投资建议,从而影响期货市场的主体不再限于那些具有特定身份的机构和个人。现实中诸如"财经大V""金融网红"等,都是普通人通过互联网社交媒体等建立较大社会和市场影响力的典型例子。在行为模式上,行为人通常会在期货市场建仓后,对相关期货交易或者合约标的物的交易作出公开评价、预测或者投资建议,影响期货交易价格或者期货交易量,并进行与其评价、预测或者投资建议方向相反的期货交易了结持仓以获利。与蛊惑操纵不同的是,抢帽子操纵行为所作出的公开评价、预测或者投资建议并非事件或事实信息,因此无法用是否虚假或不确定来进行评价。但是,行为人通过发布此类信息,是能够影响市场并配合其市场操作实现操纵目的的。行为人作出公开评价、预测或者投资建议的方式包括但不限于通过报刊、电台、电视台等传统媒体,网站、公众号等电子网络媒体,或利用传真、短信、电子信箱、电话、软件等工具。但行为人依据有关法律、行政法规、规章或有关业务规则的规定,已经公开作出相关预告的,不视为抢帽子操纵。[2]

(四)市场力量型操纵

"市场力量"(market power)概念源自反垄断法,指的是对垄断性力量的运用。[3]而市场力量型操纵,就是指在采用实物交割机制的市场中,行为人利用其所具备的垄断性力量,包括在基础资产市场上的控制性地位和金融合约市场上的支配性头寸,以及利用实物交割机制下合约对手方无法交割/接受交割的易受损性,来扭曲市场价格。其典型包括囤积操纵和逼仓操纵,分别规定在《期货和衍生品法》第12条第2款第7、8项。

1. 囤积操纵

囤积操纵(corner),是指行为人为影响期货市场行情通过囤积现货的手段进行操纵。具体又分为多头囤积和空头囤积两种类型,前者的目的是让空头不能取得现货供应来交割,后者的目的是通过向期货市场大量交割现货而压低期货价格。[4]

---

〔1〕 参考《中国证券监督管理委员会证券市场操纵行为认定指引(试行)》第31、32、33条。

〔2〕 参考《中国证券监督管理委员会证券市场操纵行为认定指引(试行)》第35、36条。

〔3〕 Benjamin E. Kozinn, *The Great Copper Caper: Is Market Manipulation Really a Problem in the Wake of the Sumitomo Debacle?*, 69 Fordham Law Review 243, 256(2000).

〔4〕 Philip McBride Johnson, *Commodity Market Manipulation*, 38 Washington and Lee Law Review 725, 731(1981).

在多头囤积的情形,行为人利用期货交易的匿名性建立大量期货多头头寸,与此同时,还会控制当地大部分可交割的现货供应。在特定交割月,当那些负有交割义务的空头没有多少准备时间的时候,行为人要求进行交割。此时空头只有两个选择,要么高价买入现货以进行交割,要么溢价向多头买回期货合约以对冲平仓。[1]行为人不需要控制全国的所有现货供应,只需要控制市场当地的可交割现货供应。由于空头可以立即获取的可交割现货相对于未平仓期货合约要少,作为多头的行为人就能够通过在一系列更高的价格上提供对冲平仓的机会而获利。当然,行为人虽然会把价格推高,但不会把价格推高到促使空头宁愿从交易所以外的地方高价引入现货进行交割的程度。迫使空头以高价对冲平仓是更为成功的操纵手法,否则一旦空头从外地引入现货进行交割,操纵活动结束后行为人还必须要想办法处理这些存货。[2]

在空头囤积的情形,行为人需要先囤积大量现货,通常在交割月的第一天进行大量交割,迫使不愿意在接受交割后处理商品的多头仓促地卖出合约以平仓,从而使期货合约的价格下跌。行为人可以在此低价买入合约平仓获利,也可以在此更有利的价格上将现货商品买回。[3]与多头囤积相比,空头囤积相对少见。因为做空比做多更困难,需要控制更多的现货库存,导致成本也更高。[4]

2.逼仓操纵

逼仓操纵(squeeze),是指行为人通过在临近交割月或者交割月,利用不正当手段规避持仓限额,以形成持仓优势的手段进行操纵。

逼仓的具体做法是,行为人买入大量与短缺的可交割现货商品相关的多头合约,然后在合约到期后仍持有合约,就像他会持有这些合约等待交割一样。空头合约的持有者在现货市场上无法找到足够的可交割现货供应,因此他们被迫以高价向多头买入合约以平仓。[5]逼仓与囤积的区别在于,在囤积的情形下,行为人需要控制他所持有的期货合约所对应商品的几乎所有现货供应;而在逼仓情况下,行为人只需要在期货合约所对应的现货商品面临短缺时,获得大量的期货头寸。逼仓只发生在期货市场,而囤积还涉及现货市场,因此逼仓操纵者可以不持有任何现货头寸。[6]从行为人获益的角度来看,逼仓通常比囤积

---

[1] Rosa M. Abrantes-Metz, Gabriel Rauterberg & Andrew Verstein, *Revolution in Manipulation Law: The New CFTC Rules and the Urgent Need for Economic and Empirical Analyses*, 15 University of Pennsylvania Journal of Business Law 357, 367(2013).

[2] Comment, *Manipulation of Commodity Futures Prices—The Great Western Case*, 21 University of Chicago Law Review 94, 100(1953).

[3] Comment, *Manipulation of Commodity Futures Prices—The Great Western Case*, 21 University of Chicago Law Review 94, 102(1953); Ralph T. Byrd, *No Squeezing, No Cornering: Some Rules for Commodity Exchanges*, 7 Hofstra Law Review 923, 931(1979).

[4] Linda N. Edwards & Franklin R. Edwards, *A Legal and Economic Analysis of Manipulation in Futures Markets*, 4 Journal of Futures Markets 333, 343(1984).

[5] George A. Davidson, *Squeezes and Corners: A Structural Approach*, 40 Business Lawyer 1283, 1284(1985).

[6] Rosa M. Abrantes-Metz, Gabriel Rauterberg & Andrew Verstein, *Revolution in Manipulation Law: The New CFTC Rules and the Urgent Need for Economic and Empirical Analyses*, 15 University of Pennsylvania Journal of Business Law 357, 367-368(2013).

更容易成功。因为囤积的行为人最终必须在不大幅压低价格的情况下处理掉囤积的现货商品,否则其通过囤积获得的收益会随着现货商品价格的下跌而降低。[1]

逼仓之所以会发生,是因为对现货商品有需求的人通常不会通过期货市场来获得现货交割,期货交易机制也主要不是设计用来满足现货商品需求的。期货市场参与者主要包括以管理风险为目的的套期保值者和以从价格波动中获利为目的的投机者。由于期货市场的特殊功能,交割对于普通的交易者双方而言,既不在其预期中,也不是其所希望的。[2]逼仓本身并不一定意味着操纵。这个术语本来是被用于描述期货合约到期时的一种情况,即期货空头(套期保值者或投机者)因为一直等到合约末期才准备平仓,但他们发现此时已无法买入新的多头期货合约,可交割的现货库存很少,而从其他地方购买现货商品并通过交割进行结算也已经太晚了,导致其无法了结持仓,而被迫以高价对冲平仓。在这种情况下,尽管市场并没有出现一般意义上的囤积,但一直坚持持有期货多头头寸的交易者就可以获得其满意的平仓价格。因此,当交易者在期货市场占据支配性地位,但对现货商品没有控制权时,就有可能出现逼仓。逼仓可能是也可能不是由交易者的操纵意图所导致的。[3]因为类似逼仓的效果也可能由非故意的行为引起,例如普通的大型多头交易者正常要求交割,但空头害怕交割而抬高市场价格以对冲平仓。[4]

(五)跨市场操纵

本来意义上的跨市场操纵,是指操纵的行为和结果涉及两个或两个以上具有直接价格影响关系的市场的操纵形式。市场之间的"直接价格影响关系",这是指市场之间须具备通过合约设计、交易机制、价格决定关系等形式建立的联系。现实中跨市场操纵行为的典型形态可以归纳为两种,一种是市场力量型跨市场操纵,另一种是价格关联型跨市场操纵。《期货和衍生品法》第12条第2款第7、8项规定的囤积和逼仓属于市场力量型跨市场操纵。这两种操纵手段均利用了期现货市场间的连接点——交割条款,因而本身包含跨市场因素。而第9项规定的"利用在相关市场的活动操纵期货市场",是以期货市场为目标市场的价格关联型跨市场操纵。

价格关联型跨市场操纵,是指行为人以某种手段造成一个市场的价格变动,从而影响另一个关联市场的价格的操纵形态。例如,当行为人持有的衍生品合约的结算价格与另一个市场的资产价格绑定时,他就可以通过在结算日操纵相关市场的资产价格,从而影响衍生品合约的结算价格。理论上讲,通过操纵证券市场进而影响股指期货等采用现金交割的

---

[1] Jerry W. Markham, *Manipulation of Commodity Futures Prices— The Unprosecutable Crime*, 8 Yale Journal on Regulation 281, 293(1991).

[2] Note, *The Delivery Requirement: An Illusory Bar to Regulation of Manipulation in Commodity Exchanges*, 73 Yale Law Journal 171, 172-173(1963).

[3] Comment, *Commodities: Futures Control: Manipulation under the Commodity Exchange Act*, 57 Minnesota Law Review 1243, 1248-1249(1973).

[4] Note, *The Delivery Requirement: An Illusory Bar to Regulation of Manipulation in Commodity Exchanges*, 73 Yale Law Journal 171, 176(1963).

合约市场是比较难的,[1]但实践案例并不罕见。例如,1996年,野村证券在AOI股指期货到期日收盘前最后30分钟里,试图通过抛售6亿澳元的指数成份股,影响AOI股指期货的交割结算价,以在其持有的股指期货空头合约上获利。再如,2010年,德意志银行(韩国)证券公司在持有KOSPI200股指期权空头合约的情况下,于该股指期权收盘前集中卖出价值2.4424万亿韩元(约合22亿美元)的指数成分股,影响KOSPI200股指期权的交割结算价,进而在其持有的股指期权空头合约上获利448.7亿韩元(约合4050万美元)。

在价格关联型操纵中,其中一个市场有可能只是手段市场,而另一个市场则是目标市场。行为人通常会先行在目标市场持有相当规模的头寸,之后通过连续交易、约定交易、洗售、虚假申报、散布虚假信息等方式操纵手段市场的价格,通过两个市场间的价格关联性传导至目标市场,使目标市场的价格向有利于其所持有头寸的方向运动。在价格关联型操纵中,具体的操纵行为可能同时发生在两个市场,也可以只发生在手段市场,甚至可能导致手段市场中的亏损,而盈利则主要来自目标市场。只要盈利大于亏损,行为人实施的跨市场操纵就是有利可图的。当然,也有在两个市场中都盈利的情况。例如在我国证监会查处的天然橡胶1010合约操纵案中,当事人海南某印集团有限公司不仅通过关联公司以自买自卖、互为对手交易、虚假申报等方式操纵天然橡胶1010期货合约的结算价格获利,而且通过操纵期货合约结算价格影响了仓单交易价格,进而在仓单交易市场再度获利。[2]

(六)其他手段操纵

行为人操纵期货市场的手段不限于《期货和衍生品法》中明确界定的9种,任何能够实现其影响期货交易价格或者期货交易量目的的均属于第12条第2款第10项规定的"操纵期货市场的其他手段"。

三、市场操纵的法定形态与构成要件

根据《期货和衍生品法》第12条第2款"影响或者意图影响期货交易价格或者期货交易量"的表述,期货市场操纵的法定形态包括两种,即"操纵"和"意图操纵"。在比较法上,为了与意图操纵(attempted manipulation)相区分,普通操纵又被称为实际操纵(actual manipulation)。[3]

---

[1] Linda N. Edwards & Franklin R. Edwards, *A Legal and Economic Analysis of Manipulation in Futures Markets*, 4 Journal of Futures Markets 333, 359(1984); Frank H. Easterbrook, *Monopoly, Manipulation, and the Regulation of Futures Markets*, 59 Journal of Business S103, S110, S125(1986).

[2] 证监会行政处罚决定书(海南某印集团有限公司、海南某盘园农业投资有限公司、海南某嘉实业有限公司等6名责任人)〔2013〕67号。

[3] Philip McBride Johnson, *Commodity Market Manipulation*, 38 Washington and Lee Law Review 725, 746(1981); Rosa M. Abrantes-Metz, Gabriel Rauterberg & Andrew Verstein, *Revolution in Manipulation Law: The New CFTC Rules and the Urgent Need for Economic and Empirical Analyses*, 15 University of Pennsylvania Journal of Business Law 357, 410(2013).

（一）操纵的构成要件

操纵，通常被定义为一种故意制造人为价格（artificial price）的行为。[1]操纵的构成要件有四项，即操纵能力、操纵意图、人为价格和因果关系。[2]其中，操纵能力是前提，解决的是具备什么样行为特征的交易者需要被纳入审查范围的问题；操纵意图是关键，解决的是如何区分合法与非法行为的根本标准问题；人为价格是结果，解决的是对市场造成了什么样的影响才会被归责的问题；因果关系是纽带，解决的是如何在行为与结果之间建立联系，以构成操纵的问题。

1. 操纵能力

操纵能力，即行为人影响市场价格的能力。操纵能力要件要求证明，行为人通过相关手段，使自己具备了影响价格的能力。之所以将操纵能力而非操纵行为作为操纵的构成要件之一，是因为操纵行为作为一个上位概念，本身即属于需要认定的对象，否则会存在循环定义的问题。此要件也比单纯的操纵手段要件的证明要求更进一步。如果行为人事实上不具备影响价格的能力，即使其行为在形式上符合市场操纵手段的特征，且市场价格发生了变动，也不能认定其构成操纵。例如，交易者累积的期货头寸占市场开放头寸比例很小，囤积的现货数量也很少，而在合约届期时要求交割的行为；再如，在日成交量上千手的合约市场上，以递升方式出价但每次只有一两手买单，总共只有几手买单的连续交易行为；又如，建立期货头寸后，在几乎没有人阅读的个人社交账号上发布与期货价格相关的虚假消息，未被其他媒体转载、传播的行为，等等。可见，不管在市场力量型操纵、交易型操纵还是信息型操纵中，行为人影响价格的能力对于操纵的认定而言都是必要的。操纵能力要件可以起到案件筛选功能，即排除那些虽然符合操纵行为模式但对市场不可能造成价格影响的交易者责任。如果行为人不具备操纵能力，则不需要对操纵意图或人为价格等要件作进一步的考察。

就市场力量型操纵而言，行为人具备影响价格的能力需要两项条件：一是对可交割现货供应的支配性控制，二是持有支配性的期货头寸。其中，对可交割现货供应的控制是对其中的囤积的特有要求。而在逼仓的情形下，行为人需要控制的可交割现货供应相当于已经因为其他原因被从市场中移除了。

就交易型操纵而言，《期货和衍生品法》将连续交易操纵表述为"单独或者合谋，集中资金优势、持仓优势或者利用信息优势联合或者连续买卖合约"，将虚假申报操纵表述为"不以成交为目的，频繁或者大量申报并撤销申报"，已经在法律条文中明示了对于操纵能力要件的要求。在《期货和衍生品法》中，约定交易操纵被表述为"与他人串通，以事先约定的时间、价格和方式相互进行期货交易"，洗售操纵被表述为"在自己实际控制的账户之间进行期货交易"，对操纵能力的相关要求没有被明确表述。除了法律条文的明确要求之外，对交易型操纵中行为人操纵能力的认定，通常可以考察行为人的资金实力，

---

[1] General Foods Corp. v. Brannan, 170 F.2d 220（7th Cir. 1948）; In re Hohenberg Bros., [1975–1977 Transfer Binder] Comm. Fut. L. Rep.（CCH）20, 271（CFTC Feb. 18, 1977）.

[2] In re Cox, [1986–1987 Transfer Binder] Comm. Fut. L. Rep.（CCH）23, 786（CFTC Jul. 15, 1987）; Frey v. CFTC, 931 F.2d 1171（7th Cir. 1991）.

被怀疑操纵期间的交易量（占比）、成交量（占比）、成交金额（占比）和持仓量（占比）等情况。

就信息型操纵而言，《期货和衍生品法》将蛊惑操纵表述为"利用虚假或者不确定的重大信息，诱导交易者进行期货交易"，将抢帽子操纵表述为"对相关期货交易或者合约标的物的交易作出公开评价、预测或者投资建议，并进行反向操作或者相关操作"，只在前者中部分体现了操纵能力要求。认定信息型操纵者的操纵能力时，通常需要考察信息的重大性、散布信息的方式、散布信息主体的身份等情况。首先，最重要的是信息的重大性，即该信息可能影响或易于影响期货市场价格，且会被理性人认为对于其决定是否在期货市场进行特定交易具有重要意义。其次，散布信息的方式对评估其影响价格的能力也很重要，散布范围越广、渠道越正式、传播效率越高，影响价格的能力就越强。最后，散布信息主体的身份对其影响价格的能力也有影响，身份越权威，则所发布信息影响价格的能力就越强。

2.操纵意图

虽然我国《期货和衍生品法》关于操纵一般形态的表述中未包含对行为人意图的要求，但是操纵意图在市场操纵证明中十分重要。由于一些操纵性的结果也可能基于偶然和无意识的行为产生，如果对意图要件不做要求，许多人会因其偶然或无意识的交易行为而承担责任。[1]不管是操纵还是意图操纵，对操纵意图的证明要求都是相同的。

对操纵意图的内涵界定是个难题：究竟是要求行为人必须特别地故意去制造人为价格（特殊故意），才能构成操纵；还是要求行为人仅仅故意实施了一个会导致人为价格的行为（一般故意），就能构成操纵。[2]两者的差别在于，特殊故意中行为人故意的内容必须指向人为价格，即具备制造人为价格的意识并追求此种结果的发生；而一般故意中行为人故意的内容指向的是某项行为，即行为人是故意实施此项行为，虽然该行为会导致人为价格，但并不要求对行为人预见并追求人为价格结果的心理状态进行证明。美国判例法上对此问题的讨论持续了很长时间，过程中存在模糊和反复，但最终在 Indiana Farm Bureau Coop. Ass'n Inc. 案中得到澄清。监管机构在该案中指出，"要对意图要件进行证明"，必须证明行为人"具有影响市场价格从而使其变动趋势不反映合理供求力量的企图或明确目的"。[3]根据该案最终确立的判例法规则，操纵意图是指行为人必须具备制造人为价格的特殊故意。

此外，操纵意图并不包含行为人的目的或动机。操纵的目的可能是利益输送或避税，如 Deepak 在芝加哥商品交易所通过 424 笔事先约定的、非竞争性交易，以向 Meera 非法

---

[1] Rosa M. Abrantes-Metz, Gabriel Rauterberg & Andrew Verstein, *Revolution in Manipulation Law: The New CFTC Rules and the Urgent Need for Economic and Empirical Analyses*, 15 University of Pennsylvania Journal of Business Law 357, 375-376(2013).

[2] Benjamin E. Kozinn, *The Great Copper Caper: Is Market Manipulation Really a Problem in the Wake of the Sumitomo Debacle?*, 69 Fordham Law Review 243, 262-263(2000).

[3] In re Indiana Farm Bureau Coop. Ass'n Inc., [1982-1984 Transfer Binder] Comm. Fut. L. Rep.(CCH) 21, 796(CFTC Dec. 17, 1982).

转移资金;可能是盈利,如 Optiver 通过复杂的交易操纵石油期货价格盈利;也可能是掩盖损失,如巴克莱通过操纵基准利率(LIBOR 和 EUROBI)操纵期货市场价格,以掩盖期货市场的投资损失。[1]但是,在证明操纵意图要件时,并不需要证明操纵动机。反过来说,对盈利等动机的证明也不能替代对操纵意图的证明。[2]

3. 人为价格

人为价格通常被定义为不能反映正常或基本的市场供求力量的价格。[3]人为价格也是"操纵"区别于"意图操纵"的最重要的结果要件。虽然《期货和衍生品法》中还包含着"或者期货交易量"的表述,但对期货交易量的影响不能成为与人为价格要件同等地位的证明要求,甚至其可能存在的范围都是比较有限的。对交易量的影响一般只是市场操纵的一种手段和外在表现形式,即通过制造交易活跃的假象引诱其他市场参与者交易,其最终目的仍然是使市场价格向自己期望的方向和水平变动。在结算价考虑交易量进行加权平均计算的情况下更是如此,因为结算价格也属于期货交易价格。在比较法上,美国判例显示,通过交易量仅能证明行为人可能有影响市场的力量或能力,但不一定构成操纵。[4]如前所述,对交易量的考察甚至仅仅能够证明交易型操纵中行为人影响价格的能力。而在信息型操纵中,行为人所投入的资金相对较小,往往并不占据资金或持仓优势,其对市场交易量的影响通常相对较小,且操纵活动获得成功也并不一定需要很大的交易量。[5]在市场力量型操纵中,行为人通过自身在期货和现货市场上的支配性地位,或者利用可交割现货供应不足的状况,就能够迫使合约对手方以自己设定的高价对冲平仓,也不需要对交易量造成影响,因为市场力量型操纵根本不需要市场假象来帮助实现。此外,由于操纵意图要件的内涵是行为人对造成操纵结果的故意,而市场力量型操纵行为人的唯一目的就是通过自身所具备的垄断性力量来强行决定市场价格,那么影响期货交易量要如何纳入行为人的操纵意图中呢?事实上,所有操纵类型的行为人的最终目的都是造成价格影响,而与交易量无关。此外,虽然行为人通过操纵活动能够使市场价格向有利于自己持仓的方向运动,从而盈利,但行为人是否获利并非操纵的构成要件。我国证监会查处的多个行政处罚案例中,操纵的最终结果都是导致行为人亏损,但这并不影响对当事人操纵行为的认定。

传统上主要是使用参照系比较方法来认定人为价格,即通过选取其他一些价格作为标准,再将被审查的期货合约的实际价格与之进行对比,如果被审查的期货合约价格偏离

---

[1] 牛广济、张啸尘:《金融危机后美国金融衍生品市场最新违法特点的实证研究及启示——以 CFTC 监管案件为视角》,载黄红元、徐明主编:《证券法苑》(第 8 卷),法律出版社 2013 年版,第 354—378 页。

[2] In re Hohenberg Bros.,[1975–1977 Transfer Binder]Comm. Fut. L. Rep.(CCH) 20, 271(CFTC Feb. 18, 1977).

[3] Cargill, Inc. v. Hardin, 452 F.2d 1154(8th Cir. 1971), cert. denied, 406 U.S. 932(1972); In re Hohenberg Bros.,[1975–1977 Transfer Binder]Comm. Fut. L. Rep.(CCH) 20, 271(CFTC Feb. 18, 1977).

[4] 程红星、王超:《美国期货市场操纵行为认定研究》,载《期货及衍生品法律评论》(第 1 卷),法律出版社 2018 年版,第 100 页。

[5] 王超:《期货市场信息型操纵的法律界定》,载《互联网金融法律评论》(2018 年第 1 辑),法律出版社 2018 年版,第 201 页。

了该价格水平,则证明存在人为价格。这实际上是认为,被用作标准的价格代表了正常市场供求力量作用下应有的价格水平。实践中被用作价格标准的参照系很多,可以归为两大类型。一种是以期货价格作为参照系,在已有案例中主要包括被审查的期货合约前后临近月份合约的价格、与被审查的期货合约价格走势相近的其他品种合约的价格、被审查期货合约历史上相同月份合约的价格、被审查期货合约历史上不同月份之间的合约的价差、其他市场交易的与被审查期货合约同种或走势相近的合约价格,等等。另一种是以现货价格作为参照系。虽然我国证监会在不少案件中都采用了此方法,但都没有说明现货价格是如何确定的。从域外经验来看,主要方法包括:一是根据具有公信力的官方价格报告或行业组织价格报告确定现货价格;二是根据专家证言确定现货价格;三是以操纵者本身对同期现货的出价作为现货价格。[1]

参照系比较方法较为依赖价格数据和经济分析,且其正当性和可靠性问题一直难以解决。就以期货价格作为参照系的方法而言,事实上没有任何两个期货合约的运行表现完全相同,即使两者之间存在相似的属性,它们也可能因为非常不同的市场条件或判断而不同。[2]当一个微小的市场因素变动都有可能因为"蝴蝶效应"而造成大的市场波动的情况下,要求不同年份、不同月份、不同地域、不同品种甚至不同价格体系下的两个市场价格走势几乎相同,只要存在明显偏离即证明存在人为价格,其正当性是存疑的。就以现货价格作为参照系的方法而言,由于期货市场的交易决定往往需要回应的是预期中的外部事实,但是现货市场太窄,在给定的时间内通常很难准确地反映那些交易者认为应当影响商品价格的因素。[3]在美国,虽然商品期货交易委员会表示,不同时期的市场状况在某种程度上均有所不同,与用同时期的相关市场(包括相关现货市场)的价格作为参照系的比较方法相比,历史价格比较方法的证据价值一般较低,因此在认定人为价格的时候,可以更多地考虑以现货价格作为参照系的比较方法。[4]但法院认为,确定现货价格也非常困难,因为现货市场的实际交易可能相对较少,个体交易者的交易价格在很大程度上取决于当事人所处的地位、所涉及的交易量和交易时间,并且以现货价格作为参照系的比较方法有时会产生大量互相矛盾的证据,因而可靠性是存疑的。[5]

人为价格的经典定义强调了此种价格与正常市场供求力量的背离。从此定义出发,当作用于供应和需求的力量是不合理的时候,价格就必然是人为的。因此,分析的重点不应该放在最终价格上,而应该放在造成此种价格的力量上。[6]判断人为价格的关键在于审查影响期货市场供求关系的正常体系中的非正常介入因素或者非理性定价因素,而交易者

---

[1] 钟维:《期货市场操纵构成要件论》,载《法学家》2023年第6期。

[2] Philip McBride Johnson, *Commodity Market Manipulation*, 38 Washington and Lee Law Review 725, 752 (1981).

[3] Richard D. Friedman, *Stalking the Squeeze: Understanding Commodities Manipulation*, 89 Michigan Law Review 30, 55 (1990).

[4] In re Cox, [1986-1987 Transfer Binder] Comm. Fut. L. Rep. (CCH) 23, 786 (CFTC Jul. 15, 1987).

[5] Cargill, Inc. v. Hardin, 452 F.2d 1154 (1971), cert. denied, 406 U.S. 932 (1972).

[6] Benjamin E. Kozinn, *The Great Copper Caper: Is Market Manipulation Really a Problem in the Wake of the Sumitomo Debacle?*, 69 Fordham Law Review 243, 261 (2000).

的不正当行为正是此种因素的体现。出于此种逻辑,在对过去通过参照系比较等经济分析方法证明人为价格的弊端进行反思的基础上,美国商品期货交易委员会在其新近的公报文件中特别指出:"考虑到操纵案件事实密集型的性质,经济分析在某些案件中确实可能适合用于确定讨论中的行为是否实际造成了人为价格。但是,对价格的非法影响通常可以从讨论中行为的性质以及其他事实情况获得结论性推断,而不需要专业的经济分析。"[1]

4.因果关系

因果关系要件要求证明,市场上的人为价格是由行为人所导致的。《期货和衍生品法》中"影响期货交易价格"的表述,除了人为价格之外,还隐含着对因果关系的证明要求。如前所述,对行为人操纵行为的证明需要具体到其操纵能力,因此该要件实际上是要证明,行为人对其操纵能力的使用是造成人为价格的原因。行为人的操纵行为不需要是造成人为价格的唯一原因,只要能构成人为价格的主要原因,就足以认定构成操纵。[2]在直接认定因果关系要件时,可以考虑几个方面:第一,如果交易者之间是一种正常的竞争性交易,那么产生被观测到的市场效应的可能性有多大?第二,如果已观测到的不可能是正常的竞争性交易产生的市场效应,那么被告交易者的行为模式是否与对操纵能力的运用相符?第三,对此种行为有其他非操纵性的解释吗?[3]在大多数情况下,对因果关系要件的证明可以被包含在操纵能力要件中。[4]也就是说,操纵能力实际上是一种"造成"人为价格的能力。[5]因此,在行为人具备操纵能力,且相关时期市场上出现了人为价格的情况下,可以推定其对此种能力的使用是造成人为价格的原因。然而,如果行为人能够证明,尽管自己具备影响价格的能力,但价格变动实际上不是由其行为引起的,就不能认定是他操纵了市场。[6]因此,因果关系的欠缺可以作为行为人的抗辩事由。

(二)意图操纵的构成要件

意图操纵,指的是那种故意实施的但没有造成人为价格的操纵行为。在 Hohenberg Bros.案中,监管机构指出:"意图操纵只是一个不成功的操纵——也就是说,所实施的行为没有造成人为价格。""意图操纵只要求具备影响商品市场价格的意图,以及促成该意图

---

〔1〕 Commodity Futures Trading Commission, Prohibition of Market Manipulation, 75 Federal Register 67657, 67661 (2010).

〔2〕 Rosa M. Abrantes-Metz, Gabriel Rauterberg & Andrew Verstein, *Revolution in Manipulation Law: The New CFTC Rules and the Urgent Need for Economic and Empirical Analyses*, 15 University of Pennsylvania Journal of Business Law 357, 370(2013).

〔3〕 Craig Pirrong, *Commodity Market Manipulation Law: A (Very) Critical Analysis and a Proposed Alternative*, 51 Washington and Lee Law Review 945, 994(1994).

〔4〕 Benjamin E. Kozinn, *The Great Copper Caper: Is Market Manipulation Really a Problem in the Wake of the Sumitomo Debacle?*, 69 Fordham Law Review 243, 260(2000).

〔5〕 Craig Pirrong, *Commodity Market Manipulation Law: A (Very) Critical Analysis and a Proposed Alternative*, 51 Washington and Lee Law Review 945, 968(1994).

〔6〕 Philip McBride Johnson, *Commodity Market Manipulation*, 38 Washington and Lee Law Review 725, 754 (1981).

的某种显著的行为。"[1]可见,意图操纵其实是一种操纵未遂的情形。[2]构成意图操纵只需要两项构成要件:影响价格的意图和促成该意图的显著行为。从我国《期货和衍生品法》第12条第2款"禁止以下列手段操纵期货市场……意图影响期货交易价格或者期货交易量"的表述来看,我国法律上所规定的意图操纵的构成要件也是相同的,包括:(1)操纵意图;(2)通过一定手段实现该意图的行为。其中,后者既包括已经实施了操纵行为,亦包括已经实施了必要的准备行为。[3]从构成要件看,如果说我国先前《期货交易管理条例》中规定的市场操纵是结果违法的话,在《期货和衍生品法》同时规定操纵和意图操纵形态后,市场操纵就既包括了结果违法,也包括了行为违法。[4]

(三)跨市场操纵的特殊问题

对价格关联型操纵进行认定时,构成要件有三项:一是行为人在手段市场中的操纵行为;二是手段市场与目标市场之间的价格关联关系;三是行为人在目标市场中持有头寸。这里主要对第二项要件进行详细讨论。在现实当中,这种价格关联关系主要有两种情形。

1.基于市场机制的价格关联关系

基于市场机制的价格关联关系,是指根据金融商品的合约设计与价格机制,两种资产之间具有价格关联关系。例如衍生品及其相关基础资产市场之间的价格关联型操纵即属于此种情形。由于基础资产的价格本身就是衍生品的定价依据,因此基础资产对衍生品毫无疑问具有直接的价格决定关系。[5]但是,衍生品对基础资产的价格影响,则分两种情况。

第一,根据相关交易规则,衍生品市场的价格作为基础资产市场的定价依据。此种情形主要体现在商品期货领域,即商品期货对于商品现货的价格发现功能。例如,随着期货市场的发展,当日或当月期货结算价格已经成为仓单交易双方定价的重要参考。在我国证监会查处的天然橡胶1010合约操纵案中,在当事人出售天然橡胶标准仓单的交易中,期货结算价就被作为合同价格的定价依据。[6]

第二,行为人在衍生品市场中的交易行为对基础资产市场所产生的价格影响关系。此种情形主要体现在金融期货领域。但由于以股票为代表的金融现货市场往往本身就有合理的定价机制,因此如股指期货等金融期货对于现货而言并不具有定价功能。股指期货价格领先于股票市场,只是因为期货市场对信息的反应快于股票市场。[7]金融期货价格发现

---

[1] In re Hohenberg Bros., [1975–1977 Transfer Binder] Comm. Fut. L. Rep. (CCH) 20, 271 (CFTC Feb. 18, 1977).

[2] 王瑞贺、方星海主编:《中华人民共和国期货和衍生品法理解与适用》,法律出版社2022年版,第22页;程红星、王超:《美国期货市场操纵行为认定研究》,载《期货及衍生品法律评论》(第1卷),法律出版社2018年版,第81页。

[3] 王瑞贺、方星海主编:《中华人民共和国期货和衍生品法理解与适用》,法律出版社2022年版,第22页。

[4] 程红星主编:《中华人民共和国期货和衍生品法释义》,中国金融出版社2022年版,第34页。

[5] 此处的基础资产,既包括衍生品合约所指向的现货标的资产,也包括作为衍生品合约标的的其他衍生品合约。例如,期货期权合约的标的就是某个期货合约品种。

[6] 证监会行政处罚决定书(海南大印集团有限公司、海南龙盘园农业投资有限公司、海南万嘉实业有限公司等6名责任人)〔2013〕67号。

[7] 邢精平:《跨市场操纵模式与监管》,科学出版社2014年版,第77—82页。

功能的特点决定了此种操纵路径通常需要一定的特殊条件。以股指期货市场与股票现货市场为例,若想以期货来带动现货,就需要将期货交易的力量传导至现货市场,其中最重要的路径是期现套利。[1]例如,当期货卖空压力超出期货市场本身的承载能力时,其压力就会向股票市场传导,此时相对于股票时点价格,期货价格被低估,市场套利者将执行套利策略,即买入股指期货,卖空股票现货。操纵股指期货的交易压力会按权重被分散至指数成分股中,但只要市场流动性良好,事实上很难对股票市场产生实质性的影响。[2]然而,在发生股灾的情况下,市场恐慌情绪蔓延,流动性枯竭,就会给跨市场操纵提供条件。反思美国1987年股灾的《布雷迪报告》解释了股灾期间投资组合保险和指数套利等交易策略是如何导致股票现货和股指期货两个市场之间下跌的互相影响,进而引发市场瀑布效应的。[3]理论上,大机构等投资者就可以利用极端市场状况下的这种瀑布效应来实现跨市场操纵。而我国2015年股灾也引发了国人对股灾期间可能存在的"恶意做空"等跨市场操纵行为的猜测。一般而言,"恶意做空"特指通过市场操纵,特别是跨市场操纵来推动资产价格下跌,或对市场下行推波助澜以牟取非法利益的各类交易或非交易行为。在市场急跌的极端情况下,恐慌情绪蔓延,流动性不断萎缩,通过做空操纵市场也会更加容易。[4]

此外还需要讨论的是,如果是因为两种商品的供求关系和市场行情相近,导致两种商品的价格走势趋同,操纵其中一种商品的价格,能否影响另一种商品的价格,从而构成跨市场操纵呢?事实上,由于两种商品之间不具有基于合约设计、交易机制或价格决定等关系的价格关联性,在现实中,如果实施此种操纵行为,只会造成被操纵商品与作为参照的另一种商品价格走势的背离,而无法实现跨市场操纵的目的。例如甲醇期货与原油期货的价格走势通常高度关联,而在我国证监会查处的甲醇1501合约操纵案中,当事人姜某操纵甲醇期货的价格,导致了甲醇期货合约与原油近月期货合约价格走势的偏离,证监会在其处罚决定中就将该情况作为证明姜某的行为对甲醇期货价格造成了重要影响的证据之一。[5]

2. 基于行政命令的价格关联关系

基于行政命令的价格关联关系,是指根据政府的法案、行政命令或相关政策,两种资产之间的价格互相挂钩。例如在 Zenith-Goodley Company, Inc. 案中,根据政府的行政命令,特定时期的牛奶供应价格与纽约商品交易所的黄油价格挂钩。为了提高牛奶价格,行为人认为需要将黄油的价格保持在每磅84美分以上,于是在关键的时间段内以84美分或更高的价格大量购买黄油,从而维持了这一价格。[6]行为人愿意付出比通常更高的价格来购买黄油,是因为这样能够拉抬牛奶价格,从而使其能够在相关交易中获取高额利润。

---

[1] 邢精平:《跨市场操纵模式与监管》,科学出版社2014年版,第136页。
[2] 邢精平:《跨市场操纵模式与监管》,科学出版社2014年版,第101页。
[3] Presidential Task Force on Market Mechanisms, Report of the Presidential Task Force on Market Mechanisms, Washington D.C.: U.S. Government Printing Office, 1988, pp.15-44.
[4] 杨宗杭:《论跨市场操纵的规制与监管》,载《证券市场导报》2015年第8期。
[5] 证监会行政处罚决定书(姜某)〔2015〕31号。
[6] In re Zenith-Goodley Company, Inc., 6 Agric. Dec. 900(1947).

第二节 内幕交易

一、内幕交易的规制理论

虽然证券市场与期货、衍生品市场都存在以内幕交易为名的违法行为,但两者在表现形式与规制原理等方面均有较大差别。在历史上,学术界曾有过关于内幕交易的辩论。尽管那些认为内幕交易有益的理论如今已经不复存在,[1]但对学术史的考察在理解规制内幕交易的理论形成方面仍然具有特别的意义。

主张不禁止内幕交易的一方以亨利·曼尼教授为代表,其主要观点是:第一,从公司运营官到雇员都已不满足于依靠经营管理技巧获取回报的旧经营模式,因此需要给经营者建立一种回报激励机制。第二,可以将从事内幕交易的机会视为对公司创业者的一种回报。第三,内幕人买入股票的行为会被其他投资者观察到,跟风买入而推动股价逐渐上涨,股价的波动就不会像突然公布消息那样剧烈,因此有益于市场的整体发展。[2]

主张禁止内幕交易的观点主要有两方面的理论基础:一是违反信义义务理论。该理论认为,公司管理者处于受托人的法律地位,一般不得从委托事务中获取利益,其占有公司内幕信息是出于职业岗位的需要,因此不应滥用股东为获利而委托给他的职权,否则就违反了信义义务。二是不正当利用理论。该理论认为,内幕信息是财产的一种类型,由产生信息的公司所有,如果未经授权使用该信息或将信息透露给第三方,就相当于对公司财产的侵犯。[3]

内幕交易理论产生于证券市场,其最初的理论模型便是公司所有权和经营权分离背景下公司内部人利用内幕信息从事的交易行为。因此,仔细审视过去关于内幕交易正反两方面的理论,可以看出它们都是以发行人为中心,且主要适用于证券市场。比如曼尼教授的理论主要就是从内幕交易对人们从事证券市场业务的作用入手,其中特别关注在公司经理、雇员及创始股东层面的影响;而反对内幕交易的理论,也都是从公司管理者的信托法地位或公司财产权保护的角度进行的阐释。然而期货市场和衍生品市场内幕交易具有其自身特点,即内幕信息通常产生于国民经济或交易市场本身,单个公司的经营信息通常不会成为内幕信息的来源,而公司管理者等有机会接触到公司信息的人员通常也就不会因此而成为内幕交易的主体。[4]

美国商品期货交易委员会在1984年发布的题为《利用重大未公开信息进行期货交易的性质、程度和影响》的报告中也指出,期货市场存在利用重大未公开信息进行交易的行为,但是不存在证券市场上基于发行人为中心的内幕信息,"如果内幕交易的术语被假

---

[1] 需要注意的是,支持内幕交易的观点通常都来自经济学视角,而非法学层面的论述。
[2] H. Manne, *In Defense of Insider Trading*, 44 Harvard Business Review 113(1966).
[3] [英]理查德·亚历山大:《内幕交易与洗钱》,范明志、孙芳龙等译,法律出版社2011年版,第15—22页。
[4] 例外的情形是,公司发行的证券本身或以该证券为主要权重的指数作为衍生品合约标的时,《证券法》上的内幕交易主体就有可能同时构成《期货和衍生品法》上的内幕交易主体。

定在期货市场与证券市场带有相同的关系,内幕交易的术语会变得引人误解"。[1]期货市场和衍生品市场中的"内幕信息",内涵其实更接近于证券市场中"内幕信息以外的其他未公开信息"。所以那些以发行人为中心的,有关证券市场内幕交易的理论通常也就难以直接适用于期货市场和衍生品市场内幕交易。

禁止期货市场和衍生品市场内幕交易的理由主要来自三个方面:一是内幕交易显失公平。公平是市场交易的基本法则,如果一些人通过内幕交易获利,实际上是对他人利益的非法掠夺,使交易结果显失公平。二是保持交易者信心。交易者是市场的基础,如果市场缺乏公平,没有内幕信息的交易者在市场上就如同与"出老千"的人进行赌博,内幕交易盛行导致普通的市场参与者发现他们的手气甚至不比在公平的赌场中更好,那么将无人再愿意参与市场交易。三是维护期货市场和衍生品市场的形成机制。期货交易和衍生品交易实际上是一个风险和利益的转移过程,套期保值者把风险和相应的利益转移出去,而投机者根据自己对市场的判断,把这些风险和可能获得巨大利益的机会承接下来。通过交易的达成,双方各取所需,市场才得以建立。但是内幕交易破坏了这一市场机制形成的基础,即对风险和利益归属判断的或然性。基于这三个方面的理由,就需要强有力的法律制度和监管来恢复市场的公平、信心与秩序。

二、内幕交易的构成要件

《期货和衍生品法》第13条规定:"期货交易和衍生品交易的内幕信息的知情人和非法获取内幕信息的人,在内幕信息公开前不得从事相关期货交易或者衍生品交易,明示、暗示他人从事与内幕信息有关的期货交易或者衍生品交易,或者泄露内幕信息。"据此,内幕交易的构成要件包括:(1)内幕信息;(2)内幕人,包括内幕信息的知情人和非法获取内幕信息的人;(3)内幕交易的行为,包括在内幕信息公开前从事相关期货交易或者衍生品交易,明示、暗示他人从事与内幕信息有关的期货交易或者衍生品交易,或者泄露内幕信息。

(一)内幕信息

《期货和衍生品法》第14条第1款规定:"本法所称内幕信息,是指可能对期货交易或者衍生品交易的交易价格产生重大影响的尚未公开的信息。"据此,内幕信息应当具有重大性和未公开性。

内幕信息对期货交易或者衍生品交易的交易价格的重大影响性,逻辑上应当是一个判断性要件,而非结果性要件。也就是说,从一个理性交易者的认知来看,该信息会对市场价格产生重大影响,即影响的是理性市场参与者的交易判断,而并不要求造成市场价格波动的结果。这在比较法上也有类似规定,例如美国《商品交易法》第4c条和《期监会规章》第1.59节,新加坡《证券期货法》第215、216、219条和英国《金融服务与市场法》第118条。市场环境纷繁复杂,内幕信息的作用可能被其他市场信息造成的影响所抵消,也可能被其他交易者进行的大宗反向交易所抵消,而且通常难以证明内幕信息的公开与市场价格波动具有因果关系。因此,内幕信息公开后的市场价格波动可以为信息的重大性提供

---

[1] 美国商品期货交易委员会:《利用重大未公开信息进行期货交易的性质、程度和影响(上)》,李铭译,载曹越主编:《期货及衍生品法律评论》(第2卷),法律出版社2020年版,第233页。

佐证,但对内幕信息重大性的判断并不要求一定要得到市场价格波动的事实的验证,只要求该信息是能影响普通交易者作出交易决定的重要信息即可。

内幕信息的公开,是指内幕信息在国务院期货监督管理机构指定的报刊、网站等媒体披露,或者在期货交易场所的网站和符合国务院期货监督管理机构规定条件的媒体发布,或者被一般交易者能够接触到的全国性报刊、网站等媒体揭露,或者被一般交易者广泛知悉和理解。内幕信息自形成至公开的期间,属于"内幕信息敏感期"。内幕信息一旦公开,就不再属于内幕信息。《最高人民法院、最高人民检察院关于办理内幕交易、泄露内幕信息刑事案件具体应用法律若干问题的解释》第5条第4款规定:"内幕信息的公开,是指内幕信息在国务院证券、期货监督管理机构指定的报刊、网站等媒体披露。"此种对内幕信息公开的界定方式显然过于狭窄。只要内幕信息能够被一般交易者广泛知悉和理解,即属于公开,而不限于在监管机构指定的媒体披露。

根据《期货和衍生品法》第14条第2款,期货交易的内幕信息包括:(1)国务院期货监督管理机构以及其他相关部门正在制定或者尚未发布的对期货交易价格可能产生重大影响的政策、信息或者数据;(2)期货交易场所、期货结算机构作出的可能对期货交易价格产生重大影响的决定;(3)期货交易场所会员、交易者的资金和交易动向;(4)相关市场中的重大异常交易信息;(5)国务院期货监督管理机构规定的对期货交易价格有重大影响的其他信息。

与《期货交易管理条例》对内幕信息的规定进行对比,《期货和衍生品法》列举的前3种和第5种内幕信息类型都有迹可循。其中,第5种将"认定"改为"规定",要求国务院期货监督管理机构必须事先规定,取消了其事后认定的自由裁量权。第4种是新增的,将"相关市场中的重大异常交易信息"作为列举的内幕信息之一。对此种内幕信息类型,《期货和衍生品法》的权威释义举了两个例子。一个是,若期货交易场所上市以公开发行交易的股票、债券为交易标的物的期货合约、期权合约,与该股票、债券有关的重大未公开信息,既属于《证券法》中的内幕信息,又属于《期货和衍生品法》中的内幕信息。另一个是,一家大型开采黄金的上市公司发现了巨型金矿,该消息既会对该公司的股价产生影响,又会对黄金期货交易的价格产生影响。如在消息公开前,该上市公司的高管进行自身股票的交易,构成《证券法》上的内幕交易,如其参与黄金期货交易同样具有信息优势,会损害交易者的合法权益,也应予以打击。[1]"重大异常交易信息"首先应当是与相关市场(如证券)中的交易活动有关的信息,其次应当是交易信息中的异常信息。然而,仔细审视之下可以发现,上述两个例子中所涉及的信息既不是交易信息,也不是异常信息,更不是异常交易信息。事实上,符合"相关市场中的重大异常交易信息"的典型,就是2013年某大证券"8·16"乌龙指事件中,证监会将"某大证券在进行ETF套利交易时,因程序错误,其所使用的策略交易系统以234亿元的巨量资金申购180ETF成分股,实际成交72.7亿元"认定为内幕信息,进而认定"某大证券……2013年8月16日下午卖出股指期货空头合约IF1309、IF1312共计6240张的行为构成内幕交易"。[2]虽然上述权威释义未

---

[1] 王瑞贺、方星海主编:《中华人民共和国期货和衍生品法释义》,法律出版社2022年版,第34页。
[2] 证监会行政处罚决定书(某大证券股份有限公司、徐某明、杨某忠等5名责任人)〔2013〕59号。

明言,但列举的此种内幕信息类型其实就是对该案经验的提炼与规则化。

对此值得进一步研究的问题在于,对于交易者自己造成异常交易而言,一旦被认定为内幕信息,对其就会产生"披露或戒绝交易"的义务,是否符合市场和交易规律?事实上,金融工具的购买或处置必然涉及交易者本人之前作出的购买或处置决定,因此利用本人先前的交易结果或交易决定等信息进行期货交易的,不应认定为内幕交易。[1]对此种内幕信息类型的认识,仍有待在实践中进一步深化。

（二）内幕交易的主体

内幕交易的主体,包括内幕信息的知情人和非法获取内幕信息的人。

1. 内幕信息的知情人

根据《期货和衍生品法》第15条的规定,内幕信息的知情人,是指由于经营地位、管理地位、监督地位或者职务便利等,能够接触或者获得内幕信息的单位和个人。期货交易的内幕信息知情人包括:(1)期货经营机构、期货交易场所、期货结算机构、期货服务机构的有关人员;(2)国务院期货监督管理机构和其他有关部门的工作人员;(3)国务院期货监督管理机构规定的可以获取内幕信息的其他单位和个人。

与证券内幕交易不同,由于期货和衍生品内幕信息通常并不来源于某个特定的公司,其在源头上就与证券市场存在不同。与证券内幕交易不同,公司管理者等有机会接触到公司信息的人员通常不会因此而成为期货内幕交易的主体。因此,《期货和衍生品》对内幕信息知情人的界定,以及对期货交易内幕信息的知情人的列举不同于《证券法》,而与该法中"内幕信息以外的其他未公开的信息"的知情人接近。[2]

2. 非法获取内幕信息的人

非法获取内幕信息的人包括:(1)利用窃取、骗取、套取、窃听、利诱、刺探或者私下交易等手段获取内幕信息的;(2)内幕信息知情人员的近亲属或者其他与内幕信息知情人员关系密切的人员,在内幕信息敏感期内,从事或者明示、暗示他人从事,或者泄露内幕信息导致他人从事与该内幕信息有关的期货或衍生品交易,相关交易行为明显异常,且无正当理由或者正当信息来源的;(3)在内幕信息敏感期内,与内幕信息知情人员联络、接触,从事或者明示、暗示他人从事,或者泄露内幕信息导致他人从事与该内幕信息有关的期货或衍生品交易,相关交易行为明显异常,且无正当理由或者正当信息来源的。[3]

上述后两种情况中的"相关交易行为明显异常",要综合以下情形,从时间吻合程度、交易背离程度和利益关联程度等方面予以认定:(1)开户、销户、激活资金账户或者指定交易（托管）、撤销指定交易（转托管）的时间与该内幕信息形成、变化、公开时间基本一致的;(2)资金变化与该内幕信息形成、变化、公开时间基本一致的;(3)买入或者卖出与内幕信息有关的合约时间与内幕信息的形成、变化和公开时间基本一致的;(4)买入或者

---

[1]《欧盟第2003/6/EC号指令》序言第(30)段。

[2] 根据《证券法》第54条,"内幕信息以外的其他未公开的信息"的知情人包括证券交易场所、证券公司、证券登记结算机构、证券服务机构和其他金融机构的从业人员、有关监管部门或者行业协会的工作人员。

[3]《最高人民法院、最高人民检察院关于办理内幕交易、泄露内幕信息刑事案件具体应用法律若干问题的解释》第2条。

卖出与内幕信息有关的合约时间与获悉内幕信息的时间基本一致的;(5)买入或者卖出合约行为明显与平时交易习惯不同的;(6)买入或者卖出合约行为,或者集中持有合约行为与该合约公开信息反映的基本面明显背离的;(7)账户交易资金进出与该内幕信息知情人员或者非法获取人员有关联或者利害关系的;(8)其他交易行为明显异常情形。[1]

（三）内幕交易的行为

内幕交易的行为包括以下三种。

一是从事相关期货交易或者衍生品交易。此种行为方式包括:(1)以本人名义,直接或委托他人从事相关期货交易或者衍生品交易。(2)以他人名义从事相关期货交易或者衍生品交易。具有下列情形之一的,可认定为以他人名义从事相关期货交易或者衍生品交易:一是直接或间接提供资金给他人从事相关期货交易或者衍生品交易,且该他人持仓之利益或损失,全部或部分归属于本人;二是对他人的持仓具有管理、使用和处分的权益。[2]

二是明示、暗示他人从事与内幕信息有关的期货交易或者衍生品交易。在此种行为方式中,行为人自己并未直接或间接从事相关交易,也未向他人泄露内幕信息的内容,而是明示、暗示他人自己掌握内幕信息,让他人从事有关的期货交易或者衍生品交易。

三是泄露内幕信息。行为人将内幕信息泄露给他人即构成此种行为。接受内幕信息者属于非法获取内幕信息的人,如果其在内幕信息公开前从事相关期货交易或者衍生品交易,明示、暗示他人从事与内幕信息有关的期货交易或者衍生品交易,或者泄露内幕信息,则也构成内幕交易。

关于内幕人是否知悉内幕信息的证明。内幕信息自形成至公开的期间,属于"内幕信息敏感期"。[3] 内幕信息知情人,在内幕信息敏感期内有上述行为的,应认定构成内幕交易,除非其有足够证据证明自己并不知悉有关内幕信息。其他内幕信息知情人和非法获取内幕信息的人,在内幕信息敏感期内有上述行为的,应在根据相关证据综合判断其是否知悉内幕信息的基础上认定其是否构成内幕交易。[4]

关于内幕人是否利用内幕信息的证明。有证据能够证明以下情形之一,且行为人不能作出合理说明或者提供证据排除其存在利用内幕信息从事相关交易活动的,可以确认内幕交易行为成立:(1)内幕信息知情人,进行了与该内幕信息有关的交易活动;(2)内幕信息知情人的配偶、父母、子女以及其他有密切关系的人,其交易活动与该内幕信息基本吻合;(3)因履行工作职责知悉上述内幕信息并进行了与该信息有关的交易活动;(4)非法获取内幕信息,并进行了与该内幕信息有关的交易活动;(5)内幕信息公开前与内幕信息知情人或知晓该内幕信息的人联络、接触,其交易活动与内幕信息高度吻合。[5]

---

[1]《最高人民法院、最高人民检察院关于办理内幕交易、泄露内幕信息刑事案件具体应用法律若干问题的解释》第3条。

[2] 参考《中国证券监督管理委员会证券市场内幕交易行为认定指引（试行）》第13条。

[3]《最高人民法院、最高人民检察院关于办理内幕交易、泄露内幕信息刑事案件具体应用法律若干问题的解释》第5条第1款。

[4] 参考《中国证券监督管理委员会证券市场内幕交易行为认定指引（试行）》第14条。

[5] 参考《最高人民法院关于审理证券行政处罚案件证据若干问题的座谈会纪要》第5条。

三、内幕交易的抗辩事由

《期货和衍生品法》没有规定内幕交易的抗辩事由。可适用于期货和衍生品内幕交易的抗辩事由主要有以下几种:(1)交易行为与内幕信息无关;(2)行为人有正当理由相信内幕信息已公开;(3)事先不知道泄露内幕信息的人是内幕人或泄露的信息为内幕信息;(4)按照事先订立的书面合同、指令、计划从事相关交易的;(5)依据已被他人披露的信息而交易的;(6)交易具有其他正当理由或者正当信息来源的。[1]

第三节 欺诈

一、一般性反欺诈规则的解释

禁止欺诈是金融商品交易中无法回避的话题。期货交易和衍生品交易中的欺诈行为自相应市场诞生以来一直存在,并随着交易技术和交易规则的发展不断更迭。与证券市场类似,在期货市场和衍生品市场中,从期货经营机构提供投资意见,到交易指令在交易所内的最终执行,欺诈以丰富的形式发生于交易的各个阶段。[2]

《期货和衍生品法》第6条规定:"期货交易和衍生品交易活动,应当遵守法律、行政法规和国家有关规定,遵循公开、公平、公正的原则,禁止欺诈、操纵市场和内幕交易的行为。"在这部法律中,落实禁止操纵市场要求的具体条款是第12条,落实禁止内幕交易要求的具体条款是第13、14、15条。然而,在整部法律中,除了第6条中"禁止欺诈"的抽象规定之外,再无落实反欺诈要求的具体条款。但是,经过深入分析和考察,我们可以发现,《期货和衍生品法》中存在一些虽无反欺诈之名,但有反欺诈之实的条款。首先,第16条关于禁止编造、传播虚假信息或者误导性信息的规定可以归为此类。其次,第78条关于禁止期货经营机构从事损害交易者利益的行为的规定中,所列举的第4、5、6项行为类型也可以归为欺诈行为。

此外,在解释论上,第6条中"禁止欺诈"的规定本身也应当是可执行的,并有望确立并发展成为这部法律中涵盖范围广泛的一般性反欺诈规则。期货市场和衍生品市场中的欺诈行为与证券市场中的欺诈行为有所区别。具体来说,证券市场的大多数欺诈行为以发行人为核心,欺诈内容在于对证券价值的判断,而期货市场和衍生品市场中并不存在发行人的概念,价格和价格风险基本来源于自由市场力量的消长。[3]但两个市场中欺诈行为

---

〔1〕 参考《最高人民法院、最高人民检察院关于办理内幕交易、泄露内幕信息刑事案件具体应用法律若干问题的解释》第4条、《中国证券监督管理委员会证券市场内幕交易行为认定指引(试行)》第20条,并剔除只能适用于证券内幕交易的抗辩事由。

〔2〕 Daniel A. Nathan, *The Commodity Futures Trading Commission's (CFTC) Assault on Fraud*, 51 U.S. Attorney's Bulletin 9, 10(2003).

〔3〕 Philip F. Johnson, *Applying Hochfelder in Commodity Fraud Cases*, 20 Boston College Law Review 633, 645–646(1979).

的共同点在于,均会通过虚假信息对他人的交易决定造成误导和影响。

期货市场和衍生品市场的欺诈行为在内涵上有广义和狭义之分。通常认为的广义欺诈行为的范围非常之大,包括内幕交易和市场操纵行为在内,几乎涵盖了期货市场和衍生品市场上所有具有欺骗性质的违法行为。[1]在比较法上,一些金融市场发达国家法律中的欺诈采取了广义的定义模式,主要体现为涵盖范围宽泛的反欺诈条款,其典型就是美国《证券交易法》和《商品交易法》中的一般性反欺诈条款。狭义的欺诈行为不包括内幕交易和市场行为,通常仅指期货市场上除这两种行为以外的含有欺骗性质的违法行为,主要表现为期货经营机构欺诈客户的行为。[2]期货公司或经纪人欺诈客户的行为是与期货市场相伴而生的欺诈形式。在美国,期货市场欺诈行为最初即表现为,经纪人罔顾客户的投资利益,为了赚取佣金而进行的过于频繁的交易(churning)。[3]自20世纪90年代初我国期货市场产生开始,期货公司与客户之间的纠纷就不断发生并呈上升趋势,其中相当一部分期货经纪公司在实际操作中存在不同程度的违法行为,也以欺诈最为突出。[4]

在法律概念或法律规则形成的一般逻辑上,有必要确立一般规则或兜底概念,包容性地提供弹性的解释可能,为监管实践需求和立法滞后性之间的张力提供弥补空间。期货市场和衍生品市场上欺诈行为的表现形式是多元的,并且随着交易技术的发展而不断创新。虽然,诸如编造传播虚假信息、内幕交易、市场操纵等行为均已经由立法的类型化而成为单独的违法行为,但类型化和相对独立的违法行为概念,往往无法有效应对新兴的欺诈形式,抑或是在构成要件上要求过于严格而在实践中难以适用。美国证券法上的一般性反欺诈条款,"使得法院能够适应个案中的特别事实,秉持保护投资者的证券法基本原则作出适当的判决,并在常年的审判实践中逐渐总结出一套充满弹性而又有一定传承性的判例体系"。[5]这一发展思路具备可借鉴性。一般性反欺诈规则可以对一时难以定性的新类型欺诈性违法行为,以反欺诈作为认定责任成立的依据,因而也为多个国家或地区的衍生品市场立法所采纳。此外,一般性反欺诈规则也可以为民事救济规则的发展保留空间。譬如,在美国第一例支持期货市场欺诈默示民事救济的 Goodman v. H. Hentz & Co. 案[6]中,法院即基于《侵权法重述》的规则,将《商品交易法》的第4条(b)解释为默示的欺诈民事救济规则。这开启了美国对《商品交易法》反欺诈规则民事救济的大门。[7]

---

[1] 高明生:《期货欺诈行为及其认定》,载《政治与法律》1996年第3期;吴礼洪:《期货欺诈行为及其法律责任探究》,载《法商研究(中南政法学院学报)》1996年第2期。

[2] 韩凌:《期货欺诈行为的认定与审理初探》,载《法学评论》1994年第6期;张林伟:《论期货经纪公司欺诈行为的认定及其法律责任》,载《法律适用》1995年第2期。

[3] Harry B. Borders, *Ernst & (and) Ernst v. Hochfelder as Applied to Commodities Fraud: No Intent Required*, 79 Kentucky Law Journal 369, 371-372(1990).

[4] 张临伟:《期货欺诈行为与其他违法行为的区别》,载《人民司法》1995年第2期。

[5] 汤欣:《美国证券法上针对虚假陈述的民事赔偿机制——兼论一般性反欺诈条款制度的确立》,载张育军、徐明主编:《证券法苑》(第2卷),法律出版社2010年版,第211页。

[6] Goodman v. H. Hentz & Co., 265 F. Supp. 440(N.D. Ill. 1967).

[7] C. Bruce Crum, *Remedies: Commodity Options: Implied Civil Remedies for Fraud*, 31 Oklahoma Law Review 217, 219-220(1978).

对欺诈行为的规制具有共同的法理基础,而共同的法理基础就提供了统一的调整的可行性和必要性,最终要求设立一般性的反欺诈条款。对于法律未明确规定,但市场中可能出现的包含有欺诈成分的新型违法行为,一般性反欺诈规则能够实现兜底性规制。在体系位置上,《期货和衍生品法》第6条"禁止欺诈"的规定,也足以承担这一功能。使一般性反欺诈规则具备可执行性,对于促进市场的公开、公平、公正,具有重要意义。

二、编造、传播虚假信息

《期货和衍生品法》第16条规定禁止编造、传播虚假信息或者误导性信息。由于此种行为事实上向市场注入了虚假或者误导性的信息,对其他市场参与者的决策会造成误导,因此在性质上应当认定为欺诈。在条文的逻辑结构上,该条第1款属于一般条款,第2款和第3款则是针对特定主体的特殊条款。

第1款概括性地禁止任何单位和个人编造、传播虚假信息或者误导性信息,扰乱期货市场和衍生品市场。这是因为,随着互联网等信息传播技术的不断发展,能够通过编造、传播虚假信息或者误导性信息,从而扰乱期货市场和衍生品市场的主体不再限于类似第2款和第3款中规定的那些具有特定身份的机构和个人。现实中诸如"网络大V""金融网红"等,都是普通人通过互联网社交媒体等建立较大社会影响力的典型例子。因此,将该款的主体规定为包括"任何单位和个人",具有现实的必要性。

第2款规定,禁止期货经营机构、期货交易场所、期货结算机构、期货服务机构及其从业人员,组织、开展衍生品交易的场所、机构及其从业人员,期货和衍生品行业协会、国务院期货监督管理机构、国务院授权的部门及其工作人员,在期货交易和衍生品交易及相关活动中作出虚假陈述或者信息误导。该款规定的机构及其工作人员基于其业务和职能本身就会知晓或发布与期货交易和衍生品交易的相关信息,且其发布的信息具有更强的公信力,也会对市场造成更大的影响。因此该款作出特别规定,禁止这些特殊主体在期货交易和衍生品交易及相关活动中作出虚假陈述或者信息误导。

第3款规定,各种传播媒介传播期货市场和衍生品市场信息应当真实、客观,禁止误导。传播媒介及其从事期货市场和衍生品市场信息报道的工作人员不得从事与其工作职责发生利益冲突的期货交易和衍生品交易及相关活动。传播媒介能够使信息在较大范围得到迅速传播,而且市场参与者通常会信赖甚至依赖于各种传播媒介发布的信息。如果传播媒介作出信息误导,那么就会对市场造成很大影响。该款对传播媒介的要求比一般主体更高,除了禁止误导外,还要求其在传播期货市场和衍生品市场信息时要做到真实、客观,这也是其特殊属性所决定的。此外,传播媒介及其从事期货市场和衍生品市场信息报道的工作人员如果从事与其工作职责发生利益冲突的期货交易和衍生品交易及相关活动,就有可能会影响其报道的客观性,或者其有可能利用信息报道工作实施期货和衍生品市场违法行为。因此,有必要禁止这些主体的此种利益冲突交易。

三、期货经营机构欺诈客户

《期货交易管理条例》第67条第1款"期货公司有下列欺诈客户行为之一"的表述,

表明这是该条例中落实抽象的"禁止欺诈"规定的具体条款。这些关于欺诈客户的规定，是狭义上的期货市场欺诈行为，行为主体是期货公司，行为对象是期货公司的客户。然而，其中列举的一些行为并不属于欺诈的涵摄范围。[1]在《期货和衍生品法》中，与《期货交易管理条例》禁止期货公司欺诈客户条款在内容上相似的是第78条关于"禁止期货经营机构从事下列损害交易者利益的行为"的规定。该条在表述上将所列举的行为统称为损害交易者利益的行为，而非"欺诈客户的行为"，从而避免了欺诈在内涵和外延上的不合理扩张。对该条所列举的各种损害交易者利益行为是否属于欺诈，需要具体分析。

《期货和衍生品法》第78条列举的损害交易者利益行为，可以分为涉嫌欺诈、诱骗交易者的行为，违反期货交易规定的行为和利用职务之便获取不正当利益或转嫁风险的行为三类。[2]其中，第4项"隐瞒重要事项或者使用其他不正当手段，诱骗交易者交易"、第5项"以虚假或者不确定的重大信息为依据向交易者提供交易建议"、第6项"向交易者提供虚假成交回报"，均属于提供虚假信息或采用其他欺骗性手段，可能使得客户就期货交易陷入认识错误，属于欺诈行为。质言之，上述三项规定是期货经营机构的反欺诈行为规范。与之相关的司法解释是《最高人民法院关于审理期货纠纷案件若干问题的规定》第52条："期货交易所、期货公司故意提供虚假信息误导客户下单的，由此造成客户的经济损失由期货交易所、期货公司承担。"

而《期货和衍生品法》第78条列举的其他行为，则不属于欺诈。该条第1项"向交易者作出保证其资产本金不受损失或者取得最低收益承诺"、第2项"与交易者约定分享利益、共担风险"，对这两种行为的禁止是对期货经营机构与交易者可能达成的合同内容的限制，而并非以反欺诈为落脚点。该条第3项"违背交易者委托进行期货交易"、第7项"未将交易者交易指令下达到期货交易场所"[3]，属于违背交易者委托授权的行为。期货经营机构与交易者之间属于代理关系，代理人超越或违反代理权限和内容的，应当承担违约责任，而通常不构成欺诈。至于该条第8项"挪用交易者保证金"、第9项"未依照规定在期货保证金存管机构开立保证金账户，或者违规划转交易者保证金"等保证金违规行为，

---

[1] 叶林主编：《期货期权市场法律制度研究》，法律出版社2017年版，第176—180页。
[2] 叶林主编：《中华人民共和国期货和衍生品法理解与适用》，中国法制出版社2022年版，第247页。
[3] 在"未将交易者交易指令下达到期货交易场所"的同时，期货经营机构很有可能将交易者的交易指令进行场外冲销。在场外冲销的情形下，交易者的交易指令实际上未被下达到交易所并通过集中交易系统撮合成交，而是由期货经营机构将不同交易者的指令进行私下匹配，或者自己作为交易指令的相对方与交易者进行对赌。期货经营机构有可能是谎称已将交易指令下达到期货交易场所，但实际进行场外冲销，也有可能交易者明知是场外冲销，但故意参与此种投机性对赌。比较法上禁止场外冲销的具体规定，典型的例如美国《商品交易法》第4b条（a）（2）（D）："针对订立任何远期交割商品出售合约或互换（该等合约或互换系指并非在指定合约市场上、也并非按其规则为任何其他人、代表任何其他人或者与任何其他人达成的或将达成的合约或互换）的指令或针对该等合约的订立，任何人作出下列子款所述行为或者就相关事宜作出该等行为的，当属违法：(D)（i）在某指令被该人宣称为将在某一指定合约市场执行或按其规则执行，或按规定应在某一指定合约市场执行或按其规则执行的情形下，对该指令进行场外冲销；或（ii）在某指令被该人宣称为将在某一指定合约市场执行或按其规则执行，或按规定应在某一指定合约市场执行或按其规则执行的情形下，通过对冲任何其他人的1个或1个以上指令来完成某指令，或者未获得该其他人事先同意时，在知情的情况下故意地成为该其他人卖出指令的买方或成为该其他人买入指令的卖方，除非该指令根据该指定合约市场的规则执行。"类似规定也存在于新加坡《证券期货法》第207条、新加坡《商品交易法》第44条。

属于违反交易监管规则的行为，可能构成对交易者的一般侵权，但不能一概而论。第 10 项"利用为交易者提供服务的便利，获取不正当利益或者转嫁风险"、第 11 项"其他损害交易者权益的行为"，则属于以结果为导向的兜底性规定。

▍重要名词术语 ▶

连续交易操纵、约定交易操纵、洗售操纵、虚假申报操纵、蛊惑操纵、抢帽子操纵、囤积操纵、逼仓操纵、跨市场操纵、内幕交易、欺诈

▍思考题 ▶

1. 期货市场操纵的行为类型。
2. 期货市场操纵的构成要件。
3. 意图操纵行为的构成要件。
4. 跨市场操纵的市场间的价格关联关系的认定。
5. 期货和衍生品内幕交易的构成要件。
6. 期货和衍生品内幕交易的抗辩事由。
7.《期货和衍生品法》中有哪些规定属于反欺诈规则？

▍典型案例分析 ▶

案例一

在 2010 年 10 月 11 日、12 日、13 日交易天然橡胶 RU1010 期货合约过程中，海南某盘园与海南某嘉使用相同的电脑 IP 地址；双方在非常接近的时间内以价格、数量相同但交易方向相反的方式进行申报并成交；在交易前后，海南某盘园、海南某嘉与海南某印及海南某印的关联公司存在较为频繁的资金往来；相关当事人笔录显示，海南某盘园与海南某嘉约定，由海南某嘉高买，海南某盘园高卖。

2010 年 10 月 11 日，海南某盘园与海南某嘉相互交易 21 手，占当日天然橡胶 RU1010 合约总成交量的 20.79%；海南某嘉自买自卖 8 手，海南某盘园自买自卖 27 手，占当日天然橡胶 RU1010 合约总成交量的 34.65%；相互交易和自买自卖合计 56 手，占当日天然橡胶 RU1010 合约总成交量的 55.45%。根据上海期货交易所提供的各合约每日结算价数据，天然橡胶 RU1010 合约 2010 年 10 月 11 日结算价 28,760 元/吨，较 2010 年 10 月 8 日上涨 1285 元，涨幅达 4.68%。对比当天挂牌的临近月份合约，天然橡胶 RU1011 合约结算价 28,515 元/吨，较 10 月 8 日上涨 1205 元，涨幅 4.41%。

2010 年 10 月 12 日，海南某盘园共交易 21 手，占当日天然橡胶 RU1010 合约总成交量的 80.77%，总成交金额的 80.75%。

2010 年 10 月 13 日，海南某盘园与海南某嘉相互交易 148 手，占当日天然橡胶 RU1010 合约总成交量的 75.51%，总成交金额的 75.63%。根据上海期货交易所提供的各合

约每日结算价数据,天然橡胶 RU1010 合约 2010 年 10 月 13 日结算价 30,050 元／吨,较 2010 年 10 月 12 日上涨 815 元,涨幅达 2.79%。对比当天挂牌的临近月份合约,天然橡胶 RU1011 合约结算价 30,080 元／吨,较 10 月 12 日上涨 755 元,涨幅 2.57%。

经计算,海南某盘园在期货市场上的所得为 289,200 元,海南某嘉在期货市场上的所得为 221,475 元。

随着我国期货市场的发展,当日或者当月期货结算价格已经成为仓单交易双方定价的重要参考。根据期货合约价格生命周期规律,天然橡胶 RU1010 合约已临近交割,其价格应当趋近现货价格,涨幅应该小,天然橡胶 RU1011 合约应当比天然橡胶 RU1010 合约涨幅大,本案情况恰恰相反,天然橡胶 RU1010 合约比天然橡胶 RU1011 合约涨幅大。2010 年 10 月 11 日,天然橡胶 RU1010 合约结算价格涨幅为 4.68%,临近的天然橡胶 RU1011 合约涨幅为 4.41%。天然橡胶 RU1010 合约多涨 0.27%。海南某印还利用上涨的期货结算价格对仓单交易价格的影响,进而在仓单交易市场再度获利。

2010 年 6 月 24 日,海南某印向海南某生长流油气储运有限公司购买标准仓单(远期)500 吨,合同价格为 22,225 元／吨,交货日期为 2010 年 10 月 15 日。2010 年 7 月 30 日,海南某印向某闻传媒投资有限公司(以下简称某闻传媒)等 3 家公司购买标准仓单(远期)共计 1500 吨,合同价格为 23,165 元／吨,交货日期为 2010 年 10 月 16 日。2010 年 7 月 22 日,海南某印向浙江某产化工股份有限公司购买标准仓单(远期)3000 吨,合同价格为 22,670 元／吨,交货日期为 2010 年 10 月 22 日。2010 年 9 月 21 日,海南某印向中某国际控股股份有限公司(以下简称中某国际)出售标准仓单(远期)3000 吨,合同价格交货时确定。交货安排为 2010 年 10 月 10、16 日、22 日以前各 1000 吨。

2010 年 10 月 11 日,海南某印履行 9 月 21 日的合同,向中某国际交付标准仓单 1000 吨,合同履行价格在 2010 年 10 月 11 日确定为 28,400 元／吨。在 10 月 11 日期货市场交易活动的配合下,海南某印通过此次卖出标准仓单的方式获利 76,680 元。2010 年 10 月 13 日,海南某印向某闻传媒及其关联公司出售标准仓单 1500 吨,合同价格为 29,585 元／吨。在 10 月 11 日、13 日期货市场交易活动的配合下,海南某印通过此次卖出标准仓单的方式获利 97,630 元。2010 年 10 月 18 日,海南某印向中某国际交付标准仓单 1000 吨,合同价格为 30,500 元／吨。在 2010 年 10 月 11 日、13 日期货市场交易活动的配合下,海南某印通过此次卖出标准仓单的方式获利 67,100 元。

海南某印在标准仓单价格被交割月期货合约结算价格推高的情况下,适时选择在 2010 年 10 月 11 日、13 日、18 日以卖出标准仓单的方式获利。以天然橡胶 RU1010 合约与临近的天然橡胶 RU1011 合约价格增长幅度差衡量,海南某印在仓单交易中的获利共计 241,410 元。

该案应当如何处理?

案例二

2013 年 8 月 16 日 11 时 5 分,某大证券在进行交易型开放式指数基金(以下简称 ETF)申赎套利交易时,因程序错误,其所使用的策略交易系统以 234 亿元的巨量资金申购 180ETF 成份股,实际成交 72.7 亿元。经测算,180ETF 与沪深 300 指数在 2013 年 1 月 4 日至 8

月 21 日的相关系数达 99.82%，即巨量申购和成交 180ETF 成份股对沪深 300 指数、180ETF、50ETF 和股指期货合约价格均产生重大影响。同时，巨量申购和成交可能对投资者判断产生重大影响，从而对沪深 300 指数、180ETF、50ETF 和股指期货合约价格产生重大影响。

上述信息自 2013 年 8 月 16 日 11 时 5 分交易时产生，至当日 14 时 22 分某大证券发布公告时公开。

同日不晚于 11 时 40 分，某大证券法定代表人、总裁徐某召集分管策略投资部的助理总裁杨某、计划财务部总经理兼办公室主任沈某和策略投资部总经理杨某开会，达成通过做空股指期货、卖出 ETF 对冲风险的意见，并让杨某负责实施。

2013 年 8 月 16 日 13 时，某大证券称因重大事项停牌。当日 14 时 22 分，某大证券发布公告，称"公司策略投资部自营业务在使用其独立套利系统时出现问题"。但在当日 13 时开市后，某大证券即通过卖空股指期货、卖出 ETF 对冲风险，至 14 时 22 分，卖出股指期货空头合约 IF1309、IF1312 共计 6240 张，合约价值 43.8 亿元，获利 74,143,471.45 元；卖出 180ETF 共计 2.63 亿份，价值 1.35 亿元，卖出 50ETF 共计 6.89 亿份，价值 12.8 亿元，合计规避损失 13,070,806.63 元。

该案应当如何处理？

案例三

2016 年 6 月 14 日，曾某编写《转交给大商所领导的一封信——中国蛋品流通协会联名上书》（以下简称"联名信"），于 2016 年 6 月 15 日上午 7 点 10 分在中国蛋鸡信息网论坛上用"蛋品流通协会"账号发布，并发布到微信群中。"联名信"中表述"甚至有的套保养殖场，被逼迫到借高利贷，即将家破人亡的境界"，曾某承认该表述并无事实依据，属于虚假信息。"联名信"中提出市场中存在做多资金恶意炒作致使期货合约价格与现货价格背离的观点，并表述"我们协会虽然做了大量工作，但已经实在是力不从心，必须请求交易所出手"，"希望监管机关能够好好查一查这些投机资金……其中是否有涉嫌对价格的恶意操纵而达到非法获利的违法行为"，署名"中国蛋品流通协会"。经核实，"中国蛋品流通协会"未经民政部门登记注册，无章程无财产，属于非法社会团体组织。"联名信"经农产品期货网、新浪财经转载，并在微信传播。截至调查日，中国蛋鸡信息网该帖查看量 2125 次，回复 15 次，后该帖被删除。

联名信发布当日，即 2016 年 6 月 15 日，JD1609 合约成交 28.98 万手，成交量为近 5 个月新高。收盘结束合约价格下跌 152 点，跌幅 3.87%，盘中最大下跌 160 点，跌幅 4.1%。6 月 15 日收盘后大连商品交易所发布"鸡蛋期货价格体现季节性特点，新制度实施在即"的文章，虚假信息的影响逐渐消失。

在编造并传播虚假信息前，曾某使用其个人期货交易账户分两次卖开 1 手、2 手 JD1609 合约空单，6 月 15 日虚假信息发布后，于当日买入 3 手 JD1609 合约平仓，获利 1260 元，扣除交易手续费 36.18 元，获利 1223.82 元。

该案应当如何处理？

第六编

票据法

第三十六章　票据与票据法

【内容提示】

在市场经济活动中，票据是市场交易的重要支付手段。虽然当今世界已经进入电子网络时代，网上支付提供了更好的便捷性与安全性，但是，票据在支付工具体系中的重要性并未因此而衰减，仍然作为一种安全可靠、便捷有序、功能有效的支付工具在市场经济活动中发挥着重要作用。由于票据是以有价证券的属性来发挥其经济功能的，并非如货币那样依赖国家信用而是作为民事权利凭证依赖民事主体信用，因此，票据权利的创设、持有、转移和实现等必须依靠专门法律的确认、规范和保障，这个专门的法律就是票据法。

票据法是我国商法体系中的一个重要的单行法，依其明确的专用性和显著的技术性而彰显其特色。学习掌握票据法具有非常重要的意义。由于票据法的概念、规则及适用均有特殊性或专门性表达，而与一般民商法之间呈现明显差异，因此对于票据法，非以专门而深入地学习讨论而不能有效掌握。特别是票据法的系统性极强，若不能整体性掌握票据法，凡止步于其部分知识的学习理解，而就其该部分知识的理解必将是不透彻不准确的。

本章主要以概述方式阐释票据与票据法的概括性知识，包括票据概述如票据的概念、种类、特点与作用，票据法概述如票据法的概念、特点及适用规则。本章的重点首先是票据在法律上的性质，这是掌握票据法基本内容的思维先导和知识钥匙；其次是我国票据法体系，这是使用票据和处理票据纠纷时准确适用票据法的规范依据和法理要点。

第一节　票据概述

一、票据的概念

（一）票据的概念

在不同的经济体制和法律体系中，"票据"一词的概念因其法律规定而有所不同。在大陆法系参加《日内瓦统一汇票本票法公约》和《日内瓦统一支票法公约》的国家，其票据法上的"票据"仅指汇票和本票，而"支票"则专由支票法规范。但是在商业实务活动中，"票据"一词亦可作为汇票、本票和支票的统称。而在英美法系国家，并无统一的"票据"概念。英国的《汇票法》规定了汇票制度，但其中亦有本票和支票制度，此外另有《支票法》充实了支票制度。美国在《统一流通证券法》中将汇票、本票和支票合称为"流通证券",其后又加上存款单,与前者合并称为"商业证券"。

在我国,传统上就将汇票、本票和支票合称为"票据",并在经济社会中将此概念相沿至今。现行《票据法》第2条第2款规定:"本法所称票据,是指汇票、本票和支票"。《票据法》并未对"票据"概念直接作出统合定义,根据《票据法》对汇票、本票和支票的法律定义,经综合后可将票据概念界定为,出票人依照法律规定签发的、约定自己或委托他人在见票时或指定日期无条件支付确定的金额给收款人或持票人的有价证券。

(二)票据的性质

在法律上,票据属于有价证券。此中的证券概念采广义,是指代表民事权利的书面凭证。现将此"证券"概念阐释如下:(1)所谓"书面凭证",是指在一定物质载体上以文字或通用符号记载所要代表的民事权利内容。常用的票据载体为纸张,但须是票据专用纸张,如《票据管理实施办法》第5条规定:"票据当事人应当使用中国人民银行规定的统一格式的票据。"在电子数字时代,票据载体亦可在电子商业汇票系统中以数据电文形式存在,如《电子商业汇票业务管理办法》第2条规定:"电子商业汇票是指出票人依托电子商业汇票系统,以数据电文形式制作的,委托付款人在指定日期无条件支付确定金额给收款人或者持票人的票据。"(2)所谓"民事权利",可以是任何适用于证券形式代表的民事权利,包括但不限于物权、债权、股权等。代表物权的,如提单、仓单;代表债权的,如票据、债券;代表股权的,如股票。票据上所记载并代表的民事权利是支付一定的金额给权利人的债权即票据权利。(3)所谓"代表",是指在法律规定意义上,可将证券视为其上所记载的民事权利。如票据所表示的票据权利与票据载体及其记载不可分离,持有票据即拥有了票据权利,拥有票据权利则必须持有票据;移转票据即移转了票据权利,移转票据权利则必须移转票据;行使票据权利则必须提示票据,提示票据即可行使票据权利。

依据证券与其代表的民事权利之间联系的密切程度,可以将证券分为金券、资格证券和有价证券三类。(1)金券是记载一定金额并为一定目的使用的证券,如邮票、彩票等。金券与其上记载的权利不可分离,若丧失金券则完全不能行使其上记载的权利,且不能以任何方式补救。(2)资格证券是记载一定权利且持有人具有行使该项权利资格的证券,如车票、门票、存物证、存车证、银行存折等。通常情况下,权利人行使权利必须持有资格证券,但若能以任何方式证明其权利,也可以不持有资格证券而行使权利。(3)有价证券是记载一定权利且权利人必须持有证券方能行使权利,如股票、债券、票据等。有价证券以权利人行使权利时持有证券为必要,原则上不得以脱离证券而行使权利。但是,权利人若能以法定方式(如公示催告)证明其权利,也可以不持有证券而行使权利。[1]

就票据之法律性质而言,其属于有价证券,票据权利与票据不可分离。原则上,持票人行使票据权利时必须持有票据;持票人若丧失票据而主张票据权利,必须经过法定的公示催告程序证明其权利后,方可不持有票据而行使票据权利。于此证券定义及进一步分类而言,票据因其能够充任商事交易中的支付工具,亦可称之为"货币证券"。相形之下,我国

---

[1] 参见谢怀栻:《票据法概论》,程啸增订,法律出版社2017年版,第4页。

《证券法》上的"证券"概念则采狭义,其适用范围之股票、公司债券等,属于投资证券。

(三)票据的特性

票据虽为有价证券,但却有与其他有价证券显著区别的特点。票据法之所以与一般的民商法制度有显著不同,除了调整对象及适用范围相互不同之外,主要是因票据的特殊性质所致。透彻掌握票据的证券特性,不仅有助于充分掌握票据法理论,而且对有效使用票据或准确处理票据纠纷实务都尤为重要。

因学者之观察点不同,其所归纳与阐释的票据在证券上的特殊性质也不尽相同,多则有8个、[1]10个,[2]少则4个。[3]这里择其要者,阐释票据在证券上的6个特性。

1. 票据是设权证券

所谓"设权证券",是指签发票据这种证券,能够创设票据权利。或者说,票据权利因出票人签发票据而创设,在票据作成之前,票据权利并不存在;票据作成即产生相应票据权利。与设权证券对应的是证权证券,即对既存之权利作成证券以代表,如提单、股权等。

认识到票据是设权证券,在票据法律意识上具有这样的意义:仅有关于票据权利的允诺,并不足以在实际中产生票据权利。票据权利的实际存在,一定要依赖一个特定的"物"就是票据的存在。也就是说,只有存在一张具体的票据,才能够存在一个具体的票据权利。如果出票人没有签发票据,即使他允诺用一张支票支付给收款人金钱,甚至用其他书面形式表示这种允诺,收款人仍然没有取得票据权利。此与通常民事债权不同,如合同权利基于合同当事人合意即可成立,而与记载合同关系的书面形式是否作成无关。

2. 票据是债权证券

所谓"债权证券",是指票据上记载和代表的财产权利属于债权,并且是以请求支付金钱为债权内容。如《票据法》第4条第4款规定:"本法所称票据权利,是指持票人向票据债务人请求支付票据金额的权利。"

认识到票据是债权证券,便于理解这样一些票据法内容:其一,票据权利是一种请求权,持票人必须通过请求,来实现其权利;其二,票据关系的当事人之间是债权人和债务人之间的关系;其三,票据权利像一般债权一样,也有诉讼时效,只是其时效期限与一般债权的诉讼时效有所不同。

3. 票据是文义证券

所谓"文义证券",是指票据权利的内容以及与票据有关的一切事项,须以票据上记载的文字为准,即按照票据上记载文字的意义确定票据权利及相关内容,不受票据上所载文字以外因素的影响。

认识到票据是文义证券,可以得知,票据上的文字记载是极为重要的,是决定票据效力和票据权利内容的关键。票据上文字记载的错误,可以导致票据权利改变甚至票据无效;票据上记载文字以外的口头言辞和其他书面文字,都不能改变票据权利的内容。

---

[1] 赵新华:《票据法》,人民法院出版社1999年版,第19—21页。

[2] 董惠江主编:《票据法学》,高等教育出版社2022年版,第12—14页。

[3] 谢怀栻:《票据法概论》,程啸增订,法律出版社2017年版,第20页。

当然，票据文句有错误但未达到文义不明的程度时，可以对票据上记载的文字意义进行解释。进行票据解释，要遵守客观解释和有效解释原则。客观解释原则，是指按照票据上所记载的文义进行解释，而不能依文字记载以外的事项或证据进行解释。有效解释原则，是指在将票据行为尽量朝有效的方向进行解释。这些解释规则的目的，在于保障票据的使用安全与使用效益，以充分实现票据的效用。

4. 票据是要式证券

票据法理论上所谓的"要式"，意指"法律上必要的形式"。票据作为"要式证券"，是指票据必须采取法律规定的形式，票据的种类、格式与必要记载事项由法律规定，不遵守票据对票据形式的规定，会对票据的效力产生一定的影响。

认识到票据是要式证券，有助于掌握这样一些票据法内容：票据种类必须按照法律规定；票据必须作成书面形式；必须按照票据法的规定，在票据上记载必要事项；实施票据行为时，必须按照票据法规定的格式和方法，如承兑要记载在票据正面，背书要记载在票据背面，提示要出示票据等。

5. 票据是无因证券

票据法理论上所谓的"无因证券"，是指票据的效力与使用票据的原因无关，票据权利与票据原因严格分离，持票人行使票据权利时无须证明其取得票据的原因。票据法将票据设置为无因证券，在于确保票据的使用不受原因关系效力及抗辩的影响，从而促进票据的可靠性和流通性。

认识到票据是无因证券，可以掌握票据的根本特性。一张票据是否有效，就看票据记载内容是否符合票据法的规定，票据行为是否按照票据法实施。至于因何而使用票据，即作为票据使用原因的各个具体关系，是否符合其他民商法的规定，是否有其他民商法上的效力，则与票据的效力无关。

6. 票据是流通证券

票据法上所谓的"流通证券"，是指票据权利可以依背书或单纯交付而转让，在经济活动中呈现出流通证券特征。票据流通性在于确保发挥票据的经济功能，票据流通的次数越多，其在经济活动中发挥的作用就越大。

认识到票据是流通证券，便于掌握这样一些票据法内容：除非法律另有规定，票据是可以自由转让的；票据转让时不需通知票据义务人，更不需经过义务人同意；票据转让的次数不受限制的，在票据签发之后直至到期日，只要有经济上的可能，无论转让多少次，均不受票据法的限制；记名票据要通过背书转让，无记名票据可以单纯交付转让。

二、票据的种类

票据的种类须依法定，在法定之外，市场主体并不能依其自治而创设票据种类。根据《票据法》第 2 条第 2 款的规定，在我国可以使用的票据种类包括汇票、本票和支票。

对于票据，除了法律确定的种类之外，在学理与实务上亦根据票据法具体规定或票据使用时具体特征，将票据种类予以细分。这些种类划分须以票据法规定为基础，并在学理上或实务上有简明表达意义。

（一）汇票

1. 汇票的概念

根据《票据法》第 19 条第 1 款规定："汇票是出票人签发的，委托付款人在见票时或者指定日期无条件支付确定的金额给收款人或持票人的票据。"

汇票的特点是：(1) 汇票的基本当事人有三人，即出票人、付款人和收款人；(2) 汇票是委托证券，即出票人委托付款人支付票据金额给收款人的证券；(3) 汇票是信用证券，即汇票可作为商品信用交易的支付工具；(4) 汇票独有承兑制度，即在汇票付款之前可以由付款人表示愿意为该汇票付款的制度。而本票由出票人付款，支票限于见票即付，均无承兑制度。

需要说明的是，所谓"汇票的基本当事人"是法定形式要求，是指一个汇票上至少要有三个当事人，即出票人、付款人和收款人。缺少其中任何一个当事人，汇票便不产生效力，即该汇票就不是一个有效的汇票。但是，这三个基本当事人，是指汇票上记载的居于不同地位的三个当事人，并不意味着实际生活中一个汇票的使用一定至少要涉及三个不同的民事主体。实际生活中的一个民事主体可以在一个汇票上分别充任不同地位的当事人，例如出票人可以在汇票上记载自己就是付款人，这种票据实务中又叫"对己汇票"；出票人也可以在汇票上记载自己就是该汇票的收款人，这种票据实务中又叫"指己汇票"。在这一点上，充分体现出票据及票据法强调形式主义的特点，即不管汇票的出票人、付款人和收款人在实际生活当中是否为同一民事主体（即实质上是否为一个人），但在票据的记载上，则必须是三个地位不同的票据法主体（即形式上须为三个人）。

2. 汇票的种类

在我国的银行结算业务中，汇票分为银行汇票和商业汇票。这种划分的依据，是根据汇票出票人行业身份的不同，汇票出票人为银行的，即为银行汇票；汇票出票人为银行以外的人时，即为商业汇票。

（1）银行汇票，是指出票人为银行的汇票。在银行结算实务中，银行汇票是指出票银行签发的，由其在见票时按照实际结算金额无条件支付给收款人或者持票人的票据。我国的银行汇票在目前主要用于异地汇兑款项，是汇款人将款项交存当地银行后，由银行签发给汇款人持往异地用于办理转账结算或支取现金的票据。

（2）商业汇票，是指出票人为银行以外的人的汇票。在我国银行结算实务中，商业汇票的出票人限于法人或其他组织，而不能是个人。根据付款人行业的不同，商业汇票又分为银行承兑汇票和商业承兑汇票。汇票上记载的付款人是银行的商业汇票，称之为"银行承兑汇票"。因为该类汇票经付款银行承兑后才能付款。需要注意的是，银行承兑汇票是商业汇票的一种，而不是银行汇票的一种。汇票上记载的付款人是银行以外的人的商业汇票，称之为"商业承兑汇票"。在票据使用实务中，银行承兑汇票的使用要远远多于商业承兑汇票的使用。

在《票据法》范畴内，银行汇票和商业汇票、银行承兑汇票和商业承兑汇票，所适用的法律规则都是一样的。其原因在于，上述这种汇票分类是以汇票当事人行业主体身份不同为标准的，银行汇票和商业汇票是以出票人是否为银行作出的分类，银行承兑汇票和商业承兑汇票是以付款人是否为银行作出的分类。在市场经济体制下，不同商业主体在法律上的地位是平等的,其所适用的票据法上的规则也应当是同样的。

但是,正因为上述这种汇票分类是以汇票当事人行业身份不同作出的,在商业活动中还是有信用识别意义的,因为银行的信用通常大于非银行企业的信用。所以在我国的商业实务中,普遍使用的汇票是银行汇票和银行承兑汇票,而商业承兑汇票则相对较少被使用。

需要特别注意的是,在银行票据结算业务范围内,作出银行汇票和商业汇票的区别还是很有意义的,因为银行在办理银行汇票业务和商业汇票业务时,其具体的操作规则是不同的。例如,《支付结算办法》第2章第2节规定"银行汇票",第2章第3节规定"商业汇票",其中有许多规则上的差别需要在商业实务中予以注意。例如,《支付结算办法》第57条规定,银行汇票的提示付款期限自出票日起1个月。第87条第1款规定,商业汇票的付款期限,最长不得超过6个月。所以,在我国使用票据时,不仅要熟知《票据法》规定,还要熟知《支付结算办法》这类中国人民银行规章的规定。

(二)本票

根据《票据法》第73条第1款的规定,本票是出票人签发的,承诺自己在见票时或指定日期无条件支付确定的金额给收款人或持票人的票据。《票据法》所称的本票,限于银行本票。

本票的特点是:(1)本票的基本当事人有两人,即出票人和收款人,此点与汇票、支票不同。(2)本票是自付证券,即本票由出票人自己为付款人,此点亦与汇票、支票不同。(3)本票是信用证券,即本票可作为商品信用交易的支付工具。此点与汇票相同,而与支票不同。

本票本来可以作为商品信用交易的支付工具使用,但是,由于《票据法》规定本票限于银行本票,而中国人民银行的《支付结算办法》第108条规定,"银行本票见票即付"。因此,虽然《票据法》规定本票的付款期限最长可达2个月,但由于"见票即付"使得持票人随时可以请求付款,致使出票人在信用交易中的延期付款计划当然失去了确定性。可见,我国内地的银行本票实际上发挥不了信用证券的作用。实际上,商业活动中使用银行本票的情形也较为少见。

但问题是,《票据法》规定银行以外的主体可以签发商业汇票,而汇票的出票人又可以记载自己为付款人,这种汇票实质上与本票无异。既然银行以外的经营主体可以签发与本票无实质区别的汇票,因而《票据法》只规定银行本票的实际意义不大。

(三)支票

1. 支票的概念

根据《票据法》第81条的规定,支票是出票人签发的,委托办理支票存款业务的银行或其他金融机构在见票时无条件支付确定的金额给收款人或者持票人的票据。

支票的特点是:(1)支票的基本当事人有三人,即出票人、付款人和收款人。在这一点上,支票与汇票相同,而与本票不同。(2)支票的付款人是银行或者其他金融机构。这里的"金融机构",是指除银行以外的可以办理存取款业务的金融机构,如城市信用社和农村信用社等。(3)支票只能是即期票据,即支票上记载到期日的方式只有一种,限于见票即付。(4) 支票是支付证券,即在票据的诸种作用中,支票只能发挥其中的支付作用。

2. 支票的种类

支票包括普通支票和专用支票。普通支票是指既可以用于支取现金,也可以用于转账的支票。专用支票是指只能用于支取现金或者只能用于转账的支票。所谓"现金支票",是指持票人可凭此向作为付款人的银行或其他金融机构支取现金的支票。现金支票上印有"现金"字样。所谓"转账支票",是指持票人不能凭以支取现金,而只能通过银行转账的方法将支票上的款项记入持票人账户的支票。转账支票上印有"转账字样"。

根据我国的票据制度和银行结算实务,还有一些其他种类的支票,以及特殊情形下的支票名称。

(1) 划线支票,是指由出票人或持票人在支票正面上划有平行线二道,付款银行据此只能向另一银行或者本银行的客户付款的支票。划线支票的特点是:持票人取得划线支票后,除非自己就是付款银行的存款户,否则不能直接向付款银行请求付款,而只能委托自己的开户银行向付款银行请求付款。因此,划线支票能够防止票款被冒领;万一票款被冒领,票款的去向也极易查出。支票的出票人、背书人或持票人都有权在支票上划线,划线是他们指示付款银行只能向特定人(银行或者付款银行的客户)付款的一种意思表示。在中国人民银行发布的《支付结算办法》中,对划线支票也有所规定,但又规定划线支票只能用于转账,不得支取现金。这一规定与国际通行的划线支票有所不同。因为国际通行的划线支票只是对付款对象予以限制,而对于付款形式(即转账还是支付现金)却并无限制。

(2) 远期支票,是指出票人在出票时记载见票即付以外的到期日的支票;或者在出票时记载了虚假出票日,即以实际出票日以后的日期作为票载出票日的支票。实务中的远期支票通常为后一种情形。支票为支付证券,限于见票即付。但在实务中,有的出票人为规避票据法有关支票限于见票即付和提示期间较短的规定,往往签发以实际出票日以后的日期为票载出票日的远期支票。

(3) 空头支票,是指出票人签发的以与自己没有资金关系的银行为付款人的支票,或者所签发的支票金额超过其付款时在付款人处实有的存款金额的支票。签发空头支票是违法行为,致使持票人得不到付款而受到损害。但空头支票本身并不因缺欠资金关系(即"空头")而成为无效支票,空头支票的出票人、背书人仍要承担票据责任。根据我国《票据法》第 102 条第 3 项规定:"签发空头支票或者故意签发与其预留的本名签名式样或者印鉴不符的支票,骗取财物的",要依法追究刑事责任。

(4) 空白支票,是指出票人在签发支票时,将签章以外的应记载事项的全部或一部,授权他人以后补充完成的支票。空白支票尚未记载的事项中,最为常见的是支票金额授权他人补记的空白支票。此外,也有出票日、到期日、收款人姓名或名称等,授权他人补记的支票。出票人对空白支票应当承担票据责任,即对被授权人根据授权在空白支票上的补充记载事项负责。空白支票只能由被授予补充权的人在其权限内补充,被授权的人如果滥用补充权,授权人可以直接抗辩,但不得对抗善意第三人。

三、票据的功能

票据是商品经济发展到一定阶段的产物。在 12 世纪意大利沿海城市,商品经济已相当发达,贸易极盛,专营货币兑换的商人发行一种兑换证书供异地取款之用,成为本票和汇票的前身;到 16 世纪,票据制度已逐渐完备,逐渐有了背书、承兑、交换等制度;银行出现后又产生了支票制度,最后形成现代的票据制度。中国古代也已出现票据的雏形,唐宋时期即出现类似汇票的"飞钱""便换",类似支票的"贴子"和类似本票的"交子";明末以后山西票号崛起,经营汇兑业务以及存放款业务,类似汇票本票的各种票券(如钱庄银票等)大为流行。清末对外通商以后,外商在中国设立银行,也带来了西方的票据制度,中国固有的票据制度遂被取代。

新中国成立以后,一度实行计划经济体制,传统的票据制度与之不相容。1955 年,我国取消了汇票和本票,并开始限制支票的使用范围和使用方式。其后,虽然支票的使用一直延续至今,但直到 20 世纪 80 年代,支票在使用时不得转让。其实,只要支票在制度上不具有可以被转让的性质,支票实质上就已经不是支票了,而只是一般的支付工具。20 世纪 80 年代起,随着经济体制改革的深入和社会主义市场经济体制的确立,在经济活动中渐次恢复使用票据。至 1995 年 5 月 10 日颁行《票据法》,票据制度终于在我国得以恢复。

票据之所以在经济活动中被大量使用,是由于票据具有不可替代的重要经济作用。根据票据的使用目的及使用方式,票据的功能包括支付作用、汇兑作用、信用作用、抵销债务作用和融资作用。

(一)支付作用

票据的支付作用,是指在交易活动中,可以用票据代替现金作为支付工具。例如在商店购买商品时,可以用现金作为支付工具,也可以用支票作用支付工具,即签发或背书转让一张支票给商店,作为购买商品的对价。支付作用是票据最为基本的作用,汇票、本票和支票都可以作为支付工具。

如果在一个具体的交易关系中,双方当事人约定以票据作为支付手段,那么当一方当事人按照约定向另一方当事人交付了票据之后,便是履行了该项合同的支付义务。至于这张票据是否最后兑现,即这张票据上的权利最终能否得以行使,可以按照票据法予以判断和处理。

在以接受票据为支付方式的交易活动中,当事人所接受的票据并不能百分之百地能够兑现,但并不能以此认定给付票据的人没有履行合同支付义务。这是因为,交易当事人获得票据后,不必一定到银行兑现,也可直接用票据进行新的交易,如将票据转让给他人以获得相当于票据金额的利益。如果作为支付手段的票据最终不能够兑现,接受票据的当事人可选择两个法律途径解决问题。一是按照合同法的规定,追究给付票据的人的违约责任,此时是在原因关系上处理纠纷;二是按照票据法的规定,向给付票据的人及其前手行使追索权,此时是在票据关系上处理纠纷。

(二)汇兑作用

所谓"汇兑",是指汇款人通过银行将款项汇给外地收款人的结算方式。票据的汇兑作用,是指汇款人将款项交存银行后,由银行签发汇票,然后持汇票到异地银行兑取款项,因而票据可代替现金进行异地送款。只有汇票具有汇兑的功能。在我国的商业实务中,主要是利用银行汇票进行汇兑。

汇兑是票据最为古老的作用。当商人须到异地交易用款时,使用现金尤其是金属货币,既不方便又不安全。而使用汇票,则可在一地将款项存入钱庄或银行,并由钱庄或银行作为出票人签发汇票给存款人,而存款人则作为持票人可到异地向汇票上所载付款人请求付款。于是通过汇票的汇兑作用,解决了异地用款的便捷性与安全性问题。

随着金融业在市场经济体制下的不断发达,特别在电子网络时代出现了更为方便安全的电子支付、网络支付手段,如我国市场所盛行的银行电子转账、支付宝、微信支付等,票据汇兑作用的经济价值与应用效益有所降低。

（三）信用作用

票据的信用作用,是指在延期付款的交易中,可以签发远期票据（即该票据不是见票即付的）作为支付的方式,以实现商品的信用交易。汇票和本票都可作为信用交易的支付的工具。

票据的信用作用是票据最为重要的作用,在经济活动中,利用票据的信用作用,可以在缺乏资金的情况下,做成商品交易,获取经济效益。例如,某甲想到某乙那里购买10万元的商品,由于某甲缺乏资金,便可签发一个月到期付款、面额为10万元的汇票作为支付手段。某乙若认可某甲信用,便可接受某甲签发的汇票,由此做成标的额10万元的商品买卖交易。某甲及时获得了商品,用以进行生产经营并获得利润;某乙或者在一个月后兑现汇票并获得预期利益,或者转让汇票再向他人购买商品。可见,票据可以使市场主体的信用有效地转化为经济价值。

虽然电子支付、网络支付等可以在相当程度上替代票据的多种功能,但是在信用作用上,票据具有不可替代的功能价值。票据能在电子网络时代仍有重要使用价值,其信用作用并不能被其他支付工具完全替代是其中最为重要的原因。

（四）抵销债务作用

票据的抵销债务作用,是指通过票据的交换,抵销票据持有人彼此间的债权债务。例如甲持有一张以乙为付款人的票据,乙持有一张以甲为付款人的票据,通过票据交换,两张票据金额等额之内的债务相互抵销,而只就差额部分用现金给予支付。

银行之间进行的票据交换,就是最为常见的利用票据抵销债务作用的银行业务活动。票据交换又称"票据清算",是指同一城市各银行对相互代收代付票据进行交换并清算资金的一种金融业务活动。由于经济活动中票据使用量大,而且持票人通常都是把票据委托其开户银行代为收款,这样银行每天要收到大量付款人为其他银行的票据。通过银行间定时的票据交换,可将互相代收代付票据先行抵销,然后再清算其差额。因此,票据交换可使银行不必逐个为票据收付款,逐笔划转款项和分头传递结算凭证,可以节约大量的人力、物力和费用,又可以缩短清算过程。

（五）融资作用

票据的融资作用,是指通过票据贴现来融通资金。虽然票据可以自由转让,持票人通过票据转让获得交易对价。但由于票据金额已经固定,在通过票据转让进行交易时,往往有所不便,如票据金额与交易金额并不相等,在票据金额较大时不能用于多笔价款较低的交易。因此,如果用未到期的票据到银行换取资金,就可以更为方便地使用资金。银行接受以融资目的而转让给银行的票据(主要是商业汇票)并使之在银行间流通的业务,就是票据贴现。

(1)票据贴现,是指持票人为获取资金而将未到期票据转让给银行,银行从票据金额中扣除贴现利息后将余额支付给持票人的一种融资行为。银行办理贴现时,按贴现利率从票据金额中扣除贴现利息,即自贴现日至票据到期日的利息,然后将余额支付给申请贴现的持票人;申请贴现的持票人取得贴现资金后,须将票据转让给银行,银行由此取得持票人身份。票据贴现在票据法上属于票据转让的原因关系,持票人与贴现银行之间要按票据法规定办理票据转让手续。与票据付款不同,票据在贴现后,其票据关系并未消灭,只是由贴现银行成为持票人。贴现银行可以在票据到期时向票据付款人请求付款,并可在不获付款时行使追索权。

(2)票据转贴现,是指商业银行将其贴现收进的未到期的票据,再向其他商业银行贴现的一种资金融通行为。转贴现是商业银行之间同业借款业务之一,也是票据转让的原因关系。转贴现的具体方法与贴现相同,其与贴现的区别是:转贴现的申请人是商业银行,而贴现的申请人是银行以外的持票人。

(3)票据再贴现,是指商业银行将其贴现收进的未到期票据,再向中央银行申请贴现的一种资金融通行为。再贴现的特征是:再贴现的申请人是商业银行,此点与贴现不同;再贴现的银行是中央银行,此点与转贴现不同。在票据法上,再贴现属于票据关系的原因关系。在经济上,再贴现是中央银行向商业银行融通资金的主要方式之一,中央银行通过再贴现率,来控制商业银行的信贷规模,因而再贴现是中央银行的货币政策工具之一。

通过以上票据作用的阐释,可以看出,票据在法律的规范与保障下,票据在市场经济体制下的经济活动中,为促进交易、活跃经济、培植信用、增加财富等,发挥了不可替代的重要作用。

第二节　票据法概述

一、票据法的概念

(一)票据法的概念

票据法有广义和狭义之分。广义之票据法,是指一切规定票据制度,规范票据活动,调整因票据使用而产生的各种社会关系的法律规范的总称。在我国,广义的票据法包括专门系统规定票据制度的《票据法》,还包括有关票据使用、管理的《票据法》以外其他形式的法律规范。后者如在法律层面,民法中有关票据质押的规定,刑法中有关伪造票据罪、变造票据罪和票据诈骗罪的规定,民事诉讼法中有关公示催告的规定;在司法解释层面,最高人民法院有关审理票据案件的司法解释;在部门规章层面,中国人民银行有关票据使用规则的规定等。狭义之票据法则是指以"票据法"命名的法律,《票据法》第1条规定:"为了规范票据行为,保障票据活动中当事人的合法权益,维护社会经济秩序,促进社会主义市场经济的发展,制定本法。"由此确立了票据法的宗旨和适用范围。

(二) 票据法的特点

票据法属于私法,为民法的特别法,是商法体系的重要构成。与其他民商事法律相比较,票据法具有以下特点:

(1) 票据法的规定几乎都是强行性规范。如规定票据的种类和应记载事项、票据行为的方式、票据权利行使方式和票据抗辩限制等,均为强行性规范。对接强行性规范,在使用票据时必须遵守,而不允许当事人自行约定改变,如约定制作票据法没有规定的票据种类,不按照票据法的规定记载必要事项等。如果使用票据违反票据法的强行性规定,会影响票据的效力或票据行为的效力。强行性规范有助于强化票据使用的统一规范性,提高票据的标准化、安全性和流通性。

(2) 票据法中有许多技术性规范。技术性规范是指不具有伦理评价性质而只有技术方案性质的法律规范。票据法是技术性规范最多的法律之一,如票据法中规定票据格式、记载方式及如何出票、背书、承兑等的规定,都是技术性规范。票据法规定大量的技术性规范对有效使用票据并充分发挥其作用极有意义,一是提高票据使用的标准化程度,便捷票据的使用及流通;二是更为清晰准确地表示票据权利及票据责任,减少票据使用中可能出现的纠纷;三是可以提高票据法规范在不同法域间的共通性,有利于促进不同国家或地区间的贸易往来。

(3) 票据法中含有大量准用性规范。票据法中虽然规定了汇票、本票和支票三种票据,但其实这三种票据及其相关制度的共同之处多于其不同之处。所以,票据法在规定三种票据的使用制度时,对于不同之处分别规定,而对于相同之处,只在汇票制度予以详细规定,而在规定本票和支票制度时,直接规定准用汇票制度中的有关规定,如规定本票、支票背书准用票据法关于汇票的有关规定等。票据法大量采取准用性规范,主要是为了避免法律条文重复烦琐,提高立法的经济性。

(4) 票据法是国际通用程度最高的一种法律。票据法之所以在国际上通用程度最高,主要是适应日益发展国际贸易的制度需要。票据是国际贸易中的重要支付手段,因而不同国家的票据法产生协调一致的必要,如参加日内瓦统一票据法公约的国家大多根据日内瓦统一汇票本票法和统一支票法修订本国的票据法。自1972年起,联合国国际开始进行统一国际票据法的工作。联合国国际贸易法委员会在1982年第15届会议上推出《国际汇票和国际本票公约草案》和《国际支票公约草案》,试图弥合两大法系之间的分歧。现在仍有两大票据法系,即日内瓦统一法系和英美法系。日内瓦统一法系票据法的主要特点是,票据关系与基础关系严格分离,票据行为是单方法律行为,实行严格的形式主义;在立法形式上,汇票和本票合在一起立法,称为票据法,另对支票单独立法。英美法系票据法的主要特点是,认为票据行为是合同,应具备约因;票据制度比较自由,如承认付利息票据和分期付款票据等。其实，两大票据法系之间的规则共同点远大于不同点。

二、票据法的适用

（一）我国票据立法

我国改革开放以来，在经济活动中逐步放开使用票据，尤其是社会主义市场经济体制确立以来，票据的使用得到法律的确认、规范和保障，在鼓励交易、活跃经济、促进发展上发挥了应有的重要作用。相应地，票据立法也得到重视，并随着市场经济和法治建设的发展而不断趋向完备。

1988年6月8日上海市发布了《上海市票据暂行规定》，这是我国经济体制改革以来第一个系统规定票据制度的地方性法规。1988年12月19日，中国人民银行颁发了《银行结算办法》，从改革中国结算制度的角度对票据制度进行了规定，自此，票据开始在全国范围使用。

1995年5月10日，全国第八届人大常委会第十三次会议通过了《票据法》，这是我国最早一批市场经济法律体系中的商事立法，是我国商法体系的重要构成。该法自1996年1月1日起施行，票据法律制度终于得以系统化恢复。在2004年8月28日，为了适应我国银行管理体制改革的需要，全国人大常委会对《票据法》进行了修改。其所修改的部分，只是删除了第75条，该条内容是"本票出票人的资格由中国人民银行审定，具体管理办法由中国人民银行规定"。《票据法》修改后对条款顺序作了调整并重新公布。现行《票据法》共有7章，110条。

由于在商事活动实务中，票据的使用往往与银行的结算业务有关，为了在商事活动中有效使用票据，中国人民银行相继制定颁发了《票据管理实施办法》（1997年8月21日）和《支付结算办法》（1997年9月19日）。中国人民银行有关票据使用的各项规章，将我国的票据制度进一步具体化，对票据的种类、格式、记载内容与记载方式等，规定地相当详细，增强了操作性。为适应电子网络时代票据使用方式变革的需要，中国人民银行颁发了《电子商业汇票业务管理办法》（2009年10月16日），规定了在电子商业汇票系统办理商业汇票业务的具体操作方法。

为了在司法活动中统一准确地适用《票据法》，有效处理各种疑难票据案件，最高人民法院于2000年2月24日颁布了《关于审理票据纠纷案件若干问题的规定》（以下简称《审理票据纠纷规定》）。在2020年12月23日，最高人民法院又对《审理票据纠纷规定》进行了修改。《审理票据纠纷规定》是一个系统的有关票据制度的司法解释，共有75条。该解释的内容可以分为两大类。一类是有关票据纠纷案件审理程序的解释，如票据纠纷案件的受理与管辖、票据保全、票据丧失的救济程序等。另一类是有关票据实体权利的解释，如对有关票据权利及抗辩、票据效力、票据背书与保证的方式及效力等的解释。《审理票据纠纷规定》不仅细化了处理票据纠纷的审判规则，而且在遵行票据法的前提下，对票据法中的规范缺陷做了一定程度的弥补。

总体来看，我国票据立法具有这样一些特点：一是较好兼顾了传统承续与现代发展。例如一方面，在票据法理和基本制度上，与《日内瓦统一票据法》基本相合；在票据概念上,延续将汇票、本票和支票统称为"票据"的中国传统定义。在另一方面,根据时代发展如交通、通讯、信息等技术发展,取消了在交通、通讯及信息处理不便情况下的票据制度,如《票据法》不再规定汇票复本、汇票本票誊本制度。二是根据时代进步和经济发展需要,勇于作出票据制度创新。例如,当经济社会进入电子网络时代时,及时规定电子票据制度。三是银行系统在票据制度形成过程及机制中发挥了主导作用。虽然在传统票据立法上亦有银行业务规范及惯例的形成机制作用,但在我国的票据规范形成机制上,银行则处于比传统更为突出的主导地位。由此导致我国的票据制度完全以银行业务为中心,在票据制度之间反映出较为强烈的金融行业管理的色彩。这一方面,确因票据多在银行系统中使用有关,银行主导票据制度形成机制有其实践基础;但另一方面,确实存在中国人民银行有关票据业务、票据使用的相关规定发生主管者偏好,难免抑制票据使用主体和应用范围的开放与扩张。四是人民法院在票据制度形成机制上发挥了重要作用。因票据法规范的专业性较强,票据当事人对票据制度的应用能力较其他法律为低。因此,人民法院有关票据的司法解释将票据法上的规范进一步明晰化、协调化,有助于票据使用及其纠纷解决。特别是我国《票据法》上的个别规定确实与票据法理和适用实践不相符,司法解释则在弥补票据法上的法律漏洞上作出许多工作,取得了显著的立法效应和实践效果。

(二)票据法适用的一般规则

虽然我国票据法律制度建设已经很有成效,但仍然存在一些问题:(1)对一些同类事项,不同法律规定的含义不清晰,导致相关法律规范的适用效力不明。例如对于票据质押,《票据法》第35条第2款规定:"汇票可以设定质押;质押时应当以背书记载'质押'字样。被背书人依法实现其质权时,可以行使汇票权利。"而《民法典》第441条规定:"以汇票、本票、支票、债券、存款单、仓单、提单出质的,质权自权利凭证交付质权人时设立;没有权利凭证的,质权自办理出质登记时设立。法律另有规定的,依照其规定。"但是,对于未作设质背书的票据质押,其效力如何,从《票据法》和《民法典》的不同规定中,并不能得出直接而明确的答案,于是在实务中产生法律适用分歧及效力判断差异。(2)即使在《票据法》条文之间也存在表达歧义或矛盾之处,例如,《票据法》第19条第1款规定:"汇票是出票人签发的,委托付款人在见票时或者在指定日期无条件支付确定的金额给收款人或者持票人的票据。"但其第10条第1款规定:"票据的签发、取得和转让,应当遵循诚实信用的原则,具有真实的交易关系和债权债务关系。"既然是"无条件支付"的票据,那么有无"真实的交易关系和债权债务关系"就在所不论;既然要求有"真实的交易关系和债权债务关系",那么就不是"无条件支付"的票据。像这类存在表达矛盾或规范冲突的规定,特别容易引起票据实务中适用法律条款的选择困难。(3)中国人民银行部门规章在票据使用中起到重要的规范指引和业务导向作用,但由于相关部门规章中含有许多行业监管的内容,其个别规定亦有与票据法原理或《票据法》规定不相协调之处。例如,《电子商业汇票业务管理办法》第5条规定:"电子商业汇票的出票、承兑、背书、保证、提示付款和追索等业务,必须通过电子商业汇票系统办理。"于是在实务中发生争议:电子商业汇票持票人除了在线上行使追索权之外,是否也可以在线下行使追索权。

要解决好上述问题,就应当根据现行票据法体系的特点和票据使用实务的经验,通过合理的票据法适用规则来实现票据法规范体系合理性和票据使用过程协调性。

作为商法体系中的票据法,其与民法的关系是特别法与一般法的关系。因此在处理与票据有关的民事纠纷时,应当处理好适用票据法与适用民法的关系。须注意的是,在选择所应适用的法律时,票据法与民法之间并非排除关系,而是优先适用与居次适用的关系。也就是说,在优先适用票据法做出法律判断之后,并不是一概再无适用民法的余地,而是可能出现两种情形,一是适用票据法已经充分,可以据此完全处理票据纠纷;二是适用票据法时只是在票据法范畴作出居先判断,但仍有余地需要适用民法续后处理。例如在处理票据质押事项时,应当优先适用票据法判断是否构成票据法上的质押,如果构成票据法上的票据质押,就依据票据法相关规定进行处理;如果因记载事项欠缺,如未作设质背书或者设质背书无效,则可依据票据法认定其没有构成票据质押,但可以继续适用民法判断其是否构成物权法上的票据质押。如果在适用票据法认定票据质押无效时,就彻底认定该项使用票据的质押没有任何法律效力,则有可能忽视了当事人之间以票据设质的合意,取消了本可依据民法确认其效力的质押交易。[1]

在处理票据纠纷法律实务中,《审理票据纠纷规定》是经常适用的重要司法解释。在票据法适用上,《审理票据纠纷规定》的作用包括:(1)明晰且细化了《票据法》的规定。例如《票据法》规定了票据时效,但并未规定票据时效中断的效力范围,《审理票据纠纷规定》第19条的规定,票据权利时效发生中断的,只对发生时效中断事由的当事人有效。(2)明确了《票据法》规定的延伸效果。例如,《票据法》第30条规定:"汇票以背书转让或者以背书将一定的汇票权利授予他人行使时,必须记载被背书人名称。"对于背书人未记载被背书人名称即转让票据,但后经持票人补填被背书人名称的效力,《票据法》并未作出明确规定。《审理票据纠纷规定》第48条的规定,背书人未记载被背书人名称即将票据交付他人的,持票人在票据被背书人栏内记载自己的名称与背书人记载具有同等法律效力。这一规定符合票据使用实际,等于在实务上承认了空白背书的效力。(3)限缩了《票据法》不妥当规定的适用范围。例如,《票据法》第10条规定:"票据的签发、取得和转让,应当遵循诚实信用的原则,具有真实的交易关系和债权债务关系。"该条规定虽与票据无因性相悖,但既是现行有效的法律规定,又是我国票据管理现状的反映。审理票据纠纷规定第13条的处理方案是,票据债务人以《票据法》第10条规定为由,"对业经背书转让票据的持票人进行抗辩的,人民法院不予支持。"实际上是把《票据法》第10条的适用范围进行了限缩,限制在没有"业经背书转让票据"的直接债权债务人之间。

因此在适用票据法时应当作如下把握:(1)正确处理票据法与民法之间的特别法与一般法关系,优先适用票据法,居次适用民法,并以有利于促进票据有效使用为原则。(2)对于《票据法》没有规定或者规定充分的情形,应当选择适用《审理票据纠纷规定》中的相应条款。(3)对于《票据法》个别规定有内在冲突或内容疏漏的情形,可以结合《审理票据纠纷规定》,根据票据法理通说选择适用最为合理的条款。(4)对于中国人民银行有关票据使用或票据业务的部门规章,既要根据其规定确认票据使用的合规性,也要坚持

---

[1] 参见陈甦:《票据质押效力范畴界分辨析》,载《政法论坛》2022年第5期。

《票据法》相关规定在票据使用上的法定规范性。

（三）涉外票据的法律适用

1. 涉外票据的概念

所谓"涉外票据"，是指一张票据的出票、背书、承兑、保证、付款等行为中，既有发生在中国境内又有发生在中国境外的票据。依据我国有关外资管理制度和票据使用管理的实务，票据行为既有发生在我国内地（大陆），又有发生在我国香港、澳门、台湾地区的，也要适用《票据法》上有关涉外票据的规定。

随着我国对外开放的深化和国际贸易的发展，涉外票据的使用将会越来越多。尽管票据法是国际上通用程度最高的一种法律，但不同票据法系之间的票据法仍有一些差别。特别是我国的票据法与国外的票据法的差异较大，因而《票据法》确定涉外票据的法律适用规则，是十分必要的。

2. 涉外票据的法律适用规则

关于涉外票据的法律适用规则，票据法作了系统的规定。

（1）关于中国参加的有关国际条约的法律适用规则。根据《票据法》第95条的规定，中国缔结或者参加的国际条约同《票据法》有不同规定的，适用国际条约的规定。但是，中国声明保留的条款除外。《票据法》和中国缔结或者参加的国际条约没有规定的，可以适用国际惯例。

（2）关于票据债务人民事行为能力的法律适用规则。票据债务人的民事行为能力适用其本国法律。但是，票据债务人的民事行为能力，依照其本国法律为无民事行为能力或者为限制行为能力而依照行为地法律为完全行为能力的，则适用行为地法律。

（3）关于出票以外的票据行为的法律适用规则。票据的背书、承兑、付款和保证行为，适用行为地法律。例如，在对一张票据进行背书时，其背书的方式及其效力，就适用背书行为所在地的法律。

（4）关于出票记载事项的法律适用规则。票据出票时，应当依法记载有关事项，否则会影响票据的效力。票据出票时的记载事项，适用出票地法律，即在什么地方签发票据，就根据什么地方的票据制度记载事项。但是，支票出票时的记载事项，经协议也可适用付款地法律。

（5）关于行使追索权的法律适用规则。票据权利的保全，如提示期间与提示方式、拒绝证书的制作等，适用付款地法律。追索权的行使期限，则适用出票地法律。

重要名词术语

票据法、票据、汇票、本票、支票

思考题

1. 简述票据的性质。
2. 票据无因性的合理性分析。

第三十七章 票据法律关系

【内容提示】

虽然票据法是民商法体系的一个有机构成,但是票据法有其独特的概念体系、方法规则和应用机制,比如:其有特殊的规范术语,其术语用词与一般民商法相同但却含义不同。因此对于票据法的法律规范及其表达方式,决不能仅基于一般民商法知识而作想当然的理解与运用,必须在系统学习票据法知识体系的前提下,才能在一般民商法与票据法之间的知识交织和规范交叠场合中,予以精准的语义界定及转换和规范选择及适用。

本章首先阐释票据关系,主要是阐释票据关系的特点;其次阐释票据基础关系,包括原因关系、资金关系和预约关系;最后阐释票据法上的非票据关系,包括票据返还关系和利益返还关系。这一章的关键思维节点是,识别票据使用中所发生的法律关系的性质,判断其究竟是票据关系还是一般民法关系,以及在知识表达和规范适用上,如何精准有效地区分票据关系和一般民法关系,以及应当如何处理这两者之间的关系。

第一节 票据关系

一、票据上的当事人

(一)基本当事人与非基本当事人

基本当事人是指签发票据时就已存在的票据当事人。如汇票和支票的基本当事人包括出票人、付款人、收款人;本票的基本当事人包括发票人、收款人。确定票据基本当事人的目的在于,任何票据根据其种类必须记载全部应有的基本当事人,如果欠缺基本当事人的记载,则票据无效。

非基本当事人是指签发票据后通过各种票据行为加入票据关系中的当事人。如票据签发后,通过背书行为加入票据关系的背书人、被背书人;通过票据保证行为加入票据关系的票据保证人等。票据上是否有非基本当事人的记载,不影响票据的效力。

(二)票据债权人与票据债务人

票据关系在性质上属于民事法律关系,也是一种债权债务关系,票据当事人也就是票据债权人或票据债务人。

1. 票据债权人

票据权利人是指,持有票据并据此享有票据权利的人,即"持票人",为票据债权人。

通过以下情形,可以判断一个具体票据的持票人:(1)如果一张票据是记名票据,即其上记载了收款人姓名或名称的票据,且没有经过背书转让,那么,票据上记载的收款人,就是持票人。(2)如果一张记名票据经过了背书转让,那么,最后一个被背书人,就是持票人。(3)如果一张票据是无记名票据,即其上没有记载收款人的姓名或名称的票据,那么,谁持有票据,谁就是持票人。

2. 票据债务人

票据债务人,是指实施一定的票据行为而在票据上签名的人为票据债务人。这里的票据行为包括出票、背书、承兑和票据保证。因为实施这四种票据行为的行为人均要承担票据责任,包括付款责任和担保付款的责任,因而是票据债务人。

票据债务人又可以分为第一债务人和第二债务人,前者为负有付款义务的人,包括汇票承兑人、本票发票人等;后者为负有担保付款义务的人,如汇票的出票人、支票出票人、背书人等。持票人须先向第一债务人行使付款请求权,被拒绝时,则可向第二债务人行使追索权。

第一债务人与第二债务人之间,有以下几个方面的区别:(1)第一债务人在债务的履行顺序上,居于第一序位,持票人要求付款时,应先向第一债务人提出请求。第二债务人在债务的履行顺序上,居于第二序位,只有在向第一债务人请求付款不能实现时,持票人才可以请求第二债务人履行票据债务。(2)第一债务人付款后,全体票据债务人均免除票据责任。而第二债务人支付票据款项后,仅自己及其后手免除票据责任。(3)第一债务人的票据责任,只能因票据时效而免除。第二债务人的票据责任,可因时效和手续欠缺而免除。

(三)前手与后手

当票据经背书转让形成前后连续的转让关系时,就其中某一当事人而言,在其之前进入转让关系的即为前手,在其之后进入转让关系的即为后手。就前手与后手之间的关系而言,前手是后手的债务人,后手是前手的债权人。

因此若以票据签章顺序前后界定,前手是指在票据签章人或者持票人之前签章的其他票据债务人,后手是指在票据签章人之后签章的其他票据债务人。

需特别注意的是,《票据法》上规定的"在票据签章人或者持票人之前签章"和"在票据签章人之后签章",是指在票据关系的前后顺序而言,而不是签章时间前后而言。例如,在有票据保证行为时,保证人可以指定前手作为被保证人,此时保证人签章时间可能在后手之后,但在追索时却被视为该后手的前手。

二、票据关系概述

票据关系是票据法上的法律关系一种,是票据关系当事人根据他们所为的票据行为而直接发生的法律关系。如基于汇票出票行为而发生的出票人与收款人或持票人之间的关系,基于背书而发生的背书人与被背书人之间的关系,基于承兑行为而发生的收款人或持票人与承兑人之间的关系。

票据关系在性质上属于民事法律关系,是基于票据行为而发生的债权债务关系。因此,票据关系具备民事法律关系的基本性质,如系平等民事主体基于意思自治而设立、变更或消灭,其内容亦为民事权利和民事义务,其客体为记载并代表票据权利的票据。

但是,票据关系不同于一般的民事关系,而是具有票据法上的特殊性,从而实现票据的有效使用并充分发挥票据作用。因此,在票据法范畴或者票据法语境,应把握票据关系与一般民事关系的联系与区别,以利于精准适用票据法。

三、票据关系的特点

1. 票据关系仅基于票据行为而发生

这里的票据行为是指狭义的票据行为,包括出票、背书、承兑和票据保证。例如,出票人签发票据(即出票)后,其与票据收款人之间的法律关系,即为票据关系。不是通过票据行为形成的法律关系,均不属于票据关系。

2. 票据关系是证券上的关系

所谓证券上的关系,是指票据关系的内容完全是在票据这个有价证券载体上表现出来的,也就是票据上权利义务的内容由票据文义确定。判断一个票据关系的当事人及其内容,完全要根据票据上的文字记载,即票据关系具有文义性。

3. 票据关系是一种抽象关系

所谓抽象关系,是指不管使用票据的原因如何复杂,票据关系所表现的是与使用票据原因没有关系的一般化的债权债务关系。例如,因票据背书而发生背书人与被背书人之间的关系就是一种票据关系,票据当事人因背书而授受票据的原因可以有多种,或商品买卖关系,或清偿债务关系,甚或赠与关系,但反映在票据文义上却只有背书人与被背书人之间的关系,也就是一种抽象性的票据关系。

4. 票据关系是一种独立关系

在同一票据上可以有多重票据关系,但各个票据关系有独立的效力。例如,出票人出票后,与收款人之间就形成了一个票据关系;收款人将该票据背书转让后,其与被背书人之间也形成了一个票据关系。这两个票据关系是在同一票据上的法律关系,但是,这两个票据关系在法律效力上互不影响。例如,即使出票人与收款人之间的票据关系无效,收款人与被背书人之间的票据关系也可能有效;反之,出票人与收款人之间的票据关系有效,也并不能决定收款人与被背书人之间的票据关系就是有效的。

第二节 票据基础关系

票据的基础关系,是指作为票据关系的基础而存在的法律关系。票据的基础关系是民法上的非票据关系,是通过民事法律行为而产生的法律关系。作为票据的基础关系内容的权利是一般民事权利,而非票据权利;义务是一般民事债务,而非票据债务。票据的基础关系是票据的实质关系,但与票据关系相分离。票据基础关系包括票据原因关系、票据资金关系和票据预约关系。

一、票据原因关系

票据原因关系,是指作为票据当事人之间之所以授受票据的原因而产生的关系。比如,为买卖商品而使用支票,买卖双方授受支票的原因关系就是商品买卖关系,在此原因关系上双方设立了使用支票的票据关系。

票据当事人之间之所以使用票据,在事实上必有一定的经济上和法律上的原因,各种票据行为诸如出票行为、背书行为等可以基于各种原因而为之。票据原因的种类很多,有对价的买卖、借贷、租赁等,无对价的赠与、委托取款等,都可以作为票据原因。

作为票据原因的法律关系,属于民法上的民事关系,而不是票据法上的关系。也就是说,原因关系的设立、变更、移转及消灭等,均不受票据法的规范,而是根据原因关系的内容与性质,由相应的民法规范。票据原因关系与票据关系两者之间在法律上严格分离,其效力互不影响。票据原因是否存在、是否合法有效,均不影响票据关系的效力;反之,票据关系是否存在、是否有效,也不影响票据原因关系的效力。持票人只须持有票据即可行使票据权利,而不须说明其取得票据的原因,也不须证明原因关系之有效。正是这种票据关系与原因关系的分离,决定了票据为无因证券或票据关系无因性和票据行为无因性。

进而言之,票据法语境中的所谓"无因"的"因",是指原因,也就是使用票据的原因。例如,到商店用支票买一本书,其买书行为形成的买卖合同关系就是使用票据的原因。所谓"无因",就是指"没有原因",及虽然使用支票在事实上确与买书相关,但是在票据法却视为该支票使用形成的票据关系与买书合同之间没有法律关系。在票据法理论和规则中,这里的"无因"是指没有法律效力上的原因。上例中买书合同是否有效与支付时使用的支票是否有效之间,在票据法上是没有关系的,买书合同无效,支付时所使用支票仍然可以有效;反之,所使用支票无效,但买书合同仍然可以有效。也就是说,一张票据是否有效,其法律效力的根据不要从其原因关系上来寻找,而只能从票据关系上来寻找。或者说,一张具体的票据在法律上有效还是无效,与使用票据的原因之间,是没有法律效力上的联系的。

票据法之所以规定票据原因与票据关系严格分离,其意义在于保障持票人票据权利的实现,促进票据的流通,提高票据的效用;同时也保障作为票据原因的法律关系的稳定。例如,在用支票买书之后,卖书人将收到的支票转让他人用以支付另外的合同价款,但后来发现标的图书是假冒伪劣产品而至买书合同无效,此时若连带认定该支票亦属无效,则将导致卖书人特别是其后手使用支票及其所在民事法律关系的效力;反之,如果买书人支付使用的支票无效,进而连带影响买书合同的效力,那么卖书人主张买书合同有效以获得销售收益的权利就会被剥夺。因此,票据法只有坚持票据关系与原因关系相分离,才能确保票据有效使用和广泛使用,确保使用票据的原因关系的成就与稳定。这种规则也并不会导致不公平或不合理的结果,这是因为,如果原因关系无效,无须采取已支付票据返还的措施,让违约人另行承担与之相当的违约责任即可;如果票据关系无效,也无须采取解除原因关系的措施,让使用票据者另行支付对价即可。可见,票据法规定票据关系与使用票据的原因关系在法律效力上互不影响,并不会影响对票据关系和原因关系的公平处理。如果使用票据的原因可以影响票据本身的效力,票据使用的安全性将会成为问题,人们就不愿意使用票据。所以,票据应当是无因证券,票据关系应当与原因关系相分离而在法律效力上互不影响,这既是票据作用得以发挥的必要特性,同时也不会导致不公平的结果。

在特定情况下,票据原因与票据关系也存在某种联系,例如,如果票据关系的当事人同时就是直接的原因关系当事人时,票据关系中的债务人可以用票据原因对抗票据关系;如果持票人无偿取得票据,而其前手的直接原因关系存有效力争议,并且前手的票据债务人得以行使票据抗辩,按照《票据法》第11条第1款的规定:"因税收、继承、赠与可以依法无偿取得票据的,不受给付对价的限制。但是,所享有的票据权利不得优于其前手的权利。"其中所谓"不得优于前手的权利"是指,如果无偿取得票据的持票人的前手得以合法拥有票据权利,则持票人亦得拥有票据权利;如果无偿取得票据的持票人的前手不能合法拥有票据权利,则持票人亦不得拥有票据权利。

但是,我国票据立法并没有充分坚持票据关系的无因性。《票据法》第10条第1款规定:"票据的签发、取得和转让,应当遵循诚实信用的原则,具有真实的交易关系和债权债务关系。"该规定实质是保留了以原因关系真实性作为票据效力的构成要件。虽然《票据法》第10条这一规定的目的在于强化对票据业务的管理,防止虚开票据"套取银行信用",但票据法学者大多认为该条规定不符合票据法理,完全否定了票据的无因性。[1]尽管《审理票据纠纷规定》第13条对《票据法》第10条的适用范围进行了限缩,票据法学者还是认为,应将《票据法》第10条予以修改,删除这种有违票据无因性的不合理、不正确的规定,方为根本之举。[2]

二、票据资金关系

票据资金关系,是指存在于汇票的出票人和付款人之间、支票的出票人与付款银行之间的,付款人为出票人付款的关系。例如,在使用银行承兑汇票的过程中,出票人签发的汇票由作为付款人的银行予以承兑;银行承兑后,就要在到期日为该汇票付款,等于作为付款人的银行预先为出票人提供了资金。在这种出票人与付款银行之间的关系,就是票据资金关系。

在使用汇票、支票的过程中,存在票据资金关系。本票因是自付证券,所以不存在票据资金问题。在实务中,汇票的资金关系通常是具有委托合同性质的承兑协议;支票的资金关系通常是支票使用合同关系。

票据资金所体现的关系是民法上的关系,而不是票据法上的关系。票据的资金关系与票据关系之间,在法律上应当严格分离。票据资金是否存在、是否有效,对票据的效力不产

---

[1] 谢怀栻:《票据法概论》,程啸增订,法律出版社2017年版,第41页;董惠江主编:《票据法学》,高等教育出版社2022年版,第59页。

[2] 参见谢怀栻:《票据法概论》,程啸增订,法律出版社2017年版,第43页。

生影响。持票人的票据权利来自其所持有的票据,与出票人是否向付款人提供资金与否并无关系。无资金关系而签发票据,其票据并不因之无效。汇票付款人虽受有资金,但并无票据法上的承兑或付款义务。如果付款人订有承兑协议或受有资金而拒绝承兑或拒绝付款,并不承担票据法上的票据责任,但须向出票人承担资金关系上的违约责任。而出票人不得以已经供给资金给付款人为由,对抗持票人的追索。如果付款人已经承兑,虽未收到资金,仍须承担承兑人的票据责任。承兑人如果未受领资金而付款,对于出票人只能依民法关系请求补偿。如果承兑人拒绝付款,则须承担票据法上的票据责任。

票据资金关系与票据原因关系之间并无关联,付款人或承兑人不属于原因关系当事人,因而不能利用票据原因关系中的事由对抗持票人。

我国《票据法》第21条第1款规定:"汇票的出票人必须与付款人具有真实的委托付款关系,并且具有支付汇票金额的可靠资金来源。"这一条款内容是关于票据资金关系的规定,该条规定要求票据的签发必须存在真实的资金关系。根据该条规定,实务中出现许多票据资金提供者(如汇票承兑人)以资金关系不真实为由的抗辩,极大地影响了票据的使用效益。存在这种现象的原因,在于《票据法》第21条把是否存在资金关系与票据效力联系到一起。这种制度设置其实是违背票据法理的。

但是,《票据法》毕竟是现行有效的法律,在没有修改《票据法》第21条之前,并不能否认该条的效力。为了缓和《票据法》第21条的影响,《审理票据纠纷规定》第13条规定:"票据债务人以票据法第十条、第二十一条的规定为由,对业经背书转让票据的持票人进行抗辩的,人民法院不予支持。"这一条规定的意思,是将《票据法》第21条有关必须有真实资金关系规定的效力范围,限制在汇票付款人与出票人及收款人之间。据此司法解释,只要收款人将票据已经背书转让,不管该票据是否存在真实的资金关系,票据付款人只要承兑之后,就不得以资金关系为由向持票人拒绝履行支付义务。

三、票据预约关系

票据预约关系,是指票据当事人之间以授受票据为内容的合同关系。票据预约是票据当事人之间以如何使用票据以及与票据有关的事项为内容的合同。票据预约的内容包括准备使用的票据种类、付款人、是否记名、票据金额、到期日、付款地、背书种类等。例如,在一个买卖合同中有关用支票付款的约定,就是票据预约关系。票据预约可以在订立原因关系的合同中约定,也可以单独约定。

票据预约是民法上的关系,其本身并不能发生票据关系。只有当事人履行票据预约而实施票据行为,才能发生票据关系。票据预约关系与票据关系也应当严格分离。当事人如果不履行或不严格履行票据预约,也只构成民法上不履行合同的问题,对票据的效力不产生影响。例如,一个买卖合同约定买方须签发金额为10万元的支票,但是该买方交付支票时,其上金额仅为9万元,但是,该支票并不因其上金额仅为9万元而无效。卖方可以接受金额为9万元的支票,并用以兑现;对于买方交付支票上所欠缺的1万元,可以以买方违反票据预约为由,追究买方的违约责任。当然,卖方也可以拒绝收取违反票据预约的支票,要求买方采取其他支付方式,或者径行追究买方的违约责任。

第三节 票据法上的非票据关系

票据法上的非票据关系,是指由票据法所规定的票据当事人之间的与票据行为有关但不是基于票据行为直接发生的法律关系,如票据返还关系、利益返还关系等。票据法上的非票据关系属于一般民事关系,只是这种一般民事关系由票据法直接规定。相形之下,票据基础关系则是民法上的非票据关系,是由民法直接规定的一般民事关系。

票据法上的非票据关系直接由票据法的规定而发生,而不是由当事人的票据行为而发生。作为非票据关系内容的权利不是票据权利,而是一般民事权利,行使该项权利不以持有票据为必要。票据法对非票据关系作出规定的目的,是保障票据关系和票据权利。

一、票据返还关系

票据返还关系,是指票据债务人履行票据责任后要求票据权利人返还票据的民事关系,或者票据权利人要求恶意占有票据的人返还票据的民事关系。票据返还关系属于一般民事关系,但票据返还事由与返还条件由票据法直接规定。

例如,《票据法》第70条第2款规定:"被追索人清偿债务时,持票人应当交出汇票和有关拒绝证明,并出具所收到利息和费用的收据。"如果持票人不返还票据,则作出清偿的被追索人得以行使票据返还请求权。再如,《支付结算办法》第125条的规定,出票人签发空头支票、签章与预留银行签章不符的支票、使用支付密码地区,支付密码错误的支票,银行应予以退票。在此情形中,如果银行既不付款又不退票,持票人可以行使票据返还请求权。还有一些票据法规定的票据返还关系,如在票据提示时,被提示人在收到票据并作出相应处理之后,应当将票据返还给提示人的关系;在票据付款请求权实现时,持票人票据交付给付款人的关系,等等。

《票据法》第12条第1款规定:"以欺诈、偷盗或者胁迫等手段取得票据的,或者明知有前列情形,出于恶意取得票据的,不得享有票据权利。"因此,在发生票据被骗、被盗、被抢等情形,或者发生票据遗失的情形时,如果持票人知晓票据的恶意占有人,可以根据《票据法》第15条第3款的规定,依法向人民法院提起诉讼,主张票据返还请求权。

二、利益返还关系

利益返还关系也是票据法上的非票据关系中,基于利益返还关系,持票人拥有利益返还请求权。利益返还请求权,又称"利益偿还请求权",是持票人根据《票据法》第18条而拥有的民事权利。该条规定:"持票人因超过票据权利时效或者因票据记载事项欠缺而丧失票据权利的,仍享有民事权利,可以请求出票人或者承兑人返还其与未支付的票据金额相当的利益。"在持票人不能出示拒绝证明、退票理由书或者未按照规定期限提供其他合法证明的,丧失对其前手的追索权。《票据法》第65条对此情形作了一项但书规定,即"承兑人或者付款人仍应当对持票人承担责任"。该项责任实质上就是相对于持票人利益返还请求权的责任,而非票据责任。

利益返还请求权在性质上既不属于民法上损害赔偿请求权和不当得利请求权,也不是一种票据权利,而是票据法为补救持票人的损失,谋求票据关系当事人相互间利益均衡,而规定的一种特别请求权。票据法规定利益返还请求权的机理是:(1)持票人因罹于票据时效或者票据记载事项欠缺而不能行使票据权利,如果持票人再无任何其他救济手段,其经济后果就是持票人用交易对价只换来不能行使票据权利的一张名为"票据"的书面载体。(2)如果持票人的票据曾经过转让,那么在持票人因罹于票据时效或票据记载事项欠缺而不能行使票据权利时,其前手均获得免责。但此情形中的前手并未获取额外利益,因为他们是向出票人或前手支付了对价而取得票据,又从后手获得了对价而向后手转让票据。(3)持票人因罹于票据时效或票据记载事项欠缺而不能行使票据权利,如果持票人别无救济措施,就等于出票人在原因关系上单纯获得对价而不需再承担票据责任,承兑人在资金关系上单纯获利而不需再承担票据责任。可见,在持票人罹于票据时效或票据欠缺记载事项而不能行使票据权利时,在票据关系链条的两端即持票人与出票人或承兑人之间存在利益失衡,因此,票据法必须设定利益返还关系,赋予持票人以利益返还请求权以实现利益平衡。

利益返还请求权成立要件有两个:(1)必须是票据权利因时效或票据记载事项欠缺而消灭。该项票据权利应是曾经有效存在的票据权利;票据时效是指票据权利的消灭时效;票据记载事项欠缺是指持票人未在提示期间内提示票据或未作成拒绝证明。(2)必须是出票人或承兑人因票据权利消灭而获得实际上的利益。未受到实际利益的出票人或承兑人,没有因持票人不能行使票据权利获得额外利益,因而不应是利益返还请求权的义务人。所以,持票人行使利益返还请求权时,义务人的返还义务应仅限于实际所受利益的限度之内。但我国票据法规定持票人可以向出票人或者承兑人请求返还的,是与票据金额相当的利益,其与出票人或承兑人获得实际利益之间还是有差别的,例如承兑人可能因出票人没有履行资金关系上的义务而没有实际获得利益。

在票据法理论上,利益返还请求权的前提就是票据权利存在并且有效。但是依据我国《票据法》第18条的规定,却是以"因票据记载事项欠缺"作为利益返还请求权成立的要件,如此规定则有所不妥。发生"因票据记载事项欠缺"的情形时,票据权利可能并不存在或者欠缺效力。因为票据是文义证券,票据权利根据票据上的记载事项确定。在票据的记载事项欠缺时,根据所欠缺事项的性质,如果可以补充记载,则对票据权利不产生影响,自然不必行使利益返还请求权;如果不可以补偿记载,则票据权利并不存在,则利益返还请求权也不可能存在。所以,应以手续欠缺,如未在提示期间内提示或未作成拒绝证明,作为利益返还请求权的成立要件。[1]

> **重要名词术语**

票据关系、票据债权人、票据债务人、票据原因关系、票据资金关系、票据预约关系、票

---

〔1〕 参见谢怀栻:《票据法概论》,程啸增订,法律出版社2017年版,第89页。

据返还关系、利益返还关系

思考题

1. 票据原因关系与票据关系之间的区别。
2. 简述票据关系的特点。

典型案例分析

案情简介

某电器公司以购买一批零配件需要200万元资金为由，与某工商银行订立了承兑协议书，约定由某工商银行为该电器公司签发的商业汇票进行承兑，使之成为银行承兑汇票。双方在承兑协议中约定，在该银行承兑汇票3个月到期之前，某电器公司将相当于汇票金额的200万元，打入其在该某工商银行的账户，由某工商银行划转。某工商银行在该银行承兑汇票上承兑后，将其交付给某电器公司，于是某电器公司用这张商业汇票向甲公司购买了电器零配件。甲公司取得该汇票后，为了偿还其对乙公司的欠款，又将该汇票背书转让给了乙公司。该银行承兑汇票在3个月到期后，乙公司持该汇票向工商银行提示付款。此时某工商银行发现，某电器公司并未按照承兑协议的约定，将相当于汇票金额的200万元打入银行账户，而且某电器公司的账户早已没有任何资金，经查询，某电器公司已经进入破产清算程序。于是，某工商银行以其与某电器公司之间没有真实的委托付款关系为由，拒绝向乙公司付款。

案例分析

这是一个票据资金关系与票据关系之间的关系如何处理的案例，因在市场活动中银行承兑汇票的使用最为，因此类似案例在票据实务中殊为常见。

案涉票据上当事人的关系结构是：(1)在票据关系上，某电器公司是出票人；某工商银行作为付款人，在作出承兑后则为承兑人；甲公司是收款人，在将汇票背书转让后则为背书人；乙公司为被背书人，因其最终持有汇票，故为持票人。(2)在资金关系上，某电器公司是委托人，委托某工商银行作为其签发汇票的付款人；某工商银行是受托付款人，提供资金为某电器公司所签发的汇票付款。

本案的基本争议是，在乙公司行使持票人的付款请求权时，作为承兑人的某工商银行是否可以资金关系不能实现为由进行抗辩，即是否可以依据票据法拒绝向持票人履行支付义务。

处理本案所要适用的法律依据包括：(1)《票据法》第21条："汇票的出票人必须与付款人具有真实的委托付款关系，并且具有支付汇票金额的可靠资金来源。"(2)《审理票据纠纷规定》第13条："票据债务人以票据法第十条、第二十一条的规定为由，对业经背书转让票据的持票人进行抗辩的，人民法院不予支持。"

某工商银行的抗辩理由并非没有《票据法》上的依据，根据《票据法》第21条的规定，即使对作为出票人的某电器公司与某工商银行之间没有"真实的委托付款关系"，不能有证据予以断定,但是,某电器公司没有"支付汇票金额的可靠资金来源",却是可以认定。然而,《票据法》第21条的规定并不符合票据法理,没有将票据关系与资金关系严格分离,并且与《票据法》第19条的规定相矛盾。第19条第1款规定:"汇票是出票人签发的,委托付款人在见票时或者在指定日期无条件支付确定的金额给收款人或者持票人的票据。"据此规定,持票人乙公司当然可以要求某工商银行"无条件支付确定的金额"。

但是,《票据法》第21条毕竟是现行有效的法律条文,处理适用该条的案件时,不能简单地以否定现行法律条文的效力为诉讼策略。应当充分运用票据法理,合理选择适用《票据法》上的条款,并从《审理票据纠纷规定》中选择可以适用的条款。

(1)本案中的某工商银行既然在汇票上承兑,就成为汇票的第一债务人,应当承担在汇票到期日向持票人无条件付款的责任。

(2)某电器公司不能按约向银行交付资金,是某电器公司违反其与某工商银行之间承兑协议的问题。该承兑协议属于票据资金关系,在性质上是民法上的合同关系。该承兑协议是否有效,其一方当事人是否违约,属于应当用民法处理的民事合同问题,其性质确认、事实认定及处理结果,并不影响本案汇票的效力。

(3)按照《审理票据纠纷规定》第13条的规定,付款人以汇票不存在真实资金关系或者没有支付汇票金额的可靠资金来源而拒绝履行付款义务时,如果该汇票业经背书转让,法院不予支持。《审理票据纠纷规定》第13条的旨意是,虽然承认《票据法》第21条为现行有效的法律条款,但是将其适用范围仅仅限制在汇票的基本当事人之间,即限制在汇票的出票人、付款人和收款人之间。如果汇票已经背书转让,对于受让该汇票的被背书人,则不适用《票据法》第21条。也就是说,在本案中,作为出票人的某工商银行不能根据《票据法》第21条,向作为被背书人的持票人乙公司提出抗辩,或者说,某工商银行的抗辩对于乙公司不成立。

(4)结论是,虽然《票据法》第21条要求出票人与付款人之间必须有真实的委托付款关系,但是本案中的汇票已经背书转让,所以某工商银行的请求不会得到法院支持。而乙公司向某工商银行提出的付款请求,应当得到法院的支持。

第三十八章　票据行为

【内容提示】

票据在市场经济活动中的应用,既有普遍性又有专门性;对于因票据使用而产生纠纷的处理,在法律适用及解决方案上,同样既有普遍性又有专门性。因此在票据使用和票据纠纷处理过程中,既要以坚实充分的一般民商法知识及技能为基础,又要以精准系统的票据法知识及技能为前提。主要阐释票据行为的概念、性质、要件、种类及方式。这部分内容的理论性和操作性都非常强,是学习和应用票据法必须掌握的重点知识与方法。

本章首先阐析票据行为与一般民事法律行为的异同,以及票据行为的效力判断依据及方法。其次对诸种票据行为如出票、背书、承兑、保证等分别进行阐释,其中对尚存的理论争点与实务要点予以特别介绍及分析。最后因票据的伪造、变造、更改及涂销亦属于票据行为效力判断范畴,故将其放在本章,与票据行为制度一并进行阐析。

第一节　票据行为概述

一、票据行为的概念

关于票据行为,在概念上有广义和狭义之分。广义的票据行为,是指以发生、变更或消灭票据关系为目的而实施的法律行为,如出票、背书、承兑、保证、更改、涂销、付款等。狭义的票据行为,是指为承担票据责任而实施的要式法律行为,如出票、背书、承兑、票据保证等。所谓"票据责任",根据《票据法》第4条第5款的规定:"本法所称票据责任,是指票据债务人向持票人支付票据金额的义务。"

《票据法》第20条规定:"出票是指出票人签发票据并将其交付给收款人的票据行为。"第27条第4款规定:"背书是指在票据背面或者粘单上记载有关事项并签章的票据行为。"第38条规定:"承兑是指汇票付款人承诺在汇票到期日支付汇票金额的票据行为。"第80条第1款规定:"本票的背书、保证、付款行为和追索权的行使,除本章规定外,适用本法第二章有关汇票的规定。"第94条第2款规定:"前款所称涉外票据,是指出票、背书、承兑、保证、付款等行为中,既有发生在中华人民共和国境内又有发生在中华人民共和国境外的票据。"综合这些条款规定,我国《票据法》上共规定了五种票据行为,即出票、背书、承兑、保证和付款。其中前四种是狭义的票据行为,而"付款"则属于广义的票据行为。在一般地提及票据行为时,通常是指狭义的票据行为。以下所讲述的票据行为的特点与要件,也是对各种狭义的票据行为所进行的归纳。

在大陆法系国家,通常认为票据行为是单方法律行为,因票据行为人(即票据债务人)一方的行为而成立并发生效力,不须经过对方当事人的合意。而英美法系国家则认为票据行为属于合同行为。但在票据实务中,英美法系与大陆法系在处理票据行为时的实际效果,并无多大差别。[1] 我国票据法学者通说认为,我国票据法上的票据行为属于单方法律行为。[2]

二、票据行为的特点

虽然票据行为也是民事法律行为,但是票据行为与一般的民事法律行为不同,其具有以下特点。

(一)票据行为具有要式性

即实施票据行为必须符合票据法规定的形式,当事人为票据行为时,必须采取书面方式、签章并符合一定的格式。例如,《票据法》第7条第1、2款规定:"票据上的签章,为签名、盖章或者签名加盖章。法人和其他使用票据的单位在票据上的签章,为该法人或者该单位的盖章加其法定代表人或者其授权的代理人的签章。"再如,汇票承兑须在汇票正面记载并签章,背书应在票据背面记载并签章。如果实施票据行为不符合票据法规定的形式,对票据行为的效力产生影响。例如,签发票据时使用的签章不规范,出票行为就可能无效。

(二)票据行为具有抽象性

即票据行为只需要具备抽象的形式即可生效,而不问其实质关系如何。例如,转让票据时,只要根据票据法的规定进行背书,该项票据转让行为就可以生效,至于该项背书转让是用于购买物品的性质,或者履行的合同关系是否有效,并不影响该项背书转让的票据行为的效力。票据行为具有抽象性,实质上是将票据行为与票据原因关系相分离,因而也就是票据行为无因性。因此,判断票据行为的效力,只须根据票据法规定从票据行为形式上进行判断即可,而无须考虑原因关系的效力状况。可见,票据行为的抽象性与票据是无因证券、票据关系具有抽象性等性质,具有内在一致性和适用统一性。

(三)票据行为具有文义性

即票据行为的内容完全以票据上的文字记载为准,判断票据行为人的意思只须根据其在票据上所记载文字的意义。即使票据上的文字记载与行为人意思不符,仍需以票据文义来认定票据行为的内容。例如,某甲签发支票时,将约定的1万元金额写成10万元,在未发觉错误的情况下将该支票交付给某乙;某乙发现某甲错误后,并未告知某甲,却将该支票转让给某丙。在某丙善意取得支票并到银行兑现支票时,某甲并不能以金额记载错误

---

[1] 参见谢怀栻:《票据法概论》,程啸增订,法律出版社2017年版,第46页。
[2] 赵新华:《票据法》,人民法院出版社1999年版,第33页;董惠江主编:《票据法学》,高等教育出版社2022年版,第55页。

为由通知银行止付。如果甲某通知银行止付,某丙则可以向某甲行使追索权,某甲应当根据票据上记载的10万元向某丙承担清偿责任。可见,票据行为的文义性与票据是文义证券、票据关系具有文义性等性质,具有内在一致性和适用统一性。

(四)票据行为具有独立性

即同一票据上如有数个票据行为,每一票据行为各自独立发生效力,不因其他票据行为的无效而受影响。例如,某甲伪造他人名章签发票据,该项出票行为是无效的。但是,不知情的某乙从某甲处获得该票据,又以自己的真实签章背书,将该票据转让给某丙,该项背书行为却是有效的,并不因该票据的出票行为无效而受影响。也就是说,某乙要根据该票据的记载,向某丙承担责任,担保该票据付款或承兑。票据行为的独立性与票据关系具有独立性这一性质,具有内在一致性和适用统一性。

三、票据行为的要件

尽管票据行为具有鲜明特点,但在本质上也是民事法律行为,也应当具备民事法律行为要件,方可具有法律效力。票据行为又具有与一般民事法律行为明显不同的特点,其构成要件亦有明显不同于一般民事法律行为的生效要件。

(一)票据行为人有票据能力

所谓票据能力,是指票据行为人的权利能力和行为能力。在国外票据法上,关于票据能力原则上依民法关于民事主体权利能力和行为能力的一般规定。通说认为,关于我国票据法上的票据能力,原则上适用民法有关民事主体权利能力和行为能力的一般规定。[1]须注意的是,根据我国现行票据制度,票据能力实际上与民法的一般规定有所不同。

在票据使用主体资格上,我国实际上采行差别化管理。对于不同种类的票据,规定有不同的出票人和使用人的资格。例如,《票据管理实施办法》第6条规定:"银行汇票的出票人,为经中国人民银行批准办理银行汇票业务的银行。"其第8条第1款规定:"商业汇票的出票人,为银行以外的企业和其他组织。"显然,个人不能签发汇票。在汇票使用上,《电子商业汇票业务管理办法》第6条的规定,电子商业汇票业务主体包括:直接接入电子商业汇票系统的金融机构;通过接入机构办理电子商业汇票业务的金融机构;金融机构以外的法人及其他组织。显然,个人也不能使用电子商业汇票。

在票据行为人的行为能力上,我国票据法的规定亦与民法上的一般规定不同。《票据法》第6条的规定,无民事行为能力或者限制民事行为能力人在票据上签章的,其签章无效。票据上签章无效,意味着票据行为无效。这说明,在我国使用票据时,不论票据金额多少,限制民事行为能力的人也不能实施票据行为。由于票据行为具有无因性和文义性,因无票据行为能力或限制行为能力人实施的无效票据行为,只对其有直接债权债务关系的持票人发生影响,因为无民事行为能力人或者限制民事行为能力人在票据上签章无效,不影响该票据上其他签章的效力。如依据《审理票据纠纷规定》第45条的规定,无民事行为能力人、限制民事行为能力人在票据上签章的,其签章无效,但不影响人民法院对票据

---

[1] 谢怀栻:《票据法概论》,程啸增订,法律出版社2017年版,第48页。

上其他签章效力的认定。

（二）票据行为人实施票据行为的意思表示真实、合法

票据行为也是民事法律行为，同样是票据行为主体通过意思表示设立、变更、终止票据关系的行为。因此，除了票据行为的意思表示必须要以书面形式作出之外，亦要意思表示真实、合法。《票据法》第 3 条规定："票据活动应当遵守法律、行政法规，不得损害社会公共利益。"第 10 条第 1 款规定："票据的签发、取得和转让，应当遵循诚实信用的原则，具有真实的交易关系和债权债务关系。"第 12 条规定："以欺诈、偷盗或者胁迫等手段取得票据的，或者明知有前列情形，出于恶意取得票据的，不得享有票据权利。持票人因重大过失取得不符合本法规定的票据的，也不得享有票据权利。"第 21 条第 1 款规定："汇票的出票人必须与付款人具有真实的委托付款关系，并且具有支付汇票金额的可靠资金来源。"据此可以作出如下归纳：(1)票据行为人的意思表示应当合法，遵守法律、行政法规，并不得违背公序良俗；(2)票据行为人应当遵循诚实信用原则，并坚持原因关系和资金关系的真实性；(3)如因受欺诈或胁迫而实施票据行为，票据行为人可以主张所实施行为无效或可撤销。

但是，由于票据行为的无因性、文义性与独立性，票据行为人因受欺诈、胁迫而主张行为无效的抗辩，只能对抗与其有直接债权债务关系的持票人，或者明知存在欺诈或胁迫情形却恶意取得票据的持票人，而不能对抗善意持票人。

（三）票据行为人在票据上记载事项并签章

票据是要式证券和文义证券，实施票据行为应当具备票据行为的形式要件，包括在专门的票据书面载体上依法记载有关事项，并且根据规定签章等。

1. 票据书面载体

在我国，票据书面载体包括专门的票据用纸和电子商业汇票系统。《票据法》第 108 条规定："汇票、本票、支票的格式应当统一。票据凭证的格式和印制管理办法，由中国人民银行规定。"《票据管理实施办法》第 5 条规定："票据当事人应当使用中国人民银行规定的统一格式的票据。"《电子商业汇票管理办法》第 5 条规定："电子商业汇票的出票、承兑、背书、保证、提示付款和追索等业务，必须通过电子商业汇票系统办理。"因此在我国，使用票据者不能自行制作或选择票据用纸，也不能自设电子票据系统，必须在中国人民银行规定的票据书面载体上记载相关事项。

考虑到涉外票据的使用，不能要求在中国境外签发的票据也使用中华人民共和国规定的统一格式，《审理票据纠纷规定》第 39 条的规定，票据当事人使用的不是中国人民银行规定的统一格式票据的，按照《票据管理实施办法》的规定认定，但在中国境外签发的票据除外。

2. 记载事项

票据上的记载事项，因其内容的性质以及记载后产生的效力，可以分为如下几种：

（1）绝对必要记载事项。这是指票据法明确规定在出票时必须在票据上记载的事项。当事人在出票时，必须按照票据法的规定记载绝对必要事项，否则会影响票据的效力。在我国票据法上，票据的绝对必要记载事项包括：其一，表明票据种类的字样，如"汇票""本

票""支票"。在票据业务中,表明票据种类的字样更为具体,如"银行汇票""银行承兑汇票""商业承兑汇票""现金支票""转账支票"等。其二,无条件支付的文字。票据本质就是无条件支付的证券,此项意思须在票据上表明。在汇票、支票,应表明无条件支付的委托;在本票,应表明无条件支付的承诺。其三,确定的金额。票据上只能记载一个支付金额,且必须确定,不能有区间式如"100—200元"、幅度式如"100元左右"、选择式如"100或200元"等记载金额方式,否则票据无效。《票据法》第8条还规定:"票据金额以中文大写和数码同时记载,二者必须一致,二者不一致的,票据无效。"其四,付款人名称。因汇票和支票是委托他人付款,其上须记载付款人名称。汇票的付款人范围不受限制,支票的付款人限于银行。因本票是出票人自己付款的票据,其上不须记载付款人名称。其五,收款人名称。我国《票据法》规定,汇票和本票上必须记载收款人名称,支票则可以不记载收款人名称。其六,出票日期。出票人须在票据上记载完成出票行为的日期。记载出票日的作用包括:决定出票日后定期付款的汇票和本票的到期日;决定见票即付的票据的付款提示期间;决定见票后定期付款的汇票的承兑提示期间和见票后定期付款的本票的见票提示期间;出票人在出票时的票据行为能力,也应依票载出票日来确定。最后,是票据行为人签章。

(2)相对必要记载事项。对于这类事项,出票人也必须记载,但如果未记载,应以法律规定的方法予以确定。例如,票据上未记载到期日,为见票即付;未记载付款地,付款人的营业场所、住所或者经常居住地为付款地。

(3)可以记载的事项。对于这类事项,票据法不强制记载,但当事人如果记载,则产生票据上的效力。例如,出票人在出票时,可以在票据上记载,该票据"不得转让"。如果记载了该事项,该票据就不得转让。

(4)不发生票据法效力的事项。对于这类事项,票据法并不禁止记载,当事人若在票据上记载,则不发生票据法上的效力,但也不影响票据行为的效力。例如,《票据法》第24条规定:"汇票上可以记载本法规定事项以外的其他出票事项,但是该记载事项不具有汇票上的效力。"根据《票据法》第33条的规定,背书时附有条件的,所附条件不具有汇票上的效力。

(5)不得记载的事项。对于该类事项,票据法规定不得记载,如果记载,则会影响票据的效力。例如,票据金额以中文大写和数码同时记载,二者必须一致,二者不一致的,票据无效。再如,出票人对票据付款记载了附加条件,如记载"收款人履行合同后方可付款",则该票据无效。

3. 签章

签章是票据行为的要件之一,票据行为人在票据上记载事项之后,若无签章,则票据上已有的记载内容均不构成意思表示。《票据法》第4条第1款规定:"票据出票人制作票据,应当按照法定条件在票据上签章,并按照所记载的事项承担票据责任。"根据《票据法》第7条规定:"票据上的签章,为签名、盖章或者签名加盖章。法人和其他单位在票据上的签章,为该法人或者单位的盖章加其法定代表人或者授权代理人的签章。在票据上的签名,应当为该当事人的本名。"《票据管理实施办法》第16条规定:"票据法所称'本名',

是指符合法律、行政法规以及国家有关规定的身份证件上的姓名。"

票据行为作为必须在书面凭证上作出的法律行为,其签章极为重要。而且我国素有更为重视盖章的传统习惯,在票据制度中对签章作了非常详细的规定,《票据法》《票据管理实施办法》《支付结算办法》以及《审理票据纠纷规定》等,都对票据签章事项作了细致规定。比较而言,《审理票据纠纷规定》第40条对票据签章效力的规定最为妥当。据该条规定,有效力的签章包括:(1)商业汇票上的出票人的签章,为该法人或者该单位的财务专用章或者公章加其法定代表人、单位负责人或者其授权的代理人的签名或者盖章;(2)银行汇票上的出票人的签章和银行承兑汇票的承兑人的签章,为该银行汇票专用章加其法定代表人或者其授权的代理人的签名或者盖章;(3)银行本票上的出票人的签章,为该银行的本票专用章加其法定代表人或者其授权的代理人的签名或者盖章;(4)支票上的出票人的签章,出票人为单位的,为与该单位在银行预留签章一致的财务专用章或者公章加其法定代表人或者其授权的代理人的签名或者盖章;出票人为个人的,为与该个人在银行预留签章一致的签名或者盖章。其第41条又特别规定,银行汇票、银行本票的出票人以及银行承兑汇票的承兑人在票据上未加盖规定的专用章而加盖该银行的公章,支票的出票人在票据上未加盖与该单位在银行预留签章一致的财务专用章而加盖该出票人公章的,签章人应当承担票据责任。而在《票据管理实施办法》第13条关于签章的规定中,特别强调票据签章的专用性,如"汇票专用章""财务专用章"等。相较之下,《审理票据纠纷规定》均在专用章规定之处加上单位公章,认可单位公章的效力,这实质是强调决定签章效力的是签章的真实性而非专用性。

我国的票据签章管理非常严格,特别是对出票人签章的效力与其他票据行为人签章的效力作了区别对待。《票据管理实施办法》第17条规定:"出票人在票据上的签章不符合票据法和本办法规定的,票据无效;背书人、承兑人、保证人在票据上的签章不符合票据法和本办法规定的,其签章无效,但是不影响票据上其他签章的效力。"这一规定存在三个严重问题:(1)有关出票人签章不符合规定即导致票据无效的规定,严重违背票据法理。因为票据行为有独立性,出票人签章出票只是一个独立的票据行为,即使出票人签章无效也应当只是导致该出票行为无效,而不影响该票据上其他票据行为的效力。但如果出票人签章不符合规定而导致票据无效,那么在该票据上的所有票据行为都将是无效的,这有违票据行为独立性。(2)导致部门规章的规定存在逻辑冲突。如《票据管理实施办法》第17条所规定的,出票人在票据上的签章不符合票据法和本办法规定的,票据无效。但《票据法》第14条第2款和《支付结算办法》第14条第2款都规定,票据上有伪造、变造的签章的,不影响票据上其他真实签章的效力。这里就出现严重的逻辑矛盾:伪造签章,当然包括伪造出票人的签章。按照《票据管理实施办法》和《支付结算办法》的规定,他人伪造出票人签章时,该票据因其上有其他真实签章而继续有效;而出票人签章虽然是真实的但只要不符合规定,该票据就是无效的。(3)完全混淆了签章的意思主体确认功能和支付条件确认功能。签章的意思主体确认功能,是指票据当事人通过签章确认票据上意思表示主体就是签章人;签章的支付条件确认功能,是指付款人通过签章与相关规定或预留签章一致,来决定按约定支付条件为该票据付款。票据行为人签章虽然是真实的,但若不符合有关规定或者与预留签章不一致,付款人仍得以不符合付款条件为由而拒绝付款。因此,票据上签章及票据行为真实有效,未必能够获得付款;而票据被拒绝付款,其上签章及票据行为则未必无效。持票人在不能获得付款时,可以凭借票据行使追索权。如果出票人签章不符合规定或与预留签章不一致就导致票据无效,显然是不当剥夺了该情形中持票人的追索权。

（四）票据行为人将票据交付给持票人

票据交付是指,票据行为人在票据上记载事项并且签章之后,将票据交付给持票人或者其代理人。因此票据行为可以细分为两个阶段,或者说我国《票据法》上的"签发"包括两个步骤,一是在票据上记载有关事项并签章;二是将记载并签章完毕的票据予以交付。如果票据行为人将记载并签章完毕的票据未予交付,该项票据行为就尚未完成。

票据交付须按票据行为人自己意思交付,未依票据行为人自己意思而致票据交付时,并不发生票据交付的效力。例如,出票人将一张支票填写并签章完毕,但尚未交付给收款人。此时,即使收款人自己不依出票人意思而取走票据,仍不能发生票据交付的效力。出票人可以票据并未交付为由,要求收款人返还票据。至于因遗失、被盗而致票据被他人占有,当然不能发生票据交付的效力。在此情形,将依据票据的恶意占有和善意取得规则进行处理。

与一般的民事行为一样,票据行为可以由当事人自己实施,也可以由他人代理。关于票据代理,除了适用民法上关于代理的一般原则外,还要适用票据法的特别规定。其一,票据代理应具备严格的形式要件。代理人应在票据上签章,并应当在票据上表明其代理关系。其二,无权代理或越权代理的后果确定。没有代理权而以代理人名义在票据上签章的,应当由签章人承担票据责任;代理人超越代理权限的,应当就其超越权限的部分承担票据责任。

第二节　出票

一、出票的概念

票据的出票就是签发票据,是指出票人作成票据并将其交付与他人的一种票据行为。出票是以创设票据权利为目的而制作票据,因而是基本的票据行为。

"出票人"是指签发票据并为此承担票据责任的人;"作成票据"是指出票人在票据用纸上记载有关事项并且签章的行为;"交付"是指出票人按自己的意思使票据脱离自己的占有而交由他人占有的行为。

在我国的票据管理制度中,不同种类的票据有不同的出票人资格限制。《票据管理实施办法》第6条规定:"银行汇票的出票人,为经中国人民银行批准办理银行汇票业务的银行。"第7条规定:"银行本票的出票人,为经中国人民银行批准办理银行本票业务的银行。"第8条第1款规定:"商业汇票的出票人,为银行以外的企业和其他组织。"第11条规定:"支票的出票人,为在经中国人民银行批准办理支票存款业务的银行、城市信用合作社和农村信用合作社开立支票存款账户的企业、其他组织和个人。"

二、出票时的记载事项

出票时,出票人应当在票据上记载有关事项,以决定特定票据关系的主体与内容。因票据是设权证券,出票的效果就是作成票据并创设相应票据权利。票据出票的记载事项,因其内容不同而有不同的性质与效力。

因票据种类不同,票据法规定的出票时必要记载事项也不同。根据《票据法》的规定,汇票、本票和支票在出票时均须记载的事项包括:表明票据种类的字样;无条件支付的委托;确定的金额;出票日期;出票人签章。对于收款人名称,汇票和支票出票时必须记载,而本票出票时则不须记载。对于收款人名称,汇票和本票出票人必须记载,而支票出票人则不须记载。

出票人在签发票据时,在票据上记载了收款人的姓名或名称的票据,称为"记名票据"。记名票据只能以背书方式转让。出票人在签发票据时,在票据上没有记载收款人的姓名或名称的票据,称为"无记名票据"。无记名票据可以单纯交付的方式转让。如果持票人在无记名票据上写上收款人的姓名或名称,无记名票据即可改为记名票据。

出票人在出票时,可以记载禁止票据转让。《票据法》第27条第2款规定:"出票人在汇票上记载'不得转让'字样的,汇票不得转让。"票据法学者通说认为,该条款中的"不得转让"只是在票据法范畴不得转让,"如果持票人又转让的,不发生票据法上转让的效力,仅发生一般债权转让的效果"[1]即"不妨碍该汇票仍得进行票据外的转让,亦即依一般债权转让方式"[2]因此,收款人若转让出票人记载"不得转让"的票据,对于从收款人处获得票据的受让人来说,其不能作为票据法上的持票人,因而不能向出票人行使追索权。可见,出票人在票据上记载"不得转让"字样,目的是保留票据抗辩权。

三、出票的效力

所谓"出票的效力",是指一项完成的出票行为,在法律上所具有的效力,即出票所产生的法律效果。因出票人所签发的票据种类不同,出票效力的内容也有所不同。

汇票的出票是出票人以委托他人付款为目的而实施的行为。汇票出票后,将产生如下效力:(1)出票人即成为票据债务人,负有担保承兑、担保付款的票据责任。(2)付款人则有代出票人付款的权限,此项权限并非付款人的票据责任。因出票是出票人的单方法律行为,付款人并不因出票人在出票时的指定而负有票据法上的付款义务,他可以在持票人提示付款时拒绝付款。若付款人拒绝付款构成资金关系上的违约,则依民法规定承担违约责任。(3)收款人则取得汇票上的票据权利,包括付款请求权和追索权。

本票的出票是出票人以自己承担付款义务而实施的行为。本票出票后,出票人即负有于到期日无条件付款的责任;收款人则取得付款请求权和追索权。

---

[1] 王小能主编:《中国票据法律制度研究》,北京大学出版社1999年版,第195页。
[2] 赵新华:《票据法》,人民法院出版社1999年版,第180页。

支票的出票是出票人以委托银行付款为目的而实施的行为。支票出票后,出票人即负有担保付款的责任;付款银行则有代出票人付款的权限;收款人则取得付款请求权和追索权。

第三节 背书

一、背书概述

（一）背书的概念

票据的背书,是指持票人为转让票据权利或其他目的,在票据背面或者粘单上记载有关事项并签章的票据行为。对于记名票据的转让、委托取款或者设质,都需要采取背书方式。

因票据背书形成的法律关系属于票据关系,该关系的主体为背书人和被背书人。背书人与被背书人之间也是债权债务关系,背书人是债务人,被背书人是债权人。

1. 背书人

背书人是指,作成票据并将票据交付他人的原持票人。背书人必须是持票人,可以是收款人,也可以是接受收款人的转让而取得票据的人。背书人是票据的债务人,以背书转让票据后,即对被背书人负担保责任。不论是完全票据还是空白票据,背书人必须在票据上签章,否则背书无效。

2. 被背书人

被背书人是指,通过背书而取得票据的持票人。被背书人依转让背书取得票据后即成为票据的新持票人,享有完全的票据权利,并且有权将票据再次转让。如果被背书人也用背书方式再行转让票据,被背书人就成为新的一次背书行为中的背书人,由票据债权人转化为票据债务人。在委托取款背书中,被背书人是受托取款的人。在设质背书中,被背书人是质权人。

（二）背书的方式

我国的票据背书方式采取的是简单明了的表格式。背书转让票据应当如图38-1所示:

被背书人:李乙	被背书人:王丙	被背书人:赵丁
背书人: 张甲（签章） 2024年×月×日	背书人: 李乙（签章） 2024年×月×日	背书人: 王丙（签章） 2024年×月×日

图38-1 支票背面

如图38-1所示,根据第一栏的记载,张甲是票据收款人,其作背书转让票据后,就作为背书人,而李乙是被背书人。李乙根据张甲的背书而取得支票,成为票据的新持票人。如果李乙想把票据再转让给他人(比如王丙),可接着在票据背面的背书栏中背书,此时李乙就由被背书人转为背书人,而王丙就成为该票据上的新被背书人。如果王丙打算将该票据再行背书转让给赵丁,就依李乙所为类推。如果一张票据的背书栏写满了,持票人还欲背书转让票据时,可以使用统一格式的粘单,粘附于票据凭证上规定的粘接处。粘单上的第一记载人,应当在票据和粘单的粘接处签章。然后持票人可在粘单上接着往下背书。

(三)背书的意义

票据背书制度是票据法中的一个重要制度,票据背书制度充分反映了票据的性质,并可以充分发挥了票据的经济效用。

票据背书制度具有重要的经济效用:背书可节约流动资金的占用时间;背书减少货币流通量;背书可以充分利用票据上的债权。因此,一张票据经背书转让的次数越多,其经济效用就越大。

票据背书制度还具有重要的安全效用:票据经背书转让后,同一张票据上的非直接的前手后手当事人之间,没有直接的原因关系和票据关系。但是,这并不会降低票据的安全性,因为票据权利的有效移转,可以用背书连续的形式予以证明。背书连续,推定持票人为权利人。债务人主张持票人非真正权利人时,应负举证责任。以背书转让的汇票,后手应对其直接前手背书的真实性负责,因此,接受背书转让的票据是安全的。根据票据法所规定的背书制度,背书会增加票据的安全性,并且一张票据经背书转让的次数越多,意味着票据上为持票人负担保责任的债务人就越多,票据最终获得兑现的可能性就越大,因此票据就越安全。

二、背书的种类

用不同的标准,可以将背书划分为不同的种类。依是否以转让票据权利为目的,背书可分为转让背书和非转让背书。

在背书的种类中,转让背书和非转让背书是最为基本的分类。转让背书是指,背书人以转让票据权利为目的而作的背书。历史上的背书制度即为转让票据权利而发展起来的,现今的票据背书亦通常为转让背书。非转让背书是指,背书人不以转让票据权利为目的而作的背书,包括委托取款背书和设质背书。

(一)转让背书

背书通常以转让票据权利为目的,也就是通过背书,将一张票据由背书人转让给被背书人。转让背书可分为一般转让背书和特殊转让背书。转让背书中最为常见的是一般转让背书,就是指具有完全的权利转移效力和权利担保效力的转让背书,包括完全背书和空白背书。依据对背书效力是否给予限制,特殊转让背书又可分为无担保背书、禁转背书、回头背书和期后背书。

1. 完全背书

完全背书,又称"记名背书""正式背书",是指背书人记载被背书人的姓名或者名称,并且签章的背书。完全背书是转让背书中最正规的一种。完全背书的必要记载事项包括:

背书人的姓名或名称、背书人签章、背书日期。

完全背书的效力最为完全,通过完全背书而取得票据的持票人,再转让票据时,只能以背书方式转让,而不能以单纯交付方式转让。

2. 空白背书

空白背书是指,背书人不记载被背书人的姓名或名称,仅签章于票据背面以表明转让票据权利的背书。空白背书的必要记载事项只有一项,即背书人的签章;其他事项如背书文句或背书日期等,都是任意记载事项。空白背书具有权利转让的效力,空白背书的背书人也负有担保责任。

空白背书的票据可以采取如下方式再行转让:(1)以单纯交付转让;(2)再以空白背书转让;(3)再以完全背书转让;(4)将原有的空白背书改变为完全背书再转让。《审理票据纠纷规定》第49条的规定,背书人未记载被背书人名称即将票据交付他人的,持票人在票据被背书人栏内记载自己的名称与背书人记载具有同等法律效力。

(二)非转让背书

非转让背书是指,不以转让票据为目的而作成的背书。依非转让背书的目的,非转让背书又可分为委托取款背书和设质背书。

1. 委托取款背书

委托取款背书,又称"委任背书",是指背书人以委托被背书人代为行使票据权利(通常为代为收取票款)为目的而作成的背书。票据权利可以由持票人自己行使,也可以由持票人的代理人行使。记名票据的持票人欲委托他人代为行使票据权利时,须作成委托取款背书。

委托取款背书具有以下特点:(1)委托取款背书是背书人以背书方式授予他人以代理权,背书人就是授权人,被背书人就是代理人。(2)委托取款背书不转移票据权利,被背书人并不因委托取款背书而取得票据权利,票据权利仍属于背书人。(3)委托取款背书也是要式行为,背书人在背书时必须记载"委托取款"或同义字样。(4)在委托取款背书的背书人与被背书人之间,不存在担保付款、担保承兑关系。(5)被背书人行使票据权利时,票据债务人所能行使的抗辩,只能是可以对抗背书人的抗辩,而不能是可以对抗被背书人的抗辩。

2. 设质背书

设质背书是指,背书人以票据权利为被背书人设定质权而作成的背书。根据《民法典》第440条的规定,汇票、本票、支票可以用作权利质权。根据《民法典》第441条的规定,以汇票、本票、支票出质的,质权自权利凭证即票据交付质权人时设立。该条文又规定,法律另有规定的,依照其规定。票据质押首先要根据《票据法》的规定,依《票据法》第35条第2款的规定,汇票可以设定质押;质押时应当以背书记载"质押"字样。

设质背书的特点是:(1)设质背书是以背书方式设定质权,背书人为出质人,被背书人为质权人。(2)设质背书的目的不是转让票据权利,而是将票据权利作为质权的客体。(3)设质背书也是要式行为,在格式上与一般背书不同的是,背书人必须记载"质押"字样。(4)在票据抗辩方面,票据债务人不得以自己对抗背书人的事由,对抗被背书人,但被背书人有恶意或重大过失的,则不在此限。

三、背书的效力

(一)一般转让背书的效力

一般转让背书是最为常见、最为典型的背书。持票人作出背书并将票据交付给被背书人之后,该背书行为即告完成,并具有以下票据法上的效力:

1. 票据权利移转的效力

背书人作成转让背书并将票据交付给被背书人后,票据上的一切权利(包括付款请求权和追索权)因背书而转移给被背书人。票据当事人通过背书转让票据权利,不得附有条件,也不得就票据金额的一部分作转让背书或者作将票据金额分别转让给两人以上的背书。否则构成附条件背书和一部背书。

附条件背书是指,背书人在作出背书时附记条件的背书。附条件背书使得票据权利与义务不能确定。依据《票据法》第33条第1款的规定,背书附有条件的,所附条件不具有票据上的效力。但是,附条件背书的背书行为本身仍为有效,被背书人可以通过附条件背书取得票据权利,并且不受背书所附条件的约束。

一部背书是指,将票据金额只依背书转让一部分或者将票据金额分别转让给数个人的背书。因为票据权利经背书转让后必须交付票据,而一部背书使背书人在背书后无法向被背书人交付票据,并使得被背书人在请求付款或者行使追索权时发生困难。依据《票据法》第33条第2款的规定,将汇票金额的一部分转让的背书或者将汇票金额分别转让给二人以上的背书无效,也就是一部背书无效。一部背书既然无效,被背书人则不能通过一部背书取得票据权利。

2. 票据责任担保的效力

背书人作成转让背书并将票据交付给被背书人后,背书人即因背书而对其后手负担保承兑和担保付款的责任。也就是说,背书人作出背书后,就要担保该票据能够获得承兑、获得付款。背书人的担保责任是法定责任,也就是说,背书人在作背书时,不需明确表示要担保承兑和担保付款,只要作出背书行为,就得依据票据法负担保承兑、担保付款的责任。

3. 票据权利证明的效力

票据权利的有效移转,可以用背书连续的形式予以证明。所谓"背书连续",是指在票据转让中,转让票据的背书人与受让票据的被背书人在票据上的签章依次前后衔接,其间没有中断。即票据第一次背书转让时,收款人作为背书人,被背书人作为持票人;第二次转让时,被背书人又成为背书人,持票人是新的被背书人;再次背书转让,以此类推而依次前后衔接。背书连续,推定持票人为权利人;债务人不须要求被背书人另行证明票据权利的合法取得;债务人主张持票人非真正票据权利人时,应负举证责任。

(二)特殊转让背书的效力

在转让背书中,还有一类特殊的转让背书,就是对转让背书的权利转移效力和权利担保效力给予限制甚至排斥的转让背书,包括禁转背书、无担保背书、回头背书和期后背书等。

1. 禁转背书

禁转背书又称"禁止背书的背书",是指背书人在作成背书时,在票据背面上记载禁止票据再经背书转让文句的背书。禁转背书是一种有效的背书,具有票据权利转移的效力和权利证明的效力,但是作禁转背书的背书人对被背书人以后的后手免除担保责任。

有禁转背书记载的票据仍然可以转让,但作禁止背书记载的背书人只对自己的直接被背书人负担保责任,而对于禁转背书之后再由背书取得票据的人,背书人则不负担保责任。禁转背书对于票据上其他背书人(不论该背书人是在禁转背书之前或者之后背书)的担保责任不产生影响。禁转背书有独特的法律功能和经济作用,就是为背书人保留抗辩权。即被背书人的后手持票人向背书人行使追索权时,背书人可以事先作了禁转背书为由,而拒绝向追索人承担票据责任。因而持票人只能向禁转背书的被背书人追索,被背书人清偿后再向背书人追索,此时背书人与被背书人之间是直接债权债务关系,背书人就可以基于原因关系的抗辩事由对抗被背书人。

2. 无担保背书

无担保背书是指,背书人作成背书时记载不负担保责任的背书。无担保背书包括免除担保承兑的背书和免除担保付款的背书。无担保背书没有责任担保的效力,其背书人不仅对于直接的被背书人,而且对于其全体后手,都不负担保责任。

无担保背书有权利转移的效力和权利证明的效力,其与一般的转让背书相同。票据法上是否认可无担保背书,依各国的票据法的具体规定而定。《日内瓦统一汇票本票法》认可无担保背书,我国票据法对无担保背书的效力没有规定。

3. 回头背书

回头背书又称"还原背书""逆背书",是指以背书人之前的票据债务人为被背书人的背书。例如,某甲将票据背书转让给某乙,某乙再背书转让给某丙,某丙又背书转让给某甲。回头背书有两个特点:其一,被背书人是原来的票据关系人,而不是新加入票据关系的人;其二,原为票据债务人的人又成为被背书人而持有票据,即又成为票据债权人。

在票据法上,回头背书和一般背书一样可以成立,背书人与被背书人之间的权利义务关系,并不因被背书人集债权人和债务人于一身而消灭;票据债务人因回头背书成为票据债权人后,其票据债务并不因混同而消灭。回头背书的效力在原则上与一般转让背书相同,但在持票人行使追索权上有所限制:持票人如果是出票人,对其前手无追索权;持票人如果是背书人,对其后手无追索权;持票人如果是承兑人,则无论对于任何人均无追索权。

4. 期后背书

期后背书是指,背书人在规定期限之后所作成的背书。期后背书包括两类:一是到期日后背书,即在票据到期日以后作成的背书。二是期限后背书,即在作成拒绝付款证明后或者在作成拒绝付款证明期限届满后作成的背书。票据法对到期日后背书和期限后背书不作区别规定的,到期日后背书包括期限后背书;作区别规定的,到期日后背书则指票据到期日以后、拒绝付款证书作成以前(作成拒绝付款证明期限届满以前)作成的背书。《票据法》第36条规定:"汇票被拒绝承兑、被拒绝付款或者超过付款提示期间的,不得背书转让;背书转让的,背书人应当承担汇票责任。"

（三）委托取款背书的效力

委托取款背书的效力包括代理权授予的效力和权利证明的效力。被背书人接受委托取款背书后，即获得两种权限：其一，被背书人可以代为行使票据上的一切权利，包括付款请求权和追索权。其二，被背书人有再进行背书的权限，但是只能再作和原背书人相同目的的委托取款背书，而不得再作其他种类的背书。

（四）设质背书的效力

设质背书的效力包括设定质权的效力、权利证明的效力和权利担保的效力。背书人将作成设质背书的票据交付被背书人后，被背书人即取得质权。当被担保的债权不得实现时，被背书人可以自己的名义，实施行使票据权利的一切行为，从受领的票据金额中优先受偿。设质背书的被背书人可以再背书，但只能为委托取款背书，而不能为转让背书，也不能再为设质背书。

根据《票据法》第35条第2款的规定，被背书人依法实现其质权时，可以行使汇票权利。设质背书的被背书人可以行使票据权利的方式包括：（1）直接以被背书人自己的名义行使票据权利；（2）可以直接向付款人或承兑人请求付款；（3）可以直接向背书人及其前手行使追索权；（4）可以自己的名义提起诉讼，直接向各票据债务人主张票据权利。

相形之下，若以票据做物权法上的票据质押，则质权人只能按照民法一般规则行使质权。（1）不能以质权人自己的名义行使票据权利；（2）只能与票据出质人协商处分票据以实现质权；（3）质权人没有追索权，不能向票据出质人之外的票据债务人主张质权；（4）如果与出质人协议不成，质权人只能通过民事诉讼程序向出质人主张权利。

第四节　承兑

一、承兑的概念

承兑是指汇票的付款人表示承担汇票债务，于到期日无条件支付汇票金额的一种票据行为。承兑是汇票所特有的一种制度，本票和支票均无承兑制度。因为汇票的出票是出票人单方法律行为，汇票的付款人并不因出票行为而当然地承担汇票上的付款义务，承兑就是汇票的付款人明示其愿意承担汇票付款义务，从而使持票人的付款请求权得以确定。承兑是单方法律行为，因而不同于合同关系中的承诺。

承兑的程序包括提示承兑和作出承兑。提示承兑即持票人向付款人出示汇票，请求其表示承兑与否的行为。提示承兑本身不是票据行为，而是承兑（票据行为）的前提。提示承兑应当在提示期间内提出，否则持票人丧失对其前手的追索权。原则上，持票人应当在汇票到期日前为承兑提示。如果出票人或背书人规定了承兑提示期间，持票人应当依规定的期间为承兑的提示；如果无此规定，持票人则应在汇票到期日之前为承兑的提示。对于见票后定期付款的汇票，由法律规定承兑的提示期间，我国《票据法》第40条第1款规定：

"见票后定期付款的汇票,持票人应当自出票日起一个月内向付款人提示承兑。"

《支付结算办法》第 80 条第 1 款规定:"商业汇票可以在出票时向付款人提示承兑后使用,也可以在出票后先使用再向付款人提示承兑。"第 81 条的规定,商业汇票的付款人接到出票人或持票人向其提示承兑的汇票时,应当向出票人或持票人签发收到汇票的回单,记明汇票提示承兑日期并签章。在票据实务中,多数情形是出票人先向付款人提示承兑后再向收款人交付汇票的。因为汇票付款人之所以承兑,是基于其与汇票出票人之间订立的承兑协议。承兑协议是出票人委托付款人为其签发汇票承兑付款的协议,是一种建立汇票资金关系的合同。承兑协议通常约定,出票人签发汇票的必要记载事项,付款人的承兑义务,出票人在到期日时须向付款人交付相当于汇票金额的款项,以及付款保证金事项等。

承兑只能由汇票付款人作出,付款人承兑的原因是其与出票人之间存在资金关系,但是票据上的付款人并没有必须承兑的票据法上义务,其可以承兑,也可以拒绝承兑。持票人向付款人提示汇票请求承兑时,付款人应即决定承兑或者拒绝承兑。付款人为作承兑的考虑或准备时间,由票据法直接规定。我国《票据法》第 41 条的规定,付款人应当自收到提示承兑的汇票之日起 3 日内承兑或拒绝承兑。付款人如果承兑,则应在汇票的正面记载"承兑"或者其他同等意义的文句,并且签章。《支付结算办法》第 81 条第 2 款规定:"付款人拒绝承兑的,必须出具拒绝承兑的证明。"

对于见票后定期付款的汇票,付款人在承兑时应记载承兑日期,以便决定到期日。对于记载其他形式到期日的汇票,承兑日期为相对必要记载事项。付款人将已经记载承兑事项的汇票交还持票人后,承兑即生效。

二、承兑的方式

根据承兑的方式,可以将承兑分为正式承兑和略式承兑。

(一)正式承兑

正式承兑是指,汇票付款人在汇票的正面记载"承兑"字样并且签章的承兑方式。正式承兑须具备的要件包括:正式承兑的记载限于汇票正面,不得在票据背面或粘单上记载;正式承兑必须记载表示承兑意义的字样;付款人必须签章。我国《票据法》只允许正式承兑,其第 42 条的规定,付款人承兑汇票时,应当在汇票正面记载"承兑"字样和承兑日期并签章。

(二)略式承兑

略式承兑是指,汇票付款人仅在汇票正面签章,而未记载"承兑"字样的承兑方式。付款人仅在汇票上签章而别无记载,其当时的意思未必就是承兑。但为了确保票据的效用,各国票据法一般都规定,出现这种情形时,不论付款人签章时的意思如何,付款人的签章视为承兑。

三、承兑的效力

汇票的付款人作出承兑后,即称为"承兑人"。承兑人是汇票上的第一债务人,负有于到期日无条件支付汇票金额的义务。承兑人的义务是绝对的义务,除了票据消灭时效外,不因持票人的手续欠缺而消灭。承兑人的义务也是最终的义务,不仅对汇票的最后持票人,而且对所有追索权人以及履行了清偿义务的背书人、出票人也要负责。承兑人即使未从出票人处受到资金,也仍应负付款义务,不过对于出票人可以提出抗辩。

承兑以单纯承兑为原则。所谓"单纯承兑",是指汇票付款人完全按照出票人所记载的事项,对其不加变更和限制而作出的承兑。汇票付款人在承兑时,不完全按照出票人记载的事项,而是对其加以限制或变更后所作出的承兑,就是"不单纯承兑"。不单纯承兑包括一部承兑和附条件承兑。

1. 一部承兑

一部承兑是指,汇票付款人仅就汇票金额的一部分所作出的承兑。一部承兑之后,承兑人仅就承兑的部分汇票金额承担付款责任。付款人作一部承兑时未承兑的部分,视为其拒绝承兑,对此,持票人可以请求作出拒绝付款证明行使追索权。承兑以全部承兑为原则,以一部承兑为例外。我国票据法对一部承兑未作规定。由于在票据实务中,多数情形是付款人根据承兑协议的约定,在出票人向其提示承兑时作出承兑,因而出现一部承兑的情形很少。学界通说认为,在我国票据法上,一部承兑应当视为拒绝承兑。[1]

2. 附条件承兑

附条件承兑,是指汇票付款人于承兑时附加条件的承兑。付款人作附条件承兑时,其所附条件包括停止条件,如"到期日收到资金就可以付款",或者解除条件,如"到期日后一周内不请求付款则承兑失效"。承兑应当是无条件的,承兑时附有条件,视为拒绝承兑。

第五节 票据保证

一、票据保证的概念

票据保证是指票据债务人以外的人为担保票据债务的履行,以负担与被保证人相同的票据债务为目的而实施的一种票据行为。因票据债务人均已负有担保票据债务履行的责任,因此票据保证人只能由票据债务人以外的人担任方有意义。

在接受背书转让的票据时,如果预定的被背书人认为背书人及其前手的信用不足,不足以担保该票据的承兑和付款,可以要求被背书人提供保证,由第三人担任该票据的保证人,以提高该票据的信用,从而使得被背书人愿意接受该票据。

票据保证具有以下特征:(1)票据保证的目的是担保特定的票据债务人履行其票据债务。(2)票据上的债务人均可充当被保证人,而票据保证人则必须是票据债务人以外的人。(3)票据保证的保证人与被保证人负同一责任,即票据保证人与被保证人所负责任的种

---

[1] 谢怀栻:《票据法概论》,程啸增订,法律出版社2017年版,第142页。

类与范围完全相同。(4)票据保证具有独立性,只要被保证的票据债务在形式上有效,即使在实质上无效,票据保证人仍应负责。即如我国《票据法》第49条规定:"保证人对合法取得汇票的持票人所享有的汇票权利,承担保证责任,但是,被保证人的债务因汇票记载事项欠缺而无效的除外。"(5)如果票据保证是共同保证时,共同保证人应就被保证债务负连带责任。

尽管各国票据法上都规定了票据保证制度,我国《票据法》也以专章规定了票据保证制度,但是在票据实务中,运用票据保证这种增加信用的方式极为少见。也就是说,在票据使用活动中,很少见到票据保证这种票据行为。其原因在于,票据转让背书的背书人也负有担保责任,其责任与票据保证人一样。因此,如果预定的被背书人某甲要求增加票据信用,可要求背书人某乙先将票据背书给认可的第三人(即预选的票据保证人)某丙,由其充任某乙的被背书人,再由第三人某丙将票据背书转让给被背书人某甲。这样,只需要增加一个背书环节,同样可以起到和票据保证一样的增加票据信用的作用。

二、票据保证的方式

保证人在实施票据保证行为时,应在票据或者粘单上记载的事项包括:表明"保证"的字样;保证人名称和住所;被保证人的名称;保证日期;保证人签章。保证人在为票据保证时,如未记载被保证人的名称的,已承兑的汇票,以承兑人为被保证人;未承兑的汇票,以出票人为被保证人。

根据《支付结算办法》第35条第2款规定:"保证人必须按照《票据法》的规定在票据上记载保证事项。保证人为出票人、承兑人保证的,应将保证事项记载在票据的正面;保证人为背书人保证的,应将保证事项记载在票据的背面或粘单上。"

在实施票据保证后,保证人应当与被保证人对持票人承担连带责任,票据到期不获付款的,持票人有权向保证人请求付款,保证人应当足额付款。保证人清偿票据债务后,可以行使持票人对被保证人及其前手的追索权。

三、票据保证的特点

票据保证也是一种人的担保行为,但其与民法上的一般保证(如《民法典》第三编第十三章"保证合同"所规定的保证)既有联系又有区别。

归纳起来,与民法上一般保证相比较,票据保证具有以下特点:(1)票据保证是要式行为。因票据保证也是一种票据行为,应当具有票据行为的要式性,如只能将票据保证的意思记载在票据上才有票据保证的效力。(2)票据保证是单方法律行为。即票据保证只要是保证人单方在票据上作保证记载,即可产生票据保证的效力。(3)票据保证的独立性大于从属性。关于票据保证的独立性与从属性,我国《票据法》第49条规定:"保证人对合法取得票据的持票人所享有的票据权利,承担保证责任,但是,被保证人的债务因记载事项欠缺而无效的除外。"(4)票据保证人无先诉抗辩权。所谓"先诉抗辩权",是指债权人向保证人求偿时,保证人可以要求债权人先向债务人求偿,在债权人通过诉讼或仲裁并经依法强制执行债务人财产仍不能从债务人处获得清偿时,保证人才承担保证责任。但是票据保证的保证人,在持票人行使追索权时,不能行使先诉抗辩权。(5)保证人清偿后,可以行使持票人对被保证人及其前手的追索权。(6)票据保证的保证人如为两人以上时,保证人之间必须承担连带责任。

第六节　票据瑕疵

一、票据伪造

票据伪造,是指假冒他人名义实施票据行为的一种违法行为。假冒他人名义的方法,包括捏造不存在的人的姓名或名称,或者冒用他人的姓名或名称。例如,某甲在签发票据时,不以自己的"某甲"名义,而是在未经某乙授权的情况下,擅自以某乙的名义签发票据,或者随便编造一个某丙的名义签发票据,此种行为即构成票据伪造。

票据的伪造,不产生票据法上的效力。持票人即使以善意取得伪造的票据,也不能据以享有票据上的权利。这缘于票据是文义证券,如上例中的某甲并未在票据上以自己名义签章,某甲不能就该票据而承担票据责任;某乙也没有依其真实意思在票据上签章,该票据上的"某乙"签章对某乙不生效力,某乙也不能就该票据而承担票据责任。但是,这并不意味着伪造票据的人不承担法律责任。《票据法》第14条第1款规定:"票据上的记载事项应当真实,不得伪造、变造。伪造、变造票据上的签章和其他记载事项的,应当承担法律责任。"伪造票据在民法上构成侵权行为,伪造票据的人应当承担损害赔偿的民事责任。根据《票据法》第102条的规定,伪造票据构成票据欺诈行为,对之应依法追究刑事责任。根据《票据法》第103条的规定,伪造票据情节轻微,不构成犯罪的,依照国家有关规定给予行政处罚。

票据上有伪造行为只是意味着该伪造行为无效,并不意味着有伪造签章的票据一概无效。若是在有伪造签章的票据上另有真实签章,意味着做真实签章的人愿意根据票据上的记载事项承担票据责任。《票据法》第14条第2款规定:"票据上有伪造、变造的签章的,不影响票据上其他真实签章的效力。"如果在伪造的票据上既有伪造签章又有真实签章的,作真实签章的人应当对自己的票据行为负责,即根据票据上的记载内容承担票据责任,持票人可以持票向作真实签章的人主张票据权利。

二、票据变造

票据变造,是指无变更权限的人变更票据上除签章以外的记载事项的行为。构成票据变造的要件包括:(1)票据变造须发生在已有效签发的票据上;(2)票据变造是擅自变更除签章以外的其他记载事项,如果变更签章则属于票据伪造;(3)票据变造是没有合法权限的变更。例如,张甲从李乙那里取得一张有效票据之后,将票据金额由10万元改为40万元,然后再经背书转让给王丙。张甲的行为即构成票据变造。

票据变造与票据伪造不同,票据变造是更改签章以外的事项,因此,不改变票据上的各个当事人作为债权人或债务人的地位,只是改变了当事人债权债务关系的内容;而票据伪造是更改签章,改变了票据上各个当事人作为债权人或债务人的地位。我国《票据法》第14条第2款规定:"票据上有伪造、变造的签章的,不影响票据上其他真实签章的效力。"字面意思上似乎签章也可以变造。其实,对于签章,只有伪造问题,而没有变造问题,因为对真实签章的任何更改,都是将真签章变成假签章。《支付结算办法》第14条第3款规定:"本条所称的伪造是指无权限人假冒他人或虚构人名义签章的行为。签章的变造属于伪造。"

经变造的票据上的签章都是真实的,在票据上签章的人都须根据其签章时的票据文义承担责任。在票据变造之前签章的人,对票据上原记载事项负责;在票据变造之后签章的人,对变造之后的记载事项负责;不能辨别是在票据被变造之前或者之后签章的,视同在票据变造之前签章。例如,张甲从李乙那里取得一张票据之后,将票据金额由10万元改为40万元,然后再经背书转让给王丙,王丙又背书转让给赵丁。在赵丁行使追索权时,如果向王丙追索,王丙就要承担40万元的清偿责任,因为王丙是在变造之后签章的,应当对变造之后的事项负责,其背书转让时就是要对40万元的票据金额负担保责任,而不能以该票据金额是张甲擅自更改的为由进行抗辩;如果赵丁直接向李乙进行追索,李乙则只须承担10万元的清偿责任,因为李乙出票时记载的金额就是10万元,其只须对10万元的票据金额负担保责任,其余的30万元是张甲擅自加上取得,李乙对此不须负责,即李乙是在变造之前签章的,只须对变造之前的事项负责。

三、票据更改

票据更改,是指有更改权限的人对票据上的记载事项予以变更的行为。票据更改属于广义的票据行为。票据行为人在实施票据行为时,如果需要变更已经记载的事项,或者记载文句有误欲以更正,可将原记载事项予以更改,更改时须在改写处签章予以证明。票据更改是行为人有意实施的行为,因此行为人要对更改后的事项负责。

我国《票据法》第9条第2、3款规定,"票据金额、日期、收款人的名称不得更改,更改的票据无效。对票据上的其他记载事项,原记载人可以更改,更改时应当由原记载人签章证明。"可见,《票据法》一方面允许持票人对其自己记载的事项内容进行更改,另一方面有严格限制了可以更改事项的范围。但是,《票据法》第14条第3款又规定:"票据上其他记载事项被变造的,在变造之前签章的人,对原记载事项负责;在变造之后签章的人,对变造之后的记载事项负责;不能辨别是在票据被变造之前或者之后签章的,视同在变造之前签章。"问题是,实际中的票据变造绝大多数情形就是变更票据金额或日期,因为这些事项的变造才能给变造者带来利益。对此情形,如果按照《票据法》规定的票据变造规则,则可以视为票据仍然有效,只是票据行为人按其签章在变造之前或之后,分别承担不同的票据责任,而持票人仍得凭此票据主张票据权利,只是面临的票据抗辩不同;但如果按照《票据法》规定的更改规则,则该票据本身就无效,在其上有无真实签章的人都无须承担票据责任,当然,持票人就不能凭此票据主张任何票据权利。可见,票据法对票据更改和票据变造的规定,存在这样一个严重的制度矛盾:有更改权限的人变更票据金额,票据本身就完全无效;而无更改权限的人变造票据金额,票据本身却仍然有效,只是各当事人按照其签章在变造之前或之后,分别承担不同的责任。当然,《票据法》第9条对更改范围的限定,有利于维护票据资金关系的稳定。

四、票据涂销

票据涂销,是指涂去票据上的签章或其他记载事项的行为。票据涂销属于广义的票据行为。票据涂销的方法可以是涂抹、擦除、粘贴覆盖或用化学方法消除记载内容等。我国《票据法》没有规定涂销制度。由于《票据法》规定了票据伪造和票据更改制度,而票据上有伪造或更改则必然有涂销,所以可以认为《票据法》部分规定了票据涂销制度,如可推导出,做无更改权限的伪造或更改时而为涂销没有效力,做有更改权限的更改时而为涂销则有效力。

因涂销人是否为票据权利人及其是否为故意涂销行为,票据涂销有不同的效力。非票据权利人所实施的涂销,无论是否是出于故意,都不影响票据的效力,但有时构成票据伪造或票据变造问题。票据权利人所实施的涂销,如果不是出于故意,那就不影响票据的效力。但票据权利人在凭有涂销的票据行使票据权利时,应对涂销不是故意所为,以及被涂销文义的内容,负举证责任。

票据权利人故意所为的涂销,对票据的效力发生影响,其具体情形视涂销的事项而定。背书人对背书的涂销,如果不影响背书的连续,视为无记载;如果影响背书的连续,视为未涂销。背书涂销后,被涂销的背书人免除责任;在被涂销的背书人之后而于涂销以前实施背书的人,都随之免除责任;而被涂销的背书人的前手以及涂销后实施背书行为的人,则不能免除责任。当持票人行使追索权时,背书人清偿后须涂销背书,其本人及其后手均免除责任。

> **重要名词术语**
>
> 票据行为、票据能力、出票、转让背书、设质背书、承兑、票据保证

> **思考题**
>
> 1. 出票人禁止转让的汇票可否质押?
> 2. 简述一般转让背书的效力。
> 3. 禁转背书的效力。
> 4. 票据保证与一般保证的区别。

> **典型案例分析**

案情简介

乙公司作为收款人,从出票人甲公司处获得一张银行承兑汇票,出票人甲公司在票据

上记载了"不得转让"字样。乙公司在急需资金时，就将该票据质押给了银行，并获得了贷款。乙公司后来未能偿还贷款，贷款银行即行使质权，持票请求承兑银行付款，但被该银行承兑汇票的承兑银行所拒绝。承兑银行的理由是，该票据的出票人甲公司明确记载了"不得转让"，因此其承兑时的意思表示就是仅向汇票上的收款人乙公司付款。贷款银行以行使质权为由请求付款，实际上是接受了该票据的转让，违反了票据法的规定和出票人甲公司在票据上记载的意思表示。乙公司认为，出票人甲公司在汇票上确实记载了"不得转让"字样，但是并没有记载该汇票也不得质押，因此乙公司作为持票人，有权将该票据予以质押，并没有违反出票人甲公司"不得转让"的记载。作为质权人的贷款银行认为，既然出票人甲公司没有禁止质押，乙公司作为持票人做的票据质押就是有效的；既然该票据质押是有效的，贷款银行就有权行使质权并获得付款。

案例分析

这是一个与票据记载的效力范畴有关的案件，在票据实务中亦较为常见。

本案所涉票据上当事人的关系结构是：（1）出票人为甲公司，其出票时在票据上记载了"不得转让"字样；（2）收款人为乙公司，是该汇票的持票人，其将汇票质押给了贷款银行；（3）承兑银行，其在出票人签发的银行汇票上做了承兑；（4）贷款银行，其是案涉汇票的质权人。

本案的基本争议是，在汇票出票人记载汇票"不得转让"的情况下，收款人以该汇票进行的质押是否有效，占有汇票的质押人是否可以主张质权人权利。

处理本案所要适用的法律依据包括：（1）《票据法》第 27 条第 1、2 款规定，"持票人可以将汇票权利转让给他人或者将一定的汇票权利授予他人行使。出票人在汇票上记载'不得转让'字样的，汇票不得转让。"（2）《审理票据纠纷规定》第 52 条规定，出票人在票据上记载"不得转让"字样，其后手以此票据进行贴现、质押的，通过贴现、质押取得票据的持票人主张票据权利的，人民法院不予支持。

分析本案的关键是：（1）明确辨析法律词语在不同法律范畴的应有语义；（2）透彻掌握判断语义的基础法律知识，特别是质押制度的法律规定及建构机理；（3）合理阐释《票据法》《审理票据纠纷规定》相关条款的应有含义及实践利弊。

1. 无论是动产质押还是权利质押，相关制度安排都须以质押人能够行使质权为规范体系结构要素，以便在质权人行使质权时，能够以质押财产折价或就拍卖、变卖质押财产所得的价款优先受偿。因此，质押财产必须能够转让，不能转让的财产不能用于设定质押。就本案而言，用作质押的汇票必须能够转让，如果质押汇票不能转让，则该项汇票质押不能设立。

2. 在票据法上，汇票能否转让的设定只是在票据法范畴发生效力，出票人在汇票上记载"不得转让"字样，其意思只是表明该汇票不能以票据法上的方式转让，如该汇票不能背书转让，因转让而取得该票据的人也不能拥有票据权利。但是，出票人在汇票上记载"不得转让"字样，并不意味着该汇票在民法上也绝对不能转让。按照票据法理及相关通说，该类汇票仍得按照民法上一般债权转让的方式转让，即从汇票收款人处取得其上有"不得转让"字样汇票的受让人，虽然不能凭受让汇票取得票据权利，但却可以凭受让汇票取得民法上一般债权。既然出票人记载"不得转让"字样的汇票在民法范畴仍得转让,自然可以用作质押。

3. 认为出票人记载"不得转让"字样的汇票在民法范畴仍得转让,并不违反《票据法》和《审理票据纠纷规定》中的相关规定。(1)《票据法》第 27 条第 1 款规定:"持票人可以将汇票权利转让给他人或者将一定的汇票权利授予他人行使。"其规范内容明确是"汇票权利"的转让或授予。因此,其第 2 款中的"汇票不得转让",其效力范畴显然限于汇票权利,即如果转让,则不产生汇票权利转让的效果。(2)《审理票据纠纷规定》第 52 条规定,出票人在票据上记载"不得转让"字样,其后手以此票据进行贴现、质押的,通过贴现、质押取得票据的持票人主张票据权利的,人民法院不予支持。该条中规定的是,持票人"主张票据权利的",法院不予支持。但该条并未说明,对于持票人主张民法上一般债权的,法院也不予以支持。这说明,无论是《票据法》还是《审理票据纠纷规定》,都没有禁止出票人记载"不得转让"的汇票用于民法上的票据质押。

4. 将同一汇票用于票据法上的质押还是民法上的质押,质权人用的质权内容是不一样的。①若是票据质押,质押财产是票据权利;若是民法上票据质押,质押财产是民法上一般债权。②若是票据质押,质权人可以直接行使票据权利,包括付款请求权和追索权;若是民法上票据质押,质权人只能行使付款请求权,而不能行使追索权。③若是票据质押,承兑人不能以自己与出票人之间的抗辩事由对抗质权人,出票人也不能以自己与收款人之间的抗辩事由对抗质权人;若是民法上的票据质押,承兑人就能以自己与出票人之间的抗辩事由对抗质权人,出票人也能以自己与收款人之间的抗辩事由对抗质权人。

5. 若将出票人记载"不得转让"的汇票用于质押,首先是对收款人和质权人有利,因为通过该项质押促进了交易。其次也并不损害出票人和承兑人的利益,并未因此而增加出票人和承兑人的负担。这是因为,出票人和承兑人本身就承担票据责任,如无任何抗辩事由,出票人和承兑人原本也要直接或间接地承担支付票据金额的义务;如有任何抗辩事由,即可在票据质权人行使质权时进行抗辩,从而拒绝履行票据债务。

6. 综上所述,本案中收款人乙公司将甲公司记载"不得转让"的汇票用于质押,并没有票据法上的票据质押效力,但是有民法上的票据质押的效力。作为质权人的贷款银行,根据案涉汇票质押,并未取得票据法上的票据质权,但是取得了民法上的票据质权。因此,作为质权人的贷款银行,可以向承兑银行请求付款。如果承兑银行没有自己与出票人之间的抗辩事由,对于质权人贷款银行的付款请求权,人民法院应当予以支持。

第三十九章　票据权利与票据抗辩

【内容提示】

本章首先阐释票据权利的性质、取得方式与行使方式，重点是票据权利与一般民法上债权的联系与区别及其特定情形下的转换。另外，票据善意取得制度和追索权制度有鲜明的票据法特点，亦是阐释重点。由于票据权利的行使与票据责任的承担相对应，而票据责任的承担又与票据抗辩相关联，实务中票据权利遇到实现障碍时，其纠纷处理均涉及票据抗辩规则的运用，因此本章在票据权利制度之后，对票据抗辩制度进行阐释。其间特别阐析票据抗辩与一般民法上抗辩的联系与区别，以及票据法对票据抗辩的限制。

第一节　票据权利

一、票据权利概述

（一）票据权利概念

票据权利，是指持票人向票据债务人请求支付票据金额的权利，包括付款请求权和追索权。在本质上，票据权利也是民事权利，但是其与一般的民事权利不同，票据权利是根据票据法确定并由票据法保障实现的权利。

虽然票据权利在本质上也是民事权利，但是在票据法范畴，一定要把票据权利与其他一般的民事权利区别开来。这是具有票据法意识的关键。例如，一般的合同权利，基于双方合意即可产生，而不论是否订立了书面合同书；而票据权利的存在，则必须以票据的签发为必要前提。而且如《票据法》第4条第2款所规定的，"持票人行使票据权利，应当按照法定程序在票据上签章，并出示票据"。一般的民事权利行使，则不须以持有权利凭证为必要。

票据权利有以下特征:(1)票据权利是金钱债权，是持票人请求支付一定数额货币的权利。(2)票据权利具有固定性，自出票到付款，票据权利不得扩大和缩小。(3)票据权利具有单一性，即在同一张票据上，不能同时存有两个以上的票据权利，亦不能将票据权利分割行使。(4)票据权利与其物质载体即票据本身通常不能分离，丧失票据的票据权利人，除依法院的除权判决外，不能行使票据权利。(5)票据权利包括两次请求权:第一次请求权是付款请求权，即持票人向票据主债务人请求按票据记载支付票据金额的权利;第二次请求权是追索权,即持票人在其第一次请求权不能实现时,向其前手请求偿还票据金额、利息及其他法定费用的权利。票据的付款请求权,可以通过票据的付款而实现;票据的追索权,可以通过票据的清偿而实现。票据法规定票据权利包括两次请求权,目的是确保票据权利的有效实现。

（二）票据权利的取得

票据权利的取得以取得票据为必要。票据的取得途径包括:(1)从出票人处取得票据,即作为票据收款人而持有票据。(2)从转让人处取得票据,例如通过背书转让或单纯交付转让而取得票据。(3)通过票据法上的其他方法取得票据,例如被追索人在清偿后从追索人处取得票据,票据保证人在承担保证责任后从持票人处取得票据。(4)依民法上的方法取得票据,例如通过继承、公司合并等取得票据。

为保障票据的使用安全,充分发挥票据的经济功能,票据法强调对票据善意取得人的保护。票据的善意取得是指,从无处分权的人手中,持票人以相当的对价而取得票据,并且于取得时无恶意且无重大过失。《票据法》第12条规定:"以欺诈、偷盗或者胁迫等手段取得票据的,或者明知有前列情形,出于恶意取得票据的,不得享有票据权利。持票人因重大过失取得不符合本法规定的票据的,也不得享有票据权利。"构成票据的善意取得,应当具备的要件包括:(1)持票人必须是从无处分权的人手中取得票据。所谓"无处分权的人",是指不是真正的票据权利人,也不是真正票据权利人的代理人。(2)必须是依票据法规定的转让规则取得票据。(3)必须在取得票据时没有恶意或者重大过失。所谓"恶意",是指明知票据让与人不是票据的真正权利人。所谓"重大过失",是指稍一注意即可知道让与人不是票据的真正权利人而没有予以注意。(4)必须是以相当对价取得票据。所谓相当对价,是指与票据金额相当的利益。

（三）票据权利的行使

票据权利的行使,是指持票人通过处分票据,以符合法律的方式获取票据权利的经济价值,从而实现其票据权利。包括:(1)持票人将票据提示付款,使票据获得兑现,获得相当于票据金额的款项。(2)持票人将票据背书转让,利用票据权利的经济价值获取相应的对价利益。(3)持票人将票据予以质押,利用票据权利的经济价值获取信用利益。

行使票据权利,需要注意的事项是:(1)行使票据权利,要按照票据上记载事项的内容行使。(2)行使票据权利,要按照票据法规定的方式与程序,如按照票据法规定的票据行为方式行使票据权利,按照票据法规定的期限行使票据权利。(3)行使票据权利,要在票据时效期间内行使,超出票据时效,可导致票据权利消灭的后果。

票据权利的消灭,与民法上债的消灭有共同之处,可以因清偿、抵销、免除、提存等而消灭。除此之外,还有票据法上的特殊消灭原因,例如,因超过票据时效期间而消灭,因票据灭失而消灭,因票据涂销而消灭等。

二、付款请求权

（一）付款请求权的行使

付款请求权,是指持票人向票据上记载的付款人或承兑人要求支付票据上记载金额的权利。行使付款请求权,持票人须在票据提示期间向付款人或承兑人提示票据,然后才能要求付款人或承兑人支付票据金额。

提示,是指持票人向付款人出示票据,请求其表示承兑或者付款的行为。提示包括承兑的提示和付款的提示。提示本身不是一种票据行为,而是票据行为的前提和必要的手续。票据是文义证券和提示证券,持票人行使票据权利时必须向票据债务人提示票据,使其了解票据的内容,并证明自己是票据权利人。如果未提示票据而提出付款请求,票据付款人或承兑人有权拒绝支付票据金额,并且不因此而负迟延支付责任,也不产生票据时效中断的效力。

提示的双方称为提示人和被提示人。向付款人或承兑人出示票据的人即为提示人,通常为持票人或其代理人。受付款提示和承兑提示的人即为被提示人,票据付款人为被提示人,另外担当付款人或票据交换所也可以作为被提示人。

提示应当在提示期间内提出。有关承兑或付款的提示期间,票据法都规定有一定的期限。关于承兑的提示期间,根据我国《票据法》第 53 条和第 91 条的规定,关于承兑的提示期间,持票人应当在汇票到期日前向付款人提示承兑;见票后定期付款的汇票,持票人应当自出票日起 1 个月内向付款人提示承兑。关于付款的提示期间,见票即付的汇票,自出票日起 1 个月内向付款人提示付款;定日付款、出票后定期付款或见票后定期付款的汇票自到期日起 10 日内向付款人提示付款;本票自出票日起,付款期限最长不得超过 2 个月;支票的持票人应当自出票日起 10 日内,向付款银行提示付款。

持票人行使付款请求权,应当向票据的付款人,或者承兑后的汇票付款人或本票出票人作出提示。票据付款人是指,出票人在票据上记载的委托其支付票据金额的人。票据付款人是票据基本当事人之一。汇票的付款人范围不受限制,支票的付款人限于银行或办理支票业务的金融机构,而本票是自付证券,因而其上不记载付款人。票据的付款人具有以下特征:(1)付款人由出票人记载于票据上,并且大多数国家的票据法都规定这是出票时的绝对必要记载事项。(2)出票人记载付款人的目的是委托其为自己付款,付款人因出票人的指定而有为出票人付款的权限。(3)出票是出票人的单方法律行为,付款人并不因出票人在出票时的指定而负有票据法上的付款义务,其可以在持票人提示付款时拒绝付款。(4)汇票付款人如果承兑,则成为承兑人。承兑人属于票据第一债务人,要向持票人承担票据法上的付款义务。

(二)票据的付款

票据的付款,是指票据上的付款人或其代理付款人支付票据金额以消灭票据关系的行为。票据的付款属于广义的票据行为。票据付款具有以下特征:(1)票据付款是支付票据金额的行为;(2)票据付款是足以完全消灭票据关系的行为;(3)票据付款只能由付款人完成,如果记载有代理付款人,则由代理付款人完成;(4)票据付款是现实支付行为,其行为人不须在票据上为任何意思表示,所以不属于狭义的票据行为。

票据付款的程序包括提示和支付两个阶段。提示付款,是指持票人向付款人或其代理人出示票据,请求其支付票据金额的行为。持票人须在付款提示期间内,向付款人或其代理人提示付款。支付,是指票据付款人将相当于票据金额的款项支付给持票人,并将票据予以收回的行为。

票据付款人在付款前,应对提示的票据作审查,如审查票据是否到期、是否在提示期间内提示;出票人的签章是否真实;背书是否连续;并审查提示付款人的合法身份证明或者有效证件。持票人获得付款的,应当在票据上签收,并将票据交给付款人。持票人委托银行收款的,受委托的银行将代收的票据金额转账收入持票人账户,视同签收。付款人依法足额付款后,全体票据债务人的责任解除。

《票据法》第57条规定:"付款人及其代理付款人付款时,应当审查汇票背书的连续,并审查提示付款人的合法身份证明或者有效证件。付款人及其代理付款人以恶意或者有重大过失付款的,应当自行承担责任。"《支付结算办法》第17条规定:"银行以善意且符合规定和正常操作程序审查,对伪造、变造的票据和结算凭证上的签章以及需要交验的个人有效身份证件,未发现异常而支付金额的,对出票人或付款人不再承担受委托付款的责任,对持票人或收款人不再承担付款的责任。"《审理票据纠纷规定》第68条规定:"付款人或者代理付款人未能识别出伪造、变造的票据或者身份证件而错误付款,属于票据法第五十七条规定的'重大过失',给持票人造成损失的,应当依法承担民事责任。付款人或者代理付款人承担责任后有权向伪造者、变造者依法追偿。"显然,这些规定都是关于付款人付款时的审查责任,但是认定责任的条件与标准则有很大不同。这里的关键问题是如何认定付款人的"重大过失",但可以说,上述规定均有所不妥。《票据法》的规定过于笼统,实践中不好把握;《支付结算办法》没有区别与不同种类客户关系的性质,并且显然降低了付款人一方的责任,如对伪造、变造的票据进行支付时,只要未发现异常即可免责;《审理票据纠纷规定》则也没有区别银行与不同种类客户的法律关系性质,又过于加重付款人一方的责任,如规定只要付款人未能识别出伪造、变造的票据而付款,就构成票据法规定的"重大过失"。但是对于背书的伪造、变造,付款人是不可能审查出来的。一般票据法理只要求付款人审查"背书连续"即可,至于连续背书中是否有伪造、变造的情形,则与付款人审查责任无关。上述问题是现行票据制度的一个难解的制度之结,必须通过科学合理的立法予以解决。

三、追索权

(一) 追索权的概念

追索权,是指当票据不获付款、不获承兑或者有其他法定原因时,持票人向其前手、出票人以及其他票据债务人,请求支付票据金额、利息及其他法定费用的一种票据权利。

追索权属于票据权利的第二次请求权,只有在第一次请求权(付款请求权)不能得到实现时,持票人才能得以行使追索权。持票人可以行使追索权的情形包括:(1)票据不获付款;(2)汇票不获承兑;(3)承兑人或付款人死亡、逃匿;(4)承兑人或付款人被依法宣告破产或者因违法被责令终止业务活动。

(二) 追索权的保全

追索权须经保全手续后方可行使。保全追索权的手续包括提示和作出拒绝证明。这就是说,持票人并不能任意行使追索权,如果持票人怠于行使票据权利,却可以随时行追索权,这不仅是票据关系设置失衡,也会严重影响票据的有序使用。

具有保全追索权效力的提示,应当符合以下情形:对于应该承兑的汇票,持票人应当在承兑提示期间向付款人提示承兑;对于一切汇票、本票或支票,持票人均须在付款提示期间向付款人提示请求付款。持票人如果不在规定期间作出提示,则缺乏追索权的保全手续而丧失追索权。

持票人提示承兑或者提示付款而遭拒绝的,应当作成拒绝证明或者取得退票理由书。虽然发生了拒绝承兑或拒绝付款的事实,但如果持票人不能出示拒绝证明或取得退票理由书,或者未按照规定期限提供其他合法证明的,丧失对其前手的追索权。

《票据法》将出具拒绝证明或者出具退票理由书设定为付款人的义务。其第62条第2款规定:"持票人提示承兑或者提示付款被拒绝的,承兑人或者付款人必须出具拒绝证明,或者出具退票理由书。未出具拒绝证明或者退票理由书的,应当承担由此产生的民事责任。"相应地,在发生拒绝承兑或拒绝付款时,要求承兑人或付款人出具拒绝证明或退票理由书,则是持票人的权利。

拒绝证明是指,用以证明持票人曾经依法行使票据权利而被拒绝,或者无法行使票据权利的一种证明文件。拒绝证明具有以下特征:(1)拒绝证明是持票人行使追索权所必要的一种文件,其内容是证明持票人确实在提示期限行使票据权利时遭到拒绝。(2)拒绝证明是票据法上的法定证明方法,具有法定的证明效力,原则上不得以其他证据代替或补充。(3)拒绝证明是一种要式证书,其作出要按一定的方式。根据《票据管理实施办法》第27条第1款的规定,拒绝证明应当包括下列事项:被拒绝承兑、付款的票据的种类及其主要记载事项;拒绝承兑、付款的事实依据和法律依据;拒绝承兑、付款的时间;拒绝承兑人、拒绝付款人的签章。

当承兑人或付款人是银行时,其拒绝承兑或拒绝付款时要出具退票理由书。这是付款银行或者付款人委托的代理银行拒绝承兑或者拒绝付款时,在向持票人退票的同时,所出具的说明其不承兑或不付款的理由的证明文件。根据《票据管理实施办法》第27条第2款的规定,退票理由书应当包括下列事项:所退票据的种类;退票的事实依据和法律依据;退票时间;退票人签章。

除了承兑人或付款人出具的拒绝证明或退票理由书之外,其他具有公信力的文件亦可用于行使追索权的拒绝证明。《票据法》第64条规定:"承兑人或者付款人被人民法院依法宣告破产的,人民法院的有关司法文书具有拒绝证明的效力。承兑人或者付款人因违法被责令终止业务活动的,有关行政主管部门的处罚决定具有拒绝证明的效力。"依据《票据管理实施办法》第28条的规定,《票据法》第63条规定的"其他有关证明"包括:(1)医院或者有关单位出具的承兑人、付款人死亡的证明;(2)司法机关出具的承兑人、付款人逃匿的证明;(3)公证机关出具的具有拒绝证明效力的文书。在票据实务中,遇到承兑人或者付款人拒不出具拒绝证明时,可以请求公证机关出具被拒绝承兑或拒绝付款的公证书。

(三)追索权的行使程序

持票人行使追索权,要按照票据法规定的程序进行。根据《票据法》的规定,行使追索权包括如下程序：

1. 通知提示承兑或提示付款被拒绝的事由

持票人应当在法定期间内，将提示承兑或提示付款被拒绝的事由，向其前手通知。我国《票据法》第 66 条规定："持票人应当自收到被拒绝承兑或者被拒绝付款的有关证明之日起三日内，将被拒绝事由书面通知其前手；其前手应当自收到通知之日起三日内书面通知其再前手。持票人也可以同时向各汇票债务人发出书面通知。"

2. 确定追索对象

持票人对负有偿还义务的人，可不依其负担债务之先后，对其中一人、数人或全体，行使追索权。依据我国《票据法》第 68 条的规定，汇票的出票人、背书人、承兑人和保证人对持票人承担连带责任。持票人可以不按照汇票债务人的先后顺序，对其中任何一人、数人或者全体行使追索权。持票人对汇票债务人中的一人或者数人已经进行追索的，对其他汇票债务人仍可以行使追索权。

3. 请求偿还

持票人在行使追索权时，可以请求偿还的追索金额包括：（1）被拒绝付款的票据金额；（2）票据到期日或提示付款日至清偿日止，按照中国人民银行规定的利率计算的利息；（3）取得有关拒绝证明和发出通知书的费用。

4. 受领金额

追索人受领追偿金额后，即实现其追索权。持票人在获得清偿后，应当将票据和有关拒绝证明交付给被追索人，并出具所收到利息和费用的收据。

5. 再追索

根据我国《票据法》第 68 条的规定，被追索人清偿债务后，与持票人享有同一权利。被追索人对持票人偿还票款并取回票据后，可以向自己的前手再进行追索，这称之为"再追索"。

发生再追索的前提是，票据上有多个债务人，而持票人未直接向最后债务人（出票人）请求偿还，而是向其他债务人请求偿还。这时，被追索人偿还并取回票据后，就取得了持票人的追索权，可以对其前手再追索。再追索可以有多次，直至追索到最后债务人为止。最后债务人偿还后，票据关系即消灭。

被追索人清偿后行使再追索权时，可以请求其他票据债务人支付的金额和费用包括：（1）已清偿的全部金额；（2）前项金额自清偿日起至再追索清偿日止，按照中国人民银行规定的利率计算的利息；（3）发出通知书的费用。行使再追索权的被追索人获得清偿时，应当交出汇票和有关拒绝证明，并出具所收到利息和费用的收据。

四、票据时效

票据时效是指票据权利的消灭期间。依票据法规定，票据权利经过一定期间而不行使，即归于消灭或者不受保护。因此，"票据时效是消灭时效而非诉讼时效"。[1] 票据时效

---

[1] 谢怀栻：《票据法概论》，程啸增订，法律出版社 2017 年版，第 88 页。

的特点是比民法典所规定的一般请求权消灭时效期间较短。关于票据时效的法律规定,有采取均一主义,即无论是第一债务人还是第二债务人,均适用同一的票据时效;也有采取差等主义,即按票据第一债务人和第二债务人的不同,其适用的票据时效的长短也不同。我国票据法采后者。

根据我国《票据法》第17条规定:"票据权利在下列期限内不行使即归于消灭:(一)持票人对票据的出票人和承兑人的权利,自票据到期日起二年。见票即付的汇票、本票,自出票日起二年;(二)持票人对支票出票人的权利,自出票日起六个月;(三)持票人对前手的追索权,自被拒绝承兑或者被拒绝付款之日起六个月;(四)持票人对前手的再追索权,自清偿日或者被提起诉讼之日起三个月。"《票据法》规定了较短的票据时效期间,旨在鼓励票据快速流通,提高使用效率。

票据时效虽然是消灭时效,仍然会发生时效中断。《票据法》未规定票据时效中断制度,《审理票据纠纷规定》则在第19条规定,票据权利时效发生中断的,只对发生时效中断事由的当事人有效。这一规定体现了票据时效中断的独立性,[1]其与票据关系独立性和票据行为独立性等内在相符。据此,当一张票据上有多个债务人时,持票人在行使追索权时,应当对所有追索对象进行通知,以免发生遗漏追索权行使对象,导致只向一个票据债务人行使追索权时,而其他未获通知的票据债务人因时效经过而免责。在另一方面,持票人向所有票据债务人发出追索通知,也可以促使各票据债务人及时履行票据责任,以保障票据权利充分实现。

持票人罹于票据时效而失去票据权利时,仍拥有相应的民事债权。可以根据《票据法》第18条的规定行使利益返还请求权。

第二节 票据抗辩

一、票据抗辩概述

(一)票据抗辩的概念

票据抗辩,是指票据债务人根据票据法的规定对票据债权人拒绝履行义务的行为。拒绝履行票据义务,是指票据债务人拒绝按照票据上的记载和票据法的规定向持票人履行义务,如票据付款时的承兑人拒绝付款、票据追索时票据债务人拒绝清偿。

票据抗辩具有以下特点:(1)行使票据抗辩是票据债务人的一项权利,行使该项权利的目的是拒绝履行票据上的义务。(2)票据抗辩权是一项防御性的权利,只有持票人行使票据权利时,票据债务人才得以行使票据抗辩。(3)票据债务人行使票据抗辩,必须

---

[1] 参见曹守晔主编:《票据法律适用指南:审理票据纠纷案件规定理解与适用》,法律出版社2022年版,第152—153页。

有符合票据法规定的理由。无符合票据法规定的理由而拒绝履行义务,不属于票据抗辩。
(4)票据抗辩受到票据法的特殊限制。

在实务中,对于票据抗辩要从三层含义上进行判断与处理。首先,要判断票据债务人拒绝履行票据义务的行为是不是属于票据抗辩,并不是任何拒绝履行票据义务的行为都可构成票据抗辩。如果以票据法规定的抗辩事由而拒绝履行票据义务,可属于票据抗辩;没有票据法规定的事由而拒绝履行票据义务,只能是明显的票据法上的违法违约行为,或者是应当用一般民法处理的抗辩问题,而不能属于票据抗辩。其次,要判断票据债务人的抗辩事由是否受到票据法的特别限制。如果票据债务人提出的抗辩事由受到票据法的明确限制,则该项抗辩属于不得提出的票据抗辩,法院可以直接驳回,而无须去审查该项抗辩是否符合事实。最后,要判断票据债务人提出的不受票据法限制的抗辩事由是不是符合事实。如果符合事实,则票据抗辩成立,票据债务人可以不对该持票人履行票据义务,或者不在当时履行票据义务;如果不符合事实,则票据抗辩不成立,票据债务人仍需按照持票人的要求履行票据义务。

(二)票据抗辩的种类

1. 物的抗辩

物的抗辩,即票据债务人基于票据本身的内容而发生的事由,得以向一切票据债权人行使的抗辩。因为这是根据票据这个"物"上所发生事由的抗辩,所以称为"物的抗辩"。如有关票据欠缺绝对应记载事项而提出的抗辩,以票据系伪造、变造而提出的抗辩等,依票据记载不能提出请求的抗辩,主张票据债权已经消灭的抗辩等等。

物的抗辩的特点是:其一,物的抗辩事由基于票据本身记载的内容。如票据上的签章是否真实或符合规定,票据上记载的到期日是否到来,票据是否已过了票据时效等。其二,票据义务人可以对任何持票人提出抗辩。即不论是行使付款请求权的持票人,还是行使追索权的持票人或者清偿后进行再追索的持票人前手,票据债务人都可以用同样的物的抗辩事由进行票据抗辩。其三,票据法对物的抗辩不给予特别限制。物的抗辩事由基于票据本身的内容,其抗辩规则与民法上的一般抗辩规则相同,票据法不作特别限制。

2. 人的抗辩

人的抗辩,即票据债务人基于与特定债权人之间发生的事由,而得以向特定债权人行使的抗辩。因为这是根据票据本身记载内容之外的人与人之间("人"的关系)而行使的抗辩,所以称之为"人的抗辩"。

人的抗辩的特点是:其一,人的抗辩事由发生于票据债务人与特定票据债权人之间的关系中,如出票人与收款人、或其某一后手、或与持票人之间的关系,通常为原因关系或资金关系。其二,票据债务人只能对特定的票据债权人提出人的抗辩,即基于一个特定的关系而向该关系中的特定债权人提出抗辩。其三,票据法对人的抗辩给予特别的限制,也就是说,即使票据债务人对特定的票据债权人具有抗辩事由,但是,当票据债权人对票据债务人行使的是票据权利时,票据法视情形要对票据债务人的抗辩给予一定的限制,违反限制的票据抗辩则不成立。

二、票据抗辩的限制

对于票据抗辩中的物的抗辩,票据法不予限制。因此,只要发生了物的抗辩,可以按照民法、票据法的一般规定予以处理。对于票据抗辩中的人的抗辩,票据法则给予特别限制。

票据法对票据抗辩中的人的抗辩给予限制,主要是为了确保票据使用的安全性,并鼓励票据的流通以充分发挥票据的经济功能。因为如果不对人的抗辩进行限制,持票人的票据权利就可以因其他票据当事人之间发生抗辩事由而不能实现。由于其他票据当事人之间是否存在抗辩事由,是持票人不能预见和控制的事情,若因其他票据当事人之间的抗辩事由而导致持票人的票据权利不能实现,这对持票人来说是不公平的,同时也使得票据权利的实现失去了确定性。因此,如果票据法不限制人的抗辩,人们在交易活动中就不愿意接受票据、特别是背书转让的票据。

《票据法》第 13 条第 1 款规定:"票据债务人不得以自己与出票人或者与持票人前手之间的抗辩事由对抗持票人。但是,持票人明知存在抗辩事由而取得票据的除外。"其第 2 款规定,"票据债务人可以对不履行约定义务的与自己有直接债权债务关系的持票人,进行抗辩。"据此规定,《票据法》建构了票据抗辩规则体系。

1. 票据债务人不得以自己与出票人之间的抗辩事由对抗持票人

票据债务人与出票人之间的抗辩事由,往往基于资金关系而发生。例如,汇票出票人与付款人订立了承兑协议,约定由付款人为出票人签发的汇票付款,并约定在汇票到期日之前,出票人将约定金额的资金打入付款人的账户,于是付款人对出票人签发的汇票进行了承兑,于是成为票据的第一债务人即承兑人。但是当持票人在汇票到期日请求付款时,出票人并未向承兑人账户打入承兑协议约定的款项,因此承兑人以出票人违约骗取承兑为由而拒绝付款,此抗辩即构成"票据债务人以自己与出票人之间的抗辩事由对抗持票人",这是票据法明确禁止提出的抗辩事由。因此,票据债务人的抗辩不成立,其仍须向持票人付款。

2. 票据债务人不得以自己与持票人前手之间的抗辩事由对抗持票人

票据债务人与持票人前手之间的抗辩事由,往往基于原因关系而发生。例如,票据出票人与收款人之间设立买卖合同关系,出票人作为买方按照约定以商业汇票为支付手段。在买卖合同履行时,作为卖方的收款人收到了支票,其后收款人又将支票背书转让给第三人作成另外一笔交易。此时,第三人成为持票人,而收款人就是该持票人的前手。在持票人向付款银行请求付款时,因出票人通知银行止付而未获得付款,持票人可直接向出票人行使追索权。此时,出票人以收款人在买卖合同履行时交付假冒伪劣商品为由而拒绝追索清偿,此抗辩即构成"票据债务人以自己与持票人前手之间的抗辩事由对抗持票人",这是票据法明确禁止提出的抗辩事由。因此,票据债务人的抗辩不成立,其仍须向持票人清偿票据金额。

3. 票据债务人可以对与自己有直接债权债务关系的持票人进行抗辩

《票据法》第 13 条第 2 款规定:"票据债务人可以对不履行约定义务的与自己有直接债权债务关系的持票人,进行抗辩。"也就是说,如果在票据债务人与持票人之间是一种直接的关系,即在其两者之间没有其他的票据债务人,如票据债务人与有直接资金关系的出票人之间,票据债务人与有直接原因关系的持票人前手之间,如果存在抗辩事由,票据债务人是可以对持票人进行抗辩的。例如,出票人经回头背书重新成为持票人,在其向承兑人请求付款时,承兑人可以出票人没有履行承兑协议为由而抗辩,拒绝向出票人付款。再如,收款人因追索清偿而收回票据并向出票人再追索时,出票人可以收款人在先违反作为原因关系的合同为由,而拒绝向收款人付款。

票据实务中,出票人作"不得转让"记载,背书人作禁转背书,都起到将票据关系限制在自己与直接票据当事人之间,从而确保票据抗辩不因票据的转让而受限制。即在发生票据追索时,对于作"不得转让"记载的出票人和作禁转背书的背书人,与其有直接债权债务关系的持票人才能对其进行追索,此时若有抗辩事由存在,票据债务人即可进行抗辩。

4. 票据债务人可以对明知存在抗辩事由而取得票据的持票人进行抗辩

票据法对票据抗辩中的人的抗辩的限制,使得票据转让具有抗辩切断的效力,从而确保票据使用的安全性与流通性。但是,《票据法》对票据抗辩中人的抗辩的限制,并不及于有恶意的持票人。票据抗辩规则中的恶意持票人,是指明知出票人或自己的前手存在抗辩事由,但仍然取得票据的持票人。票据债务人若有与出票人或者持票人前手之间的抗辩事由,是可以对抗恶意持票人的。这种对明知存在抗辩事由而取得票据的持票人进行的抗辩,又称之为"恶意抗辩",即以持票人有恶意为由进行的抗辩。[1] 票据法允许票据债务人以持票人有恶意为由向持票人进行抗辩,目的在于防止票据当事人恶意利用票据法对人的抗辩的限制。

▎重要名词术语▎

票据权利、付款请求权、追索权、票据时效、票据抗辩

▎思考题▎

1. 追索权的行使程序。
2. 简述票据抗辩的限制。

---

[1] 参见谢怀栻:《票据法概论》,程啸增订,法律出版社 2017 年版,第 74—75 页。

第四十章　票据丧失及补救

【内容提示】

本章主要阐释票据丧失的法律后果及经济风险,以及相关补救措施。其中公示催告制度是重点内容,学习时须结合民事诉讼法相关制度。学习掌握法律知识及技能的过程通常是由一般到特殊的过程,即先行学习掌握一般性的法律知识及技能,再由此学习掌握特殊的法律知识及技能。通常而言,学习掌握一般民商法知识及技能是学习掌握票据法知识及技能的基础,但是,学习掌握票据法知识及技能可以反向加深对一般民商法知识及技能的领悟与理解。这是因为,当透彻掌握票据法知识及技能时,才能透彻理解一般民商法与票据法之间异同的表现、根据及机理,才能进一步加深理解一般民商法的知识表达与规范机制,由此在真正意义上完成民商法知识及技能的整体性和系统性。

第一节　票据丧失概述

票据的丧失,是指票据权利人非出于本意而丧失对票据的占有。如果票据权利人出于本意而放弃对票据的占有,例如自愿将自己的票据转让、抛弃等,不属于票据法上规定的票据丧失的情形。

票据丧失包括绝对的丧失和相对的丧失。绝对的丧失,是指票据在物质上已不再存在,如票据因烧毁、水洗、撕毁等而灭失。发生票据绝对的丧失,会导致票据权利人不能凭票主张权利,但票据金额不会被冒领,持票人可以较为从容地采取补救措施。相对的丧失,是指票据在物质上仍然存在,只是票据权利人本人失去对票据的占有。例如,因票据遗失、被盗、被骗、被抢等而致票据权利人失去对票据的占有,但该票据客观上还存在,可能为他人所占有。发生票据相对的丧失,不仅导致票据权利人不能凭票主张权利,而且票据金额有可能随时被非法持有人冒领,或者被法律优先保护的善意持有人获得,因此持票人必须及时采取补救措施。

在发生票据的丧失时,票据权利人即为失票人。失票人必须依法采取补救措施,以防止票据金额被他人冒领。即使是在票据绝对丧失的情形中,失票人也需要采取补救措施,才能使自己不持有票据而行使票据权利。

第二节 票据丧失的补救措施

一、挂失止付

（一）挂失止付的概念

挂失止付，是指持票人在丧失票据后，所采取的向付款人通知票据丧失的情形并请求停止付款的一种补救措施。丧失票据的人挂失止付的目的，在于通知付款人停止付款，以防票据金额被冒领，收到挂失止付通知的收款人应当暂停付款。挂失止付是我国商业活动中的一种习惯做法，我国现行《票据法》继续规定了挂失止付制度。《票据管理实施办法》《支付结算办法》对挂失止付的操作流程作了更为详细的规定。

（二）可以挂失止付的票据

依据《票据法》第15条的规定，并未对可以挂失止付的票据种类作出限制，凡是票据丧失，失票人都可以及时通知票据的付款人挂失止付。《票据法》只是规定，未记载付款人或者无法确定付款人及其代理付款人的票据则不能挂失。这是因为，挂失止付是向票据付款人作出通知，若票据上付款人记载不明，自然无从挂失止付。

但是，在银行业务流程上，并不是所有票据都可挂失的。《支付结算办法》第48条规定："已承兑的商业汇票、支票、填明'现金'字样和代理付款人的银行汇票以及填明'现金'字样的银行本票丧失，可以由失票人通知付款人或者代理付款人挂失止付。未填明'现金'字样和代理付款人的银行汇票以及未填明'现金'字样的银行本票丧失，不得挂失止付。"这是出于银行业务经验而作出的工作流程安排，主要是根据票据金额被冒领的可能性和查找冒领人的难易程度。这是因为：（1）因已承兑的商业汇票可以贴现，支票可以提取现金，填明"现金"字样和代理付款人的银行汇票以及填明"现金"字样的银行本票同样可以被冒领现金，因此对这类票据须挂失止付这一应急措施。（2）由于未填明"现金"字样和代理付款人的银行汇票以及未填明"现金"字样的银行本票只能以转账方式流转，如果出现冒领者，也易于追寻查出，因此在其丧失时，不必挂失止付。

但就票据法理而言，对于可以挂失止付的票据种类，不应作出限制。因为《支付结算办法》作为中国人民银行发布的行政规章，不可以作出限制法律权利的规定。[1]

（三）挂失止付的效力

《票据法》第15条第2款规定："收到挂失止付通知的付款人，应当暂停支付。"因此，挂失止付具有付款人暂时停止支付的效力，该效力期间自付款人收到挂失止付通知之时起计算。《票据管理实施办法》第20条规定，付款人或者代理付款人收到挂失止付通知书，应当立即暂停支付。要求挂失止付通知收到时"立即"发生暂停支付的效力，在于须及时采取措施以防止票据金额被冒领。

由于挂失止付只是具有暂停支付效力的应急措施，其效用只是在于防止票据金额被

---

[1] 董惠江主编：《票据法学》，高等教育出版社2022年版，第137页。

冒领,避免失票人蒙受不可补救的损失。但是,仅有挂失止付措施,并不能使失票人行使票据权利。因此,依据《票据法》第15条第3款的规定,失票人应当在通知挂失止付后3日内,依法向法院申请公示催告或者提起诉讼。

依据《票据管理实施办法》第20条的规定,付款人或者代理付款人自收到挂失止付通知书之日起12日内,如果没有收到人民法院的止付通知书的,自第13日起,挂失止付通知书失效。之所以将挂失止付的暂停支付效力限制在12日内,一是旨在促使失票人及时采取公示催告等措施,但也为失票人向人民法院提出公示催告申请、法院受理及通知付款人等,预留了必需的时间;二是防止票据债务人恶意利用挂失止付措施,即预期票据抗辩不能成立时,以挂失止付方式阻止付款人向持票人付款。

(四)挂失止付的程序

(1)选择被通知人。主要是向票据上记载的付款人作出通知。如果票据上记载代理付款人,则可向代理付款人作出挂失止付通知。

(2)失票人应当填写挂失止付通知书并签章。根据《支付结算办法》第49条的规定,挂失止付通知书应当记载的事项包括:票据丧失的时间、地点、原因;票据的种类、号码、金额、出票日期、付款日期、付款人名称、收款人名称;挂失止付人的姓名、营业场所或者住所以及联系方法。欠缺上述记载事项之一的,银行不予受理。

(3)暂停支付。收到挂失止付通知的付款人或代理付款人,应当自通知收到之时,立即暂停支付。付款人或者代理付款人在收到挂失止付通知书之前,已经向持票人付款的,不再承担责任。但是,付款人或者代理付款人以恶意或者重大过失付款的除外。

(4)暂停支付效力终止。付款人或者代理付款人自收到挂失止付通知书之日起12日内,没有收到人民法院的止付通知书的,自第13日起,持票人提示付款并依法向持票人付款的,不再承担责任。

二、公示催告

(一)公示催告的概念

公示催告是丧失票据的人申请法院宣告票据无效,从而使票据权利与票据本身相分离的一种制度。挂失止付只能防止票据被冒领,但并不能解决票据权利人不持有票据而欲取得票据金额的问题。票据为有价证券,持票人丧失票据后,欲不持有票据而行使票据权利,应通过公示催告程序证明其权利。

公示催告的制度原理是,通过公示催告程序,确认并宣布票据权利人已经丧失的那张票据无效,即不能在作为票据权利的物质载体;既已存在的票据权利脱离票据载体而存在;通过程序确认的真正票据权利人,可以不持有票据而凭法院判决向票据付款人或承兑人请求付款。

(二)公示催告的程序

公示催告有法定的程序,我国将公示催告程序规定于《民事诉讼法》。《民事诉讼法》在第18章以专章规定"公示催告程序"。

2022年3月22日修改、2022年4月10日起施行的《最高人民法院关于适用〈中华人民共和国民事诉讼法〉的解释》(以下简称《民事诉讼法解释》),对公示催告程序予以详细解释。

1. 提出公示催告申请

根据《民事诉讼法》第229条的规定,按照规定可以背书转让的票据持有人,因票据被盗、遗失或者灭失,可以向票据支付地的基层人民法院申请公示催告。其中的"票据持有人",是指票据被盗、遗失或者灭失前的最后持有人。票据支付地则是指票据上载明的付款地,票据上未载明付款地的,汇票付款人或者代理付款人的营业场所、住所或者经常居住地,本票出票人的营业场所,支票付款人或者代理付款人的营业场所所在地为票据付款地。

申请人提出公示催告申请,应当向人民法院递交申请书,其上应当写明票面金额、发票人、持票人、背书人等票据主要内容和申请的理由、事实。

2. 法院受理

结合《民事诉讼法解释》第443、444条的规定,法院收到公示催告的申请后,应当立即审查,并决定是否受理。审理的内容是,因票据丧失,申请公示催告的,人民法院应结合票据存根、丧失票据的复印件、出票人关于签发票据的证明、申请人合法取得票据的证明、银行挂失止付通知书、报案证明等证据,决定是否受理。

法院经审查认为公示催告申请符合受理条件的,通知申请人予以受理,并同时通知支付人停止支付;认为不符合受理条件的,则于7日内裁定驳回申请。

法院决定受理公示催告申请,应当同时通知付款人及代理付款人停止支付。付款人或者代理付款人收到人民法院发出的止付通知,应当立即停止支付,直至公示催告程序终结。非经发出止付通知的人民法院许可而擅自解付的,不得免除票据责任。

3. 进行公示催告

法院决定受理公示催告,应当自立案之日起3日内发出公告,催促利害关系人申报权利。公示催告的期间,由法院根据情况决定,不得少于60日,且公示催告期间届满日不得早于票据付款日后15日。

公示催告的公告应当写明的内容包括:(1)公示催告申请人的姓名或者名称;(2)票据的种类、号码、票面金额、出票人、背书人、持票人、付款期限等事项以及其他可以申请公示催告的权利凭证的种类、号码、权利范围、权利人、义务人、行权日期等事项;(3)申报权利的期间;(4)在公示催告期间转让票据等权利凭证,利害关系人不申报的法律后果。

《民事诉讼法》第231条第2款规定:"公示催告期间,转让票据权利的行为无效。"对此,有学者认为该项规定不妥,将会给真正持票人带来严重损失。[1]但就公示催告制度的建构机制来看,该项规定似有必要。(1)公示催告之机理,在于法律上假定所有社会成员都能知晓公告信息,否则,至公示催告期间届满时,只要无人申报权利就可根据申请人申请做出除权判决的基础就不存在。(2)所谓"转让票据权利的行为无效",是指公示催告期间转让票据的行为在票据法上无效,即没有转让票据权利的效果,但仍然一般民事债

---

[1] 董惠江主编:《票据法学》,高等教育出版社2022年版,第142页。

权的转让效力。公示催告期间因转让而取得票据的人,虽然不能凭票据主张票据权利,但可以按照民法上通常债权的转让规则主张民法上的债权。

4. 利害关系人申报权利

在公示催告期间,持有票据的利害关系人应当向法院申报权利。法院收到利害关系人的申报后,应当裁定终结公示催告程序,并通知申请人和支付人。法院应当通知利害关系人向法院出示票据,并通知申请人在指定的期间查看该票据。如果申请人与申报人就票据归属问题没有争议,公示催告程序即可终结;如果双方有争议,则在公示催告程序终结后,申请人或者申报人都可以向法院起诉。

由于有利害关系人申报权利,案涉票据就有了原告和被告,因此,该项争议可进入民事诉讼普通程序审理。该项诉讼目的在于,确认申请人与申报人何者为真正的票据权利人。法院主要根据有关票据有效取得和票据善意取得的票据法规定,来确认讼争票据的归属。

5. 作出除权判决

公示催告期间届满,如申报权利期间无人申报权利,或虽有人申报权利但申报被驳回的,申请人应当自公示催告期间届满之日起1个月内申请法院作出除权判决。申请人逾期不申请判决的,法院终结公示催告程序。法院裁定终结公示催告程序的,应当通知申请人和支付人。

(三)除权判决的效力

除权判决,是法院宣告票据无效,使票据权利与原票据载体相分离的一种判决。法院宣告票据无效,是指宣告记载票据权利的那张纸质载体没有代表其上票据权利的效力,而并不是指票据载体上的票据权利无效。在法院作出除权判决后,公示催告申请人自判决公告之日起,有权依据法院判决向支付人请求支付。

在以往的票据实务中,曾出现除权判决作出后,申请人根据除权判决向支付人请求支付时,有时会出现原票据上所载到期日尚未届至的情形。如果权利人在除权判决公告之日即可凭判决请求支付,实际上等于在票据到期日之前获得付款,这意味着除权判决不仅宣告票据无效,而且在实质上变更了票据权利的内容,如票据到期日的提前届至。就其性质,除权判决只应改变票据权利的载体,而不得改变票据权利的内容包括到期日。出现这个问题的原因,在于原来的票据具体制度衔接不够严密。1991年的《民事诉讼法》规定公示催告的期间不得少于60日。2000年《审理票据纠纷规定》则补充规定,公示催告的期间,国内票据自公告发布之日起60日,涉外票据可根据具体情况适当延长,但最长不得超过90日。但《支付结算办法》第87条第1款规定:"商业汇票的付款期限,最长不得超过6个月。"因此,完全可能出现这种情况,在除权判决公告之日,原票据上记载的到期日尚未届至。而《民事诉讼法》又规定,自判决公告之日起,申请人有权向支付人请求支付。于是就出现了失票人反倒可以凭除权判决提前获取支付的情形。

随着票据制度的不断完善,通过相关制度衔接,目前已解决了凭除权判决在到期日前获取支付的问题。2020年《审理票据纠纷规定》第32条规定,公告期间不得少于60日,且公示催告期间届满日不得早于票据付款日后15日。其后2022年《民事诉讼法解释》

第447条规定公示催告期间制度时,又重申了该项规定。这虽然只是公示催告期间的规定,但却保证了除权判决只能在票据到期日届至之后作出,从而避免了申请人凭除权判决提前获取支付的问题。

三、提起诉讼

依据票据法的规定,持票人在丧失票据后,可以通过普通诉讼程序起诉。根据最高人民法院《审理票据纠纷规定》第23、34—37条的规定,票据权利人在丧失票据后提起诉讼的请求范围可以包括:要求出票人补发票据;要求债务人付款;向非法持有票据的人请求返还票据。就前两个诉讼请求而言,失票人向法院提起诉讼的,应向法院说明曾经持有票据及丧失票据的情形,法院应当根据案件的具体情况,决定当事人是否应当提供担保以及担保的数额。

关于此项票据诉讼制度的适当性以及诉讼请求的范围,学界颇有异议。因为普通民事诉讼应有原告和被告作为当事人,而票据丧失后,究竟为何人持有该票据,在法律上是不能只凭失票人诉求断定的,也就是不能确定何人应为票据诉讼的被告人。普通诉讼程序并不能在程序上解决在社会公众中寻找可能的票据持有人问题,为解决失票人提起票据诉讼时的被告人确定问题,《审理票据纠纷规定》第35条规定:"失票人因请求出票人补发票据或者请求债务人付款遭到拒绝而向人民法院提起诉讼的,被告为与失票人具有票据债权债务关系的出票人、拒绝付款的票据付款人或者承兑人。"这一规定以"补发票据被拒"或"请求付款被拒"作为拒绝者成为被告人的事由,从而解决在普通民事诉讼程序的被告人缺位问题。

根据票据及票据法之本质属性,通过普通民事诉讼程序来实现失票人获得补发票据或者获得付款的诉求,难与票据法理契合。(1)票据是有价证券,非依法定的公示催告程序,失票人不能不持有票据而行使票据权利,这是票据之所以成为票据的本质属性。失票人不持有票据而主张出票人补发票据或者主张付款人、承兑人付款,其被拒绝是票据法范畴理所当然之事。(2)失票人因自己原因而丧失票据,其后果完全应由失票人承担。对于失票人丧失票据之事,出票人、付款人或承兑人既无过错,又无因果关系,其拒绝补发票据或拒绝付款,是行使票据法上的当然权利,具有本身合法性。(3)如果通过诉讼确认失票人可以不持有票据而获补发票据或者获得付款,一旦真正的持票人出现,出票人、付款人或承兑人就要承担再行付款的责任,这就把票据丧失的风险由失票人转移到出票人、付款人或承兑人,殊不公平。(4)虽然根据《审理票据纠纷规定》第37条规定,法院应当根据案件的具体情况,决定当事人是否应当提供担保以及担保的数额。这种视情形提供担保的规定,似乎可以防止出票人、付款人或承兑人承担双重损失。但是在没有以法定方式宣告失票人所失票据无效的前提下,出票人补发票据、付款人或承兑人无票而付款,都等于在原票据关系之外重新与失票人设立新的票据关系,出票人、付款人或承兑人对此应当拥有是否同意的选择权。因此,通过普通民事诉讼程序来支持失票人要求出票人补发票据、要求付款人或承兑人付款的主张,难谓可行。

因此,就目前票据诉讼制度的设置理念及预期效果来看,只有失票人能够确认票据的非法占有人,向人民法院提起票据返还之诉时,该项票据诉讼方为可行。

重要名词术语

票据丧失、挂失止付、公示催告、除权判决

思考题

1. 简述挂失止付的效力。
2. 简述公示催告的程序。

第七编

信托法

第四十一章　信托概述

【内容提示】

本章分为四个部分,就信托的起源予以简要介绍,进而追溯其历史沿革以及简介近代实务上对其的运用。首先介绍信托在法律上的渊源,即牵涉到哪些人,彼此间相互的关系,并回顾信托行为自罗马法以来的理论演变。随后从普通法法系和民法法系两个方向来考察信托的具体含义,同时从功能角度对信托行为进行分类,以凸显不同信托行为之间的特质。本章的主要内容在于从理论层面,特别是不同法系之间关于信托的理解来探讨信托的基本内涵,并为后续的内容提供背景说明,再通过对不同国家信托理论规定的分析与比较,展现信托在不同时代不同背景下所呈现之不同风貌。

总体而言,本章的写作目的在于在试图在不割裂信托与普通法系联系的前提下,在民法法系的语境下解读信托,探寻民法法系国家如何在保证不背离其制度价值的前提下实现信托制度的本土化。对信托进行分类,是为了梳理不同类型的信托,最重要的是不同类型信托的价值和功能不同,应该区别对待,分析其特点,合理地构架其制度。而信托财产和信托关系的论述,为了能够较为清楚地认识信托的重点何在,为后面具体信托制度的讨论作铺垫。

第一节　信托的起源:法律传统与制度规避

翻开任何一本有关信托法与衡平法的书籍,都能在显著的位置找到梅特兰(F. William Maitland)那句著名的论断:"如果有人要问,英国人在法学领域取得的最伟大、最杰出的成就是什么,那就是历经数百年发展起来的信托制度。我相信再没有比这更好的答案了。"[1]梅特兰所指的英国法"最伟大、最杰出的成就",不仅是信托的"发明",更是随着时间的推移,这一制度的发展和完善,满足了许多新的需求,为许多新问题提供了解决办法。[2]信托制度产生以来,不但在英国、美国等普通法系国家起着无可替代的巨大作用,

---

[1] Selected Historical Essays 129(1936).There is no institution quite like the trust in civil law systems based on Roman law-see(1974)48 Tulane L.R.917(J.H.Merryman).

[2] Richard Edwards & Nigel Stockwell, Trusts and Equity 5th Ed.p.1.

而且冲击着许多民法法系国家的法律制度。

信托的想法古时在很多国家就有了。因为即使在古代,只要拥有自己的财产,就必然会产生财产的继承、管理等问题,因此就会出现委托他人管理财产的事情。也就是说,信托是从个人拥有自己的财产时起,即"私有制"形成时开始的。但是最先作为一种制度将其制定出来的是英国。[1]

一、罗马法上的信托:有其名而无其实

"信托"早在罗马法中就出现了,且应用较为广泛。罗马法中的信托体现为两种形态:一是实物契约中的信托;二是遗产信托。实物信托(*fiducia*)可以定义为一种协议,当事人一方(受信托人)从另一方(信托人)处以要式买卖或拟诉弃权的方式接受物,承担义务为一定目的地使用它并且(至少一般如此)在实现此目的之后返还它。实物信托在目的上的性质是颇为不同的,或者是为了向债权人提供实物担保,或者用于其他目的,比如采用要式买卖的方式将奴隶卖给信托人,以便让后者立即或在一定时间之后解放这个奴隶。[2] 遗产信托(*fidei commissum*),顾名思义,是出于对他人的信任而实行的托付;从技术意义上讲,它是一种临终处置,它被委托给继承人(遗嘱继承人或法定继承人)或其他受益人执行。[3]

姑且不论拉丁文"*fiducia*"与"*fidei commissum*"与英语中"trust"有何差异,仅从信托的目的及其结构分析就可以看出,罗马法上的"信托"不同于产生于英伦沿袭至当世的信托。如上所述,实物信托通常是为了委托人的利益而设立,在一个实物信托中,一般仅存在双方当事人。这与现代信托制度中,通常为他人利益而不能仅为委托人利益设定的原则相违背。另外,虽然实物信托也规定受托人对物的权利形式上产生于他所取得的对物的所有权;但在实质上,他只能按照契约享有也被称为"实物信托"的物。可以看出,实物信托在结构上也仅仅是一个双方当事人的契约。遗产信托作为罗马市民处置其遗产的一种特殊形式,只不过是遗赠的特殊形式而已,二者并无本质上的差别。

罗马法中的遗产信托和实物信托与普通法系的信托,有着许多相似之处,但是其仅有信托之名,并无信托之实,并没有进一步发展成为完备的信托制度,其主要原因在于罗马的时代背景、民族传统以及经济发展状况与法律文化等诸多因素均与中世纪的英国相去甚远。[4]

二、普通法与衡平法:孕育信托的土壤

(一)普通法的形成

11世纪以前的英国,因外族不断入侵以及政权的频繁更迭,始终没有实现真正的统

---

[1] [日]川崎诚一:《信托》,刘丽京、许泽友译,中国金融出版社1989年版,第5页。
[2] 参见[意]彼得罗·彭梵得:《罗马法教科书》,黄风译,中国政法大学出版社1992年版,第361页。
[3] [意]彼得罗·彭梵得:《罗马法教科书》,黄风译,中国政法大学出版社1992年版,第499页。
[4] 张天民博士认为,罗马法上的信托与普通法系的信托有着近乎完全相同的制度得以形成的背景要素。对此,笔者不敢苟同。参见张天民:《失去衡平法的信托》,中信出版社2004年版,第93页。

一,完备法律制度的建立更无从谈起。普通法是在英格兰被诺曼人征服后的几个世纪里,英格兰政府逐步走向中央集权和特殊化的过程中,行政权力全面胜利的一种副产品。[1]

公元1066年,诺曼底公爵威廉(Duke William)征服了英格兰,成为英国的新君主。威廉明确表示,其承认英国先前的法律制度和惯例,这有两个方面的原因:一是当威廉最终兵临伦敦城下时,由于没有足够兵力攻占伦敦城,遂答应了伦敦居民提出的请求,保持盎格鲁-撒克逊人的旧有习惯和权利,这使待援无望的伦敦城不战而降;[2]二是以威廉为首的统治者意识到保持古老的王位传统是最重要的,同样重要的还有保留各种其他的盎格鲁-撒克逊制度,而不仅限于财政方面。[3]当然,威廉不仅带来了新的王朝,还带来了一个新的分裂的社会,一个由法国人和英国人共处的社会。在这里,居主导地位的少数人引进了与占多数的本地民众颇为不同的价值、规则和语言。两个民族、两种传统融合成了一个既非盎格鲁-撒克逊也非诺曼的英国。[4]这对中央集权统治有着一定的负面影响,但也正是这种特殊的背景后来酝酿了衡平法乃至信托制度。

诺曼征服对英国历史的发展产生了很大的影响,其中最为突出的便是将西欧普遍实行的封建制导入了英国。封建制往往被认为是西欧所特有的一种土地制度,同时是一种政治制度。[5]这种封建制度是最严厉的一种,在英伦方面极形稳固,是一种完全新的社会制度的肇始。因之就有采用新法制的必要,自此以后,便是英国普通法的萌芽时代。[6]

国家的统一,使得在全国范围内建立统一的司法制度成为可能。威廉在承认英国各地习惯的基础上,设立自己的王室法庭,在全国各地巡回审判,通过审判实践,归纳、总结出法律规则。而这些来自判例的规则又为以后的法官所遵循,逐渐地形成了一种制度。英国法律的统一不同于其他欧洲大陆国家通过在全国范围内实施形式上的同一法律制度,而是由代表统治集团意志的法官通过具体案件的审理结合遵循先例这一原则的运用而实现了实质上的法律统一。在这种英国国王高度集权司法体制下,12世纪及以后,皇家司法逐渐发展为在全英格兰通用的一般规则,形成了普通法。[7]

(二)衡平法的兴起

普通法形成后,在英格兰迅速发展,但局限于某些认可的诉讼形式的框架中,不能在这些规定的诉讼形式范围之外依法提起诉讼和获得救济。[8]导致这种情况的原因是普通法自身存在种种不足:严重的形式主义;诉讼规则机械、僵化;救济方法有限;法官无自由裁量权。[9]一些在普通法那里得不到救济的人,就去求助于"国王的良心监督者",这个人后来被称为大法官(Chancellor)。大法官们大多是神职人员,他们本能地从其通晓的罗

---

[1] [英]S.F.C.密尔松:《普通法的历史基础》,李显冬等译,中国大百科全书出版社1999年版,第3页。
[2] 高岱:《英国通史纲要》,安徽人民出版社2002年版,第53页。
[3] 参见[比]R.C.范·卡内冈:《英国普通法的诞生》,李红海译,中国政法大学出版社2003年版,第11页。
[4] 参见[比]R.C.范·卡内冈:《英国普通法的诞生》,李红海译,中国政法大学出版社2003年版,第5—6页。
[5] 高岱:《英国通史纲要》,安徽人民出版社2002年版,第54页。
[6] [美]莫理斯:《法律发达史》,王学文译,中国政法大学出版社2003年版,第206页。
[7] 参见[英]戴维·M.沃克:《牛津法律大辞典》,李双元等译,法律出版社2003年版,第231页。
[8] 参见[英]戴维·M.沃克:《牛津法律大辞典》,李双元等译,法律出版社2003年版,第385页。
[9] 有的学者对此有详细论述。参见何宝玉:《英国信托法原理与判例》,法律出版社2001年版,第3—5页。

马法中寻找解决问题的方法。当然，这种做法是在国王授权的前提下进行的，以保障其合法性和可执行性。这种制度逐渐发展为衡平法庭（Court of Chancery）。普通法的一些不足自中世纪后期以来得到了衡平法庭衡平管辖权的弥补，而后者在外表上则带有浓厚的罗马—教会法色彩——这也是普通法早熟性质付出的代价。[1]

衡平法产生的大致过程，我们可以从各种文献资料里获知，但是"几乎没有任何开端像大法官的衡平法管辖权的开端那样令人难以捉摸，原因之一是因为人们认为它的目的才是最重要的，而且毫无疑问，这是英国人对人类法律思想的最惊人的贡献：我们从自己掌握的文件中探索的是某种非常宏大复杂的而又难把握的东西"。[2]不过，这并不妨碍我们对衡平法原则和精神的认识和理解。到15世纪时，衡平法的基本原则已明确形成。衡平法的格言"公平""正义""良心"等概念，来源于罗马法的"自然理性""自然正义"和教会法的宗教道德观念。衡平法实际上是罗马法原则在英国的运用。[3]罗马法中可以适用于世俗纠纷的规定远多于"寺院法"，因此罗马法便常为下一代的衡平法官所借重，在他们的审判意见录中，我们常常发现列入了从"民法大全"（Corpus Juris Civilis）中采摘的整段原文，其中的名词不加变动，虽然它们的来源是从来没有注明的。[4]莫理斯则认为"衡平法不过是英国大法官屡次引用罗马法集合而成的"。严格地说，它不是一种制度，因为它的本身缺乏前后一贯的关系。它的内容是罗马法的片段，彼此没有联系。但是我们应该记得前此所规定而尚有效的一种原则，就是只有在普通法中没有救济或相当的补救方法时，才求助于衡平法。[5]当然，这并不是说衡平法院超越法律为当事人提供救济。大法官的权力来自国王的授予，其只是通过"衡平"这种特殊的处理方式，对存在缺陷的普通法进行补充而已。

这样，在英国就出现了两种司法体系并存的有趣现象。正如基佐所说："在英国，社会中存在的各种不同原则和因素都在同时发展，可以说，并驾齐驱，至少比大陆上的更是如此……它（英国文明）是多样的、丰富和复杂的，它从未受一种排他性的原则所控制，而是多种多样的因素一直在相互影响、组合和斗争，经常不得不共处并存……没有一种旧因素消亡，也没有一种新因素彻底胜利，或者某一原则取得了独霸的优势。各种力量总是在同时发展，各种利益和要求总是在折中调和。"[6]自衡平法产生起始以及其后的几个世纪，衡平法的实施一直遭到英国普通法法院和国会的抵制。当普通法与衡平法发生冲突时，衡平法院（大法官法院）通常通过普通法禁令（common injunction）[7]的方式阻止普通法诉讼程序的进行或者普通法判决的生效。这当然不能被普通法院接受，并导致双方之间地冲

---

[1]［比］R.C. 范·卡内冈：《英国普通法的诞生》，李红海译，中国政法大学出版社2003年版，第135页。
[2]［英］S.F.C. 密尔松：《普通法的历史基础》，李显冬等译，中国大百科全书出版社1999年版，第82页。
[3] 潘华仿：《英美法论》，中国政法大学出版社1997年版，第55页。
[4]［英］亨利·梅因：《古代法》，沈景一译，商务印书馆1959年版，第26页。
[5]［美］莫理斯：《法律发达史》，王学文译，中国政法大学出版社2003年版，第230页。
[6]［法］基佐：《欧洲文明史》，程洪逵、沅芷译，商务印书馆2005年版，第245—246页。
[7] 衡平法院发布的防止提起和继续有违公平的诉讼的命令。由于1873—1875年法院法融合了普通法和衡平法，该禁令不再被使用。参见［英］戴维·M. 沃克：《牛津法律大辞典》，李双元等译，法律出版社2003年版，第231页。

突时有发生。对于最为激烈的冲突,甚至必须要由国王出面进行干预。[1]借此机会,衡平法取得了优先于普通法的地位,衡平法院(大法官法院)的管辖权得以确立。

19世纪70年代,英国进行了整个司法制度的改革,通过了一系列的法令,它们统称为《高等法院组织法令》(Supreme Court of Judicature Acts),更相继颁布信托的相关法典,将一切法院废除,以所谓高等法院代替之,由一个大法官(Lord Chancellor)担任院长,高等法院下设衡平法庭、王座法庭、民事高等裁判所等专门法庭;每一个庭都有权运用普通法和衡平法的规则,可以授予普通法救济和衡平法救济。实践中,如果同一个案件运用普通法规则与衡平法规则会得出相互矛盾的判决结果,那么衡平法原则优先。[2]

三、use 与信托:从法律规避到制度形成

(一)use 的含义、产生及国家限制

就信托的学习和研究而言,信托的起源是逻辑的起点,决定着我们是否能够正确认识和理解信托。而 use 又是讨论这一问题的前提,可谓基础之基础。

何为"use"?汉语法学著作中大多将其译为用益权或用益制度,[3]对它的理解也多以使用、利用之意为主。何宝玉先生认为:"用益的原文是 use,就是使用、利用的意思,它是英国 13 世纪后出现的一种土地利用方式。"[4]李双元教授主持翻译的《牛津法律大辞典》则将 use 译为受益权,我认为这种译法较为妥当。[5]在英语中,关于 use 一词的起源也有许多不同观点,很长时间里,人们试图在罗马法关于 usufructus(用益权)和 fideicommissum(遗产信托或委托遗嘱)中找到答案。在前面的论述中,我们已经知道这种观点是不恰当的。从 use 的内涵和功能来看,其价值在于使他人受益而并非在于委托人的使用和收益,与民法上的用益物权制度相去甚远。正如密尔松所说:"从我们研究的意义上讲,作为名词的'用益权(use)'实际上与现代的动词'使用'没有关系。"[6]这个结论,我们会在后面的论述中得到验证。

11世纪末期,英国经济以农业为主,90%以上的人居住在农村,他们大都通过在土地上的劳作获取生活必需品。这种状况持续了三四个世纪,未发生根本性的转变,"我们的确可以断言,与某些邻邦,特别是佛兰德和意大利相比,十三世纪的英格兰甚至比十一世

---

〔1〕 1603年,爱德华科克爵士主持的王座法院判决了一笔到期的款项。因为事实表明,即在未起诉以前,款项即已清偿,并取到收据。但因收据遗失,被告在审判时不能提出证明。法院就援引前例,判决原告胜诉。后被告把收据找到了,但是这时普通法已不能使它有效,因为这个判决是最终的。于是被告遂诉请诺埃尔斯米尔伯爵所管理的衡平法院,请求暂缓执行。大法官便判令对普通法院的判决缓期执行。两个法院为此发生了剧烈的争执,最后请求国王亲自判断。最后,这场闹剧以国王詹姆斯一世(James I)确认了衡平法院决定的效力而结束。

〔2〕 参见[美]莫理斯:《法律发达史》,王学文译,中国政法大学出版社2003年版,第237页。

〔3〕 赖源河、王志诚先生将 use 表述为用益权制度(《现代信托法论》,中国政法大学出版社2002年版,第3页);方嘉麟教授将其译为用益(《信托法之理论与实务》,中国政法大学出版社2004年版,第54页);何宝玉先生在其著作中,将 use 理解为用益制度;张天民博士并未将 use 翻译为汉语,而是直接引用。

〔4〕 何宝玉:《英国信托法原理与判例》,法律出版社2001年版,第13页。

〔5〕 不过,在对两种不同的语言进行转换时,再高明的翻译家都不可能没有任何误差的传递原义,所以我赞同张天民博士的做法,直接使用 use,不去在汉语中寻找合适的词语去代替它,因为,那是徒劳无功的。

〔6〕 [英]S.F.C.密尔松:《普通法的历史基础》,李显冬等译,中国大百科全书出版社1999年版,第219页。

纪的英格兰还要落后"[1]。在这样一个经济极其落后的农业社会里，土地是所有财富的直接源泉，是人们最主要的财产，对于土地的保有和利用是头等重要的事情。

12世纪，欧洲各国人民在为了"圣地"而战的狂热情绪的刺激下，开始了长达几个世纪的、影响欧洲甚至整个世界历史的十字军东征。[2]大批十字军的战士们因战争、饥饿或者疾病而死亡。而这一切，是他们中的大多数人在踏上遥远的征途之前就预料到的。于是有些人在出征前将其土地转让给他们的朋友（受让人），让他们（受让人）用土地的收益来供养自己的家人。这种土地转让方式，从形式上看，受让人成为土地的所有人，当事人之间的约定也只能是私下的、口头的，一旦受让人违反约定，让与人或其利害关系人就无法通过诉讼的方式在普通法那里获得救济。战争结束后，骑士们归来，有的朋友可能背信弃义，不归还土地；或者，有的骑士可能战死疆场，朋友自己占有土地而不顾骑士留下的孤儿寡母的生计。这就为后来大法官的干预埋下了伏笔。[3]这是 use 产生的早期原因之一。

英国的封建社会是以严密的封建领主与封臣之间关系为基础的，而土地保有制则是维持这种关系的保障。自从诺曼征服后，国王威廉成为英国所有土地的主人。他以服兵役、缴纳赋税为条件将土地分封给各个诸侯。当时，为了保持封臣对领主的依附性，土地世代相传的方式只有长子继承制是被法律承认的，其他子女和亲属都没有继承权。另外，在《1540年遗嘱法》之前，普通法也不承认遗嘱。这直接导致了土地所有人基于以下两方面的原因使用 use 来规避普通法的规定：一方面，土地所有人如果想要在其死后将土地留给幼子、女儿、妻子或教会，在法律上是行不通的；另一方面，如果一个人的长子要继承土地，也必须成年并且缴纳一笔数额较大的土地继承税后才能继承。长子继承制及任何土地遗赠权的缺乏意味着大多数的富翁在他们死后，不能对其未成年的子女或非婚生的子女给予供养，也无法使自己的灵魂得到安宁，更谈不上向其债权人进行清偿了。[4]通过 use，人们（让与人）可以将其土地转让他人（受让人）所有，委托其进行经营管理，约定土地的收益交给让与人的子女或者亲属。这样一来，既保证了土地的收益用于让与人的子女或其亲属，且除长子外，其他子女和亲属也能通过 use 分享土地的收益，克服长子继承制的不足；也规避了封建税赋。[5]

关于 use 的起源，还有另外一个不能忽视的重要因素。中世纪的欧洲，教会对人们的影响很大，甚至超过了世俗政府。它不但在精神上控制着人们，而且拥有大量的物质财富，其中很大一部分构成是土地。虔诚的基督徒们，把财产赠予教会，来拯救他们"罪恶的灵魂"，这逐渐演化为一种宗教义务。为了使教会致富，许多基督徒甚至剥夺了他们家属的财产继

---

〔1〕 See K. O. Morgan, *The Oxford Illustrated History of Britain*, Oxford 1984, p.160,转引自高岱:《英国通史纲要》，安徽人民出版社2002年版，第116页。

〔2〕 十字军东征是欧洲教会为了转移社会矛盾，掠夺中东的经济资源而煽动实施的一次大规模的集体狂热运动。美国史学家汤姆逊称其为大批群众在强烈的情绪刺激的压力下的神经错乱症或癫狂症。

〔3〕 何宝玉:《英国信托法原理与判例》，法律出版社2001年版，第16页。

〔4〕 ［英］S.F.C.密尔松:《普通法的历史基础》，李显冬等译，中国大百科全书出版社1999年版，第227页。

〔5〕 参见何宝玉:《英国信托法原理与判例》，法律出版社2001年版，第15—16页。

承权。[1] 土地和其他财产为了单个教会、修道院或其他教会组织的"受益权"（use）而被给予某些人。随着13世纪各种方济各会的建立，这种实践开始传播，因为方济各会自己的规则禁止占有超出自己日常需要的财产。[2] 接受财产的人"拥有"该财产，但是教会法——在英格兰，最终也包括大法官法院——要求他为具有所规定的"受益权"（use）人的利益而管理它。[3] 1279年，教皇专门颁布命令确认了这种财产管理方式的合法性。

从14、15世纪开始，大法官开始责令那些在use中不守信用的受让人履行他们与让与人的约定，以保护家庭的利益。正所谓"衡平法对人发生效力"（in personam）"[4]。而且，衡平法院不仅允许（use让与人的）家庭行使对抗权利的对象由起初的受让人扩大到从受让人那里获得财产的第三人。但是，衡平法院不得不承认受让人是法律上的所有者。随着时间的推移，大法官逐渐承认家庭有独立的权利。也就是说，对于use中的财产而言，同时存在两个不同类型的所有权，一个是普通法上的，另一个是衡平法上的。享有前一个所有权的人是受让人（feoffee to uses），享有后一个所有权的人是受益人（cestuis que use）[5] 这就是信托的雏形。

use的广泛应用使作为国家土地的真正所有人——王室的收入明显减少。为此，1535年，亨利八世颁布了《受益法典》（Statute of uses 1535）来规范use制度。如果甲（让与人）为了丙（cestuis que use）的利益而将土地转让给乙（feoffee to uses），根据这一法规，该土地的实际所有人是丙（cestuis que use）而不是乙（feoffee to uses）。受益权人（cestuis que use）在衡平法上的所有权被转换为普通法上的所有权，而剥夺了受让人（feoffee to uses）在普通法上的权利。

（二）信托的出现：市民智慧、大法官的权力与英国法院体系

《受益法典》实施，确实在短期内限制了use，王室在土地赋税方面的收入有所回升。但是，一种特殊的use——Double Use（use upon a use）的广泛应用打破了这种状况。Double use的结构如下：让与人为了乙的受益将土地转移给受让人甲，而乙又为丙的受益而持有土地。在《受益法典》实施前，Double use就出现了，但当时第二个use并无实际意义。因为丙既无普通法上的权利也无衡平法上的权利。而依照《受益法典》，第一个use中的受益人乙是合（普通）法所有人，甲既不是普通法上的所有人，也不是衡平法上的所有人。但是大法官认为，《受益法典》只能适用一次，对于第二个use不具约束力，为了与

---

[1] [美]詹姆斯·W.汤普逊：《中世纪经济社会史（上）》，耿淡如译，商务印书馆1997年版，第83页。

[2] 方济各（Francis of Assist，1182—1226）出生于意大利亚西西城（Assisi）一个富有家庭。以服侍穷人为其毕生追求的、虔诚的基督徒，他离开富裕的家庭，终生过着清贫的生活，游走欧洲各地传道。1210年，方济各连同11位志同道合之士，在教皇的批准下成立了方济各会（Franciscans），并获得讲道权。由于方济各谦卑、简朴的性格，他自称方济各会为小兄弟会（friarsminor）。该团体的目标是救济贫穷，方济各会的规章是禁止自己拥有任何财产。

[3] [美]哈罗德·J.伯尔曼：《法律与革命——西方法律传统的形成》，贺卫方等译，中国大百科全书出版社1993年版，第295页。

[4] In personam，译为对人的权利，对人诉讼是指授予某人仅仅对抗特定的人并使其承担个人责任的权利和请求权的术语。在司法程序上，对人诉讼是针对另外法律上的人。参见[英]戴维·M.沃克：《牛津法律大辞典》，李双元等译，法律出版社2003年版，第551页。

[5] See Richard Edwards & Nigel Stockwell, Trusts and Equity 5th Ed.p.6.

第一个 use 相区别,其被称为信托(trust)。《受益法典》本身也提到了信托,"为了清晰起见,最合适的观点应是,'信托'是被用来描述法令所未调整的某种安排"。[1] 这种做法恢复了双重所有权,乙是普通法上的所有者,丙享有衡平法上的所有权。受益人在衡平法上的权益慢慢被大法官法院承认,并得到强制执行。这一权利并不针对受托人或受托人的受赠人,而是作为一项物权,可以对抗所有的普通法上的所有权人。[2]

信托使 use 获得了新生,因其被大法官法院认为是合法的制度及其自身所具有的优越性,很快发展成为比 use 更完备、应用更为广泛的制度。英国衡平法院在 1643 年 Sambach v. Dalston 一案中,在判决中正式使用 trust 一词。如前所述,19 世纪 70 年代,英国司法制度改革,衡平法院与普通法院二元划分被改变后,信托顺理成章地被认可为正式的法律关系。

自 19 世纪末以来,英国颁布一系列有关信托的法令,如《受托人法》(Trustee Act)、《公共受托人法》(Public Trustee Act)、《慈善信托(确认)法》(Charitable Trusts (Validation) Act)、《信托变更法》(Variation of Trusts Act)、《信托确认法》(Recognition of Trusts Act)、《土地信托及指定人法》(Trusts of Land and Appointment of Trustee Act)、《受托人法》(Trustee Act)等。这样,在英国,由仅仅法院根据衡平法的原理实质上承认信托,发展为以成文法的形式规定信托,形成了一个完备的信托体系。

use 和信托的发展过程印证了梅因的观点:"社会的需要和社会的意见常常是或多或少走在法律的前面的。我们可能非常接近地达到它们之间缺口的接合处,但永远存在的趋向是要把这缺口重新打开来。因为法律是稳定的;而我们所谈到的社会是进步的,人民幸福的或大或小,完全决定于缺口缩小的快慢程度。"[3] 及时缩小"缺口"是立法者的责任,但实现这一目标并非易事。英国人民的智慧创造了信托、大法官的"良心"保障了信托的实施、英国特有的二元法院体系为信托提供了良好的土壤,这一切使信托成为普通法皇冠上的宝石(梅特兰语),其璀璨光芒不但照耀着大不列颠,也恩泽整个世界。

第二节 信托的定义

关于信托的概念,无论是普通法系国家还是大陆法系国家,在学理上虽然说法不一,但都有较为明确的界定。但是在立法中,因为法律传统与司法体制等,对于信托的理解迥异。英国、美国等普通法系国家偏重于通过描述的方式来定义信托,民法法系国家则倾向于概括式的定义方式。不过,近年来,这种状况出现了耐人寻味的变化。

---

[1] [英] S.F.C.密尔松:《普通法的历史基础》,李显冬等译,中国大百科全书出版社 1999 年版,第 256 页。
[2] 参见[英] D.J.海顿:《信托法》,周翼、王昊译,法律出版社 2004 年版,第 13 页。
[3] [英] 亨利·梅因:《古代法》,沈景一译,商务印书馆 1959 年版,第 15 页。

一、普通法系国家:由保守到开放

(一)英国

信托在英国产生并得到广泛应用的几百年来,大法官们从来没有给它一个明确的定义,但这并不妨碍大法官们理解信托、适用信托。其主要原因在于:一是衡平法并无明确地法律规定来作为依据,大法官完全凭着自己的"良心"来审理案件;二是大法官们审理案件时恪守的是遵循先例原则。以上两个方面是普通法系国家审判方式所特有的。如前所述,自从19世纪末期以来,英国颁布了许多信托方面的成文法(Statute),但是这些法律、法规也没有任何关于信托的定义。

英国的法学家们对信托的理解林林总总,他们普遍认为对于信托进行一个统一、恰当的定义是不可能的。不过,还是有学者对信托作了概括式的定义。Philip H. Pettit 在其著名的《衡平法与信托法》一书中这样表述:"信托是一项衡平法上的义务,约束一个人(被称为受托人),为了一些人(被称为受益人,也可能是受托人本人)的利益,管理、处理他所控制的财产,任何一个受益人都可以强制执行该义务;或者是为了总检察长可以强制实施慈善目的;或者是为了虽然不可强制执行但法律已经承认的其他目的。"[1]

这个定义比较全面地反映了信托的含义,为英美法所少有。但是,大多数英国法学家认为,试图给信托下定义是徒劳的,理解信托的最好方式只能是对其进行特征描述。[2]英国信托法权威海顿(David. J. Hayton)教授也认为:众多的英国法院,在多年的司法实践中发展出了许多信托规则,所以我们能做的只是提出一个关于信托的描述。它既能反映这些规则,又可以使人们在谈到信托时,能大体上知道什么是信托。[3]

但是,现在这种情况已经发生了变化。英国1986年1月10日签署《关于信托的法律适用及其承认的公约》(*Convention on Applicable Law in Trusts and Their Recognition*)(以下简称《海牙信托公约》),1989年11月17日正式批准,1992年1月1日该公约在英国正式生效。而且,英国在1987年专门针对该公约颁布《信托确认法(1987)》(*Recognition of Trust Act* 1987)。该法内容是对《海牙信托公约》部分条款的援引,其第2条与《海牙信托公约》第2条一致,对信托进行了界定。作为普通法系的母国,向来以保守著称的英国人在坚持传统的同时,以积极的态度接受了这一定义。

(二)美国

由于历史原因,美国法当然以英国法作为其基础,但是其又广泛吸收了大陆法系国家的法律成果,这在立法方面的表现尤其明显。美国自英国继受信托制度,其信托法理深受英国影响,而且其信托理论与实践较之英国有更进一步的发展。美国的信托法律体系同样也是按照衡平法的要求进行设计,但是基于美国法律制度成文化的程度远高于英国,使其后来发展出了别具特色的信托法制。

---

[1] Philip H.Pettit, *Equity and the Law of Trusts*, 4th Ed, London Butter Worths, 1979, p17.
[2] See Richard Edwards & Nigel Stockwell, *Trusts and Equity* 5th Ed.p.7.
[3] [英]D.J.海顿:《信托法》,周翼、王昊译,法律出版社2004年版,第6页。

美国先后制定或修正了《统一受托人法》(Uniform Trustee Act)、《统一信托法》(Uniform Trusts Act)、《统一共同基金法》(Uniform Common Trust Fund Act)、《统一资本及收益修正法》(Revised Uniform Principle and Income Act)、《统一受托人权限法》(Uniform Trustees' Powers Act)等法律,各州亦在财产法、遗嘱法、遗嘱认定法等法律中设有许多有关信托的规定,形成了别具一格的信托法制。[1]

美国法律学会(The American Law Institute)所编纂的《信托法重述》(第二版)(Restatement of the Law, Trusts)第2条规定:"信托除慈善信托、归复信托及推定信托外,是指当事人之间一种财产信赖关系,拥有财产所有权的一方负有衡平法上为了受益人管理及处理财产的义务,信托必须以明示的方式设定。"[2]

如果说美国法律学院这种编纂多少带有学术性质,其定义虽然并不周延,但毕竟对信托作了一个较为全面地界定。那么,作为官方机构的美国统一州法律委员会(NCCUSL)的立法活动则根本就没有对信托进行任何形式的界定。2000年8月,美国统一州法律委员会(NCCUSL)制定了《统一信托法典》(Uniform Trust Code),经过几次的修订和补充,其最新的版本是2005年3月稿。该法典第1章第3条对诸如委托人、受托人、受益人、信托财产等19项信托术语进行了界定,但对于信托的含义只字未提。[3]

二、民法法系国家:冲突与嵌合

一些民法法系国家自19世纪末开始陆续引入信托制度。民法法系国家的法律体系,即便在没有衡平法的情况下也是完善的,因此,在这些国家并不存在衡平法上所有权的问题。而且由于这些国家完全接受了一元所有权概念的罗马法体系,所以也不存在普通法系的封建财产规则。[4]民法法系如果承认信托财产上存在两个所有权——受托人和受益人分别享有的权利,那么这就与其民法上"一物一权"的基本原则;反之则无法保障信托财产的真正独立,信托的根本价值就无法很好地传达、发挥。在这种两难的选择下,各国不得不坚持否认信托财产上具有双重所有权,以保障其法律体系的基础不被动摇,退而求其次,采取了对信托进行新的阐释的做法,以使这一舶来品与其固有法律体系相协调。当然,像其他的法律制度一样,引进信托的民法法系国家都习惯性地在立法中对信托进行了概括式的定义。

对是否引入信托、如何引入信托的问题,各个民法法系国家立法的态度不一。德国人认为,信托的概念与德国法的正统学说原则不相容,而德国民法的规则足以灵活地解决信

---

[1] 参见赖源河、王志诚:《现代信托法论》,中国政法大学出版社2002年版,第6页。

[2] A trust, as the term is used in the Restatement of this subject, when not qualified by the word "charitable", "resulting" or "constructive", is a fiduciary relationship with respect to property, subjecting the person by whom the title to the property is held to equitable duties to deal with the property for the benefit of another person, which arises as a result of a manifestation of an intention to create it.

[3] See Definitions, Article I, section103. Uniform Trust Code (Last Revised or Amended in 2005).

[4] [英] D.J.海顿:《信托法》,周翼、王昊译,法律出版社2004年版,第14页。

托法的积极难题,没有必要继受信托法。[1] 法国也有许多与信托相类似的制度,虽然法国仍没有正式的信托立法,但是其已经意识到了信托的重要性,打算在法国的体制中加入一种类似英美法系中信托这样的手段,法国政府在 1992 年 2 月 20 日向议会提交了一份法律草案,在草案中引入了信托的概念。[2]

就德、法这些传统民法法系国家而言,新兴的民法法系国家对于信托制度的接纳程度要高得多。早在 100 多年前,日本就引入了信托制度,随后不久出台了信托法。目前,韩国也有自己专门的信托立法。这种现象的出现,我认为是基于以下两个方面的原因。第一,以上诸国的固有法律制度中并无像德国、法国那样与信托类似的制度。信托制度的引入可以填补立法空白,解决现实中存在的实际问题。第二,诸国引入信托制度之时,都处于经济发展时期,不仅是经济制度,与之息息相关的法律制度也向西方发达国家学习,特别是与金融相关之法制,受美国的影响较大。[3] 亚洲诸国的立法模式大致相近,其立法目的主要是解决营业信托的问题,直接表现是区分信托行为法与信托业法,它们在信托法中都明确地规定了信托定义。这些国家都试图通过传统民法概念法学的研究方法对信托进行概括式的定义,但实际效果并不尽如人意。

(一)日本

日本的信托制度自美国引入。明治 35 年(1902 年),日本兴业银行成立后首次开办了信托业务。[4] 1922 年,日本制定《信托法》和《信托业法》。其《信托法》开宗明义地规定:"本法所称信托,系指有财产权转让和其他处理行为,令别人遵照一定的目的进行财产管理和处理。"该定义简洁、明了,但是含义模糊、令人费解。第一,从逻辑上看,该定义是财产委托人的视角,"别人"一词最能说明;第二,"财产权转让"并不是所有权转让,"其他处理行为"的含义不明;第三,受托人的权限含糊不清。"处理"并不等同于处分。

(二)韩国

日本信托立法与理论研究对亚洲其他国家和地区的影响较大,韩国受其影响最大。韩国《信托法》规定:"本法所称信托,是指以信托指定者(以下简称信托人)与信托接受者(以下简称受托人)间特别信任关系为基础,信托人将特定财产移转给受托人,或经过其他手续,请受托人为制定者(以下简称受益人)的利益或特定目的,管理或处理其财产的法律关系而言。"此定义较之于日本信托法,对信托关系表述的较为清楚,而且揭示了信托关系的基础——信任。不过,从受托人的权限规定与本条体现的信托本质来看,韩国信托法制与日本并无二致。

---

[1] 德国固有制度 Treuhand 合同灵活多样,应用十分广泛。参见张天民:《失去衡平法的信托》,中信出版社 2004 年版,第 159 页。

[2] [法]费朗索瓦·巴里埃:《法国信托业和信托法概述》,载朱少平、葛毅主编:《中国信托法起草资料汇编》,中国检察出版社 2002 年版,第 80 页。

[3] 日本在 19 世纪末引入信托制度时也处于这一阶段,其受美国影响颇深。后来,直至今日,日本的制度对亚洲诸国(地区)的影响很大。

[4] [日]川崎诚一:《信托》,刘丽京、许泽友译,中国金融出版社 1989 年版,第 13 页。

三、中国信托法

我国信托的出现,应该以自20世纪70年代末中国国际信托投资公司等一大批信托投资公司的出现为开端。但是真正规范意义上信托制度的建立始于2001年颁布实施的《信托法》。立法机关出台《信托法》的目的是建立一种较为规范的信托制度,该制度被定位为一种理财制度,或者称为财产管理制度。[1]《信托法》第2条规定:"本法所称信托,是指委托人基于对受托人的信任,将其财产权委托给受托人,由受托人按委托人的意愿以自己的名义,为受益人的利益或者特定目的,进行管理或者处分的行为。"[2]

该定义传递的基本信息量存在以下两方面的严重缺陷:一是"财产权委托"的含义不明;二是受托人以自己的"名义"让人费解。日本《信托法》使用的是财产权"转让"一词;韩国《信托法》使用了财产权"移转"一词,可以清楚地表明财产权脱离委托人后归受托人所有。"财产权委托"的意思是什么? 立法机关将其解释为"以受托人的名义掌有信托财产,但是信托财产具有独立性"。[3]"以受托人的名义"? 难道受托人是信托财产的名义所有人?那么谁是实际所有人?"掌有"又为何义?占有抑或所有?这些问题都不得而知。

四、《关于信托的法律适用与承认公约》:搭建两大法系的桥梁

(一)定义信托的必要性及可行性

定义信托确实非常困难,那么我们是不是就因此而回避这一问题呢?对信托进行定义究竟有没有必要呢? 正如博登海默所说:概念乃是解决法律问题所必需的和必不可少的工具。没有限定严格的专门概念,我们便不能清楚地和理性地思考问题。没有概念,我们便无法将我们对法律的思考转变为语言,也无法以一种可理解的方式把这些思考传达给他人。如果我们试图完全否弃概念,那么整个法律大厦就将化为灰烬。[4]我们通过对法律现象的观察、总结,归纳出一个法律概念,来统领某种法律关系;再通过演绎的逻辑思维过程对其进行验证、适用。这样的逻辑过程是法的运行所必需的。

对信托进行界定是非常重要的,特别是对于有着成文法传统民法法系国家(地区)尤其如此。就普通法系国家而言,明确的定义也有助于理解、应用信托。民法法系的法律思维方式以概念为中心,它在学术风格上表现为概念法学。尽管其学术贡献不容否认,但现在社会生活的发展变迁已向其提出了挑战。与大陆法系不同,英美法系和北欧法系的思维中心分别是"解决方案"和"规则",它们对现代社会关系的变易性和价值的多元性有着更强的适应能力。[5]民法法系的高度概括、对具体法律关系的抽象等特点与英美法系重实

---

[1] 参见卞耀武:《信托关系规范化及其现实意义》,载卞耀武主编:《中华人民共和国信托法释义》,法律出版社2002年版,第3页。
[2] 《信托法》第2条。
[3] 卞耀武主编:《中华人民共和国信托法释义》,法律出版社2002年版,第47页。
[4] [美]E.博登海默:《法理学:法律哲学与法律方法》,邓正来译,中国政法大学出版社1999年版,第486页。
[5] 王卫国:《超越概念法学》,载《法制与社会发展》1995年第3期。

用、轻教条的特点在其立法上有着清楚的反应,这一点我们从上面的分析中可以看出。如果我们可以扬长避短,找出一个兼顾两大法系的特点的立法模式将是最理想的。令人欣慰的是,在信托法领域,一个国际公约作出了有益的尝试。

（二）《海牙信托公约》的做法

1. 背景

20世纪下半叶以来,为了适应日益频繁的国际往来,解决因各国法律制度的差异导致的法律冲突,国际私法迅猛发展。1985年,在荷兰召开的海牙国际私法会议第15次会议上,缔结了《海牙信托公约》。该公约的主要目的并非解决国家间在信托法方面的冲突,而是试图就信托这一问题,在普通法系国家与民法法系国家之间搭建一座桥梁。[1]

《海牙信托公约》于1980年被列入海牙国际私法会议的立法规划后,历时4年进行了大量的研究工作,参与该公约的研究和起草的专家来自英国、美国、加拿大、澳大利亚、联邦德国、法国、日本、意大利等21个国家。那些已经确立信托制度的国家希望该制度在其他国家被接受;而没有信托制度的国家担心信托会动摇它们法律体系的根本,它们努力把信托转化为本国所固有的法律概念。在经过艰苦卓绝地协调各方利益关系后,条约的最终条款基本体现了各缔约国的要求。正如一位英国代表所指出的那样,这是一个融合普通法系与民法法系"独一无二的、历史性的机遇"。

2. 内容

虽然在《海牙信托公约》的起草论证过程中,对于是否在公约中规定信托的定义各方意见不一,但是最终为了使不同国家的信托制度可以适用《海牙信托公约》,其第2条还是对信托进行了定义[2]:"本公约所指'信托'是指,委托人在生前或死亡时,为了受益人的利益或者某个特定目的,将其财产置于受托人控制之下而创设的一种法律关系。一项信托必须具有如下特征:(a)信托财产构成一个单独的基金,并且,信托财产不是受托人自有财产的一部分;(b)信托财产的所有权属于受托人或者代表受托人的其他人;(c)受托人有权力和职责,根据信托的条款和法律所加于他的特殊义务,管理、使用或处分财产,并负有说明的义务。委托人对一些权力和权利的保留,以及受托人可能自己享有受益人的一些权利的事实,并不与信托本身相矛盾。"

3. 优点

从表面看,这是《海牙信托公约》对信托的定义。但实际上本条之所以如此规定的主要目的在于指出"信托"制度的特征,使无论是普通法系国家的信托还是其他国家的类似制度,都可以纳入《海牙信托公约》的范围之内。其可取之处主要体现在以下几个方面:

第一,在定义方法上采用简洁的概括加上详细的描述方式。既照顾了民法法系国家对追求概念清晰的要求,也采纳了普通法系国家注重事物特征描述的做法。

第二,将信托财产视为一个独立基金——"a separate fund",保证了信托财产的独立

---

[1] See Alfred E. von Overbeck, Explanatory Report on the 1985 Hague Trusts Convention, http://www.hcch.net/index_en.php? act=conventions.publications&dtid=3&cid=59 T;12/06/2006.

[2]《海牙公约》第2条。

性;牛津词典这样解释基金:"为了保存或者特定目的使用的一笔款项。"[1]而信托财产本身就是为了受益人利益这一特定目的所设,与基金的特征相符。而无论是普通法系的信托财产"双重所有权",还是民法法系的"信托财产独立",都可以通过这一表述正确地表达内涵,而又不发生冲突。

第三,通过对受托人权力与义务的规定,反映了信托当事人之间的关系。受托人的身份是一种职责,享有相应的权力(power),而并不是传统法律关系理论中所指享有权利(rights)、承担义务的主体。

4. 缺陷

与其他信托的定义相比较,《海牙信托公约》的规定较为完善,在没有更好的定义之前,采用这已为许多国家所认可的定义不失为明智的选择。但是《海牙信托公约》毕竟是一个平衡两大法系国家利益关系的产物,因兼顾多方不得不妥协而在制度融合中出现的瑕疵是无法避免的。

第一,将信托界定为复数形式的法律关系——legal relationships,而不是普通法系国家理解的单数形式的一种信托关系——fiduciary relationship,让人误解为信托是两个以上的法律关系,容易与代理关系相混淆。实际上信托法律关系的核心是受托人与受益人的"信托"(fiduciary)关系。

第二,在第二款(a)项中规定信托财产"不是受托人的自有财产的一部分",紧接着在(b)项中,就说信托财产的所有权(title)归于受托人或者代表受托人名义的其他人之下。对于信托财产的所有权是否属于受托人这一关键问题上,前后矛盾、含义模糊,未能明确表明立场。

5. 影响

对于《海牙信托公约》的接受,英国表示了最大的诚意,1987年,英国颁布《信托确认法(1987)》(Recognition of Trust Act 1987),将《海牙信托公约》的部分内容转化为国内立法。1992年1月1日,《海牙信托公约》生效的同时在英国开始适用。作为信托制度滥觞之地、普通法系的代表国家尚且认可了这一"不伦不类"的信托定义,信托制度尚处于创建阶段的民法法系国家(地区)更应该积极对待《海牙信托公约》。截止到2006年8月,《海牙信托公约》的成员国(地区)为13个,其中既有普通法系的代表国家——英国、美国与加拿大,也包括了民法法系的法国、意大利等国家。《海牙信托公约》现已经在10个国家生效。随着信托制度在全球范围的普及,各国有关信托的国际适用与承认问题日益增加,特别是"公约从实效的角度特别强调根据适用的法律创设的信托后果,这对于非信托国家公平、迅速和有效的处理信托问题具有重要的意义"[2],接受《海牙信托公约》的国家(地区)必将会越来越多。

---

[1] Fund: sum of money saved or made available for a particular purpose, see Edited by Judy Pearsall, *The New Oxford Dictionary of English*, 4th edition, Clarendon Press Oxford, p.598.

[2] 张天民:《失去衡平法的信托》,中信出版社2004年版,第139页。

第三节　信托的主要类型

依据不同的标准,可以对信托作出多种分类。以下仅介绍几种比较重要、与本文主旨密切相关的分类。

一、意定信托与法定信托

典型的信托是在委托人对受托人充分信任的基础上而成立,此类信托属于意定信托;而在某些特定情况下,出于对权利人利益保护或者社会公共利益的考虑,法律强行干预信托行为,使本已消灭或者丧失信托目的的信托得以延续,是为法定信托。

（一）意定信托

意定信托,是指依照当事人的意思表示而成立的信托。主体的意思表示依照其表现形式的不同,可以分为明示与默示两种。明示表示是使用直接语汇实施的表示行为,直接语汇包括口头语言、文字、表情语汇以及特定形体语汇;默示表示是使用不可直接单独理解的语汇实施的表示行为。[1] 意定信托也依照是当事人明确地表示还是由法官施加、推定,分为明示信托（Express Trust）与默示信托（Implied Trust）。

（二）法定信托

法定信托,是指依照法律规定而成立的信托。普通法系中的法定信托一般指 Statutory Trust。议会为了政策的需要,通过成文法设立了一些信托以应对常见的一些情况:[2]

1. 破产

依照英国《1986年破产法》,破产财产（不包括破产人持有的信托财产）自动授权给受托人。根据该法,该受托人是官方的接管人或被指定的其他人。破产受托人的义务是,为了债权人的利益管理和处分破产财产,以尽可能地满足债权人的要求。

2. 未留遗嘱而死亡

按照英国《1925年财产管理法》,在一个人未留遗嘱而死亡时,那些具有管理遗产委托状的人,有权以受托人的身份持有死者的财产,并有出售该财产及使用该收益偿还死者的债务、费用的权利。然后有权根据有关未留遗嘱而死亡的法律规定,在那些有权得到死者财产的人中间分配该财产。

3. 土地共有

在英格兰和威尔士的土地只要是按照英国《1925年财产法》由几个人共有的,那么就会受到英国《1996年土地信托和受托人任命法》的影响,将该土地视为为了共有人的利益而设立的信托,持有该土地的共有人有权出售该土地。相对方在土地交易时应注意到该土地的权利性质。

我国《信托法》规定,信托终止的,信托财产的归属确定后,在该信托财产转移给权

---

[1]　张俊浩主编:《民法学原理》,中国政法大学出版社2000年版,第234页。
[2]　[英]D.J.海顿:《信托法》,周翼、王昊译,法律出版社2004年版,第46—49页。

力归属人的过程中,信托视为存续,权力归属人视为受益人。[1]日本《信托法》第63条"信托的继续存在"规定:信托终了时,在信托财产转移到其归属权利者以前,则信托仍作为继续存在。这时,将归属权利者视为受益。有关公益信托的继续也规定:公益信托终了,其信托财产如无权利归属者时,主管政府机关可以按照信托本旨,运用于类似目的,使信托继续下去。[2]这种信托并非由当事人的意思表示决定的,而是由法律规定而成立,属于法定信托。

二、明示信托与默示信托

如前所述,明示信托与默示信托是对意定信托的进一步分类。在英美法上,衡平法的理念是不让普通法或制定法成为人们进行欺诈的工具,所以即使没有设立信托的有效宣示,衡平法也可能将信托强加给当事人。[3]区分明示信托与默示信托的主要意义在于:明示信托的成立必须满足形式上的要求,但成立默示信托则没有形式上的要求。[4]

（一）明示信托

顾名思义,明示信托是指委托人以明示方式而设定的信托。所谓"明示",是指委托人明确地表达了其设立信托的意图。在普通法系国家,当事人可以依照以下几种方式设定信托。[5]

1. 合同的方式

一人可以与他人达成合意,将其财产移转于该他人所有,要求他人为了第三人的利益持有、管理和处分该财产。这是最为常见的信托方式。

2. 宣言的方式

某人可以通过宣告以自己所有的全部或部分财产设立信托,他对该财产的持有、管理和处分完全为了他人的利益或者法定利益,通常被称为信托声明(declaration of trust)。因为委托人与受托人为同一人,宣言信托无须移转信托财产,但仍应该确定信托财产的范围并保证其独立性。

3. 对衡平法上权益的安排

衡平法上的权益是由衡平法院创设并强制执行的财产权益,信托财产下受益人的权益就属于典型的衡平法上的权益。除在英国《1925年财产法法令》第1条中作了明确规定的以外,所有土地和土地上的权益与负担都具有与衡平法上的权益一样的效果。它们包括限定继承的权益、终身权益、租费以及许多其他权益。[6]在这些权益上设定信托必须通过书面方式进行。

---

[1]《信托法》第54、55条。
[2]《日本信托法》第73条。
[3] 唐义虎:《信托财产权利研究》,中国政法大学出版社2005年版,第163页。
[4] 参见何宝玉:《英国信托法原理与判例》,法律出版社2001年版,第38页。
[5] See Philip H.Pettit, *Equity and the Law of Trusts*, 4th Ed, London ButterWorths, 1979, pp.54–65.
[6] 参见[英]戴维·M.沃克:《牛津法律大辞典》,李双元等译,法律出版社2003年版,第384页。

4. 遗嘱信托

人们可以通过遗嘱设立信托或者安排衡平法上的利益,但是必须符合法定的要件。遗嘱信托最大的特点就是只有在委托人死亡后才生效。

(二)默示信托

默示信托(Implied Trust),又称隐含信托,是指并非明确设立而是通过对当事人之间的行为和事实进行衡平法解释而认定的一种信托关系。这种信托蕴含在两类情况中,一种情况是应当认为这种关系是推定的当事人的意图,另一种情况是存在欺诈或注意到了衡平法上不利的请求权。[1]与这两种情况对应,默示信托可分为两种类型:一是归复信托(Resulting Trust);二是推定信托(Constructive Trust)。[2]

概括来讲,归复信托的含义为:如果委托人对信托财产保留了某种衡平法上的权益,法院出于维护该权益的考虑,将信托财产"归复"给他,实际上是推测委托人在设定该信托时,就隐含了自己享有受益权的意思。推定信托是在行为人故意或者有过错的特定情况下,比如明知某项财产存在信托权益而购买,根据衡平法的原则或者法院从救济的角度考虑,强加给行为人的一种信托。可以这样说,有些人从未接受受托人地位,但是,他们持有财产,以良心观念,他们应为其他人持有该财产,这些人即受到他们好像就是受托人一样的对待。[3]推定信托多数是在家庭财产关系的处理中适用。

三、民事信托与商事信托

信托当事人之间的关系,套用传统民法理论来说,是平等主体之间的财产关系,应属于民商法的范畴。从信托的发展来看,起初只是自然人之间建立在相互信任基础上的一种财产处分手段。后来,随着社会经济的迅速发展和信托制度的合法化,以信托作为营利手段从事这方面经营的现象大量出现,特别是信托制度引入美国以后,高效率的信托公司组织形式大范围地经营起来。[4]

由获得信托从业资格的主体所承担的信托为商事信托,也称为营业信托,日本《信托法》就有这样的规定:"以营业为目的而接受的信托,应列入商业行为。"[5]那些以当事人的信赖为基础建立的、不以营利为目的信托为民事信托,亦称为非营业信托。商事信托与民事信托在性质上截然不同,因而法律对它们的规制区别很大。商事信托因其"商事"性质,决定了受托人以追求利润为其主要目的,而从事这种营利性行为首先要获得国家的资格认可。所以在民法法系国家普遍存在信托法和信托业法,前者总括上规制信托行为,而后者则对商事信托的市场准入、运行、退出等制度予以规定。日本、韩国都是既有信托法,也有信托业法。我国仅有《信托法》对于商事信托主要是信托公司行为的规制,依靠的是

---

[1] [英]戴维·M.沃克:《牛津法律大辞典》,李双元等译,法律出版社2003年版,第549页。
[2] 关于这一点,存在很多争议。默示信托、归复信托与推定信托之间的关系是一个非常复杂的问题。本文认为,从思维逻辑的角度出发,将归复信托与推定信托纳入默示信托的范畴较为妥当。
[3] [英]F.H.劳森、B.拉登:《财产法》,施天涛等译,中国大百科全书出版社1998年版,第54页。
[4] [日]川崎诚一:《信托》,刘丽京、许泽友译,中国金融出版社1989年版,第10页。
[5] 日本《信托法》第6条"营业信托的商业行为性"。

主管部门的一些规定,存在立法层次低、行政干预色彩较浓等缺点,不利于对商事信托的科学、统一规范,我国应借鉴其他国家和地区的成功经验,加紧制定信托业法,弥补立法上的"瘸腿"现象。

四、自益信托与他益信托

委托人可以为了他人的利益设立信托,也可以为了自己的利益而设立信托。后者为自益信托,前者为他益信托。两者在具体的运作方面存在较大差异,这是区分它们的意义所在。自益信托因委托人与受益人身份的重合,较之他益信托而言,委托人、收益人的权利义务也集于一身。这种方式为那些利用信托的优势为自己服务的人提供了便利。现代社会大量存在的商事信托大多属于自益信托。

五、私益信托与公益信托

信托的关键之所在就是确定受益人,也就是信托目的应当明确。这是确立信托关系的前提,也是信托得以存在的基础。委托人设立信托要有信托目的;受托人接受、管理和处分信托财产要围绕信托目的进行;受益人权利的行使也是信托目的的体现和落实。信托依其信托的目的是否具有公益性,可分为私益信托与公益信托。所谓公益信托是以慈善、文化、学术、技艺、宗教、祭祀或其他公共利益为目的的信托;私益信托则是指公益信托以外的其他信托。[1] 当然,公益信托的范围、公益信托与私益信托的区别和界限等问题异常复杂,笔者将在下文中对此进行详细论述。

信托作为普通法系国家法律制度的奇葩,其起源和发展是与普通法系国家的特有法律传统和司法体制密切相关的。引入民法法系国家后,缺乏其存在和适用的法律环境,如何解决其与民法法系制度和理论上的冲突并真正实现融合,同时又不失去其精神和价值,是一件非常困难的事情。

本章的写作目的如下:试图在不割裂信托与普通法系联系的前提下,在民法法系的语境下解读信托,探寻民法法系国家如何在保证不背离其制度价值的前提下实现信托制度的本土化。对信托进行分类,是为了梳理不同类型的信托,最为重要的是不同类型信托的价值和功能不同,应该区别对待,分析其特点,合理地构架其制度。而关于信托财产和信托关系的论述,为了能够较为清楚地认识信托的重点何在,为后面公益信托制度的讨论作铺垫。

当然,在有限的篇幅里,不可能面面俱到地对信托的所有基本问题进行详细分析,再者,本章的主旨也不在此,因而仅就在理论上争点较多的部分问题简明扼要地表明自己的看法,指出我国信托法相关制度存在的部分缺陷。从本章的分析可以看出,我国信托法的许多规定属于画蛇添足之举,存在一些缺陷,还有些自相矛盾的地方,这直接导致了我国信托制度的僵化。这也说明,我国《信托法》得不到充分贯彻、应用以及信托法知识难以普及等问题的主要原因并非外部因素,关键还是《信托法》自身的缺陷,导致其基本内容

---

[1] 赖源河、王志诚:《现代信托法论》,中国政法大学出版社 2002 年版,第 38 页。

失去了信托本来的制度优势、无法发挥其应有作用。

▎重要名词术语

信托、use 制度、意定信托、法定信托、明示信托、默示信托、民事信托、商事信托、私益信托、公益信托

▎思考题

1. 什么是信托？信托具有哪些特征？
2. 如何认识 use 制度与信托的关系？
3. 关于信托的定义，民法法系和普通法法系国家各自的规定是怎样的？
4. 信托的主要类型都有哪些？
5. 为什么说《关于信托的法律适用及其承认的公约》是搭建两大法系的桥梁？

▎典型案例分析

Lister & Co. v. Stubbs（英国，1890）

原告 Lister & Co. 是一家纺织公司，被告是原告公司的一位高级雇员，代表公司购买原材料。但他接受了原材料销售公司的大笔贿赂，并将所得款项投资，然后请求追踪这些投资，理由是，被告是原告公司的受托人，禁止被告处理这些投资，然后请求追踪这些投资。

本案的处理结果是驳回纺织公司的请求，因为被告与原告并不处于一种受托人关系，只存在一种对人关系，即债权债务关系。原因在于，这些投资不是原告公司的钱，从而不可以使被告成为它的受托人。恰恰相反，原告在起诉时可以针对被告获得一项命令，要求被告将这笔钱交给原告。它是被告由于接受贿赂而对原告欠下的债务，但被告由此获得的钱，Kong v. Reid（英国，1993）中，英国枢密院不承认这种区别。该案的被告违反作为香港公务员的受信人义务接受贿赂，并用受贿款项在新西兰购买了房屋，原告代表香港政府要求追回这些房屋。Lord Templeman 代表枢密院判决指原告代表香港政府要求追回这些房屋。Lord Templeman 代表枢密院判决指出：上述 Lister & Co. v. Stubbs（1890）的判决，违反了"受信人不得从自己违反职责中得到好处"的原则。受信人一旦接受贿赂，从接收之时起就负有报账说明的义务，贿赂以及在不同时间里代表贿赂的其他财产，都纳入一项以受损债权—债务关系的救济上，增加了一种推定信托的救济。债权—债务关系的救济上，增加了一种推定信托的救济。

第四十二章　信托法的概念、特征、功能与基本原则

【内容提示】

信托法是我国市场经济法律体系中重要的组成部分,在实质上它是调整信托关系与信托组织关系的法律规范系统。为了调整信托关系,规范信托行为,保护信托当事人的合法权益,促进我国信托业健康有序的发展。2001年4月,第九届全国人大常务委员会第二十一次会议通过了《信托法》,并于2001年10月1日起正式生效。本章将重点对信托法的概念、特征、功能及基本原则展开阐述,旨在使读者对信托法有一个基本的认识。本章首先介绍了信托法的定义,以及从不同角度分析了制定信托法的必要性。其次分析了信托法的一般功能和区别于其他法律制度的特殊功能,以及信托法中所体现的基本原则。其写作目的则在于探讨信托法制度正式引入我国后,应当作出的本土化调整以及应如何与我国的《民法典》相适应。

第一节　信托法的概念和特征

对信托法(trust law)的理解、考察角度不同,其含义也不同。其一,信托法可以分为实质上的信托法和形式上的信托法。实质上的信托法,是指调整信托关系的法律规范的总称,包括信托法典、法律、行政法规、地方性法规、自治条例、规章、司法解释和国家签订或加入的国际条约等各类规范性法律文件中所有信托法律的规范。形式上的信托法则专指信托法律规范集中表现的外在形式,即系统编纂的信托法律或法典。其二,是广义和狭义的信托法。广义上的信托法包括所有调整信托关系和信托业组织管理关系的法律规范的总称。而狭义上的信托法即指信托法典或法律。其三,信托法一词还可以指信托法学,它是从科学研究的角度来理解信托法的。在通常情况下,我们所说的信托法指的是实质的、狭义的信托法,即调整信托关系的法律规范的总称。《信托法》是调整我国信托关系的基本法,共7章74条,规定了总则、信托的设立、信托财产、信托当事人、信托的变更与终止、公益信托等内容。

第二节 信托法的功能

一方面,信托法具有法的一般功能。信托法通过发挥其调整功能和保护功能来确认、创建信托关系,并保护这种已经确认的信托关系,促进信托事业的健康发展,进而推动市场经济的平稳运行。另一方面,信托法律制度也有着自身特有的功能,即信托法的"使用价值"。当然,信托法的功能应当实际作用于社会,并借助社会的一些现实条件,如法律传统、经济制度、政治制度、道德水平等,才能实现其真正的价值。目前,信托法的功能基本可以概括为两个方面,即财产转移和财产管理。尽管代理、行纪和居间的功能也包含财产的转移与管理,但信托制度较前述几个制度而言在这两个问题上具有更大的优越性。

信托本身可以归纳为一项财产转移和财产管理的法律制度。[1] 从信托转移财产的角度来看,委托人的委托是信托设立的必要条件。无论委托人创建信托关系时的目的是怎样的,都必须将财产转移给受托人才能达到信托的目的。而从信托管理财产的角度来看,代人理财则是信托的核心内容。管理信托财产是受托人必须完成的内容。受托人管理财产的直接目标是实现信托财产的增值,当信托财产实现了最大增值的时候,信托制度的功能也就得到了最大程度的发挥。在信托制度中,财产转移是财产管理的必经程序,财产管理则是财产转移的目的。但信托制度与代理、行纪的本质区别在于所有权的转移。在信托制度中,转移信托财产是一种物权行为,受托人得到的是信托财产的所有权。而在其他制度中转移财产是一种债权行为,而非转让全部所有权。因此,在信托法律关系中受托人是以财产所有人的身份在进行活动,受托人在信托法律关系中所处的地位应当是独立的所有权人地位。在其他的几种法律关系中,财产受让人只是取得了财产的部分权能,必须要依附于财产所有权人,所以在管理财产时,其他法律关系中的受让人的权利要远远小于受托人。正是这样的制度设计使得信托财产的增值程度大大增强。

与其他制度相比,信托制度功能的优越性体现在以下几点。第一,长期规划。[2] 这是信托制度功能相较于代理、行纪等制度最大的优势。有学者指出,"信托因有受托人的中介设计以及管理的连续性设计,因而更适合于长期规划的财产转移与财产管理"[3]。在创设一项信托制度的时候,必然伴随着财产所有权的转移,这就使得委托人不得不作出更加慎重的考量。对委托人来说,放弃财产的所有权是一项重大决定,如果仅限于在较短时间内进行财产管理,委托人可以选择代理等其他不必要放弃所有权的法律关系,如果委托人要进行一项长期财产管理,则有设立信托关系的必要性。因为在长期的财产管理过程中,外界的不确定性因素较多,委托人需要赋予受托人足够的权利以应对可能出现的各种情况,从而实现对财产最大化增值的目的。因此在长此以往的交易过程中,信托法律关系便具备了长期规划的功能,也正是因为信托法律关系的长期规划性才使得信托财产能够实现更

---

[1] 施天涛、余文然:《信托法》,人民法院出版社1999年版,第13页。
[2] 周小明:《信托制度比较法研究》,法律出版社1996年版,第38页。
[3] 周小明:《信托制度比较法研究》,法律出版社1996年版,第39页。

大的增值。

第二,弹性空间。弹性空间指的是信托法律关系当事人在设立、运作和终止一系列信托法律关系时,可以根据现实需要进行自由设计。信托制度的长期性决定了其在长期规划的过程中必须有一个较大的操作空间,以便当事人考虑尽可能发生的各种情况。但正是由于这种长期规划的特性使得立法者也无法完全控制其中的不确定性因素,因而一个较好的解决方案是赋予信托法律关系当事人以较大的自由裁量空间,也就是"具体问题具体分析",例如,设立方式的多样化、信托财产的多元化、信托目的的自由化、实务领域的宽泛化等[1]。

第三,保障受益人的切实利益。信托制度的另一个特点是对受益人地位的充分尊重以及对受益人权利的切实保障。信托法对受益人利益的切实保障是其他法律制度所无法比拟的。首先,在信托法律关系权利义务的安排上,受益人权利的享有要大于义务的负担,伴随着所有权所生的管理责任与风险责任负担皆属于受托人,而伴随着所有权所生的利益则由受益人享有。其次,信托财产的独立性设计让受益人免去了后顾之忧。所谓信托财产的独立性,指的是信托财产区别于委托人、受托人和受益人自有的财产,仅服从于信托目的而独立运作。这种独立性使得信托财产免于被委托人或受托人的债权人追索,即使委托人或受托人破产,信托财产也不能被列入破产财产或用于支付的财产。可见在信托制度下,受益人对信托财产的利益是受到法律特别照顾的。

我国《信托法》在以下几个方面充分发挥着积极作用。

第一,确定和创建信托关系。我国的信托制度是伴随着社会主义市场经济的发展而衍生的产物。随着人民生活水平的提高,个人财产不断增多,人们在日常消费之余开始追究财产的保值、增值、养育子女、养老等方面的问题。但并不是每一个人都有时间和精力去管理自己的财产,这就需要有专门的且值得信赖的机构或个人为他们提供专业的理财服务,就需要借助信托。随着我国对外开放的扩大和市场经济的发展,出现了大量混乱的信托关系,这就需要运用法律的手段去确认、建立、理顺和发展信托关系,使社会上的信托关系具有法律关系的性质,从而确立一种信托市场法律秩序,使信托当事人在信托法律关系和秩序中发挥创造社会财富的潜力。

第二,保护已经建立的信托关系。经信托法的调整会有大量的信托关系随着经济的发展不断涌现,并且得以健康发展。但是仍然会有一定数量的信托当事人或其他干预者受利益驱使而不尊重信托关系甚至破坏信托关系。这时信托法又是保护信托关系不受侵犯或恢复、救济被侵害的信托关系的武器。信托法的重要功能就是制止和撤销非法的信托关系,保障信托事业的健康发展。

第三,维护信托当事人的合法权益,这是信托法的立法宗旨和基本目标。信托法通过规范信托行为、维护信托市场秩序来保护当事人的合法权益。此外,信托法保护当事人的合法权益还体现在其他各个信托制度上,如通过信托财产的独立性和追及性、信托管理的连续性和受托人的忠实义务等制度,督促当事人全面履行信托义务,全面保护当事人的合

---

[1] 周小明:《信托制度比较法研究》,法律出版社1996年版,第41—43页。

法权益。

第四，促进信托产业健康发展。信托法通过调整好信托关系，规范信托行为，保护信托当事人的合法权益，制止和制裁信托违法行为。因此，信托法对于完善我国的信托法律制度，建设信托市场秩序，促进信托事业的健康发展具有极其重要的作用。

第三节　信托法的基本原则

信托法的基本原则，是信托法本质和特征的集中体现，统率各项信托制度、信托规范和信托立法、执法、司法、守法必须遵循的指导思想，是一切信托当事人进行信托活动的基本行为准则。我国《信托法》第1条规定："为了调整信托关系，规范信托行为，保护信托当事人的合法权益，促进信托事业的健康发展，制定本法。"第5条规定："信托当事人进行信托活动，必须遵守法律、行政法规，遵循自愿、公平和诚实信用原则，不得损害国家利益和社会公共利益。"信托法律制度本是民商制度的下位概念，信托法律关系是民事或商事法律关系的一个分支。因此，平等原则、意思自治原则、诚信原则等民商事法律制度的基本原则也当然适用于信托法。具体如下。

第一，平等原则。首先，平等原则在《民法典》中的表述为当事人在民事活动中的地位平等。这一原则集中体现了民法所调整的社会关系的本质特征，这也是民法区别于其他部门法的主要标志。[1] 其本质含义是社会向人们提供了平等的机会，便做到了平等。至于人们从事民事活动得到的结果如何，那是由人们的天赋、才能去决定的事情，应当允许存在差别。与此同时，"平等"这一概念的确立，是一个等级特权被逐渐否定的过程，是与"身份""特权"相对立的产物，是人类"从身份到契约"的运动史。因为"契约就是机会均等，就是人人有权自主选择，把人们从各种身份关系中解放出来，契约制度因而成为现代社会的基石"。[2] 在信托法中同样也需要遵循平等原则。在法律面前，所有信托法律关系当事人必须平等协商，不得出现恃强凌弱，强迫他人服从自己意志的做法，否则将会受到法律的处罚。

第二，意思自治原则。所谓意思自治，在民法中的内涵指的是承认民事活动中当事人的意志独立，当事人据此可享有自主决定权。在市场经济中，由于当事人被假定为是其自身利益的最佳判断者，能够对自己的行为负责并承担风险，因此一切不当干预他人自由意志的行为都是对意思自治原则的违反。这种意思自治体现在：当事人有权依法决定从事或不从事某种民事活动；对于已参加的民事法律活动，可以依照自己的意志予以变更或终止；当事人有权选择最利于自己的交易对象，有权决定所实施法律行为的形式。[3] 而在信

---

[1] 徐国栋：《民法基本原则解释——成文法局限性之克服》，中国政法大学出版社1992年版，第57页。

[2] 彭万林主编：《民法学》（修订本），中国政法大学出版社1997年版，第43页。

[3] 徐国栋：《民法基本原则解释——成文法局限性之克服》，中国政法大学出版社1992年版，第64页。

托法律关系中,意思自治原则也得到了充分体现。从信托法理论上来看,尽管已经生效的信托文件中可能已经注明了信托法律关系的受托人姓名,但只要这一文件没有得到该受托人的认可,该受托人就不当然承担责任。例如,我国《信托法》第13条第2款中规定,"遗嘱指定的人拒绝或无力担任受托人的,由受益人另行选任受托人"。可见受托人可以根据自己的意愿拒绝委托人的委托。即便遗嘱已经生效,其效力也不一定会对受托人发生作用,受托人也并不当然的承担法律责任。

第三,诚实信用原则。信托当事人从事信托活动,应当诚实守信,以善意的方式行使其权利,履行其义务,不得有欺诈行为,以此达到维护当事人之间、当事人和社会利益间的平衡。信托是以信任为基础的财产管理制度,信任是信托的本质要求,信托法的诚实信用原则正是信托这一本质的客观反映。作为民法中的"帝王条款",诚实信用原则在信托法中同样发挥着重要作用。在信托制度下,受托人要对第三方利益负责,这样的制度设计要求信托参与人必须有极大的诚信,否则受托人就会任意侵害信托财产,从而威胁信托的基础。在信托制度的设计模式中,受托人取得信托财产的名义所有权,因此受托人在对该项财产进行管理的过程中也享有着较大的自由裁量权。可见受托人对于信托财产拥有着最大程度的权利,却受到最低程度的监管。而委托人之所以愿意将财产交由受托人,最重要的原因在于对受托人的信任,即受托人秉持着"诚信"原则。这里的诚信即要求受托人负有忠实义务和善良管理人的义务。受托人管理信托财产并不是一种利己行为,而是利他行为,受托人要对受益人负责。

第四,公平自愿原则。公平原则是指信托当事人应当依据社会公认的公平理念从事信托活动,以维护信托当事人之间的利益均衡。公平原则可以实现当事人之间的平等,使当事人在公平、公正的基础上进行信托活动。为尊重当事人意志和社会公共利益,贯彻公平原则,就要保障设立信托、履行信托的当事人实现各自的信托利益。自愿原则是指法律确认信托当事人可以自由地基于其意志去进行信托活动的基本准则。我国《信托法》规定,信托当事人进行信托活动时,必须遵循自愿原则,信托在本质上是当事人自由意志的结合,信托法旨在实现当事人的意愿。信托当事人自愿进行信托活动的各项自由选择,应当得到法律的保障,并排除国家和他人的非法干预。因此信托法应当以维护当事人设立信托之自愿为根本目标。但自愿原则并不是绝对的、无限制的。例如,《信托法》第62条规定了公益信托的设立以及受托人的确认,应当经公益事业管理机构的批准。

第五,保护信托当事人合法权益,促进信托产业健康发展的原则。促进信托事业健康发展原则的原理是,信托不仅在财产管理上扮演重要的角色,而且作为与银行业、证券业、保险业并列的现代金融行业的四大支柱之一,在市场经济发展中扮演着越发重要的作用。现代信托业不仅在金融实务上商品化,而且在功能上日渐多样化。促进信托事业的健康发展,防范信托商品化、多样化带来的风险,必须通过信托立法精心设计的制度予以实现。而信托法在保护交易双方合法权益中也发挥着重要作用。保护信托当事人合法权益的原则体现了信托法的立法宗旨和根本任务。因此信托法设计的各项制度,制定的信托规范都必须有利于保护信托当事人的合法权益。信托当事人的合法权益包括委托人的权益,受托人的权益和受益人的权益。任何剥夺和损害当事人合法权益的行为都是违背信托法基本原则的行为。

> **重要名词术语**

信托法、信托法的功能、信托法的原则

> **思考题**

1. 如何理解信托法的概念?
2. 信托法的主要功能体现在哪些方面?
3. 信托法的基本原则有哪些?

第四十三章 信托关系与信托法律关系

【内容提示】

信托关系与信托法律关系是两个不同的概念。前者为信托制度所特有,是普通法系法律思维的体现;后者是信托引入民法法系国家后,套用法律关系理论分析信托而归纳得出的。两者不能混淆,否则会造成概念适用上的混乱,最为重要的是会产生对信托内涵的误读,导致信托制度的整体架构的不当。

信托法律关系是信托法的核心问题,只有准确理解了信托法律关系的概念、构成要素及其产生、变更和终止的基本法律制度,才能对信托法有一个正确的认识。而信托与居间、行纪、代理和融资租赁合同等法律关系之间的联系与区别,则是从另一个角度来全面把握信托法律关系的基本要素,以此加深对信托法律关系的认识。因此,本章主要包括以下几个内容:一是对信托法律关系的概念作出厘清;二是对信托关系与信托法律关系作出区分;三是分析影响信托关系之当事人因素。

第一节 信托法律关系概述

信托法律关系,是指由信托法调整和保护的,在委托人、受托人和受益人之间形成的,以信托当事人的权利和义务为内容的社会关系。当信托关系受到法律调整的时候,便上升到法律关系的层面,一般简称信托关系。信托法律关系按照不同的标准,可以分为以下几类。

一是民事信托法律关系和商事信托法律关系。民事信托法律关系,又称非营业性信托法律关系,是指受托人不以营业为目的所承办的各种信托法律关系。民事信托关系大多发生在办理与个人财产有关的各种事务中,如遗产继承、保管贵重物品等活动。商事信托法律关系又称营业信托法律关系,是指经受托人以从事商业活动为目的而承办的信托,多发生于公司、企业等经济组织当中,如公司债券信托、投资信托等。

二是自益信托法律关系和他益信托法律关系。自益信托即受益人和委托人是同一人的信托,自益信托法律关系则指的是调整自益信托过程中所形成的法律关系,自益信托关系中只有委托人和受托人。他益信托法律关系指的是由受托人承办的,调整由委托人以外的人享受信托利益所形成的法律关系,其法律关系主体包括委托人、受托人和受益人三方。

三是私益信托法律关系和公益信托。所谓公益信托，指的是以慈善、文化、宗教、学术或其他公共利益为目的的信托，而私益信托则指的是公益信托以外的其他信托。[1]我国《信托法》第60条规定了公益信托的类型。

第二节　信托关系与信托法律关系

一、信托法律关系的概念与特征

信托一旦产生，必将在不同主体之间产生权利义务关系，这就是信托法律关系。所谓信托法律关系，是指基于信托事实并由信托法律规范调整而形成的权利义务关系。信托法律关系是特殊的民事法律关系，其具有以下几个特征。

首先，信托法律关系存在三方当事人。一般而言，一个信托法律关系存在委托人、受托人与受益人三方当事人。[2]所谓委托人，系指提供财产设立信托者。[3]对于委托人的资格，日本《信托法》没有规定。我国《信托法》第19条规定："委托人应当是具有完全民事行为能力的自然人、法人或者依法成立的其他组织。"[4]从契约信托的角度来看，本规定与我国合同法的规定不一致。无民事行为能力人不能设立信托无可厚非，但是限制民事行为能力人作为信托委托人一律禁止与其合同能力相悖，而且我国信托法中规定了信托合同的方式设立信托，如果一律剥夺完全民事行为能力人的信托合同能力，就与我国合同法有关合同效力问题的规定相悖。英国信托法认为未成年人在生存者之间进行的财产授予，是可以撤销的，而并非完全否定[5]，值得借鉴。至于受托人因其主要职责是对信托财产持有、管理和处分，必然要求其具有完全民事行为能力。受益人是享有信托利益的自然人或组织。因其单纯接受利益，故对其行为能力各国信托法并无特殊要求。

其次，信托法律关系当事人的重合性。信托委托人可以是受益人，还可以是受托人，比如宣言信托中，委托人确定自己全部或部分财产，任命自己为受托人，为了他人的利益管理处分财产，委托人与受托人身份重合；受托人可以是受益人，但不能是唯一的受益人，否则，在普通法系下，法定所有权（普通法上的所有权）与衡平法所有权就归于一人，信托就消失了，而在民法法系下，管理、处分与受益权都归于一人，信托就失去了设立于存在的意义。

最后，权利与义务的不对等性。信托法律关系中，委托人为了受益人的利益将财产移

---

[1]　赖源河、王志诚：《现代信托法论》，中国政法大学出版社2002年版，第38页。
[2]　在特殊信托法律关系中会出现第四方——信托监察人，主要是在那些受益人不确定或尚不存在的情况下。详细论述见后文。
[3]　赖源河、王志诚：《现代信托法论》，中国政法大学出版社2002年版，第54页。
[4]　《信托法》第19条。
[5]　参见何宝玉：《英国信托法原理与判例》，法律出版社2001年版，第55页。

转至受托人名下,而受托人必须依照信托目的或者法律规定为了受益人的利益持有、管理和处分信托财产,法律课以委托人与受托人的义务也很多。而法律充分保障受益人享有的信托受益权,可以转让、继承、抛弃,并不要求其承担相应的义务。与一般的民事法律关系比较,信托法律关系当事人的权利与义务是不对等的。

二、信托关系的界定

这里讨论的信托关系,是普通法系国家普遍适用的一种关系——信托关系(fiduciary relationship)。《牛津法律大辞典》这样解释 fiduciary:忠于信托职务的人、受托人,即处于受托地位的人或者取得他人授权与信任的人。按照各种法律规定,该人有义务专门为他人利益行事,必须保护他人权利。该人未经充分披露不得利用这种关系牟取私利或好处。[1] 大多数著作将 fiduciary 译为信赖关系,[2] 我认为有失偏颇。受托人对于受益人所负之义务(fiduciary duties)并非因受益人对其信赖而产生,而是来自委托人(settlor)与受托人之间的约定(trust)或者法律的规定,受托人与受益人之间的关系是一种信托关系(fiduciary relationship),而非信赖关系。普通法系将信托视为一种 fiduciary relationship,强调受托人(trustee)享有信托财产的所有权,但是只能为了受益人(beneficiary)利益而管理信托财产。[3]

三、信托关系与信托法律关系的区别[4]

我们在引入信托这一普通法系的舶来品时,应尽量保持"原汁原味",以保证其真正内涵不被曲解。不过出于信托与民法法系的既有制度相融合、既有理论框架相一致的考虑以及利于理解与学习,可以在不改变其本来面目的前提下,进行归纳总结,信托法律关系就是这种逻辑思维的结果。信托法律关系包含信托关系,但是二者并不等同,信托关系为信托之核心。我们不能把信托关系与信托法律关系混为一谈,是否能够准确认识这一点关系到能否正确理解、应用信托。二者应明确地区分开来。

第一,信托法律关系是信托在民法法系理论框架下的体现,信托关系通常是普通法系的思维习惯。法律关系是德国法学家的创造,为民法法系国家所推崇,它可以迅速地理清纷繁复杂的事实,以相应的法律规定进行调整,确定当事人的权利和义务。而普通法系更关注具体的权利、义务,而不界定是否有以成文法为基础的、严密的法律关系。信托关系(fiduciary relationship),大多数情况下,被具体为信托义务(fiduciary duties)而论及。

第二,信托法律关系有三方当事人,而信托关系只有双方当事人。信托法律关系的当事人为委托人、受托人与受益人;一般来说,信托关系的当事人只有受托人与受益人两方,

---

〔1〕 [英]戴维·M.沃克:《牛津法律大辞典》,李双元等译,法律出版社 2003 年版,第 424 页。

〔2〕 D.J.海顿:《信托法》,周翼、王昊译,法律出版社 2004 年版。

〔3〕 See Benefitting from Trust, *The New Zealand Herald*, October 8, 2006 Sunday.

〔4〕 亦有些学者将信托关系分为内部关系和外部关系。信托的内部关系是指受托人与受益人之间的权利义务平衡关系;信托外部关系即信托三方关系人——委托人、受托人及受益人分别与其债权人(含交易相对人)或其他第三人的权利义务关系。参见周小明:《信托制度比较研究》,法律出版社 1996 年版,第 149 页。

受托人履行义务的对象是受益人,在信托财产移转后,受托人与委托人之间通常不再互有权利义务,有的信托比如遗嘱信托在委托人死亡后生效并存续下去,就是很好的佐证。另外,在信托成立后,如果委托人既不具有受托人也不具有受益人的身份,那么其对于信托财产失去任何意义上的权利,在普通法系下,受托人享有信托财产普通法意义上的所有权,受益人享有衡平法上的所有权;在民法法系下,信托成立后,信托财产移转于受托人,受托人取得所有权,受益人可因此而根据信托目的受益,信托财产具有独立性的特点,委托人也不享有任何财产权益。

第三,信托法律关系与信托关系的内容不同。由于二者的当事人有所不同,导致信托法律关系与信托关系的内容——权利与义务不同。视信托关系仅存于受托人与受益人之间的普通法系国家(地区)较少谈及委托人的权利义务问题,对受托人的权利与义务关注较多,其负有的义务是与受益人的权利相对应的。而信托法律关系的内容包括三方当事人的权利与义务,不过,民法法系不同国家(地区)的具体处理方式不尽相同。日本《信托法》对于委托人的权利、义务并未明确规定,只是通过受托人和受益人的权利或者义务予以反映;我国《信托法》则单设"委托人"一节,对委托人的权利与义务作了较为详尽的规定。

同样,民法法系国家(地区)对待信托关系与信托法律关系有着不同的态度。尽览日本《信托法》诸条文,无"信托关系"字眼,反而是其第31条"违反信托义务"的规定,与普通法系相通。我国《信托法》混淆了信托关系与信托法律关系。《信托法》第1条规定:"为了调整信托关系,规范信托行为,保护信托当事人的合法权益,促进信托事业的健康发展,制定本法。"这两处所规定的"信托关系"实为信托法律关系。由此可见,在对信托制度的既受上,日本的做法较为妥当,而我国则过于强调本土化而造成概念上的混乱,必将影响实践中的应用,应当予以纠正,以免使信托制度成为"淮北之枳"。

信托关系存在于受托人与受益人之间,但是信托关系的产生于委托人与受托人的行为。委托人通过自己的行为,为受托人与受益人设定权利义务,当然还需要受托人的接受,才能产生信托关系。信托关系的成立是一个复杂的事情。一般而言,设立一个有效的信托必须满足三个条件:一是设立信托的行为;二是确定的信托财产;三是一个明确的目的。具体来说,明示信托的设立首先要求公开的宣示,其次是确定的信托财产以及受托人对信托财产的接受和管理。[1]

四、影响信托关系之当事人因素

(一)委托人的意图

委托人设立信托的意图是明示信托的起点,是判断是否存在信托的主要依据之一。衡平法注重意图而不重形式。因此,要设立一项信托,并不要求委托人必须采用特定的形式。但委托人必须向法院表明,他有意创设一项信托。在大多数案件中,法院要认真审查信托

---

[1] See Irwin J. Schiffres, J.D. Francis M.Dougherty, J.D., Mitchell J.Waldman, J.D, American Jurisprudence, 2nd, Volume 76, Trusts. Lawyers Cooperative Publishing, 1992, p.46.

契约或遗嘱中的用语,以及可以接受的外部证据,确认它们是否表明委托人有设立信托的意图。法院审查委托人的用语时,主要是看委托人向受托人施加的义务,是否具有足够的强制性,从而相当于一项信托。法院并不要求委托人必须采用特定的用语,甚至没有必要运用"信托"一词。不过,在信托契约或遗嘱中使用"信托"一词,还是具有重要的参考作用,因为委托人既然明确地采用了"信托"一词,法院就没有多大余地怀疑委托人设立信托的意图了。[1]

在普通法系下,委托人的意图可由法官通过自由裁量权揣测之,并根据衡平法上的"良心""正义"等原则作出判断。但是在民法法系国家,对于委托人意图何如法官无权自己判断。于是,民法法系立法普遍对这一颇具主观色彩的词语予以回避,用一个较为接近的信托目的来代替。当然,二者的含义并非完全一致。委托人的意图是从委托人的角度出发的,是"内容";而信托目的是从信托的外在表现出发,是"形式"。基于此种原因,民法法系国家(地区)信托立法对信托目的均予以明确的规定。我国《信托法》第6条规定:"设立信托,必须有合法的信托目的。"这是对设立信托实质要件的要求;另外,还规定了设立信托的书面文件首先应当载明信托目的。[2]笔者认为《信托法》还应该作出信托不能违反"公序良俗"的规定。虽然,《信托法》规定如果信托目的如果违反法律、行政法规或者损害社会公共利益则信托无效,但是"社会公共利益"与"公序良俗"无论是从内涵还是从外延方面来看都差别较大。而由于信托的多样性、灵活性,在现实生活中,违反"公序良俗"的信托一旦出现,将造成无"法"可依的尴尬局面。另外,《信托法》明确地使用了"信托合同"一词,[3]这种形式上的强制要求有助于对委托人意图,也就是信托目的的确定。

需要补充的是,在英美法系,信托一经有效设定,委托人便与信托关系相脱离,原则上对于信托财产与受托人不再享有任何权利,除非其在信托文件中对某些权利作了保留。[4]

（二）受托人的行为

在普通法系下,信托的成立与生效方式非常简单。信托理念系源自对个人自由之极度尊重,再加上信托属于英美衡平法下之设计而衡平法的传统为重实质轻形式,故信托之成立与生效要件最重要者,厥为委托人之意思表示。[5]英国早在1925年就制定了《受托人法》,对受托人意思表示影响信托的成立与否只字未提。当然信托成立的另一个必备条件就是还要移转信托财产给受托人,就宣言信托而言,委托人必须将信托财产从自己其他财产中剥离出去。信托一旦成立,如果由于客观原因受托人无法继续执行职责(比如去世)或者主观上拒绝接受信托财产、继续履行义务,那么可以由有权之人或者法院指定受托人进行补救。

---

[1] 何宝玉:《英国信托法原理与判例》,法律出版社2001年版,第66页。

[2] 《信托法》第9条。

[3] 《信托法》第8条第1、2款:设立信托,应当采取书面形式。书面形式包括信托合同、遗嘱或者法律、行政法规规定的其他书面文件等。

[4] 徐孟洲主编:《信托法》,法律出版社2006年版,第79页。

[5] 方嘉麟:《信托法之理论与实务》,中国政法大学出版社2004年版,第160页。

在对待受托人行为问题上,民法法系国家(地区)的信托法大多没有将受托人的意思表示作为信托成立与否的要件。但是我国《信托法》作出如下规定:"采取信托合同形式设立信托的,信托合同签订时,信托成立。采取其他书面形式设立信托的,受托人承诺信托时,信托成立。"[1]信托合同需要受托人承诺不言自明,而其他方式的信托仍需受托人予以承诺的规定,值得商榷。遗嘱是一种单方法律行为,遗嘱信托无须征求受托人的意见。当然,受托人有权决定是否接受遗嘱指定的信托财产,这关系着信托成立与否。至于其他书面形式的信托,主要包括以广大投资者为对象的营业信托、以公布章程的形式或发售受益凭证等形式而形成的集团信托。[2]这些信托实际上也是信托合同,只不过更类似于格式合同而已。

重要名词术语

信托关系、信托法律关系、当事人因素、委托人意图、受托人行为

思考题

1. 什么是信托法律关系?包括哪些内容?
2. 信托法律关系和信托关系的区别是什么?
3. 影响信托关系当事人的因素包括哪些?

典型案例分析

融资租赁信托——信托与融资租赁业的组合创新

据《中国金融工具创新报告(2004)》报道,融资租赁市场是一个独立性较差的市场,这种状况在近年来反而促使其在各个金融子市场工具的交叉创新中,有了新的作为。其中,与信托业结合,创造融资租赁信托计划,就是融资租赁市场创新的典型代表。

所谓融资租赁信托就是信托公司与融资租赁公司合作发行的一种融资租赁项目信托产品。融资租赁信托产品自2002年推出以来,就一直在不断发展。最初的融资租赁产品是以租赁资产为载体的融资租赁集合信托计划,这种产品主要包括中国对外经济贸易信托投资有限公司推出的医疗器械融资租赁资金信托项目和北京国际信托投资有限公司推出的首个建筑设备融资租赁信托计划。而更值得关注的一种创新形式是信托联手租赁,通过所有权与收益权分离,信托公司发行设备融资租赁资产收益权信托计划。该产品的具体做法是:由融资租赁公司将其某个或多个融资租赁项目的租金收入形成融资租赁资产收益权,信托公司受让该融资租赁资产收益权,以设备融资租赁资产未回收租金的账面余值的折现值作为该次受让融资租赁资产收益权的标的。然后信托公司向信托投资者出售,信

---

[1]《信托法》第8条第3款。
[2] 卞耀武主编:《中华人民共和国信托法释义》,法律出版社2002年版,第61页。

投资者在信托期间享有融资租赁资产的受益权。信托公司将投资者的购买的资金交付给融资租赁公司,融资租赁公司以此消除其资产负债表上相应项目的融资负债,从而达到表外融资的目的。在整个环节中,第三方为承租人担保,设备供应商作出设备回购承诺,融资租赁公司以设备所有权作抵押为承租人进行担保。承租人担保方、设备供应商和融资租赁公司共同承担租赁风险,使风险在有关各方之间分散。

第四十四章　委托人

【内容提示】

信托法律关系中的委托人,是指将财产转移给他人,并创设信托法律关系的人。创设信托的行为能否具有法律规定的要素,其合法性得到法律的承认,与委托人的资格及其意思表示有着很大关系。只有符合了法定资格的委托人作出了符合法定要求的意思表示,一项信托才能最终设立。在信托法律关系成立之后,委托人依然在该信托关系中发挥着重要作用。具体体现在法律层面上,委托人依然在该项信托关系中,在法律的规定下享有一定的权利,承担一定的义务,而委托人在信托法律关系中享有的权利和承担的义务又是在委托人具备必需的资格条件和作出一定的意思表示的前提下进行的。委托人在信托法律关系中的地位和作用是极其重要的。本章将围绕委托人的法律地位,对委托人的相关制度展开讨论。

第一节　委托人概述

一般而言,设立一个信托的能力与资格,与持有和处置财产、衡平财产上的权益基本相同。能够正常拥有财产的人,也有资格就该项财产设立一个信托。

第一,委托人必须具有完全民事行为能力。我国《信托法》第19条规定,委托人应当是具有完全民事行为能力的自然人、法人或其他组织。拥有民事行为能力是独立实施民事行为的条件。民事行为能力以民事权利能力为前提,而民事权利能力的实现则依赖于民事行为能力。只有具备民事行为能力的人,才能通过自己的行为依法取得具体的民事权益或承担相应的民事义务。委托人把自己特定的财产转移给受托人是一种对财产进行处分的民事行为。因此,若想成为委托人,其民事行为能力是必不可少的要件。不论是自然人、法人或非法人组织,只有具备民事行为能力,才能有效地实施财产处分行为,才能设立信托,从而形成财产权利义务关系。综观英美法系国家和其他大陆法系国家,这些国家的信托法律中也要求作为信托法律关系中的委托人必须具有民事行为能力。英国《信托法》中规定了只有依法具备在生存者之间或者以遗嘱形式转让财产或财产利益之行为能力的人,才相应的具备以这些财产或财产利益设立信托的资格。美国《信托法》规定,只有有订立遗嘱或合同能力的当事人才有通过遗嘱处理其财产而设立信托的权利,而无民事行为能力的委托人所设立的信托在执行时归于无效。日本《信托法》虽然没有明文规定委托人必须具备民事行为能力,也没有明文规定由无民事行为能力的委托人所设立的信托无效,但日本《民法典》中也规定了未成年人、禁治产人与准禁治产人所实施的民事行为如果没有事先得到监护人的同意,则可以撤销。并且这些规定均可适用于信托行为[1]。由此可以推断,日本法律同样要求委托人具有民事行为能力。

第二,成为信托法律关系中的委托人要对信托财产依法享有所有权或处分权。由于委托人需要向受托人转移特定的财产,这就要求委托人对相应的财产享有所有权或处分权。这一点在大陆法系国家和英美法系国家的法律中均有规定。例如美国《信托法》规定,委托人必须对所转移的财产具有所有权,委托人需以所有人的身份与受托人签订合同,对财产不享有所有权的人不能在该项财产上设立信托,也不具有委托人资格。日本《信托法》中虽然没有明确规定委托人需对信托财产享有所有权,但根据日本《民法典》第206条的规定,财产所有人于法令限定的范围内,有自由使用、收益以及处分所有物的权利。因此可以推知,要对一项财产设立信托的前提是对该项财产具有所有权。我国《信托法》第7条规定,委托人设立信托时应当具有确定的合法所有的财产作为信托财产,即设立信托的财产应当归属于委托人所有。这就意味着委托人要将其财产设立信托就必须对该项财产具有相应的所有权或处分权。

第三,委托人需要有明确的意思表示。因此委托人能否进行有效的意思表示是信托关系能否成立的关键[2]。法律行为是一个或数个意思表示不可或缺的要素。而一项信托法律关系的成立,也离不开委托人作出一定的意思表示。我国《信托法》第8条规定,设立信托,应当采取书面形式,包括信托合同,遗嘱或法律、行政法规规定的其他书面文件等。第10条规定,设立信托,对于信托财产,有关法律、行政法规规定应当办理登记手续的,则应当办理信托登记。未依照前款规定办理信托登记的,应当补办登记手续;不补办登记手续的,该信托不产生效力。由此可见,书面形式以及必要的登记手续是信托关系成立的要式要求。且"合同、遗嘱和其他书面文件"应当是有效的文件,这是信托关系中委托人设立信托的前提。

第二节 委托人权利

一、委托人权利之域外经验

在英美法系国家中,如果委托人和受益人并非同一,则委托人不能享有受益权,委托人在信托关系设立之后便从中脱离出来。因此在英美法系国家的司法实践中直接体现为

---

[1] 周玉华主编:《信托法学》,中国政法大学出版社2001年版,第159页。
[2] 周小明:《信托制度比较法研究》,法律出版社1996年版,第116页。

英美信托法没有将委托人视为信托的利害关系人之一,从而未直接授予委托人任何权利,仅承认其享有极个别的来自法律的权利和允许其在有关的信托行为中为自己保留某些权利。因此,在英美法系之下,委托人如果要在信托关系中享有权利,一般要通过以下两种方式实现。一是委托人在设立信托时明示或默示表示为自己留有某些权利,如委托人通常在信托文件中保留调整信托财产管理方法的权利,从而取得一定的信托变更权。例如,履行信托义务的请求权;对受托人的支配和指挥权;对受益人的重新指定或变更权以及信托财产管理方法调整权等[1]。二是通过信托之外单独订立合同取得权利,如美国《信托法重述》(第二版)规定:委托人可以通过在信托之外单独订立的合同创设委托人强制执行信托的权利[2]。

大陆法系国家认为,信托关系中的受托人由委托人选任,受托人管理和处分信托财产的行为不仅关系到受益人的合法权益,而且关系到委托人的意愿实现。同时,从单一所有权的观念来看,委托人将信托财产交付信托后即从信托法律关系中退出且不享有任何权利明显是不合适的。因此大陆法系国家的信托法通常既允许委托人在信托合同中为自己保留某些权利,也在信托法中确认了委托人作为信托利害关系人之一的地位,并赋予其享有一些与其身份和地位相适应的权利。例如日本《信托法》中规定了委托人享有在受益人不特定或尚不存在的情形下请求法院先选任信托管理人的权利;就违反法律规定的对信托财产的强制执行向法院主张异议的权利以及当信托行为进行时发生不能预见的特别事由致使信托财产管理方法不符合受益人利益时请求法院变更管理办法等11项权利。

二、我国信托法对委托人权利之规定

(一)信托运行的知情权

《信托法》第20条规定:"委托人有权了解其信托财产的管理运用、处分及收支情况,并有权请求受托人作出说明。委托人有权查阅、抄录或者复制与信托财产有关的信托账目以及处理信托事务的其他文件。"因此,知情权是信托法基于委托人的信托设定人地位所赋予其的基本权利之一。知情权的确立,有利于委托人充分有效地了解信托财产的状况,为信托事务信息的及时处理提供了法律基础,有利于委托人监督受托人忠实履行信托职责,保障信托安全,维护信托目的,同时为委托人行使对受托人违反信托的救济权提供了必要条件。

(二)信托财产管理方式的变更请求权

《信托法》第21条规定,因设立信托时未能预见的特别事由,致使信托财产的管理方法不利于实现信托目的或者不符合受益人的利益时,委托人有权要求受托人调整该信托财产的管理方法。由于信托关系的一个重要特点就是为了受益人的利益或者特定情形对信托财产进行管理,因此在信托设立后,如果发生了设立信托时未能预见的特别事由,致使信托财产的管理方法不利于实现信托目的或者不符合受益人的利益,则会与设立信托

---

[1] 钟瑞栋、陈向聪编著:《信托法》,厦门大学出版社2004年版,第87页。
[2] 张天民:《失去衡平法的信托》,中信出版社2004年版,第347页。

的初衷相违背,在这种情况下,法律应当赋予委托人改变信托财产管理方法的权利。

(三)不当行为撤销请求权

《信托法》第 22 条规定,受托人违反信托目的处分信托财产或者因违背管理职责,处理信托事务不当致使信托财产受到损失的,委托人有权申请人民法院撤销,并有权要求受托人恢复信托财产的原状或予以相应的赔偿。该信托财产的受让人明知是违反信托目的而接受该财产的,应当予以返还或者予以赔偿。前款规定的申请权,自委托人知道或者应当知道撤销原因之日起一年内不行使的,归于消灭。由上述法条可以得知,委托人行使撤销权的成立要件主要包括:(1)受托人实施了不当的行为,违背了管理职责;(2)产生信托财产损失的法律后果;(3)上述行为与结果之间存在因果关系,即"信托财产受到损失"的结果是"受托人违反信托目的处分财产"或者违背管理职责造成处理不当等导致的。人民法院撤销受托人的不当信托行为后,该行为自始无效。受托人应当恢复信托财产的原状或赔偿因此造成的损失。其中,恢复原状请求权和赔偿损失请求权的效力及信托财产的恶意受让人,即信托财产的受让人明知是违反信托目的而接受该财产的,应当承担予以返还或予以赔偿的责任。

(四)解任受托人的权利

《信托法》第 23 条规定,受托人违反信托目的处分信托财产或者管理运用、处分信托财产有重大过失的,委托人有权依照信托文件的规定解任受托人,或者申请人民法院解任受托人。在信托关系中,委托人是提供财产设立信托的人,信托目的就是委托人想要达成的目标。受托人是委托人基于信任所选定的,在信托关系成立后,当受托人违背委托人设立信托的意愿,不再适合继续管理信托财产时,委托人则有权解除与受托人的信托关系。当信托文件明确规定了解任受托人的具体条件时,委托人可依照信托文件的规定直接行使解任权;如果信托文件中没有明确规定,则委托人只能通过诉讼的方式来行使解任权,即向人民法院提出申请,由法院决定是否解任受托人。

第三节 委托人义务

委托人的义务主要包括作为信托设定人所应当承担的义务和信托成立后信托存续期间应当承担的义务。委托人作为信托的设立者,负有向受托人转移信托财产的义务,但是对于在信托关系成立以后,委托人是否仍然存在义务则有着不同的看法。一种观点认为,信托成立后,信托财产的管理、支配以及一切事务的处理均由受托人承担,它排除了委托人管理或处分信托财产的权利,使委托人在执行信托方面不再承担任何义务[1]。也有观点认为,在一般的法律关系中,权利和义务是对等的。没有无权利的义务,也没有无义务的权利。在信托法律关系中,委托人在享有权利的同时要承担一定的义务。法律赋予或确认的

---

[1] 全国人大《信托法》起草小组:《〈中华人民共和国信托法〉释义》,中国金融出版社 2001 年版,第 64 页。

受托人的权利,只要能够对委托人行使,则委托人就负有相应的义务,这些义务是否被实际履行与受托人管理信托财产有着直接关系,对于信托关系的存在及发展也有着较大的影响[1]。

委托人的主要义务包括以下两个方面。第一,转移信托财产的义务。信托的设立依赖于委托人提供的信托财产,因此,将信托财产转移给受托人是委托人作为信托的设立人所负担的首要义务。在信托关系中,信托财产虽然由委托人提供,但由受托人依法以财产所有人的身份实施管理与处分,使得信托行为与买卖、赠与行为一样,成为一种具有能导致标的物所有权转移的民事行为[2]。根据民法的一般规则,依其性质能导致标的物所有权转移的任何民事行为,出让人作为一方当事人负有确保标的物所有权转移给受让人的义务,因此委托人设立信托必须依照法定的形式和程序移转信托财产和信托财产所有权。第二,支付报酬的义务,受托人在信托法律关系中享有取得报酬的权利,该权利的行使一般是直接对信托财产或委托人、受益人行使。在具体的信托法律关系当中,受托人采取哪种途径行使权利主要依据产生其报酬权的法律规定或者信托合同的约定,如果法律规定或者信托文件约定这一权利应当对委托人行使,则委托人就负有向受托人支付报酬的义务。

重要名词术语

委托人、知情权、变更请求权、撤销请求权、财产转移义务、支付报酬义务

思考题

1. 英美法系和大陆法系对委托人权利的认识各自是怎样的?
2. 成为委托人应当具备哪些权利?
3. 我国信托法规定的委托人权利有哪些?
4. 我国信托法规定的委托人义务有哪些?

典型案例分析

Grey v. IRC(英国,1960)

1949年,委托人H先生为他的6个孙子女分别制订了6项授产协议,1955年,他将18,000股股份(每股价值1英镑)转移给6份授产协议的受托人,以单纯信托的形式为H本人持有这些股份。为避免缴纳印花税,H先生口头指示受托人根据6份授产协议而持有这些股份,受托人后来通过文件确认了H先生的口头指示。税务局要求H先生按照转移股份的全部价值缴纳印花税,理由是,随后的书面确认使交易生效,这实际上等于处理他的受益权。H则辩称,他并没有处理自己的受益权,相反,他只是声明为6个孙子女

---

[1] 徐孟州主编:《信托法学》,中国金融出版社2004年版,第144页。
[2] 周玉华主编:《信托法学》,中国政法大学出版社2001年版,第170页。

持有受益权,并且是依据他的口头指示而生效的,随后的书面确认只应缴纳名义印花税,因为它并未转移任何额外的财产。

本案的处理结果是,H先生的口头指示无效,因为它违背了英国《1925年财产法》第53条的规定。但是,随后的书面确认有效地转移了衡平法权益,应当缴纳印花税。议院认为,委托人进行整个交易的整体效果,就是在处理他的受益权,不仅仅是一项信托声明,因而必须采取书面形式。尽管口头声明无效,但随后通过书面形式予以确认,因而,他必须按照全部财产的价值缴纳印花税。

第四十五章　受托人

【内容提示】

信托的实施必须借助受托人的活动,这是信托本质的要求。尽管在英美法系中,受托人的欠缺并不影响信托的有效成立。当委托人没有任命受托人或者受托人拒绝或无法接受信托时,依据衡平法规则,法院可以任命受托人。在信托实施过程中,如果受托人不适格、辞任、被解任或者死亡,信托关系也不会因此消灭,利害关系人可以申请法院任命新受托人,继续处理信托事务。但受托人的缺位只是暂时的,在没有受托人的情形下,则必须及时任命受托人。受托人作为重要的信托当事人之一,在法律上持有委托人转移给他的财产,并且应当依法代为管理、使用,即"受人之托,代人理财"[1]。此外,受托人在三方当事人中,处于掌握、管理和处理信托财产的地位,因此受托人的素质和经营能力对于能否给受益人带来信托收益,实现委托人的信托目的起到了关键作用[2]。因此,有了受托人的出现,委托人的目的才得以实现,创设信托法律关系的意义才得以实现。

第一节　受托人概述

受托人是代为管理处分信托财产的人,因此受托人也必须具有权利能力和行为能力。受托人可以是一人,也可以是多人,可以是自然人,也可以是法人。我国信托法对受托人的范围作出了明确的规定,受托人应当是具有完全民事行为能力的自然人、法人。法律、行政法规另有规定的从其规定。在我国,具备受托人资格的只有两类,一类是具有完全民事行为能力的自然人,另一类是法人。限制民事行为能力人和无民事行为能力人以及不具备法人资格的其他组织尚不能成为受托人。信托法中关于"完全民事行为能力人"的规定参照的是《民法典》中关于自然人行为能力的认定,而"法人"则通常指的是信托投资公司。而我国在《信托法》出台前颁布的《信托投资公司管理办法》是我国调整信托投资公司的主要法规。根据该办法的第四条规定:本办法规所称的信托业务,指的是信托公司以收取报酬为目的,以受托人身份接受信托和处理信托事务的经营行为。所以当信托公司参与

---

[1] 何宝玉:《英国信托法原理与判例》,法律出版社2001年版,第168页。
[2] 参见全国人大宪法和法律委员会副主任委员张绪武关于《中华人民共和国信托法(草案)》的说明。

到一项信托中的时候,其身份是受托人。如果发起人想创设信托公司,则也应当受到法律的严格限制。

一般而言,英美法对于受托人的主体资格没有特殊要求。任何能够具有持有财产的法律上能力的主体都可以成为受托人,无论是法人还是自然人。某些不具有完全民事行为能力的人甚至都可以担任受托人,例如,一个未成年人可以成为受托人,被认为可以履行信托职责。如果他成年后接受了信托和认可了他依照信托所为的行为,他就不能再否认信托的存在。当然,英美法也并非对受托人资格没有任何限制。在一些特定情况下,外国人(Aliens)和未成年人(Minors)还是被禁止担任受托人。

《信托法》第24条第1款规定:"受托人应当是具有完全民事行为能力的自然人、法人。"这是对担任受托人积极资格的要求。自然人担任受托人的,不但要持有信托财产,而且要按照信托目的管理、处分信托财产,具有完全民事行为能力是必要的。受托人是法人的,应当是依法设立并取得法人资格的民事主体。但是,《信托法》没有规定受托人的消极资格。大陆法系各国公司法,一般都规定了担任公司董事、监事、高管的消极资格,《公司法》第147条也有此类规定。与公司董事、监事、高管人员相比,信托受托人可以以所有权人的身份直接管理与处分信托财产,道德风险更为巨大。我国信托法也应该借鉴公司法的做法,规定受托人的消极资格。就法人而言,规定如果法人被吊销营业执照、被清算或者被申请破产的,不得担任受托人。因为,出现上述情形时,法人的行为能力受到了一定程度上的限制,或者法人的存续已经无法保障,再让其担任受托人,将不能履行信托义务或者会影响信托的正常运行。

关于受托人的出任,我国《信托法》第8条第3款规定,"采取信托合同形式设立信托的,信托合同签订时,信托成立。采取其他书面形式设立信托的,受托人承诺信托时,信托成立"。具体而言,受托人出任的方式主要有以下几种。

一是因信托合同而出任。信托合同的成立一般要经过要约和承诺两个阶段,受托人既可以是要约人,也可以是承诺人。但是只要经过了这两个阶段,双方达成了合意,信托合同就宣告成立了。已经成立的信托合同如果符合法律的价值判断标准,那么具有约束力的信托合同就生效了。一份有效的合同要求合同当事人全面履行合同义务,以实现其信托目的。根据我国《信托法》第9条的规定,信托合同中应当载明受托人的姓名或者名称、住所。很显然,一份已生效的信托合同中所载明的人履行受托人职责。而且设立信托的合同中可能包括详细的条款,说明如何指定受托人[1]。

二是因遗嘱而出任。这种方式主要是指遗嘱信托。所谓遗嘱信托,顾名思义,是指委托人通过立遗嘱的方式就自己死亡后的遗产所设立的信托,即以当事人的死亡事实的发生来确定法律效力的一种民事法律行为。遗嘱信托是遗嘱人在其生前设立但在其死亡后才发生法律效力的信托。和上述的信托合同不同的是,信托合同须有当事人的合意存在,而遗嘱信托则为单方法律行为,只需要有遗嘱人的单方法律行为就可以发生法律效力,不必征得受托人的同意。但是遗嘱信托的生效并不意味着遗嘱中提及的受托人一定要加入遗

---

[1] 何宝玉:《英国信托法原理与判例》,法律出版社2001年版,第173页。

嘱信托中去。那样的话,受托人的义务将可能过重。因此法律给了该受托人一个选择的权利,即根据《信托法》第 8 条第 3 款的规定,只有"受托人承诺信托时,信托成立。"如果受托人拒绝遗嘱信托的话,那么他就可以置身于该项信托之外。

三是因选任而出任。在原有的受托人不能继续履行受托人义务时,选择新的受托人接替信托任务就是当务之急了。我国《信托法》对此有明确的规定,该法第 13 条第 2 款规定:"遗嘱指定的人拒绝或者无能力担任受托人的,由受益人另行选任受托人;受益人为无民事行为能力人或者限制民事行为能力人的,依法由其监护人代行选任。遗嘱对选任受托人另有规定的,从其规定。"该法第 40 条第 1 款更是明确指出,"受托人职责终止的,依照信托文件规定选任新受托人;信托文件未规定的,由委托人选任;委托人不指定或者无能力指定的,由受益人选任;受益人为无民事行为能力人或限制民事行为能力人的,依法由其监护人代行选任"。

四是法院指定。如果在通过上述办法尚不能任命受托人的,依据"衡平法不会缺乏受托人"的原则,法院有义务根据需要为一项信托指定一个或几个受托人。值得一提的是,英国大法官 Turner I. J. 在审理 Re Tempest(1866)一案中,为法院在指定受托人时确立了一些原则。第一,法院应当尊重信托设立人的愿望。委托人如果在设立信托的文件中有说明,或者从中可以清楚地推测出信托设立人的愿望,法院应当予以支持。如果某个人或具有某种特征的人不能担任受托人,那么,法院一般就不得指任他们担任受托人。第二,法院不能偏袒任何一方当事人。法院不能为信托的某些利害关系人的利益,同时违背信托设立人的愿望或违背其他收益人的利益而指定一位受托人。第三,法院还要进一步考虑,指定一位受托人是否会促进信托的实施。法院不应指定一位不能采取相应行动的人,比如,一位未成年人或者一个生活在国外的人[1]。

关于受托人的退出,则包括以下情形。

第一,因被解任而退出。根据我国《信托法》的规定,当受托人违反信托目的处分信托财产或者管理运用、处分信托财产有重大过失时,委托人有权依照信托文件的规定解任受托人,或者申请人民法院解任受托人。在这种情况下,受托人应当自行退出信托法律关系。

第二,因辞任而退出。受托人的辞任权是受托人维护自身利益的一种保护手段,当受托人对信托事务不堪重负的时候,法律应当允许其辞任以退出信托法律关系。但是在受托人的辞任权中增加一些条件,以防止信托财产因受托人的任意辞任而造成不必要的损失。因此,我国《信托法》就此作出了如下规定,设立信托后,经委托人和受益人同意,受托人可以辞任。而公益信托的受托人未经公益事业管理机构批准,不得辞任[2]。

第三,因受托人丧失完全民事行为能力或死亡而退出。我国《信托法》明确规定,受托人应当是具有完全民事行为能力的自然人。因此,如果信托人丧失完全民事行为能力的,就不再符合信托法律关系对受托人的要求,所以应当退出信托法律关系。而受托人死

---

[1] 何宝玉:《英国信托法原理与判例》,法律出版社 2001 年版,第 177 页。
[2] 《信托法》第 38 条、第 66 条。

亡时,他的受托人关系立即自动终止这是理所应当的了。这里的死亡既包括自然死亡,也包括宣告死亡。

第四,因法人受托人破产、依法撤销等解散而退出。法人之解散如同自然人之死亡。因此,当法人受托人出现破产、依法撤销等情况而被解散时,应当退出信托法律关系。

第二节 受托人权利

受托人的权利,最主要来自信托文件的授权。信托设计是一种财产管理的方式。从源头上看,正是为了规避当时不合理法律的适用,信托才得以在中世纪的英国产生并盛行于世。可以说,信托的产生是人民自由意志创造的结果。现代信托法,体现的是将对信托的合法性调控和对信托自由的尊重相互结合的精神:一方面强调信托目的的合法性,力图抵消信托规避法律的消极影响;另一方面则充分尊重当事人的意思自治,允许当事人依照自由意志设立信托并设计信托的具体内容。信托法本身对当事人意思自治的尊重,与合同法强调合同自由的原则,都使得受托人权利的首要来源在于当事人的约定。只要信托文件中有关受托人权利的规定不违反法律的强行性规定,受托人即当然享有这些权利。

此外,受托人的权利,也可以来源于法律的直接规定。这些权利一般是为达成常见的信托目的所必需,或者为保障受托人的基本财产权利所必要。法律直接规定的受托人权利,也可以在信托文件中得到体现并产生相应的约束力。如果信托文件没有体现和明确受托人的法定权利,受托人则可以直接依法提出权利主张。

受托人享有信托财产的所有权,这是受托人的一项基础性权利。如果受托人是两个或者两个以上的人,则由他们共同享有信托财产的所有权。我国《信托法》第2条在对信托进行界定时,将受托人对信托财产的权利来源,表述为委托人"将其财产权委托给受托人"。受托人由此对信托财产所享有的权利的属性,我国法律并没有明确的表达。但从该法第14条第1款承认受托人因承诺信托而"取得"信托财产,及明确肯定受托人有权以自己名义管理运用或者处分信托财产等多项规定出发,受托人对信托财产所享有的权利,依我国法律也只能并且应当界定为所有权。由受托人对信托财产享有所有权,也是实现信托功能不可缺少的内容。信托之所以成为一种特殊的财产管理方案或制度,根源就在于信托财产上的权利和利益的分离。受托人依法享有信托财产的所有权,实际对信托财产享有利益的则是受益人。受到不同法律传统的影响,尤其是对"所有权"概念的界定不同,两大法系对信托财产上权利和利益分离的处理也有较大差异。英美法系确认信托财产上存在"二元所有权"结构:一是受托人的所有权,即受托人依照普通法的规定因委托人的转让行为或其他情形获得的所有权;二是受益人的所有权,即受益人依照衡平法因委托人设立信托的目的而产生的权利。受托人和受益人的这两种权利分别被称作普通法上的所有权和衡平法上的所有权,并行不悖,同样受到法律的保障。

受托人享有处理信托事务的权利。受托人享有处理信托事务的权利,主要表现为依照信托文件和法律要求处理信托财产。受托人的这一权利,为实现信托目的所必需。现代信托的目的,多追求信托财产的增值。之所以可以借助于信托设计来实现追求财产增值的目的,原因在于委托人可以选任具有相当财产管理经验、智能、精力和时间者充当受托人,并借助受托人有效经营管理信托财产的行为,来保障信托目的的实现。换言之,受托人积极处理信托事务的权利,已经成为现代信托中必备的内容。需要指出的是,处理信托事务,不仅是受托人权利的一项主要内容,也是受托人承担的各项主要义务所在。下文将要述及的受托人承担的忠实义务、分别管理义务、自己管理义务、谨慎义务、保护义务等,实际上都是对受托人处理信托事务、管理处分信托财产提出的行为标准。一旦受托人在行使处理信托事务权利的过程中,超出法律允许的范围,违反行为标准的规定,造成信托财产的损害,就会带来相应法律责任的承担。从这个意义上可以说,以自己的名义处理信托事务,是受托人权利和义务的统一;如何合理地行使以自己的名义处理信托事务的权利,则是受托人需要妥善处理的根本问题。

受托人有权请求支付报酬。以英国法为例,英国人通常把信托当作家庭财产维持和传承的手段。这一阶段对受托人的选任,并不格外关注经营管理财产的专门知识或经验,而是选择较有身份和地位、有良好名誉和声望的人充当受托人。被选任充当受托人,相应成为一项社会荣誉,受托人成为营利性专门职业的发展趋势则受到较大制约。信托以当事人相互间的信任为基础,决定受托人以非营利为原则,不得请求支付报酬。同时,法律禁止受托人请求支付报酬,也是为了避免受托人以此为借口侵吞信托财产,进而巩固信托财产的安全。随着商品生产和流通的日益专门化、复杂化,财产管理的方法也日益复杂。客观现实的发展对受托人经营管理财产的专门技能提出了更高的要求,促使由专业受托人进行有偿信托事务管理,受托人也因此享有了获取报酬的权利。我国《信托法》对受托人请求给付报酬的权利作了较为具体的规定:受托人请求给付报酬的权利以信托文件或者其他形式的协议的明示为前提。该法第35条规定:"受托人有权依照信托文件的约定取得报酬。信托文件未作事先约定的,经信托当事人协商同意,可以作出补充约定;未作事先约定和补充约定的,不得收取报酬。约定的报酬经信托当事人协商同意,可以增减其数额。"首先我国《信托法》是以合同法为基础来制定的,受托人是否现实地享有获取报酬的权利,也视信托法律关系当事人之间是否就此形成合意而定。其次,受托人现实地请求获取报酬,必须符合法定条件的要求。该法第36条规定:"受托人违反信托目的处分信托财产或者因违背管理职责、处理信托事务不当致使信托财产受到损失的,在未恢复信托财产的原状或者未予赔偿前,不得请求给付报酬。"这一规定表明,受托人并不是无条件地享有获取报酬的权利,而是以自己适当履行经营管理信托财产的义务为前提和对价的。最后受托人请求给付报酬的权利不能顺利实现时,可以通过留置信托财产或者向信托财产的权利归属人提出请求来寻求救济。该法第57条规定:"信托终止后,受托人依照本法规定行使请求给付报酬、从信托财产中获得补偿的权利时,可以留置信托财产或者对信托财产的权利归属人提出请求。"

费用补偿请求权,即受托人请求补偿费用的权利,源自信托财产的独立性。信托财产独立于委托人、受托人和受益人的自有财产而存在,具有一定的人格特征。在信托事务管理过程中,除了信托财产的收益,即受托人因信托财产的管理运用、处分或者其他情形而取得的财产,应当归入信托财产;信托财产的支出,即为了管理信托财产、为处理信托事务而支出的必要费用或者承担的必要债务,也应当归由信托财产承担。这种权利义务、收入支出均由信托财产一体承担的特性,鲜明地体现了信托财产的独立性。信托财产的独立性广泛地存在于各种信托设计中,受托人请求补偿费用的权利也因此得到各国信托法的公认。而受托人请求补偿费用权的实现,一般应以信托财产为限。如我国《信托法》第37条第1款中直接规定:"受托人因处理信托事务所支出的费用、对第三人所负债务,以信托财产承担。受托人以其固有财产先行支付的,对信托财产享有优先受偿的权利。"对受托人这一优先受偿权的规定,在各国信托法中较为通行。如日本《信托法》第36条第1款直接规定:"受托者对信托财产所负担的租税捐税和其他费用,或为了处理信托事务,并非由于自己过失而蒙受的损失,可优先于其他权利者,有权以出售信托财产所得加以补偿。"在英国,为补偿费用,受托人有权在信托财产上设定第一抵押权、第一留置权,并因此获得较其他抵押权人等债权人更为优先的受偿权。可以说,信托财产是实现受托人请求补偿费用权利的直接保障。

辞任权。受托人请求辞任的权利,是指受托人依据信托文件或者法律的规定请求辞去受托人职务的权利。受托人的辞任,是导致信托关系终止的事由之一。受托人是具有重要地位的信托当事人,受托人的存在是保障和巩固信托关系稳定存续的必要条件。两大法系的信托法制中,虽然对委托人、受益人法律地位的安排和处理具有极大差异,却同样肯定受托人在信托法律关系中的重要地位,与此不无关系。基于同样的理由,为了保证信托目的的顺利实现和处理信托事务的连续性,各国信托法大都规定,受托人一旦接受信托,就不得随意辞去受托人的职务,只是有条件地承认受托人请求辞任的权利。我国《信托法》第38条规定:"设立信托后,经委托人和受益人同意,受托人可以辞任。本法对公益信托的受托人辞任另有规定的,从其规定。受托人辞任的,在新受托人选出前仍应履行管理信托事务的职责。"所谓受托人的辞任,是指受托人经过委托人和受益人的同意后不再担任受托人的行为。从这一定义我们可以看出,辞任是一个合意行为,即受托人与委托人和受益人需达成意见一致。尽管受托人的辞任是法律允许的,但法律并不鼓励受托人随意辞任。因此法律规定,在受托人请求辞任时,需经委托人和受益人的同意,而不得单独辞任。

第三节 受托人义务

一、受托人义务:法律性质,道德风险与激励机制

(一)受托人义务:约定抑或法定?

在法律语境下,设定义务的意义在于维护合法利益不受他人侵害。就信托而言,如果受托人违反信托义务,利益受到损害的是受益人。也就是说,受托人的义务对象是受益人,

而非委托人。但是，绝大多数信托是意定信托，从其设立来看，由谁担任受托人是委托人选定的，受托人对信托财产的所有权，也来自委托人的让与。如果受托人承诺接受信托，那么就意味着其愿意严格遵守信托目的，为了受益人的利益而管理和处分信托财产。受益人并非信托合同、遗嘱等信托文件中的当事人，却可以对信托财产享有受益权。这与通常法律关系的权利义务相对等原则不符：法律课以委托人与受托人的义务很多，而法律充分保障受益人享有信托受益权，可以转让、继承、抛弃，却并不要求其承担相应的义务。受益人的权利与义务无法在信托文件中规定，其"特权"地位来源于信托这种特殊的制度设计。相应地，受托人义务也并非信托文件规定的，从其属性上来说，是法定义务而非约定义务。

由于是法定义务，受托人义务相对恒定，信托关系当事人不能凭其意思表示自由设定。既不能在信托文件加重受托人的义务，也不能通过信托文件减轻受托人义务。实践中，信托公司、基金公司、商业银行等营业信托受托人通常在信托合同中规定大量的免责条款，即使普通投资者对此予以认可，它们也并不具有法定效力，受托人依然存在为此承担法律责任的可能。有学者认为，信托制度实质上是一种极其灵活的制度，因此如果将信托制度过度规范，则将使信托制度形诸僵化而丧失信托应有之效能。为保持信托之弹性，应允许信托当事人于私法自治之范围内，得以契约形式约定加重或减轻受托人之注意义务。这种观点的理论基础是信托灵活性与私法自治。但是，信托灵活性是指信托架构和运行的灵活，主要是基于有利于信托财产的运用以及有利于受益人利益的考虑。在信托文件中减轻或免除受托人义务，只能由委托人行使，但最终承担由此带来的不利后果的是第三人——受益人。显然，这种做法对受益人来讲是不公平的，不利于其利益保护的。更为重要的是，委托人免除受托人对受益人的义务不涉及自身利益，不属于私法自治的范畴。当然，在受托人义务法定的前提下，受益人免除受托人的某些或全部义务，是对自己权益的处置，属于私法自治的范畴，法律也不必干涉。

（二）防范道德风险：设定受托人义务的根本原因

保障委托人设立信托的目的得以实现从法理上避免出现受托人义务的法律真空。而明确受托人义务的根本原因是受益人、委托人与受托人之间存在信息不对称问题。以信息经济学的视角来看，信息的非对称性可以从两个角度划分：一是非对称发生的时间；二是非对称信息的内容。就信托而言，受托人身份的确定是发生在信托设立之后，因此属于事后非对称，不存在逆向选择问题。受托人对信息的占有，存在的仅仅是道德风险（moral hazard）。对于信托委托人、受托人与受益人之间，实际上形成了经济学上的"委托—代理"关系。受益人属于经济学上的"委托人"，受托人属于"代理人"。作为"委托人"的受益人对于受托人的行为无法准确地观察到，更无法判断受托人是否全面、忠实地履行义务。具体说来，受托人的道德风险存在以下两方面。其一，受托人对信托财产享有所有权，虽然信托财产独立于受托人的固有财产，但是在权利外观上，很难区分这类所有权与受托人对固有财产的所有权。固然，可以通过信托登记的方式公示信托财产，但是受托人又享有依据信托目的管理与处分信托财产的权利。实践中，对于受托人行为是否严格遵循信托目的很难判断。其二，因为受托人与受益人之间并不存在合同关系，信托文件无法规定受托人对受益人的义务；而委托人移转信托财产后，信托财产是否受到侵害，并不直接影响委托人利益,让受托人对委托人负有信托义务更不符合逻辑。

克服信息不对称存在的弊端,必须采取合理的激励机制。激励机制设计的目的,就是通过将对行为主体的奖惩与其提供的信息或外在可观察的信息联系起来,从而将行为的社会成本和收益内部化为决策者个人的成本与收益。具体而言,一方面对受托人的尽职行为予以奖励,另一方面对受托人违反义务的行为予以惩罚。前者主要是赋予受托人获取报酬的权利,而这一机制的设计是在信托设立阶段完成的。就民事信托而言,受托人之所以接受信托,通常是基于其与委托人之间存在亲情、友情等相互信赖关系,一般并不从管理与处分信托财产过程中取得报酬。如果信托设立时并未明确受托人可以获取报酬的,视为受托人是无偿的。当然,从尊重当事人意思自治的原则出发,信托文件中约定受托人报酬的,也被承认具有法律效力。至于营业信托,除公益信托外,受托人通常会根据受益人取得利益的大小获取一定比例的报酬。

但是,不论委托人如何奖惩代理人,代理人总是会选择自己效用水平最大化的行动。委托人不可能使用"强制合同"迫使代理人选择委托人希望的行动,而只能通过激励合同诱使代理人选择委托人希望的行动。因此,受托人对受益人存在隐藏行动的道德风险,主要体现为受托人不按照信托文件、遵循信托目的、为了受益人利益而行动。在双方信息不对称的前提下,受益人对受托人工作是否努力、是否尽职尽责是难以控制的。改变这种局面的方法,无外乎加强对受托人的监督与规定详尽的法律义务两种方式。由于受托人对信托财产享有所有权,对其难以实施有效监督。唯有课以一定义务并辅之以相应法律责任之路可行。防范受托人隐藏行动的道德风险的义务,要求受托人必须严格遵守信托文件,为了受益人的利益努力工作,这在法律上被称为勤勉义务。

二、受托人义务类型

一般地,受托人的义务可以分为两大类:一类为忠实义务;另一类为勤勉义务。前者要求受托人为收益人的最大利益行事,而后者则要求受托人在处理信托事务时,必须尽自己最大的注意,或给予高度的注意,且这种注意要高于其他职业的注意程度[1]。我国《信托法》第 25 条就规定:"受托人应当遵守信托文件的规定,为受益人的最大利益处理信托事务。受托人管理信托财产,必须恪尽职守,履行诚实、信用、谨慎、有效管理的义务。"

第一,受益人负有忠实义务。受托人的忠实义务,是指受托人负有唯一的、为受益人利益而处理信托事务的义务,而不得借此为自己或第三人谋利。忠实义务是受托人承担的最根本任务,受托人承担的其他义务,都是从忠实义务衍生出来的。受托人处于被信任人的地位,决定了忠实义务的价值。信托法"禁止受托人通过管理信托而直接或间接获得任何利润,因为无论这种性质的行为本身多么清白,但其后果在道德上是有害的,如果给予这种行为获利的机会,受托人将忽视其义务,并且不久将使其管理主要或仅仅为其自己利益"[2]。我国《信托法》第 26 条明文规定:"受托人除依照本法规定取得报酬外,不得利用

---

[1] 扈纪华、张桂龙主编:《中华人民共和国信托法条文释义》,人民法院出版社 2001 年版,第 116 页。

[2] J.G. Riddall, *The Law of Trusts*, Butterworths, 1982, 2nd ed, p.259.

信托财产为自己谋取利益。受托人违反前款规定,利用信托财产为自己谋取利益的,所得利益归入信托财产。"这一义务的基本含义是受托人除依照本法规定取得报酬外,不得以受益人的身份来分享信托利益。也就是说,在我国,受托人不得兼任唯一受益人。其目的就是防止受托人为自己牟利益而失去信托制度的本来意义。根据我国信托法的要求,受托人如果违反这一义务的,则应当将所得利益"归入信托财产"。从字面表述上看,法律在这里设置了"归入权"。但是由于法律没有明确归入权的主体,因此应当认定委托人、受益人都可以行使,也可以由委托人和受益人申请法院行使这一权利。

第二,受托人不得将信托财产转为自己的财产。我国《信托法》第27条明确规定:"受托人不得将信托财产转为其固有财产。受托人将信托财产转为其固有财产的,必须恢复该信托财产的原状;造成信托财产损失的,应当承担赔偿责任。"信托财产具有一定的独立性是确保信托关系存在的基础。为此受托人有义务维护信托财产的完整性。这一义务的目的就是通过保持信托财产的独立性,以确保委托人及有关当事人的合法权益不受侵犯。如果受托人违反这一义务,还应当根据这一条的规定承担恢复原状以及损害赔偿等责任。

第三,受托人具有分别管理的义务。受托人的分别管理义务,是指受托人应当将信托财产和受托人的自有财产(即我国信托法所称的固有财产)相互分离进行管理,不得混合。信托财产在法律上是一种独立的存在,独立于信托各方当事人。信托财产所具有的独立性,甚至使财产本身体现一定人格,与委托人、受托人、受益人三方的自有财产相分离而单独管理,并且不受该三方当事人之债权人的追及。信托财产所具有的这种独立性,对于信托财产的安全和信托目的的实现,至关重要。正是由于信托财产的独立性,才使信托财产及其收益能够突出地区别于当事人的各项自有财产及其收益,独立地用以保证信托目的的实现,独立地承担着实现受益人利益的使命。信托当事人之间的法律关系,直接受到信托财产独立性的影响。受托人所承担的分别管理义务,也直接体现着信托财产独立性的要求。由于信托财产和受托人的自有财产一样,直接处于受托人的掌控之下,也因此最容易发生相互混合。如果信托财产与受托人的固有财产或其他财产相混合,将导致信托财产独立性的模糊或消失,信托财产独立性规则无法适用,为信托财产设立的安全屏障被解除,最终导致信托利益失去保护。所以,信托法大多专门强调信托财产区别于受托人固有财产,如我国《信托法》第16条就专门规定:"信托财产与属于受托人所有的财产(以下简称固有财产)相区别,不得归入受托人的固有财产或者成为固有财产的一部分。受托人死亡或者依法解散、被依法撤销、被宣告破产而终止,信托财产不属于其遗产或者清算财产。"

第四,受托人负有审慎义务。审慎义务是指受托人在管理信托事务中应当尽到谨慎人的合理注意义务。该义务最主要的内容是受托人应审慎从事信托财产的投资行为。如前所述,社会经济生活的发展已使信托由传统的保值目标趋于获利增值的目标,使受托人对信托财产管理活动的中心移向了投资增效。但投资活动的高收益是与其高风险相伴随的,受托人对信托财产采取轻率投资的做法将使信托财产处于不合理的危险之中,所以,将受托人的投资活动控制在合理的范围之内成为一个关键的环节。科学地确定受托人从事以信托财产进行投资活动的合理标准,可以既保证信托财产能够参与投资获取一定收益,又能预防投资的不合理风险,避免对信托财产安全的造成不利影响。

第五,自己信托和双方信托之禁止义务。所谓自己信托,是指受托人在受托权限内与自己为法律行为。在这种情况下,受托人同时为信托关系中的受托人和第三人。交易双方的交易行为实际上只由一个人实施。由于交易皆是以对方利益为代价追求自身利益的最大化,很难不发生受托人为自己的利益牺牲受益人利益的情况。因此,自己信托,除非事前得到委托人或者受益人的同意,并以公平的价格进行交易,法律不承认其效力。而双方信托,是指一个受托人同时受托多个委托人时,在其相互之间产生法律行为的情况。在交易中,当事人双方的利益总是互相冲突的,通过讨价还价,才能使双方的利益平衡。而有一个人同时代表两种利益,难免顾此失彼,最终倾向于一种利益,且由于一个人同时代表两种利益,无法实现讨价还价的过程,两种利益难以达到平衡。因此在法律上对于双方信托的行为也是原则上禁止的。我国《信托法》第28条作了明确的规定:"受托人不得将其固有财产与信托财产进行交易或者将不同委托人的信托财产进行相互交易,但信托文件另有规定或者经委托人或者受益人同意,并以公平的市场价格交易的除外。受托人违反前款规定,造成信托财产损失的,应当承担赔偿责任。"可见我国《信托法》在这个问题上是规定得比较严格的。

三、违反信托义务的救济

(一)是否违反信托义务之判断:以忠实义务为例

如果受益人对信托财产的权益减少,该损失由受托人承担责任的前提条件是受托人违反了信托义务。而受托人的行为是否得当、是否违反信托义务,不同的主体因利害关系不同,势必产生价值判断上的差异。固然信义义务、诚信(Good Faith)以及诚实信用原则等原理,为受托人义务的设定和判断提供了根本上的指导,人们对这些原理也较易达成共识,但是,仅凭它们难以准确判断受托人的行为性质。从性质上来说,不管是诚实信用原则,还是信义义务与Good Faith,都属于具有主观评判标准的心理状态,还需要有任何第三方都能进行客观评判的标准,以保证判断的公正性。从效力层次上来说,这些原理处于最高位阶,需要确定下位的类型化义务,以保证规则的可操作性。

如前所述,忠实义务是信义义务的核心,也是受托人义务中最为重要的,是其他义务的本源。《信托法》并未明确地规定何为忠实义务,但是其内容从实质上隐含着受托人的忠实义务,而且作为其他所有义务的统领而存在。《信托法》第25条第2款规定:"受托人管理信托财产,必须恪尽职守,履行诚实、信用、谨慎、有效管理的义务。"该条款规定的内涵是受托人的忠实义务。紧随其后,《信托法》第26条到第33条共8个条文关于受托人义务的具体规定,是忠实义务的具体化。从信托的性质、架构以及运作来看,判断受托人是否履行忠实义务的标准应该包括以下几个方面。其一,受托人行为是否遵守信托文件的规定。就约定信托而言,受托人身份的取得来自信托行为,受托人接受信托意味着其接受信托文件的约束。其二,受托人行为是否符合信托目的。如果受托人行为与信托目的不符,则违背了设立信托的初衷。其三,是否实现受益人利益的最大化。受托人在信托关系中的一切行为产生的利益均应归属于受益人,追求信托财产最大程度上的保值增值是受托人的职责。其四,是否以维护信托财产的独立与完整为目的。信托财产是信托关系的基础和存在意义,虽然受托人在名义上享有信托财产的所有权,但是信托财产权益的享有者是受益人。受托人的任何行为都必须同时符合上述标准,有一项不符,则视为违反忠实义务。

(二)受托人违反信托义务的救济主体及救济方式

作为法律关系的内容,义务与权利相对应,没有权利就没有义务,反之亦然。那么,受托人义务对应的是委托人权利还是受益人权利?抑或二者兼而有之?《信托法》第20条至第23条规定了委托人的权利,包括知情权(第20条)、变更权(第21条)、撤销权(第22条)、解任权(第23条),等等。如前所述,因为《信托法》在信托的界定、信托财产归属上的先天缺陷,导致了委托与信托的混淆。这种做法倒也"顺理成章",尽管在根本上与信托原理不符,起码在逻辑上是自洽的。但令人费解的是,《信托法》又将委托人对受托人的权利同样地赋予了受益人。《信托法》第49条第1款:"受益人可以行使本法第二十条至第二十三条规定的委托人享有的权利。受益人行使上述权利,与委托人意见不一致时,可以申请人民法院作出裁定。"可见,《信托法》采取了将受益人与委托人置于同等地位的立场,二者作为受托人对应的主体,平等地享有与受托人义务对应的权利。

受托人违反信托义务,势必侵害受益人的合法权益。在英美法中,受托人对信托财产衡平法上的所有权就显现出来,可以以所有权人的身份请求受托人承担相应的法律责任。但是,受益人的请求权并不能直接向受托人主张,只能以对信托财产享有衡平法所有权为由,向衡平法院提起诉讼。在大陆法系国家,受托人享有信托财产所有权。当他人侵害信托财产,受托人作为所有者享有物上请求权。但是,受托人信托财产所有权与一般意义上的所有权有所区别:根据信托财产独立性原理,受托人应该将信托财产与其固有财产相分离;受托人消灭时,信托财产也不应当纳入其财产或清算财产。之所以要求信托财产独立,是因为要保护受益人对信托财产的权利。概括地说,受托人信托财产所有权与一般意义上所有权的最大区别在于,要受到受益人权利的限制。但是,一物一权原则决定了受益人对信托财产不享有所有权,无法以所有者身份,对侵害信托财产的行为主张物上请求权。至于大陆法系国家信托关系中,当事人的权利义务均来自法定,为当事人设定哪些权利与义务,需要对他们进行利益平衡考量。在没有衡平法所有权作为救济手段时,法律赋予受益人的受益权应该可以完整、全面地达到救济目的。在性质上,法律可以将受益权规定为物权,归类为一种特殊的他物权。一方面在信托法中规定,另一方面在物权法中规定,以解决物权法定问题。信托法、物权法以及侵权责任法等法律法规应该规定,当受益权受到侵害时,受益人可以根据侵害类型的不同进行救济。第一,受托人违反信托义务,将信托财产转移给第三人的,受益人可向第三人行使追及权,这种追及权可参照合同法上债权人的撤销权进行设计。第二,受托人违反信托义务,怠于向第三人行使基于信托财产产生的权利时,受益人可参照合同法上债权人的代位权向第三人主张权利。以上两种权利在形式上与合同法上撤销权、代位权类似,但与合同法最大的不同在于,因受益人对信托财产享有实际权益,所以权利行使的收益应该直接归于受益人,而非受托人。第三,当受托人违反信托义务直接侵害受益人权利的,受益人可以要求受托人承担侵权责任。

重要名词术语

受托人、费用补偿请求权、辞任权、忠实义务、分别管理义务、审慎义务、禁止义务、救济

思考题

1. 担任受托人应当具备哪些条件？
2. 受托人的权利主要包括哪些？
3. 受托人义务的主要来源是什么？
4. 如何理解受托人的忠实义务？
5. 受托人的禁止义务包括哪两个方面？
6. 受托人违反信托义务时应如何救济？

典型案例分析

Mleinhard v. Salmon [249 N.Y.458（1928）]

1902年4月10日，Louisa M. Gerry将一旅店租给本案被告Walter J Salmon，约定租期为20年，从1902年5月1日起至1922年4月30日止，作为承租人的被告负责以20万美元的成本将旅店改造为适于商务办公的场所。为筹集改建资金，被告与原告Meinhard成立联合经营企业（joint venture）并签订协议，约定原告向被告支付改建房屋等必要费用的一半，被告则在租期前5年向原告支付净利的40%并在此后的租期内向原告支付净利的50%；如果经营亏损，则原被告平摊。同时原被告双方约定被告Salmon负责全权管理、租借、转租、经营该财产，双方于对方死亡时相互享有优先购买权。合同履行的前几年虽然经营亏损，但此后则为各个投资者都带来了丰厚的回报。在前一租约即将到期之际，1922年1月25日，被告Salmon旗下的Midpoint房地产公司和改建房产的新主人Elbridge T. Gerry之间签订了新合同，约定了续租、改建原房产及其邻近地带等相关事宜。其间原告Meinhard从未被告知这一项目的情况。待当年2月原告知晓后，即向被告要求将后一租约作为原告联合经营企业的信托财产。被告拒绝原告的请求，原告遂诉至法院。

本案涉及对受托人忠实义务的判定。在本案中，就第三人来看，被告只是为自己的利益而占有和经营案中的房产，但实际上被告是作为受托人（fiduciary），为自己和原告的共同利益而持有该财产。同样是因为被告依约享有独自经营管理该财产的权利，他也更呈然地应当承担披露的义务。只有在被告适当地履行自身披露义务的前提下，原告才可能事实上享有和被告平等的决策权利，原告的经营机会等才不会受到非法侵害。被告与原告间信任关系的存在，被告作为受托人的地位，决定着被告行为应当符合更高标准的严格要求，妥善履行所负有的忠实义务。被告违反该义务要求，以自己名义为自己利益与信托财产所为的交易行为，也因此在效力上受到原告的制约。

第四十六章 受益人

【内容提示】

信托是为了受益人的利益而设计的一种财产管理制度,所以一项信托是不能没有受益人的。我国《信托法》第43条第1款规定:"受益人是在信托中享有信托受益权的人。受益人可以是自然人、法人或者依法成立的其他组织。"这一条足以涵盖受益人的全部法律定义。即便在学理上,受益人的概念也不过包含这些内容。因为在信托法律关系中的受益人制度并不十分强调受益人的资格。但是法律要求一项信托的受益人必须是确定存在的,这就是英国信托法中一直强调的"受益人原则"。这一原则的确定在英国信托实践中经过了长期摸索。在1805年的 Morice v. Bishop of Durham 中,大法官 Gradt M. R. 在判词中就指出:"必须有这么一个人,法院为了他的利益而命令特定履行信托。"而这一原则早就得到了上议院的确认。在另一个著名的信托案例,Bowman v. Secular Society Ltd(1917)中,Lord Paeker 总结指出:"一项信托要有效成立,就必须是为了人的利益。"在后来的 Re Wood(1949)中,Harman J. 最终确立了"受益人原则",即"一项纳入信托的财产赠与,必须有一个受益人"。[1]

第一节 受益人概述

一、受益人的特征

一方面,受益人是信托关系的重要当事人。这也是受益人在信托法律关系中的地位。虽然信托于信托合同签订时或者受托人承诺信托时成立,并不需要受益人作出意思表示或者为一定的法律行为,但是,受益人在信托关系中对受托人享有给付信托利益的请求权,委托人与受托人的行为都要受到为受益人的利益这一信托目的的约束,因此,受益人是信托关系中不可缺少的一方当事人。没有受益人的信托是无效的,即受益人虽然不是信托行为的当事人,但他是信托关系中的重要当事人。需要说明的是,信托是否有效并不以信托设立时受益人就存在或特定为必要,只要信托文件规定的受益人或者受益人的范围

---

[1] 何宝玉:《英国信托法原理与判例》,法律出版社2001年版,第58页。

可以确定,该信托即为有效。具体而言,在私益信托中,受益人在信托设立时即已确定或可得确定,否则信托行为不能生效;在公益信托中,因其是以不特定的多数人的利益为目的,因此与私益信托不同,其受益人在信托设立时必须已确定或可得确定。

另一方面,受益人是在信托关系中享有利益之人。信托是为受益人的利益而设立的一种财产管理制度,受益人按照信托文件的规定享有信托利益,对信托财产不负有管理、处分的义务,受托人因处理信托事务所支出的费用、对第三人所负债务,也不由受益人承担,而是以信托财产承担。非经信托文件特别规定,信托一般是无偿的,即使信托文件规定受托人管理、处分信托财产为有偿的,其报酬一般也是从信托财产中支付。

二、受益人资格

谁可以享有信托利益,即谁有资格享有信托利益,是根据信托文件确定的,有具体的对象或者特定的范围。因为受益人并不需要通过承诺或者为一定的法律行为以取得受益权,从信托生效之日起享有信托受益权,且受益人是信托关系中享有收益的人,加之受益人在信托关系存续期间,既不需要提供信托财产,也不需要管理信托财产和处理信托事务,因此原则上只要是享有权利能力的人,都可以成为受益人,而无论其有无行为能力。我国《信托法》第43条第1款规定,受益人可以是自然人、法人或者依法成立的其他组织。(1)自然人。自然人从出生时起就享有民事权利能力,至死亡时止,在这段时间内,自然人有依法享有民事权利、承担民事义务的资格,因此自然人可以成为受益人,而不论其是否具有民事行为能力。限制民事行为能力人和无民事行为能力人为受益人,不能自行行使其信托受益权的,由其监护人代为行使。个体工商户和农村承包经营户以及个人合伙为特殊的自然人,也可以成为受益人。(2)法人。法人从成立时起至终止时止,具有民事权利能力和民事行为能力,依法独立享有民事权利和承担民事义务,法人可以作为受益人。(3)依法成立的其他组织。依法成立的其他组织,如个人独资企业、合伙企业,虽不具有法人资格,但是具有从事一定生产经营活动的资格,能够独立参加诉讼活动,是相对独立的民事主体。因此,依法成立的不具有法人资格的其他组织也可以作为受益人。

三、受益人分类

就某一具体的信托关系而言,根据受益人人数的多寡,可以将受益人分为单独受益人和共同受益人。受益人仅为一人的,为单独受益人(sole beneficiary);受益人为二人以上的,为共同受益人(co beneficiaries)。共同受益人共同享有信托受益权,即信托受益权由数个受益人共有。

根据受益人对其利益的获得形式不同,受益人可以分为资本受益人和收益受益人。资本受益人直接就信托财产而获得利益,表现为信托财产的本金或者相当于本金的部分,如信托财产的变卖价金;收益受益人从信托财产所派生出来的收益中获得利益[1]。

---

[1] 徐孟州主编:《信托法学》,中国金融出版社2004年版,第168页。

第二节 受益人权利

信托受益权是受益人享有的最重要的一项权利,正是因为有了信托受益权,受益人在信托法律关系中才有存在的价值和必要。因此,世界各国信托法在设计这一权利时,都会尽量使其周全和稳妥,以最充分地保护受益人的利益。我国信托法对该项权利也予以法律上的认可和保障。总的来说,受托人的信托受益权这个概念,有狭义和广义之分。狭义的信托受益权仅指信托利益取得权,广义的信托受益权除了包括信托利益取得权,还包括信托利益放弃权和信托利益处分权。首先,我国《信托法》第43条第1款规定,"受益人是在信托中享有信托受益权的人"。这一条通过界定受益人在信托法律关系中的地位,将受益人定义为"享有信托受益权的人",在一个较高层面上确认了受益人是信托受益权权利主体。其次,我国《信托法》第44条规定:"受益人自信托生效之日起享有信托受益权。信托文件另有规定的,从其规定。"这一条规定了信托受益权的起算日期。根据本条的规定,信托受益权的起算日期分为两种情况:一种是在信托文件没有另外规定的情况下,受益人自信托生效之日起享有信托受益权;另一种是信托文件规定的具体日期为受益权的起算日期。同时我国《信托法》第46条第1款还规定,"受益人可以放弃信托受益权"。这一条是指,是否放弃信托受益权由受益人自己决定。"权利可以放弃,义务必须履行"是私法的一个重要的原则,因此法律允许受益人放弃信托受益权。只是法律在调整这一问题时,还要解决当受益人放弃信托受益权后信托利益归属的问题。根据我国《信托法》第46条第2、3款的规定:"全体受益人放弃信托受益权的,信托终止。部分受益人放弃信托受益权的,被放弃的信托受益权按下列顺序确定归属:(一)信托文件规定的人;(二)其他受益人;(三)委托人或者其继承人。"对此问题,美国是这样规定的:受益人主动放弃受益权的,按照受益人的意思表示,信托财产可以归属于受托人和委托人。某受益人放弃受益权时,还有其他共同受益人的,其受益权按照该受益人的意思表示,可以归属于其他受益人或者委托人、受托人,该信托并不因此而终止[1]。此外,在受益人尚未现实地取得信托利益时,其享有的信托受益权尚未转化为对信托利益的所有权。但是受益人已经可以行使一定的物权权利。我国《信托法》第47条和第48条规定,受益人的信托受益权在没有相反的约定和没有法律规定的情况下,可以用于清偿债务,也可以依法转让和继承。这一规定充分体现了信托法的私法特征。

受益权的内容主要包括信托利益的享有和监督信托事务两方面。受益人享受信托利益的权利,主要包括:(1)在信托存续期间,凡是基于受托人对信托财产进行管理而产生的收益,均由受益人享受。受托人、委托人本人均无权分享信托财产上产生的收益[2]。(2)在信托终止时信托文件未作规定的情况下获得信托财产本金的权利。受益人的这项权利又被称为本金受益。此处所指信托财产的本金,不仅包括信托设立时的信托财产,还

---

[1] 扈纪华、张桂龙主编:《中华人民共和国信托法条文释义》,人民法院出版社2001年版,第167页。
[2] 施天涛、余文然:《信托法》,人民法院出版社1999年版,第134页。

包括受托人管理、处分信托财产而取得的未分配给受益人而归入信托财产的财产。根据我国《信托法》第 54 条的规定，信托终止的，信托财产归属于信托文件规定的人；信托文件未规定的，信托财产首先归属于受益人或者其继承人。因此，信托终止时，除信托文件另有规定外，受益人享有获得信托财产本金的权利；受益人除能够享有信托利益之外，还具有监督受托人管理、处分信托财产的权利。信托成立后，受托人即应按照信托目的以善良管理人的身份处理信托事务，原则上委托人和受益人都无权介入信托事务的执行，这被认为是受托人应有的权利。但信托事务的处理与受益人利害攸关，因此各国信托法都赋予受益人一定程度的监督权，这些权利也是广义受益权的组成部分。一般而言，受益人的监督权，一是信托执行知情权，受益人有权了解信托财产的管理运用、处分及收支情况，有权要求受托人作出说明，有权查阅、抄录或者复制与其信托财产有关的信托账目以及处理信托事务的其他文件；二是信托财产管理方法调整请求权，当发生因设立信托时未能预见的特别事由，致使信托财产的管理方法不利于实现信托目的或者不符合受益人的利益时，受益人有权直接要求调整该信托财产的管理方法；三是救济权，包括撤销权、返还财产请求权、恢复原状请求权以及赔偿损失请求权。受托人违反信托目的处分信托财产或者因为违背管理职责、处理信托事务不当致使信托财产受到损失的，受益人有权申请人民法院撤销该处分行为，并有权要求受托人恢复信托财产的原状或者予以赔偿；该信托财产的受让人明知是违反信托目的而接受该财产的，应当予以返还或者予以赔偿；四是解任权，受托人违反信托目的处分信托财产或者管理运用、处分信托财产有重大过失的，受益人有权依照信托文件的规定解任受托人，或者申请人民法院解任受托人。受益人行使上述权利，与委托人意见不一致时，可以申请人民法院作出裁定。而共同受益人之一申请人民法院撤销该处分行为的，人民法院所作出的撤销裁定，对全体共同受益人有效。

第三节　受益人义务

第一，受益人要承担补偿义务。对于受托人在处理信托事务的过程中所需要的费用，或者在处理信托事务时，非因受托人自己过失所受到的损失，受益人负有补偿或者提供相关担保的义务。此项义务，在国外的信托法中有所反映，如日本《信托法》第 36 条规定：受托人对信托财产所负担的租税、课捐、其他费用，或者对受托者处理信托事务中不是由于自己的过失所蒙受的损失进行补偿，可出售信托财产，并可优先于其他权利者行使该权利。受托人可向受益者索取前项之费用和损失补偿，或令其提供相应担保。但受益人不特定或尚未存在时，不在此限。前项之规定，受益人放弃其权利时，不在此限[1]。该法第 38 条对受托者的上述索取权利的行使作出了一定的限制，表现为在受托者履行其损失补偿义务及其复原义务前不得行使其权利。韩国《信托法》第 42 条也规定：受托人要求补偿因

---

[1] 施天涛、余文然:《信托法》，人民法院出版社 1999 年版，第 136—137 页。

在处理信托财产过程中所负担的租税、公共费用、利息，或者在信托事务中自己无辜而遭受损失时，可优先于其他人行使出售信托财产的权利。受托人可要求受益人补偿前款规定的费用和损失，或提供一定的担保。但是，无特定受益人或没有受益人时除外。前款规定不适用于受益人自己放弃其权利的情形[1]。

第二，受益人有向受托人支付报酬的义务。在有偿信托中，受托人接受委托为受益人的利益而管理信托财产或处理信托事务，享有从受益人处取得报酬的权利，受益人负有给付报酬的义务。国外的信托法对此也有相应的规定，如日本《信托法》第37条规定：受托人应从信托财产中取得报酬时，其报酬准用前条（第36条）的规定。受托人应从受益人处得到报酬时亦同。

上述两项义务，对受益人来说，以其对信托利益享有受益权为前提。从权利义务一致的角度看，在受益人放弃受益权的情况下，法律不宜要求其承担前述补偿义务和支付报酬义务。同样，在受益权为共同受益人享有的情况下，补偿义务和支付报酬义务便成为按份义务，每一个受益人对这两项义务所应担的份额原则上应与其对受益权所拥有的份额一样。我国《信托法》第4章第3节只对受益人的权利作了规定，而对受益人应当承担的义务未明确规定，只是在第37条第1款规定了受托人对信托财产的优先受偿权，并在第57条规定，受托人依法行使请求给付报酬、从信托财产中获补偿的权利时，可以留置信托财产或对信托财产的权利归属人提出请求。由于信托财产或其收益最终要归属于受益人，可以理解为在这两种情况下的义务主体应当为受益人。

重要名词术语

受益人、受益人权利、补偿义务、支付报酬义务

思考题

1. 何为受益人？有哪些分类？
2. 担任受益人应当具备哪些条件？
3. 受益人的权利包括哪些？
4. 受益人的义务是什么？

典型案例分析

关于衡平法追踪的案例 Re Oatway（1903）[2]

Oatway是一项遗嘱的受托人，他将3000英镑信托基金存入自己的私人银行账户，账户里已存入他自己的一大笔钱。此后不久，他从账户中取出137英镑购买了一家公司的股

---

[1] 施天涛、余文然：《信托法》，人民法院出版社1999年版，第137页。
[2] 何宝玉：《英国信托法原理与判例》，法律出版社2001年版，第519—520页。

票,然后又将账户里的钱花光。他将股票出售,获得了 2474 英镑收入,不久就去世了,但已经资不抵债。遗嘱的受益人将出售股票的收入看成是信托基金,但 Oatway 的个人代表则声称,既然购买股份时账户里的钱足以支付信托债务,那么应当认为受托人使用自己的钱购买的股票,从而出售股票的收入应属于受托人的遗产。

经判决,认定本案出售的股票收入属于信托财产。本案中体现的问题在于,受益人对于受托人用混合基金(信托基金与受托人的固有财产)购买财产或进行投资的所得,是否有权主张受益权?其受益权是否可以对抗第三人?审理本案的 Joyce J 判决认为,信托对运用混合基金购买的股票或出售股票的收入,设定了第一抵押,该抵押附系于混合基金的任何一部分,直到信托财产被追回时为止。其分析指出,受托人用混合基金购买财产或进行投资的,受益人有权在购买的财产上设定抵押,抵押额为信托基金的数额。类似的,受托人把信托基金存入自己的银行账户,受益人对账户的余额也有权设定一项抵押。同样清楚的是,如果提取的钱用于投资,投资仍然记在受托人名下,或者在受托人的控制下,账户上的其他款项被他消耗了,那么,他不能说投资只代表他自己的钱,已经花掉的钱是属于信托的。换言之,受托人将自己的钱和信托基金混在一起,然后不断地提取和存入,为确定账户余下的款项或者用账户的款项进行的任何投资应当属于谁所有,受托人必须将提取的款项记入借方,将正当的投资记入称职的受托人名下。不同资金的存入,提取和投资的顺序,则完全是不相干的。

第四十七章　信托财产

【内容提示】

信托财产是指委托人移交给受托人的作为信托法律关系之标的,由受托人以自己的名义为受益人的利益而管理和处分的财产。而我国《信托法》则从受托人的角度出发,明确规定信托财产是"受托人因承诺信托而取得的财产"。信托财产也被称作信托的对象物或者信托的客体。换言之,原本由民法规范的财产权因信托的设立而发生质变,成为信托法调整下的财产权[1]。信托财产作为一个特定的法律概念,最先出现在英国的衡平法[2]。信托财产在衡平法上被表述为:委托人将信托财产交给了受让人,受让人虽然取得了它的所有权,但并不享有为了自己的利益按照自己的意志来支配它的权利,而只负有为了出让人或其指定的其他人的利益并按出让人的意志支配它的义务[3]。由于受益人对信托财产的权利得到衡平法的承认,信托财产便处于一种双重所有权的特殊状态:受托人享有信托财产普通法上的所有权;受益人则享有衡平法上的所有权。

大陆法系国家在各自的信托立法中引进了信托财产概念。日本、韩国信托法条文中经常使用"信托财产"一词。大陆法系国家引进信托财产概念通常采取两种不同的做法:一是为了回避信托财产的定义,立法上不对信托财产作出任何界定,如日本、韩国信托立法;二是强调受托人对信托财产的实际控制权,仅从外观上将信托财产界定为受托人因信托行为而取得的财产或财产权,从概念外延上而不是内涵上进行定义,规定在何种情况下某项财产成为信托财产,而对信托财产的所有权属性则予以回避。我国《信托法》第14条有关信托财产的规定方法也采取了第二种做法。

显然,英国衡平法提出的信托财产概念是以其特有的法律制度设计为基础的,而信托财产双重所有权与源自古罗马法的大陆法系财产所有权观念有很大冲突,用传统大陆法系的理念,几乎无法完整准确地表述这一概念:在现代信托法意义上,委托人为了特定目的,将信托财产交付受托人管理,委托人就信托财产而享有的所有权即告终结,信托财产上的权利转由受托人和受益人共同享有。英美信托法上信托财产的所有权被一分为二:受托人取得普通法上的所有权,而受益人取得衡平法上的所有权。受托人作为信托财产的管理人,享有对信托财产实际的管理控制权,但不享受信托财产的利益。但在大陆法系传统

---

[1] [日]中野正俊、张建军:《信托法》,中国方正出版社2004年版,第68页。
[2] [法]勒内·达维德:《当代主要法律体系》,漆竹生译,上海译文出版社1984年版,第328页。
[3] 张淳:《信托法原论》,南京大学出版社1994年版,第100页。

的所有权观念中,所有权人对自己的财产不仅享有控制权,而且享有收益权,控制和收益两种权利属性一直都是合二为一的。尽管所有权的一项或几项权能可从中分离出来,但所有权本身是不可分割的。在信托制度中,无论是受托人还是受益人都不享有完整意义上的所有权。大陆法系所谓所有权之四项权能,[1]其中占有、使用和处分信托财产的权能均由受托人行使,而收益的权能则由受益人享有,所有权的权能出现了分离,这与传统大陆法系所有权一元观念(同一物上所有权不可分割)是相背离的,[2]因此很难从权利属性上对信托财产进行界定。正因为如此,大陆法系国家在引进信托制度时,大多回避对信托财产进行立法定义。这一点是理解信托财产概念时必须加以考虑的因素。

第一节 信托财产的概念

一、信托财产的概念

信托财产是委托人移转给受托人,由其为了受益人利益而持有、管理和处分的财产。信托本来就是一种财产安排制度,没有财产也就没有信托。信托财产的确定和移转是设立信托的前提,也是信托关系成立的必备要素,信托财产问题贯穿信托的设立、变动与终止的全过程,信托财产的状态决定着信托效力的形态;委托人的行为、受托人的职责以及受益人的权利,也必须落实到具体的信托财产上才有实际意义。总之,信托法律关系的方方面面都是围绕着信托财产展开的。而由于普通法系国家财产法与民法法系财产法存在巨大差异,对信托财产的法律规范出现了两种不同的模式。

二、信托财产的确定

大量信托判例表明:普通法系认为,如果信托财产不确定,那么委托人作出设立信托的意思表示就没有实际意义,信托不能成立。[3]信托财产的确定性具有非常重要的意义,因为受托人必须确切地知道,委托人的哪些财产纳入了信托,哪些财产没有纳入信托。这一点不仅关系到信托的成立,也直接涉及受托人的权益,因为如果一项财产被纳入信托,而受托人又没有处理这项财产,那么,受托人就可能构成违反信托,并且可能对此承担个人责任。[4]民法法系国家(地区)的信托立法也都要求了信托财产的确定性,但是在具体表现形式上不尽相同。日本、韩国的信托法是通过隐含地方式予以要求,而我国《信托法》

---

[1] 陈华彬:《物权法原理》,国家行政学院出版社1998年版,第213页。
[2] 张天民:《论信托财产上权利义务的冲突与衡平》,载梁慧星主编:《民商法论丛》(第9卷),法律出版社1998年版,第603页。
[3] See Philip H.Pettit, *Equity and the Law of Trusts*, 4th Ed, London ButterWorths, 1979, p.38.
[4] 何宝玉:《英国信托法原理与判例》,法律出版社2001年版,第71页。

第 7 条则明确地规定："设立信托,必须有确定的信托财产……"[1]

普通法系的财产法是一个非常复杂的话题。依照英国的普通法,财产分为动产与不动产两种。在全部法律理论中,所有权以及附着于所有权的一切权利,均与有关物件的性质产生联系。换句话说,讲到权利的问题,总有必要知道权利的标的物究竟是动产还是不动产。[2] 不动产主要是指土地以及与之相关的一切权益。如前所述,英国自封建社会时起,土地权利的处分就受到了严格的控制。直至今日,在普通法系国家法律对土地权利依然存在一定程度的限制。这也是信托制度得以产生与发展主要原因。而就动产的移转而言,普通法从来都没有什么特别的限制。

在实践中,委托人指定受托人后,如果被指定的人同意担任受托人,那么信托财产就被授予了受托人,信托关系才得以成立。信托财产应该移转给受托人所有,依照信托财产的不同类型,移转的方式也有所不同。土地及其他不动产权益的移转,必须采用书面形式而且要求委托人与受托人双方当事人签署。登记并不是其转让的必备要件而只是一种宣告而已,动产买卖只需要转移占有即可。当然,诸如股票、债券等财产权利还要办理符合相关法律规定的手续。就宣言信托而言,因委托人与受托人为同一个人,委托人无须移转信托财产,但是应该将信托财产从自己其他财产中划分出来,使他人可以清楚地区别。

普通法系赋予了信托受益人信托财产追及权,这个权利并非民法法系所理解的物权请求权的权能,而是一种诉权。但是,出于更好地保护受益人权利的考虑,大法官认为这种权利是一种与受托人普通法上的所有权并列的独立的衡平法上的所有权。然而,这并不是说受益人衡平法上的所有权阻碍了受托人普通法上所有权的行使。受托人依然享有普通法上所有权人的一切权能,只不过附加了一个特定的目的而已。因此,现在大体上可以不很精确地说,受托人对由信托财产构成的独立的资产享有所有权,虽然他的所有权受到受益人所享有的权利的限制,且不利于前者的债权人。[3] 在受托人违反信托义务对信托财产进行处置的情况下,受益人有多种救济方式可以选择。如果在起诉受托人进行救济无望的前提下,受益人可以请求财产性救济,追回信托财产,这时受益人衡平法上所有权的作用才发挥出来。所以,就信托财产而言,普通法上的所有权是显性的,而衡平法上的所有权是隐性的,一般不易被察觉。衡平法上所有权的实际意义在于法官可以根据衡平法上的原则,认定利益(信托财产)属于受益人所有,而并非如同民法法系所有权那样,体现为占有、使用、收益、处分等权能。确切来说,受益人衡平法上的所有权更像一种救济性权利。

普通法系与民法法系的不同就在于:它不采取事前复杂、严密的制度设计及事后法官恪守成文法规定的方式;而是事后完备、有效的救济手段,种类繁多的、精巧的诉讼方式加上熟练掌握法律的、道德操守良好的、具有"造法"权力的法官,这一切体现了信托的真正含义与价值,保障了信托受益人的权益,使得信托的制度优势得以全面发挥。

---

[1]《信托法》第 6 条第 1 款。
[2] [美] 阿瑟·库恩:《英美法原理》,陈朝璧译注,法律出版社 2002 年版,第 149 页。
[3] [英] F.H. 劳森、B. 拉登:《财产法》,施天涛等译,中国大百科全书出版社 1998 年版,第 101 页。

第二节 信托财产的独立性

一、信托财产的独立性概述

信托财产上的各项权利除受益权外,均为受托人所享有,所以,英美法系国家信托法理论将受托人的权利视为名义上的所有权。但是,受托人的该权利自始就受到信托目的的限制。信托财产为信托目的而独立存在,具有独立性的法律特点。所谓信托财产的独立性,是指信托一旦有效设立,则信托财产就从委托人、受托人和受益人的固有财产中分离出来,成为一种独立的财产整体,委托人、受托人和受益人各方的债权人行使债权均不得给予信托财产。尤为重要的是,信托财产基于其独立性,必须区别于受托人固有财产。同一受托人管理的来源于不同委托人的信托财产也必须有严格区别,此即信托财产的独立性。

(一)信托财产相对于委托人财产的独立性

我国《信托法》第15条规定:"信托财产与委托人未设立信托的其他财产相区别。设立信托后,委托人死亡或者依法解散、被依法撤销、被宣告破产时,委托人是唯一受益人的,信托终止,信托财产作为其遗产或者清算财产;委托人不是唯一受益人的,信托存续,信托财产不作为其遗产或者清算财产;但作为共同受益人的委托人死亡或者依法解散、被依法撤销、被宣告破产时,其信托受益权作为其遗产或者清算财产。"

从这一条中可以看出,当信托设立后,信托财产就和委托人未设立信托的其他财产区别开来而成为独立的财产整体。委托人的债权人不得要求法院强制执行信托财产,委托人自己也不能处分信托财产。换言之,在信托设立之后,委托人本人就失去了对该信托财产的所有权,成为不相干的陌生人。例如,在英国1936年 Re Bowden 判例中,委托人准备落发为僧。为履行誓言,她将自己的全部财产转移给受托人,并且指定了受益人。过了一段时间的尼姑生活以后,她又改变了主意,企图将信托财产用于自己的利益。法院判决说,既然信托已经设立,原告作为委托人已经失去了在信托财产上的全部利益,不能再要求从信托财产上受益。

(二)信托财产相对于受托人财产的独立性

1.信托财产与受托人的固有财产相分离

《信托法》第16条第1款规定:"信托财产与属于受托人所有的财产(以下简称固有财产)相区别,不得归入受托人的固有财产或者成为固有财产的一部分。"根据该规定,信托财产独立于信托设立前及信托设立后受托人的固有财产,包括因受托人对信托财产的管理、运用和处分而产生的收益,即受托人处分自己原有财产和处分信托财产的目的不应一样。

2.信托财产与受托人的遗产相分离

按照信托法原理,受托人遗产实际上就是其生前的固有财产,正因为信托财产独立于受托人生前的固有财产,所以当受托人死亡时,不能将该信托财产纳入受托人的遗产而成为继承的标的。而且由于信托关系是以信任为基础的,故受托人死亡时,其任务终了,不能由继承人继承其职务。此时应当选任新受托人,并将信托财产转移给新受托人。但是,受托人的继承人在新受托人能够处理信托事务之前,应妥善保管信托财产,并为向新信托人移交信托财产采取必要的措施。这一点也是基于信托财产的独立性,为切实保证信托目的的实现而避免信托财产的管理出现空白。

3. 信托财产与受托人的破产财产相分离

由于信托财产并非受托人的自有财产,所以,当受托人破产时,处于其管理之下的信托财产不能列为破产财产而纳入破产清算的范围。对于这一点,韩国《信托法》第22条也有相同规定:"除属于受托人的固有财产外,信托财产不构成受托人的破产财产。"另外,在新受托人确定之前,清算人应当妥善保管信托财产。我国《信托法》第16条第2款规定:"受托人死亡或者依法解散、被依法撤销、被宣告破产而终止,信托财产不属于其遗产或者清算财产。"

(三)信托财产相对于受益人财产的独立性

虽然设立信托的目的是维护受益人的利益,但受益人并不占有信托财产,他对信托财产仅仅享有受益权(在英国信托法上属于衡平法上的所有权)。而当受益人从信托财产获得信托利益之后,这些利益就会变成受益人的自有财产。这一转化具有特殊的法律意义:首先,受托人的债权人对受益人所得的信托利益无追及权;其次,针对信托财产的债权人可以信托财产为对象行使权利,但对信托利益无追及权;最后,受益人当然也不能对信托财产行使除收益权以外的任何权利。

二、信托财产的独立性如何保障:民法法系的难题

(一)前提:所有权移转于受托人

如前所述,就普通法系而言,信托财产由受托人所有,受托人自然享有对信托财产持有、管理与处分的权利。但是受托人这些行为必须服从于信托目的,否则信托财产的"隐形"所有权人——享有衡平法利益的受益人将会在法院的支持下要求受托人或其他利益相关人承担责任。双重所有权的承认使受益人的权益得到最大可能的保障,信托财产追及权是最好的体现。

即使在民法法系国家,信托财产的归属问题也必须予以明确。依照信托的基本原理,委托人将信托财产移转于受托人是信托成立的必要条件。日本、韩国《信托法》均规定了信托财产要移转给受托人所有。[1] 我国《信托法》第2条规定:"本法所称信托,是指委托人基于对受托人的信任,将其财产权委托给受托人,由受托人按委托人的意愿以自己的名义,为受益人的利益或者特定目的,进行管理或者处分的行为。"该条规定没有表明信托财产应该移转给受托人,而是使用了"委托"的字眼,难道我国信托法认为委托人与受托人之间是一种委托代理关系?紧接着又规定受托人以自己的名义对信托财产进行管理或者处分,这又是何意?既然受托人是接受委托人的委托而处分自己的财产,

---

[1] 日本《信托法》第1条规定:本法所称信托,是指有财产权转让或其他处理行为,使他人遵从一定的目的,对财产进行管理或处理。韩国《信托法》第1条第2款规定:本法中的信托,是指以委托人与受托人间特别信任的关系为基础,委托人将特定财产转移给受托人,或经过其他手续,请受托人为指定的受益人的利益或特定的目的,管理和处理该财产的法律关系而言。

这与我国合同法中有关行纪合同的规定非常相似,但是行纪合同仅限于贸易合同,[1]又怎么能为了他人的利益或者特定目的呢?这些问题在信托法中找不到明确的答案。

(二)含义:信托财产与信托当事人的关系

民法法系的法律传统与普通法系相去甚远。在法律制度上,成文法是法律的主要渊源,法官在审理案件时必须以明确的法律规定为依据;财产法主要是以物权法的面目出现的,传统民法的"一物一权"原则被立法坚持。当信托引入到民法法系国家(地区)时,双重所有权无从谈起,受益人权益的保障主要通过坚持信托财产的独立性来实现。在民法法系国家(地区)的信托立法中,信托财产独立性有以下几方面的要求。

1. 信托财产与受托人自有财产相区分。

日本《信托法》第22条规定:"受托人不得以任何人的名义将信托财产作为自有财产,也不得对此取得权利……"韩国《信托法》的规定基本上与日本相同。我国《信托法》第16条规定:"信托财产与属于受托人所有的财产(以下简称固有财产)相区别,不得归入受托人的固有财产或者成为固有财产的一部分。"[2]

2. 信托财产独立于委托人的财产

在承认信托财产要移转给受托人,属于受托人所有的前提下,信托财产自然不属于委托人,无须特别强调。而我国信托立法对信托财产的归属问题态度模糊,因此在立法中又规定:信托财产与委托人未设立信托的其他财产相区别。[3]当然,就宣言信托而言,委托人无须移转财产,其信托财产的独立性在民法法系国家(地区)难以保障。因此,除公益信托外,民法法系国家(地区)一般不承认宣言信托。

3. 信托财产独立于受益人所有的财产

在信托存续期间,受益人仅仅享有信托财产受益权,对信托财产不享有任何意义上的所有权。当然,在信托关系终止后,信托财产有可能归于受益人所有。

信托财产的独立性主要体现在不能作为遗产被继承、不属于破产财产、禁止强制执行以及禁止抵销、混同等方面。

(三)登记制度的完善:保障信托财产独立的可行性选择

民法法系信托财产独立性是通过信托财产的严格登记制度来实现的。信托财产登记是公示公信原则的体现,通过登记使社会公众知晓该财产上设定有信托这一事实,保障如上所述信托财产独立性之规定的落实。

从民法法系国家信托财产登记制度来看,其表象和功能都与担保物权的登记相似,比如,目前依照我国的法律规定,只有不动产,诸如汽车、轮船等特殊动产以及部分证券的权利变动需要登记,才有登记机关受理登记,而除此之外的其他财产则无法适用信托财产登记制度。虽然对于已经登记的信托财产如果遭受侵害,受益人可以依法请求保护自己的

---

[1]《中华人民共和国合同法》第414条:行纪合同是行纪人以自己的名义为委托人从事贸易活动,委托人支付报酬的合同。

[2] 这一条虽然是说明信托财产独立性的,实际上也从侧面说明了我国信托法认为信托财产不属于受托人所有的立法态度。

[3]《信托法》第15条。

合法权益,但是受到法律的严格限定。如日本《信托法》规定,受托者违反信托本旨处理信托财产时,受益者得以向对方或转得者宣布取消该项处理。但只限于信托有登记、注册和不应登记、注册的信托财产,在对方及转得者已知其处理违反信托本旨,或因重大过失而无法得知时,才适用本条规定。[1]而普通法系下的受益人则享有充分的追踪权,追踪使受益人能够跟踪信托财产,从持有信托财产的人手中,取回信托财产或者代表信托财产的其他财产。[2]当然,受益人的追踪权也不可滥用,一般受益人追踪权的对象仅限于有过错的信托财产购买者和无偿的信托财产受让人。

就民法法系国家而言,一方面不能像普通法系那样承认信托财产的双重所有权,另一方面必须要保障信托财产的独立性。在这种情况下,只有建立完善的信托财产登记制度才是唯一的出路。

重要名词术语

信托财产、信托财产的确定、信托财产独立性、保障

思考题

1. 什么是信托财产?信托财产应当如何确定?
2. 信托财产的独立性体现在哪些方面?
3. 为什么说保障信托财产的独立性是民法法系的难题?

典型案例分析

某啤酒股份有限公司(以下简称某啤酒)是国家特大型企业,其前身是国营某啤酒厂,始建于1903年,其生产的某啤酒是国际市场上最具知名度的中国品牌之一。作为我国历史上最悠久的啤酒生产企业,某啤酒厂于1993年改制为股份有限公司,并在香港和上海上市发行H股和A股股票。海斯—布希公司(Anheuser-Busch,以下简称A-B公司)于1852年创立,总部位于美国密苏里州圣路易斯市,是世界上最大的啤酒酿造商之一,在美国市场占有率第一,占到美国50%以上的市场份额。其出产的某威啤酒(Budweiser)名扬世界,深受各国消费者喜爱。

2002年10月21日,某啤酒与A-B公司在纽约正式签署了战略性投债券所得的资金,用于改造现有的酿造设备、建设新厂以及未来的收购,可转换债券所得的资金,用于改造现有的酿造设备、建设新厂以及未来的收购,A-B公司向某啤酒提供资金、技术和管理等资源。2003年4月1日,某啤酒与A-B公司举行定向可转换债券交割仪式。交割仪式上,某啤酒向A-B公司颁发了首次两批价值1.164亿美元的债券证书,A-B公司向某啤酒颁发了付款证明。2003年10月,某啤酒又向A-B公司发行一批可转换债券。至2005年4

---

[1] 日本《信托法》第31条。
[2] 何宝玉:《英国信托法原理与判例》,法律出版社2001年版,第508页。

月11日，所有向A-B公司发行的可转换债券已被全改转换成某啤酒新的H股。由于这次债转股，A-B公司在某啤酒的持股比例由原来的9.9%一跃升至27%，成为仅次于某国资委之外的非政府一大股东。某啤酒通过香港联交所新发行的H股股份总数逾2.48亿股，至此，某啤酒的总股本增加为130,821万股，其中H股比例增至50%。根据某啤酒与A-B公司签署的战略投资协议，拥有27%股权的A-B公司放弃了部分表决权，实际拥有某啤酒20%的表决权，持有30.6%股份的某国资委实际只拥有某啤酒37.6%的股权表决权。A-B公司对其中7%的股权只保留收益权，并将其20%的表决权以信托方式授权于某国资委行使。其股份自相应配发日起禁售，锁定期为2年。

本案中，A-B公司对其27%的股权只保留收益权，并将表决权以信托方式授权于某国资委行使。然而问题是，其表决权能否成为一项信托财产？表决权是股东拥有的对股东大会提案作出意思表示的权利，表决权的大小与其所持有的公司股份相适应。表决权信托（Voting Trust）是信托的一种类型，具体是指股东根据表决权信托协议将其股份（含表决权）的法定所有权转让给一个或几个受托人，从而使自己成为股份的利益所有人。在表决权信托中，受托人通过股份所有权的转让，获得了独立行使股份所有权中分离出来的表决权，这使得受托人在受托期间行使表决权不受原股份所有权人的干预，受托人因之获取对公司的控制权。该类信托产生于美国司法，现已被大陆法系的一些国家和地区借鉴，表决权信托中股权所包含的权利——受益权和控制权的分离，有利于享有受益权的股东和获得公司经营管理权的受托人的功利最大化。因此，表决权信托的本质是利用信托的方式对表决权进行重新安排，是一种控制公司的有效手段。

股权中的表决权是股东行使其股权的一项内容，是股东对其投资所形成的公司财产如何使用、收益和处分贯彻自己意志的权利，是一种在股东整体和公司双方制衡条件下，股东个体对公司进行制约的权利，它只能起到在服从公司和全体股东利益条件下要求公司兼顾局部利益的作用，其实质是股东的决策权，是不能以金钱价值交换的权利，这一非财产性权利的属性使之不能成为信托财产的载体。因此，在股权这个集合财产权中，控制权和收益权因性质、功能各异，可以分别由不同的主体来行使，但二者相辅相成，融为一体，这些权利的行使不能与股权割裂开来。基于股权的财产权属性及表决权不得与股权割裂行使。因此，我们认为表决权信托的信托财产应为股权，而不是股权中的表决权。

第四十八章　信托行为

【内容提示】

信托法律关系产生的原因在于信托行为。作为信托法律关系产生的法律事实,信托行为只有符合法定的实质要件和形式要件,才能导致信托法律关系的产生,否则就会成为无效的信托。同时,为了防止委托人借信托的设立,损害其债权人的利益,赋予委托人的债权人以撤销权是平衡各方当事人利益的必要手段。在信托法律关系产生之后,一些主客观条件可能会随之发生变化,若不变更信托法律关系将损害受益人利益,妨碍信托目的的实现,或者适当变更信托法律关系将更有利于维护受益人权益和实现信托目的。当出现法律规定的或者信托文件中约定的事由时,信托归于消灭。信托的终止将引起重大的法律后果,为避免信托终止的任意性,各国信托法均以一定的方式明确规定信托终止的事由。

信托行为可以分为广义的信托行为和狭义的信托行为。广义的信托行为,是指信托当事人之间以设立、变更或终止信托权利义务为目的,以意思表示为要素,依法产生相应法律后果的行为。它不仅包括信托的设立行为,还包括信托的变更以及终止的行为。我国学者提出了"信托行为的复合构造"概念,认为信托行为是由两种行为组合而成:一是财产的移转或其他处分行为;二是形成受托人就该财产为一定目的的管理或处分义务的行为。信托行为系由负担行为与处分行为二者相结合而成[1]。在日本,有关信托行为的法律构造,分别有"复合行为说"和"单一行为说"两种争论。前者依循民法原理,以物权无因行为为基础,认为信托行为系由原因行为与处分行为两者复合而构成;后者则依循英美等国的信托原理,认为信托行为仅是单一的法律行为,只是在法律效果上发生双重的效果,即同时发生债权与物权的效力。而狭义的信托行为,仅指以设立信托为目的的行为,即信托的设立行为。

---

[1] 赖源河、王志诚:《现代信托法论》,中国政法大学出版社2002年版,第41页。

第一节　信托行为的特征

（一）信托目的合法性

信托目的,即当事人通过设立信托所要达到的目标,是信托不可或缺的要素之一,信托目的决定信托财产的管理和运用方式。根据信托的受益对象不同,信托大体有三种目的:一是为委托人的利益的自益信托;二是为委托人以外特定人的利益的他益信托;三是为公共的利益的公益信托。[1]我国《信托法》第 6 条规定,设立信托必须有合法的信托目的。至于信托目的具体范围如何,《信托法》并未作出任何限制,完全由委托人自主决定。委托人在自愿原则的基础上,按照自己的意志决定是否设立信托,同时既可为私益目的设立信托,也可为公益目的设立信托。但作为一种专门的财产管理方式,信托法在肯定信托目的自由原则的同时,规定了信托目的合法性原则,并以后者为补充,信托目的违法则信托无效。信托目的违法,按照《信托法》第 11 条第 1 项的规定,系指信托目的违反法律、行政法规或者损害社会公共利益。

（二）信托行为要式性

要式性指的是信托行为应当采用书面形式。我国《信托法》第 8 条规定,设立信托,应当采取书面形式。书面形式包括信托合同、遗嘱或者法律、行政法规规定的其他书面文件等。由于私法中推崇意思自治原则,所以一般的民事法律行为的形式原则上是不受限制的,书面形式、口头形式或其他形式,法律均承认其效力。但是,信托行为大多是商事行为,更为重要的是,信托是一种具有长期性的财产转移和管理制度,而且,对委托人来说,信托的设立意味着财产权的无偿移转或者风险的负担;对受托人来说,信托的设立意味着义务的承担,[2]而采用书面形式的信托,则有利于减少和避免信托纠纷,解决举证责任困难的问题。

第二节　信托的设立

一、信托行为的生效要件

信托行为作为一种民事法律行为,参照《民法典》关于民事法律行为的要件,其生效要件具体如下。

（一）信托行为的主体（委托人及受托人）应具有完全民事行为能力

具有完全民事行为能力是作为信托当事人应当具备的资格。由于信托行为以当事人的意思表示为基础,以产生一定的信托关系为目的,因此,信托行为主体必须具备正确理

---

[1] 赖源河、王志诚:《现代信托法论》,中国政法大学出版社 2002 年版,第 56 页。
[2] 钟瑞栋、陈向聪编著:《信托法》,厦门大学出版社 2004 年版,第 55 页。

解自己行为的性质和后果、独立表达自己意思的能力,亦即具备正确理解自己行为的性质和后果的能力。

（二）意思表示真实

所谓意思表示真实,是指表意人的表示行为应当真实地反映其内心的效果意思。表示行为是行为人将其内在的意思通过一定的方式表现于外部,客观上使他人足以理解其内心真意的行为;而效果意思是表意人所要表示地想要产生一定法律效力的内心思想。意思表示真实要求表示行为与效果意思相互一致。信托行为中,同样要求行为人的意思表示真实。意思表示真实,包括两个方面的含义:一是指行为人的内心意思与外部的表示行为相一致的状态;二是指当事人是在意志自由的前提下进行意思表示的状态。将意思表示真实作为信托的有效要件,是为了贯彻意思自治原则。

（三）内容不违反法律或者社会公共利益

不违反法律即不得违反法律的强制性规定,这些规定通常以"必须""应该""不得"等词语表示,信托当事人不得通过协商对其加以改变。不违反社会公共利益,则旨在弥补法律规定的不足,同时对维护社会公共道德亦有重要意义。一般认为,社会公共利益是一个抽象的概念,凡我国社会生活的政治基础、社会秩序、道德准则和风俗习惯等,均可列入其中,它的法律地位与国外立法例中的公共秩序及善良风俗有相似之处。[1]信托行为内容的合法性,既包括信托行为内容符合法律规定,也包括不得违反社会公共利益。

（四）信托目的合法性

设立信托,必然有委托人所意欲达成的目的,即通过信托行为所欲实现的具体内容。信托目的合法,即委托人在实施信托行为时所要达到的目的应不被法律排斥,信托目的不得与法律的强制性规定或者禁止性规定相抵触,不得滥用法律的授权性规范或任意性规定以达到规避法律强行性规范的目的。对于信托目的,各国信托法原则上采意思自治主义,当事人可为各种各样的目的而设立信托,除美国少数几个州对允许设立信托目的采取列举方式以外,世界上绝大多数国家（地区）都只规定信托目的以不违法和不违背公共政策或善良风俗为外部界限。[2]至于具体何种信托目的为法律所禁止,各国规定则各不相同。《美国信托法重述》（第二版）第61条、第62条认为,如果信托或信托条款以受托人实施犯罪或侵权行为为目的或者违反了公共政策,那么该信托条款无效。日本、韩国《信托法》则明文规定,以规避法律、提起诉讼和诈害债权人为目的的信托无效。

二、信托成立和生效的时间

根据我国《信托法》第8条的规定,信托成立的时间因信托设立的形式不同而不同。采取信托合同形式设立信托的,信托合同签订时,信托成立。采取其他书面形式设立信托的,受托人承诺信托时,信托成立。以书面遗嘱形式设立信托的,自受托人承诺时信托成立。由遗嘱信托目的所决定,如果受托人拒绝或者无能力担任受托人,则遗嘱中指定的受

---

[1] 王家福:《中国民法学:民法债权》,法律出版社1991年版,第323页。
[2] 周小明:《财产权的革新——信托法论》,贵州人民出版社1995年版,第25页。

益人有权另行选任,但若遗嘱对选任受托人另有规定的,则应按遗嘱的规定办理。如果受益人为无民事行为能力人或者限制民事行为能力人,依法应由其监护人代行选任受托人。

关于信托的生效时间,一般有如下几种情况。第一,依法成立且具备生效条件的信托一旦成立就产生法律拘束力。这是指一般情况下信托生效的时间。第二,登记生效。我国《信托法》第10条规定,设立信托,有关法律、行政法规规定应当办理登记手续的,应当依法办理信托登记。未依照规定办理信托登记的,应当补办登记手续;不补办的,该信托不产生效力。信托登记是通过一定的方法将对有关财产已设立信托的事实向社会予以公布,是信托的公示方法。在我国,需要进行信托登记的只是特定的财产,一般限于法律、行政法规规定应当办理登记手续的财产,并不是对所有财产设立信托都要求进行信托登记。如以不动产物权、海商法上的船舶所有权、注册商标专用权、专利权等财产和财产权利设立信托的,以有价证券包括股票、公司债券、政府债券、票据、提单、仓单等设立信托的,均应按照法定要求办理相应的信托登记手续。信托登记的目的主要在于保护信托关系当事人之外的第三人的利益,这是由信托财产的独立性决定的。信托有效成立后,信托财产即从委托人的自有财产中分离出来成为一项独立的财产,并区别于委托人的固有财产。受托人只能依照信托文件的规定,为受益人的利益对信托财产进行管理和处分,其无权将信托财产用于信托目的以外的用途。信托登记制度的实行,明确了信托财产的独立状态,并向社会公开了信托事实,既有利于保护第三人的利益,也有利于国家对信托业的监督和管理。第三,当事人可以对信托的效力约定附条件。由于信托的设立采意思自治原则,因而当事人既可以约定信托的生效条件,也可以约定信托的解除条件。条件成就时,信托生效或失效。第四,当事人可以对信托的效力约定附期限。附生效期限的信托,自期限届至时生效;附终止期限的信托,自期限届满时失效。

三、信托行为的无效与可撤销

无效的信托,是指已经成立,因严重欠缺信托行为的有效要件,从而自始不产生法律约束力的信托行为。无效信托行为的预定后果不仅不在当事人之间发生,而且在其与第三人之间也不发生。无效信托具有以下特征。(1)内容的违法性。无效信托之所以无效,是因为其内容违反了法律、行政法规的规定。内容的违法性,是无效信托的重要特征,也是无效信托不发生法律效力的直接原因。(2)无效的信托行为自始无效。由于无效的信托违反了信托行为生效的要件,因而从没有发生过法律约束力,即从行为成立之时即不具有法律效力,信托当事人自无义务履行其具体内容。这也是为什么无效的信托若履行之后,应当采取返还财产、赔偿损失等方式恢复到信托成立前的状态的主要原因。(3)无效信托不得履行。依法成立的信托生效后,当事人应当全面、适当、正确地履行自己的义务,以使信托目的完全实现。但是对于无效信托,信托当事人则不得履行。该特征既是法律对信托当事人利益保护的一种体现,也是无效信托在法律后果上的扩张;既有利于避免信托当事人因执行无效信托而造成难以弥补的财产损失,也有利于避免不必要的社会资源的浪费。(4)无效信托当然无效。由于无效信托具有实质上的违法性,因此,无效信托当然无效,无须经当事人主张,法院或仲裁机构即可以主动予以审查并认定该信托行为无效。

在信托中，极有可能出现委托人利用设立信托的方式恶意逃避债务，损害债权人利益的行为。所谓侵害债权人利益的信托，是指由于委托人设立信托的行为，导致委托人对债权人的责任财产的不当减少，产生了损害债权人利益的效果，债权人为保全自己的债权，可以申请法院撤销该信托行为。债权人的撤销权，是指委托人设立信托损害其债权人利益的，债权人有权申请人民法院撤销该委托。债权人行使撤销权，属于债权保全制度。债权人行使撤销权的目的在于恢复委托人的责任财产，保全自己的利益。需说明的是，债权人撤销权的行使，必须依据一定的诉讼程序进行，由法院作出撤销委托人所设立信托的判决，才能发生撤销的效果。

债权人撤销权的行使，其效力依判决的确立而产生，并对委托人、受托人、受益人以及债权人均产生效力。同时，信托一旦被撤销，即从信托成立时起失去效力，债权人撤销权的行使可以发生溯及既往的效力。具体而言，其效力表现为四个方面。[1]

（一）对于委托人的效力

委托人系撤销权诉讼中的债务人，委托人的信托行为一旦被撤销，则该行为自始无效。如果委托人已与受托人达成信托合同但尚未交付信托财产，则该信托合同因被撤销而自始无效。如果已经交付信托财产，则应结合受益人是善意还是恶意等因素综合考虑，进而决定是否应返还财产以及返还信托利益。如果委托人的信托行为被撤销，则其免除受托人债务的行为视为没有免除，承担受托人债务的行为视为没有承担，为受托人设定担保的行为视为没有设定，让与财产的行为视为没有让与。债权人行使撤销权所支付的律师代理费、差旅费等必要的费用，应当由委托人（债务人）负担。

（二）对受托人的效力

受托人作为对信托财产进行管理和处分的当事人，在信托被撤销后，如果财产已经为受托人占有、使用和管理，则其应向委托人返还其财产和收益，如果原物不能返还，则应折价赔偿。债权人行使撤销权所支付的律师代理费、差旅费等必要费用，由债务人负担，受托人有过错的，应当适当分担。

（三）对于受益人的效力

信托被撤销后，受益人只有在善意时，才可以对已经取得的信托利益不予返还；否则，应当向委托人返还其已经取得的信托利益。

（四）对于债权人的效力

债权人就行使撤销权的结果无优先受偿的权利。撤销权的行使，其效力及于全体债权人。由受托人和受益人返还的信托财产和信托收益为债务人的所有债权的一般担保，因此行使撤销权的债权人不得从行使撤销权的结果中优先受偿。

---

[1] 徐孟洲：《信托法学》，中国金融出版社2004年版，第85页。

第三节　信托的变更

一、信托变更的主体

（一）委托人变更权

1. 意定变更权

委托人变更权分为意定变更和法定变更。在英美法系国家，委托人享有信托的变更权的前提条件是其在信托文件中保留了变更信托的权利，此时委托人可以依照信托文件中保留变更权的方式行使变更权。否则，委托人无权变更信托，此为意定变更。例外的是，美国的法律承认非书面形式的变更信托权利的保留。美国《信托法重述》（第二版）中规定，委托人虽然没有明文在信托文件中保留信托的变更权，但是，委托人有保留信托变更权的意思，只是由于某种原因而没有在信托文件中明确记载，则委托人有权修正该文件并享有变更信托的权利。由于书面的信托文件具有法律效力，因此委托人依据信托合同而享有信托的变更权，自不待言，是信托合同当事人就委托人享有信托变更权的事先约定。

2. 法定的变更权

我国《信托法》规定了一些情形，当这些法定的情形出现时，委托人可以享有信托的变更权。主要表现为变更受益人的权利、解任受托人的权利、选任新的受托人的权利以及信托财产管理方法调整请求权。我国《信托法》第 21 条规定，因设立信托时未能预见的特别事由，致使信托财产的管理方法不利于实现信托目的或者不符合受益人的利益时，委托人有权要求受托人调整该信托财产的管理方法。该权利体现了信托执行中的情势变更原则。

（二）受托人变更权

在英美法系，受托人原则上没有变更信托的权利，但是，如果委托人在信托文件中授予了受托人变更信托的权利，受托人则可以在授权的范围内变更信托。另外，法院和信托主管部门在私益信托和公益信托中可以分别赋予受托人一定的变更权利，在授权范围内，受托人可以变更信托。如英国法院在四类案件中授权受托人可以改变信托：[1]一是改变未成年人财产性质的案件；二是允许财产授予协议的受托人进行未授权的商业交易案件；三是允许用本应积累起来的收入抚养受益人的案件；四是代表未成年人或未出生的受益人批准和解协议的案件。美国《信托法重述》（第二版）规定，如发生委托人所不知或未预见的事情，只是履行原信托条款无法实现信托目的，而情况又非常紧急；受托人无法向法院请求允许，受托人则可径行变更信托条款。

（三）受益人变更权

受益人原则上享有变更信托的权利，因为受益人是信托利益的享受者，他有权为自己的利益而变更信托。英国法律规定，受益人变更信托必须符合一定的条件：第一，受益人必

---

[1] 何宝玉：《英国信托法原理与判例》，法律出版社 2001 年版，第 97 页。

须具备民事行为能力;第二,如果受益人是多数人,则必须经过全体受益人的同意。美国少数州也采用同样的规则,但多数州除遵循这一规则外,还有一例外,即如果信托的存续对于实现信托的重要目的是必要的,则禁止受益人变更信托。同时,根据我国《信托法》第49条的规定,受益人可以享有《信托法》第20条和第23条规定的委托人所享有的权利,即在特定情形下解任(或申请人民法院解任)受托人的权利,以及要求受托人调整信托财产的管理方法的权利,受益人在行使这些权利时,若与委托人意见不一致,可以申请人民法院作出裁定。另外,受益人还可以享有新受托人的选任权。根据我国《信托法》第40条第1款的规定,受托人职责终止的,若信托文件没有就新受托人选定的事项作出规定,委托人不指定或不能指定的,由受益人选任。

二、信托变更的内容

（一）当事人变更

1.委托人变更

委托人的变更是指委托人地位的继受。委托人的地位可以因其继承人继承、转让而发生变更。在构成委托人地位的权利中,一部分是有财产价值的权利,可以与人身相脱离,因此可以发生继承或者转让;另一部分是人身专属权利,人身专属权利是不能继承或转让的,如同意受托人辞任的权利、委托人在信托行为中特别为自己保留的权利。委托人的变更主要是指第一种权利的继承或者转让。

2.受托人变更

在信托执行过程中,可因种种情形导致受托人无法执行信托事务,履行其职责,为实现信托目的,必须选任新的受托人以使信托关系继续下去,称为受托人的变更。受托人的变更,主要是因为原受托人的职责终止。我国《信托法》第39条明确规定,受托人有下列情形之一的,其职责终止:(1)死亡或者被依法宣告死亡;(2)被依法宣告为无民事行为能力人或者限制民事行为能力人;(3)被依法撤销或者被宣告破产;(4)依法解散或者法定资格丧失;(5)辞任或者被解任;(6)法律、行政法规规定的其他情形。受托人职责终止时,其继承人或者遗产管理人、监护人、清算人应当妥善保管信托财产,协助新受托人接管信托事务。第40条第1款规定:"受托人职责终止的,依照信托文件规定选任新受托人;信托文件未规定的,由委托人选任;委托人不指定或者无能力指定的,由受益人选任;受益人为无民事行为能力人或者限制民事行为能力人的,依法由其监护人代行选任。"

3.受益人变更

根据英美信托法的原理,信托生效后,除非信托文件明确保留了委托人的信托变更权,委托人或其继承人不能变更受益人,也不得处分受益人的信托受益权。原因是信托关系是一种特殊的法律关系,委托人对其随意变更或解除,会损害受益人和其他人的权益。大陆法系国家则认为,信托关系实质上是由委托人创设的,委托人一旦将财产设立信托后就失去了对财产的任何控制权,会使社会公众产生一种不良的心理反应,不利于更多的委托人放心地为受益人的利益或者社会公共利益设立信托。因此,通常允许委托人设立信托后可以解除委托、变更受益人或者受益权。我国《信托法》有关的规定是,委托人不是唯一受益人时,在信托生效后一般不能变更受益人或解除信托,也不可以处分受益人的受益权,但在受益人对委托人或其他共同受益人有重大侵权行为时或经受益人同意时,或在信托文件中另有规定时,可以变更受益人或受益权。

(二)财产管理方式的变更

信托法律关系的变更,最为常见且对信托法律关系影响最大的是对信托财产管理方法的变更。由于信托目的的实现,有赖于受托人的行为,因此,受托人管理信托财产的方法直接影响着受托人的信托收益。一般来说,信托财产的管理方法,应按照最有利于信托目的实现的方式来确定,在信托财产的管理方法不利于实现信托目的时,可以变更信托财产的管理方法。信托财产的管理方法的确定主要有两种情形。一是信托成立时,信托文件中已经载明,此情形存在一定的固定性和局限性。随着社会经济的发展,投资工具的日益多样化,信托文件规定的财产管理方法可能会变得不合时宜,包括但不限于实现信托目的或不符合受益人的利益,需要作出调整。二是信托文件中未作出规定,完全由受托人自主决定。受托人特别是营业信托的受托人一般具有专业的理财经验和知识,能够对信托财产进行更加有效和合理的管理,因此目前由受托人决定信托财产管理方法变得越来越普遍。

第四节 信托的终止

一、信托终止的事由

信托的终止,是指因出现法律规定的或者信托文件中约定的事由而使信托关系归于消灭。信托的终止将引起重大的法律后果,为避免信托终止的任意性,各国信托法均以一定的方式明确规定信托终止的事由。我国《信托法》第52条规定:"信托不因委托人或者受托人的死亡、丧失民事行为能力、依法解散、被依法撤销或者被宣告破产而终止,也不因受托人的辞任而终止。但本法或者信托文件另有规定的除外。"第53条规定:"有下列情形之一的,信托终止:(一)信托文件规定的终止事由发生;(二)信托的存续违反信托目的;(三)信托目的已经实现或者不能实现;(四)信托当事人协商同意;(五)信托被撤销;(六)信托被解除。"根据这一规定,主要有以下几项法律事由导致信托终止。

(一)发生信托文件规定的终止事由

设立信托采意思自治原则,因此当事人可以在信托文件中约定终止信托的事由,一旦该事由发生,信托便告终止。如委托人设立信托时约定了信托的存续期限或解除条件,当期限届满或条件成就时信托即终止。各国(地区)的信托法均允许委托人将一定事由作为能够导致信托关系终止的事由而规定在有关信托文件中,并承认这种事由一旦发生则这一关系归于终止。如日本《信托法》第56条与韩国《信托法》第55条规定,凡信托行为所规定的终止事由发生,信托则随之结束。英美法系国家的信托法也有同样的规定,所不同的是它们还对可以被规定于信托文件中的终止事由作了列举。如美国《信托法》认为,只要从信托文件的条款中能够推测出委托人有此意图,信托可以因委托人死亡而终止;只要信托文件中有此规定,信托可以因受托人死亡而终止;只要从信托文件的条款中能够推测出委托人有此意图,信托还可以因受益人死亡而终止。

(二)信托的存续违反信托目的

信托的目的是委托人设立信托所要实现的意图。信托目的决定信托财产的管理和运用,是左右以信托财产为中心的信托法律关系发生、存续、消灭的基本要素。在信托存续期间,由于发生委托人设立信托时不能预见或不知道的事由,致使信托目的存续足以破坏或者在实质上违反委托人设立信托的目的时,信托关系归于消灭。

(三)信托目的已经实现或不能实现

一方面信托是委托人为达到一定的信托目的而设立,当信托目的已经实现时,信托关系就失去了存续的意义,信托终止。如信托的目的是供养子女上大学,当子女大学毕业,信托的目的就实现了,信托当然就应随之终止。另一方面,信托的目的如果由于某些情形已不能实现,如受益人大学未毕业而死亡,信托目的不可能实现,信托关系同样失去了存续意义,自然应当终止。我国《信托法》对于此种事由导致信托终止,在性质上属于自然终止还是人为终止没有明确规定。但有学者认为,"信托目的已经实现或者不能实现的,信托自然终止。但是,信托当事人或者利害关系人对信托目的已经实现或者无法实现存在异议的,可以向人民法院提起诉讼"。

(四)经当事人协商同意

信托当事人在充分协商的基础上,可以作出终止信托的决定。此时,信托关系应当终止。但如果信托的受益人或者受益人之一是未出生的人,那么依我国《信托法》的规定,不能通过当事人协商一致解除信托。英美法处理此问题,允许当事人请求法院代表未出生的受益人表示是否同意。

(五)信托被撤销或被解除

如前所述,当委托人设立信托损害其债权人利益的,根据规定,债权人有权在法定的期限内申请人民法院撤销该委托。任何信托关系,一旦被撤销,信托即告终止;信托被解除信托的解除是指在信托存续期间,信托当事人基于法律或者信托文件的规定行使解除权,使处于生效状态的信托关系归于消灭的行为。一般来说,信托关系一经依法成立,当事人不得随意解除。随意解除信托不但会造成信托关系的混乱,损害受托人、受益人的权益,而且会给委托人利用信托达到逃税等不法目的以可乘之机。但各国信托法又规定在特殊情况下允许委托人、受托人、受益人和法院解除信托关系。

二、信托终止的法律后果

(一)确定信托财产归属

信托关系存续期间,信托财产的归属是明确的,即由受托人占有、管理、运用和处分,由受益人享有收益。信托终止后,原有的信托关系不复存在,原来的受益人的受益权也随之失效,受托人对实际占有的原信托财产失去占有、管理、运用和处分的权利,因而就会产生重新确定信托财产的归属问题。权利归属人确定以后,受托人应当将信托财产转移至权利归属人。

我国《信托法》第54条规定:"信托终止的,信托财产归属于信托文件规定的人;信托文件未规定的,按下列顺序确定归属:(一)受益人或者其继承人;(二)委托人或者其继承人。"可见,在我国信托终止后,信托财产的归属人的确定分两种情况。首先,依委托人的意愿,确定信托财产的归属。委托人如果不愿意在信托终止后将信托财产归属于信托受益人或其继承人或者自己的继承人,就应当在信托文件中明确规定信托终止后剩余的信托财产应当如何处理,信托文件对此有规定的,信托财产自应归属于信托文件中指定的人。其次,依法律规定的顺序确定信托财产的归属。在信托文件对信托终止后信托财产的归属未作规定的情况下,信托财产按下列顺序确定。第一,归属于受益人或者其继承人。信托是委托人为受益人的利益而设立的,在信托文件未作规定的情况下,将信托财产归属于受益人,最符合委托人设立信托的目的。受益权可以依法继承,受益人死亡的,则归属于受益人的继承人。第二,归属于委托人或者其继承人。信托是委托人以自己的财产设立的,信托终止后,特别是信托因为缺乏受益人而终止的,如受益人已不存在且没有继承人,或者受益人放弃受益权的,信托财产回归于委托人最为公平、合理。如果委托人死亡,可由其继承人依法继承。

(二) 信托事务的清算

我国《信托法》第58条规定:"信托终止的,受托人应当作出处理信托事务的清算报告。受益人或者信托财产的权利归属人对清算报告无异议的,受托人就清算报告所列事项解除责任。但受托人有不正当行为的除外。"可见,信托事务清算完结,受托人提交清算报告,并将信托财产移交信托财产的权利归属人之后,受益人或权利归属人对清算报告无异议的,受托人就清算报告所列事项解除责任。但是,下列情况下,受托人不能解除责任:其一,存在受托人未在清算报告中列明的事项以及已列入清算报告但受益人或者信托财产权利归属人提出异议的事项。也就是说,受益人或信托财产权利归属人确认清算报告后,仍可就未在报告中列明的事项及有争议的事项,请求受托人承担相应的法律责任。其二,受托人有不正当行为。受托人在作出信托事务的清算报告中,如采取虚假陈述、与他人恶意串通等不正当行为,以减少信托财产的价值,或者增加存在于信托财产上的债务,编造虚假清算报告的,受益人或者信托财产的权利归属人虽未对清算报告提出异议,受托人的责任也不能因此而免除。

> **重要名词术语**

信托行为、信托行为要件、信托的设立、信托的变更、信托的终止

> **思考题**

1. 什么是信托行为,信托行为具有哪些特征?
2. 信托行为的生效要件是什么?
3. 信托行为无效和可撤销的情形有哪些?

4. 信托变更的主体有哪些?
5. 信托变更的内容包括哪些?
6. 信托终止的法律后果是什么?

第四十九章　公益信托

【内容提示】

　　社会主体行动的理性化与公益信托的基本制度设计是吻合的，讨论公益信托的功能应该从公益信托在整个社会系统中的地位出发，综合分析其内在因素与外在因素。公益信托很好地将公平、秩序、正义等价值结合起来，是公益事业的最佳选择。从公益信托制度与宗教的密切关系可以看出公益信托制度对于人类社会的终极目标的树立与实现的重要性。公益信托与社会福利有着共同的追求，都发挥着促进秩序良好、增进人类整体幸福的作用。国家应该健全、完善以及大力提倡公益信托制度。

　　公益信托的设立要符合实质要件与形式要件。信托目的的公益性是公益信托目的的实质要件。各国立法对公益信托目的大多采用了列举加概括性的方式规定，公共利益是很难把握的、模糊的概念，不过我们可以通过排除私人利益的方式对其进行界定。公益信托可以通过契约、遗嘱以及宣言的方式设立，各国对公益信托的设立主要有准则主义和许可主义两种立法态度。准则主义较为合理，有利于公益信托的发展，应该为民法法系国家所采纳。

　　受托人为信托关系的当事人之一，在信托法律关系中处于核心地位。受托人的行为事关信托目的之成败。就公益信托而言，尤其如此。因此在公益信托关系里面，只有受托人一方确定，而另一方当事人——受益人是不特定的。加之公益信托涉及社会公共利益，这就使得公益信托受托人被课以比私益信托受托人更多的义务，受到更为严格的监督。各国（地区）信托法律制度都体现到了这一点，对公益信托运行中受托人之行为进行了严格的规制，均有专门的公益信托监管机构设置，民法法系国家（地区）信托法还大多规定信托监察（管理）人制度。虽然不同监管模式的活动目的与宗旨相差不大，但是在执行主体性质、监管权限以及救济模式等方面存在差异。比较各种规定之优劣，理想的监管模式应该是一方面要起到对公益信托运行的监督作用；另一方面要保障受托人自主性的发挥，不能因监管导致信托制度灵活性、创新性的丧失。

第一节 公益信托概述

一、公益信托的概念

信托法根据信托目的的私益性和公益性,将信托行为划分为私益信托(Private Trusts)和公益信托(Public Trusts)。公益信托,是指以公共利益为目的而设立的,为将来不特定多数受益人而设立的特殊形式的信托。公益信托的执行结果将对社会全体或部分不特定主体产生实质的社会利益。公益信托与社会公共事业的发展联系紧密,从主观角度来看,设立公益信托的目的在于促进社会公共事业的发展,使社会全体或部分不特定主体获得利益;从客观角度来看,公益信托的执行必须产生实质上增进社会公共利益的效果。因此,各国信托法一般对公益信托都作出不同于一般私益信托的特殊规定。公益信托的概念包含三层含义:首先,公益信托强调设立该信托是为了公共利益;其次,公益信托强调受益人的范围是不特定的多数人,公益信托的受益人一般是不特定的多数人,可以是社会全体,也可以是部分不确定的主体;最后,公益信托的执行必须产生实质的社会利益。

公益信托通常也是由委托人将一定的财产作为信托财产,交付给受托人,由受托人按约定和有关法律法规的规定进行管理和适用,但是,必须按照约定和规定将受益权用于某种或某些公益事业。这些公益事业领域一般包括宗教、卫生、教育、科学、文化、社会福利等,公益信托的受益权既可资助开展某种或某些符合公共利益的活动,也可以直接资助符合该公益信托规定条件的行为主体的生活、教育或学术研究等。当然,从事公益活动,不仅限于公益信托这一种形式,还可以采取捐赠的形式,自然人、法人或者其他组织可以选择符合其捐赠意愿的公益性社会团体和公益性非营利的事业单位进行捐赠。

二、公益信托的功能

(一)效益:设立、运行成本低,信托财产可增值

1. 设立程序简易的成本较低

公益信托的设立原则上无须特定机关批准、登记即可生效。[1]当然这仅是普通法系国家的情况。就民法法系国家而言,公益信托的设立通常还要特定的目的机关批准许可,不过这种批准许可较之法人设立的核准主义要宽松得多。与之相比,财团法人在设立时,必须经过制定法人章程、组织法人的管理机构、确定法人办公机构等一系列耗费人力、物力的程序;为保障财团法人的正常运转,通常要组成法人机关,有的还设有监督机关;在财团法人终止时还要经过法人清算。这些都是公益信托不需要的。另外,法律一般并无对公益信托财产的最低数额限制,而各国法律一般都严格限定了财团法人的最低财产数额。

2. 信托财产可从事营利性活动,使信托财产增值成为可能

财团法人不得从事营利性的活动,原因在于"非以法人本身享受财产上利益为目的,

---

[1] 方嘉麟:《信托法之理论与实务》,中国政法大学出版社2004年版,第198页。

而系使其社员享受财产上之利益为目的,故在无社员之财团法人,性质上不得为营利法人"。[1]所以财团法人之机关只得存放法人财产,依设立目的支出财产,除孳息外,法人财产别无其他增值途径。而对于公益信托,各国立法不但不禁止反而鼓励受托人进行营利性活动。公益信托受托人在不违反信托义务的前提下,有自由管理、处分信托财产的权利。当然其营利活动的收益要归为信托财产,用于公益信托的目的。

(二)安全:运作方式科学、委托人隐名

相对于财团法人而言,公益信托具有独特的制度优势。公益信托的受托人虽然可以对信托财产进行相对自由的管理、处分,但是这些行为必须符合信托目的,而且由特定机关对受托人是否如实履行了信托义务进行监督。非公益信托的受益人一般特定,受益人可以对受托人的行为进行监督,如果受托人违反职责,受益人有权向法院提起诉讼,在普通法系国家要求法院确认其衡平法的所有权,在民法法系国家则要求法院追究受托人的责任。由于公益信托的受益人具有不确定性,受益人无法对受托人进行有效、可能的监督,而公益信托事关社会公众的利益,由国家设立特定机关对其进行监督成为必要。

(三)创新:灵活性强、弹性空间大

捐赠人设立公益信托手续简便,而且形式多种多样,非常灵活。捐赠人既可以生前单方意思表示转移财产给受托人设立,也可以通过宣言信托的方式使自己成为公益信托的受托人设立,还可以通过遗嘱设立在其死后生效的信托。各国法律均强制要求财团法人必须有明确、特定的公益目的,否则不能设立。财团法人成立后,如果无法按照章程规定的宗旨继续从事公益活动的,就应该注销该法人。[2]而公益信托在成立后,如果发生设立信托时不能预见的情形,可以根据信托目的,变更信托文件中的条款。[3]公益信托的受托人既可以是银行、信托等具有专业经营管理特长的金融机构,也可以是普通的法人、自然人,只要是不属于法律对受托人资格禁止性限定范围的人均可以担任。在普通法系国家的历史上,受托人甚至曾经直接由社会公职人员担任,"作为欧陆式法人的代用品,我们看到一种将某些人或某些官职保有者当作是受委托者的处理方式,这些受委托者被付托一定的权利以照顾一定的受益者或一般大众。以此,自17世纪末以来,不仅国王时常被当作公众的受委托者,教区和地方自治体当局也同样如此"。[4]

第二节 公益信托的设立

以是否由当事人的意志决定为标准,信托可分为意定信托与法定信托。明示信托与默示信托是对意定信托的进一步分类。区分明示信托与默示信托的主要意义在于:明示信托

---

[1] 史尚宽:《民法总论》,中国政法大学出版社2000年版,第143页。
[2] 《基金会管理条例》第16条第2项。
[3] 《信托法》第69条。
[4] [德]马克斯·韦伯:《法律社会学》,康乐、简惠美译,广东师范大学出版社2005年版,第128页。

的成立必须满足形式上的要求；但成立默示信托则没有形式上的要求。公益信托的特定属性决定其不存在默示信托的类型。本节主要是对公益信托设立在形式的要件以及公益信托成立问题进行分析。公益信托属于意定信托，产生的方式有依契约而设立、依遗嘱而设立与依宣言而设立三种方式。其中，契约方式或者宣言方式设立的公益信托属于生前信托（living trust）范畴，依遗嘱设立之公益信托属死后信托。无论采取何种方式，必须能够清楚地表明设立信托的公益目的。

一、公益信托设立的方式

（一）依契约而设立

1. 设立公益信托合同与赠与合同的区别

首先，二者的当事人不同。赠与合同中，提供财产的一方为赠与人，接受财产的一方为受赠人。而在设立公益信托的合同中，赠与人并无不同，但是与之相对应的合同的另一方并不是真正意义上的受赠人。受托人只是在形式上拥有捐赠财产的所有权，其最终受益权却不属于其享有，而是符合信托目的的受益人。其次，二者的内容不同。赠与合同是单务合同，赠与人只承担提供财产的义务不享有任何权利，受赠人只享有权利而不承担任何义务；而设立公益信托的合同的受托人不能享有合同利益，而且还负有双方约定的义务。最后，赠与合同是为订约当事人利益的合同，设立公益信托的合同是为第三人利益订立的合同。赠与合同中，受赠人订立合同的目的是从合同中获得利益。而在设立公益信托的合同中，双方订立合同的目的是让第三人受益。公益信托的受益人并非设立公益信托合同的当事人，却可以因该合同获益。

2. 设立公益信托的合同不得变更与撤销

一般而言，当事人一方或双方在符合法律规定的条件下，可依意思表示而变更、撤销合同。但是这种规则不适用于为第三人利益订立的合同。法国《民法典》规定，如第三人声明愿意享受此项条款的利益的，为第三人利益行为契约的人不得予以撤销。[1] 王利明教授认为，在第三人作出受益表示后其权利确定，债权人和债务人均不得变更或协议废止第三人利益合同，但债权人与债务人有保留此等权利的特约的除外。这种不得撤销的前提是第三人作出了愿意享受合同利益的表示。王泽鉴先生的看法是，此种合同涉及第三人利益，债权人行使法定撤销权应经第三人同意。[2] 而公益信托的受益人是不确定的，无法作出接受该合同利益的表示。从公益信托的信托目的来看，受托人为了社会不特定人的利益而履行信托义务，确定的受益人必定是那些愿意接受该信托利益的人，否则可以另行选任。所以，可以推知公益信托的受益人作为设立公益信托合同的第三人，是愿意接受该合同产生的利益的。

（二）依遗嘱而设立

1. 受托人的确定

依遗嘱而设立的信托为遗嘱信托（testamentary trust）。遗嘱为遗嘱人的单方法律行为，

---

[1] 法国《民法典》第1121条。

[2] 王泽鉴：《民法学说与判例研究》（第7册），中国政法大学出版社1998年版，第149、162页。

只有在遗嘱人死亡时才能发生效力。故以遗嘱设立信托者,并非预约或成立信托契约,乃以遗嘱的方式直接发生信托的法律关系,而不以受托人承诺管理、处分信托财产为信托的成立要件。[1]如果遗嘱指定的受托人拒绝或者无法接受信托时,可以选任新的受托人。例如,日本《信托法》规定,依遗嘱被指定为受托人的人,不为或不能接受信托时,利害关系人可向法院申请选任新受托人。[2]韩国《信托法》也有类似规定。[3]我国《信托法》规定,如果遗嘱指定的人拒绝或者无能力担任受托人的,由受益人另行选任受托人。[4]

2. 遗产中信托财产的移转

我国《信托法》规定,遗嘱属于设立信托的其他书面形式,受托人承诺信托时,信托成立。[5]遗嘱信托的设立仅满足委托人作出死后遗产进行信托的意思表示以及遗嘱人死亡两个要件还不够,尚须委托人的继承人或者遗嘱执行人将委托人指定的财产转移给受托人所有。遗嘱信托的设立,在法律构造上可区分为债权行为与物权行为,除了债权行为的完成,信托成立还须完成物权行为——信托财产的移转。委托人的遗嘱行为仅系债权行为,尚须有继承人或遗嘱执行人将信托财产移转给受托人的物权行为或准物权行为,受托人才能取得信托财产的名义所有权。[6]虽然,普通法系与民法法系不同,并无"物权行为"和"债权行为"的划分,但是,在这个问题上,两个法系不同的理论基础显现了类似的效果。

（三）依委托人宣言而设立

某个财产所有人宣称以受托人的身份,设定某种信托目的,为了特定受益人或不特定的受益人（公益信托）的利益,将其所有的部分或全部财产作为信托财产而持有,进行管理与处分,以此种方式设立的信托为宣言信托（declarations of trust）。在普通法系,财产所有人既享有法律（普通法）上的所有权,也享有衡平法上的所有权。但是其设定了宣言信托的财产的衡平法上的所有权就赋予了受益人,其仅享有普通法上的所有权。

二、公益信托设立的立法主义

（一）普通法系国家的准则主义

普通法系国家对公益信托的规制,是实质上的而非形式的,这符合其作为衡平法上制度的特点。体现在公益信托设立方面就是,只要一项信托的意图具有公益目的,国家就允许设立,而且这种是否具有公益目的审查也不是事前审查,通常是在具体案例中涉及时才进行的事后审查。通过分析普通法系国家的做法,可以看出它们对待公益信托设立的立法态度采纳的是准则主义。所谓公益信托设立的准则主义,就是指申请人设立公益信托只须

---

[1] [日]田中实、山田昭：《信托法》,学阳书房1989年版,第41页,转引自赖源河、王志诚：《现代信托法论》,中国政法大学出版社2002年版,第47页。
[2] 日本《信托法》第9条。
[3] 韩国《信托法》第17条。
[4] 《信托法》第13条第2款。
[5] 《信托法》第8条。
[6] 赖源河、王志诚：《现代信托法论》,中国政法大学出版社2002年版,第52页。

符合法律所规定的设立条件,向登记机关申请登记即可设立,无须经特定机关批准。在英国,公益信托的设立登记应该向慈善委员会(Charity Commissioners)申请提出,[1]当然,与负责公司登记的机关一样,慈善委员会不仅负责设立登记,公益信托的变动也必须向它进行登记。《2006年慈善法》(Charity Act,2006)规定,设立公益信托都必须进行登记,但是有几种特殊情况除外:(1)《1960年慈善法》规定的享有豁免待遇的慈善(exempt charity);(2)委员会的令状永久或暂时豁免的那些年毛收入低于10万英镑的慈善;(3)州秘书(Secretary of State)规定的那些永久或暂时而且年毛收入不超过10万英镑的慈善;(4)任何年毛收入不超过5000英镑。上述规定较之《1960年慈善法》,放宽了免予设立登记的慈善的范围。

美国并没有类似于英国的慈善委员会这样的机构设置。大多数州的慈善法规定,公益信托必须进行登记。主要由各州的总检察长(attorney general)履行慈善法人(charitable corporation)与慈善信托的登记职责。例如,加利福尼亚州《慈善目的受托人与募捐人》规定,公益信托受托人须就总检察长所规定的事项,在承受信托财产起6个月内,向总检察官呈交信托文件的副本,提出公益信托设立登记申请。[2]

需要强调的是,在普通法系国家,虽然大多数的公益信托都被要求必须履行登记程序,但是设立登记并非公益信托的成立要件。没有登记,只能说明受托人没有尽职、违反了信托义务,可能会导致承担某种责任的后果,但并不影响公益信托的成立及生效。

(二)民法法系国家的许可主义

公益信托的许可主义,是指公益信托的设立,应该向有关国家机关提出申请,由该机关进行实质审查,作出批准与否的决定。最早采纳公益信托许可主义立法的国家是日本。日本《信托法》规定,受托者接受公益信托时应取得主管政府机关的批准。韩国《信托法》第66条规定:"接受公益信托时,受托人须得到主管官署的许可。"通过分析上述国家的规定,可以看出公益信托设立的许可主义有三个特点:一是设立公益信托必须经过特定国家机关批准,否则不予承认,也就是实施严格的许可主义,日本采许可主义在先,韩国仿之;二是负责公益信托设立批准(许可)的是国家特定目的事业机关,所谓特定目的事业机关是指对社会生活不同的领域,分别负责管理的国家机关,诸如医疗卫生管理机关、教育主管机关等。日本、韩国《信托法》虽无明确的字眼,仅规定了"主管政府机关"和"主管官署",但是在实践中也是由目的事业主管机关负责的;三是由公益信托的受托人提出设立申请。如前所述,委托人信托法律关系的当事人,但是并非信托关系的当事人。信托关系仅存在于受托人与受益人之间,自受托人接受信托始,除非委托人还具有受托人或者受益人的身份,对于信托财产其并不享有任何权益。受托人根据信托目的(为了受益人的利益)对信托财产进行管理、处分,设立信托也是其信托义务之一。

---

[1] Registration of charities, Cgapter 3, Part 2, Charity Act 2006.

[2] See § 12584 Establish of register of charitable le corporations and trustees; § 12585 Flin8 of copy of articles incorporation and instrument providing for trustee's title, powers and duties. Supervision of Trustees and Fundraisers for Charitable Purposes Act(California Govern Code Sections 12580 – 12599.5).

（三）中国的许可主义

我国《信托法》规定,公益信托的设立和确定其受托人,应当经有关公益事业的管理机构批准。未经公益事业管理机构的批准,不得以公益信托的名义进行活动。[1] 这也是采纳了日本、韩国所坚持的许可主义。但是在具体的内容上,与它们又有着非常明显的区别。《信托法》并未明确地规定由谁进行公益信托设立的申请。不过,从其"公益信托设立和确定其受托人,应当经有关公益事业的管理机构（以下简称公益事业管理机构）批准"的语句可以推断,在我国,公益信托的设立不是由受托人提出申请的。那么,必须由委托人,也只能由委托人进行申请。

第三节 公益信托的运行与监督

（一）信托监察人之缘起

与普通法系国家相比,民法法系没有受托人与受益人相互制衡的双重所有权制度。法院也没有灵活的衡平法规则可依据,更无英美法院那样大的自由裁量权。为了克服这些"先天不足",最为主要的是为了保证信托财产的独立性、保障受益人的利益,日本在引入信托制度时,创制了信托管理人（监察人）制度。日本《信托法》规定,受益人不特定或者尚不存在时,法院可根据利害关系人的请求或依其职权选任信托管理人,但依信托行为另有指定的信托管理人时,不在此限内。信托管理人,就信托事宜以自己的名义,为前项受益者行使诉讼上或诉讼外行为的权限。法院斟酌情况,从信托财产中付给信托管理人以相应报酬。[2] 该制度为韩国效仿。我国《信托法》也有类似规定,不过其适用范围较窄,仅存在于公益信托而已。

对委托人来说,信托监察人有补偿作用。如前所述,虽然委托人以自己所有的财产设立了信托,但是其并不是信托关系的当事人。委托人对于信托财产不享有直接的权利,只能对受托人行为进行外部监督。信托监察人的设置,使得委托人可以在信托文件中,依照自己的意志选定信托管理人,一定程度上弥补自己无法涉足信托关系的不足。对受益人来说,信托监察人起着"代言人"的作用。信托监察人只有在受益人缺位时才有必要设置,其一切活动的目的就是制约受托的权利,防止受托人违反信托义务,维护受益人的利益。但是信托监察人并不是受益人的代理人。对监督机关来说,信托监察人有辅助作用。在受益人缺位而信托文件没有指定信托监察人的情况下,私益信托中法院或者公益信托中的公益事业主管机关可以选任信托管理人。通过这种程序,在某种意义上说,监督机关增加了对信托监督的方式和力度。

---

[1]《信托法》第 62 条第 1—2 款。
[2] 日本《信托法》第 8 条。

(二)信托监察人的产生与变更

1.信托监察人的产生

信托监察人的产生包括由信托文件设定和依特定机关指定。

其一,信托文件设定。信托是委托人自由处分财产的一种方式。显然,委托人在设立时,受益人不特定或尚未存在的情况肯定为其所了解。此时,委托人可以选择通过设置信托监察人,来制约、监督受托人;当然也可以基于对受托人的充分信赖,不设信托监察人。委托人设置信托监察人的,就其人选,可以自己决定,不必与受托人进行协商。不过,因为是否接受信托是受托人的权利,如果受托人因为对设置信托监察人或其人选不满,可以拒绝接受。委托人也可以参考受托人的意见更换信托监察人,但是不能由受托人提议的人担任信托监察人,否则很难保证该信托监察人对受托人进行监督,失去了设置信托监察人的意义。我国《信托法》仅规定了公益信托应当设置信托监察人,信托监察人由信托文件规定。对于私益信托是否需要设置信托监察人,没有规定。从私法自治的角度出发,在法院没有禁止性规定的前提下,委托人应当可以在信托文件中规定信托监察人。但是,这种"私定"的信托监察人在监督受托人的过程中,需要向法院寻求救济,却没有合法的诉讼地位,无法以自己的名义提起诉讼。基于这个原因,《信托法》应该补充规定私益信托在特定情形下可以设置信托监察人,并明确其在信托法律关系中的地位、权利与义务。

其二,特定机关指定产生。公益信托之委托人当然可以在设立信托时,选任信托监察人。但如果信托文件没有规定的,是不是也可以像私益信托那样,由信托利害关系人申请或者可以由特定机关主动指定呢? 在肯定信托监察人为公益信托所必设的前提下,作为公益信托设立的审查登记机关,以保障受益人利益为目的监督信托的运行,是公益事业主管机关的职权。这就意味着公益事业主管机关有义务在公益信托没有规定信托监察人的情况下,指定信托监察人。否则就属于该机关的失职行为。

2.信托监察人的变更

其一,监察人辞任。信托监察人作为信托法律关系当事人,一旦承诺担任该职务,就负有依照信托文件规定监督受托人行为的义务,在信托存续期间或者信托文件规定的信托监察人任职时间内,其不能自行辞去职务。私益信托监察人的辞任,应征得委托人同意。就公益信托而言,因涉及公共利益,信托监察人的辞任应经公益信托主管机关许可。

其二,监察人被解任。当信托监察人的行为不当或者出现不再适宜担当职务时,应该赋予其选任者或者特定机关解除其职务的权利(权力)。我国台湾地区"信托法"规定,信托监察人怠于执行其职务或有其他重大事由时,指定或选任之人的解任之;法院亦得因利害关系人或检察官之声请将其解任。至于何种情形下解任信托监察人,因现实情况之复杂,无法通过立法逐一列明,应就个案具体分析。公益信托中,委托人可以根据自己的判断解任信托监察人,但是必须经过公益事业主管机关批准。主管机关也可依职权自行解除信托监察人职务。

其三,信托监察人为自然人的,因死亡而导致主体消灭;为法人的,因解散、破产或被撤销等导致主体资格消灭。这两种情况都会产生信托监察人的变动。另外,若信托监察人在选任后,受益人已特定、存在或已无保护受益人的必要时,信托监察人即无存在的必要,其任务即应终了,不得再执行其职务。[1]不过,就公益信托而言,这一点没有实质意义。

（三）信托监察人的权利

在信托法律关系中,信托监察人除为受益人利益而拥有的职权外,还应该享有一些与自己切身利益相关的权利,主要如下。

1. 报酬请求权

信托监察人履行监督信托运行的职务,要求获得报酬理所应当。当然,信托文件中约定信托监察人无偿的除外。我国台湾地区"信托法"规定,法院（公益信托为目的事业主管机关）因信托监察人之请求,得斟酌其职务之繁简及信托财产之状况,就信托财产酌情给予相当报酬。但信托行为另有订定者,从其所定。

2. 合理支出及损害赔偿请求权

信托监察人可以就其执行职务时的合理支出,请求受益人偿还,就公益信托而言,可以请求公益事业主管机关从信托财产中拨付。包括信托监察人为行使受益人的权利而支出必要的费用及利息、为受益人行使权利而负担的必要债务以及在执行职务过程中遭受的不可归责自己的损害。

重要名词术语

公益信托、公益信托的设立、准则主义、许可主义、信托监察人

思考题

1. 什么是公益信托？公益信托的构成要件有哪些？
2. 公益信托的设立方式包括哪些？
3. 不同法系国家设立公益信托所依据的立法主义有哪些？
4. 信托监察人产生与变更的情形是什么？
5. 信托监察人的权利义务包括哪些？

典型案例分析

1995年7月,广西某县地税局公务员余某被确诊为白血病。为了帮助余某筹集巨额医疗费,某县地税局主动向全国部分税务机关发出"紧急求援信"以募集医疗费,并成立"抢救余某资金管理委员会",对各地捐款的使用进行管理和监督。至1996年6月,该委员会共收到单位及个人捐款（含利息）共计24万余元。捐款汇款单上大多标注"余某治疗费""余某住院费""捐给余某治病"等字样。但是,病魔无情,余某还是于1998年11月2日不治身亡。

其时,委员会所收捐款还余14万余元。对于该笔财产的处置某县地税局与余某的父

---

[1] [日]四宫和夫:《信托法》(新版),有斐阁1994年版,第338页,转引自赖源河、王志诚:《现代信托法论》,中国政法大学出版社2002年版,第168页。

亲余某山产生纠纷。2000年5月,余某山向某县人民法院提起诉讼,求法院判令某县地税局将捐款余额交付自己支配。2001年12月,某县人民法院作出一审判决驳回余某山的诉讼请求。2002年4月,余某山向南宁市中级人民法院提起上诉。同年7月29日,南宁市中级人民法院作出与一审判决截然不同的判决:撤销一审判决;由某县地税局将捐款余额交给余某山。

随后,某县地税局以二审判决错误为由提请广西壮族自治区检察院抗诉。该院审查后认为,南宁市中级人民法院对此案的民事判决适用法律不当,判决错误。2003年3月18日,广西壮族自治区检察院依法向广西壮族自治区高级人民法院提出抗诉。7月7日,广西壮族自治区高级人民法院依法按审判监督程序公开开庭再审此案。

经审理,广西壮族自治区高级人民法院认为,本案的募捐行为是以"抢救余某资金管理委员会"的名义,而不是以余某的名义,捐款直接汇给了资金管理委员会,而不是余某本人,捐款为资金管理委员会占有,而不是余某占有,余某作为捐款的受益人仅在支付医疗费用上享有特定的请求权,而对捐款并不享有所有权。在余某死亡后,捐款余额不应作为余某的遗产处理。余某山请求将捐款余额作为余某的遗产继承无法律依据,应予驳回。2003年8月14日作出终审判决后,广西壮族自治区高级人民法院提出了司法建议:该款属于公益财产,在余某已经死亡,捐款不能继续用于治疗余某疾病的情况下,建议某县地税局将该款交给当地慈善机构或民政部门,以更好地实现捐款人的愿望。

依据信托基本原理,信托的设立条件包括:委托人有设立信托的意思表示,信托财产所有权的转移,信托本身的目的和条款不违背国家法律法规的规定等。该案中,捐款人、捐款管理人、捐款受益人的关系就是信托法律关系中的委托人、管理人、受益人的关系。捐款人出于资助余某医疗费用的目的将钱款的所有权转移给某县地税局的"抢救余某资金管理委员会",委员会负责管理该资金的支出,余某则是财产的受益人。如果该信托能够进一步构成公益信托,那么,广西壮族自治区高级人民法院的判决就有理有据。对于公益信托,在其终止后,没有信托财产归属人的,有关部门可以依据目的类似原则,将剩余的信托财产用于设立与原公益目的近似的其他公益信托。但是,该信托行为从法律程序上看还是有一些瑕疵的。

首先,认定该信托关系成立在形式要件上有瑕疵。我国《信托法》对于设立信托规定必须采用要式书面信托文件形式,具体包括:信托合同、遗嘱以及法律和行政法规规定的其他书面形式。但是,目前我国法律、行政法规中没有规定这类紧急求援信属于设立信托的书面形式。其次,法院以近似目的原则处理在现行法律制度条件下缺乏充分的依据。对于公益信托,在其终止后,没有信托财产归属人的,有关部门可以将剩余的信托财产用于设立与原公益目的近似的其他公益信托。但是,本案中的财产关系依法不能构成公益信托。我国《信托法》第62条规定:公益信托的设立和受托人的确定,应当经有关公益事业管理机构批准;未经公益事业管理机构批准的,不得以公益信托的名义进行活动。某县地税局并没有经过任何批准程序,因此,法院直接以公益信托原则处理该案有瑕疵。最后,本案中的法律关系也并不完全具有公益信托的典型特性。在我国设立公益信托,除了需要经过公益事业管理机关审批,还必须具备目的公共利益性、排他性等要件,而公益信托对于促进整体或部分社会公共利益的功能则要求公益信托的受益人在信托设立时是不特定的,这也是本案难以构成公益信托的原因。

在本案的判决中,无论是某县基层人民法院,还是广西壮族自治区中级人民法院,都只是抓住了法律系的部分特征,没有平衡好各方利益。而广西壮族自治区高级人民法院的终审判决虽然对各方利益平衡较好,但是由于缺乏必要的法律依据,其判决中对捐助款的处置只能以司法建议的形式提出。但广西壮族自治区高级人民法院的建议缺乏法律的强制约束力。因此,我国《信托法》《公益事业捐赠法》等相关内容还需要尽快予以更新与细化,否则,在实践中会经常遭遇"爱心官司",不利于促进社会公共利益的发展。

第八编

保险法

第五十章　保险与保险法概述

【内容提示】

在经济学上，保险是面对特定危险的主体组成共同团体，就危险造成的损失互助共济的行为。在法律上，保险是一种合同行为，当事人签订保险合同，一方交付保险费，另一方为该方承担风险，对该方发生事故造成的损失予以赔付。从不同的视角，可以对保险进行不同分类，人身保险与财产保险、自愿保险与强制保险是其中最重要的分类。保险与储蓄、赌博担保等行为具有某种相似性，但又有明显不同，需加以区分。

保险法是以保险关系为调整对象的法律规范的总称，保险法律关系既包括保险合同关系，也包括保险监管关系。保险法具有社会性、技术性、国际性等特征。从保险发展的历史看，公元前9世纪便出现了类似保险制度的规定，真正意义上的保险法产生于公元14世纪。新中国《保险法》颁布于1995年，于2002、2009、2014、2015年分别进行了修订。

第一节　保险概述

一、保险的概念

保险是指由面临特定危险之主体组成共同团体，当团体成员因特定危险的发生受有损失时，在共同团体内部互助共济的行为。换句话说，就是将原本集中于某一个体的风险，转移给一个团体中的众多主体共同分担，当团体中的成员发生损失时，以团体成员共同聚集的金钱补偿遭受损失的成员。在现代社会，保险也是一种财务安排的手段，人们通过保险进行理财，保险附带有一种投资的功能。

保险产品以保险合同的形式表现。购买保险时，当事人之间签订保险合同，一方当事人交付保险费，另一方当事人为对方承担保险标的之风险，当保险标的发生损失时，承担风险的一方支付保险金补偿交付保险费一方的经济损失。我国《保险法》第2条将保险界定为："是指投保人根据合同约定，向保险人支付保险费，保险人对于合同约定的可能发生的事故因其发生所造成的财产损失承担赔偿保险金责任，或者当被保险人死亡、伤残、疾病或者达到合同约定的年龄、期限等条件时承担给付保险金责任的商业保险行为。"

二、保险的分类

（一）自愿保险与强制保险

自愿保险是在自愿的原则下，根据投保人与保险人订立的合同而构成的保险关系。保险公司经营的保险产品，绝大多数属于自愿保险。

强制保险又称为法定保险，是以国家颁布法律、法规的形式实施的保险。保险公司经营的保险产品中，仅有一小部分属于强制保险，其典型代表是机动车第三者责任强制保险。

（二）财产保险与人身保险

财产保险是以财产及其有关利益为保险标的之保险。主要包括财产损失保险、责任保险、信用保险、保证保险等。

人身保险是以人的寿命和身体为保险标的之保险。主要包括人寿保险、健康保险、意外伤害保险等。

（三）原保险与再保险

原保险是指由保险人直接承保业务并与投保人签订合同的保险。原保险的保险人直接与投保人签订合同，发生保险事故由保险人承担赔偿责任。

再保险是指对原保险的保险责任再予以承保的保险。再保险合同由原保险人与再保险人签订，再保险人根据再保险合同，对原保险人因承担原保险合同的责任所受之损失承担再保险合同的责任。

（四）社会保险与商业保险

商业保险是指由保险公司按照商业经营的原则开办的各种保险。保险公司经营的保险绝大多数属于商业保险，其规制法律为《保险法》。

社会保险是国家为实现某种社会政策或保障公民利益而采取的一种经济补偿手段的总称。社会保险一般不由保险公司经营，其规制法律为《社会保险法》。

三、保险与相关概念

（一）保险与储蓄

（1）两者实施的方法不同。储蓄可以单独地、个别地进行；保险则必须依靠多数人的互助共济才能实现。因此，储蓄是自助行为，而保险是多数人的互助合作行为。

（2）支出与获得的不同。储蓄获得的利息很少；保险支出的保险费很少，发生事故后获得的保险金是保费的几十倍甚至上百倍。

（3）技术性的不同。储蓄较少讲究技术性，交纳本金就可以储蓄；保险以大数法则为基础，具有技术性，并不是交纳保险费就可以保险。

（4）处分的自由度不同。储蓄自由度较高，存取自由；保险自由度较低，只有保险事故发生或期限届至才能领取保险金。

（二）保险与赌博

（1）合法性不同。除了少数国家，赌博通常为非法行为；但保险在任何国家均为合法行为。

（2）目的与功能不同。赌博不可能成为安定社会经济生活的手段,相反,其对社会带来消极作用;保险则可以安定经济生活。

（3）对象不同。赌博的对象不受限制,可以是任何物,且赌注的大小与获得金钱数没有固定的比例;保险则是以保险利益为前提,保险费与保险金之间有一定的比例关系。

第二节　保险法概述

一、保险法的概念与分类

保险法是以保险关系为调整对象的法律规范的总称。保险关系是指当事人之间依保险合同发生的权利义务关系和国家对保险业进行监督管理过程中所发生的各种关系,前者称为保险合同关系,后者称为保险监管关系。

保险法有广义与狭义之分。广义保险法既包括保险公法,也包括保险私法。我国保险法采取了广义保险法的概念。通常认为,我国《保险法》第2章保险合同部分调整保险合同关系;第3—7章关于保险公司、保险经营规则、保险代理人和保险经纪人、保险业监督管理、法律责任的规定,调整保险监管关系。狭义的保险法只包括保险私法,即保险合同法和保险特别法。保险特别法,主要是关于特别保险合同的规定,例如《海商法》中关于海上保险合同的规定,《机动车交通事故强制责任保险条例》中关于交通事故强制责任保险合同的规定。

二、保险法的特征

（一）社会性

保险是一种具有社会性的经济制度,通过保险制度,社会风险得以分散,保险的补偿损失、融通资金等职能,能够有效地推动社会经济交往,扩大资金积累,安定人民生活。这就决定了作为规范保险活动的保险法必然是群体本位,在立法上规范保险的社会性功能,以保证保险制度在构建和谐社会中发挥最大功效。保险法注重保险的社会作用,强调保险业的社会责任与公众责任。社会性也就成为保险法的特征之一。

（二）技术性

技术性是与伦理性相对应的特征,商法的部门法通常都具有技术性的特征。保险经营行为以大数法则和保险精算为基础,从保险费的收取到保险资金的运用、再到各种准备金的提取,无不具有技术性。法律制度规范保险交易,形成保险法的技术性特征。

（三）国际性

起源于海上保险的保险法,天生具有国际性。在全球化背景下,各国保险法尽管在某方面可能存在一些小的差异,但大的方面是相同的,都朝着更合理的方向发展。各国在指定和修改保险法方面借鉴他国的合理制度,进一步推动了保险法的国际性。

三、保险法的历史

（一）国外保险法的历史

早在拜占庭帝国时期,爱琴海东部的罗德岛就出现了海上保险的习惯规则,公元前9世纪制定的《罗德岛法》中规定的"共同海损"制度已经类似于保险制度。真正意义上的保险法产生于公元14世纪,1435年的巴塞罗那法令规定了有关海上保险的承保规则及损害赔偿手续,被世人公认为最早的海上保险法典。1523年的佛罗伦萨法令总结了海上保险的做法,规定了保单格式,进一步推动了海上保险法的发展。

近代以来,1681年法国国王路易十四制定的《海事敕令》及1808年的《拿破仑商法典》均有关于海上保险的规定。也有人认为法国是现代保险法的发源地,路易十四的《海事敕令》是欧洲大陆最早的具有现代意义的保险法。法国于1930年公布实施《保险契约法》;在此之前,德国于1910年施行《保险契约法》(2008年重新修改)。瑞士1908年通过了《保险契约法》。意大利则于1942年通过的《民法典》中规定了保险合同。日本早在1892年就在其旧商法典中规定了保险制度,2008年,日本将其商法典中的保险部分独立出来,单独制定了日本《保险法》。英美国家虽为判例法国家,但其也存在保险方面的成文法,例如,早在1906年,英国就制定了著名的《1906年海上保险法》成为现代海上保险法乃至陆上保险法的范本。此外,英国还制定了1923年《简易保险法》,在1966年的《道路交通法》中规定了机动车强制保险制度,并于2012年颁布了英国《2012年消费者保险（告知与说明）法》,2015年颁布了英国《保险法》。美国的保险立法权属于各州,没有统一的国家保险法,各州保险法中最著名的要数纽约州《保险法》和加利福尼亚州《保险法》,这两个州的保险法都将保险业法和保险合同法规定在一部法典中。

（二）我国保险法的历史

我国最早的保险立法出现在《大清商律草案》中,其第7、8两章分别对损害保险和生命保险作出规定,由于1903年颁布《大清商律》时商行为一编未能公布,保险部分也就被束之高阁。1917年,北洋政府拟定了《保险业法案》;1927年,北洋政府又拟定了《保险契约法草案》,但由于北洋政府的迅速瓦解,这部法律也未能公布。1929年12月30日,国民党政府公布了《保险法》,该法成为现在我国台湾地区"保险法"的基础。

新中国成立后,自1949年10月20日中国人民保险公司成立至1958年,国家先后颁布了一些保险法规,1951年颁布《财产强制保险条例》《船舶强制保险条例》《铁路车辆强制保险条例》《轮船、铁路、飞机三方面旅客意外强制保险条例》、1957年颁布《公民财产自愿保险办法》,一定程度上推动了我国保险业的发展。党的十一届三中全会以后,1981年的《经济合同法》对财产保险合同作了原则性的规定,这是新中国成立以来第一部真正意义与保险有关的法律。1983年,国务院颁布《财产保险条例》,为我国保险基本法的制定奠定了基础。1992年11月7日,全国人大常委会通过了《海商法》,第一次以法律的形式对海上保险作出明确规定。

1995年6月30日,第八届全国人大常委会第十四次会议通过了《保险法》,这是我国自新中国成立以来的第一部保险基本法。2002年10月28日,为了适应保险业环境变化,履行我国加入世界贸易组织的承诺,第九届全国人大常委会第三十次会议通过了修改《保险法》的决定。这是我国保险法的第一次修订。2009年2月28日,为了适应保险业的新发展,保护广大保险消费者的利益,第十一届全国人大常委会通过了再次修订《保险法》的决议,这是我国第二次修改保险法。随后,在2014年和2015年,我国分别修订《保险法》,这两次修改未触及保险合同部分,仅修改了保险业法。除此之外,针对保险实务中的纠纷,最高人民法院分别于2009年、2013年、2015年、2018年出台了《最高人民法院关于适用〈中华人民共和国保险法〉若干问题的解释》(一)(二)(三)(四),[1]成为解决保险纠纷的重要审判依据。

重要名词术语

保险、财产保险、人身保险、自愿保险、强制保险、保险法

思考题

1. 自愿保险与强制保险有何区别?
2. 保险与担保有何区别?
3. 我国《保险法》将保险合同关系和保险监管关系放在一部法典中加以规定,你对此有何看法?

典型案例分析

被告某花公司创设了"某家庭互助会"组织,该互助会与不特定的人签订合同,合同约定:参与互助会的人分为两种身份——互助人和要助人。互助人不需交纳费用,但须有一人作为要助人,该要助人与互助人至少需具有三等亲之内的亲属关系。并且,要助人应每年对互助会交付1600元新台币作为年费。在其他互助人死亡后,还须支付400元新台币互助费给互助会。该互助人死亡后,其所对应之要助人可根据不同情形,获取40万元新台币以下的新台币。后检察机关认为,某花公司涉嫌犯罪,起诉至法院,要求判决某花公司之非法经营保险罪。

某花公司是否犯有非法经营保险罪,取决于该公司组织"和谐中华家庭互助会"的行为是否属于经营保险的行为。

法院最终判决认定:某花公司之行为不构成经营保险的行为。其理由是:第一,互助会系互助性质,性质上并非保险。第二,保险所收取之费用,应符合大数法则之运用,但互助会所收取之费用,并无该法则之运用。第三,互助会所收取之费用,性质上并非保险费,保险费必须定期交付,事故发生前收取。而互助费不定期缴纳,且事故发生后亦收取。第四,

---

[1] 下文分别简称《保险法司法解释一》《保险法司法解释二》《保险法司法解释三》《保险法司法解释四》。

保险行为须有保险利益,但该案互助合同并未约定保险利益。第五,保险行为须具有营利性,而该互助行为并不具有营利性。

但学者认为,某花公司之行为已构成经营保险行为。其理由是:保险是将面临特定危险之成员组成一个共同团体,参加该团体的成员对团体交付一定的费用,形成一个资金池,当某一团体成员发生合同约定的事故时,从资金池中支付约定的费用给发生事故的一方。本案某花公司将面临死亡危险的成员组成共同团体——某家庭互助会,成员交付一定费用给互助会,形成资金池,在成员死亡之后,由互助会从资金池中支取约定金额给特定主体,显然已经构成经营保险行为,该互助会乃是保险组织。

本书同意学者观点及其理由。

第五十一章　保险合同通则

【内容提示】

保险合同是指投保人和保险人约定，由投保人向保险人支付保险费，保险人对合同约定的事故承担给付保险金义务的协议。保险合同具有有偿性、双务性、射幸性、不要式性、附合性、诺成性、继续性等特征。

保险合同的基本原则包括：最大诚信原则、保险利益原则、损失补偿原则、近因原则。最大诚信原则是指保险合同当事人在签订和履行保险合同时必须以最大的诚意履行自己的义务，互不欺骗和隐瞒，恪守合同承诺的原则。保险利益原则是指在特定的时间点，投保人或被保险人必须对保险标的享有保险利益，否则保险人可以拒赔或者保险合同无效的原则。损失补偿原则是指在补偿性的保险合同中，若被保险人因保险事故的发生遭受损失时，保险人给予被保险人的经济赔偿数额，以弥补被保险人的实际损失为限的原则。值得注意的是，一般认为，损失补偿原则仅适用于财产保险而不适用于人身保险。近因原则是指只有保险事故的发生对损害结果的形成起着直接的、决定性的作用，保险人才承担赔付义务的原则。

保险合同存在三方主体：投保人、保险人和保险合同关系人，其中投保人和保险人是保险合同当事人，被保险人和受益人被称为保险合同关系人。保险合同中的投保方享有保险金请求权、合同解除权、合同协商变更权、协商复效权等；但须负担支付保险费的义务、告知义务、危险增加通知义务、出险通知义务、提供索赔单证的义务等。保险人享有收取保费的权利、协商变更合同的权利、法定合同解除权等；但须负担危险承担义务、说明义务、及时核定保险责任的义务、对核定结果及时处理的义务等。

在保险合同订立过程中，告知义务和说明义务是两个非常重要的义务。告知义务是指在保险合同订立时，投保人、被保险人应当将与保险标的有关的"重要事实"告知保险人的义务，违反该义务，保险人可以拒绝赔付。说明义务是指订立保险合同时，如果合同采取保险人提供的格式合同，则保险人应当就保险合同的内容，特别是保险合同中免除保险人责任的内容向投保人解释的义务。违反该义务，将会导致保险合同中的"免除保险人责任的条款"无效。

在保险合同履行过程中，当事人均享有任意解除权，投保人对合同的解除以任意解除为原则，以不得解除为例外；保险人对合同的解除以不得解除为原则，以约定与法定解除为例外。

不利解释原则是保险合同解释的重要原则，其含义是：针对保险合同的格式条款，如果出现了两种以上的解释,应首先采取通常解释,适用通常解释不能得出结论时,应当采取对保险人不利的解释。

第一节 保险合同概述

一、保险合同的概念

保险合同是投保人和保险人约定,由投保人向保险人支付保险费,保险人按合同约定承担给付保险金义务的协议。我国《保险法》第10条规定:"保险合同是投保人与保险人约定保险权利义务关系的协议。"投保人的主要义务是支付保险费,保险人的主要义务是承担保险标的的风险,并于风险发生时对被保险人给予经济补偿。

二、保险合同的分类

(一)以保险标的为标准,分为财产保险合同和人身保险合同

(1)财产保险合同是以财产及其有关利益为保险标的的保险合同。保险实务中的火灾保险合同、企业财产保险合同、家庭财产保险合同、机动车辆保险合同、农业保险合同、责任保险合同、信用保险和保证保险合同,均以财产或有关利益作为保险标的,属于财产保险合同。

(2)人身保险合同是以人的寿命或身体为保险标的的保险合同。人寿保险合同、意外伤害保险合同和健康保险合同为人身保险合同。

(二)以保险人给付保险金的目的为标准,分为补偿性保险合同和定额给付性保险合同

(1)补偿性保险合同,是指设立目的在于补偿被保险人因保险事故所遭受的经济损失的保险合同。保险事故发生时,由保险人在被保险人所受损失的范围内对被保险人予以经济性补偿,补偿数额不得超过被保险人的实际损失。一般来说,财产保险合同属于补偿性保险合同。

(2)定额给付保险合同,简称给付性保险合同,是指当保险合同约定的事故发生或约定期限届满时,保险人按照约定的保险金额给付保险金的保险合同。此类合同属于非补偿性质,保险人赔付的数额是一个确定的数额,可能高于,也可能低于被保险人的实际损失。通常来说,人身保险合同属于定额给付保险合同。

(三)以保险标的的保险价值确定与否为标准,分为定值保险合同与不定值保险合同

(1)定值保险合同,又称定价保险合同,是双方当事人在订立合同时即已确定保险标的的保险价值,并将之载明于合同中的保险合同。定值保险合同多适用于以某些不易确定价值的财产(如字画、古玩、矿物标本等)为保险标的的财产保险合同。此外,由于货物在不同时间、不同地点价值不同,为避免价值争议,货物运输保险合同也可能出现定值保险

合同。

（2）不定值保险合同，是双方当事人在订立合同时不预先确定保险标的的保险价值，仅载明须至危险事故发生后，再行评估其价值而确定损失的保险合同。不定值保险合同中保险标的的保险价值，只有在发生保险事故的时候才能经过评估确定。一般财产保险合同均为不定值保险合同，例如火灾保险。

（四）以合同保障利益的主体不同，分为为自己利益订立的保险合同与为他人利益订立的保险合同

（1）为自己利益订立的保险合同，是投保人为自己的利益订立合同，投保人自己享有保险金赔偿请求权的保险合同，一般有两种情形：①投保人自己为被保险人，而未另行指定受益人；②投保人以他人为被保险人，而指定自己为受益人。

（2）为他人利益订立的保险合同，是投保人为他人的利益而订立保险合同，使他人享有保险金请求权的保险合同，一般有三种情况：①投保人自己为被保险人，而指定他人为受益人；②投保人以他人为被保险人，而未另行指定受益人；③投保人以他人为被保险人，而又另行指定受益人。

三、保险合同的特征

（一）保险合同是有偿合同

在合同法上，当事人依合同取得利益需要支付相应对价的合同，称为有偿合同。在保险合同问题上，须投保人支付保险费，保险人才为其承担风险，保险费是承担风险之对价。与之相对，保险人须承担风险方能获得保险费，承担风险又是获得保险费之对价，因此，保险合同属于有偿合同。[1]

（二）保险合同是双务合同

双务合同是当事人双方互负对待给付义务的合同。与之相对应的单务合同是合同当事人仅有一方负担给付义务的合同。保险合同中，投保方与保险方相互负有一定的义务，例如，投保人负有交付保险费的义务，保险人负有承担危险的义务；被保险人或受益人负有危险发生的通知义务，保险人则负有承担合理费用的义务等。

（三）保险合同是射幸合同

以是否具有不确定的偶然性为标准，可以将合同分为实定合同与射幸合同。实定合同是在契约订立时当事人的给付义务即已确定的合同。射幸合同是在契约订立时当事人的给付义务尚未确定的合同。保险合同属于射幸合同，合同中约定由保险人承担的危险，是一种不确定的事件，其发生具有偶然性：当事故发生时，保险人应当承担赔付责任；当事故

---

[1] 有人认为，在没有发生保险事故的情况下，保险人收取了保险费，但未支付保险赔款，这种情况下，保险合同并非有偿合同。我们认为，投保人交付保险费的对价应当是保险人承担的风险，而不是保险赔款。所谓风险，就是不确定的危险，其可能发生，也可能不发生，但无论发生与否，都不能否认保险人为被保险人承担风险的事实。一般有偿合同的有偿性主要表现在双方当事人的权利、义务应当按照价值规律以等价交换为基础来确立，保险合同的有偿性具有整体性特征，即从保险经营的整体来看，通过精算所确定的保险费率收取的保险费总和与保险人在一定时期内所支出的赔付金额大体相当。从这个角度看，保险合同属于有偿合同。

不发生时,保险公司可以收取保险费,但不承担赔付责任。不过,保险合同作为射幸合同与同为射幸行为的赌博行为有所不同,前者对保险标的具有保险利益,后者则不要求具有保险利益。

(四)保险合同是附合合同

所谓附合合同,是指合同条款由一方当事人拟定,他方当事人只能就该条款表示同意接受与否,而不能与对方协商条款内容的合同。对绝大多数保险合同来说,合同条款由保险人拟定,投保人或被保险人不能与保险人进行协商,只能采取"要么接受,要么走开"的态度,因此,大多数保险合同属于附合合同。但保险实务中,也有小部分保险合同属于议商合同,即投保人或被保险人可以与保险人协商保险条款的内容,例如,当投保人或被保险人实力强大时,其往往要求与保险公司谈判保险合同的内容。

(五)保险合同是诺成性合同

诺成性合同,是指当事人一方的意思表示一旦为对方同意即能产生法律效果的合同。与其相对应的为实践性合同,是指除当事人双方意思表示一致以外,尚需交付标的物才能成立的合同。我国《保险法》第13条第1款规定:"投保人提出保险要求,经保险人同意承保,保险合同成立。"这意味着,投保人的保险要求一经保险人同意,保险合同即成立,无论保险费交付与否。由此可见,保险合同是诺成性合同。

(六)保险合同是不要式合同

要式合同是指必须依一定方式而为意思表示的合同。不要式合同是指意思表示不受一定方式限制的合同。保险合同既可以采取口头形式,也可以采取书面形式,其订立方式灵活,不要求有一定的形式,多数学者认为其属于不要式合同。

(七)保险合同是继续性合同

以合同履行在时间上是否具有延续性为标准,可以将合同分为一时性合同和继续性合同。一时性合同是指一次给付即可将合同履行完毕,继续性合同的履行则需要经过一定期间。保险合同的履行,需要经过一段期间,在整个保险合同期限内,保险人都在履行保险合同,因此,保险合同是继续性合同。保险合同的继续性特征,使其在合同无效等问题上不同于一时性合同。

第二节 保险合同的基本原则

一、最大诚信原则

(一)最大诚信原则的概念

最大诚信原则,是指保险合同当事人在签订和履行保险合同时必须以最大的诚意履行自己的义务,互不欺骗和隐瞒,恪守合同承诺的原则。诚信原则是商法的基本原则之一,其在保险法领域的表现便是最大诚信原则。[1]我国《保险法》第5条明确规定:"保险活动当事人行使权利、履行义务应当遵循诚实信用原则。"

（二）最大诚信原则的基础

最大诚信原则产生的基础是保险交易双方当事人的信息不对称。一方面,投保人、被保险人了解的有关保险标的的情况保险人不能充分了解。例如,假如投保人不如实告知,保险标的是否存在某种危险隐患保险人无从知晓,由此导致保险人无法确定是否承保以及保险费率,而投保人或被保险人容易隐瞒真实情况骗取保险金。另一方面,保险人了解的情况投保人或被保险人无法充分了解,例如,关于保险条款的内容,投保人或被保险人很难全部了解,一个不诚信的保险人可能利用这一客观情况设置众多拒赔条款,损害投保人或被保险人的利益。正是由于这样的信息不对称情况,最大诚信原则才成为保险合同法最基本的原则。

（三）最大诚信原则的表现

最大诚信原则表现在保险合同法中的诸多方面:首先,投保人的如实告知义务。投保人在保险合同签订前,必须将与保险标的相关的重要事实告知保险人,以便保险人决定是否承保及保险费率。其次,保险人的说明义务。保险人应当就保险合同的内容对投保人进行说明,特别是对保险合同中免除保险人责任的条款,保险人应当通过提示与解释相结合的方式加以说明,否则该条款无效。再次,保险法中的保证制度体现了最大诚信原则。保证是指投保人或被保险人就特定事项向保险人所作的担保,这种担保可能表现为对过去或当前某项事实的确认,也可能表现为承诺在一定期间内采取某种行为或杜绝某种行为。被保险人违反保证,便违背了最大诚信原则,将遭到保险人的拒赔。最后,弃权和禁止反言制度。弃权是指合同当事人放弃其在合同关系中可以享有或主张的某项权利,但放弃后不得反悔。禁止反言则是指合同当事人不得提出相互矛盾、相互冲突的主张。在英美法上,二者的区分并不明确,其实质都是禁止对从前的行为反悔,从这个意义上说,这两个制度都是最大诚信原则的表现。

二、保险利益原则

（一）保险利益原则的概念

保险利益又称为可保利益,是指投保人或被保险人对保险标的所具有的法律上承认的利益（《保险法》第12条第6款）。保险利益原则是指在特定的时间,投保人或被保险人必须对保险标的享有保险利益,否则,保险人可以拒赔或者保险合同无效的原则。

（二）保险利益原则的意义

保险合同法之所以将保险利益原则作为基本原则,主要是因为:(1)保险利益可以防范道德危险。所谓道德危险,就是投保人、被保险人或受益人为诈取保险金,故意破坏保险标的所造成或扩大的危险。如果投保人或被保险人对保险标的不具有保险利益,则其可以

---

[1] 保险合同之所以被称为"最大诚信合同",并非诚信与最大诚信的内容有所不同,而是因为:(1)保险合同诚信的范围更广。在保险合同订立前就需要披露标的有关情况,而在一般合同订立前不需要披露标的有关情况。(2)防止保险逆向选择的需要。逆向选择即投保人选择以风险较大的标的投保,从而增大整个保险团体的风险,最终动摇保险制度的根基。为防止逆向选择,保险法要求双方当事人的诚信大于一般合同当事人的诚信。

选择破坏保险标的,从而诈取保险金。一旦投保人、被保险人具有了保险利益,其破坏保险标的虽可能获得保险金,但自己具有保险利益的保险标的也遭到破坏,并不能从中获得利益。两相权衡,投保人、被保险人也就不会采取道德危险行为破坏保险标的。保险利益因此具有防范道德危险的功能。(2)保险利益可以防止赌博行为。如果不要求投保人对保险标的具有保险利益,则任何人均可以以与自己无关的保险标的投保。若发生保险事故,投保人自身没有利益损失,仅需支出少量保险费便获得大量保险金;若未发生保险事故,投保人所损失者不过是少量保险费。如此以小搏大的行为,本质上便是赌博。但如果要求投保人对保险标的具有保险利益,则不会出现如此赌博现象。(3)保险利益可以限定保险人的赔付额度。一般来说,财产保险中保险人的赔付以被保险人对该保险标的的拥有的利益价值为上限,即保险利益的价值是保险人赔偿的最高额度,故而保险利益原则客观上起到了限制赔付额度的作用。

（三）保险利益的构成要件

保险利益的构成要件包括:(1)保险利益应是合法利益。保险利益必须是符合法律规定,符合社会公共秩序,为法律所认可并受到法律保护的利益。(2)保险利益应是确定的利益。投保人或者被保险人对保险标的所具有的利益,已经确定或者可以确定,才能构成保险利益。主观臆测的利益不能被认定为保险利益。(3)保险利益具有一定的经济性。保险利益须可以通过货币进行计量或转化为货币加以评估。

（四）财产保险的保险利益

财产保险的保险利益,是指被保险人在特定的时点对作为保险标的的财产及其有关利益所享有的法律上承认的利益。依照我国《保险法》第12条第2款的规定,关于财产保险的保险利益,以下三个方面值得关注:(1)财产保险利益的享有者应当是被保险人。投保人对保险标的不具有保险利益者,保险合同仍可成立并生效。(2)被保险人拥有保险利益的时点为发生保险事故时。发生保险事故前,被保险人不具有保险利益不影响保险人对保险事故的赔付,只要发生保险事故时被保险人具有保险利益,保险人就应当赔付。(3)被保险人不具有保险利益的法律后果为保险人可以拒绝赔付。我国《保险法》第48条规定:"保险事故发生时,被保险人对保险标的不具有保险利益的,不得向保险人请求赔偿保险金。"需要注意的是,法律并未明文规定在此种情形下保险合同无效,只是规定被保险人不得向保险人请求赔偿。

（五）人身保险的保险利益

人身保险的保险利益,是指投保人在特定的时点对作为保险标的的人的寿命和身体所享有的法律上承认的利益。关于人身保险的保险利益,以下三个方面值得关注:

(1)投保人须具有保险利益。[1]我国《保险法》第31条第1、2款规定:"投保人对下列人员具有保险利益:(一)本人;(二)配偶、子女、父母;(三)前项以外与投保人有抚

---

[1] 也有学者认为,从防止赌博和道德危险的角度看,在人身保险中,享有保险金请求权的主体应当具有保险利益,也就是说,被保险人或受益人应当具有保险利益。但从我国《保险法》第12条第1款的规定来看,仅须投保人应当具有保险利益。

养、赡养或者扶养关系的家庭其他成员、近亲属;(四)与投保人有劳动关系的劳动者。[1]除前款规定外,被保险人同意投保人为其订立合同的,视为投保人对被保险人具有保险利益。"由于法律规定投保人对上述人员具有保险利益,故而投保人可以为上述人员投保人身保险。

(2)投保人在投保时应当具有保险利益。也就是说,只要投保人在投保时具有保险利益,保险合同即可成立并生效。如果保险合同成立后投保人丧失保险利益,保险合同仍然继续有效。例如,丈夫为妻子投保人身保险后,因感情破裂而离婚,离婚后丈夫丧失了对妻子的保险利益,但保险合同仍为有效合同,发生保险事故的,保险人应当赔付。

(3)投保人不具有保险利益的法律后果是保险合同无效。我国《保险法》第31条第3款规定:"订立合同时,投保人对被保险人不具有保险利益的,合同无效。"与财产保险的保险利益不同,法律明文规定在此种情形下保险合同无效。

三、损失补偿原则

(一)损失补偿原则的概念

损失补偿原则,是指在补偿性保险合同中,若被保险人因保险事故的发生遭受经济损失,保险人给予被保险人的经济赔偿数额,以弥补其实际损失为限的原则。损失补偿原则作为保险合同法的基本原则有其合理性:从保险精算学的角度看,保险人收取的保险费总额与其补偿支出大致相当,如果超过实际损失数额,则保险制度将难以为继;从法律的角度来看,补偿一直是商法的原则;从被保险人的期待来看,被保险人通常也仅要求其损失能够获得补偿,而不是通过保险赚取更多的利益。

(二)损失补偿原则的适用条件

适用损失补偿原则须符合下列条件:(1)被保险人必须发生了实际损失。如果被保险人的损失是主观臆断的,客观上并不存在,则无法适用损失补偿原则。(2)保险人仅补偿实际损失。如果实际损失小于保险金额,则保险人的赔付只能以实际损失为限。(3)补偿数额受保险金额和保险利益的限制。如果实际损失高于保险金额,保险人的赔偿以保险金额为限。同时,对被保险人的补偿不能超过被保险人对保险标的享有的保险利益,若补偿数额超过保险利益,则可能导致道德危机。

(三)损失补偿原则的表现

损失补偿原则主要表现在以下三个方面:(1)重复保险各保险人的赔偿总额不得超过保险价值。重复保险是指投保人对同一保险标的、同一保险利益、同一保险事故分别与两个以上保险人订立保险合同。依照我国《保险法》第56条第2款的规定,重复保险的各保险人赔偿保险金的总和不得超过保险价值。(2)代位求偿使被保险人获得的赔偿以实际损失为限。当保险标的的损失由第三人造成时,被保险人若从第三人处获得完全赔偿,则保险公司不再予以赔付;若被保险人从保险公司获得赔付,则应将对第三人的赔偿请求权转移给保险公司。总之,被保险人从第三人或保险公司获得的赔偿不能超过被保险

---

[1] 此种情形,主要是指公司为其员工投保人身保险的情形。

人的实际损失。(3)超额保险赔偿以保险价值为限。超额保险是指保险金额超过保险价值的保险。依照我国《保险法》第55条第3款之规定,当保险金额超过保险价值时,超过的部分无效,保险人的赔偿以保险价值为限。

(四)损失补偿原则的例外情况

损失补偿原则并非适用于所有保险,以下情形属于损失补偿原则的例外:(1)定值保险。在定值保险中,发生全部损失时,不论保险标的价值如何变化,保险人仍按保险合同所约定的保险金额计算赔款。从损失补偿原则的角度看,该保险是一种例外。(2)重置成本保险。重置成本保险又称复旧保险或恢复保险,是按照重置成本确定损失额的保险。由于这种保险在确定赔付数额时不扣除折旧,而是按重置成本确定损失额,所以,对于损失补偿原则而言,也是一种例外。(3)定额给付性保险。人寿保险中的保险金额是由投保人或被保险人自行确定的,而且当被保险人残疾或死亡时,倘若其持有多份保单,被保险人或受益人可获得多重给付。因此,人寿保险对损失补偿原则而言也是一种例外。

因第三人行为导致被保险人损害的,保险人无权获得代位追偿权,这也是损失补偿原则的例外之一。《保险法》第46条规定:"被保险人因第三者的行为而发生死亡、伤残或者疾病等保险事故的,保险人向被保险人或者受益人给付保险金后,不享有向第三者追偿的权利,但被保险人或者受益人仍有权向第三者请求赔偿。"由此可见,被保险人不仅可以向第三人请求赔偿,也可以向保险人请求赔付,最终获得双份补偿,显然与保险合同的损失补偿原则有所不同。

由于人身保险多数属于定额保险合同,故而多数人身保险合同无法适用损失补偿原则。[1]

四、近因原则

(一)近因与近因原则的概念

所谓近因,是指对损害或损失的发生起决定性作用的,有效的,并且引起法律责任承担的原因。对其理解应分为三个方面:(1)近因是对损害或损失的发生起决定性作用的原因。比如说,发生火灾,时有大风,造成房屋烧毁。风的存在对于这一损害来说也是重要的原因,但是火灾才是引起损害的决定性原因。(2)近因是对损害或损失的发生起有效作用的原因。比如说,火苗腾起,摆放花瓶的木架本身脆弱,火烧导致其倒塌,名贵花瓶毁损。在火灾和木架倒塌这两个原因中,火灾是有效原因。(3)近因是能够引起法律责任承担的原因。例如,火灾发生,家人用灭火器灭火,火已熄灭后,失手致家中名贵花瓶跌落破碎,火灾并非导致保险公司承担花瓶破碎法律责任的原因。

保险法上的近因原则,是指只有事故的发生对损害结果的形成起着直接的、决定性的作用,保险人才承担责任的原则。

---

[1] 从这个意义上说,将损失补偿原则作为保险合同法的基本原则,值得商榷。不过,在各种教材中,损失补偿原则作为保险合同法的基本原则已成通说。

（二）近因的认定与保险赔付

1.单一原因造成保险标的的损失

造成损害结果的原因只有一个时，只需要判断该原因是否属于保险保障范围即可确认是否近因。如果该原因属于保险合同中所规定的保险责任范围，则保险公司应承担赔付责任，该原因即是近因；如果该原因属于保险合同的除外责任，则保险公司不承担赔付责任，该原因并非近因。

2.多个原因造成保险标的的损失

（1）多个原因同时发生。如果这些原因都属于保险合同所规定的保险责任范围，无须区分近因，保险公司应承担全部损失赔偿责任；如果这些原因都属于保险合同的除外责任，则这些原因中没有保险事故的近因，保险公司不承担任何赔偿责任；如果这些原因中有的属于保险合同所规定的保险责任范围，有的属于保险合同的除外责任，则近因为保险责任范围内的原因，应分析损失结果是否易于分解而承担保险责任：在损失结果可以分解时，保险公司只对承保的风险所导致的损失承担赔偿责任。在损失结果不能分解时，一种观点主张损失由保险公司与被保险人协商按比例分摊，另一种观点主张保险公司应负赔偿责任。[1]

（2）多个原因连续发生。多个原因连续发生导致损失，并且各原因之间的因果关系没有中断的，则最先发生并造成一连串事故的原因为近因。如果该近因属于保险合同中所规定的保险责任范围，保险公司应当承担赔付责任。如果最先发生的原因即近因属于保险合同的除外责任，其后发生的具有因果关系的各原因即使都属于保险责任范围，保险公司也不承担赔付责任。

（3）多个原因间断发生。如果各个原因之间不存在任何因果关系，损失近因的判定及保险公司的损失赔偿责任的确定方法与多个原因同时发生导致损失基本相同。如果一连串发生的原因中有间断，即有新的独立的原因介入，则新介入的独立原因是近因。若该原因属于保险责任范围，则保险公司应负赔偿责任；若该原因属于除外责任，则保险公司不负赔偿责任，而只承担新介入的独立原因发生之前由承保风险所导致的损失。

第三节　保险合同的主体

保险合同的主体，是指围绕保险合同的签订与履行出现的各方主体，包括保险合同当事人、保险合同关系人及保险合同辅助人。

---

[1] 有时损害的发生原因不易判定，在这种情况下，最高人民法院在《保险法司法解释三》第25条中规定："被保险人的损失系由承保事故或者非承保事故、免责事由造成难以确定，当事人请求保险人给付保险金的，人民法院可以按照相应比例予以支持。"

一、保险合同当事人

（一）投保人

1. 投保人的概念

投保人，又称要保人，是指向保险人申请订立保险合同，并负有交付保险费义务的人。我国《保险法》第 10 条第 2 款将投保人定义为"与保险人订立保险合同，并按照合同约定负有支付保险费义务的人"。投保人可以是自然人，也可以是法人，在公司为其员工投保的情况下，公司作为法人便成为投保人。

2. 投保人应当具备的条件

（1）要有相应的行为能力。①完全行为能力人可以作为投保人；根据我国相关法律，年满 18 周岁且精神状态正常的自然人，以及 16 周岁以上、不满 18 周岁但以自己的劳动收入为主要生活来源的自然人，都是具有完全行为能力的法律主体。②限制行为能力人经其法定代理人同意可以作为投保人。8 周岁以上、未满 18 周岁的自然人和不能完全辨认自己行为的精神病人属于限制行为能力人，限制行为能力人可以作出与自己精神状态相适应的法律行为，对投保这样重要的经济行为来说，限制行为能力人未经其法定代理人同意不能进行。③无行为能力人不得作为投保人。无行为能力人是指不满 8 周岁的自然人或不能辨认自己行为的精神病人，因其年龄或精神状态不同于常人，故不能向保险人申请投保。

（2）在某些情况下，投保人需对保险标的具有保险利益。如前所述，我国《保险法》要求人身保险的投保人在投保时须对保险标的具有保险利益，否则，保险合同无效。值得注意的是，我国《保险法》并未要求财产保险的投保人在投保时对保险标的具有保险利益。

（3）负有交付保险费的义务。交付保险费是投保方最重要的义务，我国《保险法》将这一义务赋予投保人履行。

（二）保险人

1. 保险人的概念

保险人，又称承保人，是指依法成立的，依照保险合同承担风险，有权收取保险费，于保险事故发生时，承担赔偿责任的主体，也即经营保险事业的组织。我国《保险法》第 10 条第 3 款将保险人定义为"与投保人订立保险合同，并按照合同约定承担赔偿或者给付保险金责任的保险公司"。对上述规定，可作如下理解：

首先，必须是依法成立的经营保险事业的组织。保险人的成立，须符合《保险法》规定的要件，并获得国家保险监督管理机构的批准。在成立之后，依照法律、法规的规定从事保险业经营活动。由于保险人责任重大，其经营好坏，不仅关系到保险合同当事人的权益，而且还影响到整个社会的安全与稳定，故各国法律对保险组织的形式均有严格规定。

其次，有权收取保险费。保险是积累社会资金、分摊社会风险的制度，经营保险事业的组织可以向保险团体的成员收取保险费，以便在发生损失时支付赔款。

最后，在保险事故发生后，承担赔偿责任。保险的目的在于分摊社会风险，在损失发生后予以赔付是其分摊损失的表现形式。

2.保险公司分支机构的法律地位及诉讼地位

（1）分支机构的表现形式。保险公司可以设立分支机构,一般来说,其分支机构的表现形式自上而下依次为分公司、中心支公司、支公司、营业部、营销服务部。这些分支机构组成保险公司强大的经营网络。

（2）分支机构的法律地位。依照我国《保险法》的规定,保险公司总公司具有法人资格,能够独立承担法律责任。但保险公司分支机构不具有法人资格,不能独立承担法律责任。《保险法》第74条第2款规定:"保险公司分支机构不具有法人资格,其民事责任由保险公司承担。"

（3）分支机构的诉讼地位。保险公司依法设立,并取得营业执照的分支机构可以作为原告或被告参加诉讼。[1] 在实务中,能够作为原告或被告参加诉讼的一般限于保险公司支公司以上的分支机构,营业部、营销服务部通常不作为原告或被告参加诉讼。

当然,保险公司总公司因具有法人资格,自然具有独立的诉讼地位。

二、保险合同的关系人

保险合同的关系人,是指并非保险合同当事人,但与保险合同具有紧密关系的主体。一般认为,保险合同的关系人包括被保险人和受益人。

（一）被保险人

被保险人,是指保险合同中受保险保障的主体。我国《保险法》第12条第5款规定:"被保险人是指其财产或者人身受保险合同保障,享有保险金请求权的人。"[2] 其既可以是自然人,也可以是法人。在人身保险中,被保险人恒为自然人;在财产保险中,被保险人可能是自然人,也可能是法人。

（二）受益人

受益人又称保险金受领人,是指由投保人或被保险人在保险合同中指定的,于保险事故发生时,享有赔偿请求权的人。我国《保险法》第18条第3款规定:"受益人是指人身保险合同中由被保险人或者投保人指定的享有保险金请求权的人。投保人、被保险人可以为受益人。"依照我国《保险法》,受益人只在人身保险中才会出现,财产保险中没有受益人的说法。[3] 关于人身保险受益人的问题,我们将在"人身保险合同"一章中详述。

三、保险合同辅助人

顾名思义,保险合同辅助人是指辅助保险合同订立和履行的主体,主要包括保险代理人、保险经纪人和保险公估人。

---

[1] 最高人民法院对此规定:"保险公司依法设立并取得营业执照的分支机构属于《中华人民共和国民事诉讼法》第四十八条规定的其他组织,可以作为保险合同纠纷案件的当事人参加诉讼。"

[2] 事实上,被保险人并不总是享有保险金请求权的人,如果被保险人在人身保险合同中指定了受益人,则受益人成为保险金请求权人。

[3] 但在保险实务中,部分财产保险合同也存在指定受益人的现象。

(一)保险代理人

保险代理人是根据保险人的委托,向保险人收取佣金,并在保险人授权的范围内代为办理保险业务的机构或者个人。其中,保险代理机构包括专门从事保险代理业务的专业代理机构(例如专门的保险代理公司)和兼营保险代理业务的兼业代理机构(例如兼营保险销售业务的银行)。个人保险代理人通常是指代理销售保险的个人,俗称保险营销员。

(二)保险经纪人

保险经纪人是基于投保人的利益,为投保人与保险人订立保险合同提供中介服务,并依法收取佣金的机构。保险经纪人只能是机构,不能是自然人。

(三)保险公估人

保险公估人,是指向当事人收取费用,接受保险当事人委托,专门从事保险标的的评估、勘验、鉴定、估损、理算等的单位。

第四节 保险合同的内容

一、保险合同的构成

无论是财产保险还是人身保险,其保险合同条款第1条都会对保险合同的条款内容加以描述,其描述基本内容为:本合同由投保单、保险单、保险条款、保险凭证、其他相关文件组成。

(一)投保单

投保单,又称投保书或者要保书,是指投保人为订立保险合同而向保险人提供的书面要约。其通常由保险人事先制作,并交给投保人,由投保人按照投保单所列内容逐项填写完成后再交给保险人。投保单的内容,一般可以大致分为以下四个部分:第一部分是投保人、被保险人和受益人的基本情况,第二部分是所投保保险的事项,第三部分为投保人的告知内容,第四部分是投保人申明部分。

投保单的法律意义在于:(1)投保单是投保人提出的书面要约,其对投保人具有一定的拘束力;(2)在保险人同意承保后,投保单的内容成为保险合同内容的一部分;(3)投保单的内容应当真实,特别是投保人告知的内容应当真实。如果投保人不实告知,保险人有可能解除保险合同,对保险事故造成的损失不予赔付。

(二)保险单

保险单,简称保单,是保险人与投保人订立之保险合同的正式书面表现形式,也是保险合同各方当事人权利、义务的主要载体。保险单由保险人制作,经保险人签字、盖章后交给投保人。保险单并不是保险合同本身,其仅是保险合同的凭证或证明,保险合同不仅包括保险单,也包括投保单、批单等文件。许多人将保险单理解成保险合同,这是不准确的。

保险单具有如下法律意义:(1)证明保险合同成立。保险单的签发和接收,可以证明保险合同已经成立。(2)确认保险合同的内容。保险单中约定了保险合同各方当事人的主要权利、义务,该权利、义务构成保险合同的主要内容。(3)保险单具有有价证券作用。例如,人寿保险的投保单,代表了一定的财产权利,是一种有价证券。

(三)保险凭证

保险凭证,也称"小保单",是保险人签发给投保人或被保险人的,用以证明保险合同已经成立或保险单已经签发的一种书面凭证。例如,公司可以为其员工投保健康保险,保险人将保险单签发给作为投保人的公司,对作为被保险人的公司员工,保险公司则签发保险凭证。由于保险凭证是简化的保险单,故其效力等同于保险单的法律效力,保险单的法律效力已如前述。

(四)批单

保险单签发后,投保人和保险人可以协商变更保险单的内容,这种变更往往通过批改书的形式出现。实务中,作出批单一般首先要由投保人提出申请,保险人同意后,要将所作的批单附贴在保险单上,并加盖保险人的骑缝章。这种由保险人应投保人的要求出立的批改书,就是批单。批单是保险合同的重要组成部分,附贴了批单的保险合同的内容变更了原保险合同的内容。在法律效力上,批单与保险合同的其他内容具有同等的法律效力。

二、保险合同的基本条款

我国《保险法》第18条规定了保险合同应当包括的事项,其实质就是保险合同的基本条款。

(1)保险人的名称和住所。
(2)投保人、被保险人、受益人的名称和住所。
(3)保险标的。
(4)保险责任和责任免除。保险责任是指保险人按照保险合同的约定,在保险事故发生时或者在保险合同约定之给付保险金的条件具备时,应当承担的赔偿或给付保险金的责任。责任免除,又称除外责任,是指保险合同列明的,保险人不予承担赔付责任的范围。
(5)保险期间和保险责任的开始时间。
(6)保险金额。保险金额是指保险人承担赔偿或者给付保险金责任的最高限额。
(7)保险费及其支付办法。
(8)保险金赔付办法。
(9)违约责任和争议处理。
(10)订立合同的年、月、日。

三、投保方的权利和义务

这里所说的"投保方",包括投保人、被保险人和受益人。由于在保险合同中,经常出现投保人、被保险人、受益人重合的情形,逐一说明三者的权利、义务在行文上可能出现许多重复之处,在此,本书不再严格区分"投保人""被保险人"或"受益人",通常用"投保方"一词来替代。但在需要的时候,也会特别指出某种权利或义务究属何种主体。

（一）投保方的权利

1. 保险金请求权

保险金请求权，是指保险事故发生后被保险人或受益人请求保险人给付保险金的权利。在财产保险中，被保险人享有保险金请求权。在人身保险中，如果被保险人未指定受益人，则其享有保险金请求权；如果被保险人指定了受益人，则受益人享有保险金请求权。

2. 合同解除权

合同解除权，是指在保险合同成立后、有效期限届满之前，投保人根据《保险法》的规定解除已经订立之保险合同的权利。依照保险法的规定，除非另有约定，投保人享有随时解除保险合同的权利。不过，货物运输保险合同及运输工具航程保险合同在保险责任开始后，合同当事人不得解除保险合同（《保险法》第50条）。

3. 协商变更合同的权利

若投保人有意对保险合同的条款进行修改或补充，其可以与保险人协商达成一致，变更保险合同的内容。此为投保人享有的协商变更合同权。《保险法》第20条第1款规定："投保人和保险人可以协商变更合同内容。"由此可见，《保险法》赋予投保人通过与保险人协商变更保险合同的权利。

4. 协商复效的权利

人身保险合同若采取分期缴纳保险费的形式，则可能出现某期保险费到期未交的情形，如果经过法定或约定期间投保人仍未交付保险费，则保险合同效力中止，投保人若欲恢复保险合同效力，可以与保险人进行协商，经协商达成一致并补交保险费的，保险合同效力恢复。此即保险法上通常所谓的"复效"，投保人享有的此种权利称为"协商复效的权利"。

5. 指定、变更受益人的权利

在人身保险合同中，投保人或被保险人可以指定受益人作为将来领取保险金的权利人。例如，在死亡保险中，由于保险金在被保险人死亡后方能领取，故投保人或被保险人通常会指定他人作为受益人，以便确定保险金的归属。我国《保险法》第40条第1款规定："被保险人或者投保人可以指定一人或者数人为受益人。"赋予投保人、被保险人指定受益人的权利。在指定受益人后，投保人或者被保险人也可以变更受益人。我国《保险法》第41条第1款规定："被保险人或者投保人可以变更受益人并书面通知保险人。"赋予投保人、被保险人变更受益人的权利。不过，投保人若想变更受益人，须经过被保险人的同意，否则，变更不能获得成功。

6. 转让、质押保险单的权利

长期性的人身保险合同具有储蓄的性质，其保单本身属于有价证券。为了使这种财产价值能够流转，保险法允许投保人或被保险人转让保险单。同时，在投保人或被保险人对他人负有债务，债权人要求投保人或被保险人提供担保时，投保人、被保险人可以将保险单作为担保物进行质押。

（二）投保方的义务

1. 保险费的交付义务

依照《保险法》的规定，投保人是交付保险费的主体，履行交付保险费的义务。其交付保险费的方式可以是一次交付或分期交付,既可以以现金方式交付,也可以以非现金方式交付,例如转账的方式交付。

值得注意的是,人寿保险不得以诉讼方式要求投保人交付保险费,即当投保人不支付人寿保险保险费时,保险人不得起诉投保人要求支付保险费。我国《保险法》第38条规定:"保险人对人寿保险的保险费,不得用诉讼方式要求投保人支付。"其理由大约有三:第一,人寿保险具有储蓄性,即该种保险与银行存款具有相似性,投保人交付保险费,在某种程度上类似于将保险费存入保险公司,当投保人不愿继续存入金钱时,保险人不得起诉。第二,人寿保险的保险费通常较高,一旦投保人不能交付保险费,可能是因为投保人经济发生困难。此时若允许保险人以诉讼方式强制要求投保人交付保险费,则必然使投保人雪上加霜。第三,保险法已经为投保人不交付次期以后保险费的情形设置了救济办法,即如果投保人不交付保险费,在经过宽限期和中止期后,保险人可以解除该保险合同。因此,关于人寿保险,保险法不允许保险人"以诉讼的方式"请求投保人交付保险费。

2.投保人的告知义务

在订立保险合同之前,投保人需将与保险标的相关的重要事实告知保险人,以便保险公司决定是否承保或者以怎样的保险费承保。此为投保人的告知义务(后文将详细阐述)。

3.危险增加的通知义务

所谓危险的增加,是指保险合同当事人订立合同时未曾预料到,但在保险期限内,保险标的危险因素或危险程度有所增加。我国《保险法》第52条第1款规定:"在合同有效期内,保险标的的危险程度显著增加的,被保险人应当按照合同约定及时通知保险人,保险人可以按照合同约定增加保险费或者解除合同。"该条为财产保险的被保险人设定了危险增加的通知义务。在人身保险中,亦有通过约定使被保险人承担该义务的情形。

4.保险事故的通知义务

保险事故的通知义务,也称出险通知义务,是指在保险合同有效期内,发生保险合同约定的保险事故后,投保人、被保险人或受益人应及时将该事故发生的情形通知保险人。我国《保险法》第21条规定:"投保人、被保险人或者受益人知道保险事故发生后,应当及时通知保险人。"因此,保险事故的通知义务属于法定义务。

关于保险事故的通知义务,需要注意以下几个方面:(1)投保人、被保险人或者受益人均可成为保险事故的通知义务人。(2)保险事故的通知期限为"及时",此处的"及时"应当理解为"结合具体的合同和事故情形,知道保险事故发生后,在合理时间内尽可能快地通知保险人"。(3)迟延履行事故通知义务的法律后果。我国《保险法》第21条规定:"投保人、被保险人或者受益人知道保险事故发生后,应当及时通知保险人。故意或者因重大过失未及时通知,致使保险事故的性质、原因、损失程度等难以确定的,保险人对无法确定的部分,不承担赔偿或者给付保险金的责任。"首先,投保人、被保险人、受益人不及时履行事故通知义务,主观上存在故意或重大过失;其次,投保人、被保险人、受益人不及时履行事故通知义务造成了一定的后果,即由于投保人、被保险人或受益人不及时通知,导致保险事故的性质、原因、损失程度等无法确定;最后,保险人可以不承担责任,仅限于无法确定的部分。(4)通知义务的免除。《保险法》第21条规定,保险事故发生后,如果保险人通过其他途径已经及时知道或应当及时知道保险事故已经发生,则投保人、被保险人或受益人可以不履行通知义务。

5. 提供索赔单证的义务

为了证明保险事故的性质、原因和损失程度,投保人、被保险人、受益人不仅须履行保险事故的通知义务,还必须提供相应的证明和资料,以便保险人作出核定赔付与否的决定。这就是我们所说的提供索赔单证的义务。我国《保险法》第22条第1款规定:"保险事故发生后,按照保险合同请求保险人赔偿或者给付保险金时,投保人、被保险人或者受益人应当向保险人提供其所能提供的与确认保险事故的性质、原因、损失程度等有关的证明和资料。"

值得注意的是,如果投保人、被保险人或受益人提供的索赔单证不全,保险公司可以要求补交,但补交的次数限于一次。我国《保险法》第22条第2款规定:"保险人按照合同的约定,认为有关的证明和资料不完整的,应当及时一次性通知投保人、被保险人或者受益人补充提供。"

四、保险人的权利和义务

（一）保险人的权利

1. 收取保险费的权利

为了保证社会风险得以分摊,保险人有权根据保险合同收取保险费。

2. 要求投保人履行告知义务的权利

为了保证保险人获得充分的信息,从而决定是否承保及保险费率的高低,保险法赋予了保险人要求投保人履行告知义务的权利。

3. 协商变更合同的权利

根据《保险法》第20条第1款关于"投保人和保险人可以协商变更合同内容"的规定,保险人享有协商变更合同的权利。

4. 有限的合同解除权

相对于投保人享有的自由解除合同的权利,保险人的合同解除权受到限制,只有在法律明文规定或合同另有约定的情况下,保险人才享有合同解除权。

（二）保险人的义务

1. 说明义务

所谓说明义务,是指保险人或其代理人在保险合同订立之前,应当向投保人解释保险合同的内容,其中包括保险合同中免除保险人责任的条款的内容（后文将详细阐述）。

2. 及时签发保险单证的义务

及时签发保险单证的义务,是指在保险合同成立后,保险人应当在合理而尽可能快的时间内,向投保人签发保险单或者保险凭证。我国《保险法》第13条第1款规定:"投保人提出保险要求,经保险人同意承保,保险合同成立。保险人应当及时向投保人签发保险单或者其他保险凭证。"

3. 危险承担的义务

保险人享有收取保险费的权利,其对等义务是为被保险人承担保险期间的危险。

4.及时核定保险责任的义务

保险人在收到投保人、被保险人或受益人的赔付请求后,应当对保险责任进行及时核定(主要是对保险单证及投保人、被保险人或受益人提供的与确认事故性质、原因、损失程度的有关证明和资料进行审查)。这就是保险人及时核定保险责任的义务。

《保险法》对保险人的核定期限作出了规定,大致分为两类:第一类,情形简单的索赔案件,应当"及时"作出核定。此处的及时,应当理解为"合理且尽可能快"。第二类,情形复杂的索赔案件,《保险法》要求保险公司在30日内作出核定。在该30日核定期间,自保险人初次收到索赔请求及投保人、被保险人或者受益人提供的有关证明和资料之日起算。不过,保险人初次收到索赔请求时,如果索赔人提供的资料不全,保险人要求补交的,保险人可以扣除自补交通知到达索赔人起,至索赔人补充提供的全部资料到达保险人之日的日期,以计算30日的核定期间。

保险人迟延核定将遭受一定的法律制裁:我国保险法规定,保险人若不能在规定期限内完成核定义务,其后果是,保险人除应支付保险金外,还应当赔偿被保险人或受益人因此遭受的损失。

5.对核定结果的及时处理义务

核定可能会出现三种结果:第一,事故不属于保险责任,保险人拒绝赔付;第二,事故属于保险责任,赔偿数额也能够确定;第三,事故属于保险责任,但赔偿数额不能完全确定。不管出现何种结果,保险人都应当及时处理。这就是保险人对核定结果及时处理的义务。

(1)事故不属于保险责任,保险人应当及时拒赔,并说明理由。我国《保险法》第24条明文规定:"保险人依照本法第二十三条的规定作出核定后,对不属于保险责任的,应当自作出核定之日起三日内向被保险人或者受益人发出拒绝赔偿或者拒绝给付保险金通知书,并说明理由。"

(2)事故属于保险责任,赔偿数额也能够确定,保险人应当及时赔付。我国《保险法》第23条第1款规定:"保险人应当将核定结果通知被保险人或者受益人;对属于保险责任的,在与被保险人或者受益人达成赔偿或者给付保险金的协议后十日内,履行赔偿或者给付保险金义务。"可见,及时将核定结果通知被保险人或受益人是保险人的义务,在达成协议后10日内进行赔付也是保险人的义务。核定应赔付且赔付数额确定的,如保险人不及时赔付,也应当承担相应的法律后果。我国《保险法》第23条第2款规定:"保险人未及时履行前款规定义务的,除支付保险金外,应当赔偿被保险人或者受益人因此受到的损失。"

(3)事故属于保险责任,但赔偿数额不能完全确定的,保险公司应及时赔付能够确定的部分。我国《保险法》第25条规定:"保险人自收到赔偿或者给付保险金的请求和有关证明、资料之日起六十日内,对其赔偿或者给付保险金的数额不能确定的,应当根据已有证明和资料可以确定的数额先予支付;保险人最终确定赔偿或者给付保险金的数额后,应当支付相应的差额。"

第五节　保险合同的成立与生效

一、保险合同的订立程序

（一）保险合同的要约

保险合同的要约，一般称为"投保"或"要保"，是指投保人希望与保险人订立保险合同的意思表示。要约的内容，体现为投保人意欲购买何种保险产品以及购买的数量。保险合同要约的意思表示，可以表现为口头形式或书面形式，但通常为书面形式。

保险合同的要约，一般以投保书的形式出现。投保书事先由保险人印制，在投保人申请投保或保险人推销保险时发给投保人，由投保人如实填写投保单的具体内容并亲自签章后，再交给保险人或其代理人，此时投保人的投保行为即订立保险合同的"要约"行为始得完成。

在投保过程中，经常发生的现象是，保险人或其代理人代替投保人填写投保单，事毕由投保人签章确认；甚至存在保险人或其代理人代替投保人填写投保单，并代替投保人在投保单上签章的情形。这些现象，极易引发纠纷。对前一现象，如保险人或其代理人仅代替投保人填写投保单，并未代其签章，通常认为，代为填写的内容系投保人的真实意思表示。不过，如果有证据表明保险人或其代理人存在欺诈投保人、隐瞒与保险合同有关重要情况，或者诱导投保人不实告知时，代为填写的内容不能视为投保人的真实意思表示。对于后一现象，即保险人或其代理人代替投保人签章的，该投保行为原则上对投保人不发生效力。[1]

（二）保险合同订立中的承诺

保险合同承诺就是保险人承保的意思表示，即保险人接受投保人提出的要约，同意在发生保险事故或约定的条件成就时承担保险责任。保险人的承诺，既可以由保险人本人作出，也可以由保险人的代理人作出。承诺的形式，既可以为书面形式，也可以为口头形式。

在保险实务中，保险人承诺的形式多种多样，一般来说，下列行为容易被法院认定为保险人的承诺：其一，保险人签发保险单的行为。其二，保险人在投保单上核保签章。其三，保险人收受保险费。国外学者认为，在保险人收受了保险费的情况下，如果没有相反的证据证明，就表明保险人明确接受了要约。其四，保险人的某些特殊行为或不行为。例如，在合理的期间内未作出承保与否的意思表示，可以推定保险人已经承诺承保。投保人提出要约，保险人对之承诺，其法律后果是保险合同成立。

---

〔1〕 关于保险人或其代理人代为填写投保单或代签章的问题，最高人民法院在《保险法司法解释二》第3条中规定："投保人或者投保人的代理人订立保险合同时没有亲自签字或者盖章，而由保险人或者保险人的代理人代为签字或者盖章的，对投保人不生效。但投保人已经交纳保险费的，视为其对代签字或者盖章行为的追认。保险人或者保险人的代理人代为填写保险单证后经投保人签字或者盖章确认的，代为填写的内容视为投保人的真实意思表示。但有证据证明保险人或者保险人的代理人存在保险法第一百一十六条、第一百三十一条相关规定情形的除外。"

（三）保险合同订立中的特殊问题

1.保险合同订立中的要约邀请

在保险实务中保险人事先拟定保险条款的行为，或者以一定的方式招揽业务的行为，比如通过其业务员或保险代理人向客户发送宣传材料的行为，不属于要约行为，而是要约邀请。如果将保险人的上述行为视为要约，将剥夺保险人对风险鉴别的权利，不符合保险经营的基本原则。

2.保险合同订立中的反要约

投保人提交投保单，保险人须根据不同的险种进行核保，核保的结果，可以是完全接受投保人的要约，也可以是有条件地接受，还可以是完全拒绝。在完全接受的情况下，保险人的接受就是承诺，保险合同成立；在完全拒绝的情况下，保险人拒绝承诺，保险合同不能成立；但是，在有条件接受的情况下，由于保险人的接受附有条件，已与投保人提出的要约内容有所不同，因此不能认为是对投保要约的承诺，这种附有条件的接受就是合同法上的"反要约"在保险合同领域的表现。

3.保险人提出要约

要约通常由投保人提出，但也有少数情况下，要约由保险人提出：（1）保险人以两联式卡片销售保险。有时，保险公司为了简化保险合同订立程序，往往将保险合同的内容书写在一张纸制卡片上，该张卡片分为两联，只要投保人在两联保险卡上分别签名，撕下投保人保存联自己保存，另一联由保险公司保存，保险合同即成立。在这种情况下，保险人提供保险卡的行为应当是要约，而投保人在保险卡上签名的行为即为承诺。（2）保险人向投保人发出未保留核保权的续保单。保险人在保险期限届满前通常会向投保人发出续保投保单，若保险人未特别声明"本续保合同非经本公司同意承保，不生效力"，则只要投保人签名同意续保，保险合同即成立。于此，保险人发出未保留核保权保险单的行为为要约，投保人签字确认的行为为承诺。

二、订立过程中双方当事人的义务

订立保险合同过程中，投保人须履行告知义务，保险人须履行说明义务。

（一）投保人的告知义务

1.告知义务的概念

告知义务，又称如实告知义务，是指在保险合同订立时，投保人、被保险人应当将与保险标的有关的"重要事实"告知保险人的义务。告知的内容为"重要事实"，何为"重要事实"将在后文讲解。

2.告知义务的法律性质

（1）告知义务为法定义务。告知义务由法律赋予，保险合同当事人不得通过约定的形式加以排除。（2）告知义务为先合同义务。告知义务不属于合同义务，该义务的履行，应在合同订立之前，故称为"先合同义务"。（3）告知义务为不真正义务。投保人、被保险人不履行告知义务时，保险人不得要求强制履行，投保人、被保险人违反告知义务时，保险人不得要求损害赔偿，其结果仅是保险人不能获得保险赔付。

3. 告知义务设定之原因：危险测定说

于一般合同，法律并不为当事人设定交易之前的告知义务，唯有保险合同特别。法律之所以为投保人、被保险人设定告知义务，其原因在于为保险人测定风险提供信息。保险合同是一种以保险标的的危险作为保险对象的合同，保险标的的危险状况，只有投保人或被保险人最为清楚，然而，作为"理性人"的投保人、被保险人为了避免被拒保，或者保险费增加，往往不愿将保险标的的真实情况告知保险人。但是，保险合同承保对象的特殊性，使得保险人必须清楚了解保险标的的状况，否则，无法确定承保与否以及保险费的多寡。为此，法律必须明确要求投保人、被保险人向保险人告知保险标的的相关信息。

4. 告知义务的履行主体

从我国《保险法》的规定看，投保人是告知义务的履行主体。我国《保险法》第16条第1款规定："投保人应当如实告知。"但是，由于被保险人对保险标的的状况最为熟悉，有时投保人不掌握的信息，被保险人可能掌握，所以，许多学者主张，为了使保险人全面掌握保险标的的信息，在投保人与被保险人不一致的情况下，被保险人也应当是告知义务的履行主体。

5. 告知的内容：重要事实

告知的内容，应当为关于保险标的的"重要事实"。所谓"重要事实"，一般认为是指足以影响保险人决定是否同意承保，或者足以影响保险人决定是否提高保险费率的事实。我国《保险法》第16条第2款规定："投保人故意或者因重大过失未履行前款规定的如实告知义务，足以影响保险人决定是否同意承保或者提高保险费率的，保险人有权解除合同。"其中"足以影响保险人决定是否同意承保或者提高保险费率"所指正是"重要事实"。

重要事实在实务中表现为保险人在投保单中对投保人询问的问题。对于多数投保人来说，尽管其负有告知义务，但并不知道哪些属于应当告知的重要事实。但保险人作为经营危险的专业公司，其了解哪些属于重要事实。因此，实务中发展出由保险人对投保人提问，以提问的问题作为重要事实的解决方式。不过，如果保险人在投保单中的提问为概括性条款。例如，"是否患有其他疾病"，投保人未如实告知的，并不违反告知义务。[1]其原因是概括性条款过于宽泛，令投保人无法回答。

6. 告知的方式

我国《保险法》规定的告知义务履行方式为询问告知。告知方式分为主动告知和询问告知。主动告知，是指投保人主动地将自己所了解到的有关保险标的的状况告知保险人，并不以保险人的提问为前提。询问告知，是指投保人对保险人的告知以保险人的提问为前提，其对保险人所提问题的如实回答即为履行告知义务。我国《保险法》第16条第1款规定："订立保险合同，保险人就保险标的或者被保险人的有关情况提出询问的，投保人

---

[1]《保险法司法解释二》第6条规定："投保人的告知义务限于保险人询问的范围和内容。当事人对询问范围及内容有争议的，保险人负举证责任。保险人以投保人违反了对投保单询问表中所列概括性条款的如实告知义务为由请求解除合同的，人民法院不予支持。但该概括性条款有具体内容的除外。"

应当如实告知。"可见,询问告知是我国《保险法》规定的履行告知义务的方式。

7. 违反告知义务的法律后果

投保人违反告知义务,因其主观状态的不同,法律后果亦有不同,总体说来,因故意或重大过失违反告知义务,须承担不履行告知义务的法律后果;无过失或因一般过失违反告知义务的,无须承担违反告知义务的不利后果。

(1)故意不履行告知义务的法律后果。

第一,保险人可以解除保险合同。保险人为什么可以解除保险合同?主要是因为投保人不履行告知义务对其影响重大,以致其不能正确判断是否承保或以何种费率承保,故而法律允许保险人解除合同。解除合同,既可以在保险事故发生之前,也可以在保险事故发生之后。

第二,保险人对解除保险合同之前发生的保险事故不予赔付。之所以对解除合同之前的保险事故不予赔付,也是考虑到投保人不履行告知义务使得保险人订立了本来不欲订立的合同,在保险人基于保险标的不真实情况订立了保险合同时,再要求其对已经发生的保险事故予以赔付,有失公平。

第三,保险人对已收的保险费不予退还。投保人主观上出于故意,其恶意重大,应当对其施以一定的惩戒,因此,法律规定原本应当由保险人退还的保险费不再退还。

(2)重大过失不履行告知义务的法律后果。

重大过失是针对一般过失和轻微过失而言的,如果说一个普通人应当注意到而其未注意到的状态为一般过失的话,那么重大过失应当为一个更应注意到某事实的人,未能注意到一般人应该能注意到的该事实。重大过失表现为行为人的极端疏忽或极端轻信的心理状态。在投保人因重大过失不履行如实告知义务时,产生如下法律后果:

第一,保险人可以解除合同。其理由与故意不履行告知义务相同。无论是故意还是重大过失,客观上都导致保险人签订了本不欲签订的合同。

第二,对保险合同解除前发生的保险事故,保险人可以拒绝赔付。保险人可以拒绝赔付的理由,亦如在故意不如实告知情况下。

第三,保险人应当退还保险费。与故意不履行如实告知义务后果不同的是,因重大过失不履行如实告知义务的,在发生保险事故后,保险人虽不承担保险责任,但应当退还保险费。之所以要求保险人退还保险费,大约是因为投保人、被保险人对不如实告知的主观恶意较轻,保险法对其并不施以惩罚。

8. 违反告知义务与因果关系

投保人故意不履行告知义务,可能发生保险事故,亦可能未发生保险事故。在发生保险事故之情况下,亦有两种可能:其一,所发生的保险事故系投保人不履行告知义务所涉事项所引起,或很可能由该事实所引起。例如,投保人未告知被保险人已患有胃炎,而被保险人终因胃部疾病而住院。其二,所发生之保险事故并非由未告知之事实所引起。例如,投保人未告知被保险人投保前已患有胃炎,但被保险人终因车祸而亡,而车祸亦属保险保障范围。在此两种情形下,前者为未告知事实与保险事故之间存在因果关系,后者为二者之间不存在因果关系。

（1）故意违反告知义务与保险事故之间的因果关系。

依我国《保险法》，在投保人故意不履行告知义务时，不考虑未告知之事实与保险事故之间的因果关系。只要投保人故意不如实告知，即使保险事故非因未告知的事实而发生，保险人也可以解除保险合同，拒绝承担赔付责任，并可不退还保险费。《保险法》第16条第4款的规定便是明证："投保人故意不履行如实告知义务的，保险人对于合同解除前发生的保险事故，不承担赔偿或者给付保险金的责任，并不退还保险费。"

（2）重大过失违反告知义务与保险事故之间的因果关系。

依我国《保险法》，在投保人因重大过失不履行告知义务时，应考虑未告知之事实与保险事故之间的因果关系。只有保险事故因未告知之事实而发生时，保险人方不承担保险责任。例如，投保人重大过失未告知胃炎，又因胃部疾病住院时，保险人可以解除合同、拒绝赔付。但保险事故之发生与未告知之事实无关时，例如未告知事实为胃炎，保险事故因车祸而发生，则保险人不得解除合同，亦不得拒绝赔付。《保险法》第16条第5款规定："投保人因重大过失未履行如实告知义务，对保险事故的发生有严重影响的，保险人对于合同解除前发生的保险事故，不承担赔偿或者给付保险金的责任，但应当退还保险费。"此处"对保险事故的发生有严重影响"，就是要求二者之间具有因果关系。

9. 解除权之限制

前文已述，无论投保人因故意还是重大过失未履行告知义务，保险人均可以解除合同。但是，若不对此解除权加以限制，则保险人可能利用解除权损害被保险人的利益。为此，《保险法》规定了对保险人解除权的限制，主要分为四类：

（1）保险人在订立合同时已知投保人未如实告知，保险人不得解除合同。我国《保险法》第16条第6款规定："保险人在合同订立时已经知道投保人未如实告知的情况的，保险人不得解除合同。"例如，保险人在订立合同前在保险标的现场检查，知道被保险人未告知该标的存在火灾隐患时，事后不得以不知道为由解除合同。

（2）保险人在保险合同成立后知道或者应当知道投保人未履行如实告知义务，但仍收取保险费的，不得解除合同。此种情形应视为保险人放弃其本已享有的合同解除权。[1]

（3）保险合同成立后，若保险人知道投保人未如实告知，其应当自知晓之日起30日内解除合同，超过30日，保险人丧失解除权（《保险法》第16条第3款）。保险人在知道投保人、被保险人未履行如实告知义务后，其不应无限期享有解除权，《保险法》对保险人的解除权作了如上30日的限制。

（4）保险合同成立后2年内，若保险人仍不知道投保人存在不如实告知的情形，则自合同成立之日起2年期间经过后，保险人不得解除合同（《保险法》第16条第3款）。此即著名的不可抗辩条款。《保险法》赋予保险人解除权，但这一权利不可能无限期存在，即使在保险人一直不知投保人存在不实告知的情况下，也不可能让解除权一直存在下去。如果这样，即使保险人知道存在不实告知，仍会佯作不知，直到保险事故发生，再提出投保人

---

[1]《保险法司法解释二》第7条规定："保险人在保险合同成立后知道或者应当知道投保人未履行如实告知义务，仍然收取保险费，又依照保险法第十六条第二款的规定主张解除合同的，人民法院不予支持。"

未如实告知,从而解除合同,拒绝赔付。对此,我国《保险法》第 16 条第 3 款规定,"自合同成立之日起超过二年的,保险人不得解除合同"。

（二）保险人的说明义务

1. 说明义务的概念

说明义务是指订立保险合同时,如果合同采取保险人提供的格式合同,则保险人应当就保险合同的内容,特别是保险合同中免除保险人责任的内容,向投保人解释的义务。

2. 说明义务的法律性质

说明义务的法律性质可以分为两个方面:(1) 说明义务是先合同义务。说明义务并非合同义务,其履行在合同订立之前,因此称为先合同义务。(2) 说明义务属于法定义务。保险人所负的说明义务,为法律所明文规定,不允许保险合同当事人通过约定的方式限制或排除,故属于典型的法定义务。

3. 说明义务的分类

说明义务分为两类:一类是"一般说明义务",表现为我国《保险法》第 17 条第 1 款。由于该款没有明确限定说明哪些条款的内容,只是宽泛地要求保险人向投保人说明格式条款的内容,故而称为"一般说明义务"。另一类是"明确说明义务",表现为我国《保险法》第 17 条第 2 款。该款将保险公司说明的范围限定为"免除保险人责任的条款",并要求保险人"明确说明",故而称为"明确说明义务"。

4. 说明义务的立法理由

（1）保险产品是一种特殊商品,看不见、摸不着,只有通过保险人的解释,投保人才能深入了解该产品;(2) 保险条款本身比较复杂,普通百姓较难理解;(3) 保险合同通常采取由保险人提供格式条款的形式。由于采取格式条款,投保人丧失了普通合同应有的协商机会,为了对投保人丧失的协商机会予以弥补,有必要要求保险人对保险条款予以说明。

5. 说明义务的履行主体

依照我国《保险法》第 17 条的规定,说明义务的履行主体应为保险人。在实践中,保险产品主要通过保险代理人销售,故而保险代理人成为实际的履行主体,其代理保险人履行说明义务。

6. 说明的内容

一般说明义务的说明范围是"保险合同的内容"。不过,《保险法》没有对"保险合同的内容"作出规定,因此,一般说明义务在实践中不易落实。

明确说明义务的说明范围是"免除保险人责任的条款"。一般来说,免除保险人责任的条款包括保险条款中的"责任免除"部分,也包括免赔额、免赔率、比例赔付等免除或减轻保险人责任的条款。不过,保险合同中存在的保险人因投保人、被保险人违反法定或约定义务,享有解除合同权利的条款,不属于"免除保险人责任的条款"。[1]

---

[1]《保险法司法解释二》第 9 条规定:"保险人提供的格式合同文本中的责任免除条款、免赔额、免赔率、比例赔付或者给付等免除或者减轻保险人责任的条款,可以认定为保险法第十七条第二款规定的'免除保险人责任的条款'。保险人因投保人、被保险人违反法定或者约定义务,享有解除合同权利的条款,不属于保险法第十七条第二款规定的'免除保险人责任的条款'。"

7. 说明的方式

对一般说明义务,我国《保险法》未规定说明的方式。对明确说明义务,我国《保险法》要求保险人采取提示与解释相结合的方式予以说明。所谓提示,是指保险合同订立时,保险人在投保单或者保险单等其他保险凭证上,对保险合同中免除保险人责任的条款,以足以引起投保人注意的文字、字体、符号或者其他明显标志作出醒示。例如,在保险合同的"免除保险人责任的条款"部分,将该部分文字加黑、加粗、加下划线或者采用不同颜色的文字,以示与合同其他文字的区别。所谓解释,是指保险人对保险合同中有关免除保险人责任条款的概念、内容及其法律后果以书面或者口头形式向投保人作出常人能够理解的说明。例如,有保险代理人逐条向投保人口头讲解每一条"免除保险人责任的条款"的内容,或者由保险公司统一印制对"免除保险人责任的条款"的书面解释,将之交给投保人阅读。我国《保险法》第17条第2款规定:"对保险合同中免除保险人责任的条款,保险人在订立合同时应当在投保单、保险单或者其他保险凭证上作出足以引起投保人注意的提示,并对该条款的内容以书面或者口头形式向投保人作出明确说明。"[1]

在实践中,诸多保险人采取的办法是,在投保单上设置"声明"或"声明与授权"栏,栏中大致内容为"本人(投保人)兹申明对保险合同中关于保险责任、免除保险人的责任、犹豫期、险种说明、合同生效、合同解除的内容及保险公司的说明已经了解"。由投保人在填写投保单时阅读该部分内容并签字确认,以此证明保险人已经履行了说明义务。对这种说明方式,法院多予认可。但另有证据能够证明保险人未履行说明义务的,法院一般不会认可。[2]

8. 违反说明义务的法律后果

保险人违反一般说明义务的,我国《保险法》没有规定相应的法律后果。但原保监会的行政规章规定,可以给予保险人一定的行政处罚。

依据《保险法》第17条,保险人违反明确说明义务,其法律后果为该"免除保险人责任的条款"无效。这意味着如果发生保险事故,保险人不能以合同中存在该免责条款为由拒绝承担保险责任。需要注意的是,"免除保险人责任的条款"无效,仅仅意味着该条款的无效,保险合同的其他条款仍然有效。此种情形称为保险合同的部分无效。[3]

三、保险合同的成立

1. 保险合同成立的时间

保险合同成立的时间为要约与承诺一致之时。我国《保险法》第13条对此规定:"投

---

[1] 不过,根据《保险法司法解释二》第10条的规定,保险人将法律、行政法规中的禁止性规定情形作为保险合同免责条款、保险人只须进行提示,无须进行解释。

[2]《保险法司法解释二》第13条规定:"保险人对其履行了明确说明义务负举证责任。投保人对保险人履行了符合本解释第十一条第二款要求的明确说明义务在相关文书上签字、盖章或者以其他形式予以确认的,应当认定保险人履行了该项义务。但另有证据证明保险人未履行明确说明义务的除外。"

[3] 不过,我国《民法典》第496条规定:"提供格式条款的一方未履行提示或者说明义务,致使对方没有注意或者理解与其有重大利害关系的条款的,对方可以主张该条款不成为合同的内容。"理论上讲,未履行说明义务时,"格式条款不成为合同内容"的规定更为合理。

保人提出保险要求,经保险人同意承保,保险合同成立。"尽管从理论上说,保险合同成立的时间可以统一界定为要约与承诺一致之时,但从实践来说,寻找所有保险合同成立的统一时点并不容易。因而,许多保险公司从实际出发,将保险合同成立的时点载明于保险合同中,并据此确定保险合同成立的时间。

2. 保险合同成立与保单交付

一般来说,保险合同成立在前,交付保单在后,从保险合同成立到保险单交付存在一定的时间间隔。交付保单通常能够证明保险合同已经成立。

3. 保险合同成立与保险费交付

根据合同法理论,交付保险费意味着投保人履行合同,故而,理论上讲,保险合同成立在前,交付保险费在后。但在我国实践中,许多保险合同,特别是人身保险合同,采取了交付保险费在前、保险合同成立在后的方式。

4. 保险合同成立前发生保险事故的处理

投保人提交投保单之后,在保险人作出承保的意思表示前,若发生保险事故,保险人是否应当赔付? 一般认为,保险人是否应当赔付取决于三个条件:(1)保险人接受了投保单;(2)保险人收取了保险费;(3)保险标的符合承保条件。如三个条件均符合,则保险人应当赔付;如欠缺任一条件、保险人不承担保险责任,但应当退还已经收取的保险费。[1]

四、保险合同的生效

1. 保险合同生效的一般要件

(1)主体合格。主体合格是指订立保险合同的双方当事人都必须具有订立保险合同的资格。保险人必须是经国家保险监督管理部门批准并在工商行政管理部门领取营业执照的保险组织。投保人必须具备签订保险合同的能力。

(2)内容合法。保险合同内容不合法,必然危害社会秩序或社会公序良俗,因此无法获得法律的保护,不能生效。

(3)合同当事人的意思表示自愿、真实。保险合同当事人订立合同必须是自愿、真实的。除法律规定必须保险的外,任何组织和个人都不得强制他人订立保险合同,不得以欺骗他人的方式订立保险合同。

2. 保险合同的特殊生效要件

保险合同的特殊生效要件,是保险法对保险合同生效要件的特别规定,不符合这些要件,保险合同可能全部无效或部分无效。

保险合同全部无效的情况主要包括:(1)订立人身保险合同时,投保人对被保险人不具有保险利益;(2)以死亡为给付保险金条件的合同,未经被保险人同意并认可保险金额。这是我国《保险法》第34条的规定。法律之所以这样规定,意在尽量避免赌博行为和道

---

[1] 参见《保险法司法解释二》第4条。

德危险。[1]

保险合同部分无效的情形主要包括:(1)订立保险合同时,保险人未对免除自己责任的条款明确说明,该免除自己责任的条款不产生效力。(2)采取保险人提供的格式条款方式订立保险合同的,合同中的两类条款无效:一是免除保险人依法应承担的义务或者加重投保人、被保险人责任的;二是排除投保人、被保险人或者受益人依法享有的权利的(《保险法》第19条)。

3.保险合同的生效时间

与一般合同相同,保险合同自成立时起生效,但在附条件或附期限的情况下,只有当条件成就或期限届至时,保险合同才能生效。我国《保险法》第13条第3款也规定:"依法成立的保险合同,自成立时生效。投保人和保险人可以对合同的效力约定附条件或者附期限。"

一般来说,保险人在保险合同中都会设定条件或期限,使得保险合同生效之时间晚于保险合同成立时间。例如,保险条款约定:"保险合同自本公司收取保险费并签发保险单之日的次日零时起开始生效,本合同生效的日期为本公司开始承担保险责任的日期。"

第六节　保险合同的变更、终止与解除

一、保险合同的变更

(一)保险合同变更的概念

保险合同的变更,是指在保险合同有效期间,当事人根据主、客观情况的变化,依照法律规定的条件和程序,在协商一致的基础上,对保险合同的内容加以修改或补充。本节所称保险合同的变更,是指保险合同内容的变更,不包括保险合同主体和客体的变更。

(二)保险合同变更的要件

(1)须以经存在的保险合同为基础。保险合同变更,应为已存在之生效合同的变更,没有在先存在的有效合同,变更将丧失基础。

(2)须依法律的规定或当事人的约定进行变更。保险合同可因法律规定而变更,例如,

---

[1] 大部分教材中所说的合同全部无效的情形仅限于上述两种,但我国《保险法》第33条规定的情形也许属于合同全部无效的情形。《保险法》第33条规定:"投保人不得为无民事行为能力人投保以死亡为给付保险金条件的人身保险,保险人也不得承保。父母为其未成年子女投保的人身保险,不受前款规定限制。但是,因被保险人死亡给付的保险金总和不得超过国务院保险监督管理机构规定的限额。"本条没有规定投保人为无民事行为能力人投保以死亡为给付保险金条件的保险合同的法律后果,其立法原因在于无民事行为能力人没有"同意"的能力,且投保人极容易对其产生道德危险,加之要防止赌博行为。可见立法禁止为无民事行为能力人投保以死亡为给付保险金条件的保险合同之原因与我国《保险法》第34条基本相同,既然可以在第34条规定合同无效的法律后果,对第33条的法律后果,也可以作相同的认定。此外,立法禁止父母为未成年子女投保超过保险监管机构规定的金额的保险,其意也在防止道德危险,但其法律后果是否可以认定为无效合同,尚待商榷。

我国《保险法》第 32 条第 2 款就年龄错误规定:"投保人申报的被保险人年龄不真实,致使投保人支付的保险费少于应付保险费的,保险人有权更正并要求投保人补交保险费,或者在给付保险金时按照实付保险费与应付保险费的比例支付。"对保险费的补交,实际上是对保险合同内容的变更。保险法亦允许以约定变更,例如,我国《保险法》第 20 条第 1 款规定:"投保人和保险人可以协商变更合同内容。"

（3）变更须符合法定形式。我国《保险法》第 20 条第 2 款规定:"变更保险合同的,应当由保险人在保险单或者其他保险凭证上批注或者附贴批单,或者由投保人和保险人订立变更的书面协议。"由此可见,变更的法定形式包括:批注、批单和书面协议。

（4）变更须引起合同内容的变化。如果内容没有变化,不能称为合同变更。

（三）保险合同变更的一般内容

（1）保险责任的变更。例如,保险合同原不保生育危险,现补充保障生育危险。

（2）保险期间的变更。例如,原保障 1 月 2 日至 6 月 1 日之保险合同,变更为保障 2 月 2 日至 7 月 1 日之保险合同。

（3）保险金额的变更。例如,月领取 1000 元之养老保险,变更为月领取 2000 元之保险。

（4）保险费的变更。例如,因危险增加,原交 100 元保险费之保险,增加为 150 元保险费。

（5）保险费交付方式的变更。例如,由现金交付变更为转账支付。

（6）受益人的变更。例如,被保险人将受益人由自己变更为妻子。

（四）保险合同变更的效力

保险合同变更的效力体现为:变更后的合同取代了变更前的合同,双方当事人应当按照变更后的合同履行。

二、保险合同的终止

（一）保险合同终止的概念

保险合同的终止,是指由于某些法定事件或者合同双方约定事件的发生而导致保险合同当事人双方权利义务关系的绝对消除。

（二）保险合同终止的方式

保险合同终止的方式大致可以分为以下三类:

（1）保险合同的自然终止,是指保险合同期限届满,或者保险标的非因保险事故毁损、灭失时,保险合同当事人的权利、义务归于消灭的状态。这是保险合同消灭最普遍且最基本的方式。自然终止可以分为两类:因合同期限届满而终止和保险标的因非保险事故而毁损、灭失,例如,保险标的因地震而灭失,但地震并非保险保障之事故,则标的灭失后,保险合同自然终止。

（2）保险合同的履约终止,是指投保人、被保险人和保险人通过履行保险合同而消灭双方当事人的权利、义务。其主要表现形式是投保人交付保险费,保险人赔付保险金。保险人赔付保险金的方式有二:第一,保险金的一次性赔付。如果保险期间发生一次保险事故,保险人可以一次性支付保险金。第二,保险金的多次赔付。如果保险期间发生多次保险事故,而多次赔付数额均在保险金额范围内,则保险人可以多次支付保险金。在保险金支付完毕后,保险合同终止。

(3)保险合同的解约终止,是指符合法律规定的解除条件时,或者双方当事人通过事先约定或事后协商的方式消灭保险合同权利、义务的终止方式。保险合同的解约终止即通常我们所讲的保险合同的解除,下文将详细论述。

(三)保险合同终止的法律后果

保险合同终止的,自终止效力发生之时起,保险合同约定的权利义务关系消灭。保险事故发生于合同终止之后的,保险人不再承担保险责任;但是,如果保险事故发生在终止生效之前,则保险人应当承担保险责任。在人身保险合同具有现金价值的场合,若保险人通过解除的方式终止合同,则应当退还保险单的现金价值。

三、保险合同的解除

(一)保险合同解除的概念

保险合同解除,是指在保险合同有效成立以后、有效期限届满之前,当事人在法律规定或者合同约定的解除条件成就时行使解除权,使保险合同关系归于消灭的法律行为。在保险实践中,通常将保险人的解除行为称为"解除",将投保人的解除行为称为"退保"。

保险合同的解除与保险合同的终止不同:第一,保险合同解除是一种法律行为,而保险合同终止是一种法律状态。第二,保险合同解除是保险合同终止的下位概念,保险合同被解除,是导致保险合同终止的原因之一。除了保险合同解除,保险合同终止还包括自然终止和履约终止等情形。

保险合同解除与保险合同无效不同:第一,二者丧失效力的时点不同。保险合同无效,是指虽然保险合同成立,但是由于欠缺保险合同的生效要件,该合同自成立之初就不发生法律效力。例如,我国《保险法》规定,订立人身保险合同时,投保人对被保险人不具有保险利益的,人身保险合同无效;而保险合同在解除之前是有效的,只是从解除之后合同效力才丧失。第二,保险合同解除,是当事人行使解除权的结果,无须他人协助;而保险合同无效与否,应当由人民法院或者仲裁机构裁决,当事人无权确认。

(二)保险合同解除的要件

(1)保险合同解除的对象是合法、有效的保险合同。保险合同为有效合同,方才有合同的解除,若保险合同为无效合同、非法合同,则合同自始不具有效力,也就不存在解除的问题。

(2)保险合同解除须符合法定或约定的条件。解除条件可以是保险合同中约定的,也可以是法律规定的。只有在解除条件具备时,当事人才可以解除保险合同。例如,依据我国《保险法》第32条第1款的规定,投保人申报的被保险人年龄不真实,并且其真实年龄不符合合同约定的年龄限制的,保险人可以解除合同。那么,如果投保人申报的被保险人的年龄是真实的,或者虽然不真实但符合保险合同所约定的年龄限制,则不具备解除条件,保险人无权以此为由解除保险合同。

(3)保险合同解除需要有解除权人的解除行为。解除权对于当事人来说,是一种权利、一种利益,可以放弃。因此,只有当事人主动行使解除权,作出解除的行为或意思表示时,保险合同才能解除。

（4）保险合同解除需要在法定、约定或者合理期限内完成。解除权应当存在合理期限，如果解除权无限期存在，将影响法律关系的稳定性，并可能损害被保险人的利益，因此，必须为解除权设定一定的期限。例如，根据我国《保险法》第16条第3款的规定，在投保人违反如实告知义务情形下，保险人享有的解除权行使期间是自保险人知道有解除事由之日起30日，超过30日不行使，保险人将丧失解除权。同理，如果保险合同中约定了解除权行使期间，超过期间不行使，解除权也会消灭。如果法律没有规定，当事人也没有约定解除权行使期限的，经对方催告后在合理期限内不行使的，保险合同的解除权即消灭。

（5）保险合同解除须通知对方当事人。当事人享有的解除权，可以单方面行使，无须征得对方当事人的同意。但是，为了使对方当事人明了合同的效力状况，尽快作出合理的选择，一方当事人在行使解除权时，应当通知对方当事人，以保护对方当事人的权利。我国《民法典》第565条规定：当事人一方依法主张解除合同的，应当通知对方。合同自通知到达对方时解除。对方有异议的，可以请求人民法院或者仲裁机构确认解除行为的效力。

（三）保险合同解除权的性质

（1）保险合同解除权是一种形成权。形成权是依一方当事人的意思表示而产生法律效果的权利。在保险合同中，一方当事人因约定或法律规定享有合同解除权后，可以单方决定解除合同，无需经对方当事人同意。当然，如前所述，一方解除合同时，应当通知对方当事人。实践中，有些保险公司认为保险合同需要经保险公司批改后才能解除，这种认识值得商榷。

（2）保险合同解除权也是保险人的抗辩权利。当投保人、被保险人违反保险合同义务或者由于客观情况发生导致保险合同基础不再平衡时，面对可能发生或者已经发生的保险金给付责任，保险人可以行使解除权予以免除，以对抗被保险人或者受益人的保险金请求权，并使之绝对消灭。这种抗辩权利虽然在选择上具有任意性，但权利内容却是法定的，即条件法定和效力法定。所谓条件法定，是指保险人只有在法律有明确规定的事由或者保险合同约定的条件出现时，才可以行使解除权。所谓效力法定，是指保险人行使人身保险合同解除权的后果在法律有明文规定的情况下，当事人必须适用，保险人不能以合同约定的方式进行任何改变，除非这一约定有利于投保人或者被保险人。

（四）解除权的主体

依照我国保险法，无论是投保人还是被保险人，作为保险合同当事人都有解除保险合同的权利。

1. 投保人解除合同：以任意解除为原则，以不得解除为例外

（1）以任意解除保险合同为原则。

我国《保险法》第15条规定："除本法另有规定或者保险合同另有约定外，保险合同成立后，投保人可以解除合同。"[1]也就是说，除非法律规定或者保险合同中有投保人不得

---

[1] 依我国《保险法》，投保方解除合同的，解除主体只能是投保人。不过，依《保险法司法解释三》，当投保人解除合同时，被保险人和受益人享有介入权，通过向投保人支付对价，可以换取保留合同的权利。《保险法司法解释三》第17条规定："投保人解除保险合同，当事人以其解除合同未经被保险人或者受益人同意为由主张解除行为无效的，人民法院不予支持，但被保险人或者受益人已向投保人支付相当于保险单现金价值的款项并通知保险人的除外。"

解除保险合同的约定,保险合同的投保人解除保险合同可以不必向保险人陈述解除的理由,随时向保险人提出解除主张,保险人不能拒绝。可见,任意解除是投保人解除合同的原则。

投保人的任意解除权在性质上为法定解除权。法律之所以赋予投保人任意解除权,大约出于以下两方面的理由:①保护投保方的利益。由于保险合同双方经济实力的巨大差距,双方地位极不平等。一般来说,投保人没有与保险人协商订立合同的机会,即使可以协商,保险人也可能不同意解除合同。而投保人由于经济情况的变化,在保险期间可能急需解除保险合同,以退还之保险费另作他用,如果不赋予投保人合同解除权,投保人的利益将无以保护。②保险合同是格式合同,如果保险合同中出现了对投保人、被保险人不公平的条款,投保人在保险合同生效后才知道,应当赋予投保人任意解除合同的权利,允许投保人退出保险合同。[1]

(2)以不得解除合同为例外。

任何原则都有例外,投保人任意解除合同亦有例外,此种例外,除了上述保险合同双方当事人约定之外,还有法律规定投保人不得解除保险合同的情形。例如,我国《保险法》第50条规定,"货物运输保险合同和运输工具航程保险合同,保险责任开始后,合同当事人不得解除合同";我国《海商法》第227条第1款规定:"除合同另有约定外,保险责任开始后,被保险人和保险人均不得解除保险合同。"

2.保险人解除合同:以不得解除为原则,以约定与法定解除为例外

(1)以不得解除为原则。

一般情况下,在保险合同订立后,保险人不得解除合同。其原因在于:首先,保险人承担着分担社会风险的责任,如果允许其任意解除合同,保险的该种功能将被弱化。其次,保险人随意解除合同会造成被保险人失去保障,损失巨大。再次,保险人具有明显的专业优势,在订立保险合同时对风险已有判断,在合同履行过程中不应允许其反悔。最后,抑制保险人的投机行为。在某些情况下,解除保险合同对保险人有利,如果允许其随意解除合同,则可能出现保险人在经济形势对其有利的情况下坚持保险合同有效,在经济形势对其不利的情况下则行使解除权解除合同,法律应当对这样的投机行为予以抑制。

(2)在有约定的情况下,保险人可以解除合同。

我国《保险法》第15条规定:"除本法另有规定或者保险合同另有约定外,保险合同成立后,投保人可以解除合同,保险人不得解除合同。"有学者从该条文义出发,认为如果双方当事人在合同中约定了保险人可以解除合同的条款,则保险人应当可以解除保险合

---

[1] 不过,也有学者认为,允许投保人任意解除保险合同可能损害被保险人的利益,例如,投保人以他人为被保险人投保人身保险,被保险人因信赖其已有保险保障,遂不再购买保险。数年后,投保人解除了保险合同,被保险人因此丧失保障,而此时其身体状况发生变化,已经不能投保原保险。为此,学者提出,应当对投保人的合同解除权予以限制。

同。[1]例如,某保险公司定期寿险条款的保险责任中规定:被保险人于合同生效1年内因疾病导致身故或身体高残,本公司按保险合同载明的保险金额的10%给付身故或身体高残保险金,并无息返还所交保险费,本合同效力终止。

(3)在法律有规定时,保险人可以解除合同。

我国《保险法》规定了一些保险人可以解除合同的情形,这就是所谓的保险合同法定解除事由。

第一,投保人违反告知义务(第16条第2款)。投保人违反告知义务又可分为故意违反告知义务和重大过失违反告知义务,无论何种违反,保险人均可解除合同,拒绝承担赔付责任。

第二,被保险人年龄申报错误,且超过可保范围(第32条第1款)。在某些情形下,被保险人的年龄可能发生错误,如果实际年龄在保险合同约定的范围之内,即使年龄申报错误,保险人也不得解除合同。但如果被保险人的年龄申报错误,且该被保险人的实际年龄又在保险合同约定的可以保障的年龄范围之外,则由于此种年龄根本不属于可保范围,应当允许保险人解除合同。需要注意的是,无论该年龄错误出于故意或过失,只要超出保险合同所保障的年龄范围,保险人即可以解除合同。

第三,被保险人或者受益人谎称发生保险事故(第27条第1款)。从客观上看,保险事故没有发生,被保险人或者受益人却声称保险事故已经发生,是一种欺骗行为;从主观上看,被保险人或者受益人存在主观恶意,即明知其谎称保险事故发生的行为会导致保险人的错误认识,仍然希望保险人基于错误认识而向其支付保险金,已然构成保险欺诈。法律对此种欺诈的惩罚方式,便是赋予保险人解除合同的权利。[2]需要注意的是,被保险人或受益人谎称保险事故发生,主观上属于故意。

第四,投保人、被保险人故意制造保险事故(第27条第2款)。根据保险原理,保险合同承保的风险是不确定的风险,保险事故也应当是偶然事故。如果投保人、被保险人为获取保险金而故意制造保险事故,则破坏了保险人订约时承保的风险与所收取的保险费之间的对价平衡,使保险制度沦为人们非法获取经济利益的工具。这种恶意促成事故发生的行为不仅损害保险人的合法利益,而且极易引发道德危险,有悖于保险法的伦理性要求,所以为各国保险法所防范。我国《保险法》第27条第2款规定,"投保人、被保险人故意制造保险事故的,保险人有权解除合同,不承担赔偿或者给付保险金的责任;除本法第四十三条规定外,不退还保险费"。值得注意的是,只有投保人、被保险人的故意行为,才能导致保险人解除合同。倘若其行为主观上属于过失,保险人不得解除保险合同,亦无权拒赔。

第五,人身保险合同中止后,2年内未复效(第37条第1款)。人身保险合同中止的

---

[1] 有学者认为,我国《保险法》第15条的规定属于半强制性规范,不能将其理解为只要双方有约定,保险人就可以解除合同,否则,对被保险人殊为不利。而应将其理解为,在保险合同有约定时,投保人不得任意解除保险合同;即使保险合同有约定,保险人也不得解除保险合同。

[2] 也有学者认为,保险人法定解除条件的立法依据应该是诚信原则和对价平衡原则,只有同时违反了这两个原则,保险人才可以解除合同。被保险人等谎称发生保险事故,主观恶意明显,违反了诚信原则,但对价平衡原则并未遭到破坏,不应赋予保险人解除权。

制度，是法律赋予投保人、被保险人的一项优惠制度，在中止期间 2 年内，即使投保人未交付保险费，为了保护被保险人的利益，保险人不能解除合同。但如果投保人在 2 年内仍不交付保险费，一直不允许保险人解除保险合同是不公平的。我国《保险法》规定，中止期 2 年之后，保险人有权解除保险合同。

第六，被保险人未履行安全维护义务（第 51 条第 3 款）。我国《保险法》赋予了被保险人安全维护义务，即在保险合同履行期间，被保险人应当依照约定履行安全防范义务。这一义务的安排，目的在于防止投保后被保险人因保险标的受到保险保障而在思想上产生麻痹，不注意对保险标的的保护，进而出现财产损坏、社会财富减少的问题。如果被保险人违反这一义务，保险人可以解除合同。《保险法》第 51 条第 3 款规定："投保人、被保险人未按照约定履行其对保险标的的安全应尽责任的，保险人有权要求增加保险费或者解除合同。"

第七，保险标的危险显著增加，投保人或被保险人未通知保险人。保险人与投保人之间的保险合同，乃基于订立合同时保险标的的危险情况签订的，保险合同签订后，如果保险标的危险增加，则该保险合同订立的基础发生变化，此时应当允许双方当事人变更保险合同。对此种情形，我国《保险法》赋予保险人选择权：要么增加保险费继续承保，要么解除保险合同。《保险法》第 52 条规定："在合同有效期内，保险标的的危险程度显著增加的，被保险人应当按照合同约定及时通知保险人，保险人可以按照合同约定增加保险费或者解除合同。"

第八，财产保险的标的发生部分损失，且已赔付部分保险金。我国《保险法》第 58 条第 1 款规定："保险标的发生部分损失的，自保险人赔偿之日起三十日内，投保人可以解除合同；除合同另有约定外，保险人也可以解除合同，但应当提前十五日通知投保人。"该条不仅赋予投保人解除合同的权利，也赋予了保险人解除权。有学者认为，赋予双方解除权的理由是："保险人和要保人本于诚实信用原则签订保险契约，而于保险标的发生部分损害时，要保人可能对保险人理赔的方式或态度不满，或是保险人怀疑要保人和被保险人有诈欺之嫌疑等，导致双方之信赖程度产生动摇而不欲再继续受该契约之拘束，故赋予双方终止契约之权。"

四、保险合同解除的法律后果

（一）投保人解除保险合同的法律后果

1. 没有现金价值的保险合同

一般而言，现金价值是指投保人要求解约时，保险公司应该退还的金额。[1]并不是所

---

〔1〕 根据保险原理，保险人以保险事故发生的概率来确定保险费率：保险事故发生概率越高，则保险费率越高。例如，在长期人寿保险合同中，随着被保险人年龄的增加，其死亡的可能性将越来越高，因此，投保人向保险人支付的保险费通常会随着年龄的增长而逐年增加。为了减轻投保人在被保险人年老时较重的保险费负担，保险人计算出一个均衡保险费，将投保人需要缴纳的全部保险费在整个缴费期内均摊，使投保人每期缴纳的保险费都相同。这样，在被保险人年轻时，投保人缴纳的保险费高于实际风险需要的保险费，保险人将这些多交的保险费单独提存起来，并按照一定的利率进行积存生息，用于弥补被保险人年老时风险保险费的不足。因此，在保单生效后，前期多缴的保险费连同其产生的利息累积后便形成了人寿保险的责任准备金，除去用于支付保险人的必要费用（如制单费、运营费等管理费用）外，剩余的就是人寿保险保单的现金价值。在解约退费时，保险人应当将这部分价值返还给投保人。因此，现金价值又叫作不丧失价值或者不丧失的赔偿权。

有的保险合同都有现金价值,一般只有储蓄性质的人身保险合同才有现金价值。对不具有现金价值的保险合同,合同解除后的处理为:

(1)保险责任开始前解除合同,投保人依约支付手续费,保险人退还保险费。此时保险责任尚未开始,保险人未承担风险,因此应当将收取的保险费扣除手续费后退还给投保人。我国《保险法》第54条规定:"保险责任开始前,投保人要求解除合同的,应当按照合同约定向保险人支付手续费,保险人应当退还保险费。"

(2)保险责任开始后解除合同,保险人扣除自保险责任开始之日起至保险合同解除之日止应收的保险费后,退还其余保险费。在此种情形下,保险人已经部分履行了合同,因此可以收取已履行部分的保险费,对合同未履行部分的保险费,则应退还给投保人。我国《保险法》第54条规定:"保险责任开始后,投保人要求解除合同的,保险人应当将已收取的保险费,按照合同约定扣除自保险责任开始之日起至合同解除之日止应收的部分后,退还投保人。"

2.具有现金价值的保险合同

具有现金价值的保险合同,主要是储蓄性质的人身保险合同。此类保险合同中的现金价值,本属投保人、被保险人储蓄所得,因此,在保险合同解除时,现金价值应予退还。我国《保险法》第47条规定:"投保人解除合同的,保险人应当自收到解除合同通知之日起三十日内,按照合同约定退还保险单的现金价值。"值得注意的是,保险人退还现金价值的时间为收到解除通知之日起30日内。并且,在投保人与被保险人、受益人为不同主体时,现金价值应当退还给投保人。[1]

(二)保险人解除保险合同的法律后果

保险人可以依照约定或法定解除保险合同,约定解除保险合同的,其法律后果依照合同约定。这里主要阐明保险人法定解除合同的法律后果。

1.故意、重大过失不履行告知义务

投保人违反告知义务的法律后果是,保险人除了可以解除合同外,还可以拒绝承担赔付责任。至于保险费,应区分故意与重大过失的情形决定返还与否。我国《保险法》第16条第4款规定:"投保人故意不履行如实告知义务的,保险人对于合同解除前发生的保险事故,不承担赔偿或者给付保险金的责任,并不退还保险费。"第16条第5款规定:"投保人因重大过失未履行如实告知义务,对保险事故的发生有严重影响的,保险人对于合同解除前发生的保险事故,不承担赔偿或者给付保险金的责任,但应当退还保险费。"此部分内容已在前文告知义务部分予以详细讲解。

2.年龄错误

在被保险人年龄错误,且投保时的实际年龄不在保险合同保障范围之内时,我国保险法规定保险人可以解除保险合同,若存在现金价值,应退还现金价值。《保险法》第32条第1款规定:"投保人申报的被保险人年龄不真实,并且其真实年龄不符合合同约定的年

---

[1]《保险法司法解释三》第16条第1款规定:"保险合同解除时,投保人与被保险人、受益人为不同主体,被保险人或者受益人要求退还保险单的现金价值的,人民法院不予支持,但保险合同另有约定的除外。"

龄限制的,保险人可以解除合同,并按照合同约定退还保险单的现金价值。"

3. 被保险人或者受益人谎称发生保险事故

此种情形下,为了表示对被保险人或受益人的惩戒,保险人除解除合同外,尚可保留保险费。我国《保险法》第27条第1款规定:"未发生保险事故,被保险人或者受益人谎称发生了保险事故,向保险人提出赔偿或者给付保险金请求的,保险人有权解除合同,并不退还保险费。"

4. 投保人、被保险人故意制造保险事故

投保人、被保险人故意制造保险事故的,保险人可以解除合同,拒绝赔付;同时,为了惩戒投保人、被保险人,保险费亦不退还。但若保险合同为具有现金价值之保险合同,因现金价值本属投保人、被保险人所有,故应予以退还。我国《保险法》第27条第2款规定:"投保人、被保险人故意制造保险事故的,保险人有权解除合同,不承担赔偿或者给付保险金的责任;除本法第四十三条规定外,不退还保险费。"第43条第1款规定:"投保人故意造成被保险人死亡、伤残或者疾病的,保险人不承担给付保险金的责任。投保人已交足二年以上保险费的,保险人应当按照合同约定向其他权利人退还保险单的现金价值。"

5. 人身保险合同中止期经过

《保险法》第37条规定:"自合同效力中止之日起满二年双方未达成协议的,保险人有权解除合同。保险人依照前款规定解除合同的,应当按照合同约定退还保险单的现金价值。"

6. 被保险人未履行安全维护义务

被保险人未履行安全维护义务的,保险人应退还未满期保险费。所谓未满期保险费,即保险人未承担保险责任期间的保险费。由于保险合同解除后,保险人将不承担解除后之保险责任,故而,此期间内投保人所交保险费应予以退还。我国《保险法》第51条第3款未规定解除保险合同的后果,但根据保险合同的一般理论,可以得出如上结论。

7. 保险标的危险显著增加,投保人或被保险人未通知保险人

此种情形亦同上述,由于保险人未承担合同解除后之保险责任,故该期间的保险费应予退还。《保险法》第52条第1款规定:"在合同有效期内,保险标的的危险程度显著增加的,被保险人应当按照合同约定及时通知保险人,保险人可以按照合同约定增加保险费或者解除合同。保险人解除合同的,应当将已收取的保险费,按照合同约定扣除自保险责任开始之日起至合同解除之日止应收的部分后,退还投保人。"

8. 财产保险的标的发生部分损失,且已赔付部分保险金。

此种情形下,我国《保险法》第58条第2款规定:"合同解除的,保险人应当将保险标的未受损失部分的保险费,按照合同约定扣除自保险责任开始之日起至合同解除之日止应收的部分后,退还投保人。"

第七节 保险合同的解释

保险合同的解释,是指保险合同的内容发生争议时,依照一定的原则或规则对争议加以解释。我国《保险法》第 30 条规定:"采用保险人提供的格式条款订立的保险合同,保险人与投保人、被保险人或者受益人对合同条款有争议的,应当按照通常理解予以解释。对合同条款有两种以上解释的,人民法院或者仲裁机构应当作出有利于被保险人和受益人的解释。"依此规定,保险合同解释首先应遵循通常解释原则,其次应遵循不利解释原则。

一、通常解释原则

一般来说,通常解释原则是指《民法典》第 142 条规定的解释原则,主要包括文义解释、目的解释、整体解释、习惯解释、诚信解释等原则。[1]

文义解释原则,是指按照保险合同条款的字面意思进行解释的原则。这种解释,应当以一般公众对该字面意思的理解进行。如果文字属于专业术语,应当按照所属专业的特定意义进行解释。

目的解释原则,是指按照双方当事人订立合同的真实意思加以解释的原则。目的解释具有一定的优先性。如果依几种解释方法解释的结果不一致,法院或仲裁机构一般会依照合同订立的目的进行解释。

整体解释原则,是指把全部保险合同条款和各个构成部分看作一个统一的整体进行解释的原则。例如,在保险合同中,应当将投保单、保险条款、批单等的条款加以综合考虑而予以解释。

习惯解释原则,是指依照商业习惯、国际惯例等对保险合同中的争议问题加以解释的原则。保险法是从保险交易习惯中发展出来的规则,发生争议时,依照保险惯例加以解释符合保险业的特征。[2]

二、不利解释原则

(一)不利解释原则的概念

不利解释原则,又称"不利起草人的解释原则""疑义利益解释原则",是指在保险合同条款出现两种以上解释的情况下,应当依照不利于该条款提供人的语义加以解释的原则。在保险合同中,合同条款通常由保险人提供,因此,不利解释原则实际上是不利于保险人的解释原则。

---

[1] 但也有学者认为,《保险法》上的"通常解释"是指普通人理解的解释原则,并非《民法典》第 142 条规定的解释原则。

[2] 在保险合同方面,法院掌握的解释原则通常是:(1)投保单与保险单或者其他保险凭证不一致的以投保单为准。但不一致的情形系经保险人说明并经投保人同意的,以投保人签收的保险单或者其他保险凭证载明的内容为准。(2)非格式条款与格式条款不一致的,以非格式条款为准。(3)保险凭证记载的时间不同的,以形成时间在后的为准。(4)保险凭证存在手写和打印两种方式的,以双方签字、盖章的手写部分的内容为准。

（二）不利解释原则的法理基础

首先，保险合同由保险人制定，具有附合性，投保人仅仅是附合保险人的条款，故应对其作有利解释；其次，保险合同条款具有很强的专业性，对于某些条款，普通保险消费者难以理解其真实含义，保险人则可能利用条款的艰涩损害被保险人的利益，故而应对其作不利解释；最后，从主观归责方面来看，保险人制定的格式条款存在分歧，意思具有过错，对其作不利解释建立在其过错的基础上。

（三）不利解释原则的适用

（1）不利解释原则是针对保险合同格式条款的解释原则。并非所有保险合同条款都是格式条款，在保险合同通过谈判订立的场合，不利解释原则无适用余地。只有保险合同条款由保险人提供时，才能作对保险人不利的解释。

（2）只有在对保险合同条款有两种以上解释时，才适用不利解释原则。保险合同纠纷多种多样，例如，告知义务纠纷、说明义务纠纷、是否属于意外的纠纷等均为常见纠纷，并非只要发生纠纷，就应当作出对保险人不利的解释。不利解释原则仅适用于保险条款含义发生歧义的纠纷，对其余纠纷则无法适用。

（3）不利解释原则应以"通常理解"为前提。也就是说，当某一保险条款存在两种以上的解释时，首先应当适用"通常理解"对合同条款进行解释，只有适用"通常理解"仍会出现分歧解释时，才可以适用不利解释原则。

▌重要名词术语

最大诚信原则、保险利益原则、损失补偿原则、近因原则、告知义务、说明义务、任意解除权、法定解除权、不利解释原则

▌思考题

1. 传统保险法理论上，保险利益原则是一项基本原则，但有学者认为，保险利益制度可以用其他制度代替，保险利益原则正在逐渐淡化，你对这一说法如何看待？
2. 当你购买一份高额人身保险时，有时保险公司会向你赠送一份低额的意外伤害保险，这是否意味着保险合同可以是无偿合同？
3. 保险合同是否都是附合合同？
4. 保险人说明义务的法理基础是什么？保险人如何履行其说明义务？
5. 根据我国《保险法》，保险人在何种情形下可以解除保险合同？
6. 不利解释原则的适用条件是什么？

▌典型案例分析

案例一

原告张某原系某纺织品公司员工，2020年11月12日，张某所在公司以自己作为投

保人，以公司所有员工作为被保险人向被告保险公司投保团体重大疾病保险，张某在被保险人范围之内。保险合同约定，团体重大疾病保险保额20万元，保险期间2020年9月25日0时起至2021年9月24日24时止。

2021年3月23日至2021年3月31日，张某患病住入某市中医医院治疗，病历显示，张某右叶甲状腺穿刺结果为：考虑乳头状癌。2021年4月7日至2021年4月16日，张某在该市中心医院住院，出院诊断为：甲状腺恶性肿瘤。该病属于重大疾病保险合同保障范围。

2021年4月5日，张某向单位申请离职，同日单位同意其离职，并办理了离职交接手续。

随后，张某向被告保险公司提出请求，要求保险公司赔付重大疾病保险金20万元。保险公司辩称：在纺织品公司以张某为被保险人向保险公司总公司投保时，其对被保险人具有保险利益，但被保险人确诊为甲状腺恶性肿瘤时，由于张某已经离职，纺织品公司对其已不具有保险利益，根据《保险法》，投保人对被保险人不具有保险利益的，保险合同无效，因此，保险公司不应赔偿。

本案法院最终判决保险公司向被保险人张某赔付保险金20万元。

我国《保险法》规定，投保人对下列被保险人具有保险利益：（1）本人；（2）配偶、子女、父母；（3）前项以外与投保人有抚养、赡养或者扶养关系的家庭其他成员、近亲属；（4）与投保人有劳动关系的劳动者。除前款规定外，被保险人同意投保人为其订立合同的，视为投保人对被保险人具有保险利益。本案原告张某在保险合同订立时系投保人之员工，与投保人之间具有劳动合同关系，符合上述第（4）项之规定，因此，在合同订立时，投保人对被保险人张某具有保险利益。但被保险人张某被确诊为甲状腺恶性肿瘤时，张某已从投保人单位离职，单位已对其不享有保险利益，此时，保险人是否可以以投保人对被保险人不享有保险利益，保险合同无效为由拒绝赔付？

对人身保险合同，我国《保险法》规定，"订立合同时，投保人对被保险人不具有保险利益的，合同无效。"至于保险事故发生时，投保人对被保险人失去保险利益的合同是否有效，《保险法》并未规定。保险法理论和实务界通常认为，我国《保险法》仅要求订立合同时，投保人需对被保险人具有保险利益，并未要求投保人在出险时对被保险人具有保险利益，因此，若投保人在出险时对被保险人不具有保险利益的，不影响保险合同效力。本案投保人在保险合同订立时，对张某享有保险利益，尽管出险时已不具有保险利益，仍然不影响保险合同的效力。

既然保险合同有效，且被保险人发生了保险合同约定的事故，故被告保险公司应当赔付。

案例二

2019年7月23日，投保人张某向保险公司购买了重大疾病保险，保险合同载明，投保人张某，被保险人张某，身故保险金受益人杜某，保险金额20万元，保险合同成立日为2019年7月23日，保险期间自2019年7月24日0时至2058年7月23日24时。在被保险人健康告知部分,投保人张某对"您最近2年内是否因健康异常发生过住院或手术"以及是否患有"高血压""糖尿病"等问题的询问,均填写为"否"。2023年7月,被保险人张某因突发脑出血死亡,受益人杜某向保险公司索赔保险金。

保险公司查明,2019年2月,被保险人张某因心脏病发作住院,出院记录显示:高血压三级(极高危),糖尿病,心肌梗死。但张某投保时在投保单的"健康告知"部分,并未如实填写,而是将所有填写项均填写为"否"。保险公司认为,投保人故意违反告知义务,依据保险法规定,保险人可以拒绝赔付。受益人杜某因此将保险公司诉至法院。

此案至少有两个争议点:第一,投保人张某是否存在故意违反告知义务的情形;第二,保险公司是否应当赔付。

关于第一个争点,法院审理认为,张某于2019年2月住院,出院记录记载其患有高血压三级、糖尿病和心肌梗死,但张某于2019年7月投保时,明知其住过院,并患有高血压、糖尿病、心肌梗死等疾病,仍在投保单的"健康告知"栏中填写了"否",属于故意违反告知义务。

第二个争点是关键问题。依照我国《保险法》,投保人故意不如实告知时,保险人可以解除合同、拒绝赔付,并可拒绝退还保费。张某故意不如实告知,本应承担如上后果,但受益人杜某提出,保险合同成立于2019年7月23日,保险事故发生于2023年7月,已经超过《保险法》规定的2年不可抗辩期,保险人因此丧失了合同解除权,并且不能拒绝赔付。

保险公司随后提出,投保人在投保时故意不实告知,已经构成了民法上的欺诈,保险人即使不享有合同解除权,也享有撤销合同的权利,基于合同撤销权,保险人仍可拒绝赔付。

保险人在丧失合同解除权后,是否可以行使撤销权,是近年来保险法的一个争点,不过从法院的判决来看,绝大多数法院认为保险人不能行使撤销权。其理由大致是:

第一,特别法优于一般法。相对于《民法典》来说,《保险法》是特别法,《保险法》规定合同订立2年后,保险人不得解除合同,是特别法的规定,尽管《民法典》规定的撤销权在某种意义上也适用于投保人故意不如实告知的情形,但《民法典》关于撤销权的规定属于一般法的规定,应劣后于《保险法》适用,因此,本案应适用《保险法》的规定,即两年不可抗辩期间经过后,保险人不得解除合同,应当就保险事故予以赔付。

第二,《保险法》规定的解除权丧失,具有其合理性。2009年我国修改《保险法》引进了不可抗辩条款,依据该条款,保险人在合同订立2年后丧失合同解除权。该次保险法修订之前,保险市场充满了"投保容易理赔难"的声音。保险公司采取"宽进严出"的措施,为了获取保费,对投保人的告知审查流于形式,甚至根本不进行审查,一旦发生保险事故,保险人即启动核赔程序,对投保人是否履行如实告知义务进行严格审查,一经发现投保人告知不实,不管保险合同成立多长时间,保险人均予以拒赔。这种状况被称之为"以核赔代核保"。"以核赔代核保"的做法极易诱发保险人的道德风险,严重损害保险消费者的利益:倘若保险人在投保时便审查投保人是否如实告知,即使保险人拒保,投保人仍可另觅其他保险机会。但是,倘若在发生事故后审查并解除合同,被保险人极可能因年龄增长或健康状况有变而失去另觅保险的机会,这对保险消费者显失公平。故而,为维护保险消费者之权益,惩罚保险人"以核赔代核保"之行为,保险法引入了不可抗辩制度。这一制度的引进,具有合理性与正当性。

第三,从历史角度看,保险人丧失合同解除权是保险人的自主选择。19世纪末期,美国的保险公司进入了"洪水时代",保险公司之间竞争激烈,为了抢夺客户,一些保险公司在其保险条款中加入了"不可抗辩条款",主动承认合同订立2年之后不再基于投保人对告知义务的违法而解除合同。经过几十年的发展,几乎所有美国保险公司都在其条款中加入了不可抗辩条款,不可抗辩条款成为一种惯例,并最终上升为法律。无论如何,不可抗辩条款是保险人的自主选择,保险人不可自我否认该条款的效力。

综上,我们认为,投保人张某的行为虽构成故意违法如实告知义务,但因保险事故发生于订立合同2年之后,保险人不得行使撤销权,亦不得解除合同,拒绝赔付。

第五十二章　人身保险合同

【内容提示】

人身保险合同是以人的寿命和身体为保险标的的保险合同。通常分为人寿保险合同、健康保险合同和意外伤害保险合同三类。其具有保险标的的不可估价性、保险金额的定额性、责任准备金的储蓄性、保险金义务履行的给付性，以及期限的长期性等特征。

受益人是指由投保人或被保险人在保险合同中指定的，于保险事故发生时，享有赔偿请求权的人。受益人通过被保险人或投保人的指定而产生，但投保人指定受益人须经被保险人同意。同时，在保险合同履行过程中，被保险人和投保人亦可变更受益人，同样，投保人变更受益人的，须经被保险人同意。在受益人故意造成被保险人死亡、伤残或疾病，以及受益人故意杀害被保险人未遂的情况下，受益人丧失受益权。保险合同有时会出现受益人缺失的情形，在受益人缺失时，法律对保险金的处理是：保险金作为被保险人的遗产，由保险人根据《民法典》的规定履行给付保险金的义务。受益人可能与被保险人同时死亡，在此情形下，推定受益人先死亡，保险金回归被保险人再作处理。

由于人身保险的长期性，其履行可能出现中止：分期付款的人身保险合同，投保人交付了首期保费，但次期或以后当期保费未交，在保险人给予的宽限期经过后，保险合同中止。保险合同中止的期限为2年，在中止期间，如发生保险事故，保险人可以拒绝赔付。当然，在中止期间内，如投保人补交保费，且与保险人协商一致，保险合同可以恢复效力。

死亡保险合同是特殊的人身保险合同，它是指以被保险人死亡为给付保险金条件的保险合同。由于死亡保险合同涉及针对被保险人的道德危险，故而须对其进行特殊规制。原则上，投保死亡保险须经被保险人同意并认可保险金额，但父母为其未成年子女投保死亡保险，可以不经被保险人同意。对无行为能力人来说，父母之外的主体原则上不得为无行为能力人投保死亡保险。

人身保险合同中还有一些特殊条款需要掌握，主要是年龄错误条款、犹豫期条款、自杀条款和犯罪条款等。

第一节 人身保险合同概述

一、人身保险合同的概念

人身保险是以人的寿命和身体为保险标的的保险，人身保险合同就是以人的寿命和身体为保险标的的保险合同。

二、人身保险合同的分类

在我国保险法上，人身保险合同分为人寿保险合同、健康保险合同和意外伤害保险合同。

（一）人寿保险合同

人寿保险合同，是指以人的寿命为保险标的，以生存或死亡为保险事故，于保险事故发生时，由保险人给付一定金额之保险合同。申言之，人寿保险合同是以被保险人在一定期限内死亡或者一定期限届满仍然生存为保险金给付条件的保险合同，由投保人交付一定的保险费，如果被保险人在约定期限内死亡，或者在一定期限结束后仍然生存，则由保险人给付一定数额的保险金。

人寿保险通常又可分为三类：第一类是以被保险人生存为给付保险金条件的生存保险；第二类是以被保险人死亡为给付保险金条件的死亡保险；第三类是被保险人生存或死亡均为给付保险金条件的生死两全保险。

（二）健康保险合同

健康保险合同，也称疾病保险合同，是指以被保险人在保险期间内因健康原因导致损失为给付保险金条件的人身保险合同。健康保险分为疾病保险、医疗保险、失能收入损失保险、护理保险等。

健康保险的风险具有以下特征：第一，由于非明显的外来原因造成的。如果是由于明显的外来原因造成的，则可能是意外伤害的风险并非健康保险的风险。第二，由于非先天的原因造成。先天患有疾病者，不在健康保险保障之列。第三，须为潜伏性原因造成。健康保险之保险事故多来自人体内部，且属于潜伏性原因导致，这与意外伤害保险形成对比，意外伤害保险之保险事故来自人体外部，且属于突发性原因所致。第四，须为偶发性原因。因自然规律而导致的年老、衰弱及退化等，非属偶发性原因，不在健康保险保障之列。

（三）意外伤害保险合同

意外伤害保险合同，亦称伤害保险合同，是指以被保险人遭受意外伤害或因意外伤害导致残疾或死亡为保险事故，发生保险事故时，保险人给付一定保险金的保险合同。意外伤害保险合同保障的范围包括：意外伤害、意外伤害所导致的残疾、意外伤害所导致的死亡。

意外伤害保险合同中的"意外"。通常是指伤害的发生是被保险人事先没有预见到的，或伤害的发生违背了被保险人的主观意愿；"伤害"是指外来的致害物以一定的方式破坏性地接触致使身体受到伤害的客观事实。在我国,构成意外伤害通常须符合四个方面的要件:其一,伤害是外来因素造成的。即由于被保险人身体外部原因造成的事故,如车祸。其二,伤害是突发的。即在瞬间造成的事故,没有较长的过程,如落水、触电等。其三,伤害是意外发生的。被保险人未预料到和非本意的事故,如飞机坠毁等。其四,伤害非由疾病引起。疾病所致伤害,虽不是本人事先所能预料的,但它是人体自身产生的结果,不属于意外事故,应由健康保险保障。

三、人身保险合同的特征

人身保险合同具有以下特征:

(一)保险标的不可估价

人身保险合同的保险标的是人的寿命和身体,不是商品,不能用货币来计量、评价。尽管美国保险学学者休伯纳首创人类生命价值学说,以被保险人体内所具有的赚钱能力评估的人的价值,但在社会学和法学领域,人的身体和生命无价的说法仍是主流学说。

(二)保险金额具有定额性

在保险法上,通常认为人不具有商品价值,故而人身保险合同中不存在保险价值的问题。确定人身保险合同的保险金额,并非以保险标的的价值为依据,而是由保险人事先综合各方面因素进行保险精算而获得的一个数额。该数额于订立保险合同时即在保险合同中写明,发生保险事故时,保险人以此确定保险金额予以赔付。

(三)保险责任准备金的储蓄性

储蓄性在人寿保险中表现明显。由于保险人采取平准保险费制度,在保险合同订立之后一定时间内,保险人收取的保险费超过被保险人当时需要支付的保险金,超过部分是投保人提前交给保险人,用于履行未来义务的资金,相当于投保人积存于保险人处的长期性的储蓄存款。这笔存款由保险人投资于生产建设或存储于银行产生利息,因利息是投保人交纳的保险费产生的,故利息连同本金均为投保方所有,用于投保方的权益。投保方可以享受这部分利益,只要保单没到期,就会有责任准备金属于投保方的权益,为将来给付被保险人做准备。当然,人寿保险的储蓄与银行的储蓄是有区别的,保险费收取与提留责任准备金的计算方式以及给付条件截然不同。最大的区别是给付保险金不仅包括本金和利息,还包括从未得到给付的保险单中摊出的余额。

(四)保险金义务履行的给付性

如上所述,人的寿命和身体具有不可估价性,保险金由保险人综合各方面的情况确定,而不是对被保险人死亡或伤害的赔偿或补偿。保险人给予被保险人或受益人保险金的行为,在保险法上称为"给付",因此,保险人通过给予被保险人或受益人保险金的方式履行保险合同,便具有履行上的"给付性"特征。

(五)部分人身保险期限较长

部分人身保险的期限较长,例如人寿保险的期限有时可能长达二三十年,甚至整个一生。但另外一部分人身保险合同期限较短,可以为1年,数个月,甚至几小时。例如,航空意外保险的保险期限一般为几小时。

第二节　人身保险合同中的受益人

一、受益人的概念

受益人，又称保险金受领人，是指由投保人或被保险人在保险合同中指定的，于保险事故发生时，享有赔偿请求权的人。我国《保险法》第18条第2款规定："受益人是指人身保险合同中由被保险人或者投保人指定的享有保险金请求权的人。投保人、被保险人可以为受益人。"由此可见，受益人只在人身保险中出现，[1] 如果保险合同中约定了受益人，则受益人有权领取保险金，若被保险人与受益人不是同一主体，则被保险人此时不得领取保险金。

二、受益人的指定主体

受益人通过指定而产生，指定主体可以为：

（一）被保险人指定受益人

由于人身保险以被保险人的寿命和身体作为保险标的，被保险人就成为人身保险合同的中心所在，被保险人有权指定以自己寿命或身体为对象之保险金的归属。同时，由被保险人指定受益人可以控制保险合同的道德危险，当被保险人指定某人作为受益人时，其必须考虑受益人杀害自己谋取保险金的可能性，将可能制造道德危险之人排除在受益人之外，客观上减少了道德危险的可能性。

（二）投保人指定受益人，但须经被保险人同意

由投保人指定受益人，大约是出于方便签订合同考虑，即在投保人签订合同时即在合同中写入受益人。但是，投保人指定受益人必须经过被保险人同意。其原因在于，保险合同是以被保险人的寿命和身体为标的签订的，只有被保险人才真正有权决定受益人。此外，为了杜绝投保人在签订合同时将自己作为受益人，然后谋杀被保险人骗取保险金，我国保险法规定，投保人指定受益人必须经过被保险人同意。投保人指定受益人未经被保险人同意的，其指定行为无效。

值得注意的是，当投保人为与其有劳动关系的劳动者投保人身保险时，不得指定被保险人及其近亲属以外的人为受益人。例如，公司作为投保人为其员工投保时，只能指定该员工本人或该员工的近亲属作为受益人，其余主体，包括公司本身在内，均不得作为受益人（《保险法》第39条）。保险法如是规定，是为了规范保险实务中公司为员工投保，却将自己指定为受益人的情形，此种情形将原本为员工谋福利的投保行为，转化为类似于赌博的行为，依法应予限制。

被保险人或投保人指定受益人的方式，既可以采取事前指定，即在保险合同签订之前指定的方式，也可以采取事后追认的方式，即在投保人指定受益人未经被保险人同意时，

---

[1] 有学者认为，在财产保险中亦可存在受益人，我国的财产保险实务中有时也会出现受益人。

由被保险人事后追认。

三、受益人的资格

我国保险法未对受益人的主体资格予以限制。无论是自然人还是法人具有成为受益人的资格。在自然人中，无论是完全行为能力人，还是限制行为能力人和无行为能力人，均有受益资格。

受益人与投保人被保险人之关系，可以有三种模式：其一，三方主体完全合一。即投保人即是被保险人，同时也指定自己为受益人的情形。其二，两方主体重合。此种情形又可分为三类：（1）投保人以自己作为被保险人投保，指定他人为受益人；（2）投保人以他人为被保险人投保，指定自己为受益人；（3）投保人以他人为被保险人投保，指定该他人为受益人。其三，三方主体各自独立。即投保人以他人为被保险人投保，指定第三人作为受益人的情形。

实务中，当事人对保险合同约定的受益人可能存在争议，依据最高人民法院的解释，处理受益人争议的规则是：（一）受益人约定为"法定"或者"法定继承人"的，以继承法规定的法定继承人为受益人。（二）受益人仅约定为身份关系，投保人与被保险人为同一主体的，根据保险事故发生时与被保险人的身份关系确定受益人；投保人与被保险人为不同主体的，根据保险合同成立时与被保险人的身份关系确定受益人。（三）受益人的约定包括姓名和身份关系，保险事故发生时身份关系发生变化的，认定为未指定受益人。[1]

四、受益人的变更

（一）有权变更受益人的主体

依照我国《保险法》的规定，被保险人或投保人有权变更受益人，但投保人变更受益人须经过被保险人同意，投保人变更受益人未经被保险人同意的，应当认定变更行为无效，仍以原受益人作为受益人。其理由与指定受益人的理由相同。

（二）变更受益人的程序

我国《保险法》第41条规定："被保险人或者投保人可以变更受益人并书面通知保险人。保险人收到变更受益人的书面通知后，应当在保险单或者其他保险凭证上批注或者附贴批单。"由此可见，变更受益人的程序为：

（1）投保人或被保险人书面通知保险人。变更受益人是投保人或被保险人的权利，但变更如不通知保险人，将导致在发生保险事故时保险人不知将保险金支付给何人，为方便保险人履行保险合同，法律规定变更受益人应当通知保险人。投保人或者被保险人变更受益人未通知保险人，保险人可主张变更对其不发生效力。亦即，投保人变更受益人虽然有效，但如因其未通知保险人，保险人将保险金支付给原受益人的，保险人的支付行为有效，保险人对其支付行为不承担责任。

（2）保险人在保险单或保险凭证上批注或者附贴批单。在投保人、被保险人通知保险人后，为表示对变更的重视，保险人应通过批单或批注的形式将变更内容书面化，一方面

---

[1] 参见《保险法司法解释三》第9条，但这些规则在理论上仍存争议。

有利于明确变更内容,另一方面,在发生纠纷时,有利于双方举证。

(三)受益人变更的时点

受益人变更的程序虽如上所述,但因变更行为性质上属于单方法律行为,应自变更权人意思表示发出之时起生效。所有,投保人或被保险人并更受益人的,变更之时点应为其变更的意思表示发出之时。[1]当然,投保人或被保险人应当在保险事故发生前变更受益人,保险事故发生后变更受益人,该受益人请求给付保险金的,通常不能获得裁判机构的支持。

五、受益人类型、受益顺序与受益份额

(一)受益人类型

受益人可以分为原始受益人、后继受益人和法定受益人三类。

(1)原始受益人。即由订立合同时投保人或被保险人指定的在其死亡后首先获得保险金的受益人。

(2)后继受益人。即合同存续期间内原始受益人死亡而被保险人仍然生存时,被保险人再次指定的受益人;或者,被保险人在同一合同中指定于其他受益人丧失受益权时获取保险金的受益人。

(3)法定受益人。即当以上两种受益人均先于被保险人死亡时,其保险金应视为被保险人的遗产,由法定继承人作为受益人。

(二)受益顺序

投保人或被保险人可以在保险合同中指定一个或多个受益人,当受益人为多人时,投保人或被保险人可以设定受益顺序,即指定受益人获取保险金的先后顺序。在投保人或被保险人设定了多个受益人时,原始受益人应当首先获得保险金,其次是后继受益人,最后才是法定受益人。

(三)受益份额

当保险合同中存在数个受益人,而几个受益人又在同一受益顺位时,可能产生受益份额问题。受益份额的确定首先应当尊重被保险人或投保人的意志,在投保人、被保险人已经确定受益份额(该份额可以相等,也可以不等)时,依照该份额领取保险金;在投保人、被保险人未确定受益份额时,各受益人应当享有相等份额领取保险金。我国《保险法》第40条第2款规定:"受益人为数人的,被保险人或者投保人可以确定受益顺序和受益份额;未确定受益份额的,受益人按照相等份额享有受益权。"[2]

---

[1]《保险法司法解释三》第10条第1款规定:"投保人或者被保险人变更受益人,当事人主张变更行为自变更意思表示发出时生效的,人民法院应予支持。"

[2] 关于受益份额问题,《保险法司法解释三》在第12条作出了较为详细的规定:"投保人或者被保险人指定数人为受益人,部分受益人在保险事故发生前死亡、放弃受益权或者依法丧失受益权的,该受益人应得的受益份额按照保险合同的约定处理;保险合同没有约定或者约定不明的,该受益人应得的受益份额按照以下情形分别处理:(一)未约定受益顺序和受益份额的,由其他受益人平均享有;(二)未约定受益顺序但约定受益份额的,由其他受益人按照相应比例享有;(三)约定受益顺序但未约定受益份额的,由同顺序的其他受益人平均享有;同一顺序没有其他受益人的,由后一顺序的受益人平均享有;(四)约定受益顺序和受益份额的,由同顺序的其他受益人按照相应比例享有;同一顺序没有其他受益人的,由后一顺序的受益人按照相应比例享有。"

六、受益权的丧失

（一）受益权丧失的概念

受益权的丧失是指被保险人或投保人指定受益人后，因受益人实施严重危害被保险人生命或健康的行为，而由法律强制剥夺其受益的权利。受益权丧失与受益权撤销不同，前者由法律规定，后者则由投保人或被保险人依主观意志作出；前者主要因犯罪行为而产生，后者则主要因投保人、被保险人与受益人之间的情感变化而产生。前者一般是被动行为，后者一般为主动行为。

（二）受益权丧失之原因

依照我国《保险法》受益人丧失受益权的原因主要分为两类。

（1）受益人故意造成被保险人死亡、伤残或疾病。其原理在于受益人故意造成被保险人死亡已涉嫌犯罪，在法律上，任何人均不得从其犯罪行为中受益，故而应当剥夺该受益人之受益权。

（2）受益人故意杀害被保险人未遂。其原理在于受益人虽然杀害被保险人未遂，但亦涉嫌犯罪，应剥夺其受益权。

七、受益人缺失的保险金处理

（一）受益人缺失的情形

保险合同可能因种种原因导致受益人缺失，我国《保险法》对这些原因加以总结，归纳为：（1）没有指定受益人的。即保险合同自始没有指定受益人，受益人一栏空白。（2）受益人先于被保险人死亡，没有其他受益人的。被保险人原本指定了一名或多名受益人，但这些受益人均先于被保险人死亡，而被保险人此后未指定其他被保险人。（3）受益人依法丧失受益权或者放弃受益权，没有其他受益人的。被保险人原本指定了受益人，但受益人因故意造成被保险人死亡、伤残、疾病，或者故意杀害被保险人未遂，因而丧失受益权。而此后被保险人未指定其他受益人的情形。

（二）保险金的处理

受益人缺失时，法律对保险金的处理是：保险金作为被保险人的遗产，由保险人根据《继承法》的规定履行给付保险金的义务。保险法作如此处理的理由是：受益人是约定的保险金请求权人，被保险人是法定的保险金请求权人，没有约定受益人的情况下，保险金请求权回归法定保险金领取人。而被保险人已经死亡，故而，保险金当然作为被保险人的遗产，根据《继承法》的规定处理。

八、受益人与被保险人同时死亡时保险金的处理

受益人可能与被保险人同时死亡，例如，父亲以自己为被保险人与保险公司订立合同，指定儿子为受益人，在一次旅游过程中，因遭遇车祸父子双双在同一事故中死亡，且无法查明死亡先后顺序的情形即是。在此种情形下，我国《保险法》第42条第2款的处理是："受益人与被保险人在同一事件中死亡，且不能确定死亡先后顺序的，推定受益人死亡在先。"

在受益人与被保险人同时死亡的情况下,如果保险合同尚有其他生存受益人,保险金依照保险合同约定的受益顺序和受益份额给付;如果保险合同中没有其他受益人,则将其作为"受益人先于被保险人死亡,没有其他受益人的"情形处理,即保险金作为被保险人的遗产,依照《民法典》的规定处理。之所以这样规定,是因为受益人获得保险金的前提是被保险人的指定,被保险人指定该受益人作为受益人领取保险金,并不意味着其愿意将保险金领取权归于该受益人的继承人,在受益人与被保险人同时死亡时,被保险人可能更愿意将保险金给予自己的继承人而不是给予该受益人的继承人。

值得注意的是,《保险法》关于受益人与被保险人同时死亡的规定与《民法典》关于相互有继承关系的几个人在同一事件中死亡的规定不同,依照《民法典》第1121条规定:"相互有继承关系的数人在同一事件中死亡,难以确定死亡时间的,推定没有其他继承人的人先死亡。都有其他继承人,辈分不同的,推定长辈先死亡;辈分相同的,推定同时死亡,相互不发生继承。"简言之,在《保险法》规定下:受益人与被保险人同时死亡,在保险金处理问题上遵循受益人先死亡原则;在《民法典》规定下,相互存在继承关系的当事人在同一事件中死亡,遵循推定没有继承人者先死亡,各自有继承人时,长辈先死亡,平辈同时死亡,不发生继承关系的原则。

第三节 人身保险合同的中止与复效

一、人身保险合同的中止

(一)人身保险合同中止的概念

人身保险合同的中止,是指在一定条件下,处于有效期的人身保险合同,因某种事由的出现导致合同效力处于暂停状态。这里的效力暂停状态不同于保险合同未生效,在效力暂停之前,保险合同已经生效,为有效合同。这里的效力暂停状态,也不同于效力终止,已经效力终止的保险合同无法恢复效力,但效力中止时,如果符合一定的条件,保险合同的效力仍可恢复,重新成为有效合同。效力暂停时,保险合同的实际效力处于未确定状态。我国《保险法》在第36条规定有保险合同效力中止问题。

(二)人身保险合同中止的立法依据

各国《保险法》基本都有关于人身保险合同中止的规定,其立法依据为:尽可能给人身保险合同的有效性留下机会,以维护保险合同双方当事人的利益。人身保险合同,特别是人寿保险合同是长期性合同,且由于带有一定的储蓄性或投资性,保险费较高,投保人没有能力一次性支付,或者不愿一次支付,为了保证保险费的交付,人身保险合同采取了在较长期限内分期支付的形式。由于支付期较长,其间难免会出现投保人因疏忽遗忘交付保险费,或者因经济状况变化暂时无法交付保险费的情况。投保人未交保险费,保险人本可以解除合同。但是,这种解除对合同双方当事人均无好处,对投保人来说,其需要保障的被保险人失去了保障,对保险人来说,其失去了客户,也失去了应收的保险费。为了避免这种两败俱伤的后果,保险公司在实践中采取了暂时中止合同效力的做法,给双方当事人以机会,一旦投保人继续交付保险费,则中止的保险合同效力恢复。这一做法最后被引入法律中,其客观上为保险合同的有效性留下了机会,也维护了保险合同双方当事人的利益。

（三）人身保险合同效力中止的适用条件

顾名思义,人身保险合同中止适用于人身保险合同中,也就是说,要想适用保险合同中止,该合同必须是人身保险合同。人身保险合同效力中止的适用条件主要有以下四个方面：

第一,必须是分期付款的人身保险合同。人身保险合同保险费的交付,既有趸交的,也有分期交付的。在趸交的情况下,不会出现合同效力中止的问题,因为在现代人身保险实务中,保险费交付一般是人身保险合同生效的前提条件,若保险费未交付,保险合同不生效,也就谈不上保险合同效力中止的问题。在趸交情况下,如投保人一次性交付了保险费,保险合同生效,没有法律规定或者合同特别约定的情形出现,保险人不得解除合同,也就是说,没有特殊情况出现,人身保险合同一直处于有效状态,不会出现合同效力的中止。只有在分期交付保险费的情况下,才可能出现合同效力中止。我国《保险法》第36条第1款开始即规定："合同约定分期支付保险费,……合同效力中止。"可见,分期支付保险费是保险合同效力中止的条件。

第二,投保人交付了首期保险费。如前所述,现代人身保险合同实践将交付保险费作为保险合同生效的前提,在分期付款的情况下,交付保险费就是交付首期保险费,只有投保人交付了首期保险费,保险合同才能生效,否则,保险合同不能生效,也就不会出现效力中止。我国《保险法》第36条第1款在规定了分期付款之后接着规定："投保人支付首期保险费后,……合同效力中止。"也可以看出支付首期保险费是合同效力中止的前提。

第三,次期或以后当期保险费未交付。对投保人来说,其在履行保险合同中最重要的义务是交付保险费,如果不交付保险费,意味着其不履行保险合同最重要的义务。基于权利义务的对等性,保险人此时可以不履行其承担的最重要的义务——承担危险的义务。保险人不承担危险,意味着保险合同面临解除的危险,保险合同中止正是保险合同解除的前奏,为了避免合同的直接解除,法律设立了中止制度,以延缓保险合同解除,但是,无论如何,只有在投保人不交付次期或以后当期保险费的情况下,人身保险合同才进入效力中止程序。我国《保险法》在第36条第1款中两次提到"未支付当期保险费",说明保险费未交付是人身保险合同中止的条件之一。

第四,宽限期经过。投保人不支付次期以后的保险费,并不意味着保险合同的效力马上中止。出于对投保人、被保险人利益保护的考虑,法律赋予投保人一定的宽限期,在此宽限期内,即使投保人不交付保险费,保险合同也不会效力中止。此宽限期又称优惠期,是对投保人、被保险人的一种优惠,在宽限期内,人身保险合同仍为有效合同,只有在宽限期之外,合同效力才开始中止。

宽限期期间为多长？又是如何确定的？确定宽限期的方法有三种,依据不同的方法,宽限期的期间有所不同：第一种为保险人催告与法定相结合的方法。法条对此的描述是

"自保险人催告之日起超过30日未支付当期保险费"。以该种方法，在投保人未交付当期保险费的情况下，保险人应当催告，催告之日起30日为宽限期。第二种为完全法定的方法。法条对此的描述是"超过约定的期限60日未支付当期保险费的，合同效力中止"。此种确定方法，不要求保险人催告，直接由法律给予了一个60日的宽限期，也就是说，在保险人没有催告的情况下，法定宽限期为60日，此60日的起算，自合同约定的保费交付的最后一日的次日开始。第三种为完全约定的方式。法条对此的表述是"除合同另有约定外"。也就是说，双方当事人可以不遵守前两种确定宽限期的方式，以合同自由为基础约定宽限期。此三种方法，保险人可以任意选择其中一种确定宽限期。

宽限期经过后，自次日0时起，保险合同效力中止。

关于宽限期，还有一个重要的问题，那就是在宽限期内发生保险事故的法律责任问题。我国《保险法》第36条第2款规定："被保险人在前款规定期限内发生保险事故的，保险人应当按照合同约定给付保险金，但可以扣减欠交的保险费。"由此可见：第一，宽限期发生保险事故，保险人应当赔付。其理由是，所谓宽限期，实际上是法律给予投保人、被保险人的优惠期，此处的优惠，乃是让本应失去效力的合同继续有效，也就是说，宽限期内，人身保险合同处于有效状态，既然是有效合同，发生保险事故，保险人自然应当依照合同约定的内容予以赔付。第二，保险人可以从保险金中扣减投保人欠交的保险费。此点较容易理解，保险人支付赔款给投保人、被保险人，但投保人尚有欠交的保险费，因此应予扣除。

（四）中止期的期间

中止期是指宽限期经过后，人身保险合同效力处于暂停状态的一定期间。中止期的期间，一般为2—5年，我国《保险法》规定的中止期期间为2年。《保险法》第37条规定："自合同效力中止之日起满二年双方未达成协议的，保险人有权解除合同。"这就是对中止期的规定。2年期间的规定，主要是考虑投保人恢复交付保险费的能力。投保人不交保险费，大致出于两方面的原因，一是疏忽忘交，二是经济水平下降，影响到交付能力。对前者，给予2年的期限，足以令投保人发现自己的疏漏；对于后者，也有2年的时间来恢复经济能力，因此，2年的规定较为合理。

（五）效力中止的法律后果

人身保险合同效力中止，只是合同效力的暂时停止，其效力处于不确定状态，即存在继续有效或者解除合同的双重可能。经过一定的程序，保险合同的效力可以恢复。

在中止期内，若发生保险事故，保险人可以拒绝赔付。这是因为，投保人未交保费已达一定的期间，在效力中止之前，法律已经给予投保人、被保险人一定的宽限期让其交付保险费，且在宽限期内发生的保险事故保险人应予赔付。进入中止期后，保险人仍然不交付保险费，若仍要求保险人在没有收取当期保险费的情况下承担保险责任，未免过于偏袒投保人、被保险人，因此，中止期内发生的保险事故，保险人可以拒赔。

2年的中止期期间，投保人补交了保险费，经过一定的程序，保险合同效力恢复，这就是下面将要讲到的人身保险合同复效问题。在此期间，保险人不可以解除保险合同。

2年的中止期经过后，保险人可以解除人身保险合同。在保险合同中止期间，法律之所以规定保险人不能直接解除合同,乃是考虑为投保人、被保险人留下恢复合同效力的时间,2年期间经过,投保人、被保险人没有珍惜如此机会,为了使长期处于不确定状态的合同关系稳定下来,法律必须采取行动确定合同的效力,因此,法律赋予保险人解除权,以便其解除保险合同,终结双方当事人之间的合同关系。不过,对有现金价值的保险合同来说,保险人解除保险合同的,须依照合同约定退还保险单的现金价值。

二、人身保险合同的复效

(一)人身保险合同复效的概念

人身保险合同的复效,是指在人身保险合同效力中止期内,经保险人与投保人协商一致,且投保人补交保险费后,效力中止的人身保险合同恢复为有效保险合同。人身保险合同的复效,乃是保险法通过保险合同效力中止留给投保人或被保险人的机会,该机会通过复效的规定而得以实现。

人身保险合同复效对保险合同当事人均有好处,就投保人或被保险人方面而言,其可以迅速获得保障,且可以避免因健康状况改变而不易另觅新保;重新投保手续烦琐,且保险费可能因年龄增长而提高。对保险人而言,其可以维持有效的合同,避免一再招揽新保而造成保险人佣金、租金及各种管理费用成本的升高。

(二)人身保险合同复效的条件

人身保险合同效力终止后,并非随时随地均可复效,其复效需要符合下列条件:

1. 保险人未有解除合同

保险人解除合同的原因较多,如果在人身保险合同宽限期或中止期因某种原因解除了保险合同(不包括因中止期经过而解除保险合同,因为此时中止期尚未经过),则人身保险合同当然不能复效。举例来说,投保人在订立合同时故意未履行告知义务,保险人在人身保险合同效力中止期间发现了这一问题,于是根据《保险法》第16条的规定,在中止期内解除了保险合同,则由于在投保人与保险人之间已经不存在合同关系,故也不存在合同是否复效的问题。

2. 申请复效的时间在中止期内

我国《保险法》第37条规定:"自合同效力中止之日起满二年双方未达成协议的,保险人有权解除合同。"可见,在我国,申请复效的时间必须在2年之内,也就是在合同效力中止期内。此期间经过之后,保险人可以解除合同而终止合同效力。例如,投保人孙先生投保了某公司的一份长期寿险,合同期间为10年。自2014年5月10日起至2024年5月9日止,合同约定于每年5月15日前支付当年度的保险费。假设孙先生2020年5月15日前未支付当年的保险费,2020年5月16日至2020年7月15日为宽限期,如果孙先生在宽限期内仍然没有支付保险费,则保险合同的效力中止。2020年7月16日至2022年7月15日为申请合同复效的期间。如果在这期限内孙先生没有申请合同复效,那么,保险人有权解除合同而终止合同的效力,但同时应退还合同的现金价值。

3. 投保人与保险人就复效协商并达成一致

依我国《保险法》,人身保险合同进入效力中止期,要想恢复效力,双方当事人须进行协商,并就复效达成一致意见。此点在《保险法》上的表现是:"经保险人与投保人协商并达成协议。"在实践中,协商的过程一般由投保人启动,一般来说,投保人寻求复效的,保险人安排投保人填写复效申请书,然后双方进行协商。关于协商的内容,我国《保险法》没有规定,但双方就合同复效与否的意思表示必须一致,合同效力才能恢复。如果投保人提出复效申请,但双方协商时对复效的条件不能达成一致,则合同效力无法恢复。[1]

4. 投保人补交未交付之保险费

人身保险合同之所以存在中止、复效等问题,皆因投保人未交保险费所致。如保险人按期交付保险费,则不存在如此复杂之问题。现投保人申请合同复效,自当补交未交之保险费,否则保险人依然无法承保。当然,从理论上看,投保人亦应当补交该未付保险费之利息,因为若此保险费已交,则保险人将利用其投资,或者至少存入银行产生利益,因此,投保人也应补交利息。但是,投保人交付中止期间积欠的保险费时,理应扣除中止期间的危险保费,因该段期间是保险人的不保期间之故。但储蓄保险费部分,由于满期给付由该部分构成,满期给付日既然未因中止效力后复效而顺延,因而要求交付的积欠的储蓄保险费部分并加收利息,并无不当。投保人补交保费及利息后,保险合同自补交保费之日起恢复效力。

第四节 死亡保险的特殊规制

一、死亡保险合同及其规制的必要性

(一)死亡保险合同的内涵

死亡保险合同是指以被保险人死亡为给付保险金条件的保险合同。我国保险监管机构对以死亡为给付保险金条件的保险合同作出了定义:所谓以死亡为给付保险金条件的人身保险合同,是指单纯以死亡为给付保险金条件的人身保险合同。如果未经被保险人同意并认可保险金额,该合同无效。含有死亡、疾病、伤残以及医疗费用等保险责任的综合性人身保险合同,如果未经被保险人同意并认可死亡责任保险金额,该合同死亡给付无效。

人身保险最初的保障对象就是死亡,因为死亡是人们最大的威胁。然后才发展出了伤残、疾病、养老等保险。直到现在,死亡仍是人身保险最大的保障对象,多数险种都包含死亡保障内容。

(二)规制死亡保险的必要性

《保险法》对死亡保险进行规制,主要是为了防范道德危险的发生。无论对人类还是

---

[1] 值得注意的是,《保险法司法解释三》似乎改变了《保险法》的规定,该解释第8条规定:"保险合同效力依照保险法第三十六条规定中止,投保人提出恢复效力申请并同意补交保险费的,除被保险人的危险程度在中止期间显著增加外,保险人拒绝恢复效力的,人民法院不予支持。保险人在收到恢复效力申请后,三十日内未明确拒绝的,应认定为同意恢复效力。"

对个人来说,死亡都是非常重要的事情。死亡保险的被保险人死亡成为受益人获得保险金的前提条件,为了获取保险金,有些受益人可能谋杀被保险人,这就是所谓的道德危险,出于保护被保险人生命的需要,《保险法》应当设定一定的制度,用以防范受益人谋杀被保险人。死亡保险中的投保人投保须经被保险人同意、不允许父母之外的他人为未成年人投保死亡保险等制度,都具有防范道德危险的功能。

二、未成年人死亡保险之规制

(一)原则:不得为无民事能力人投保死亡保险

我国《保险法》第33条第1款规定:"投保人不得为无民事行为能力人投保以死亡为给付保险金条件的人身保险,保险人也不得承保。"

法律之所以要求投保人不得为未成年人投保死亡保险,乃出于控制道德危险考虑。无民事行为能力人或者为8周岁以下的未成年人,或者为完全不能判断自己行为的精神病人,较之完全行为能力人及限制行为能力人,更易于发生道德危险。譬如,为年龄为8周岁以下的未成年投保死亡保险后,如投保人产生杀害被保险人牟取保险金的想法,其后果不堪设想。

同时须注意,保险人不得承保为无民事行为能力人投保的死亡保险。在他人为无民事行为能力人投保死亡保险的情况下,如果保险人知道这一情况,便不得承保,这是法律的强制性规定。

(二)例外:父母可以为未成年子女投保死亡保险

《保险法》第33条第2款规定,"父母为其未成年子女投保的人身保险,不受前款规定限制。但是,因被保险人死亡给付的保险金总和不得超过保险监管机构规定的限额"。[1]

法律之所以规定父母可以为未成年子女投保死亡保险,乃是考虑父母作为投保人的道德危险较小,可以用亲情控制道德危险。一般来说,父母与子女之间具有天然的亲情关系,在其为未成年子女投保死亡保险后,不会因牟取保险金而杀害未成年子女。再者,未成年人亦需要保险保障,因此,法律允许父母为其未成年子女投保死亡保险。

父母为其未成年子女投保死亡保险,其保险金额不得超过我国保险监管机构规定的限额。根据我国保险监管机构的规定,对于父母为其未成年子女投保的人身保险,在被保险人成年之前,各保险合同约定的被保险人死亡给付的保险金额总和、被保险人死亡时各保险公司实际给付的保险金总和按以下限额执行:(1)对于被保险人不满10周岁的,不得超过人民币20万元。(2)对于被保险人已满10周岁但未满18周岁的,不得超过人民币50万元。[2]

此外,还需注意的是,未成年人与无民事行为能力人的概念不同。《保险法》要求他人

---

[1] 实务中存在父母之外的其他履行监护职责的人为未成年人订立死亡保险的情形,《保险法司法解释三》第6条规定,此种情形,若经未成年人父母同意,该死亡保险合同有效,否则保险合同仍为无效合同。

[2] 这是中国保险监督管理委员会2015年《关于父母为其未成年子女投保以死亡为给付保险金条件人身保险有关问题的通知》中的规定,《民法典》出台后,无行为能力人的年龄已调整至8周岁以下,限制行为能力人的年龄则调整至8周岁以上,不满18周岁。这一规定本应修改,但至今未能修改。

不得为"无民事行为能力人"投保死亡保险,但允许父母为"未成年人"投保死亡保险,其间之差别,不得不辨。依此,父母之外的他人可以为限制行为能力人和完全行为能力人投保死亡保险。

(三)违反未成年死亡保险规制的法律后果

(1)父母之外的他人为无民事行为能力人投保死亡保险的,保险合同无效。我国《保险法》虽未明确规定父母之外的他人为无民事行为能力人投保死亡保险的法律后果。但该规定为强制性规范,依照《民法典》相关规定,违反法律、行政法规强制性规定的合同为无效合同,故而此类合同,即使已经订立,也属于无效合同。

(2)父母为其未成年子女投保死亡保险,超过保险监管机构规定的保险金总和限额的,理论上认为,超过部分保险人不承担给付保险金的责任并不退还保险费。

(3)违反对无民事能力人投保的规定,对保险公司罚款5万—30万元。

我国《保险法》第163条规定:"保险公司违反本法规定,有下列行为之一的,由保险监督管理机构责令改正,处五万元以上三十万元以下的罚款:(一)超额承保,情节严重的;(二)为无民事行为能力人承保以死亡为给付保险金条件的保险的。"

三、死亡保险之同意权规制

(一)原则:投保死亡保险须经被保险人同意并认可保险金额

在投保人为他人投保死亡保险时,应当经被保险人同意,并认可保险金额。尽管不能为无民事行为投保死亡保险,但投保人可以为其余的他人投保死亡保险。然而,投保人为他人投保死亡保险,本身就存在杀害被保险人的道德危险,这种道德危险虽然不可能完全消灭,但在法律上应予控制。

控制道德危险的方法之一,就是投保人在投保时,须征得被保险人的同意。被保险人的同意之所以能够控制道德危险,是因为被保险人自己能够衡量道德危险的程度。事实上,死亡保险征得被保险人同意的制度设计,是《保险法》将道德危险的控制权交给被保险人本人,倘若被保险人认为投保人道德危险的可能性比较大,则其可以拒绝投保人为其投保死亡保险。

控制道德危险的方法之二,在于控制保险金的数额。如果保险金额较小,则道德危险的可能性也较小;保险金额较大,道德危险的可能性也较大。《保险法》要求被保险人认同保险金额,也是将控制道德危险的权利交给被保险人。即如果被保险人同意投保人为其投保死亡保险,其还可以通过限制保险金额的方法控制道德危险。亦即,被保险人可以通过同意及保险金额双重方法控制道德危险。

被保险人同意之方式,可以为书面同意、口头形式及其他形式,被保险人同意之时间,可以在合同订立时作出,也可以在合同订立后追认。2009年修改《保险法》之前,被保险人的同意必须为书面同意,但书面同意可能损害被保险人的利益,即使被保险人作出同意的意思表示,如不以书面形式出现,保险人都可能拒赔,为了保护被保险人的利益,2009年修改《保险法》时,将"书面同意"改为"同意",不再强调书面形式。依《保险法司法解释三》,有下列情形之一的,应认定为被保险人同意投保人为其订立保险合同并认可保险金额:(1)被保险人明知他人代其签名同意而未表示异议的;(2)被保险人同意投保人指定的受益人的;(3)有证据足以认定被保险人同意投保人为其投保的其他情形。

(二)例外:父母为其未成年子女投保死亡保险,可以不经被保险人同意

如前所述,父母可以为其未成年子女投保死亡保险,依照《保险法》第34条第1款之规定,即使父母投保死亡保险,亦应经被保险人本人同意并认可保险金额。然而,在法律上,作为被保险人的未成年人绝大多数属于限制行为能力人或无行为能力人,在是否需要保险的问题上,没有能力作出同意并认可保险金额的意思表示。从代理理论上说,其同意须经法定代理人作出方为有效,但多数情况下,法定代理人就是为其投保的父母,父母既作为投保人,又作为同意权人,以此控制道德危险没有意义。因此,我国法律规定父母为其未成年子女投保死亡保险,可以不经被保险人同意。对此,我国《保险法》第34条第3款规定:"父母为其未成年子女投保人身保险,不受本条第1款规定限制。"不过,通过未成年人死亡保险道德危险的控制方法,即亲情和最高保险金额的限制,在一定程度上仍可以控制道德危险。

(三)违反被保险人同意并认可保险金的法律后果

投保人为他人投保死亡保险未经被保险人同意并认可保险金额,保险合同无效。我国《保险法》第34条第1款明确规定:"以死亡为给付保险金条件的合同,未经被保险人同意并认可保险金额的,保险合同无效。"

不过,保险合同多种多样,有的为单纯死亡保险,有的则含有生存等其他责任,一律认定该保险合同无效未必合理。保险监管机构对此作出了细化规定,即单纯以死亡为给付保险金条件的人身保险合同,如果未经被保险人同意并认可保险金额,该合同无效。含有死亡、疾病、伤残以及医疗费用等保险责任的综合性人身保险合同,如果未经被保险人同意并认可死亡责任保险金额,该合同死亡给付无效。

第五节　人身保险合同的其他问题

一、年龄错误条款

(一)年龄错误条款的概念

年龄错误条款,又称"年龄误报条款",是指因投保人申报的被保险人年龄不真实,影响保险人决定是否同意承保或者保险费率的高低,保险人根据年龄错误的不同情况分别对保险合同予以处理的条款。我国《保险法》在第32条规定了年龄错误条款:"投保人申报的被保险人年龄不真实,并且其真实年龄不符合合同约定的年龄限制的,保险人可以解除合同,并按照合同约定退还保险单的现金价值。保险人行使合同解除权,适用本法第十六条第三款、第六款的规定。投保人申报的被保险人年龄不真实,致使投保人支付的保险费少于应付保险费的,保险人有权更正并要求投保人补交保险费,或者在给付保险金时

按照实付保险费与应付保险费的比例支付。投保人申报的被保险人年龄不真实,致使投保人支付的保险费多于应付保险费的,保险人应当将多收的保险费退还投保人。"

(二)年龄错误的立法理由

年龄错误的立法理由主要有二:(1)年龄的重要性。年龄在人身保险中非常重要,从出险的概率来看,年长者比年轻者出险的概率要大。从健康情况看,年长者的健康状况普遍不如年轻者的健康状况。因此,年长者的保险费率高于年轻者的保险费率,年龄对保险非常重要。(2)合同条款对当事人的公平性。年龄对保险非常重要,是保险人赖以确定保险费率的依据,如果投保人申报的被保险人年龄错误,可能会直接导致费率的错误,而保费收取错误对保险合同双方当事人均有失公平,法律规定年龄错误条款,意在使保险费的收取与保险人承担的危险具有公平性,年龄大者应多收保费,年龄小者,应少收保费。

(三)年龄错误的情形和处理方式

年龄错误的情形,大致有三种情况,与之相应,有三种不同处理方式:

第一,投保人申报的年龄不在保险能够提供保障的年龄范围内。例如,某保险产品保障的年龄范围是15—65岁,被保险人真实年龄66岁,便不在此保障范围之内。

法律对这种情况的处理是保险人可以解除保险合同。同时规定,保险人解除保险合同的,应当退还保险单的现金价值。之所以这样规定的理由是:每种保险产品都有其承保的年龄范围,超出此年龄范围,因被保险人风险过大,保险人认为风险过高而无意承保,或者因基本没有风险,无须保险,保险人也无意设立此种保险。其后保险人知晓被保险人的真实年龄时,应允许保险人解除保险合同,不再承担保险责任,这是合同意思自治原则决定的。现金价值本属投保人所有,故而应予退还。

第二,被保险人真实年龄和申报年龄都在保险的保障范围之内,但因年龄申报错误,导致投保人交付的保险费低于其应付的保险费。例如,某保险产品保障的年龄范围为15—65岁,被保险人真实年龄50岁,申报年龄40岁,此时,本应当投保人收取50岁人的保费,但因投保人申报的年龄错误,只收取了40岁人的保费,保险人少收了保费。

法律对这种情况的处理有两种方法:其一,保险人要求投保人补交保险费;其二,若发生保险事故,在支付保险金时,保险人无须全额支付,只须依照投保人实际交付的保险费与其应付保险费的比例给付保险金。两种处理方法,保险人可以任选一种。法律之所以这样规定,其目的在于保持保险合同双方当事人的对价平衡。在保险人本应多交保费而少交了保费的情况下,保险人实际承担的危险大于其收取保险费对应的危险,这对保险人来说是不公平的。为了纠正这种不公平,法律规定了两种措施,要么投保人补交保费,要么保险人按照实收保费与应收保费的比例进行赔付。

第三,被保险人真实年龄和申报年龄都在保险的保障范围之内,但因年龄申报错误,导致投保人交付的保险费多于其应付的保险费。例如,某保险产品保障的年龄范围为15—65岁,被保险人真实年龄40岁,申报年龄50岁,此时,本应向投保人收取40岁人的保费,但因投保人申报的年龄错误,却收取了50岁人的保费,保险人多收了保费。

法律对这种情况的处理是保险人将多收的保险费退还给投保人。法律之所以这样规定,也是出于对价公平原则考虑。当被保险人多交了保险费,而其得到的保险保障却少于其实交保费应得到的保障,这对投保人、被保险人来说是不公平的。为了纠正这种不公平,法律要求保险公司将多收的保险费退还投保人。

二、犹豫期条款

犹豫期条款,是指长期人身保险合同中规定的,投保人、被保险人于签收保单后,在一定期间内可以无条件解除保险合同,保险人应退还全额保险费的一种特殊条款。犹豫期条款在我国《保险法》中无明确规定,在保险实务中通常约定为10天。

在人身保险合同中设定犹豫期条款,其目的在于保护投保人、被保险人的利益,让其有充分的时间阅读保单并决定是否投保。投保人在购买人身保险产品时,往往没有充分的时间阅读保险条款,加之人身保险合同的条款具有较强的专业性,因此有必要在合同生效后设定一个特殊期间,使其有机会了解所购买的保险产品,并审慎考虑是否需要购买该保险产品。

犹豫期内发生保险事故,由于合同已经生效,保险人应当承担保险责任。犹豫期内投保人、被保险人解除保险合同,其法律后果为,保险人应当全额退还保险费(有些公司收取一定的保险合同工本费),并不再承担保险责任。

三、自杀条款

(一)自杀条款的概念

自杀条款,是指以死亡为给付保险金条件的人身保险合同,自合同成立或复效一定期限内(通常为2年),如果被保险人自杀的,保险人不予赔付,超过一定期限,则保险人应予赔付的条款。我国《保险法》第44条规定:"以被保险人死亡为给付保险金条件的合同,自合同成立或者合同效力恢复之日起二年内,被保险人自杀的,保险人不承担给付保险金的责任,但被保险人自杀时为无民事行为能力人的除外。"简单地说,就是在合同成立或复效2年内自杀的,保险公司不予赔付,在合同成立或复效2年后自杀的,保险人应当赔付。

对于自杀条款纠纷来说,审判中的难点是认定被保险人的行为是否属于自杀。对订立2年之内的保险合同,实务中经常出现保险人认为被保险人的行为属于自杀,不应予以赔付,而投保方却认为被保险人的行为不属自杀,保险人应予赔付的情形。对此,《保险法司法解释三》第21条规定:"保险人以被保险人自杀为由拒绝给付保险金的,由保险人承担举证责任。"亦即,由保险人承担属于自杀的举证责任。

(二)自杀条款的立法理由

无论是自杀拒赔或者自杀赔付,在法律理论上均有一定的依据。

自杀拒赔的理由主要有以下几个方面:(1)保险通常将故意行为作为除外责任,也就是说,由被保险人故意行为引起的损害,保险公司不予赔付;(2)自杀拒赔有利于防止保险欺诈;(3)法律不应鼓励自杀。自杀违反自然规律,是社会不提倡的行为。在诸种理由中,对保险公司来说,最重要的是第二个理由,即以自杀条款抑制被保险人的保险欺诈或道德危险行为。

自杀应予赔付的理由通常是:(1)自杀数据已被统计入死亡率中,作为保险人计算费率的依据。（2）自杀的结果是死亡，保险产品如以死亡为给付条件，保险公司应予赔付。（3）为受益人或被保险人的家属利益着想，自杀不应拒赔。投保人或被保险人购买保险，大体是因为担心自己百年之后受益人或家属经济上发生困难，如果对自杀一概不予赔付，势必影响受益人或被保险人家属的生活，违背投保人或被保险人投保的意图。（4）从道义上说，被保险人已经死亡，保险人不应以拒赔方式使其雪上加霜。

在自杀拒赔与自杀赔付的争论中，最终自杀赔付占了上风，即保险人对自杀通常应当予以赔付。但是，如果自杀一概予以赔付，可能会招致大量的保险诈骗或道德危险，即被保险人在自杀之前购买大额保险以便自杀后诈取保险金。为了解决被保险人诈骗或道德危险的问题，法律上设计了2年的缓冲期，以之判别被保险人购买保险是否意在骗取保险金并减少道德危险。

（三）自杀条款的具体适用

（1）自杀条款适用于以死亡为给付保险金条件的人身保险合同中。我国《保险法》将自杀条款规定在"人身保险合同"部分，说明自杀条款仅适用于人身保险合同。同时，规定自杀条款的《保险法》第44条开宗明义地指出其适用范围为"以被保险人死亡为给付保险金条件的合同"，这说明，若非以死亡为给付保险金条件的合同，不适用自杀条款。

（2）被保险人在2年之内自杀的，保险人不承担给付保险金的责任，但应当按照合同约定退还保单的现金价值。

为何被保险人2年之内自杀者，保险人不承担给付保险金的责任？为了防止道德危险，法律以2年的时间来判断被保险人是否骗取保险金。其基本原理是：一般来说，自杀的意图不可能维持2年之久，如果被保险人在订立保险合同时即产生以自杀方式骗取保险金的念头，则这种自杀念头一般会在2年之内实施，2年之后，如被保险人仍未自杀，说明被保险人自杀意图只是一时冲动，当初订立保险合同时的自杀念头也早已消失，2年后自杀的，与其说是因为订立合同时的自杀意图所致，不如说是因新产生的自杀意图所致。故而2年的时间可以判断被保险人当初是否因骗取保险金而订立保险合同。当然，保险人不承担保险责任并不等于不作任何赔付，如果保单具有现金价值，保险人须退还现金价值。

自杀条款的2年期限，从何时开始起算？依照《保险法》的规定，2年的期限自合同成立或者合同效力恢复之日起算。分别说明如下：一般情况下，2年期限从合同成立之日起算，关于合同成立的时点，保险单一般都有明文记载，从该记载时间开始计算2年。特殊情况下，也就是说，如果存在合同效力恢复的情形，则从合同效力恢复之日起计算2年的期限。举例来说，被保险人张某因未交保险费，合同于2020年10月10日效力中止，后张某与保险公司协商，于2021年5月10日交付保险费，双方约定保险合同效力于5月11日0时恢复，则自杀条款的2年期限自2021年5月11日0时起算。

（3）被保险人在2年之后自杀的，保险人承担给付保险金的责任。

我国《保险法》第44条未对被保险人2年之后自杀的情况加以规定，但其规定"以被保险人死亡为给付保险金条件的合同，自合同成立或者合同效力恢复之日起二年内，被保险人自杀的，保险人不承担给付保险金的责任"。可以推知，《保险法》的用意在于规定被保险人 2 年之后自杀的,保险人应当赔付。

(四)自杀条款的适用例外:无民事行为能力

自杀条款适用例外,是指在以死亡为给付保险金条件的人身保险合同中,即使被保险人在 2 年之内自杀,保险人也应当承担保险责任。《保险法》第 44 条第 1 款在对自杀条款的内容作了规定之后,紧接着规定:"但被保险人自杀时为无民事行为能力人的除外"。可见,被保险人自杀时为无民事行为能力人的情况是自杀条款适用的例外。当然,投保方若要求保险人赔付,须对被保险人属于无行为能力人进行举证。

无民事行为能力人之所以不适用自杀条款,至少有以下几个方面的原因:(1)无民事行为能力人或者心智尚不健全(年龄太小),或者不能辨别自己的行为(精神病人),因此不能判断自己行为所产生的后果,多数情况属于没有意思能力的情况,因此即使其以自己的行为结束自己的生命,也很难算得上"自杀";(2)由于其年龄过小或者精神失常,即使被保险人自杀,也基本不会存在诈取保险金的故意或道德危险,因此法律不须设置 2 年的期限判断其是否存在诈取保险金的故意或道德危险;(3)社会政策虽然不鼓励自杀,但由于被保险人的年龄或精神状态所限,给予无民事行为能力人保险金,并不会鼓励被保险人自杀,反而是对弱小者的一种抚恤或其家人的一种慰藉。

四、犯罪条款

(一)犯罪条款的概念

犯罪条款是指人身保险合同中规定的,被保险人在保险保障期间故意犯罪或抗拒依法采取的刑事强制措施导致其伤残或死亡,保险人不承担赔付保险金责任的特殊条款。我国《保险法》在第 45 条对犯罪条款作了明确规定:"因被保险人故意犯罪或者抗拒依法采取的刑事强制措施导致其伤残或者死亡的,保险人不承担给付保险金的责任。投保人已交足二年以上保险费的,保险人应当按照合同约定退还保险单的现金价值。"[1]

(二)犯罪拒赔的立法理由

故意犯罪拒赔的理由主要有如下几个:(1)故意犯罪本属"故意"行为,从保险学的角度看,保险人对被保险人的故意行为通常不予赔付;(2)基于"任何人都不得从自己的错误行为中获利"的法律原则。故意犯罪行为或抗拒依法实施之刑事强制措施的行为都属于"错误行为",如果仍然允许保险赔付,势必违反这一法律原则;(3)基于社会公共政策考虑,故意犯罪行为或抗拒依法实施的强制措施的行为对社会危害巨大,为社会所否定,保险不应赔付。

(三)我国《保险法》故意犯罪条款的具体适用

(1)被保险人实施犯罪或抗拒行为主观上属于故意。被保险人故意犯罪或抗拒司法,其主观上恶性较大,危害程度和社会评价恶劣,因此保险人不应予以赔付。而对过失行为

---

[1] 认定被保险人的行为是否属于故意犯罪有时很困难,特别是被保险人未经审判而死亡的情形。对此,《保险法司法解释三》第 22 条规定:"保险法第四十五条规定的'被保险人故意犯罪'的认定,应当以刑事侦查机关、检察机关和审判机关的生效法律文书或者其他结论性意见为依据。"

来说，毕竟主观上属于无心之失，其主观恶性不大，因此，对过失犯罪造成的损失，法律规定保险人应予赔付。

（2）被保险人实施的须是犯罪行为或者抗拒依法采取的刑事强制措施行为。如果被保险人故意犯罪，则不仅应受刑罚处罚，依我国现行法律，其所购买的保险也不受法律保护，保险人不承担给付保险金的责任。但一般的违法行为导致被保险人死亡或伤残的，保险人仍应给付保险金。此外，保险人还可以对被保险人抗拒依法采取的刑事强制措施的行为拒赔。刑事强制措施包括拘传、拘留、取保候审、监视居住、逮捕等。

（3）被保险人故意犯罪或抗拒依法采取的刑事强制措施须导致其伤残或者死亡。这里包括两种结果，一是被保险人伤残，二是被保险人死亡。被保险人的伤残或死亡可能是自己在实施犯罪行为或抗拒强制措施时不小心所致，也可能是被法院执行死刑而死，甚至可能因犯罪同伙的行为致伤致死。保险人须证明被保险人的死亡、伤残的结果与其实施的故意犯罪或抗拒行为之间存在因果关系，方可拒赔。若被保险人故意犯罪后被判处徒刑，在服刑期间因意外或者疾病造成伤残或死亡，因被保险人故意犯罪并非其伤残或死亡之近因，故保险人仍应赔付。

（4）犯罪条款适用的法律后果是，保险人不承担给付保险金的责任，投保人已交足2年以上保险费的，保险人应当按照合同约定退还保险单的现金价值。保险人对故意犯罪或抗拒强制措施行为为何不承担给付保险金的责任我们在前面已经讲过，无须多论。本应归投保人所有的现金价值，保险人应予退还。但是，值得注意的是，此处退还现金价值要求投保人已经交付了2年保险费之后，方能退还现金价值。

重要名词术语

受益人、保险合同中止、保险合同复效、死亡保险合同、同意权、年龄错误条款、犹豫期条款、自杀条款、犯罪条款

思考题

1. 投保人指定受益人，为何须经被保险人同意？
2. 在单位为与其具有劳动关系的劳动者投保人身保险时，为何只能指定劳动者本人或其近亲属作为受益人？
3. 在受益人为继承人的情况下，受益权是否等同于继承权？为什么？
4. 我国《保险法》规定，保险合同复效须经投保人与保险人协商一致，你对这一规定有何看法？
5. 犯罪条款的适用条件是什么？

第五十三章　财产保险合同

【内容提示】

财产保险合同是指以财产及其相关利益为保险标的的保险合同。财产保险合同通常分为财产损失保险合同、责任保险合同、信用保险合同、保证保险合同四类。其特征包括：财产保险合同是典型的补偿性保险合同、不具有储蓄性、一般期限较短等。

保险金额与保险价值是财产保险的重要概念：保险金额是指保险人承担赔偿或者给付保险金责任的最高限额；保险价值是指被保险人对保险标的所拥有之保险利益的金钱价值。在这两个概念的基础上，保险实务中又产生了足额保险、不足额保险和超额保险三个概念：足额保险是指保险金额与保险价值的数额相等的保险；不足额保险是指保险金额低于保险价值的保险；超额保险则是指保险金额超过保险价值的保险。

重复保险是指投保人对同一保险标的、同一保险利益、同一保险事故分别与两个以上保险人订立保险合同，且保险金额总和超过保险价值的保险。出现重复保险时，投保人应当将重复保险的相关情况通知保险人。重复保险发生保险事故时，除合同另有约定外，各保险人按照其保险金额与保险金额总和的比例承担赔偿保险金的责任。

代位求偿权是指在财产保险中，保险标的因第三者责任发生保险事故，保险人在向被保险人支付保险赔款后，依法替代被保险人之位取得向第三者追偿的权利。本质上，代位求偿权是一种法定的权利转移，具有控制道德危险、避免第三人逃脱法律责任、降低整体保费等功能。行使代位求偿权，须符合三个要件：（1）保险标的发生的事故，属于保险责任的范围；（2）保险事故的发生，系由第三者责任造成；（3）保险人按照合同约定履行了赔付义务。当然，代位求偿权的适用也有其限制，不仅人身保险不适用代位求偿权，在人身保险中，当被保险人的家庭成员或组成人员非故意造成保险标的损失时，保险人亦不能对其行使代位求偿权。

财产保险中还有一些重要制度，包括保险标的的转让、危险增加的通知义务、责任保险第三人的直接请求权等。关于标的转让，我国《保险法》规定：保险标的转让的，受让人承继被保险人的权利和义务。关于危险增加的通知义务，我国《保险法》规定，保险标的危险增加的，被保险人应当通知保险人，否则保险人对因危险显著增加而导致的事故不承担赔付责任。关于责任保险第三人的直接请求权，我国《保险法》规定，责任保险的被保险人给第三者造成损害，被保险人对第三者应负的赔偿责任确定的，根据被保险人的请求，保险人应当直接向该第三者赔偿保险金。被保险人怠于请求的，第三者有权就其应获赔偿部分直接向保险人请求赔偿保险金。

第一节　财产保险合同概述

一、财产保险合同的概念

财产保险是以财产及其有关利益为保险标的的保险，财产保险合同则是以财产及其相关利益为保险标的的保险合同。具体来说，财产保险合同是指投保人与保险人订立的，由投保人向保险人交付保险费，在约定的保险事故发生时，由保险人对被保险人遭受的损失予以赔偿的保险合同。

二、财产保险合同的分类

依据不同的标准，可以对财产保险合同作不同的分类。例如，依据法律法规是否要求投保人订立合同，可以将财产保险合同分为强制性财产保险合同和自愿性财产保险合同；依据所保风险分布的空间，可以将财产保险分为海上保险合同和陆上保险合同；依据保险标的的不同，可以将财产保险合同分为财产损失保险合同、责任保险合同、信用保险合同、保证保险合同等。我国《保险法》第95条规定："财产保险的保险业务，包括财产损失保险、责任保险、信用保险、保证保险等保险业务。"下面我们将以保险标的为标准对财产保险合同予以分类：

（一）财产损失保险合同

财产损失保险合同是以补偿财产的损失为目的的保险合同。财产损失保险合同是最典型、最具有代表性的保险合同，其标的是以特定物形式存在且能以一定价值尺度进行衡量的有形财产。无形财产及财产权利一般不能成为财产损失保险合同的保险标的。财产损失保险中的"损失"仅指直接损失，即作为保险标的的有形财产因毁损、灭失所造成的损失。

保险实务中，财产损失保险合同又可以分为数类：（1）企业财产保险合同。企业财产保险合同是指以国家、企事业单位、人民团体等所有或者经营的财产为保险标的的保险合同。（2）家庭财产保险合同，是指以家庭或者公民个人所有的财产为保险标的的保险合同。（3）运输工具保险合同，是指以船舶、飞机、机动车等运输工具为保险标的的保险合同。（4）其他财产损失保险合同。如房屋保险、建筑工程保险等。

对财产损失保险合同，需要特别注意的是，在发生保险事故后，被保险人因对保险标的进行施救产生的必要的、合理的费用由保险人承担，但保险人承担的施救费用，最高不超过保险合同约定的保险金额。我国《保险法》第57条第2款规定："保险事故发生后，被保险人为防止或者减少保险标的的损失所支付的必要的、合理的费用，由保险人承担；保险人所承担的费用数额在保险标的的损失赔偿金额以外另行计算，最高不超过保险金额的数额。"值得注意的是，如果被保险人进行了施救，但施救没有产生实际效果，例如，发生火灾，被保险人进行了施救，但保险标的仍被火灾全损，被保险人仍可向保险人要求支付施救费用。

（二）责任保险合同

责任保险合同是指以被保险人对第三人所负的赔偿责任为保险标的的财产保险合同。责任保险合同的保险标的是被保险人对第三者依法应当承担的责任，这种责任既可以是侵权责任，也可以是合同责任。由于被保险人须对他人承担责任，且责任承担一般以金钱的形式出现，故而责任的承担最终以被保险人的金钱损失为结果，保险人承保的虽曰"责任"，实质上还是金钱的损失。

保险实务中，责任保险一般可以分为以下几类：（1）雇主责任保险合同，是以雇主对雇员在雇佣期间所受人身伤亡所承担的责任为保险标的的一种责任保险合同。（2）公众责任保险合同，是以被保险人对社会公众造成的人身或财产损失所承担的责任为保险标的的责任保险合同。（3）产品责任保险，是以被保险人因其产品质量缺陷对他人造成人身或财产损害所承担的责任为保险标的的责任保险合同。（4）职业责任保险合同，是以被保险人因其职业工作过失造成他人人身或财产损失所承担的责任为保险标的的责任保险合同。

责任保险需要注意的问题是被保险人的法律费用问题。在责任保险中，由于被保险人造成第三人的财产或人身损失，被保险人与第三人之间可能产生法律纠纷，对被保险人而言，基于纠纷产生的必要的、合理的法律费用，除合同另有约定外，由保险人承担。我国《保险法》第51条规定："责任保险的被保险人因给第三者造成损害的保险事故而被提起仲裁或者诉讼的，除合同另有约定外，由被保险人支付的仲裁或者诉讼费用以及其他必要的、合理的费用，由保险人承担。"

（三）信用保险合同

信用保险合同，是指被保险人向债务人提供信用贷款或者借贷赊销，因债务人未能履行债务致使被保险人遭受损失时，由保险人向被保险人承担保险赔付责任的保险合同。

信用保险合同一般可以作如下分类：（1）出口信用保险合同，是指在本国出口企业和金融机构从事产品外销或对外贷款业务活动中，债务人不履行合同义务时，由保险人对债权人的经济损失给予保险赔付的一种财产保险合同。（2）投资信用保险合同，又称政治风险保险合同，是指投保人（海外投资商）向保险人所在国投资经营，因政治原因造成经济损失，由保险人依合同约定给予赔偿的一种财产保险合同。（3）国内商业信用保险合同，是指国内的商品出卖人或贷款人因商品买受人或借款人的信用风险，致使货款或贷款无法收回时，由保险人依照合同约定给予赔偿的一种财产保险合同。

（四）保证保险合同

保证保险合同是指保险人作为被保险人的保证人向被保险人的权利人提供担保的一种合同，如果被保险人因其作为或不作为的行为导致其权利人遭受经济损失，保险人对此损失承担保险赔偿责任的财产保险合同。

保证保险合同一般分为两类：诚实保证保险合同和确实保证保险合同。（1）诚实保证保险合同，又称雇员忠诚保证保险合同、信用保证保险合同，是指因被保证人（雇员）行为不诚实或者疏于职守给权利人（雇主）造成经济损失时，由保险人（即保证人）给予赔偿的一种财产保险合同。（2）确实保证保险合同，是指被保险人不履行其法律或者合同义务给权利人造成损失时,由保险人负责赔偿的一种财产保险合同。

三、财产保险合同的特征

（一）财产保险合同的保险标的是财产及其相关利益

与人身保险合同中的人之寿命与身体不同,财产保险合同的标的是财产及其相关利益。此处的"财产",一般是指有形的动产或者不动产,"相关利益"是指基于财产而产生的利益,包括现有利益、期待利益及责任利益等。

（二）财产保险合同是典型的补偿性保险合同

与人身保险合同的给付性相比,财产保险合同是典型的补偿性保险合同。一般来说,财产保险中,保险人的赔偿金额以保险标的在保险事故中的实际损失为限,被保险人损失多少,保险人就补偿多少,不允许超过实际损失数额。不过,在财产保险中也有一些定值保险合同,例如古玩、字画的保险,由于其实际价值较难确定,因此采取了定值给付的形式。

（三）财产保险合同一般不具有储蓄性

与人身保险合同的储蓄性相比,财产保险仅具有保障性,而不具有储蓄性。基于这一特征,财产保险合同的解除与人身保险合同的解除有所不同,在人身保险合同中,保险合同解除时,由于保单具有储蓄性的现金价值,故而保险人应当退还保单的现金价值。在财产保险合同中,由于不具有储蓄性,因此保险合同解除时,仅退还未满期保险费,并无退还现金价值的说法。

（四）财产保险合同一般期限较短

与部分人身保险合同的长期性相比,财产保险的期限一般较短。财产保险合同以1年期合同居多,有的保险合同仅保障几个月、数天、甚至数小时,但人身保险,特别是人寿保险的期限一般较长。但也有极少数财产保险期限较长,如大型工程保险可能为时2年之久,不过,财产保险的期限,无论如何不能与人寿保险可达二三十年,甚至长达一生相比。

第二节　足额保险、不足额保险与超额保险

一、保险金额与保险价值之关系

（一）保险金额

保险金额,是指保险人承担赔偿或者给付保险金责任的最高限额。为控制保险企业自身的经营风险,保险人应于订立保险合同之前确定保险金额,以便决定发生保险事故时保险赔付的最高数额,避免赔偿数额过大引起自身的损失。

保险金额的功能有二:其一,限制保险给付的最高数额。订立保险合同后发生保险事故的,无论如何,保险人的赔偿以保险金额为最高限额。当然,此处的最高限额不包括必要的、合理的施救费用和法律费用,我国《保险法》第57条第2款和第66条要求保险公司

在保险金额之外承担该两部分费用的支出义务。其二,判断足额保险、不足额保险与超额保险。通过保险标的与保险价值的比较,可以确定该保险属于足额保险、不足额保险还是超额保险。

(二)保险价值

保险价值,又称保险价额,是指被保险人对保险标的的所拥有之保险利益的金钱价值。保险价值的概念一般出现于补偿性保险合同中。由于补偿性保险合同以补偿被保险人的实际损失为原则,故而必须确定被保险人的损失,从某种意义上说,这一损失就是被保险人对保险标的的保险价值。在给付性保险合同中,例如在绝大多数人身保险合同中,由于人身具有不可估计性,无法对人身作出金钱估价,因此不存在保险价值的说法。

保险价值的功能有二:其一,与保险金额比较以判断足额保险、不足额保险以及超额保险。其二,是确定保险金额的基础。一般来说,在签订保险合同前,保险人根据投保人提供的保险标的的相关信息,或者实地考察保险标的的相关情况,对保险标的的实际价值加以估量,在此基础上,确定对保险标的的最高赔偿限额。如果不对保险价值进行考察,就无法确定保险金额。

(三)保险金额与保险价值之关系

保险金额与保险价值均和保险标的有关,均是以金钱的方式衡量保险标的的价值:保险价值是确定保险金额的基础,保险金额实际上是对保险标的的保险价值的初步估计。二者存在一定的差别:

(1)保险价值是保险标的本身的价值,特别是发生保险事故时保险标的本身的价值。但保险金额并非保险标的本身的价值,而是保险合同双方约定的以保险价值为基础的最高赔偿限额。其可能高于保险价值,也可能低于保险价值。

(2)保险价值可以在保险合同订立时确定,也可以在保险事故发生后确定,而保险金额必须在订立保险合同时确定。定值保险的保险价值在保险合同签订时确定,不定值保险的保险价值在保险事故发生后确定,而所有的保险合同都必须在订立合同时确定保险金额。

(3)各类保险合同都必须写明保险金额,但不是所有的保险价值都在保险合同中写明。在定值保险合同中,保险双方应当在合同中写明保险金额与保险价值。但在不定值保险合同中,仅写入保险金额,不写入保险价值。我国《保险法》第18条第1款将保险金额作为保险合同的基本条款,但未将保险价值作为保险合同的基本条款。

二、足额保险

足额保险,又称等值保险,是指保险价值与保险金额相等的保险。由于保险金额在保险合同中已经写明,因此,足额保险的判断,关键在于保险价值的确定。因保险价值的确定方法在定值保险和不定值保险中有所不同,故而判断定值保险中的足额保险与不定值保险中的足额保险亦有不同。

在定值保险中,若保险双方约定的保险金额与保险价值相同,即为足额保险。例如,在某一字画保险中,设定的保险金额和保险价值均为50万元,则此保险为足额保险。我国

《保险法》第 55 条第 1 款规定:"投保人和保险人约定保险标的的保险价值并在合同中载明的,保险标的发生损失时,以约定的保险价值为赔偿计算标准。"此处所指的保险价值,即为定值保险的保险价值。在不定值保险中,如果保险双方约定的保险金额与发生保险事故时保险标的的实际价值相等,则为足额保险。例如,某房屋保险的保险金额约定为 200 万元,发生保险事故时,该房屋市价为 200 万元,则为足额保险。我国《保险法》第 55 条第 2 款规定:"投保人和保险人未约定保险标的的保险价值的,保险标的发生损失时,以保险事故发生时保险标的的实际价值为赔偿计算标准。"此处所指的保险价值,即为不定值保险的保险价值。

发生保险事故时,保险人对足额保险的赔付,应按以下方法处理:(1)当保险标的发生全损或推定全损时,原则上保险人按照保险价值予以赔付。例如,在上述字画保险中,当字画全损时,由于保险金额与保险价值相等,保险人应当赔偿确定的保险金额 50 万元。(2)当保险标的发生部分损失时,应依照"毁损灭失价值"占"约定价值"的比例,计算保险人应该赔付的保险金。例如,上述房屋保险中,若房屋价值损失一半,则保险人应当赔偿 100 万元。

三、不足额保险

不足额保险,又称部分保险,是指保险金额低于保险价值的保险。由于保险价值的确定在定值保险与不定值保险中有所不同,故不足额保险在定值保险与不定值保险中亦有不同。

在定值保险中,不足额保险是指保险双方约定的保险金额低于双方约定的保险价值的保险。例如,投保人投保玉石保险,双方约定的保险金额为 200 万元,保险价值却约定为 300 万元。在不定值保险中,不足额保险是指保险双方约定的保险金额小于保险事故发生时保险标的物的实际价值。例如,投保人为房屋投保,保险金额约定为 20 万元,但发生保险事故后,经勘查确定事故当时房屋价值 40 万元。

发生保险事故时,保险人对不足额保险的赔付,应按以下方法处理:(1)若保险标的发生全损或者推定全损,由于保险金额低于保险价值,保险人应依照约定的保险金额全额赔付。例如,在上例玉石保险中,发生全损事故,保险人应赔付约定的保险金额为 200 万元。(2)若保险标的发生部分损失,保险人按照保险金额与保险价值的比例承担责任,即保险人实际赔偿的金额等于被保险人的实际损失乘以保险金额与保险价值的比例。我国《保险法》第 55 条第 4 款规定:"保险金额低于保险价值的,除合同另有约定外,保险人按照保险金额与保险价值的比例承担赔偿保险金的责任。"所指正是这种情况。例如,在上述房屋保险中,若发生保险事故后被保险人的实际损失为 10 万元,则保险人应当赔付 5 万元。

四、超额保险

超额保险,是指保险合同约定的保险金额超过保险价值的保险。由于保险价值的确定方法不同,超额保险在定值保险和不定值保险中亦有不同。

在定值保险中,超额保险是指保险金额大于保险双方订约时约定的保险价值。尽管理论上双方当事人约定的保险金额可能超过保险价值,但保险人作为专业的保险经营机构,几乎不可能在定值保险合同中约定高于保险价值的保险金额,因此,定值保险中的超额保险在实践中颇为罕见。在不定值保险中,超额保险是指保险合同约定的保险金额超过保险标的于发生保险事故时的实际价值的保险。由于保险价值在发生保险事故后才能确定,订约时可能出现约定的保险金额过高的情形,故而不定值保险中的超额保险现象较为常见。

关于超额保险的法律后果,我国规定为:(1)保险合同部分无效。即保险金额超过保险价值的部分无效,但保险合同的其余部分有效。这意味着,如果保险标的发生全损,保险人应当依照保险价值全额赔付,而不是依照保险金额全额赔付;如果保险标的发生部分损失,此时保险标的的实际损失小于保险价值,保险人应当按照该实际损失予以赔付。(2)保险人应当退还保险金额超过保险价值部分的保险费。保险费与保险金额直接相关,保险金额高则保险费收取较多,保险金额超过保险价值时,超过的部分无效,说明保险人不应就保险金额超过保险价值的部分收取保险费,如果已经收取,应当退还。我国《保险法》第55条第3款规定:"保险金额不得超过保险价值。超过保险价值的,超过部分无效,保险人应当退还相应的保险费。"

我国关于超额保险的规定过于简单,没有区分善意超额保险与恶意超额保险的情况。在瑞士、法国等国家,如果投保人出于不当得利的目的投保超额保险,其主观上属于恶意,则保险合同全部无效;如果主观上出于善意,则保险金额超过保险价值部分无效,且投保人可以请求减少保险金额和保险费。

第三节 重复保险

一、重复保险的概念

重复保险,是指投保人对同一保险标的、同一保险利益、同一保险事故分别与两个以上保险人订立保险合同,且保险金额总和超过保险价值的保险(《保险法》第56条第4款)。对统一标的投保同一险种,可能因保险金额超过保险价值而违反保险合同法的损失补偿原则,因此,各国保险法对重复保险均有规范。

重复保险有广义与狭义之分。广义的重复保险,是指投保人对同一保险标的、同一保险利益、同一保险事故分别与两个以上保险人订立保险合同。包括两种情形:(1)数个保险合同的保险金总额超过保险价值;(2)数个保险合同的保险金总额低于保险价值。我国2009年修订前的《保险法》所规定的正是广义的重复保险。狭义的重复保险,仅指上述两种情形中的前一种情形,即数个保险合同的保险金总额超过保险价值的情形。至于后一种情形,由于数个保险的保险金总额并未超过保险价值,保障未超过被保险人的实际需要,因此不被视为违反损失补偿原则的重复保险加以规制。我国2009年修改后的《保险法》

采取狭义的重复保险的概念。

关于重复保险的适用范围,我国《保险法》将重复保险置于"财产保险合同"一节之下,立法论上应解释为重复保险制度仅适用于财产保险合同。但是,理论上认为,人身保险合同中也有部分保险合同属于补偿性保险合同,这些补偿性人身保险合同也适用重复保险制度。例如,费用型住院医疗保险合同属于补偿性保险合同,如果投保人就同一被保险人、同一保险利益、同一保险事故分别与两个以上保险人订立两个住院医疗保险合同,则可以适用重复保险制度。

二、重复保险的立法目的

重复保险的立法目的主要是防止不当得利和控制道德危险。

1. 防止不当得利

如果法律制度允许重复保险存在,则意味着投保人可以对同一保险利益投保不计其数的保险,保险金额可以超过被保险人的实际损失。发生保险事故后,所有保险人均须按照保险合同予以赔付,被保险人获得超额赔偿。而财产保险本身以损失补偿为目的,不具有投资功能,故而,被保险人获得的超过其实际损失的价值实为不当得利,此种不当得利与财产保险的损失补偿设计背道而驰。

2. 控制道德危险

如上所述,重复保险可能使保险金额超过被保险人的实际损失,被保险人因此获得不当得利。如果不当得利的数额足够大,这一利益将引诱投保人或被保险人破坏保险标的以获取重复保险赔款的不当得利。如此,重复保险本身成为诱发保险事故的原因,即所谓之道德危险。重复保险制度的设计有助于杜绝道德危险行为的发生。

三、重复保险的构成要件

重复保险的构成要件包括以下六个方面:

1. 同一保险标的

重复保险的数个保险合同的保险标的必须同一,如果各保险合同的保险标的不同,发生保险事故时各保险标的均有损失,无法构成损失的重复赔付,也就不会出现重复保险。

2. 同一保险利益

即使数个保险合同针对同一保险标的,如果投保人没有同一保险利益,也不能构成重复保险。例如,张某对其房屋享有保险利益,以其房屋所有权投保,而李某对该房屋享有抵押权,以其房屋抵押权投保,这两个保险不构成重复保险,因为张某与李某对该房屋的保险利益不同。故而,重复保险必须是投保人对同一保险标的具有同一保险利益。

3. 同一保险事故

重复保险合同中保障的保险事故必须是同一的,如果保险事故不同,则不构成重复保险事故。例如,张某就其房屋分别向两个保险公司投保了火灾保险和洪灾保险,则因两个保险合同保障的并非同一事故,该两个保险合同并非重复保险。

4. 与两个以上的保险人订立两个以上的保险合同

重复保险之所以称为"重复",乃是因为具有两个以上的保险。如果投保人仅与一个保险人就同一保险标的、同一保险利益、同一保险事故订立了两个以上的保险合同,可能构成超额保险,但并非重复保险。如果投保人与两个以上的保险人订立同一保险合同,而不是两个以上的保险合同,则可能构成共同保险合同,亦非重复保险。

5. 保险期间具有重叠性

如果保险期间不重叠,即投保人就同一保险标的、同一保险利益向两个保险人投保了保障不同期间的保险,则这两个保险不构成重复保险。重复保险的期间重复分为同时重复和异时重复两种情形:同时重复是指两个以上的保险合同的保险起讫时点完全相同;异时重复是指两个以上的保险合同的保险起讫时点不同,但期间中有部分重合。实践中异时重复较为多见。同时须注意的是,重复保险的重复是指"责任期间"的重复,并非保险合同"成立期间"的重叠。

6. 保险金额总和超过保险价值

保险金额总和若未超过保险价值,虽在广义上也称为重复保险,但与我国《保险法》第 56 条第 4 款规定的狭义重复保险有所出入。在我国保险法上,数个保险合同的保险金额总和必须超过保险标的本身的保险价值。例如,投保人订立了两个保险合同,两个合同保险金额均为 10 万元,但保险标的的价值为 25 万元,这两个保险合同不构成我国保险法意义上的重复保险。

四、重复保险的通知义务

投保人就同一保险标的、同一保险利益投保时,应当告知保险人相关重复保险的相关情况。我国《保险法》第 56 条第 1 款规定:"重复保险的投保人应当将重复保险的有关情况通知各保险人。"

法律之所以要求投保人将重复保险的相关情况通知保险人,其意在于实现重复保险的立法目的,即避免被保险人获得不当得利,避免道德危险。重复投保的情况,只有投保人最了解,如果投保人未将重复保险的相关情况告知保险人,则保险人无法知道其承保的保险标的出现了重复保险的情况,无法决定是否承保,或者无法决定保险金额大小,因此法律规定投保人应当将重复保险的情况通知保险人。

至于投保人通知的内容,我国《保险法》没有明确规定,其他国家或地区的规定各有不同。有的规定较为原则,例如韩国仅规定投保人应将重复保险的相关情况通知保险人即可。我们认为,投保人只需要将其已就同一保险标的、同一保险利益、同一保险事故向其他保险公司投保,该保险的保险期间如何、保险金额的多少告知保险人即可。

投保人未就重复保险的相关情况通知保险人的法律后果如何,我国亦未在《保险法》中规定,其他国家或地区的规定可供借鉴。如意大利《民法典》第 1910 条规定:"如果被保险人对发出通知有恶意懈怠,诸保险人不承担支付保险金的责任。"

五、重复保险的法律后果

在保险人承担的赔付义务方面,各保险人应当按照"比例分担主义"承担赔付义务。我国《保险法》第 56 条第 2 款规定:"除合同另有约定外,各保险人按照其保险金额与保险金额总和的比例承担赔偿保险金的责任。"亦即,在赔偿原则上,我国《保险法》要求各保险人按照一定比例承担赔偿责任,各保险人之间不承担连带责任,且在先成立的保险合同与在后成立的保险合同不受合同成立时间的影响。在分摊规则上,我国以各保单承保的保险金额的比例作为分摊比例,即

某保险人实际赔偿的金额＝被保险人实际损失金额 ×（该保险人签发的保单确定的保险金额 / 所有重复保险保单保险金额的总和）

在保险费退还问题上,各保险人应退还其就保险金额总和超过保险价值的部分所收取的保险费。依上述分摊原则,各保险人按照其保险金额与保险金额总和的比例承担赔偿保险金的责任。在此种赔付原则下,保险人收取了保险标的的全部保险费,但仅就保险标的损失部分的比例承担保险责任,为了公平起见,我国保险法要求保险人将未承担责任部分的保险费退还投保人,各保险人退还保险费的总金额,即各保险人就保险金额总和超过保险价值的部分所收取的保险费。

第四节 保险代位

保险代位,是指在财产保险中,由于发生保险事故,致使保险标的发生推定全损,保险人依照合同约定履行全部赔付义务后,依法取得对保险标的的所有权;或者在保险标的的损失由第三人造成的情况下,保险人对被保险人赔付之后,依法取得代被保险人之位向负有责任的第三人追偿的权利。保险代位是损失补偿原则派生的制度,内容包括物上代位和权利代位两个方面。

一、物上代位

（一）物上代位的概念

物上代位,是指财产保险的保险标的遭受保险责任范围内的推定全损,保险人依照保险合同全额赔付后,依法取得对该保险标的的所有权。

（二）物上代位产生的前提

物上代位产生的前提是保险标的推定全损。所谓推定全损,是指保险标的遭受保险事故尚未达到完全损毁或完全灭失的状态,但实际全损已不可避免,或者修复和施救费用将超过保险价值,或者失踪达一定时间,保险人按照全损处理的一种推定性的损失。推定全损的损失虽可以推定为完全损失,但有时可能出现标的物残存的情形,例如在修复和施救费用超过保险价值的情况下,保险标的可能仍有一定的价值;保险标的在失踪的情况下,

亦可能在未来某一时间出现。在此种情形下,保险人在支付全部赔款后,可以获得保险标的的所有权。

（三）物上代位的功能

保险法之所以规定物上代位,是因为该制度可以防止被保险人不当得利、提升保险的赔付能力,甚至降低保险费水平。

（四）物上代位的行使规则

1. 足额保险物上代位的行使规则

在足额保险情况下,如果发生保险事故后,保险人已经支付了全部保险赔款,则保险标的的所有权归于保险人。其原理在于,保险人已经支付了保险赔款,被保险人的损失获得了弥补,如果保险标的所有权仍归被保险人所有,则其可能构成不当得利。保险人取得保险标的的所有权,有利于保障的加强,因此,保险标的所有权应归保险人所有。我国《保险法》第59条规定:"保险事故发生后,保险人已支付了全部保险金额,并且保险金额等于保险价值的,受损保险标的的全部权利归于保险人。"

2. 不足额保险物上代位的行使规则

在不足额保险情况下,如果发生保险事故后,保险人按照约定支付了保险赔款,则保险人取得部分保险标的的物所有权,其份额为保险金额与保险价值的比例。在这种情况下,依照不足额保险赔付的相关规定,保险人仅赔付了部分损失,赔付份额为保险金额与保险价值的比例,剩余部分则由被保险人自己承担,保险人只能取得自己已赔偿部分的所有权,与被保险人就保险标的形成共有关系。不过,实务中,由于保险标的的不可分性,保险人在取得部分所有权后,一般通过合同约定将其对保险标的的部分所有权折价处理给被保险人,并在保险赔偿金中作相应扣除。我国《保险法》第59条规定:"保险金额低于保险价值的,保险人按照保险金额与保险价值的比例取得受损保险标的的部分权利。"

不过,在海上保险中,保险人物上代位权的取得是通过委付实现的。所谓委付是指保险事故发生后,保险标的出现推定全损时,投保人或被保险人将保险标的的一切权益转移给保险人,然后请求保险人按保险金额全额予以赔付的行为。在委付制度中,投保人或被保险人的行为是一种完全放弃物权的行为。

二、权利代位

（一）权利代位的概念

权利代位,又称"代位求偿",是指在财产保险中,保险标的因第三者责任发生保险事故,保险人在向被保险人支付保险赔款后,依法替代被保险人之位取得向第三者追偿的权利。[1]例如,A将自己的汽车向B保险公司投保车辆损失险,在保险期限内,A的汽车因第三人C的酒后驾车行为遭受损失,交警认定C承担全部责任。A要求B保险公司赔偿,

---

[1] 此处"第三者"的范围较广,在投保人和被保险人不是同一主体的情况下,甚至包括投保人。《保险法司法解释四》第8条规定:"投保人和被保险人为不同主体,因投保人对保险标的的损害而造成保险事故,保险人依法主张代位行使被保险人对投保人请求赔偿的权利的,人民法院应予支持,但法律另有规定或者保险合同另有约定的除外。"

B 保险公司依照保险合同赔偿后,在其赔偿数额范围内取代 A 的位置向 C 追偿。

权利代位与物上代位有所不同:(1)权利代位保险标的的损失是由第三者责任引起的,物上代位可能因意外事故、不可抗力等引起,也可能因被保险人自己的过失行为引起。(2)保险人通过权利代位取得的是追偿权,而通过物上代位取得的是保险标的的所有权。

(二)代位求偿权的功能

1.坚持补偿原则,避免被保险人获得双重补偿

在保险标的因第三者的原因造成损失后,被保险人享有双重权利:第一,针对第三者的损害赔偿请求权;第二,依照保险合同要求保险人赔付的权利。这两个权利之间并无关联性。如果允许被保险人行使双重权利,则被保险人将获得双重补偿,其数额可能超过被保险人的实际损失,从而与财产保险坚持的损失补偿原则相违背。

2.控制道德危险

在被保险人享有双重权利时,其获得的赔偿数额将超过实际损失。如果允许这样的状况存在,就可能出现被保险人与第三人合谋制造保险事故的道德危险。代位追偿制度坚持向第三人追偿,使得第三人没有与被保险人合谋制造保险事故的动因,因此,在某种程度上说,代位追偿制度具有控制道德危险的功能。

3.避免第三人逃脱法律责任

在第三人造成保险标的损失的情况下,倘若被保险人从保险人处获得完全补偿,为避免麻烦,有些被保险人可能放弃对第三人的赔偿请求权,如果不赋予保险人对第三人的代位追偿权,则第三人将脱逃法律责任。而在保险人已经就保险事故予以赔付,且其具有专门机构从事追偿职责时,保险人有充分的动力向第三人追偿。如此,代位追偿起到了避免第三人逃脱法律责任的作用。

4.减少保险赔付负担,降低整体保险费水平

通过代位追偿,保险人对被保险人的赔付可以获得部分甚至全部的补偿,本质上减少了保险人的赔偿负担。此外,代位追偿使保险人获得了一定的补偿,充足了保险资金,被保险人的保险费水平也可能因保险团体的资金充盈而降低。同时,代位追偿制度有利于充足保险资金,可以缓减保险经营的财务危机,有利于保险业的发展。

(三)代位追偿的法律性质

代位求偿权的本质是法定的权利转移。

1.代位求偿权的权利转移性质

代位求偿权本质上是一种权利转移,即原本属于被保险人的权利,转移给保险人行使。在第三人损害保险标的的情况下,被保险人享有对第三人的损害赔偿请求权。保险人本身不享有对第三人的任何权利,其之所以有权向第三人追偿,是继受被保险人对第三人的损害赔偿请求权,即被保险人向保险人移转了其对第三人的权利。需要注意的是,保险人行使代位求偿权,应以自己的名义进行,而非以被保险人的名义进行。

保险人的代位求偿权与普通债权转让有所不同:(1)保险人代位求偿制度的目的是避免被保险人不当得利和防止责任人逃避责任,而普通债权转让是债权人实现债权的一种方式;(2)保险人代位求偿制度具有法定性,而普通债权转让体现当事人意思自治原则,

具有意定性;(3)保险人代位求偿权的行使无须通知债务人,而普通债权转让必须通知债务人,否则转让无效。

保险人的代位求偿权与债的保全制度中债权人代位权亦有所区别:(1)合同法上的代位权产生的基础是代位权人对合同对方当事人享有债权;而保险人代位求偿的基础是保险人对保险合同对方当事人即被保险人负有给付保险金义务。(2)合同法上的代位权制度中,权利主体并没有变更,只是行使权利的主体发生了改变,代位权人行使的权利仍然属于被代位人;保险人代位求偿制度则是权利主体发生变更,保险人行使自己享有的权利。(3)债权人代位权行使的条件是债务人怠于行使权利,危及债权人的利益;而保险人代位求偿权行使的前提是保险人作出赔付和第三人负有责任。(4)债权人代位权必须通过向法院提起代位权诉讼的途径实现;保险人代位求偿权既可以通过诉讼途径实现,也可以通过非诉讼途径实现。

2. 代位求偿权的法定性

权利的取得,可以分为两种方式:约定方式与法定方式。保险人对第三人的代位求偿权属于法定取得方式。保险人在对被保险人赔付以后,自动取得对第三人的代位追偿权,无须以合同的形式获得转让。我国《保险法》第60条第1款规定:"因第三者对保险标的的损害而造成保险事故的,保险人自向被保险人赔偿保险金之日起,在赔偿金额范围内代位行使被保险人对第三者请求赔偿的权利。"这是保险人代位求偿权法定性的法律依据。不过,在实践中,保险人在支付保险赔款后,通常要求被保险人出具权益转让书,权益转让书能够起到确认保险赔款的数额和时间的作用,也能够确认保险人行使代位追偿权的最高数额。但实际上,由于《保险法》第60条第1款已作出规定,理论上可以不签订权益转让书。

(四)代位追偿权的行使前提

保险人行使代位追偿权的前提是第三人对保险标的造成损害,如果保险标的的损害是由于被保险人的过失造成的,或者由于不可抗力造成的,则保险人不享有代位追偿权。我国保险法规定的"因第三人对保险标的的损害造成保险事故"大致可以分为以下三个方面:

(1)第三人因侵权行为造成保险标的的损害。这是保险人代位追偿权产生的典型原因。这里的侵权行为,既包括作为的侵权行为,也包括不作为的侵权行为,只要符合我国《民法典》规定的侵权要件,并且导致保险标的的损害即可。例如,被保险人甲就其所有的树木向乙保险公司投保,第三人丙因与甲不睦,乘夜放火烧毁甲的树木,即构成对被保险人甲的侵权,保险人乙就树木毁损赔付之后,取得对第三人丙的代位追偿权。

(2)第三人因违约行为造成保险标的的损害。此种情形通常是指,被保险人与第三人之间存在合同关系,第三人本当依约履行合同,但因其履行瑕疵造成保险标的的损害,保险人亦可行使代位追偿权。例如,被保险人甲新购买了一辆汽车,销售商丙承诺半年内汽车玻璃不会出现任何问题。被保险人甲就其汽车向保险人乙投保玻璃破损险,但3个月后,被保险人的汽车玻璃因不明原因碎裂。被保险人甲要求保险人乙赔付,保险人乙赔付之后,取得向销售商丙的代位追偿权。

(3)第三人因其他原因造成保险标的的损害。除侵权和违约两种情形外,保险标的也可能因为第三人的其他行为遭到破坏,例如,共同海损的受益人对共同海损负有分摊责任。

(五)代位追偿权产生的要件

代位追偿权的产生,必须具备三个方面的要件:

(1)保险标的上发生的事故,属于保险责任范围。如果保险标的未发生保险事故,被保险人没有损失,保险公司无须赔付;同时,即使保险标的发生损失,如果事故不属于保险责任范围,保险人也不应赔偿。保险人不赔偿,则不存在代位追偿的理由。

(2)保险事故的发生,系由第三者责任造成。如果保险事故发生,是由被保险人本人造成的,则代位追偿失去了追偿对象。

(3)保险人按合同约定履行了赔付义务。因第三者责任造成的保险事故,如索赔人依保险合同向保险人索赔,保险人不得以索赔人未要求第三者承担责任为由拒绝承担保险责任。保险人向索赔人赔付保险金后,取得代位追偿权,保险人行使代位追偿权的时间点,自保险人向索赔人赔偿保险金之日起算,该时间点同时也是保险人对被追偿人起诉的诉讼时效之始点。这表明,虽然第三人造成保险标的的损失,但保险人如果未作赔付,则不能取得代位追偿权。

(六)被保险人赔偿请求权的处理及保险人代位追偿的范围

1. 被保险人赔偿请求权的处理

被保险人赔偿请求权的处理,可以分为以下四种情形:

(1)第三人全部赔偿的情形:如果事故发生后,第三人承担了全部赔偿责任,被保险人的损失获得弥补,则其不得再要求保险公司承担保险合同的责任。

(2)第三人赔偿不足的情形:被保险人先向第三人要求赔偿,但赔偿数额未达到被保险人的损失数额,保险人亦应承担保险合同的赔付责任,但保险人赔付保险金时,可以扣减第三人已经赔偿被保险人的金额。我国《保险法》第60条第2款明确规定:"前款规定的保险事故发生后,被保险人已经从第三者取得损害赔偿的,保险人赔偿保险金时,可以相应扣减被保险人从第三者已取得的赔偿金额。"

(3)保险公司全部赔偿的情形:被保险人不得再向第三人要求赔偿,而应将赔偿请求权转移于保险人,由保险人向第三人代位追偿。

(4)保险人赔付不足的情形:保险人先向被保险人赔付,但依法赔偿的保险金未能满足被保险人的损失,则被保险人有权就未取得赔付的部分向第三者请求赔偿。例如,在不足额保险情况下,保险金额小于保险价值,如果保险标的全损,保险人只赔偿保险标的的部分损失。在此情况下,被保险人未能通过保险获得赔付的部分,只能向第三人请求赔偿。我国《保险法》第60条第3款规定:"保险人依照本条第一款规定行使代位请求赔偿的权利,不影响被保险人就未取得赔偿的部分向第三者请求赔偿的权利。"

2. 保险人代位追偿的范围

无论上述何种情形,保险人代位追偿的范围,以保险人向被保险人赔偿的保险金数额为限。我国《保险法》第60条第1款规定:保险人"在赔偿金额范围内代位行使被保险人对第三者请求赔偿的权利"。明确规定了保险人向第三人行使代位追偿权的范围限于保险人已经赔付的数额。如果代位追偿的数额超出这一限额,则保险人可能因代位追偿制度获得不当得利,故保险法作此限制。

（七）代位追偿制度对保险人的保护

保险人向第三人追偿的权利属于继受性权利,来源于被保险人,如果原始权利遭到破坏,则保险人的代位追偿权亦会遭到破坏。为了保护保险人的代位追偿权,保险法特别设定了一些制度,大致包括三个方面：

（1）保险人赔付前,被保险人放弃对第三人的赔偿请求权的,保险人不承担赔付责任。被保险人对第三人的损害赔偿请求权产生于第三人对保险标的的损害,被保险人可以放弃。例如,被保险人与第三人之间是朋友关系时,被保险人可能放弃赔偿请求权。但是,被保险人与保险人之间的保险合同关系仍然存在,理论上说,被保险人仍可向保险人请求赔付。但是,保险人对第三人的代位追偿权因被保险人的放弃行为化为乌有。为了避免第三人逃脱法律责任,也为了保证保险资金的充盈,我国《保险法》第61条第1款规定,如果被保险人放弃对第三人的赔偿请求权,保险人不承担赔付保险金的责任。[1]

（2）保险人赔付后,被保险人未经保险人同意放弃对第三者请求赔偿的权利的,该放弃行为无效。与上述放弃行为一样,被保险人无论在保险赔付之前还是之后放弃对第三人的赔偿请求权,都将导致保险人无法向第三人追偿,第三人也可能逃脱法律责任。为此,我国《保险法》第61条第2款规定,被保险人不得在获得保险赔付金后放弃对第三人的追偿权。与赔付之前的放弃行为不同的是,此时保险人已经赔付了保险金,保险人已无法不承担赔偿责任,故而我国保险法通过宣告被保险人放弃行为无效的办法,确认保险人仍可向第三人行使代位追偿权。[2]

（3）被保险人因故意或重大过失导致保险人不能代为追偿的,保险人可以要求扣减或者返还保险金。在被保险人因故意或重大过失造成保险人不能行使代位追偿权的情况下,例如,被保险车辆被其他汽车碰撞后,被保险人认为其损失有保险公司承担,未对肇事车辆的牌号和驾驶员姓名等作记录就放走了该车辆,致使保险人不能确定追偿对象;又如,被保险人迟迟不向保险公司提供保险事故的证明文件,导致保险人追偿超过诉讼时效等,出于对被保险人故意或重大过失的惩罚,我国《保险法》规定了对被保险人不利的后果,表现为:（1）如果保险人尚未赔付保险金,保险人可以根据实际情况扣减保险金,扣减金额根据被保险人造成不能追偿的后果确定,如果完全不能追偿,则可以不承担赔付责

---

[1] 不过,如果被保险人在订立保险合同前,已经放弃了对第三人请求赔偿之权利的,其放弃行为有效,保险人不得行使代位追偿权。《保险法司法解释四》第9条规定:"在保险人以第三者为被告提起的代位求偿之诉中,第三者以被保险人在保险合同订立前已放弃对其请求赔偿的权利为由进行抗辩,人民法院认定上述放弃行为合法有效,保险人就相应部分主张行使代位求偿权的,人民法院不予支持。保险合同订立时,保险人就是否存在上述放弃情形提出询问,投保人未如实告知,导致保险人不能代位行使请求赔偿的权利,保险人请求返还相应保险金的,人民法院应予支持,但保险人知道或者应当知道上述情形仍同意承保的除外。"

[2] 因第三者对保险标的的损害而造成保险事故,保险人获得代位请求赔偿的权利的情况未通知第三者或者通知到达第三者前,第三者在被保险人已经从保险人处获赔的范围内又向被保险人作出赔偿,保险人不得向第三者主张代位求偿权,但可以要求被保险人返还保险金。若保险人获得代位请求赔偿的权利的情况已经通知到第三者,第三者又向被保险人作出赔偿的,保险人仍可对第三者行使代位追偿权。

任;(2)如果保险金已经赔付,则保险人可以要求返还已经赔付的保险金,返还的数额亦根据被保险人造成的不能追偿的程度确定。值得注意的是,被保险人对代位追偿权的侵害,仅限于故意或重大过失的情形,被保险人因一般过失导致保险人不能行使代位求偿权的,保险人不能扣减保险金或者要求返还保险金。

（八）代位追偿权适用的限制

1．人身保险不适用代位追偿原则

代位追偿原则是损失补偿原则的派生原则,损失补偿原则适用于财产保险,代位追偿也只适用于财产保险,人身保险中基本无代位追偿权适用之余地。我国《保险法》第46条规定:"被保险人因第三者的行为而发生死亡、伤残或者疾病等保险事故的,保险人向被保险人或者受益人给付保险金后,不享有向第三者追偿的权利,但被保险人或者受益人仍有权向第三者请求赔偿。"其原理在于:将人身作为保险合同的标的时,通说认为人身无价,故而允许被保险人在获得保险赔付之后,再向第三人索赔。双重索赔的存在,不会违反损失补偿原则,且又不至于使第三人逃脱法律责任,故而在人身保险中,基本不存在代位求偿的说法。

2．家庭成员或组成人员的适用例外

当造成保险标的损害的主体为被保险人的家庭成员或组成人员时,可能不适用代位求偿制度,即在某些情况下,即使被保险人的家庭成员或组成人员造成保险标的的损害,保险人亦不能行使代位求偿权。此种限制,必须符合两个条件:

（1）造成保险标的损害的主体为被保险人的家庭成员或组成人员。

此处的家庭成员,应作较为宽松的理解,应当包括被保险人的近亲属及与被保险人有抚养、赡养、扶养关系的人。此处的组成人员,主要是指单位投保,被保险人即单位本身的情形。在单位投保的情况下,如果单位员工造成本单位损失,也应当对其代位追偿权加以限制。对组成人员亦应作宽松理解,应当包括单位的正式员工、劳动合同制员工以及劳务制员工。

在被保险人的家庭成员或组成人员造成保险标的的损害时,保险法之所以限制保险人的代位求偿权,其原理在于:第一,如果允许保险人代位追偿,则保险人在向被保险人赔付后,又向其家庭成员或组成人员追偿,而这些人员对保险公司的赔付,最终很可能由被保险人支出,结果导致被保险人的损失实际上未获得保险公司的赔付。第二,考虑被保险人与家庭成员或组成人员之间的感情因素。现实生活中,家庭成员或组成人员造成保险标的的损失时,由于他们之间的感情因素存在,被保险人往往不会要求此类第三人赔偿,如果赋予保险人代位求偿权,必将造成被保险人与上述人员之间的矛盾,不利于和谐社会的建设。

（2）家庭成员或组成人员主观上不得出于故意。

如果家庭成员或组成人员的故意行为导致保险标的的损害,保险人可以向其行使代位追偿权。其原理在于,故意破坏行为本身应当承担法律责任,如果不向其代位追偿,将会激励破坏行为。我国《保险法》第62条明文规定:"除被保险人的家庭成员或者其组成人员故意造成本法第六十条第一款规定的保险事故外,保险人不得对被保险人的家庭成员或者其组成人员行使代位请求赔偿的权利。"对家庭成员的过失行为,即使是重大过失行为,我国《保险法》也未赋予保险人代位求偿权。

第五节　财产保险的其他问题

一、保险标的转让

财产保险的标的转让,将会涉及该标的上保险合同转让的问题,我国《保险法》对此作出特别规定。

（一）标的转让与保险合同权利、义务的继受

在保险标的转让的情况下,如果该标的上存在保险合同,则受让人继受被保险人对保险合同的权利、义务。我国《保险法》第49条第1款规定:"保险标的转让的,保险标的的受让人承继被保险人的权利和义务。"[1]

保险标的的转让,对保险合同来说,本质上属于保险合同主体变更,亦即保险合同主体由转让人（原被保险人）变更为受让人（新被保险人）,保险合同的权利、义务,亦随保险标的的转让而转让。[2] 究其原因,大约有三个方面:（1）保险标的的转让后,原被保险人已失去保险利益,发生损害事故时,受损害的是受让人,原被保险人不能获得赔偿,保险已对其失去意义,故而应当将保险合同转让给真正受有损失的受让人。（2）在保险标的的已经转让的情况下,若保险合同权利、义务不转让,保险标的失去保障,保险失去了分散风险的职能。（3）在保险标的的转让的情况下,不允许保险合同权利、义务转让,将可能出现保险人收取全额保险费却不承担或不全额承担风险的不公平现象。

（二）标的转让中的通知义务

1.通知义务的主体与对象

保险标的的转让的,被保险人或者受让人应当及时通知保险人。通知的主体可以是作为转让人的原被保险人,也可以是作为受让人的新被保险人。通知的对象是保险人。通知的内容则是保险标的的转让的事实。

2.通知义务的立法理由

我国《保险法》之所以规定保险标的的转让须通知保险人,其原因在于方便保险人重新核实风险。保险标的在转让人（原被保险人）的管理和受让人（新被保险人）的管理之下,风险程度可能有所不同,例如,无任何不良嗜好的转让人将汽车转让给吸毒的受让人,保险标的的风险将显著增加,该风险的增加可能导致保险人根本无法承保或者需要

---

[1] 被保险人死亡,由其继承人继承保险标的的情况,类似于保险标的的转让,继承人承继被继承人（被保险人）对保险合同的权利义务。(参见《保险法司法解释四》第3条)

[2] 保险标的的转让,有时会出现所有权转移与风险转移分离的情况,在所有权尚未转移,而标的毁损风险已由原被保险人转移至受让人的情况下,《保险法司法解释四》第1条规定,受让人有权享有保险合同的权利义务,发生保险事故的,受让人（新的被保险人）有权要求保险人赔付。

加费承保,故而在保险标的转让的情况下,应当允许保险人重新核保。但重新核保的前提是保险人知道保险标的已经转让,只有被保险人或者受让人将转让的事实通知保险人,保险人才可以重新核保,故而我国《保险法》要求被保险人或受让人通知保险标的转让的事实。

但是,值得注意的是,并非所有保险标的的转让均须通知保险人,如果保险合同另有约定,或者合同为货物运输保险合同,则无须通知保险人。货物运输保险标的的转让之所以不通知保险人,通说认为原因有二:(1)货物运输,特别是海上运输,路程遥远,流动性大,货物在远地易主,一般很难通知保险人;(2)货物运输合同中保险标的的转让,一般不会导致危险程度的增加,为了方便合同当事人的交易,避免他们错过交易机会,国际保险管理承认,只要保险合同没有另作约定,凡运输保险,其保单可随货物的转移而背书转让,受让人自然继承被保险人的权利和义务,并且不必通知保险人。

3.违反通知义务的法律后果

被保险人和受让人违反保险标的转让的通知义务,可能导致如下法律后果:

(1)因保险标的的转让导致危险"显著"增加而发生的保险事故,保险人不承担赔偿责任。我国《保险法》第49条第4款规定:被保险人、受让人未履行本条第2款规定的通知义务的,因转让导致保险标的的危险程度显著增加而发生的保险事故,保险人不承担赔偿保险金的责任。这里需要注意的是,转让后保险标的的危险需要"显著"增加。所谓显著,是指危险因素增加较多,或者危险程度增加加大,较为明显。但何为"显著",需要法官根据实际情况判断。[1]并且,保险事故与此显著增加的危险之间具有因果关系,保险事故因危险显著增加而引起,保险人才可以不承担赔付责任。

保险人之所以不承担责任,是因为该引起保险事故的风险本不在保险人预计承保范围之内,乃是标的转让之后才出现的风险。既然不属于保险人预计承保的风险范围,并且该不在预计承保范围内的危险作为近因引发了保险事故,根据近因原则,保险人自然可以拒绝赔付。

(2)保险标的的转让未引起危险"显著"增加,或者保险事故非因增加的危险而发生,则保险人仍须依照保险合同赔付。如果转让后保险标的的风险未增加,则风险仍在保险人预计承保范围之内,保险人应当赔付;即使危险有所增加,但并不"显著"时,出于对被保险人利益保护的考虑,保险法仍然规定保险人应当赔付;另外,如果标的转让导致危险"显著"增加,但该"显著"增加之危险并非保险事故发生之原因,二者之间没有因果关系时,因导致保险事故之风险仍属保险人预计承保之范围,保险人亦应赔付。

(三)保险人接受通知后的处理

保险人接受通知后,应进行风险核查,核查风险后,应作如下处理:

(1)危险显著增加,已达无法承保的程度,保险人可以解除合同,退还未满期保险费。例如,作为被保险人的转让人以精密仪器投保,后将该精密仪器卖给家住经常发生地震地

---

[1] 关于保险标的的危险显著增加的考虑因素,《保险法司法解释四》在第4条中作了规定,本书将在"危险的增加与减少"中对此进行介绍。

区的受让人,保险人核查风险后认为危险增加巨大,已达无法承保的程度,即可解除保险合同。当然,保险人解除合同的,应退还其未承保期间的保险费。保险法之所以规定保险人可以解除合同,是出于保险合同可保性原则考虑。在风险显著增加已达不可保程度时,保险的基础已经不复存在,应允许保险人解除保险合同。

(2)危险显著增加,但尚可承保的,保险人可以增加保险费,继续承保。例如,某私家车主将自用的小汽车卖给某受让人,但该受让人用此小汽车从事出租车经营活动,保险公司经评估认为该汽车风险显著增加,但未达拒保程度,则可以要求增加保险费,继续承保。保险法之所以规定保险人可以解除合同,是出于保险合同的对价衡平原则的考虑。在风险增加尚可承保时,保险人承担的风险较保险标的转让前有所增加,保险人因此应当收取较高的保险费,以维持交易的公平性。

值得注意的是,当保险标的危险显著增加,保险人无论决定解除合同还是决定加费承保,都应当在30日内作出决定,30日自保险人收到标的转让通知之日起算。我国《保险法》第49条第3款规定:"因保险标的转让导致危险程度显著增加的,保险人自收到前款规定的通知之日起三十日内,可以按照合同约定增加保险费或者解除合同。保险人解除合同的,应当将已收取的保险费,按照合同约定扣除自保险责任开始之日起至合同解除之日止应收的部分后,退还投保人。"

(3)保险标的危险程度未显著增加,保险人不得解除合同或增加保险费。在保险标的转让后,如果风险未增加,或者风险虽增加,但未达显著程度的,原保险合同继续有效,受让人继受该保险合同的权利和义务。

二、危险的增加与减少

(一)危险增加

1.危险增加与危险显著增加的概念

所谓危险增加,是指保险合同当事人订立合同时未曾预料到,但在保险期限内,保险标的的危险因素或危险程度有所增加。如果危险因素增加过多,或者危险程度增加过大,则称为危险显著增加。《保险法司法解释四》第4条规定了判断"危险显著增加"的考虑因素,主要是:(1)保险标的的用途的改变;(2)保险标的的使用范围的改变;(3)保险标的的所处环境的变化;(4)保险标的的因改装等原因引起的变化;(5)保险标的的使用人或者管理人的改变;(6)危险程度增加持续的时间;(7)其他可能导致危险程度显著增加的因素。从保险法的视角看,法律主要处理的是"危险显著增加"问题,对危险的一般增加,并未规定法律后果。

2.危险显著增加的通知义务

(1)通知义务的主体与对象。如果危险显著增加,被保险人负有通知保险人的义务。该通知义务的履行主体是被保险人,受领主体为保险人。我国《保险法》第52条第1款规定:"在合同有效期内,保险标的的危险程度显著增加的,被保险人应当按照合同约定及时通知保险人。"值得注意的是,被保险人只负有对危险"显著"增加的通知义务,如果危险增加未达显著程度,被保险人并不承担通知义务。这一义务与上述保险标的的转让的通知义务在原理上具有统一性,故而在此简略阐述。

（2）通知义务的立法理由。保险标的危险程度显著增加之所以需要通知保险人,是因为所增加的危险并非保险人订立合同时预计的危险,其增加改变了保险双方当事人之间的对价平衡,甚至导致该保险标的丧失了可保性。基于保险的可保性原则和对价衡平原则,应赋予被保险人对危险"显著"增加通知的义务。

（3）违反通知义务的法律后果。违反危险显著增加的通知义务,保险人对因危险显著增加而导致的保险事故,不承担赔付责任。我国《保险法》第52条第2款规定："被保险人未履行前款规定的通知义务的,因保险标的的危险程度显著增加而发生的保险事故,保险人不承担赔偿保险金的责任。"在这种情况下,保险人之所以不承担赔付责任,其原因在于该显著增加的危险不在保险人预计之内,且该增加的危险作为近因导致了保险事故损失。

当然,如果危险虽增加但未达"显著"程度的,保险法出于保护被保险人利益的立法政策考虑,不允许保险人拒绝赔付。即使危险显著增加,但保险事故的发生与该危险的增加无关的,保险人亦应赔付。

值得注意的是,与保险标的转让的通知义务相比,危险增加的通知义务未规定保险人解除或者要求增加保险费的期间,这是我国保险法的一点缺憾。

3. 保险人接受通知后的处理

保险人接受通知后,应分不同情况作出处理:

（1）危险显著增加,已达不可保程度者,保险人可以解除合同,但应当退还未满期保险费。由于危险的增加导致保险人认为无法承保的,保险人可以拒绝继续承保,依法解除合同。保险人解除合同的,应依照法律规定退还其未承担保险责任期间的保险费。其原理在于保险合同的可保性原则。

（2）危险显著增加,但保险人仍可承保的,保险人可以加费承保。亦即,在该种情形下,保险人可以要求投保人或被保险人增加保险费、继续承保。其原理在于保险合同的对价公平原则。

（3）保险标的危险程度未显著增加,保险人不得解除合同或增加保险费。

（二）危险减少

危险减少,是指在保险期限内,保险标的的危险因素或危险程度有所减少。如果危险程度减少较为明显,称为危险"显著"减少。在危险显著减少的情况下,被保险人可以将危险显著减少的情况通知保险人,在保险人核查确认后,应当相应减少保险费。当然,如果危险虽然减少,但未达显著程度,保险人也可以不降低保险费。其原理与危险显著增加的原理相同。我国《保险法》第53条规定："有下列情形之一的,除合同另有约定外,保险人应当降低保险费,并按日计算退还相应的保险费:（一）据以确定保险费率的有关情况发生变化,保险标的的危险程度明显减少的;（二）保险标的的保险价值明显减少的。"

三、责任保险第三人的直接请求权

（一）责任保险第三人直接请求权的概念

责任保险,是指以被保险人对第三者依法应负的赔偿责任为保险标的的保险（《保险法》第 65 条第 4 款）。责任保险第三人的直接请求权,是指责任保险中的受害第三人直接向保险人请求赔偿保险金的权利。

责任保险第三人直接请求权的产生有其根源:责任保险是投保人与保险人签订的保险合同,其本质上是保障被保险人的保险,应当由被保险人向保险人行使赔付请求权。但是,在责任保险的发展过程中,出现了被保险人应当对受害第三人承担法律义务,但又怠于履行该法律义务的情形。更有甚者,一些被保险人本可以向保险人主张理赔,再将保险金转赔给受害第三人,但因与受害第三人之间产生矛盾,被保险人不肯向保险人主张理赔,从而导致受害第三人的损害无法获得补救。为此,各国法律规定了受害第三人对保险人的直接请求权,以保护受害第三人的利益。

（二）责任保险第三人直接请求权的规则

我国保险法对第三人的直接请求权作了相应规定,具体规则如下:

1. 无条件的直接请求权

所谓无条件的直接请求权,并非受害第三人向保险人请求赔付保险金不需要任何条件,而是指受害第三人的直接请求权已经由法律规定,或者在保险合同中已经载明的,只要符合法律规定或合同约定,受害第三人就可以向保险人直接请求赔付。我国《保险法》第 65 条第 1 款规定:"保险人对责任保险的被保险人给第三者造成的损害,可以依照法律的规定或者合同的约定,直接向该第三者赔偿保险金。"

可见,无条件的直接请求权在两种情形下存在:(1) 保险合同约定。保险人在订立合同时即允许第三人向其直接请求赔偿,领取原本属于被保险人的保险金。(2) 法律的直接规定。法律规定受害人可以直接向保险人请求赔付保险金,往往出于保护弱势群体的利益、维护社会公正与稳定的考虑,例如,我国《道路交通安全法》规定,交通事故受害人可以向保险公司直接请求赔付交通事故强制责任保险的保险金。

2. 有条件的直接请求权

有条件的直接请求权是指在法律没有规定或者保险合同没有直接约定第三人直接请求权的情况下,如果符合一定的条件,受害第三人可以向保险人直接请求赔付的权利。我国《保险法》第 65 条第 2 款规定:"责任保险的被保险人给第三者造成损害,被保险人对第三者应负的赔偿责任确定的,根据被保险人的请求,保险人应当直接向该第三者赔偿保险金。被保险人怠于请求的,第三者有权就其应获赔偿部分直接向保险人请求赔偿保险金。"由此可见,我国《保险法》规定的受害第三人向保险人直接请求赔付的条件包括基础条件和选择条件。

（1）基础条件。

所谓基础条件,是指凡是受害第三人有条件地行使直接请求权都需要符合的条件。这一条件是有条件的直接请求权的行使前提,不符合这一条件,受害第三人不得行使直接请求权。

受害第三人向保险人请求赔付的基础条件是:

第一,被保险人对受害第三人的责任确定。这里所谓的责任确定,至少要求被保险人应对受害第三人承担责任这一事实是确定无疑的,如果该责任仍然存疑,便要求保险人承担赔付保险金的责任，未免对保险人有失公平。被保险人对第三人的责任，既可以通过法院判决确定，[1]也可以通过和解协议确定，如通过和解协议确定，该和解协议须经保险人认可。

第二，被保险人未向受害第三人赔偿。如果被保险人已经向受害第三人进行赔偿，且赔偿金额与其承担的责任相等，则受害第三人不需向保险人直接请求赔付。只有在被保险人未向受害第三人赔偿，或者赔偿金额不足其承担责任的金额时，受害第三人才具备行使直接请求权的基础条件。

（2）选择条件。

所谓选择条件，是指在具备基础条件的前提下，受害第三人意欲行使直接请求权，需要满足下列条件之一：

第一，经被保险人同意，受害第三人可以行使直接请求权。也就是说，在被保险人对受害第三人的责任确定，且被保险人未向受害第三人赔偿的情况下，只要被保险人同意，受害人便享有对保险人直接请求保险金赔付的权利。这一条件实际上是被保险人将向保险人请求赔付的权利转让给受害第三人，只是这种转让无须经过保险人同意而已。[2]

第二，被保险人怠于向保险人请求赔付的，受害第三人可以行使直接请求权。也就是说，在被保险人对受害第三人的责任确定，且被保险人未向受害第三人赔偿的情况下，如果被保险人怠于向保险人请求赔付，受害第三人可以直接向保险人要求赔付。这一条件实际上是法律基于被保险人怠于行使权利的态度，为保障受害第三人的利益，强行将原属于被保险人的赔付请求权转移给受害第三人。何为"被保险人怠于请求"？《保险法司法解释四》第15条规定："被保险人对第三者应负的赔偿责任确定后，被保险人不履行赔偿责任，且第三者以保险人为被告或者以保险人与被保险人为共同被告提起诉讼时，被保险人尚未向保险人提出直接向第三者赔偿保险金的请求的，可以认定为属于保险法第六十五条第二款规定的'被保险人怠于请求'的情形。"

（三）责任保险第三人直接请求权的保护

被保险人侵害第三人利益后，其是否已经向第三人赔偿，保险人并不知晓。实践中，有些被保险人违反法律规定，不愿向第三人赔偿，在向保险人领取责任保险的保险金后，以各种手段逃避受害第三人的索赔，使得责任保险失去其设立的意义，被保险人的投保行为也成为类似赌博的一种行为。如果保险人未将保险金给付被保险人，而是直接给付受害第三人，则上述情形不会发生。

为了保护受害第三人的利益，同时也为了保护受害第三人直接请求权的实现，在被保险人未向受害第三人赔偿之前，保险人不应向被保险人支付保险金。这就是保险法对责任

---

[1] 责任保险的被保险人对第三者所负的赔偿责任已经生效判决确认并已进入执行程序，但未获得清偿或者未获得全部清偿，第三者依法请求保险人赔偿保险金，保险人不得以生效判决已进入执行程序为由拒绝赔付。

[2]《保险法司法解释四》第14条规定："具有下列情形之一的，被保险人可以依照保险法第六十五条第二款的规定请求保险人直接向第三者赔偿保险金：（一）被保险人对第三者所负的赔偿责任经人民法院生效裁判、仲裁裁决确认；（二）被保险人对第三者所负的赔偿责任经被保险人与第三者协商一致；（三）被保险人对第三者应负的赔偿责任能够确定的其他情形。"

保险受害第三人直接请求权的保护措施。我国《保险法》第 65 条第 3 款对此规定："责任保险的被保险人给第三者造成损害,被保险人未向该第三者赔偿的,保险人不得向被保险人赔偿保险金。"若保险人在被保险人向第三者赔偿之前将保险金支付给被保险人,第三者仍可向保险人请求支付,保险人向第三者支付后,可以要求被保险人返还相应的保险金。

重要名词术语

财产保险、保险金额、保险价值、超额保险、重复保险、代位求偿权、保险标的转让、危险增加的通知义务、责任保险第三人的直接请求权

思考题

1. 财产保险合同与人身保险合同有何不同?
2. 重复保险实践中,既有当事人恶意造成的重复保险,也有当事人善意造成的重复保险,我国《保险法》未对这两种情形加以区分,你对此有何看法?
3. 保险人的代位求偿权不能以非故意的"家庭成员或组成人员"为对象,如何理解"家庭成员或组成人员"?
4. 关于保险标的危险增加的通知义务,我国《保险法》规定,如违反该义务,因保险标的的危险程度显著增加而发生的保险事故,保险人不承担赔偿保险金的责任。这一规定是否合理?
5. 关于责任保险第三人直接请求权,我国《保险法》规定,被保险人怠于请求的,第三者有权就其应获赔偿部分直接向保险人请求赔偿保险金。此处的"怠于请求"应当如何理解?

典型案例分析

案例一

贾某于 2019 年 7 月 22 日向 A 财产保险公司投保了家庭财产保险,保险合同条款约定,投保人为贾某,被保险人为贾某,保险金额为 5 万元,保险期间为 1 年,自 2019 年 7 月 23 日 0 时起至 2020 年 7 月 22 日 24 时止。后贾某按照保险合同约定一次交清了保险费。2019 年 9 月 1 日,贾某所在单位用职工福利基金为全体职工在 B 财产保险公司投保了家庭财产保险。保险合同约定,投保人为贾某单位,被保险人为贾某,保险金额为 3 万元,保险期间也是 1 年,自 2019 年 9 月 2 日 0 时起至 2020 年 9 月 1 日 24 时止。

2019 年 12 月 10 日,贾某家中被盗。贾某发现后立即向公安机关报案,并通知保险公司。经查勘现场发现,贾某家两道门被撬开,丢失财物、现金等共计损失 6 万元。

3 个月后,公安机关未能破案。按照保险合同的约定,索赔条件成就,贾某分别向保险公司提出索赔。A 保险公司认为,贾某在两家保险公司投保,损失应由两家分担,各自承

担3万元。B保险公司认为,贾某先在A保险公司投保,所以A保险公司应当足额赔付5万元,自己赔付1万元。因无法达成一致意见,贾某将A、B两保险公司诉至法院。

法院最终判决,A保险公司承担37,500元赔付责任,B保险公司承担22,500元赔付责任。

贾某及其单位分别为贾某的家庭财产购买保险,这两份保险构成重复保险。重复保险的构成要件包括:(1)同一保险标的;(2)同一保险利益;(3)同一保险事故;(4)与两个以上的保险人订立两份以上的保险合同;(5)保险期间具有重叠性;(6)保险金额总和超过保险价值。本案中,贾某及其单位为其家庭财产购买的两份保险具有相同的保险标的——贾某的家庭财产,相同的保险利益——贾某对其财产的所有权,两份保险合同遭遇的保险事故相同——盗窃损失,保险事故发生于两份保险合同的保障期间内,期间上具有重合性,并且,两份保险合同的保险金额总计8万元,超出了损失金额6万元。因此,两份保险构成重复保险。

我国《保险法》规定,重复保险发生保险事故时,各保险人按照其保险金额与保险金额总和的比例承担赔偿保险金的责任。本案A保险公司的保险金额为5万元,B保险公司的保险金额为3万元,保险金额总和为8万元。A保险公司应当承担事故损失5/8的责任,B保险公司则应当承担事故损失3/8的责任,即A保险公司承担37,500元赔付责任,B保险公司承担22,500元赔付责任。

案例二

被告张某购买家庭自用车,并将该车辆注册为网约车,该车行驶证上所载使用性质为"非营运"。2015年3月27日,张某为该车在保险公司投保了保额为100万元的商业第三者责任险(以下简称"三者险"),保险期间自2015年3月28日起至2016年3月27日止,三者险保单上,该车的使用性质为"家庭自用汽车"。

2015年7月28日下午,张某通过打车软件接到网约车订单一份,搭载程某去往某地,途中遭遇交通事故,原告程某被撞伤。经鉴定,程某构成九级伤残。因赔偿问题无法协商一致,原告程某将张某和保险公司诉至法院,请求判令二被告赔偿医疗费、营养费等费用共计25万余元。

被告保险公司辩称,张某驾驶家庭自用车辆从事营运活动,改变车辆用途,危险程度显著增加,且张某并未将该车变更为网约车的事情通知保险公司,保险公司在三者险范围内可以免赔。

法院最终判决,由于张某将家庭用汽车变更为网约车使用,车辆危险程度显著增加,并且张某未通知保险公司,根据保险合同的约定,以及我国《保险法》第52条之规定,保险公司可以拒赔三者险项下的损失,该部分损失应由被告张某向原告程某赔付。

本案是关于危险增加通知义务的典型判例。

所谓危险增加,是指保险合同当事人订立合同时未曾预料到,但在保险期限内,保险标的危险因素或危险程度有所增加。如果危险因素增加过多,或者危险程度增加过大,我们称之为危险"显著"增加。一般来说,认定危险显著增加须符合下列三个要件:(1)危险的重要性。即此危险的增加,足以导致保险人增加保费或拒绝承保。(2)危险的增加具有持续性。倘若只是危险的一时增加,过后消失,不能视为危险显著增加。(3)危险的不可预见性。即在订立合同时,当事人无法预见未来危险会有所增加。本案张某将家庭自用车变更为网约车,由于网约车行驶里程超过家庭自用车,危险自然增加,且张某驾驶网约车是一种持续的行为,故而这种危险的增加具有持续性,并且,在保险合同订立时,保险人无法预见这种危险的增加,故而,张某将家庭自用车变更为网约车的行为构成危险显著增加。

我国《保险法》规定,在保险标的危险显著增加的情况下,被保险人应当就危险增加通知保险人,被保险人违反危险增加的通知义务,保险人可以拒赔。如此规定的理由是,所增加的危险并非保险人订立合同时预计的危险,危险的增加改变了保险双方当事人之间的对价平衡,甚至导致该保险标的丧失了可保性,基于保险的可保性原则和对价衡平原则,在发生事故后,保险人可以拒绝赔付。本案张某将家庭自用车变更为网约车,并未通知保险公司,因此违反了危险增加的通知义务,故法院依法判决保险公司可以拒赔。

第九编
破产法

第五十四章　破产法概述

【内容提示】

破产立法的社会实践,是推动我国破产法学快速发展的直接动力。经济基础决定上层建筑,上层建筑反过来也作用于经济基础。我国市场经济的形成与完善,必然要求建立一部与之相适应并为其不断发展保驾护航的破产法。另外,我国要在国际上取得市场经济地位,也要求尽快制定破产法。因此,制定破产法是我国社会经济生活及法治建设中的一件大事。其实,我国早在20世纪90年代初期就启动了破产立法的进程。但是,由于当时正值我国国企改制的攻坚阶段,为了给通过"政策性破产"实施"抓大放小"战略留出时间,我国破产立法工作开始放缓,因注意力转移,我国破产法研究的脚步也随之慢了下来。21世纪以来,国企改制工作收尾,"政策性破产"的历史使命趋于完成,加之国际、国内要求制定市场经济的破产法的呼声日高,我国破产立法的节奏开始加快。围绕破产立法工作,我国破产法研究的力度明显加大,针对破产立法中的具体问题形成了一大批学术成果,为破产法文本的最终敲定作出了重要贡献。2006年8月27日,第十届全国人民代表大会常务委员会第二十三次会议通过《破产法》,并自2007年6月1日正式实施,实现了中国破产法制的历史性跨越。《破产法》的颁布,凝结了我国广大破产法学者的心血和智慧,最具代表性地展示了我国破产法学的理论水平,是我国破产法学发展的最为重要的成果。

《破产法》仅适用于企业法人,不能适用于非法人企业、自然人等市场主体,因而被称之为半个破产法。在企业法人破产制度之外,建立非法人企业及自然人破产制度,是市场经济的客观需要。因此,自《破产法》颁布后,我国破产立法工作要转移到非法人企业破产立法和自然人破产立法上来。另外,我国的金融机构破产立法也迫在眉睫。与此相适应,我国学者在研究《破产法》实施效果的同时,开始加强对非法人企业破产、自然人破产和金融机构破产的研究,并取得一些阶段性成果。我国破产法学的发展是伴随着我国破产立法的进程而发生的。破产法学的发展,推动了破产立法,反过来,破产立法的社会实践,也为破产法学的发展注入勃勃生机和不竭动力。

第一节 破产与破产法

一、破产的概念

由于我国破产法没有对破产概念下任何定义,我国学者从不同的角度,对破产的含义进行了诠释。概括起来主要有经济意义上的破产与法律意义上的破产、作为法律事实的破产与作为法律程序的破产、实体上的破产与程序上的破产、广义的破产与狭义的破产等。就法律层面而言,作为一种法律事实,破产是指债务人不能清偿到期债务的事实状态或财务状况;作为一项法律制度,破产乃是指对不能清偿到期债务的债务人所进行的一种特别程序,即破产程序。

对破产概念的准确把握应当与特定的语境相联系。破产法学所称破产,应当有其特定的概念内涵。在法律上,破产首先是一种法律事实,即指债务人不能清偿债务的事实状态。至于"不能清偿债务"的具体形态,是不能清偿到期债务还是不能清偿全部债务,则取决于法律的具体规定。由于破产法律事实是引起破产法律关系变动的客观依据和必要条件,故也称"破产原因"。在法律上,破产是指破产程序,即债务人不能清偿债务时,经申请而由法院根据破产法之规定清理债权债务的程序。破产是一种概括的执行程序,以债权人的公平受偿为目的。

二、破产法的概念

按照法律调整社会关系的不同领域和不同方法对法律进行定义,是法学上通常采用的手段。对破产法概念的界定应尽可能反映破产法的基本面貌和本质特征,以便与其他法律尤其是其他债权债务清理法区别开来。概括地讲,破产法是关于债务人清偿不能时,通过清算债务人全部财产并依特定分配原则向全体债权人作公平分配以清结债权债务关系,或通过债务人与债权人会议达成和解协议来清偿债务并避免债务人清算,或通过重整计划的制定与实施以实现债务人财务复兴的法律规范的总称。破产法的内容包括破产程序规范、破产实体规范和罚则,其中以程序性规范居多,具体包括破产清算程序规范、破产和解程序规范和破产重整程序规范。

对破产法还可以从形式意义与实质意义、广义与狭义等不同层面理解。以是否以破产法命名可将破产法分为形式上的破产法和实质上的破产法。形式上的破产法是指以破产法命名的破产法律规范,即破产法典。在我国,形式上的破产法是指 2006 年 8 月 27 日通过的《破产法》;实质意义上的破产法是指在内容上与破产案件处理有关的所有法律规范的总和。实质意义上的破产法包括以破产法命名的法律规范以及虽不以破产法命名却与破产案件处理有关的法律规范。在我国,实质意义上的破产法除《破产法》外,还包括民商事法律、行政法律、刑事法律中与破产相关的法律规定以及最高人民法院就破产法律适用作出的司法解释。广义上的破产法是规定破产清算、破产和解以及破产重整的法律规范的总称。狭义上的破产法则是专门规定破产清算事宜的法律规范。我国《破产法》是内容涵盖破产清算、破产和解与破产重整的综合性规范体系,因而为广义上的破产法。

三、破产法的功能定位

虽然学者对破产法的功能定位有不同的表述,但在以下方面基本一致:其一,破产法要保护债权人利益,实现债权人公平受偿;其二,破产法要保护债务人利益,为债务人提供再生事业的机会;其三,破产法应有利于维护市场经济秩序。除此之外,规范企业破产程序,保护企业职工利益,优化市场资源配置等,也是学者认为破产法应当具有的基本功能。

确定破产法的立法目的或制度价值,涉及两个层面的问题。一是制度价值的选择,二是制度价值的排序。保护债权人利益,实现债权人公平受偿,是破产法的立身之本,任何时候都应当被作为破产法的立法目的,或破产法应有的制度价值。严格来讲,破产法所调整的关系是债权人与债务人之间的私法关系,涉及的利益自然也是债权人与债务人的私法利益。那么,保护债权人的公平受偿利益,保护债务人利益并实现债务人再生,就应当是破产法的核心价值。保护债权人的公平受偿利益、实现破产企业再生,体现了破产法作为债务清偿法的特有价值,应当是破产立法的直接目的和价值追求。维护市场交易秩序、优化市场资源配置等,则是破产法应当具有的间接立法目的与制度价值。

第二节 破产能力

破产法的适用范围,亦即破产法可适用于民事主体的范围,或哪些民事主体具有破产资格或破产能力,是适用破产法所必须解决的首要问题之一。

一、破产能力的法律内涵

破产能力是债务人得依破产程序清偿债务的一种资格,它解决的是破产程序可以适用的债务人范围。有破产能力的债务人发生清偿不能时可依破产程序解决债务问题,没有破产能力的债务人则只能依普通债权债务法为债务清偿。

破产能力是民事主体适用破产程序的资格。有破产能力者,可依破产程序解决债务清偿,无破产能力者则不能适用破产程序。由此,依民事主体的破产能力,也就圈定了破产法的适用范围。在理论上,破产能力是债务人的一种具体民事权利能力,是债务人民事权利能力在破产法领域的具体化或以破产法律制度的具体规定为通道向破产法领域的延伸。

破产能力的法律意义在于,它构成法院对债务人宣告破产或启动破产程序的必要条件。没有破产能力的债务人,法院不得对其施以破产程序。依法取得破产能力的债务人,不仅自己可以向法院申请破产,而且债权人也可以向法院申请其破产。当然,破产能力具体包括破产清算能力、破产和解能力和破产重整能力。

二、破产能力的法律基础

在我国破产法理论上,有关破产能力的法理基础的学说,可以分为权利能力基础说和特别规定说。权利能力基础说强调权利能力对破产能力取得的意义,有权利能力才有破产能力,但有权利能力不一定具有破产能力。特别规定说并不注重破产能力依赖于民事主体的权利能力,只强调法律的特别规定才是民事主体取得破产能力的基础,没有法律的特别规定,民事主体没有破产能力。

一般而言,民事权利能力构成民事主体取得破产能力的基础,有民事权利能力的民事主体,应当有破产能力,不具有民事权利能力者,也不具有破产能力。可是,破产毕竟是一种特殊的债务清理程序,对民事主体适用破产程序不能不有所限制,有民事权利能力的民事主体并不都能够取得破产能力。因此,债务人的破产能力离不开法律或破产法的特别规定。

我国民事主体取得破产能力的法律依据有两类:一是以普通民事法律为依据。如《民法典》第68条所规定的,宣告破产为法人的终止事由之一,明确了法人的破产能力。另外,《公司法》《商业银行法》《证券法》《保险法》《合伙企业法》则分别确认了公司、商业银行、证券公司、保险公司和合伙企业的破产能力。二是以《破产法》为依据。根据《破产法》的规定,所有企业法人具有破产能力。需要注意的是,我国普通民事法律规定的民事主体的破产能力仅限于破产清算能力即狭义的破产能力,而破产法规定的企业法人的破产能力为广义的破产能力,除破产清算能力外,还包括破产和解能力与破产重整能力。因此,我国《破产法》关于破产能力的规定不是对《民法典》关于破产能力规定的简单重复。

第三节　破产法的适用范围

一、破产法对自然人的适用

关于破产法应否适用于自然人,我国学者主要存有三种观点:第一种观点为自然人一般破产主义,主张我国破产法应当承认自然人的破产能力,在自然人清偿不能时,允许其通过破产程序解决债务问题。第二种观点则对破产法适用于自然人表示反对,因为破产法适用于自然人的条件并不具备。第三种观点不赞成普遍给予自然人以破产能力,但认为有必要规定独资企业的投资人及合伙企业的合伙人的破产能力,即所谓的商自然人破产主义。

理论上,自然人有民事权利能力,也就具有了适用破产法的可能。但是,由于破产制度的功能在不同的国家表现有所不同,不能一概认为自然人有破产能力。我国现行破产立法,尚未考虑自然人的破产能力。但有一个现象值得注意,我国公民居住于国外或者在国外从事商业,那么依其居住国的法律承认自然人有破产能力的,即使我国公民依我国法律无破产能力,也在其居住国取得破产能力,可以适用其居住国的破产法。从我国自身的情况来看,已经具备建立自然人破产制度的社会基础。承认自然人的破产能力,可使自然人在清偿不能时其债权人获得公平受偿的机会,同时借助破产制度的债务免除功能为经营失败的商自然人和丧失清偿能力的普通消费者摆脱债务困局提供法律上的出口,使他们有重新开始社会生活和经济活动的机会。建立自然人破产制度是社会经济发展和文明进步的必然要求。

二、破产法对企业法人的适用

我国自建立破产法律制度开始,即采企业法人破产主义,企业法人具有破产能力。《破产法》第2条规定:"企业法人不能清偿到期债务,并且资产不足以清偿全部债务或者明显缺乏清偿能力的,依照本法规定清理债务。企业法人有前款规定情形,或者有明显丧失清偿能力可能的,可以依照本法规定进行重整。"但是,对于一些特殊的企业或者法人,破产法是否应当予以适用,受到了学者的格外关注。

企业法人是自然人之外最为适格的民事主体和市场经济活动的主要参与者,无论企业法人的主要投资者的身份如何,也无论企业法人的组织类型如何,应当一概承认企业法人的破产能力。金融机构、铁路、城市交通等公用企业或特殊行业的企业法人虽与社会公共生活有重要意义,在破产能力方面也不应区别对待,也应具有破产能力,并不受限制。首先,我国经济的市场化已经达到一定水平并还在提高,国有企业与民营企业的身份区别明显弱化,国有企业对某些经济领域的垄断也不断被打破,一些长期被国有企业把持的公用行业或特殊行业开始有民营企业进入。因而,公用企业或特殊企业应当具有与其他企业平等的破产能力。其次,破产法的立法宗旨不仅在于保护债权人利益,对债务人利益同样也要给予保护。因此,出于保护特殊行业企业的考虑而主张拒绝或限制其破产能力的观点实无必要。对于有破产事实、经营难以为继且确无存在必要的,不应妨碍债务人主动提出破产清算的申请。对于有破产事实但又不宜宣告破产的特殊企业,则应由代表公共利益的机构依经济手段解决其债务危机,而不应简单采取限制其破产能力的消极做法。

破产程序实际上也是一种制度资源,破产程序的适用不仅具有债务清理的功能,还具有重新配置市场资源使之以更优方式发挥作用的功效。对于破产的企业法人来讲,无论其发生破产的具体原因如何,根本上都因资源错配致使其专用资产无法正确发挥效用所起。正所谓不破不立,通过破产程序无疑可以实现企业占有资源的有序化配置。现代破产制度已基本实现从清算型破产制度向再生型破产制度的转变,破产制度优化资源配置的功效日益凸显,应当在经济领域得到充分利用。因此,包括公用企业在内的所有企业法人应当不受限制地一概具有适用破产程序的能力。但需要注意的是,一概承认企业法人的破产能力,并不意味着企业法人一旦发生破产一概适用统一的破产规则。对于商业银行、证券公司、保险公司等特殊行业的企业法人应当根据其特殊性制定特别的破产规则。特别的破产规则的制定并不排除破产法的适用。

三、破产法对其他组织的适用

在我国民法上,民事主体分为自然人、法人和其他组织。其他组织是与法人相对应的一类民事主体,在学理上也称非法人组织或非法人团体,是指不具有法人资格,但可以以自己的名义进行民事活动的组织。围绕《最高人民法院关于适用〈中华人民共和国民事诉讼法〉的解释》(法释〔2022〕11号)第52条的规定,在理论上可以将其他组织概括为个人独资企业、合伙企业和法人的分支机构三类。

(一)关于破产法对合伙企业与个人独资企业的适用

合伙企业和独资企业虽然不是法人,但仍是法律上的民事主体,具有民事权利能力和民事行为能力,可以用自己的财产承担民事责任,具备适用破产法清理债权债务关系的条件或可能;但合伙企业和独资企业毕竟不同于企业法人,因而其破产能力也当有别于企业法人的破产能力。

我国立法承认合伙企业的破产能力。《合伙企业法》第92条规定:"合伙企业不能清偿到期债务的,债权人可以依法向人民法院提出破产清算申请,也可以要求普通合伙人清偿。合伙企业依法被宣告破产的,普通合伙人对合伙企业债务仍应承担无限连带责任。"《破产法》第135条规定:"其他法律规定企业法人以外的组织的清算,属于破产清算的,参照适用本法规定的程序。"以《合伙企业法》第92条的规定为依据,合伙企业具有破产能力。但是,在我国《破产法》上,除企业法人可以适用破产和解与破产重整外,企业法人以外的其他组织具有破产能力的,似乎仅限于破产清算能力。《破产法》中的有关破产和解与破产重整的规定,是否可以适用于合伙企业,还是值得研究的。

我国立法并没有承认个人独资企业的破产能力。我国法律虽然承认个人独资企业的民事主体资格,但同时又对其主体资格极尽限制。如规定独资企业财产为投资人个人所有,独资企业债务包括其分支机构的债务也为投资人以个人财产承担。在我国现行法上,《破产法》适用于个人独资企业,还没有依据。

(二)关于破产法对企业法人分支机构的适用

企业法人的分支机构确有民事主体的一些外在特征。法人的分支机构须依法设立,经登记领取营业执照,表面上类似于法人成立那样经受了法律的拟制过程。企业法人的分支机构可以自己的名义在登记的业务范围内对外实施法律行为并为债权受领和债务履行,亦可以自己的名义参与诉讼活动,起诉或应诉。但是,就企业法人的分支机构的本质特征来讲,其不具有民事主体资格。企业法人的分支机构是法人为扩大活动地域而发生的躯干在空间上的延展,但这种延展并不导致分支机构与其所属企业法人主干部分发生脱离而自成一体,仍属企业法人组织的一部分。

作为法人的组成部分而与所属法人的不可分割性,是分支机构的属性使然。由此在法律上的具体表现是:分支机构受所属企业法人设立宗旨的限制,只能为实现所属企业法人宗旨并在所属企业法人业务范围内活动;分支机构的名称必须表明其与所属企业法人的隶属关系;分支机构占有、使用的财产由其所属企业法人提供,属企业法人所有的财产一部分,而不归分支机构所有;分支机构的主要管理人员由所属企业法人指派;分支机构从事业务活动产生的法律后果归属于所属企业法人。企业法人的分支机构为非民事主体,自然不具备适用破产法的可能,因而不具有破产能力。当企业法人的分支机构不能以其占有、使用的财产清偿以其名义发生的债务时,由其所属企业法人承担清偿责任,若由此导致其所属企业法人不能清偿债务的,则对其所属企业法人适用破产法清理债权债务。

但是,破产法不能适用于企业法人的分支机构,并不具有绝对的意义。对于外国法人位于我国境内的分支机构,为保护我国债权人的利益,应承认其破产能力。承认外国法人位于我国境内的分支机构有破产能力,意义在于可使我国债权人就外国法人的分支机构的财产先行受偿,并对各债权人公平分配。要注意的是,承认外国法人的分支机构的破产能力,并不免除外国法人对其分支机构的债务应当承担的清偿责任。

第四节　破产原因

一、破产原因的内涵与外延

(一)破产原因的概念

因为破产原因可能引起的债务清理程序的不同,理论上关于破产原因的认知,大体可以区分为狭义的破产原因与广义的破产原因两类。狭义的破产原因,是指法院得以宣告债务人破产的依据。广义的破产原因,是指适用破产程序或法院据以启动破产程序的主要事由。实际上,破产原因是破产程序得以适用的正当性基础,其意义在于为破产程序的适用提供事实依据。因此,破产原因应当是法院得以对债务人适用破产程序所依据的法律事实。《最高人民法院关于适用〈中华人民共和国企业破产法〉若干问题的规定(一)》(以下简称《企业破产法解释一》)第1条规定:"债务人不能清偿到期债务并且具有下列情形之一的,人民法院应当认定其具备破产原因:(一)资产不足以清偿全部债务;(二)明显缺乏清偿能力。相关当事人以对债务人的债务负有连带责任的人未丧失清偿能力为由,主张债务人不具备破产原因的,人民法院应不予支持。"

(二)破产原因的法律意义

1. 破产原因是破产程序得以开始的必要条件

破产程序的启动必得以破产原因的成就为前提。破产原因的发生,说明债务人的财务状况已然恶化并引致债权债务关系的紧张,若听之任之,由债务人苟延下去,必将使债权人及其他利害关系人遭受更大的利益损失,即使于债务人本身也更为不利。此时便具有对财务危机中的债权人施以破产程序的必要。但是,破产程序毕竟是对债务人的外科手术式的治疗,不是债务人的自我恢复,必然会打乱债务人的正常经营秩序。而且,破产程序本身又是一项有风险的制度。因此,启动破产程序必须是一项极其谨慎的决定,必须能真实反映启动破产程序的必要性。而破产原因正是法律对破产程序启动环节的强制性干预,唯债务人具有法律所规定的原因,方得实施破产程序。当然,已具破产原因,并不当然引发破产程序的开始,尚需申请权人的申请。

2. 破产原因是已经开始的破产程序得以继续和存在的基础

尽管有学者认为,破产原因的存在,仅在破产案件受理时的时点上具有对破产程序启动与否的实质性意义,破产程序启动后债务人是否仍具有破产原因,对破产程序的进行不再具有实质性影响。但实际上,破产程序开始后,仍需以破产原因的存在作为破产程序继续推进的基础。值得注意的是,破产程序开始后,只要债务人财产数量不发生变化,自无依市场情况随时进行破产原因反复认定的必要,除非债务人因资产价格上扬而清偿全部到期债务。债务人资产价格上涨只可能增大破产重整的希望或在破产清算程序中对债务人股东也能有所分配。因此,破产程序开始后,即视为破产原因一直存在。但是,若债务人的财产数量发生变化,如第三人代为清偿或提供财力支持,引致破产原因消灭的,法院应当终结破产程序。正如我国《破产法》第108条规定,破产宣告前,第三人为债务人提供足额担保或者为债务人清偿全部到期债务的,或债务人已清偿全部到期债务的,人民法院应当裁定终结破产程序。

(三)破产原因与破产申请原因的区分

我国学者关于破产原因和破产申请原因两个概念间的关系论述不多,概括起来,大抵有三种观点:一是对破产原因和破产申请原因意义不加区分,在同一个意思上使用;二是认为破产申请原因属于广义的破产原因的范畴;三是认为破产申请原因不同于破产原因,对二者应当有所区别。

1. 等同论

破产原因是申请债务人破产的事实根据。根据企业破产法的规定,有权申请债务人破产的主体有债权人、债务人和对债务人负有清算责任的人。无论是谁,在申请债务人破产时,都必须以债务人出现破产原因为依据,并提供债务人出现破产原因的相应证据。[1]破产申请的原因,又称破产界限,是当事人得以提出破产申请,法院据以启动破产程序、宣告债务人破产的法律事实。[2]还有学者将破产原因直接界定为破产申请原因,认为破产原因或称破产界限,指债权人或者债务人向人民法院提出债务人破产申请的界限,只有符合破产界限的申请,人民法院才会裁定受理破产案件。[3]

2. 涵盖论

"破产原因"或"破产界限",其使用至少位于三个不同的语境层次:其一,作为当事人提出破产申请理由的破产原因;其二,作为启动破产程序的破产原因;其三,作为法院据以宣告破产清算的破产原因。不可否认的是,上述三项原因是不应等同的,也是不能等同衡量和适用的。准确地说,甚至在破产受理和破产申请提出之前,另一种意义上的"破产原因"也是可能存在的。那就是,由于破产申请的提出与作为破产申请事由的破产原因的形成时点之间可能存在一个时间差,破产申请的提出往往滞后于破产原因的形成。因而,

---

[1] 参见汤维建主编:《新企业破产法解读与适用》,中国法制出版社2006年版,第11—12页。
[2] 参见薄燕娜主编:《破产法教程》,对外经济贸易大学出版社2009年版,第36页。
[3] 参见徐永前主编:《企业破产法辞解》,企业管理出版社2007年版,第272页。

在当事人提出破产申请之前,债务人可能存在一种所谓"濒临破产"或者"事实破产"的状态。由上述四方面的分析可以推断,如果存在一个广义上的破产界限的话,上述四个层次的因素可以构成广义的破产原因的结构内涵。而与广义内涵相对应的,则可以将破产宣告所适用的原因界定为狭义的破产界限。[1]

3. 区别论

破产原因与当事人尤其是债权人可以提出破产申请的原因,两者之间也存在一定的差异。将破产原因与可以提出破产申请的原因混同也是不妥的。因为破产原因不仅仅是当事人提出破产申请的标准,而且也是法院审查是否启动破产程序的标准。破产原因与破产申请的原因之所以需要存在一定区别,主要是为了保障债权人的破产申请权(对于债务人提出破产申请的原因法律通常无须再作规定)。[2]

4. 小结

学者不区分破产申请原因与破产原因,将二者等同使用,认为破产原因既是启动破产程序的原因,也是债务人提出破产申请的原因,并非全无道理。尤其是我国《破产法》就原因的内容来讲,都未区别破产申请原因与破产原因,从而给人直观的印象是,破产原因就是破产申请原因,或者在破产原因之外并不存在一个具有独立地位的破产申请原因。但是,不区分破产申请原因和破产原因,并不利于人民法院的司法实务,会导致法院受理破产申请时的审查面不确定,而事实上,法院受理破产申请时,对于当事人申请破产的原因仅作形式审查,并不能查明债务人是否具有"破产原因"。正因为如此,持第二种观点的学者和第三种观点的学者,区分破产申请的原因与破产原因,其合理性更加充分。第二种观点和第三种观点仅仅是表述的差异或不同,并不存在实质上的区别。尽管《破产法》没有区别破产申请的原因和破产原因,但二者之间的内容和作用时不容混淆的;在我国《破产法》上,破产原因与破产申请原因具有不同的法律功能,应当相互区别,申请人据以提出破产申请的法律事实为破产申请原因而非破产原因。

二、破产原因的法律构造

我国《破产法》第2条规定:"企业法人不能清偿到期债务,并且资产不足以清偿全部债务或者明显缺乏清偿能力的,依照本法规定清理债务。企业法人有前款规定情形,或者有明显丧失清偿能力可能的,可以依照本法规定进行重整。"在字面上,我国《破产法》规定的一般破产原因是:(1)不能清偿到期债务,并且资产不足以清偿全部债务;(2)不能清偿到期债务,并且明显缺乏清偿能力。债务人破产重整的特别原因则是"有明显丧失清偿能力的可能"。法律上所用"不能清偿到期债务""资产不足以清偿全部债务""明显缺乏清偿能力""有明显丧失清偿能力的可能"等,应当成为认定破产原因的基本要素。

(一)不能清偿到期债务

不能清偿到期债务,是我国破产法上破产原因的重要构成和核心要素,同时,不能清

---

[1] 参见韩长印:《破产界限之于破产程序的法律意义》,载《华东政法学院学报》2006年第6期。
[2] 参见王欣新主编:《破产法》(第三版),中国人民大学出版社2011年版,第32页。

偿到期债务又是债权人申请债务人破产的原因。通说认为,构成"不能清偿到期债务"的核心要素有三:一是不能清偿是债务人的一种客观状态,而非主观上拒绝清偿;二是不能清偿的须为到期债务;三是不能清偿须为持续状态,债务人发生的暂时的支付不能不在此列。显然,对"不能清偿到期债务"的认定是基于债务人的清偿能力所作出。

"不能清偿到期债务"在《破产法》第2条的规定上有其特定的含义:债务超过且不能清偿到期债务,或者明显缺乏清偿能力且不能清偿到期债务。在这个意义上,《破产法》第2条所称的"不能清偿到期债务"与《破产法》第7条第2款所称的"不能清偿到期债务"同义,仅指债务人"停止支付"到期债务,与债务人的实际清偿能力的状态以及停止支付是否处于持续状态,均没有关系。《企业破产法解释一》第2条规定:"下列情形同时存在的,人民法院应当认定债务人不能清偿到期债务:(一)债权债务关系依法成立;(二)债务履行期限已经届满;(三)债务人未完全清偿债务。"

(二)资产不足以清偿全部债务

资不抵债,即资产不足以清偿全部债务,亦称债务超过。当资不抵债直接作为破产原因时,学理上称之为资产负债表标准。我国学者并不主张以"资不抵债"作为企业法人的一般破产原因。在我国现行《破产法》之下,"资不抵债"在破产制度中有两种功能:一是对于解散清算中的企业法人,"资不抵债"是清算人申请企业法人破产的条件和解散清算中的企业法人的破产原因。二是对于经营中的企业法人,"资不抵债"是认定债务人发生破产原因时需要考虑的重要因素,但不能单独构成破产原因,须与"不能清偿到期债务"相结合才能作为适用破产程序的原因。《企业破产法解释一》第3条规定:"债务人的资产负债表,或者审计报告、资产评估报告等显示其全部资产不足以偿付全部负债的,人民法院应当认定债务人资产不足以清偿全部债务,但有相反证据足以证明债务人资产能够偿付全部负债的除外。"

(三)明显缺乏清偿能力

将"明显缺乏清偿能力"规定为认定债务人发生破产原因的标准之一,是我国破产法上的一项创举。将"明显缺乏清偿能力"规定为企业破产原因的构成要素,体现了刚性破产原因与弹性破产原因的有机结合。当企业不能清偿到期债务并且资不抵债时,法院可依法对该债务人适用破产程序。但当企业不能清偿到期债务但又没有处于资不抵债的状态时,法院可基于企业是否存在"明显缺乏清偿能力"的事实来决定是否启动破产程序。"明显缺乏清偿能力"作为一种对客观状态的高度概括性描述,实属授权性规定,其价值在于赋予法院在认定企业有无破产原因时享有一定的自由裁量权。

对此,《企业破产法解释一》第4条规定:"债务人账面资产虽大于负债,但存在下列情形之一的,人民法院应当认定其明显缺乏清偿能力:(一)因资金严重不足或者财产不能变现等原因,无法清偿债务;(二)法定代表人下落不明且无其他人员负责管理财产,无法清偿债务;(三)经人民法院强制执行,无法清偿债务;(四)长期亏损且经营扭亏困难,无法清偿债务;(五)导致债务人丧失清偿能力的其他情形。"

(四)有明显丧失清偿能力的可能

"丧失清偿能力的可能性",是指债务人存在明显丧失清偿债务能力的可能的客观事实。丧失清偿能力的可能性,在解释上应当属于债务人不能清偿的一种客观表现形式。但其构成要素并不能完全满足债务人不能清偿的全部客观条件,故其仅为债务人适用破产程序的特殊原因。丧失清偿能力的可能性,仅能作为企业法人适用重整程序的特殊原因,不能作为企业法人适用和解程序或清算程序的原因。丧失清偿能力的可能性,作为事实问题,在认定时应当综合考虑影响债务人清偿到期债务的各种因素。债务人的财产保有状况、信用程度高低、知识财产拥有程度、支付手段多寡等各种因素,对于决定债务人丧失清偿能力的可能性至关重要;但债务人在将来一定期间内的财产保有状况、信用程度、知识财产的拥有程度、支付手段等方面可能发生的变化,或许在考虑债务人丧失清偿能力方面,更加重要。[1]

第五节　破产程序的结构

一、破产程序的结构设计

（一）《破产法》规定的破产程序结构

我国《破产法》较为全面地规定了具有开放性机构的破产程序,即重整、和解和清算程序独立进行但又具有一定的联系。通过重整、和解或者清算程序清理债务的基础条件完全相同,所以三者得以被规定于一部法律中。《破产法》第1章至第7章规定的内容,为重整、和解和清算程序共同适用的规范,第8章、第9章和第10章则分别规定了重整、和解与清算的特有程序规范,此三章的内容不能互为替代,只能个别适用。这样,重整、和解与清算在程序制度和适用上构成各自独立的程序,将它们规定于一部法律中,除节约立法成本、彰显立法技术外,还有助于实现重整程序、和解程序与清算程序的适时转换。[2]

而且,《破产法》完成了我国企业破产程序由清算主导型的程序制度向企业再生主导型的程序制度的转变。在立法结构上,企业破产法的章节设计首先考虑的是企业再生程序的适用,第1章总则及其后的相关章节,均为企业再生程序的启动和适用考虑良多,第8章特别规定有重整,其后特别规定有和解,破产清算的特殊规范则被规定在第10章。实际上,《破产法》第8章、第9章和第10章（破产清算）之规定,均为性质上不相容的债务清理程序,仅能适用于相应章节规定的债务清理程序,而且也不构成独立的完整程序。因此,要准确地理解和适用我国的企业再生程序,只有将《破产法》第1章至第7章的规定与第8章结合,或者将《破产法》第1章至第7章与第9章结合,方能展现出独立完整的企业再生程序。[3]

---

[1]　参见邹海林:《我国企业再生程序的制度分析和适用》,载《政法论坛》2007年第1期。
[2]　参见邹海林主编:《中国商法的发展研究》,中国社会科学出版社2008年版,第127页。
[3]　参见邹海林:《我国企业再生程序的制度分析和适用》,载《政法论坛》2007年第1期。

（二）对破产程序结构的改进建议

也有学者对我国破产法规定的程序启动结构提出批评，并提出在受理程序外另设审理程序和在受理程序内增设简易审理程序两种解决方案。在我国司法实践中，存在案件受理程序与案件审理程序错位的现象，本应作为审理的事项却在受理时进行审查认定，审理程序也因缺乏实质内容而变得空洞，这种做法往往导致某些事项得不到实质性的审理。就破产案件而言，无论是从制度设计的必要性还是从比较法角度来说，在破产受理这个极为狭小的程序中审查破产实体要件都是不合适的，为了保证整个破产程序运行的正当性，应简化案件受理程序，把破产实体要件从受理程序中分离出来，明确设置专门的破产实体要件审理程序。[1]

我国破产申请的审查程序混杂了破产案件的受理程序与审理程序，在客观上造成破产立案与破产宣告的混同，在审判实践中表现为不"破"不"立"，一旦立案，债务人一般就难逃被宣告破产的命运。应当从立法上厘清破产案件的受理程序和审理程序，建议在立案审查程序中设置简易审理程序，法院接到债权人破产申请后，即由审判庭组建合议庭，就管辖问题、破产申请书和有关证据、债务人破产能力、申请资格、破产界限、障碍事由六个方面进行立案审查。[2]

二、申请主义与职权主义

（一）破产程序启动模式的区分

不论破产程序的结构如何，都会存在破产程序的启动问题。如何启动破产程序，向来就有申请主义与职权主义的争议。破产程序基于利害关系人的申请而开始，没有破产申请，法院不能对债务人适用破产程序，为申请主义；与此相对应，法院可依职权对债务人适用破产程序的，为职权主义。

破产并非债务人与个别债权人之间的私事，它涉及众多债权人的公平受偿利益，从而涉及社会公共利益，作为国家公权力执行机关的法院，有必要在适当的时候进行适度的干预，以平衡或者协调不同的债权人之间的利益冲突。所以，在民事诉讼或民事执行程序中，已经查明债务人不能清偿到期债务，不适用破产程序不足以维护众多债权人的公平受偿的，对债务人有破产案件管辖权的法院可以依职权裁定进入破产还债程序。[3]当然，还有学者从另一个角度分析后，认为我国《破产法》采取了"职权主义"。一般情况下，没有当事人申请，法院不得对债务人开始破产程序。但是，如果法院已经应当事人申请而开始了和解或者重整程序，在和解不能或者重整不能时，法院可以依职权宣告债务人破产。[4]

---

[1] 参见韩长印、郑金玉：《破产实体要件的审理程序研究》，载《现代法学》2006年第1期。

[2] 参见北京市第二中级人民法院民四庭课题组：《破产立案审查问题研究》，载王欣新、尹正友主编：《破产法论坛》（第五辑），法律出版社2010年版，第226、227页。

[3] 参见邹海林：《中国的破产制度及其发展方向》，载王保树等：《中国市场经济法治走向》，昆仑出版社2001年版，第151页。

[4] 参见李永军、王欣新、邹海林等：《破产法》，中国政法大学出版社2009年版，第8页。

（二）选择破产程序启动模式的考量因素

多数学者反对法院依职权启动破产程序，认为破产程序应当实行申请主义。有学者认为，破产法的主要目的既是为了实现破产资产在全体债权人之间的公平分配，也是为了使债务人获得再生的机会。破产是为了谋求公平分配的债权人的利益，或是为免责而获得再生的债务人的利益进行的，破产的宣告、清算、和解、重整等体现的都是债权人和债务人的个人利益，而非社会公共利益，因此法院没有必要主动代表国家进行干预。即使对于国有企业而言，法院可以主动依职权宣告债务人破产，也会损害破产企业上级主管部门的申请整顿权，不利于挽救濒临破产的企业。[1]

另有学者认为，在破产立法上采取申请主义还是职权主义，要根据一国的具体国情而定。破产制度在我国真正得以实施的时间不长，社会保障制度等配套措施尚不健全，历史积压的待破产企业过多，若再规定法院依职权受理破产案件，将大量增加破产案件，而且，在地方保护主义严重、破产欺诈、假破产等现象泛滥的情况下，可能更加扩张这些问题的严重恶劣影响。在将来其他条件具备的情况下，是否采申请主义为主、职权主义为辅的原则，仍然是值得商榷的。可以考虑在破产立法中借鉴其他国家的经验，规定在无人对之负无限责任的债务人丧失清偿能力时，企业的法人代表人、董事等高级管理人员负有申请破产的义务，并严格追究违反义务者的法律责任。[2]

在我国的破产法理论上，几乎无学者反对破产程序的申请主义，破产程序作为当事人自治主导型的债务清理程序，应当以当事人的申请为必要。但是，法院对于具有破产原因的债务人能否施以必要的干预，依职权启动破产程序？我国《破产法》并没有给出肯定的回答，未来破产制度的改革有无辅助"职权主义"的可能，仍然值得深入研究。

三、破产程序的转换

（一）破产清算向破产重整的转换

因为《破产法》规定的原则性，没有禁止清算程序不能向重整程序转化的规定，所以理论上存在不同见解。

有学者认为，破产程序的开始并不排除向重整程序的转换，这是各国法均承认的原则。但是，重整程序社会代价与费用昂贵，制度间的多次转换势必会造成财力的大量浪费，于债务人和债权人均不利。所以，若债务人在破产程序开始前已提出重整申请的，在破产程序进行中，不得再提出转换的申请，但债权人或股东可以。破产宣告后提出重整程序开始的申请，已无实际意义。[3]

也有学者认为，在破产清算程序进行中，相关申请权人可以申请将破产清算程序转换为破产重整程序或破产和解程序。不过应当借鉴美国《破产法》的规定，通过司法解释对这种转换权予以限制，即转换只能行使一次，若破产清算原本就是从破产重整程序或破产

---

[1] 参见王利明：《关于制定我国破产法的若干问题》，载《中国法学》2002年第5期。
[2] 参见王欣新：《破产法专题研究》，法律出版社2002年版，第38—39页。
[3] 参见李永军：《破产法律制度》，中国法制出版社2000年版，第423—424页。

和解程序转换而来,则不能再将其转换为重整或和解程序。在破产清算程序中,若债务人已被宣告破产,则不能将破产程序转换为重整或和解程序,这是因为在宣告破产后,将随即对破产财产进行变价和分配,已不具备将破产程序转换为破产重整程序或破产和解程序的条件。[1]

(二)破产清算与破产和解的相互转换

根据《破产法》的规定,和解程序向破产清算程序的转换主要有三种情况:(1)和解协议草案经债权人会议表决未获得通过,或者已经债权人会议通过的和解协议未获得人民法院认可的,人民法院应当裁定终止和解程序,并宣告债务人破产。(2)因债务人的欺诈或者其他违法行为而成立的和解协议,人民法院应当裁定无效,并宣告债务人破产。有前款规定情形的,和解债权人因执行和解协议所受的清偿,在其他债权人所受清偿同等比例的范围内,不予返还。(3)债务人不能执行或者不执行和解协议的,人民法院经和解债权人请求,应当裁定终止和解协议的执行,并宣告债务人破产。

(三)破产和解与破产重整的相互转换

1. 关于破产和解向破产重整的转换

关于这个问题,因为《破产法》没有明确的规定,学界未能达成共识。从破产法理论及实务上看,应当允许和解程序转换为重整程序。首先,重整程序是较和解程序更为高级的破产清算预防程序,更具有恢复债务人经营能力的积极效果,在再生主义理念下,当和解程序不能奏效时,应当允许动用更为高级的再生手段即重整程序来尽挽救企业之努力。其次,禁止和解程序向重整程序转换,增大了债务人选择再生程序上的风险,一旦选择了和解程序,只能背水一战,否则,只能接受被清算的命运。而破产法规定的寻求重整保护的权利,则因申请了和解而被剥夺,对债务人有失公平。再次,由于重整程序可以为债务人提供更长时间以及更有力的保护,在二选一且不能转换的情况下,债务人对和解无十足把握时,必然要选择申请重整,结果是降低破产和解程序的适用率,甚至会使和解程序成为摆设。最后,和解申请仅限于债务人提出,而重整申请人除债务人外,尚有债权人、债务人的出资人,因债务人申请了和解而累及他人(债权人、债务人的出资人)适时申请重整的权利,也不公允。

因此,破产法不应当拘泥于某种程序模式的框架限制,应当允许和解程序转换为重整程序。当然,允许和解程序转换为重整程序时,在时间上不止于债务人向债权人会议提交和解协议草案,在和解协议未获债权人通过时,允许债务人申请重整,更具意义。

2. 关于破产重整向破产和解的转换

对于重整程序能否向和解程序转换,一般认为重整程序有排除和解程序适用的效力,重整程序不能转换为和解程序。关于这个问题,因为《破产法》并没有明确的规定,学者的意见基本上倾向于不能转换,具有将问题简单化之嫌。破产重整与破产和解具有基本相同的功能,但其程序的复杂程度以及便利性存在很大的差异,破产和解灵活易用,有较为复杂的破产重整转换为简单的破产和解,实务上存在诸多的便利,二者在程序上对于利害

---

[1] 参见范健、王建文:《破产法》,法律出版社2009年版,第213页。

关系人的权益保障具有互补性,而不是相互排斥的。实际上,理论的推演应当有实践基础,如果有条件或者有合适的案型,我国司法实务对于破产重整向破产和解的转换,应当开展创造性的尝试。

（四）破产重整向破产清算的转换

破产重整可以转化为破产清算。但是,破产重整不能达其目的,是否债务人只能进入破产清算程序？我国的破产法理论几乎采取一致的肯定回答,原因就在于我国《破产法》第88条的规定,仅仅将破产清算作为终结破产重整的唯一选项。企业再生程序开始后,若再生程序目的不能实现,应当有企业再生程序向其他债务清理程序转化的机制；有提前终止企业再生程序或者终止执行企业再生措施的情形发生时,《破产法》均规定经利害关系人请求,法院应当裁定宣告债务人破产清算,属于明显的法律漏洞,将造成清算程序的不当适用。例如,当法院裁定对债务人适用重整程序的原因为《破产法》第2条第2款规定之"有明显丧失清偿能力的可能",则在提前终止再生程序的情形下,若未发生债务人"不能清偿债务"的事实,法院则不能裁定宣告债务人破产清算,而仅能裁定重整程序终结。[1]关于这个问题,还值得进一步研究。

重要名词术语

破产能力、破产原因、破产程序、破产申请、破产清算、破产重整、破产和解

思考题

1. 简述《破产法》的适用范围。
2. 简述《破产法》规定的破产原因。

典型案例分析

基本案情

某公司成立于1994年5月,2001年12月10日在香港联合交易所上市。2003年至2005年期间,某公司先后投资成立浙江工程某有限公司、浙江长兴某有限公司、浙江平湖某有限公司、浙江绍兴某有限公司,上述企业均从事玻璃生产、加工和销售,职工共计4350人,日熔化总量达5150吨。由于经营不善,盲目投资、高成本融资等原因,某公司及其四家关联公司生产经营遭遇巨大困难,陷入债务危机。2010年5月3日,某公司因未能如期公布2009年度财务报告被香港联合交易所处以暂停交易。鉴于某公司已具备破产原因,且作为一家尚具生产能力的境外上市股份公司,具有一定的重整价值,2012年6月28日,浙江省绍兴市中级人民法院（以下简称绍兴中院）裁定受理债权人对某公司的重整申请并指定管理人,启动破产重整程序。

---

[1] 参见邹海林主编:《中国商法的发展研究》,中国社会科学出版社2008年版,第204—206页。

审理情况

2012年7月4日,管理人以某公司与其四家关联公司存在人格混同情形、合并重整有利于公平清偿债权为由,申请某公司与其四家关联公司合并重整,并提交了相关证据。其中,审计报告结论显示:某公司与其四家关联公司系作为一个整体进行运作,四家子公司虽然均为法人主体,但都在某公司的实际控制下运营,资金收支均由某公司掌控,已丧失其法人实体应当具备的财务独立性。2012年7月23日,绍兴中院组织召开合并重整听证会,听取各方对合并重整的意见。经听证,大部分债权人代表及某公司及其关联公司支持合并重整。经审查,绍兴中院依照《破产法》第1条、第2条规定,裁定某公司前述四家关联公司并入某公司重整。

2013年3月10日,在前期继续经营、成功招募重整投资人的基础上,某公司及其四家关联公司破产案召开第三次债权人会议,分组表决重整计划草案。受多种客观因素影响,普通债权组未通过重整计划草案,导致重整计划草案未能获得债权人会议通过。同月25日,绍兴中院依照《破产法》第88条的规定,裁定终止重整程序,转入破产清算。

转入破产清算后,继续维持生产的压力更加突出。玻璃生产具有特殊性,一旦生产线停产,将涉及停火冷窑、危化品处置等安全问题,并将导致资产大幅贬值和维护费用大幅增加。为此,经管理人在债权人会议中广泛征求意见,采取"托管经营"的方式,委托第三方公司继续生产经营,实现了破产清算条件下的正常生产。4月13日,第四次债权人会议表决通过《破产财产变价方案》。经公开拍卖或变卖,公司的资产变价金额合计约23.02亿元。9月22日,第五次债权人会议表决通过了《破产财产分配方案》。10月10日,绍兴中院裁定认可《破产财产分配方案》。12月12日,经管理人申请,绍兴中院裁定终结破产程序。

典型意义

某公司及其关联公司合并破产案系在充分尊重当事人意思自治基础上,在重整计划草案经表决未获通过的情况下,及时由重整转入清算的案件。本案在审理过程中,充分尊重市场规律,所有重大事项均在充分考虑破产企业的行业状况、商业风险等市场因素的基础上,经由债权人会议依法表决。对于债权人会议否决的事项,法院尊重当事人的意思自治,均未采取强制批准措施。此外,某公司及其关联公司在破产中维持正常生产,使大部分职工保持了稳定的工作和经济收入,维护了社会的和谐稳定。[1]

---

[1] 参见最高人民法院:《浙江玻璃股份有限公司及其关联公司合并破产案》,载中国法院网。

第五十五章　破产申请与受理

【内容提示】

破产程序上的管理人制度,是我国破产立法的重要课题之一,受到学者的高度重视,为此做了大量的研究工作。学者在检讨旧破产法清算组制度的基础上,借鉴国外破产管理人制度的经验,提出了建立我国破产管理人制度的基本构造。我国学者从破产管理人概念入手,系统研究了管理人在破产程序上的法律地位,对比分析了法院选任、债权人会议选任、法院选任与债权人会议选任相结合三种管理人选任模式的利弊,借鉴国外经验并立足我国国情,论证了管理人选任范围和任职资格。我国学者主张赋予管理人在破产程序上的中心地位,为贯彻管理人中心主义,学者研究了管理人在破产程序上应当具有的职责范围,以及对管理人的监督机制,提出了建立我国破产管理人行政监督管理模式的构想。

管理人中心主义的提出,是我国破产法学的一个重要理论成果,它的理论价值在于:其一,明确了管理人在破产程序中的地位,提出在破产程序中管理人应当居于中心地位,整个破产程序围绕管理人的工作而展开。其二,为正确配置管理人在破产程序上的职权指明了方向。管理人中心主义之下,管理人的职权范围必然是广泛的。其三,为合理安排、正确处理法院、管理人、债权人会议三者之间的关系奠定了理论基础。管理人中心主义推动了我国破产法律制度的重大进步,也是我国破产制度现代化的重要标志之一。我国学者关于破产管理人制度的研究,为现行破产法上管理人制度的建立提供了重要的理论支持,尤其是管理人中心主义的提出,明确了管理人在破产程序上的中心地位,厘清了管理人与债务人、债权人会议和法院之间的关系,也为合理设定管理人职责范围奠定了理论基础。

第一节　破产申请

一、破产申请的法律意义

对破产申请的界定存在广义和狭义之分。广义的破产申请,是指破产申请人依法向人民法院请求裁定债务人适用破产程序的行为;[1]是债务人或者债权人向法院请求对债

---

[1] 参见安建主编:《中华人民共和国企业破产法释义》,法律出版社2006年版,第19页。

务人进行重整、和解、破产清算的意思表示,是债务人或者债权人的破产请求权的具体行使。[1]狭义的破产申请是破产申请权人向法院请求宣告债务人破产的意思表示;[2]是当事人或利害关系人向法院提出的要求宣告债务人破产以清偿债务的请求。[3]显然,对破产申请所作的广义上的解释包括破产重整申请、破产和解申请以及破产清算申请,而狭义上的破产申请则仅指破产清算申请。

我国破产法实行受理开始主义,即破产程序只能在依法具有破产申请资格的当事人提出申请后,经人民法院受理而开始;人民法院不得依职权主动开始破产程序。这意味着,在我国,破产申请是破产程序开始的必要条件。[4]《破产法》第7条第2款规定:"债务人有本法第二条规定的情形,可以向人民法院提出重整、和解或者破产清算申请。债务人不能清偿到期债务,债权人可以向人民法院提出对债务人进行重整或者破产清算的申请。企业法人已解散但未清算或者未清算完毕,资产不足以清偿债务的,依法负有清算责任的人应当向人民法院申请破产清算。"

二、债权人申请破产

我国破产法只规定债权人可为破产申请人。但是,法律对债权人何以为适格的破产申请人未有进一步的规定,引发了很多的理论和实务问题。例如,债权人提出破产申请是否应有最低债权额的限制?有财产担保的债权人是否可以提出破产申请?债权人作为破产申请人的地位是否因其债权附有期限或者附有条件而受影响?

(一)关于有财产担保的债权

关于有财产担保的债权,债权人有无破产申请权的问题,学者的观点分为肯定说与否定说。肯定说认为,有财产担保的债权人应当享有破产申请权。否定说认为,有财产担保的债权人不具有申请债务人破产的权利。

我国破产法并没有禁止或者限制有财产担保的债权人提出破产申请的规定,否定说自无法律上的依据。依法理,有担保债权人虽有物权担保的保障,但并不影响其依债的方式实现债权而提起破产申请的权利。虽然从理论上讲,担保债权人是所有债权人中最不具破产申请动力的一类:一是担保债权人的债权因受物的担保而有可获清偿的保障;二是破产程序的开始反而会使有担保债权人行使担保物权受到限制。破产法对担保债权人的破产申请权并未作出限制规定。一般认为,有担保债权人可以从担保物中优先受偿,无须申请债务人破产以实现其债权,仅在担保物不足以清偿其全部债权的情形下,才有行使破产申请权的必要。[5]虽然如此,客观上也存在担保物权不能完全覆盖债权的情形。另外,有财产担保的债权人在破产程序中除受偿权利外,还可能存在其他利益,如是否维系债务人的存在的利益、启动重整程序的利益等,赋予担保债权人破产申请权更为合理。

---

[1] 参见李国光主编:《新企业破产法理解与适用》,人民法院出版社2006年版,第84页。
[2] 参见韩长印主编:《破产法学》,中国政法大学出版社2007年版,第29页。
[3] 参见杨森主编:《破产法学》,中国政法大学出版社2008年版,第20页。
[4] 参见王卫国:《破产法精义》,法律出版社2007年版,第16页。
[5] 参见尹正友、张兴祥:《中美破产法律制度比较研究》,法律出版社2009年版,第20页。

（二）关于附条件、附期限的债权

关于附条件、附期限的债权，债权人能否提起破产申请的问题，学者大抵有四种观点：

其一，附条件、附期限债权的债权人在期限届满或条件成就之前不能提起破产申请。附期限的债权在期限到来之前，债权人只享有期待权，但尚不能行使。破产原因的实质是债务人清偿不能，丧失偿债能力。此处的清偿不能是指对到期债务的清偿不能。因此，有权提出破产申请的债权人必须是到期债务的债权人。附期限的债权既然尚未到期，就不符合这一条件，债权人因此无权提出破产申请。[1]

其二，附期限的债权人在期限届满前不享有破产申请权，而附条件的债权人的破产申请权则应区别对待。附期限的债权人无权提出破产申请；附延缓条件的债权，债权人在条件成就之前不能要求债务人清偿债务，故不能提出破产申请；而附解除条件的债权，在条件成就以前，债权已经成立并且生效，债权人可以要求债务人清偿债务，故其享有破产申请权。[2]

其三，附条件、附期限债权的债权人是否享有破产申请权，应视破产原因的具体内容而定。如果破产申请的原因是"债务超过"，则附条件、附期限的债权人有破产申请权。因为"债务超过"意味着债务人的所有财产少于其负债，使得现实的已然债权与将来的或然债权以及已经到期的债权均不能得到清偿成为客观事实，所以，附条件债权与附期限债权的债权人有权提出破产申请。如果破产申请的原因是"债务人不能清偿到期债务"，则附条件和附期限的债权之债权人无破产申请权。因为，无论附条件债权或附期限的债权之债权人因其债权尚未到清偿期，均无法证明"债务人不能清偿到期债务"。[3]

其四，附条件、附期限债权的债权人应当享有破产申请权。主要理由是：（1）破产程序是为了保护所有的债权人的利益，与民事诉讼保护有直接债权债务关系的个别债权人的利益不同，只要债务人具备破产原因，就应当宣告破产，至于何种债权人申请债务人破产并不重要。（2）是否宣告破产不是申请人的权利，而是法院的权力，任何一种债权人不提出破产债务人破产申请就不会影响债务人的法律地位。（3）即使是附条件的债权或者是附期限的债权，同样需要法律的保护。（4）破产程序的目的在于公平满足全体债权人的权利要求，所以，破产程序开始以债权是否能够获得诉讼支持为前提没有必要。（5）附条件与附期限债权的债权人申请债务人破产的，同样需要提供债务人不能清偿到期债务的证据。[4]

对此，《破产法》第47条规定："附条件、附期限的债权和诉讼、仲裁未决的债权，债权人可以申报。"

（三）关于未到期的债权

关于未到期的债权，债权人可否申请债务人破产的问题，学者之间存在较大的争议，有否定说和肯定说两种观点。

否定说认为，对于未到期的债权，债权人在民事执行程序上不能请求执行，自然也就

---

[1] 参见齐树洁主编：《破产法研究》，厦门大学出版社2004年版，第158页。
[2] 参见汤维建主编：《新企业破产法解读与适用》，中国法制出版社2006年版，第38页。
[3] 参见李永军：《破产法律制度》，中国法制出版社2000年版，第73页。
[4] 参见韩长印主编：《破产法学》，中国政法大学出版社2007年版，第31页。

不得申请破产。从法律的规定和实践上的做法来看,债权人申请宣告债务人破产,必须是到期债务的债权人。[1]我国《破产法》第2条第1款把破产原因规定为"不能清偿到期债务,并且资产不足以清偿全部债务或者明显缺乏清偿能力",表明不能清偿到期债务是破产原因的实质要件,因而债权到期是享有破产申请权的必要前提,未到期的债权人不享有破产申请权。[2]

肯定说认为,破产程序不同于民事执行程序,其目的在于公平满足或者清偿全体债权人的权利要求,而不是为满足个别破产申请人的权利要求。况且破产程序给予债权人的机会均等,特别是在破产申请上更无必要对破产申请人的适格予以严格限定。所以,债权是否到期,对破产程序的开始并不重要。

对此,《破产法》第46条规定:"未到期的债权,在破产申请受理时视为到期。附利息的债权自破产申请受理时起停止计息。"

（四）关于债权的数额限制

我国《破产法》并没有就债权人申请破产的债权数额规定有限制,但学者担心破产申请的滥用,提出债权人的破产申请权应受其债权额度的限制的主张。只有债权人对债务人的债权比例达到一定数额后,才可以向人民法院提出破产申请。理由如下:其一,防止债权人滥用权利,减少因债权人提出破产程序给债务人企业带来的震荡和负面效应,给予债权人和债务人法律上的同样关注和同等对待,以免片面追求债权人利益保护。其二,综合体现债权整体意识。如果允许单个债权人提出破产就有可能损害其他债权人的利益,而占到期债权一定比例份额的债权人提起破产程序,可以代表占有大多数份额债权人的利益及意思,这充分体现了对债权人的平等保护。[3]但有学者反对以债权数额对债权人的破产申请权进行限制。从保护债权人利益和保障债权行使的角度来讲,对债权人申请破产附加最低债权额标准的限制,并没有多大的实际意义。[4]

三、债务人申请破产

（一）关于债务人申请破产的缘由

债务人之所以能主动申请破产,其根据在于:债务人既然已知自己没有偿还能力或资不抵债,再继续维持这种实际上已经破产的状况,不仅毫无意义,而且还背负着沉重的债务包袱。而一旦宣告破产,通过清理分配自己的财产后,就可以获得免责利益,从沉重的债务负担中解脱出来。因此,尽管破产对债务人来说是一种消极的手段,但有为债务人创造经济复苏的可能,从而有利于社会经济的良性发展。[5]而且,破产法赋予债务人破产申请权,允许债务人通过破产方式清理债务,有利于避免在企业困境下的债权人"勤勉竞赛"造成的不公平清偿,更有利于企业资产及时获得法律保护以便寻求以重整或和解获得拯

---

[1] 参见郑远民:《破产法律制度比较研究》,湖南大学出版社2002年版,第39页。
[2] 参见罗培新主编:《破产法》,格致出版社2009年版,第44页。
[3] 参见汤维建主编:《新企业破产法解读与适用》,中国法制出版社2006年版,第39页。
[4] 参见李国光主编:《新企业破产法理解与适用》,人民法院出版社2006年版,第78页。
[5] 参见郑远民:《破产法律制度比较研究》,湖南大学出版社2002年版,第37页。

救的机会。[1]债务人提出破产申请,能够将债务人的全部财产状况公布于债权人,保证破产目的的实现;赋予债务人破产申请权,可以鼓励债务人按照法律规定的程序将财产公平清偿给债权人。[2]

(二)债务人申请破产的权利说及争议

因为我国《破产法》并无一般性的规定,将债务人申请破产作为债务人的义务。因此,债务人申请破产的权利说,占据主导地位。我国《破产法》第7条第1款并未规定债务人申请破产是一项义务性规定,在目前的司法实务中,申请破产应当是债务人所享有的一项权利,即便是债务人已经具备了破产原因,债务人本身也没有提出破产申请的义务,更不会因此而受到法律的处罚。[3]尽管申请破产未必使债务人获得实际利益,但依然是债务人的一项权利,因为债务人申请破产通常被认为是一种权利,在包含破产免责制度的破产程序中,债务人通过破产程序能够得到实在的利益。在国外破产理论中,特别强调破产免责制度对于债务人摆脱债务危机、获得重新开始的机会的作用。但是,在法人债务人申请破产的场合,破产程序实际上只是一个法人债务人集中偿债的程序,于债务人本身并没有更多的积极意义,债务人也没有获得特别的利益,所以,很难认定为一种权益。不过,法律意义上的权利不应当以主体是否实际地享有某种利益为判断依据,而应以是否在法律被赋予某种资格为判断依据,因此,即使法人债务人申请破产并不会给其带来利益,而且,破产意味着主体生命的终结,其仍不失为一种法律上的资格。所以,法人债务人申请破产也是一种权利。[4]

虽然有些国家和地区的立法例规定公司的董事、清算人,遗产的继承人、受遗赠人、遗嘱执行人或继承财产的管理人等,在债务超过的法定情形下,负有提出破产申请的义务,但应当注意的是,这些破产申请义务人并非债务人本身,而是债务人的机关或财产管理人。因此,不能将法律关于这些特殊主体的破产申请义务界定为债务人的破产申请义务。[5]

在破产法理论上,债务人申请破产的权利说还是受到了挑战。有观点认为,申请破产于债务人既为权利,亦为义务。从权利角度分析,由于破产程序能给债务人带来免责的优惠,所以,申请破产应是其权利。但从义务的角度看,由于债务人是社会经济联系中的一环,故又涉及社会利益。债务人企业在法定情况下申请破产,可以有效地防止债务人逃避债务或恶意膨胀债务,所以,从某种意义上而言,破产申请是债务人的一项义务。[6]债务人申请破产,可以说既是其权利也是其义务。说是权利,是因为债务人可以从破产中得到债务减免等利益;说是义务,是因为债务人如果在法定情形下不提出破产,就会受到法律的

---

[1] 参见王卫国:《破产法精义》,法律出版社2007年版,第17页。
[2] 参见韩长印主编:《破产法学》,中国政法大学出版社2007年版,第32页。
[3] 参见汤维建主编:《新企业破产法解读与适用》,中国法制出版社2006年版,第41页。
[4] 参见韩长印主编:《破产法学》,中国政法大学出版社2007年版,第32页。
[5] 参见范健、王建文:《破产法》,法律出版社2009年版,第65页。
[6] 参见齐树洁主编:《破产法》,厦门大学出版社2009年版,第47页;杨森主编:《破产法学》,中国政法大学出版社2008年版,第21页;罗培新主编:《破产法》,格致出版社2009年版,第40页。

惩罚。[1]

（三）关于债务人破产申请权的限制

学者关于债务人申请破产是否应当受到限制的研究,与我国《破产法》的改革进程密切相关。1986年《破产法（试行）》第8条第1款曾规定,债务人经其上级主管部门同意后方可申请宣告破产。但是,国有企业申请破产应经其上级主管部门的同意,是在特定历史背景下作出的选择。随着市场经济的发展与完善,符合市场经济需要的企业制度的建立,要求建立新的破产法律制度,对于债务人申请破产附加限制已经不再有必要,《破产法》废除了诸如此类的限制。但是,对于某些特殊的市场主体,仍可以对债务人申请破产予以限制。[2] 例如,金融机构申请破产,应当经金融监督管理部门的同意。

四、破产申请的形式

《破产法》第8条规定:"向人民法院提出破产申请,应当提交破产申请书和有关证据。破产申请书应当载明下列事项:（一）申请人、被申请人的基本情况;（二）申请目的;（三）申请的事实和理由;（四）人民法院认为应当载明的其他事项。债务人提出申请的,还应当向人民法院提交财产状况说明、债务清册、债权清册、有关财务会计报告、职工安置预案以及职工工资的支付和社会保险费用的缴纳情况。"

五、破产申请的撤回

破产申请的撤回,是指申请人提出对债务人的破产申请后,又于法院作出受理破产申请的裁定前撤回其申请。《破产法》第9条规定:"人民法院受理破产申请前,申请人可以请求撤回申请。"申请人能否在法院受理破产案件前撤回破产申请,也是破产法上的一项重要内容,对此,我国破产法学界有"法院准许说""任意撤回说""区别说"三种观点。

法院准许说认为,经法院准许的,申请人方可撤回其破产申请。由于破产程序是集体受偿程序,关乎多方债权人的利益,而非专一保护申请人的利益,故是否准许申请人基于其个人意思请求撤回申请,由法院依照破产申请的具体情况自由裁量,以避免当事人为实现其自身利益的最大化而滥用破产申请权。由此可见,破产程序中的个人意思,其自治的范围依从于对多数债权人的利益保护的需要。我国《破产法》规定申请人可以在法院受理破产申请前撤回申请。但是,如果法院允许申请人撤回申请会损害债权人整体利益,或会造成较大的经济损失,法院应裁定不允许其撤回申请。[3]

任意撤回说认为,申请人可基于其意思撤回破产申请,不受法院是否准许的限制;申请人请求撤回破产申请的,法院应当准许。既然提出破产申请是债权人和债务人的一项诉讼权利,那么,根据民事诉讼的处分原则,当事人有权在法律规定的范围内处分自己的民事权利和诉讼权利,即当事人在法律规定范围内可以自由支配自己所享有的民事权利和

---

[1] 参见付翠英编著:《破产法比较研究》,中国人民公安大学出版社2004年版,第157页。
[2] 参见韩长印主编:《破产法学》,中国政法大学出版社2007年版,第33页。
[3] 参见王延川主编:《破产法理论与实务》,中国政法大学出版社2009年版,第105页。

诉讼权利。因此,债权人和债务人在提出宣告破产的申请后,可以撤回申请。[1]法院在受理破产案件前,申请人撤回对破产的申请,法院应该予以准许,尊重当事人的意思自治。[2]

区别说认为,申请人在法院受理破产申请前能否撤回其破产申请,应当依其身份为债务人还是债权人而区别对待。按照一般民事诉讼法的规定,法院在受理民事案件前,原告当然有权撤回,这是其行使诉权的一种形式。然而,破产程序是一种特别程序,申请一经提出,即使在法院受理前,也不得任意撤回。若从理论上看,法院许可主义最为可取,它对破产申请采取了较为慎重的态度。但其不足在于:法院不许可申请撤回的原因无非是破产人具有破产原因而应该开始破产程序,若允许撤回申请必定会损害债权人全体利益或社会经济秩序。但法院在对破产申请审查前,客观上难以对撤回申请作出许可或不许可的决定,而且这种许可或不许可与法院的受理或不受理又无实质性区别。因此,在债务人申请的情况下,应不允许其撤回;而在债权人申请的情况下,应允许其任意撤回。[3]

关于破产申请的撤回,法院准许说、任意撤回说和区别说均有其合理成分,但在相对意义上,法院准许说的合理性要更为突出。破产案件毕竟不同于民事诉讼,不论破产申请系由债务人提出还是债权人提出,所涉及的当事人的利益已超出了破产申请人的范围,在债务人有破产原因发生时,撤回破产申请无疑会损害债权人的团体利益。因而,破产申请的撤回应受法院的司法审查。在申请人请求撤回破产申请时,若法院发现债务人有破产原因发生或撤回破产申请有损害债权人整体利益等不当情形的,应当不允许申请人撤回。

第二节 破产申请的受理

一、破产申请的审查

破产申请提出后,法院应当根据申请受理的要件进行审查。破产案件的形式审查是指法院对破产申请程序的合法性审查,主要审查申请人是否适格、申请的形式要件是否符合法律规定、接收申请的法院是否有管辖权。破产申请有形式瑕疵的,申请人在规定期限内补正,否则,视为撤回申请;破产案件的实质审查主要包括对债务人是否具有破产能力以及是否存在破产原因等问题的审查。不具备实质要件的,直接驳回。[4]在审查阶段,无论是债务人还是债权人提出申请,只要启动破产程序的实质要件和程序要件得到了满足,应当立即作出是否启动破产程序的裁定。[5]

有学者提出,债务人自行申请破产的,法院不仅应进行形式审查,也应进行实质审查,

---

[1] 参见郑远民:《破产法律制度比较研究》,湖南大学出版社2002年版,第38页。
[2] 参见程春华:《破产救济研究》,法律出版社2006年版,第228页。
[3] 参见李永军:《破产法律制度》,中国法制出版社2000年版,第77—78页。
[4] 参见韩长印主编:《破产法学》,中国政法大学出版社2007年版,第42—43页。
[5] 参见王东敏:《新破产法疑难解读与实务操作》,法律出版社2007年版,第55—56页。

以作出受理或不受理的裁定。因为受理在我国具有相当于国外破产宣告的大部分效力,因此,仅仅是形式审查就裁定受理案件,从而对债务人的人身及财产发生一系列严重影响,是不符合立法意图的。另外,我国破产法规定的破产原因与其他国家不同,不仅要求"企业法人不能清偿到期债务",并且要求"资产不足以清偿全部债务或者明显缺乏清偿能力的",因此,仅仅进行形式审查,根本无法判断是否具有破产原因。[1]

不过,也有学者认为,只要申请人的申请符合法定的形式要件,法院就应予受理。至于债务人是否具有破产原因、能否被法院宣告破产,并不影响法院对破产案件的受理。破产申请的实质审查应在审理程序中进行。因为在受理阶段,法院在较短时间内不可能对债务人是否具有破产原因作出客观真实的评价。[2]

显然,就法院受理破产申请时的审查范围,学者的分歧还是比较明显的,可分为三种观点:大部分学者认为,法院应当对形式要件和实质要件进行全面审查,形式要件与实质要件均为合格者,即可裁定受理;部分学者则反对在破产案件的受理阶段一并审查形式要件与实质要件,提出在受理阶段仅审查形式要件,形式要件合格,法院即当受理,实质要件则在随后的审理程序中专门审查;另有学者则主张原则上对破产申请作形式审查,在相对人有异议时,再进行实质审查。但在目前司法实务上,法院受理破产申请以形式审查为必要。

对此,《企业破产法解释一》第6条规定:"债权人申请债务人破产的,应当提交债务人不能清偿到期债务的有关证据。债务人对债权人的申请未在法定期限内向人民法院提出异议,或者异议不成立的,人民法院应当依法裁定受理破产申请。受理破产申请后,人民法院应当责令债务人依法提交其财产状况说明、债务清册、债权清册、财务会计报告等有关材料,债务人拒不提交的,人民法院可以对债务人的直接责任人员采取罚款等强制措施。"第7条规定:"人民法院收到破产申请时,应当向申请人出具收到申请及所附证据的书面凭证。人民法院收到破产申请后应当及时对申请人的主体资格、债务人的主体资格和破产原因,以及有关材料和证据等进行审查,并依据企业破产法第十条的规定作出是否受理的裁定。人民法院认为申请人应当补充、补正相关材料的,应当自收到破产申请之日起五日内告知申请人。当事人补充、补正相关材料的期间不计入企业破产法第十条规定的期限。"

二、对债权人申请破产的异议

债权人提出破产申请的,债务人有权对申请提出异议。有学者认为,由于法院对破产申请的审查主要以破产申请文件为依据,为避免不当受理破产案件对债务人产生危害,有必要赋予被申请破产的债务人的异议权。我国《破产法》对债务人的异议权作了明确规定,对债务人行使异议权提供了制度保障。[3] 破产对债务人来说是生死攸关的事情,实践

---

[1] 参见李永军:《我国〈企业破产法〉上破产程序开始的效力及其反思》,载《法学杂志》2011年第2期。
[2] 参见齐树洁:《破产法》,厦门大学出版社2009年版,第61页。
[3] 参见范健、王建文:《破产法》,法律出版社2009年版,第79—80页。

中由于债权人不能够详尽地了解债务人财务状况,也可能有债权人以不正当目的申请债务人破产,因此,债务人有权及时知道自己被申请破产,而且有权就自己是否具备破产原因或者是否有不适用破产程序的其他事由提出意见。异议期满后,无论债务人是否提出异议,法院将在异议期满后10天内作出受理或者不受理破产申请的裁定;债务人提出的异议成立的,应当驳回申请。[1]

债权人提出破产申请的,债务人异议权的范围是较为广泛的,可分为三个层次:一是对债权人申请资格和法院管辖权的异议。对债权人的申请人资格的异议实际上是对债权人债权的否认。至于后者,由于法院在接受破产申请时,要主动进行管辖权的审查,故对法院管辖权的异议较少发生。二是对债权人申请原因的异议。债务人不能清偿到期债务,是债权人申请债务人破产的原因,故债务人可以自己能够清偿到期债务,或者债权未到期等予以反驳。三是对破产原因的异议。债务人可证明自己能够清偿到期债务,或资产足以清偿全部债务,或具有清偿能力,以不具破产原因来阻却法院受理破产申请。法院应当对债务人异议的具体事由进行审查,异议成立的,驳回破产申请;异议不成立的,裁定受理破产申请。

对此,《破产法》第10条规定:"债权人提出破产申请的,人民法院应当自收到申请之日起五日内通知债务人。债务人对申请有异议的,应当自收到人民法院的通知之日起七日内向人民法院提出。人民法院应当自异议期满之日起十日内裁定是否受理。除前款规定的情形外,人民法院应当自收到破产申请之日起十五日内裁定是否受理。有特殊情况需要延长前两款规定的裁定受理期限的,经上一级人民法院批准,可以延长十五日。"

三、破产申请的受理

一般而言,经审查,破产申请符合《破产法》的规定的,法院应裁定受理破产申请,并因此开始破产程序。但是,有学者提出,即便如此,若法院查明有恶意申请破产等情形的,应当不予受理,已受理破产申请,也应当驳回。债务人巨额财产下落不明,或债务人以逃债为目的申请破产,债权人借破产申请毁损债务人商业信誉,意图损害公平竞争的,均属于法院不予受理破产申请的情形。[2]

另有学者认为,应否受理破产案件的关键是债务人是否发生破产原因,至于申请人的主观动机如何,是否想毁损债务人商业信誉,损害公平竞争,与案件受理标准无关;债务人是否有隐匿、转移财产行为,是否有巨额财产下落不明,是否想逃避债务,也不是拒绝受理案件的理由。相反,通过对破产案件的受理,可以由管理人行使撤销权,更有利于追回隐匿、转移或下落不明的财产,打击债务人的逃债行为,维护债权人权益。在这些情况下,不受理破产案件,虽然可以使法院摆脱麻烦与风险,但却不能解决任何问题,只会使债权人丧失救济渠道,保护逃债行为。[3]破产程序具有遏制债务人恶意申请目的的功效,债务人

---

[1] 参见王卫国:《破产法精义》,法律出版社2007年版,第26—27页。
[2] 参见杨森主编:《破产法学》,中国政法大学出版社2008年版,第28—29页。
[3] 参见王欣新:《破产法司法实务问题研究》,载《法律适用》2009年第3期。

或债权人的恶意申请均不能构成破产障碍,不影响法院对破产申请的受理。

对此,《破产法》第11条规定:"人民法院受理破产申请的,应当自裁定作出之日起五日内送达申请人。债权人提出申请的,人民法院应当自裁定作出之日起五日内送达债务人。债务人应当自裁定送达之日起十五日内,向人民法院提交财产状况说明、债务清册、债权清册、有关财务会计报告以及职工工资的支付和社会保险费用的缴纳情况。"第12条规定:"人民法院裁定不受理破产申请的,应当自裁定作出之日起五日内送达申请人并说明理由。申请人对裁定不服的,可以自裁定送达之日起十日内向上一级人民法院提起上诉。人民法院受理破产申请后至破产宣告前,经审查发现债务人不符合本法第二条规定情形的,可以裁定驳回申请。申请人对裁定不服的,可以自裁定送达之日起十日内向上一级人民法院提起上诉。"

另外,《企业破产法解释一》第5条规定:"企业法人已解散但未清算或者未在合理期限内清算完毕,债权人申请债务人破产清算的,除债务人在法定异议期限内举证证明其未出现破产原因外,人民法院应当受理。"第6条规定:"债权人申请债务人破产的,应当提交债务人不能清偿到期债务的有关证据。债务人对债权人的申请未在法定期限内向人民法院提出异议,或者异议不成立的,人民法院应当依法裁定受理破产申请。受理破产申请后,人民法院应当责令债务人依法提交其财产状况说明、债务清册、债权清册、财务会计报告等有关材料,债务人拒不提交的,人民法院可以对债务人的直接责任人员采取罚款等强制措施。"

四、破产申请受理的法律效力

我国《破产法》采破产程序受理开始主义,破产申请的受理所产生的法律效力,也就是破产程序开始的效力,或破产程序的效力。破产申请的受理将产生一系列的法律效力:

其一,指定破产管理人。人民法院裁定受理破产申请的,应当同时指定管理人。人民法院受理破产申请后,管理人对破产申请受理前成立而债务人和对方当事人均未履行完毕的合同有权决定解除或者继续履行,并通知对方当事人。管理人自破产申请受理之日起2个月内未通知对方当事人,或者自收到对方当事人催告之日起30日内未答复的,视为解除合同。管理人决定继续履行合同的,对方当事人应当履行;但是,对方当事人有权要求管理人提供担保。管理人不提供担保的,视为解除合同。

其二,人民法院应当自裁定受理破产申请之日起25日内通知已知债权人,并予以公告。通知和公告应当载明下列事项:(1)申请人、被申请人的名称或者姓名;(2)人民法院受理破产申请的时间;(3)申报债权的期限、地点和注意事项;(4)管理人的名称或者姓名及其处理事务的地址;(5)债务人的债务人或者财产持有人应当向管理人清偿债务或者交付财产的要求;(6)第一次债权人会议召开的时间和地点;(7)人民法院认为应当通知和公告的其他事项。[1]

其三,自人民法院受理破产申请的裁定送达债务人之日起至破产程序终结之日,债务

---

[1]《破产法》第14条。

人的有关人员承担下列义务:(1)妥善保管其占有和管理的财产、印章和账簿、文书等资料;(2)根据人民法院、管理人的要求进行工作,并如实回答询问;(3)列席债权人会议并如实回答债权人的询问;(4)未经人民法院许可,不得离开住所地;(5)不得新任其他企业的董事、监事、高级管理人员。前款所称有关人员,是指企业的法定代表人;经人民法院决定,可以包括企业的财务管理人员和其他经营管理人员。[1]人民法院受理破产申请后,债务人对个别债权人的债务清偿无效。[2]人民法院受理破产申请后,债务人的债务人或者财产持有人应当向管理人清偿债务或者交付财产。债务人的债务人或者财产持有人故意违反前款规定向债务人清偿债务或者交付财产,使债权人受到损失的,不免除其清偿债务或者交付财产的义务。[3]

其四,对相关民事程序的影响。(1)人民法院受理破产申请后,有关债务人财产的保全措施应当解除,执行程序应当中止。[4](2)人民法院受理破产申请后,已经开始而尚未终结的有关债务人的民事诉讼或者仲裁应当中止;在管理人接管债务人的财产后,该诉讼或者仲裁继续进行。[5](3)人民法院受理破产申请后,有关债务人的民事诉讼,只能向受理破产申请的人民法院提起。[6]

根据《最高人民法院关于适用〈中华人民共和国企业破产法〉若干问题的规定(二)》(以下简称《企业破产法解释二》)的规定,破产申请受理前,债权人就债务人财产提起下列诉讼,破产申请受理时案件尚未审结的,人民法院应当中止审理:(1)主张次债务人代替债务人直接向其偿还债务的;(2)主张债务人的出资人、发起人和负有监督股东履行出资义务的董事、高级管理人员,或者协助抽逃出资的其他股东、董事、高级管理人员、实际控制人等直接向其承担出资不实或者抽逃出资责任的;(3)以债务人的股东与债务人法人人格严重混同为由,主张债务人的股东直接向其偿还债务人对其所负债务的;(4)其他就债务人财产提起的个别清偿诉讼。债务人破产宣告后,人民法院应当依照《破产法》第44条的规定判决驳回债权人的诉讼请求。但是,债权人一审中变更其诉讼请求为追收的相关财产归入债务人财产的除外。债务人破产宣告前,人民法院依据《破产法》第12条或者第108条的规定裁定驳回破产申请或者终结破产程序的,上述中止审理的案件应当依法恢复审理。[7]破产申请受理前,债权人就债务人财产向人民法院提起《企业破产法解释二》第21条第1款所列诉讼,人民法院已经作出生效民事判决书或者调解书但尚未执行完毕的,破产申请受理后,相关执行行为应当依据《破产法》第19条的规定中止,债权人应当依法向管理人申报相关债权。[8]

---

[1]《破产法》第15条。
[2]《破产法》第16条。
[3]《破产法》第17条。
[4]《破产法》第19条。
[5]《破产法》第20条。
[6]《破产法》第21条。
[7]《企业破产法解释二》第21条。
[8]《企业破产法解释二》第22条。

第三节　管理人中心主义

一、破产管理人概述

（一）破产管理人的概念

关于破产管理人的概念,学者给出了不少定义。诸如,破产管理人是指在破产程序进行过程中负责破产财产的管理、处分,业务经营以及破产方案拟定和执行的专门机构。[1] 破产管理人是在破产程序中被依法指定或选任的,负责管理破产财产、处理破产事务的人。[2] 管理人是指破产案件受理后依法成立的,在法院的指导和监督之下全面接管债务人企业并负责债务人财产的保管、清理、估价、处理和分配等事务的专门机构。[3] 破产管理人是指依照破产法规定,在重整、和解与破产清算程序中,全面接管债务人、负责债务人财产的管理、处分和其他事项的组织、机构和个人。[4]

（二）破产管理人的法律地位

破产管理人在破产程序中处于何种地位,是一个具有重要实践意义的理论问题。我国学者关于破产管理人法律地位的学说,主要是继受传统破产法学上的管理人地位之学说而形成的。在英美法系各国,确定破产管理人的地位适用以信托关系为基础的受托人制度。破产管理人被称之为破产程序中的受托人。但在大陆法系国家,关于破产管理人的地位则有"破产人代理说""债权人代理说""破产人和债权人共同代理说""破产财团代理说""职务说""清算机构说"等不同的学说。关于破产管理人的法律地位的如上学说,在我国破产法学界都曾被采用过。自 2000 年以来,关于破产管理人的法律地位的"破产人代理说""债权人代理说""破产人与债权人共同代理说"等学说,已鲜有学者采用。目前,我国学者关于破产管理人在破产程序中的法律地位的认识,主要有债权人代表说、清算机构说、债务人财产受托人说、债务人财产代表说和专门机构说等观点。

1. 债权人代表说

该说认为,在破产清算程序中管理人不是所有人利益的代表,而仅仅是债权人利益的总代表。因为,公司一旦进入破产清算程序,债权人的利益最易受到侵害,必须有一项特别的制度来保护所有债权人的利益。管理人是代表债权人的利益而负责管理、变卖和分配破产财产的人,他是破产法"债权人利益充分保护"原则的主要体现者。破产法应赋予管理人担保债权人的身份、不动产善意购买人的身份、无担保债权人的身份。不能把管理人的角色与法官混淆起来。管理人应更加倾向于债权人的利益以维持在破产清算等过程中债权人债务人利益博弈的一种平衡关系,实现破产过程中的债权人利益的最大化。[5]

---

[1] 参见李永军:《破产法律制度》,中国法制出版社 2000 年版,第 149—150 页。
[2] 参见叶军:《破产管理人制度理论和实务研究》,中国商务出版社 2005 年版,第 1 页。
[3] 参见王欣新主编:《破产法》(第二版),中国人民大学出版社 2007 年版,第 87 页。
[4] 参见薄燕娜主编:《破产法教程》,对外经济贸易大学出版社 2009 年版,第 62 页。
[5] 参见李曙光:《关于新破产法起草中的几个重要问题》,载《政法论坛》2002 年第 3 期。

2. 清算机构说

该说认为,虽然该说存在明显缺陷,即若破产管理人被界定为清算机构,则无法解释能对其所属主体进入破产程序前的行为所拥有的否认权;若被管理人界定为清算机构,则其作为债务人的组织机构应向债务人负责,而破产管理人事实上必须保持独立与中立。不过,鉴于破产制度乃在国家司法权下的特殊制度,原本就不能完全按照一般民法理论解释破产管理人的地位与职权,因而,若考虑到这一特性,上述两项缺陷也能得到合理解释。总之,从我国法律体系而言,清算机构说虽存在难以自圆其说的缺陷,但相对而言,该说比较符合我国立法,也较接近于我国司法实践,与其他学说相比,该学说更具合理性。[1]

3. 债务人财产受托人说

该说认为,以破产受托人来定位破产管理人法律地位更为适合。破产受托人法律地位更加明确,它依照受托人的法律地位独立行使权利和义务,并且接受法院和受益债权人的监督;破产受托人可以更有效地履行对破产财产的管理职责,以达到破产目的;破产受托人制度并不需要强行地将债务人财产人格化,它仍然可以作为权利的客体存在,根据信托法律关系,破产程序开始以后,债务人财产成为受托财产,并由受托人暂时享有法律上的财产权,由受托人根据信托意图、受托权利义务对其进行管理,并由受益债权人享有权益。债务人财产在破产程序中作为信托财产,由破产受托人对其享有财产权进行管理和处分。[2]

4. 债务人财产代表说

该说认为,破产管理人是破产法人的代表,债务人财产因破产宣告成为以破产清算为目的而存在的、与过去由登记而形成的法人财产不同的、独立的财产。管理人是这种人格化财产的代表机构。它使管理人在破产案件中独立于债务人和债权人,有利于保证破产程序公正、合理地进行。诸如破产财产归属、破产宣告前债权债务关系的承继、破产宣告后新生债权债务关系的承继等法律问题得到合理解决。[3] 债务人财产代表说将债务人财产先行人格化,然后对破产管理人以人格化的债务人财产的代表对待,实质上与"破产财团代表说"并无不同。

5. 破产财团代表说

"财团代表说能够清晰地释明破产法上的诸多法律现象。如破产管理人执行职务中加害他人时,破产财团能够直接对受害人负侵权行为之责,这在学理上不会产生代理人无法代理侵权行为的难题。又如,因破产管理人能够被解释为破产财团的代表机关,所以当其为法律行为时,除了能够以代表人身份行使职权外,还能够以法定代表人的身份执行职务。""破产财产财团代表说,是将破产财产的客体地位主体化,承认和接受该学说的前提,就是承认破产财产整体的人格化主体地位。""我国新《破产法》第22条的规定,体现了承认破产财产财团代表说的立法性质。"[4] 相比较而言,破产财团代表说较具有合理

---

[1] 参见范健、王建文:《破产法》,法律出版社2009年版,第95页。
[2] 参见张艳丽:《企业破产管理人法律地位评析》,载《北京理工大学学报(社会科学版)》2004年第6期。
[3] 参见李国光:《破产管理人是破产法人代表》,载《上海国资》2007年第6期。
[4] 参见韩长印主编:《破产法学》,中国政法大学出版社2007年版,第53—54页。

性。它既能使破产管理人在利害关系上独立于债权人和债务人,有利于保证破产程序公正进行,又能使许多法律问题迎刃而解,诸如:破产宣告前及宣告后债权债务关系的承受、破产财产的主体归属、破产管理人执行职务加害他人的侵权之责的承担主体、否认权的主张对象等。[1]

6. 专门机构说

该说认为,依我国《破产法》的规定,破产管理人应当是由法院选任的在破产程序中独立执行破产清算事务的临时性专门机构。其主要理由是:(1)管理人是依法接管债务人企业并对其财产进行管理、处分和分配以及实施其他与其相关法律行为的专门机构。(2)从某种意义上,管理人具有法人性质,是特殊的民事主体。清算组可以管理、处分债务人财产,并代表债务人参加诉讼、仲裁或者其他法律程序,但其仅存在于破产程序中,且为了债权人的利益仅为破产清算工作而设立。(3)管理人具有相对独立性,独立于法院和债权人会议,但又受法院和债权人会议监督。(4)管理人是独立的诉讼主体。[2]破产管理人是具有独立民事主体资格的专门的独立机构,将破产管理人视为一种专门的独立机构更为妥当。专门的独立机构是指管理人既不是政府机构,也不是债权人或债务人的代理人,而是依据《破产法》的规定在破产宣告后成立,负责执行破产财产管理、变价、分配等清算事务的、独立的专门主体。破产管理人作为专门的独立机构,更能公平地维护全体利益关系人的利益,并以超脱于有关当事人的利益身份而介入破产事务。[3]

7. 管理人为管理债务人财产的专门机关

纵观学者关于破产管理人法律地位的不同学说,尽管侧重点各不相同,但各种学说都无法否认这样一个事实:破产管理人是基于破产法的特别规定,在破产程序中专司管理、变价和分配债务人财产的专门机关。在我国的法律理论和实务上,首先,债务人财产仅为破产程序支配的客体,管理人不是债务人财产的代理人;其次,管理人实际为独立的民事主体,以自己的名义从事破产执业行为,特别是在诉讼上取得独立的当事人地位,由此决定管理人不是债务人或债权人的代理人或代表人;最后,管理人也不具有执行机关的地位,因为管理人既不是国家公务员,也不是法院的执行员,只是法院指定的管理债务人财产的临时机关,随着破产程序的终结而解散。因此,管理人为破产法特别规定的管理债务人财产的专门机关。[4]

二、破产管理人的选任

(一)破产管理人的选任模式

有关破产管理人的选任模式,存在"法院选任说""债权人会议选任说"和"折中说"三种观点。法院选任说主张,法院在破产程序中居于主导地位,独立行使对破产案件的审批权,不受债权人会议的干预或者影响,如何任命破产管理人、任命何人为破产管理人、任

---

[1] 参见齐树洁主编:《破产法》,厦门大学出版社2009年版,第101页。
[2] 参见李国光主编:《新企业破产法理解与适用》,人民法院出版社2006年版,第140—141页。
[3] 参见康晓磊、仲川:《对破产管理人法律地位的思考》,载《法学论坛》2007年第6期。
[4] 参见邹海林主编:《中国商法的发展研究》,中国社会科学出版社2008年版,第149页。

命多少人为破产管理人,均取决于法院的决定。对于法院任命的破产管理人,债权人会议不服的,不能另行选任破产管理人,只能向法院提出异议。债权人会议选任说认为,破产管理人应由债权人会议选任并受其监督,其职责也由债权人会议委托授权而来。[1] 折中说,又称为"双轨制选任说",主张破产管理人可以由债权人会议选任,也可以由法院选任,实行债权人会议选任破产管理人和法院选任破产管理人的相结合的制度。

《破产法》第22条第1款规定:"管理人由人民法院指定。"可见,我国《破产法》以"法院选任说"规定了破产管理人的选任制度。

(二)破产管理人的选任范围

关于破产管理人的主体身份,各国并无特别的限制。凡有行为能力者,无论其是否为债权人均可选任,但破产管理人系专司管理和清算事务的专业人员,故以会计师、律师,或者其他通晓计算、经营、法律、经贸知识的人担任为宜。[2]《破产法》第24条第1款规定:"管理人可以由有关部门、机构的人员组成的清算组或者依法设立的律师事务所、会计师事务所、破产清算事务所等社会中介机构担任。"

1. 关于清算组担任管理人

我国《破产法》规定的管理人选任范围有清算组和社会中介机构。清算组是人民法院指定成立的,对接管企业财产进行清理、保管、估价,以及处理和分配的专门机构。在破产实践中,特别是国有企业的破产涉及国有资产处置、职工安置等复杂问题,需要由政府有关部门、机构的人员组成的清算组担任管理人。[3]

担任管理人的清算组,应当是指在破产程序开始前已经依照其他法律成立的清算组,包括四种情况:(1)现行破产法施行时债务人已宣告破产还债并成立清算组的。(2)根据《公司法》第237条规定:"清算组在清理公司财产、编制资产负债表和财产清单后,发现公司财产不足清偿债务的,应当依法向人民法院申请破产清算。人民法院受理破产申请后,清算组应当将清算事务移交给人民法院指定的破产管理人。"人民法院可以指定清算组作为破产管理人。(3)《破产法》第133条规定的国有企业,依照国务院有关特殊规定实施破产,成立清算组的。(4)其他法律规定企业破产时指定清算组的。[4]

但是,有不少学者对清算组担任管理人持怀疑或批评态度。清算组做法在实践中暴露出了许多问题:一是工作效率低。清算组成员都有各自的本职工作,这势必影响破产工作的进程和效率。二是专业水平低。来自各个部门的人员是否具备必要的专业技能和法律知识并不确定。三是利益不超脱。因而很难站在公正立场上进行破产管理与清算,债权人的利益难以得到保障。四是债权人会议的监督权难以行使。五是清算组的责任难以有效追究。清算组是临时组织,没有承担责任的能力。六是清算组工作报酬的支付处于两难境地。[5] 但清算组在国有企业破产清算中也有积极的一面:政府有关部门参加清算,可以对

---

[1] 参见李曙光:《新破产法的管理人制度》,载中国民商法律网2004年8月30日。
[2] 参见付翠英编著:《破产法比较研究》,中国人民公安大学出版社2004年版,第187页。
[3] 参见李国光主编:《新企业破产法理解与适用》,人民法院出版社2006年版,第152—153页。
[4] 参见王卫国:《破产法精义》,法律出版社2007年版,第67—68页。
[5] 参见黄锡生:《破产管理人的法律地位及其职业化研究》,载《浙江学刊》2004年第5期。

破产清算中企业职工分流安置、退休人员移交社会化管理、非经营性资产的移交、长期投资的清理等工作提供行政上的支持与配合。[1]

2. 关于社会中介机构担任管理人

我国《破产法》规定可以担任管理人的社会中介机构,包括律师事务所、会计师事务所和破产清算事务所,但对破产清算事务所担任破产管理人的议论较多。

肯定意见认为,会计师事务所偏重于会计业务,律师事务所偏重于法律业务,所涉业务知识和实践经验均不全面,无法完全贴合破产管理工作的综合性要求。而破产清算事务所在理论知识和实践技能的储备、从事破产管理事务的职业化程度均胜出前两者许多,且拥有破产管理所需的各类专业人员和丰富的实践经验,又以破产业务为最主要甚至是唯一的营业内容,符合破产管理的职业化方向,应当优先于会计师事务所和律师事务所担任管理人。[2]

否定意见认为,破产清算事务所可以担任管理人,是我国《破产法》的特殊规定。破产清算事务所的性质应当是商业性中介机构组织,但在实践中,破产清算事务所的组织形式不统一,也不规范。而且,对其工作人员没有任何资格要求与能力考试制度,设立破产清算事务所也没有资质条件,可能出现滥设抢办破产案件的现象。但不允许破产清算事务所担任管理人也不妥。所以,一方面要设定其担任管理人的资格条件,又要保证有能力者在管理人的行业里正常发展,是需要妥善解决的问题。[3] 由于我国长期以来没有专门的管理人资格考试和相应的行业协会及资质管理,因此,破产清算事务所良莠不齐。虽然有相当一部分破产清算事务所在国有企业破产中发挥了重要作用,积累了丰富的破产清算经验,但更多的破产清算事务所成立之初就存在一些问题,如人员机构复杂、组织形式多样、承担民事责任能力差、缺乏必要的专业知识,其能否胜任管理人职责令人担忧。[4]

3. 关于"其他社会中介机构"担任管理人

《破产法》第24条第1款规定的"律师事务所、会计师事务所、破产清算事务所等社会中介机构"中的"等"是否还包括"其他社会中介机构"？有学者认为,这个"等"字就是指上述三种社会中介机构,不向外扩张到其他社会中介机构。因最高人民法院发布的《指定管理人规定》在关于"管理人名册的编制"的列举性规定中,仅对律师事务所、会计师事务所、破产清算事务所三种法定机构作了规定。这就意味着,尽管"社会中介机构"的确切范围还缺乏有权解释,但在司法实践中,因其他社会中介机构不能被纳入破产管理人名册,故还不能担任破产管理人。[5]

4. 关于个人担任管理人

关于个人担任管理人的问题,《破产法》第24条只笼统规定了"具备相关专业知

---

[1] 参见范健、王建文:《破产法》,法律出版社2009年版,第98—99页。
[2] 参见陆晓燕:《法院指定破产管理人规则之构建》,载王欣新、尹正友主编:《破产法论坛》(第六辑),法律出版社2011年版,第37页。
[3] 参见王欣新主编:《破产法》(第二版),中国人民大学出版社2007年版,第99—100页。
[4] 参见范健、王建文:《破产法》,法律出版社2009年版,第101页。
[5] 参见范健、王建文:《破产法》,法律出版社2009年版,第101页。

识""取得执业资格""参加执业责任保险",没有做出具体的操作性规定。由于我国个人信用制度不完善,个人担任管理人的专业能力问题和责任承担问题的解决,是其具有现实可行性的前提。破产法虽然为个人担任管理人留下了空间,但鉴于我国目前实际情况,实践中还不宜由个人独立担任管理人处理破产案件,但可以考虑建立专家库,由法院指定参与到破产案件处理中。[1]

也有学者认为,当企业规模较小,其债权债务关系比较清楚时,为节省费用,可以考虑由具有专门知识的个人来担任管理人。对此,依据《破产法》规定,法院在征询有关社会中介机构的意见后,指定该机构具备相关专业知识并取得执业资格的人员担任管理人。这里的社会机构主要指的是律师事务所、会计师事务所、破产清算事务所。取得执业资格主要是指取得了律师执业资格、会计师执业资格以及破产清算师执业资格。[2]

我国《破产法》实际上是将团体优先于个人充任管理人作为出发点,即使是在个人充任管理人时,也是"人民法院根据债务人的实际情况,可以在征询有关社会中介机构的意见后"指定,而且该个人还要参加职业责任保险。这种做法是不妥的,法律没有什么理由认为中介机构比个人更合适或者更有信誉担任破产管理人。[3]

(三)破产管理人的任职资格

破产管理人的选任条件分为积极条件与消极条件。管理人选任的积极条件即破产管理人应当具备的基本条件,现行法律对此没有作出明确规定。一般而言,破产管理人应当具备相应的行为能力和权利能力,具有相应的专业知识,具有较高的信誉或良好的品行。[4]自然人作为管理人应当具备的积极条件是:具备相关专业知识并取得如律师执业资格、注册会计师执业资格以及破产清算师执业资格等专门执业资格;属于社会中介机构的成员;应当参加执业责任保险。而清算组或者社会中介机构作为管理人时的积极条件是:通晓法律知识,熟知破产法的相关规定;熟悉会计业务,具有管理财产的能力;要熟悉商业交易规则;要连续从事该项工作,具有相应的实践工作经验。[5]《破产法》第24条第3款规定了破产管理人选任的消极条件:"有下列情形之一的,不得担任管理人:(一)因故意犯罪受过刑事处罚;(二)曾被吊销相关专业执业证书;(三)与本案有利害关系;(四)人民法院认为不宜担任管理人的其他情形。个人担任管理人的,应当参加执业责任保险。"

就担任管理人的积极资格来讲,由于我国《破产法》规定的破产管理人主要是律师事务所、会计师事务所等社会中介机构,这些中介机构的设立,本身就有条件方面的要求,能够满足条件而设立的中介机构,应当已经包含了担任管理人对其能力的要求这一条件。个人担任管理人的,仅限于律师和会计师,律师和会计师本身已取得职业资格和执业证书,当然也应视为符合担任管理人的资格要求。因此,对社会中介机构和律师、会计师个人担任管理人,再无另行规定积极资格的必要。因此,明确管理人任职的消极资格就显得更

---

[1] 参见李燕:《论我国破产法中管理人的法律地位》,载《当代法学》2007年第6期。
[2] 参见王卫国:《破产法精义》,法律出版社2007年版,第68页。
[3] 参见李永军、王欣新、邹海林等:《破产法》,中国政法大学出版社2009年版,第43—44页。
[4] 参见齐树洁主编:《破产法》,厦门大学出版社2009年版,第108页。
[5] 参见汤维建主编:《新企业破产法解读与适用》,中国法制出版社2006年版,第92—93页。

有意义。

三、管理人职责

(一) 管理人中心主义

1. 管理人中心主义的内涵

管理人中心主义,是指破产程序的事务性工作通过管理人来进行,管理人在破产程序开始后依法对债务人的财产进行接管、清理、保管、运营以及必要的处分,以更好地保护债权人的利益。以管理人中心主义作为我国《破产法》的立足点,可以加强破产程序中的债务人财产的管理或保全。

管理人中心主义还可以相应减轻法院的责任或负担,法院参与破产程序的事项应当多集中于程序方面,而非管理人应当为的事务性工作上。我国的破产程序应当坚持管理人中心主义这样的原则,管理人在破产程序中具有极为特殊的中心地位。破产程序中的管理人中心主义应当贯穿统一的破产程序的各个环节。管理人中心主义不能仅仅在破产清算程序中有意义,而且应当对和解程序与重整程序有效。管理人中心主义与重整程序中的债务人自行管理财产的地位并不矛盾。依照《破产法》的相关规定,在破产清算程序和和解程序中,管理人的中心地位十分显著;但在重整程序中,管理人的作用则是有限的。管理人的作用在重整程序中"有时"并不十分显著,这种现象只是管理人中心主义的异化,即管理人的职能向重整程序中的债务人发生了有条件的转移,并非对管理人中心主义的否定。[1]

2. 管理人中心主义的价值和功能

公司一旦进入破产清算程序,债权人的利益最易受到侵害,必须有一项特别的制度来保护所有债权人的利益。管理人是代表债权人的利益而负责管理、变卖和分配破产财产的人,他是破产法"债权人利益充分保护"原则的主要体现者。破产法应赋予管理人担保债权人的身份、不动产善意购买人的身份、无担保债权人的身份。不能把管理人的角色与法官混淆起来。管理人应更加倾向于债权人的利益以维持在破产清算等过程中债权人债务人利益博弈的一种平衡关系,实现破产过程中的债权人利益的最大化。[2]

管理人中心主义的提出,是我国破产法学的一个重要理论成果,它的理论价值在于:其一,明确了管理人在破产程序中的地位,提出在破产程序中管理人应当居于中心地位,整个破产程序围绕管理人的工作而展开。其二,为正确配置管理人在破产程序上的职权指明了方向。管理人中心主义之下,管理人的职权范围必然是广泛的。其三,为合理安排、正确处理法院、管理人、债权人会议三者之间的关系奠定了理论基础。基于这样的理念,《破产法》第13条、第23条和第25条就管理人及其地位所为规定,基本上反映了破产程序中的管理人中心主义。关于管理人中心主义,我国破产立法所要解决的根本问题,并不是要否坚持管理人中心主义的问题,而是在管理人中心主义的架构下,如何协调管理人、

---

[1] 参见邹海林:《新企业破产法与管理人中心主义》,载《华东政法学院学报》2006年第6期。

[2] 参见李曙光:《关于新破产法起草中的几个重要问题》,载《政法论坛》2002年第3期。

民法院和债权人之间的关系或者权利分配问题。

（二）破产管理人的职责

原则上，凡符合破产程序进行目的、凡与其作为破产财团代表机关的身份相适应的一切行为，均应属于破产管理人的职责范围，原无必要就其职责一一列举，但为避免破产管理人的过失乃至违法行为，也便于破产管理人对职责行为作出判断及对其施以监督和制约，破产法对破产管理人的具体职责进行列举规定。[1] 根据《破产法》的规定，破产管理人的职责可以分为一般职责和在破产重整、和解、清算程序中的特殊职责。

1. 破产管理人的一般职责

《破产法》第 25 条规定了破产管理人的一般职责。破产管理人自被指定之日起，作为债务人财产的代表，应当依法行使下列职权：(1) 接管债务人的财产、印章和账簿、文书等资料；(2) 调查债务人财产状况，制作财产状况报告；(3) 决定债务人的内部管理事务；(4) 决定债务人的日常开支和其他必要开支；(5) 在第一次债权人会议召开之前，决定继续或者停止债务人的营业；(6) 管理和处分债务人的财产；(7) 代表债务人参加诉讼、仲裁或者其他法律程序；(8) 提议召开债权人会议；(9) 人民法院认为管理人应当履行的其他职责。

2. 破产管理人的特殊职责

除一般职责外，破产管理人在破产程序各个环节中还具有一些特定的职责：(1) 在破产申请受理与债权申报程序中的职责。包括：追缴出资；追回被侵占的财产；申请终结破产程序；特殊债权的调查与公示；债权申报的审查、登记与保存。(2) 在破产重整与和解程序中的具体职责。包括：财产和营业事务的移交；重整计划草案的制作、提交与说明；重整计划的提请批准；重整计划执行的监督与报告。(3) 在破产清算程序中的具体职责。包括：财产变价方案的拟订、提交与财产的适时变价；财产分配方案的拟订与提交；财产分配方案的执行；特殊债权分配额的提存与处理；终结破产程序的请求与注销。[2]

但也有学者对我国《破产法》规定的破产管理人职责的不足提出了批评：(1) 管理人调查权弱化。主要有：破产管理人可调查的事项范围和主体范围过于狭窄；没有明确规定政府有关部门应当配合管理人的调查活动；没有明确规定被调查的主体不予配合时的法律责任。(2) 对破产管理人的借款权缺乏合理制约。(3) 破产管理人管理和处分债务人财产的权限过大。(4) 对破产管理人撤销权行使的异议缺乏处理途径。(5) 制定并提交重整方案的权利不应形成垄断权利。(6) 可以由人民法院任意创设管理人职责的规定有所不妥。[3]

（三）对破产管理人的监督

破产管理人的履职行为需要接受人民法院、债权人会议和债权人委员会的监督。《破产法》第 23 条规定："管理人依照本法规定执行职务，向人民法院报告工作，并接受债权

---

[1] 参见谢俊林：《中国破产法律制度专论》，人民法院出版社 2005 年版，第 299—307 页。
[2] 参见齐树洁主编：《破产法》，厦门大学出版社 2009 年版，第 115—117 页。
[3] 参见王欣新、郭丁铭：《论我国破产管理人职责的完善》，载《政治与法律》2010 年第 9 期。

人会议和债权人委员会的监督。管理人应当列席债权人会议,向债权人会议报告职务执行情况,并回答询问。"在此基础上,学者进一步主张建立破产监督人制度:第一,债权人会议是债权人团体的意思表示机关,在会议闭会期间无法对破产清算实施日常性监督;第二,召开债权人会议费资、耗时,频繁召开债权人会议既不节俭,又不利于破产程序的迅速进行;第三,我国的债权人会议主要代表一般破产债权人的利益,从所有利害关系人角度看,债权人会议的监督难免有偏颇之处;第四,各国立法例都设置了监督人制度。同时,我国应采用监督人意定制度,根据破产财产的实际价值,对破产财产的管理、清算的复杂程度,时间长短等,由债权人会议以决议的方式决定是否设立监督人及其人选。[1]

重要名词术语

破产申请、破产管理人

思考题

1. 简述破产申请的范围。
2. 简述管理人中心主义。

典型案例分析

基本案情

某公司成立于2002年12月10日,主要经营工程塑料、塑胶模具等生产、批发业务。2015年5月,某公司因经营不善、资金链断裂等问题被迫停业,继而引发1384宗案件经诉讼或仲裁后相继进入强制执行程序。在执行过程中,深圳市宝安区人民法院(以下简称宝安法院)查明,某公司名下的财产除银行存款3483.13元和机器设备拍卖款1,620,000元外,无可其他供执行的财产,459名员工债权因查封顺序在后,拍卖款受偿无望,执行程序陷入僵局。2017年2月23日宝安法院征得申请执行人深圳市宝安区人力资源局同意后,将其所涉某公司执行案移送破产审查。2017年4月5日,广东省深圳市中级人民法院(以下简称深圳中院)裁定受理某公司破产清算案,某公司其他执行案件相应中止,所涉债权债务关系统一纳入破产清算程序中处理。

审理情况

深圳中院受理某公司破产清算申请后,立即在报纸上刊登受理公告并依法指定管理人开展工作。经管理人对某公司的资产、负债及经营情况进行全面调查、审核后发现,某公司因欠薪倒闭停业多年,除银行存款3483.13元和机器设备拍卖款1,620,000元外,已无可变现资产,而负债规模高达1205.93万元,严重资不抵债。2017年6月28日,深圳中院依法宣告某公司破产。按照通过的破产财产分配方案,可供分配的破产财产1,623,645.48

---

[1] 参见汪世虎:《论破产管理人的监督机制》,载《特区法坛》2002年第5期。

元,优先支付破产费用 685,012.59 元后,剩余 938,632.89 元全部用于清偿职工债权 11,347,789.79 元。2017 年 12 月 29 日,深圳中院依法裁定终结某公司破产清算程序。

典型意义

本案是通过执行不能案件移送破产审查,从而有效化解执行积案、公平保护相关利益方的合法权益、精准解决"执行难"问题的典型案例。由于某公司财产不足以清偿全部债权,债权人之间的利益冲突激烈,尤其是涉及的 459 名员工权益,在执行程序中很难平衡。通过充分发挥执行转破产工作机制,一是及时移送、快速审查、依法审结,直接消化执行积案 1384 宗,及时让 459 名员工的劳动力资源重新回归市场,让闲置的一批机器设备重新投入使用,有效地利用破产程序打通解决了执行难问题的"最后一公里",实现对所有债权的公平清偿,其中职工债权依法得到优先受偿;二是通过积极疏导和化解劳资矛盾,避免了职工集体闹访、上访情况的发生,切实有效地保障了职工的权益,维护了社会秩序,充分彰显了破产制度价值和破产审判的社会责任;三是通过执行与破产的有序衔接,对生病企业进行分类甄别、精准救治、及时清理,梳理出了盘根错节的社会资源,尽快释放经济活力,使执行和破产两种制度的价值得到最充分、最有效地发挥。[1]

---

[1] 参见最高人民法院:《松晖实业(深圳)有限公司执行转破产清算案》,载中国法院网。

第五十六章 破产债权与债权人自治

【内容提示】

　　破产制度本质上为债务清理程序，以当事人间的私法关系为调整对象，应当充分反映当事人的意愿。我国破产法学自觉贯彻私法自治原则，提出债权人自治理论，以此为基调，论证设计了债权人自治的基本内容和实现形式。债权人自治理论，推动了我国破产程序彻底走向当事人自治主导型的破产程序。债权人会议是实现债权人自治的基本形式。我国学者深刻阐述了债权人会议的法律性质，分析了债权人会议在破产程序中的法律地位，以此为基础，学者论证了债权人会议的人员组成，着重探讨了有担保债权人、职工债权人及税收债权人应否为债权人会议组成人员等长期悬而未决的问题，设计了债权人会议召集权的法律配置及召集程式，重点研究了债权人会议应当具有的职权范围以及对职权范围内具体事项的决议规则，并分析了债权人会议作出决议的效力。

　　债权人委员会是实现债权人自治的辅助形式。我国学者在借鉴国外立法例上的债权人委员会及检查人制度，提出在我国破产法上设立债权人委员会的基本构想，为此全面研究了债权人委员会的性质、人员组成及职权范围等兼具理论及实务意义的制度问题。在现行破产法颁布后，学者又针对债权人委员会的成员来源、人员结构、工作方式等法定不明的情况作了补充研究，进一步完善了债权人委员会的制度内容。债权人自治理论的提出与形成，是我国破产法学的一项重要成果，对我国破产立法作出了重要贡献。在我国现行破产法上，债权人会议不再是破产程序上的一个点缀，而是可以左右破产程序的一支重要力量。破产程序上的重大事项，须经债权人会议决议，在债权人会议闭会期间，由债权人委员会代表其行使对破产程序的日常监督，从而使债权人自治制度在破产程序全过程得以落实。

　　债权人自治理论的提出，协调了破产程序各机关的权力关系，形成了债权人自治、管理人中心地位与法院主导三者相互配合、相互制衡的权力架构。债权人自治理论的提出与法治化，与破产管理人中心主义一道，实现了我国破产程序由传统的法院主导型破产程序向当事人自治主导型破产程序的成功转变。

第一节 破产债权

一、破产债权的概念

关于破产债权的概念,我国学者多从程序法与实体法、形式意义与实质意义两个方面进行解释。

从程序的角度讲,破产债权是依破产程序申报并依破产程序受偿的财产请求权,学理上称为形式意义上的破产债权。若从实体法的角度看,破产债权是在破产程序开始前成立的对债务人享有的金钱债权或得以金钱评价的债权,学理上称为实质意义上的破产债权。[1]破产债权包含两层含义:一是实质意义上的破产债权,是指在破产宣告前成立的、对破产人可以行使的一切财产上的请求权。它揭示了破产债权的内在特征,是对破产债权的静态反映。二是形式意义上的破产债权,是依破产程序申报并依破产程序受偿的债权。它揭示了破产债权的外部特征,是对破产债权的动态反映。[2]

《破产法》第107条第2款规定:"债务人被宣告破产后,债务人称为破产人,债务人财产称为破产财产,人民法院受理破产申请时对债务人享有的债权称为破产债权。"可见,"破产债权"仅被使用于破产清算程序中,在其他类型的破产程序或程序阶段则称之为债权。但就债权的内容而言,在清算程序中被称之为破产债权的债权与其他破产程序阶段的债权并无不同,均为成立于破产程序开始前且在破产程序开始后经申报并受确认的债权。因而,这种称谓上的区别在破产程序上并无实质意义。故而学者对此多不作区分,而一概称之为破产债权。

二、破产债权成立于破产程序开始前

为实现公平清偿债权人的破产程序目的,应当确定一个时点对破产债权的范围固定化,这一时点便是破产程序的开始。破产债权"成立于破产程序开始前",是指债权的成立之原因于破产程序开始前已有效存在,而不论该债权是否已发生效力。[3]破产程序开始前的原因成绩的债权,包括未到期的债权、附条件的债权、有财产担保的债权等,均属于破产债权。破产程序开始后,破产管理人为破产财产的管理、变卖、分配及从事必要法律行为等活动中形成的债权,属于破产费用与共益债务,优先从破产财产中拨付,不在破产债权之列。[4]但是,以下两种情形下的债权,虽然成立于破产程序开始后,仍不失为破产债权:(1)票据发票人或背书人被宣告开始破产程序,而付款人或承兑人不知该事实而付款或承兑,因此产生的债权;(2)破产程序开始后,因破产管理人解除双务合同而使对方当事

---

〔1〕 参见李永军:《破产法律制度》,中国法制出版社2000年版,第172页。
〔2〕 参见沈贵明主编:《破产法学》,郑州大学出版社2004年版,第127页;齐树洁:《破产法研究》,厦门大学出版社2004年版,第312页。
〔3〕 参见李永军:《破产法律制度》,中国法制出版社2000年版,第174页。
〔4〕 参见范健、王建文:《破产法》,法律出版社2009年版,第173页。

人产生的损害赔偿请求权。[1]将破产债权限定为因为破产程序开始前的原因而发生的债权,可以与破产费用和共益债权相区别。

三、破产债权须为可以强制执行的债权

能依破产程序受偿的破产债权,须为可强制执行之债权。不能强制执行的债权,在破产程序上缺乏执行依据,故不能作为破产债权,不能予以强制执行的债权主要包括基于不法原因所产生的债权、可撤销的债权、无效债权以及标的物为禁止执行的财产的债权。不能强制执行的债权,已丧失了受国家强制力保护的可能性,因而不能通过破产程序而获得清偿。另外,已过诉讼时效的债权,属于已丧失了受法律强制力保护的权利,也不能作为破产债权。[2]没有强制执行的债权,即所谓"自然债权",广义上的自然债权,包括罹于消灭时效的债权;不法债权,比如赌债;法律明文规定的给付后即不得请求返还的债权;等等。这些自然债权,在民事诉讼中,即丧失了所谓"胜诉权";在破产程序中,即不得成为破产债权。[3]债权不能强制执行,意味着债权丧失了国家保护的可能。破产程序作为概括执行程序,必须以能够强制执行为前提,只有这样债权人才能加以利用。如果债权超过诉讼时效、债权系不法产生或者债权被撤销或被确认无效,债权就丧失了强制力,该类债权不能作为破产债权。[4]

破产程序既是一种概括的强制执行程序,必然要求参加破产程序以获清偿的债权具有应受法律保护性,并得以强制执行。因权利基础违法而被确认为无效或被撤销的债权,因诉讼时效经过而丧失胜诉权的债权,均不具有强制执行力,也不得为破产债权。

四、破产债权须经依法申报方得行使

《破产法》第44条规定:"人民法院受理破产申请时对债务人享有债权的债权人,依照本法规定的程序行使权利。"破产程序开始后,债权人应当按照《破产法》的规定申报债权。债权人未依法申报债权,不能以债权人的身份参加破产程序,不具有参与破产分配的机会。未申报的不能作为破产债权,表明债权人不能通过破产程序行使权利,并不表明债权人放弃权利。有学者认为,债权申报为破产债权人参加破产程序、取得当事人地位的先决条件;债权人不申报或者未依法申报债权,则视为放弃参加破产程序的权利,乃至放弃接受破产分配的权利。债权人申报债权后,对于该债权是否成立、债权数额的多少、债权的性质,只有经过调查和确认,破产债权人才能取得真正的当事人地位,从而享有参见破产程序和享受破产分配的一切权利。[5]

---

[1] 参见李永军:《破产法律制度》,中国法制出版社2000年版,第174页。
[2] 参见李永军:《破产法律制度》,中国法制出版社2000年版,第174—175页。
[3] 参见汤维建主编:《破产程序与破产立法研究》,人民法院出版社2001年版,第197页。
[4] 参见付翠英编著:《破产法比较研究》,中国人民公安大学出版社2004年版。
[5] 参见郑远民:《破产法律制度比较研究》,湖南大学出版社2002年版,第79页;王欣新:《破产法专题研究》,法律出版社2002年版,第169页;王东敏:《新破产法疑难解读与实务操作》,法律出版社2007年版,第60页。

五、破产债权的类型化

《破产法》第 50 条规定:"连带债权人可以由其中一人代表全体连带债权人申报债权,也可以共同申报债权。"第 51 条规定:"债务人的保证人或者其他连带债务人已经代替债务人清偿债务的,以其对债务人的求偿权申报债权。债务人的保证人或者其他连带债务人尚未代替债务人清偿债务的,以其对债务人的将来求偿权申报债权。但是,债权人已经向管理人申报全部债权的除外。"第 52 条规定:"连带债务人数人被裁定适用本法规定的程序的,其债权人有权就全部债权分别在各破产案件中申报债权。"第 53 条规定:"管理人或者债务人依照本法规定解除合同的,对方当事人以因合同解除所产生的损害赔偿请求权申报债权。"第 54 条规定:"债务人是委托合同的委托人,被裁定适用本法规定的程序,受托人不知该事实,继续处理委托事务的,受托人以由此产生的请求权申报债权。"第 55 条规定:"债务人是票据的出票人,被裁定适用本法规定的程序,该票据的付款人继续付款或者承兑的,付款人以由此产生的请求权申报债权。"

我国学者多从《破产法》的相关规定出发,以法定的某些种类的破产债权作为类型化的破产债权。例如,有学者认为,破产债权包括如下的债权:(1)成立于破产程序开始前的无财产担保及有财产担保的债权;(2)税收债权;(3)附期限的债权;(4)附条件的债权;(5)债权人对连带债务人的债权;(6)连带债务人及保证人的求偿权;(7)因票据关系所生的从债权;(8)因交互计算关系而生的债权;(9)因解除双务合同而产生的债权;(10)保证人破产时债权人之被保证的债权;(11)其他债权。[1]甚至将有争议的债权、劳动债权、税收债权等也纳入破产债权的范围。[2]但是,破产债权的类型化应当有统一的标准,如上的区分并没有建立在统一的标准之上,只是简单地罗列了一系列法律规定应当作为破产债权对待的债权类型,理论和实践意义并不显著。

破产债权限于成立于破产程序开始前的债权。以此为基点,并以不同的标准,可以对破产债权进行类型化处理。

(一)关于除斥债权和劣后债权

我国应当借鉴国外立法经验,实行除斥债权或劣后债权的法定主义。除斥债权是指被排除在破产程序之外,不能依破产程序受偿的债权。有学者认为,下列债权不属于破产债权:(1)行政、司法机关对破产企业的罚款、罚金以及其他有关费用;(2)人民法院受理破产案件后债务人未支付的应付款项的滞纳金,包括债务人未执行生效法律文书应当加倍支付的迟延利息和劳动保险金的滞纳金;(3)破产受理后的债务利息;(4)债权人参加破产程序所支出的费用;(5)破产企业的股权、股票持有人在股权、股票上的权利;(6)破产财产分配后向破产管理人申报的债权;(7)超过诉讼时效的债权。[3]劣后债权是指虽属破产债权范围,但劣后于普通债权受偿的债权。

---

[1] 参见李永军:《破产法律制度》,中国法制出版社 2000 年版,第 175—187 页。
[2] 参见范健、王建文:《破产法》,法律出版社 2009 年版,第 175 页。
[3] 参见王延川主编:《破产法理论与实务》,中国政法大学出版社 2009 年版,第 165—166 页。

有学者认为,我国以除斥债权的立场对待某些应受保护的债权并不妥当,应当以劣后债权的方式,对债权人的利益提供更周全的保护。我国法定的劣后债权应当包括以下几方面:(1)债权人参加破产程序所支付的费用;(2)破产宣告后的利息;(3)破产宣告后因合同不履行所产生的违约金;(4)自然债权;(5)未按法定期间申报的债权;(6)尚未执行的滞纳金、罚款、罚金和没收财产;(7)破产人配偶的债权及其利息。[1]

当然,也有学者认为,我国破产立法采取除斥债权还是劣后债权的立场,并无本质区别。事实上,尽管除斥债权与劣后债权之间存在着差别,劣后债权相对于除斥债权有更多的受偿机会,然而从实际效果上分析,二者不存在本质上的区别。因为,破产的前提是债务人丧失了清偿能力,普通的破产债权都难以得到完全清偿,劣后债权实现受偿的可能性更是微乎其微。[2]

(二)关于有担保的债权与无担保的债权

在《破产法》颁布前,我国将有担保的债权排除在破产债权之外。关于有担保的债权是否为破产债权,学说上则有"肯定说"和"否定说"。

肯定说认为,有担保的债权为破产债权。债务人以自己的特定财产为自己的债务对债权人设定担保物权的,债权人兼有两种身份:他既对债务人享有人的请求权,又对债务人的特定物享有物的请求权。这两种身份既相互联系又相互独立,故其破产债权人的地位不应因其享有担保物权而受到影响。故将有财产担保的债权排斥在破产债权之外是没有道理的,这无异于强迫有财产担保的债权人行使担保物权,对破产财产及其他债权人并非有利。[3]

否定说认为,有担保的债权不属于破产债权。有学者认为,债权之有无财产担保分别与民法上的对物请求权和对人请求权相对应。对物请求权在破产法上则表现为别除权、取回权等;对人请求权在破产法上则体现为破产债权。破产宣告前成立的有财产担保的债权,不通过破产程序而优先受偿。破产债权必须是无财产担保的债权或者放弃优先受偿权的有财产担保的债权。[4]但是,有财产担保的债权可能会因多种原因而未能优先受偿时,包括放弃了优先受偿权的有财产担保的债权,有财产担保的债权担保物未能完全清偿所剩的余额。在这种情况下,有财产担保的债权和无财产担保的债权无任何区别,应当列入破产债权的范围。

事实上,有担保的债权就担保物价值优先受偿的效力来自担保物权,而非债权本身。担保物权的存在,并不改变债权的本来性质。将有担保的债权排除于破产债权,不仅不合法理,而且没有任何法律上的正当理由。我国《破产法》将有担保的债权规定为破产债权。

---

[1] 参见汤维建主编:《破产程序与破产立法研究》,人民法院出版社2001年版,第198—201页。
[2] 参见齐树洁主编:《破产法》,厦门大学出版社2009年版,第229页。
[3] 参见李永军:《破产法律制度》,中国法制出版社2000年版,第176页;齐树洁:《破产法研究》,厦门大学出版社2004年版,第318页。
[4] 参见汤维建主编:《破产程序与破产立法研究》,人民法院出版社2001年版,第195—196页;沈贵明主编:《破产法学》,郑州大学出版社2004年版,第131页;齐树洁主编:《破产法》,厦门大学出版社2009年版,第220页。

第二节 破产债权的申报

一、破产债权的申报期间

关于破产债权的申报期限,有法定主义和法院酌定主义两种立法例。破产债权申报期限的法定主义是指直接由法律规定一个确定的期限,法院不得变动;法院酌定主义指由法院确定债权申报期限,或法律规定一个债权申报期限的幅度,具体期限则由法院在该法定幅度内确定。

《破产法》第45条规定:"人民法院受理破产申请后,应当确定债权人申报债权的期限。债权申报期限自人民法院发布受理破产申请公告之日起计算,最短不得少于三十日,最长不得超过三个月。"该规定既赋予了法院自由裁量权以满足不同破产案件的具体需要,又对法院的自由裁量权进行了必要的限制。另外,《破产法》未再区别已知和未知债权人,所有债权人适用统一的债权申报期限规定,体现了债权人平等要求,也减少了不必要的麻烦。

债权申报期间的法定主义在某种程度上固然会促进债权申报在固定期间内的迅速进行,但是由于案件的复杂程度不同,这种一刀切的做法不利于从实际出发,反而在某些情况下更不利于提高债权申报的效率或者不利于债权申报工作全面和系统的完成,而法院酌定主义恰恰克服了这一弊端。《破产法》有关债权申报期间酌定主义的规定,一方面赋予了法官自由裁量权,使其可以根据案件的实际情况灵活便利的掌握债权申报期限的长短,另一方面,对期限的规定也限制了少数法官对自由裁量权的滥用。[1]

二、特殊债权的申报问题

原则上,破产程序开始前成立的所有债权,均应依照破产程序申报。《破产法》第48条规定:"债权人应当在人民法院确定的债权申报期限内向管理人申报债权。债务人所欠职工的工资和医疗、伤残补助、抚恤费用,所欠的应当划入职工个人账户的基本养老保险、基本医疗保险费用,以及法律、行政法规规定应当支付给职工的补偿金,不必申报,由管理人调查后列出清单并予以公示。职工对清单记载有异议的,可以要求管理人更正;管理人不予更正的,职工可以向人民法院提起诉讼。"但是,特殊债权是否可以不申报,便可以通过破产程序行使权利,存在疑问。

(一)职工债权的申报问题

职工债权又称为劳动债权,通说认为职工债权在破产程序中无须申报。一方面,劳动者于社会及经济上处于弱者的地位,对他们有特别保护之必要。若因其未能依法律规定申

---

[1] 参见李曙光、宋晓明主编:《〈中华人民共和国企业破产法〉制度设计与操作指引》,人民法院出版社2006年版,第481—482页。

报或补充申报而失去依破产程序受偿的权利,会影响其生计,有违社会公平。[1]另一方面,由于职工债权具有债权人人数较多、单个债权人的债权数额较小的特点,而且,在多数情况下,企业对拖欠职工债权的情况都有集中统一的记载。因此,破产法对这类债权的申报,采用管理人集中公示,个人有权异议的办法。这样规定的好处,一是方便职工,二是简化程序,节省时间和费用。[2]此外,职工债权是劳动关系上的债权,具有优先受偿权利,在破产企业会计账目中也有明确记载,所以可以不以申报债权为受偿条件。[3]

因此,职工债权之所以无需申报,主要是基于如下考虑:一是劳动债权的债权人较多,一一进行申报对债权人而言并不方便;二是在进入破产程序后,债务人的财产、账册、文书等已由管理人接管,管理人可以从有关文件中清楚地知道劳动债权的债权人数量、债权种类和金额,无需由每个职工逐一申报;三是体现对破产企业职工的利益保护。[4]对此,《最高人民法院关于适用〈中华人民共和国企业破产法〉若干问题的规定(三)》(以下简称《企业破产法解释三》)第3条规定:"破产申请受理后,债务人欠缴款项产生的滞纳金,包括债务人未履行生效法律文书应当加倍支付的迟延利息和劳动保险金的滞纳金,债权人作为破产债权申报的,人民法院不予确认。"

(二)税收债权的申报问题

税收债权是基于国家法律规定,因行政法律关系产生,并受国家强制力保障的公益债权,因而无需申报即可依破产程序受偿。有学者认为,税收债权是不需申报的债权。[5]对税收债权人是否可免除申报义务,《破产法》未作明确规定。税收债权是因行政关系产生的债权,如无债务人提供纳税申报资料,税务机关往往无法认定欠税数额,难以准确申报债权,故也可以考虑由管理人根据破产企业会计账目直接列入债权表,并告知债权人。税务机关无异议时,债权即得到确认,有异议时则通过债权确认之诉解决。[6]

申报债权是债权人参加破产程序行使权利的必要前提,除法律明确免除债权申报的外,所有债权人均应依破产法规定的期限及方式申报债权。在依破产程序进行的受偿环节,除非法律另有规定外,税收债权与其他债权并无二致。我国破产法虽然没有直接就税收债权的申报问题再单独规定,但这并不意味着税收债权可以不申报。我国《破产法》仅规定职工债权无需申报,税收债权不在免于债权申报之列,应当申报。

(三)有担保债权的申报问题

对债务人的财产有担保物权的人有两种:一是债务人自己的债权人对债务人的特定财产享有担保物权;二是债务人为他人的债权人提供担保而使该债权人对债务人的特定

---

[1] 参见李永军:《破产法律制度》,中国法制出版社2000年版,第196页。
[2] 参见王卫国:《破产法精义》,法律出版社2007年版,第143页。
[3] 参见王欣新主编:《破产法》(第二版),中国人民大学出版社2007年版,第243页。
[4] 参见罗培新:《破产法》,格致出版社2009年版,第163页。
[5] 参见李永军:《破产法律制度》,中国法制出版社2000年版,第196页;沈贵明主编:《破产法学》,郑州大学出版社2004年版,第145—146页;王艳梅、孙璐:《破产法》,中山大学出版社2005年版,第120页;王东敏:《新破产法疑难解读与实务操作》,法律出版社2007年版,第76页。
[6] 参见李永军、王欣新、邹海林等:《破产法》,中国政法大学出版社2009年版,第133页。

财产享有担保物权。在第一种情况下,债权人兼有两种身份:他既对债务人享有人的请求权,又对债务人的特定物享有物的请求权。这两种身份既相互联系又相互独立,故其破产债权人的地位不应因其享有担保物权而受到影响。故有财产担保的债权人应该申报债权,这样即使其后担保物灭失或毁损,不能受优先清偿,或担保标的物不能足额清偿时,该债权人亦可参加破产程序而受偿。[1] 法律设定担保物权人申报债权的义务,一方面体现了破产法公平保护所有债权人的理念;另一方面使得担保物的价值小于担保债权时未受清偿的部分转为破产债权的解释顺理成章,否则,担保物权人将会因未及时申报债权而丧失参加破产分配的权利。[2]

理论上,债权申报只是债权人取得破产程序当事人地位的先决条件,意欲通过破产程序行使权利的债权人,就有申报债权的必要。有财产担保债权的权利人,其债权所附的财产担保仅在于为其债权实现提供保障,并不因此改变其债权性质。在债权附有财产担保的情况下,权利人既可依债的方式实现权利,也可依担保物权的方式实现权利。如果权利人无意参与破产程序而选择依担保物权的方式实现权利,则可不进行债权申报。如果权利人选择行使债权而以担保物权作为补充,则当依法申报债权,否则,不能依破产程序受偿。因此,有财产担保的债权与无担保债权在债权申报问题上并无区别。

《企业破产法解释三》第 4 条规定:"保证人被裁定进入破产程序的,债权人有权申报其对保证人的保证债权。主债务未到期的,保证债权在保证人破产申请受理时视为到期。一般保证的保证人主张行使先诉抗辩权的,人民法院不予支持,但债权人在一般保证人破产程序中的分配额应予提存,待一般保证人应承担的保证责任确定后再按照破产清偿比例予以分配。保证人被确定应当承担保证责任的,保证人的管理人可以就保证人实际承担的清偿额向主债务人或其他债务人行使求偿权。"第 5 条规定:"债务人、保证人均被裁定进入破产程序的,债权人有权向债务人、保证人分别申报债权。债权人向债务人、保证人均申报全部债权的,从一方破产程序中获得清偿后,其对另一方的债权额不作调整,但债权人的受偿额不得超出其债权总额。保证人履行保证责任后不再享有求偿权。"

(四)共益债权的申报问题

共益债权并非破产债权,但在讨论破产债权的申报问题时,涉及共益债权是否申报的问题。《破产法》明确规定"破产费用和共益债务由债务人财产随时清偿",表明共益债权的清偿无需经过债权申报和确认,否则是不可能做到"随时清偿"的。立法设置债权申报程序根本不是考虑共益债权人如何放弃权利,共益债权人无须以不申报债权的方式放弃权利,两者完全不相干。另外,债权是否具有确定性不是应否申报债权的判断标准,认为劳动债权和破产费用具有确定性的观点本身也不成立。共益债权发生在破产程序启动后,难以在法院确定的债权申报期限内申报。而且经申报受偿,会认为制造权利不平等的社会矛盾,并为管理人偏袒性清偿提供操作空间。因此,要求共益债权人申报债权是不可行的。[3]

---

[1] 参见刘明尧:《破产债权申报制度研究》,载《湖北社会科学》2006 年第 7 期。
[2] 参见汪世虎:《论破产程序对担保物权优先性的限制》,载《河北法学》2006 年第 8 期。
[3] 参见王欣新:《破产法理论与实务疑难问题研究》,中国法制出版社 2011 年版,第 286—288 页。

随时清偿原则之下，破产费用和共益债务的权利人不受破产程序的限制，不必就其权利申报债权，也无需得到法院和债权人会议的确认。实际上，因债务人正处于破产程序实施期间，发生的破产费用和共益债务通常具有即时清结的特点，客观上难有再行申报和确认的时机。"随时清偿"本就具有排除申报和确认程序的功效。当然，这并不排除法院和债权人会议对破产管理人随时清偿破产费用和共益债务行为的监督。

三、债权未申报的效力

《破产法》第56条规定："在人民法院确定的债权申报期限内，债权人未申报债权的，可以在破产财产最后分配前补充申报；但是，此前已进行的分配，不再对其补充分配。为审查和确认补充申报债权的费用，由补充申报人承担。债权人未依照本法规定申报债权的，不得依照本法规定的程序行使权利。"

申报债权期间仍为诉讼上的期间，只具有程序上的除斥效力，它的意义在于约束债权人正当地行使参加破产程序的权利，不产生形成或者消灭实体权利的效果。实体法上的权利，不因权利人在诉讼期间内未为诉讼上的行为而有所影响。再者，依法理，破产并非债权消灭的原因，在债务人破产时，未经加入分配的债权，除非该债权人有免除的意思表示外，不得以其未加入分配而认为其债权归于消灭。所以，债权人预期未申报债权的，视为自动放弃参加破产程序的权利。为此，立法应给债权人提供在程序上可资补救的机会。未申报债权的债权人，在不影响破产程序顺利进行的前提下，可以追补申报债权，但应承担由此产生的费用。[1]

第三节 破产债权的调查与确认

一、否认债权人会议确认债权地位的理论

理论上否认由债权人会议承担审查确认债权的职能。其一，在债权确认前，债权人无法行使表决权，无法行使表决权，也就无法通过决议确认债权。这就是说，债权人会议确认债权同债权人会议的表决制度不能相互协调而发生冲突。其二，在我国司法实务上，债权人会议确认的债权，不应当具有执行力，任何债权人对于其确认的债权有异议，都将由人民法院审查后予以裁定。事实上，债权人有确认债权的效果，仍然停留在债权调查阶段，债权的最终确认取决于人民法院的裁定。[2]

《破产法》对债权调查和确认作了较为细致的规定，由破产管理人对申报债权进行审

---

[1] 参见邹海林：《中国的破产制度及其发展方向》，载王保树等：《中国市场经济法治走向》，昆仑出版社2001年版，第154页。

[2] 参见邹海林主编：《中国商法的发展研究》，中国社会科学出版社2008年版，第173—174页。

查,债权人会议对管理人编制并提交的债权表进行调查,人民法院对债权的确认作出裁定或以诉讼解决债权争议。

二、管理人对债权的审查

《破产法》第 57 条规定:"管理人收到债权申报材料后,应当登记造册,对申报的债权进行审查,并编制债权表。债权表和债权申报材料由管理人保存,供利害关系人查阅。"管理人收到债权申报材料后,应当对申报的债权进行审查。管理人在编制债权表时只需要进行形式审查,凡是符合登记形式要件的债权,就必须将其编入债权表。债权表编制完成后,管理人需对编入债权表的债权进行实质审查。管理人依法编制的债权表,应当提交第一次债权人会议核查。经核查后,管理人、债务人、其他债权人及利害关系人对债权无异议的,列入债权表。[1]

《企业破产法解释三》第 6 条规定:"管理人应当依照企业破产法第五十七条的规定对所申报的债权进行登记造册,详尽记载申报人的姓名、单位、代理人、申报债权额、担保情况、证据、联系方式等事项,形成债权申报登记册。管理人应当依照企业破产法第五十七条的规定对债权的性质、数额、担保财产、是否超过诉讼时效期间、是否超过强制执行期间等情况进行审查,编制债权表并提交债权人会议核查。债权表、债权申报登记册及债权申报材料在破产期间由管理人保管,债权人、债务人、债务人职工及其他利害关系人有权查阅。"

三、破产债权的调查

调查破产债权,是债权人会议自治的内容之一。我国学者在债权人会议"审查和确认债权"的事项上,否认债权人会议的调查权;但在债权人会议对于申报债权的异议事项上,则承认债权人会议的调查权。《破产法》第 58 条第 1 款规定:"依照本法第五十七条规定编制的债权表,应当提交第一次债权人会议核查。"《企业破产法解释三》第 7 条规定:"已经生效法律文书确定的债权,管理人应当予以确认。管理人认为债权人据以申报债权的生效法律文书确定的债权错误,或者有证据证明债权人与债务人恶意通过诉讼、仲裁或者公证机关赋予强制执行力公证文书的形式虚构债权债务的,应当依法通过审判监督程序向作出该判决、裁定、调解书的人民法院或者上一级人民法院申请撤销生效法律文书,或者向受理破产申请的人民法院申请撤销或者不予执行仲裁裁决、不予执行公证债权文书后,重新确定债权。"

《破产法》仅规定债权人会议有"核查债权"的职能。管理人对债权申报的真实性的审查只是一种初步的审查,经管理人审查的债权仍须在第一次债权人会议上对其真实性进行核查。对于审查的具体方式,实践中债权人会议一般通过表决来确认债权,采取先按各债权人申报的债权额进行表决投票,然后再按确认后的债权额对原表决结果进行调

---

[1] 参见王欣新主编:《破产法》(第二版),中国人民大学出版社 2007 年版,第 273—274 页。

整。[1]但更多的学者认为,管理人对债权人申报的债权应当进行实质审查,并且应当以自己审查确认的债权编制债权表。如果管理人对债权人申报不加以实质审查,或虽实质审查但审查结果不影响该申报债权在债权表中的记载,则申报债权的债权人就不可能对债权表中记载的该项债权有异议,有异议的只能是债务人。管理人经审查确认而编制的债权表,提交第一次债权人会议核查。由于核查不影响债权的有效确认,所以债权人会议对债权表的核查,可以是安排合理的时间给予讨论,而不必非要通过债权核查决议。[2]

四、债权的确认和异议

《破产法》第58条第2、3款规定:"债务人、债权人对债权表记载的债权无异议的,由人民法院裁定确认。债务人、债权人对债权表记载的债权有异议的,可以向受理破产申请的人民法院提起诉讼。"债权的确认,由人民法院对调查无异议的债权以裁定确认。债务人、债权人对债权表记载的债权无异议的,由人民法院裁定确认。也就是说,人民法院对债权人会议核查无异议的债权,应当予以确认,而无须实质审查。而且,人民法院只对核查无异议的债权作出确认的裁定,而无须对有异议的债权作出不确认的裁定。[3]

依照《破产法》的规定,经债权人会议调查存有异议的债权,应当以债权确认之诉解决异议。债权确认诉讼,是立法者为了妥当解决对有异议债权的实体争议而设置的特殊诉讼程序,为确定债权的最后司法审查确认程序。故它的提起,应当符合以下要件:(1)债权人应依法申报其债权,否则不得行使诉讼权利,法律规定无需申报的特殊债权除外。(2)管理人对债权人申报的债权已完成审查程序,并编制了债权表,或者对法律规定不用申报的特殊债权完成了调查公示程序。(3)对管理人审查编制并予公示的债权清单或债权表所记载的债权有异议,而管理人不予认可的才能提起诉讼,诉讼的对象限于对管理人记载的债权的异议事项。(4)应当依法缴纳诉讼费用。[4]

《企业破产法解释三》第8条规定:"债务人、债权人对债权表记载的债权有异议的,应当说明理由和法律依据。经管理人解释或调整后,异议人仍然不服的,或者管理人不予解释或调整的,异议人应当在债权人会议核查结束后十五日内向人民法院提起债权确认的诉讼。当事人之间在破产申请受理前订立有仲裁条款或仲裁协议的,应当向选定的仲裁机构申请确认债权债务关系。"第9条规定:"债务人对债权表记载的债权有异议向人民法院提起诉讼的,应将被异议债权人列为被告。债权人对债权表记载的他人债权有异议的,应将被异议债权人列为被告;债权人对债权表记载的本人债权有异议的,应将债务人列为被告。对同一笔债权存在多个异议人,其他异议人申请参加诉讼的,应当列为共同原告。"第10条规定:"单个债权人有权查阅债务人财产状况报告、债权人会议决议、债权人委员会决议、管理人监督报告等参与破产程序所需的债务人财务和经营信息资料。管理人无正当理由不予提供的,债权人可以请求人民法院作出决定;人民法院应当在五日内作

---

[1] 参见刘德璋:《新企业破产法理解与操作指南》,法律出版社2007年版,第244页。
[2] 参见韩传华:《企业破产法解析》,人民法院出版社2007年版,第195—196页。
[3] 参见王卫国:《破产法精义》,法律出版社2007年版,第165页。
[4] 参见刘子平:《破产债权确认诉讼制度研究》,载《法律适用》2007年第10期。

出决定。上述信息资料涉及商业秘密的,债权人应当依法承担保密义务或者签署保密协议;涉及国家秘密的应当依照相关法律规定处理。"

五、破产债权的临时确认

破产债权的临时确认,是指法院以裁定的形式为债权尚未确定的债权人临时确定一个行使表决权的债权额。破产债权的临时确认不具有任何实体法上的意义,仅仅具有程序的效力,即赋予债权尚未确定的债权人在破产程序中的表决权额。债权尚未确定的债权人,在破产程序中不享有表决权。

《破产法》第59条第2款规定:"债权尚未确定的债权人,除人民法院能够为其行使表决权而临时确定债权额的外,不得行使表决权。"对于破产债权的临时确认的讨论要点在于"什么样的未确定债权"可以临时确认,《破产法》第59条所附加的"能够"为债权人行使表决权而临时确认债权额的标准,并不具体,尚有待于我国的司法实务总结经验。在这里应当注意的是,不是所有的尚未确定的债权均有临时确认的必要,唯有债权基础真实、有效而仅仅数额不能确定的债权,才有临时确认的必要;法院临时确认的债权额仅仅是为了解决债权人的表决权而采取的程序性措施,为权利人在债权数额确定之前参与破产程序、在债权人会议上行使表决权提供一个相对确定的权利基础,也不存在临时确认债权额应当"就高"或"就低"的问题,由法院依情况确认即可。

第四节 债权人会议

一、概述

(一)债权人会议的概念

债权人会议是债权人全体参加破产程序的意思表示机关,依法对破产程序中的专门机构实施监督,通过调查债权以平衡债权人之间的利害关系,同债务人进行和解而为债权人取得妥协利益,并具体决定债务人财产的管理方法。[1]债权人会议由全体债权人组成,在破产程序上代表全体债权人意志,维护全体债权人共同利益。

(二)债权人会议的性质

我国破产法理论对债权人会议的性质有不同说法,主要有"债权人机构说""临时集会说""自治组织体说"等观点。

债权人机构说认为,债权人会议是实现全体债权人参与破产程序行使权利的机构。债权人会议的性质应是对内协调和形成全体债权人的共同意思,对外通过对破产程序的参与和监督来实现全体债权人的破产参与权的机构。此一定性,既解决了债权人会议实现其

---

[1] 参见邹海林:《我国新破产法与债权人自治》,载《法学家》2005年第2期。

破产参与权的方式,又决定了债权人会议职权的内容,前者诸如决议、听取报告、监督决议执行、提出相关申请等,后者诸如集会权、决议权、选举和撤换破产管理人权、申请终结和解整顿权、监督权等。[1]

临时集会说认为,债权人会议是债权人参与破产程序表达意思的临时性机构或集会。债权人会议是指在破产程序中,债权人根据法院破产申请受理的通知或公告而组成的表达全体债权人共同意志、参与破产程序并对破产事项进行讨论和表决的临时性自治机构。[2]债权人会议不是一个独立的民事权利主体,而只是具有自治团体性质的机构。债权人会议仅在破产程序中与法院、管理人、债务人或破产人等有关当事人进行交涉,负责处理涉及全体债权人共同利益的问题。协调债权人的法律行为,采用多数决的决议方式在其职权范围内决议有关破产事宜。债权人会议不能与破产程序之外的主体发生民事法律关系。债权人会议依召集方式进行活动,虽属于法定必设机关,但不是常设机构,而是临时性机构,仅于会议召开期间存在。[3]

自治组织体说认为,债权人会议是全体债权人参加破产程序并集体行使权利的决议机构。

债权人会议从性质上讲,是债权人团体在破产程序中的意思发布机关。也就是说,债权人会议的职能是要使全体债权人能够作为一个整体,就他们的权利行使和处分作出共同的意思表示,并为维护他们的共同利益而采取必要的行动。所以,债权人会议本质上是一个组织体,而不是临时的集会活动。[4]债权人会议不是债权人参加破产程序的临时性集会,而是债权人团体在破产程序中取得独立地位的意思表示机关。理由主要有两点:第一,债权人会议,是债权人参加破产程序表达其意思、行使权利的基本形式。第二,债权人会议在破产程序中具有独立的意思表示能力。债权人会议在破产程序上的独立的意思表示能力源自破产法的创制,债权人会议在破产程序中所为职权范围内的一切活动,充分反映了其在破产程序上的独立地位。[5]

(三)债权人会议的法律地位

有学者认为,债权人会议在破产程序上是代表债权人这一特殊利益群体利益的专门机构,其独特的法律地位应从以下几个方面加以理解:第一,在破产程序中,债权人会议是全体债权人的自治性组织,在整个破产程序的进行中,具有自己自治的权限和范围。第二,债权人会议虽然是代表全体债权人这一利益群体的特殊机构,是指它代表全体债权人的一般利益,而不是个别债权人的特殊利益。第三,债权人会议不具有民事一般主体资格,这主要表现在它不具有民事诉讼法上的诉讼能力,不能独立承担民事责任,即不具有民法上

---

[1] 参见韩长印:《债权人会议制度的若干问题》,载《法律科学》2000年第4期;王卫国、朱晓娟:《破产法原理、规则、案例》,清华大学出版社2006年版,第43页;李曙光、宋晓明主编:《〈中华人民共和国企业破产法〉制度设计与操作指引》,人民法院出版社2006年版,第125页;罗培新主编:《破产法》,格致出版社2009年版,第224页。

[2] 参见王延川主编:《破产法理论与实务》,中国政法大学出版社2009年版,第192页。

[3] 参见王欣新主编:《破产法》(第三版),中国人民大学出版社2011年版,第202页。

[4] 参见覃有土主编:《商法学》,中国政法大学出版社2006年版,第197—198页。

[5] 参见邹海林主编:《中国商法的发展研究》,中国社会科学出版社2008年版,第169—170页。

的权利能力和行为能力;债权人会议就有关重大问题的决议不能直接发生法律效力,须经法院认可。[1]

有学者认为,债权人会议的性质决定了债权人会议的地位,所以债权人会议应是债权人全体参加破产程序的意思表示机关。为了更确切界定债权人会议的地位,可通过它与相关机构的关系来加以说明:其一,在债权人会议与债务人企业的关系上,债权人会议的成立可以为全体债权人对债务人企业的行为予以监督,有权要求债务人企业的代表对有关事项作出说明;其二,在债权人会议与法院的关系上,法院虽处于主导地位,但应在尊重债权人会议权利的前提下,依法维护其公正性,发挥其作用。同时,债权人会议有权对法院作出的债权人会议认为不公正的裁决进行申诉,请求法院重新作出选择。[2]

还有学者认为,关于债权人会议的法律地位,可以从三个方面理解:第一,在破产程序中,债权人会议是全体债权人的自治性组织,在整个破产程序的进行中,具有其自治的权限和范围。第二,债权人会议虽然是代表全体债权人利益的特殊机构,但代表全体债权人的利益和要求,是指它代表全体债权人的一般利益,而不是个别债权人的特殊利益。第三,债权人不具有民事一般主体资格,主要体现在不像破产财产管理人那样,能够直接作为诉讼的原告或被告,即不具有民法诉讼上的诉讼能力,不能独立承担民事责任,即不具有民法上的权利能力和行为能力;债权人会议就有关重大问题的决议不能直接发生法律效力,须经法院认可。[3]

二、债权人会议的组成

(一)债权人会议的成员

债权人会议的成员仅包括依法申报债权的债权人。从理论上讲,债权人会议是全体债权人的意思表示机关,不论债权人是否依法申报债权,均应当为债权人会议成员。但是,债权人会议是债权人参加破产程序、行使权利的基本形式,不依破产程序行使债权申报权利的债权人,自然难以组成债权人会议;债权人未依法申报债权,便不能取得破产程序当事人地位,其结果也是丧失参加债权人会议的权利。因此,债权人会议的成员应当以依法申报债权的债权人为限。[4]

债权人会议的成员应当以依法申报债权者为限,可以分为有表决权的债权人和无表决权的债权人两类。前者主要包括依法申报债权且其债权确定的债权人,包括但不限于无财产担保的债权人、放弃优先受偿权或未能就担保物受足额清偿的有财产担保的债权人、已代替债务人清偿债务的保证人或连带债务人,以及其他可依破产程序行使权利的债权人。无表决权的债权人可以分为以下三种:(1)债权尚未确定的债权人;(2)有财产担保的债权人;(3)对债权人会议的决议有特别利害关系的债权人。[5]

---

[1] 参见李永军:《破产法律制度》,中国法制出版社2000年版,第124—125页。
[2] 参见李国光主编:《新企业破产法理解与适用》,人民法院出版社2006年版,第322—333页。
[3] 参见王卫国、朱晓娟等编著:《破产法——原理·规则·案例》,清华大学出版社2006年版,第43—44页。
[4] 参见李国光主编:《新企业破产法理解与适用》,人民法院出版社2006年版,第323—324页。
[5] 参见邹海林主编:《中国商法的发展研究》,中国社会科学出版社2008年版,第170—171页。

（二）职工债权的债权人应否为债权人会议的成员？

依我国《破产法》的规定，职工债权无需申报；职工债权的债权人除重整计划的表决外对债权人会议的议决事项有无表决权，没有相应的规定。那么，职工债权人应否为债权人会议的成员，就引发了学者的较多争议。在我国破产法理论上，存在否定说和肯定说之争。

否定说不承认职工债权的债权人为债权人会议的成员。根据《破产法》第59条的规定，依法申报债权的债权人为债权人会议的成员，有权参加债权人会议，享有表决权。职工债权的债权人因为无须申报债权，所以不适用上述条文的规定。[1]由于职工债权属于劳动类债权，各国破产法均给予其优先清偿地位，因此，通常职工债权人不应作为债权人会议成员参加会议及表决。[2]

肯定说认为职工债权的债权人为债权人会议的成员，享有债权人会议成员参加会议和表决的权利。劳动债权实现时具有一定的优先性，但是这种优先性并不能保证劳动债权完全能够实现；债权人会议制度人数和债权额双过半才能通过决议的制度设计，其目的就在于实现对大债权人和小债权人利益的平衡保护；免予申报指的是劳动债权的债权人没有申报的义务，但是绝非没有申报的权利。若因没有申报而不能参加债权人会议，结果就是劳动债权人为了参加债权人会议而不得不参加债权申报；劳动债权可在重整程序中参加债权人会议，因此我们无法得出劳动债权人不能参加债权人会议的一般性结论；债权人会议本身的性质和功能决定了劳动债权人必须参加到债权人会议中来。[3]

依法理，职工债权的债权人既为债务人的债权人，也当为债权人会议的成员。首先，在破产程序上的优先受偿地位不是职工债权的债权人不能成为债权人会议成员的正当理由，正如有财产担保的债权人也不因其优先受偿地位而影响其债权人会议成员资格一样。其次，我国《破产法》第59条规定，依法申报债权的债权人为债权人会议的成员，并未将职工债权人排除在外。《破产法》规定职工债权人不必申报债权，只是对职工债权人债权申报义务的免除，实际上由管理人调查后列出职工债权清单并予以公示，与职工债权申报具有同等的效果。最后，依据《破产法》第82条的规定，职工债权人应分为一个组类参加债权人会议对重整计划进行表决，实际上明确了职工债权人为债权人会议成员的地位。职工债权的债权人作为债权人会议成员，固然存在可能因人数众多影响债权人会议的召开和表决效果的问题，但这些因素不会对债权人会议行使职权构成根本性的障碍，当债权人人数众多时，职工债权的债权人可以代表形式参加债权人会议。

三、债权人会议的召集人

关于债权人会议的召集人，我国《破产法》的相关规定较为原则，该法第62条规定：

---

[1] 参见李国光主编：《新企业破产法条文释义》，人民法院出版社2008年版，第335页。
[2] 参见刘德璋：《新企业破产法理解与操作指南》，法律出版社2007年版，第276页。
[3] 参见沈建峰：《论劳动债权人的债权人会议参与权》，载《中国劳动关系学院学报》2009年第2期。

"第一次债权人会议由人民法院召集,自债权申报期限届满之日起十五日内召开。以后的债权人会议,在人民法院认为必要时,或者管理人、债权人委员会、占债权总额四分之一以上的债权人向债权人会议主席提议时召开。"除第一次债权人会议外,《破产法》对其他的债权人会议的召集人没有作出明确规定。对此,学者提出了"债权人会议主席召集说"和"法院或债权人会议召集说"等观点。

债权人会议主席召集说认为,第一次债权人会议以后的债权人会议,其召集人为债权人会议主席。第一次债权人会议是破产程序开始后法定期间内必须由法院召集的债权人会议。债权人会议为非常设机构,在第一次召集前尚不存在,应当由人民法院召集。其他债权人会议则在人民法院认为必要时召开,或经符合法定条件的人向债权人会议主席提议召开。债权人会议主席召集权不同于法院的召集权,它是一种有限制的召集权,即只有在管理人、债权人委员会、占债权额 1/4 以上的债权人提议时才能行使。[1]

法院或债权人会议召集说认为,除第一次债权人会议由法院召集外,其他的债权人会议的召集人为法院或者债权人会议主席。虽然立法没有明确规定债权人会议主席有会议召集权,但这应是立法所包含的本意。在我国《破产法》上,人民法院和债权人会议主席均有债权人会议的召集权。[2]

四、债权人会议的职权

《破产法》第 61 条规定:债权人会议行使下列职权:(一)核查债权;(二)申请人民法院更换管理人,审查管理人的费用和报酬;(三)监督管理人;(四)选任和更换债权人委员会成员;(五)决定继续或者停止债务人的营业;(六)通过重整计划;(七)通过和解协议;(八)通过债务人财产的管理方案;(九)通过破产财产的变价方案;(十)通过破产财产的分配方案;(十一)人民法院认为应当由债权人会议行使的其他职权。债权人会议应当对所议事项的决议作成会议记录。"

五、债权人会议的表决机制

《企业破产法解释三》第 11 条第 1 款规定:"债权人会议的决议除现场表决外,可以由管理人事先将相关决议事项告知债权人,采取通信、网络投票等非现场方式进行表决。采取非现场方式进行表决的,管理人应当在债权人会议召开后的三日内,以信函、电子邮件、公告等方式将表决结果告知参与表决的债权人。"《破产法》第 64 条规定:"债权人会议的决议,由出席会议的有表决权的债权人过半数通过,并且其所代表的债权额占无财产担保债权总额的二分之一以上。但是,本法另有规定的除外。"但是,《破产法》对于"债权人人数"和"债权额"的计算基准的规定不够严谨,理论上存在不同观点:(1)出席会议的债权人人数应以出席或委托代理人出席会议的债权人人数为准,一个债权人或者代理人代理数家债权人的,按代理的总人数计算,而一家债权人享有数项债权的,则仅能以

---

[1] 参见李国光主编:《新企业破产法理解与适用》,人民法院出版社 2006 年版,第 336 页。
[2] 参见王欣新主编:《破产法》(第二版),中国人民大学出版社 2007 年版,第 299—300 页。

一家债权人计算。[1]（2）规定债权人会议通过决议，同意的债权额必须占"债权总额"的1/2或2/3以上，不甚合理。如果出席债权人会议的债权人所代表的债权数额达不到通过决议所需的最低法定比例数额，则无法通过任何有效决议。债权人会议通过决议，只需要取得出席会议的债权人所代表的债权额的多数即可。[2]（3）《破产法》以无财产担保的债权为计算标准，是不妥的。因为别除权人对通过和解协议与破产财产分配方案的决议不享有表决权，对其他决议均享有表决权。《破产法》一方面承认别除权人在债权人会议的多项事项上有表决权，另一方面又只允许别除权人表决时将其代表的人数计算在内，而不允许计算其代表的债权额，自相矛盾，实质上等于剥夺了别除权人的表决权。债权人会议各项决议的通过应当以对该决议有表决权的债权总额为计算标准。[3]

在采债权人人数和债权额双重标准的决议机制下，债权人人数和债权总额基数的计算方法就尤为重要。债权人人数的计算应当以出席债权人会议的债权人人数为准，且实现身份上的均等化，无论债权人名下的债权种类或项目的多少，均以一人计算。债权人委托代理人出席的，视为债权人本人出席，但一个代理人代理多个债权人的，依其代理的债权人人数为准。关于债权总额的计算，的确可以有两种方案：一是依出席会议的债权人所持有的债权额计算；二是如现行规定，无论债权人是否出席会议，均按所有债权总额计算。前者能够确保债权人会议召开并使破产程序不受债权人会议不能有效议决的影响，但弊端在于，无法保障未出席会议的债权人的利益。后者计算简便，但有可能因出席债权不足而使债权人会议决议不能。二者相较，前者更具合理性，因为即便因此而形成的债权人会议不符合未出席债权人的意思，但可以视为债权人以不出席会议的方式放弃了自己参加会议并表决的权利，法律也当为许可。

六、债权人会议决议的法律效力

《破产法》第64条第3款规定："债权人会议的决议，对于全体债权人均有约束力。"《企业破产法解释三》第12条规定："债权人会议的决议具有以下情形之一，损害债权人利益，债权人申请撤销的，人民法院应予支持：（1）债权人会议的召开违反法定程序；（2）债权人会议的表决违反法定程序；（3）债权人会议的决议内容违法；（4）债权人会议的决议超出债权人会议的职权范围。人民法院可以裁定撤销全部或者部分事项决议，责令债权人会议依法重新作出决议。债权人申请撤销债权人会议决议的，应当提出书面申请。债权人会议采取通信、网络投票等非现场方式进行表决的，债权人申请撤销的期限自债权人收到通知之日起算。"

债权人会议的决议，是债权人团体为共同意思表示的结果，故对全体债权人均有约束力。不论债权人是否出席债权人会议，也不论债权人是否享有表决权、放弃表决权、表决时

---

[1] 参见韩长印主编：《破产法学》，中国政法大学出版社2007年版，第115页。
[2] 参见王欣新：《论新破产立法中债权人会议制度的设置思路》，载《法学家》2005年第2期。
[3] 参见王欣新主编：《破产法》（第二版），中国人民大学出版社2007年版，第310页。

保留意见,更不论债权人是否反对决议,均受债权人会议决议的约束。[1]《破产法》修正了我国以前排除有财产担保的债权人的表决权的立场,充分尊重有财产担保债权人在债权人会议上的地位,除和解协议与破产财产分配方案的决议外,有财产担保的债权人对债权人会议决议事项享有表决权,因此,除债权人会议关于和解协议与破产财产分配方案的决议外,有财产担保的债权人受债权人会议决议的约束。

第五节 债权人委员会

一、债权人委员会的意义

我国《破产法》规定的债权人委员会制度,有重要的实践和理论意义:

第一,债权人委员会有助于债权人会议监督破产程序的彻底化。尤其在债权人会议闭会期间,无法行使权利和监督破产程序,债权人会议有必要选任其信任的债权人或者其他人员,对破产程序进行的各阶段予以日常监督。

第二,债权人委员会有助于减少债权人会议召开的次数和节省费用。除第一次债权人会议外,由债权人委员会专门行使债权人会议的监督职权,可以有效地避免频繁召开或者长时间召开债权人会议。

第三,债权人委员会为债权人会议自治职能的自然延伸。债权人会议是债权人的团体意思表示机关,自然也应当有权以决议的方式,选任其信任的人员充任代表,对全体债权人负责。

第四,债权人委员会的创设符合国际惯例。破产立法例普遍规定有债权人委员会制度,而债权人委员会已有数百年的历史。我国《破产法》规定债权人委员会,使得我国完善破产立法的进程更加符合国际惯例。[2]

二、债权人委员会的性质

关于债权人委员会的性质,我国绝大多数学者持"债权人会议代表说"。在理论和实务上,债权人会议是债权人全体的共同意思表示机关,债权人委员会则为债权人全体的代表机构。一般而言,债权人会议和债权人委员会在破产程序中的作用,相辅相成,债权人会议和债权人委员会依法履行各自的职责,目的均在于维护债权人全体的清偿利益。但是,债权人委员会履行职责受债权人会议的决议约束,债权人会议凌驾于债权人委员会之上。有关债权人委员会依法同意的事项,得由债权人会议的决议确定之;债权人委员会的意见

---

[1] 参见邹海林主编:《中国商法的发展研究》,中国社会科学出版社2008年版,第178页;韩长印主编:《破产法学》,中国政法大学出版社2007年版,第116页;范健、王建文:《破产法》,法律出版社2009年版,第191页;罗培新:《破产法》,格致出版社2009年版,第235页

[2] 参见邹海林:《我国新破产法与债权人自治》,载《法学家》2005年第2期。

不同于债权人会议的决议时,应当服从债权人会议的决议。[1]

三、债权人委员会的组成

关于债权人委员会的组成,有不少学者认为,对出任债权人委员会成员的资格,有的国家立法规定必须是债权人,也有的国家规定,债权人以外的其他人也可以出任,如律师、注册业人员。为更好地保障债权人利益、履行监督职能,债权人委员会的人选不应仅局限于债权人,由专业人员出任债权人委员会的部分委员可能更为有利。[2] 债权人委员会的成员不应仅仅限于债权人之范围,只要能够胜任这一职务,均可被选任为委员。也许,一个与破产程序没有任何利害关系的人担任债权人委员会成员,更有利于对程序的公正监督。[3]

《破产法》第67条规定:"债权人会议可以决定设立债权人委员会。债权人委员会由债权人会议选任的债权人代表和一名债务人的职工代表或者工会代表组成。债权人委员会成员不得超过九人。债权人委员会成员应当经人民法院书面决定认可。"根据该规定,我国的债权人委员会的组成具有以下特点:(1)机构设置的任意性。与破产程序中存在的破产管理人及债权人会议相比,债权人委员会属非必设机构。(2)成员构成的限定性。一是成员构成的限定性。债权人委员会必须包括债权人会议选任的债权人代表和一名债务人的职工代表或工会代表;二是成员人数的限定性,即债权人委员会成员不得超过9人。[4]

此外,债权人会议可以选任一人、也可以选任数人组成债权人委员会。但债权人委员会的"名称"本身就表明该委员会由多人组成,而且起草过程中还提出了委员会代表多元化的思路,这样难免会造成债权人委员会由3名以上、9名以下的委员组成。因此,建议破产法对债权人委员会的人数作出提示性规定,债权人会议可以选任一人组成债权人委员会,代表债权人会议监督破产程序的进行。[5]

四、债权人委员会的职权

《破产法》第68条规定:"债权人委员会行使下列职权:(一)监督债务人财产的管理和处分;(二)监督破产财产分配;(三)提议召开债权人会议;(四)债权人会议委托的其他职权。债权人委员会执行职务时,有权要求管理人、债务人的有关人员对其职权范围内的事务作出说明或者提供有关文件。管理人、债务人的有关人员违反本法规定拒绝接受监督的,债权人委员会有权就监督事项请求人民法院作出决定;人民法院应当在五日内作出决定。"

《企业破产法解释三》第13条规定:"债权人会议可以依照企业破产法第六十八条第一款第四项的规定,委托债权人委员会行使企业破产法第六十一条第一款第二、三、五项

---

[1] 参见邹海林:《我国新破产法与债权人自治》,载《法学家》2005年第2期。

[2] 参见韩长印:《债权人会议制度的若干问题》,载《法律科学》2000年第4期。

[3] 李大何、李永军:《论破产法上的债权人委员会的地位》,载《海南大学学报(人文社会科学版)》2011年第6期。

[4] 参见范健、王建文:《破产法》,法律出版社2009年版,第194—195页。

[5] 参见邹海林:《我国新破产法与债权人自治》,载《法学家》2005年第2期。

规定的债权人会议职权。债权人会议不得作出概括性授权,委托其行使债权人会议所有职权。"第14条规定:"债权人委员会决定所议事项应获得全体成员过半数通过,并作成议事记录。债权人委员会成员对所议事项的决议有不同意见的,应当在记录中载明。债权人委员会行使职权应当接受债权人会议的监督,以适当的方式向债权人会议及时汇报工作,并接受人民法院的指导。"第15条规定:"管理人处分企业破产法第六十九条规定的债务人重大财产的,应当事先制作财产管理或者变价方案并提交债权人会议进行表决,债权人会议表决未通过的,管理人不得处分。管理人实施处分前,应当根据企业破产法第六十九条的规定,提前十日书面报告债权人委员会或者人民法院。债权人委员会可以依照企业破产法第六十八条第二款的规定,要求管理人对处分行为作出相应说明或者提供有关文件依据。债权人委员会认为管理人实施的处分行为不符合债权人会议通过的财产管理或变价方案的,有权要求管理人纠正。管理人拒绝纠正的,债权人委员会可以请求人民法院作出决定。人民法院认为管理人实施的处分行为不符合债权人会议通过的财产管理或变价方案的,应当责令管理人停止处分行为。管理人应当予以纠正,或者提交债权人会议重新表决通过后实施。"

重要名词术语

破产债权、债权人会议、债权人委员会

思考题

1. 简述破产债权的基本类型。
2. 简述债权人委员会的职权。

典型案例分析

基本案情

A公司、B公司、C公司系绍兴地区最早一批集化纤、纺织、经贸于一体的民营企业,三家公司受同一实际控制人控制。其中A公司年产值20亿余元,纳税近2亿元,曾入选中国民营企业500强。由于受行业周期性低谷及互保等影响,2016年上述三家公司出现债务危机。2016年11月1日,浙江省绍兴市柯桥区人民法院(以下简称柯桥法院)裁定分别受理上述三家公司的破产清算申请,并通过竞争方式指定联合管理人。

审理情况

由于A公司等三家公司单体规模大、债务规模大,难以通过重整方式招募投资人,但具有完整的生产产能、较高的技术能力,具备产业转型和招商引资的基础。据此,本案采取"破产不停产、招商引资"的方案,在破产清算的制度框架内,有效清理企业的债务负担,阻却担保链蔓延;后由政府根据地方产业转型升级需要,以招商引资的方式,引入战略性买家,实现"产能重整"。

三家企业共接受债权申报54.96亿元,裁定确认30.55亿元,临时确认24.41亿元。其中A公司接受债权申报18.58亿元,裁定确认9.24亿元,临时确认9.34亿元。鉴于三家企业存在关联关系、主要债权人高度重合、资产独立、分散以及A公司"破产不停产"等实际情况,柯桥法院指导管理人在充分尊重债权人权利的基础上,积极扩展债权人会议职能,并确定三家企业"合并开会、分别表决"的方案。2017年1月14日,柯桥法院召开A公司等三家企业第一次债权人会议,高票通过了各项方案。2017年2月23日,柯桥法院宣告A公司等三家企业破产。

2017年3月10日,破产财产进行网络司法拍卖,三家企业550亩土地、26万平方米厂房及相关石化设备等破产财产以6.88亿余元一次拍卖成交。根据通过的《破产财产分配方案》,职工债权获全额清偿,普通债权的清偿率达14.74%。破产财产买受人以不低于原工作待遇的方式接受员工,1310余名员工中1100余人留任,一线员工全部安置。本案从宣告破产到拍卖成交,仅用时54天;从立案受理到完成财产分配仅用时10个半月。

典型意义

本案是在清算程序中保留有效生产力,维持职工就业,实现区域产业整合和转型升级的典型案例。审理中,通过运用政府的产业和招商政策,利用闲置土地70余亩,增加数亿投入上马年产50万吨FDY差别化纤维项目,并通过托管和委托加工方式,确保"破产不停产",维持职工就业;资产处置中,通过债权人会议授权管理人将三家企业资产可单独或合并打包,实现资产快速市场化处置和实质性的重整效果。此外,本案也是通过程序集约,以非实质合并方式审理的关联企业系列破产清算案件。对于尚未达到法人格高度混同的关联企业破产案件,采取联合管理人履职模式,探索对重大程序性事项尤其是债权人会议进行合并,提高审理效率。[1]

---

[1] 参见最高人民法院:《浙江南方石化工业有限公司等三家公司破产清算案》,载中国法院网。

第五十七章　债务人财产

【内容提示】

《破产法》颁布前，我国学者使用"破产财产"来描述债务人应受破产程序支配的所有财产。既有学者认为，破产财产是破产程序开始时由债务人所有的财产及财产权利所构成的财产性集合体。也有学者认为破产财产，是指在破产宣告后，依破产程序可以对债权人的债权进行清偿的破产企业所有的财产。还有学者认为，何谓破产财产，可以从不同的角度对其进行界定。从清偿债权的角度看，破产财产是用于实现债权所需的财产；从其归属角度看，破产财产是破产人所有用于破产概括执行的财产；从其构成上说，破产财产是指破产程序开始后终结前破产人所有的可供破产清算的全部财产。

《破产法》颁布后，在破产法上就存在"债务人财产"和"破产财产"两个概念。关于破产财产和债务人财产的理解，有"区别说"和"相同说"两种观点。"区别说"认为破产财产不同于债务人财产，破产财产是清算主义破产立法上的概念，债务人财产是再建主义破产立法上的概念，破产财产与破产宣告前的债务人财产，在性质、目的和范围上都有所不同。破产财产属于执行财产，其存在仅以破产分配为目的，其范围不包括已设置担保物权的财产。而债务人财产属于保全财产，其存在首先服务于继续营业和企业拯救的目的，其次也服务于最大限度地实现债权清偿的目的，因而原则上包括已设置担保物权的财产。"相同说"认为，破产财产和债务人财产只是术语的不同，并无本质上的差别。有学者认为，债务人财产与破产财产没有本质上的区别，只是两者所处的时间段不同，债务人财产所涵盖的时间段是从破产申请的受理到破产程序终结前，而破产财产所涵盖的时间段是从破产宣告到破产程序终结前。有学者认为，破产财产是指破产程序开始后债务人的所有财产，即自法院受理破产案件时起，债务人所有的全部财产即为破产财产。从一般意义上说，破产财产是破产程序开始时由债务人所有的财产及财产权利所构成的财产性集合体。破产财产是依破产程序进行债务清偿的债务人的总财产，是破产申请受理时和破产申请受理后至破产终结前债务人所拥有的全部财产的集合。在这样的场合，破产财产即为债务人财产。

事实上，由于我国破产法采取的是广义的破产概念，将不同破产程序中债务人的财产统称为破产财产并无问题，因而采取广义上的破产财产概念并不会导致概念混淆。此外，统一适用于各个破产程序的"债务人财产"与仅适用于破产宣告后的"破产财产"，除存在适用阶段上人为设定的区别外，并不存在任何区别。因此，上述概念的区分不仅无实际意义，而且还会导致概念上的自无矛盾。这就是，在《破产法》上债务人财产与破产财产在范围上并无不同,只是为区别其存在意义而使用了不同称谓。但真正对破产程序有意义的是债务人财产范围的大小和总量的多少,因而,没有了范围上的区别,再刻意区分债务人财产和破产财产已无实际意义。

第一节　债务人财产的范围

一、债务人财产的内涵

《破产法》第 30 条规定:"破产申请受理时属于债务人的全部财产,以及破产申请受理后至破产程序终结前债务人取得的财产,为债务人财产。"债务人财产的种类或形态各异,无法一一列举,我国破产法采取原则规定的方式,对债务人财产的范围予以限定。据此,债务人财产包含两部分:一是破产申请受理时属于债务人的全部财产;二是破产申请受理后至破产程序终结前债务人取得的财产。

二、债务人财产范围的界定方式

关于债务人财产的范围,破产法理论向来就有固定主义与膨胀主义之争。固定主义认为,债务人财产以破产案件受理时或破产宣告时债务人所有的财产为限。膨胀主义则认为,债务人财产不仅包括债务人在破产案件受理或破产宣告时所有的财产,而且包括其在破产程序终结前所新取得的全部财产。随着破产的保障本位由债权人利益向债务人利益和社会公共利益的转化,膨胀主义已日益暴露其弊端,固定主义则日益显现其旺盛的生命力。从两种立法原则的相持对立的现实状态中,也明显可见膨胀主义逐渐为固定主义所取而代之的迹象和趋势。但是也应看到,固定主义自身也有两点有待完善:其一,应当强化对破产人的监督机制;其二,完善破产程序,理顺第一破产和第二破产的关系。不仅如此,固定主义的优势欲得到完全的发挥,这必须在破产后果上配之以免责主义的规定。[1]

由于企业形态中有所谓的自然人企业,所以膨胀主义与固定主义划分并非没有任何意义。我国《破产法(试行)》规定的破产财产范围就是典型的膨胀主义,而且《破产法》更进一步将破产财产膨胀到破产申请受理时。[2] 膨胀主义的实质价值主要在于自然人破产制度之中。我国《破产法(试行)》及《破产法》虽未确立自然人破产制度,但均采取了膨胀主义立法原则。这一立法原则从形式上看似无实际价值,但事实上仍具有合理性。[3] 我国破产法在破产财产范围上采用的是膨胀主义,这有助于制止破产欺诈行为,保障经济秩序,维护债权人的合法权益,防止出现法律调整的空档。由于企业法人破产后新

---

〔1〕 参见汤维建主编:《破产程序与破产立法研究》,人民法院出版社 2001 年版,第 279—280 页。
〔2〕 参见韩长印主编:《破产法学》,中国政法大学出版社 2007 年版,第 75 页。
〔3〕 参见范健、王建文:《破产法》,法律出版社 2009 年版,第 126 页。

得财产的可能不大,对破产进程的时间也无不利影响,而且因法人破产后即告消灭,无须采固定主义来鼓励其开展新的经济活动,此外,还可适应将来破产制度扩大适用到自然人企业乃至自然人的发展趋势。[1]

三、债务人财产范围的厘清

除债务人所有的货币、实物外,债务人依法享有的可以用货币估价并可以依法转让的债权、股权、知识产权、用益物权等财产和财产权益,人民法院均应认定为债务人财产。[2]

下列财产不应认定为债务人财产:(1)债务人基于仓储、保管、承揽、代销、借用、寄存、租赁等合同或者其他法律关系占有、使用的他人财产;(2)债务人在所有权保留买卖中尚未取得所有权的财产;(3)所有权专属于国家且不得转让的财产;(4)其他依照法律、行政法规不属于债务人的财产。[3]

债务人已依法设定担保物权的特定财产,人民法院应当认定为债务人财产。对债务人的特定财产在担保物权消灭或者实现担保物权后的剩余部分,在破产程序中可用以清偿破产费用、共益债务和其他破产债权。[4]

债务人对按份享有所有权的共有财产的相关份额,或者共同享有所有权的共有财产的相应财产权利,以及依法分割共有财产所得部分,人民法院均应认定为债务人财产。人民法院宣告债务人破产清算,属于共有财产分割的法定事由。人民法院裁定债务人重整或者和解的,共有财产的分割应当依据《民法典》第303条的规定进行;基于重整或者和解的需要必须分割共有财产,管理人请求分割的,人民法院应予准许。因分割共有财产导致其他共有人损害产生的债务,其他共有人请求作为共益债务清偿的,人民法院应予以支持。[5]

破产申请受理后,有关债务人财产的执行程序未依照《破产法》第19条的规定中止的,采取执行措施的相关单位应当依法予以纠正。依法执行回转的财产,人民法院应当认定为债务人财产。[6]

四、债务人财产的追回

因下列行为而取得的债务人的财产,管理人有权追回:[7]

(1)人民法院受理破产申请前1年内,涉及债务人财产的下列行为:人民法院受理破产申请前一年内,涉及债务人财产的下列行为,管理人有权请求人民法院予以撤销:①无偿转让财产的;②以明显不合理的价格进行交易的;③对没有财产担保的债务提供财产担

---

[1] 参见李永军、王欣新、邹海林等:《破产法》,中国政法大学出版社2009年版,第56页。
[2] 《企业破产法解释二》第1条。
[3] 《企业破产法解释二》第2条。
[4] 《企业破产法解释二》第3条。
[5] 《企业破产法解释二》第4条。
[6] 《企业破产法解释二》第5条。
[7] 《破产法》第34条。

保的;④对未到期的债务提前清偿的;⑤放弃债权的。[1]

(2)人民法院受理破产申请前6个月内,债务人不能清偿到期债务,并且资产不足以清偿全部债务或者明显缺乏清偿能力,仍对个别债权人进行清偿的。但是,个别清偿使债务人财产受益的除外。[2]

(3)涉及债务人财产的下列行为:①为逃避债务而隐匿、转移财产的;②虚构债务或者承认不真实的债务的。[3]

(4)债务人的董事、监事和高级管理人员利用职权从企业获取的非正常收入和侵占的企业财产。[4]依据《企业破产法解释二》第24条规定:"债务人有企业破产法第二条第一款规定的情形时,债务人的董事、监事和高级管理人员利用职权获取的以下收入,人民法院应当认定为企业破产法第三十六条规定的非正常收入:(一)绩效奖金;(二)普遍拖欠职工工资情况下获取的工资性收入;(三)其他非正常收入。债务人的董事、监事和高级管理人员拒不向管理人返还上述债务人财产,管理人主张上述人员予以返还的,人民法院应予支持。债务人的董事、监事和高级管理人员因返还第一款第(一)项、第(三)项非正常收入形成的债权,可以作为普通破产债权清偿。因返还第一款第(二)项非正常收入形成的债权,依据企业破产法第一百一十三条第三款的规定,按照该企业职工平均工资计算的部分作为拖欠职工工资清偿;高出该企业职工平均工资计算的部分,可以作为普通破产债权清偿。"

此外,人民法院受理破产申请后,债务人的出资人尚未完全履行出资义务的,管理人应当要求该出资人缴纳所认缴的出资,而不受出资期限的限制。[5]

第二节 破产撤销权

一、破产撤销权的概念

理论上对于破产撤销权的概念界定存在不同方式:(1)撤销权是指破产程序开始后,破产管理人请求法院对破产债务人在破产程序开始前法律规定的期限内实施的有害于破产关系人利益的行为予以撤销,并使因此而转让的财产或利益回归破产债务人的权利。[6](2)破产撤销权,是指破产管理人拥有的,对于债权人在临近破产程序开始的期间内实施的有害于债权人利益的行为,于破产程序开始后予以撤销并将撤销利益复归破产财团的

---

[1] 《破产法》第31条。
[2] 《破产法》第32条。
[3] 《破产法》第33条。
[4] 《破产法》第36条。
[5] 《破产法》第35条。
[6] 参见李永军:《破产法律制度》,中国法制出版社2000年版,第255页。

权利。[1]（3）破产撤销权指债务人财产的管理人对债务人在破产申请受理前的法定期间内，与他人进行的欺诈债权人行为或损害对全体债权人公平清偿的行为有否认其效力并申请法院撤销的权利。[2]

我国学者关于破产撤销权的概念在认识上较为统一：一是破产撤销权是破产管理人在破产程序上可行使的一项权利；二是可撤销的债务人行为发生于破产程序开始前的特定期限；三是可撤销的债务人行为有害于破产关系人或全体债权人利益；四是破产撤销权的行使目的在于恢复债务人财产至未受债务人处分时的状态。但需要明确的是，债务人在破产程序开始前对其财产所实施的行为包括事实上的处分行为和法律上的处分行为。事实上的处分行为即使有害于债权人利益，也不具有可撤销性。因此，即便未作特别说明，可依破产撤销权予以撤销的仅限于债务人对其财产所为的有害于债权人利益的法律上的处分行为。

二、破产撤销权的成立要件

破产撤销权的构成要件一般包括：一是债务人在破产程序开始前的损害债权人利益的行为；二是该行为发生于破产程序开始前法律规定的期间内；三是对有偿行为，当事人须有主观上的恶意。[3]在债务人为无偿行为的情况下相对人未支付对价，在行为被撤销时对其利益影响不大，故对当事人主观态度可不予考虑；而对于有偿行为，因合同自由原则意味着当事人可自由确定交易的价值，当事人以某种价格或基础进行交易一般具有合理性，因此在否认债务人有偿行为的效力时应考虑当事人的主观恶意。只有有限的考虑当事人的主观恶意，避免滥用破产撤销权，损害善意第三人的利益，才能够真正地达到设立破产撤销权的目的，更好地维护民商法调整的利益的正当性和交易的安全性的要求。[4]

理论上对于破产撤销权的主观构成要件存在不同见解。部分学者认为，破产撤销权的构成，无需追究被撤销行为当事人的主观状态，否则，增加管理人行使撤销权的难度，不利于保护债权人利益。部分学者则认为，应当区分有偿行为与无偿行为，对无偿行为的撤销，行为人是否存有主观恶意，在所不问；对于有偿行为，唯债务人和相对人有主观恶意方得撤销。在破产程序上，撤销权是否以主观要件为构成，对撤销权的行使以及对当事人的利益都有重大影响。以行为人的主观过错作为撤销权的构成要件，破产管理人应负举证义务，不利于债务人财产的恢复和债权人利益保护。反之，若不以行为人的主观过错为要件，则破产管理人行使撤销权更有利于保全债务人财产、保护债权人利益，但将第三人置于不利益的状态。撤销权制度的目的在于恢复债务人财产，《破产法》已经将可撤销的债务人的行为作出了明文限定，客观上均为有害于债权人利益的行为，当可以推定行为人知晓其

---

[1] 参见韩长印主编：《破产法学》，中国政法大学出版社2007年版，第120页；范健、王建文：《破产法》，法律出版社2009年版，第146页。

[2] 参见王欣新主编：《破产法学》，中国人民大学出版社2004年版，第204页；另见李国光主编：《新企业破产法理解与适用》，人民法院出版社2006年版，第219页；王艳华主编：《破产法学》，郑州大学出版社2009年版，第176页。

[3] 参见李国光主编：《新企业破产法理解与适用》，人民法院出版社2006年版，第222—223页。

[4] 参见邢丹：《破产撤销权的制度设计》，载《当代法学》2005年第9期。

行为对债务人财产所具有的损害后果,强调债务人和第三人的主观过错,似无必要。

三、破产撤销权的行使

(一)破产撤销权的行使主体

我国学者关于破产撤销权的行使主体,有"债权人说"与"管理人说"的两种主要观点。

债权人说认为,破产撤销权归属于债权人,但在破产程序中债权人不宜行使破产撤销权,而统一由破产管理人行使。有学者认为,债权人撤销权的行使由债权人自己决定,并以债权人自己的名义请求法院撤销。而破产法上的撤销权虽然也由债权人决定是否行使,但债权人不能以自己的名义请求法院撤销,只能由破产管理人代表债权人以诉讼方式为之。[1]

管理人说认为,破产撤销权归属于破产管理人,由破产管理人行使。破产法将破产撤销权的行使权专门赋予管理人,并无规定在管理人怠于行使或者其他特殊的情况下可由债权人代为行使或者直接由债权人行使,因而,破产撤销权的原告专属于破产管理人。[2] 如管理人接到债权人要求其行使撤销权的请求后拒绝行使撤销权或不予答复,债权人可以请求法院强制管理人履行职责,还可申请法院撤换管理人。因此,在破产法明文规定撤销权由管理人行使的情况下,不宜由个别债权人行使撤销权,否则会使债权人与管理人出现权利竞合,影响破产程序的统一进行,还可能出现债权人之间的利益冲突。[3]

破产撤销权的行使究竟应当由债权人为之还是由管理人为之,并非单纯的理论问题,不能只基于理论上的考量,还要以立法为依据。至少在我国《破产法》上,"债权人说"缺少理论依据,也不符合法律规定。基于我国的破产法理,管理人在破产程序上是一个独立机构,其工作服务于破产程序上所有的利益主体或利害关系人,并非债权人一方的管家或代言人,破产管理人行使撤销权也当体现这一特点。我国《破产法》未规定债权人在破产程序上可行使破产撤销权的任何情形。破产撤销权应当由破产管理人行使。

(二)破产撤销权的行使期间

关于破产撤销权的行使期间,《破产法》未作明文规定。根据《破产法》第123条规定:"自破产程序依照本法第四十三条第四款或者第一百二十条的规定终结之日起二年内,有下列情形之一的,债权人可以请求人民法院按照破产财产分配方案进行追加分配:(一)发现有依照本法第三十一条、第三十二条、第三十三条、第三十六条规定应当追回的财产的;(二)发现破产人有应当供分配的其他财产的。有前款规定情形,但财产数量不足以支付分配费用的,不再进行追加分配,由人民法院将其上交国库。"考虑到该条规定,可以将破产撤销权的行使期间理解为:破产撤销权不仅存在于破产程序的进行期间,而且可以延

---

[1] 参见汤维建主编:《破产程序与破产立法研究》,人民法院出版社2001年版,第301页;齐树洁:《破产法研究》,厦门大学出版社2004年版,第384页。

[2] 参见韩长印主编:《破产法学》,中国政法大学出版社2007年版,第132页。

[3] 参见李永军、王欣新、邹海林等:《破产法》,中国政法大学出版社2009年版,第73页。

长至破产程序终结后2年内。[1]在破产程序进行期间,均应视为撤销权之诉讼时效中断期间。重新起算债权人行使权利的期间,应以破产程序终结为起点,只不过重新起算的期间不再是诉讼时效期间,而是除斥期间。[2]

(三)破产撤销权的行使方式

撤销权的行使只能由管理人向法院提出。管理人不得自行行使撤销权,只能通过请求法院,由法院行使。管理人在请求法院撤销破产程序前行为的时候,需要承担举证责任,只要能证明债务人在法定期间内进行了这些行为,就推定债务人的该行为应该撤销。如果债务人或者相对人主张没有为该行为或者该行为没有违反法律规定,则也需举证证明。破产撤销权仅以通过法院行使和执行为必要。[3]之所以要求破产撤销权以诉讼方式行使,是因为撤销权的行使对于第三人的利害关系甚为重大,且是否构成诈害行为不易判断,故应由法院审查。[4]从各国立法例看,多数国家破产法规定破产撤销权的行使必须通过诉讼方式进行。我国《破产法》未对破产撤销权的行使方式作明确规定,但依该法第31条和第32条之规定,应认为破产撤销权的行使,亦须以诉讼方式进行。[5]

但是,也有学者认为,管理人可直接向可撤销行为的相对人主张行使撤销权,追回财产,但如对方不予承认,便只能以诉讼方式行使撤销权。反之,如果相对人依据可撤销行为向管理人主张行使相应权利,如抵押权等,甚至据此提起诉讼,管理人则可以撤销权加以抗辩,予以拒绝。[6]

四、破产撤销权的适用范围

根据《破产法》第31条、第32条的规定,人民法院受理破产申请前1年内,涉及债务人财产的下列行为,管理人有权请求人民法院予以撤销:(1)无偿转让财产的;(2)以明显不合理的价格进行交易的;(3)对没有财产担保的债务提供财产担保的;(4)对未到期的债务提前清偿的;(5)放弃债权的。[7]人民法院受理破产申请前6个月内,债务人存在不能清偿到期债务,并且资产不足以清偿全部债务或者明显缺乏清偿能力的情形,仍对个别债权人进行清偿的,管理人有权请求人民法院予以撤销。但是,个别清偿使债务人财产受益的除外。[8]

管理人依据《破产法》第31条和第32条的规定提起诉讼,请求撤销涉及债务人财产的相关行为并由相对人返还债务人财产的,人民法院应予支持。管理人因过错未依法行使撤销权导致债务人财产不当减损,债权人提起诉讼主张管理人对其损失承担相应赔偿

---

[1] 参见罗培新:《破产法》,格致出版社2009年版,第206页。
[2] 参见王欣新主编:《破产法》(第二版),中国人民大学出版社2007年版,第170页;薄燕娜主编:《破产法教程》,对外经济贸易大学出版社2009年版,第91页。
[3] 参见李曙光:《〈中华人民共和国企业破产法〉制度设计与操作指引》,人民法院出版社2006年版,第89页。
[4] 参见薄燕娜主编:《破产法教程》,对外经济贸易大学出版社2009年版,第93页。
[5] 参见范健、王建文:《破产法》,法律出版社2009年版,第153—154页。
[6] 参见王欣新主编:《破产法》(第三版),中国人民大学出版社2011年版,第126页。
[7] 《破产法》第31条。
[8] 《破产法》第32条。

责任的,人民法院应予支持。[1]

债务人经过行政清理程序转入破产程序的,《破产法》第31条和第32条规定的可撤销行为的起算点,为行政监管机构作出撤销决定之日。债务人经过强制清算程序转入破产程序的,《破产法》第31条和第32条规定的可撤销行为的起算点,为人民法院裁定受理强制清算申请之日。[2]

人民法院根据管理人的请求撤销涉及债务人财产的以明显不合理价格进行的交易的,买卖双方应当依法返还从对方获取的财产或者价款。因撤销该交易,对于债务人应返还受让人已支付价款所产生的债务,受让人请求作为共益债务清偿的,人民法院应予支持。[3]

破产申请受理前1年内债务人提前清偿的未到期债务,在破产申请受理前已经到期,管理人请求撤销该清偿行为的,人民法院不予支持。但是,该清偿行为发生在破产申请受理前6个月内且债务人有《破产法》第2条第1款规定情形的除外。[4]

破产申请受理后,管理人未依据《破产法》第31条的规定请求撤销债务人无偿转让财产、以明显不合理价格交易、放弃债权行为的,债权人依据《民法典》第538条、第539条等规定提起诉讼,请求撤销债务人上述行为并将因此追回的财产归入债务人财产的,人民法院应予受理。相对人以债权人行使撤销权的范围超出债权人的债权抗辩的,人民法院不予支持。[5]

债务人对以自有财产设定担保物权的债权进行的个别清偿,管理人依据《破产法》第32条的规定请求撤销的,人民法院不予支持。但是,债务清偿时担保财产的价值低于债权额的除外。[6]

债务人经诉讼、仲裁、执行程序对债权人进行的个别清偿,管理人依据《破产法》第32条的规定请求撤销的,人民法院不予支持。但是,债务人与债权人恶意串通损害其他债权人利益的除外。[7]

债务人对债权人进行的以下个别清偿,管理人依据《破产法》第32条的规定请求撤销,人民法院不予支持:(1)债务人为维系基本生产需要而支付水费、电费等的;(2)债务人支付劳动报酬、人身损害赔偿金的;(3)使债务人财产受益的其他个别清偿。

---

[1] 《企业破产法解释二》第9条。
[2] 《企业破产法解释二》第10条。
[3] 《企业破产法解释二》第11条。
[4] 《企业破产法解释二》第12条。
[5] 《企业破产法解释二》第13条。
[6] 《企业破产法解释二》第14条。
[7] 《企业破产法解释二》第15条。

第三节　别除权

一、别除权的概念

别除权是指担保物权人就受破产程序约束的债务人的特定财产和权利（担保标的物）享有的不依破产程序而优先受偿的权利。

别除权就其法律性质而言，当属物权。别除权以破产程序开始前对债务人的特定财产或者权利所成立的担保物权为基础，并非破产法新创设的权利。别除权以质押权、抵押权、留置权等担保物权以及其他法定优先权为基础，其实质是为他人对债务人的特定财产所享有的担保物权，是担保物权及法定优先权在破产法上的具体运用。以担保物权为基础的别除权在破产法上的具体表现，就是别除权人就债务人的特定财产即别除权标的物享有排他的优先受偿的权利。权利人的优先受偿权，并不依赖于权利人对债务人是否享有债权。

二、别除权的基础权利

（一）别除权的基础权利范围

别除权不是破产法创设的实体权利，而是破产法给予某些既成的实体权利的特殊待遇。享有这种特殊待遇的权利基础是担保物权，而担保物权是依据民法发生的。也就是说，只有在破产案件受理时已经合法取得民法上的担保物权的债权人才能够享有别除权。[1] 依我国《担保法》的规定，抵押权、质押权和留置权构成别除权的权利基础当属无疑。别除权的基础权利除了包含可以特定化的财产担保权外，还包括某些可以依附于债务人财产之上的法定担保权或者其他法定优先权。[2] 破产法上的别除权虽然以担保物权为基础，但是并非所有的担保物权人均在破产程序中享有别除权。别除权的成立有两个较为严格的条件：一是担保物权本身是合法成立的，已履行了法律要求的成立要件，如以不动产作抵押的必须履行登记手续。二是在破产宣告前的一定时期内，债权人不能变更债权的性质或作其他有害于普通破产债权人的行为。[3]

别除权以担保物权为基础，是我国学者的共识。但是，我国学者对可作为别除权基础的担保物权有广义与狭义之分。广义上的担保物权包括当事人依《物权法》或《担保法》设立的担保物权以及其他民商事法律所规定的特别优先权。狭义上的担保物权则仅指依《物权法》或《担保法》成立的担保物权，具体包括抵押权、质权和留置权。因而采狭义担保物权观点的学者认为别除权的基础仅有担保物权。

---

[1] 参见王卫国：《破产法精义》，法律出版社2007年版，第316页。
[2] 参见韩长印主编：《破产法学》，中国政法大学出版社2007年版，第145—147页。
[3] 参见罗培新主编：《破产法》，格致出版社2009年版，第174页。

（二）法定优先权是否为别除权的基础权利

通说认为，法定优先权中的特别优先权应当构成别除权的基础权利。法定优先权分为一般优先权和特别优先权。前者为对债权人全部财产享有的优先受偿权利，后者则为对债务人特定财产享有的优先受偿权利。由于一般优先权存在于债务人的一般财产之上，它难以成为担保物权，故仅仅具有优先于一般请求权的清偿地位。与别除权"别除"对象为特定财产的特质相违背，而不是别除权的基础。特别优先权存在于债务人的特定财产之上，故可就特定物行使别除权。[1]根据我国法律规定，法定特别优先权包括《合同法》规定的建设工程款优先受偿权、《海商法》规定的船舶优先权及《民用航空法》规定的民用航空器优先权等。由于法定特别优先权以债务人的特定财产作为受偿标的物，故特别优先权可以成为别除权的基础权利。[2]特别优先权在性质上属于实体性优先权，具有物权担保的一般属性，从法律上讲，应属于法定担保物权，在破产程序中构成别除权。[3]

（三）定金担保可否产生别除权

通说认为，定金担保不会发生别除权问题。返还定金形成的是一种债权，不是担保物权。定金担保的标的物是表现为种类物的货币，而不是特定化了的财产或者权利，这也与别除权的特征相背离。[4]担保物权是支配权，不是请求权。而定金在支付后发生所有权的转移，无论是无权要求返还，还是双倍返还都取决于相对人的能力及行为，通过罚则来实现的，所以定金是请求权不是支配权。定金担保的债权性质决定了要求返还定金不能成为别除权的基础权利。另外，定金担保的标的物是表现为种类物的货币，而不是特定化了的财产或者权利，这也与别除权的特征相背离。[5]还有学者认为，定金以货币为担保物，即不是以特定物而是以种类物担保，与抵押等直接设立在物上的担保性质不同；定金在支付后发生所有权的转移，无论是无权要求返还，还是双倍返还，都取决于相对人的能力和行为；从本质上看，定金是一种人的担保，而不是物的担保。定金担保的债权性质决定了要求返还定金不能成为别除权的基础权利。[6]

我国法律上的定金担保均使用"定金"一词。金者，钱、现金或货币，定金担保就是以一定货币作为债的担保，这是汉语上对定金及定金担保的唯一理解；定金的给付以及定金的返还，为纯粹的债的关系，是为保障主债权债务关系的履行额外附加于当事人一个具有惩罚性的从债权债务关系。定金担保不具有以特定物为标的之物权担保的优先受偿效力。定金特定化可成为别除权基础权利的观点，实质上混淆了定金担保与质押担保的区别。定金担保是我国担保法上的一项特定担保制度，具有特定的制度内涵。若依特定手段将金钱特定化，则此时金钱的种类物属性丧失，成为特定物，与其他特定物并无实质上的区别，客

---

[1] 参见李永军：《破产法律制度》，中国法制出版社2000年版，第313页；罗培新主编：《破产法》，格致出版社2009年版，第182—183页。

[2] 参见杨以生：《别除权相关问题研究》，载《法律适用》2007年第10期。

[3] 参见王欣新：《别除权理论与实务研究》，载《政法论坛》2007年第1期。

[4] 参见王岩、李青：《论别除权》，载《当代法学》2001年第4期。

[5] 参见钟勇生主编：《破产法案例与评析》，中山大学出版社2006年版，第192页。

[6] 参见罗培新主编：《破产法》，格致出版社2009年版，第183页。

观上再无执行双倍返还的可能,作为债的担保,已归属于质押担保的范畴。

三、别除权的行使

(一)破产程序与别除权的行使

关于别除权的行使,我国学者有"不受破产程序限制说"和"受破产程序限制说"两种观点。

"不受破产程序限制说"认为,别除权的行使不受破产程序的限制。有学者认为,双方当事人之间设定担保的目的是通过提供某一特定的有经济价值的担保财产,保证债权人经济利益的实现。当设定人(即债务人)破产时,担保权的效力仍然继续有效。此时,这种担保权即转化为破产法上的别除权,担保债权人也可以就存在的担保权的破产人的特定财产单独受偿,而不受破产程序的限制。[1]

"受破产程序限制说"认为别除权的行使,应受破产程序的限制。破产程序事关债务人营业的存续与否,而别除权的行使又直接威胁着债务人的整体财产的稳定和构成,甚至影响着破产人能否获得和解、整顿等破产预防程序的机会,加之为防止破产财产的流失考虑,立法和司法解释要求,别除权人也须参加债权申报,接受债权调查,并且在破产案件受理后至破产宣告前,非经人民法院同意不得行使优先权,因而别除权的行使并不完全游离于破产程序之外。[2]

别除权是不依破产程序优先受偿的权利,是就别除权人对别除权标的物优先受偿的权利而言的,无论破产程序如何进行,别除权人就别除权标的物优先受偿的权利不能受到实质上的损害,这是破产法上应当遵循的一项基本规则。但是,这并不意味着别除权就不受破产程序的限制。别除权既然为破产程序上的权利,在其之上必然要体现破产程序的特点,其行使方式、行使场合难免与破产程序的推进发生关系,由此决定了别除权不能超然于破产程序,要受破产程序的影响,此即为破产程序对别除权的限制。

(二)债权申报与别除权的行使

别除权人行使别除权,是否应当申报其债权?我国学者有不同的意见,存在"肯定说""否定说""区别说"三种观点。

"肯定说"认为,别除权人行使别除权应当先行申报债权。别除权尽管在破产宣告后才能实际地发挥作用,但其在法律上的成立,必须同其他债权一样,依照法定程序进行债权申报,倘若逾期未能申报,不仅其别除权的优位性丧失,而且连普通债权的资格也不能取得。[3]

"否定说"认为,别除权人行使别除权不以其申报债权为必要。别除权人权利的行使本与破产程序无关,不受破产程序之限制,其是否申报债权也不会影响对破产债权人的清偿及破产程序的进行。要求其申报债权主要是为利于其自身权利的行使,同时也为破产管

---

[1] 参见郑远民主编:《破产法律制度比较研究》,湖南大学出版社2002年版,第106页。
[2] 参见韩长印:《我国别除权制度改革初论》,载《南京大学法律评论》2004年春季号。
[3] 参见汤维建主编:《破产程序与破产立法研究》,人民法院出版社2001年版,第322页。

理人的工作提供有利条件。即便别除权人逾期未申报债权,一般只要是在破产人财产处理、分配之前提出并行使权利,就不会影响破产程序进行及其权利的实现。[1]

"区别说"则认为,别除权的行使是否以债权申报为前提,应区别情况对待。当破产人为自己的债务担保时,别除权人同时又是破产债权人时,应当向管理人申报债权,并说明其债权有财产担保;而当破产人为第三人债务担保时,别除权人并非破产债权人,也不享有破产债权,因此不受《破产法》第 48、49 条的约束无须申请债权,可直接行使别除权。[2]

(三)别除权的行使方式

有学者认为,别除权的行使不以诉讼方式为必要。一般情况下,债权人在破产程序中行使别除权,有以下两种方式:一是担保权人可以就特定担保财产与管理人达成协议,以该特定财产折价归担保权人以优先受偿;二是通过委托管理人拍卖或者变卖的方式将该特定财产变价,在扣除管理人对财产的管理费用、变价费用后,担保权人从卖得价款中优先受偿。如果管理人就担保权人的债权或者担保权存在争议时,别除权人应当向受理破产申请的人民法院提起确认别除权的诉讼,获得法院判决确认别除权后才能行使其优先受偿的权利。[3]

也有学者认为,别除权的实现途径应区分动产或不动产以及占有情况而定。就动产而言,若被别除权人占有,别除权人可自行拍卖或变卖,以所得价额受偿,并将剩余额送还破产管理人;或同破产管理人签订合同,或以实物折价,取得担保标的物的所有权;若以金钱为担保标的物,则可直接受偿。若该动产为破产管理人占有,除以上方法外,别除权人可请求法院裁定,实施强制拍卖或变卖。就不动产而言,一般由破产管理人实际控制别除权的行使可采取以下方法:一是同破产管理人订立合同,取得担保物的所有权;二是请求法院作出准予拍卖的裁定,依民事强制执行程序实现;三是请求法院以拍卖以外的方法实现;四是由破产管理人主持拍卖或变卖。[4]

第四节 破产取回权

一、破产取回权概述

破产程序的开始有保全债务人占有的所有财产的效力。破产程序开始后,不论债务人占有的财产是否为其责任财产,均移转于破产管理人管控之下。破产管理人在接管破产债务人的财产时,为保全债权人的共同受偿利益,实际上应当将债务人占有下的所有财产不加区别地一同予以接管。对破产管理人占有的他人财产部分,不能作为破产财产加以分

---

[1] 参见王欣新:《破产法专题研究》,法律出版社 2002 年版,第 266 页。
[2] 参见王艳华主编:《破产法学》,郑州大学出版社 2009 年版,第 166 页。
[3] 参见刘子平:《别除权的认定标准及其行使》,载《法律适用》2007 年第 11 期。
[4] 参见杨森主编:《破产法学》,中国政法大学出版社 2008 年版,第 146—147 页。

配,应当允许真正的权利人取回其财产。破产取回权是指破产管理人占有不属于破产财团的他人财产,财产的权利人可不依破产程序,经破产管理人同意而直接取回的权利。[1]

《破产法》第 37 条规定:"人民法院受理破产申请后,管理人可以通过清偿债务或者提供为债权人接受的担保,取回质物、留置物。前款规定的债务清偿或者替代担保,在质物或者留置物的价值低于被担保的债权额时,以该质物或者留置物当时的市场价值为限。"第 38 条规定:"人民法院受理破产申请后,债务人占有的不属于债务人的财产,该财产的权利人可以通过管理人取回。但是,本法另有规定的除外。"

(一) 破产取回权的性质

对于破产取回权的性质,有"异议权说"和"私权说"之分。有学者主张其为第三人对执行标的的异议权,即在个别的强制执行中,第三人对执行标的有足以排除强制执行的权利时,得于执行程序终结前对债权人向法院提出异议之诉。但更多的学者主张其为实体法上的物的返还请求权,是由实体法上的所有权内容决定的所有权权能的体现。[2]取回权的基础乃是所有权及其他物权,而所有权在社会经济生活中,乃是"定物资之归属,明人己之分界"的工具,是一种对物的完全支配权,具有占有、使用、收益及处分的权能。所有权的某些权能可暂时与本权分离,但这并不意味着所有权失去了统一的支配力。因而,当所有权上的负担除去,而占有人被宣告破产时,所有权人有权取回。[3]

取回权法律性质的私权界说,具有较大的现实意义。若采"异议权说",取回权既然属于诉讼上的形成权,则第三人行使权利的途径唯有提起形成诉讼,诉讼外的方式自然被排拒在外。不仅如此,即便在形成诉讼中,原告人恒为第三人,被告人则恒为破产管理人,而无相反的可能。若采"私权说",取回权既然属于私法上的请求权,则第三人行使权利的途径除提起诉讼外,还可径直请求,权利人就此具有选择权。而且提起诉讼时,所提起的诉讼,既可为确认之诉,也可为给付之诉。[4]

(二) 破产取回权的特征

取回权所针对的是不属于破产债务人的财产,因此,它具有以下几个特征:(1) 取回权是针对特定物的返还请求权,取回是以财产返还为其目的,该财产应当是能够特定化的财产。因此,如果财产已转化为种类物,将使取回权归于消灭。(2) 取回权的标的物被破产债务人占有,由破产债务人暂时管理人和支配,取回权人如果不行使取回权,该财产应属于破产财产,由破产管理人管理。(3) 就一般取回权而言,取回权以物权为基础,权利人是基于对物的所有权或支配权而提出取回的主张。(4) 取回权是在清算程序中行使的特别请求权。首先,该权利只存在于破产程序中,在破产程序开始后发生法律效力,在破产程序之外不存在取回权。其次,取回权的行使需要通过破产管理人,而非自行取回。[5]

---

[1] 参见李永军:《破产法律制度》,中国法制出版社 2000 年版,第 235 页。
[2] 参见韩长印主编:《破产法学》,中国政法大学出版社 2007 年版,第 136 页。
[3] 参见李永军:《破产法律制度》,中国法制出版社 2000 年版,第 236 页。
[4] 参见汤维建主编:《破产程序与破产立法研究》,人民法院出版社 2001 年版,第 330 页。
[5] 参见齐树洁主编:《破产法》,厦门大学出版社 2009 年版,第 266 页。

(三)破产取回权的权利基础

取回权的基础权利有以下数种:(1)所有权。取回权之基础权利最为普遍者为所有权。(2)担保物权。担保物权一般为别除权的基础,但在特定情况下,也可以成为取回权的基础权利。(3)占有权。当破产管理人误将他人之物归于破产财产而管理时,不仅该物的所有权人有主张取回的权利,占有人也有权主张取回。[1]取回权成立的基础既可能是所有权,也可能是特定的用益物权或担保物权,比如地上权、质权、留置权等(由于抵押权不转移抵押物的占有,故不产生取回权);还可能是特定的合同关系,比如租赁、承揽、保管等。[2]破产取回权的基础权利有:所有权、用益物权、担保物权、占有在内的他物权、债权请求权。[3]取回权的基础权利主要是物权,尤其是所有权,但也不排除依债权产生取回权的情况。[4]

1. 所有权保留可否为取回权的基础权利

所有权保留乃是以受让人义务的履行为停止条件的所有权让与契约,其效力的发生取决于受让人义务的履行。在买受人尚未支付全部价款而受破产宣告时,即条件尚未成就时,所有权仍然属于出卖人,则出卖人得以所有权人的资格将该物从破产财产中取回。[5]在所有权保留的场合,买受人破产之时,买卖标的物不属于破产财团当无疑问。至于出卖人能够行使何种权利,"取回权说"要较"担保物权说"更有说服力,在买受人尚未支付全部买卖价款之前,可视为条件尚未成就,所有权并不转移,此时买受人进入破产程序的,买卖标的物也就不属于破产财团,出卖人当然有权以所有权人的身份取回标的物。[6]

也有学者认为,在所有权保留买卖中买受人破产及让与担保中担保设定人破产时,所有权保留与让与担保应均可成为别除权或破产取回权的权利基础,但将其界定为别除权的权利基础而排除破产取回权的适用更为妥当。[7]

保留所有权的买卖合同实为所有权附停止条件地移转于买受人,在所附停止条件成就即买受人支付全部价款前,出卖人仍然保留对标的物的所有权。唯买受人支付全部价款,方可取得标的物之所有权。在保留所有权买卖的场合,若买受人未能支付全部价款而又受破产程序支配时,出卖人则可以其对标的物保留的所有权为由主张取回权。当然,破产管理人亦可选择支付价款促使所附条件成就而取得物的所有权,并由此满足出卖人债权而发生取回权消灭。至于学者提出的保留所有权既可为取回权基础亦可为别除权基础的主张,在立法上并不成立。买卖合同特约保留所有权虽以债的担保为目的,却以保留所有权为手段。在出卖人债权得以实现前,标的物虽移转占有于买受人,但出卖人依然享有

---

[1] 参见李永军:《破产法律制度》,中国法制出版社2000年版,第239—243页;李国光:《新企业破产法理解与适用》,人民法院出版社2006年版,第237—240页。

[2] 参见范健、王建文:《破产法》,法律出版社2009年版,第160页。

[3] 参见罗培新主编:《破产法》,格致出版社2009年版,第192—194页。

[4] 参见王欣新:《破产法理论与实务疑难问题研究》,中国法制出版社2011年版,第222页。

[5] 参见李永军:《破产法律制度》,中国法制出版社2000年版,第240页。

[6] 参见韩长印主编:《破产法学》,中国政法大学出版社2007年版,第138页。

[7] 参见范健、王建文:《破产法》,法律出版社2009年版,第161页。

标的物的所有权却是保留所有权买卖关系的直接法律效果。而且,取回权为权利人对自己之物所享有的权利,别除权则乃权利人对他人之物所享有的权利,二者的成立基础泾渭分明,并无选择余地。

2. 让与担保可否为取回权的基础

在担保人发生破产时,让与担保权人可否行使破产取回权?学者间有"肯定说"和"否定说"两种观点。

"肯定说"认为,债务人或担保人破产时,让与担保权人可依其所有权对担保物行使取回权。根据财产所有权权利状况以及当事人设定让与担保时的本意,认定让与担保权人享有取回权,较为妥当。[1]

"否定说"则主张,债务人或担保人破产时,让与担保权人对担保物享有别除权,而非取回权。有学者认为,让与担保标的物的所有权人仍是信托人,受托人仅有形式上的所有权,所以在让与担保的设定人破产时,让与担保财产属于破产财团。但是,为保证受托人的利益,应认为受托人的债权在信托财产上有担保物权的存在,也即受托人对信托财产在因信托关系而生的债权的限度内有别除权。反之,在受托人破产时,信托人则得以所有权人的名义行使取回权。[2]

我国没有让与担保制度,但在经济生活中存在让与担保的情形,对此问题,尚有进一步研究的空间。

3. 用益物权或担保物权可否为取回权的基础

取回权的基础法律关系是物权,具体说是所有权和用益物权。对破产人财产享有担保物权的人,在破产程序中享有别除权,对破产人占有的财产享有所有权或者用益物权的,可以依法行使取回权,收回其所有的财产或者用益物权。[3]

还有学者认为,担保物权一般为别除权的基础,但在特定情况下,也可以成为取回权的基础权利。这主要是指债务人已经履行了债务,从而使担保物权消灭,而债权人尚未返还标的物而破产的情形。例如,在质权,债权人因对债务人(破产人)的债权而占有债务人的财产作为质物,后因债务人清偿了债务,但债权人没有将质物返还给债务人,在债权人破产时,债务人就有权主张取回。[4]

主张担保物权可以成为取回权基础的理由是,债务人在履行债务后,可于债权人(亦即质权人和留置权人)破产时,取回质物或留置物。其实,在质押担保和留置担保的场合,债务人履行了债务而使债的关系消灭时,债权人的质权或留置权也将随之消灭。此时,质权人或留置权人继续占有担保物已无法律依据,债务人即可依其所有权取回担保物,债务人的这一权利在债权人的破产程序上即表现为基于所有权的破产取回权。因此,债务人对质物或留置物的取回权以其所有权为基础,而非担保物权。只有当债务人占有的第三人的

---

[1] 参见王欣新:《破产法理论与实务疑难问题研究》,中国法制出版社2011年版,第223页。
[2] 参见李永军:《破产法律制度》,中国法制出版社2000年版,第242页。
[3] 参见王东敏:《新破产法疑难解读与实务操作》,法律出版社2007年版,第228页。
[4] 参见李永军:《破产法律制度》,中国法制出版社2000年版,第243页;李国光:《新企业破产法理解与适用》,人民法院出版社2006年版,第240页。

财产为他人提供担保的,担保权人基于其担保物权可以取回该担保物;此时并不发生别除权的问题,只发生取回权问题。

（四）破产取回权的行使

取回权是不依破产程序而行使的权利,因而取回权人可直接向破产管理人主张,并不以诉讼为必要。只有破产管理人否认其取回权,或者检查人有异议时,取回权人才以破产管理人为相对人提起诉讼,请求法院确认其权利。此外,取回权的行使还受以下因素制约：（1）法律对善意取得人的保护;（2）标的物毁损灭失的情形;（3）所有权因添附而归于消灭;（4）因未登记不能对抗第三人的情形;（5）因占有时效而丧失取回权。[1] 取回权的行使不依破产程序,但必须以破产管理人为相对人。因为取回权的标的物已被实际地列入破产财产,由破产管理人对此行使管理处分权,对破产财产的任何形式的处置,均得通过破产管理人。取回权人若以非诉讼方式行使其权利,破产管理人则属私法请求权的相对人;若以诉讼方式行使某权利,破产管理人则属司法救济权的被告人。[2]

根据《企业破产法解释二》的规定,权利人依据《破产法》第38条的规定行使取回权,应当在破产财产变价方案或者和解协议、重整计划草案提交债权人会议表决前向管理人提出。权利人在上述期限后主张取回相关财产的,应当承担延迟行使取回权增加的相关费用。[3]

权利人依据《破产法》第38条的规定向管理人主张取回相关财产,管理人不予认可,权利人以债务人为被告向人民法院提起诉讼请求行使取回权的,人民法院应予受理。权利人依据人民法院或者仲裁机关的相关生效法律文书向管理人主张取回所涉争议财产,管理人以生效法律文书错误为由拒绝其行使取回权的,人民法院不予支持。[4]

权利人行使取回权时未依法向管理人支付相关的加工费、保管费、托运费、委托费、代销费等费用,管理人拒绝其取回相关财产的,人民法院应予支持。[5]

对债务人占有的权属不清的鲜活易腐等不易保管的财产或者不及时变现价值将严重贬损的财产,管理人及时变价并提存变价款后,有关权利人就该变价款行使取回权的,人民法院应予支持。[6]

债务人占有的他人财产被违法转让给第三人,依据《民法典》第311条的规定第三人已善意取得财产所有权,原权利人无法取回该财产的,人民法院应当按照以下规定处理：（1）转让行为发生在破产申请受理前的,原权利人因财产损失形成的债权,作为普通破产债权清偿;（2）转让行为发生在破产申请受理后的,因管理人或者相关人员执行职务导致原权利人损害产生的债务,作为共益债务清偿。[7]

---

[1] 参见李永军:《破产法律制度》,中国法制出版社2000年版,第243—247页。
[2] 参见汤维建主编:《破产程序与破产立法研究》,人民法院出版社2001年版,第329页。
[3] 《企业破产法解释二》第26条。
[4] 《企业破产法解释二》第27条。
[5] 《企业破产法解释二》第28条。
[6] 《企业破产法解释二》第29条。
[7] 《企业破产法解释二》第30条。

债务人占有的他人财产被违法转让给第三人,第三人已向债务人支付了转让价款,但依据《民法典》第311条的规定未取得财产所有权,原权利人依法追回转让财产的,对因第三人已支付对价而产生的债务,人民法院应当按照以下规定处理:(1)转让行为发生在破产申请受理前的,作为普通破产债权清偿;(2)转让行为发生在破产申请受理后的,作为共益债务清偿。[1]

债务人占有的他人财产毁损、灭失,因此获得的保险金、赔偿金、代偿物尚未交付给债务人,或者代偿物虽已交付给债务人但能与债务人财产予以区分的,权利人主张取回就此获得的保险金、赔偿金、代偿物的,人民法院应予支持。保险金、赔偿金已经交付给债务人,或者代偿物已经交付给债务人且不能与债务人财产予以区分的,人民法院应当按照以下规定处理:(1)财产毁损、灭失发生在破产申请受理前的,权利人因财产损失形成的债权,作为普通破产债权清偿;(2)财产毁损、灭失发生在破产申请受理后的,因管理人或者相关人员执行职务导致权利人损害产生的债务,作为共益债务清偿。债务人占有的他人财产毁损、灭失,没有获得相应的保险金、赔偿金、代偿物,或者保险金、赔偿金、代偿物不足以弥补其损失的部分,适用前述规定处理。[2]

二、出卖人取回权

《破产法》第39条规定:"人民法院受理破产申请时,出卖人已将买卖标的物向作为买受人的债务人发运,债务人尚未收到且未付清全部价款的,出卖人可以取回在运途中的标的物。但是,管理人可以支付全部价款,请求出卖人交付标的物。"

出卖人取回权,为破产取回权的特例,是指异地买卖成立后,出卖人在发运货物后,买受人尚未收到货物前发生破产的,尚未收取全部价款的出卖人可以取回在运途中的货物的权利。关于出卖人取回权法律性质,历来有"债权说""物权说""履行撤回权"之争。依债权说,出卖人取回权是指出卖人请求买受人返还所有权从而恢复占有的债权请求权;依物权说,出卖人取回权是一种物权行为,因为取回权一经行使,其所有权移转在物权效力上就成为无效;依履行撤回权说,出卖人取回权是出卖人撤销买卖行为的权利。21世纪以来,我国学者关于出卖人取回权法律性质之争,主要围绕"债权说"和"物权说"展开。

根据《企业破产法解释二》的规定,买受人破产,其管理人决定继续履行所有权保留买卖合同的,原买卖合同中约定的买受人支付价款或者履行其他义务的期限在破产申请受理时视为到期,买受人管理人应当及时向出卖人支付价款或者履行其他义务。买受人管理人无正当理由未及时支付价款或者履行完毕其他义务,或者将标的物出卖、出质或者作出其他不当处分,给出卖人造成损害,出卖人依据《民法典》第641条等规定主张取回标的物的,人民法院应予支持。但是,买受人已支付标的物总价款75%以上或者第三人善意取得标的物所有权或者其他物权的除外。未能取回标的物,出卖人依法主张买受人继续支付价款、履行完毕其他义务,以及承担相应赔偿责任的,人民法院应予支持。对因买受人未

---

[1]《企业破产法解释二》第31条。
[2]《企业破产法解释二》第32条。

支付价款或者未履行完毕其他义务,以及买受人管理人将标的物出卖、出质或者作出其他不当处分导致出卖人损害产生的债务,出卖人主张作为共益债务清偿的,人民法院应予支持。[1]

买受人破产,其管理人决定解除所有权保留买卖合同,出卖人依据《破产法》第38条的规定主张取回买卖标的物的,人民法院应予支持。出卖人取回买卖标的物,买受人管理人主张出卖人返还已支付价款的,人民法院应予支持。取回的标的物价值明显减少给出卖人造成损失的,出卖人可从买受人已支付价款中优先予以抵扣后,将剩余部分返还给买受人;对买受人已支付价款不足以弥补出卖人标的物价值减损损失形成的债权,出卖人主张作为共益债务清偿的,人民法院应予支持。[2]

出卖人依据《破产法》第39条的规定,通过通知承运人或者实际占有人中止运输、返还货物、变更到达地,或者将货物交给其他收货人等方式,对在运途中标的物主张了取回权但未能实现,或者在货物未达管理人前已向管理人主张取回在运途中标的物,在买卖标的物到达管理人后,出卖人向管理人主张取回的,管理人应予准许。出卖人对在运途中标的物未及时行使取回权,在买卖标的物到达管理人后向管理人行使在运途中标的物取回权的,管理人不应准许。[3]

三、行纪人取回权

行纪人取回权是指行纪人为委托人的利益购入货物并向委托人发送后,委托人未付清货款且在尚未收到货物时被宣告破产或开始破产程序的,可以取回已发送货物的权利。关于行纪人取回权的基础,有"留置权基础说"和"所有权基础说"之分。

"留置权基础说"认为委托人对货物有实质的所有权,但在委托人付清价款前,行纪人有留置权,故而行纪人取回在运途中的货物乃基于其对货物的留置权而非所有权。有学者认为,行纪人的取回权是基于所有权或留置权,应从委托人与行纪人之间的实质关系来考察分析。行纪契约实为委托人利益设定,即使行纪人先从第三人处取得所有权,也是形式上的、暂时的,委托人是真正意义上的所有权人。法律之所以规定行纪人的取回权,乃是保证其酬金的取得,因而其存在的基础是留置权而非所有权。[4]

"所有权基础说"认为行纪人先从第三人处先取得物的所有权,而后再交给委托人,故而在委托人破产且未支付全部价款时,行纪人可基于所有权取回在运途中的货物。如有学者认为,行纪人取回权发生在行纪人接受委托代委托人购入货物之时,其与卖主取回权的机理完全相同,所不同者是行纪人以自己名义购入货物后,相对于委托人取代了卖主的地位和身份。[5]在行纪关系中,委托人如未付清托买的货物的全部价款而被宣告破产的,

---

[1]《企业破产法解释二》第37条。
[2]《企业破产法解释二》第38条。
[3]《企业破产法解释二》第39条。
[4] 参见李永军:《破产法律制度》,中国法制出版社2000年版,第253页。
[5] 参见韩长印主编:《破产法学》,中国政法大学出版社2007年版,第139—140页。

行纪人的地位和出境,与出卖人的地位完全相同。[1]行纪人的取回权基础是所有权,即使这种所有权是暂时的或形式上的,但在委托人未取得标的物之前,标的物的所有权仍属于行纪人。而以留置权来解释行纪人的取回权似有不妥,留置的一个基本要件是债权人需占有留置物,行纪人既已将货物发运,就丧失了对物的占有,再以留置权为由赋予行纪人取回权显然不合适。[2]

第五节 破产抵销权

一、破产抵销权

破产抵销权是破产法对民法上的抵销权加以改造后适用于破产程序的一项权利,因而,破产抵销权概念既要反映民法上抵销权的基本内容,又要反映破产法赋予其的特别内涵。破产抵销权是指破产债权人在法院裁定开始破产程序时,对债务人负有债务的,无论给付种类是否相同,不得依破产程序以其对债务人的债权抵销其对债务人所负债务的权利。[3]《破产法》第40条规定:"债权人在破产申请受理前对债务人负有债务的,可以向管理人主张抵销。但是,有下列情形之一的,不得抵销:(一)债务人的债务人在破产申请受理后取得他人对债务人的债权的;(二)债权人已知债务人有不能清偿到期债务或者破产申请的事实,对债务人负担债务的;但是,债权人因为法律规定或者有破产申请一年前所发生的原因而负担债务的除外;(三)债务人的债务人已知债务人有不能清偿到期债务或者破产申请的事实,对债务人取得债权的;但是,债务人的债务人因为法律规定或者有破产申请一年前所发生的原因而取得债权的除外。"《企业破产法解释三》第41条规定:"债权人依据企业破产法第四十条的规定行使抵销权,应当向管理人提出抵销主张。管理人不得主动抵销债务人与债权人的互负债务,但抵销使债务人财产受益的除外。"

民法上的抵销权设立的目的主要在于简化程序,节约交易成本;破产抵销权虽然也追求简化程序,但其目的更侧重于维护债权人的合法权益,贯彻公平清偿的原则。[4]破产抵销权的设立目的是对特殊的破产债权人合法权益的保护,是公平原则的体现,之所以与民法上的抵销权有所差异,就在于破产是对债权人平等清偿的程序,不允许对债权人进行个别清偿。当债务人与债权人互负债务时,债务人的破产管理人有权向债权人主张全额清偿,在不能抵销的情况下,债权人只能获得一定比例的清偿。[5]

---

[1] 参见范健、王建文:《破产法》,法律出版社2009年版,第163页。
[2] 参见齐树洁主编:《破产法》,厦门大学出版社2009年版,第271—272页。
[3] 参见李永军:《破产法律制度》,中国法制出版社2000年版,第292页。
[4] 参见罗培新主编:《破产法》,格致出版社2009年版,第210页。
[5] 参见齐树洁主编:《破产法》,厦门大学出版社2009年版,第260页。

二、破产抵销权的主体

民法上的抵销权,只要符合抵销条件,双方当事人都可以行使;但是对于破产抵销权而言,法律只赋予债权人以抵销权,而债务人以及债务人的破产管理人都不能行使该项权利。这是破产法对于破产抵销权施加的一项限制。[1] 破产管理人不能随意处置债务人的财产,更不能随意放弃债务人的债权,而破产管理人如果向其债权人主张行使抵销权,就意味着破产管理人放弃对债权人所享有的债权,这是破产法所不允许的。[2]

但是,在下列情形下,应允许破产管理人主张抵销:一是破产债权人本身亦被宣告破产或被裁定破产程序时,应有条件地允许破产管理人主张抵销。因为,如果对破产债权人开始的破产分配率较低或依破产计划对债权人的债权削减比例较大,若不允许破产管理人主张抵销,对全体债权人全体并非有利。故在此时,应允许破产管理人衡量各种利弊而决定是否主张抵销。二是依破产分配方案的规定,对破产债权人的债权额已经算定,而债权人未提出抵销时,破产管理人得以破产企业破产债权人的债权与债权人依破产分配方案算定的债权为抵销。于此种情形,有抵销权的破产债务人的债权已受到破产分配方案的调整,且其实际应受分配的债权额已经算定,故无害于其他债权人,且能简便清偿程序,节省履行费用,因此,无限制破产管理人主张抵销的理由。[3] 值得注意的是,破产管理人可以主张抵销的,不是破产抵销权,而是民法上的抵销权。

三、破产抵销权的禁止

有学者认为,债权人在破产程序开始后若非基于法定原因成立的债务不能抵销,已知破产程序开始而对债务人负担的债务,不得抵销,换句话说,与破产债权相抵销的债务必须是基于破产程序开始的原因成立的债务,如果破产债权人于破产程序开始之后取得对破产人的债务或者破产人的债务人于破产程序开始之后取得对破产人的债权而主张的抵销,均在破产抵销权的禁止之列。[4] 有学者认为,以下债权不得抵销:(1)破产宣告后,破产债权人对破产财产所负的债务;(2)破产人的债务人,在破产宣告后受让他人的破产债权;(3)破产人的债务人,在破产宣告后对破产人所取得的债权;(4)破产人的债务人已知破产人停止支付或者破产申请而取得的债权;(5)破产人的债务人已知破产人停止支付或者破产申请而对破产人所负的债务。[5]

另有学者基于《破产法》的规定,认为债权人在破产程序中可以抵销的债务,原则上限于破产程序开始前对破产人所负的债务;但属于下列情形的,不得抵销:(1)债务人的债务人在破产申请受理后取得他人对债务人的债权的;(2)债权人已知债务人有不能清偿到期债务或者破产申请的事实,对债务人负担债务的。但是,债权人因为法律规定或者

---

[1] 参见罗培新主编:《破产法》,格致出版社 2009 年版,第 210 页。
[2] 参见齐树洁主编:《破产法》,厦门大学出版社 2009 年版,第 260—261 页。
[3] 参见李永军:《破产法律制度》,中国法制出版社 2000 年版,第 295 页。
[4] 参见韩长印主编:《破产法学》,中国政法大学出版社 2007 年版,第 154 页。
[5] 参见沈贵明主编:《破产法学》,郑州大学出版社 2004 年版,第 164—165 页。

有破产申请一年前所发生的原因而负担债务的除外;(3)债务人的债务人已知债务人有不能清偿到期债务或者破产申请的事实,对债务人取得债权的。但是,债务人的债务人因为法律规定或者有破产申请一年前所发生的原因而取得债权的除外。[1]

四、破产抵销权的行使

(一)一般规则

破产债权人行使破产抵销权,应当向破产管理人提出抵销的意思表示,即可发生抵销的效果。有学者认为,在破产宣告后至破产程序终结前,破产债权人都可以行使抵销权。由于破产债权人只能向破产管理人主张抵销,因此,抵销权的行使只能始于人民法院指定破产管理人之后。[2] 破产抵销权人行使权利应在破产申请受理后至破产程序终结之前进行。破产申请受理前,企业债权人自然可以将自己的债权与所欠相对人的债务进行抵销,但这种抵销乃是民法上的抵销而非破产法上的抵销。破产程序终结后,破产债权人的债务应当已经履行,而其债权已经按一定的比例获得部分切除,再提出抵销,已经无实际意义。[3]

但是,破产债权人行使破产抵销权前,是否应当依照破产程序申报债权,却有"消极说""折中说""积极说"三种见解。"消极说"认为,破产债权人无需依破产程序申报债权即能有效行使抵销权。抵销权的行使仅需向破产人以意思表示的方式即能生效,何求债权人必须申报债权?若破产人与债权人就抵销权的行使有争议时,可以以诉讼的方式解决。[4] "折中说"认为,如果按照合同法的规定对当然抵销与合意抵销作出区分的话,则当然抵销的场合,由于其抵销的方式以通知为准,故申报与否,不应当影响其抵销权利的实现,但债务人或者管理人对其债权有异议,或者按照规定须经债权申报和确认程序的,抵销权当需经过债权确认程序。[5] "积极说"认为,主张抵销的债权限于依照破产程序依法申报的债权,否则,不得抵销。债权申报是我国《破产法》的一项基本规则。强调抵销权申报,有利于保护破产债权人的合法权益,不至于使少数债权人的利益凌驾于一般破产债权人的利益至上;还有利于保护抵销权人的合法权益,以使其不能完全依抵销实现的债权部分得到及时申报,从而也有利于保障破产程序的顺利进行。因此,如果破产债权人想行使抵销权,就必须首先向法院申报债权,主张抵销,经审查批准后才能进行。[6]

(二)具体适用

管理人收到债权人提出的主张债务抵销的通知后,经审查无异议的,抵销自管理人收到通知之日起生效。管理人对抵销主张有异议的,应当在约定的异议期限内或者自收到主

---

[1] 参见李国光:《新企业破产法理解与适用》,人民法院出版社2006年版,第254—256页;杨森主编:《破产法学》,中国政法大学出版社2008年版,第152—153页;李永军、王欣新、邹海林等:《破产法》,中国政法大学出版社2009年版,第124—125页。

[2] 参见刘德璋:《新企业破产法理解与操作指南》,法律出版社2007年版,第178页。

[3] 参见许婷:《论破产抵销权》,载王欣新、尹正友主编:《破产法论坛》(第3辑),法律出版社2009年版,第215页。

[4] 参见李永军:《破产法律制度》,中国法制出版社2000年版,第304—305页。

[5] 参见韩长印主编:《破产法学》,中国政法大学出版社2007年版,第159页。

[6] 参见郑远民:《破产法律制度比较研究》,湖南大学出版社2002年版,第117—118页。

张债务抵销的通知之日起3个月内向人民法院提起诉讼。无正当理由逾期提起的,人民法院不予支持。人民法院判决驳回管理人提起的抵销无效诉讼请求的,该抵销自管理人收到主张债务抵销的通知之日起生效。[1]

债权人主张抵销,管理人以下列理由提出异议的,人民法院不予支持:(1)破产申请受理时,债务人对债权人负有的债务尚未到期;(2)破产申请受理时,债权人对债务人负有的债务尚未到期;(3)双方互负债务标的物种类、品质不同。[2]

破产申请受理前6个月内,债务人出现不能清偿到期债务,并且资产不足以清偿全部债务或者明显缺乏清偿能力的情形,债务人与个别债权人以抵销方式对个别债权人清偿,其抵销的债权债务属于《破产法》第40条第2、3项规定的情形之一,管理人在破产申请受理之日起3个月内向人民法院提起诉讼,主张该抵销无效的,人民法院应予支持。[3]

《破产法》第40条所列不得抵销情形的债权人,主张以其对债务人特定财产享有优先受偿权的债权,与债务人对其不享有优先受偿权的债权抵销,债务人管理人以抵销存在《破产法》第40条规定的情形提出异议的,人民法院不予支持。但是,用以抵销的债权大于债权人享有优先受偿权财产价值的除外。[4]

债务人的股东主张以下列债务与债务人对其负有的债务抵销,债务人管理人提出异议的,人民法院应予支持:(1)债务人股东因欠缴债务人的出资或者抽逃出资对债务人所负的债务;(2)债务人股东滥用股东权利或者关联关系损害公司利益对债务人所负的债务。[5]

▎重要名词术语

债务人财产、破产撤销权、别除权、破产抵销权、破产取回权

▎思考题

1. 简述债务人财产的范围。
2. 简述破产撤销权的适用要件。

---

[1]《企业破产法解释二》第42条。
[2]《企业破产法解释二》第43条。
[3]《企业破产法解释二》第44条。
[4]《企业破产法解释二》第45条。
[5]《企业破产法解释二》第46条。

第五十八章　破产费用和共益债务

【内容提示】

破产费用,又称共益费用;共益债务,又称共益债权。我国《破产法》采用是破产费用和共益债务的称谓。我国1986年《破产法(试行)》仅规定了破产费用,《破产法》则以列举方式分别规定了破产费用和共益债务,但没有给出破产费用和共益债务的定义。破产费用,指在破产程序进行过程中,为破产程序的顺利进行以及为破产财产的管理、处分等而必须随时支付的费用。共益债务,是指在破产程序开始后,为全体债权人的共同利益而负担的债务。

根据《破产法》和司法解释的规定,破产费用包括:(1)破产案件的诉讼费用;(2)管理、变价和分配债务人财产的费用;(3)管理人执行职务的费用、报酬和聘用工作人员的费用。人民法院裁定受理破产申请的,此前债务人尚未支付的公司强制清算费用、未终结的执行程序中产生的评估费、公告费、保管费等执行费用,可以参照企业破产法关于破产费用的规定,由债务人财产随时清偿。

人民法院受理破产申请后发生的下列债务,为共益债务:(1)因管理人或者债务人请求对方当事人履行双方均未履行完毕的合同所产生的债务;(2)债务人财产受无因管理所产生的债务;(3)因债务人不当得利所产生的债务;(4)为债务人继续营业而应支付的劳动报酬和社会保险费用以及由此产生的其他债务;(5)管理人或者相关人员执行职务致人损害所产生的债务;(6)债务人财产致人损害所产生的债务。

破产费用和共益债务清偿的一般原则是:(1)优先偿付。所谓优先偿付,指先于破产分配而予以偿付。也就是说,破产费用的请求权人享有优先于破产债权人受偿的地位。(2)随时偿付。破产费用和共益债务的偿付实行"随时发生,随时偿付"的原则,不需要债权申报,更不必留待清算分配时偿付。(3)全额偿付。破产费用和共益债务花费多少,就应全额偿付。如不能足额偿付,将导致破产程序的终结。

第一节 破产费用和共益债务

一、破产费用和共益债务的概念

破产费用又称共益费用;共益债务又称共益债权。我国《破产法》采用是破产费用和共益债务的称谓。《破产法》以列举方式分别规定了破产费用和共益债务,但没有给出破产费用和共益债务的定义。破产费用,指在破产程序进行过程中,为破产程序的顺利进行以及为破产财产的管理、处分等而必须随时支付的费用。共益债务,是指在破产程序开始后,为全体债权人的共同利益而负担的债务。[1]因债权人的共同利益而发生,是共益债权与共益费用的核心与实质特征,也是法律规定的基本出发点。非为债权人的共同利益而仅为个别债权人的利益所为时,不能列为共益债权或共益费用。[2]

破产费用发生于破产程序期间。[3]在破产程序开始前和破产程序终结后,不发生破产费用问题。[4]但也有学者认为,共益债权与共益费用发生于破产程序开始后,并不具有绝对的意义。有些债权虽然发生于破产程序开始后,但仍然为破产债权,如因票据承兑或付款关系而产生的债权、因解除双务契约而致对方当事人受损失而产生的损害赔偿请求权等。有些债权与费用虽然发生在破产程序开始之前,但也可能是共益债权或共益费用,如于破产申请提出后在破产程序开始前所为的对破产企业财产的保全所需要的费用。[5]破产程序终结后,为处理追收的破产财产,追加破产分配而支付的费用,也属破产费用。[6]

破产费用和共益债务的区别主要有二:第一,内容不同。破产费用是为破产程序的顺利进行,为管理、变卖和分配债务人财产而必须付出的成本性费用,其发生具有必然性;共益债务是因破产程序中发生的各种行为如合同、侵权、不当得利等而负担的债务,其发生具有或然性。第二,目的不同。破产费用的意义在于保证破产程序的进行,即为了实现全体债权人的公平清偿以及企业拯救;共益债务是为了保护债务人财产的民事相对人的利益,即实现债务人财产对外民事关系中的利益平衡。[7]

破产费用是以债务人财产负担的给付义务。破产费用为破产债权人的共同利益支出的,按照"谁受益,谁付费"的原则,这些费用理应由他们共同承担;从破产清算的角度说,债务人财产是旨在用于破产分配的财产,在此意义上可以理解为将会归属于全体破产债权人的财产;以归属于全体债权人的财产负担使全体债权人债权受益的破产程序的费用,

---

〔1〕 参见李永军:《破产法律制度》,中国法制出版社 2000 年版,第 210 页。李曙光:《破产费用与共益债务》,载《法制日报》2007 年 9 月 23 日第 11 版;范健、王建文:《破产法》,法律出版社 2009 年版,第 132—134 页。
〔2〕 参见李永军:《破产法律制度》,中国法制出版社 2000 年版,第 212 页。
〔3〕 参见范健、王建文:《破产法》,法律出版社 2009 年版,第 132 页。
〔4〕 参见安建、吴高盛主编:《企业破产法实用教程》,中国法制出版社 2006 年版,第 56 页。
〔5〕 参见李永军:《破产法律制度》,中国法制出版社 2000 年版,第 212 页。
〔6〕 参见韩长印主编:《破产法学》,中国政法大学出版社 2007 年版,第 85 页。
〔7〕 参见王卫国:《破产法精义》,法律出版社 2007 年版,第 122—123 页。

公平合理,简便易行。[1]破产费用和共益债务是为破产债权人的共同利益而形成,那么这些支出理应由全体债权人共同负担。那么,为什么要从债务人财产里支付呢? 首先,将每项支出都交给全体债权人摊付既不效率又很难实现。其次,债务人财产是用于清偿债权人债权,它们在本质上就是破产债权人的共同财产。所以,由债务人财产来负担等于是换了个角度收取,但仍由债权人负担。既公平合理,又保证了效率,无疑是一种明智的制度安排。[2]

二、破产费用和共益债务的债务人

关于破产费用和共益债务的债务人,存在不少的争议;但21世纪以来,我国学者关于该问题的学说主要有"破产管理人说"和"债务人财产说"。

"破产管理人说"认为,破产费用和共益债务因为管理人的行为而发生,并应当由管理人自债务人财产优先偿付,其债务人只能是管理人。有学者认为,既然破产费用应当从破产财产中随时偿付,那么,履行这种偿付义务的行为主体就只能是唯一代表破产财产,并有权处分破产财产的破产清算人。所以在实务中,有关破产费用的请求,应当以破产清算组为对象提出。[3]

"债务人财产说"认为,破产费用和共益债务虽因管理人的行为而发生,但都是由债务人财产随时拨付予以清偿的,破产费用和共益债务的债务人只能是债务人财产。有学者认为,破产费用和共益债务的债务人应当具备以下条件:(1)具有财产基础,能够直接满足破产费用和共益债务请求权的清偿要求;(2)能够充分实现破产法的目的,不能因为运行破产程序而无谓扩大支付主体的责任;(3)避免债务人与债权人同一性的矛盾以及破产程序运行中各项制度之间的矛盾。衡量以上3个条件,债务人因丧失了对破产财产的管领能力,不具有清偿破产费用和共益债务的能力;债权人团体也不能直接支配债务人财产而缺乏承担清偿破产费用和共益债务的基础;破产管理人虽然对破产财产有管领能力和支配权利,但又不能避免时而出现的债权人和债务人同一性的矛盾。因此,"债务人财产说"更接近并符合该以上3个条件。破产费用和共益债务的债务人为债务人财产,更符合破产程序的目的和法理。[4]

相对而言,以破产管理人作为共益债务和破产费用的债务人更具合理性。首先,破产财产不具有法律上的权利义务主体地位,不能满足作为共益债务和破产费用的债务人的基本前提。其次,债权人团体虽可在破产程序上以债权人会议的形式实施团体自治,但依然不是破产程序上的主体一方,从而不具有责任能力,不能作为共益债务和破产费用的债务人。最后,债务人因破产程序的开始,丧失对破产财产的管领及支配能力,难以实际做出债务的履行行为,因而也不具有作为共益债务和破产费用的债务人的能力。破产管理人为破产程序上的独立主体,其管领并支配破产财产,有履行债务的财产基础;破产管理人以

---

[1] 参见王卫国:《破产法精义》,法律出版社2007年版,第119—120页。
[2] 参见李曙光:《破产费用与共益债务》,载《法制日报》2007年9月23日第11版。
[3] 参见王卫国、朱晓娟等编著:《破产法——原理·规则·案例》,清华大学出版社2006年版,第201页。
[4] 参见韩长印主编:《破产法学》,中国政法大学出版社2007年版,第84页。

自己的名义执行破产事务,而对共益债务的履行和对破产费用的支付又属破产事务的内容。且破产管理人在破产程序的进行中,可以自己的名义起诉和应诉,能够满足因共益债务和破产费用所生纠纷的诉讼需要。破产管理人作为共益债务和破产费用的债务人具有合理性。

第二节　破产费用和共益债务的范围

一、破产费用的范围

《破产法》第41条规定:"人民法院受理破产申请后发生的下列费用,为破产费用:(一)破产案件的诉讼费用;(二)管理、变价和分配债务人财产的费用;(三)管理人执行职务的费用、报酬和聘用工作人员的费用。"《企业破产法解释三》第1条规定:"人民法院裁定受理破产申请的,此前债务人尚未支付的公司强制清算费用、未终结的执行程序中产生的评估费、公告费、保管费等执行费用,可以参照企业破产法关于破产费用的规定,由债务人财产随时清偿。此前债务人尚未支付的案件受理费、执行申请费,可以作为破产债权清偿。"

（一）关于破产案件的诉讼费用

破产案件的诉讼费用是指自破产程序开始至破产程序终结期间,人民法院审理破产案件所支付的审判上的费用,主要包括破产案件受理费、公告费、送达费、法院登记申报债权的费用、法院召集债权人会议的费用、证据保全费用、财产保全费用、鉴定费用、勘验费用以及法院认为应由债务人财产支付的其他诉讼的费用。[1]

（二）关于管理、变价和分配债务人财产的费用

管理费用主要包括债务人财产的保管费用、清理费用、运输费用、保险费用、日常管理费用、营业税费、公告费用、通知费用等;变价费用主要包括估价费、鉴定费、公证费、公告费、拍卖费、执行费、登记费以及变价财产的契税等;分配费用主要包括破产财产分配表的制作费用、公告费用、通知费用、提存费用等。[2]

（三）关于管理人执行职务的费用、报酬和聘用工作人员的费用

管理人执行职务的费用主要包括:管理人办公场地使用费用,如办公场地租金、水电费、电话费和物业管理费等;管理人日常办公费用,如办公设备和办公用品的购置、使用费用,还包括管理人交通工具使用费或日常工作需要的交通费用。管理人的报酬由法院根据工作难易程度和工作量大小、清算工作的市场价格情况、非专业清算人员身份和是否兼

---

[1] 参见李国光主编:《新企业破产法条文释义》,人民法院出版社2008年版,第257页。

[2] 参见韩长印主编:《破产法学》,中国政法大学出版社2007年版,第86页;范健、王建文:《破产法》,法律出版社2009年版,第133页。

职、清算工作绩效等多方面因素综合考虑决定。向管理人经法院许可聘用的工作人员支付必要的劳动报酬，也是破产费用的一个组成部分。[1]有学者认为，管理人执行职务的费用还应当包括对债务人进行资信调查的费用、催收债务所发生的差旅费以及启动相关司法、仲裁程序所发生的费用。[2]

二、共益债务的范围

《破产法》第42条规定："人民法院受理破产申请后发生的下列债务，为共益债务：（一）因管理人或者债务人请求对方当事人履行双方均未履行完毕的合同所产生的债务；（二）债务人财产受无因管理所产生的债务；（三）因债务人不当得利所产生的债务；（四）为债务人继续营业而应支付的劳动报酬和社会保险费用以及由此产生的其他债务；（五）管理人或者相关人员执行职务致人损害所产生的债务；（六）债务人财产致人损害所产生的债务。"

（一）关于履行双方均未履行完毕的合同所产生的债务

将管理人请求履行合同而产生的债务规定为共益债务，为了全体债权人利益，可减少相对人履行的风险，鼓励相对人配合管理人的请求，也可提高交易率，降低交易成本。由管理人提出请求是管理人请求履行合同产生的债务作为共益债务的一个不可缺少的条件。但是，相对人未经管理人请求而自愿履行后产生的债务，因增加破产财团之财产，也为公平对待相对人并示鼓励，破产管理人也应当履行。[3]

我国法律在赋予管理人对未履行合同的解除或继续履行选择权的同时，也应当制定管理人行使选择权的标准。管理人对破产申请受理前成立而债务人和对方当事人均未履行完毕的合同，应当按照有利于使债务人财产最大化的原则，行使决定继续履行或解除的选择权。管理人决定继续履行的，对方当事人应当履行，管理人自己也需要履行合同义务，由此产生的债务为共益债务。[4]

（二）关于债务人财产受无因管理所产生的债务

在人民法院受理破产申请之后，如果第三人在没有法定或约定义务的条件下，对破产企业的财产或者事务实施了一定的管理，则第三人为破产企业或事务管理而支付的必要费用即属于无因管理而产生的共益债务。作为受益人的破产企业负有偿还该费用的义务。需要注意的是，因无因管理而产生的债务必须发生在破产申请受理之后，否则不构成共益债务。[5]

（三）关于因债务人不当得利所产生的债务

在破产程序开始后，因破产管理人的行为使破产财产取得不当得利，不当得利返还请求权成立于破产程序开始后，不符合破产债权的成立要件，致使不当得利返还请求权人不

---

[1] 参见汤维建主编：《新企业破产法解读与适用》，中国法制出版社2006年版，第152—153页。
[2] 参见刘德璋：《新企业破产法理解与操作指南》，法律出版社2007年版，第212页。
[3] 参见韩长印主编：《破产法学》，中国政法大学出版社2007年版，第89—90页。
[4] 参见刘德璋：《新企业破产法理解与操作指南》，法律出版社2007年版，第216页。
[5] 参见刘德璋：《新企业破产法理解与操作指南》，法律出版社2007年版，第217页。

能依破产债权受偿。在这种情形下，考虑到破产管理人取得不当得利，实际上有利于债权人的共同利益，增加了破产财产不应取得的价值，应由破产财产返还给受损失的人。因此，破产程序开始后，因为破产财产不当得利产生的债权，应作为共益债权处理。[1]在破产程序开始后，破产企业取得不当得利，使破产企业的财产增加对所有关系人均有利，故因此产生的债务理应列为共益债务而从企业财产中随时支付。[2]

（四）关于继续营业而产生的债务

继续营业而产生债务，是指"为债务人继续营业而应支付的劳动报酬和社会保险费用以及由此产生的其他债务"。在人民法院受理破产申请后为债务人的继续营业而支付的劳动报酬包括工资、津贴、奖金等；社会保险费用是指依据有关法律、行政法规的规定应当向社会保障机构缴纳的社会保险费用。"由此产生的其他债务"的范畴非常广泛，例如，为债务人的继续营业而支付的水电费用；在重整程序中债务人与他人签订新合同所产生的债务。这些债务为债务人继续营业所必须，是为全体债权人的共同利益，因此，应当列为破产共益债务。[3]

《企业破产法解释三》第2条规定："破产申请受理后，经债权人会议决议通过，或者第一次债权人会议召开前经人民法院许可，管理人或者自行管理的债务人可以为债务人继续营业而借款。提供借款的债权人主张参照企业破产法第四十二条第四项的规定优先于普通破产债权清偿的，人民法院应予支持，但其主张优先于此前已就债务人特定财产享有担保的债权清偿的，人民法院不予支持。管理人或者自行管理的债务人可以为前述借款设定抵押担保，抵押物在破产申请受理前已为其他债权人设定抵押的，债权人主张按照民法典第四百一十四条规定的顺序清偿，人民法院应予支持。"

（五）关于管理人或者相关人员执行职务致人损害所产生的债务

管理人或者相关人员执行职务致人损害所产生的债务，属于共益债务。其中，由担任管理人的中介机构指派具体履行管理职责的人员，担任管理人的清算组的成员，以及本身作为管理人的个人，执行管理职责致人损害产生的债务视为管理人执行职务致人损害产生的债务；应法院、管理人要求工作的债务人的有关人员，管理人聘用的工作人员等，执行职务致人损害所产生的债务，视为相关人员执行职务所产生的债务。[4]《企业破产法解释二》第33条规定："管理人或者相关人员在执行职务过程中，因故意或者重大过失不当转让他人财产或者造成他人财产毁损、灭失，导致他人损害产生的债务作为共益债务，由债务人财产随时清偿不足弥补损失，权利人向管理人或者相关人员主张承担补充赔偿责任的，人民法院应予支持。上述债务作为共益债务由债务人财产随时清偿后，债权人以管理人或者相关人员执行职务不当导致债务人财产减少给其造成损失为由提起诉讼，主张管理人或者相关人员承担相应赔偿责任的，人民法院应予支持。"

---

[1] 参见王艳华主编：《破产法学》，郑州大学出版社2009年版，第194页。
[2] 参见李永军、王欣新、邹海林等：《破产法》，中国政法大学出版社2009年版，第164页。
[3] 参见罗培新主编：《破产法》，格致出版社2009年版，第136页。
[4] 参见韩传华：《企业破产法解析》，人民法院出版社2007年版，第179页。

(六)关于债务人财产致人损害所产生的债务

债务人财产致人损害是指债务人财产有缺陷给消费者或他人造成的损失。就该损失应当承担的民事责任为债务人财产致人损害所产生的债务。[1]侵权实际上就包括人的侵权和人管理或者拥有的财产的侵权,《民法典》对此设有明文规定,因此,因债务人拥有或者其管理下的财产造成他人损害的,当然也应负赔偿责任。而该损害发生在破产程序开始后,故应为共益债务。[2]

有学者对"债务人财产致人损害所产生的债务"为共益债务的规定提出质疑。债务人财产致人损害所生的债务是适用侵权责任法后确定的赔偿责任,将其纳入共益债务很不妥当。首先,同样为债务人财产致人损害所生的债务,发生在破产程序开始前,只能作为普通债权申报,按照破产债权偿付规律注定不能全额清偿。而发生在破产期间,则可作为共益债务将得到即时全额清偿。仅因损害时间不同而对受害人区别对待,不能体现法律的公平。其次,破产法作为调整特殊情况下债权债务关系的法律,为了使破产财产保值增值而产生的债务作为共益债务无可厚非,而作为债务人财产致人损害产生的债务能否达成破产财产保值增值这一目的,进而被规划为共益债务,还有探讨的余地。[3]

第三节 破产费用和共益债务的清偿

一、破产费用和共益债务的清偿原则

我国《破产法》第43条第1款规定:"破产费用和共益债务由债务人财产随时清偿。"不依破产程序而随时清偿,是清偿破产费用和共益债务的一般原则。随时偿付破产费用和共益债务是破产程序得以正常进行的必然要求。在实务上,由债务人财产随时偿付破产费用和共益债务,既有助于保障破产费用和共益债务受偿的现实性,也有助于查明破产财产支付破产费用和共益债务的能力,从而防止进行无实益的破产程序。学者从不同角度对于破产费用和共益债务的清偿原则进行了研究。

破产费用和共益债务清偿的一般原则是:(1)优先偿付。所谓优先偿付,指先于破产分配而予偿付。也就是说,破产费用的请求权人享有优先于破产债权人受偿的地位。(2)随时偿付。破产费用和共益债务的偿付实行"随时发生,随时偿付"的原则,不需要债权申报,更不必留待清算分配时偿付。(3)全额偿付。破产费用和共益债务花费多少,就应全额偿付。如不能足额偿付,将导致破产程序的终结。[4]

---

[1] 参见韩长印主编:《破产法学》,中国政法大学出版社2007年版,第91页。
[2] 参见李永军、王欣新、邹海林等:《破产法》,中国政法大学出版社2009年版,第164—165页。
[3] 参见付翠英:《论破产费用和共益债务》,载《政治与法律》2010年第9期。
[4] 参见王艳梅、孙璐:《破产法》,中山大学出版社2005年版,第108页。

二、破产费用和共益债务的清偿顺序

破产费用和共益债务以从债务人财产中随时清偿为原则,但当债务人财产不足以清偿破产费用和共益债务的清偿时,应当如何清偿?我国《破产法》第43条第2、3、4款规定,"债务人财产不足以清偿所有破产费用和共益债务的,先行清偿破产费用。债务人财产不足以清偿所有破产费用或者共益债务的,按照比例清偿。债务人财产不足以清偿破产费用的,管理人应当提请人民法院终结破产程序。人民法院应当自收到请求之日起十五日内裁定终结破产程序,并予以公告。"据此,在债务人财产不足以清偿破产费用和共益债务时,破产费用优先于共益债务受偿。在债务人财产不足以清偿破产费用时,各破产费用依比例受偿;在债务人清偿完破产费用却不足以清偿共益债务时,由剩余的债务人财产对各共益债务按比例清偿。

重要名词术语

破产费用、共益债务

思考题

1. 简述破产费用的范围。
2. 简述共益债务的范围。

典型案例分析

基本案情

上海某某港实业有限公司(以下简称上海某港公司)于1993年9月设立,主营业务为码头租赁及仓储、装卸服务等。所处位置毗邻长江口,东与上海市外高桥港区、保税区相接,西临黄浦江。2019年11月,经债权人申请,上海市第三中级人民法院裁定受理上海某港公司破产清算案。经管理人调查发现,码头承租方经营管理混乱、设施设备陈旧老化,存在重大环境污染隐患。审理期间,环保、交管部门联合下达整改通知,要求对码头污水及扬尘处理设施进行限期整改,否则上海某港公司名下营运许可资质将被吊销。

上海某港公司名下拥有岸线使用许可证、港口经营许可证等无形资产,并拥有150米岸线长度,码头前沿控制线水深2米≤水深<5米,年货物吞吐量约200万吨,为保住上海某港公司营运价值,维护全体债权人利益,法院依申请裁定转入重整程序。

在法院指导下,管理人一方面与环保、交管部门紧急沟通协调,了解具体环保整改要求,另一方面迅速委托第三方进行施工整改,对污水沉砂池、水沟、地坪等设施设备进行施工扩建,确保地面雨水、喷洒水等统一汇集至污水沉砂池,经沉降处理后循环用于港内喷洒,大幅提高港口污水回用率,有效避免污水直排入江。另外加装围墙、增加砂石料围挡遮盖及装车喷水装置,有效管控码头扬尘,防止周边区域大气污染物超标。在接管财产难以支付相关施工、审价费用情况下,由管理人协调第三方先行垫付 587 068 元,待重整资金到位后依据《企业破产法解释三》第 2 条的规定,按共益债务予以清偿,部分费用以租金抵扣方式协调租户随时整治并支付。

同时,依据《企业破产法解释三》第 15 条第 1 款的规定,在债权人会议中以专项议案方式充分披露码头经营中的环境问题,说明修复整治费用及其处理方式,并经债权人会议表决同意。以有效地解决环保整改费用不足问题,提高了环境整治效率,确保码头绿色环保运营。在招募投资人过程中,除关注投资人本身资金实力与企业背景外,还关注投资人在码头绿色经营上的意愿和能力。经两轮市场化公开招募,引入投资人投入资金 8700 余万元,并着重将码头后续环保经营方案纳入重整计划草案。重整后企业将从设施设备改造升级、码头规范智能管理及环保绿色经营三个维度提升码头经营能力,做好外高桥保税区、港区配套服务。经债权人会议表决,出资人组在穷尽送达方式并公告后仍逾期未表决,担保债权组、税务债权组及普通债权组均表决通过了重整计划草案。管理人请求法院裁定批准上海某港公司重整计划草案。

裁判结果

上海市第三中级人民法院于 2022 年 8 月 10 日作出(2019)沪 03 破 320 号之六民事裁定:(1)批准修订后的《上海某某港实业有限公司重整计划(草案)》;(2)终止上海某港公司重整程序。重整计划执行过程中,在法院、管理人协助下,企业顺利解决营业执照到期及港口经营许可证超期问题。

裁判理由

法院生效裁判认为,对重整计划草案的审查批准,要尊重债权人会议意思自治和坚持合法性审查原则,同时也要考虑其能否在利益平衡基础上实现社会价值最大化。本案中,普通债权组清偿率较模拟清算下零清偿有了提高,在上海某港公司已严重资不抵债的情况下,重整计划对出资人组权益调整为零的方案公平合理,草案中的经营方案具有可行性,可有效地延续上海某港公司的经营价值,有助于恢复上海某港公司的经营能力。破产管理人的申请,符合法律规定,并有利于实现企业可持续发展和生态环境保护的双重效果,应予准许。人民法院应充分发挥破产审判职能,将绿色发展理念融入重整司法全过程,从环境问题的修复治理、费用安排、重整计划的制定及执行等方面探索建立灵活高效的工作机制,使重整成为助推困境企业绿色低碳转型的有效路径。具体如下:

1. 关于重整企业环境污染治理责任及费用性质。依据《环境保护法》《港口法》等相关法律规定,以及"谁污染,谁治理"的原则,企业的环境污染治理责任应延续至其破产受理后。港口码头重整企业对相关基础设施的建设、维护缺失造成环境污染的,应由其作为环境治理责任主体进行整治。管理人作为破产事务的执行者,应负责实施具体的整治行为。该行为使得债务人企业经营资质得以保留,经营价值得以维系,提升了全体债权人的清偿利益。因整治所产生的费用,系为全体债权人利益而产生的费用,管理人请求按照《企业破产法解释三》第 2 条的规定认定为共益债务的,人民法院应予支持。

2. 关于重整期间环境污染治理路径。本案所涉码头污染主要集中在水体、大气污染两方面,在法院指导下,管理人依法协同推进环境污染治理与重整程序:一是府院协调。由法院、管理人走访属地街镇、环境监管部门,充分了解所涉码头岸线环保责任要求及后续规划前景。经沟通协调后,相关部门延长整改期限,为环境污染整治争取了时间。二是先行治理。整改通知下达时,管理人未能接管到应收租金及其他资金。为在短时间内完成各项环境污染治理措施,保住企业经营资质,由管理人沟通码头承租企业先行委托第三方专业机构对标整改。通过对污水沉砂池及附属设施的扩建完善,解决雨水及场地污水未经处理渗漏进入环境水体现象,并提高污水回用率;通过加装降尘降噪设备,降低大气粉尘污染,确保空气质量达标,提升长江口岸流域生态环境质量。三是费用落实。主要费用由承租企业先行垫付,待重整资金到位后以共益债务清偿,解决整治资金难问题。四是信息披露。充分尊重债权人知情权、参与权、监督权,依据《企业破产法解释三》第15条第1款规定,将环境污染整治事项作为重大财产处分行为进行专项表决,并在重整计划草案中披露环境污染治理经过及费用承担,争取债权人支持配合重整工作。

3. 关于环境污染治理与重整价值维护的关系。本案环境污染治理与企业重整价值密切相关,是决定企业能否实现其重整价值的关键因素。一旦企业违反相关环境污染防治法律法规,面临被剥夺行政许可资质的处罚时,将导致其重整价值丧失,故在港口码头企业破产重整案件审理过程中,应注重将环境污染治理和企业重整价值维护有机结合,及时消除影响码头经营许可资质存续的环境污染状态,将环境污染治理作为实现重整价值的重要考量因素。

4. 关于重整计划的制定、批准及执行。制订重整计划时,应体现绿色发展原则,引导投资人将环保经营方案和环保承诺事项写入计划,注重企业未来能否践行环境责任并促进经济、社会和环境协调发展。对重整计划草案进行审查批准时,应综合考虑企业清算价值、程序合法性等法律因素,以及企业可持续发展、生态环境保护等社会因素。重整计划执行中,应协调解决企业继续经营障碍。通过探索破产审判与生态环境司法保护协同推进的新机制,实现长江流域减污降碳源头治理和企业绿色低碳转型,促进生态环境保护、企业重生、债权人利益最大化的有机统一。

第五十九章　破产重整程序

【内容提示】

现代破产法实现了清算型破产制度向再生型破产制度的转变,破产重整程序作为再生型破产制度的核心,是破产法现代化的重要标志。我国旧破产法上的和解整顿虽然也具有避免企业破产清算的功效,但实质上是计划经济体制下对破产企业进行行政管理的一种方式,具有鲜明的计划经济的色彩,且对破产企业欠缺具体的再生手段。21世纪以来,我国学者将重整制度作为破产立法的重要内容加以研究,在比较分析发达国家破产重整立法经验的基础上,提出了建立我国破产重整制度的理论构想。

我国学者从重整程序的概念、制度特征等理论基础入手,提出了重整程序特有的制度价值,从而为建立破产重整制度达成共识。针对重整程序的具体设计,学者系统研究了破产重整原因及重整程序的启动模式,分析了重整申请权的法律配置,阐述了重整计划草案的制订主体、提出时间和草案内容,重点研究了重整计划草案的表决机制以及法院正常批准和强制批准重整计划草案的条件,比较分析了重整计划的执行主体及对重整计划执行行为的监督机制,并探讨了终止重整计划执行的具体情形及终止效力,由此形成了完整的破产重整理论体系。

破产重整理论的形成,是我国破产法学的一大进步,也是我国破产法学走向现代化的重要标志。我国学者对破产重整理论的研究,既有对其他国家和地区重整立法的比较分析,也有立足国情提出的特别构想。这是对我国破产立法所作出的最为重要的理论贡献之一。再者,学者关于我国现行破产重整制度的反思,对于破产重整立法的进一步完善,同样具有重大意义。

第一节　重整程序

一、重整程序的概念

重整程序是指经由利害关系人的申请,法院裁定许可债务人继续营业,并与债权人等利害关系人协商后形成清理债权债务的"重整计划"的程序。[1]《破产法》第71条规定:

---

[1] 参见邹海林:《我国企业再生程序的制度分析和适用》,载《政法论坛》,2007年第1期。

"人民法院经审查认为重整申请符合本法规定的,应当裁定债务人重整,并予以公告。"

清理债务是重整程序不可或缺的内容,但就重整程序的设计初衷来讲,主要还是出于挽救困境企业、恢复其经营机能的考虑。若非如此,传统的清算和和解程序就足以完成清理债务的目的,且其产生的直接成本要较重整程序更小,没有再另设重整制度的必要。另外,重整程序在内容上更为复杂,要通过重整计划的制订、表决、批准等步骤来实施。因此,综合重整程序的制度目的与程序内容,重整程序应当是指在债务人业已发生破产或有破产之虞时,经利害关系人的申请,法院裁定许可债务人继续营业,并依利害关系人通过或获法院批准的重整计划,清理债权债务关系,以实现债务人再生的一种司法程序。

二、重整程序的特征

我国《破产法》规定的重整程序具有以下特点:(1)重整程序的独立性。重整程序是我国破产程序的组成部分,但又具有独立性,有其独特的适用原因、目的和制度结构,又是清理债务人的债权债务的独立程序。(2)重整程序的适用范围限定。我国《破产法》将重整程序的适用限定于企业法人,非法人的企业以及自然人不能主张适用重整程序清理债务。(3)重整程序的申请主义。重整程序的启动取决于利害关系人的申请,非有利害关系人向法院申请,法院不得依职权开始重整。(4)重整程序的利益多元化。重整程序不仅涉及债权人和债务人的债权债务关系的清理,而且涉及债务人财产上的其他负担之清理,更会涉及债务人的资本结构以及产业结构的清理,事关不同群体的多方利益。(5)重整程序的优先效力。[1]

三、重整程序的制度价值

破产重整程序的制度价值,也是重整程序在破产法上得以确立的基础。重整程序的制度价值是多维的:首先,重整程序积极致力于困境企业再建,力图使已经发生破产或有破产可能的企业恢复正常经营机能。其次,重整程序能够维护重整企业的营运价值,避免企业资产因清算而受到低估。再次,重整程序有利于实现债权人受偿利益的最大化。重整程序虽然可能阻却债权人立即获得清偿,但却随着债务人清偿能力的逐步恢复,可以提高债权人受偿比例,甚至不排除完全受偿的可能。复次,重整程序可以保护职工的就业利益,避免职工因企业破产清算而失业,由此减轻社会负担和政府压力,维护社会稳定有序。最后,重整程序能够以较低的成本实现社会资源的再配置。一般认为,破产清算可使破产企业占用的社会资源重新分配至高效的部门,从而实现社会资源配置上的优化。但破产清算这种资源重配方式具有破坏性,社会成本大。相对而言,重整程序也可实现市场资源的重新配置,实质上重整计划所确定的清偿方案和重整措施就是对市场资源重新配置所作出的安排,但它不会以解构的方式对社会经济环境造成破坏,优化资源配置的成本要小。

---

[1] 参见李永军、王欣新、邹海林等:《破产法》,中国政法大学出版社2009年版,第186页。

第二节　重整申请

一、重整申请人

《破产法》第 70 条规定："债务人或者债权人可以依照本法规定,直接向人民法院申请对债务人进行重整。债权人申请对债务人进行破产清算的,在人民法院受理破产申请后、宣告债务人破产前,债务人或者出资额占债务人注册资本十分之一以上的出资人,可以向人民法院申请重整。"

（一）债务人

破产重整原本是为挽救业已破产或有破产之虞的债务人而设计的一项救济制度,由债务人申请破产重整,当然也是破产重整制度的应有之义。债务人最为了解自身的财产状况以及可依重整程序获得再生的可能,由债务人申请重整,有利于重整制度效用的最大化。

各国重整法、破产法、公司法均允许债务人提出对自己进行重整的申请。其理由无非是:（1）债务人最了解自己的财产状况,最清楚自己有无再建的希望及继续营业的价值。（2）债务人提出重整申请,在很大程度上反映出债务人对重整的诚意,这种诚意在重整程序中是至关重要的。（3）当债务人出现重整原因时,特别是出现不能支付的危险时,只有债务人最清楚,而债权人难以知晓,故允许债务人提出重整申请,能及时开始重整程序,以达到挽救企业、避免工人失业等目的。[1] 债务人是重整程序的最直接受益者,其对于破产重整有极大的动力和积极性;而且,相对于其他主体,债务人申请重整,有其优越性:债务人对自身经营状况比较了解,对于重整成功可能性的判断也更加容易。[2]

（二）债权人

在债务人清偿不能时,对其进行破产清算,还是破产重整,对债权人利益也有重大干系。当重整制度能够确保债权人获得不低于依清算程序可获得的清偿利益,甚至使债权人有获得足额清偿的可能时,重整程序对债权人而言也未尝不是好机会。因此,尽管重整程序大多是由债务人申请而起,但由债权人推动债务人重整也成为可能。况且,一旦有债权人提起重整申请,特别是那些债权受担保保障的债权人申请重整,通常意味着债权人有参与重整程序、为债务人重整提供某种支持的意愿,这对于重整程序的成功实施,对于债务人及其他债权人也都有益。

对债权人来说,赋予其重整申请权具有重大意义。因为如果不赋予债权人申请权,那么债务人极有可能在已处于极度恶化的状态下才寻求重整保护,而此时公司现有财产对债权人可能只剩下很低的清偿率,要让债权人被动地作出让步以支持公司重整想必是非常困难的。所以,债权人具有重整申请权,可以及时启动重整程序,这既符合公司重整目

---

[1] 参见李永军:《破产法律制度》,中国法制出版社 2000 年版,第 429—430 页。
[2] 参见薄燕娜主编:《破产法教程》,对外经济贸易大学出版社 2009 年版,第 171 页。

的,也符合债权人的利益。[1]依照我国《破产法》的规定,所有的债权人都会受重整程序的限制,担保权人亦不例外;债权人滥用重整申请权,也有相应的制度措施,赋予债权人以重整申请权有其合理性,没有对债权人的重整申请权加以特别限制的必要。

（三）债务人的出资人

债务人的出资人与债务人利益联系紧密,对债务人进行的重整活动于其出资人也有重大意义,因而,出资人有参与债务人重整、为重整活动提供资金等支持的动因,应当享有对债务人申请重整的权利。

企业法人不能清偿债务而债权人申请对债务人破产清算的,破产清算不仅将终止债务人的法人地位,而且直接分配其财产,关系到企业法人的出资人之投资利益。考虑到,企业法人的出资人对企业法人的存续状况的改善有积极的作用,在特定情况下赋予企业法人的出资人以重整申请权。实际上,赋予出资人以重整申请权,主要目的在于照顾和保护企业的中小投资者的利益,以增加重整程序的适用机会。[2]

但是,为防止出资人滥用重整申请权,有必要对申请重整的出资人持有的出资比例进行限制,无论是一个出资人单独持有的出资比例,还是多个出资人合并持有的出资比例,达到法定最低要求后,方可单独或共同提起重整申请。持有法定出资份额的出资人作为重整申请人,以其"出资额占债务人注册资本十分之一以上"为已足。合并持有债务人注册资本1/10以上出资额的出资人,可以共同为重整申请人。[3]为了避免过于轻率的申请重整,要对出资人申请重整作出资本额的限制。以注册资本为基准,是考虑到我国现实情况下的可操作性,而"十分之一"的定位,实际上是起草者在鼓励重整与防止轻率申请之间求取大致平衡的结果。[4]

二、重整申请的审查

通说认为,法院在受理重整申请前应当进行实质审查和形式审查,但在审查方式与实质审查内容上存在分歧。就审查方式而已,有学者主张实质审查与形式审查并重;有学者主张形式审查与实质审查分置,受理前为形式审查,受理后为实质审查;也有学者则强调对重整申请的实质审查。就实质审查内容而言,部分学者认为包括对债务人的重整能力与重整原因的审查,另有部分学者则认为对债务人是否有重整希望的审查也应当属于实质审查的范畴。

一般来讲,法院在受理重整申请时,对重整申请的审查包括实质审查和形式审查两个方面。但具体是实质审查与形式审查并重,还是仅以形式审查为限,要依重整申请提出的场合而定。如果重整申请是针对债务人提出的初始申请,即先前并无对债务人开始破产清算或和解程序,则法院在对重整申请进行形式审查的同时,也要对债务人是否具有重整能力和重整原因进行实质审查;如果重整申请是在针对债务人已经开始的破产清算程序或

---

[1] 参见汪世虎:《公司重整中的债权人利益保护研究》,中国检察出版社2006年版,第97页。
[2] 参见邹海林:《我国企业再生程序的制度分析和适用》,载《政法论坛》,2007年第1期。
[3] 参见邹海林:《我国企业再生程序的制度分析和适用》,载《政法论坛》,2007年第1期。
[4] 参见王卫国:《破产法精义》,法律出版社2007年版,第204页。

破产和解程序中提出,因破产清算原因或破产和解原因也可以是适用重整程序的原因,故法院再无重复审查重整原因的必要,对重整申请的审查仅以形式审查为限。

三、重整期间的营业与相关限制

自人民法院裁定债务人重整之日起至重整程序终止,为重整期间。[1]

(一)重整期间的营业

在重整期间,经债务人申请,人民法院批准,债务人可以在管理人的监督下自行管理财产和营业事务。由债务人自行管理管理财产和营业事务的,已接管债务人财产和营业事务的管理人应当向债务人移交财产和营业事务,《破产法》规定的管理人的职权由债务人行使。[2]

管理人负责管理财产和营业事务的,可以聘任债务人的经营管理人员负责营业事务。[3]

(二)重整期间的权利限制

在重整期间,对债务人的特定财产享有的担保权暂停行使。但是,担保物有损坏或者价值明显减少的可能,足以危害担保权人权利的,担保权人可以向人民法院请求恢复行使担保权。在重整期间,债务人或者管理人为继续营业而借款的,可以为该借款设定担保。[4]

债务人合法占有的他人财产,该财产的权利人在重整期间要求取回的,应当符合事先约定的条件。[5] 债务人重整期间,权利人要求取回债务人合法占有的权利人的财产,不符合双方事先约定条件的,人民法院不予支持。但是,因管理人或者自行管理的债务人违反约定,可能导致取回物被转让、毁损、灭失或者价值明显减少的除外。[6]

在重整期间,债务人的出资人不得请求投资收益分配。在重整期间,债务人的董事、监事、高级管理人员不得向第三人转让其持有的债务人的股权。但是,经人民法院同意的除外。[7]

第三节 重整计划的制定

一、重整计划草案的制定主体

我国破产法就重整计划制备人规定了"谁管理,谁制备"的规则。采用"谁管理,谁

---

[1]《破产法》第72条。
[2]《破产法》第73条。
[3]《破产法》第74条。
[4]《破产法》第75条。
[5]《破产法》第76条。
[6]《企业破产法解释二》第40条。
[7]《破产法》第77条。

制备"的规则,有利于制备人在充分掌握债务人信息和开展多方谈判的基础上,制定出切实可行的重整方案。根据"谁管理,谁制备"的标准,作为重整计划草案的制备人,债务人比较熟悉自身信息和财产及经营状况,有较好的管理经验和经济知识,但由于与其本身有利益关系,容易倾向于维护自身利益而损害债权人或其他利益关系人的利益。一般来说,管理人能够较中立地制备重整计划,能够在制备过程中与债权人、债务人、职工代表和其他利益关系人进行讨论,并听取出资人和专家的意见,形成较能为各方当事人接受的计划方案。[1]

对重整计划的提出和制定主体应当实行多元化。单独由债务人或管理人提出重整计划,固然可以发挥债务人对自身情况的熟悉和管理人的专业知识优势,有利于重整计划的通过。但是,由债务人制定出的重整计划很难取得债权人的信任。而由管理人制定出的重整计划,由于缺乏对债务人的彻底了解,也很难使重整计划科学、合理和顺利执行。比较合理的做法是:依据"谁管理,谁制定"的原则,在债务人担任营业机构的情况下,以债务人为主,管理人协助和监督提出重整计划;在管理人担任营业机构的情况下,以管理人为主,债务人协助提出重整计划。[2]

重整计划的制订人应当具备一定的条件,符合重整计划可行性、合理性对制订主体在能力上的要求。首先,制订人应当了解债务人财产状况及经营特点。其次,制订人应熟悉财务优化的各种手段,对各种重整手段能够进行较为精准的成本分析。最后,计划制订人应当具有公允立场,在制订重整计划的过程中能够合理权衡债务清理与重整安排之间的关系,注重保护相关人利益。因此,重整计划的制订人范围不宜宽泛,应当予以适当集中。将重整计划制订资格授予管理人和债务人,较为可取。《破产法》第80条规定:"债务人自行管理财产和营业事务的,由债务人制作重整计划草案。管理人负责管理财产和营业事务的,由管理人制作重整计划草案。"

二、重整计划草案的提出时间

重整计划提交期限的设定实际上也面临两种制度价值的冲突:一方面要满足程序效率的要求,另一方面还要顾及重整计划制订质量对时间的要求。设定的期限过短,虽然可以使重整程序更加紧凑,但若无法制订出高质量的重整计划,也会最终导致整个重整程序的无效;设定期限过长,会使重整程序过于拖沓,损害债权人及担保物权人等受重整程序限制的权利人的利益,甚至拖延至债务人情况进一步恶化,程序成本加大,反而导致重整不能。所以有必要规定一个相对合理的期限。另外,为避免规定期限不能满足个别重大、复杂重整案件的实际需要,计划制订人基于正当理由,可申请延长期限一次。重整计划提交期限的既属法律的强制性要求,必得以相应的法律效果来保障,即未能在法定期限内制订并提交计划草案的,法院不经利害关系人申请,即可裁定终止重整程序,因而,重整计划制订人未能如期提交计划草案,也构成重整程序终止的法律事实之一。

对此,《破产法》第79条规定:"债务人或者管理人应当自人民法院裁定债务人重整之

---

[1] 参见王卫国:《破产法精义》,法律出版社2007年版,第241—242页。
[2] 参见张艳丽:《重整计划比较分析》,载《法学杂志》2009年第4期。

日起六个月内,同时向人民法院和债权人会议提交重整计划草案。前款规定的期限届满,经债务人或者管理人请求,有正当理由的,人民法院可以裁定延期三个月。债务人或者管理人未按期提出重整计划草案的,人民法院应当裁定终止重整程序,并宣告债务人破产。"

三、重整计划草案的内容

《破产法》第81条规定:"重整计划草案应当包括下列内容:(一)债务人的经营方案;(二)债权分类;(三)债权调整方案;(四)债权受偿方案;(五)重整计划的执行期限;(六)重整计划执行的监督期限;(七)有利于债务人重整的其他方案。"我国《破产法》对重整计划内容的规定与美国、日本的做法相比,比较简单。这种简单化处理方式,一方面固然可以因其开放性体系而设定具体内容,从而更加切合企业重整的实际需要;但是,另一方面又要看到,立法要给实践以适当指导,过于简略的内容设定,不利于重整计划合法、及时、全面地构建,从而会影响其有效性和可操作性。同时,也可能导致重整计划的反复设计,进而影响效率。[1]

我国破产法规定重整仅以再建型重整为限,故如何恢复债务人的营业将成为重整计划的核心内容。关于如何恢复债务人的营业,无不涉及两个十分重要的方面:债务人振兴营业的措施和既有债权债务的清理。重整计划的内容是当事人自治的产物,法律不可能对重整计划的内容预先作出硬性规定,但可以对当事人如何确定重整计划予以引导。另外,重整计划不得含有法律禁止规定的内容,即不得违反法律的强制性规定或者社会公共利益。[2]

对重整计划的内容,法律不应有过多的强制性和限制性规定,相反应当注重在破产重整的框架内,由当事人自由协商最终决定。重整计划内容和运作将预示着债务企业的经营前景,它代表着各主体对破产重整的经济预期,而且这种预期有时是很难估量的。通过协商的重整计划会对存在的多种利益选择做出一个安排,并使这种安排能够为大多数关系人所接受。换言之,法律应当允许由市场来决定各经济主体在破产重整计划中做出适当的商业决策。因此,法律对破产重整计划的设计不应当过于详细,只要做一些原则性、程序性的规定就可以了。[3]

第四节 重整计划草案的表决

一、重整计划草案的表决分组

关系人会议对重整计划草案的表决并不采取如债权人会议式的集体表决方式,而是

---

[1] 参见王延川主编:《破产法理论与实务》,中国政法大学出版社2009年版,第62页。
[2] 参见李永军、王欣新、邹海林等:《破产法》,中国政法大学出版社2009年版,第197页。
[3] 参见张艳丽:《重整计划比较分析》,载《法学杂志》2009年第4期。

采分组表决方式。各国（地区）对分组的标准大致可分为强行性分组和任意性分组两种。所谓强行性分组，是指法律明确规定了分组的标准，法院及重整人无改变的余地；所谓任意性分组，是指法律虽然规定了分组标准，但同时赋予法院或重整人根据实际情况改变分组标准的权利。[1]对重整计划草案，应当实行分组表决，按照以下四类债权成立表决组：有财产担保的债权、劳动债权、税收、普通债权。[2]因此，重整计划草案的表决并非仅仅是债权人会议的表决。债权人会议对重整计划草案有表决权，但参加重整程序的其他本非"债权人"的利害关系人也有表决权。重整程序涉及的关系人之利益的复杂，已然超出"债权人"的范畴，原本不属于"债权人"范畴的利害关系人，例如对债务人不享有"债权"的担保权人、企业法人的出资人等，均有依照其意思对重整计划草案予以表决的权利。[3]

对此，《破产法》第82条规定："下列各类债权的债权人参加讨论重整计划草案的债权人会议，依照下列债权分类，分组对重整计划草案进行表决：（一）对债务人的特定财产享有担保权的债权；（二）债务人所欠职工的工资和医疗、伤残补助、抚恤费用，所欠的应当划入职工个人账户的基本养老保险、基本医疗保险费用，以及法律、行政法规规定应当支付给职工的补偿金；（三）债务人所欠税款；（四）普通债权。人民法院在必要时可以决定在普通债权组中设小额债权组对重整计划草案进行表决。"第83条规定："重整计划不得规定减免债务人欠缴的本法第八十二条第一款第二项规定以外的社会保险费用；该项费用的债权人不参加重整计划草案的表决。"

有学者主张，对债权的分类分组可以再精细些。如担保权可分为有财产的担保权和非财产的担保权；又如劳动债权至少可以分为历史劳动债权和即时劳动债权，还可以细分为工资劳动债权、奖励劳动债权和社保劳动债权；普通债权又可以分为银行债权和非银行债权；损害赔偿债权可以分为基于人身损害的债权和基于物之损害的债权等。债权分类的细致化可以更好地反映不同债权人在重整计划中的利益。[4]

二、出资人表决组

重整计划草案可能涉及公司股东权益调整，也应当由股东对计划调整其权益的部分以表决方式表达意见，此时应当设股东组或出资人组。换言之，设立股东组一定是重整计划草案与股东权益有涉，否则无设立股东组的必要，自然也不应存在设立股东组却不赋予其表决权的情形。

理论上认为，应当切实保护股东参与重整的程序权利。虽然股东在关系人会议中的表决权，只有在债务人企业还有剩余的资产净值或者没有剩余资产净值但股东愿意注资挽救企业的情况下才能行使，但股东仍有作为关系人参加重整程序的权利，即使在没有表决权的情况下也应当保护股东的参与权，这样才能保护股东的重整利益，保证重整程序的公

---

[1] 参见李永军：《破产法律制度》，中国法制出版社2000年版，第454页。
[2] 参见邹海林：《中国的破产制度及其发展方向》，载王保树等《中国市场经济法治走向》，昆仑出版社2001年版，第166页。
[3] 参见李永军、王欣新、邹海林等：《破产法》，中国政法大学出版社2009年版，第199页。
[4] 参见李曙光：《关于新破产法中的重整制度》，载《人民法院报》2004年8月27日。

正性、透明性。[1] 陷于困境企业的重整,并不是单纯涉及债权人的利益,也涉及股东的利益,为充分调动各方利害关系人的积极性,必须让股东也参与到重整程序之中。在对重整方案进行表决时,应当允许出资人参与,设置出资人组,对重整方案中的相关事宜进行表决。[2]

股东应当作为一个独立的组别出现在立法规定上。理由是:其一,在公司未达到破产界限却因存在不能清偿到期债务之虞进入重整程序的,股东对公司经营还是存在独立利益的,因此它对重整计划应当有表决权。其二,股东成为独立的组别,不一定非要赋予它以表决权。在公司达到破产界限而进入重整程序后,股东对公司已不享有潜在利益,因此,它此时虽然可以作为一个独立的组别而存在,但立法却不应赋予其表决权。[3]

三、重整计划草案的表决规则

对于债权人组的决议规则,通说认为双重多数决要较单一多数决更为科学、合理,可以避免大额债权人操控决议事项,保护小额债权人的利益。至于股东组的决议规则,则存在分歧:一种观点认为依现有破产法的规定,股东组表决也应采用双重多数额规则;另一种观点则认为,破产法规定的债权人组决议规则不适用于股东组表决,股东组表决应参照公司股东会决议规则,以股东所持表决权的 2/3 以上多数通过,或依公司章程规定。《破产法》第 84 条规定:"人民法院应当自收到重整计划草案之日起三十日内召开债权人会议,对重整计划草案进行表决。出席会议的同一表决组的债权人过半数同意重整计划草案,并且其所代表的债权额占该组债权总额的三分之二以上的,即为该组通过重整计划草案。债务人或者管理人应当向债权人会议就重整计划草案作出说明,并回答询问。"第 85 条规定:"债务人的出资人代表可以列席讨论重整计划草案的债权人会议。重整计划草案涉及出资人权益调整事项的,应当设出资人组,对该事项进行表决。"

对表决方式的规定有两种:一种是双重标准,不仅规定了人数标准,而且规定了债权额标准;另一种是仅以表决权额计算的单一标准。双标准制较单一制合理。因为单一制在实际中会发生少数大的债权人或股东左右局面的状况,若有一债权人的债权额占整个小组的 1/2 或更多时,其他债权人则形同虚设。双标准制很大程度上减少弱肉强食的作用,即使少数债权人的债权额很大,但无其他债权人的附合,他也难以左右表决局面。[4] 也有学者认为,股东小组的表决应采单一标准,由行使表决权的股东过 2/3 通过。其他表决组通过应采用双重标准:(1)每组中有表决权的 2/3 以上债权人对方案表示同意;(2)每组中投赞成票的债权人的权利所代表的债权额超过有表决权债权人的债权额的 2/3。[5]

有学者认为,根据重整计划的组别表决制度和《破产法》第 85 条关于设立"出资人

---

[1] 参见陈昶屹:《破产重整制度的建立与完善》,载《法律适用》2005 年第 2 期。
[2] 参见王利明:《破产立法中的若干疑难问题探讨》,载《法学》2005 年第 3 期。
[3] 参见汤维建:《我国破产法草案在重整程序设计上的若干争议问题之我见》,载《法学家》2005 年第 2 期。
[4] 参见李永军:《破产法律制度》,中国法制出版社 2000 年版,第 456—457 页;李国光:《新企业破产法理解与适用》,人民法院出版社 2006 年版,第 413 页。
[5] 参见沈贵明主编:《破产法学》,郑州大学出版社 2004 年版,第 284 页。

组"的规定,出资人组的表决标准不适用公司法上的股东大会表决标准,而是采用《破产法》规定的"人数"和"出资额"双重多数标准,即出席表决会议的出资人过半数同意重整计划草案,并且其代表的出资额占企业出资总额的2/3以上的,为出资人组通过重整计划草案。[1]另有学者认为,一般而言,各国立法中的双重多数表决控制模式仅适用于各债权人表决组,而不适用于股东组。我国企业破产法规定股东有权就出资人权益调整事项进行表决,但是对股东组议决规则没有明确作出规定。股东组的表决实行单一多数标准即可,以便与公司法上的表决制度相协调。由于重整计划对股东权益的调整对于股东的权利有重大影响,应当作为公司法上的特别决议事项,由股东所持表决权的2/3以上通过。但是,在公司章程另有规定的,从其规定。[2]

就债权人组决议规则可能采用的两种方式来看,双重多数决规则则要更具优势。单一多数表决规则虽然能够体现风险与权利相适应的正义要求,但难以反映小额权利人的利益诉求,不利于小额权利人的利益保护。特别是存在众多表决权人但表决权份额集中于少数几个表决权人的情况下,重整计划的话语权必为少数人所操控。双重多数决既可以反映少数大额权利人对重整计划的影响,又能照顾到多数小额权利人的诉求。可以阻止个别大额债权人违背其他小额债权人的意志而将重整计划强加于他们,反过来也可防止众多小额债权人联合起来将其决定强加给大额债权人。双重多数表决规则可以兼顾效率与公平,不失为一种相对合理的制度选择。但是,因为《破产法》没有明确股东组的表决规则,股东组表决适用《公司法》的规定似更为可取。

第五节 重整计划的批准

一、重整计划的正常批准

《破产法》第86条规定:"各表决组均通过重整计划草案时,重整计划即为通过。自重整计划通过之日起十日内,债务人或者管理人应当向人民法院提出批准重整计划的申请。人民法院经审查认为符合本法规定的,应当自收到申请之日起三十日内裁定批准,终止重整程序,并予以公告。"重整计划草案获得各表决组的通过,法院经审查认为符合《破产法》的规定的,应当裁定予以批准。此为重整计划的正常批准。

正常批准是重整程序中法院批准重整计划最为理想的一种情形。首先,正常批准体现了重整程序中私权利与司法权力在重整计划上的统一,并以最经济的方式实现了对多种重整资源的有效利用。其次,依正常批准生效的重整计划具有更多的合法性基础。表决通过的重整计划已承载了多数利益相关人的同意,以此作出利益调整依据,符合所涉私法主

---

[1] 参见王卫国:《破产法精义》,法律出版社2007年版,第254页。
[2] 参见李志强:《企业重整程序的正当性基础及规范建构》,中国社会科学院研究生院2009年博士论文。

体的意志。再加上法院为批准重整计划所进行的合法性审查,使正常批准下的重整计划具有更为坚实的法律基础。最后,正常批准的重整计划具有更好的实施效果。经利害关系人通过又获得法院批准的重整计划可以在最大范围内整合各方重整力量,形成推动企业重整的合力,为重整计划的切实执行奠定基础。

学者对我国《破产法》关于法院正常批准重整计划的原则规定多有批评,《破产法》没有具体明确法院批准已获各表决权组表决通过的重整计划的具体条件,难以为参与重整的各利害关系人的利益提供充分有效的保护。我国立法关于正常批准重整计划的条件存在以下问题:(1)批准条件不明确。《破产法》仅规定,法院审查认为重整计划草案"符合本法规定"的,应当裁定批准,但具体内容则不甚明确。(2)没有规定目的正当原则。(3)没有规定平等对待同一表决组的成员原则。(4)没有规定债权人最大利益原则,持反对意见的债权人将难以得到法律救济。(5)没有规定重整计划可行性原则。学者指出,上述原则在破产法关于强制批准的条件中虽有规定,但不能适用于在正常批准的情形下对持反对意见的债权人个人提供保护。[1]

凡依法提交的重整计划草案,经各表决权组表决通过,若其程序符合《破产法》的规定,并具有法律规定的必备内容,无明显违反法律强制性规定的情形,法院经审查应当批准。这样理解《破产法》的原则规定,一方面可以体现了立法者对重整程序的积极态度,另一方面也体现了对当事人意思自治的尊重。但是,表决通过的重整计划草案遵循多数决规则,如何保护少数反对重整计划的利害关系人的利益,应当以立法形式予以明确。

二、重整计划的强制批准

重整计划的强制批准,是指在重整程序中部分表决组未通过重整计划草案时,经法院裁定批准重整计划而使之产生法律约束力的司法行为。重整计划的强制批准是破产立法贯彻落实企业再生主导型的破产程序的工具或手段,但在相当程度上与当事人自治主导型的破产程序的宗旨还是有所冲突的。我国《破产法》第87条规定了重整计划的强制批准制度。强制批准是法律为克服正常批准受制于关系人表决结果的局限性而规定的法院批准重整计划的另一种方式。当重整计划的确具有可行性,但又无法获得表决通过时,法院可利用强制批准权打破这一僵局,强行推动债务人重整。

按照第87条规定,部分表决组未通过重整计划草案的,债务人或者管理人可以同未通过重整计划草案的表决组协商。该表决组可以在协商后再表决一次。双方协商的结果不得损害其他表决组的利益。未通过重整计划草案的表决组拒绝再次表决或者再次表决仍未通过重整计划草案,但重整计划草案符合下列条件的,债务人或者管理人可以申请人民法院批准重整计划草案:(1)按照重整计划草案,对债务人的特定财产享有担保权的债权就该特定财产将获得全额清偿,其因延期清偿所受的损失将得到公平补偿,并且其担保权未受到实质性损害,或者该表决组已经通过重整计划草案。(2)按照重整计划草案,债务人所欠职工的工资和医疗、伤残补助、抚恤费用,所欠的应当划入职工个人账户的基本养

---

[1] 参见李志强:《关于我国破产重整计划批准制度的思考》,载《北方法学》2008年第3期。

老保险、基本医疗保险费用,以及法律、行政法规规定应当支付给职工的补偿金;债务人所欠税款将获得全额清偿,或者相应表决组已经通过重整计划草案。(3)按照重整计划草案,普通债权所获得的清偿比例,不低于其在重整计划草案被提请批准时依照破产清算程序所能获得的清偿比例,或者该表决组已经通过重整计划草案。(4)重整计划草案对出资人权益的调整公平、公正,或者出资人组已经通过重整计划草案。(5)重整计划草案公平对待同一表决组的成员,并且所规定的债权清偿顺序不违反《破产法》第113条的规定。(6)债务人的经营方案具有可行性。人民法院经审查认为重整计划草案符合前款规定的,应当自收到申请之日起30日内裁定批准,终止重整程序,并予以公告。

法院强行批准重整计划应当具备以下条件:(1)至少有一个或几个权益受到影响的表决组通过了重整计划。(2)重整计划草案符合债权人利益最大化原则。一项重整计划草案必须保证每一个反对这项计划的债权人在重整程序中都至少可以获得他在清算程序中可获得的清偿。(3)符合公平对待原则,即处于同一顺序债权人必须获得按比例的公平清偿。(4)符合绝对优先原则。其一是如果任何一组债权人反对重整计划草案,该重整计划就必须保证,只有这个组的成员获得充分清偿后,在优先顺序上低于这个组的其他组才可以获得清偿;其二是重整计划必须保证,在这个组获得充分清偿之前,优先顺序高于这个组的其他各组不能获得超过其债权数额百分之百的清偿。[1]

第六节 重整计划的执行

一、重整计划的执行概述

(一)执行主体

《破产法》第89条规定:"重整计划由债务人负责执行。人民法院裁定批准重整计划后,已接管财产和营业事务的管理人应当向债务人移交财产和营业事务。"我国《破产法》规定由债务人负责执行重整计划。债务人作为执行人,无疑有利于计划的执行,但也不可避免会造成利害关系人利益的损害,因而建立有效的监督机制,是我国重整计划执行的关键。[2] 债务人执行重整计划的不足毕竟是客观存在的,至少在理论上是这样,因而在债务人执行重整计划的情况下,建立科学的监督机制至关重要。

《破产法》关于重整计划只能由债务人负责执行的规定,过于绝对化,不利于对债权人利益的保障,也不利于重整程序的顺利进行,应当加以修改完善。在债务人存在破产欺诈或其他严重损害债权人利益的违法行为的情况下,应当允许管理人负责执行重整计

---

[1] 参见汪世虎:《重整计划与债权人利益的保护》,载《法学》2007年第1期。
[2] 参见韩长印主编:《破产法学》,中国政法大学出版社2007年版,第179页。

划。[1]之所以由债务人作为重整计划的执行者,主要是考虑到来自企业的人员对企业的事务更为了解、熟悉,对企业发展中所面临的问题也更为清楚,执行的效果可能会更好些。但是,实际上也应看到,管理人所具有的专业性和中立性,有时也有明显的优势:由其来经营企业,更能够促进企业的科学、规范管理,同时也更能够有效地平衡相互冲突的复杂利益关系。[2]

(二)重整计划执行的效力

经人民法院裁定批准的重整计划,对债务人和全体债权人均有约束力。债权人未依照《破产法》规定申报债权的,在重整计划执行期间不得行使权利;在重整计划执行完毕后,可以按照重整计划规定的同类债权的清偿条件行使权利。债权人对债务人的保证人和其他连带债务人所享有的权利,不受重整计划的影响。按照重整计划减免的债务,自重整计划执行完毕时起,债务人不再承担清偿责任。

二、重整计划的执行监督

我国重整制度是以债务人自助自救,自己执行重整计划为原则,有必要设立重整监督人。管理人是由法院指定的破产案件中的常设机构,同时管理人也具备相关的专业知识,因此是监督重整计划执行的最合适人选。债务人必须向管理人报告重整计划执行情况和债务人财务状况债务人是否按照重整计划实施重整;重整计划是否改善了重整企业濒临破产的状况,重整计划规定的经营方案是否能够得以执行,债务人是否能按照重整计划约定的清偿办法清偿债务,都必须在监督重整计划执行的管理人的掌握之中。[3]

《破产法》第 90 条规定:"自人民法院裁定批准重整计划之日起,在重整计划规定的监督期内,由管理人监督重整计划的执行。在监督期内,债务人应当向管理人报告重整计划执行情况和债务人财务状况。"第 91 条规定:"监督期届满时,管理人应当向人民法院提交监督报告。自监督报告提交之日起,管理人的监督职责终止。管理人向人民法院提交的监督报告,重整计划的利害关系人有权查阅。经管理人申请,人民法院可以裁定延长重整计划执行的监督期限。"

我国《破产法》并没有明确规定管理人的具体监督职能,但是依据《破产法》第 93 条的规定,管理人有权在债务人不能执行或者不执行重整计划时,请求法院裁定终止重整计划的执行,并宣告债务人破产。可以认为,管理人的监督职能就是防止以及制止债务人在执行重整计划过程中违反重整计划的不当行为。应该说,第 93 条规定的是管理人制止债务人违反重整计划的最后手段。[4]我国《破产法》专设重整计划执行的监督制度,该制度系由管理人监督重整程序中的债务人自行管理财产和营业事务转化而来。管理人在重整计划执行的监督期限内,对债务人执行重整计划予以监督。管理人监督的事项,主要限

---

[1] 参见王欣新:《破产法》(第二版),中国人民大学出版社 2007 年版,第 380 页;李培进编著:《企业破产法的理论与实践》,中国政法大学出版社 2011 年版,第 195 页。
[2] 参见薄燕娜编著:《破产法教程》,对外经济贸易大学出版社 2009 年版,第 195 页。
[3] 参见李国光:《新企业破产法理解与适用》,人民法院出版社 2006 年版,第 426 页。
[4] 参见王卫国:《破产法精义》,法律出版社 2007 年版,第 267—268 页。

于"重整计划执行情况和债务人财务状况"。债务人应当接受管理人的检查和督导,并为管理人的检查和督导提供便利,按照管理人要求向管理人报告工作。[1]

总之,管理人负责重整计划执行情况的监督事宜;管理人对重整计划执行情况的监督,主要侧重于债务人对重整计划的执行行为和执行效果即债务人财务状况两个方面。前者主要是防范债务人的董事、经理等高管人员的不适法行为,并对已经发生的违反行为予以及时纠正。后者主要是防范债务人财务状况恶化,维持债务人的再建希望,保护债权人利益。

三、重整计划执行的终止

(一)重整计划执行终止的事由

债务人不能或不执行重整计划的后果是,管理人或利害关系人可请求法院终止重整计划的执行,对债务人进行清算。债务人不能执行或者不执行重整计划,成为重整计划执行终止的事由。《破产法》第93条第1款规定:"债务人不能执行或者不执行重整计划的,人民法院经管理人或者利害关系人请求,应当裁定终止重整计划的执行,并宣告债务人破产。"

债务人不能执行重整计划,是指债务人的财务状况或者营业有所变化,而有不能落实重整计划规定的振兴营业措施和清理债权债务的可能。债务人不能执行重整计划,一般可以依照以下情形判断:(1)债务人的财务状况恶化,足以影响债务人清偿债务;(2)债务人在重整计划执行期间给予个别债权人额外利益,足以损害其他债权人的整体利益的;(3)债务人隐匿财产或者非法转移财产;(4)债务人有毁弃账簿、变造财务会计报表的行为;(5)债务人以非正常的价格交易财产;(6)债务人放弃权利,足以影响债权人的清偿利益;(7)债务人拒绝管理人的监督或者妨碍管理人履行监督重整计划执行的职务的。债务人不执行重整计划,是指债务人拒绝按照重整计划规定的措施或者条件执行重整计划的行为,或者债务人采取的措施或作出的行为违反重整计划规定的内容。[2]

当然,债务人不能或不执行重整计划,并不必然导致重整计划执行上的终止或清算程序开始。债务人不能执行或不执行重整计划情形发生时,需管理人或利害关系人向法院提出终止请求,再经法院对请求事项进行审查,之后方有终止计划执行的可能。这样一种司法程序的设置,不仅仅是体现司法主导下的当事人自治,实际上也说明,当债务人不能或不执行重整计划,对重整计划的继续执行并未造成重大不利或根本性的障碍,重整计划的执行在客观上依然可行,此时也允许通过另外的方式解决重整计划的执行问题。

(二)重整计划执行终止的效力

《破产法》第93条的规定,人民法院裁定终止重整计划执行的,债权人在重整计划中作出的债权调整的承诺失去效力。债权人因执行重整计划所受的清偿仍然有效,债权未受清偿的部分作为破产债权。该债权人只有在其他同顺位债权人同自己所受的清偿达到同

---

[1] 参见李永军、王欣新、邹海林等:《破产法》,中国政法大学出版社2009年版,第206—207页。

[2] 参见李永军、王欣新、邹海林等:《破产法》,中国政法大学出版社2009年版,第207—208页。

一比例时,才能继续接受分配。人民法院裁定终止重整计划的,为重整计划的执行提供的担保继续有效。

法院裁定终止重整计划执行后,债权人在重整计划中作出的债权调整的承诺失去效力。债权人因执行重整计划所受的清偿仍然有效,债权未受清偿的部分作为破产债权,但只有在其他同顺位债权人同自己所受的清偿达到同一比例时,才能继续接受分配。[1] 重整计划被法院裁定终止执行,但债务人在重整计划中承诺的清偿债务的责任并没有被免除,第三人提供的担保所担保的重整计划的债务清偿责任仍然存在,第三人提供的担保具有继续存在的基础;再者,若第三人提供的担保失效,那么破产法规定的为重整计划的执行而由第三人提供担保的制度的存在价值,就令人怀疑了。故第三人为重整计划的执行提供的担保继续有效。[2]

此外,法院裁定终止重整计划的执行,在程序上意味着破产清算程序的开始。有学者认为,如此的规定在总体上似乎并不存在问题。重整程序的开始基于债务人存在破产原因,而不执行或不能执行重整计划原则上并不会消灭债务人既存的破产原因,故法院裁定宣告债务人破产清算,应有其依据。但是,"重整程序因为重整计划的批准而终结,债务人执行重整计划,对其既存的破产原因多少会有些影响,甚至对其清偿能力已经大有改善,破产立法上所为债务人不执行或不能执行重整计划应被宣告破产清算的规定,应属'推定'债务人仍有破产原因之范畴,这样的解释恐怕较为妥当。特别是考虑到,若法院裁定对债务人适用重整程序的原因为《破产法》第2条第2款规定之'有明显丧失清偿能力的可能',则债务人不执行或者不能执行重整计划时,法院是否应当裁定债务人破产清算,只能取决于债务人于法院裁定终止执行重整计划时是否具有《破产法》第2条第1款规定之'不能清偿债务'这样的法律事实,若债务人仍然处于'有明显丧失清偿能力的可能'之状态,法院不能裁定宣告债务人破产清算。"[3]

重要名词术语

重整程序、重整计划的强制批准

思考题

简述企业重整的法定程序。

---

[1] 参见韩长印主编:《破产法学》,中国政法大学出版社2007年版,第180页;范健、王建文:《破产法》,法律出版社2009年版,第223页;

[2] 参见李永军、王欣新、邹海林等:《破产法》,中国政法大学出版社2009年版,第208页。

[3] 参见邹海林:《我国企业再生程序的制度分析和适用》,载《政法论坛》,2007年第1期。

> 典型案例分析

案例一

基本案情

某公司现系在全国中小企业股转系统代办股份转让的非上市公众公司,成立于 1992 年 12 月 1 日,注册资本 2.5 亿余元。1993 年 4 月,经海南省证券管理办公室批准,公司定向募集 1.2 亿股在中国证券交易系统(NET 系统)上市交易,流通股 17,090 万股,股东达 1.4 万余名。截至 2017 年,公司资产总额 979.66 万元,负债总额近亿元,已严重资不抵债。债权人以不能清偿到期债务为由,向北京市第一中级人民法院(以下简称北京一中院)申请某公司破产重整,该院于 2017 年 9 月 15 日裁定受理。

审理情况

为提高重整成功率,北京一中院采用预重整模式,以听证形式多次组织相关主体开展谈判协商,并在对公司是否具有重整价值和挽救可能进行有效识别的基础上,引导主要债权人与债务人、投资方签署"预重整工作备忘录"等文件,就债权调整、经营方案以及重整路径等主要问题达成初步意向。同时,还通过预先摇号方式选定管理人提前开展工作。

通过有效对接预重整工作成果,加快审理节奏,本案在受理 80 余天便召开债权人会议表决重整计划草案,债权人组 100% 表决通过(申报债权均为普通债权),出资人组经现场和网络投票,通过率亦超 87%。2017 年 12 月 21 日,北京一中院裁定批准破产重整计划,终止重整程序。根据重整计划,投资人承诺在受让某公司 1 万股后,注入不低于 8 亿元的优质旅游资产并转增股份用于偿还公司债务,预计债权清偿率达 69.25%(不含复牌后可能溢价的部分)。

截至 2018 年 2 月底,投资人已实际受让 1 万股,并完成对注入资产的审计评估工作,重大资产重组的相关工作亦进展顺利。

典型意义

本案系全国首例在全国证券交易自动报价系统(STAQ 系统)和 NET 系统(以下简称"两网"系统)流通转让股票的股份公司破产重整案。1999 年 9 月,上述"两网"系统停止运行后,"两网"公司普遍存在经营困难、股份流动性差等问题,但由于存在可能申请公开发行的政策优势,因而仍具有一定的重整价值。本案中,某公司通过重整引入优质旅游资产,实现社会资源的重新整合配置,培育了发展新动能,并为公司在符合法律规定条件时申请公开发行奠定了基础,也为其他"两网"公司通过重整重返资本市场提供了借鉴。同时,对拓宽企业投融资渠道,落实北京金融工作会议关于"促进首都多层次金融市场体系建设,把企业上市作为一个重要增长点来抓"的要求,对于营造稳定公平透明、可预期的首都营商环境亦具有积极意义。

此外,本案中北京一中院采用预重整方式,通过对识别机制、重整听证程序、沟通协调机制的综合运用,大大提高重整的效率和成功率,充分发挥了预重整的成本优势和效率优势,实现了多方利益的共赢。[1]

案例二

基本案情

某服装是温州地区知名服装品牌,A 有限公司、B 公司、C 公司、D 公司四企业长期经营服装业务,且服装业务一直经营良好。但因盲目扩张,投资了并不熟悉的造船行业,2014 年受整体经济下行影响,不但导致投入造船业的巨额资金血本无归,更引发了债务人的银行信用危机。2014 年 10 月 9 日,除服装公司外,其余三家公司向浙江省温州市中级人民法院（以下简称温州中院）申请破产重整。

审理情况

2015 年 2 月 27 日,温州中院裁定受理 A 公司、B 公司、C 公司三家企业的重整申请,并根据企业关联程度较高的情况,指定同一管理人。本案中债权人共有 41 人,申报债权约 20 亿元,确认约 18 亿元。2015 年 8 月 20 日,管理人请求温州中院将重整计划草案提交期限延长三个月。2016 年 1 月 27 日, D 公司亦进入重整程序。由于四企业存在人格高度混同的情形,符合合并重整的基础条件,且合并重整有利于公平清偿债务,符合《破产法》的立法宗旨。温州中院在经债权人会议决议通过四企业合并重整的基础上,经过该院审委会讨论决定,对管理人提出的实质合并重整申请予以准许。随后管理人制定整体性的重整计划草案,并在债权人会议表决的过程中获得了绝大部分债权人的认可,仅出资人组部分股东不同意。经与持反对意见的股东沟通,其之所以反对主要是对大股东经营决策失误有怨言,对重整计划本身并无多大意见。2016 年 3 月 17 日,温州中院强制裁定批准该重整计划草案。在重整计划草案通过后,温州中院及时对重整企业进行信用修复,使得重整企业隔断历史不良征信记录、恢复正常使用包括基本户在内的银行账户、正常开展税务活动、解除法院执行部门的相关执行措施,为重整企业营造了良好的经营环境。

典型意义

本案是法院依法审慎适用重整计划草案强制批准权、积极协调保障企业重整后正常经营的典型案例。实践中,一些企业在重整计划通过后,因相关配套制度的缺失又重新陷入困境。因此,重整是否成功,并不仅仅体现在重整计划的通过上,虽然重整司法程序在法院裁定批准后终止,但重整后的企业能否迅速恢复生机,还需要在信用修复、适当的税收优惠等方面予以支持,使其顺利恢复生产经营活动,才是完整发挥重整制度价值的关键。本案中,在这四家公司重整计划通过后,温州中院积极协调,为重整后的四家公司赢得良好经营环境。此外,法院依法审慎适用强制批准权,维护了各方主体利益平衡以及整体利益最大化,四家公司在重整成功后的第一个年度即成为当地第一纳税大户。[2]

---

[1] 参见最高人民法院:《北京理工中兴科技股份有限公司破产重组案》,载中国法院网。
[2] 参见最高人民法院:《庄吉集团有限公司等四家公司破产重组案》,载中国法院网。

第六十章　破产和解程序

【内容提示】

破产和解是指在债务人清偿不能时,经债务人申请,由债务人与债权人会议就债务清偿达成和解协议,经法院认可后,债务人依和解协议对债权人进行清偿,从而避免债务人破产清算的一项破产法律制度。破产和解是民事和解制度对破产程序的引入,对传统破产清算程序进行改造后产生的一种新的破产还债制度。通过破产和解,债务人与债权人就债务清偿问题达成双方都可接受的方案,依此方案,可使债权人的债权得到满足,债务人与债权人各得其所,因而与破产清算相比,不失为一种更为灵活的债务清理方式。

破产和解作为一种再生型债务清偿程序,在设计上体现出以下特征:(1)就制度目的而言,和解制度的目的在于通过债务人与全体债权人达成妥协,维持债务人的存在,避免因债权人申请而被宣告破产。(2)就制度手段而言,实现和解制度的目的,必得以债务人取得债权人谅解、与债权人集体就债务清偿达成和解协议为必要。既然和解协议是债务人与债权人集体协商的产物,和解协议受债权人会议通过时,通常采双重多数决方式。(3)就制度性质而言,和解制度高度体现债权人自治,和解协议唯经债权人会议表决通过,法院不得强制批准。但和解协议经债权人会议表决通过后,尚需法院裁定认可方始生效。(4)就制度效力而言,和解制度有优先于破产清算程序的相对效力。和解程序一经开始,债权人不得再对债务人申请破产;已经因债权人申请而开始的破产程序,也因和解的开始而中止或终结。

第一节　破产和解

一、破产和解的概念

破产和解是指在债务人清偿不能时,经债务人申请,由债务人与债权人会议就债务清偿达成和解协议,经法院认可后,债务人依和解协议对债权人进行清偿,从而避免债务人破产清算的一项破产法律制度。破产和解是民事和解制度对破产程序的引入,对传统破产清算程序进行改造后产生的一种新的破产还债制度。通过破产和解,债务人与债权人就债务清偿问题达成双方都可接受的方案,依此方案,可使债权人的债权得到满足,债务人与债权人各得其所,因而与破产清算相比,不失为一种更为灵活的债务清理方式。

二、破产和解的性质

关于破产和解的性质,学界历来有"私法契约说"或"民事契约说""裁判说""权利说""诉讼契约说""混合行为说"或"结合行为说"之争。21世纪以来,我国学者关于破产和解的法律性质的认定则主要集中于"私法契约说""诉讼契约说""混合行为说"三种观点。

私法契约说认为,和解协议是因债务人与债权人双方意思表示一致而成立的契约。和解协议的缔约过程,从提出申请、协商到订立都是债权人与债务人自愿和意思自治的过程,法院既不能依职权和解,也不能参与对和解条件的讨论和谈判。[1]虽然该契约的生效以法院的认可为条件,但这种外部的法律要求不能作为否定其私法性质的理由。这种认可主要是因为和解协议是债务人与债权人会议的契约,而不是与各个债权人的契约,而债权人会议的工作机制是多数决定制。故该契约要获得对全体债权人均有约束力的效力,应经过法院的许可。[2]

诉讼契约说认为,破产和解的法律性质不属于"契约",不能以私法契约论破产和解的性质,破产和解应当为"诉讼契约"。诉讼契约是民事诉讼理论上的一个范畴,它不同于民事契约,尽管它也是诉讼程序中双方当事人共同意志表示的结果,但其直接目的不在于设立、变更或消灭民事实体法律关系,而在于通过它约束双方当事人的诉讼行为,改变诉讼程序的发展方向。破产和解具备诉讼契约的特征,不仅如此,由于破产程序民事诉讼中的特殊程序,破产和解实质上是诉讼和解的转化形态。[3]

混合行为说认为,破产和解为"混合行为""结合行为""特殊行为"。认识破产和解时,应将破产和解视为由债务人提出和解申请,债权人会议以决议方式表示同意,以及法院依据法定职权作出裁定认可,三者共同形成的混合行为。[4]事实上,正如不同法律部门之间的界限已日益模糊并出现了兼具多种法律部门属性的法律部门一样,法律制度中也存在这种混合了多种法律属性的诸多法律制度。破产和解制度即属于这种混合了不同法律制度属性的特殊法律行为。[5]

三、破产和解的特点

破产和解作为一种再生型债务清偿程序,在设计上体现出以下特征:(1)就制度目的而言,和解制度的目的在于通过债务人与全体债权人达成妥协,维持债务人的存在,避免因债权人申请而被宣告破产。(2)就制度手段而言,实现和解制度的目的,必得以债务人取得债权人谅解与债权人集体就债务清偿达成和解协议为必要。既然和解协议是债

---

[1] 参见李曙光:《〈中华人民共和国企业破产法〉制度设计与操作指引》,人民法院出版社2006年版,第188页。
[2] 参见李永军:《破产法律制度》,中国法制出版社2000年版,第370页。
[3] 参见汤维建主编:《破产程序与破产立法研究》,人民法院出版社2001年版,第358页。
[4] 参见王欣新主编:《破产法学》,中国人民大学出版社2004年版,第124页。
[5] 参见范健、王建文:《破产法》,法律出版社2009年版,第228页。

务人与债权人集体协商的产物,和解协议受债权人会议通过时,通常采双重多数决方式。(3)就制度性质而言,和解制度高度体现债权人自治,和解协议惟经债权人会议表决通过,法院不得强制批准。但和解协议经债权人会议表决通过后,尚需法院裁定认可方始生效。(4)就制度效力而言,和解制度有优先于破产清算程序的相对效力。和解程序一经开始,债权人不得再对债务人申请破产;已经因债权人申请而开始的破产程序,也因和解的开始而中止或终结。

四、破产和解的制度价值

首先,和解制度有助减少债权人的损失,实现债权利益最大化。与破产清算相比,和解制度可以维护债务人的资产利益,节约清算费用,防止债务人破产逃债。其次,和解制度有助于维护债务人的合法权益。一方面,有利于债务人积极通过生产经营活动,实现资产保值、增值,获得再建和重生的机会。另一方面,债务人通过和解可以取得债权人的谅解,减少债务数额、延长债务清偿期,暂时避免破产清算所造成的财产流失;和解为企业积极调整经营方向和改造产品结构创造了条件,有利于债务企业盘活资产、提高经济效益,最终实现复苏和振兴。最后,和解制度兼顾个体利益与社会利益,有助于维护社会的稳定。[1]

破产和解作为一种积极的债务清偿方式,有益于实现债权利益的最大化,既切实有效地维护了债务人的资产价值,又为债权人充分实现其债权创造了更好的条件。此外,破产和解制度为调和债权人与债务人之间的冲突、维护债务人和债权人的个体利益以及社会的整体利益提供了一种较为稳妥而温和的解决方式。[2]

第二节 破产和解的程序

一、破产和解的申请

破产和解的申请,应当由债务人向法院提出。《破产法》第95条规定:"债务人可以依照本法规定,直接向人民法院申请和解;也可以在人民法院受理破产申请后、宣告债务人破产前,向人民法院申请和解。债务人申请和解,应当提出和解协议草案。"

和解申请只能由债务人向法院提出,其他任何利害关系人均不得提出和解申请,法院也不得依职权开始和解程序。其实,和解最为关键的是债务人的诚意,只有债务人具有诚意,债权人才能同意和解,也才能保障债权人的权利,和解才有可能达到制度之目的。而债务人提出和解申请,正表明其诚意及原动力所在。有人主张债权人也能提出和解申请的做

---

[1] 参见李曙光:《〈中华人民共和国企业破产法〉制度设计与操作指引》,人民法院出版社2006年版,第188—189页。

[2] 参见钟勇生主编:《破产法案例与评析》,中山大学出版社2006年版,第278页。

法实为不妥,易使债务人顺水推舟,成立无债务人诚意的和解,最终损害债权人利益。[1] 尽管和解从积极角度来看,有助于债权人利益的更多实现,然而,这一良性结果在更大程度上需要的是债务人自身对商业形势的判断、对经营或生产方式的调整以及埋头苦干的勇气和毅力,而不是债权人方面的努力。只有当债务人先行具备和解的诚意和决心,再得到债权人的同意和配合时,和解才能达到双方预期的目的。否则,即使债权人有和解意图并作出相应努力,和解的积极效果也不可能实现。因而,各国都毫不例外地将和解程序的启动者确定为存在破产原因的债务人。[2]

二、破产和解的受理

相较于破产重整申请以及债权人提出的破产清算申请,对破产和解申请的审查要宽松一些,以提高和解程序的利用率。至于具体审查的内容,应当区分初始和解申请和在已经开始的破产程序上提出的和解申请两种情形而定。对于初始和解申请,法院应进行实质要件和形式要件的审查,实质要件包括债务人破产原因和法院管辖权,当然以对债务人破产和解的原因的审查为核心。形式要件的审查则包括对申请权、申请书、和解协议草案等事项的审查;对于债务人在破产程序开始后、破产宣告前提出和解申请的,再无实质审查的必要,只要债务人提出合格的破产和解协议草案,法院就应考虑裁定和解程序开始。

对此,《破产法》第 96 条规定:"人民法院经审查认为和解申请符合本法规定的,应当裁定和解,予以公告,并召集债权人会议讨论和解协议草案。对债务人的特定财产享有担保权的权利人,自人民法院裁定和解之日起可以行使权利。"

三、和解协议的表决

《破产法》第 97 条规定:"债权人会议通过和解协议的决议,由出席会议的有表决权的债权人过半数同意,并且其所代表的债权额占无财产担保债权总额的三分之二以上。"债权人会议决议和解协议草案,应当执照特殊决议的表决方式进行。对于和解协议草案,只有一般破产债权人有表决权。和解协议不影响有财产担保债权人的债权行使,因而有财产担保债权人对和解协议没有表决权。[3]

根据规定,债权人会议决议破产和解协议草案,应当按照特殊决议的表决方式进行,即通过和解协议草案的决议,必须由出席债权人会议的有表决权的债权人过半数通过,并且其所代表的债权额占无财产担保的债权总额的 2/3 以上。至于表决权人,我国破产法仅排除了有财产担保债权人,对于其他优先权的债权人并没有排除其表决权。对于具有别除权或优先权的债权人,只要其已经行使了别除权或优先权,或者其优先权没有受到限制的,就不应对和解协议具有表决权。[4]

和解协议草案须经债权人人数及债权额的多数表决通过方可成立,这是各国破产和

---

[1] 参见李永军:《破产法律制度》,中国法制出版社 2000 年版,第 373—374 页。
[2] 参见王艳梅、孙璐:《破产法》,中山大学出版社 2005 年版,第 216 页。
[3] 参见汤维建主编:《新企业破产法解读与适用》,中国法制出版社 2006 年版,第 305 页。
[4] 参见李永军、王欣新、邹海林等:《破产法》,中国政法大学出版社 2009 年版,第 178 页。

解立法的通行做法,唯有如此,才能使和解协议最大限度地体现当事人的意思自治,又能兼顾债务人和债权人、大额债权人和小额债权人的利益,使和解程序的适用更具合理性。一般而言,所有债权人均有参与决议和解协议的权利。但是,鉴于和解程序并不限制担保物权的行使,故有财产担保的债权人的受偿利益受和解程序的影响几近于无,有财产担保的债权人对和解协议草案无表决权。

四、法院对和解协议的认可

对债权人会议通过的和解协议,法院在查明无不认可的法定事由时,应认可和解协议。法院不认可和解协议的事由一般为:第一,和解程序或债权人会议决议程序违反法律强行性规定,且无补救余地的。第二,和解协议的决议是依不正当方式成立的。第三,和解协议违反债权人的一般利益的,如:债务人没有和解的诚意;和解对债权人的清偿少于破产清算的;和解条件的履行预测为不可能的。[1] 有学者认为,应当强化和解协议对中小债权人的利益保护。为此,应明确规定破产债权人和解条件平等原则,禁止和解协议给予不同债权人以差别待遇;在法条中明确"公允"认可与审查标准,即和解程序、和解协议内容违反当事人的意愿对部分破产债权人有失公允的,人民法院应作出不予认可和解协议或撤销和解协议的裁定。对于"公允"与否的认定,应赋予人民法院一定的自由裁量权;持异议债权人依据和解协议所获利益不得低于其依据破产清算程序所获利益。[2]

对此,《破产法》第 98 条规定:"债权人会议通过和解协议的,由人民法院裁定认可,终止和解程序,并予以公告。管理人应当向债务人移交财产和营业事务,并向人民法院提交执行职务的报告。"第 99 条规定:"和解协议草案经债权人会议表决未获得通过,或者已经债权人会议通过的和解协议未获得人民法院认可的,人民法院应当裁定终止和解程序,并宣告债务人破产。"第 105 条规定:"人民法院受理破产申请后,债务人与全体债权人就债权债务的处理自行达成协议的,可以请求人民法院裁定认可,并终结破产程序。"

我国《破产法》并未明确规定法院审查认可和解协议应当适用的具体标准。但考虑到和解协议毕竟是债务人与债权人会议而非每个债权人所达成的债务清偿协议,对于持反对意见的少数或小额债权人而言,有给予司法保护的必要,因而法院认可和解协议时,应对其合法性进行审查,审查和解协议的重点应在于和解协议是否存在损害持反对意见的债权人的利益的情形。因此,建立法院审查认可和解协议的标准,确保债权人尤其是持反对意见的债权人获得的清偿不低于破产清算,对于完善和解协议审查认可制度意义尤甚。

---

[1] 参见李永军:《破产法律制度》,中国法制出版社 2000 年版,第 377—378 页。
[2] 参见朱晔:《论破产和解中中小额债权人利益之保护》,载《甘肃政法学院学报》2003 年第 4 期。

第三节 和解协议的效力

一、和解协议的约束力

和解协议的约束力,既包括程序上的效力,也包括实体法上的效力,但最为核心的依然是对债权债务关系当事人的约束力,即双方当事人均得依和解协议的规定履行义务、实现权利。和解协议的程序效力主要表现为阻却破产清算程序的开始。和解协议的生效,意味着破产和解程序成功终结,然后进入协议执行阶段,已无适用破产清算程序的余地。

《破产法》第 100 条规定:"经人民法院裁定认可的和解协议,对债务人和全体和解债权人均有约束力。和解债权人是指人民法院受理破产申请时对债务人享有无财产担保债权的人。和解债权人未依照本法规定申报债权的,在和解协议执行期间不得行使权利;在和解协议执行完毕后,可以按照和解协议规定的清偿条件行使权利。"第 101 条规定:"和解债权人对债务人的保证人和其他连带债务人所享有的权利,不受和解协议的影响。"第 102 条规定:"债务人应当按照和解协议规定的条件清偿债务。"第 106 条规定:"按照和解协议减免的债务,自和解协议执行完毕时起,债务人不再承担清偿责任。"

和解协议的效力主要表现在:(1)对于破产程序的优先效力。破产程序进行中有和解许可的,应当终结或中止破产程序。(2)对于债务人的效力。包括:债务人取得对财产的重新支配权;因破产宣告而对债务人产生的公私法上的限制除去;债务人应严格执行和解协议。(3)对于债权人的效力。债权人,包括不同意和解协议的债权人,应按照协议规定的债权额、清偿期接受清偿。(4)和解协议的效力不及于保证人、连带债务人。(5)和解协议所确定的债权应当具有执行力。[1]

二、和解协议的约束力不及于第三人

和解协议的约束力不及于破产债权的保证人、连带债务人,和解协议中所作的债务免除或延缓,不影响债权人对保证人、连带债务人所享有的权利,破产债权人仍得按原有债权债务关系的内容向保证人、连带债务人及物上保证人行使权利。[2] 设立保证或连带债务之本意,就是为使保证人或连带债务人在债务人无力清偿尤其是破产时承担责任。再者,破产和解不同于一般民事和解,债权人在破产和解中作出的让步是在债务人陷于破产时的无奈之举。另外,破产和解是强制和解,在部分债权人不同意和解协议的情况下仍将保证人或连带债务人的责任随之减免,有失公平。这样做还可能迫使债权设有保证担保或连带债务的债权人反对和解,反而不利于债务人。[3] 另有学者基于和解协议的相对性,认为

---

[1] 参见李永军:《破产法律制度》,中国法制出版社 2000 年版,第 378—381 页。
[2] 参见李永军:《破产法律制度》,中国法制出版社 2000 年版,第 378 页;韩长印主编:《破产法学》,中国政法大学出版社 2007 年版,第 193 页;杨森主编:《破产法学》,中国政法大学出版社 2008 年版,第 115 页;罗培新主编:《破产法》,格致出版社 2009 年版,第 306 页;王艳华主编:《破产法学》,郑州大学出版社 2009 年版,第 278 页。
[3] 参见王欣新主编:《破产法》(第二版),中国人民大学出版社 2007 年版,第 331 页。

和解协议是债务人与各一般债权人之间达成的协议,只应对该债务人和一般债权人产生效力,而不应约束协议双方以外的其他主体。[1]

三、和解协议的强制执行力问题

经法院认可的和解协议有无强制执行力,学者间存在肯定说和否定说之争。

肯定说认为,经法院认可的和解协议具有强制执行力。一旦债务人未执行和解协议,就毫无通融地被宣告破产,会轻易导致破产和解的失败,债务人、债权人先前为和解所付出的努力将付之东流,与鼓励破产和解的初衷不一致。尤其是债务人不能清偿债务数额较小,不影响和解协议的总体履行时,是否必然导致被宣告破产,还需斟酌。实践中,如果债权人不申请终止和解协议的履行,仅申请强制执行,法院也不宜强制性地终止和解协议的履行而作出破产宣告。[2]

否定说认为,经法院认可的和解协议不具有强制执行力。赋予债权人申请强制执行和解协议,会产生许多问题,与其可能解决的问题相比,会造成更不利的后果。其一,可能导致对债权人清偿不公平的现象,未必破产法基本原则。其二,与破产法规定明显矛盾。其三,对债务人不能履行债务数额较小,或已履行大部分债务,缺乏量化标准,使执法难以统一。因此,不必在和解协议的执行问题上设置自相矛盾的规定,完全可以通过建立和解撤销与和解让步撤销制度,以解决上述问题。[3]

对此,《破产法》第104条的规定,债务人不能执行或者不执行和解协议的,人民法院经和解债权人请求,应当裁定终止和解协议的执行,并宣告债务人破产。但是,为和解协议的执行提供的担保继续有效。人民法院裁定终止和解协议执行的,和解债权人在和解协议中作出的债权调整的承诺失去效力。和解债权人因执行和解协议所受的清偿仍然有效,和解债权未受清偿的部分作为破产债权。该债权人只有在其他债权人同自己所受的清偿达到同一比例时,才能继续接受分配。

▎重要名词术语▶

破产和解、和解协议

▎思考题▶

1. 简述破产和解的法定程序。
2. 简述和解协议的法律效力。

---

[1] 参见李国光主编:《新企业破产法教程》,人民法院出版社2006年版,第340页;罗培新:《破产法》,格致出版社2009年版,第306页。

[2] 参见汤维建主编:《新企业破产法解读与适用》,中国法制出版社2006年版,第311页。

[3] 参见王欣新主编:《破产法》(第三版),中国人民大学出版社2011年版,第239页。

第六十一章　破产清算

【内容提示】

在我国《破产法》上,既有广义的破产清算程序,也有狭义的破产清算程序。在依债务人或债权人以清算为目的申请启动的破产程序,期间若无破产和解或破产重整程序的适用,则从法院受理破产清算申请始,至法院宣告破产,再到破产财产分配完毕止,整个破产程序围绕清算目的展开,属清算程序的范畴,此时即为广义上的清算程序。在以重整或和解为目的申请启动的破产程序,若重整或和解失败,自法院宣告破产至破产程序终结,则为典型的狭义上的破产清算程序。广义上的破产清算程序的启动标志为破产清算申请的受理,狭义上的破产清算程序则以破产宣告为启动标志。

我国破产立法实行破产程序受理开始主义,在此背景下,破产宣告的申请主义抑或职权主义与破产程序的开始无关,仅具有启动实质上的破产清算程序的特别意义。破产宣告,是法院在破产程序进行过程中因法定清算事由的发生,依当事人申请或职权裁定对债务人进行破产清算的司法行为。一般情况下,破产宣告遵循当事人自治原则,由当事人申请法院作出。但是,当事人申请受其申请能力所限,在绝对清算事由发生时,法院依职权宣告债务人破产,符合破产程序的根本目的。在我国《破产法》上,法院可依职权宣告债务人破产的情形具体有:重整计划草案未获得通过且未获得法院强制批准,或者已通过的重整计划未获得法院批准的;和解协议草案经债权人会议表决未获得通过,或者已经债权人会议通过的和解协议未获得人民法院认可的;和解协议因债务人的欺诈或者其他违法行为而成立。

第一节　破产清算程序

破产清算程序是指债务人不能清偿债务时,为满足债权人的清偿要求而集中变卖破产财产以清偿债权的程序。广义的破产清算程序,是指经债务人或债权人申请破产清算而开始的债务清理程序,期间并未出现重整或者和解等中断程序的事由。狭义的破产清算程序,是指法院宣告债务人破产清算后进行的债务清理程序。[1]

---

[1] 参见李永军、王欣新、邹海林等:《破产法》,中国政法大学出版社2009年版,第209—210页。

在我国《破产法》上,既有广义的破产清算程序,也有狭义的破产清算程序。在依债务人或债权人以清算为目的申请启动的破产程序,期间若无破产和解或破产重整程序的适用,则从法院受理破产清算申请始,至法院宣告破产,再到破产财产分配完毕止,整个破产程序围绕清算目的展开,属清算程序的范畴,此时即为广义上的清算程序。在以重整或和解为目的申请启动的破产程序,若重整或和解失败,自法院宣告破产至破产程序终结,则为典型的狭义上的破产清算程序。广义上的破产清算程序的启动标志为破产清算申请的受理,狭义上的破产清算程序则以破产宣告为启动标志。

第二节 破产宣告

一、破产宣告的概念

破产宣告是指法院依据当事人申请或法定职权裁定宣布债务人破产以清偿债务的活动,亦即法院依法定程序对已经具备破产条件的债务人所作出的宣告其为破产人的司法裁定。[1]破产宣告,是对债务人的破产事实,即具备破产原因这一事实的宣告,但在破产程序受理开始主义立法例中,破产宣告只是债务人发生破产原因的一个法律后果。破产宣告制度的核心在于昭示破产清算程序正式开始。

我国破产立法实行破产程序受理开始主义,在此背景下,破产宣告的申请主义抑或职权主义与破产程序的开始无关,仅具有启动实质上的破产清算程序的特别意义。破产宣告,是法院在破产程序进行过程中因法定清算事由的发生,依当事人申请或职权裁定对债务人进行破产清算的司法行为。一般情况下,破产宣告遵循当事人自治原则,由当事人申请法院作出。但是,当事人申请受其申请能力所限,在绝对清算事由发生时,法院依职权宣告债务人破产,符合破产程序的根本目的。在我国《破产法》上,法院可依职权宣告债务人破产的情形具体有:重整计划草案未获得通过且未获得法院强制批准,或者已通过的重整计划未获得法院批准的;和解协议草案经债权人会议表决未获得通过,或者已经债权人会议通过的和解协议未获得人民法院认可的;和解协议因债务人的欺诈或者其他违法行为而成立。

二、破产宣告的原因和事实

破产宣告的原因和事实:(1)法律规定与自由裁量。法院宣告债务人破产,应当以债务人具有破产原因为必要。债务人具有破产原因的,法院可依申请及债务人的具体情形,适时宣告债务人破产或在裁定受理破产程序时一并宣告债务人破产。(2)企业再生程序

---

[1] 参见齐树洁:《破产法研究》,厦门大学出版社 2004 年版,第 250 页;王欣新主编:《破产法学》,中国人民大学出版社 2004 年版,第 159 页。

的提前终止。如：债务人有妨碍重整的行为，未按期提出重整计划草案，全部表决组否决重整计划草案，法院拒绝批准重整计划，债权人会议拒绝和解，法院拒绝认可和解协议。（3）终止执行重整计划。（4）终止执行和解协议。[1]

三、破产宣告的障碍

法院依法进行破产宣告是因为债务人出现破产原因而作出的一种司法裁定行为。但是，当破产原因消除之后，法院就不得进行破产宣告，且应裁定终结破产程序并予以公告。我国《破产法》规定破产宣告的障碍包括两种情形：第三人为债务人提供足额担保或清偿其全部到期债务；债务人恢复了清偿能力，对到期债务全部予以清偿。[2] 在破产清算程序开始后、破产宣告前，若债务人已恢复了债务清偿能力并已清偿了全部到期债务，或者有第三人为债务人提供足额担保或为债务人清偿全部到期债务，将使其破产原因及适用破产程序的价值消失，从而应终结破产程序。[3] 对此，《破产法》第108条规定："破产宣告前，有下列情形之一的，人民法院应当裁定终结破产程序，并予以公告：（一）第三人为债务人提供足额担保或者为债务人清偿全部到期债务的；（二）债务人已清偿全部到期债务的。"

有学者对《破产法》第108条规定的破产宣告的障碍，作出进一步解释。首先，所谓"第三人为债务人提供足额担保"不应作出裁定终结破产程序的原因。第三人提供足额担保，仅仅是为债务人将来清偿债务提供的担保，而不是即时的替代清偿，债务履行及担保期限均不明确，也不能避免债务人恶意利用此项规定。因此，若债权人不接受这种担保，担保本身并不能避免债务人被宣告破产的命运。其次，在法院受理破产申请时，未到期的债务全部视为到期，但并非真正到期，所以仅仅清偿全部到期债务，是不能消灭破产原因的。为此，立法应当规定为"清偿全部债务"才不会出现执法上解释不一的问题。[4] 第三人代为清偿的，不得代位取得对债务人的债权，否则，将不能构成破产原因的消除。第三人提供足额担保的，应当是对所有债权提供的担保，且需经债权人的同意才能成立。债务人已清偿全部到期债务，应包括依破产法规定"视为到期"的债务。[5]

第三节　破产财产的变价与分配

一、破产财产的变价

在破产清算案件中，破产财产通常为非货币形态。《破产法》第114条规定："破产财

---

［1］参见李永军、王欣新、邹海林等：《破产法》，中国政法大学出版社2009年版，第215—217页。
［2］参见杨森主编：《破产法学》，中国政法大学出版社2008年版，第134页。
［3］参见范健、王建文：《破产法》，法律出版社2009年版，第251页。
［4］参见王欣新主编：《破产法》（第二版），中国人民大学出版社2007年版，第387页。
［5］参见王卫国：《破产法精义》，法律出版社2007年版，第313—315页。

产的分配应当以货币分配方式进行。但是,债权人会议另有决议的除外。"以实物分配,必然有对不同债权人所分配的不同的物的估价问题,由于估价机会的不均等,自然也就有估价高低的问题,可能发生不公平清偿的情形。在破产分配前,应当对破产财产予以变价。

对此,《破产法》第111条规定:"管理人应当及时拟订破产财产变价方案,提交债权人会议讨论。管理人应当按照债权人会议通过的或者人民法院依照本法第六十五条第一款规定裁定的破产财产变价方案,适时变价出售破产财产。"第112条规定:"变价出售破产财产应当通过拍卖进行。但是,债权人会议另有决议的除外。破产企业可以全部或者部分变价出售。企业变价出售时,可以将其中的无形资产和其他财产单独变价出售。按照国家规定不能拍卖或者限制转让的财产,应当按照国家规定的方式处理。"

通说认可我国《破产法》关于破产财产变价分配的规定,认为货币分配为破产财产的基本分配方式,变价破产财产以现金分配,依此可克服非金钱财产难以分割分配的困难,也便于确定其价值;出于破产财产变价上的公允考虑,主张以拍卖作为破产财产的基本变价方式。同时,变价破产财产应当遵循债权人利益最大化原则。

二、破产财产分配方案

《破产法》第115条规定:"管理人应当及时拟订破产财产分配方案,提交债权人会议讨论。破产财产分配方案应当载明下列事项:(一)参加破产财产分配的债权人名称或者姓名、住所;(二)参加破产财产分配的债权额;(三)可供分配的破产财产数额;(四)破产财产分配的顺序、比例及数额;(五)实施破产财产分配的方法。债权人会议通过破产财产分配方案后,由管理人将该方案提请人民法院裁定认可。"

《破产法》第116条规定:"破产财产分配方案经人民法院裁定认可后,由管理人执行。管理人按照破产财产分配方案实施多次分配的,应当公告本次分配的财产额和债权额。管理人实施最后分配的,应当在公告中指明,并载明本法第一百一十七条第二款规定的事项。"

三、破产财产的分配顺序

《破产法》第113条规定:"破产财产在优先清偿破产费用和共益债务后,依照下列顺序清偿:(一)破产人所欠职工的工资和医疗、伤残补助、抚恤费用,所欠的应当划入职工个人账户的基本养老保险、基本医疗保险费用,以及法律、行政法规规定应当支付给职工的补偿金;(二)破产人欠缴的除前项规定以外的社会保险费用和破产人所欠税款;(三)普通破产债权。破产财产不足以清偿同一顺序的清偿要求的,按照比例分配。破产企业的董事、监事和高级管理人员的工资按照该企业职工的平均工资计算。"

四、破产财产的提存

其一,对于附生效条件或者解除条件的债权,管理人应当将其分配额提存。管理人依照前款规定提存的分配额,在最后分配公告日,生效条件未成就或者解除条件成就的,应当分配给其他债权人;在最后分配公告日,生效条件成就或者解除条件未成就的,应当交付给债权人。[1]

其二,债权人未受领的破产财产分配额,管理人应当提存。债权人自最后分配公告之日起满2个月仍不领取的,视为放弃受领分配的权利,管理人或者人民法院应当将提存的分配额分配给其他债权人。[2]

其三,破产财产分配时,对于诉讼或者仲裁未决的债权,管理人应当将其分配额提存。自破产程序终结之日起满2年仍不能受领分配的,人民法院应当将提存的分配额分配给其他债权人。[3]

五、关于劳动债权与担保物权的分配顺位

劳动债权和担保物权的分配顺位,在学说上存在"劳动债权优先说"和"担保物权优先说"的对立。

劳动债权优先说认为,从观念上看,劳动者债权为破产程序中的社会公共利益,而有财产担保的债权并不能够一般地归入社会公共利益的范畴,社会公共利益高于其他的利益,故劳动者权益应当优先于在债务人财产上存在的担保物权,这或许应当成为企业破产法采取劳动者权益优先保护的立场的一个理由。[4]

担保物权优先说认为,从保护劳动者的生产积极性,保障职工的基本生活需要的角度出发,给予劳动债权优先于普通债权清偿的地位是极为必要的。但是,如果赋予劳动债权优先于担保物权和法定优先权的效力,在破产程序中先于有财产担保的债权受偿,则违背了民商法的基本原理,也将对担保制度乃至金融债权的保护体系产生不良影响。[5]

我国学者关于劳动债权与担保物权就以担保财产的受偿顺序问题上意见并不统一。虽然大多数学者认为,应当维护民法上的担保物权制度在《破产法》上的适用,担保物权就担保财产有优先于劳动债权受偿的效力。但是,也有不少学者坚持劳动债权优先的观点。而且,伴随社会经济发展和破产立法进程,学者的观点也在反对与支持之间进行调整。在担保物权与劳动债权在担保物上的优先问题上,尽管争议双方各有其理由,但不可忽视的是,学者关于该问题的争执明显受到我国政策性破产及其后相关规定的影响。

1994年10月25日,国务院发布了《关于在若干城市试行国有企业破产有关问题的通知》(国发〔1994〕59号),其规定:企业破产时,企业依法取得的土地使用权,应当以拍卖或者招标方式为主依法转让,转让所得首先用于破产企业职工的安置;安置破产企业职工后有剩余的,剩余部分与其他破产财产统一列入破产财产分配方案。1997年3月2日,国务院发布了《关于在若干城市试行国有企业兼并破产和职工再就业有关问题的补充通知》(国发〔1997〕10号),其规定:安置破产企业职工的费用,从破产企业依法取得的土

---

[1]《破产法》第117条。
[2]《破产法》第118条。
[3]《破产法》第119条。
[4] 参见邹海林主编:《中国商法的发展研究》,中国社会科学出版社2008年版,第143页。
[5] 参见天津市第一中级人民法院课题组:《破产案件中权利冲突的现状与破解》,载王欣新、尹正友主编:《破产法论坛》(第五辑),法律出版社2010年版,第14页。

地使用权转让所得中拨付。破产企业以土地使用权为抵押物的,其转让所得也应首先用于安置职工,不足以支付的,不足部分从处置无抵押财产、抵押财产所得中依次支付。破产企业财产拍卖所得安置职工仍不足的,按照企业隶属关系,由同级人民政府负担。破产企业进入破产程序后,职工的生活费从破产清算费中支付,破产企业财产处置所得,在支付安置职工的费用后,其剩余部分按照《破产法》的规定,按比例清偿债务。政策性破产制度,是在我国经济体制转轨、国企改制大背景下,为应对大批中小型国有企业破产引发的职工安置问题和维护社会稳定所采取的一项非常规手段和权宜之计,是特定历史的产物,其本身并没有物权法或债法上的依据,也当然不能成为今天我们再审视劳动债权保护问题的依据或者佐证。虽然随着我国经济体制改革和国企改制的完成,政策性破产的历史使命业已完成,已经渐次退出历史舞台,但不可否认的是,时至今日,它的影响依然没有消退,还时常成为人们在协调劳动债权与担保物权关系上产生争执的一个根源。

我国学者关于劳动债权与担保物权优先性的论争,剖析并展示了两种不同立法选择可能具有的后果,为《破产法》最终作出取舍做了理论准备。《破产法》肯定了担保物权对债务人特定财产的优先受偿地位,但遗憾的是,并没有就此作直接的、明确的规定。而且,担保财产也属债务人财产或破产财产的范畴,而破产法又没有将劳动债权得以第一顺位受偿的债务人财产限定于"没有设定担保"的财产之上。因而,在作为债务人财产的有担保财产之上,担保物权与劳动债权孰先孰后,并没有直接的法律依据,还存在继续讨论和研究的空间。

六、关于税收债权与担保物权的分配顺位

关于税收债权与担保物权的分配顺位所产生的争议,主要源自《税收征收管理法》第45条的规定。《税收征收管理法》第45条第1款规定:"税务机关征收税款,税收优先于无担保债权,法律另有规定的除外;纳税人欠缴的税款发生在纳税人以其财产设定抵押、质押或者纳税人的财产被留置之前的,税收应当先于抵押权、质权、留置权执行。"

关于税收债权在破产分配中的受偿地位,存在以下几种观点:一是主张彻底否定税收债权人在破产程序上的一般优先权,将税收债权列入普通债权,自然不会存在与担保物权竞争的问题;二是承认税收债权的优先性以及其在税法上可优先于担保物权的地位,但在破产程序上,税收债权不具有优先于担保物权的效力;三是认为因受企业破产法的排除,税收债权优先于担保物权仅能适用于个人破产;四是主张在破产程序上适用《税收征收管理法》的规定,税收债权优先于在法定纳税期限届满后设定的担保物权。

税收债权是否在破产分配中具有优先性,只是立法者出于政策考量的结果,没有必然性。因此,赋予税收债权以优先受偿地位,或不赋予其优先受偿地位仅按普通债权对待,甚至将税收债权置于劣后于普通债权的地位,都不存在理论上的障碍。但是,将税收债权置于优先于担保物权的地位,有违民事基本理论和担保制度的根本原则。且不说在破产程序上应当适用破产法的规定而确保担保物权对税收债权的优先力,即便在非破产场合,依据权利产生的先后顺序来确定税收债权和担保物权的优先性,也不具有法律理性,《税收征收管理法》第45条关于税收优先于担保物权的规定应当予以废除。在《破产法》上,税收债权,在职工债权获得分配之后,可与破产人欠缴的基本养老、医疗保险费用之外的其他社会保险费用请求权一样,优先于普通债权获得分配。

第四节 破产程序的终结

一、破产程序的终结

《破产法》第 120 条规定:"破产人无财产可供分配的,管理人应当请求人民法院裁定终结破产程序。管理人在最后分配完结后,应当及时向人民法院提交破产财产分配报告,并提请人民法院裁定终结破产程序。人民法院应当自收到管理人终结破产程序的请求之日起十五日内作出是否终结破产程序的裁定。裁定终结的,应当予以公告。"

二、办理注销登记

《破产法》第 121 条规定:"管理人应当自破产程序终结之日起十日内,持人民法院终结破产程序的裁定,向破产人的原登记机关办理注销登记。"

《破产法》第 122 条规定:"管理人于办理注销登记完毕的次日终止执行职务。但是,存在诉讼或者仲裁未决情况的除外。"

三、破产程序终结后的债务清偿

《破产法》第 123 条的规定,自破产程序依法终结之日起两年内,有下列情形之一的,债权人可以请求人民法院按照破产财产分配方案进行追加分配:

一是存在依法应当追回财产的情形,包括:

(1)人民法院受理破产申请前 1 年内,涉及债务人财产的下列行为,管理人有权请求人民法院予以撤销:①无偿转让财产的;②以明显不合理的价格进行交易的;③对没有财产担保的债务提供财产担保的;④对未到期的债务提前清偿的;⑤放弃债权的。[1]

(2)人民法院受理破产申请前 6 个月内,债务人不能清偿到期债务,并且资产不足以清偿全部债务或者明显缺乏清偿能力,仍对个别债权人进行清偿的。但是,个别清偿使债务人财产受益的除外。[2]

(3)涉及债务人财产的下列行为无效:①为逃避债务而隐匿、转移财产的;②虚构债务或者承认不真实的债务的。[3]

(4)债务人的董事、监事和高级管理人员利用职权从企业获取的非正常收入和侵占

---

[1]《破产法》第 31 条。
[2]《破产法》第 32 条。
[3]《破产法》第 33 条。

的企业财产。[1]

二是发现破产人有应当供分配的其他财产的。

存在前述情形,但财产数量不足以支付分配费用的,不再进行追加分配,由人民法院将其上交国库。

此外,破产人的保证人和其他连带债务人,在破产程序终结后,对债权人依照破产清算程序未受清偿的债权,依法继续承担清偿责任。[2]

重要名词术语

破产清算、破产宣告

思考题

简述破产财产的分配顺序。

典型案例分析

基本案情

A公司是1993年经批准成立的中外合作经营企业,其投资经营的北京海洋馆于1999年正式开业。北京海洋馆集观赏、旅游、科普、教育和休闲娱乐于一体,是北京旅游行业的名片工程。由于A公司在成立和建设过程中的大量贷款导致企业财务成本负担过重,同时,公司内部管理混乱,各类有效资产也被法院采取了司法保全措施,客观上已经直接危及北京海洋馆的正常经营,当时300多名职工情绪也严重不稳定,导致公司难以维持正常经营。截至2003年7月,A公司的资产总额为人民币6.55亿元,负债总额为人民币21亿元,资产负债率高达320%,属严重资不抵债。同月,经债权人B公司申请,北京市高级人民法院(以下简称北京高院)依法受理了利达公司破产清算一案。

审理情况

北京高院受理后,依据《最高人民法院关于审理企业破产案件若干问题的规定》第18条的规定,决定成立A公司监管组,主要负责清点、保管公司财产,核查公司债权债务,为公司利益而进行必要的经营活动等工作。监管组监管期间,北京海洋馆得以维持运营,避免了因停业可能带来的混乱和影响,同时也有效防范了各债权人对企业财产的争相哄抢,稳定了职工情绪,解决了社会稳定问题。

2007年6月1日开始实施的《破产法》规定了重整制度,基于对北京海洋馆仍具有良好的持续运营和持续盈利能力的价值分析,北京高院与监管组多次与债权人协商沟通,力争通过重整程序对A公司进行拯救。A公司的多数债权人系金融机构债权人,没有通过利达公司进行的相关重整安排。加之A公司管理混乱,存在一系列历史遗留问题,导致

---

[1]《破产法》第36条。
[2]《破产法》第124条。

重整投资人疑虑重重而陆续放弃。

2013年10月30日,北京高院裁定宣告A公司破产。基于对A公司下属的北京海洋馆经营事业进行拯救的目的,北京高院指导管理人采取在企业持续经营的状态下,将A公司的全部财产、业务、正在履行的合同等整体打包,通过公开拍卖的方式变价处置。该变价方案在债权人会议表决中获全票通过。经过公开拍卖,C公司整体承接了A公司的全部资产。承接后,北京海洋馆名称不变。拍卖价款用于清偿全体债权人,职工债权、税收债权100%清偿,普通债权清偿率37.60%,307名企业职工全部得到了安置。在破产财产分配工作全部完结后,2014年12月19日,北京高院依法裁定终结破产程序。A公司在破产清算程序终结后予以注销。

典型意义

本案是人民法院充分发挥司法能动作用,指导管理人依法提升资产处置效益,实现困境企业营业拯救的典型案例。在未能通过重整程序拯救A公司的情形下,法院依法指导管理人通过在持续经营条件下整体打包处置破产财产的变价方式,依法保护了职工、税务部门以及其他债权人的权益,同时拯救了A公司的经营事业即北京海洋馆,取得了良好的法律效果、经济效果和社会效果。[1]

---

[1] 参见最高人民法院:《北京利达海鲜生物馆有限公司破产清算案》,载中国法院网。

后 记

在法学课程体系中,商法学素以门类众多、内容丰富、规则修订频繁而独树一帜。本《商法学教程》作为"新时代法学教育丛书"的组成部分,是在我国商法理论创新与制度建设不断发展,尤其是2023年《公司法》修订、2022年《期货和衍生品法》出台以及2019年《证券法》修订的背景下,对商法学科基础理论和商事立法成果的总结和阐述,旨在为高校法学专业的本科生和研究生系统全面地了解和掌握我国商事法律的规范体系、制度构成及最新发展提供指导和帮助。

本书主要由中国社会科学院大学商法学教研室长期从事商法教学和研究的学者老师合作完成。商法学教研室主任陈洁研究员负责全书的统稿。本书共九编,具体分工如下:

夏小雄:第一编商法总论;

王琦:第二编公司法;

唐林垚:第三编合伙企业法;

陈洁:第四编证券法;

钟维:第五编期货和衍生品法;

陈甦:第六编票据法;

赵磊:第七编信托法;

梁鹏:第八编保险法;

邹海林:第九编破产法。

本书能够顺利完成,要感谢参与撰写的各位学者老师的辛勤付出,也要感谢中国社会科学院大学法学院和中国社会科学院法学研究所提供的支持和保障,以及商法学界同人的宝贵意见和建议。当然,由于编写时间仓促,本书存在的问题颇多,恳请读者批评指正。

编者

2024年4月10日